المغرب
في ترتيب المعرب

(معجم لغوي فقهي مرتب على حروف المعجم)

تأليف
أبي الفتح ناصر بن عبد السيد المطرزي
المتوفَّى سنة ٦١٠ هـ

حققه وعلق عليه

جلال الأسيوطي

http://www.al-ilmiyah.com info@al-ilmiyah.com sales@al-ilmiyah.com baydoun@al-ilmiyah.com

Title	: **Al-Muğrib fī tartīb al-Muʿrib**	**المغرب في ترتيب المعرب**	**الكتاب** :
Classification:	Lexicology	: لغة	**التصنيف**
Author	: Nāṣir ben ʿAbdul-Sayyid al-Muṭarrizi	: أبو الفتح ناصر بن عبد السيد المطرزي	**المؤلف**
Editor	: Jalāl al-ʾAsyūṭi	: جلال الأسيوطي	**المحقق**
Publisher	: Dar Al-Kotob Al-Ilmiyah	: دار الكتب العلميـــة – بيروت	**الناشر**
Pages	: 608	608 :	**عدد الصفحات**
Size	: 17*24	17*24 :	**قياس الصفحات**
Year	: 2011	2011 :	**سنة الطباعة**
Printed in	: Lebanon	: لبنـــان	**بلد الطباعة**
Edition	: 1st	: الأولى (لونان)	**الطبعة**

Est. by Mohamad Ali Baydoun
1971 Beirut - Lebanon

Aramoun, al-Quebbah,
Dar Al-Kotob Al-Ilmiyah Bldg.
Tel : +961 5 804 810/11/12
Fax: +961 5 804813
P.o.Box: 11-9424 Beirut-Lebanon,
Riyad al-Soloh Beirut 1107 2290

عرمون، القبة، مبنى دار الكتب العلمية
هاتف: +٩٦١ ٥ ٨٠٤٨١٠/١١/١٢
فاكس: +٩٦١ ٥ ٨٠٤٨١٣
ص.ب: ١١-٩٤٢٤ بيروت-لبنان
رياض الصلح-بيروت ١١٠٧٢٢٩٠

بسم الله الرحمن الرحيم

مقدمة التحقيق

إن الحمد لله، نحمده ونستعينه ونعوذ بالله من شرور أنفسنا وسيئات أعمالنا إنه من يهده الله فلا مضل له ومن يضلل فلن تجد له وليا مرشدا، اللهم اهدنا ونور قلوبنا وأبصارنا بنور الإيمان واحشرنا مع المصطفين الأخيار والبررة الكرام.

وبعد، فهذا كتاب في اللغة جمع فيه مصنفه كل ما هو غريب من الألفاظ التي يستعملها فقهاء الحنفية واختصره من كتابه الكبير «المعرب» وأضاف إليه ما جمعه من كتب أخرى، مثال ما أشار إليه المصنف في مقدمته فقال: فهذا ما سبق به الوعد من تهذيب مصنفي المترجم بـ"المعرب" وتنميقه وترتيبه على حروف المعجم وتلفيقه، اختصرته لأهل المعرفة من ذوي الحمية والأنفة من ارتكاب الكلمة المحرفة، بعدما سرحت الطرف في كتب لم يتعدها في تلك النوبة نظري، فتقصيتها حتى قضيت منها وطري؛ كالجامع بشرح أبي بكر الرازي، والزيادات بكشف الحلواني، ومختصر الكرخي، وتفسير أبي الحسين القدوري، والمنتقى للحاكم الشهيد الشهير، وجمع التفاريق لشيخنا الكبير، وغيرها من مصنفات فقهاء الأمصار ومؤلفات الأخيار والآثار.

وقد اندرج في أثناء ذلك ما سألني عنه بعض المختلفة إلي، وما ألقي في المجالس المختلفة علي، ثم فرقت ما اجتمع لدي وارتفع إلي من تلك الكلمات المشكلة والتركيبات المعضلة على أخوات لها وأشكال، خالعا عنها ربقة الإشكال حتى انضوى كل إلى مارزه، واستقر في مركزه، ناهجا فيه طريقا لا يضل سالكه ولا تجهل عليه مسالكه.

والمطلع على الكتاب يجد فيه من العلم الكثير ومن الفائدة الجم الوفير فلعل الله ينفعنا وقارئه بما فيه من الخير ويجنبنا الخطأ والنسيان فالكمال لله وحده.

عملنا في الكتاب:

لقد اطلعت على النسخة المطبوعة وقد وجدت فيها بعض الأخطاء التي وقع فيها محققها ولعل ذلك كان سهوا فلا أحد معصوم من الخطأ إلا الحبيب المصطفى عليه أفضل الصلاة والسلام، كما تيسرت لي نسخة أخرى مطبوعة ولكنها أكثر خطأً من النسخة الأولى فجعلت اعتمادي على النسخة الأولى وقد أشرت لها بالرمز (م).

ثم قمت بمطابقة النسخة الخطية على هذه النسخة المطبوعة وأثبت جميع الفروق التي وجدتها بين النسختين، ولكني لم أشر في الحاشية إلا للفروق التي لها أهمية وتلاشيت كثيرا من الفروق التي لا جدوى لها حتى لا تكثر الحواشي ويطول الكتاب.

ثم قمت بإعداد المادة العلمية بعدما توافرت لي جميع مقومات العمل فقمت بترجمة العلماء والأدباء وتعريف الكلمات الصعبة ورجوعها إلى مصادرها في كثير من الأحيان، أما ترجمة الشعراء فمنهم من أشرت إلى مصادر ترجمته ومنهم من جمعت هذه الترجمة من عدة كتب فلم أشر إليها. ثم قمت بتخريج الأحاديث من مصادرها ولم أتوسع في التخريج بل اقتصرت على ما يشبع الباحث منها، وخرجت الآيات القرآنية وعلقت على كثير مما يحتاج إلى تعليق.

وصف النسخة الخطية:

لقد اعتمدت على نسخة الأزهر الشريف المحفوظة تحت رقم (٩٠٤٨٤نحو) والتي تقع في ٣١٧ ورقة من القطع المتوسط. وتبلغ مسطرتها ٢٤ سطرا، وقد كتبت بخط نسخ عادي ليس في من الزخارف شيء، ولكن العناوين كتبت بالمداد الأحمر وأحيانا يضع جذر المادة بالحاشية وأحيانا لا يذكرها، ولعل هذه النسخة قد روجعت ويتضح ذلك من بعض الاستدراكات والتعليقات التي توجد بالمداد الأسود على جانبي الورقة، وقد رمزت لها بالرمز (خ)، أما النسخة المطبوعة فقد رمزت لها بالرمز (م).

و الله نسأل أن يوفقنا إلى الصواب ويجنبنا الخطأ والنسيان... آمين

راجي عفو ربه

جلال الأسيوطي

في يوم الأربعاء غرة ذي القعدة سنة ١٤٢٧ هـ

ترجمة المصنف

اسمه وكنيته ونسبه: ناصر بن عبد السيد بن علي، أبو الفتح الخوارزمي، يلقب بالمطرزي. والمطـرزي نسبة إلى من يطرز الثياب.

مولده: ولد في رجب سنة ٥٣٨ هـ

حياته ونشأته:

كانت له معرفة تامة بالنحو واللغة والشعر وأنـواع الأدب، قـرأ عـلى جماعـة، وسـمع الحـديث مـن طائفة، وكان رأسا في الاعتزال، داعيًا إليه منتحلاً مذهب الإمام أبي حنيفة رضي اللـه عنه في الفروع، فصيحًا فاضلاً في الفقه، وانتفع الناس به وبكتبه ودخل بغداد حاجًـا، وجـرى لـه هنـاك مباحـث مـع جماعـة مـن الفقهاء وأخذ أهل الأدب عنه، وكان شهير الذكر بعيد الصيت، وكان يقال إنه خليفة الزمخشري.

وله شعر من ذلك قوله:

وإني لاستحيي من المجد أن أرى   حليف عوان أو أليف غواني

وقوله:

تعامى زماني عن حقوقي وإنه   قبيح على الزرقاء تبدي تعاميا

فإن تنكروا فضلي فإن دعاءه   كفى لذوي الأسماع منكم مناديا

وهو من أعيان مشايخ خوارزم في علم الأدب، قرأ على والده وبرع في معرفة النحو واللغة وصار أوحد زمانه، قرأ على الزمخشري والموفـق وبـرع في النحـو واللغـة والشـعر وأنـواع الأدب والفقـه عـلى مـذهب الحنفية، فصيحا فاضلا في الفقه صنف شرح المقامات للحريري وهو على وجازته مفيد محصل للمقصود.

مصنفاته:

الايضاح في شرح مقامات الحريري.

والمصباح في النحو.

والمعرب في اللغة.

والمغرب في ترتيب المعرب.

والاقناع بما حوى تحت القناع.

ومختصر الإقناع.

ومختصر إصلاح المنطق.

والمقدمة المشهورة في النحو.

وفاته:

مات بخوارزم في يوم الثلاثاء حادي عشر جمادى الأولى سنة ٦١٠ هـ ورثي بأكثر من ثلاثمائة قصيدة.

مصاد الترجمة:

مرآة الجنان

تاريخ الإسلام للذهبي

هدية العارفين

المستفاد من ذيل تاريخ بغداد

الأعلام للزركلي

وفيات الأعيان

سير أعلام النبلاء

فوات الوفيات

صور المخطوط

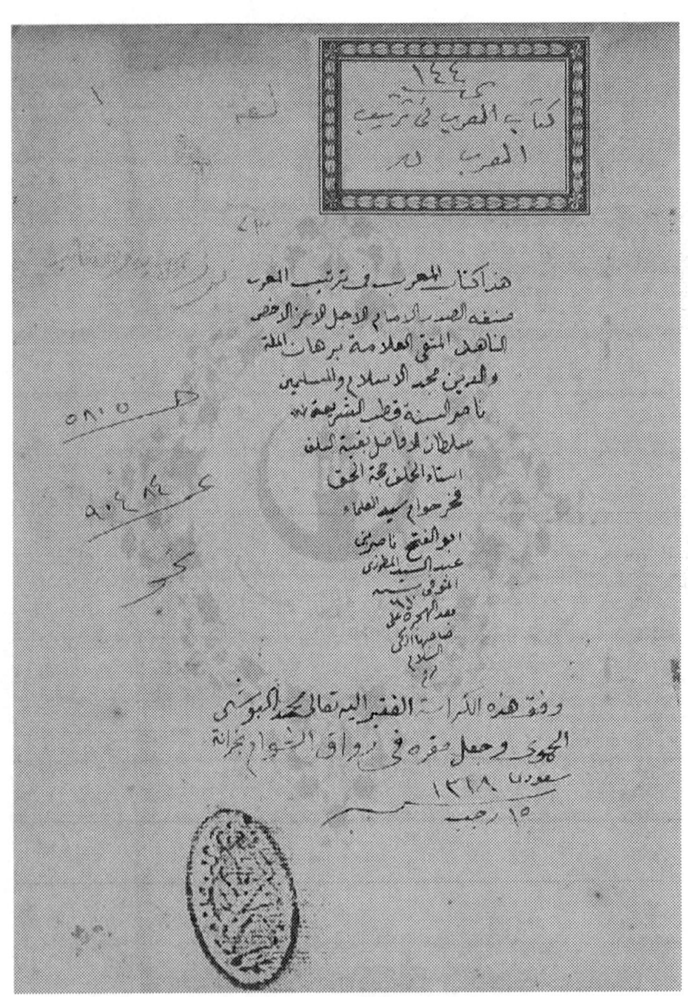

كتاب المغرب في ترتيب المعرب

هذا كتاب المغرب في ترتيب المعرب
صنفه الصدر الإمام الأجل الأعز الأفضل
الزاهد المتقي العلامة برهان الملة
والدين مجد الإسلام والمسلمين
ناصر السنة قطب الشريعة
سلطان الأفاضل بقية السلف
أستاذ الخلق حجة الحق
فخر خوارزم سيد العلماء
أبو الفتح ناصر بن
عبد السيد المطرزي

وقف هذه الكتاب الفقير إليه تعالى محمد
الجوهري وجعل مقره في رواق الشوام بخزانة

ورقة الغلاف من النسخة المعتمدة

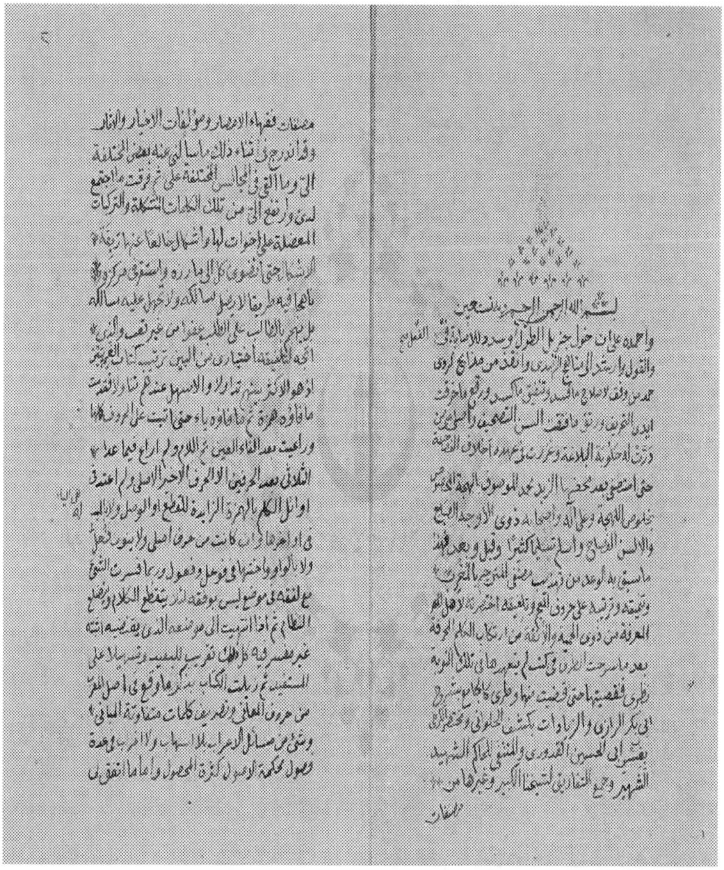

الورقة الأولى من النسخة المعتمدة

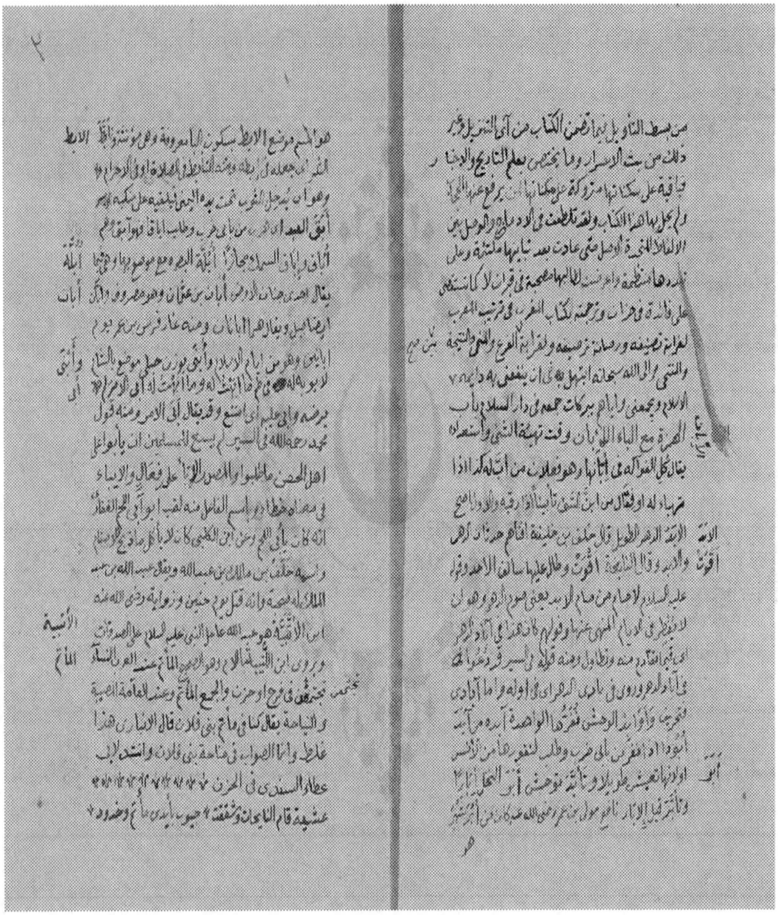

الورقة الثانية من النسخة المعتمدة

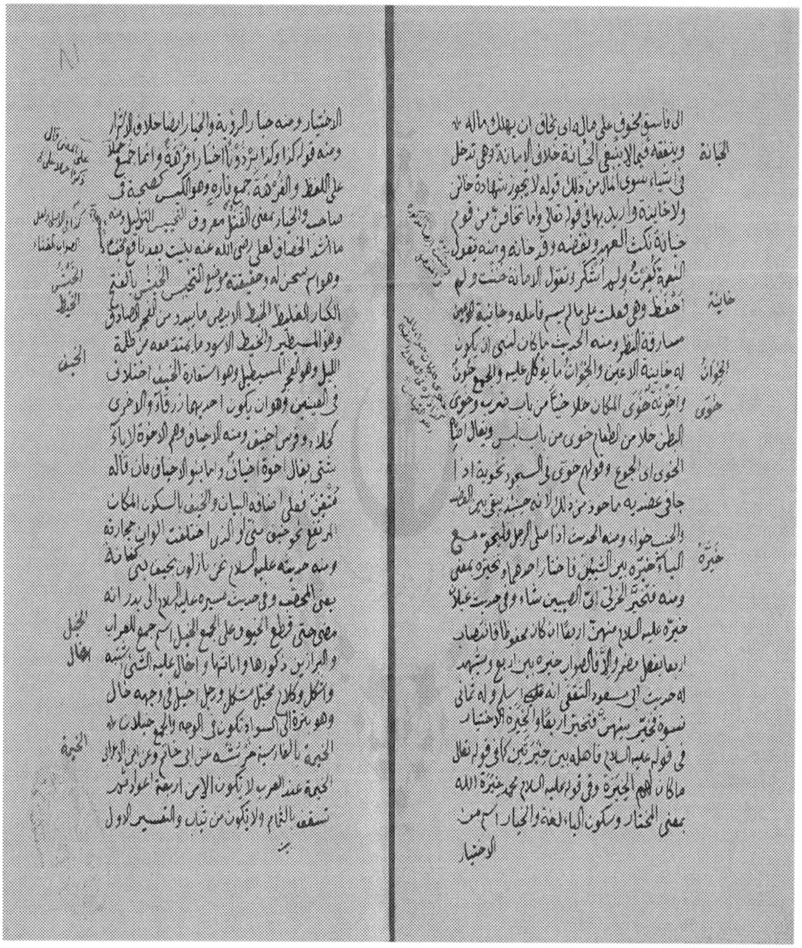

الورقة ٨١ من النسخة المعتمدة

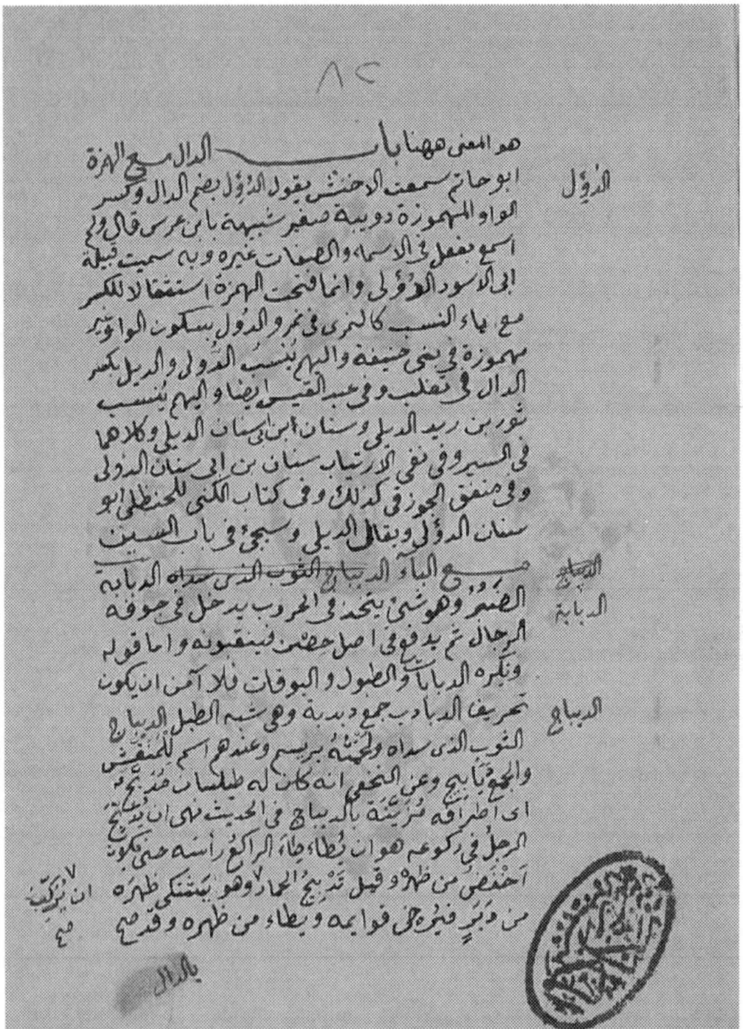
٨٢
هو المعنى ههنا باب الدال مع الهمزة
الدؤل ابو حاتم سمعت الاخفش يقول الدُّؤَل بضم الدال وكسر
الواو المهموزة دويبة صغير شبيهة بابن عرس قال ولم
اسمع بفعل في الاسماء والصفات غيره وبه سميت قبيلة
ابي الاسود الدؤلي وانما فتحت الهمزة استثقالا للكسر
مع ياء النسب كالنمري في نمر والدول بسكون الواو غير
مهموزة في بني حنيفة واليهم ينسب الدولي والديل بكسر
الدال في تغلب وفي عبد القيس ايضا واليهم ينسب
ثور بن زيد الديلي وسنان ابن ابي سنان الديلي وكلاهما
في السير وفي نفي الارتياب سنان بن ابي سنان الدؤلي
وفي منفق الجوزقي كذلك وفي كتاب الكنى للحنظلي ابو
سنان الدؤلي ويقال الديلي وسيجيء في باب السين
الدبابة مع الباء الديباج الثوب الذي سداه الدبابة
الصغر وهو شيء يتخذ في الحروب يدخل في جوفه
الرجال ثم يدفع في اصل حصن فينقبونه واما قوله
ويكره الدبابات والطبول والبوقات فلا آمن ان يكون
الديباج تحريف الدباب جمع دبدبة وهي شبه الطبل الديباج
الثوب الذي سداه ولحمته بريسم وعندهم اسم للمنقش
والجمع ديابيج وعن النخعي انه كان له طيلسان مديبج
اي اطرافه مزينة بالديباج في الحديث نهى ان يدبج
الرجل في ركوعه هو ان يطاطئ الراكع راسه حتى يكون
اخفض من ظهره وقيل تدبيج الحمار وهو يشتكي ظهره ان يركب
من دبر فيخرج قوايمه ويطاطئ من ظهره وقد صح

وجه الورقة ٨٢ من النسخة المعتمدة

بسم الله الرحمن الرحيم
وَبِهِ نَسْتَعِينُ

وَأَحْمَدُهُ عَلَى أَنْ خَوَّلَ جَزِيلَ الطَّوْلِ وَسَدَّدَ لِلإِصَابَةِ[1] فِي الفِعْلِ وَالقَوْلِ، وَأَرْشَدَ إِلَى مَنَاهِجِ الهُدَى، وَأَنْقَذَ مِنْ مَذَابِحِ[2] الرَّدَى، حَمْدَ مَنْ وُفِّقَ لإِصْلاحِ مَا فَسَدَ، وَتَنْفِيقِ مَا كَسَدَ، وَرَقْعِ مَا خَرَقَتْ أَيْدِي التَّحْرِيفِ، وَرَتْقِ مَا فَتَقَتْ أَلْسُنُ التَّصْحِيفِ.

وَأُصَلِّي عَلَى مَنْ دَرَّتْ لَهُ حَلُوبَةُ البَلاغَةِ وَغَزُرَتْ فِي عَهْدِهِ أَخْلافُ الفَصَاحَةِ، حَتَّى اسْتَصْفَى بَعْدَ مَخْضِهَا الزُّبَدَ، وَنَقَّى عَنْ مَخْضِهَا الزَّبَدَ؛ مُحَمَّدٍ المَوْصُوفِ بِالبَهْجَةِ المَخْصُوصِ بِخُلُوصِ اللَّهْجَةِ وَعَلَى آلِهِ وَأَصْحَابِهِ ذَوِي الأَوْجُهِ الصِّبَاحِ وَالأَلْسُنِ الفِصَاحِ وَأَسْلَمَ تَسْلِيمًا كَثِيرًا الآنَ وَقَبْلُ وَبَعْدُ.

فَهَذَا مَا سَبَقَ بِهِ الوَعْدُ مِنْ تَهْذِيبِ مُصَنَّفِي المُتَرْجَمِ بِـ"المُغْرِبِ" وَتَنْمِيقِهِ وَتَرْتِيبِهِ عَلَى حُرُوفِ المُعْجَمِ وَتَلْفِيقِهِ، اخْتَصَرْتُهُ لأَهْلِ المَعْرِفَةِ مِنْ ذَوِي الحَمِيَّةِ وَالأَنَفَةِ مِنْ ارْتِكَابِ الكَلِمَةِ المُحَرَّفَةِ، بَعْدَمَا سَرَّحْتُ الطَّرْفَ فِي كُتُبٍ لَمْ يَتَعَدَّهَا فِي تِلْكَ النَّوْبَةِ نَظَرِي، فَتَقَصَّيْتُهَا حَتَّى قَضَيْتُ مِنْهَا وَطَرِي؛ كَالجَامِعِ بِشَرْحِ[3] أَبِي بَكْرٍ الرَّازِيِّ، وَالزِّيَادَاتِ بِكَشْفِ الحَلَوَانِيِّ، وَمُخْتَصَرِ الكَرْخِيِّ، وَتَفْسِيرِ أَبِي الحُسَيْنِ القُدُورِيِّ، وَالمُنْتَقَى لِلْحَاكِمِ الشَّهِيدِ الشَّهِيرِ، وَجَمْعِ التَّفَارِيقِ لِشَيْخِنَا الكَبِيرِ، وَغَيْرِهَا مِنْ مُصَنَّفَاتِ فُقَهَاءِ الأَمْصَارِ وَمُؤَلَّفَاتِ الأَخْيَارِ وَالآثَارِ.

وَقَدِ انْدَرَجَ فِي أَثْنَاءِ ذَلِكَ مَا سَأَلَنِي عَنْهُ بَعْضُ المُخْتَلِفَةِ إِلَيَّ، وَمَا أُلْقِيَ فِي المَجَالِسِ المُخْتَلِفَةِ عَلَيَّ، ثُمَّ فَرَّقْتُ مَا اجْتَمَعَ لَدَيَّ وَارْتَفَعَ إِلَيَّ مِنْ تِلْكَ الكَلِمَاتِ المُشْكِلَةِ وَالتَّرْكِيبَاتِ المُعْضِلَةِ عَلَى أَخَوَاتٍ لَهَا وَأَشْكَالٍ، خَالِعًا عَنْهَا رِبْقَةَ الإِشْكَالِ حَتَّى انْضَوَى كُلٌّ إِلَى مَارِزِهِ، وَاسْتَقَرَّ فِي مَرْكَزِهِ، نَاهِجًا فِيهِ طَرِيقًا لا يَضِلُّ سَالِكُهُ وَلا تَجْهَلُ

---

(١) فِي م: "الإصابة". (٢) فِي م: "مدارج".
(٣) فِي م: "لشرح".

١٣

عَلَيْهِ مَسَالِكُهُ، بَلْ يَهْجُمُ بِالطَّالِبِ عَلَى الطَّلَبِ[١] عَفْوًا مِنْ غَيْرِ مَا تَعَبٍ، وَالَّذِي اتَّجَهَ لِتَلْفِيقِهِ اخْتِيَارِي مِنْ البَيْنِ تَرْتِيبُ كِتَابِ الغَرِيبَيْنِ، إِذْ هُوَ الأَكْثَرُ بَيْنَهُمْ تَدَاوُلًا وَالأَسْهَلُ عِنْدَهُمْ تَنَاوُلًا، فَقَدَّمْتُ مَا فَاؤُهُ هَمْزَةٌ ثُمَّ مَا فَاؤُهُ بَاءٌ حَتَّى أَتَيْتُ عَلَى الحُرُوفِ كُلِّهَا، وَرَاعَيْتُ بَعْدَ الفَاءِ العَيْنَ ثُمَّ اللَّامَ، وَلَمْ أُرَاعِ فِيمَا عَدَا الثُّلَاثِيَّ بَعْدَ الحَرْفَيْنِ إِلَّا الحَرْفَ الأَخِيرَ الأَصْلِيَّ، وَلَمْ أَعْتَدَّ فِي أَوَائِلِ الكَلِمِ بِالهَمْزَةِ الزَّائِدَةِ لِلقَطْعِ أَوِ الوَصْلِ وَلَا بِالمُبْدَلَةِ[٢] فِي أَوَاخِرِهَا وَإِنْ كَانَتْ مِنْ حَرْفٍ أَصْلِيٍّ وَلَا [بِنُونِ فَنْعَلٍ][٣] وَلَا بِالوَاوِ وَأُخْتِهَا فِي فَوْعَلٍ وَفَعْوَلٍ، وَرُبَّمَا فَسَّرْتُ الشَّيْءَ مَعَ لِفْقِهِ فِي مَوْضِعٍ لَيْسَ بِوَفْقِهِ؛ لِئَلَّا يَتَقَطَّعَ الكَلَامُ وَيَتَضَلَّعَ النِّظَامُ، ثُمَّ إِذَا انْتَهَيْتُ إِلَى مَوْضِعِهِ الَّذِي يَقْتَضِيهِ أَثْبَتُّهُ غَيْرَ مُفَسَّرٍ فِيهِ، كُلُّ ذَلِكَ تَقْرِيبًا لِلبَعِيدِ، وَتَسْهِيلًا عَلَى المُسْتَفِيدِ ثُمَّ ذَيَّلْتُ الكِتَابَ بِذِكْرِ مَا وَقَعَ فِي أَصْلِ المُغْرِبِ مِنْ حُرُوفِ المَعَانِي، وَتَصْرِيفِ كَلِمَاتٍ مُتَفَاوِتَةِ المَبَانِي، وَشَيْءٍ مِنْ مَسَائِلِ الإِعْرَابِ بِلَا إِسْهَابٍ وَلَا إِغْرَابٍ فِي عِدَّةِ فُصُولٍ مُحْكَمَةِ الأُصُولِ كَثِيرَةِ المَحْصُولِ، فَأَمَّا مَا اتَّفَقَ لِي مِنْ بَسْطِ التَّأْوِيلِ فِيمَا تَضَمَّنَ الكِتَابُ مِنْ آيِ التَّنْزِيلِ وَغَيْرِ ذَلِكَ مِنْ بَثِّ الأَسْرَارِ.

وَمَا يَخْتَصُّ بِعِلْمِ التَّارِيخِ وَالأَخْبَارِ فَبَاقِيَةٌ عَلَى سَكَنَاتِهَا مَتْرُوكَةٌ عَلَى مَكَنَاتِهَا لِمَنْ[٤] يَرْفَعُ عَنْهَا الحِجَابَ وَلَمْ يَحِلَّ بِهَا هَذَا الكِتَابَ وَلَقَدْ تَلَطَّفْتُ فِي الإِدْمَاجِ وَالوَصْلِ بَيْنَ الأَلْفَاظِ المُتَّحِدَةِ الأَصْلِ حَتَّى عَادَتْ بَعْدَ تَبَايُنِهَا مُلْتَئِمَةً وَعَلَى تَبَدُّدِهَا مُنْتَظِمَةً، وَأَعْرَضْتُ لِطُلَّابِهَا مُصْحَبَةً فِي قِرَانٍ، لَا كَمَا يَسْتَقْصِي- عَلَى فَائِدَةٍ فِي حِرَانٍ، وَتَرْجَمْتُهُ بِكِتَابِ **"المُغْرِب فِي تَرْتِيبِ المُعْرِب"** لِغَرَابَةِ تَصْنِيفِهِ وَرَصَانَةِ تَرْصِيفِهِ وَلِقَرَابَةِ بَيْنَ الفَرْعِ وَالمُنَمَّى وَالنَّتِيجَةِ وَالمُنْتَمَى.

وَإِلَى اللهِ سُبْحَانَهُ أَبْتَهِلُ فِي أَنْ يَنْفَعَنِي بِهِ وَأَئِمَّةَ الإِسْلَامِ وَيَجْمَعَنِي وَإِيَّاهُمْ بِبَرَكَاتِ جَمْعِهِ فِي دَارِ السَّلَامِ.

---

(١) فِي خ: "المطلب".
(٢) بعده في خ: "هي الياء".
(٣) في م: "بنون فنعل".
(٤) في م: "لم".

بَابُ الْهَمْزَةِ

الْهَمْزَةُ مَعَ الْبَاءِ

[أ ب ب]: (الْإِبَّانُ) وَقْتُ تَهْيِئَةِ الشَّيْءِ وَاسْتِعْدَادِهِ، يُقَالُ: كُلُّ الْفَوَاكِهِ فِي إِبَّانِهَا، وَهُوَ فِعْلَانٌ، مِنْ أَبَّ لَهُ كَذَا إِذَا تَهَيَّأَ لَهُ، أَوْ فِعَّالٌ مِنْ أَبَّنَ الشَّيْءَ تَأْبِينًا إِذَا رَقَبَهُ، وَالْأَوَّلُ أَصَحُّ.

[أ ب د]:(الْأَبَدُ) الدَّهْرُ الطَّوِيلُ، قَالَ خَلَفُ بن خَلِيفَةَ[1]:

لَا يُبْعِدُ اللهُ إِخْوَانًا لَنَا سَلَفُوا ... أَفْنَاهُمْ حَدَثَانُ الدَّهْرِ وَالْأَبَدِ

وَقَالَ النَّابِغَةُ[2]:

يَا دَارَ مَيَّةَ بِالْعَلْيَاءِ فَالسَّنَدِ ... أَقْوَتْ وَطَالَ عَلَيْهَا سَالِفُ الْأَبَدِ

وَقَوْلُهُ صَلَّى اللهُ عَلَيْهِ وَسَلَّمَ: "لَا صَامَ مَنْ صَامَ الْأَبَدَ"[3] يَعْنِي: صَوْمَ الدَّهْرِ، وَهُوَ أَنْ لَا يُفْطِرَ فِي الْأَيَّامِ الْمَنْهِيِّ عَنْهَا.

وَقَوْلُهُمْ: كَانَ هَذَا فِي آبَادِ الدَّهْرِ، أَيْ: فِيمَا تَقَادَمَ مِنْهُ وَتَطَاوَلَ، وَمِنْهُ قَوْلُهُ فِي السِّيَرِ:

---

(١) هو: خلف بن خليفة الأقطع، شاعر أموي مطبوع، راوية، من قيس بن ثعلبة بالولاء، اتهم بسرقة في صباه فقطعت يده، وكانت له أصابع من جلد يلبسها، كان لسنا بذيئا من الظرفاء، له أخبار مع يزيد بن هبيرة والفرزدق وآخرين، وفيه يقول الفرزدق:

هو اللَّصُّ وابنُ اللَّصِّ لا لِصَّ مِثْلُهُ ... لِنَقْبِ جِدَارٍ أو لِطَرِّ الدَّرَاهِمِ

توفي سنة ١٢٥هـ تنظر ترجمته في الشعر والشعراء ١٥٢/١.

(٢) هو: زياد بن معاوية بن ضباب بن جناب بن يربوع بن غيظ بن مرة بن عوف بن سعد بن ذبيان بن بغيض بن ريث بن غطفان بن سعد بن قيس بن عيلان بن مضر. ويكنى أبا أمامة. وذكر أهل الرواية أنه إنما لقب النابغة لقوله: فقد نبغت لهم منا شؤون

وهو أحد الأشراف الذين غض الشعر منهم. وهو من الطبقة الأولى المقدمين على سائر الشعراء.

سأل عمر بن الخطاب عن شعر فلما أخبر أنه له قال إنه أشعر العرب، وكان أحسن شعراء العرب ديباجة، لا تكلف في شعره ولا حشو، عاش عمرا طويلا، توفي سنة ١٨ ق هـ ترجمته في: الأغاني ١٨١/٣، طبقات فحول الشعراء ٧/١، نهاية الأرب ٢٦٨/١، الشعر والشعراء ٢٧/١.

(٣) أخرجه البخاري (١٩٧٧)، ومسلم (١١٥٩).

قَدْ دُعُوا فِي آبَادِ الدَّهْرِ، وَرُوِيَ: فِي بَادِي الدَّهْرِ، أَيْ: فِي أَوَّلِهِ، وَأَمَّا آبَادِيٌّ فَتَحْرِيفٌ.

(وَأَوَابِدُ) الْوَحْشِ نُفَّرُهَا الْوَاحِدَةُ آبِدَةٌ، مِنْ أَبَدَ أُبُودًا، إِذَا نَفَرَ مِنْ بَابَيْ ضَرَبَ وَطَلَبَ لِنُفُورِهَا مِنَ الْإِنْسِ، أَوْ لِأَنَّهَا تَعِيشُ طَوِيلًا وَتَأَبَّدَ تَوَحَّشَ.

[أ ب ر]: (أَبَرَ) النَّخْلَ أَلْقَحَهُ وَأَصْلَحَهُ إِبَارًا وَتَأَبَّرَ قِيلَ الْأَبَّارُ.

نَافِعُ مَوْلَى ابْنِ عُمَرَ رَضِيَ اللهُ عَنْهُمَا كَانَ مِنْ (أبرشهر) هُوَ اسْمُ مَوْضِعٍ.

[أ ب ط]:(الْإِبْطُ) بِسُكُونِ الْبَاءِ مَعْرُوفَةٌ، وَهِيَ مُؤَنَّثَةٌ، وَتَأَبَّطَ الشَّيْءَ جَعَلَهُ تحت[1] إِبْطِهِ وَمِنْهُ التَّأَبُّطُ فِي الصَّلَاةِ، أَوْ فِي الْإِحْرَامِ، وَهُوَ أَنْ يُدْخِلَ الثَّوْبَ تَحْتَ يَدِهِ الْيُمْنَى فَيُلْقِيَهُ عَلَى مَنْكِبِهِ الْأَيْسَرِ.

[أ ب ق]: (أَبَقَ) الْعَبْدُ هَرَبَ، مِنْ بَابَيْ ضَرَبَ وَطَلَبَ، إِبَاقًا فَهُوَ آبِقٌ وَهُمْ أُبَّاقٌ وَأُبَاقُ السَّمَكِ مَجَازٌ.

[أ ب ل]: (أُبُلَّةُ الْبَصْرَةِ) مَوْضِعٌ بِهَا وَهِيَ فِيمَا يُقَالُ إِحْدَى جِنَانِ الْأَرْضِ.

[أ ب ن]: (أَبَانٌ) ابْنُ عُثْمَانَ [قَوْلُهُ: ابْنُ عُثْمَانَ هُوَ إِخْبَارٌ أَنَّهُ ابْنُ عُثْمَانَ، وَلَيْسَ بِوَصْفٍ لَهُ، وَإِثْبَاتُ الْأَلِفِ فِي مَوْضِعِ الْإِخْبَارِ لَازِمٌ بِخِلَافِ مَوْضِعِ الْوَصْفِ][2] وَهُوَ مَصْرُوفٌ.

وَأَبَانُ أَيْضًا جَبَلٌ، وَيُقَالُ: هُمَا أَبَانَانِ، وَمِنْهُ غَارَ فَرَسُ ابْنِ عُمَرَ يَوْمَ أَبَانَيْنِ، وَهُوَ مِنْ أَيَّامِ الْإِسْلَامِ.

(وَأُبْنَى) بِوَزْنِ حُبْلَى مَوْضِعٌ بِالشَّامِ.

[أ ب هـ]: (لَا يُؤْبَهُ) لَهُ فِي (ط م)[3].

[أ ب ي]: (أَبَى) الْأَمْرَ لَمْ يَرْضَهُ، وَأَبَى عَلَيْهِ امْتَنَعَ، وَقَدْ يُقَالُ: أَبَى عَلَيْهِ الْأَمْرُ، وَمِنْهُ قَوْلُ مُحَمَّدٍ[4] رَحِمَهُ اللهُ فِي السِّيَرِ: لَمْ يَسَعْ الْمُسْلِمِينَ أَنْ يَأْبَوْا عَلَى أَهْلِ الْحِصْنِ مَا طَلَبُوا.

وَالْمَصْدَرُ الْإِبَاءُ عَلَى فِعَالٍ، وَالْإِيبَاءُ فِي مَعْنَاهُ خَطَأٌ، وَبِاسْمِ الْفَاعِلِ مِنْهُ لُقِّبَ آبِي

(١) في خ: "في".
(٢) زيادة من: م.
(٣) بعده في خ: "ما أَبَهْتُ له وما أَبَهْتُ له".
(٤) هو محمد بن إسحاق صاحب السيرة النبوية.

اللَّحْمِ الْغِفَارِيِّ؛ لِأَنَّهُ كَانَ يَأْبَى أَكْلَ اللَّحْمِ. وَعَنْ ابْنِ الْكَلْبِيِّ: كَانَ لَا يَأْكُلُ مَا ذُبِحَ عَلَى الْأَصْنَامِ، وَاسْمُهُ: خَلَفُ بن مَالِكِ بن عَبْدِ اللهِ، وَقِيلَ: عَبْدُ اللهِ بن عَبْدِ الْمَلِكِ، لَهُ صُحْبَةٌ [وَرِوَايَةٌ قُتِلَ يَوْمَ حُنَيْنٍ][1] رَضِيَ اللهُ عَنْهُ.

الْهَمْزَةُ مَعَ التَّاءِ

[أ ت ب]: (ابْنُ الْأُتْبِيَّةِ) هُوَ عَبْدُ اللهِ عَامِلُ النَّبِيِّ صَلَّى اللهُ عَلَيْهِ وَسَلَّمَ عَلَى الصَّدَقَاتِ، وَيُرْوَى ابْنُ اللُّتْبِيَّةِ بِاللَّامِ وَهُوَ الصَّحِيحُ.

[أ ت م]: (الْمَأْتَمُ) عِنْدَ الْعَرَبِ: النِّسَاءُ يَجْتَمِعْنَ فِي فَرَحٍ أَوْ حُزْنٍ، وَالْجَمْعُ الْمَآتِمُ، وَعِنْدَ الْعَامَّةِ الْمُصِيبَةُ وَالنِّيَاحَةُ، يُقَالُ: كُنَّا فِي مَأْتَمِ بَنِي فُلَانٍ، قَالَ ابْنُ الْأَنْبَارِيِّ: هَذَا غَلَطٌ، وَإِنَّمَا الصَّوَابُ فِي مَنَاحَةِ بَنِي فُلَانٍ، وَأَنْشَدَ لِأَبِي عَطَاءٍ السِّنْدِيِّ فِي الْحُزْنِ[2]:

عَشِيَّةَ قَامَ النَّائِحَاتُ وَشُقِّقَتْ ... جُيُوبٌ بِأَيْدِي مَأْتَمٍ وَخُدُودُ

وَلِابْنِ مُقْبِلٍ فِي الْفَرَحِ[3]:

وَمَأْتَمٍ كَالدُّمَى حُورٍ مَدَامِعُهَا لَمْ ... تَيْأَسْ الْعَيْشَ أَبْكَارًا وَلَا عُونَا

[أ ت ن]: (الْأَتُونُ) مَقْصُورٌ مُخَفَّفٌ عَلَى فَعُولٍ مَوْقِدُ النَّارِ، وَيُقَالُ لَهُ بِالْفَارِسِيَّةِ: كلخن، وَهُوَ لِلْحَمَّامِ، وَيُسْتَعَارُ لِمَا يُطْبَخُ فِيهِ الْآجُرُّ، وَيُقَالُ لَهُ بِالْفَارِسِيَّةِ خَمَدَانِ وتونق وداشوزن، وَالْجَمْعُ أَتَاتِينُ بِتَاءَيْنِ بِإِجْمَاعِ الْعَرَبِ عَنْ الْفَرَّاءِ.

[أ ت ي]: (أَتَى) الْمَكَانَ مِثْلُ جَاءَهُ وَحَضَرَهُ إِتْيَانًا. وَفِي حَدِيثِهِ عَلَيْهِ السَّلَامُ[4]: "أَتَانِي آتٍ" أَيْ: مَلَكٌ. وَفِي حَدِيثِ عَلِيٍّ رَضِيَ اللهُ عَنْهُ: أُتِيَ فِي شَيْءٍ، أَيْ: خُوصِمَ عِنْدَهُ

---

(١) مكانه في خ: "وأنه قتل يوم حنين وزواية".

(٢) هو: أفلح بن يسار أبو عطاء السندي، شاعر قوي البديهة، كان عبدا أسود من موالي بني أسد، نشأ بالكوفة وتشيع للأموية وهجا بني هاشم، وكانت في لسانه عجمة ولغثة، فتبنى وصيفا سماه عطاء وروّاه شعره، وكان إذا أراد إنشاء شعر أمره فأنشد عنه، توفي سنة ١٨٠هـ انظر ترجمته في الأغاني ٤٧٨/٤.

(٣) هو: تميم بن أُبيّ بن مقبل، من بني العجلان بن عامر بن صعصعة أبو كعب، شاعر جاهلي أدرك الإسلام، وأسلم فكان يبكي أهل الجاهلية، عاش نيفا ومائة سنة، وعُدّ في المخضرمين، وكان يهاجي النجاشي الشاعر، توفي سنة ٣٧هـ انظر ترجمته في الشعر والشعراء ٩٤/١، وسمط الآلئ ٢٠/١.

(٤) سقط من: خ.

فِي مَعْنَى شَيْءٍ.

(وَأَتَى الْمَرْأَةَ) جَامَعَهَا، كِنَايَةٌ.

(وَأَتَى عَلَيْهِمْ الدَّهْرُ) أَيْ: أَهْلَكَهُمْ وَأَفْنَاهُمْ، وَأَصْلُهُ مِنْ إِتْيَانِ الْعَدُوِّ، وَمِنْهُ قَوْلُهُ فِي الْقَتِيلِ[١]: عَنَيْتُ، إِنْ أَتَى عَلَى نَفْسِهِ بِالْقَتْلِ، يَعْنِي: قَتَلَهُ بِمَرَّةٍ [وَاحِدَةٍ، وَطَرِيقٌ مِيتَاءٌ يَأْتِيهِ النَّاسُ كَثِيرًا وَهُوَ مِفْعَالٌ مِنْ الْإِتْيَانِ، وَنَظِيرُهُ دَارٌ مِحْلَالٌ لِلَّتِي تُحَلُّ كَثِيرًا][٢]، وَقَوْلُهُمْ: مِنْ هُنَا[٣] أُتِيتَ، أَيْ: مِنْ هُنَا دَخَلَ عَلَيْكَ الْبَلَاءُ. وَمِنْهُ قَوْلُ الْأَعْرَابِيِّ، [وَهُوَ سَلَمَةُ بن صَخْرٍ الْبَيَاضِيُّ][٤]: وَهَلْ أُتِيتُ إِلَّا مِنْ الصَّوْمِ، وَمَنْ رَوَى: وَهَلْ أُوتِيتُ مَا أُوتِيتُ إِلَّا مَنْ الصَّوْمِ، فَقَدْ أَخْطَأَ مِنْ غَيْرِ وَجْهٍ، عَلَى أَنَّ رِوَايَةَ الْحَدِيثِ عَنْ ابْنِ مَنْدَهْ وَأَبِي نُعَيْمٍ: "وَهَلْ أَصَابَنِي مَا أَصَابَنِي إِلَّا فِي الصِّيَامِ"[٥].

(وَتَأَتَّى) لَهُ الْأَمْرُ، أَيْ: تَهَيَّأَ، وَمِنْهُ هَذَا مِمَّا يَتَأَتَّى فِيهِ الْمَضْغُ، أَيْ: يُمْكِنُ وَيَسْهُلُ.

(وَالْأَتِيُّ) وَالْأَتَاوِيُّ الْغَرِيبُ، وَمِنْهُ: إِنَّمَا هُوَ أَتِيٌّ فِينَا، وَأَطْعَمْتُمْ أَتَاوِيًّا.

[(الْأَتِيُّ) سَيْلٌ يَأْتِيكَ لَا تَرَى مَطَرَهُ][٦] فِي (س ت).

الْهَمْزَةُ مَعَ الثَّاءِ

[أ ث ث]: (مِسْطَحُ بن أُثَاثَةَ) بِضَمِّ الْهَمْزَةِ، وَفِي الْكَرْخِيِّ: مَا يُتَأَثَّثُ بِهِ يُتَفَعَّلُ مِنْ أَثَاثِ الْبَيْتِ، وَهَذَا مِمَّا لَمْ أَجِدْهُ.

[أ ث ر]: (أَثَرَ) الْحَدِيثَ رَوَاهُ، وَمِنْهُ: مَا حَلَفْتُ بِهَا ذَاكِرًا وَلَا آثِرًا، أَيْ: مَا تَلَفَّظْتُ بِالْكَلِمَةِ الَّتِي هِيَ (بِأَبِي) لَا ذَاكِرًا بِلِسَانِي ذِكْرًا مُجَرَّدًا عَنْ النِّيَّةِ، وَلَا مُخْبِرًا عَنْ غَيْرِي أَنَّهُ تَكَلَّمَ بِهَا.

(وَالْمَأْثُرَةُ) وَاحِدَةُ الْمَآثِرِ، وَهِيَ الْمَكَارِمُ؛ لِأَنَّهَا تُؤْثَرُ، أَيْ: تُرْوَى.

(وَالْإِيثَارُ) الِاخْتِيَارُ مَصْدَرُ آثَرَ عَلَى أَفْعَلَ، وَمِنْهُ قَوْلُهُ فِي الطَّلَاقِ: عَلَى أَنْ تُؤْثِرَ

---

(١) في خ: "التقتيل". (٢) زيادة من: م.

(٣) في م: "هاهنا". (٤) زيادة من: م.

(٥) أخرجه الترمذي في سننه (٣٢٢١)، وأحمد في مسنده (١٥٨٢٥)، والحاكم في المستدرك (٢٧٦٦)، والبيهقي في السنن الكبرى ٣٩١/٧، قال الحاكم: هذا حديث صحيح على شرط مسلم، ولم يخرجاه.

(٦) زيادة من: م.

الْعَذَابَ عَلَى صُحْبَتِه، أَيْ: تَخْتَارَهُ.

[أ ث ل]: (الْأَثْلُ) شَجَرٌ يُشْبِهُ الطَّرْفَاءَ، وَبِتَصْغِيرِهِ سُمِّيَ الْمَوْضِعُ الَّذِي قُتِلَ فِيهِ النَّضْرُ[١] صَبْرًا.

وَ(تَأَثَّلَ) الْمَالَ جَمَعَهُ وَاتَّخَذَهُ لِنَفْسِهِ أَثْلَةً، أَيْ: أَصْلًا. وَمِنْهُ الْحَدِيثُ: "غَيْرَ (مُتَأَثِّلٍ) مَالًا"[٢]. وَفِي صَحِيحِ الْبُخَارِيِّ: "غَيْرَ مُتَمَوِّلٍ" [٣] وَالْأَوَّلُ أَصَحُّ لُغَةً.

(وَالْأُثَالُ) بِالضَّمِّ الْمَالُ وَالْمَجْدُ، وَبِهِ سُمِّيَ وَالِدُ ثُمَامَةَ بن أُثَالٍ الْحَنَفِيِّ، [وَإِيَالٌ تَصْحِيفٌ][٤].

[أ ث م]: (الْمَأْثَمُ) الْإِثْمُ.

[أ ث و]: (أَثَى) بِهِ يَأْثِي وَيَأْثُو أَثْيًا وَأَثْوًا إِذَا سَعَى بِهِ وَوَشَى، وَمِنْهُ الْحَدِيثُ: "لَأَثِيَنَّ بِكَ عَلِيًّا". وَإِنَّمَا عدَّاه[٥] إِلَى الْمَفْعُولِ الصَّحِيحِ بَعْدَ تَعْدِيَتِهِ بِالْبَاءِ عَلَى مَعْنَى أُخْبِرُ وَأُعْلِمُ.

الْهَمْزَةُ مَعَ الْجِيمِ

[أ ج ر]: (الْإِجَارَةُ) تَمْلِيكُ الْمَنَافِعِ بِعِوَضٍ، وَفِي اللُّغَةِ اسْمٌ لِلْأُجْرَةِ، وَهِيَ كِرَاءُ الْأَجِيرِ، وَقَدْ آجَرَهُ إِذَا أَعْطَاهُ أُجْرَتَهُ، مِنْ بَابَيْ ضَرَبَ وَطَلَبَ، فَهُوَ آجِرٌ، وَذَاكَ مَأْجُورٌ.

وَفِي كِتَابِ الْعَيْنِ: أَجَّرْتُ مَمْلُوكِي أُوْجِرُهُ[٦] إِيجَارًا فَهُوَ مُؤْجَرٌ.

وَفِي الْأَسَاسِ: آجَرَنِي[٧] دَارِهِ فَاسْتَأْجَرْتُهَا وَهُوَ مُؤْجِرٌ، وَلَا تَقُلْ: مؤاجِرٌ[٨] فَإِنَّهُ خَطَأٌ وَقَبِيحٌ، قَالَ: وَلَيْسَ آجَرَ هَذَا فَاعَلَ، لكن[٩] أَفْعَلَ وَإِنَّمَا الَّذِي هُوَ فَاعَلَ قَوْلُكَ: آجَرَ الْأُجْرَةَ مُؤَاجَرَةً، كَقَوْلِكَ: شَاهَرَه وَعَاوَمَهُ.

وَفِي الْمُجْمَلِ: آجَرْت الرَّجُلَ مُؤَاجَرَةً، إِذَا جَعَلْت لَهُ عَلَى فِعْلِهِ أُجْرَةً.

---

(١) بعده في م: "بْنُ الْحَارِثِ أَخُو قُتَيْلَةَ".

(٢) أخرجه البخاري في صحيحه عن عبد الله بن عمر: (٢٧٣٧)، والترمذي: (١٣٧٥)، وابن ماجه: (٢٧١٨)، وأبو داود: (٢٨٧٨).

(٣) أخرجه البخاري في صحيحه: (٢٧٧٢)، وأحمد في مسنده: (٥١٥٧)، وابن خزيمة في صحيحه: (٢٣٢٨)، وابن حبان في صحيحه: (٤٩٠١).

(٤) في م: "وإياك والتصحيف".

(٥) سقط من: م.

(٦) في م: "أو أجره".

(٧) في م: "آجر".

(٨) في م: "هو آجر".

(٩) في م: "بل هو من".

وَفِي بَابِ أَفْعَلَ مِنْ جَامِعِ الْغُورِيِّ أَجَرَهُ اللهُ: لُغَةٌ فِي آجَرَهُ وَأَجَرَهُ مِنَ الإِجَارَةِ، وَفِي بَابِ فَاعَلَ: آجَرَهُ الدَّارَ، وَهَكَذَا فِي دِيوَانِ الأَدَبِ وَالْمَصَادِرِ.

قُلْت: وَفِيهِ نَظَرٌ، وَإِنَّمَا الصَّوَابُ مَا أُثْبِتَ فِي الْعَيْنِ وَالتَّهْذِيبِ وَالأَسَاسِ، عَلَى أَنَّ مَا كَانَ مِنْ فَاعَلَ فِي مَعْنَى الْمُعَامَلَةِ كَالْمُشَارَكَةِ وَالْمُزَارَعَةِ لَا يَتَعَدَّى إِلَّا إِلَى مَفْعُولٍ وَاحِدٍ، وَمُؤَاجَرَةُ الأَجِيرِ مِنْ ذَلِكَ، فَكَانَ حُكْمُهَا حُكْمَهُ وَمَا[1] تَعَاوَنَ فِيهِ الْقِيَاسُ وَالسَّمَاعُ أَقْوَى مِنْ غَيْرِهِ، فَالْحَاصِلُ أَنَّكَ قُلْتَ: آجَرَهُ الدَّارَ وَالْمَمْلُوكَ، وَالْمَمْلُوكَ، فَهُوَ مِنْ أَفْعَلَ لَا غَيْرُ. وَإِذَا قُلْتَ: آجَرَ الأَجِيرَ، كَانَ مُوَجَّهًا، وَأَمَّا قَوْلُهُمْ: آجَرْتُ مِنْك هَذَا الْحَانُوتَ شَهْرًا، فَزِيَادَةٌ مِنْ فِيهِ عَامِّيَّةٌ.

وَاسْمُ الْفَاعِلِ مِنْ نَحْوِ: آجَرَهُ الدَّارَ مُؤْجِرٌ، وَالآجِرُ فِي مَعْنَاهُ غَلَطٌ إِلَّا إِذَا صَحَّتْ رِوَايَتُهُ عَنِ السَّلَفِ فَحِينَئِذٍ يَكُونُ نَظِيرَ قَوْلِهِمْ: مَكَانٌ عَاشِبٌ وَبَلَدٌ مَاحِلٌ فِي مَعْنَى مُعْشِبٌ وَمُمْحِلٌ.

وَاسْمُ الْمَفْعُولِ مِنْهُ: مُؤْجَرٌ، لَا مُؤَاجَرٌ، وَمِنَ الثَّانِي مِنْ آجَرَ الأَجِيرَ مُؤْجَرٌ وَمُؤَاجَرٌ، وَمَنْ قَالَ: وَاجَرْتُهُ[2] فَعُذْرُهُ أَنَّهُ بَنَاهُ عَلَى يُؤَاجِرُ وَهُوَ ضَعِيفٌ، وَأَمَّا الأَجِيرُ فَهُوَ مِثْلُ الْجَلِيسِ وَالنَّدِيمِ فِي أَنَّهُ فَعِيلٌ بِمَعْنَى الْمُفَاعِلِ، وَمِنْهُ: لَا تَجُوزُ شَهَادَةُ الأَجِيرِ لِمُعَلِّمِهِ، يَعْنِي: تِلْمِيذَهُ الَّذِي يُسَمَّى فِي دِيَارِنَا الْخَلِيفَةَ لِأَنَّهُ يُسْتَأْجَرُ.

وَقَوْلُهُ: بَيْعُ أَرْضِ الْمُزَارَعَاتِ وَالإِجَارَاتِ وَالإِكَارَاتِ وَالإِخَاذَاتِ جَائِزٌ، يَعْنِي: الأَرْضَ الْمَمْلُوكَةَ إِذَا أَجَّرَهَا أَرْبَابُهَا مِمَّنْ يَبْنِي فِيهَا، وَالإِكَارَاتُ: هِيَ الأَرَاضِي الَّتِي يَدْفَعُهَا أَرْبَابُهَا إِلَى الأَكَرَةِ فَيَزْرَعُونَهَا وَيَعْمُرُونَهَا. وَالإِخَاذَاتُ: هِيَ الأَرَاضِي الْخَرِبَةُ الَّتِي يَدْفَعُهَا مَالِكُهَا إِلَى مَنْ يَعْمُرُهَا وَيَسْتَخْرِجُهَا. وَعَنِ الْغُورِيِّ: الإِخَاذَةُ الأَرْضُ يَأْخُذُهَا رَجُلٌ فَيُحْرِزُهَا لِنَفْسِهِ وَيُحْيِيهَا.

وَمَا تَقَدَّمَ كُلُّهُ تَفْسِيرُ الْفُقَهَاءِ، وَكَأَنَّهُمْ جَعَلُوهَا أَسْمَاءً لِلْمَعَانِي ثُمَّ سَمَّوْا بِهَا الأَعْيَانَ الْمَعْقُودَ عَلَيْهَا، أَلَا تَرَاهُمْ قَالُوا: فَإِنْ بَاعَ الَّذِي لَهُ إِخَاذَتُهَا وَإِكَارَتُهَا، ثُمَّ قَالُوا: وَالإِكَارَةُ الأَرْضُ الَّتِي فِي يَدِ الأَكَرَةِ وَهَذَا مِمَّا لَمْ أَجِدْهُ.

(آجَرُ) أُمُّ إِسْمَاعِيلَ عَلَيْهَا السَّلَامُ، وَالْهَاءُ أَصَحُّ وَهُوَ فَاعَلُ بِفَتْحِ الْعَيْنِ.

---

(١) زيادة من: م.

(٢) في خ: "واجَرَ".

(الْآجُرُّ) الطِّينُ الْمَطْبُوخُ، وَهُوَ مُعَرَّبٌ.

(وَالْإِجَّارُ)[١] السَّطْحُ فِعَّالٌ عَنْ أَبِي عَلِيٍّ الْفَارِسِيِّ. (وَالْإِنْجَارُ) لُغَةٌ فِيهِ وَعَلَيْهِ جَاءَ الْحَدِيثُ: "فَتَلَقَّوْهُ عَلَى الْأَنَاجِيرِ".

[أ ج ل]: قَوْلُهُ الْمَعْنِيُّ بِقَوْلِنَا طلاق[٢] رَجْعِيٌّ أَنَّ حُكْمَهُ (مُتَأَجِّلٌ) أَيْ: مُؤَجَّلٌ إِلَى زَمَانِ انْقِضَاءِ الْعِدَّةِ، وَهِيَ فِي الْأَصْلِ خِلَافُ الْمُتَعَجِّلِ.

[أ ج م]: (الْأَجَمَةُ) الشَّجَرُ الْمُلْتَفُّ، وَالْجَمْعُ: أَجَمٌ وَآجَامٌ، وَقَوْلُهُمْ: بَيْعُ السَّمَكِ فِي الْأَجَمَةِ، يُرِيدُونَ الْبَطِيحَةَ الَّتِي هِيَ مَنْبَتُ الْقَصَبِ أَوْ الْيَرَاعِ.

(وَأَمَّا الْآجَامُ) فِي صَلَاةِ الْمُسَافِرِ فَهِيَ بِمَعْنَى الْآطَامِ، وَهِيَ: الْحُصُونُ، وَالْوَاحِدُ: أُجُمٌ وَأُطُمٌ بِالضَّمِّ، عَنْ الْأَصْمَعِيِّ قِيلَ: كُلُّ بِنَاءٍ مُرْتَفِعٍ أُطُمٌ.

[أ ج ن]: (مَاءٌ آجِنٌ) وَأَجِنٌ وَقَدْ أَجَنَ أُجُونًا وَأَجِنَ أَجَنًا إِذَا تَغَيَّرَ[٣] طَعْمُهُ وَلَوْنُهُ غَيْرَ أَنَّهُ مَشْرُوبٌ، وَقِيلَ: تَغَيَّرَتْ رَائِحَتُهُ مِنْ الْقِدَمِ، وَقِيلَ: غَشِيَهُ الطُّحْلُبُ وَالْوَرَقُ.

(وَالْإِجَّانَةُ) الْمِرْكَنُ وَهُوَ شِبْهُ لَقَنٍ تُغْسَلُ فِيهِ الثِّيَابُ، وَالْجَمْعُ: أَجَانِينُ، وَالْإِنْجَانَةُ عَامِّيَّةٌ.

الْهَمْزَةُ مَعَ الْحَاءِ

[أ ح د]: (أُحُدٌ) جَبَلٌ، وَيَجُوزُ تَرْكُ صَرْفِهِ.

[أ ح ن]: (الْإِحْنَةُ) الْحِقْدُ، وَالْجَمْعُ: إِحَنٌ، وَإِحَنَةٌ[٤] لُغَةٌ ضَعِيفَةٌ، وَمِنْهُ لَفْظُ الرِّوَايَةِ: لَا تَجُوزُ شَهَادَةُ ذِي حِنَةٍ، وَأَمَّا جِنَّةٌ بِالْجِيمِ وَالنُّونِ الْمُشَدَّدَةِ فَتَصْحِيفٌ.

الْهَمْزَةُ مَعَ الْخَاءِ

[أ خ ذ]: (الْأَخْذُ) مِنْ الشَّارِبِ قَصُّهُ وَقَطْعُ شَيْءٍ مِنْ شَعْرِهِ، وَمِنْهُ قَوْلُهُ فِي خِيَارِ الرُّوِيَّةِ مِنْ[٥] الْمُنْتَقَى: الْأَخْذُ مِنْ عُرْفِ الْفَرَسِ لَيْسَ بِرَضِيٍّ.

الْإِخَاذَاتُ فِي (أ ج).

[أ خ ر]: (مُؤْخِرُ) الْعَيْنِ بِضَمِّ الْمِيمِ وَكَسْرِ الْخَاءِ، طَرَفُهَا الَّذِي يَلِي الصُّدْغَ وَالْمُقْدَمُ

---

(١) في خ: "والإجَّارُث".
(٢) سقط من: م.
(٣) في خ: "تفيّد".
(٤) في خ: "والحِنَةُ".
(٥) بعده في خ: "كتاب".

خِلَافُهُ، وَالْجَمْعُ: مَآخِرُ. وَأَمَّا مُؤَخِّرَةُ الرَّحْلِ بِالتَّاءِ فَلُغَةٌ فِي آخِرَتِهِ، وَهِيَ: الْخَشَبَةُ الْعَرِيضَةُ الَّتِي تُحَاذِي رَأْسَ الرَّاكِبِ. مِنْهَا الْحَدِيثُ: "إِذَا وَضَعَ أَحَدُكُمْ بَيْنَ يَدَيْهِ مِثْلَ مُؤَخِّرَةِ الرَّحْلِ فَلْيُصَلِّ وَلَا يُبَالِ مَنْ مَرَّ مِنْ وَرَاءِ ذَلِكَ"[١]. وَتَشْدِيدُ الْخَاءِ خَطَأٌ.

وَفِي حَدِيثِ مَاعِزٍ: "إِنَّ الْأَخِرَ زَنَى هُوَ الْمُؤَخَّرُ الْمَطْرُودُ"[٢]. وَعَنَى بِهِ نَفْسَهُ، وَمِثْلُهُ فِي مُخْتَصَرِ الْكَرْخِيِّ عَنْ عَلِيٍّ رَضِيَ اللهُ عَنْهُ: أَنَّهُ سَمِعَ الْمُؤَذِّنَ يُقِيمُ مَرَّةً مَرَّةً، أَلَا جَعَلْتَهَا مَثْنَى لَا أُمَّ لِلْأَخِرِ، وَهُوَ مَقْصُورٌ، وَالْمَدُّ خَطَأٌ، وَالْأَخِيرُ تَحْرِيفٌ.

[أ خ و] (مِنْ أَخِيهِ) فِي (ع ف).

الْهَمْزَةُ مَعَ الدَّالِ

[أ د ب]: (الْأَدَبُ) أَدَبُ النَّفْسِ وَالدَّرْسِ، وَقَدْ أَدُبَ فَهُوَ أَدِيبٌ، وَأَدَّبَهُ غَيْرُهُ فَتَأَدَّبَ وَاسْتَأْدَبَ، وَتَرْكِيبُهُ يَدُلُّ عَلَى الْجَمْعِ وَالدُّعَاءِ، وَمِنْهُ الْأَدَبُ: وَهُوَ أَنْ تَجْمَعَ النَّاسَ إِلَى طَعَامِكَ وَتَدْعُوَهُمْ. (وَمِنْهُ) قِيلَ لِلصَّنِيعِ: مَأْدَبَةٌ كَمَا قِيلَ لَهُ مَدْعَاةٌ. (وَمِنْهُ) الْأَدَبُ؛ لِأَنَّهُ يَأْدِبُ النَّاسَ إِلَى الْمَحَامِدِ، أَيْ: يَدْعُوهُمْ إِلَيْهَا. عَنِ الْأَزْهَرِيِّ وَعَنْ أَبِي زَيْدٍ اسْمٌ يَقَعُ عَلَى كُلِّ رِيَاضَةٍ مَحْمُودَةٍ يَتَخَرَّجُ بِهَا الْإِنْسَانُ فِي فَضِيلَةٍ مِنَ الْفَضَائِلِ.

[أ د ر]: (الْأُدْرَرُ)[٣] وَهُوَ مَصْدَرُ الْآدَرِ وَهُوَ الْأَنْفَخُ بِهِ أُدْرَةٌ وَهِيَ عِظَمُ الْخُصَى.

[أ د م]: (الْأَدَمُ) بِفَتْحَتَيْنِ، اسْمٌ لِجَمْعِ أَدِيمٍ: وَهُوَ الْجِلْدُ الْمَدْبُوغُ الْمُصْلَعُ[٤] بِالدِّبَاغِ مِنَ الْإِدَامِ، وَهُوَ مَا يُؤْتَدَمُ بِهِ، وَالْجَمْعُ: أُدُمٌ بِضَمَّتَيْنِ. قَالَ ابْنُ الْأَنْبَارِيِّ: مَعْنَاهُ الَّذِي يُطَيِّبُ الْخُبْزَ وَيُصْلِحُهُ وَيُلْتَذُّ بِهِ الْآكِلُ، وَالْأُدْمُ مِثْلُهُ، وَالْجَمْعُ: آدَامٌ كَحُلْمٍ وَأَحْلَامٍ، وَمَدَارُ التَّرْكِيبِ عَلَى الْمُوَافَقَةِ وَالْمُلَاءَمَةِ وَهُوَ أَعْنِي الْإِدَامَ عَامٌّ فِي الْمَائِعِ وَغَيْرِهِ، وَأَمَّا الصَّبْغُ فَمُخْتَصٌّ بِالْمَائِعِ وَكَذَا الصِّبَاغُ.

---

(١) أخرجه مسلم (٥٠٠)، وابن حبان في صحيحه (٢٣٧٩)، وأبو نعيم في المسند المستخرج على صحيح مسلم (١١٠٢)، ومحمد بن إسحاق السراج في مسنده (٣٥٧).

(٢) أخرجه البخاري من حديث ابن عباس (٦٨٢٤)، ومسلم (١٦٩٤)، وهذه اللفظة في رواية النسائي في السنن الكبرى (٧١٤٠)، والبزار في البحر الزخار (٤٠٣٥)، والبيهقي في السنن الكبرى ج٨/٢١٩.

(٣) في م: "الْأَدَرُ".

(٤) في م: "الْمُصْلَح".

[أ د و]: (الْإِدَاوَةُ) الْمِطْهَرَةُ، وَالْجَمْعُ: الْأَدَاوَى.

الْهَمْزَةُ مَعَ الذَّالِ

[أ ذ ر]: (أَذْرَبِيجَانُ) بِفَتْحِ الْأَلِفِ وَالرَّاءِ وَسُكُونِ الذَّالِ مَوْضِعٌ.

[أ ذ ن]: (رَجُلٌ أُذَانِيٌّ) عَظِيمُ الْأُذُنِ، وَالْأَذَانُ الْإِيذَانُ وَهُوَ الْإِعْلَامُ، وَمِنْهُ: لَا بَأْسَ بِالْأَذَانِ لِلنَّاسِ فِي الْجِنَازَةِ. وَفِي التَّنْزِيلِ: ﴿وَأَذَانٌ مِنَ اللهِ وَرَسُولِهِ﴾ [سورة التوبة آية ٣]. وَمِنْهُ حَدِيثُ الْحَسَنِ رضي الله عنه: "[إن جَنَّزتموها][1] فَآذنوني"[2]. وَقَدْ جَهِلَ مَنْ أَنْكَرَ هَذَا عَلَى أَبِي حَنِيفَةَ رَحِمَهُ اللهُ تَعَالَى، وَأَمَّا الْأَذَانُ الْمُتَعَارَفُ فَهُوَ مِنَ التَّأْذِينِ كَالسَّلَامِ مِنَ التَّسْلِيمِ، وَفِي الْوَاقِعَاتِ اسْتِعَارَ سِتْرًا لِلْآذِينِ فَضَاعَ مِنْهُ هُوَ بِالْمَدِّ الَّذِي يُقَالُ لَهُ بِالْفَارِسِيَّةِ: خوزاه[3] وَكَأَنَّهُ تَعْرِيبُ أيين وَهُوَ أَعْوَادٌ أَرْبَعَةٌ تُنْصَبُ فِي الْأَرْضِ وَتُزَيَّنُ بِالْبُسُطِ وَالسُّتُورِ وَالثِّيَابِ الْحِسَانِ، وَيَكُونُ ذَلِكَ فِي الْأَسْوَاقِ وَالصَّحَارِي وَقْتَ قُدُومِ مَلِكٍ أَوْ عِنْدَ إِحْدَاثِ أَمْرٍ مِنْ مَعَاظِمِ الْأُمُورِ.

[أ ذ ي]: (الْأَذَى) مَا يُؤْذِيكَ وَأَصْلُهُ الْمَصْدَرُ، [يقال: أذِيَ أذىً][4] وَقَوْله تَعَالَى فِي الْمَحِيضِ: ﴿قُلْ هُوَ أَذًى﴾ [سورة البقرة آية ٢٢٢] أَيْ: شَيْءٌ مُسْتَقْذَرٌ، كَأَنَّهُ يُؤْذِي مَنْ يَقْرَبُهُ نُفْرَةً وَكَرَاهَةً، وَالتَّأَذِّي أَنْ يُؤَثِّرَ فِيهِ الْأَذَى، وَقَوْلُ عُمَرَ رضي الله عنه: إِيَّاكَ؛ وَالتَّأَذِّي بِالنَّاسِ. يُرَادُ بِهِ النَّهْيُ عَنْ إِظْهَارِ أَثَرِهِ؛ لِأَنَّهُ هُوَ الَّذِي فِي مِلْكِهِ[5].

الْهَمْزَةُ مَعَ الرَّاءِ

[أ ر ب]: فِي الْحَدِيثِ: "وَكَانَ أَمْلَكَكُمْ لِإِرْبِهِ"[6] بِكَسْرِ الْهَمْزَةِ وَسُكُونِ الرَّاءِ، بِمَعْنَى الْإِرْبَةِ، وَهِيَ الْحَاجَةُ، الْحَاجَةُ، وَفِي غَيْرِهَا الْعُضْوُ عَنْ أَبِي عُبَيْدَةَ، وَمِنْهُ: "السُّجُودُ عَلَى سَبْعَةِ آرَابٍ"[7] وَأَرْآبٌ مَقْلُوبٌ. وَمِنْهُ: تَأْرِيبُ الشَّاةِ تَعْضِيدُهَا وَجَعْلُهَا إِرْبًا إِرْبًا. (وَكَتِفٌ) مُؤَرَّبَةٌ

---

(١) في م: "إذا أخبرتموها".
(٢) الحديث في سنن النسائي: "إذا ماتت فآذنوني"، (١٩٠٧) من حديث أسعد بن سهل الأنصاري، وفي السنن الكبرى (٢٠٤٥)، وفي الموطأ رواية يحيى الليثي (٥٣١).
(٣) في م: "خوازه".
(٤) سقط من: م.
(٥) في خ: "مَلَكَتِهِ".
(٦) أخرجه البخاري (١٩٢٧)، ومسلم (١١٠٦).
(٧) أخرجه الطبراني في المعجم الأوسط (١٦٨٧) برواية: السجود على سبعة أعضاء، وفي المعجم الكبير (١٢٢٨٢)، وابن الأعرابي في معجمه (٢٤١٨)، والطبري في تهذيب الآثار (٣٣٨).

مُوَفَّرَةٌ لَمْ يُؤْخَذْ مِنْ لَحْمِهَا شَيْءٌ. فِي الْحَدِيثِ: أَنَّهُ عَلَيْهِ السَّلَامُ" أُتِيَ بِكَتِفٍ مُؤَرَّبَةٍ فَأَكَلَهَا وَصَلَّى وَلَمْ يَتَوَضَّأْ"[١].

(وَأَمَّا الْأَرَبُ) بِفَتْحَتَيْنِ فَالْحَاجَةُ لَا غَيْرُ، إِلَّا أَنَّهُ لَمْ يُسْمَعْ فِي الْحَدِيثِ، وَالْمُرَادُ بِمِلْكِهِ حَاجَتَهُ قَمْعُهُ لِلشَّهْوَةِ. وَفِي الْحَدِيثِ: "أَنَّهُ أَقْطَعَ أَبْيَضَ بن حَمَّالٍ مَاءَ[٢] مَأْرِبٍ" وَهُوَ بِكَسْرِ الرَّاءِ مَوْضِعٌ مِنْ بِلَادِ الْأَزْدِ، وَابْنُ حَمَّالٍ صَحَابِيٌّ مَعْرُوفٌ، وَحَمَّادٌ تَصْحِيفٌ.

[أ ر خ]: (التَّارِيخُ) تَعْرِيفُ الْوَقْتِ، يُقَالُ: أَرَّخْتُ الْكِتَابَ، وَوَرَّخْتُهُ لُغَةٌ، وَهُوَ مِنَ الْأَرْخِ، وَهُوَ وَلَدُ الْبَقَرَةِ الْوَحْشِيَّةِ، وَقِيلَ: هُوَ قَلْبُ التَّأْخِيرِ، وَقِيلَ: لَيْسَ بِعَرَبِيٍّ مَحْضٍ.

وَعَنِ الصُّولِيِّ: تَارِيخُ كُلِّ شَيْءٍ غَايَتُهُ وَوَقْتُهُ الَّذِي يَنْتَهِي إِلَيْهِ، وَمِنْهُ قِيلَ: فُلَانٌ تَارِيخُ قَوْمِهِ[٣]، أَيْ: إِلَيْهِ انْتَهَى شَرَفُهُمْ.

[أ ر ش]: (الْأَرْشُ) دِيَةُ الْجِرَاحَاتِ، وَالْجَمْعُ: أُرُوشٌ، (وَإِرَاشٌ) بِوَزْنِ فِرَاشٍ اسْمُ مَوْضِعٍ وَهُوَ فِي حَدِيثِ أَبِي جَهْلٍ مِنْ أَدَبِ الْقَاضِي.

[أ ر ض]: (الْأَرَضُونَ) بِفَتْحَتَيْنِ جَمْعُ أَرْضٍ.

[أ ر ف]: فِي حَدِيثِ خَيْبَرَ الَّذِي قَسَمَهَا وَأَرَّفَهَا عُمَرُ رَضِيَ اللهُ عَنْهُ أَيْ: حَدَّدَهَا وَأَعْلَمَهَا، مِنَ الْأُرْفَةِ وَهِيَ: الْحَدُّ وَالْعَلَامَةُ، وَمِنْهَا: إِذَا وَقَعَتِ الْأُرَفُ فَلَا شُفْعَةَ، وَأَيُّ مَالٍ اُقْتُسِمَ وَأُرِّفَ عَلَيْهِ، أَيْ: أُدِيرَتْ عَلَيْهِ أُرَفٌ.

[أ ر ق]: (الْأَرَقُ) السَّهَرُ وَالتَّأْرِيقُ الْإِسْهَارُ، وَبِاسْمِ الْفَاعِلِ مِنْهُ سُمِّيَ مُوَرِّقٌ الْعِجْلِيُّ مِنْ تَلَامِذَةِ الْحَسَنِ الْبَصْرِيِّ رَحْمَةُ اللهِ عَلَيْهِ.

[أ ر ك]: (الْأَرَاكُ) مِنْ عِظَامِ شَجَرِ الشَّوْكِ تَرْعَاهُ الْإِبِلُ وَأَلْبَانُ الْأَرَاكِ أَطْيَبُ الْأَلْبَانِ. وَمِنْهُ: "لَا حِمَى فِي الْأَرَاكِ"[٤]. وَأَمَّا حَدِيثُ أَبْيَضَ بن حَمَّالٍ أَنَّهُ سَأَلَ رَسُولَ اللهِ صَلَّى اللهُ عَلَيْهِ وَسَلَّمَ: مَا يُحْمَى مِنَ الْأَرَاكِ؟ فَقَدْ قَالَ أَبُو عُبَيْدَةَ: إِنَّمَا ذَلِكَ فِي أَرْضٍ مَلَكَهَا.

[أ ر ي]: قَوْلُهُ الْبِنَاءُ إِذَا كَانَ لَا يُعَدُّ زِيَادَةً (كَالْآرِيِّ) وَهُوَ الْمَعْلَفُ عِنْدَ الْعَامَّةِ، وَهُوَ

---

(١) أخرجه أحمد في مسنده (٢٣٣٥)، والطبراني في المعجم الكبير (٩٦٠).
(٢) في خ:"ملح".
(٣) في خ: "قوم".
(٤) أخرجه أبو داود من حديث أبيض بن حمال المأربي (٣٠٦٦)، والدارمي (٢٦١١)، والطبراني في المعجم الكبير (٨٠٨)، وابن أبي عاصم في الآحاد والمثاني (٢٤٧٢).

مُرادُ الْفُقَهَاءِ، وَعِنْدَ الْعَرَبِ الْآرِيُّ: الْآخِيَةُ، وَهِيَ عُرْوَةُ حَبْلٍ تُشَدُّ بِهَا الدَّابَّةُ فِي مَحْبِسِهَا فَاعُولٌ مِنْ تَأَرَّى بِالْمَكَانِ إِذَا أَقَامَ فِيهِ، وَقَوْلُ النَّابِغَةِ: الْأَوَارِيُّ[1]، يَشْهَدُ لِلْأَوَّلِ، وَتُسْتَعَارُ الْأَوَارِيُّ بِالْمَكَانِ لِمَا يُتَّخَذُ فِي الْحَوَانِيتِ مِنْ تِلْكَ الْأَحْيَازِ لِلْحُبُوبِ وَغَيْرِهَا، كَمَا تُسْتَعَارُ بِحِيَاضٍ[2] الْمَاءِ فِي الْحَمَّامِ.

الْهَمْزَةُ مَعَ الزَّايِ

[أ ز ب]: (الْمِيزَابُ) الْمِثْقَبُ[3] وَجَمْعُهُ: مَآزِيبُ. عَنْ ابْنِ السِّكِّيتِ قَالَ الْأَزْهَرِيُّ: وَلَا يُقَالُ: الْمِزَابُ، وَمَنْ تَرَكَ الْهَمْزَ قَالَ فِي الْجَمْعِ: مَيَازِيبُ وَمَوَازِيبُ مِنْ وَزَبَ الْمَاءُ إِذَا سَالَ، عَنْ ابْنِ الْأَعْرَابِيِّ، وَقِيلَ: هُوَ فَارِسِيٌّ فَعُرِّبَ بِالْهَمْزِ، وَأَنْكَرَ يَعْقُوبُ تَرْكَ الْهَمْزِ أَصْلًا.

[أ ز ج]: (الْأَزَجُ) بَيْتٌ يُبْنَى طُولًا، وَيُقَالُ لَهُ بِالْفَارِسِيَّةِ: أوستان بِوَاوٍ غَيْرِ مُصَرَّحَةٍ وسغ وكمرا.

[أ ز ذ]: (الْأَزَاذُ) ضَرْبٌ مِنْ أَجْوَدِ التَّمْرِ.

[أ ز ر]: قَوْلُهُمْ (اتَّزَرَ) عَامِّيٌّ، وَالصَّوَابُ: ائْتَزَرَ، افْتَعَلَ مِنْ الْإِزَارِ، وَأَصْلُهُ ائْتَزَرَ بِهَمْزَتَيْنِ الْأُولَى لِلْوَصْلِ وَالثَّانِيَةُ فَاءُ افْتَعَلَ، (وَتَأْزِيرُ) الْحَائِطِ أَنْ يُصْلَحَ أَسْفَلُهُ فَيُجْعَلَ لَهُ ذَلِكَ كَالْإِزَارِ، وَمِنْهُ قَوْلُهُ: أُزُرُ حِيطَانِ الدَّارِ الْمَوْقُوفَةِ.

مَأْزُورَاتٌ فِي (و ز، و ز ر).

[أ ز ز]: كَانَ عَلَيْهِ السَّلَامُ" يُصَلِّي وَلِجَوْفِهِ أَزِيزٌ كَأَزِيزِ الْمِرْجَلِ مِنْ الْبُكَاءِ"[4]. وَهُوَ الْغَلَيَانُ، وَقِيلَ: صَوْتُهُ، وَالْمِرْجَلُ قِدْرٌ مِنْ نُحَاسٍ عَنْ الْغُورِيِّ، وَقِيلَ: كُلُّ قِدْرٍ يُطْبَخُ فِيهَا.

الْهَمْزَةُ مَعَ السِّينِ

[أ س د]: (أَبُو سَعِيدٍ مَوْلَى أَبِي أُسَيْدٍ) بِالْفَتْحِ، وَكَذَا أُسَيْدٍ بن عَبْدِ الرَّحْمَنِ

---

(١) في خ: "إلا أواري".
(٢) في خ: "لحياض".
(٣) في خ: "المثْعَب".
(٤) أخرجه أبو داود من حديث عبد الله بن الشخير (٩٠٤)، والنسائي (١٢١٤)، وأحمد في مسنده (١٥٨٧٧)، وابن خزيمة في صحيحه (٨٦٣).

الْخَثْعَمِيُّ، وَكَذَا عَتَّابُ بن أُسَيْدٍ، (وَأُسَيْدٌ) أَبُو ثَعْلَبَةَ، رُوِيَ فِيهِ الضَّمُّ، (وَأُسَيْدُ) بن حُضَيْرٍ بِالضَّمِّ لَا غَيْرُ، وَكَذَا أُسَيْدُ بن ظُهَيْرٍ، وَكَذَا أَبُو أُسَيْدٍ السَّاعِدِيُّ.

[أ س ر]: (اسْتَأْسَرَ) الرَّجُلُ لِلْعَدُوِّ إِذَا أَعْطَى بِيَدِهِ وَانْقَادَ وَهُوَ لَازِمٌ كَمَا تَرَى، وَلَمْ نَسْمَعْهُ مُتَعَدِّيًا إِلَّا فِي حَدِيثِ عَبْدِ الرَّحْمَنِ وَصَفْوَانَ: أَنَّهُمَا اسْتَأْسَرَا الْمَرْأَتَيْنِ اللَّتَيْنِ كَانَتَا عِنْدَهُمَا مِنْ هَوَازِنَ، وَقَوْلُهُ: فَأَخَذَهَا الْمُسْلِمُونَ أَسِيرًا، إِنَّمَا لَمْ يَقُلْ أَسِيرَةً؛ لِأَنَّ فَعِيلًا بِمَعْنَى مَفْعُولٍ يَسْتَوِي فِيهِ الْمُذَكَّرُ وَالْمُؤَنَّثُ مَا دَامَ جَارِيًا عَلَى الِاسْمِ.

[إ س ك ن د ر]: (إِسْكَنْدَرِيَّةُ) حِصْنٌ عَلَى سَاحِلِ بَحْرِ الرُّومِ، وَثَوْبٌ إِسْكَنْدَرَانِيٌّ مَنْسُوبٌ إِلَيْهَا، وَالْأَلِفُ وَالنُّونُ مِنْ تَغْيِيرَاتِ النَّسَبِ.

[أ س س]: (الْأُسُّ) أَصْلُ الْحَائِطِ، وَالْجَمْعُ: آسَاسٌ، وَالْأَسَاسُ مِثْلُهُ، وَجَمْعُهُ: أُسُسٌ.

[أ س ف]: فِي الْحَدِيثِ: "إِنَّ أَبَا بَكْرٍ رَجُلٌ أَسِيفٌ" [1] أَيْ: سَرِيعُ الْحُزْنِ، وَالْأَسِفُ بِغَيْرِ يَاءٍ الْغَضْبَانُ وَلَمْ يُسْمَعْ بِهِ هُنَا.

[أ س ك]: (الْإِسْكَتَانِ) نَاحِيَتَا فَرْجِ الْمَرْأَةِ فَوْقَ الشُّفْرَيْنِ، وَفِي الْقُدُورِيِّ: مَكَانُ هَذَا اللَّفْظِ الرُّكْبَانُ.

[أ س ل]: (الْأَسَلُ) فِي (ض غ، ض غ ث).

[ا س م]: (أَبُو أُسَامَةَ) كُنْيَةُ زَيْدٍ مُتَبَنَّى رَسُولِ اللهِ صَلَّى اللهُ عَلَيْهِ وَسَلَّمَ.

[أ س ن]: (مَاءٌ أَسِنٌ وَآسِنٌ) مُتَغَيِّرُ الرَّائِحَةِ، مِنْ بَابَيْ طَلَبَ وَلَبِسَ.

[أ س و]: (الْأُسْوَةُ) اسْمٌ مِنْ ائْتَسَى بِهِ إِذَا اقْتَدَى بِهِ وَاتَّبَعَهُ، وَيُقَالُ: آسَيْتُهُ بِمَالِي، أَيْ: جَعَلْتُهُ أُسْوَةً أَقْتَدِي بِهِ وَيَقْتَدِي هُوَ بِي، وَوَاسَيْتُ لُغَةٌ ضَعِيفَةٌ، وَمِنْهُ قَوْلُهُ فِي بَابِ الْأَذَانِ: فَتَوَاسَوْهُ [2]، وَفِي كِتَابِ عُمَرَ: آسِ بَيْنَ النَّاسِ فِي وَجْهِكَ. أَمْرٌ مِنْهُ وَمَعْنَاهُ: شَارِكْ بَيْنَهُمْ فِي نَظَرِكَ وَالْتِفَاتِكَ، وَقِيلَ: سَوِّ بَيْنَهُمْ، وَمَنْ رَوَى آسِ مِنْ التَّأْسِيَةِ التَّعْزِيَةِ فَقَدْ أَخْطَأَ، قَوْلُهُمْ:مَا سِوَى التُّرَابِ مِنَ الْأَرْضِ أُسْوَةُ التُّرَابِ، أَيْ: تَبَعٌ لَهُ مَجَازٌ.

الْهَمْزَةُ مَعَ الطَّاءِ

[أ ط ر]: (إِطَارُ) الشَّفَةِ مُلْتَقَى جِلْدَتِهَا وَلَحْمَتِهَا، مُسْتَعَارٌ مِنْ إِطَارِ الْمُنْخُلِ أَوْ

---

(١) أخرجه البخاري (٧١٢)، ومسلم (٤١٩).
(٢) في م: "فواسوه".

الدُّفِّ. وَذَكَرَ الْأَزْهَرِيُّ: أَنَّ عُمَرَ بن عَبْدِ الْعَزِيز رَحِمَهُ اللـه سُئِلَ عَنْ السُّنَّةِ فِي قَصِّ الشَّارِبِ؟ فَقَالَ: أَنْ تَقُصَّهُ حَتَّى يَبْدُوَ الْإِطَارُ. وَأَمَّا اللَّطَارُ[1] كَمَا وَقَعَ فِي بَعْضِ نُسَخِ أَحْكَامِ الْقُرْآنِ فَتَحْرِيفٌ ظَاهِرٌ.

الْهَمْزَةُ مَعَ الْغَيْنِ

[أ غ ي]: (الْأَوَاغِي) بِتَخْفِيفِ الْيَاءِ وَتَشْدِيدِهَا مَفَاتِحُ الْمَاءِ فِي الْكُرْدِ، عَنْ اللَّيْثِ الْوَاحِدَةُ آغِيَةٌ، وَفِي شَرْحِ خُوَاهَرْ زَادَهْ: الْأَوَاغِي هِيَ الْمَكَانُ الْمُنْخَفِضُ فِي الْأَرْضِ يَجْتَمِعُ فِيهِ مِنْ الْمَاءِ أَكْثَرُ[2] مِمَّا يَجْتَمِعُ فِي غَيْرِهِ، وَمَنْ ظَنَّ أَنَّهَا أَوْغَاءٌ جَمْعُ وَغًى فَقَدْ أَخْطَأَ.

الْهَمْزَةُ مَعَ الْفَاءِ

[أ ف ف]: (أُفٍّ) كَلِمَةُ تَضَجُّرٍ، وَقَدْ أَفَّفَ تَأْفِيفًا إذَا قَالَ ذَلِكَ، وَأَمَّا أَفَّ يَؤُفُّ تَأْفِيفًا فَالصَّوَابُ أَفًّا.

[أ ف ق]: أُفُقٌ[3] وَاحِدُ آفَاقِ السَّمَاءِ وَالْأَرْضِ، وَهِيَ نَوَاحِيهَا، وَقَوْلُهُمْ: وَرَدَ آفَاقِيٌّ مَكَّةَ، يَعْنُونَ بِهِ: مَنْ هُوَ خَارِجَ الْمَوَاقِيتِ، وَالصَّوَابُ: أُفُقِيٌّ، وَعَنْ الْأَصْمَعِيِّ وَابْنِ السِّكِّيتِ: أَفَقِيٌّ بِفَتْحَتَيْنِ، وَقَوْلُهُ فِي شَرْحِ الْقُدُورِيِّ: آخِرُ وَقْتِ الْمَغْرِبِ حِينَ يَغِيبُ الْأُفُقُ، يَعْنِي: مَا فِيهِ مِنْ الْحُمْرَةِ أَوْ الْبَيَاضِ. وَفِي حَدِيثِ ابْنِ مُغَفَّلٍ: فَاشْتَرَيْتُ أَفِيقَةً، أَيْ: سِقَاءً مُتَّخَذًا مِنْ الْأَفِيقَةِ، وَهِيَ أَخَصُّ مِنْ الْأَفِيقِ كَالْجِلْدَةِ مِنْ الْجِلْدِ، وَهُوَ الَّذِي لَمْ يَتِمَّ دِبَاغُهُ فَهُوَ رَقِيقٌ غَيْرُ حَصِيفٍ.

الْهَمْزَةُ مَعَ الْكَافِ

[أ ك ر]: (الْإِكَارَاتُ) فِي (أ ج).

[أ ك ف] وَقَوْلُهُ: لَا يَرْكَبُ أَهْلُ الْكِتَابِ السُّرُوجَ وَلَكِنْ (الْأُكُفَ) جَمْعُ إِكَافٍ، وَهُوَ مَعْرُوفٌ، وَالسَّرْجُ الَّذِي عَلَى هَيْئَتِهِ هُوَ مَا يُجْعَلُ عَلَى مُقَدَّمِهِ شِبْهُ الرُّمَّانَةِ، وَالْوِكَافُ لُغَةٌ،

(١) في خ: "اليطار".
(٢) زيادة من: م.
(٣) في خ: "الأفق".

وَمِنْهُ: أَوْكَفَ الْحِمَارَ وَآكَفَهُ.

[أ ك ل]: (الْأَكْلُ) مَعْرُوفٌ، وَالْأَكْلَةُ الْمَرَّةُ، مِنْهَا قَوْلُهُ: الْمُعْتَادُ أَكْلَتَانِ الْغَدَاءُ وَالْعَشَاءُ، أَيْ: أَكْلُهُمَا عَلَى حَذْفِ الْمُضَافِ، أَوْ عَلَى وَهْمِ أَنَّ الْغَدَاءَ وَالْعَشَاءَ مَعْنَيَانِ لَا عَيْنَانِ، وَالْأُكْلَةُ بِالضَّمِّ اللُّقْمَةُ وَالْقُرْصُ الْوَاحِدُ أَيْضًا، وَمِنْهَا: "فَرْقُ مَا بَيْنَ صِيَامِنَا وَصِيَامِ أَهْلِ الْكِتَابِ أُكْلَةُ السَّحَرِ"[1]. وَهَكَذَا بِالضَّمِّ فِي صَحِيحِ مُسْلِمٍ، وَأَمَّا أَكْلَةُ السَّحُورِ كَمَا فِي الشَّرْحِ فَتَحْرِيفٌ وَإِنْ صَحَّ فَلَهُ وَجْهٌ. وَقَوْلُهُ: كَيْ لَا تَأْكُلَهَا الصَّدَقَةُ، أَيْ: لَا تُفْنِيَهَا، مَجَازٌ كَمَا فِي قَوْلِهِمْ: أَكَلَ فُلَانٌ عُمُرَهُ، إِذَا أَفْنَاهُ، وَأَكَلَتْ النَّارُ الْحَطَبَ.

(وَأَكِيلَةُ) السَّبُعِ هِيَ الَّتِي مِنْهَا يَأْكُلُ ثُمَّ تُسْتَنْقَذُ مِنْهُ، (وَالْأَكُولَةُ) هِيَ الَّتِي تُسَمَّنُ لِلْأَكْلِ هَذَا هُوَ الصَّحِيحُ. وَعَنْ ابْنِ شُمَيْلٍ: أَنَّ أَكُولَةَ الْحَيِّ قَدْ تَكُونُ أَكِيلَةً، وَهَذَا إِنْ صَحَّ عُذْرٌ لِمَا رُوِيَ عَنْ مُحَمَّدٍ رَحِمَهُ اللهُ: أَنَّهُ اسْتَعْمَلَ الْأَكِيلَةَ فِي مَعْنَى السَّمِينَةِ، عَلَى أَنَّهَا قَدْ جَاءَتْ فِي حَدِيثِ عُمَرَ رَضِيَ اللهُ تَعَالَى عَنْهُ مِنْ رِسَالَةِ أَبِي يُوسُفَ رَحِمَهُ اللهُ إِلَى هَارُونَ الرَّشِيدِ غَيْرَ مَرَّةٍ، وَقَالَ: الرُّبَّى الَّتِي يَكُونُ مَعَهَا وَلَدُهَا، وَالْأَكِيلَةُ الَّتِي يُسَمِّنُهَا صَاحِبُ الْغَنَمِ لِيَأْكُلَهَا، وَيَأْكُلَانِ فِي سَوَادٍ فِي (س و).

الْهَمْزَةُ مَعَ اللَّامِ

[أ ل ف]: (آلَفَهُ)[2] الْمَكَانَ فَأَلِفَهُ إِلْفًا وَإِلَافًا وَأَلَّفْتُ بَيْنَهُمْ فَتَأَلَّفُوا، وَتَأَلَّفَهُ تَكَلَّفَ مَعَهُ الْإِلْفَ، (وَالْمُؤَلَّفَةُ) قُلُوبُهُمْ قَوْمٌ مِنْ أَشْرَافِ الْعَرَبِ كَانَ عَلَيْهِ الصَّلَاةُ وَالسَّلَامُ يُعْطِيهِمْ مِنْ الصَّدَقَاتِ بَعْضَهُمْ دَفْعًا لِأَذَاهُ عَنْ الْمُسْلِمِينَ، وَبَعْضَهُمْ طَمَعًا فِي إِسْلَامِهِ، وَبَعْضَهُمْ تَثْبِيتًا لِقُرْبِ عَهْدِهِ[3] بِالْإِسْلَامِ، فَلَمَّا وَلِيَ أَبُو بَكْرٍ رَضِيَ اللهُ عَنْهُ مَنَعَهُمْ ذَلِكَ وَقَالَ: انْقَطَعَتْ الْآنَ الرِّشَا لِكَثْرَةِ الْمُسْلِمِينَ.

[أ ل ن]: (طِينٌ أَلَانِيٌّ) مَنْسُوبٌ إِلَى أَلَانَ عَلَى فَعَالٍ بِالتَّخْفِيفِ، وَهُوَ اسْمُ مَوْضِعٍ بَيْنَ الرُّوسِ وَالرُّومِ، وَقِيلَ: آلَانُ عَلَى فَاعَالٍ، وَهُوَ الصَّحِيحُ.

[أ ل هـ]: (التَّأَلُّهُ) تَفَعُّلٌ مِنْ أَلَهَ.

---

(١) أخرجه مسلم من حديث عمرو بن العاص (١٠٩٩)، والترمذي (٧٠٩)، وأبو داود (٢٣٤٣)، وأحمد في مسنده (١٧٣٠٨)، والدارمي (١٦٩٧).

(٢) في م: "ألف".

(٣) في م: "عهد".

(ألو) قَوْلُهُ: لَمْ يَأْلُ أَنْ يَعدِلَ فِي ذَلِكَ، أَيْ: لَمْ يُقَصِّرْ فِي الْعَدْلِ وَالتَّسْوِيَةِ مِنْ أَلَا فِي الْأَمْرِ يَأْلُو أُلُوًّا وَأُلِيًّا إِذَا قَصَّرَ فِيهِ، وَأَمَّا لَفْظُ الرِّوَايَةِ فَقَسَمَاهَا نِصْفَيْنِ: وَلَمْ يَأْلُوا مِنَ الْعَدْلِ، فَعَلَى التَّضْمِينِ، وَقَوْلُهُمْ: لَا آلُوكَ نُصْحًا، مَعْنَاهُ: لَا أَمْنَعُكَهُ وَلَا أَنْقُصُكَهُ، وَهُوَ تَضْمِينٌ أَيْضًا.

(وَالْأَلِيَّةُ) الْحَلِيفُ[1] يُقَالُ: آلَى يُولِي إِيلَاءً، مِثْلُ: أَعْطَى يُعْطِي إِعْطَاءً، وَالْجَمْعُ: أَلَايَا، مِثْلُ عَطِيَّةٍ وَعَطَايَا.

الْهَمْزَةُ مَعَ الْمِيمِ

[أ م ر]: قَوْلُهُ: الْأَمْرُ قَرِيبٌ، يَعْنِي: قُرْبَ السَّاعَةِ، وَسَيَجِيءُ فِي (ن ت).

(وَالِائْتِمَارُ) مِنَ الْأَضْدَادِ، وَعَلَيْهِ قَوْلُ شَيْخِنَا رَحِمَهُ اللهُ فِي الْأَسَاسِ: أَمَرْتُهُ فَائْتَمَرَ وَأَبَى أَنْ يَأْتَمِرَ، أَيْ: فَاسْتَبَدَّ بِرَأْيِهِ وَلَمْ يَمْتَثِلْ، وَالْمُرَادُ بِالْمُؤْتَمِرِ: الْمُمْتَثِلُ، وَهُوَ فِي خُطْبَةِ شَرْحِ الْكَافِي.

(وَالْمُؤَامَرَةُ) الْمُشَاوَرَةُ، وَمِنْهَا: "آمِرُوا النِّسَاءَ فِي بَنَاتِهِنَّ"[2] أَيْ: شَاوِرُوهُنَّ فِي أَبْضَاعِهِنَّ[3]. الْإِمَارَةُ: الْإِمْرَةُ، وَفِي حَدِيثِ عُمَرَ رَضِيَ اللهُ عَنْهُ أَنَّهُ جَعَلَ الْوَادِيَ بَيْنَ بَنِي عُذْرَةَ وَبَيْنَ الْإِمَارَةِ نِصْفَيْنِ، أَيْ: بَيْنَهُمْ وَبَيْنَ صَاحِبِ الْإِمَارَةِ، يَعْنِي: الأمير[4] عَلَى الْمُسْلِمِينَ، وَقَدْ أَمَّرَهُ إِذَا جَعَلَهُ أَميراً. وَمِنْهُ: قَوْلُ عُبَيْدَةَ لِرَجُلَيْنِ اخْتَصَمَا إِلَيْهِ: أَتَأَمَّرَانِنِي، أَيْ: أَتُحَكِّمَانِنِي، وَرُوِيَ: أَتُؤَامِرَانِنِي، مِنَ الْمُؤَامَرَةِ، وَالْأَوَّلُ هُوَ الصَّحِيحُ.

(وَالْأَمَارُ وَالْأَمَارَةُ) الْعَلَامَةُ وَالْمَوْعِدُ أَيْضًا، وَهُوَ الْمُرَادُ فِي قَوْلِهِمْ: يَوْمَ أَمَارٍ.

[أ م م]: فِي حَدِيثِ ابْنِ الْحَكَمِ: وَاثُكْلَ أُمَّاهُ، وَرُوِيَ: أُمِّيَّاهُ الْأُولَى بِإِسْقَاطِ يَاءِ الْمُتَكَلِّمِ مَعَ أَلِفِ النُّدْبَةِ: وَالثَّانِيَةُ بِإِثْبَاتِهَا وَالْهَاءُ لِلسَّكْتِ. (وَكِتَابُ الْأُمِّ) أَحْسَنُ تَصَانِيفِ الشَّافِعِيِّ رَحِمَهُ اللهُ، (وَالْأُمِّيُّ) فِي اللُّغَةِ مَنْسُوبٌ إِلَى أُمَّةِ الْعَرَبِ، وَهِيَ لَمْ تَكُنْ تَكْتُبُ وَلَا تَقْرَأُ، فَاسْتُعِيرَ لِكُلِّ مَنْ لَا يَعْرِفُ الْكِتَابَةَ وَلَا الْقِرَاءَةَ. (وَالْإِمَامُ) مَنْ يُؤْتَمُّ بِهِ، أَيْ: يُقْتَدَى بِهِ ذَكَرًا كَانَ أَوْ أُنْثَى، وَمِنْهُ: قَامَتِ الْإِمَامُ وَسْطَهُنَّ، وَفِي بَعْضِ النُّسَخِ: الْإِمَامَةُ، وَتَرْكُ

---

(١) في م: "الحلف".
(٢) أخرجه أبو داود في (٢٠٩٥)، وأحمد في مسنده (٤٨٨٧)، والبيهقي في السنن الكبرى ج٧/١١٥.
(٣) في خ: "معناهن".
(٤) سقط من: م.

الْهَاءِ هُوَ الصَّوَابُ؛ لِأَنَّهُ اسْمٌ لَا وَصْفٌ. (وَأَمَامُ) بِالْفَتْحِ بِمَعْنَى قُدَّامٍ، وَهُوَ مِنْ الْأَسْمَاءِ اللَّازِمَةِ لِلْإِضَافَةِ. وَقَوْلُهُ عَلَيْهِ السَّلَامُ: "الصَّلَاةُ أَمَامَكَ" [1] فِي (ص ل).

(وَأَمَّهُ وَأَمَّمَهُ) (وَتَأَمَّمَهُ وَتَيَمَّمَهُ) تَعَمَّدَهُ وَقَصَدَهُ، ثُمَّ قَالُوا: تَيَمَّمَ الصَّعِيدَ لِلصَّلَاةِ، وَيَمَّمْتُ الْمَرِيضَ فَتَيَمَّمَ، وَذَلِكَ إِذَا مَسَحَ وَجْهَهُ وَيَدَيْهِ بِالتُّرَابِ، وَقَدْ يُقَالُ: يَمَّمْتُ الْمَيِّتَ أَيْضًا. (وَأَمَمْتُهُ بِالْعَصَا) أَمًّا مِنْ بَابِ طَلَبَ إِذَا ضَرَبْتُ أُمَّ رَأْسِهِ وَهِيَ الْجِلْدَةُ الَّتِي تَجْمَعُ الدِّمَاغَ، وَإِنَّمَا قِيلَ لِلشَّجَّةِ: آمَّةٌ وَمَأْمُومَةٌ عَلَى مَعْنَى ذَاتِ أُمٍّ كَعِيشَةٍ رَاضِيَةٍ، وَلَيْلَةٍ مَزْؤُودَةٍ مِنْ الزُّؤْدِ وَهُوَ الذُّعْرُ، وَجَمْعُهَا: أَوَامُّ وَمَأْمُومَاتٌ.

[أ م ن]: (يُقَالُ ائْتَمَنَهُ) عَلَى كَذَا اتَّخَذَهُ أَمِينًا، وَمِنْهُ الْحَدِيثُ: "الْمُؤَذِّنُ مُؤْتَمَنٌ" [2] أَيْ: يَأْتَمِنُهُ النَّاسُ عَلَى الْأَوْقَاتِ الَّتِي يُؤَذِّنُ فِيهَا، فَيَعْمَلُونَ عَلَى أَذَانِهِ مَا أُمِرُوا بِهِ مِنْ صَلَاةٍ وَصَوْمٍ وَفِطْرٍ. وَأَمَّا مَا فِي الْوَدِيعَةِ مِنْ قَوْلِهِ عَلَيْهِ الصَّلَاةُ وَالسَّلَامُ: "مَنْ أُؤْتُمِنَ أَمَانَةً" فَالصَّوَابُ: عَلَى أَمَانَةٍ، وَهَكَذَا فِي الْفِرْدَوْسِ، وَإِنْ صَحَّ هَذَا فَعَلَى تَضْمِينِ أُسْتُحْفِظَ، وَالْأَمَانَةُ خِلَافُ الْخِيَانَةِ وَهِيَ مَصْدَرُ أَمُنَ الرَّجُلُ أَمَانَةً فَهُوَ أَمِينٌ. إِذَا صَارَ كَذَلِكَ هَذَا أَصْلُهَا ثُمَّ سُمِّيَ مَا تَأْتَمِنُ عَلَيْهِ صَاحِبَكَ أَمَانَةً. وَمِنْهُ قَوْله تَعَالَى: (وَتَخُونُوا أَمَانَاتِكُمْ) [سورة الأنفال آية ٢٧].

(وَالْأَمِينُ) مِنْ صِفَاتِ اللـه تَعَالَى عَنْ الْحَسَنِ رضي اللـه عنه، وَقَوْلُهُمْ: أَمَانَةُ اللـه، مِنْ إِضَافَةِ الْمَصْدَرِ إِلَى الْفَاعِلِ وَارْتِفَاعُهُ عَلَى الِابْتِدَاءِ، وَنَظِيرُهُ: لَعَمْرُ اللـه، فِي أَنَّهُ قَسَمٌ، وَالْخَبَرُ مُقَدَّرٌ، وَيُرْوَى بِالنَّصْبِ عَلَى إِضْمَارِ الْفِعْلِ، وَمَنْ قَالَ: وَأَمَانَةِ اللـه بِوَاوِ الْقَسَمِ صَحَّ. (وَآمِينَ) بِالْقَصْرِ وَالْمَدِّ وَمَعْنَاهُ اسْتَجِبْ.

[أ م و]: (الْأَمَةُ) وَاحِدَةُ الْإِمَاءِ، وَبِتَصْغِيرِهَا كُنِيَ [3] شُرَيْحٌ الْقَاضِي، وَهُوَ الْمُرَادُ فِي قَوْلِهِ: أَنْشُدُكَ اللـه يَا أَبَا أُمَيَّةَ.

(أُمَوِيَّةٌ) فِي (ع ب).

---

(١) أخرجه البخاري (١٦٦٧)، ومسلم (١٢٨٢).
(٢) أخرجه أحمد في مسنده (٨٦٩٢).
(٣) في م: "حكي".

الْهَمْزَةُ مَعَ النُّونِ

[أ ن ث]: (الْأُنْثَيَانِ) الْأُذُنَانِ وَالْخُصْيَتَانِ أَيْضًا، وَمِنْهُ قَوْلُ شَيْخِنَا: نَزَعَ أُنْثَيَيْهِ ثُمَّ ضَرَبَ تَحْتَ أُنْثَيَيْهِ، يَعْنِي: نَزَعَ خُصْيَتَيْهِ ثُمَّ قَتَلَهُ.

[أ ن س]: (الْأُنْسُ) خِلَافُ الْوَحْشَةِ، وَبِتَصْغِيرِهِ سُمِّيَ أُنَيْسُ بن الضَّحَّاكِ الْأَسْلَمِيُّ مِنْ الصَّحَابَةِ، وَهُوَ فِي قَوْلِهِ: "ثُمَّ أُغْدُ يَا أُنَيْسُ"[1] فِي الْحُدُودِ.

[أ ن ن]: وَفِي حَدِيثِ ابْنِ مَسْعُودٍ: إنَّ طُولَ الصَّلَاةِ وَقِصَرَ الْخُطْبَةِ مَئِنَّةٌ مِنْ فِقْهِ الرَّجُلِ"[2] أَيْ: مَخْلَقَةٌ وَمَجْدَرَةٌ. وَعَنْ أَبِي عُبَيْدَةَ: مَعْنَاهُ أَنَّ هَذَا مِمَّا يُعْرَفُ بِهِ فِقْهُ الرَّجُلِ، وَهِيَ مَفْعَلَةٌ مِنْ إنَّ التَّوْكِيدِيَّةِ، وَحَقِيقَتُهَا مَكَانٌ لِقَوْلِ[3] الْقَائِلِ: إنَّهُ عَالِمٌ، وَإِنَّهُ فَقِيهٌ.

[أ ن ي]: (الْإِنَاءُ) وِعَاءُ الْمَاءِ، وَالْجَمْعُ الْقَلِيلُ: آنِيَةٌ، وَالْكَثِيرُ: الْأَوَانِي، وَنَظِيرُهُ: سِوَارٌ وَأَسْوِرَةٌ وَأَسَاوِرُ.

(وَالْأَنَاةُ) الْحِلْمُ وَالْوَقَارُ، يُقَالُ: تَأَنَّى فِي الْأَمْرِ وَاسْتَأْنَى، إذَا أَنَاءَ[4] فِيهِ وَتَوَقَّرَ، وَتَأَنَّيْتُ الرَّجُلَ: انْتَظَرْتُهُ. وَمِنْهُ الْحَدِيثُ: "تَأَلَّفُوهُمْ وَتَأَنَّوْهُمْ" وَيُرْوَى بِالتَّاءِ، وَالتَّأَتِّي قَرِيبٌ مِنْ التَّأَنِّي، يُقَالُ: تَأَتَّاهُ وَتَأَتَّى لَهُ إذَا تَرَفَّقَ بِهِ، وَكَأَنَّ الْأَصْلَ اللَّامُ وَالْمَعْنَى: انْتَظِرُوهُمْ وَلَا تَعَجَّلُوا فِي أَمْرِهِمْ، وَاسْتَأْنَيْتُ بِهِ: انْتَظَرْتُهُ، وَمِنْهُ: وَيُسْتَأْنَى بِالْجِرَاحَاتِ، أَيْ: يُنْتَظَرُ مَآلُ أَمْرِهَا. وَأَمَّا حَدِيثُ الْأَسْوَدِ: "وَيُسْتَأْنَى الصِّغَارُ حَتَّى يُدْرِكُوا"[5] فَالصَّوَابُ: بِالصِّغَارِ. وَفِي حَدِيثِ عُمَرَ رَضِيَ اللهُ عَنْهُ: "آذَيْتَ وَآنَيْتَ"[6] أَيْ: أَخَّرْتَ وَأَبْطَأْتَ مِنْ بَابِ أَكْرَمَ.

الْهَمْزَةُ مَعَ الْوَاوِ

[أ و ب]: (الْأَوَّابُ) الرَّجَّاعُ التَّوَّابُ مِنْ آبَ إذَا رَجَعَ.

[أ و ز ج ن د]: (أُوزَجَنْدُ) مِنْ فَرْغَانَةَ.

---

(١) أخرجه البخاري (٢٧٢٥)، والترمذي (١٤٢٩)، والنسائي (٥٤١١).

(٢) أخرجه الحاكم في المستدرك ج ٣: ص٣٩٣

(٣) في م: "قول".

(٤) في خ: "أتأد".

(٥) أخرجه أحمد في مسنده (١٧٢٤٤)، وابن خزيمة في صحيحه (١٣٧٢)، وابن حبان في صحيحه (٢٧٩٠)، والحاكم في المستدرك ج١: ص٢٨٨، والبزار في البحر الزخار (٣٥٠٦).

(٦) أخرجه مالك في المدونة ج١/١٧٧، وابن عساكر في تاريخ دمشق ج٢٤٣/١٢.

[أ و ز] (الْإِوَزَّةُ) مِنْ بَنَاتِ الْمَاءِ الْقَصِيرَةُ الدَّخْنَاءُ، وَفِي الصِّحَاحِ: الْبَطُّ، وَالْجَمْعُ: إِوَزٌّ.

[أ و ا ز ق]: (الْأَوَازِقُ) تَعْرِيبُ أوازه، وَهُوَ مُطْمَئِنٌّ مِنْ الْأَرْضِ يَجْتَمِعُ فِيهِ مَاءُ السَّيْلِ وَغَيْرُهُ، وَمِنْهُ قَوْلُهُ: النَّهْرُ الصَّغِيرُ مَا يَنْفُذُ مَاؤُهُ، وَلَا يَنْفُذُ إِلَى الْمَفَاوِزِ وَالْأَوَازِقِ.

[أ و س]: (الْآسُ) شَجَرَةٌ وَرَقُهَا عَطِرٌ.

[[أ و ق]: (الأوْقَة) حُفرةٌ يجتمعُ فيهَا الماءُ، والجمعُ: الأُوَقُ على غير قياسٍ، ومنهَا قولُه: في الواقعاتِ، وكذَلك الأَوْقَتان، ومَا رُوي عن عبدِ اللـهِ بنِ المباركِ أنه سُئل عن الماءِ الجارِي يبالُ فيه ثم يَخرجُ حتى يجتمعُ في أوقية؟ فلم يرَ بِهِ بأسًا، تحريفٌ ظاهرٌ][1].

[أ و ل]: (الْأَوْلُ) الرُّجُوعُ، وَقَوْلُهُمْ: آلَتْ الضَّرْبَةُ إِلَى النَّفْسِ، أَيْ: رَجَعَتْ إِلَى إِهْلَاكِهَا، يَعْنِي: أَدَّى أَثَرُهَا إِلَى الْقَتْلِ، يُقَالُ: طَبَخْتُ النَّبِيذَ حَتَّى آلَ الْمَنَّانِ مَنًّا وَاحِدًا، أَيْ: صَارَ، وَفَعَلْتُ هَذَا عَامًا أَوَّلَ عَلَى الْوَصْفِ، وَعَامَ الْأَوَّلِ عَلَى الْإِضَافَةِ، وَقَوْلُهُ: أَيُّ رَجُلٍ دَخَلَ أَوَّلُ فَلَهُ كَذَا وَكَذَا، مَبْنِيٌّ عَلَى الضَّمِّ كَمَا فِي مِنْ قَبْلُ وَمِنْ بَعْدُ، وَمَعْنَاهُ: دَخَلَ أَوَّلَ كُلِّ أَحَدٍ وَقَبْلَ كُلِّ أَحَدٍ، وَمَوْضِعُهُ بَابُ الْوَاوِ.

وَأَلَنَا فِي (ف ج) (ف ج ج).

[أ و هـ]: (أَوَّهَ) وَتَأَوَّهَ إِذَا قَالَ: أَوَّهَ، وَهِيَ كَلِمَةُ تَوَجُّعٍ، وَرَجُلٌ أَوَّاهٌ: كَثِيرُ التَّأَوُّهِ.

[أ و ي]: (أَوَى) إِلَيْهِ: الْتَجَأَ وَانْضَمَّ، أُوِيًّا وَآوَاهُ غَيْرُهُ إِيوَاءً، وَمِنْهُ قَوْلُهُ: فَإِنْ آوَاهُ سَقْفٌ، وَقَدْ جَاءَ أَوَاهُ بِمَعْنَى آوَاهُ. وَمِنْهُ مَا فِي طَلَاقِ الْكَرْخِيِّ: وَاللهِ لَا تَجْمَعُ رَأْسِي وَرَأْسَك وِسَادَةٌ وَلَا يَأْوِينِي وَإِيَّاكِ بَيْتٌ. وَعَلَيْهِ الْحَدِيثُ: "لَا يَأْوِي الضَّالَّةَ إِلَّا ضَالٌّ"[2]. وَأَوَى لَهُ إِيَّةً وَمَأْوِيَةً رَحِمَهُ، وَمِنْهُ: "إِنْ كُنَّا لَنَأْوِي لِرَسُولِ اللهِ صَلَّى اللهِ عَلَيْهِ وَآلِهِ وَسَلَّمَ مِمَّا يُجَافِي يَدَيْهِ"[3] أَيْ: لَنَرْحَمُهُ مِنْ جَهْدِ الِاعْتِمَادِ وَشِدَّةِ التَّفْرِيجِ. (وَإِيوَاءُ) خَشَبِ الْفَحْمِ أَنْ تُلْقِيَ عَلَيْهِ التُّرَابَ وَتَسْتُرَهُ بِهِ مَأْخُوذٌ مِنْهُ. وَعَلَيْهِ قَوْلُهُ: يُحْسَبُ بِثَمَنِ الْحَطَبِ وَأَجْرِ الْإِيوَاءِ وَأَجْرِ الْمُوقِدِ وَأَجْرِ الْأَتُونِ.

---

(١) سقط من: م.
(٢) أخرجه البوصيري في إتحاف الخيرة (٤٠٢٢).
(٣) أخرجه ابن ماجه (٨٨٦)، وأحمد في مسنده (١٩٨٢٤)، والبيهقي في السنن الكبرى ج١١٥/٢.

الْهَمْزَةُ مَعَ الْهَاءِ

[أ هـ ب]: (الإِهَابُ) الْجِلْدُ غَيْرُ الْمَدْبُوغِ، وَالْجَمْعُ: أُهُبٌ بِضَمَّتَيْنِ وَبِفَتْحَتَيْنِ اسْمٌ لَهُ مُحَمَّد رَحِمَهُ الله.

[أ هـ ل]: (أَهْلُ) الرَّجُلِ امْرَأَتُهُ وَوَلَدُهُ وَالَّذِينَ فِي عِيَالِهِ وَنَفَقَتِهِ، وَكَذَا كُلُّ أَخٍ وَأُخْتٍ أَوْ عَمٍّ أَوْ ابْنِ عَمٍّ أَوْ صَبِيٍّ أَجْنَبِيٍّ يَقُوتُهُ فِي مَنْزِلِهِ، قَالَ رَضِيَ الله عَنْهُ: أَهْلُ الرَّجُلِ أَخَصُّ النَّاسِ بِهِ عَنْ الْغُورِيِّ وَالْأَزْهَرِيِّ. وَقِيلَ: الْأَهْلُ الْمُخْتَصُّ بِشَيْءٍ اخْتِصَاصَ الْقَرَابَةِ، وَقِيلَ: خَاصَّةُ الشَّيْءِ الَّذِي يُنْسَبُ إِلَيْهِ وَيُكْنَى بِهِ عَنْ الزَّوْجَةِ. وَمِنْهُ: ﴿وَسَارَ بِأَهْلِهِ﴾ [سورة القصص آية ٢٩]. (وَتَأَهَّلَ) تَزَوَّجَ، وَأَهْلُ الْبَيْتِ: سُكَّانُهُ، وَأَهْلُ الْإِسْلَامِ: مَنْ يَدِينُ بِهِ، وَأَهْلُ الْقُرْآنِ: مَنْ يَقْرَءُوهُ وَيَقُومُ بِحُقُوقِهِ، وَالْجَمْعُ: أَهْلُونَ، وَالْأَهَالِي عَلَى غَيْرِ قِيَاسٍ. وَقَوْلُهُ عَلَيْهِ السَّلَامُ:"مَنْ قُتِلَ لَهُ قَتِيلٌ فَأَهْلُهُ بَيْنَ خِيرَتَيْنِ: إِنْ أَحَبُّوا قَتَلُوا، وَإِنْ أَحَبُّوا أَخَذُوا الدِّيَةَ"[١].

(الْأَهْلُ) مِنْ وَضْعِ الظَّاهِرِ مَوْضِعَ الضَّمِيرِ كَمَا فِي قَوْلِهِ: ﴿وَمَنْ جَاءَ بِالسَّيِّئَةِ فَلَا يُجْزَى الَّذِينَ عَمِلُوا السَّيِّئَاتِ إِلا مَا كَانُوا يَعْمَلُونَ﴾ [سورة القصص آية ٨٤]. وَالْهَاءُ فِيهِ تَعُودُ إِلَى مَنْ[٢] تَدُلُّ عَلَيْهِ الرِّوَايَةُ الْأُخْرَى: "مَنْ قُتِلَ لَهُ قَتِيلٌ فَهُوَ بِخَيْرِ النَّظَرَيْنِ" الْحَدِيثُ.

الْهَمْزَةُ مَعَ الْيَاءِ

[أ ي د]: (رَجُلٌ أَيِّدٌ) قَوِيٌّ مِنَ الْأَيْدِ الْقُوَّةِ.

[أ ي س] قَوْلُهُ: وَلَوْ ذَهَبَ هُوَ وَالْمُرْتَهِنُ، (وَأُويِسَ) مِنْ أَنْ تَبْرَأَ وَالصَّوَابُ: وَأُيِسَ مِنْ غَيْرِ وَاوٍ بَعْدَ الْهَمْزَةِ، أَوْ وَيُئِسَ مِنْ أَنْ يَبْرَأَ عَلَى ضَمِيرِ التَّثْنِيَةِ، يُقَالُ: يَئِسَ مِنْهُ، وَأَيِسَ [مِنْهُ][٣] وَأَيْأَسَهُ غَيْرُهُ وَآيَسَهُ وَالْإِيَاسُ بِمَعْنَى: الْيَأْسِ وَتَقْرِيرُهُ فِي (ي ا).

[أ ي ل]: (الْأَيِّلُ) بِضَمِّ الْهَمْزَةِ وَكَسْرِهَا وَتَشْدِيدِ الْيَاءِ: الذَّكَرُ مِنْ الْأَوْعَالِ، وَيُقَالُ لَهَا بِالْفَارِسِيَّةِ: كوزن، فَالْجَمْعُ: أَيَايِلُ. (وَمَسْجِدُ إِيلْيَاءَ) هُوَ الْمَسْجِدُ الْأَقْصَى، (وَإِيلْيَا)

---

(١) أخرجه الشافعي في مسنده (١١٩٦).
(٢) في خ: "قتيل".
(٣) زيادة من: م.

بِالْقَصْرِ هِيَ بَيْتُ الْمَقْدِسِ.

[أ ي م]: (امْرَأَةٌ أَيِّمٌ) لَا زَوْجَ لَهَا بِكْرًا كَانَتْ أَوْ ثَيِّبًا، وَرَجُلٌ أَيِّمٌ أَيْضًا، وَقَدْ آمَتْ أَيْمَةً، قَالَ الْحَمَاسِيُّ[١]:

كُلُّ امْرِئٍ سَتَئِيمُ مِنْـــــــهُ　　　　الْعِرْسُ أَوْ مِنْهَا يَئِيـــــــمُ

وَعَنْ مُحَمَّدٍ رَحِمَهُ اللـه: هِيَ الثَّيِّبُ، وَالْأَوَّلُ اخْتِيَارُ الْكَرْخِيِّ، وَيَشْهَدُ لِلثَّانِي مَا رُوِيَ أَنَّ رَسُولَ اللـه صَلَّى اللـه عَلَيْهِ وَآلِهِ وَسَلَّمَ قَالَ: "الْأَيِّمُ أَحَقُّ بِنَفْسِهَا مِنْ وَلِيِّهَا وَالْبِكْرُ تُسْتَأْذَنُ فِي نَفْسِهَا وَإِذْنُهَا صُمَاتُهَا" [٢]. أَلَا تَرَى كَيْفَ قَابَلَهَا بِالْبِكْرِ، وَفِي الرِّوَايَةِ الْأُخْرَى: "الثَّيِّبُ أَحَقُّ".

[أ ي هـ]: (الْإِيَاءُ) وَالْإِيَاءُ مَقْصُورٌ ضَوْءُ الشَّمْسِ إذَا فُتِحَتْ مُدَّتْ وَإِذَا كُسِرَتْ قُصِرَتْ، وَرُبَّمَا أَدْخَلُوا الْهَاءَ، فَقَالُوا: إِيَاةٌ، قَالَ طَرَفَةُ:

سَقَتْهُ (إِيَاةُ) الشَّمْسِ إِلَّا لِثَاتِــــهِ　　　　أُسِفَّ وَلَمْ تَكْدِمْ عَلَيْهِ بِإِثْمِـــــدِ

[أ ي ي] وَقَوْلُهُ لِأَنَّ الْوَصِيَّ (أَيَّ) الْأَوْصِيَاءِ حَضَرَ أَوْ الْوَارِثَ، أَيَّ: الْوَرَثَةِ حَضَرَ- فَهُوَ خَصْمٌ الصَّوَابُ لِأَنَّ الْأَوْصِيَاءَ أَيُّهُمْ حَضَرَ، وَالْوَرَثَةَ أَيُّهُمْ حَضَرَ، وَلَا وَجْهَ لِانْتِصَابِ أَيٍّ أَصْلًا، و اللـه تعالى أعلم.

---

(١) البيت ليزيد بن الحكم الثقفي، وهو يزيد بن الحكم بن أبي العاص بن دهمان الثقفي، ت ١٠٥هـ.
(٢) أخرجه مسلم (١٤٢٢)، وأحمد في مسنده (١٨٩١)، وابن حبان في صحيحه (٤٠٨٤)، وأبو عوانة في مسنده (٤٢٥٢).

بَابُ الْبَاءِ

الْبَاءُ مَعَ الْهَمْزَةِ

[ب أ ر]: بِئَارُ بَنِي شُرَحْبِيلَ عَلَى سِتَّةِ أَمْيَالٍ مِنْ الْمَدِينَةِ، وَدِيَارٌ تَصْحِيفٌ.

[ب أ س]: قَوْلُهُمْ: عَسَى الْغُوَيْرُ أَبْؤُسًا، جَمْعُ بَأْسٍ أَوْ بُؤْسٍ، وَهُمَا الشِّدَّةُ، وَتَمَامُهُ فِي(غ و) (غ و ر)، وَمِنْهُ: الْبَائِسُ الْفَقِيرُ، وَهُوَ فِي حَدِيثِ سَعْدٍ مِنْ كِتَابِ الْوَصَايَا" اللَّهُمَّ أَمْضِ لِأَصْحَابِي هِجْرَتَهُمْ" [1]. لَكِنَّ الْبَائِسَ سَعْدُ بن خَوْلَةَ هَذَا تَحَزُّنٌ لَهُ حَيْثُ مَاتَ بِمَكَّةَ وَتَخَلَّفَ عَنْ دَارِ الْهِجْرَةِ.

وَفِي مُخْتَصَرِ الْكَرْخِيِّ رحمه الله: أَوْصَى بِثُلُثِ مَالِهِ لِلْبَائِسِ وَالْفَقِيرِ وَالْمِسْكِينِ، قَالَ: فَهُوَ عَلَى ثَلَاثَةِ أَجْزَاءٍ: جُزْءٌ لِلْبَائِسِ، وَهُوَ الَّذِي بِهِ الزَّمَانَةُ إذَا كَانَ مُحْتَاجًا، وَالْفَقِيرُ: الْمُحْتَاجُ الَّذِي لَا يَطُوفُ بِالْأَبْوَابِ، وَالْمِسْكِينُ: الَّذِي يَسْأَلُ وَيَطُوفُ.

وَعَنْ أَبِي يُوسُفَ رَحِمَهُ اللهُ عَلَى جُزْأَيْنِ الْفَقِيرُ وَالْمِسْكِينُ وَاحِدٌ.

الْبَاءُ مَعَ التَّاءِ

[ب ت ت]: الْبَتُّ كِسَاءٌ غَلِيظٌ مِنْ وَبَرٍ أَوْ صُوفٍ، وَقِيلَ: طَيْلَسَانٌ مِنْ خَزٍّ، وَجَمْعُهُ: بُتُوتٌ، وَالْبَتَّاتُ: بَائِعُهُ، وَالْبَتُّ وَالْإِبْتَاتُ الْقَطْعُ، وَمِنْهُ: "لَا صِيَامَ لِمَنْ لَمْ يَبُتَّ الصِّيَامَ مِنْ اللَّيْلِ". وَلَمْ يُبِتَّ رُوِيَ بِاللُّغَتَيْنِ، أَيْ: لَمْ يَقْطَعْهُ عَلَى نَفْسِهِ بِالنِّيَّةِ، وَلَمْ يُبِتَّ مِنْ الْإِبَاتَةِ خَطَأٌ، وَأَمَّا لَمْ يُبَيِّتْ مِنْ التَّبْيِيتِ فَصَحَّ ذَلِكَ فِي حَدِيثٍ آخَرَ، وَهُوَ: "مَنْ لَمْ يُبَيِّتْ الصِّيَامَ قَبْلَ الْفَجْرِ فَلَا صِيَامَ لَهُ" [2]. مَنْ بَيَّتَ الْأَمْرَ إِذَا دَبَّرَهُ لَيْلًا، وَيُقَالُ: بَتَّ طَلَاقَ الْمَرْأَةِ، وَأَبَتَّهُ، وَالْمَبْتُوتَةُ: الْمَرْأَةُ، وَأَصْلُهَا: الْمَبْتُوتُ طَلَاقُهَا، وَقَوْلُهُمْ: طَلَاقٌ بَاتٌّ عَلَى الْإِسْنَادِ الْمَجَازِيِّ، أَوْ لِأَنَّهُ يَبُتُّ عِصْمَةَ النِّكَاحِ، وَإِنْ صَحَّ مَا ذَكَرَهُ أَبُو زَيْدٍ مِنْ قَوْلِهِمْ: تَبَتْ يَمِينُهُ

---

(1) أخرجه البخاري (٤٤٠٩)، ومسلم (١٦٢٨)، والترمذي (٢١١٦)، وأبو داود (٢٨٦٤)، ومالك في الموطأ رواية يحيى الليثي (١٤٩٥)، وأحمد في مسنده(١٥٤٩).

(2) أخرجه النسائي (٢٣٣١)، والدارمي في سننه (١٦٩٨)، والنسائي في السنن الكبرى (٢٦٥٢)، والدارقطني في سننه (٢١٩٣)، والبيهقي في السنن الكبرى في: ج ٤: ص٢٠٣.

وَيَمِينٌ بَاتَّةٌ فَقَدْ اسْتَغْنَيْت عَنْ التَّأْوِيلِ، وَيُقَالُ: طَلَّقَهَا بَتَّةً، أَيْ: طَلْقَةً مَقْطُوعَةً، أَوْ قَاطِعَةً، عَلَى الْوَجْهَيْنِ، وَالْمُنْبَتُّ: الْمُنْقَطِعُ بِهِ، يُقَالُ: سَارَ حَتَّى أَنْبَتَّ[1].

[ب ت ر]: الْبَتْرُ الْقَطْعُ مِنْ بَابِ طَلَبَ، وَمِنْهُ: نُهِيَ عَنْ الْمَبْتُورَةِ فِي الضَّحَايَا، وَهِيَ: الَّتِي بُتِرَ ذَنَبُهَا، وَفِي حَدِيثِ عُمَرَ رَضِيَ اللهُ عَنْهُ: مَا هَذِهِ الْبُتَيْرَاءُ، بِتَصْغِيرِ الْبَتْرَاءِ، تَأْنِيثُ الْأَبْتَرِ، وَهُوَ فِي الْأَصْلِ الْمَقْطُوعُ الذَّنَبِ، ثُمَّ جُعِلَ عِبَارَةً عَنْ النَّاقِصِ، وَمِنْهُ: "اُقْتُلُوا ذَا الطُّفْيَتَيْنِ وَالْأَبْتَرَ"[2]، وَهُوَ الْقَصِيرُ الذَّنَبِ مِنْ الْحَيَّاتِ.

[ب ت ع]: (الْبِتْعُ) بِكَسْرِ الْبَاءِ وَسُكُونِ التَّاءِ شَرَابٌ مُسْكِرٌ يُتَّخَذُ مِنْ الْعَسَلِ بِالْيَمَنِ.

الْبَاءُ مَعَ الثَّاءِ

[ب ث ق]: (بَثَقَ) الْمَاءَ بَثْقًا: فَتَحَهُ، بِأَنْ خَرَقَ الشَّطَّ وَالسِّكْرَ، وَانْبَثَقَ هُوَ إذَا جَرَى بِنَفْسِهِ مِنْ غَيْرِ فَجْرٍ (وَالْبَثْقُ) بِالْفَتْحِ وَالْكَسْرِ: الِاسْمُ.

[ب ث ن]: (الْبَثْنَةُ) الْأَرْضُ السَّهْلَةُ، وَبِتَصْغِيرِهَا سُمِّيَتْ بُثَيْنَةُ بِنْتُ الضَّحَّاكِ، وَهِيَ فِي حَدِيثِ مُحَمَّدِ بْنِ مَسْلَمَةَ: أَنَّهُ كَانَ يُطَالِعُ بُثَيْنَةَ تَحْتَ إجَّارٍ لَه[3]، وَرُوِيَ بُنَيَّةِ جَارٍ لَهَا عَلَى تَصْغِيرِ بِنْتٍ وَكَأَنَّهُ تَصْحِيفٌ.

[الباءُ مَعَ الجيمِ

[ب ج ح] (التَبجُّحُ) التّعظم والافتخار من بَجَحَ إذا عظُم، ويقال: بجّحه فتبجّح، أي: أفرحه ففرح.

(بجر) رجلٌ أبجَرُ ناتِئُ السُّرّة، وبه سُمّي والدُ غالب بن أبجَر، وبه بَجَرٌ، أي: نتُوءٌ في السُرّة وبَجَرةٌ، بفتحتين مِثلُه، وبها سُمّي والد مِقْسَم بن بَجَرة في حديث رفع اليدين.

(بجل) بَجيلةٌ حيٌّ من اليمن إليهم يُنسب جريرُ بن عبد الله البَجَليُّ، والبَجالُ بالفتح الشّيخ الضّخم، وقيل: هو الكَهْل الذي تَرى له هيئةً وسِنّاً، ولا يقال للمرأة: بَجالةٌ، وعن الغوريّ أنّه قد قِيل...][4]

---

(١) بعده في م: "أي انقطع".
(٢) أخرجه البزار في البحر الزخار (٦٠١٩)
(٣) في م: "لها".
(٤) سقط من: م.

الْبَاءُ مَعَ الْحَاءِ

[ب ح ت]: (الْبَحْتُ) ادَّهَنَ بِدُهْنٍ (بَحْتٍ) أَيْ: خَالِصٍ لَا يُخَالِطُهُ شَيْءٌ مِنَ الطِّيبِ.

[ب ح ر]: (الْبَحْرَانِ) عَلَى لَفْظِ تَثْنِيَةِ الْبَحْرِ، مَوْضِعٌ بَيْنَ الْبَصْرَةِ وَعُمَانَ، يُقَالُ: هَذِهِ الْبَحْرَانِ، وَانْتَهَيْنَا إِلَى الْبَحْرَيْنِ، عَنْ اللَّيْثِ وَالْغُورِيِّ وَغَيْرِهِمَا، وَالنِّسْبَةُ إِلَيْهِ: بَحْرَانِيٌّ، وَأَمَّا دَمٌ بَحْرَانِيٌّ، وَهُوَ الشَّدِيدُ الْحُمْرَةِ فَمَنْسُوبٌ إِلَى بَحْرِ الرَّحِمِ، وَهُوَ عُمْقُهَا، وَهَذَا مِنْ تَغَيُّرَاتِ النَّسَبِ، وَعَنْ الْقُتَبِيِّ: هُوَ دَمُ الْحَيْضِ لَا دَمُ الِاسْتِحَاضَةِ.

(وَبَحِيرَةُ) بِنْتُ هَانِئٍ، هِيَ الَّتِي زَوَّجَتْ نَفْسَهَا مِنْ الْقَعْقَاعِ بن شَوْرٍ، وَهِيَ مَنْقُولَةٌ مِنْ الْبَحِيرَةِ بِنْتِ السَّائِبَةِ، وَهِيَ النَّاقَةُ إِذَا تَابَعَتْ بَيْنَ عَشْرِ إِنَاثٍ سُيِّبَتْ، فَإِذَا نُتِجَتْ بَعْدَ ذَلِكَ أُنْثَى بُحِرَتْ، أَيْ: شُقَّتْ أُذُنُهَا وَخُلِّيَتْ مَعَ أُمِّهَا، وَقِيلَ: إِذَا نَتَجَتْ خَمْسَةَ أَبْطُنٍ نُظِرَ؛ فَإِنْ كَانَ الْخَامِسُ ذَكَرًا ذَبَحُوهُ فَأَكَلُوهُ، وَإِنْ كَانَ أُنْثَى بَتَكُوا أُذُنَهَا، أَيْ: قَطَعُوهَا، وَقِيلَ: إِنَّ النَّاقَةَ إِذَا نُتِجَتْ خَمْسَةَ أَبْطُنٍ وَكَانَ آخِرُهَا أُنْثَى شَقُّوا أُذُنَهَا وَخَلَّوْا عَنْهَا، فَالْبَحِيرَةُ فِي الْقَوْلَيْنِ الْبِنْتُ، وَفِي الثَّالِثِ الْأُمُّ.

[ب ح ن]: (ابْنُ بُحَيْنَةَ) هُوَ عَبْدُ اللهِ بن مَالِكٍ الْأَزْدِيُّ[1] رَاوِي حَدِيثِ سُجُودِ السَّهْوِ، لَهُ صُحْبَةٌ، نُسِبَ إِلَى أُمِّهِ، وَهِيَ بُحَيْنَةُ بِنْتُ الْحَارِثِ بن عَبْدِ الْمُطَّلِبِ عَلَى لَفْظِ تَصْغِيرِ بَحْنَةٍ، وَهِيَ: ضَرْبٌ مِنَ النَّخْلِ، وَقِيلَ: الْمَرْأَةُ الْعَظِيمَةُ الْبَطْنِ.

الْبَاءُ مَعَ الْخَاءِ

[ب خ ت]: (الْبَخْتُ) الْجَدُّ، وَالتَّبْخِيتُ التَّبْكِيتُ، وَأَنْ تُكَلِّمَ خَصْمَكَ حَتَّى تَنْقَطِعَ حُجَّتُهُ، عَنْ صَاحِبِ التَّكْمِلَةِ، وَأَمَّا قَوْلُ بَعْضِ الشَّافِعِيَّةِ فِي اشْتِبَاهِ الْقِبْلَةِ إِذَا لَمْ يُمْكِنْهُ الِاجْتِهَادُ: صَلَّى عَلَى التَّبْخِيتِ، فَهُوَ مِنْ عِبَارَاتِ الْمُتَكَلِّمِينَ، وَيَعْنُونَ بِهِ الِاعْتِقَادَ الْوَاقِعَ فِي سَبِيلِ الِابْتِدَاءِ مِنْ غَيْرِ نَظَرٍ فِي شَيْءٍ.

[ب خ ت ج]: (البختج) تَعْرِيبُ بُخْتَهُ[2]، أَيْ: مَطْبُوخٌ، وَعَنْ خُوَاهَرْ زَادَهْ: هُوَ اسْمٌ لِمَا حُمِلَ عَلَى النَّارِ فَطُبِخَ إِلَى الثُّلُثِ، وَعَنْ الدِّينَوَرِيِّ: الفختج[3] بِالْفَاءِ قَالَ: وَقَدْ يُعِيدُ

(١) في خ: "الأسدي".
(٢) في خ: "بختته".
(٣) في م: "الفُتج".

قَوْمٌ عَلَيْهِ الْمَاءَ الَّذِي ذَهَبَ مِنْهُ، ثُمَّ يَطْبُخُونَهُ بَعْضَ الطَّبْخِ وَيُودِعُونَهُ الْأَوْعِيَةَ وَيُخَمِّرُونَهُ فَيَأْخُذُ أَخْذًا شَدِيدًا، وَيُسَمُّونَهُ (الْجُمْهُورِيَّ).

[ب خ خ] (دَرَاهِمُ بَخِّيَّةٌ) بِتَشْدِيدِ الْخَاءِ وَالْيَاءِ نَوْعٌ مِنْ أَجْوَدِ الدَّرَاهِمِ نُسِبَتْ فِيمَا زَعَمُوا إِلَى بخ أَمِيرٍ ضَرَبَهَا، وَقِيلَ: كُتِبَ عَلَيْهَا بَخٍ، وَهِيَ كَلِمَةُ اسْتِحْسَانٍ وَاسْتِجَادَةٍ، وَيُقَالُ لِصَاحِبِهَا بَخٍ بَخٍ.

[ب خ ن د]: سَاقٌ (بخنداة) وخبنداة، أَيْ: غَلِيظَةٌ مُمْتَلِئَةٌ لَحْمًا.

[ب خ س]: (الْبَخْسِيُّ) خِلَافُ السَّقِيِّ مَنْسُوبٌ إِلَى الْبَخْسِ، وَهُوَ الْأَرْضُ الَّتِي تَسْقِيهَا السَّمَاءُ لِأَنَّهَا مَبْخُوسَةُ الْحَظِّ مِنَ الْمَاءِ.

وَفِي التَّهْذِيبِ: الْبَخْسِيُّ مِنَ الزَّرْعِ: مَا لَمْ يُسْقَ بِمَاءِ غَدِيرٍ إِنَّمَا سَقَاهُ مَاءُ السَّمَاءِ.

[ب خ ص]: (بَخَصَ) عَيْنَهُ: فَقَأَهَا وَعَوَّرَهَا بَخْصًا، مِنْ بَابِ مَنَعَ.

[الْبَخْعُ] فِي (ن خ).

[ب خ ق]: (الْبَخْقَاءُ) فِي الْأَضَاحِيِّ الْعَوْرَاءُ، وَقِيلَ: الْمُنْخَسِفَةُ الْعَيْنِ.

وَفِي الْمُجْمَلِ: بَخِقَتْ الْعَيْنُ فَهِيَ بَخْقَاءُ، إِذَا انْخَسَفَ لَحْمُهَا، أَيْ: غَارَ، وَبَخَقْتُهَا أَيْ: فَقَأْتُهَا.

الْبَاءُ مَعَ الدَّالِ

[ب د أ]: (الْبِدَايَةُ) عَامِّيَّةٌ وَالصَّوَابُ: الْبُدَاءَةُ، وَهِيَ فُعَالَةٌ مِنْ بَدَأَ كَالْقِرَاءَةِ وَالْكِلَاءَةِ، مِنْ قَرَأَ: وَكَلَأَ، وَإِنْ لَمْ يَثْبُتْ فِي الْأُصُولِ، وَالْبَدْأَةُ: أَوَّلُ الْأَمْرِ، وَالْمُرَادُ بِهَا فِي الْحَدِيثِ: "أَنَّهُ نَفَّلَ فِي الْبَدْأَةِ الرُّبْعَ، وَفِي الرَّجْعَةِ الثُّلُثَ" ابْتِدَاءُ سَفَرِ الْغَزْوِ، وَذَلِكَ إِذَا نَهَضَتْ سَرِيَّةٌ مِنْ جُمْلَةِ الْعَسْكَرِ فَأَوْقَعَتْ بِطَائِفَةٍ مِنَ الْعَدُوِّ، فَمَا غَنِمُوا كَانَ لَهُمُ الرُّبْعُ، وَيُشْرِكُهُمْ سَائِرُ الْعَسْكَرِ فِي ثَلَاثَةِ أَرْبَاعِ مَا غَنِمُوا؛ فَإِنْ قَفَلُوا مِنَ الْغَزْوِ، ثُمَّ نَهَضَتْ سَرِيَّةٌ كَانَ لَهُمْ مِنْ جَمِيعِ مَا غَنِمُوا الثُّلُثُ؛ لِأَنَّ نُهُوضَهُمْ بَعْدَ الْقُفُولِ أَشَقُّ وَالْخَطَرُ فِيهِ أَعْظَمُ، وَمِنْهَا قَوْلُهُمْ فِي الشُّرُوطِ: وَلَا يَأْخُذُ مِنْهُمْ فِي بَدَاءَتِهِمْ وَرَجْعَتِهِمْ، أَيْ: فِي ذَهَابِهِمْ وَرُجُوعِهِمْ، وَمَنْ رَوَى: فِي بَدْئِهِمْ، بِغَيْرِ تَاءٍ فَقَدْ حَرَّفَ، وَهِيَ فَعْلَةٌ مِنْ بَدَأَ بِالشَّيْءِ إِذَا قَدَّمَهُ، وَبَدَأَهُ إِذَا أَنْشَأَ، وَمِنْهُ: بِئْرٌ بَدِيءٌ، وَهِيَ الَّتِي أُنْشِئَ حَفْرُهَا وَابْتُدِئَ وَلَيْسَتْ بِعَادِيَّةٍ، وَابْتَدَأَ الْأَمْرَ: أَخَذَ فِيهِ أَوْ فَعَلَهُ ابْتِدَاءً، لَا يُقَالُ: ابْتَدَأَ زَيْدًا وَلَا بَدَأَهُ، لِأَنَّهُمَا لَا يُعَلَّقَانِ بِالْأَشْخَاصِ كَالْإِرَادَةِ، وَقَوْلُهُمْ: فَإِنْ كَانَ السَّبُعُ ابْتَدَأَهُ، أَيْ: ابْتَدَأَ أَخْذَهُ أَوْ عَضَّهُ، عَلَى حَذْفِ الْمُضَافِ، وَمِثْلُهُ:

وَلَا يَبْتَدِئُ أَبَاهُ مِنْ الْمُشْرِكِينَ.

[ب د د]: (التَّبْدِيدُ) التَّفْرِيقُ، وَأَبَدَّهُمْ الْعَطَاءَ: فَرَّقَهُ فِيهِمْ، وَلَمْ يَجْمَعْ بَيْنَ اثْنَيْنِ وَحَقِيقَتُهُ أَعْطَى كُلًّا مِنْهُمْ بُدَّتَهُ أَيْ: حِصَّتَهُ، وَمِنْهُ حَدِيثُ أُمِّ سَلَمَةَ: "أَبِدِّيهِمْ يَا جَارِيَةُ تَمْرَةً تَمْرَةً"، وَقَوْلُهُ: "اللَّـهُمَّ أَحْصِهِمْ عَدَدًا، وَالْعَنْهُمْ بَدَدًا". وَرُوِيَ: وَاقْتُلْهُمْ، جَمْعُ بُدَّةٍ، وَالْمَعْنَى: لَعْنًا أَوْ قَتْلًا مَقْسُومًا عَلَيْهِمْ بِالْحِصَصِ.

(وَأَبَدَّ يَدَهُ إِلَى الْأَرْضِ) مَدَّهَا (وَإِبْدَادُ) الضَّبْعَيْنِ تَفْرِيجُهُمَا فِي السُّجُودِ. وَأَمَّا مَا رُوِيَ فِي الْحَدِيثِ: "أَنَّهُ كَانَ إِذَا سَجَدَ أَبْدَى ضَبْعَيْهِ أَوْ أَبَدَّ". فَلَمْ أَجِدْهُ فِيمَا عِنْدِي مِنْ كُتُبِ الْحَدِيثِ وَالْغَرِيبِ، إِلَّا أَنَّ صَاحِبَ الصَّحِيحِ قَالَ: بَابُ يُبْدِي ضَبْعَيْهِ، وَذَكَرَ لَفْظَ الْحَدِيثِ فَقَالَ: "كَانَ إِذَا صَلَّى فَرَّجَ يَدَيْهِ حَتَّى يَبْدُوَ بَيَاضُ إِبْطَيْهِ"[١]. وَلَفْظُ الْمُتَّفَقِ: "كَانَ إِذَا سَجَدَ فَتَحَ مَا بَيْنَ مِرْفَقَيْهِ حَتَّى يُرَى بَيَاضُ إِبْطَيْهِ[٢]".

وَفِي التَّهْذِيبِ: يُقَالُ لِلْمُصَلِّي: أَبِدَّ ضَبْعَيْكَ. وَلَمْ يُذْكَرْ أَنَّهُ مِنْ الْحَدِيثِ.

قلت[٣]: وَإِنْ صَحَّ مَا رُوِيَ مِنْ الْإِبْدَاءِ، وَهُوَ فِي الْأَصْلِ الْإِظْهَارُ كَانَ كِنَايَةً عَنْ الْإِبْدَادِ؛ لِأَنَّهُ يَرْدُفُ ذَلِكَ.

[ب د ر]: (بَدَرَ) إِلَيْهِ أَسْرَعَ، وَمِنْهُ: (الْبَادِرَةُ)، وَهِيَ مَا يَبْدُرُ مِنْك عِنْدَ الْغَضَبِ.

(وَالْبَيْدَرُ) الْمَوْضِعُ الَّذِي يُدَاسُ فِيهِ الطَّعَامُ. وَقَوْلُ الْكَرْخِيِّ: وَلَوْ شَرَطَا الْحَصَادَ وَالدِّيَاسَةَ وَالتَّذْرِيَةَ وَرَفْعَ الْبَيْدَرِ عَلَى الْمُزَارِعِ لَمْ يَجُزْ. أَرَادَ بِالْبَيْدَرِ مَا فِيهِ مِنْ الطَّعَامِ وَالتِّبْنِ مَجَازًا، وَبِرَفْعِهِ نَقْلَهُ إِلَى مَوْضِعِهِ، عَلَى أَنَّ الْأَزْهَرِيَّ حَكَى عَنْ ابْنِ الْأَعْرَابِيِّ: أَنَّ الْعُرْمَةَ وَالْكُدْسَ وَالْبَيْدَرَ وَاحِدٌ، وَهَذَا إِنْ صَحَّ مِنْ تَسْمِيَةِ الْحَالِ بِاسْمِ الْمَحَلِّ.

[ب د ع]: (الْبِدْعَةُ) اسْمٌ مِنْ ابْتَدَعَ الْأَمْرَ إِذَا ابْتَدَأَهُ وَأَحْدَثَهُ كَالرِّفْعَةِ[٤] مِنْ الِارْتِفَاعِ وَالْخِلْفَةِ مِنْ الِاخْتِلَافِ، ثُمَّ غَلَبَتْ عَلَى مَا هُوَ زِيَادَةٌ فِي الدِّينِ أَوْ نُقْصَانٌ مِنْهُ.

---

(١) أخرجه البخاري (٨٠٧)، ومسلم (٤٩٧)، والنسائي (١١٠٦)، وأحمد في مسنده (٢٢٤١٦)، والنسائي في السنن الكبرى (٦٩٧)

(٢) أخرجه البخاري (١٠٣١)، ومسلم (٨٩٧)، وأبو داود (١١٧٠)، والنسائي (١٥١٣)، وابن ماجه (١١٨٠)، وأحمد في مسنده (١٣٥٩٤).

(٣) في م:"قال رضي الله عنه".

(٤) بعده في م: "اسم".

وَفِي حَدِيثِ نَاجِيَةَ: مَاذَا أَصْنَعُ بِمَا أُبْدِعَ عَلَيَّ مِنْهَا؟ الاسْتِعْمَالُ: أُبْدِعَ بِفُلَانٍ، إِذَا انْقَطَعَتْ رَاحِلَتُهُ عَنْ السَّيْرِ بِكَلَالٍ أَوْ عَرَجٍ، وَلَوْ رُوِيَ: بِمَا أَبْدَعَتْ، مَبْنِيًّا لِلْفَاعِلِ لَصَحَّ؛ لِأَنَّ الْكِسَائِيَّ قَالَ: أَبْدَعَتْ الرِّكَابُ إِذَا كَلَّتْ وَعَطِبَتْ، كَأَنَّهَا أَحْدَثَتْ أَمْرًا بَدِيعًا.

[ب د ر ق]: البدرقة الْجَمَاعَةُ الَّتِي تَتَقَدَّمُ الْقَافِلَةَ، وَتَكُونُ مَعَهَا تَحْرُسُهَا وَتَمْنَعُهَا الْعَدُوَّ، وَهِيَ مُوَلَّدَةٌ.

[ب د ل]: (الْبَدِيلُ) الْبَدَلُ، وَمِنْهُ: بَعَثَ بَدِيلًا لِغَزْوٍ عَنْهُ.

[ب د ن]: (الْبَدَنَةُ) فِي اللُّغَةِ: مِنْ الْإِبِلِ خَاصَّةً، وَتَقَعُ عَلَى الذَّكَرِ وَالْأُنْثَى، وَالْجَمْعُ: الْبُدْنُ، وَالْقَلِيلُ: الْبَدَنَاتُ، وَأَمَّا الْحَدِيثُ: "أُتِيَ بِبَدَنَاتٍ خَمْسٍ". فَالصَّوَابُ الْفَتْحُ، وَهِيَ فِي الشَّرِيعَةِ لِلْجِنْسَيْنِ؛ لِقَوْلِهِ عَلَيْهِ السَّلَامُ: "الْبَدَنَةُ عَنْ سَبْعَةٍ"[1]، وَإِنَّمَا سُمِّيَتْ بَدَنَةً لِضَخَامَتِهَا، مِنْ بَدُنَ بَدَانَةً إِذَا ضَخُمَ، وَرَجُلٌ بَادِنٌ وَامْرَأَةٌ بَادِنَةٌ.

وَأَمَّا حَدِيثُهُ عَلَيْهِ السَّلَامُ: "إِنِّي قَدْ بَدُنْتُ"[2]. فَالصَّوَابُ عَنْ الْأُمَوِيِّ: بَدَّنْتُ، أَيْ: كَبِرْتُ وَأَسْنَنْتُ، لِأَنَّ الْبَدَانَةَ وَالسِّمَنَ خِلَافُ صِفَتِهِ عَلَيْهِ السَّلَامُ، إِلَّا أَنْ يُحْمَلَ عَلَى أَنَّ الْحَرَكَةَ ثَقُلَتْ عَلَيْهِ ثِقَلَهَا عَلَى الْبَادِنِ، وَإِنْ صَحَّ مَا رُوِيَ: "أَنَّهُ حَمَلَ الشَّحْمَ فِي آخِرِ عُمْرِهِ". أُسْتُغْنِيَ عَنْ التَّأْوِيلِ.

وَالْبَدَنُ مَا سِوَى الشَّوَى مِنْ الْجِسْمِ، وَبَدَنُ الْجُبَّةِ وَالْقَمِيصِ مُسْتَعَارٌ مِنْهُ، وَهُوَ مَا يَقَعُ عَلَى الظَّهْرِ وَالْبَطْنِ مِمَّا سِوَى الْكُمَّيْنِ وَالدَّخَارِيصِ.

[ب د و] وَفِي حَدِيثِ أَبِي ذَرٍّ رَضِيَ اللَّهُ عَنْهُ: "أَبْدُ فِيهَا". أَيْ: أُخْرُجْ إِلَى الْبَدْوِ، يُقَالُ: بَدَوْتُ أَبْدُو، وَبِاسْمِ الْفَاعِلِ[3] مِنْهُ سُمِّيَتْ بَادِيَةُ بِنْتُ غَيْلَانَ الثَّقَفِيَّةُ، هَكَذَا فِي مَعْرِفَةِ الصَّحَابَةِ وَإِصْلَاحِ جَامِعِ الْغُورِيِّ، وَقَدْ ذَكَرَ الْأَزْهَرِيُّ قِصَّتَهَا فِي التَّهْذِيبِ، فَرَأَيْتُ الِاسْمَ فِيهِ هَكَذَا مُقَيَّدًا أَيْضًا، وَفِي الْقُدُورِيِّ بِبَدَنَةٍ وَلَمْ يَصِحَّ.

---

(١) أخرجه مسلم (١٣١٨)، والترمذي (١٥٠٢)، وأبو داود (٢٨٠٩)، وابن ماجه (٣١٣٢)، والدارمي في سننه (١٩٥٥)، ومالك في الموطأ رواية يحيى الليثي (١٠٤٩)، وأحمد في مسنده (١٣٧١٣).

(٢) أخرجه أبو داود (٦١٩)، وابن ماجه (٩٦٣)، والدارمي في سننه (١٣١٥)، وأحمد في مسنده (١٧٠٨٦)، وابن خزيمة في صحيحه (١٥٠٧).

(٣) في م: "الفاعلة".

الْبَاءُ مَعَ الذَّالِ

[ب ذ أ]: فَاطِمَةُ بِنْتُ قَيْسٍ كَانَتْ (بَذِيَّةَ) اللِّسَانِ، أَيْ: فَحَّاشَةً، يُقَالُ: بَذَأَ وَبَذُؤَ بِالْهَمْزَةِ وَغَيْرِهِ مِنْ بَابِ قَرُبَ، وَبَذَا عَلَيْهِ: أَفْحَشَ، مِنْ بَابِ طَلَبَ، وَمِنْهُ: أَنَّهَا كَانَتْ تَبْذُو عَلَى أَحْمَاءِ زَوْجِهَا، وَأَمَّا تَبَذَّتْ فَتَحْرِيفٌ.

[ب ذ ذ]: فِي الْحَدِيثِ: "(الْبَذَاذَةُ) مِنْ الْإِيمَانِ"[١]. هِيَ: التَّقَشُّفُ وَرَثَاثَةُ الْهَيْئَةِ، وَقَدْ بَذِذْتَ بَعْدِي بَذَاذَةً وَبَذَاذًا، أَيْ: رَثَّتْ هَيْئَتُك، وَالْمُرَادُ: التَّوَاضُعُ فِي اللِّبَاسِ، وَلُبْسُ مَا لَا يُؤَدِّي منه[٢] إلَى الْخُيَلَاءِ وَالْكِبْرِ، وَأَنَّ لِذَلِكَ مَوْقِعًا حَسَنًا فِي الْإِيمَانِ، وَرَجُلٌ بَاذُّ الْهَيْئَةِ وَبَذُّهَا[٣].

[ب ذ ق]: (الْبَاذَقُ) مِنْ عَصِيرِ الْعِنَبِ مَا طُبِخَ أَدْنَى طَبْخَةٍ فَصَارَ شَدِيدًا.

وَفِي حَدِيثِ ابْنِ عَبَّاسٍ - رَضِيَ اللـه تَعَالَى عَنْهُ -: مَا[٤] أَنَّهُ سُئِلَ عَنْهُ، فَقَالَ: سَبَقَ مُحَمَّدٌ - صَلَّى اللـه عَلَيْهِ وَسَلَّمَ -" الْبَاذَقَ وَمَا أَسْكَرَ فَهُوَ حَرَامٌ". يَعْنِي: سَبَقَ جَوَابُ مُحَمَّدٍ صَلَّى اللـه عَلَيْهِ وَسَلَّمَ تَحْرِيمَ الْبَاذَقِ، وَهُوَ قَوْلُهُ" مَا أَسْكَرَ فَهُوَ حَرَامٌ" [٥] وَقَوْلُ مَنْ قَالَ: مَعْنَاهُ أَنَّهَا كَلِمَةٌ فَارِسِيَّةٌ عُرِّبَتْ فَلَمْ يَعْرِفْهَا عَلَيْهِ السَّلَامُ، أَوْ أَنَّهُ شَيْءٌ لَمْ يَكُنْ فِي أَيَّامِهِ، وَإِنَّمَا أُحْدِثَ بَعْدَهُ، ضَعِيفٌ.

الْبَاءُ مَعَ الرَّاءِ

[ب ر أ]: (بَرِئَ) مِنْ الدَّيْنِ وَالْعَيْبِ بَرَاءَةً، وَمِنْهَا: الْبَرَاءَةُ لِخَطِّ الْإِبْرَاءِ، وَالْجَمْعُ: الْبَرَاءَاتُ، بِالْمَدِّ، وَالْبَرَوَاتُ عَامِّيٌّ، وَأَبْرَأْتُهُ: جَعَلْتُهُ بَرِيئًا مِنْ حق عَلَيْه، وَبَرَّأَهُ: صَحَّحَ بَرَاءَتَهُ فَتَبَرَّأَ. ومِنْهُ: تَبَرَّأَ مِنْ الْحَبَلِ، أَيْ: قَالَ: أَنَا بَرِيءٌ مِنْ عَيْبِ الْحَبَلِ، وَبَارَأَ شَرِيكَهُ: أَبْرَأَ كُلُّ وَاحِدٍ مِنْهُمَا صَاحِبَهُ، وَمِنْهُ قَوْلُهُمْ: الْخُلْعُ كَالْمُبَارَأَةِ، وَتَرْكُ الْهَمْزَةِ خَطَأٌ.

(وَالْبَارِئُ) فِي صِفَاتِ اللـه سُبْحَانَهُ الَّذِي خَلَقَ الْخَلْقَ بَرِيئًا مِنْ التَّفَاوُتِ.

(وَاسْتِبْرَاءُ الْجَارِيَةِ) طَلَبُ بَرَاءَةِ رَحِمِهَا مِنْ الْحَمْلِ، ثُمَّ قِيلَ: اسْتَبْرَأْت الشَّيْءَ، إذَا

---

(١) أخرجه أبو داود (٤١٦١)، وابن ماجه (٤١١٨)، والحاكم في المستدرك ج٩/١.
(٢) سقط من: م.
(٣) في خ: "من يذها".
(٤) زيادة من: م.
(٥) أخرجه أبو يعلى الموصلي في مسنده (٣٩٧١)، والبوصيري في إتحاف الخيرة (٥١١٩)

طَلَبْت آخِرَهُ لِتَعْرِفَهُ وَيَقْطَعَ الشُّبْهَةَ عَنْك، وَمِنْهُ قَوْلُهُمْ فِي شَرْحِ الْجَامِعِ الصَّغِيرِ: الِاسْتِبْرَاءُ عِبَارَةٌ عَنْ التَّبَصُّرِ وَالتَّعَرُّفِ احْتِيَاطًا. وَأَمَّا قَوْلُهُ فِي بَابِ الْمَوَاقِيتِ: إلَّا بِقَدْرِ وَمَا يَسْتَبْرِي فِيهِ الْغُرُوبُ، فَالصَّوَابُ: يُسْتَبْرَأُ بِالْهَمْزَةِ، أَيْ: يُتَحَقَّقُ وَيُتَعَرَّفُ، وَتَرْكُ الْهَمْزَةِ فِيهِ خَطَأٌ، وَكَذَلِكَ فِي قَوْلِهِ: حَتَّى يَسْتَبْرِينَ، وَفِي قَوْلِهِ: كَانُوا يَسْتَنْجُونَ وَيَسْتَبْرُونَ، وَإِنَّمَا الصَّوَابُ: حَتَّى يَسْتَبْرِئْنَ وَيَسْتَبْرِئُونَ.

[ب ر ج]: (بُرْجَانُ) جِيلٌ مِنْ النَّاسِ بِلَادُهُمْ قَرِيبَةٌ مِنْ قُسْطَنْطِينِيَّةَ، وَبِلَادُ الصَّقَالِبَةِ قَرِيبَةٌ مِنْهُمْ.

[ب ر ن م ج]: (الْبَارْنَامَجُ) فَارِسِيَّةٌ، وَهِيَ اسْمُ النُّسْخَةِ الَّتِي فِيهَا مِقْدَارُ الْمَبْعُوثِ، وَمِنْهُ قَالَ السِّمْسَارُ: إنَّ وَزْنَ الْحُمُولَةِ فِي الْبَرْنَامَجِ كَذَا.

وَعَنْ شَيْخِنَا فَخْرِ خُوَارِزْمَ- رَحِمَهُ اللهُ -: أَنَّ النُّسْخَةَ الَّتِي يَكْتُبُ فِيهَا الْمُحَدِّثُ أَسْمَاءَ رُوَاتِهِ وَأَسَانِيدَ كُتُبِهِ الْمَسْمُوعَةِ تُسَمَّى بِذَلِكَ.

[ب ر ح]: فِي كَلَامِ عَطَاءٍ: (لَا أَبْرَحُ) حَتَّى تَقْضِيَ حَاجَتِي، أَيْ: لَا أَزُولُ وَلَا أَتَنَحَّى، مِنْ بَرِحَ الْمَكَانَ بَرَاحًا، إذَا زَالَ مِنْهُ، وَأَمَّا مَا بَرِحَ زَيْدٌ قَائِمًا، فَذَلِكَ مِنْ بَابِ كَانَ، وَمِنْهُ قَوْلُه تَعَالَى: **(لا أَبْرَحُ حَتَّى أَبْلُغَ مَجْمَعَ الْبَحْرَيْنِ)** [سورة الكهف آية ٦٠]"، إلَّا أَنَّ الْخَبَرَ مَحْذُوفٌ وَيَجُوزُ أَنْ يَكُونَ مَا نَحْنُ فِيهِ كَذَلِكَ. وَمِنْهُ: الْبَارِحَةُ لِلَّيْلَةِ الْمَاضِيَةِ، وَالْعَرَبُ تَقُولُ بَعْدَ الزَّوَالِ: فَعَلْنَا (الْبَارِحَةَ) كَذَا، وَقَبْلَ الزَّوَالِ: فَعَلْنَا اللَّيْلَةَ كَذَا.

(وَالْبَرَاحُ) الْمَكَانُ الَّذِي لَا سُتْرَةَ فِيهِ مِنْ شَجَرٍ وَغَيْرِهِ، كَأَنَّهَا زَالَتْ، وَمِنْهُ: لَفْظُ الْكَرْخِيِّ: حَلَفَ لَا يَدْخُلُ دَارًا (بَرَاحًا) لَا بِنَاءَ فِيهِ. وَفِي الْقُدُورِيِّ: مُرَاحًا، وَهُوَ مَوْضِعُ إرَاحَةِ الْإِبِلِ، وَكَأَنَّهُ تَصْحِيفٌ، وَلَفْظُ السَّرَخْسِيِّ: خَرَابًا، وَالْأَوَّلُ أَوْجَهُ.

(بَيْرَحَى) فَيْعَلَى مِنْهُ، وَهِيَ بُسْتَانٌ لِأَبِي طَلْحَةَ الْأَنْصَارِيِّ بِالْمَدِينَةِ، مُسْتَقْبِلَ مَسْجِدِ رَسُولِ اللهِ - صَلَّى اللهُ عَلَيْهِ وَسَلَّمَ -، كَانَ عَلَيْهِ السَّلَامُ يَدْخُلُهُ وَيَشْرَبُ مِنْ مَاءٍ فِيهِ[(١)] طَيِّبٍ، وَحِينَ نَزَلَ قَوْله تَعَالَى: **(لَنْ تَنَالُوا الْبِرَّ حَتَّى تُنْفِقُوا مِمَّا تُحِبُّونَ)** [سورة آل عمران آية ٩٢] قَالَ لِرَسُولِ اللهِ - صَلَّى اللهُ عَلَيْهِ وَسَلَّمَ -: إنَّ أَحَبَّ أَمْوَالِي إلَيَّ بَيْرَحَى، وَإِنَّهَا صَدَقَةٌ للهِ أَرْجُو بِرَّهَا وَذُخْرَهَا عِنْدَ اللهِ، فَقَالَ عَلَيْهِ السَّلَامُ" بَخٍ بَخٍ ذَلِكَ مَالٌ رَابِحٌ[(٢)]"

---

(١) سقط من: م.
(٢) أخرجه البخاري (١٤٦١)، ومسلم (١٠٠٠).

أَيْ: ذُو رِبْحٍ، وَرُوِيَ: رَائِحٌ، أَيْ: قَرِيبُ الْمَسَافَةِ يَرُوحُ خَيْرُهُ وَلَا يَعْزُبُ.

وَعَنْ شَيْخِنَا -رَحِمَهُ اللهُ-: أَنَّهُ قَالَ: رَأَيْتُ مُحَدِّثِي مَكَّةَ يَرْوُونَهَا" بَيَرْحَاءَ". وَحَاءٌ اسْمُ رَجُلٍ أُضِيفَ الْبِئْرُ إِلَيْهِ، قَالَ: وَالصَّوَابُ الرِّوَايَةُ الْأُولَى.

(وَالتَّبْرِيحُ) الْإِيذَاءُ، يُقَالُ: (ضَرْبٌ مُبَرِّحٌ) وَالْمُرَادُ بِالتَّبْرِيحِ فِي الْحَدِيثِ: قَتْلُ السُّوءِ، كَإِلْقَاءِ السَّمَكِ حَيًّا فِي النَّارِ، وَإِلْقَاءِ الْقَمْلِ فِيهَا.

[ب ر د]: (الْبَرِيدُ) الْبَغْلَةُ الْمُرَتَّبَةُ فِي الرِّبَاطِ، تَعْرِيبُ بُرِيدَه دَمْ، ثُمَّ [١] سُمِّيَ بِهِ الرَّسُولُ الْمَحْمُولُ عَلَيْهَا، ثُمَّ سُمِّيَتِ الْمَسَافَةُ بِهِ، وَالْجَمْعُ: بُرُدٌ بِضَمَّتَيْنِ، وَمِنْهُ: كَانَ ابْنُ عَبَّاسٍ وَابْنُ عُمَرَ -رَضِيَ اللهُ تَعَالَى عَنْهُ- مَا يَقْصُرَانِ وَيُفْطِرَانِ فِي أَرْبَعَةِ بُرُدٍ، وَهِيَ سِتَّةَ عَشَرَ فَرْسَخًا، وَقَوْلُهُ: كُلُّ بُرُدٍ، صَوَابُهُ كُلُّ بَرِيدٍ.

وَالْبُرْدُ مَعْرُوفٌ مِنْ بُرُودِ الْقَصَبِ [٢] وَالْوَشْيِ، وَمِنْهُ: سُمِّيَ بُرْدُ بْنِ سِنَانٍ الشَّامِيُّ، يَرْوِي عَنْ مَكْحُولٍ، وَعَنْهُ الثَّوْرِيُّ وَبُرَيْدَةَ وَيَزِيدُ وَبَشَّارٌ كُلُّهُ تَصْحِيفٌ.

(وَأَمَّا الْبُرْدَةُ) بِالْهَاءِ فَكِسَاءٌ مُرَبَّعٌ أَسْوَدُ صَغِيرٌ، بِهَا كُنِّيَ أَبُو بُرْدَةَ بْنِ نِيَارٍ صَاحِبُ الْجَذَعَةِ، وَاسْمُهُ هَانِئٌ وَبِتَصْغِيرِهَا سُمِّيَ بُرَيْدَةُ [٣] بْنُ الْحُصَيْبِ، وَابْنُهُ سُلَيْمَانُ بْنُ بُرَيْدَةَ، [صَوَابُهُ: عَنِ ابْنِ بُرْدَةَ] [٤] يَرْوِي عَنْ أَبِيهِ، وَعَنْهُ عَلْقَمَةُ، وَعَلَى ذَا قَوْلُهُ فِي بَابِ الْأَذَانِ عَنْ عَلْقَمَةَ بْنِ مَرْثَدٍ عَنْ أَبِي بُرَيْدَةَ أَوْ أَبِي بُرْدَةَ أَوْ أَبِي بَرْزَةَ كُلُّهُ خَطَأٌ.

وَبَرَدَ الْحَدِيدَ: سَحَقَهُ بِالْمِبْرَدِ بَرْدًا، وَمِنْهُ: تَبَرَّدَ السِّنُّ، وَالْبُرَادَةُ مَا يَسْقُطُ مِنْهُ بِالسَّحْقِ.

(وَبَرَدَ الشَّيْءُ بُرُودَةً) صَارَ بَارِدًا، وَمِنْهُ: كَانَ إِذَا ذَبَحَ لَا يَسْلُخُ حَتَّى تَبْرُدَ الشَّاةُ، وَلَمْ يُرِدْ ذَهَابَ الْحَرَارَةِ لِأَنَّ ذَلِكَ يَطُولُ، وَإِنَّمَا أَرَادَ سُكُونَ اضْطِرَابِهَا وَذَهَابَ دِمَائِهَا.

(وَأَبْرَدَ) دَخَلَ فِي الْبَرْدِ، كَأَصْبَحَ إِذَا دَخَلَ فِي الصَّبَاحِ، وَمِنْهُ: "أَبْرِدُوا بِالظُّهْرِ" [٥]. وَالْبَاءُ لِلتَّعْدِيَةِ، وَالْمَعْنَى: أَدْخِلُوا صَلَاةَ الظُّهْرِ فِي الْبَرْدِ، أَيْ: صَلُّوهَا إِذَا

---

(١) سَقَطَ مِنْ: م.

(٢) فِي خ: "الْعَصْبِ".

(٣) فِي خ: "بَرِيحَة".

(٤) سَقَطَ مِنْ: م.

(٥) أَخْرَجَهُ الْبُخَارِيُّ (٥٣٨)، وَالنَّسَائِيُّ (٥٠١)، وَابْنُ مَاجَهْ (٦٧٩)، وَأَحْمَدُ فِي مُسْنَدِهِ (١١٠٩٨)، وَالنَّسَائِيُّ فِي السُّنَنِ الْكُبْرَى (١٥٠٢).

سَكَنَتْ شِدَّةُ الْحَرِّ.

وَالْإِبْرِدَةُ بِكَسْرِ الْهَمْزَةِ وَالرَّاءِ عِلَّةٌ مَعْرُوفَةٌ مِنْ غَلَبَةِ الْبَرْدِ وَالرُّطُوبَةِ تُفْتِرُ عَنِ الْجِمَاعِ، عَنِ الْجَوْهَرِيِّ. وَمِنْهُ قَوْلُهُ: وَيُسْتَحَبُّ النِّكَاحُ إِلَّا لِلْعِنِّينِ وَمَنْ بِهِ إِبْرِدَةٌ، وَالْفَتْحُ خَطَأٌ، حَتَّى تَبْرُدُوا فِي فَيْءٍ.

[ب ر ر]: (الْبِرُّ) الصَّلَاحُ، وَقِيلَ: الْخَيْرُ، قَالَ شِمْرٌ: وَلَا أَعْلَمُ تَفْسِيرًا أَجْمَعَ مِنْهُ، قَالَ: وَالْحَجُّ (الْمَبْرُورُ): الَّذِي لَا يُخَالِطُهُ شَيْءٌ مِنَ الْمَأْثَمِ، وَالْبَيْعُ الْمَبْرُورُ: الَّذِي لَا شُبْهَةَ فِيهِ وَلَا كَذِبَ وَلَا خِيَانَةَ، وَيُقَالُ: صَدَقْتَ وَبَرِرْتَ، مِنْ بَابِ لَبِسَ، وَمِنْهُ: بَرَّتْ يَمِينُهُ: صَدَقَتْ، وَبَرَّ الْحَالِفُ فِي يَمِينِهِ وَأَبَرَّهَا: أَمْضَاهَا عَلَى الصِّدْقِ، عَنِ ابْنِ فَارِسٍ وَغَيْرِهِ.

(الْبَرْبَرُ) قَوْمٌ بِالْمَغْرِبِ، جُفَاةٌ كَالْأَعْرَابِ فِي رِقَّةِ الدِّينِ وَقِلَّةِ الْعِلْمِ.

[ب ر ز]: (الْبَرَازُ) الصَّحْرَاءُ الْبَارِزَةُ، وَكُنِيَ بِرَزَ[1] بِهِ عَنِ النَّجْوِ كَمَا بِالْغَائِطِ، وَقِيلَ: تَبَرَّزَ كَتَغَوَّطَ. وَامْرَأَةٌ (بَرْزَةٌ) عَفِيفَةٌ تَبْرُزُ لِلرِّجَالِ وَتَتَحَدَّثُ إِلَيْهِمْ، وَهِيَ كَهْلَةٌ قَدْ أَسَنَّتْ فَخَرَجَتْ عَنْ حَدِّ الْمَحْجُوبَاتِ، وَمِنْهَا مَا فِي وَكَالَةِ التَّجْرِيدِ إِذَا كَانَتْ بَرْزَةً.

[ب ر ن س]: (الْبُرْنُسُ) قَلَنْسُوَةٌ طَوِيلَةٌ كَانَ النُّسَّاكُ يَلْبَسُونَهَا فِي صَدْرِ الْإِسْلَامِ، وَعَنِ الْأَزْهَرِيِّ: كُلُّ ثَوْبٍ رَأْسُهُ مِنْهُ مُلْتَزِقٌ بِهِ دُرَّاعَةً كَانَتْ أَوْ جُبَّةً أَوْ مِمْطَرًا.

[ب ر ص]: (الْبَرَصُ) فِي (عد).

[ب ر ع]: (بِرْوَعُ) بِفَتْحِ الْبَاءِ، وَالْكَسْرُ خَطَأٌ، عَنِ الْغُورِيِّ، وَهِيَ ابْنَةُ وَاشِقٍ.

[ب ر ذ ع]: (الْبَرْذَعَةُ) الْحِلْسُ الَّذِي يُلْقَى تَحْتَ رَحْلِ الْبَعِيرِ، وَالْجَمْعُ: الْبَرَاذِعُ.

[ب ر ق ع]: (الْبُرْقُعُ) خُرَيْقَةٌ تُثْقَبُ لِلْعَيْنَيْنِ تَلْبَسُهَا الدَّوَابُّ وَنِسَاءُ الْأَعْرَابِ، وَأَمَّا الْبُرْقُعَةُ بِالْهَاءِ كَمَا فِي شَرْحِ الْمُخْتَصَرِ فَأَخَصُّ مِنَ الْبُرْقُعِ إِنْ صَحَّتِ الرِّوَايَةُ، وَمِنْهُ: فَرَسٌ أَغَرُّ مُبَرْقَعٌ أَيْ: أَبْيَضُ جَمِيعِ وَجْهِهِ، وَمُتَبَرْقِعٌ خَطَأٌ.

[ب ر ق]: (بَرَقَ) الشَّيْءُ لَمَعَ بَرِيقًا مِنْ بَابِ طَلَبَ، وَبِاسْمِ الْفَاعِلِ مِنْهُ سُمِّيَ بَارِقٌ، وَهُوَ جَبَلٌ يُنْسَبُ إِلَيْهِ عُرْوَةُ بن الْجَعْدِ الْبَارِقِيُّ، الَّذِي وَكَّلَهُ صَلَّى اللهُ عَلَيْهِ وَسَلَّمَ فِي شِرَاءِ الْأُضْحِيَّةِ.

(وَالْإِبْرِيقُ) إِنَاءٌ لَهُ خُرْطُومٌ. (وَالْبَوْرَقُ) بِفَتْحِ الْبَاءِ الَّذِي يُجْعَلُ فِي الْعَجِينِ فَيَنْتَفِخُ.

---

(١) زيادة من: م.

[ب ر ك]: (الْبُرُوكُ) لِلْبَعِيرِ كَالْجُثُومِ لِلطَّائِرِ وَالْجُلُوسِ لِلإِنْسَانِ، وَهُوَ أَنْ يُلْصِقَ صَدْرَهُ بِالْأَرْضِ، وَالْمُرَادُ بِالنَّهْيِ عَنْهُ: أَنْ لَا يَضَعَ الْمُصَلِّي يَدَيْهِ قَبْلَ رُكْبَتَيْهِ كَمَا يَفْعَلُ الْبَعِيرُ.

[ب ر ز ك]: (الْبَرْزَكَانُ)[1] ضَرْبٌ مِنَ الْأَكْسِيَةِ بِوَزْنِ الزَّعْفَرَانِ، عَنِ الْغُورِيِّ وَالْجَوْهَرِيِّ، وَعَنِ الْفَرَّاءِ: يُقَالُ لِلْكِسَاءِ الْأَسْوَدِ بَرْكَانٌ وَبَرْكَانِيٌّ، وَلَا يُقَالُ: بَرَنْكَانٌ وَلَا بَرَنْكَانِيٌّ، وَلَمْ يَذْكُرْ أَحَدٌ مِنْهُمْ بَرْكَانَ بِالتَّخْفِيفِ.

[ب ر م]: (الْبُرْمُ) وَالْبِرَامُ جَمْعُ بُرْمَةٍ، وَهِيَ الْقِدْرُ مِنْ الْحَجَرِ، وَمِنْهَا: لَا قَطْعَ فِي الرُّخَامِ وَلَا فِي الْبِرَامِ.

[ب ر ج م]: (الْبَرَاجِمُ) مَفَاصِلُ الْأَصَابِعِ، وَهِيَ رُءُوسُ السُّلَامِيَّاتِ، إِذَا قَبَضَ الْإِنْسَانُ كَفَّهُ ارْتَفَعَتْ الْوَاحِدَةُ بُرْجُمَةٌ بِالضَّمِّ، وَقَوْلُهُمْ:الْأَخْذُ بِالْبَرَاجِمِ عِبَارَةٌ عَنْ الْقَبْضِ بِالْيَدِ، وَفِيهِ نَظَرٌ.

[ب ر س م]: (بُرْسِمَ) الرَّجُلُ عَلَى مَا لَمْ يُسَمَّ فَاعِلُهُ فَهُوَ مُبَرْسَمٌ بِفَتْحِ السِّينِ إِذَا أَخَذَهُ الْبِرْسَامُ بِالْكَسْرِ وَفِي التَّهْذِيبِ بِالْفَتْحِ، وَهُوَ مُعَرَّبٌ عَنْ ابْنِ دُرَيْدٍ.

[ب ر ن]: (الْبَرْنِيُّ) نَوْعٌ[2] مِنْ أَجْوَدِ التَّمْرِ (وَالْبَرْنِيَّةُ) إِنَاءٌ مِنْ خَزَفٍ، وَقِيلَ: مِنْ الْقَوَارِيرِ، وَمِنْهُ: كَبَرَانِيِّ الْعَطَّارِ.

[ب ر ذ و ن]: البِرذَوْنُ التركيّ من الخيل، والجمع: البَرَاذِينُ، وخلافها العِراب، والأنثى: بِرْذَوْنة.

[ب ر ي]: (الْبَوَارِي) جَمْعُ بَارِيٍّ، وَهُوَ الْحَصِيرُ، وَيُقَالُ لَهُ: الْبُورِيَاءُ بِالْفَارِسِيَّةِ.

[ب ر هـ و ي هـ]: (ابْنُ بَرَهَوَيْهِ) بِفَتْحِ الْبَاءِ وَالرَّاءِ عَنْ أَبِيهِ عَنْ إِسْحَاقَ عَنْ وَكِيعٍ.

الْبَاءُ مَعَ الزَّايِ

[ب ز ر]: (الْبَزْرُ) مِنَ الْحَبِّ مَا كَانَ لِلْبَقْلِ، (وَبَزْرُ الْكَتَّانِ) حَبٌّ مَعْرُوفٌ يُقَالُ لَهُ بِالْفَارِسِيَّةِ: زغيره. وَيُقَالُ لِبَيْضِ دُودِ الْقَزِّ: بَزْرٌ، عَلَى التَّشْبِيهِ، وَمِنْهُ: فَلَوْ اشْتَرَى بَزْرًا مَعَهُ فَرَاشٌ، أَيْ: دودجاز.

---

(١) في خ: "(ب ر ن ك ا ن) البرنكان".

(٢) زيادة من: م.

وَأَمَّا النَّاطِفُ الْمُبَزَّرُ: فَهُوَ الَّذِي فِيهِ الْأَبَازِيرُ، وَهِيَ التَّوَابِلُ، جَمْعُ أَبْزَارٍ بِالْفَتْحِ، عَنْ الْجَوْهَرِيِّ.

[ب ز ز]: (الْبَزُّ) عَنْ ابْنِ دُرَيْدٍ مَتَاعُ الْبَيْتِ مِنْ الثِّيَابِ خَاصَّةً، وَعَنْ اللَّيْثِ: ضَرْبٌ مِنْ الثِّيَابِ، وَمِنْهُ: ابْتَزَّ جَارِيَتَهُ إذَا جَرَّدَهَا مِنْ ثِيَابِهَا.

وَعَنْ ابْنِ الْأَنْبَارِيِّ: رَجُلٌ حَسَنُ الْبَزِّ، أَيْ: الثِّيَابِ، وَعَنْ الْجَوْهَرِيِّ: هُوَ مِنْ الثِّيَابِ أَمْتِعَةُ الْبَزَّازِ، وَالْبِزَازَةُ حِرْفَتُهُ. وَقَالَ مُحَمَّدٌ رَحِمَهُ اللهُ فِي السِّيَرِ: الْبَزُّ عِنْدَ أَهْلِ الْكُوفَةِ ثِيَابُ الْكَتَّانِ وَالْقُطْنِ لَا ثِيَابُ الصُّوفِ وَالْخَزِّ.

(وَالْبِزَّةُ) بِالْهَاءِ وَكَسْرِ الْبَاءِ: الْهَيْئَةُ مِنْ قَوْلِهِمْ: رَجُلٌ حَسَنُ الْبِزَّةِ، وَقِيلَ: هِيَ الثِّيَابُ وَالسِّلَاحُ.

[ب ز غ]: (بَزَغَ) الْبَيْطَارُ الدَّابَّةَ: شَقَّهَا بِالْمِبْزَغِ، وَهُوَ مِثْلُ مِشْرَطِ الْحَجَّامِ، وَمِنْهُ حَدِيثُ عُمَرَ بْنِ عَبْدِ الْعَزِيزِ: وَيَنْهَاهُمْ أَنْ يَتْرُكُوا أَحَدًا يُرَكِّبُ بِمِبْزَغٍ فِي سَوْطٍ أَوْ بركز[1]، وَلَوْ رُوِيَ بِالنُّونِ مِنْ النَّزْغِ بِمَعْنَى النَّخْسِ لَكَانَ وَجْهًا، وَالصَّوَابُ: مِبْزَغًا، بِالنَّصْبِ.

[ب ز ق]: الْحَلْوَائِيُّ: فِي الصَّوْمِ يُؤْمَرُ (بِالتَّبَزُّقِ) أَيْ: بِرَمْيِ الْبُزَاقِ.

[ب ز ل]: (الْبَازِلُ) مِنْ الْإِبِلِ: مَا دَخَلَ فِي السَّنَةِ التَّاسِعَةِ، وَالذَّكَرُ وَالْأُنْثَى فِيهِ سَوَاءٌ.

[ب ز م]: (الْإِبْزِيمُ) حَلْقَةٌ لَهَا لِسَانٌ تَكُونُ فِي رَأْسِ الْمِنْطَقَةِ وَنَحْوِهَا يُشَدُّ بِهَا.

[ب ز ي ن]: (الْبِزْيَوْنُ) بِالْكَسْرِ وَبِوَزْنِ الْعُرْجُونِ[2]، وَعَنْ الْجَوْهَرِيِّ بِالضَّمِّ مِنْ ثِيَابِ الرُّومِ، وَقِيلَ: هُوَ السُّنْدُسُ.

[ب ز و]: (رَجُلٌ أَبْزَى) أَخْرَجَ صَدْرَهُ وَدَخَلَ ظَهْرُهُ، وَبِهِ سُمِّيَ وَالِدُ عَبْدِ الرَّحْمَنِ بْنِ أَبْزَى الْخُزَاعِيِّ، وَعَبْدُ الرَّحْمَنِ هَذَا صَحَابِيٌّ رَاوِي حَدِيثِ التَّيَمُّمِ إلَى الْمِرْفَقَيْنِ عَنْ عَمَّارٍ رَضِيَ اللهُ عَنْهُ.

الْبَاءُ مَعَ السِّينِ الْمُهْمَلَةِ

[ب س ت]: قَوْلُهُمْ (عَشْرُ بستات) هِيَ بِالْفَارِسِيَّةِ مَفَاتِحُ الْمَاءِ فِي فَمِ النَّهْرِ أَوْ الْجَدْوَلِ، الْوَاحِدُ بست، وَهِيَ بَيْنَ أَهْلِ مَرْوَ مَعْرُوفَةٌ.

---

(١) في م: "بركن".
(٢) في خ: "الفرجون".

[ب س ت ن]: (الْبُسْتَانُ) الْجَنَّةُ، وَقَوْلُهُ: "وَوَقْتُهُ الْبُسْتَانُ"، يَعْنِي: بُسْتَانَ بَنِي عَامِرٍ، وَهِيَ مَوْضِعٌ قَرِيبٌ مِنْ مَكَّةَ.

[ب س ر]: (الْبُسْرُ) غورة [خرما، وبه][1] يُسَمَّى بُسْرُ بن أَرْطَاةَ، وَبِالْوَاحِدَةِ مِنْهُ سُمِّيَتْ بُسْرَةُ بِنْتُ صَفْوَانَ، تَرْوِي عَنْ رَسُولِ اللهِ - صَلَّى اللهُ عَلَيْهِ وَسَلَّمَ -، وَعَنْهَا عُرْوَةُ بن الزُّبَيْرِ.

وَأَمَّا مَا ذَكَرَ مُحَمَّدٌ- رَحِمَهُ اللهُ -: أَنَّ بُسْرَ السُّكَّرِ وَالْبُسْرَ الْأَحْمَرَ فَاكِهَةٌ، فَكَأَنَّهُ عَنَى بِالْأَحْمَرِ الَّذِي أَزْهَى وَلَمْ يَرْطُبْ، أَوْ أَرَادَ ضَرْبًا آخَرَ.

(الْبَاسُورُ) بِالسِّينِ وَالصَّادِ وَاحِدُ الْبَوَاسِيرِ، وَهِيَ كَالدَّمَامِيلِ فِي الْمَقْعَدَةِ.

الْبَاءُ مَعَ الشِّينِ الْمُعْجَمَةِ

[ب ش ت]: (البشتي) الْمِسْنَدَةُ فَارِسِيٌّ مُعَرَّبٌ.

[ب ش ر]: (الْبَشَرَةُ) ظَاهِرُ الْجِلْدِ، وَمِنْهَا: مُبَاشَرَةُ الْمَرْأَةِ، ثُمَّ قِيلَ: الْمُبَاشَرَةُ، وَهُوَ أَنْ تَفْعَلَهُ بِيَدِكَ، وَالْبِشَارَةُ مِنْ هَذَا أَيْضًا. وَيُقَالُ: بَشَرَهُ، مِنْ بَابِ طَلَبَ بِمَعْنَى بَشَّرَهُ، وَهُوَ مُتَعَدٍّ لَا غَيْرُ، وَقَدْ رُوِيَ لَازِمًا إِلَّا أَنَّهُ غَيْرُ مَعْرُوفٍ، وَأَبْشَرَ يَتَعَدَّى وَلَا يَتَعَدَّى، وَعَلَى هَذَا قَوْلُهُ: أَبْشِرْ فَقَدْ أَتَاكَ الْغَوْثُ، ضَعِيفٌ، وَإِنَّمَا الْفَصِيحُ: وَأَبْشِرْ، بِقَطْعِ الْهَمْزَةِ. وَالْبَشِيرُ: الْمُبَشِّرُ.

وَمِنْهُ سُمِّيَ بَشِيرُ ابْنِ الْخَصَاصِيَةِ وَبَشِيرُ بن نَهِيكٍ عَنْ أَبِي هُرَيْرَةَ، وَعَنْهُ النَّضْرُ بن أَنَسٍ وَالنُّعْمَانُ بن بَشِيرٍ وَحَزْنُ بن بَشِيرٍ وَمُحَمَّدُ بن بِشْرِ بن مَعْبَدٍ الْأَسْلَمِيُّ، وَالنُّعْمَانُ هَذَا رَاوِي حَدِيثِ قِرَاءَةِ السُّورَتَيْنِ فِي الْجُمُعَةِ وَالْعِيدَيْنِ **(سَبِّحِ اسْمَ رَبِّكَ الْأَعْلَى)** [سورة الأعلى آية ١] وَ **(هَلْ أَتَاكَ حَدِيثُ الْغَاشِيَةِ)** [سورة الغاشية آية ١] عَنْ النَّبِيِّ - صَلَّى اللهُ عَلَيْهِ وَسَلَّمَ -، هَكَذَا فِي شَرْحِ السُّنَّةِ.

(وَالْبِشْرُ) طَلَاقَةُ الْوَجْهِ، وَبِتَصْغِيرِهِ سُمِّيَ بُشَيْرُ بن يَسَارٍ وَسُلَيْمَانُ بن بُشَيْرٍ فِي كِتَابِ الصَّرْفِ، وَفِي كِرْدَارَ: الدَّهَّانِ الْبُشَارَةِ بِالضَّمِّ هِيَ بَطَّةُ الدُّهْنِ، شَيْءٌ صُفْرِيٌّ لَهُ عُنُقٌ إِلَى الطُّولِ، وَلَهُ عُرْوَةٌ وَخُرْطُومٌ، وَلَمْ أَجِدْ هَذَا إِلَّا لِشَيْخِنَا الْهَرَّاسِيِّ.

---

(١) في م: "خرماوية".

الْبَاءُ مَعَ الصَّادِ الْمُهْمَلَةِ

[ب ص ر]: (أَبُو بَصْرَةَ الْغِفَارِيُّ) فِي (ح م).

(وَبُصْرَى) بِوَزْنِ بُشْرَى وَحُبْلَى مَوْضِعٌ، قَوْلُهُ: وَكُلُّ ذَاهِبِ بَصَرٍ مِنْهُمْ أَوْ مُقْعَدٍ، يَعْنِي: الْأَعْمَى، وَيُرْوَى: وَكُلُّ ذَاهِبٍ بَصَرُهُ مِنْهُمْ، وَهُوَ صَحِيحٌ أَيْضًا، وَأَمَّا ذَاهِبُ بِصِرْمَتِهِمْ يَعْنِي: رَاعِيَ الصِّرْمَةِ، فَتَصْحِيفٌ.

وَأَبْصَرَ الشَّيْءَ رَآهُ، وَتَبَصَّرَهُ طَلَبَ أَنْ يَرَاهُ، يُقَالُ: تَبَصَّرَ الْهِلَالُ، وَمِنْهُ قَوْلُهُ: إِذَا كَانَتْ السَّمَاءُ مُصْحِيَةً، أَيْ: لَا غَيْمَ فِيهَا، فَتَبَصَّرَهُ جَمَاعَةٌ فَلَمْ يَرَوْهُ. وَقَوْله تَعَالَى: ﴿بَلِ الْإِنسَانُ عَلَىٰ نَفْسِهِ بَصِيرَةٌ﴾ [سورة القيامة آية ١٤] أَيْ: شَاهِدٌ عَلَى نَفْسِهِ وَالْهَاءُ لِلْمُبَالَغَةِ، أَوْ عَلَى مَعْنَى عَيْنٌ بَصِيرَةٌ.

[ب ص ل]: (بَصَلُ) الزَّعْفَرَانِ، أَصْلُهُ الْمُنْدَفِنُ فِي الْأَرْضِ، كَالْبَصَلِ الْمَعْرُوفِ.

الْبَاءُ مَعَ الضَّادِ الْمُعْجَمَةِ

[ب ض ض]: (رَجُلٌ بَضٌّ) رَقِيقُ الْجِلْدِ مُمْتَلِئُهُ يُؤَثِّرُ فِيهِ أَدْنَى شَيْءٍ، وَفِي الْحَدِيثِ: "مَنْ أَرَادَ أَنْ يَقْرَأَ الْقُرْآنَ غَضًّا، وَرُوِيَ: بَضًّا، فَلْيَقْرَأْ بِقِرَاءَةِ ابْنِ أُمِّ عَبْدٍ"[١] يَعْنِي: ابْنَ مَسْعُودٍ، وَالْبَضَاضَةُ[٢] هُنَا مَجَازٌ مِنَ الطَّرَاوَةِ.

[ب ض ع]: (الْبَضْعُ) الشَّقُّ وَالْقَطْعُ، وَمِنْهُ: مِبْضَعُ الْفَصَّادِ، وَفِي الشِّجَاجِ الْبَاضِعَةُ، وَهِيَ الَّتِي جَرَحَتْ الْجِلْدَ وَشَقَّتْ اللَّحْمَ، وَمِنْهُ: الْبِضَاعَةُ لِأَنَّهَا قِطْعَةٌ مِنَ الْمَالِ، وَبِهَا سُمِّيَتْ بِئْرُ بِضَاعَةَ، وَهِيَ بِئْرٌ قَدِيمَةٌ بِالْمَدِينَةِ، وَالضَّمُّ لُغَةٌ فِيهَا، وَقِيلَ، وقد اسْتَبْضَعْتُ الشَّيْءَ، أَيْ: جَعَلْتُهُ بِضَاعَةً لِنَفْسِي وَأَبْضَعْتُهُ غَيْرِي، فَعَلَى هَذَا قَوْلُهُمْ كَالْمُسْتَبْضِعِ وَالْأَخِيرِ[٣] لَحْنٌ، وَإِنَّمَا الصَّوَابُ: الْمُبْضِعُ أَوْ الْمُسْتَبْضِعُ بِالْكَسْرِ.

(وَالْمُبَاضَعَةُ) الْمُبَاشَرَةُ لِمَا فِيهَا مِنْ نَوْعِ شَقٍّ، وَالْبُضْعُ اسْمٌ مِنْهَا بِمَعْنَى الْجِمَاعِ، وَقَدْ كُنِيَ بِهَا عَنْ الْفَرْجِ فِي قَوْلِهِمْ: مَلَكَ فُلَانٌ بُضْعَ فُلَانَةَ إِذَا عَقَدَ بِهَا، وَمِنْهَا" تُسْتَأْمَرُ النِّسَاءُ فِي أَبْضَاعِهِنَّ" [٤]. عَلَى لَفْظِ الْجَمْعِ، مِثْلُ قُفْلٍ وَأَقْفَالٍ، هَذَا هُوَ الْمُتَدَاوَلُ بَيْنَ الْعُلَمَاءِ.

---

(١) أخرجه أحمد في مسنده (٤٣٢٨)
(٢) في خ: "البضانية".
(٣) في خ: "الأجير".
(٤) أخرجه ابن حبان في صحيحه (٤٠٨١)، والبيهقي في السنن الكبرى في: ج ٧: ص١١٩

وَفِي التَّهْذِيبِ: فِي إِبْضَاعِهِنَّ بِالْكَسْرِ، أَيْ: فِي إِنْكَاحِهِنَّ، مَصْدَرُ أَبْضَعْت الْمَرْأَةَ إِذَا زَوَّجْتَهَا، مِثْلَ أَنْكَحْتُ[١] وَهَكَذَا فِي الْغَرِيبَيْنِ.

(وَالْبِضْعُ) بِالْكَسْرِ مَا بَيْنَ الثَّلَاثَةِ إِلَى الْعَشَرَةِ، وَعَنْ قَتَادَةَ: إِلَى التِّسْعِ أَوْ السَّبْعِ، يَسْتَوِي فِيهِ الْمُذَكَّرُ وَالْمُؤَنَّثُ، وَهُوَ مِنَ الْبَضْعِ أَيْضًا، لِأَنَّهُ قِطْعَةٌ مِنْ الْعَدَدِ، وَتَقُولُ فِي الْعَدَدِ: الْمُنَيِّفُ بِضْعَةَ عَشَرَ وَبِضْعَ عَشْرَةَ بِالْهَاءِ فِي الْمُذَكَّرِ وَبِحَذْفِهَا فِي الْمُؤَنَّثِ، كَمَا تَقُولُ: ثَلَاثَةَ عَشَرَ رَجُلًا وَثَلَاثَ عَشْرَةَ امْرَأَةً، وَكَذَا بِضْعَةٌ وَعِشْرُونَ رَجُلًا، وَبِضْعٌ وَعِشْرُونَ امْرَأَةً.

الْبَاءُ مَعَ الطَّاءِ الْمُهْمَلَةِ

[ب ط ح]: (الْبَطْحَاءُ) مَسِيلُ مَاءٍ فِيهِ رَمْلٌ وَحَصًى، وَمِنْهَا: بَطْحَاءُ مَكَّةَ، وَيُقَالُ لَهَا: الْأَبْطَحُ أَيْضًا، وَهُوَ مِنْ الْبَطْحِ، أي الْبَسْطُ، وَيُقَالُ: بَطَحَهُ عَلَى وَجْهِهِ فَانْبَطَحَ، أَيْ: أَلْقَاهُ فَاسْتَلْقَى، وَمِنْهُ الْحَدِيثُ: "مَا مِنْ صَاحِبِ مَاشِيَةٍ يَمْنَعُ زَكَاتَهَا إِلَّا بُطِحَ لَهَا بِقَاعٍ قَرْقَرٍ[٢]"، وَيُرْوَى: بِقَاعٍ قرق، وَكِلَاهُمَا الْمُسْتَوِي.

[ب ط خ]: (الْبِطِّيخُ) الْهِنْدِيُّ هُوَ الخربز بِالْفَارِسِيَّةِ، (وَالْمَبْطَخَةُ) الْمَوْضِعُ.

[ب ط ش]: (الْبَطْشُ) الْأَخْذُ الشَّدِيدُ عِنْدَ الْغَضَبِ، وَالتَّنَاوُلُ عِنْدَ الصَّوْلَةِ، يُقَالُ: بَطَشْتُ بِهِ، وَأَمَّا قَوْلُ الْحَلْوَائِيِّ فِي شَرْحِ الزِّيَادَاتِ: وَمَا لَا تَقَعُ عَلَيْهِ الْعَيْنُ وَلَا تَبْطِشُهُ الْكَفُّ فَهُوَ كَالْأَعْيَانِ الْهَالِكَةِ، فَعَلَى حَذْفِ حَرْفِ الْجَرِّ، أَوْ عَلَى تَضَمُّنِ مَعْنَى الْأَخْذِ أَوْ التَّنَاوُلِ.

[ب ط ط]: (بَطَّ الْجُرْحَ) بَطًّا شَقَّهُ مِنْ بَابِ طَلَبَ، والبطيطة: الصندلة، سَمِعْتُهُ مِنْ مَشَايِخِ قُمَّ[٣].

---

(١) في م: "نكحت".

(٢) أخرجه مسلم (٩٨٩)، وأبو داود (١٦٥٨)، والنسائي (٢٤٤٢)، والدارمي في سننه (١٦١٧)، وأحمد في مسنده (٨٧٥٤).

(٣) قم: بالضم وتشديد الميم وهي كلمة فارسية مدينة تذكر مع قاشان وطول قم أربع وستون درجة وعرضها أربع وثلاثون درجة وثلثان وهي مدينة مستحدثة إسلامية لا أثر للأعاجم فيها وأول من مصرها طلحة بن الأحوص الأشعري وبها آبار ليس في الأرض مثلها عذوبة وبردا ويقال إن الثلج ربما خرج منها في الصيف وأبنيتها بالآجر وفيها سراديب في نهاية الطيب ومنها إلى الري

=

[ب ط ر ق]: (الْبِطْرِيقُ) وَاحِدُ الْبَطَارِقَةِ، وَهِيَ لِلرُّومِ كَالْقُوَّادِ لِلْعَرَبِ، وَعَنْ قُدَامَةَ يُقَالُ لِمَنْ كَانَ عَلَى عَشَرَةِ آلَافٍ: رَجُلٌ بِطْرِيقٌ.

[ب ط ل]: (أَبْطَلَ) كَذَّبَ، وَحَقِيقَتُهُ جَاءَ بِالْبَاطِلِ.

(وَتَبَطَّلَ) مِنَ الْبَطَالَةِ، وَرَجُلٌ بَطَّالٌ وَمُتَبَطِّلٌ، أَيْ: مُتَفَرِّغٌ كَسْلَانُ.

[ب ط ن]: (الْمَبْطُونُ) الَّذِي يَشْتَكِي بَطْنَهُ، وَقَوْلُهُ: إِنْ شَهِدَ لَهَا مِنْ بِطَانَتِهَا، أَيْ: مِنْ أَهْلِهَا وَخَاصَّتِهَا، مُسْتَعَارٌ مِنْ بِطَانَةِ الثَّوْبِ.

[ب ط ي]: (الْبَاطِيَةُ) بِغَيْرِ هَمْزٍ النَّاجُودُ، عَنْ أَبِي عَمْرٍو، وَهِيَ شَيْءٌ مِنَ الزُّجَاجِ عَظِيمٌ يُمْلَأُ مِنَ الشَّرَابِ وَيُوضَعُ بَيْنَ الشَّرْبِ يَغْرِفُونَ مِنْهَا.

الْبَاءُ مَعَ الظَّاءِ الْمُعْجَمَةِ

[ب ظ ر]: عَلِيٌّ رَضِيَ اللهُ عَنْهُ قَالَ لِشُرَيْحٍ: أَيُّهَا الْعَبْدُ (الْأَبْظَرُ) هُوَ الَّذِي فِي شَفَتَيْهِ بُظَارَةٌ، وَهِيَ هَنَةٌ نَاتِئَةٌ فِي وَسَطِ الشَّفَةِ الْعُلْيَا، وَلَا يَكُونُ لِكُلِّ وَاحِدٍ، وَقِيلَ: الْأَبْظَرُ الصَّخَّابُ الطَّوِيلُ اللِّسَانِ وَجَعَلَهُ عَبْدًا؛ لِأَنَّهُ وَقَعَ عَلَيْهِ سِبَاءٌ فِي الْجَاهِلِيَّةِ.

(وَبَظْرُ) الْمَرْأَةِ هَنَةٌ بَيْنَ شُفْرَيْ فَرْجِهَا. (وَامْرَأَةٌ بَظْرَاءُ) لَمْ تُخْتَتَنْ[1]، وَمِنْهُ مَا يُقَالُ فِي شَتَائِمِهِمْ: يَا ابْنَ الْبَظْرَاءِ.

الْبَاءُ مَعَ الْعَيْنِ الْمُهْمَلَةِ

[ب ع ث]: (الْبَعْثُ) الْإِثَارَةُ، يُقَالُ: بَعَثَ النَّاقَةَ فَانْبَعَثَتْ، أَيْ: أَثَارَهَا فَثَارَتْ وَنَهَضَتْ، وَمِنْهُ: يَوْمُ الْبَعْثِ يَوْمَ يَبْعَثُنَا اللهُ تَعَالَى مِنَ الْقُبُورِ. (وَبَعَثَهُ) أَرْسَلَهُ، وَمِنْهُ: ضُرِبَ عَلَيْهِمُ (الْبَعْثُ) أَيْ: عُيِّنَ عَلَيْهِمْ وَأُلْزِمُوا أَنْ يُبْعَثُوا إِلَى الْغَزْوِ، وَقَدْ يُسَمَّى الْجَيْشُ (بَعْثًا)؛ لِأَنَّهُ يُبْعَثُ، ثُمَّ يُجْمَعُ فَيُقَالُ: مَرَّتْ عَلَيْهِمُ الْبُعُوثُ، أَيْ: الْجُيُوشُ.

(وَبُعَاثٌ) مَوْضِعٌ بِالْمَدِينَةِ، (وَيَوْمُ بُعَاثٍ) وَقْعَةٌ بَيْنَ الْأَوْسِ وَالْخَزْرَجِ، وَالْغَيْنُ الْمُعْجَمَةُ تَصْحِيفٌ عَنِ الْعَسْكَرِيِّ وَالْأَزْهَرِيِّ فِي سَرِقَةِ الْمُخْتَصَرِ.

=
مفازة سبخة فيها رباطات ومناظر ومسالح وفي وسط هذه المفازة حصن عظيم عادي يقال له دير كردشير ذكر في الديرة. معجم البلدان ٣٩٨/٤.

(١) في خ: "تخش".

[ب ع ج]: (يَبْعَجُ) بَطْنَهُ، أَيْ: يَشُقُّ، وَابْنُ بَعْجَةَ فَعْلَةٌ مِنْهُ، وَهُوَ عَمْرٌو الْبَارِقِيُّ.

[ب ع د]: أَخْذُهُ مَا قَرُبَ وَمَا (بَعُدَ) فِي قَرٍّ، وَقَوْلُهُ: وَإِنْ كَانَ لَيْسَ بِالَّذِي (لَا بَعْدَ) لَهُ، يَعْنِي: لَيْسَ بِنِهَايَةٍ فِي الْجَوْدَةِ، وَكَأَنَّ مُحَمَّدًا- رَحِمَهُ اللهُ تَعَالَى - أَخَذَهُ مِنْ قَوْلِهِمْ هَذَا مِمَّا لَيْسَ بَعْدَهُ غَايَةٌ فِي الْجَوْدَةِ وَالرَّدَاءَةِ، وَرُبَّمَا اخْتَصَرُوا الْكَلَامَ فَقَالُوا: لَيْسَ بَعْدَهُ، ثُمَّ أُدْخِلَ عَلَيْهِ لَا النَّافِيَةُ لِلْجِنْسِ وَاسْتَعْمَلَهُ اسْتِعْمَالَ الِاسْمِ الْمُتَمَكِّنِ.

قَوْلُهُ: بُوعِدَتْ مِنْهُ جَهَنَّمُ خَمْسِينَ عَامًا لِلرَّاكِبِ الْمُجِدِّ، أَيْ: الْجَادِّ، وَيُرْوَى الْمُجِيدُ، وَهُوَ صَاحِبُ الْفَرَسِ الْجَوَادِ، وَمُبَاعَدَةُ النَّارِ:مَجَازٌ عَنْ النَّجَاةِ مِنْهَا، وَيَجُوزُ أَنْ تَكُونَ حَقِيقَةً، وَانْتِصَابُ خَمْسِينَ عَلَى الظَّرْفِ، وَلَا بُدَّ مِنْ تَقْدِيرِ الْإِضَافَةِ عَلَى مَعْنَى مَسَافَةَ مَسِيرَةِ خَمْسِينَ عَامًا.

[ب ع ر]: قَوْلُهُ: (الْبَعِيرُ إِذَا بَعَرَ) فِي الْحِلَابِ، أَيْ: أَلْقَى الْبَعْرَ، مِنْ بَابِ مَنَعَ، وَالْبَعْرَةُ وَاحِدَةُ الْبَعْرِ، وَهُوَ لِذَوَاتِ الْأَخْفَافِ وَالْأَظْلَافِ، وَالْحِلَابُ اللَّبَنُ أَوْ الْمِحْلَبُ. فِي حَدِيثِ الْمُعْتَدَّةِ: رَمَتْ بِبَعْرَةٍ فِي الْمُعْرِبِ.

[ب ع ك]: أَبُو السَّنَابِلِ بن (بَعْكَكٍ) بِكَافَيْنِ، رَجُلٌ مِنْ بَنِي عَبْدِ الدَّارِ.

[ب ع ل]: فِي الْحَدِيثِ: "أَيَّامُ أَكْلٍ وَشُرْبٍ وَ (بِعَالٍ)"[(١)]، وَهُوَ مُلَاعَبَةُ الرَّجُلِ امْرَأَتَهُ فِعَالٌ مِنْ الْبَعْلِ، وَهُوَ الزَّوْجُ وَيُسْتَعَارُ لِلنَّخْلِ، وَهُوَ مَا يَشْرَبُ بِعُرُوقِهِ مِنْ الْأَرْضِ فَاسْتَغْنَى عَنْ أَنْ يُسْقَى، وَمِنْهُ الْحَدِيثُ: "مَا سُقِيَ بَعْلًا"، وَيُرْوَى: شَرِبَ، وَانْتِصَابُهُ عَلَى الْحَالِ[(٢)].

الْبَاءُ مَعَ الْغَيْنِ الْمُعْجَمَةِ

[ب غ ث]: (الْبُغَاثُ) مَا لَا يَصِيدُ مِنْ صِغَارِ الطَّيْرِ كَالْعَصَافِيرِ وَنَحْوِهَا، الْوَاحِدَةُ: بُغَاثَةٌ، وَفِي أَوَّلِهِ الْحَرَكَاتُ الثَّلَاثُ.

[ب غ ي]: (بَغَيْتُهُ) طَلَبْتُهُ، بُغَاءً بِالضَّمِّ، وَهَذِهِ بُغْيَتِي: أَيْ: مَطْلُوبِي، وَيُقَالُ: أَبْغِنِي ضَالَّتِي، أَيْ: اُطْلُبْهَا لِي، وَمِنْهُ قَوْلُهُ فِي شُرُوطِ السِّيَرِ: فَإِنْ بَغَى أَحَدُهُمَا صَاحِبَهُ فِي شَيْءٍ

---

(١) أخرجه ابن أبي شيبة في مصنفه (١٥٤٨٣)، وعبد بن حميد في مسنده (١٥٦٢)، والدارقطني فس السنن (٢٣٨٢).
(٢) بعده في م: "وتمامه في مسند أحمد".

مِنْ هَذَا الْكتَاب، أَيْ: طَلَبَ لَهُ شِرَاءً وَأَرَادَ لَهُ، وَمِنْهُ: نُهِيَ عَنْ مَهْر (الْبَغيِّ)، أَيْ: عَنْ أُجْرَةِ الْفَاجِرَة، وَالْجَمْعُ: بَغَايَا، وَتَقُولُ مِنْهُ:بَغَتْ بِغَاءً أَيْ: زَنَتْ، وَمِنْهُ: قَوْله تَعَالَى: ﴿وَلا تُكْرِهُوا فَتَيَاتِكُمْ عَلَى الْبِغَاءِ﴾ [سورة النور آية ٣٣]. وَفِي" جَمْعِ التَّفَارِيقِ": الْبِغَاءُ: أَنْ يَعْلَمَ بِفُجُورِهَا وَيَرْضَى، وَهَذَا إِنْ صَحَّ تَوَسُّعٌ فِي الْكَلَامِ.
(يَا بغاء) فِي شخ.

الْبَاءُ مَعَ الْقَاف

[ب ق ر]: (بَقَرَ) بَطْنَهُ، أَيْ: شَقَّهُ، مِنْ بَابِ طَلَبَ، وَالْبَاقُورُ وَالْبَيْقُورُ وَالْأَبْقُورُ الْبَقَرُ.

وَفِي" التَّكْمِلَة": عَنْ قُطْرُب: الْبَاقُورَةُ الْبَقَرَةُ، وَعَلَى هَذَا قَوْلُهُ فِي الْوَاقِعَات: بقار[1] تَرْكُ الباقورة فِي الْجَبَّانَةِ أَيْ: فِي الْمُصَلَّى، وَقَوْلُهُ: "لَا مِيرَاثَ لِقَاتِلٍ بَعْدَ صَاحِبِ الْبَقَرَة" يَعْنِي بِهِ: الْمَذْكُورَ فِي قِصَّةِ الْبَقَرَةِ.

[ب ق ع]: (بُقَعُ) الْمَاءِ جَمْعُ بُقْعَة، وَهِيَ فِي الْأَصْلِ الْقِطْعَةُ مِنْ الْأَرْضِ يُخَالِفُ لَوْنُهَا لَوْنَ مَا يَلِيهَا، ثُمَّ قَالُوا: بَقَّعَ الصَّبَّاغُ الثَّوْب، إِذَا تَرَكَ فِيهِ بُقَعًا لَمْ يُصِبْهَا الصِّبْغُ، وَبَقَّعَ السَّاقِي ثَوْبَهُ إِذَا انْتَضَحَ عَلَيْهِ الْمَاءَ فَابْتَلَّتْ مِنْهُ بُقَعٌ.

(وَالْبَقِيعُ) مَقْبَرَةُ الْمَدِينَة، يُقَالُ لَهَا: بَقِيعُ الْغَرْقَد، كَمَا يُقَالُ لِمَقْبَرَة مَكَّةَ: الْحَجُونُ.

[ب ق ل]: (الْبَقْلُ) مَا يُنْبِتُ الرَّبِيعُ مِنْ الْعُشْب، وَعَنْ اللَّيْث: هُوَ مِنْ النَّبَاتِ مَا لَيْس بِشَجَرٍ دَقٍّ وَلَا جَلَّ، وَفَرْقُ مَا بَيْنَ الْبَقْلِ وَدِقِّ الشَّجَرِ: أَنَّ الْبَقْلَ إِذَا رُعِيَ لَمْ يَبْقَ لَهُ سَاقٌ، وَالشَّجَرُ تَبْقَى لَهُ سُوقٌ وَإِنْ دَقَّتْ.

وَعَنْ الدِّينَوَرِيِّ: الْبَقْلَةُ كُلُّ عُشْبَةٍ تَنْبُتُ مِنْ بَزْرٍ، وَعَلَى ذَا يُخَرَّجُ قَوْلُهُ فِي الْأَيْمَان: الْخِيَارُ مِنْ الْبُقُولِ لَا مِنْ الْفَوَاكِه، وَيُقَالُ: كُلُّ نَبَاتٍ اخْضَرَّتْ لَهُ الْأَرْض فَهُوَ بَقْلٌ. وَقَوْلُهُمْ: بَاعَ الزَّرْعَ وَهُوَ بَقْلٌ، يَعْنُونَ: أَنَّهُ أَخْضَرُ لَمَّا يُدْرِكْ. وَأَبْقَلَتْ الْأَرْض، أَيْ: اخْضَرَّتْ بِالنَّبَاتِ. وَيُقَالُ: بَقَلَ وَجْهُ الْغُلَام، كَمَا يُقَالُ: اخْضَرَّ شَارِبُهُ.

(وَالْبَاقِلَّا) بِالْقَصْرِ وَالتَّشْدِيد أَوْ بِالْمَدِّ وَالتَّخْفِيفِ هَذَا الْحَبُّ الْمَعْرُوفُ، الْوَاحِدَةُ بَاقِلَّاةٌ أَوْ بَاقِلَّاءَةٌ، وَقَوْلُهُ: لِأَنَّ بَيْنَ الْبَاقِلَّيَيْنِ[2] فَضَاءً مُتَّسَعًا، غَلَطٌ وَالصَّوَابُ: بَيْنَ

---

(١) سقط من: م.
(٢) في م: "الباقلتين".

الْبَاقِلَّاتَيْنِ بِالتَّاءِ وَقَبْلَهَا أَلِفٌ مَقْصُورَةٌ أَوْ مَمْدُودَةٌ، وَالنِّسْبَةُ عَلَى الْأَوَّلِ بَاقِلِّيٌّ، وَعَلَى الثَّانِي بَاقِلَّائِيٌّ.

الْبَاءُ مَعَ الْكَافِ

[ب ك ر]: (الْبِكْرُ) خِلَافُ الثَّيِّبِ، وَيَقَعَانِ عَلَى الرَّجُلِ وَالْمَرْأَةِ، وَمِنْهُ: "الْبِكْرُ بِالْبِكْرِ جَلْدُ مِائَةٍ وَتَغْرِيبُ سَنَةٍ"[1]. وَتَقْدِيرُهُ حَدُّ زِنَا الْبِكْرِ كَذَا، أَوْ زِنَا الْبِكْرِ بِالْبِكْرِ حَدُّهُ كَذَا، وَنَصْبُ جَلْدَ مِائَةٍ، ضَعِيفٌ.

(وَابْتَكَرَ) الْجَارِيَةَ أَخَذَ بَكَارَتَهَا، وَهِيَ عُذْرَتُهَا، وَأَصْلُهُ مِنْ ابْتِكَارِ الْفَاكِهَةِ، وَهُوَ أَكْلُ بَاكُورَتِهَا، وَمِنْهُ (ابْتَكَرَ) الْخُطْبَةَ: أَدْرَكَ أَوَّلَهَا، وَبَكَّرَ بِالصَّلَاةِ: صَلَّاهَا فِي أَوَّلِ وَقْتِهَا.

(وَالْبَكْرُ) بِالْفَتْحِ الْفَتِيُّ مِنْ الْإِبِلِ، وَمِنْهُ: اسْتَقْرَضَ (بَكْرًا)، وَبِتَصْغِيرِهِ سُمِّيَ بُكَيْرِ بن عَبْدِ اللهِ الْأَشَجُّ، رَوَى عَنْ أَبِي السَّائِبِ مَوْلَى هِشَامِ بن زُهْرَةَ[2] عَنْ أَبِي هُرَيْرَةَ، وَالْأُنْثَى (بَكْرَةٌ)، وَمِنْهَا: كَأَنَّهَا بَكْرَةٌ عَيْطَاءُ. وَأَمَّا الْبَكْرَةُ فِي حِلْيَةِ السَّيْفِ: فَهِيَ حَلْقَةٌ صَغِيرَةٌ كَالْخَرَزَةِ، وَكَأَنَّهَا مُسْتَعَارَةٌ مِنْ بَكْرَةِ الْبِئْرِ.

[ب ك ل] (البكالي) فِي (و د).

الْبَاءُ مَعَ اللَّامِ

[ب ل ح]: (الْبَلَحُ) قَبْلَ الْبُسْرِ وَبَعْدَ الْخَلَالِ.

[ب ل د]: قَوْلُهُ: فَإِنْ كَانَتْ إِحْدَى (الْبِلَادَيْنِ) خَيْرًا مِنْ الْأُخْرَى، إِنَّمَا ثَنَّى الْجَمْعَ عَلَى تَأْوِيلِ الْبُقْعَتَيْنِ أَوْ الْجَمَاعَتَيْنِ؛ لِأَنَّهُ قَالَ: أَوَّلًا فَإِنْ أَرَادَ الْإِمَامُ أَنْ يُحَوِّلَهُمْ عَنْ بِلَادِهِمْ إِلَى بِلَادٍ غَيْرِهَا، وَلَفْظُ الْمُفْرَدِ وَلَمْ يَحْسُنْ هُنَا، وَنَظِيرُهُ قَوْلُهُ[3]:

تبقّلت في أول التبقّل ... بين رماحَيْ مالك ونَهْشَلِ

وَمِنْهُ قَوْلُهُ عَلَيْهِ السَّلَامُ" مَثَلُ الْمُنَافِقِ كَمَثَلِ الشَّاةِ الْعَائِرَةِ بَيْنَ غَنَمَيْنِ"[4].

[ب ل ط]: (الْبَلُّوطُ) ثَمَرُ شَجَرٍ يُؤْكَلُ وَيُدْبَغُ بِقِشْرِهِ.

---

(١) أخرجه ابن ماجه (٢٥٥٠)

(٢) في خ: "جُمرة".

(٣) البيت لأبي النجم العجلي، وهو الفضل بن قدامة، من بني بكر بن وائل.

(٤) أخرجه مسلم (٢٧٨٦)، والنسائي (٥٠٣٧)، وأحمد في مسنده (٥٠٥٩).

[ب ل ق ع]: (بَلَاقِعُ) فِي (غم).

[ب ل غ]: بَلَغَ الْمَكَانَ بُلُوغًا، وَبَلَّغْتُهُ الْمَكَانَ تَبْلِيغًا، وَأَبْلَغْتُهُ إِيَّاهُ إِبْلَاغًا. وَفِي الْحَدِيثِ عَلَى مَا أَوْرَدَهُ الْبَيْهَقِيُّ رَحِمَهُ اللهُ فِي السُّنَنِ الْكَبِيرِ بِرِوَايَةِ النُّعْمَانِ بن بَشِيرٍ: "مَنْ ضَرَبَ"، وَفِي رِوَايَةٍ" مَنْ بَلَغَ حَدًّا فِي غَيْرِ حَدٍّ فَهُوَ مِنَ الْمُعْتَدِينَ"[1]. بِالتَّخْفِيفِ، وَهُوَ السَّمَاعُ، وَأَمَّا مَا يَجْرِي عَلَى أَلْسِنَةِ الْفُقَهَاءِ مِنَ التَّثْقِيلِ إِنْ صَحَّ فَعَلَى حَذْفِ الْمَفْعُولِ الْأَوَّلِ، كَمَا فِي قَوْلِهِ- صَلَّى اللهُ عَلَيْهِ وَسَلَّمَ -: "أَلَا فَلْيُبَلِّغْ الشَّاهِدُ الْغَائِبَ"[2]. وَقَوْلِهِ تَعَالَى: ﴿يَا أَيُّهَا الرَّسُولُ بَلِّغْ مَا أُنْزِلَ إِلَيْكَ﴾ [المائدة:٦٧] عَلَى حَذْفِ الْمَفْعُولِ الثَّانِي، وَالتَّقْدِيرُ مَنْ بَلَّغَ التَّعْزِيرَ حَدًّا، أَوْ إِنَّمَا حَسُنَ الْحَذْفُ لِدَلَالَةِ قَوْلِهِ: "فِي غَيْرِ حَدٍّ عَلَيْهِ"، وَالَّذِي يَدُلُّ عَلَى هَذَا التَّقْدِيرِ قَوْلُهُمْ: لَا يَجُوزُ تَبْلِيغُ غَيْرِ الْحَدِّ الْحَدَّ، وَقَوْلُ صَاحِبِ الْمَنْظُومَةِ الْوَهْبَانِيَّةِ:

لَا يَبْلُغُ التَّعْزِيرُ أَرْبَعِينَا

لَمَّا لَمْ يُمْكِنْهُ اسْتِعْمَالُ التَّبْلِيغِ جَاءَ بِاللُّغَةِ الْأُخْرَى، وَمَعْنَى الْحَدِيثِ: مَنْ أَقَامَ حَدًّا فِي مَوْضِعٍ لَيْسَ فِيهِ حَدٌّ، وَإِنَّمَا نَكَّرَهُ لِكَثْرَةِ أَنْوَاعِ الْحَدِّ. وَقَوْلُهُمْ: "لَا يَبْلُغُ بِالتَّعْزِيرِ خَمْسَةٌ وَسَبْعُونَ" بِالرَّفْعِ، مِنْ بَلَغْتُ بِهِ الْمَكَانَ إِذَا بَلَّغْتُهُ إِيَّاهُ، وَعَلَيْهِ قَوْلُ الْحَاكِمِ الْجُشَمِيِّ: وَفِي جِلَاءِ[3] الْأَبْصَارِ لِلْإِمَامِ أَنْ يَبْلُغَ فِي التَّعْزِيرِ مَبْلَغَ الْحَدِّ[4]، وَفِيهِ دَلِيلٌ عَلَى صِحَّةِ الْأَوَّلِ، قَوْلُهُ: وَإِنَّمَا تُبْلِغُهُ مَحَلَّهُ بِأَنْ يُذْبَحَ فِي الْحَرَمِ، وَقَوْلُهُ: فَلَهُ أَنْ تَبْلُغَ عَلَيْهَا إِلَى أَهْلِهِ الصَّوَابُ بُلُوغُهُ، وَ" فَلَهُ أَنْ يَبْلُغَ" لِأَنَّ التَّبَلُّغَ الِاكْتِفَاءُ، وَهُوَ غَيْرُ مُرَادٍ فِيهَا.

[ب ل ع م]: الْبُلْعُومُ مَجْرَى الطَّعَامِ.

[ب ل م]: (عَبْدُ الرَّحْمَنِ) بن الْبَيْلَمَانِيِّ مَوْلَى عُمَرَ رَضِيَ اللهُ عَنْهُ سَمِعَ ابْنَ عُمَرَ، وَرَوَى عَنْهُ سِمَاكُ بن الْفَضْلِ، هَكَذَا فِي الْجَرْحِ.

[ب ل و]: قَوْلُهُ: (مَا لَمْ يُبْلِ الْعُذْرَ) أَيْ: لَمْ يُبَيِّنْهُ وَلَمْ يُظْهِرْهُ، وَهُوَ فِي الْأَصْلِ مُتَعَدٍّ إِلَى مَفْعُولَيْنِ، يُقَالُ: أَبْلَيْت فُلَانًا عُذْرًا، إِذَا بَيَّنْتَهُ لَهُ بَيَانًا لَا لَوْمَ عَلَيْكَ بَعْدَهُ، وَحَقِيقَتُهُ

---

(١) أخرجه البيهقي في السنن الكبرى في: ج ٨: ص٣٢٧

(٢) أخرجه أحمد في مسنده (١٩٨٧٣)

(٣) في خ: "جلاء".

(٤) في خ: "الحدود".

جَعَلْتُهُ بِالْيَا[١] لِعُذْرِي، أَيْ: خَابِرًا لَهُ عَالِمًا بِكُنْهِهِ مِنْ بَلَاهُ إِذَا خَبَرَهُ وَجَرَّبَهُ.

وَمِنْهُ: أَبْلَى فِي الْحَرْبِ إِذَا أَظْهَرَ بَأْسَهُ حَتَّى بَلَاهُ النَّاسُ وَخَبَرُوهُ، وَلَهُ يَوْمَ كَذَا بَلَاءٌ، وَقَوْلُهُ: أَبْلَى عُذْرَهُ إِلَّا أَنَّهُ مُجَازِفٌ، أَيْ: اجْتَهَدَ فِي الْعَمَلِ إِلَّا أَنَّهُ مَجْدُودٌ غَيْرُ مَرْزُوقٍ، وَقَوْلُهُمْ:لَا أُبَالِيهِ وَلَا أُبَالِي بِهِ، أَيْ: لَا أَهْتَمُّ لَهُ وَلَا أَكْتَرِثُ لَهُ، وَحَقِيقَتُهُ لَا أُخَابِرُهُ لِقِلَّةِ اكْتِرَاثِي لَهُ، وَيُقَالُ: لَمْ أُبَالِ وَلَمْ أُبَلْ، فَيَحْذِفُونَ الْأَلِفَ تَخْفِيفًا كَمَا يَحْذِفُونَ الْيَاءَ فِي الْمَصْدَرِ، فَيَقُولُونَ: لَا أُبَالِيهِ مُبَالَاةً وَبَالَةً، وَهُوَ فِي الْأَصْلِ بَالِيَةٌ، كَعَافَاهُ مُعَافَاةً وَعَافِيَةً.

الْبَاءُ مَعَ النُّونِ

[ب ن ج]: (الْبَنْجُ) تَعْرِيبُ بنك[٢]، وَهُوَ نَبْتٌ لَهُ حَبٌّ يُسْكِرُ، وَقِيلَ: يُسْبِتُ وَرَقُهُ وَقِشْرُهُ وَبِزْرُهُ، وَفِي"الْقَانُونِ": هُوَ سُمٌّ يُخْلِطُ الْعَقْلَ وَيُبْطِلُ الذِّكْرَ وَيُحْدِثُ جُنُونًا وَخِنَاقًا، وَإِنَّمَا قَالَ الْكَرْخِيُّ: وَلَوْ شَرِبَ الْبَنْجَ؛ لِأَنَّهُ يُمْزَجُ بِالْمَاءِ، أَوْ عَلَى اصْطِلَاحِ الْأَطِبَّاءِ.

(وَالْمُبَنِّجُ) الَّذِي يَحْتَالُ بِطَعَامٍ فِيهِ الْبَنْجُ، وَهُوَ فِي الرِّسَالَةِ الْيُوسُفِيَّةِ.

[ب ن د ق]: (الْبُنْدُقَةُ) طِينَةٌ مُدَوَّرَةٌ يُرْمَى بِهَا، وَيُقَالُ لَهَا: الْجَلَاهِقُ، وَمِنْهَا قَوْلُ الْخَصَّافِ: وَيُبَنْدِقُهَا وَيَخْلِطُهَا، أَيْ: يَجْعَلُهَا بَنَادِقَ بُنْدُقَةً بُنْدُقَةً.

[ب ن ي]: (بَنَى) الدَّارَ بِنَاءً، وَقَوْلُهُ: وَإِنْ كَانَ رَجُلٌ أَخَذَ أَرْضًا (وَبَنَاهَا) أَيْ: بَنَى فِيهَا دَارًا أَوْ نَحْوَهَا، وَفِي مَوْضِعٍ آخَرَ: اشْتَرَاهَا غَيْرَ مَبْنِيَّةٍ، أَيْ: غَيْرَ مَبْنِيٍّ فِيهَا، وَهِيَ عِبَارَةٌ مُتَفَصِّحَةٌ، وَقَوْلُهُمْ: بَنَى عَلَى امْرَأَتِهِ، إِذَا دَخَلَ بِهَا، أَصْلُهُ: أَنَّ الْمُعْرِسَ كَانَ يَبْنِي عَلَى أَهْلِهِ لَيْلَةَ الزِّفَافِ خِبَاءً جَدِيدًا أَوْ يُبْنَى لَهُ، ثُمَّ كَثُرَ حَتَّى كُنِيَ بِهِ عَنِ الْوَطْءِ، وَعَنِ ابْنِ دُرَيْدٍ: بَنَى بِامْرَأَتِهِ بِالْبَاءِ كأعرس بها.

[ب ن ي]: (الِابْنُ) الْمُتَوَلِّدُ مِنْ أَبَوَيْهِ، وَجَمْعُهُ: أَبْنَاءٌ، عَلَى أَفْعَالٍ، وَبَنُونَ بِالْوَاوِ فِي الرَّفْعِ وَبِالْيَاءِ فِي الْجَرِّ وَالنَّصْبِ، أَمَّا الْأَبْنَى بِوَزْنِ الْأَعْمَى فَاسْمُ جَمْعٍ، وَتَصْغِيرُهُ: الْأُبَيْنَى مِثْلُ الأعيمي تَصْغِيرُ الْأَعْمَى.

وَمِنْهُ حَدِيثُ ابْنِ عَبَّاسٍ: "بَعَثَنَا رَسُولُ اللهِ أُغَيْلِمَةَ بَنِي عَبْدِ الْمُطَّلِبِ، ثُمَّ جَعَلَ يَقُولُ: أُبَيْنِيَّ؛ لَا تَرْمُوا جَمْرَةَ الْعَقَبَةِ حَتَّى تَطْلُعَ الشَّمْسُ". وَإِنَّمَا شُدِّدَتْ الْيَاءُ لِأَنَّهَا أُدْغِمَتْ فِي

(١) في م: "بالياء".
(٢) في خ: "فنك".

يَاءِ الْمُتَكَلِّمِ، وَتَصْغِيرُ الابْنِ بُنَيٌّ، وَفِي التَّنْزِيلِ: (يَا بُنَيَّ) بِالْحَرَكَاتِ، وَمُؤَنَّثُهُ: الابْنَةُ أَوِ الْبِنْتُ، بِإِبْدَالِ التَّاءِ مِنْ لَامِ الْكَلِمَةِ، وَأَمَّا الابْنَةُ بِتَحْرِيكِ الْبَاءِ فَخَطَأٌ مَحْضٌ، وَكَأَنَّهُمْ ارْتَكَبُوا هَذَا التَّحْرِيفَ لِأَنَّ ابْنَةً قَدْ تُكْتَبُ ابْنَتَا بِالتَّاءِ عَلَى مَا قَالَ ابْنُ كَيْسَانَ: وَتُسْتَعَارُ الْبِنْتُ لِلُّعْبَةِ.

وَمِنْهَا مَا فِي" جَمْعِ التَّفَارِيقِ" مِنْ حَدِيثِ عَائِشَةَ رَضِيَ اللهُ عَنْهَا: "أَنَّهُ صَلَّى اللهُ عَلَيْهِ وَسَلَّمَ كَانَ يُدْخِلُ عَلَيْهَا الْجَوَارِيَ يُلَاعِبْنَهَا بِالْبَنَاتِ". وَفِي الْمُتَّفَقِ: "بَنَى بِي وَأَنَا بِنْتُ تِسْعٍ وَكُنْتُ[١] أَلْعَبُ بِالْبَنَاتِ".

وَفِي حَدِيثٍ آخَرَ: "وَزُفَّتْ إِلَيْهِ وَهِيَ بِنْتُ تِسْعِ سِنِينَ وَلُعَبُهَا مَعَهَا"[٢].

(بَنَاتُ الْمَاءِ) مِنَ الطَّيْرِ اسْتِعَارَةٌ أَيْضًا، وَالْوَاحِدُ: ابْنُ الْمَاءِ، كَبَنَاتِ مَخَاضٍ فِي ابْنِ مَخَاضٍ.

الْبَاءُ مَعَ الْوَاوِ

[ب و أ]: يُقَالُ: بَاءَ يَبُوءُ بَوْءً، إِذَا رَجَعَ مِثْلُ: قَالَ يَقُولُ قَوْلًا، إِذَا رَجَعَ.

(وَالْبَاءَةُ) الْمَبَاءَةُ، وَهِيَ الْمَوْضِعُ الَّذِي تَبُوءُ إِلَيْهِ الإِبِلُ هَذَا أَصْلُهَا، ثُمَّ جُعِلَتْ عِبَارَةً عَنِ الْمَنْزِلِ مُطْلَقًا، ثُمَّ كُنِّيَ بِهَا عَنِ النِّكَاحِ فِي قَوْلِهِ صَلَّى اللهُ عَلَيْهِ وَسَلَّمَ" عَلَيْكُمْ بِالْبَاءَةِ، فَإِنَّهُ أَغَضُّ لِلْبَصَرِ وَأَحْصَنُ لِلْفَرْجِ"[٣]. إِمَّا لِأَنَّهُ يَكُونُ فِي الْبَاءَةِ غَالِبًا، أَوْ لِأَنَّ الرَّجُلَ يَتَبَوَّأُ مِنْ أَهْلِهِ حِينَئِذٍ، أَيْ: يَتَمَكَّنُ كَمَا يَتَبَوَّأُ مِنْ دَارِهِ.

وَيُقَالُ: بَوَّأَ لَهُ[٤] مَنْزِلًا وَبَوَّأَهُ مَنْزِلًا أَيْ: هَيَّأَهُ لَهُ، وَمِنْهُ قَوْلُهُ: الْعَبْدُ إِذَا كَانَتْ لَهُ امْرَأَةٌ حُرَّةٌ أَوْ أَمَةٌ قَدْ بُوِّئَتْ مَعَهُ بَيْتًا وَتَبَوَّأَ مَنْزِلًا اتَّخَذَهُ.

(وَبَاءَ) فُلَانٌ بِفُلَانٍ: صَارَ كُفْئًا لَهُ فَقُتِلَ بِهِ، وَهُوَ وَهِيَ وَهُمْ وَهُنَّ بَوَاءٌ، أَيْ: أَكْفَاءٌ مُتَسَاوُونَ، وَمِنْهُ حَدِيثُ عَلِيٍّ رَضِيَ اللهُ عَنْهُ فِي الشُّهُودِ إِذَا كَانُوا بَوَاءً، أَيْ: سَوَاءً فِي الْعَدَدِ وَالْعَدَالَةِ، وَمِنْهُ: "قَسَّمَ الْغَنَائِمَ يَوْمَ بَدْرٍ عَنْ (بَوَاءٍ)" أَيْ: عَلَى السَّوَاءِ.

(وَالْجِرَاحَاتُ بَوَاءٌ) أَيْ: مُتَسَاوِيَةٌ فِي الْقِصَاصِ، وَفِي حَدِيثٍ آخَرَ: "فَأَمَرَهُمْ

---

(١) في خ: "وأنا".
(٢) أخرجه مسلم (١٤٢٤)، والنسائي في السنن الكبرى (٥٥٤٤)
(٣) أخرجه النسائي (٢٢٣٩)، والنسائي في السنن الكبرى (٢٥٥٩)
(٤) زيادة من: م.

صَلَّى اللـه عَلَيْهِ وَسَلَّمَ أَنْ يَتَبَاوَءُوا" مِثْلُ: يَتَبَاوَعُوا، أَيْ: يَتَقَاصُّوا فِي قَتْلَاهُمْ عَلَى التَّسَاوِي، (وَيَتَبَاءُوا) مِثْلَ يَتَبَاعُوا مِنْ غَلَطِ الرُّوَاةِ.

وَفِي الدُّعَاءِ" أَبُوءُ لَكَ بِنِعْمَتِكَ"[(١)] أَيْ: أُقِرُّ بِهَا. وَفِيهِ: "أَنَا بِكَ وَلَكَ" أَيْ: بِكَ أَعُوذُ وَأَلُوذُ وَبِكَ أَعْبُدُ، أَيْ: بِتَوْفِيقِكَ وَتَسْهِيلِكَ." وَلَكَ أَخْشَعُ وَأَخْضَعُ لَا لِغَيْرِكَ".

(وَالْأَبْوَاءُ) عَلَى أَفْعَالٍ: مَنْزِلٌ بَيْنَ مَكَّةَ وَالْمَدِينَةِ.

[ب و ب]: (الْأَبْوَابُ) فِي الْمُزَارَعَةِ مَفَاتِحُ الْمَاءِ، جَمْعُ بَاب عَلَى الِاسْتِعَارَةِ.

[ب و ر]: (بَارَتْ) السِّلْعَةُ أَي[(٢)]: كَسَدَتْ مِنْ بَابِ طَلَبَ، وَمِنْهُ الْحَدِيثُ: بَارَتْ عَلَيْهِ الْجِذْعَانُ. (وَالْبُوَيْرَةُ) فِي السِّيَرِ بِوَزْنِ لَفْظِ مُصَغَّرِ الدَّارِ مَوْضِعٌ.

[ب و ط]: (أَبُو يَعْقُوبَ) يُوسُفُ بن يَحْيَى (الْبُوَيْطِيُّ)، مَنْسُوبٌ إِلَى بُوَيْط، قَرْيَةٌ مِنْ قُرَى مِصْرَ مِنْ كِبَارِ أَصْحَابِ الشَّافِعِيِّ - رَحِمَهُ اللـه -، وَلَهُ مُخْتَصَرٌ مُسْتَخْرَجٌ مِنْ كُتُبِهِ أُشْتُهِرَ بِنِسْبَتِهِ كَالْقُدُورِيِّ والإسبيجابي لِأَصْحَابِنَا رَحِمَهُمْ اللـه، وَقَوْلُهُ: ذَكَرَ الشَّافِعِيُّ رَحِمَهُ اللـه فِي الْبُوَيْطِيِّ، الْمُرَادُ بِهِ: هَذَا التَّصْنِيفُ، وَالذَّاكِرُ الْمُصَنِّفُ لَا الشَّافِعِيُّ - رَحِمَهُ اللـه تَعَالَى - لِمَا أَنَّ الْمَذْكُورَ فِيهِ قَوْلُهُ كَقَوْلِهِمْ: ذَكَرَ مُحَمَّدٌ فِي نَوَادِرِ هِشَامٍ؛ لِمَا أَنَّ الْمَذْكُورَ فِيهَا قَوْلُهُ.

[ب و ق]: (الْبُوقُ) شَيْءٌ يُنْفَخُ فِيهِ، وَالْجَمْعُ: بُوقَاتٌ وَبِيقَاتٌ.

[ب و ك]: غَزْوَةُ تَبُوكَ بِأَرْضِ الشَّامِ، غَزَاهَا رَسُولُ اللـه صَلَّى اللـه عَلَيْهِ وَسَلَّمَ سَنَةَ تِسْعٍ مِنَ الْهِجْرَةِ، وَلَمْ يَلْقَ كَيْدًا، وَأَقَامَ بِهَا عِدَّةَ أَيَّامٍ، وَصَالَحَ أَهْلَهَا عَلَى الْجِزْيَةِ، سُمِّيَتْ بِذَلِكَ لِأَنَّهُمْ بَاتُوا يَبُوكُونَ حِسْيَهَا بِقَدَحٍ، أَيْ: يُدْخِلُونَ فِيهِ السَّهْمَ وَيُحَرِّكُونَهُ لِيَخْرُجَ مِنْهُ الْمَاءُ.

وَمِنْهُ: بَاكَ الْحِمَارُ الْأَتَانَ، إِذَا جَامَعَهَا.

[ب و ى] (جَوْز بَوًّا) بِالْقَصْرِ سَمَاعًا مِنْ الْأَطِبَّاءِ، وَبِالْفَارِسِيَّةِ كَوَّزْ بُويَا، هَكَذَا فِي الصَّيْدَلَةِ[(٣)]، وَهُوَ فِي مِقْدَارِ الْعَفْصِ سَهْلُ الْمَكْسَرِ رَقِيقُ الْقِشْرِ طَيِّبُ الرَّائِحَةِ، وَمِنْ خَصَائِصِهِ: أَنَّهُ يَنْفَعُ مِنَ اللَّقْوَةِ وَيُقَوِّي الْمَعِدَةَ وَالْقَلْبَ وَيُزِيلُ الْبُرُودَةَ.

---

(١) أخرجه البخاري (٦٣٢٣)، وأحمد في مسنده (١٦٦٨١)، والنسائي في السنن الكبرى (٩٧٦٣)

(٢) سقط من: م.

(٣) في خ: "الصيدنة".

[ب ا ب ا هـ]: (ابْنُ بَابَاهُ) أَوْ بَابَيْهِ بِفَتْحِ الْبَاءِ عَنْ ابْنِ مَاكُولَا، اسْمُهُ عَبْدُ اللهِ، يَرْوِي عَنْ جُبَيْرٍ وَابْنِ عُمَرَ - رَضِيَ اللهُ عَنْهُمَا.

الْبَاءُ مَعَ الْهَاءِ

[ب هـ أ]: (بَهَأْتُ) بِالشَّيْءِ وَبَهِيتُ بِهِ، أَيْ: آنَسْتُ بِهِ، وَمِنْهُ حَدِيثُ عَبْدِ الرَّحْمَنِ بن عَوْفٍ رَضِيَ اللهُ عَنْهُ: لَقَدْ خِفْتُ أَنْ يَبْهَأَ النَّاسُ بِهَذَا الْبَيْتِ، وَلَفْظُهُ فِي" الْفَائِقِ": أَرَى النَّاسَ قَدْ بَهَئُوا بِهَذَا الْمَقَامِ، يَعْنِي: أَنِسُوا بِهِ، حَتَّى قَلَّتْ هَيْبَتُهُ فِي صُدُورِهِمْ، فَلَمْ يَهَابُوا الْحَلِفَ عَلَى الشَّيْءِ الْحَقِيرِ عِنْدَهُ.

[ب هـ ت]: قَوْلُهُ: الرَّوَافِضُ قَوْمٌ (بُهُتٌ)، جَمْعُ بَهُوتٍ، مُبَالَغَةٌ فِي بَاهِتٍ اسْمُ فَاعِلٍ مِنْ الْبُهْتَانِ.

[ب هـ ر ج]: (الْبَهْرَجُ) الدِّرْهَمُ الَّذِي فِضَّتُهُ رَدِيئَةٌ، وَقِيلَ: الَّذِي الْغَلَبَةُ فِيهِ لِلْفِضَّةِ إِعْرَابُ نبهره عَنْ الْأَزْهَرِيِّ، وَعَنْ ابْنِ الْأَعْرَابِيِّ: الْمُبْطَلُ السِّكَّةِ، وَقَدْ اُسْتُعِيرَ لِكُلِّ رَدِيءٍ بَاطِلٍ.

وَمِنْهُ: بُهْرِجَ دَمُهُ، إذَا أُهْدِرَ وَأُبْطِلَ، وَعَنْ اللِّحْيَانِيِّ: دِرْهَمٌ مُبَهْرَجٌ، أَيْ: بنهرج، وَلَمْ أَجِدْهُ بِالنُّونِ إلَّا لَهُ.

[ب هـ ز]: (بَهْزٌ) بِالزَّايِ حَيٌّ مِنْ الْعَرَبِ، وَمِنْهُ: فَجَاءَ البهزي فَقَالَ: هِيَ رَمِيَّتِي.

[ب هـ ق]: قَوْلُهُ: الْبَهَقُ عَيْبٌ، هُوَ بَيَاضٌ فِي الْجَسَدِ لَا مِنْ بَرَصٍ.

[ب هـ ل]: (الْمُبَاهَلَةُ) الْمُلَاعَنَةُ مُفَاعَلَةٌ مِنْ الْبَهْلَةِ، وَهِيَ اللَّعْنَةُ.

وَمِنْهَا قَوْلُ ابْنِ مَسْعُودٍ رَضِيَ اللهُ عَنْهُ: مَنْ شَاءَ بَاهَلْتُهُ، أَنَّ سُورَةَ النِّسَاءِ الْقُصْرَى نَزَلَتْ بَعْدَ الْبَقَرَةِ، وَيُرْوَى: لَاعَنْتُهُ، وَذَلِكَ أَنَّهُمْ كَانُوا إذَا اخْتَلَفُوا فِي شَيْءٍ اجْتَمَعُوا وَقَالُوا: بَهْلَةُ اللهِ عَلَى الظَّالِمِ مِنَّا.

[ب هـ م]: (الْبَهْمَةُ) وَلَدُ الشَّاةِ أَوَّلُ مَا تَضَعُهُ أُمُّهُ، وَهِيَ قَبْلَ السَّخْلَةِ. (وَأَبْهَمَ الْبَابَ) أَغْلَقَهُ (وَفَرَسٌ بَهِيمٌ) عَلَى لَوْنٍ وَاحِدٍ لَا يُخَالِطُهُ غَيْرُهُ (وَكَلَامٌ مُبْهَمٌ) لَا يُعْرَفُ لَهُ وَجْهٌ (وَأَمْرٌ مُبْهَمٌ) لَا مَأْتَى لَهُ.

وَقَوْلُهُ - صَلَّى اللهُ عَلَيْهِ وَسَلَّمَ -: "أَرْبَعٌ مُبْهَمَاتٌ: النَّذْرُ، وَالنِّكَاحُ، وَالطَّلَاقُ، وَالْعَتَاقُ". تُفَسِّرُهُ الرِّوَايَةُ الْأُخْرَى وَهِيَ الصَّحِيحَةُ: "أَرْبَعٌ مُقْفَلَاتٌ". وَالْمَعْنَى: أَنَّهُ لَا مَخْرَجَ مِنْهُنَّ، كَأَنَّهَا أَبْوَابٌ مُبْهَمَةٌ عَلَيْهَا أَقْفَالٌ.

وَفِي حَدِيثِ ابْنِ عَبَّاسٍ رَضِيَ اللهُ عَنْهُمَا: "أَبْهِمُوا مَا أَبْهَمَ اللَّهُ". ذُكِرَ فِي مَوْضِعَيْنِ: أَمَّا فِي الصَّوْمِ فَمَعْنَاهُ أَنَّ قَوْله تَعَالَى: (فَعِدَّةٌ مِنْ أَيَّامٍ أُخَرَ) [سورة البقرة آية ١٨٤] مُطْلَقٌ فِي قَضَاءِ الصَّوْمِ لَيْسَ فِيهِ تَعْيِينٌ، أَنْ يُقْضَى مُتَفَرِّقًا أَوْ مُتَتَابِعًا، فَلَا تَلْزَمُوا أَنْتُمْ أَحَدَ الْأَمْرَيْنِ عَلَى الْبَتِّ وَالْقَطْعِ، وَأَمَّا عَنْ النِّكَاحِ فَمَعْنَاهُ أَنَّ النِّسَاءَ فِي قَوْله تَعَالَى: ﴿وَأُمَّهَاتُ نِسَائِكُمْ﴾ [سورة النساء آية ٢٣] مُبْهَمَةٌ غَيْرُ مَشْرُوطٍ فِيهِنَّ الدُّخُولُ بِهِنَّ، وَإِنَّمَا ذَلِكَ فِي أُمَّهَاتِ الرَّبَائِبِ، يَعْنِي أَنَّ قَوْله تَعَالَى: (اللَّاتِي دَخَلْتُمْ بِهِنَّ) [سورة النساء آية ٢٣] صِفَةٌ لِلنِّسَاءِ الْأَخِيرَةِ فَتُخَصَّصُ بِهَا، فَلَمَّا كَانَ كَذَلِكَ تَخَصَّصَتْ الرَّبَائِبُ أَيْضًا؛ لِأَنَّهَا مِنْهَا بِخِلَافِ النِّسَاءِ لِلْأُولَى، فَإِنَّهَا لَمْ تَدْخُلْ تَحْتَ هَذِهِ الصِّفَةِ وَكَانَتْ مُبْهَمَةً، وَفِي امْتِنَاعِهَا عَنْ ذَلِكَ وُجُوهٌ ذَكَرْتُهَا فِي الْمُعْرِبِ.

[(ب هـ ر م) البَهْرم والبَهْرمان: العُصفُر، وعن الليث: ضرب من العصفُر، وقيل: الحِنّاء، ومنه قول الكرخي في جامعه: الزعفرانُ إذا كان قليلاً والماء غالب فلا بأس به، وأما إذا كان مثل البَهْرمان فلا][1].

[ب هـ ا] فِي الْحَدِيثِ: "مَنْ تَوَضَّأَ يَوْمَ الْجُمُعَةِ فَبِهَا وَنِعْمَتْ" [أَيْ: فَبِالسُّنَّةِ أَخَذَ، وَنِعْمَتْ الْخَصْلَةُ هَذِهِ فَبِهَا] [2] فِي (ن ع م).

الْبَاءُ مَعَ الْيَاءِ

[ب ي ت]: (بَيِّتُوا الْعَدُوَّ) أَتَوْهُمْ لَيْلًا، وَالِاسْمُ الْبَيَاتُ كَالسَّلَامِ مِنْ سَلَّمَ، وَمِنْهُ قَوْلُهُ: أَهْلُ الدَّارِ مِنْ الْمُشْرِكِينَ يُبَيَّتُونَ لَيْلًا، مَبْنِيًّا لِلْمَفْعُولِ، وَقَوْلُهُ: وَتَجُوزُ الْإِغَارَةُ عَلَيْهِمْ وَالتَّبْيِيتُ بِهِمْ، صَوَابُهُ: وَتَبْيِيتُهُمْ.

(وَالْبَيْتُ) اسْمٌ لِمُسَقَّفٍ وَاحِدٍ، وَأَصْلُهُ مِنْ بَيْتِ الشَّعْرِ أَوْ الصُّوفِ سُمِّيَ بِهِ؛ لِأَنَّهُ يُبَاتُ فِيهِ، ثُمَّ أُسْتُعِيرَ لِفَرْشِهِ، وَهُوَ مَعْرُوفٌ عِنْدَهُمْ يَقُولُونَ: تَزَوَّجَ امْرَأَةً عَلَى بَيْتٍ، وَمِنْهُ حَدِيثُ عَائِشَةَ رَضِيَ اللهُ عَنْهَا: "تَزَوَّجَنِي رَسُولُ اللهِ صَلَّى اللهُ عَلَيْهِ وَسَلَّمَ عَلَى بَيْتٍ قِيمَتُهُ سِتُّونَ دِرْهَمًا".

(وَالْبُيُوتَاتُ) جَمْعُ بُيُوتٍ جَمْعُ بَيْتٍ، وَتَخْتَصُّ بِالْأَشْرَافِ.

---

(١) سقط من: م.
(٢) زيادة من: م.

[ب ي د]: (بَادَ) هَلَكَ (بُيُودًا) وَأَبَادَهُ أَهْلَكَهُ، وَمِنْهُ الْحَدِيثُ: أُبِيدَتْ خَضْرَاءُ قُرَيْشٍ.

(وَالْبَيْدَاءُ) الْمَفَازَةُ؛ لِأَنَّهَا مُهْلِكَةٌ، وَالْمُرَادُ بِهَا فِي حَدِيثِ جَابِرٍ: "أَنَّهُ صَلَّى اللهُ عَلَيْهِ وَسَلَّمَ لَمَّا اسْتَوَتْ بِهِ رَاحِلَتُهُ عَلَى الْبَيْدَاءِ أَهَلَّ بِالْحَجِّ". أَرْضٌ مُسْتَوِيَةٌ قَرِيبَةٌ مِنْ مَسْجِدِ ذِي الْحُلَيْفَةِ، وَكَذَا فِي حَدِيثِ عُمَرَ رَضِيَ اللهُ عَنْهُ: أَنَّهُ كَانَ يَرُدُّ الْمُتَوَفَّى عَنْهَا زَوْجُهَا مِنَ الْبَيْدَاءِ، وَيُرْوَى: مِنْ ذِي الْحُلَيْفَةِ.

[ب ي ز]: (قَوْلُهُ) أَخَذَ فَهْدًا أَوْ (بَازًا) هُوَ لُغَةٌ فِي الْبَازِي، وَيُجْمَعُ عَلَى بِيزَانٍ أَوْ أَبْوَازٍ.

[ب ي س ا ن]: (بيسان) في (م ي، م ي س).

[ب ي ض]: فِي حَدِيثِ مُوسَى بن طَلْحَةَ: أَنَّهُ - صَلَّى اللهُ عَلَيْهِ وَسَلَّمَ - قَالَ: "هَلَّا جَعَلْتَهَا (الْبِيضَ)"[(١)]. يَعْنِي: أَيَّامَ اللَّيَالِي الْبِيضِ، عَلَى حَذْفِ الْمُضَافِ وَالْمَوْصُوفِ، وَالْمُرَادُ بِهَا: لَيْلَةُ ثَلَاثَ عَشْرَةَ وَأَرْبَعَ عَشْرَةَ وَخَمْسَ عَشْرَةَ، وَمَنْ فَسَّرَهَا بِالْأَيَّامِ، وَاسْتَدَلَّ بِحَدِيثِ آدَمَ عَلَيْهِ السَّلَامُ فَقَدْ أَبْعَدَ.

وَفِي حَدِيثٍ آخَرَ: "أَحَبُّ الثِّيَابِ الْبَيَاضُ". أَيْ: ذُو الْبَيَاضِ، عَلَى حَذْفِ الْمُضَافِ، يُقَالُ: فُلَانٌ يَلْبَسُ السَّوَادَ وَالْبَيَاضَ، يَعْنُونَ: الْأَسْوَدَ وَالْأَبْيَضَ عَلَى هَذَا التَّقْدِيرِ.

(وَالْبَيْضَةُ) بَيْضَةُ النَّعَامَةِ وَكُلِّ طَائِرٍ، ثُمَّ اُسْتُعِيرَتْ لِبَيْضَةِ الْحَدِيدِ، لِمَا بَيْنَهُمَا مِنَ الشَّبَهِ الشَّكْلِيِّ، وَكَذَا بَيْضُ الزَّعْفَرَانِ لِبَصَلِهِ، وَقِيلَ: بَيْضَةُ الْإِسْلَامِ لِلشَّبَهِ الْمَعْنَوِيِّ، وَهُوَ أَنَّهَا مُجْتَمِعَةٌ كَمَا أَنَّ تِلْكَ مُجْتَمَعُ الْوَلَدِ.

وَقَوْلُ الْمُشَرِّعِ فِيمَا رُوِيَ: أَنَّهُ عَلَيْهِ السَّلَامُ أَوْجَبَ الْقَطْعَ عَلَى سَارِقِ الْبَيْضَةِ وَالْحَبْلِ، لَفْظُ الْحَدِيثِ كَمَا فِي مُتَّفَقِ الْجَوْزَقِيِّ وَغَيْرِهِ مِنْ كُتُبِ الْغَرِيبِ: "لَعَنَ اللهُ السَّارِقَ، يَسْرِقُ الْبَيْضَةَ فَتُقْطَعُ يَدُهُ، وَيَسْرِقُ الْحَبْلَ فَتُقْطَعُ يَدُهُ"[(٢)]. قَالَ الْقُتَبِيُّ: هَذَا عَلَى ظَاهِرِ مَا نَزَلَ عَلَيْهِ الْقُرْآنُ فِي ذَلِكَ الْوَقْتِ، ثُمَّ أَعْلَمَ اللهُ بَعْدُ بِنِصَابِ مَا فِيهِ يَجِبُ الْقَطْعُ. وَلَيْسَ هَذَا مَوْضِعُ تَكْثِيرِ السَّرِقَةِ حَتَّى يُحْمَلَ عَلَى بَيْضَةِ الْحَدِيدِ وَحَبْلِ السَّفِينَةِ كَمَا قَالَ يَحْيَى بن أَكْثَمَ، وَإِنَّمَا هُوَ تَعْيِيرٌ بِذَلِكَ وَتَنْفِيرٌ عَنْهُ عَلَى مَا هُوَ مَجْرَى الْعَادَةِ، مِثْلُ أَنْ يُقَالَ: لَعَنَ اللهُ فُلَانًا تَعَرَّضَ لِلْقَتْلِ فِي حَبْلٍ رَثٍّ وَكُبَّةِ صُوفٍ، وَلَيْسَ مِنْ عَادَتِهِمْ أَنْ يَقُولُوا:

(١) أخرجه أبو يعلى في مسنده (١٦١٢)، والبوصيري في إتحاف الخيرة (٦٤٤٦).

(٢) أخرجه البخاري (٦٧٨٣)، ومسلم (١٦٨٩).

قَبَّحَ الـلـه فُلَانًا؛ عَرَّضَ نَفْسَهُ لِلضَّرْبِ فِي عِقْدِ جَوَاهِرَ أَوْ جِرَابِ مِسْكٍ، وَهَذَا ظَاهِرٌ.

وَحَرَّةُ بَنِي (بَيَاضَةَ): قَرْيَةٌ عَلَى مِيلٍ مِنْ الْمَدِينَةِ.

[ب ي ع]: (الْبَيْعُ) مِنْ الْأَضْدَادِ، يُقَالُ: بَاعَ الشَّيْءَ إذَا شَرَاهُ أَوْ اشْتَرَاهُ، وَيُعَدَّى إلَى الْمَفْعُولِ الثَّانِي بِنَفْسِهِ وَبِحَرْفِ الْجَرِّ، تَقُولُ: بَاعَهُ الشَّيْءَ، وَبَاعَهُ مِنْهُ، وَعَلَى الْأَوَّلِ يَكُونُ مَبْنِيًّا لِلْمَفْعُولِ.

وَمِنْهُ قَوْلُ مُحَمَّدٍ- رَحِمَهُ الـلـه -: فِي الْبَغْلِ وَالْبَغْلَةِ وَالْفَرَسِ الْخَصِيِّ الْمَقْطُوعِ الْيَدِ أَوْ الرِّجْلِ لَا بَأْسَ بِأَنْ تُدْخَلَ دَارَ الْحَرْبِ حَتَّى يباعوها.

وَبَاعَ عَلَيْهِ الْقَاضِي، إذَا كَانَ عَلَى كَرْهٍ مِنْهُ، وَبَاعَ لَهُ الشَّيْءَ إذَا اشْتَرَاهُ لَهُ، وَمِنْهُ الْحَدِيثُ: "لَا يَبِعْ بَعْضُكُمْ عَلَى بَيْعِ أَخِيهِ [(١)]". أَيْ: لَا يَشْتَرِ، بِدَلِيلِ رِوَايَةِ الْبُخَارِيِّ" لَا يَبْتَاعُ الرَّجُلُ عَلَى بَيْعِ أَخِيهِ وَالْبَيِّعَانِ بِالْخِيَارِ"[(٢)]. أَيْ: الْبَائِعُ وَالْمُشْتَرِي كُلٌّ مِنْهُمَا بَائِعٌ وَبَيِّعٌ، عَنْ الْأَزْهَرِيِّ.

وَبَايَعْته وَتَبَايَعْنَا وَاسْتَبَعْتُهُ عَبْدَهُ، وَإِنَّمَا جَمَعُوا الْمَصْدَرَ عَلَى تَأْوِيلِ الْأَنْوَاعِ، وَأَمَّا قَوْلُهُمْ: بُيُوعٌ كَثِيرَةٌ، فَبَعْدَ تَسْمِيَةِ الْمَبِيعِ بَيْعًا، وَمِنْهُ: وَإِنْ اشْتَرَى بَيْعًا بِحِنْطَةٍ، أَيْ: سِلْعَةً.

وَلَا صَاحِبَ بَيْعَةٍ فِي (س ق). وَبِيعَةُ النَّصَارَى فِي (كن).

[ب ي غ]: (تَبَيَّغَ الدَّمُ وَتَبَوَّغَ) إذَا ثَارَ وَغَلَبَ.

[ب ي ن]: (الْبَانُ) ضَرْبٌ مِنْ الشَّجَرِ، الْوَاحِدَةُ بَانَةٌ، وَمِنْهُ: دُهْنُ الْبَانِ.

وَأَمَّا قَوْلُهُ: لَوْ قَالَ: اشْتَرِ لِي بَانًا، ثُمَّ اخْلِطْهُ بِمِثْقَالٍ مِنْ مِسْكٍ. فَمَعْنَاهُ: دُهْنُ بَانٍ عَلَى حَذْفِ الْمُضَافِ.

(وَبَانَ الشَّيْءُ) عَنْ الشَّيْءِ انْقَطَعَ عَنْهُ، وَانْفَصَلَ بَيْنُونَةً وَبُيُونًا. وَقَوْلُهُمْ: (أَنْتِ بَائِنٌ) مُؤَوَّلٌ كَحَائِضٍ وَطَالِقٍ.

(وَأَمَّا طَلْقَةٌ بَائِنَةٌ وَطَلَاقٌ بَائِنٌ) فَمَجَازٌ وَالْهَاءُ لِلْفَصْلِ، وَيُقَالُ: (بَانَ الشَّيْءُ) بَيَانًا وَأَبَانَ وَاسْتَبَانَ وَبَيَّنَ وَتَبَيَّنَ إذَا ظَهَرَ وَأَبَنْتُهُ وَاسْتَبَنْتُهُ وَتَبَيَّنْتُهُ عَرَفْتُهُ بَيِّنًا، وَقَوْلُ الْفُقَهَاءِ: كَصَوْتٍ لَا يَسْتَبِينُ مِنْهُ حُرُوفٌ وَخَطٌّ مُسْتَبِينٌ كُلُّهُ صَحِيحٌ.

(وَالْبَيِّنَةُ) الْحُجَّةُ، فَيْعِلَةٌ مِنْ الْبَيْنُونَةِ أَوْ الْبَيَانِ، وَفِي حَدِيثِ زَيْدِ بن ثَابِتٍ رَضِيَ الـلـه

---

(١) أخرجه البخاري (٢١٣٩).

(٢) أخرجه البخاري (٢٠٧٩) (٢١٠٩)، (٢١١٠)، ومسلم (١٥٣١).

عَنْهُ: بَيِّنَتَكَ نُصبَ عَلَى إِضْمَارِ أَحْضِرْ. وَقَوْلُهُ: فِي إِصْلَاحِ ذَاتِ الْبَيْنِ، يَعْنِي: الْأَحْوَالَ الَّتِي بَيْنَهُمْ وَإِصْلَاحُهَا بِالتَّعَهُّدِ وَالتَّفَقُّدِ، وَلَمَّا كَانَتْ مُلَابِسَةً لِلْبَيْنِ وُصِفَتْ بِهِ، فَقِيلَ لَهَا: ذَوَاتُ الْبَيْنِ، كَمَا قِيلَ لِلْأَسْرَارِ: ذَاتُ الصُّدُورِ لِذَلِكَ.

(وَبَيْنَ) مِنْ الظُّرُوفِ اللَّازِمَةِ لِلْإِضَافَةِ، وَلَا يُضَافُ إِلَّا إِلَى اثْنَيْنِ فَصَاعِدًا، وَمَا قَامَ مَقَامَهُ كَقَوْلِهِ تَعَالَى: ﴿عَوَانٌ بَيْنَ ذَلِكَ﴾ [سورة البقرة آية ٦٨]، وَقَدْ يُحْذَفُ الْمُضَافُ إِلَيْهِ وَيُعَوَّضُ عَنْهُ مَا أَوْ أَلِفٌ، فَيُقَالُ: بَيْنَمَا نَحْنُ كَذَا وَبَيْنَا نَحْنُ كَذَا.

(وَأَبْيَنُ) صَحَّ بِفَتْحِ الْأَلِفِ فِي جَامِعِ الْغُورِيِّ وَنَفْيِ الِارْتِيَابِ، وَهُوَ اسْمُ رَجُلٍ مِنْ حِمْيَرَ أُضِيفَ عَدَنُ إِلَيْهِ، وَقَدْ قِيلَ بِالْكَسْرِ [عن سيبويه، ولم يثبت][1].

(١) سقط من: م.

بَابُ التَّاءِ

التَّاءُ مَعَ الْهَمْزَةِ

[ت أ د]: قَوْلُهُ: وَلَهُ أَنْ يَمْشِيَ عَلَى (تُؤَدَةٍ)، يُقَالُ: اتَّأَدَ فِي مِشْيَتِهِ، إِذَا تَرَفَّقَ وَلَمْ يَعْجَلْ، وَفِي فُلَانٍ تُؤَدَةٌ، أَيْ: تَثَبُّتٌ وَوَقَارٌ، وَأَصْلُ التَّاءِ فِيهَا وَاوٌ.

[ت أ م]: (التَّوْأَمُ) اسْمٌ لِلْوَلَدِ إِذَا كَانَ مَعَهُ آخَرُ فِي بَطْنٍ وَاحِدٍ، يُقَالُ: هُمَا تَوْأَمَانِ، كَمَا يُقَالُ: هُمَا زَوْجَانِ، وَقَوْلُهُمْ: هُمَا تَوْأَمٌ وَهُمَا زَوْجٌ خَطَأٌ، وَيُقَالُ لِلْأُنْثَى: (تَوْأَمَةٌ)، وَبِهَا سُمِّيَتْ التَّوْأَمَةُ بِنْتُ أُمَيَّةَ بن خَلَفٍ، لِأَنَّهَا كَانَتْ مَعَهَا أُخْتٌ فِي بَطْنٍ، وَيُضَافُ إِلَيْهَا أَبُو مُحَمَّدٍ صَالِحُ بن نَبْهَانَ فَيُقَالُ: صَالِحٌ مَوْلَى التَّوْأَمَةِ، وَهُوَ فِي نِكَاحِ السِّيَرِ، وَالتُّوْمَةُ[1] عَلَى فُعْلَةٍ خَطَأٌ.

التَّاءُ مَعَ الْبَاءِ

[ت ب ر]: (التِّبْرُ) مَا كَانَ غَيْرَ مَضْرُوبٍ مِنْ الذَّهَبِ وَالْفِضَّةِ، وَعَنْ الزَّجَّاجِ: هُوَ كُلُّ جَوْهَرٍ قَبْلَ أَنْ يُسْتَعْمَلَ كَالنُّحَاسِ وَالصُّفْرِ وَغَيْرِهِمَا، وَبِهِ يَظْهَرُ صِحَّةُ قَوْلِ مُحَمَّدٍ: الْحَدِيدُ يُطْلَقُ[2] عَلَى الْمَضْرُوبِ، وَالتِّبْرِ عَلَى غَيْرِ الْمَضْرُوبِ مِنْ التَّبَارِ، وَهُوَ الْهَلَاكُ.

[ت ب ع]: يُقَالُ: (تَبِعْتُهُ وَاتَّبَعْتُهُ) إِذَا مَشَيْتُ خَلْفَهُ، أَوْ مَرَّ بك فَمَضَيْتَ مَعَهُ.

قَوْلُهُ: وَلَا يُتْبَعُ بِنَارٍ إِلَى الْقَبْرِ، رُوِيَ بِتَخْفِيفِ التَّاءِ وَتَثْقِيلِهَا مَبْنِيًّا لِلْمَفْعُولِ وَالْبَاءُ لِلتَّعْدِيَةِ، وَأَتْبَعْتُ زَيْدًا عَمْرًا فَتَبِعَهُ جَعَلْتُهُ تَابِعًا أَوْ حَمَلْتُهُ عَلَى ذَلِكَ، وَمِنْهُ الْحَدِيثُ: "مَنْ أُتْبِعَ عَلَى مَلِيءٍ فَلْيَتْبَعْ". أَيْ: مَنْ أُحِيلَ عَلَى غَنِيٍّ مُقْتَدِرٍ فَلْيَقْبَلْ الْحَوَالَةَ، وَإِنَّمَا عُدِّيَ بِعَلَى؛ لِأَنَّهُ ضُمِّنَ مَعْنَى الْإِحَالَةِ، وَسُمِّيَ الْحَوْلِيُّ مِنْ أَوْلَادِ الْبَقَرِ (تَبِيعًا)؛ لِأَنَّهُ يَتْبَعُ أُمَّهُ بَعْدُ، وَالتُّبَّعُ جَمْعُ تَابِعٍ كَخَادِمٍ وَخُدَّمٍ، وَبِتَصْغِيرِهِ سُمِّيَ أَبُو حِمْيَرَ (تُبَيْعُ) بن عَامِرٍ الْحِمْيَرِيُّ ابْنُ امْرَأَةِ كَعْبٍ، وَهُوَ فِي أَوَّلِ السِّيَرِ: عَنْ تُبَيْعٍ عَنْ كَعْبٍ، وَمَا سِوَاهُ تَصْحِيفٌ.

---

(١) في م: "التوأمة".

(٢) في خ: "ينطلق".

[ت ب ن]: (الْمَتْبَنُ) وَالْمَتْبَنَةُ بَيْتُ التِّبْنِ، (وَالتُّبَّانُ) فُعَّالٌ مِنْه، وَهُوَ سَرَاوِيلُ صَغِيرٌ مِقْدَارُ شِبْرٍ يَسْتُرُ الْعَوْرَةَ الْمُغَلَّظَةَ يَكُونُ مَعَ الْمَلَّاحِينَ، وَمِنْهُ: لَمْ تَرَ عَائِشَةُ رَضِيَ اللهُ عَنْهَا بِالتُّبَّانِ بَأْسًا.

وَعَنْ عَمَّارِ بن يَاسِرٍ رَضِيَ اللهُ عَنْهُ: أَنَّهُ صَلَّى فِي تُبَّانٍ، وَقَالَ إِنِّي مَمْثُونٌ، أَيْ: أَشْتَكِي الْمَثَانَةَ.

التَّاءُ مَعَ الْجِيمِ

[ت ج ر]: قَوْلُهُ: يَقْدُمُ[1] رَجُلٌ (بِتِجَارَةٍ) مِنَ الْمُشْرِكِينَ فَيَبِيعُهَا، أَيْ: بِمَا يُتَاجَرُ فِيهِ مِنَ الْأَمْتِعَةِ وَنَحْوِهَا، عَلَى تَسْمِيَةِ الْمَفْعُولِ بِاسْمِ الْمَصْدَرِ.

التَّاءُ مَعَ الْخَاءِ

[ت خ ت ج]: (التخاتج) جَمْعُ تَخْتَج قِيَاسًا، وَهُوَ تَعْرِيبُ تخته.

[ت خ م]: يُقَالُ: هَذِهِ الْأَرْضُ (تُتَاخِمُ) أَرْضَ كَذَا، أَيْ: تُحَادُّهَا وَيَتَّصِلُ حَدُّهَا بِحَدِّهَا، وَمِنْهُ: افْتَتَحُوا حِصْنًا مُتَاخِمًا لِأَرْضِ الْإِسْلَامِ، وَهِيَ مِنَ التُّخُومِ، وَهِيَ الْعَلَامَةُ وَالْحُدُودُ بِالْفَتْحِ، وَقَدْ تُضَمُّ التخمة[2] فِي (و خ).

التَّاءُ مَعَ الرَّاءِ

[ت ر ب]: فِي مُخْتَصَرِ الْكَرْخِيِّ: فِي حُدُودِ أَرْضِ الْعَرَبِ (وَالتُّرْبَةُ)، الصَّوَابُ: تُرَبَةٌ، بِوَزْنِ هُمَزَةٍ وَبِغَيْرِ الْأَلِفِ وَاللَّامِ، وَادٍ عَلَى مَسِيرَةِ لَيَالٍ مِنَ الطَّائِفِ، وَفِي نُسْخَتِي مِنَ التَّهْذِيبِ: وَتُرْبَةٌ وَادٍ مِنْ أَوْدِيَةِ الْيَمَنِ هَكَذَا مُقَيَّدَةٌ بِالسُّكُونِ، وَالْمَحْفُوظُ الْأَوَّلُ تُرْبِيَةٌ فِي (ر أ، ر أ س).

[ت ر م ذ]: (تِرْمِذُ) بِالْكَسْرِ فِي (ع ب).

[ت ر ت ر]: (التَّرْتَرَةُ وَالتَّلْتَلَةُ والمزمزة) التَّحْرِيكُ الشَّدِيدُ، عَنْ عَلِيٍّ رَضِيَ اللهُ عَنْهُ: تَرْتِرُوهُ، وَعَنِ ابْنِ مَسْعُودٍ رَضِيَ اللهُ عَنْهُ: تَلْتِلُوهُ ومزمزوه، عَنْ كِلَيْهِمَا.

[ت ر م س]: (التُّرْمُسُ) الْجِرْجِيرُ الرُّومِيُّ، يَعْنِي: الباقلى، وَهُوَ مِنَ الْقِطَانِيِّ، قَالَ

---

(١) في خ: "يقوم".
(٢) في م: "اللخمة".

[أَبُو حَنِيفَةَ][1] الدِّينَوَرِيُّ: وَلَا أَحْسَبُهُ عَرَبِيًّا، كَذَا فِي تَاجِ الْعَرُوسِ.

[ت ر ع]: (التُّرْعَةُ) فِي الْحَدِيثِ: الرَّوْضَةُ عَلَى الْمَكَانِ الْمُرْتَفِعِ، عَنْ أَبِي عُبَيْدٍ: وَأَمَّا تُرْعَةُ الْحَوْضِ فِي الْحَدِيثِ الْآخَرِ فَهِيَ مَفْتَحُ الْمَاءِ إِلَيْهِ.

[ت ر ف]: (الْمُتْرَفُ) الَّذِي أَبْطَرَتْهُ النِّعْمَةُ وَسَعَةُ الْعَيْشِ، (وَالتُّرْفَةُ) بِالضَّمِّ النِّعْمَةُ.

[ت ر ق]: (التَّرْقُوَةُ) وَاحِدَةُ التَّرَاقِي، وَهِيَ عَظْمٌ وَصَلَ بَيْنَ ثُغْرَةِ النَّحْرِ وَالْعَاتِقِ مِنَ الْجَانِبَيْنِ، وَيُقَالُ لَهَا بِالْفَارِسِيَّةِ: جنبر كردن.

[ت ر ك]: قَوْلُهُ: مَنْ أَوْصَى بِالثُّلُثِ فَلَمْ (يُتْرَكْ) شَيْئًا، الصَّوَابُ: لَمْ يَتْرُكْ شَيْئًا، بِالتَّخْفِيفِ مَعَ شَيْئًا أَوْ بِالتَّشْدِيدِ مِنْ غَيْرِ ذِكْرِ شَيْئًا، وَهَكَذَا لَفْظُ عَلِيٍّ رَضِيَ اللهُ عَنْهُ: مَنْ أَوْصَى بِالثُّلُثِ فَمَا اتَّرَكَ، وَهُوَ مِنْ قَوْلِهِمْ: فَعَلَ فَمَا اتَّرَكَ افْتَعَلَ مِنَ التَّرْكِ غَيْرُ مُعَدًّى إِلَى مَفْعُولٍ، عَلَى أَنَّهُ قَدْ جَاءَ فِي الشِّعْرِ مُعَدًّى، وَالْمَعْنَى: أَنَّ[2] مَنْ أَوْصَى بِالثُّلُثِ لَمْ يَتْرُكْ فِيمَا أُذِنَ لَهُ فِيهِ شَيْئًا، وَيُقَالُ: (تَارَكَهُ) الْبَيْعَ وَغَيْرَهُ، وَتَتَارَكُوا الْأَمْرَ فِيمَا بَيْنَهُمْ، وَيُكَنَّى بِالْمُتَارَكَةِ عَنِ الْمُسَالَمَةِ وَالْمُصَالَحَةِ.

التَّاءُ مَعَ السِّينِ

[ت س خ ن]: (التَّسَاخِينُ) فِي (س خ، س خ ن).

التَّاءُ مَعَ الْعَيْنِ

[ت ع ت ع]: (التَّعْتَعَةُ) فِي الْكَلَامِ التَّرَدُّدُ فِيهِ، مِنْ حَصَرٍ أَوْ عِيٍّ، وَعَنِ الْغُورِيِّ: تَكَلَّمَ فَمَا تَعْتَعَ، أَيْ: لَمْ يَعِ، وَمِنْهُ: لِلْإِمَامِ إِذَا تَعْتَعَ يَتْرُكُ الْآيَةَ.

التَّاءُ مَعَ الْفَاءِ

[ت ف ث]: (التَّفَثُ) الْوَسَخُ وَالشَّعَثُ، وَمِنْهُ: رَجُلٌ تَفِثٌ، أَيْ: مُغْبَرٌّ شَعِثٌ لَمْ يَدَّهِنْ وَلَمْ يَسْتَحِدَّ، عَنِ ابْنِ شُمَيْلٍ: وَقَضَاءُ التَّفَثِ إِزَالَتُهُ بِقَصِّ الشَّارِبِ وَالْأَظْفَارِ وَنَتْفِ الْإِبْطِ وَالِاسْتِحْدَادِ، وَقَوْلُهُمْ: (التَّفَثُ) نُسُكٌ مِنْ مَنَاسِكِ الْحَجِّ، تَدْرِيسٌ وَالتَّحْقِيقُ مَا ذَكَرْتُ، وَهُوَ اخْتِيَارُ الْأَزْهَرِيِّ.

---

(١) زيادة من: م.

(٢) سقط من: م.

[ت ف ل]: (التَّفَلُ) أَنْ يَتْرُكَ التَّطَيُّبَ حَتَّى تُوجَدَ مِنْهُ رَائِحَةٌ كَرِيهَةٌ.

(وَامْرَأَةٌ تَفِلَةٌ) غَيْرُ مُتَطَيِّبَةٍ، وَمِنْهَا: "لِيَخْرُجْنَ (تَفِلَاتٍ)".

[ت ف هـ]: (شَيْءٌ تَافِهٌ) وَتَفِهٌ حَقِيرٌ خَسِيسٌ، وَقَدْ تَفِهَ تَفَهًا مِنْ بَابِ لَبِسَ، وَالتَّفَاهَةُ فِي مَصْدَرِهِ خَطَأٌ.

التَّاءُ مَعَ الْقَافِ

[ت ق ن]: (التَّقْنُ) رُسَابَةُ الْمَاءِ فِي الرَّبِيعِ، وَهُوَ الَّذِي يَجِيءُ بِهِ الْمَاءُ مِنَ الْخُثُورَةِ، عَنِ اللَّيْثِ، وَفِي جَامِعِ الْغُورِيِّ: التَّقْنُ ترنوق الْبِئْرِ وَالْمَسِيلِ، وَهُوَ الطِّينُ الرَّقِيقُ يُخَالِطُهُ حَمَأَةٌ، وَمِنْهُ: مَا فِي حَاشِيَةِ الْمَسْعُودِيِّ بِخَطِّ شَيْخِنَا الْبَقَّالِيِّ فِي كَرْيِ النَّهْرِ: لِأَنَّهُ طَارِحُ التَّقْنَ فِي الْمَوْضِعِ الَّذِي فِيهِ الْمَاءُ فَكَانَ عَلَيْهِ إِخْرَاجُهُ.

التَّاءُ مَعَ اللَّامِ

[ت ل د]: (التِّلَادُ) وَالتَّلِيدُ وَالتَّالِدُ كُلُّ مَالٍ قَدِيمٍ، وَخِلَافُهُ الطَّارِفُ وَالطَّرِيفُ، وَقَوْلُهُ: لَا يُفَرَّقُ بَيْنَ ذَوِي رَحِمٍ إِذَا كَانَا صَغِيرَيْنِ أَوْ أَحَدُهُمَا (تَلِيدَيْنِ) كَانَا أَوْ مُوَلَّدَيْنِ.

قَالَ صَاحِبُ التَّكْمِلَةِ: التَّلِيدُ: الَّذِي لَهُ آبَاءٌ عِنْدَكَ، وَالْمُوَلَّدُ: الَّذِي لَهُ أَبٌ وَاحِدٌ عِنْدَكَ، وَقِيلَ: التَّلِيدُ الَّذِي وُلِدَ بِبِلَادِ الْعَجَمِ، ثُمَّ حُمِلَ صَغِيرًا إِلَى بِلَادِ الْعَرَبِ.

وَمِنْهُ حَدِيثُ شُرَيْحٍ: أَنَّهُ اشْتَرَى رَجُلٌ جَارِيَةً وَشَرَطَ أَنَّهَا مُوَلَّدَةٌ، فَوَجَدَهَا تَلِيدَةً فَرَدَّهَا. (وَالْمُوَلَّدَةُ) الَّتِي وُلِدَتْ بِبِلَادِ الْإِسْلَامِ.

(وَالْمُتْلِدُ) فِي حَدِيثِ ابْنِ عُيَيْنَةَ: الْمَالِكُ الْأَوَّلُ كَنَاسِجِ الثَّوْبِ وَنَاتِجِ النَّاقَةِ، وَحَقِيقَتُهُ صَاحِبُ التِّلَادِ، وَقَوْلُهُ: شَهِدَتْ إِحْدَاهُمَا (بِالتِّلَادِ)، أَيْ: بِالْخِلَالِ الَّتِي ذَكَرْنَا، وَهِيَ النَّسْجُ وَالنَّتْجُ وَالْغَوْصُ عَلَى اللَّآلِئِ الْأَتْلَدَا فِي (ن ش).

[ت ل و]: (تَلَّاءٌ لِلْقُرْآنِ) فَعَّالٌ مِنَ التِّلَاوَةِ.

التَّاءُ مَعَ الْمِيمِ

[ت م ر]: (التَّمْرُ) الْيَابِسُ مِنْ ثَمَرِ النَّخِيلِ كَالزَّبِيبِ مِنَ الْعِنَبِ بِإِجْمَاعِ أَهْلِ اللُّغَةِ، وَأَمَّا الْبَيْتُ:

وَمَا الْعَيْشُ إِلَّا نَوْمَةٌ وَتَشَرُّقٌ وَتَمْرٌ عَلَى رَأْسِ النَّخِيلِ وَمَاءُ

فَالرِّوَايَةُ الْمَسْطُورَةُ الْمُثْبَتَةُ فِي الْحَمَاسَةِ:

وَتَمْرٌ كَأَكْبَادِ الْجِرَادِ وَمَاءُ

وَهُوَ أَشْهَرُ مِنْ أَنْ يَتَطَرَّقَ إِلَيْهِ النَّسْخُ.

[ت م ش ك]: (التمشك) الصندلة، وَقَدْ يُقَالُ بِالْجِيمِ.

[ت م م]: (تَمَّ) عَلَى أَمْرِهِ أَمْضَاهُ وَأَتَمَّهُ، وَمِنْهُ قَوْلُهُ: فَإِنْ نَكَلَ وَتَمَّ عَلَى الْإِبَاءِ، أَيْ: مَضَى عَلَى الْإِنْكَارِ، وَتَمَّ عَلَى مَقْصِدِكَ وَتَمَّ عَلَى أَمْرِكَ أَمْضِهِ، وَمِنْهُ: تَمَّ عَلَى صَوْمِكَ. وَفِي الْكَرْخِيِّ: (تِمَّ) صَوْمَكَ، غَلَطٌ، وَاسْتَتْمَمْتُ الْأَمْرَ أَتْمَمْتُهُ، وَقَوْلُهُ: لِلْجَهَالَةِ الْمُسْتَتِمَّةِ بِالْكَسْرِ، أَيْ: الْمُتَنَاهِيَةِ، الصَّوَابُ بِالْفَتْحِ لِأَنَّ فِعْلَهُ مُتَعَدٍّ كَمَا تَرَى، وَإِنْ كَانَ اللَّفْظُ مَحْفُوظًا فَلَهُ تَأْوِيلٌ.

وَفِي حَدِيثِ ابْنِ مَسْعُودٍ رَضِيَ اللهُ عَنْهُ: "إِنَّ التَّمَائِمَ وَالرُّقَى وَالتُّوَلَةَ مِنْ الشِّرْكِ"[١].

قَالَ الْأَزْهَرِيُّ: التَّمَائِمُ وَاحِدُهَا تَمِيمَةٌ، وَهِيَ خَرَزَاتٌ كَانَ الْأَعْرَابُ يُعَلِّقُونَهَا عَلَى أَوْلَادِهِمْ يَتَّقُونَ بِهَا النَّفْسَ، أَيْ: الْعَيْنَ، بِزَعْمِهِمْ، وَهُوَ بَاطِلٌ، وَلِهَذَا قَالَ عَلَيْهِ السَّلَامُ:"مَنْ عَلَّقَ[٢] تَمِيمَةً فَقَدْ أَشْرَكَ"[٣] وَإِيَّاهَا أَرَادَ أَبُو ذُؤَيْبٍ بِقَوْلِه:

وَإِذَا الْمَنِيَّةُ أَنْشَبَتْ أَظْفَارَهَا ... أَلْفَيْتَ كُلَّ تَمِيمَةٍ لَا تَنْفَعُ

قَالَ الْقُتَبِيُّ: وَبَعْضُهُمْ يَتَوَهَّمُ أَنَّ الْمُعَاذَاتِ هِيَ التَّمَائِمُ، وَلَيْسَ كَذَلِكَ، إِنَّمَا التَّمِيمَةُ هِيَ الْخَرَزَةُ وَلَا بَأْسَ بِالْمُعَاذَاتِ إِذَا كُتِبَ فِيهَا الْقُرْآنُ أَوْ أَسْمَاءُ اللهِ عَزَّ وَجَلَّ.

قَالَ الْأَزْهَرِيُّ: وَمَنْ جَعَلَ التَّمَائِمَ سُيُورًا فَغَيْرُ مُصِيبٍ، وَأَمَّا قَوْلُ الْفَرَزْدَقِ:

وَكَيْفَ يَضِلُّ الْعَنْبَرِيُّ بِبَلْدَةٍ ... بِهَا قُطِعَتْ عَنْهُ سُيُورُ التَّمَائِمِ

فَإِنَّهُ أَضَافَ السُّيُورَ إِلَيْهَا؛ لِأَنَّهَا خَرَزٌ تُثْقَبُ وَيُجْعَلُ فِيهَا سُيُورٌ أَوْ خُيُوطٌ تُعَلَّقُ بِهَا، وَمِنْ ذَلِكَ مَا رُوِيَ: أَنَّ رَسُولَ اللهِ - صَلَّى اللهُ عَلَيْهِ وَسَلَّمَ -" قَطَعَ التَّمِيمَةَ مِنْ عُنُقِ الْفَضْلِ".

وَعَنْ النَّخَعِيِّ: أَنَّهُ كَانَ يَكْرَهُ كُلَّ شَيْءٍ يُعَلَّقُ عَلَى صَغِيرٍ أَوْ كَبِيرٍ، وَيَقُولُ: هُوَ مِنْ التَّمَائِمِ، وَيُقَالُ: رَقَاهُ الرَّاقِي رَقْيًا وَرُقْيَةً، إِذَا عَوَّذَهُ وَنَفَثَ فِي عُوذَتِهِ قَالُوا: وَإِنَّمَا تُكْرَهُ الرُّقْيَةُ إِذَا كَانَتْ بِغَيْرِ لِسَانِ الْعَرَبِ، وَلَا يُدْرَى مَا هُوَ؟ وَلَعَلَّهُ يَدْخُلُهُ سِحْرٌ أَوْ كُفْرٌ، وَأَمَّا مَا

(١) أخرجه أبو داود (٣٨٨٣)، وابن ماجه (٣٥٣٠)، وأحمد في مسنده (٣٦٠٤).

(٢) في خ: "تعلق".

(٣) أخرجه أحمد في مسنده (١٦٩٦٩)، والبوصيري في إتحاف الخيرة (٥٤٠١)

كَانَ مِنْ الْقُرْآنِ وَشَيْءٍ مِنْ الدَّعَوَاتِ فَلَا بَأْسَ بِهِ[١].

(وَالتِّوَلَةُ) بِالْكَسْرِ السِّحْرُ، وَمَا يُحَبِّبُ الْمَرْأَةَ إِلَى زَوْجِهَا، وَأَمَّا (التُّوَلَةُ) بِالضَّمِّ فِي حَدِيثِ قُرَيْشٍ فَالدَّاهِيَةُ (وَتَمِيمُ) بن طَرَفَةَ الطَّائِيُّ يَرْوِي عَنْ عَدِيِّ بن حَاتِمٍ وَالضَّحَّاكِ، وَعَنْهُ الْمُسَيَّبُ بن رَافِعٍ، فَقَوْلُهُ: تَمِيمٌ عَنْ النَّبِيِّ - صَلَّى اللهُ عَلَيْهِ وَسَلَّمَ -: "الْوُضُوءُ عَنْ كُلِّ دَمٍ سَائِلٍ"[٢] فِيهِ نَظَرٌ؛ لِأَنَّهُ لَمْ يُذْكَرْ فِي الصَّحَابَةِ. وَالتَّمْتَامُ الَّذِي يَتَرَدَّدُ فِي التَّاءِ، وَعَنْ أَبِي زَيْدٍ: الَّذِي يَعْجَلُ فِي الْكَلَامِ وَلَا يُفْهِمُكَ.

التَّاءُ مَعَ النُّونِ

[ت ن خ]: (تَنُوخُ) حَيٌّ مِنْ الْيَمَنِ.

[ت ن ر]: (ذَاتُ التَّنَانِيرِ) عَلَى لَفْظِ جَمْعِ تَنُّورٍ عَقَبَةٌ بِحِذَاءِ زُبَالَةَ، وَهِيَ مِنْ مَنَازِلِ الْبَادِيَةِ.

التَّاءُ مَعَ الْوَاوِ

[ت و ت]: (التوث)[٣] وَالتُّوتُ جَمِيعًا الْفِرْصَادُ عَنْ الْجَاحِظِ، وَفِي كِتَابِ النَّبَاتِ: التُّوتُ لَمْ يُسْمَعْ فِي الشِّعْرِ إِلَّا بِالثَّاءِ، وَهُوَ قَلِيلٌ؛ لِأَنَّهُ لَا يَكَادُ يَأْتِي إِلَّا بِذِكْرِ الْفِرْصَادِ، وَعَنْ بَعْضِ أَهْلِ الْبَصْرَةِ أَنَّهُمْ يُسَمُّونَ شَجَرَتَهُ: الْفِرْصَادَ، وَحَمْلَهُ التوث بِالثَّاءِ.

[ت و ج]: قَوْلُهُ: وَفِيهَا التَّمَاثِيلُ (بِالتِّيجَانِ) جَمْعُ تَاجٍ وَفِيهَا، أَيْ: وَفِي الدَّرَاهِمِ لِأَنَّهُمْ كَانُوا يَنْقُشُونَ فِيهَا أَشْكَالَ الْأَكَاسِرَةِ، وَعَلَى رَأْسِ كُلٍّ مِنْهُمْ تَاجُهُ، فَالْجَارُّ وَالْمَجْرُورُ فِي مَوْضِعِ الْحَالِ، وَمَعْنَاهُ: مُلْتَبِسَةً بِهَا وَمَقْرُونَةً مَعَهَا.

[ت و ذ ي خ]: (توذيخ) فِي (ع ب، ع ب ر) [مِنْ مَعَابِرِ جَيْحُونَ][٤].

[ت و ر]: (التَّوْرُ) إِنَاءٌ صَغِيرٌ يُشْرَبُ فِيهِ وَيُتَوَضَّأُ منه[٥]، وَمِنْهُ قَوْلُهُ: اصْطَنِعْ تَوْرًا، وَقَوْلُهُ: قِدْرٌ طوسية وَتَوْرُ نُحَاسٍ، أَيْ: وَقِدْرُهُ.

---

(١) زيادة من: م.

(٢) أخرجه الدارقطني في سننه (٥٧١)، والقاسم بن سلام في الطهور (٣٨٩)..

(٣) في م: "التوت".

(٤) زيادة من: م.

(٥) سقط من: م.

[ت و ق]: (التَّوَقَانُ) مَصْدَرُ تَاقَتْ نَفْسُهُ إِلَى كَذَا، إِذَا اشْتَاقَتْ مِنْ بَابِ طَلَبَ.

[ت و ل]: (التَّالُ) مَا يُقْطَعُ مِنَ الْأُمَّهَاتِ، أَوْ يُقْطَعُ مِنَ الْأَرْضِ مِنْ صِغَارِ النَّخْلِ فَيُغْرَسُ، الْوَاحِدَةُ تَالَةٌ، وَمِنْهُ: غَصَبَ تَالَةً فَأَنْبَتَهَا، وَقَوْلُهُ: التَّالَةُ لِلْأَشْجَارِ كَالْبَذْرِ لِلْخَارِجِ مِنْهُ، يَعْنِي: أَنَّ الْأَشْجَارَ تَحْصُلُ مِنَ التَّالَةِ لِأَنَّهَا تُغْرَسُ فَتَعْظُمُ فَتَصِيرُ نَخْلًا، كَمَا أَنَّ الزَّرْعَ يَحْصُلُ مِنَ الْبَذْرِ.

[ت و ي]: (تَوِيَ) الْمَالُ هَلَكَ وَذَهَبَ تَوًى فَهُوَ تَوٍ وَتَاوٍ.

وَمِنْهُ: "لَا تَوَى عَلَى مَالِ امرئ مُسْلِم". وَتَفْسِيرُهُ فِي حَدِيثِ عُمَرَ - رَضِيَ اللـه تَعَالَى عَنْهُ - فِي الْمُحَالِ عَلَيْهِ يَمُوتُ مُفْلِسًا، قَالَ: يَعُودُ الدَّيْنُ إِلَى ذِمَّةِ الْمُحِيلِ.

التَّاءُ مَعَ الْيَاءِ

[ت ي ع]: (التَّتَايُعُ) التَّهَافُتُ فِي الشَّرِّ وَالتَّسَارُعُ إِلَيْهِ، وَمِنْهُ حَدِيثُ الْمُظَاهِرِ: فَلَمَّا دَخَلَ شَهْرُ رَمَضَانَ خِفْتُ أَنْ أُصِيبَ فَيَتَتَايَعَ عَلَيَّ حَتَّى أُصْبِحَ، أَيْ: خِفْتُ أَنْ أُجَامِعَ مَرَّةً فَتَكْثُرُ عَلَيَّ شَهْوَةُ الْجِمَاعِ وَتلِجَّ قُوَّتُهَا.

[ت ي م]: (تَيْمَاءُ) مَوْضِعٌ قَرِيبٌ مِنَ الْمَدِينَةِ.

[ت ي هـ]: عَلِيٌّ رَضِيَ اللـه عَنْهُ قَالَ لِابْنِ عَبَّاسٍ - رَضِيَ اللـه عَنْهُمَا -: إِنَّكَ رَجُلٌ (تَائِهٌ) أَمَا عَلِمْتَ أَنَّ" النَّبِيَّ صَلَّى اللـه عَلَيْهِ وَسَلَّمَ حَرَّمَ لُحُومَ الْحُمُرِ" [(١)].

التِّيهُ: التَّحَيُّرُ وَالذَّهَابُ عَنِ الطَّرِيقِ وَالْقَصْدِ، يَقُولُ: تَاهَ فِي الْمَفَازَةِ، وَإِنَّمَا خَاطَبَهُ بِهَذَا حَيْثُ اعْتَقَدَ أَنَّهُ اسْتَحَلَّ مَا حَرَّمَ رَسُولُ اللـه صَلَّى اللـه عَلَيْهِ وَسَلَّمَ فَجَعَلَهُ كَالتَّارِكِ لِلْقَصْدِ وَالْمَائِلِ عَنْهُ.

(تَيْهَانُ) فَعْلَانُ[(٢)] بِالْفَتْحِ فِيهِ مِنْ تَاهَ، وَبِهِ سُمِّيَ وَالِدُ أَبِي الْهَيْثَمِ مَالِكُ بن التَّيْهَانِ، وَهُوَ مِنَ الصَّحَابَةِ - رَضِيَ اللـه تَعَالَى عَنْهُمْ -.

(١) أخرجه البيهقي في السنن الكبرى في: ج ٩: ص٣٣٢

(٢) في خ: "فيعلان".

بَابُ الثَّاءِ الْمُثَلَّثَةِ[1]

الثَّاءُ مَعَ الْهَمْزَةِ

[ث أ ب]: (التَّثَاؤُبُ) تَفَاعُلٌ مِنَ الثُّؤَبَاءِ، وَهِيَ فَتْرَةٌ مِنْ ثِقَلِ النُّعَاسِ يَفْتَحُ لَهَا فَاهُ، وَمِنْهُ: "إِذَا تَثَاءَبَ أَحَدُكُمْ فَلْيُغَطِّ فَاهُ". الْهَمْزَةُ بَعْدَ الْأَلِفِ هُوَ الصَّوَابُ وَالْوَاوُ غَلَطٌ، وَمِنْهُ: "وَيُكْرَهُ أَنْ يُفْعَلَ كَذَا وَكَذَا وَيَتَثَاءَبَ؛ فَإِنْ غَلَبَهُ شَيْءٌ مِنْ ذَلِكَ كَظَمَهُ". أَيْ: حَبَسَهُ وَأَمْسَكَهُ عَلَى تَكَلُّفٍ.

[ث أ ر]: (الثَّأْرُ) الْحِقْدُ، وَمِنْهُ: أَدْرَكَ ثَأْرَهُ إِذَا قَتَلَ قَاتِلَ حَمِيمِهِ.

[ث أ ل]: (الثُّؤْلُولُ) خُرَّاجٌ يَكُونُ بِجَسَدِ[2] الْإِنْسَانِ لَهُ نُتُوٌّ وَصَلَابَةٌ وَاسْتِدَارَةٌ، وَقَدْ ثُؤْلِلَ الرَّجُلُ يُثَأْلَلُ إِذَا خَرَجَتْ بِهِ الثَّآلِيلُ.

الثَّاءُ مَعَ الْبَاءِ

[ث ب ت]: (الثُّبُوتُ) وَالثَّبَاتُ كِلَاهُمَا مَصْدَرُ ثَبَتَ إِذَا دَامَ، وَالثَّبَتُ بِفَتْحَتَيْنِ بِمَعْنَى الْحُجَّةِ اسْمٌ مِنْهُ، وَمِنْهُ قَوْلُهُ: جَاءَ الثَّبَتُ" أَنَّ رَسُولَ اللهِ صَلَّى اللهُ عَلَيْهِ وَآلِهِ وَسَلَّمَ لَمْ يُحْرِقْ رَحْلَ رَجُلٍ"، وَقَوْلُهُمْ: فُلَانٌ ثَبَتٌ مِنَ الْأَثْبَاتِ، مَجَازٌ مِنْهُ كَقَوْلِهِمْ: فُلَانٌ حُجَّةٌ، إِذَا كَانَ ثِقَةً فِي [رِوَايَتِهِ][3]، وَمِنْهُ قَوْلُ عُمَرَ بن عَبْدِ الْعَزِيزِ: إِذَا جَاءَ بِهِ ثَبَتٌ فَاقْسِمْ مِيرَاثَهُ.

وَأَثْبَتَ الْجَرِيحَ أَوْهَنَهُ حَتَّى لَا يَقْدِرَ عَلَى الْحَرَاكِ، وَمِنْهُ قَوْلُ مُحَمَّدٍ- رَحِمَهُ اللهُ -: أَثْبَتَهُ الْأَوَّلُ وَذَفَفَ عَلَيْهِ الثَّانِي، وَفِي التَّنْزِيلِ: ﴿لِيُثْبِتُوكَ﴾ [سورة الأنفال آية ٣٠] أَيْ: لِيَجْرَحُوكَ جِرَاحَةً لَا تَقُومُ مَعَهَا.

[ث ب ج]: الْأَثْبَجُ فِي (ص هـ ص هـ ب).

[ث ب ر]: (الْمُثَابَرَةُ) الْمُدَاوَمَةُ.

ثَبِير فِي (ش ر، ش ر ق).

---

(١) زيادة من: م.

(٢) في م: "لجسد".

(٣) في م: "رواية".

الثَّاءُ مَعَ التَّاءِ الْفَوْقَانِيَّةِ

[ث ت ل]: فِي ذَبَائِحِ مُخْتَصَرِ الْكَرْخِيِّ: (الثيتل) الْمُسِنُّ مِنْ الْوُعُولِ، وَقِيلَ: هُوَ الَّذِي لَا يَبْرَحُ الْجَبَلَ وَلِقَرْنَيْهِ شُعَبٌ.

الثَّاءُ مَعَ الْجِيمِ

[ث ج ج]: (الثَّجُّ) فِي (عَجَّ).

[ث ج ر]: (الثَّجِيرُ) ثُفْلُ كُلِّ شَيْءٍ يُعْصَرُ، وَفِي حَدِيثِ الْأَشَجِّ الْعَبْدِيِّ: وَلَا تَثْجُرُوا، أَيْ: لَا تَخْلِطُوا ثُفْلَ الْبُسْرِ بِالتَّمْرِ فَتَنْتَبِذُوا.

الثَّاءُ مَعَ الْخَاءِ

[ث خ ن]: (أَثْخَنَتْهُ) الْجِرَاحَاتُ: أَوْهَنَتْهُ وَضَعَّفَتْهُ، وَمِنْهُ: رَمَى الصَّيْدَ فَأَثْخَنَهُ، وَفِي التَّنْزِيلِ: **(حَتَّى يُثْخِنَ فِي الْأَرْضِ)** [سورة الأنفال آية ٦٧] أَيْ: يُكْثِرَ الْقَتْلَ فِيهَا.

الثَّاءُ مَعَ الدَّالِ

[ث د ي]: فِي الْأَمْثَالِ: تَجُوعُ الْحُرَّةُ وَلَا تَأْكُلُ (ثَدْيَيْهَا)، عَلَى حَذْفِ الْمُضَافِ، أَيْ: أُجْرَةَ ثَدْيَيْهَا، وَرُوِيَ: بِثَدْيَيْهَا، وَهُوَ ظَاهِرٌ يُضْرَبُ فِي صِيَانَةِ الرَّجُلِ نَفْسَهُ عَنْ خَسِيسِ مَكَاسِبِ الْأَمْوَالِ، وَالثَّدْيُ مُذَكَّرٌ.

وَأَمَّا قَوْلُهُمْ فِي لَقَبِ عَلَمِ الْخَوَارِجِ (ذُو الثُّدَيَّةِ) فَإِنَّمَا جِيءَ بِالْهَاءِ فِي تَصْغِيرِهِ عَلَى تَأْوِيلِ الْبَضْعَةِ، وَأَمَّا مَا رُوِيَ عَنْ عَلِيٍّ رَضِيَ اللهُ عَنْهُ أَنَّهُ قَالَ يَوْمَ قَتَلَهُمْ: أُنْظُرْ فَإِنَّ فِيهِمْ رَجُلًا إِحْدَى ثَدْيَيْهِ مِثْلُ ثَدْيِ الْمَرْأَةِ. فَالصَّوَابُ: إِحْدَى يَدَيْهِ، وَذَلِكَ أَنَّهُ كَانَتْ مَكَانَ يَدِهِ لَحْمَةٌ مُجْتَمِعَةٌ عَلَى مَنْكِبِهِ، فَإِذَا مُدَّتْ امْتَدَّتْ حَتَّى تُوَازِيَ طُولَ يَدِهِ الْأُخْرَى، ثُمَّ تُتْرَكُ فَتَعُودُ. [ومن قال هو تصغير الثُّنْدُؤَة ففيه نظر][1].

الثَّاءُ مَعَ الرَّاءِ الْمُهْمَلَةِ[2]

[ث ر ب]: (التَّثْرِيبُ) اللَّوْمُ، (وَيَثْرِبُ) مَدِينَةُ النَّبِيِّ عَلَيْهِ السَّلَامُ يَفْعِلُ مِنْهُ، وَهِيَ مَخْصُوصَةٌ بِالْحِمَى.

---

(١) سقط من: م.
(٢) زيادة من: م.

[ث ر د]: (غَيْرُ مُثَرِّدٍ) فِي (ف ر، ف ر ي).

[ث ر ي]: أَثْرَى الرَّجُلُ مِنَ الثَّرَاءِ وَالثَّرْوَةِ، وَهُمَا كَثْرَةُ الْمَالِ، وَمِنْهُ قَوْلُهُ: حَتَّى يُثْرُوا.

(وَثَرْوَانُ) فَعْلَانُ مِنْهُ، وَهُوَ وَالِدُ عَبْدِ الرَّحْمَنِ، وَمَرْوَانُ تَصْحِيفٌ، وَكُنْيَتُهُ أَبُو قَيْسٍ.

الثَّاءُ مَعَ الطَّاءِ

[ث ط ط]: (رَجُلٌ أَثَطُّ) كوسج وَعَارِضٌ أَثَطُّ سَاقِطُ الشَّعْرِ.

الثَّاءُ مَعَ الْعَيْنِ الْمُهْمَلَةِ

[ث ع ل ب]: (ثَعْلَبَةُ) بن صعير، أَوْ أَبِي صعير الْمَازِنِيُّ الْعُذْرِيُّ، يَرْوِي حَدِيثَ صَدَقَةِ الْفِطْرِ عَنْ النَّبِيِّ - صَلَّى اللهُ عَلَيْهِ وَسَلَّمَ -، وَعَنْهُ الزُّهْرِيُّ، وَمَا ذُكِرَ فِي شَرْحِ الْآثَارِ عَنْ الزُّهْرِيِّ عَنْ ثَعْلَبَةَ بن أَبِي صعير عَنْ أَبِيهِ، صَوَابُهُ: عَنْ الزُّهْرِيِّ عَنْ عَبْدِ اللهِ بن ثَعْلَبَةَ عَنْ أَبِيهِ عَنْ النَّبِيِّ - صَلَّى اللهُ عَلَيْهِ وَسَلَّمَ -، لِأَنَّ أَبَا ثَعْلَبَةَ لَمْ يُعَدَّ فِي الرُّوَاةِ وَابْنُهُ عَبْدُ اللهِ وَإِنْ كَانَ لَقِيَ النَّبِيَّ صَلَّى اللهُ عَلَيْهِ وَسَلَّمَ، إِلَّا أَنَّ أَبَا نُعَيْمٍ الْحَافِظَ ذَكَرَ أَنَّ ثَعْلَبَةَ رَوَى هَذَا الْحَدِيثَ عَنْهُ عَلَيْهِ السَّلَامُ.

(وَالثَّعْلَبِيَّةُ) مِنْ مَنَازِلِ الْبَادِيَةِ، وَوَضْعُهَا مَوْضِعَ الْعَلْثِ فِي حُدُود السَّوَاد خَطَأٌ.

[ث ع ل]: (رَجُلٌ أَثْعَلُ) زَائِدُ السِّنِّ وَامْرَأَةٌ ثَعْلَاءُ.

الثَّاءُ مَعَ الْغَيْنِ الْمُعْجَمَةِ

[ث غ ر]: (ثُغِرَ الصَّبِيُّ) فَهُوَ مَثْغُورٌ سَقَطَتْ رَوَاضِعُهُ، وَمِنْهُ: لَا شَيْءَ فِي سِنِّ صَبِيٍّ لَمْ يَثْغِرَ، أَيْ: لَمْ تَسْقُطْ سِنُّهُ بَعْدُ، فَأَمَّا إِذَا أَنْبَتَتْ بَعْدَ السُّقُوطِ فَهُوَ متغر بِالتَّاءِ وَالثَّاءِ، وَقَدْ اتغرو اثَّغَرَ عَلَى افْتَعَلَ.

[ث غ و]: (ثَغَتْ) الشَّاةُ ثُغَاءً: صَاحَتْ، مِنْ بَابِ طَلَبَ.

الثَّاءُ مَعَ الْفَاءِ

[ث ف ر]: (اسْتَثْفَرَ) الْمُصَارِعُ إِزَارَهُ وَبِإِزَارِهِ إِذَا ائتزر بِهِ، ثُمَّ رَدَّ طَرَفَهُ بَيْنَ رِجْلَيْهِ فَغَرَزَهُمَا فِي حُجْزَتِهِ مِنْ خَلْفِهِ، وَمِنْهُ حَدِيثُ الْحَسَنِ، وَقَدْ قِيلَ لَهُ: مَا يَصْنَعُ الرَّجُلُ فَوْقَ

إِزَارِ الْحَائِضِ؟ قَالَ: تَسْتَثْفِرُ الْمَرْأَةُ إِزَارَهَا اسْتِثْفَارًا، ثُمَّ يُباشِرُها[1]، أَيْ: تَشُدُّهُ فِعْلَ الْمُصَارِعِ.

وَأَمَّا حَدِيثُ حَمْنَةَ: اسْتَثْفِرِي، فَالِاسْتِثْفَارُ ثَمَّةَ مِثْلُ التلجم، وَكَيْفَمَا كَانَ فَهُوَ مِنَ الثَّفَرِ بِالتَّحْرِيكِ، وَهُوَ مِنَ السَّرْجِ مَا يُجْعَلُ تَحْتَ ذَنَبِ الدَّابَّةِ.

[ث ف ر ق]: قَوْلُهُ فِي حَبَّةِ عِنَبٍ: إِنْ ابْتَلَعَهَا؛ فَإِنْ لَمْ يَكُنْ مَعَهَا (ثفروقها) فَعَلَيْهِ الْكَفَّارَةُ، أَرَادَ مَا يَلْتَزِقُ بِالْعُنْقُودِ مِنْ حَبِّ الْعِنَبِ، وَثُقْبَتُهُ مَسْدُودَةٌ بِهِ، والثفروق فِي الْأَصْلِ قِمْعُ الْبُسْرَةِ، وَهُوَ مَا يَلْتَزِقُ بِهَا مِنَ الْجَانِبِ الْأَعْلَى مِنْ قِشْرَةٍ مُدَوَّرَةٍ حَوَالَيِ الْخَيْطَةِ.

[ث ف ل]: (الثَّفَالُ) الْبَطِيءُ مِنَ الدَّوَابِّ وَالنَّاسِ، فِي التَّكْمِلَةِ.

وَفِي عَامَّةِ الْكُتُبِ: (الثَّفَالُ) الْجَمَلُ الْبَطِيءُ، وَلَمْ أَجِدْهُ أَنَا جَارِيًا عَلَى مَوْصُوفٍ.

[ث ف و]: (الثُّفَّاءُ) بِالْمَدِّ حَبُّ الرَّشَادِ وَالْقَصْرُ خَطَأٌ، وَقِيلَ: هُوَ الْخَرْدَلُ الْمُعَالَجُ بِالصِّبَاغِ، وَفِي الْحَدِيثِ: "مَاذَا فِي الْأَمَرَّيْنِ مِنْ الشِّفَاءِ: الصَّبْرِ وَالثُّفَّاءِ" [2].

الثَّاءُ مَعَ الْقَافِ

[ث ق ب]: (الثَّقْبُ) الْخَرْقُ النَّافِذُ، وَالثُّقْبَةُ بِالضَّمِّ مِثْلُهُ، وَإِنَّمَا يُقَالُ هَذَا فِيمَا يَقِلُّ وَيَصْغُرُ، وَمِنْهُ قَوْلُهُ: الْحَيْضُ أَقْوَى مَانِعٍ لِأَنَّ الثَّقْبَ فِي أَسْفَلِ الرَّحِمِ بِخِلَافِ الْكُلْيَةِ، وَعَلَى ذَا الصَّوَابُ فِي الْإِجَارَاتِ: يَثْقُبُ الْجَوَاهِرَ بِالثَّاءِ، وَجِلْدٌ مُثَقَّبٌ، وَالنِّسَاءُ ثَقَبْنَ الْبَرَاقِعَ جَعَلْنَ فِيهَا ثُقَبًا.

وَأَمَّا نَقْبُ الْحَائِطِ وَنَحْوِهِ بِالنُّونِ فَذَاكَ فِيمَا يَعْظُمُ، وَتَرْكِيبُهُ يَدُلُّ عَلَى النَّافِذِ الَّذِي لَهُ عُمْقٌ وَدُخُولٌ، وَقَوْلُهُ: جُبَّةٌ وُجِدَتْ فِيهَا فَأْرَةٌ مَيِّتَةٌ إِنْ لَمْ يَكُنْ لَهَا نَقْبٌ، الصَّوَابُ: (ثَقْبٌ) بِالثَّاءِ وَأَحْسَنُ مِنْ هَذَا فَتْقٌ، وَفِي الْكَرَاهِيَةِ أَنْ يَنْقُبَ أُذُنُ الطِّفْلِ مِنَ الْبَنَاتِ، الصَّوَابُ بِالثَّاءِ.

[ث ق ف]: (التَّثْقِيفُ) تَقْوِيمُ الْمُعْوَجِّ بالمثقاف، وَيُسْتَعَارُ لِلتَّأْدِيبِ وَالتَّهْذِيبِ، وَأَمَّا قَوْلُهُ: تَثْقِيفُ السَّهْمِ عَلَى الْقَوْسِ، عَلَى مَعْنَى تَسْوِيَتِهِ وَتَسْدِيدِهِ نَحْوَ الرَّمِيَّةِ فَغَيْرُ

(١) في م: "يناهزها".
(٢) أخرجه البيهقي في السنن الكبرى في: ج ٩: ص٣٤٦

مُسْتَحْسَنٌ.

(وَثَقِيفٌ) حَيٌّ مِنْ الْيَمَنِ.

[ث ق ل]: (الثَّقَلُ) مَتَاعُ الْمُسَافِرِ وَحَشَمُهُ، وَالْجَمْعُ: أَثْقَالٌ.

الثَّاءُ مَعَ الْكَافِ

[ث ك ل]: (ثَكِلَتْ) الْمَرْأَةُ وَلَدَهَا: مَاتَ مِنْهَا ثَكَلًا وَثُكْلًا.

الثَّاءُ مَعَ اللَّامِ

[ث ل ث]: قَوْلُهُ: (وَلَدُ الزِّنَا شَرُّ الثَّلَاثَةِ) يَعْنِي: إذَا عَمِلَ عَمَلَ أَبَوَيْهِ؛ لِأَنَّهُ نَتِيجَةُ الْخَبِيثَيْنِ قَالَ:

إنَّ السَّرِيَّ هُوَ السَّرِيُّ بِنَفْسِهِ ... وَابْنُ السَّرِيِّ إذَا أَسْرَى أَسْرَاهُمَا

(وَالْمُثَلَّثُ) مِنْ عَصِيرِ الْعِنَبِ مَا طُبِخَ حَتَّى ذَهَبَ ثُلُثَاهُ. (وَالْمُثَلَّثَةُ) مِنْ مَسَائِلِ الْجَدِّ هِيَ الْعُثْمَانِيَّةُ.

أَحَدُ الثَّلَاثَةِ أَحْمَقُ فِي (قح).

شِبْهُ الْعَمْدِ (أَثْلَاثًا) فِي ذَيْلِ الْكِتَابِ.

الثَّاءُ مَعَ الْمِيمِ

[ث م ر]: لَا قَطْعَ فِي (ثَمَرٍ) وَلَا فِي[1] كَثَرٍ، يَعْنِي: الثَّمَرَ الْمُعَلَّقَ فِي النَّخْلِ، الَّذِي لَمْ يُجَذَّ وَلَمْ يُحْرَزْ. وَالْكَثَرُ الْجُمَّارُ، وَهُوَ شَيْءٌ أَبْيَضُ رَخْصٌ يَخْرُجُ مِنْ رَأْسِ النَّخْلِ، وَمَنْ قَالَ: هُوَ حَطَبٌ، أَوْ قَالَ: صِغَارُ النَّخْلِ، قَدْ أَخْطَأَ، وَثَمَرَةُ السَّوْطِ مُسْتَعَارَةٌ مِنْ وَاحِدَةِ ثَمَرِ الشَّجَرِ، وَهِيَ عَذَبَتُهُ وَذَنَبُهُ وَطَرَفُهُ.

وَفِي" الْمُجْمَلِ": ثَمَرُ السِّيَاطِ عُقَدُ أَطْرَافِهَا، وَمِنْهُ: يَأْمُرُ الْإِمَامُ بِضَرْبِهِ بِسَوْطٍ لَا ثَمَرَةَ لَهُ، يَعْنِي: الْعُقْدَةَ، وَالْأَوَّلُ أَصَحُّ لِمَا ذَكَرَ الطَّحَاوِيُّ أَنَّ عَلِيًّا رَضِيَ اللهُ عَنْهُ جَلَدَ الْوَلِيدَ بِسَوْطٍ لَهُ طَرَفَانِ، وَفِي رِوَايَةٍ: لَهُ ذَنَبَانِ، أَرْبَعِينَ جَلْدَةً فَكَانَتْ الضَّرْبَةُ ضَرْبَتَيْنِ.

[ث م غ]: (ثَمْغٌ) بِفَتْحِ الْأَوَّلِ وَسُكُونِ الثَّانِي وَبِالْغَيْنِ الْمُعْجَمَةِ أَرْضٌ لِعُمَرَ

---

(١) سقط من: م.

رَضِيَ اللـه عَنْهُ، وَقِيلَ: مَالٌ لَهُ وَهُمَا وَاحِدٌ، وَفِي شَرْحِ الْآثَارِ: مَوْضِعٌ بِخَيْبَرَ.

[ث م ل]: (الثِّمَالُ) الْمَلْجَأُ، وَمِنْهُ:

وَأَبْيَضُ يُسْتَسْقَى الْغَمَامُ بِوَجْهِهِ ثِمَالُ الْيَتَامَى عِصْمَةٌ لِلْأَرَامِلِ

(وَالثُّمَالُ) بِالضَّمِّ الرَّغْوَةُ، وَكَذَا الثُّمَالَةُ بِالْهَاءِ، وَبِهَا لُقِّبَ الْبَطْنُ مِنَ الأزد الْمَنْسُوبُ إِلَيْهِ أَبُو حَمْزَةَ الثُّمَالِيُّ، وَاسْمُهُ ثَابِتُ بن دِينَارٍ أَبِي صَفِيَّةَ مَوْلَى الْمُهَلَّبِ، يَرْوِي عَنْ عِكْرِمَةَ وَالضَّحَّاكِ، وَعَنْهُ شَرِيكٌ وَوَكِيعٌ، وَهُوَ فِي مُخْتَصَرِ الْكَرْخِيِّ النَّضْرُ بن إِسْمَاعِيلَ عَنْ أَبِي حَمْزَةَ.

[ث م ن]: (الثُّمُنُ) أَحَدُ الْأَجْزَاءِ الثَّمَانِيَةِ، وَالثَّمِينُ مِثْلُهُ، وَمِنْهُ:

فَإِنِّي لَسْتُ مِنْكِ وَلَسْتِ مِنِّي إِذَا مَا طَارَ مِنْ مَالِي الثَّمِينُ

يَعْنِي: إِذَا مِتُّ فَأَخَذَتْ امْرَأَتِي ثُمُنَ مَالِي، وَيُقَالُ: ثَمَنْتُ الْقَوْمَ أَثْمُنُهُمْ، بِالضَّمِّ أَخَذْتُ ثُمُنَ أَمْوَالِهِمْ، وَبِالْكَسْرِ كُنْتُ ثَامِنَهُمْ.

(وَالثَّمَانِيُّ) تَأْنِيثُ الثَّمَانِيَةِ، وَالْيَاءُ فِيهِ كَهِيَ فِي الرُّبَاعِيِّ فِي أَنَّهَا لِلنِّسْبَةِ كَمَا فِي الْيَمَانِيِّ عَلَى تَعْوِيضِ الْأَلِفِ مِنْ إِحْدَى يَاءَيِ النِّسْبَةِ، وَهُوَ مُنْصَرِفٌ، وَحُكْمُ يَائِهِ فِي الْإِعْرَابِ حَكَمُ يَاءِ الْقَاضِي، قَالَ أَبُو حَاتِمٍ عَنِ الْأَصْمَعِيِّ: وَتَقُولُ: ثَمَانِيَةُ رِجَالٍ وَثَمَانِي نِسْوَةٍ، وَلَا يُقَالُ: ثَمَانٌ، وَأَمَّا قَوْلُ [مَنْ قَالَ][1]:

لَهَا ثَنَايَا أَرْبَعٌ حِسَانٌ وَأَرْبَعٌ فَهِيَ لَهَا ثَمَانٌ

فَقَدْ أَنْكَرَهُ، يَعْنِي: الْأَصْمَعِيُّ، وَقَالَ: هُوَ خَطَأٌ.

وَعَلَى ذَا مَا وَقَعَ فِي شَرْحِ الْجَامِعِ الصَّغِيرِ للحسام[2]: صَلَاةُ اللَّيْلِ إِنْ شِئْتَ كَذَا وَإِنْ شِئْتَ ثَمَانًا، خَطَأٌ، وَعُذْرُهُمْ فِي هَذَا أَنَّهُمْ لَمَّا رَأَوْهُ حَالَةَ التَّنْوِينِ بِلَا يَاءٍ ظَنُّوا أَنَّ النُّونَ مُتَعَقَّبُ الْإِعْرَابِ فَأَعْرَبُوا، وَهُوَ مِنَ الضَّرُورَاتِ الْقَبِيحَةِ فَلَا يُسْتَعْمَلُ حَالَةَ الِاخْتِيَارِ.

(وَالثَّمَنُ) بفتحتين[3] اسْمٌ لِمَا هُوَ عِوَضٌ عَنِ الْمَبِيعِ وَالْأَثْمَانُ الْمَعْلُومَةُ مَا يَجِبُ دَيْنًا فِي الذِّمَّةِ، وَهُوَ الدَّرَاهِمُ وَالدَّنَانِيرُ، وَأَمَّا غَيْرُهُمَا مِنَ الْعُرُوضِ وَنَحْوِهَا فَلَا وَإِنْ أَرَدْتَ أَنْ تَشْتَرِيَ بَعْضَهَا بِبَعْضٍ فَمَا أُدْخِلَتْ فِيهِ الْبَاءُ فَهُوَ الثَّمَنُ.

---

(١) في خ: "القائل".

(٢) سقط من: م.

(٣) سقط من: م.

وَأَمَّا قَوْله تَعَالَى: (ولا تشتروا بآياتي ثمنا قليلا) [سورة البقرة آية ٤١] فَالاشْتِرَاءُ فِيهِ مُسْتَعَارٌ لِلاسْتِبْدَال، فَجُعِلَ الثَّمَنُ اسْمًا لِلْبَدَلِ مُطْلَقًا لَا أَنَّهُ مُشْتَرًى، لِأَنَّ الثَّمَنَ فِي الْأَصْلِ اسْمٌ لِلْمُشْتَرَى بِهِ كَمَا مَرَّ آنِفًا، وَهَذَا الَّذِي يُسَمِّيهِ عُلَمَاءُ الْبَيَانِ تَرْشِيحَ الاسْتِعَارَة، وَبِهِ قَدْ يَدْخُلُ الْكَلَامُ فِي بَاب الْإِيهَام.

وَيُقَالُ: أَثْمَنَ الرَّجُلُ بِمَتَاعِهِ، وَأَثْمَنَ لَهُ، إِذَا سَمَّى لَهُ ثَمَنًا وَجُعِلَ لَهُ، وَالْمُثْمَنُ هُوَ الْمَبِيعُ. وَأَمَّا الْمَثْمُونُ كَمَا وَقَعَ فِي غَيْرِ مَوْضِعٍ مِنْ الْمُنْتَقَى، فَمِمَّا لَمْ أَسْمَعْهُ وَلَمْ أَجِدْهُ.

وَتَدَبَّرْ بِثَمَانٍ فِي (هِيَ، هـ ي ت).

الثَّاءُ مَعَ النُّونِ

[ث ن د]: (الثَّنْدُوَةُ) بِفَتْحِ الْأَوَّلِ وَالْوَاوِ، أَوْ بِالضَّمِّ وَالْهَمْزِ مَكَانَ الْوَاوِ وَالدَّالُ فِي الْحَالَتَيْنِ مَضْمُومَةٌ: ثَدْيُ الرَّجُلِ أَوْ لَحْمُ الثَّدْيَيْنِ.

[ث ن ي]: (الثَّنْيُ) ضَمُّ وَاحِدٍ إِلَى وَاحِدٍ وَكَذَا التَّثْنِيَةُ، وَيُقَالُ: هُوَ ثَانِي وَاحِدٍ وَثَانٍ وَاحِدًا، أَيْ: مُصَيِّرُهُ بِنَفْسِهِ اثْنَيْنِ، وَثَنَّيْتُ الْأَرْضَ ثَنْيًا: كَرَبْتُهَا مَرَّتَيْنِ، وَثَلَّثْتُهَا: كَرَبْتُهَا ثَلَاثًا، فَهِيَ مَثْنِيَّةٌ وَمَثْلُوثَةٌ.

وَقَدْ جَاءَ فِي كَلَامِ مُحَمَّدٍ- رَحِمَهُ اللهُ -: التَّثْنِيَةُ وَالثُّنْيَا[1] بِمَعْنَى الثَّنْيِ كَثِيرًا، وَمَنْ فَسَّرَ الثَّنِيَّةَ بِالْكِرَابِ بَعْدَ الْحَصَادِ أَوْ بِرَدِّ الْأَرْضِ إِلَى صَاحِبِهَا مَكْرُوبَةً فَقَدْ سَهَا.

(وَمَثْنَى) مَعْدُولٌ عَنْ اثْنَيْنِ اثْنَيْنِ، وَمَعْنَاهُ مَعْنَى هَذَا الْمُكَرَّرِ فَلَا يَجُوزُ تَكْرِيرُهُ، وَقَوْلُهُ: "الْإِقَامَةُ مَثْنَى مَثْنَى"[2] تَكْرِيرٌ لِلَّفْظِ لَا لِلْمَعْنَى.

وَقَوْلُهُمْ: الْمَثْنَى أَحْوَطُ، أَيْ: الاثْنَانِ خَطَأٌ، وَتَقْرِيرُهُ فِي الْمُعْرِبِ.

(وَالْمَثَانِي) عَنْ أَبِي عُبَيْدٍ يَقَعُ عَلَى أَشْيَاءَ ثَلَاثَةٍ: عَلَى الْقُرْآنِ كُلِّهِ فِي قَوْلِهِ تَعَالَى: (كِتَابًا مُتَشَابِهًا مَثَانِيَ) [سورة الزمر آية ٢٣]، وَعَلَى الْفَاتِحَةِ فِي قَوْلِهِ عَزَّ وَجَلَّ وَعَلَا: (وَلَقَدْ آتَيْنَاكَ سَبْعًا مِنَ الْمَثَانِي) [سورة الحجر آية ٨٧]، وَعَلَى سُوَرٍ مِنْ الْقُرْآنِ دُونَ الْمِئِينَ وَفَوْقَ الْمُفَصَّلِ، وَهِيَ جَمْعُ مَثْنًى أَوْ مَثْنَاةٍ مِنْ التَّثْنِيَةِ بِمَعْنَى التَّكْرَارِ، أَمَّا الْقُرْآنُ فَلِأَنَّهُ يُكَرَّرُ فِيهِ الْقَصَصُ وَالْأَنْبَاءُ وَالْوَعْدُ وَالْوَعِيدُ، وَقِيلَ: لِأَنَّهُ يُثَنَّى فِي التِّلَاوَةِ فَلَا يُمَلُّ،

(١) في خ: "والثنيان".

(٢) أخرجه ابن خزيمة في صحيحه (٣٧٦)، والبيهقي في السنن الكبرى ج١/٤١٦.

وَأَمَّا الْفَاتِحَةُ فَلِأَنَّهَا تُثَنَّى فِي كُلِّ صَلَاةٍ، وَقِيلَ: لِمَا فِيهَا مِنَ الثَّنَاءِ عَلَى اللهِ سُبْحَانَهُ، وَأَمَّا السُّوَرُ فَلِأَنَّ الْمِئِينَ مَبَادِئُ وَهَذِهِ مَثَانِي، وَمِنْ هَذَا الْأَصْلِ الثَّنِيَّةُ لِوَاحِدَةِ الثَّنَايَا، وَهِيَ الْأَسْنَانُ الْمُتَقَدِّمَةُ اثْنَتَانِ فَوْقُ وَاثْنَتَانِ أَسْفَلُ، لِأَنَّ كُلًّا مِنْهُمَا مَضْمُومَةٌ إِلَى صَاحِبَتِهَا، وَمِنْهَا: الثَّنِيُّ مِنَ الْإِبِلِ الَّذِي أَثْنَى، أَيْ: أَلْقَى ثَنِيَّتَهُ، وَهُوَ مَا اسْتَكْمَلَ السَّنَةَ الْخَامِسَةَ وَدَخَلَ فِي السَّادِسَةِ، وَمِنَ الظِّلْفِ مَا اسْتَكْمَلَ الثَّانِيَةَ وَدَخَلَ فِي الثَّالِثَةِ، وَمِنَ الْحَافِرِ مَا اسْتَكْمَلَ الثَّالِثَةَ وَدَخَلَ فِي الرَّابِعَةِ، وَهُوَ فِي كُلِّهَا بَعْدَ الْجَذَعِ وَقَبْلَ الرَّبَاعِيِّ، وَالْجَمْعُ: ثُنْيَانٌ وَثِنَاءٌ.

وَأَمَّا (الثَّنِيَّةُ) لِلْعَقَبَةِ فَلِأَنَّهَا تَتَقَدَّمُ الطَّرِيقَ وَتَعْرِضُ لَهُ، أَوْ لِأَنَّهَا تَثْنِي سَالِكَهَا وَتَصْرِفُهُ، وَهِيَ الْمُرَادَةُ فِي حَدِيثِ أُمِّ هَانِئٍ بِأَسْفَلِ الثَّنِيَّةِ، وَالْبَاءُ تَصْحِيفٌ.

وَفِي" أَدَبِ الْقَاضِي": فَأَمَرَ عَلَيْهِ السَّلَامُ مُنَادِيًا فَنَادَى حَتَّى بَلَغَ الثَّنِيَّةَ، قِيلَ: هِيَ اسْمُ مَوْضِعٍ بَعِيدٍ مِنَ الْمَدِينَةِ، وَكَانَتْ ثَمَّةَ عَقَبَةٌ، وَقَوْلُهُ:

أَنَا ابْنُ جَــلَا وَطَلَّاعُ الثَّنَايَا   مَتَى أَضَعْ الْعِمَامَةَ تَعْرِفُونِي

مَعْنَاهُ: رَكَّابٌ لِمَعَالِي الْأُمُورِ وَمَشَاقِّهَا، كَقَوْلِهِمْ: طَلَّاعُ الْجِدِّ[١]، وَيُقَالُ: ثَنَى الْعُودَ، إِذَا حَنَاهُ وَعَطَفَهُ؛ لِأَنَّهُ ضَمَّ أَحَدَ طَرَفَيْهِ إِلَى الْآخَرِ، ثُمَّ قِيلَ: ثَنَاهُ عَنْ وَجْهِهِ، إِذَا كَفَّهُ وَصَرَفَهُ؛ لِأَنَّهُ مُسَبَّبٌ عَنْهُ، وَمِنْهُ: اسْتَثْنَيْتُ الشَّيْءَ: زَوَيْتُهُ لِنَفْسِي، وَالِاسْمُ الثُّنْيَا بِوَزْنِ الدُّنْيَا، وَمِنْهُ قَوْلُهُ: عَلَيْهِ الصَّلَاةُ وَالسَّلَامُ: "مَنِ اسْتَثْنَى فَلَهُ ثُنْيَاهُ". أَيْ: مَا اسْتَثْنَاهُ.

وَالِاسْتِثْنَاءُ فِي اصْطِلَاحِ النَّحْوِيِّينَ: إِخْرَاجُ الشَّيْءِ مِمَّا [أُدْخِلَ][٢] فِيهِ غَيْرُهُ لِأَنَّ فِيهِ كَفًّا وَرَدًّا عَنِ الدُّخُولِ، وَالِاسْتِثْنَاءُ فِي الْيَمِينِ أَنْ يَقُولَ الْحَالِفُ: إِنْ شَاءَ اللهُ، لِأَنَّ فِيهِ رَدَّ مَا قَالَهُ لِمَشِيئَةِ اللهِ، وَقَوْلُهُ عَلَيْهِ الصَّلَاةُ وَالسَّلَامُ: "(لَا ثِنَى) فِي الصَّدَقَةِ"[٣]، مَكْسُورٌ مَقْصُورٌ، أَيْ: لَا تُؤْخَذُ فِي السَّنَةِ مَرَّتَيْنِ، وَعَنْ أَبِي سَعِيدٍ الضَّرِيرِ: مَعْنَاهُ لَا رُجُوعَ فِيهَا وَلَا اسْتِرْدَادَ لَهَا، وَأَنْكَرَ الْأَوَّلَ.

---

(١) فِي خ: "أَنْجُدِ".
(٢) فِي خ: "دخل".
(٣) أخرجه القاسم بن سلام في الأموال (٩٨٢).

الثَّاءُ مَعَ الْوَاوِ

[ث و ب]: (الثِّيَابُ) جَمْعُ ثَوْبٍ، وَهُوَ مَا يَلْبَسُهُ النَّاسُ مِنَ الْكَتَّانِ وَالْقُطْنِ وَالصُّوفِ وَالْفِرَاءِ وَالْخَزِّ، وَأَمَّا السُّتُورُ وَكَذَا وَكَذَا فَلَيْسَ مِنَ الثِّيَابِ، وَقَالَ السَّرَخْسِيُّ: ثِيَابُ الْبَيْتِ، وَفِي الْأَصْلِ: مَتَاعُ الْبَيْتِ مَا يُبْتَذَلُ فِيهِ مِنَ الْأَمْتِعَةِ، وَلَا يَدْخُلُ فِيهِ الثِّيَابُ الْمُقَطَّعَةُ نَحْوُ الْقَمِيصِ وَالسَّرَاوِيلِ وَغَيْرِهَا.

(وَالتَّثْوِيبُ) مِنْهُ لِأَنَّ الرَّجُلَ كَانَ إِذَا جَاءَ مُسْتَصْرِخًا، أَيْ: مُسْتَغِيثًا، لَمَعَ بِثَوْبِهِ، أَيْ: حَرَّكَهُ رَافِعًا بِهِ يَدَهُ لِيَرَاهُ الْمُسْتَغَاثُ، فَيَكُونُ ذَلِكَ دُعَاءً لَهُ وَإِنْذَارًا، ثُمَّ كَثُرَ حَتَّى سُمِّيَ الدُّعَاءُ تَثْوِيبًا، فَقِيلَ: ثَوَّبَ الدَّاعِي، وَقِيلَ: هُوَ تَرْدِيدُ الدُّعَاءِ، تَفْعِيلٌ مِنْ ثَابَ يَثُوبُ إِذَا رَجَعَ وَعَادَ، وَهِيَ الْمَثَابَةُ، وَمِنْهُ: ثَابَ الْمَرِيضُ، إِذَا أَقْبَلَ إِلَى الْبُرْءِ وَسَمِنَ بَعْدَ الْهُزَالِ.

(وَالتَّثْوِيبُ) الْقَدِيمُ: هُوَ قَوْلُ الْمُؤَذِّنِ فِي صَلَاةِ الصُّبْحِ: الصَّلَاةُ خَيْرٌ مِنَ النَّوْمِ، وَالْمُحْدَثُ: الصَّلَاةَ الصَّلَاةَ، أَوْ قَامَتْ قَامَتْ، وَقَوْلُهُ عَلَيْهِ السَّلَامُ" إِذَا ثُوِّبَ بِالصَّلَاةِ فَلَا تَأْتُوهَا وَأَنْتُمْ تَسْعَوْنَ" [1] الْحَدِيثَ. الْمُرَادُ بِهِ: الْإِقَامَةُ.

(وَالثَّيِّبُ) مِنَ النِّسَاءِ: الَّتِي قَدْ تَزَوَّجَتْ فَثَابَتْ بِوَجْهٍ، عَنِ اللَّيْثِ، وَلَا يُقَالُ لِلرَّجُلِ، وَعَنِ الْكِسَائِيِّ: رَجُلٌ ثَيِّبٌ: إِذَا دَخَلَ بِامْرَأَتِهِ، وَامْرَأَةٌ ثَيِّبٌ: إِذَا دَخَلَ بِهَا، كَمَا يُقَالُ لَهُمَا: بِكْرٌ وَأَيِّمٌ، وَمِنْهُ الْحَدِيثُ: "الْبِكْرُ بِالْبِكْرِ كَذَا وَالثَّيِّبُ بِالثَّيِّبِ كَذَا"[2]، وَهُوَ فَيْعِلٌ مِنْ ثَابَ أَيْضًا، لِمُعَاوَدَتِهَا التَّزَوُّجَ فِي غَالِبِ الْأَمْرِ، أَوْ لِأَنَّ الْخُطَّابَ يُثَاوِبُونَهَا، أَيْ: يُعَاوِدُونَهَا، كَمَا قِيلَ لَهَا: مُرَاسِلٌ، لِأَنَّهُمْ يُرَاسِلُونَهَا الْخِطْبَةَ.

وَقَوْلُهُمْ: ثُيِّبَتْ [تثييباً، أي][3]: إِذَا صَارَتْ ثَيِّبًا كَعَجَزَتِ الْمَرْأَةُ، وَثُيِّبَتِ النَّاقَةُ: إِذَا صَارَتْ عَجُوزًا، وثابا مَبْنِيٌّ عَلَى لَفْظِ الثَّيِّبِ تَوَهُّمًا، وَالْجَمْعُ: ثَيِّبَاتٌ، وَأَمَّا الثُّيَّبُ فِي جَمْعِهَا، وَالثِّيَابَةُ وَالثُّيُوبَةُ فِي مَصْدَرِهَا، فَلَيْسَ مِنْ كَلَامِهِمْ.

(وثويبة) تَصْغِيرُ الْمَرَّةِ مِنَ الثَّوْبِ، مَصْدَرُ ثَابَ، وَبِهَا سُمِّيَتْ مَوْلَاةُ أَبِي لَهَبٍ الَّتِي

---

(١) أخرجه مالك في الموطأ رواية يحيى الليثي (١٥٢)، وأحمد في مسنده (١٠٤٦٦)، وابن حبان في صحيحه (٢١٤٨)، والبيهقي في السنن الكبرى في: ج ٣: ص٢٢٨، وأبو يعلى الموصلي في مسنده (٦٤٩٧)

(٢) أخرجه مسلم (١٦٩١)، وابن ماجه (٢٥٥٠)، وأحمد في مسنده (١٥٤٨٠).

(٣) سقط من: م.

أَرْضَعَتْ النَّبِيَّ عَلَيْهِ الصَّلَاةُ وَالسَّلَامُ وَحَمْزَةَ وَأَبَا سَلَمَةَ، وَمِنْهَا حَدِيثُ زَيْنَبَ بِنْتِ أُمِّ سَلَمَةَ: أَرْضَعَتْنِي وَأَبَاهَا ثُوَيْبَةُ، تَعْنِي: بِأَبِيهَا أَبَا سَلَمَةَ زَوْجَ أُمِّ سَلَمَةَ قَبْلَ النَّبِيِّ - صَلَّى اللـه عَلَيْهِ وَسَلَّمَ -، وَاخْتُلِفَ فِي إِسْلَامِهَا.

وَمِنْهُ: الثَّوَابُ الْجَزَاءُ؛ لِأَنَّهُ نَفْعٌ يَعُودُ إِلَى الْمَجْزِيِّ، وَهُوَ اسْمٌ مِنْ الْإِثَابَةِ أَوْ التَّثْوِيبِ، وَمِنْهُ قَوْلُهُ فِي الْهِبَةِ: مَا لَمْ يُثَبْ مِنْهَا، أَيْ: مَا لَمْ يُعَوَّضْ، وَكَأَنَّ الثَّوْبَ الْمَلْبُوسَ مِنْهُ أَيْضًا لِمَا بَيْنَهُ وَبَيْنَ لَابِسِهِ مِنْ الْمُعَاوَدَةِ كَلَابِسِ (ثَوْبَيْ) زُورٍ فِي (شب، ش ب ع).

[ث و ر]: (ثَارَ الْغُبَارُ ثَوْرًا وَثَوَرَانًا): هَاجَ وَانْتَشَرَ، وَأَثَارَهُ غَيْرُهُ: هَيَّجَهُ، وَأَثَارُوا الْأَرْضَ: حَرَثُوهَا وَزَرَعُوهَا، وَسُمِّيَتْ الْبَقَرَةُ: الْمُثِيرَةَ لِأَنَّهَا تُثِيرُ الْأَرْضَ، وَعَلَيْهِ قَوْلُهُ فِي الْغَصْبِ: وَكَذَا الدَّابَّةُ الْمُثِيرَةُ، وَقِيلَ: كُلُّ مَا ظَهَرَ وَانْتَشَرَ فَقَدْ ثَارَ، وَمِنْهُ مَا جَاءَ فِي الْحَدِيثِ: "ثَوْرُ الشَّفَقِ"، وَهُوَ انْتِشَارُهُ وَثَوَرَانُ حُمْرَتِهِ، وَفِي حَدِيثٍ آخَرَ: وَلَوْ مِنْ ثَوْرِ أَقِطٍ، أَرَادَ الْقِطْعَةَ مِنْهُ.

[ث و ل]: (وَالثَّوْلَاءُ) مِنْ الشَّاءِ وَغَيْرِهَا الْمَجْنُونَةُ، وَقَوْلُهُمْ فِي تَفْسِيرِهَا: الَّتِي بِهَا ثُؤْلُولٌ، غَلَطٌ.

[ث و ي]: (ثَوَى) بِالْمَكَانِ: أَقَامَ بِهِ، ثَوَاءً وَثُوِيًّا عَلَى فَعَالٍ وَفُعُولٍ، وَمِنْهُ: إِنَّا نُطِيلُ الثُّوِيَّ فِي دَارِ الْحَرْبِ، وَالثَّوِيُّ بِالْفَتْحِ عَلَى فَعِيلٍ الضَّعِيفُ، وَالْمَثْوَى: الْمَنْزِلُ، وَمِنْهُ: وَأَصْلِحُوا مَثَاوِيَكُمْ.

الثَّاءُ مَعَ الْيَاءِ

[ث ي ل]: عَنْ ابْنِ الْفَضْلِ: حِمَارٌ بَالَ عَلَى (مَثِيلَةٍ) فَوَقَعَ الظِّلُّ عَلَيْهَا ثَلَاثَ مَرَّاتٍ وَالشَّمْسُ ثَلَاثَ مَرَّاتٍ فَقَدْ طَهُرَتْ، هِيَ مَفْعِلَةٌ مِنْ الثَّيلِ، وَهُوَ ضَرْبٌ مِنْ النَّبْتِ عَنْ الْغُورِيِّ، وَمِنْهُ: مَا ذُكِرَ فِي" كِتَابِ النَّظْمِ" قَالَ: شَيْئَانِ يَطْهُرَانِ بِالْجَفَافِ: أَوَّلُهُمَا الْأَرْضُ، الثَّانِي (الثَّيْلَةُ).

وَفِي" كِتَابِ النَّبَاتِ": الثَّيِّلُ عَلَى فَيْعِلٍ عَنْ أَبِي عُمَرَ، وَهُوَ النَّجْمَةُ، وَهُوَ الصَّحِيحُ، وَيُقَالُ لَهُ بِالْفَارِسِيَّةِ: ريزوباد، لَهُ وَرَقٌ كَوَرَقِ الْبُرِّ، إِلَّا أَنَّهُ أَقْصَرُ، وَنَبَاتُهُ فَرْشٌ عَلَى الْأَرْضِ يَذْهَبُ ذَهَابًا بَعِيدًا، وَيَشْتَبِكُ حَتَّى يَصِيرَ كَاللِّبْدَةِ، وَلَهُ عُقَدٌ كَثِيرَةٌ وَأَنَابِيبُ قِصَارٌ، وَلَا يَكَادُ يَنْبُتُ إِلَّا عَلَى مَاءٍ أَوْ مَوْضِعٍ تَحْتَهُ مَاءٌ.

بَابُ الْجِيمِ

الْجِيمِ مَعَ الْبَاءِ

[ج ب ب]: (الْجَبُّ) الْقَطْعُ، وَمِنْهُ: الْمَجْبُوبُ الْخَصِيُّ، الَّذِي اُسْتُؤْصِلَ ذَكَرُهُ وَخُصْيَاهُ، وَقَدْ جُبَّ جَبًّا، وَمِنْهُ قَوْلُهُ: الْجَبُّ وَالْعُنَّةُ فِي الزَّوْجِ.

[ج ب خ]: (جباخان) مِنْ قُرَى بَلْخَ.

[ج ب ذ]: (الْجَبْذُ) بِمَعْنَى الْجَذْبِ، وَكِلَاهُمَا مِنْ بَابِ ضَرَبَ.

[ج ب ر]: (جَبَرَ) الْكَسْرَ جَبْرًا، وَجَبَرَ بِنَفْسِهِ جُبُورًا، وَالْجُبْرَانُ فِي مَصَادِرِهِ غَيْرُ مَذْكُورٍ، وَانْجَبَرَ غَيْرُ فَصِيحٍ، وَجَبَرَهُ بِمَعْنَى أَجْبَرَهُ، لُغَةٌ ضَعِيفَةٌ، وَكَذَا قَلَّ اسْتِعْمَالُ الْمَجْبُورِ بِمَعْنَى الْمُجْبَرِ، وَاسْتُضْعِفَ وَضْعُ الْمَجْبُورَةِ مَوْضِعَ الْمَجْنُونَةِ فِي كِتَابِ الصَّوْمِ مِنْ الْجَامِعِ الصَّغِيرِ.

(وَجُوَيْرٌ) فِي (ج و، ج و س).

[ج ب ل ق]: قَوْلُهُ: حَدُّ الْغَيْبَةِ الْمُنْقَطِعَةِ مِنْ (جابلقا) إِلَى جابلسا، قَالُوا: هُمَا قَرْيَتَانِ، إِحْدَاهُمَا بِالْمَغْرِبِ، وَالْأُخْرَى بِالْمَشْرِقِ.

[ج ب ل]: قَوْلُهُ: اسْتَأْجَرَهُ عَلَى أَنْ يَحْفِرَ بِئْرًا فِي (جَبَلِ) مَرْوَةَ، فَاسْتَقْبَلَهُ جَبَلُ صَفَا أَصَمُّ، الْجَبَلُ: الْوَتِدُ مِنْ أَوْتَادِ الْأَرْضِ إِذَا عَظُمَ وَطَالَ، وَقَدْ يُجْعَلُ عِبَارَةً عَنْ الصَّلَابَةِ، وَإِنْ لَمْ يَكُنْ جَبَلًا.

وَمِنْهُ: أَجْبَلَ الْحَافِرُ، وَأُرِيدَ هُنَا الْحَجَرُ؛ لِأَنَّهُ مِنْهُ، [وَلَيْسَ هَذَا بِوَصْفٍ أَنَّهُمَا إِضَافَةٌ بِمَعْنَى مِنْ أَيِّ جَبَلٍ مِنْ مَرْوَةَ وَجَبَلٍ مِنْ صَفًا؛ لِأَنَّهُ مِنْهُ] [1]، وَإِنَّمَا وُصِفَ بِالْمَرْوَةِ وَالصَّفَا لِتَضَمُّنِهِمَا مَعْنَى الرِّقَّةِ وَالصَّلَابَةِ.

[ج ب ن]: (الْجَبَّانَةُ) الْمُصَلَّى الْعَامُّ فِي الصَّحْرَاءِ، وَمِنْهَا قَوْلُهُ: وَلَوْ ضَحَّى بَعْدَ صَلَاةِ أَهْلِ الْجَبَّانَةِ قَبْلَ صَلَاةِ أَهْلِ الْمِصْرِ اخْتَلَفَ الْمَشَايِخُ فِيهِ.

(وَالْجُبْنَةُ) الْقُرْصُ مِنْ الْجُبْنِ.

---

(١) زيادة من: م.

[ج ب هـ]: (الْجَبْهَةُ) مِنَ الْوَجْهِ مَعْرُوفٌ، وَمِنْهَا: التَّجْبِيهُ، وَهُوَ أَنْ يُحْمَلَ الزَّانِي عَلَى حِمَارٍ وَيُجْعَلَ وَجْهُهُ إِلَى ذَنَبِهِ، وَمِنْهُ حَدِيثُ الْيَهُودِ فِي الزَّانِي إِذَا أُحْصِنَ، قَالُوا: يُحَمَّمُ وَيُجَبَّهُ وَيُجْلَدُ.

وَفِي" التَّكْمِلَةِ": التَّجْبِيهُ: أَنْ يُحْمَلَ الزَّانِيَانِ عَلَى حِمَارٍ يُقَابَلُ بَيْنَ أَقْفِيَتِهِمَا وَيُطَافُ بِهِمَا.

وَقَوْلُهُمْ: فُلَانٌ (جَبْهَةُ الْقَوْمِ) أَيْ: سَيِّدُهُمْ، اسْتِعَارَةٌ كَقَوْلِهِمْ: وَجْهُ الْقَوْمِ وَالْمُرَادُ بِهَا فِي حَدِيثِ الصَّدَقَةِ: الْخَيْلُ، لِأَنَّهَا خِيَارُ الْبَهَائِمِ.

[ج ب ي]: (جَبَى) الْخَرَاجَ جَمَعَهُ جِبَايَةً، وَمِنْهُ قَوْلُهُ [في مختصر القدوري] [1]: وَمَا جَبَاهُ الْإِمَامُ مِنْ مَالِ بَنِي تَغْلِبَ، وَبِاسْمِ الْفَاعِلَةِ مِنْهُ سُمِّيَتْ (جَابِيَةُ الْجَوْلَانِ) إِحْدَى كُوَرِ دِمَشْقَ، وَهِيَ الْمَذْكُورَةُ فِي حَدِيثِ عُمَرَ رَضِيَ اللهُ عَنْهُ: فَمُطِرُوا بِالْجَابِيَةِ.

وَالتَّجْبِيَةُ: الِانْحِنَاءُ وَالرُّكُوعُ، لِأَنَّ فِيهَا جَمْعًا بَيْنَ الْأَعْضَاءِ، وَمِنْهُ: عَلَى أَنْ لَا يُجَبَّى، أَيْ: لَا يَرْكَعَ، وَيَحْنِي تَصْحِيفٌ، وَفِي حَدِيثٍ آخَرَ: وَلَا يُجَبُّوا، وَغَرَضُهُمْ أَنْ لَا يُصَلُّوا.

الْجِيمُ مَعَ الثَّاءِ

[ج ث م]: (جُثُومُ) الطَّائِرِ مِثْلُ الْجُلُوسِ لِلْإِنْسَانِ، مِنْ بَابِ ضَرَبَ، وَفِي الْحَدِيثِ: "نَهَى عَنْ (الْمُجَثَّمَةِ)" هِيَ بِالْفَتْحِ مَا يُجَثَّمُ، ثُمَّ يُرْمَى حَتَّى يُقْتَلَ، وَعَنْ عِكْرِمَةَ: هِيَ الشَّاةُ تُرْمَى بِالنَّبْلِ حَتَّى تُقْتَلَ، وَعَنْ شِمْرٍ: بِالْحِجَارَةِ، وَعَنْ أَبِي عُبَيْدٍ: هِيَ الْمَصْبُورَةُ، وَلَكِنَّهَا لَا تَكُونُ إِلَّا مِنَ الطَّيْرِ وَالْأَرَانِبِ وَأَشْبَاهِهَا، وَالَّذِي فِي الشُّرُوحِ: أَنَّ الْمُجَثَّمَةَ بِالْفَتْحِ مَا يَجْثِمُ عَلَيْهِ الْكَلْبُ فَيَقْتُلُهُ دَقًّا لَا جَرْحًا، وَبِالْكَسْرِ مَا يَجْثِمُ عَلَى الصَّيْدِ كَالْفَهْدِ وَالْأَسَدِ، لَيْسَ بِذَلِكَ وَالْحَقُّ هُوَ الْأَوَّلُ، وَقَوْلُهُمْ: الْجَثْمُ اللُّبْثُ، خَطَأٌ لَفْظًا وَمَعْنًى.

وَمُحَلِّمُ بن جَثَّامَةَ فِي (ح ل، ح ل م).

الْجِيمُ مَعَ الْحَاءِ

[ج ح ح]: وَفِي الْحَدِيثِ:مَرَّ عَلَيْهِ السَّلَامُ بِامْرَأَةٍ (مُجِحٍّ)، هِيَ: الْحَامِلُ الْمُقْرِبُ.

[ج ح ر]: وَقَوْلُهُ: كَانَ أَبُو حَنِيفَةَ رَحِمَهُ اللهُ لَا يَرَى بَأْسًا بِالْفَصِّ، يَكُونُ فِيهِ الْحَجَرُ

---

(١) سقط من: م.

فِيهِ مِسْمَارُ ذَهَبٍ، وَفِي نُسْخَةٍ أُخْرَى: لَا بَأْسَ بِمِسْمَارِ الذَّهَبِ يُجْعَلُ فِي (جُحْرِ) الْفَصِّ، أَيْ: فِي ثَقْبِهِنَ هَذَا غَلَطٌ، لِأَنَّ الْجُحْرَ جُحْرُ الضَّبِّ أَوْ الْحَيَّةِ أَوْ الْيَرْبُوعِ، وَهُوَ غَيْرُ لَائِقٍ هَاهُنَا، وَإِنَّمَا الصَّوَابُ: (الْحَجَرُ) كَمَا فِي الرِّوَايَةِ الْأُخْرَى، وَشَرْحِ الْبَيْهَقِيِّ وَوَجْهُهُ عَلَى الرِّوَايَةِ الْأُولَى أَنْ يُجْعَلَ فِي التَّجْرِيدِ كَمَا فِي قَوْلِهِ تَعَالَى: ﴿لَقَدْ كَانَ لَكُمْ فِي رَسُولِ اللهِ أُسْوَةٌ حَسَنَةٌ﴾ [سورة الأحزاب آية ٢١] وَالْمَعْنَى: أَنَّ الْفَصَّ فِي نَفْسِهِ حَجَرٌ، كَمَا أَنَّ رَسُولَ اللهِ صَلَّى اللهُ عَلَيْهِ وَسَلَّمَ فِي نَفْسِهِ أُسْوَةٌ، لَا أَنَّ فِي ذَلِكَ شَيْئًا آخَرَ، وَمِنْهُ:

وَفِي الرَّحْمَنِ لِلضُّعَفَاءِ كَافٍ

وَنَظِيرُهُ: سَرَقَ نُقْرَةً[1] فِضَّةً فِيهَا عَشَرَةُ دَرَاهِمَ تُسَاوِي تِسْعَةً لَمْ يُقْطَعْ، وَبِهَذَا صَحَّ اللَّفْظُ وَعَادَتْ الرِّوَايَاتُ عَلَى اخْتِلَافِهَا مُتَّفِقَةَ الْمَعْنَى وَسَلِمَ كَلَامُ مِثْلِ مُحَمَّدٍ رَحِمَهُ اللهُ مِنْ الْهُجْنَةِ.

[ج ح ش]: (جَحَشَ) جِلْدَهُ قَشَرَهُ مِنْ بَابِ مَنَعَ، وَمِنْهُ الْحَدِيثُ: "فَجُحِشَ شِقُّهُ الْأَيْسَرُ"[2]، وَقَوْلُهُ فِي الصَّيْدِ: "أَرَأَيْت إنْ مَرَّ بِحَائِطٍ فَجَحَشَ السَّهْمُ الْحَائِطَ فِي سَنَنِهِ" أَيْ: أَثَّرَ فِيهِ.

وَعَمْرُو بن جِحَاشٍ بِالْكَسْرِ مُخَفَّفًا، رَجُلٌ هَمَّ بِقَتْلِ النَّبِيِّ - صَلَّى اللهُ عَلَيْهِ وَسَلَّمَ -، فَاسْتَأْجَرَ يَامِين رَجُلًا فَقَتَلَهُ، وَرُوِيَ (جَحَّاشٌ) بِالْفَتْحِ وَالتَّشْدِيدِ.

[ج ح ف]: (جَحَفَهُ) وَاجْتَحَفَهُ وَأَجْحَفَ بِهِ أَهْلَكَهُ وَاسْتَأْصَلَهُ، وَمِنْهُ: الْجُحْفَةُ لِمِيقَاتِ أَهْلِ الشَّامِ، لِأَنَّ سَيْلًا فِيمَا يُقَالُ اجْتَحَفَ أَهْلَهَا، وَبِتَصْغِيرِهَا كُنِّيَ وَالِدُ عَوْنِ بن أَبِي جُحَيْفَةَ، وَاسْمُهُ وَهْبُ بن عَبْدِ اللهِ السُّوَائِيُّ يَرْوِي عَنْ عَلِيٍّ رَضِيَ اللهُ عَنْهُ.

[ج ح ن]: (جيحون) نَهْرُ بَلْخَ، وَهُوَ الَّذِي يَنْتَهِي إِلَى خُوَارِزْمَ.

الْجِيمُ مَعَ الْخَاءِ

[ج خ ي]: النَّبِيُّ صَلَّى اللهُ عَلَيْهِ وَآلِهِ وَسَلَّمَ" كَانَ إِذَا سَجَدَ جَخَّى"[3]، يُقَالُ: جَخَّى وَجَخَّ، إِذَا فَتَحَ عَضُدَيْهِ فِي السُّجُودِ، وَرَفَعَ بَطْنَهُ عَنْ الْأَرْضِ.

---

(١) في خ: "نُفْرَةً".

(٢) أخرجه البخاري (٦٨٩)، (٧٣٢)، (٨٠٥)، (١١١٤)، ومسلم (٤١٤).

(٣) أخرجه الروياني في مسنده (٢٩٩)، وابن الأعرابي في معجمه (٤٦٤).

الْجِيمُ مَعَ الدَّالِ

[ج د ح]: عُمَرُ رَضِيَ اللـه عَنْهُ: لَقَدْ اسْتَسْقَيْتَ (بِمَجَادِيحِ) السَّمَاءِ، وَهِيَ جَمْعُ مِجْدَحٍ، وَهُوَ عِنْدَ الْعَرَبِ مِنْ الْأَنْوَاءِ الَّتِي لَا تَكَادُ تُخْطِئُ، وَهِيَ كَوَاكِبُ ثَلَاثَةٌ كَأَنَّهَا مِجْدَحٌ، وَهُوَ خَشَبَةٌ فِي رَأْسِهَا خَشَبَتَانِ مُعْتَرِضَتَانِ يُجْدَحُ بِهَا السَّوِيقُ، أَيْ: يُضْرَبُ وَيُخْلَطُ، وَأَرَادَ عُمَرُ إِبْطَالَ الْأَنْوَاءِ وَالتَّكْذِيبَ بِهَا؛ لِأَنَّهُ جَعَلَ الاسْتِغْفَارَ هُوَ الَّذِي يُسْتَسْقَى بِهِ، لَا الْمَجَادِيحَ وَالْقِيَاسُ، مجادح زِيدَتْ الْيَاءُ لِإِشْبَاعِ الْكَسْرِ، وَإِنَّمَا جَمَعَهُ لِأَنَّهُ أَرَادَهُ وَمَا شَاكَلَهُ مِنْ الْأَنْوَاءِ الصَّادِقَةِ.

[ج د د]: (الْجَدُّ) الْعَظَمَةُ، وَمِنْهُ: وَتَعَالَى جَدُّكَ، مِنْ قَوْلِهِمْ: جَدَّ فُلَانٌ فِي عُيُونِ النَّاسِ وَفِي صُدُورِهِمْ، أَيْ: عَظُمَ، وَالْجَدُّ الْحَظُّ وَالْإِقْبَالُ فِي الدُّنْيَا، وَمِنْهُ: لَا يَنْفَعُ ذَا الْجَدِّ مِنْكَ الْجَدُّ، أَيْ: لَا يَنْفَعُ الْمَحْظُوظَ حَظُّهُ بِذَلِكَ، أَيْ: بَدَلَ طَاعَتِكَ.

يُقَالُ: (جُدَّ) بِالضَّمِّ فَهُوَ مَجْدُودٌ، (الْجَادَّةُ) وَاحِدَةُ الْجَوَادِّ، وَهِيَ مُعْظَمُ الطَّرِيقِ وَوَسَطُهُ، وَقَوْلُهُ: أَنَا وَفُلَانٌ عَلَى الْجَادَّةِ عِبَارَةٌ، عَنْ الِاسْتِقَامَةِ وَالسَّدَادِ. وَالْجَدُّ فِي الْأَصْلِ الْقَطْعُ، وَمِنْهُ: جَدَّ النَّخْلَ صَرَمَهُ، أَيْ: قَطَعَ ثَمَرَهُ جِدَادًا فَهُوَ جَادٌّ.

وَفِي حَدِيثِ أَبِي بَكْرٍ رَضِيَ اللـه عَنْهُ: أَنَّهُ نَحَلَ عَائِشَةَ رَضِيَ اللـه عَنْهَا جِدَادَ عِشْرِينَ وَسْقًا، وَالسَّمَاعُ: جَادَّ عِشْرِينَ وَسْقًا، وَكِلَاهُمَا مَالٌ[1]، إِلَّا أَنَّ الْأَوَّلَ نَظِيرُ قَوْلِهِمْ: هَذِهِ الدَّرَاهِمُ ضَرْبُ الْأَمِيرِ، وَالثَّانِي نَظِيرُ قَوْلِهِمْ: عِيشَةٌ رَاضِيَةٌ، وَالْمَعْنَى: أَنَّهُ أَعْطَاهَا نَخْلًا يُجَدُّ مِنْهُ مِقْدَارُ عِشْرِينَ وَسْقًا مِنْ التَّمْرِ، وَعَلَى ذَا قَوْلُهَا: نَحَلَنِي أَبِي جِدَادَ عِشْرِينَ وَسْقًا.

وَمِنْهُ: الْجُدُّ بِالضَّمِّ لِشَاطِئِ النَّهْرِ؛ لِأَنَّهُ مَقْطُوعٌ مِنْهُ، أَوْ لِأَنَّ الْمَاءَ قَطَعَهُ، كَمَا سُمِّيَ سَاحِلًا لِأَنَّ الْمَاءَ يَسْحَلُهُ، أَيْ: يَقْشِرُهُ.

وَمِنْهُ حَدِيثُ أَنَسِ بن سِيرِينَ: لَوْ شِئْنَا لَخَرَجْنَا إِلَى الْجُدِّ، وَقَوْلُهُ: سَفِينَةٌ غَرِقَتْ فَنَاوَلَ الْوَدِيعَةَ إِنْسَانًا عَلَى الْجُدِّ، هَكَذَا رَوَاهُ الْكَرْخِيُّ فِي مُخْتَصَرِهِ وَجَامِعِهِ الصَّغِيرِ، وَالْقُمِّيُّ فِي شَرْحِهِ بِطَرِيقَيْنِ، وَفِي الْحَلْوَائِيِّ كَذَلِكَ، وَفِي الْإِرْشَادِ وَشَرْحِ خُوَاهَرْ زَادَهْ مُحَمَّدِ بن سِيرِينَ، وَالْأَوَّلُ هُوَ الصَّحِيحُ.

[ج د ر]: (الْجِدَارُ) وَاحِدُ الْجُدُرِ وَالْجُدْرَانِ، وَبِهِ سُمِّيَ وَالِدُ النَّمِرِ بن جِدَارٍ عَنْ أَبِي

---

(١) في خ: "مؤول".

يُوسُفَ فِي الْقِسْمَةِ، وَفِي نَفْيِ الِارْتِيَابِ هَكَذَا قَالَ، وَهُوَ كُوفِيٌّ يَرْوِي عَنْ يَحْيَى بن يَعْلَى الْأَسْلَمِيِّ، وَجُدَّانُ تَصْحِيفٌ.

(وَالْمَجْدُورُ وَالْمُجَدَّرُ) ذُو الْجُدَرِيِّ.

[ج د ع]: (الْجَدْعَاءُ) مِنْ الشَّاءِ الْمَجْدُوعَةُ الْأُذُنِ، أَيْ: مُسْتَأْصَلَتُهَا.

[ج د ف]: (جَدَفَ) السَّفِينَةَ، مِنْ بَابِ ضَرَبَ، حَرَّكَهَا بِالْمِجْدَافِ جَدْفًا.

[ج د ل]: (جَادَلَهُ) مُجَادَلَةً وَجِدَالًا، وَهُوَ شِدَّةُ الْخِصَامِ وَمُرَاجَعَةُ الْكَلَامِ، وَفِي التَّنْزِيلِ: ﴿وَلا جِدَالَ فِي الْحَجِّ﴾ [سورة البقرة آية ١٩٧] أَيْ: وَلَا مِرَاءَ مَعَ الرُّفَقَاءِ وَالْمُكَارِينَ.

[ج د ي]: (الْجَدْيُ) مِنْ أَوْلَادِ الْمَعْزِ فِي السَّنَةِ الْأُولَى، وَجَمْعُهُ: جِدَاءٌ، وَبِهِ سُمِّيَ الْعَاشِرُ مِنَ الْبُرُوجِ، وَيُقَالُ لِكَوْكَبِ الْقِبْلَةِ: جَدْيُ الْفَرْقَدِ.

وَمِنْهُ قَوْلُ ابْنِ الْمُبَارَكِ فِي تَحَرِّي الْقِبْلَةِ: أَهْلُ الْكُوفَةِ يَجْعَلُونَ الْجَدْيَ خَلْفَ الْقَفَا، وَالْمُنَجِّمُونَ يُسَمُّونَهُ الْجُدَيَّ عَلَى لَفْظِ التَّصْغِيرِ، فَرْقًا بَيْنَهُ وَبَيْنَ الْبُرْجِ.

الْجِيمُ مَعَ الذَّالِ

[ج ذ ر]: (الْجَذْرُ) أَصْلُ الْحِسَابِ كَالْعَشَرَةِ تُضْرَبُ فِي عَشَرَةٍ فَيَكُونُ جَذْرُ الْمِائَةِ، وَيُسَمَّى الْمُجْتَمِعُ مِنْهُ مَجْذُورًا، وَهُوَ نَوْعَانِ: نَاطِقٌ وَأَصَمُّ، وَفِي كَلَامِ عَائِشَةَ رَضِيَ اللَّه عَنْهَا: سُبْحَانَ مَنْ لَا يَعْرِفُ الْجَذْرَ الْأَصَمَّ إِلَّا هُوَ.

[ج ذ ع]: (الْجَذَعُ) مِنْ الْبَهَائِمِ قَبْلَ الثَّنِيِّ، إِلَّا أَنَّهُ مِنْ الْإِبِلِ فِي السَّنَةِ الْخَامِسَةِ، وَمِنْ الْبَقَرِ وَالشَّاءِ فِي السَّنَةِ الثَّانِيَةِ، وَمِنْ الْخَيْلِ فِي الرَّابِعَةِ، وَالْجَمْعُ: جِذْعَانٌ وَجِذَاعٌ.

وَعَنْ الْأَزْهَرِيِّ: الْجَذَعُ مِنْ الْمَعْزِ لِسَنَةٍ، وَمِنْ الضَّأْنِ لِثَمَانِيَةِ أَشْهُرٍ.

وَعَنْ ابْنِ الْأَعْرَابِيِّ: الْإِجْذَاعُ وَقْتٌ وَلَيْسَ بِسِنٍّ، فَالْعَنَاقُ تُجْذِعُ لِسَنَةٍ، وَرُبَّمَا أَجْذَعَتْ قَبْلَ تَمَامِهَا لِلْخِصْبِ، فَتَسْمَنُ فَيُسْرِعُ إِجْذَاعُهَا فَهِيَ (جَذَعَةٌ)، وَمِنْ الضَّأْنِ إِذَا كَانَ ابْنَ شَابَّيْنِ أَجْذَعَ لِسِتَّةِ أَشْهُرٍ إِلَى سَبْعَةٍ، وَإِذَا كَانَ ابْنَ هَرِمَيْنِ أَجْذَعَ لِثَمَانِيَةٍ إِلَى عَشَرَةٍ.

وَفِي حَدِيثِ ابْنِ نِيَارٍ قَالَ: عِنْدِي عَنَاقٌ جَذَعَةٌ، قَالَ الْخَطَّابِيُّ: وَلِذَلِكَ لَمْ تُجْزِئْ، إِذَا كَانَ لَا يُجْزِئُ مِنْ الْمَعْزِ أَقَلُّ مِنْ الثَّنِيِّ، وَأَمَّا الضَّأْنُ فَالْجَذَعُ مِنْهَا يُجْزِئُ.

[ج ذ م]: فِي حَدِيثِ الْأَذَانِ: جِذْمُ الْحَائِطِ، أَصْلُهُ وَالْمَجْذُومُ الَّذِي بِهِ جُذَامٌ، وَهُوَ

تَشَقُّقُ الْجِلْدِ وَتَقَطُّعُ اللَّحْمِ وَتَسَاقُطُهُ، وَالْفِعْلُ مِنْهُ جُذِمَ.

الْجِيمُ مَعَ الرَّاءِ

[ج ر ب]: (الْجَرْبَى) جَمْعُ أَجْرَبَ أَوْ جَرِبٍ، وَالْفِعْلُ مِنْ بَابِ لَبِسَ، وَالْجَرِيبُ سِتُّونَ ذِرَاعًا فِي سِتِّينَ، قَالَ قُدَامَةُ فِي" كِتَابِ الْخَرَاجِ": الأشد[١] إِذَا ضُرِبَ فِي مِثْلِهِ فَهُوَ الْجَرِيبُ، والأشد طُولُ سِتِّينَ ذِرَاعًا، وَالذِّرَاعُ سِتُّ قَبَضَاتٍ، وَالْقَبْضَةُ أَرْبَعُ أَصَابِعَ، قَالَ: وَعُشْرُ هَذَا الْجَرِيبِ يُسَمَّى قَفِيزًا، وَعُشْرُ هَذَا الْقَفِيزِ عَشِيرًا، فَالْقَفِيزُ عَشَرَةُ أَعْشِرَاءَ، وَهِيَ خَمْسَةٌ وَعِشْرُونَ رِطْلًا، قَالُوا: وَالْأَصْلُ فِيهِ الْمِكْيَالُ، ثُمَّ سُمِّيَ بِهِ الْمَبْذَرُ، وَنَظِيرُهُ الْبَرِيدُ.

[ج ر ث]: (الْجِرِّيثُ) الْجِرِّيُّ، وَهُوَ ضَرْبٌ مِنَ السَّمَكِ، وَهُوَ تَفْسِيرُ الصَّلَّوْرِ فِي حَدِيثِ عَمَّارٍ، وَمِنْهُ قَوْلُ مُحَمَّدٍ- رَحِمَهُ اللهُ -: جَمِيعُ أَنْوَاعِ السَّمَكِ حَلَالٌ غَيْرَ الْجِرِّيثِ والمارماهيج[٢] وَقَوْلُهُمْ: الْجِرِّيثُ مِنَ الْمَمْسُوخَاتِ بَاطِلٌ[٣] لِأَنَّ مَا مُسِخَ لَا نَسْلَ لَهُ وَلَا يَبْقَى بَعْدَ ثَلَاثَةِ أَيَّامٍ، عَنْ الطَّحَاوِيِّ.

[ج ر ح]: الْجَوَارِحُ: الْكَوَاسِبُ، جَمْعُ جَارِحَةٍ، بَهِيمَةً كَانَتْ أَوْ طَائِرًا، قَالَ اللَّيْثُ: سُمِّيَتْ بِذَلِكَ لِأَنَّهَا كَوَاسِبُ بِأَنْفُسِهَا، يُقَالُ: جَرَحَ وَاجْتَرَحَ، إِذَا كَسَبَ، وَأَصْلُهُ مِنْ الْجِرَاحَةِ.

[ج ر د]: (جَرِيدُ) النَّخْلِ فِي (س ع، س ع ف).

[ج ر هـ د]: (جرهد) بن خُوَيْلِدٍ صَحَابِيٌّ، يَرْوِي حَدِيثَ مُوَارَاةِ الْفَخِذِ.

[ج ر ذ]: (الْجَرَذُ) فِي الْفَرَسِ: كُلُّ مَا حَدَثَ فِي عُرْقُوبِهِ مِنْ تَمْدِيدٍ وَانْتِفَاخٍ، وَهُوَ أَنْ يَكُونَ فِي عُرْضِ الْكَعْبِ الظَّاهِرِ وَالْبَاطِنِ، مُشْتَقٌّ مِنْ لَفْظِ الْجُرَذِ، وَاحِدُ الْجُرْذَانِ؛ لِأَنَّهُ وَرَمٌ يَأْخُذُ فَيَصِيرُ كَهَيْئَةِ ذَلِكَ الْفَأْرِ، وَفَرَسٌ جَرِذٌ بِهِ هَذَا الدَّاءُ، وَأَنْكَرَ ابْنُ دُرَيْدٍ فِيهِ الدَّالَ غَيْرَ الْمُعْجَمَةِ.

[ج ر ر]: (الْجِرَارُ) جَمْعُ جَرَّةٍ بِالْفَتْحِ، وَفِي الْحَدِيثِ: "نَهَى عَنْ نَبِيذِ الْجَرِّ"[٤]. قِيلَ: هُوَ كُلُّ شَيْءٍ يُصْنَعُ مِنْ مَدَرٍ.

---

(١) في خ: "الأشل".

(٢) في م: "والمارما هي".

(٣) في خ: "ليس بشيء".

(٤) أخرجه مسلم (١٩٩٧)، والترمذي (١٨٦٧)، والنسائي (٥٦١٨)، وأبو داود (٣٦٩١).

(وَجِرَّةُ) الْبَعِيرِ بِالْكَسْرِ: مَا يَجْتَرُّهُ مِنَ الْعَلَفِ، أَيْ: يَجُرُّهُ وَيُخْرِجُهُ إِلَى الْفَمِ، وَمِنْهَا قَوْلُهُ: جِرَّةُ الْبَعِيرِ بِمَنْزِلَةِ بَعْرِهِ فِي أَنَّهُ سِرْقِينٌ.

وَفِي الْحَدِيثِ: "لَيْسَ فِي الْإِبِلِ الْجَارَّةِ صَدَقَةٌ". هِيَ الْعَوَامِلُ لِأَنَّهَا تُجَرُّ جَرًّا، أَيْ: تُقَادُ بِأَزِمَّتِهَا، وَإِنَّمَا سُمِّيَتْ جَارَّةً مَعَ أَنَّهَا مَجْرُورَةٌ عَلَى الْإِسْنَادِ الْمَجَازِيِّ كَمَا قُلْنَا فِي الرَّاحِلَةِ وَالرَّكُوبِ وَالْحَلُوبِ.

وَفِي الْحَدِيثِ عَلَى مَا أُثْبِتَ فِي الْمُتَّفَقِ وَأُصُولِ الْأَحَادِيثِ: "الَّذِي يَشْرَبُ فِي آنِيَةِ الْفِضَّةِ إِنَّمَا يُجَرْجِرُ فِي بَطْنِهِ نَارَ جَهَنَّمَ"[(١)]. هَكَذَا مَحْفُوظُنَا مِنَ الثِّقَاتِ بِنَصْبِ الرَّاءِ فِي النَّارِ، وَمَعْنَاهَا يُرَدِّدُهَا مِنْ جَرْجَرَ الْفَحْلُ إِذَا رَدَّدَ صَوْتَهُ فِي حَنْجَرَتِهِ، وَتَفْسِيرُ الْأَزْهَرِيِّ: يُجَرْجِرُ أَيْ: يَحْدُرُ، يَعْنِي: يُرْسِلُ، وَكَذَا نَقَلَهُ صَاحِبُ الْغَرِيبَيْنِ، وَأَمَّا مَا فِي الْفِرْدَوْسِ مِنْ رَفْعِ النَّارِ وَتَفْسِيرُ يُجَرْجِرُ بِيُصَوِّتُ فَلَيْسَ بِذَاكَ.

[ج ر ز]: (الْجَرْزُ) الْقَطْعُ، وَمِنْهُ: أَرْضٌ جُرُزٌ: لَا نَبَاتَ بِهَا، وَالْجُرْزَةُ: الْقَبْضَةُ مِنَ الْقَتِّ وَنَحْوِهِ، أَوْ الْحُزْمَةُ مِنْهُ، لِأَنَّهَا قِطْعَةٌ، وَمِنْهَا قَوْلُهُ: بَاعَ الْقَتَّ جُرُزًا، وَمَا سِوَاهُ تَصْحِيفٌ.

[ج ر ب ز]: (الجربز) تَعْرِيبُ كربز.

[ج ر س]: (الْجَرَسُ) بِفَتْحَتَيْنِ، مَا يُعَلَّقُ بِعُنُقِ الْبَعِيرِ وَغَيْرِهِ فَيُصَوِّتُ، وَمِنْهُ: اللَّهُمَّ اجْعَلْ ظُهُورَهَا شَدِيدًا، وَحَوَافِرَهَا حَدِيدًا، إِلَّا ذَاتَ الْجَرَسِ وَالْوَجْهُ، فِي شَدِيدًا كَهُوَ فِي:

لَعَلَّ مَنَايَانَا قَرِيبٌ [وَمَا نَدْرِي][(٢)]

وَأَمَّا حَدِيدًا فَمَعْنَاهُ: صُلْبَةً كَالْحَدِيدِ، وَأَصْلُهُ مِنَ الْجَرْسِ بِمَعْنَى الصَّوْتِ، يُقَالُ: أَجْرَسَ، إِذَا صَوَّتَ، وَجَمْعُهُ أَجْرَاسٌ، وَمِنْهُ: لَا بَأْسَ بِأَنْ يَحْرُسَ فِي سَبِيلِ اللهِ تعالى بِالْأَجْرَاسِ، وَلَوْ رُوِيَ: يَجْرِسَ بِالْجِيمِ لَصَحَّ، وَفِي حَدِيثِ الْعَضْبَاءِ نَاقَةِ رَسُولِ اللهِ صَلَّى اللهُ عَلَيْهِ وَسَلَّمَ وَكَانَتْ نَاقَةً (مُجَرَّسَةً) أَيْ: مُجَرَّبَةً مُعْتَادَةَ الرُّكُوبِ.

[ج ر ف]: (الْجُرْفُ) مَوْضِعٌ قَرِيبٌ مِنَ الْمَدِينَةِ، وَهُوَ فِي السِّيَرِ وَالْمُزَارَعَةِ.

[ج ر م]: (الْجِرْمُ) اللَّوْنُ وَالصَّوْتُ وَالْجَسَدُ.

---

(١) أخرجه مسلم (٢٠٦٧)، ومالك في الموطأ رواية يحيى الليثي (١٧١٧)، وأحمد في مسنده (٢٦٠٧٠).

(٢) زيادة من: م.

[ج ر م ق]: (الْجُرْمُوقُ) مَا يُلْبَسُ فَوْقَ الْخُفِّ، وَيُقَالُ لَهُ بِالْفَارِسِيَّةِ: خَرْكُشْ[1].

[ج ر ث م]: (الْجَرَاثِيمُ) فِي (ق ح، ق ح م).

[ج ر هـ م]: (جُرْهُمُ) حَيٌّ مِنَ الْعَرَبِ، وَهُمْ أَصْهَارُ إِسْمَاعِيلَ عَلَيْهِ السَّلَامُ.

[ج ر ن]: (الْجَرِينُ) الْمِرْبَدُ، وَهُوَ الْمَوْضِعُ الَّذِي يُلْقَى فِيهِ الرُّطَبُ لِيَجِفَّ، وَجَمْعُهُ: جُرُنٌ، لَا جرائن.

[ج ر ص ن]: (الجرصن) دَخِيلٌ، وقَدْ اُخْتُلِفَ فِيهِ فَقِيلَ: الْبُرْجُ، وَقِيلَ: مَجْرَى مَاءٍ يُرَكَّبُ فِي الْحَائِطِ. وَعَنْ الْبَزْدَوِيِّ: جِذْعٌ يُخْرِجُهُ الْإِنْسَانُ مِنْ الْحَائِطِ لِيَبْنِيَ عَلَيْهِ، وَهَذَا مِمَّا لَمْ أَجِدْهُ فِي الْأُصُولِ.

[ج ر ي]: (جَرَى الْمَاءُ) مَعْرُوفٌ، وَمِنْهُ: جَرَى الْفَرَسُ وَأَجْرَاهُ صَاحِبُهُ، وَفِي الْمَثَلِ: كُلُّ مُجْرٍ فِي الْخَلَاءِ يُسَرُّ، وَيُرْوَى: كُلُّ مُجِيد، أَيْ: صَاحِبِ جَوَاد

(وَالْجَرِيُّ) بِوَزْنِ الْوَصِيِّ: الْوَكِيلُ؛ لِأَنَّهُ يَجْرِي فِي أُمُورِ مُوَكِّلِهِ أَوْ يَجْرِي مَجْرَى الْمُوَكِّلِ، وَالْجَمْعُ: أَجْرِيَاءُ. وَمِنْهُ: الْجَارِيَةُ لِأُنْثَى الْغُلَامِ لِخِفَّتِهَا وَجَرَيَانِهَا بِخِلَافِ الْعَجُوزِ، وَبِهَا سُمِّيَ جَارِيَةُ بن ظَفَرٍ الْحَنَفِيُّ، وَهُوَ صَحَابِيٌّ، وَكَذَا وَالِدُ زَيْدِ بن جَارِيَةَ، وَالْحَاءُ وَالثَّاءُ تَصْحِيفٌ، يَرْوِي فِي السِّيَرِ عَنْ حَبِيبِ بن مَسْلَمَةَ وَعَنْهُ مَكْحُولٌ.

(وَجَارَاهُ) مُجَارَاةً جَرَى مَعَهُ، وَمِنْهُ: الدَّيْنُ وَالرَّهْنُ (يَتَجَارَيَانِ) مُجَارَاةَ الْمَبِيعِ وَالثَّمَنِ، وَأَمَّا يَتَحَاذَيَانِ مُحَاذَاةَ الْمَبِيعِ، فَلَيْسَ هَذَا مَوْضِعَهُ.

الْجِيمُ مَعَ الزَّايِ

[ج ز أ]: (جَزَأَتْ) الْإِبِلُ بِالرُّطَبِ عَنْ الْمَاءِ وَاجْتَزَأَتْ، إِذَا اكْتَفَتْ، وَمِنْهُ: لَمْ تَجْتَزِئْ بِتِلْكَ الْحَيْضَةِ، وَأَجْزَأَنِي الشَّيْءُ كَفَانِي، وَهَذَا يُجْزِئُ عَنْ هَذَا، أَيْ: يَقْضِي أَوْ يَنُوبُ عَنْهُ، وَمِنْهُ: "الْبَدَنَةُ تُجْزِئُ عَنْ سَبْعَةٍ". وَأَجْزَأْتُ عَنْك مَجْزَأَ فُلَانٍ، أَيْ: كَفَيْتُ كِفَايَتَهُ وَنُبْتُ مَنَابَهُ، وَلَهُ فِي هَذَا غَنَاءٌ وَجَزَاءٌ، أَيْ: كِفَايَةٌ.

وَقَوْلُ مُحَمَّد: الْفَارِسُ أَجْزَأُ مِنْ الرَّاجِلِ، أَيْ: أَكْفَى، وَتَلْيِينُ مِثْلِ هَذِهِ الْهَمْزَةِ شَاذٌّ عَلَى مَا حُكِيَ عَنْ عَلِيِّ بن عِيسَى، أَنَّهُ قَالَ: يُقَالُ: هَذَا الْأَمْرُ يُجْزِئُ عَنْ هَذَا، فَيُهْمَزُ وَيُلَيَّنُ.

(١) سقط من: م.

وَعَنْ الْأَزْهَرِيِّ: بَعْضُ الْفُقَهَاءِ يَقُولُ: أَجْزَى بِمَعْنَى قَضَى، وَعَلَى ذَلِكَ قَوْلُهُ: أَجْزَى فِيهِ الْفَرْكُ، أَيْ: الدَّلْكُ وَالْحَكُّ، وَتَقْدِيرُهُ: أَجْزَأَ الْفَرْكُ عَنْ الْغَسْلِ، أَيْ: نَابَ وَأَغْنَى، وَأَجْزَأَكَ بِمَعْنَى: كَفَاكَ عَلَى حَذْفِ الْمَفْعُولِ. وَمِثْلُهُ: إذَا صَلَّيْتَ فِي السَّفِينَةِ قَاعِدًا أَجْزَأَكَ، عَلَى إضْمَارِ الْفَاعِلِ لِدَلَالَةِ مَا سَبَقَ عَلَيْهِ، كَأَنَّهُ قِيلَ: أَجْزَأَكَ مَا فَعَلْتَ، وَنَظِيرُهُ: مَنْ كَذَبَ كَانَ شَرًّا لَهُ، وَأَمَّا جَزَى عَنْهُ جَزَاءً، بِمَعْنَى: قَضَى فَهُوَ بِغَيْرِ هَمْزٍ، وَمِنْهُ: وَلَا تُجْزِي عَنْ أَحَدٍ بَعْدَكَ، أَيْ: لَا تُؤَدِّي عَنْهُ وَلَا تَقْضِي، وَمِنْهُ: الْجِزْيَةُ لِأَنَّهَا تُجْزِئُ عَنْ الذِّمِّيِّ.

وَأَمَّا حَدِيثُ ابْنِ مَسْعُودٍ: أَنَّهُ اشْتَرَى مِنْ دِهْقَانٍ أَرْضًا عَلَى أَنْ يَكْفِيَهُ جِزْيَتَهَا، فَالْمُرَادُ بِهَا خَرَاجُ الْأَرْضِ عَلَى الِاسْتِعَارَةِ، وَالْمَعْنَى أَنَّهُ شَرَطَ أَنْ يُؤَدِّيَ عَنْهُ الْخَرَاجَ فِي السَّنَةِ الَّتِي وَقَعَ فِيهَا الْبَيْعُ، وَقَوْلُهُمْ: صَلَاةٌ مُجْزِيَةٌ، إنْ كَانَ مِنْ هَذَا فَالصَّوَابُ: جَازِيَةٌ، وَإِلَّا فَهِيَ مُجْزِئَةٌ بِالْهَمْزَةِ، أَوْ تَرْكُهُ عَلَى مَا ذُكِرَ آنِفًا.

[ج ز ر]: (الْجَزْرُ) الْقَطْعُ، وَمِنْهُ: جَزَرَ الْجَزُورَ: نَحَرَهَا، وَالْجَزَّارُ فَاعِلُ ذَلِكَ، وَبِهِ سُمِّيَ وَالِدُ يَحْيَى بْنِ الْجَزَّارِ، الْمُلَقَّبُ بِزَبَّانَ، يَرْوِي عَنْ عَلِيٍّ رَضِيَ اللَّهُ عَنْهُ فِي اللَّقِيطِ وَالْقِسْمَةِ.

(وَالْمَجْزَرَةُ) أَحَدُ الْمَوَاطِنِ الَّتِي نُهِيَ عَنْ الصَّلَاةِ فِيهَا، وَفِي الْأَضَاحِيِّ عَنْ أَجْرِ (جِزَارَتِهَا)، وَهِيَ حِرْفَةُ الْجَزَّارِ.

(وَالْجَزْرُ) انْقِطَاعُ الْمَدِّ، يُقَالُ: جَزَرَ الْمَاءُ: إذَا انْفَرَجَ عَنْ الْأَرْضِ، أَيْ: انْكَشَفَ حِينَ غَارَ وَنَقَصَ، وَمِنْهُ الْجَزِيرَةُ وَالْجَزَائِرُ، وَيُقَالُ: جَزِيرَةُ الْعَرَبِ لِأَرْضِهَا وَمَحَلَّتِهَا؛ لِأَنَّ بَحْرَ فَارِسَ وَبَحْرَ الْحَبَشِ وَدِجْلَةَ وَالْفُرَاتَ قَدْ أَحَاطَتْ بِهَا، وَحَدُّهَا عَنْ أَبِي عُبَيْدٍ مَا بَيْنَ حَفَرَ أَبِي مُوسَى بِفَتْحَتَيْنِ إلَى أَقْصَى الْيَمَنِ فِي الطُّولِ، وَأَمَّا الْعَرْضُ فَمَا بَيْنَ رَمْلِ يَبْرِينَ إلَى مُنْقَطَعِ السَّمَاوَةِ.

وَقَالَ الْأَصْمَعِيُّ: جَزِيرَةُ الْعَرَبِ مِنْ أَقْصَى عَدَنِ أَبْيَنَ إلَى رِيفِ الْعِرَاقِ، وَأَمَّا الْعَرْضُ فَمِنْ جُدَّةَ وَمَا وَالَاهَا مِنْ سَاحِلِ الْبَحْرِ إلَى أَطْرَارِ الشَّامِ، قَالُوا: وَمَكَّةُ وَالْمَدِينَةُ وَالْيَمَامَةُ وَالْيَمَنُ مِنْ الْجَزِيرَةِ.

وَعَنْ مَالِكٍ: أَجْلَى عُمَرُ رَضِيَ اللَّهُ عَنْهُ أَهْلَ نَجْرَانَ وَلَمْ يُجْلِ أَهْلَ تَيْمَاءَ، لِأَنَّهَا لَيْسَتْ مِنْ بِلَادِ الْعَرَبِ، قَالَ: وَأَمَّا الْوَادِي، يَعْنِي: وَادِيَ الْقُرَى، وَهُوَ بِالشَّامِ، فَأَرَى أَنَّهُ إنَّمَا لَمْ يُجْلِ مَنْ فِيهَا مِنْ الْيَهُودِ لِأَنَّهُمْ لَمْ يَرَوْهَا مِنْ أَرْضِ الْعَرَبِ.

وَفِي" كِتَابِ الْعُشْرِ وَالْخَرَاجِ" قَالَ أَبُو يُوسُفَ فِي الْأَمَالِي: حُدُودُ أَرْضِ الْعَرَبِ مَا وَرَاءَ حُدُودِ الْكُوفَةِ إِلَى أَقْصَى صَخْرٍ بِالْيَمَنِ، وَهُوَ مَهَرَةُ.

وَعَنْ مُحَمَّدٍ- رَحِمَهُ اللـه -: مِنْ عَدَنِ أَبْيَنَ إِلَى الشَّامِ وَمَا وَالَاهَا.

وَفِي" شَرْحِ الْقُدُورِيِّ" قَالَ الْكَرْخِيُّ: أَرْضُ الْعَرَبِ كُلُّهَا عُشْرِيَّةٌ، وَهِيَ أَرْضُ الْحِجَازِ وَتِهَامَةُ وَالْيَمَنُ وَمَكَّةُ وَالطَّائِفُ وَالْبَرِّيَّةُ، يَعْنِي: الْبَادِيَةَ. قَالَ: وَقَالَ مُحَمَّدٌ- رَحِمَهُ اللـه -: أَرْضُ الْعَرَبِ مِنَ الْعُذَيْبِ إِلَى مَكَّةَ وَعَدَنِ أَبْيَنَ إِلَى أَقْصَى الْحُجْرِ بِالْيَمَنِ وَبِمَهَرَةَ.

وَهَذِهِ الْعِبَارَاتُ مِمَّا لَمْ أَجِدْهُ فِي كُتُبِ اللُّغَةِ، وَقَدْ ظَهَرَ أَنَّ مَنْ رَوَى إِلَى أَقْصَى حُجْرٍ بِالْيَمَنِ وَفَسَّرَهُ بِالْجَانِبِ فَقَدْ حَرَّفَ، لِوُقُوعِ صَخْرٍ مَوْقِعَهُ، وَكَأَنَّهُمَا ذَكَرَا ذَلِكَ تَأْكِيدًا لِلتَّحْدِيدِ، وَإِلَّا فَهُوَ عَنْهُ مَنْدُوحَةٌ.

وَفِي السِّيَرِ: عَبْدُ الْكَرِيمِ الْجَزَرِيُّ مَنْسُوبٌ إِلَى جَزِيرَةِ ابْنِ عُمَرَ، وَالْخَاءُ تَصْحِيفٌ.

(وَجَزَرُ السِّبَاعِ) اللَّحْمُ الَّذِي تَأْكُلُهُ عَنِ اللَّيْثِ وَالْغُورِيِّ، وَكَأَنَّهُ مِنَ الْجَزَرِ جَمْعُ جَزَرَةٍ، وَهِيَ الشَّاةُ السَّمِينَةُ، وَقِيلَ: الْجَزَرُ وَالْجَزَرَةُ كُلُّ شَيْءٍ مُبَاحٍ لِلذَّبْحِ، وَمِنْهُ قَوْلُهُمْ: صَارُوا جَزَرًا لِلْعَدُوِّ إِذَا اقْتَتَلُوا.

[ج ز ز]: (الْجَزُّ) قَطْعُ الشَّيْءِ الْكَثِيفِ الضَّعِيفِ، وَبِهِ سُمِّيَ وَالِدُ مَحْمِيَةَ وَالْحَارِثُ ابْنَيْ جَزْءٍ الزُّبَيْدِيُّ، وَعَبْدُ اللـه بن الْحَارِثِ بن جَزْءٍ أَحَدُ مَنْ لَقِيَهُ أَبُو حَنِيفَةَ رَحِمَهُ اللـه مِنَ الصَّحَابَةِ، هَكَذَا فِي الْمُتَشَابِهِ وَمَعْرِفَةِ الصَّحَابَةِ وَأَمَالِي الْمَرْغِينَانِيِّ، وَهُوَ الْمَسْمُوعُ مِنْ شُيُوخِنَا، وَفِي نَفْيِ الِارْتِيَابِ ابْنُ جَزْءٍ الزُّبَيْدِيِّ بِالْهَمْزِ لَا غَيْرُ.

وَفِي الْمُخْتَلَفِ رِوَايَتَانِ، وَيُقَالُ: جَزَّ الصُّوفَ، وَجَزَّ النَّخْلَ، إِذَا صَرَمَهُ، وَالْجِزَازُ كَالْجِذَاذِ بِالْفَتْحِ وَالْكَسْرِ إِلَّا أَنَّ الْجِذَاذَ خَاصٌّ فِي النَّخْلِ، وَالْجِزَازُ فِيهِ وَفِي الزَّرْعِ وَالصُّوفِ وَالشَّعْرِ، وَقَدْ فَرَّقَ مُحَمَّدٌ- رَحِمَهُ اللـه - بَيْنَهُمَا، فَذَكَرَ الْجِدَادَ قَبْلَ الْإِدْرَاكِ وَالْجِزَازَ بَعْدَهُ، وَهُوَ وَإِنْ لَمْ يَثْبُتْ حَسَنٌ، وَأَمَّا جَزَّزَ التَّمْرَ بِالتَّكْرِيرِ كَمَا فِي الزِّيَادَاتِ فَقِيَاسٌ، وَبِاسْمِ الْفَاعِلِ مِنْهُ سُمِّيَ الْمُجَزِّزُ الْمُدْلِجِيُّ الْقَائِفُ فِي كِتَابِ الْعَيْنِ.

[ج ز ف]: (الْجُزَافُ) فِي الْبَيْعِ وَالشِّرَاءِ، وَهُوَ بِالْحَدْسِ بِلَا كَيْلٍ وَلَا وَزْنٍ، قَالَ: وَالْقِيَاسُ الْكَسْرُ، يَعْنِي: إِذَا بُنِيَ عَلَى الْفِعْلِ جُزِمَ، قَالَ النَّخَعِيُّ: التَّكْبِيرُ جَزْمٌ وَالتَّسْلِيمُ جَزْمٌ، أَرَادَ الْإِمْسَاكَ عَنْ إِشْبَاعِ الْحَرَكَةِ وَالتَّعَمُّقِ فِيهَا وَقَطْعَهَا أَصْلًا فِي مَوَاضِعِ الْوَقْفِ

وَالْإِضْرَابَ عَنْ الْهَمْزِ الْمُفْرِطِ وَالْمَدِّ الْفَاحِشِ.

الْجِيمُ مَعَ السِّينِ الْمُهْمَلَةِ

[ج س ر]: (الْجِسْرُ) مَا يُعْبَرُ بِهِ النَّهْرُ وَغَيْرُهُ، مَبْنِيًّا كَانَ أَوْ غَيْرَ مَبْنِيٍّ، وَالْفَتْحُ لُغَةٌ.

[ج س س]: (الْجَسُّ) اللَّمْسُ بِالْيَدِ لِلتَّعَرُّفِ، يُقَالُ: جَسَّهُ الطَّبِيبُ، إذَا مَسَّهُ لِيَعْرِفَ حَرَارَتَهُ مِنْ بُرُودَتِهِ، وَجَسَّ الشَّاةَ لِيَعْرِفَ سِمَنَهَا مِنْ هُزَالِهَا، مِنْ بَابِ طَلَبَ، وَالْمَجَسَّةُ مَوْضِعُ الْجَسِّ، وَقَوْلُهُ: وَإِنْ كَانَتْ شَاةُ لَحْمٍ فَلَا بُدَّ مِنْ (الْمَجَسَّةِ) عَلَى حَذْفِ الْمُضَافِ، أَوْ عَلَى أَنَّهَا فِي مَعْنَى الْمَصْدَرِ، وَقَوْلُهُ (فَاجْتَسَّ) لَهُمْ أَمْرَ الْقَوْمِ، أَيْ: نَظَرَ فِيهِ وَالتَمَسَهُ مِنَ الْجَاسُوسِ، وَيُرْوَى بِالْحَاءِ مِنْ الْحَاسَّةِ.

الْجِيمُ مَعَ الشِّينِ الْمُعْجَمَةِ

[ج ش أ]: (الْجُشَاءُ) صَوْتٌ مِنْ رِيحٍ يَخْرُجُ مِنْ الْفَمِ عِنْدَ الشِّبَعِ، وَالتَّجَشُّؤُ: تَكَلُّفُ ذَلِكَ.

[ج ش ب] فِي السِّيَرِ: عَامِرُ بن جَشِيبٍ، فَعِيلٍ مِنْ الْجَشْبِ، وَهُوَ الْخَشِنُ.

[ج ش ر]: زَيْدُ بن ثَابِتٍ، فَمَا جُشِرَ يُطْلَبُ نَسْلُهَا، يُقَالُ: جَشَرْنَا الدَّوَابَّ، إذَا أَخْرَجْنَاهَا إلَى الْمَرْعَى، فَلَا تَرُوحُ مِنْ بَابِ طَلَبَ.

[ج ش ن] قَوْلُهُ: إذَا وَلَدَتْ وَخَرَجَ الْجَوْشَنُ مِنْ الْوَلَدِ، وَهُوَ الصَّدْرُ، وَفِي غَيْرِ هَذَا الْمَوْضِعِ: الدِّرْعُ.

الْجِيمُ مَعَ الصَّادِ الْمُهْمَلَةِ

[ج ص ص]: (الْجِصُّ) بِالْكَسْرِ، وَالْفَتْحِ تَعْرِيبُ كَجٍّ، وَمِنْهُ: جَصَّصَ الْبِنَاءَ طَلَاهُ بِهِ.

الْجِيمُ مَعَ الْعَيْنِ

[ج ع ب]: (الْجِعَابُ) جَمْعُ جَعْبَةِ السِّهَامِ، وَفِي شَرْحِ الْقُدُورِيِّ: أَنَّ عُمَرَ رَضِيَ اللهُ عَنْهُ قَالَ لِحَمَاسٍ: مَا مَالُكَ؟ فَقَالَ: (الْجِعَابُ) وَالْأُدُمُ، وَفِي نُسْخَةٍ أُخْرَى: الْخِفَافُ، جَمْعُ خُفٍّ، وَالْأَوَّلُ هُوَ الصَّحِيحُ بِدَلِيلِ الرِّوَايَةِ الْأُخْرَى، وَهِيَ مَا قَرَأْتُ فِي الْفَائِقِ أَنَّهُ لَمَّا قَالَ لَهُ: مَا مَالُكَ؟ فَقَالَ: أَقْرُنٌ وَآدِمَةٌ فِي الْمَنِيئَةِ، وَهَكَذَا فِي الْغَرِيبَيْنِ، وَهِيَ جَمْعُ قَرَنٍ، وَهِيَ جَعْبَةٌ صَغِيرَةٌ تُضَمُّ إلَى الْجَعْبَةِ الْكَبِيرَةِ، وَهُوَ نَظِيرُ أَجْبُلٍ وَأَزْمُنٍ فِي جَبَلٍ وَزَمَنٍ.

(وَالْآدِمَةُ) فِي جَمْعِ أَدِيمٍ نَظِيرُ أَكْثِبَةٍ وَأَطْرِقَةٍ فِي كَثِيبٍ وَطَرِيقٍ، (وَالْمَنِيئَةُ) الدِّبَاغُ هَاهُنَا.

[ج ع د]: (جَعْدَةُ) بن هُبَيْرَةَ بن أَبِي وَهْبٍ الْمَخْزُومِيُّ ابْنُ أُمِّ هَانِئٍ فَاخِتَةَ.

جَعْدًا فِي (ص هـ، ص هـ ب).

[ج ع ر]: (جَعَرَ) الْفَأْرُ نَحْوَهُ، وَهُوَ لِلسَّبُعِ فِي الْأَصْلِ، وَمِنْهُ: الْجُعْرُورُ ضَرْبٌ مِنَ الدَّقَلِ يَحْمِلُ شَيْئًا صَغِيرًا لَا خَيْرَ فِيهِ، وَقَدْ نُهِيَ عَنْهُ فِي الصَّدَقَةِ.

(وَالْجِعْرَانَةُ) مَوْضِعٌ قَرِيبٌ مِنْ مَكَّةَ، بِتَخْفِيفِ الرَّاءِ عَنْ الْخَطَّابِيِّ، وَقَدْ يُشَدَّدُ.

[ج ع ل]: (الْجَعَائِلُ) جَمْعُ جَعِيلَةٍ وَجَعَالَةٍ بِالْحَرَكَاتِ الثَّلَاثِ بِمَعْنَى الْجُعْلِ، وَهُوَ مَا يُجْعَلُ لِلْعَامِلِ عَلَى عَمَلِهِ، ثُمَّ سُمِّيَ بِهِ مَا يُعْطَى الْمُجَاهِدُ لِيَسْتَعِينَ بِهِ عَلَى جِهَادِهِ، وَأَجْعَلْتُ لَهُ: أَعْطَيْت لَهُ الْجُعْلَ، وَاجْتَعَلَهُ هُوَ: أَخَذَهُ.

وَمِنْهُ: أَنَّ عَبْدَ اللهِ الْأَنْصَارِيَّ سُئِلَ عَنْ الرَّجُلِ يَجْتَعِلُ الْجُعْلَ، ثُمَّ يَبْدُو لَهُ فَيُجْعِلُ أَقَلَّ مِمَّا اجْتَعَلَ، قَالَ: إِذَا لَمْ يَكُنْ أَرَادَ الْفَضْلَ فَلَا بَأْسَ بِهِ، وَفِي الشُّرُوحِ: فَيَجْعَلُ بِفَتْحِ حَرْفِ الْمُضَارَعَةِ، وَلَيْسَ بِذَاكَ، وَعَلَيْهِ جَاءَ الْحَدِيثُ: "إِنَّ أَبِي جَعَلَ لِقَوْمِهِ مِائَةً مِنَ الْإِبِلِ عَلَى أَنْ يُسْلِمُوا"[1].

وَعَنْ النَّخَعِيِّ: أَنَّهُ كَانَ فِي مَسْلَحَةٍ، أَيْ: فِي ثَغْرٍ، فَضُرِبَ عَلَيْهِمْ الْبَعْثُ، أَيْ: عُيِّنَ عَلَيْهِمْ أَنْ يُبْعَثُوا إِلَى الْحَرْبِ، فَجَعَلَ إِبْرَاهِيمُ وَقَعَدَ، أَيْ: أَعْطَى غَيْرَهُ جُعْلًا لِيَغْزُوَ عَنْهُ وَقَعَدَ هُوَ عَنْ الْغَزْوِ، وَقَوْلُهُ: إِذَا لَمْ يَكُنْ أَرَادَ الْفَضْلَ، يَعْنِي: إِذَا لَمْ يَقْصِدْ بِمَا فَضَلَ، وَزَادَ: أَنْ يَحْبِسَهُ لِنَفْسِهِ وَيَصْرِفَهُ إِلَى حَوَائِجِهِ.

[ج ع ن] فِي الْأَنْفَالِ. (جعونة) بن الْحَارِثِ مِنْ وُلَاةِ جُيُوشِ الشَّامِ، وَمَعْوِيَةُ تَصْحِيفٌ.

وَفِي وَصَايَا السِّيَرِ:حَرَامُ بن مَعْوِيَةَ، وَجَعْوَنَةُ تَصْحِيفٌ.

[ج ع و]: (الْجِعَةُ) شَرَابٌ يُتَّخَذُ مِنْ الشَّعِيرِ.

الْجِيمُ مَعَ الْفَاءِ

[ج ف ر]: (الْجَفْرُ) مِنْ أَوْلَادِ الْمَعْزِ مَا بَلَغَ أَرْبَعَةَ أَشْهُرٍ، وَالْأُنْثَى: جَفْرَةٌ.

---

(١) أخرجه أبو داود (٢٩٣٤)، والبيهقي في السنن الكبرى في: ج ٦: ص٣٦١.

[ج ف ش]: (الجفشيش) بِالْكَسْرِ، وَعَنْ الْعَسْكَرِيِّ بِالْفَتْحِ، وَالْحَاءُ وَالسِّينُ تَصْحِيفٌ، وَكَذَا الْعَيْنُ، وَهُوَ لَقَبُ مَعْدَانَ بن النُّعْمَانِ الْكِنْدِيِّ.

[ج ف ف]: (جَفَّ) الشَّيْءُ مِنْ بَابِ ضَرَبَ، جُفُوفًا وَجَفَافًا إذَا يَبِسَ، وَمِنْهُ: مَنْ احْتَلَمَ، ثُمَّ أَصْبَحَ عَلَى جَفَافٍ، أَيْ: أَصْبَحَ وَقَدْ جَفَّ مَا عَلَى ثَوْبِهِ مِنْ الْمَنِيِّ.

(وَالتِّجْفَافُ) شَيْءٌ يُلْبَسُ عَلَى الْخَيْلِ عِنْدَ الْحَرْبِ[1] كَأَنَّهُ دِرْعٌ، تِفْعَالٌ مِنْ جَفَّ لِمَا فِيهِ مِنْ الصَّلَابَةِ وَالْيُبُوسَةِ، وَأَمَّا قَوْلُهُ: مَنْ تَقَدَّمَ (مُتَجَفِّفًا) أَيْ: ذَا تِجْفَافٍ عَلَى فَرَسِهِ فَقِيَاسٌ.

وَفِي حَدِيثِ ابْنِ عَبَّاسٍ رَضِيَ اللَّهُ عَنْهُمَا: "لَا نَفْلَ فِي غَنِيمَةٍ حَتَّى تُقْسَمَ".

(جَفَّةً) أَيْ: حَتَّى تُقْسَمَ كُلُّهَا، وَجُمْلَتُهَا فِي مُخْتَصَرِ الْكَرْخِيِّ.

[ج ف ل] فِي حَدِيثِ عَدِيٍّ: إنِّي آتِي الْبَحْرَ، وَقَدْ (أَجْفَلَ) سَمَكًا كَثِيرًا، فَقَالَ ابْنُ عَبَّاسٍ رَضِيَ اللَّهُ عَنْهُمَا: كُلْ مَا حَسَرَ عَنْهُ وَدَعْ مَا طَفَا عَلَيْهِ، الصَّوَابُ: جَفَلَ، مِنْ بَابِ ضَرَبَ، أَيْ: أَلْقَاهُ عَلَى السَّاحِلِ عَنْ اللَّيْثِ، وَكَذَا حَكَاهُ الْأَزْهَرِيُّ، قَالَ رَضِيَ اللَّهُ عَنْهُ: وَكَأَنَّهُ مِنْ قَوْلِهِمْ الرِّيحُ (تَجْفِلُ الْجَهَامَ) أَيْ: تَذْهَبُ بِهِ وَطَعَنَهُ.

(فَجَفَلَهُ) أَيْ: قَلَعَهُ مِنْ الْأَصْلِ وَصَرَعَهُ، وَقَوْلُهُ: مَا حُسِرَ عَنْهُ، أَيْ: مَا نَضَبَ عَنْهُ الْمَاءُ وَانْكَشَفَ، وَالْمَعْنَى: أَنَّ مَا مَاتَ بِسَبَبِ نُضُوبِ الْمَاءِ فَهُوَ حَلَالٌ فَكُلْهُ، وَمَا مَاتَ حَتْفَ أَنْفِهِ فَطَفَا فَوْقَ الْمَاءِ وَارْتَفَعَ فَلَا.

[ج ف و]: (جَفَا) جَنْبُهُ عَنْ الْفِرَاشِ وَتَجَافَى، إذَا نَبَا وَارْتَفَعَ، وَجَفَاهُ صَاحِبُهُ وَجَافَاهُ، وَمِنْهُ: جَافَى عَضُدَيْهِ، أَيْ: بَاعَدَهُمَا عَنْ جَنْبَيْهِ، وَكَذَا قَوْلُ الْقُدُورِيِّ فِي الْمَنَاسِكِ: فَإِنْ أَرْسَلَتْ شَيْئًا عَلَى وَجْهِهَا وَجَافَتْ عَنْهُ فَلَا بَأْسَ بِهِ.

وَفِي حَدِيثِ عُمَرَ رَضِيَ اللَّهُ عَنْهُ: إنِّي أَجْفُو عَنْ أَشْيَاءَ مِنْ الْعِلْمِ، أَيْ: أَنْبُو عَنْهَا وَأَجْهَلُهَا، وَالْجَفَاءُ غَالِبٌ عَلَى أَهْلِ الْبَدْوِ، وَهُوَ الْغِلَظُ فِي الْعِشْرَةِ وَالْخُرْقُ فِي الْمُعَامَلَةِ وَتَرْكُ الرِّفْقِ، وَمِنْهُ: أَرْبَعٌ مِنْ الْجَفَاءِ، وَثَوْبٌ (جَافٍ) غَلِيظٌ.

وَقَوْلُهُ فِي الْفَرْقِ بَيْنَ الذَّبْحِ وَالْقَتْلِ: إنَّ الذَّبْحَ بِقَطْعِ الْأَوْدَاجِ، وَالْقَتْلَ بِإِيقَاعِ الْفِعْلِ فِي الْمَحَلِّ مَعَ التَّجَافِي، وَيَعْنِي: أَنَّ الْقَاتِلَ يَضْرِبُ مِنْ بَعِيدٍ مُتَجَافِيًا، كَالنَّاهِي عَنْ الشَّيْءِ

(١) في خ: "العرب".

لَا يَدْرِي أَيُصِيبُ الْمَحَلَّ أَمْ لَا.

الْجِيمُ مَعَ اللَّامِ

[ج ل ب]: (جَلَبَ) الشَّيْءَ: جَاءَ بِهِ مِنْ بَلَدٍ إِلَى بَلَدٍ لِلتِّجَارَةِ جَلْبًا، وَالْجَلَبُ: الْمَجْلُوبُ، وَمِنْهُ: نَهَى عَنْ تَلَقِّي الْجَلَبِ، وَعَبْدٌ جَلِيبٌ: جُلِبَ إِلَى دَارِ الْإِسْلَامِ.

وَمِنْهُ: قَوْلُ شَيْخِنَا صَاحِبِ الْجَمْعِ اسْتَوْصِفْ الْعَبْدَ الْجَلِيبَ جُمْلَةَ الْإِسْلَامِ؛ فَإِنْ لَمْ يَعْرِفْ لَمْ يَحِلَّ، وَفِي كِتَابِ عُمَرَ رَضِيَ اللهُ عَنْهُ: (مَا أَجَلَبَ) النَّاسُ عَلَيْكَ مِنَ الْعَسْكَرِ مِنْ كُرَاعٍ أَوْ مَالٍ فَاقْسِمْهُ، الصَّوَابُ: جَلَبَ؛ لِأَنَّهُ مِنَ الْجَلْبِ، وَأَمَّا الْإِجْلَابُ فَذَاكَ مِنَ الْجَلَبَةِ، وَهِيَ الصَّيْحَةُ وَلَيْسَ هَذَا مَوْضِعُهُ.

وَقِيلَ: هُوَ اخْتِلَاطُ الْأَصْوَاتِ وَرَفْعُهَا، وَمِنْهُ: (وَأَجْلِبْ عَلَيْهِم بِخَيْلِكَ وَرَجِلِكَ) [سورة الإسراء آية ٦٤]، وَقَوْلُهُ فِي السِّيَرِ: إِنْ نَزَلَتْ بِهِمْ (جَلَبَةُ الْعَدُوِّ)، وَفِي مَوْضِعٍ آخَرَ: وَلَا يَقْدِرُونَ عَلَى دَفْعِ جَلَبَةِ الْعَدُوِّ، وَرُوِيَ: حَلْبَة، بِالْحَاءِ وَسُكُونِ اللَّامِ، وَهِيَ خَيْلٌ تَجْتَمِعُ لِلسِّبَاقِ مِنْ كُلِّ أَوْبٍ، وَإِذَا اجْتَمَعَ الْقَوْمُ مِنْ كُلِّ وَجْهٍ لِحَرْبٍ، قِيلَ: أَحْلَبُوا، وَرُبَّمَا جَمَعُوا الْحَلْبَةَ عَلَى حَلَائِبَ، وَمِنْهُ: لَبِّثْ قَلِيلًا تَلْحَقْ الْحَلَائِبُ، أَيْ: الْجَمَاعَةُ، وَالرِّوَايَةُ الْأُولَى أَشْهَرُ وَأَظْهَرُ.

وَأَمَّا قَوْلُهُ: (لَا جَلَبَ) وَلَا جَنَبَ فِي الْإِسْلَامِ، فَالْجَلَبُ إِمَّا بِمَعْنَى الْجَلْبِ، وَهُوَ أَنْ يَجْلِبُوا إِلَى الْمُصَدِّقِ أَنْعَامَهُمْ فِي مَوْضِعٍ يَنْزِلُهُ، فَنَهَى عَنْ ذَلِكَ، وَأَمَرَ أَنْ يَأْتِيَ بِنَفْسِهِ أَفْنِيَتَهُمْ فَيَأْخُذَ صَدَقَاتِهِمْ، وَإِمَّا بِمَعْنَى الْجَلَبَةِ الصَّيْحَةُ.

(وَالْجَنَبُ) مَصْدَرُ جَنَبَ الْفَرَسَ إِذَا اتَّخَذَهُ جَنِيبَةً، وَالْمَعْنَى فِيهِمَا فِي السِّبَاقِ أَنْ يُتْبِعَ فَرَسَهُ رَجُلًا يُجْلِبُ عَلَيْهِ وَيَزْجُرُهُ، وَأَنْ يَجْنُبَ إِلَى فَرَسِهِ فَرَسًا عُرْيَانًا، فَإِذَا قَرُبَ مِنَ الْغَايَةِ انْتَقَلَ إِلَيْهِ؛ لِأَنَّهُ مُسْتَرِيحٌ فَسَبَقَ عَلَيْهِ.

(وَالْجِلْبَابُ) ثَوْبٌ أَوْسَعُ مِنَ الْخِمَارِ وَدُونَ الرِّدَاءِ، وَمِنْهُ: (يُدْنِينَ عَلَيْهِنَّ مِن جَلَابِيبِهِنَّ) [سورة الأحزاب آية ٥٩].

[ج ل ح]: (رَجُلٌ أَجْلَحُ) انْحَسَرَ مُقَدَّمُ شَعْرِهِ، وَهُوَ فَوْقَ الْأَنْزَعِ وَدُونَ الْأَجْلَى وَالْأَجْلَهِ.

[ج ل د]: (التَّجْلِيدُ) مِنَ الْأَضْدَادِ بِمَعْنَى إِزَالَةِ الْجِلْدِ، وَمِنْهُ: جَلَّدَ الْبَعِيرَ إِذَا كَشَطَهُ وَبِمَعْنَى وَضَعَهُ، وَمِنْهُ: جَوْرَبٌ مُجَلَّدٌ وُضِعَ الْجِلْدُ عَلَى أَعْلَاهُ وَأَسْفَلِهِ.

(وَالْجَلْدُ) ضَرْبُ الْجِلْدِ، وَمِنْهُ: جَلَدَهُ الْجَلَّادُ، وَرَجُلٌ جَلْدٌ وَجَلِيدٌ غَيْرُ بَلِيدٍ.

[ج ل م د]: (وَالْجَلْمَدُ) وَالْجُلْمُودُ، الْحَجَرُ الْمُسْتَدِيرُ وَمِيمُهُ لِلْإِلْحَاقِ.

[ج ل ز]: (الْجِلْوَازُ) عِنْدَ الْفُقَهَاءِ: أَمِينُ الْقَاضِي، أَوْ الَّذِي يُسَمَّى صَاحِبَ الْمَجْلِسِ، وَفِي اللُّغَةِ: الشُّرْطِيُّ، وَالْجَمْعُ: جَلَاوِيزُ وَجَلَاوِزَةٌ.

[ج ل س]: (جَلِيسهَا) فِي (ق ب).

[ج ل ق]: (الْجَوَالِقُ) بِالْفَتْحِ، جَمْعُ جُوَالِق بِالضَّمِّ، وَالْجَوَالِيقُ بِزِيَادَةِ الْيَاءِ تَسَامُحٌ.

[ج ل ل]: (الْجِلَالُ) جَمْعُ جُلِّ الدَّابَّةِ، وَجُلَّةُ التَّمْرِ أَيْضًا، وَهِيَ وِعَاؤُهُ، وَأَمَّا جِلَالُ السَّفِينَةِ، وَهُوَ كَالسَّقْفِ لَهَا، فَهُوَ مُفْرَدٌ، وَالْجِلُّ بِالْكَسْرِ قَصَبُ الزَّرْعِ إِذَا حُصِدَ وَقُطِعَ، قَالَ الدِّينَوَرِيُّ: فَإِذَا نُقِلَ إِلَى الْبَيْدَرِ وَدِيسَ سُمِّيَ التِّبْنَ، وَأَمَّا مَا فِي سِيَرِ شَرْحِ مُخْتَصَرِ الْقُدُورِيِّ: أَنَّ ابْنَ سِمَاعَةَ قَالَ: وَلَوْ أَنَّ رَجُلًا زَرَعَ فِي أَرْضِهِ، ثُمَّ حَصَدَهُ وَبَقِيَ مِنْ حَصَادِهِ وَجِلِّهِ مَرْعًى، فَلَهُ أَنْ يَمْنَعَهُ وَأَنْ يَبِيعَهُ فَفِيهِ تَوَسُّعٌ كَمَا فِي الْحَصَادِ.

(وَالْجَلَّةُ) بِالْفَتْحِ الْبَعْرَةُ، وَمِنْهَا قَوْلُهُ: كَانُوا يَتَرَامَوْنَ بِالْجَلَّةِ، وَقَدْ كَنَّى بِهَا عَنِ الْعَذِرَةِ، فَقِيلَ لِآكِلَتِهَا: جَالَّةٌ وَجَلَّالَةٌ، وَمِنْهَا: "إِنِّي نَهَيْتُكُمْ عَنْ (جَوَالِّ الْقَرْيَةِ)"[1]. بِتَشْدِيدِ اللَّامِ كَدَوَابَّ جَمْعُ دَابَّةٍ، وَمَنْ رَوَى جَوَّالَاتِ بِتَشْدِيدِ الْوَاوِ فَقَدْ غَلِطَ، وَفِي حَدِيثٍ آخَرَ: "نَهَى عَنْ لُحُومِ الْجَلَّالَةِ وَلَا تَصْحَبْنِي عَلَى جَلَّالَةٍ".

(وَالْجُلْجُلُ) مَا يُعَلَّقُ بِعُنُقِ الدَّابَّةِ أَوْ بِرِجْلِ الْبَازِي، وَمِنْهُ: وَجَدَ بَازِيًا فِي رِجْلَيْهِ سَيْرٌ أَوْ جَلَاجِلُ.

(وَالْجُلْجُلَانُ) ثَمَرُ الْكُزْبَرَةِ وَالسِّمْسِمِ أَيْضًا، وَهُوَ الْمُرَادُ فِي حَدِيثِ ابْنِ عُمَرَ رَضِيَ اللهُ عَنْهُمَا: أَنَّهُ كَانَ يَدَّهِنُ بِالْجُلْجُلَانِ.

جِلَّ فِي (د ق، د ق ق).

[ج ل و]: (جَلَا لِي الشَّيْءُ وَتَجَلَّى وَجَلَوْتُهُ) أَيْ: كَشَفْتُهُ، وَالْجَلَا بِالْفَتْحِ وَالْقَصْرِ الْإِثْمِدُ؛ لِأَنَّهُ يَجْلُو الْبَصَرَ وَيُرْوَى (الْجِلَاءُ) بِالْكَسْرِ مَمْدُودًا، وَمِنْهُ حَدِيثُ الْمُعْتَدَّةِ: فَسَأَلْتُهَا عَنْ كُحْلِ الْجِلَاءِ، وَالْأَوَّلُ أَصَحُّ.

وَقَوْلُهُمْ لِلرَّجُلِ الْمَشْهُورِ: هُوَ ابْنُ جَلَا، أَيْ: الَّذِي يُقَالُ لَهُ جَلَا الْأُمُورَ وَأَوْضَحَهَا

---

(١) أخرجه أبو داود (٣٨٠٩)، وابن أبي شيبة في مصنفه (٢٤٧٠٥)، وأبو داود الطيالسي في مسنده (١٤٠١).

أَوْ جَلَا أَمْرُهُ، أَيْ: وَضَحَ وَانْكَشَفَ، (وَأَجْلَوْا) عَنْ قَتِيلٍ انْكَشَفُوا عَنْهُ وَانْفَرَجُوا.

(وَالْجَلَاءُ) بِالْفَتْحِ وَالْمَدِّ الْخُرُوجُ عَنِ الْوَطَنِ وَالْإِخْرَاجُ، يُقَالُ: جَلَا السُّلْطَانُ الْقَوْمَ عَنْ أَوْطَانِهِمْ وَأَجْلَاهُمْ فَجَلَوْا وَأَجْلَوْا، أَيْ: أَخْرَجَهُمْ فَخَرَجُوا كِلَاهُمَا يَتَعَدَّى وَلَا يَتَعَدَّى.

وَمِنْهُ: قِيلَ لِأَهْلِ الذِّمَّةِ مِنَ الْيَهُودِ جَالِيَةٌ، لِأَنَّ عُمَرَ رَضِيَ اللهُ عَنْهُ أَجْلَاهُمْ عَنْ جَزِيرَةِ الْعَرَبِ لِمَا تَقَدَّمَ مِنْ أَمْرِ النَّبِيِّ صَلَّى اللهُ عَلَيْهِ وَآلِهِ وَسَلَّمَ فِيهِمْ، ثُمَّ لَزِمَ هَذَا الِاسْمُ كُلَّ مَنْ لَزِمَتْهُ الْجِزْيَةُ مِنْ أَهْلِ الْكِتَابِ وَالْمَجُوسِ بِكُلِّ بَلَدٍ، وَإِنْ لَمْ يُجْلَوْا عَنْ أَوْطَانِهِمْ، وَيُقَالُ: اُسْتُعْمِلَ فُلَانٌ عَلَى الْجَالِيَةِ إِذَا وُلِّيَ عَلَى أَخْذِ الْجِزْيَةِ مِنْهُمْ، وَإِنَّمَا أَنَّثَ عَلَى تَأْوِيلِ الْجَمَاعَةِ، وَالْجَمْعُ: الْجَوَالِي.

الْجِيمُ مَعَ الْمِيمِ

[ج م ح]: (الْجَمْحُ) بِمَعْنَى الْجِمَاحِ غَيْرُ مَسْمُوعٍ، وَهُوَ أَنْ يَرْكَبَ الْفَرَسُ رَأْسَهُ لَا يَثْنِيهِ شَيْءٌ، (وَجَمَحَ)[(١)] بِرَاكِبِهِ غَلَبَهُ، وَهُوَ جَمُوحٌ وَجَامِحٌ الذَّكَرُ وَالْأُنْثَى فِيهِمَا سَوَاءٌ.

وَعَنِ الْأَزْهَرِيِّ: فَرَسٌ جَمُوحٌ لَهُ مَعْنَيَانِ: أَحَدُهُمَا ذَمٌّ يَرِدُ مِنْهُ بِالْعَيْبِ، وَقَدْ ذُكِرَ، وَالثَّانِي أَنْ يَكُونَ سَرِيعًا نَشِيطًا، وَهُوَ لَيْسَ بِعَيْبٍ.

[ج م ر]: (جَمَّرَ) ثَوْبَهُ وَأَجْمَرَهُ بَخَّرَهُ وَالتَّجْمِيرُ أَكْثَرُ، وَمِنْهُ: "جَنِّبُوا مَسَاجِدَنَا[(٢)] صِبْيَانَكُمْ"[(٣)]. وَكَذَا وَكَذَا وَجَمِّرُوهَا فِي الْجُمَعِ، أَيْ: طَيِّبُوهَا بِالْمِجْمَرِ، وَهُوَ مَا يُبَخَّرُ بِهِ الثِّيَابُ مِنْ عُودٍ وَنَحْوِهِ، يُقَالُ لِمَا يُوقَدُ فِيهِ الْعُودُ: (مِجْمَرٌ) أَيْضًا، فَمِنَ الْأَوَّلِ قَوْلُهُ صَلَّى اللهُ عَلَيْهِ وَسَلَّمَ: "وَمَجَامِرُهُمُ الْأَلُوَّةُ". أَيْ: بَخُورُهُمُ الْعُودُ الْجَيِّدُ، وَقَوْلُ مُحَمَّدٍ رَحِمَهُ اللهُ فِي السِّيَرِ: وَلَوْ وَجَدَ مِجْمَرًا لَمْ يَكُنْ لَهُ أَنْ يَتَجَمَّرَ بِهِ وَلَا يُوقِدَهُ، يَعْنِي: الْعُودَ، وَمِنَ الثَّانِي قَوْلُهُ فِي امْرَأَةٍ: فِي يَدِهَا مِجْمَرٌ فَصَاحَ عَلَيْهَا، وَقَوْلُهُمْ: وَتُكْرَهُ الْمِجْمَرَةُ دُونَ الْمِدْخَنَةِ، لِأَنَّهَا تَكُونُ فِي الْغَالِبِ مِنَ الْفِضَّةِ، وَلِذَا قَالُوا: يُكْرَهُ (الِاسْتِجْمَارُ) بِمِجْمَرِ فِضَّةٍ.

---

(١) في خ: "وهو جمح".
(٢) في خ: "مساجدكم".
(٣) أخرجه ابن ماجه (٧٥٠)، والبيهقي في السنن الكبرى ١٠٣/١٠، والبوصيري في إتحاف الخيرة (١٤٥٨).

وَفِي" جَمْعِ التَّفَارِيقِ": قِيلَ: لَا بَأْسَ بِالْمِدْخَنَةِ بِخِلَافِ الْمِجْمَرَةِ.

(وَالاسْتِجْمَارُ) فِي الاسْتِنْجَاءِ اسْتِعْمَالُ الْجَمَرَاتِ (وَالْجِمَارِ) وَهِيَ الصِّغَارُ مِنَ الْأَحْجَارِ، جَمْعُ جَمْرَةٍ، وَبِهَا سَمَّوْا الْمَوَاضِعَ الَّتِي تُرْمَى جِمَارًا وَجَمَرَاتٍ، لِمَا بَيْنَهُمَا مِنَ الْمُلَابَسَةِ، وَقِيلَ: لِتَجَمُّعِ مَا هُنَالِكَ مِنَ الْحَصَى مِنْ تَجَمَّرَ الْقَوْمُ إِذَا تَجَمَّعُوا، وَجَمَّرَ شَعْرَهُ: جَمَعَهُ عَلَى قَفَاهُ.

وَمِنْهُ: الضَّافِرُ وَالْمُلَبِّدُ وَالْمُجَمِّرُ عَلَيْهِمُ الْحَلْقُ، وَمِنْهُ: الْجُمَّارُ لِرَأْسِ النَّخْلَةِ، وَهُوَ شَيْءٌ أَبْيَضُ لَيِّنٌ أَلَا تَرَاهُمْ يُسَمُّونَهُ كَثْرًا لِذَلِكَ، وَمَنْ قَالَ: الْجُمَّارُ الْوَدِيُّ، وَهُوَ التَّافِهُ مِنَ النَّخْلِ فَقَدْ أَخْطَأَ.

(وَجَمْرُ) النَّارِ مَعْرُوفٌ، وَهُوَ مِنْ ذَلِكَ أَيْضًا [يَعْنِي التَّجَمُّرَ][1]، وَقَوْلُهُ: فَادْفَعِ الْجَمْرَ بِعُودَيْنِ، أَيْ: سَبَبَ الْجَمْرِ، وَهُوَ الْجَوْرُ بِشَاهِدَيْنِ، وَهَذَا تَمْثِيلٌ حَسَنٌ.

[ج م هـ ر]: (الْجُمْهُورِيُّ) شَرَابٌ يُرَقَّقُ بِالْمَاءِ، ثُمَّ يُطْبَخُ، وَهُوَ الْيَعْقُوبِيُّ، سُمِّيَ بِذَلِكَ لِأَنَّ جُمْهُورَ النَّاسِ، أَيْ: جُلَّهُمْ وَأَكْثَرَهُمْ، يَشْرَبُونَهُ.

[ج م ز]: (جَمَزَ) عَدَا وَأَسْرَعَ، مِنْ بَابِ ضَرَبَ، وَمِنْهُ: الْجُمَّازَةُ، وَأَمَّا الْحَدِيثُ: فَضَاقَ عَلَيْهِ كُمَّا جُمَّازَةٍ، فَهِيَ جُبَّةٌ مِنْ صُوفٍ قَصِيرَةٌ ضَيِّقَةُ الْكُمَّيْنِ بِالْفَتْحِ وَالضَّمِّ.

[ج م س]: (الْجَامِسُ) الْجَامِدُ. (وَالْجَامُوسُ) نَوْعٌ مِنَ الْبَقَرِ.

[ج م ع]: (الْجَمْعُ) الضَّمُّ، وَهُوَ خِلَافُ التَّفْرِيقِ، وَهُوَ مَصْدَرُ جَمَعَ مِنْ بَابِ مَنَعَ، وَبِاسْمِ الْفَاعِلِ مِنْهُ لَقَبُ نُوحِ بنِ أَبِي مَرْيَمَ الْمَرْوَزِيِّ، يَرْوِي عَنِ الزُّهْرِيِّ، وَعَنْهُ أَبُو حَنِيفَةَ، هَكَذَا فِي"مَشَاهِيرِ عُلَمَاءِ السَّلَفِ" لِأَبِي مُحَمَّدٍ الْخِرَقِيِّ، وَإِنَّمَا لُقِّبَ بِالْجَامِعِ؛ لِأَنَّهُ فِيمَا يُقَالُ: أَخَذَ الرَّأْيَ عَنْ أَبِي حَنِيفَةَ وَابْنِ أَبِي لَيْلَى، وَالْحَدِيثَ عَنِ الْحَجَّاجِ بنِ أَرْطَاةَ وَمَنْ كَانَ فِي زَمَانِهِ، وَالْمَغَازِيَ عَنْ مُحَمَّدِ بنِ إِسْحَاقَ، وَالتَّفْسِيرَ عَنِ الْكَلْبِيِّ، وَكَانَ مَعَ ذَلِكَ عَالِمًا بِأُمُورِ الدُّنْيَا.

(وَالْجَمْعُ) أَيْضًا الْجَمَاعَةُ تَسْمِيَةً بِالْمَصْدَرِ، يُقَالُ: رَأَيْت جَمْعًا مِنَ النَّاسِ وَجُمُوعًا.

(وَالْجَمْعُ) الدَّقَلُ؛ لِأَنَّهُ يُجْمَعُ وَيُخْلَطُ مِنْ تَمْرِ خَمْسِينَ نَخْلَةً، وَقِيلَ: كُلُّ لَوْنٍ مِنَ النَّخْلِ لَا يُعْرَفُ اسْمُهُ فَهُوَ جَمْعٌ، ثُمَّ غَلَبَ عَلَى التَّمْرِ الرَّدِيءِ، وَمِنْهُ الْحَدِيثُ: "بِعْ

---

(١) زيادة من: م.

الْجَمْعَ بِالدَّرَاهِمِ، ثُمَّ ابْتَعْ بِالدَّرَاهِمِ جَنِيبًا"[١] وَالْجَنِيبُ فَعِيلٌ مِنْ أَجْوَدِ التَّمْرِ.

(وَجَمْعٌ) اسْمٌ لِلْمُزْدَلِفَةِ؛ لِأَنَّ آدَمَ عَلَيْهِ السَّلَامُ اجْتَمَعَ فِيهِ مَعَ حَوَّاءَ، وَازْدَلَفَ إِلَيْهَا، أَيْ: دَنَا مِنْهَا. وَيُقَالُ: فُلَانَةُ مَاتَتْ بِجُمْعٍ بِالضَّمِّ، أَيْ: مَاتَتْ وَوَلَدُهَا فِي بَطْنِهَا، وَيُقَالُ أَيْضًا: هِيَ مِنْ زَوْجِهَا بِجُمْعٍ، أَيْ: عَذْرَاءُ لَمْ يَمَسَّهَا بَعْدُ، وَهُوَ الْمُرَادُ فِي الْحَدِيثِ: "الْمَبْطُونُ شَهِيدٌ، وَالنُّفَسَاءُ شَهِيدٌ، وَالْمَرْأَةُ إِذَا مَاتَتْ بِجُمْعٍ شَهِيدٌ"[٢]. بِدَلِيلِ الرِّوَايَةِ الْأُخْرَى: "وَالْمَرْأَةُ تَمُوتُ بِجُمْعٍ لَمْ تُطْمَثْ"[٣]. لِأَنَّ الطَّمْثَ الِافْتِضَاضُ وَأَخْذُ الْبَكَارَةِ فَهُوَ كَالتَّفْسِيرِ لَهُ.

(وَالْجُمُعَةُ) مِنْ الِاجْتِمَاعِ كَالْفُرْقَةِ مِنْ الِافْتِرَاقِ، أُضِيفَ إِلَيْهَا الْيَوْمُ وَالصَّلَاةُ، ثُمَّ كَثُرَ الِاسْتِعْمَالُ حَتَّى حُذِفَ مِنْهَا الْمُضَافُ وَجُمِعَتْ فَقِيلَ: جُمُعَاتٌ وَجُمَعٌ جَمَّعْنَا، أَيْ: شَهِدْنَا الْجُمُعَةَ أَوْ الْجَمَاعَةَ، وَقَضَيْنَا الصَّلَاةَ فِيهَا، وَيُقَالُ: أَجْمَعَ الْمَسِيرَ وَعَلَى الْمَسِيرِ عَزَمَ عَلَيْهِ، وَحَقِيقَتُهُ جَمَعَ رَأْيَهُ عَلَيْهِ، وَمِنْهُ الْحَدِيثُ" مَنْ لَمْ يُجْمِعْ الصِّيَامَ قَبْلَ الْفَجْرِ فَلَا صِيَامَ لَهُ"[٤]. وَأَجْمَعُوا عَلَى أَمْرٍ: اتَّفَقُوا عَلَيْهِ، وَاسْتَجْمَعَ السَّيْلُ: اجْتَمَعَ مِنْ كُلِّ مَوْضِعٍ، وَاسْتَجْمَعَتْ لِلْمَرْءِ أُمُورُهُ: اجْتَمَعَ لَهُ مَا يُحِبُّهُ، وَهُوَ لَازِمٌ كَمَا تَرَى، وَقَوْلُهُمْ: اسْتَجْمَعَ الْفَرَسُ جَرْيًا، نُصِبَ عَلَى التَّمْيِيزِ، وَأَمَّا قَوْلُ الْفُقَهَاءِ: مُسْتَجْمِعًا شَرَائِطَ الصِّحَّةِ، فَلَيْسَ بِثَبْتٍ، وَأَمَّا قَوْلُ الْأَبِيوَرْدِيِّ:

شَامِيَّةٌ تَسْتَجْمِعُ الشَّوْلَ حرجف

فَكَأَنَّهُ قَاسَهُ عَلَى مَا هُوَ الْغَالِبُ فِي الْبَابِ أَوْ سَمِعَهُ مِنْ أَهْلِ الْحَضَرِ فَاسْتَعْمَلَهُ، وَيُقَالُ: رَجُلٌ مُجْتَمِعٌ إِذَا بَلَغَ أَشُدَّهُ؛ لِأَنَّهُ وَقْتُ اجْتِمَاعِ الْقُوَى أَوْ لِأَنَّ لِحْيَتَهُ اجْتَمَعَتْ.

وَأَمَّا الْجِمَاعُ فَكِنَايَةٌ عَنْ الْوَطْءِ، وَمَعْنَى الِاجْتِمَاعِ فِيهِ ظَاهِرٌ، وَعَنْ شُرَيْحٍ: كَانَ إِذَا أَخَذَ شَاهِدَ زُورٍ بَعَثَ بِهِ إِلَى السُّوقِ أَجْمَعَ مَا كَانَ، وَانْتِصَابُهُ عَلَى الْحَالِ مِنْ السُّوقِ،

---

(١) أخرجه البخاري (٢٢٠٢)، ومسلم (١٥٩٥)، والنسائي (٤٥٥٣)، ومالك في الموطأ رواية يحيى الليثي (١٣١٥).
(٢) أخرجه أبو داود (٣١١١)، ومالك في الموطأ (٥٥٢)، وأحمد في مسنده (٢٢١٧٦).
(٣) أخرجه أبو نعيم في معرفة الصحابة (٥٦٧٥)، وابن أبي الدنيا في العيال (٥٤٩).
(٤) أخرجه الترمذي (٧٣٠)، وأبو داود (٢٤٥٤)، وابن خزيمة في صحيحه (١٨٢٤)، والدارقطني في سننه (٢١٩٥)، والبيهقي في السنن الصغير (١٣٢٠)، والبيهقي في السنن الكبرى في: ج ٤: ص٢٠٢.

وَإِنَّمَا لَمْ يَقُلْ: كَانَتْ، لِأَنَّهَا قَدْ تُذَكَّرُ، وَيُنْشَدُ:

بِسُوقِ كَثِيرٍ رِيحُهُ وَأَعَاصِرُهُ

وَفِي حَدِيثٍ: "الْإِمَامُ إِذَا صَلَّى جَالِسًا فَصَلُّوا جُلُوسًا أَجْمَعِينَ"، وَرُوِيَ" إِذَا صَلَّى قَاعِدًا فَصَلُّوا قُعُودًا أَجْمَعِينَ" هَكَذَا فِي سُنَنِ أَبِي دَاوُد وَمُتَّفَقِ الْجَوْزَقِيِّ، وَهَذَا إِنْ كَانَ مَحْفُوظًا نُصِبَ عَلَى تَوَهُّمِ الْحَالِ، وَإِلَّا فَالصَّوَابُ مِنْ حَيْثُ الصَّنْعَةُ: أَجْمَعُونَ بِالْوَاوِ، تَأْكِيدًا لِلضَّمِيرِ الْمَرْفُوعِ الْمُسْتَكِنِّ فِي جُلُوسًا أَوْ قُعُودًا.

[ج م ل]: (الْجَمَلُ) زَوْجُ النَّاقَةِ، وَلَا يُسَمَّى بِذَلِكَ إِلَّا إِذَا بَزَلَ، وَالْجَمْعُ: أَجْمَالٌ وَجِمَالٌ وَجِمَالَةٌ.

وَيَوْمُ الْجَمَلِ: وَقْعَةُ عَائِشَةَ رَضِيَ اللهُ عَنْهَا بِالْبَصْرَةِ مَعَ عَلِيٍّ رَضِيَ اللهُ عَنْهُ، سُمِّيَتْ بِذَلِكَ لِأَنَّهَا كَانَتْ عَلَى جَمَلٍ اسْمُهُ عَسْكَرٌ.

(وَمَسْكُ الْجَمَلِ) كَنْزُ أَبِي الْحَقِيقِ، (وَجَمَلُ الْمَاءِ) أَسْمُهُ الْكَوْسَجُ وَالْكُبَعُ، (وَالْجَمِيلُ) الْوَدَكُ، وَهُوَ مَا أُذِيبَ مِنَ الشَّحْمِ، (وَالْجُمَالَةُ) صُهَارَتُهُ، يُقَالُ: جَمَلَ الشَّحْمَ، أَيْ: أَذَابَهُ جَمْلًا مِنْ بَابِ طَلَبَ.

(وَجَمُلَ) جَمَالًا حَسُنَ وَرَجُلٌ جَمِيلٌ وَامْرَأَةٌ جَمِيلَةٌ، وَبِهَا سُمِّيَتْ جَمِيلَةُ بِنْتُ ثَابِتِ بنِ أَبِي الْأَقْلَحِ الْأَوْسِيِّ، وَكُنْيَتُهَا أُمُّ عَاصِمٍ، وَعَاصِمٌ ابْنُهَا مِنْ عُمَرَ رَضِيَ اللهُ عَنْهُ، وَكَانَ اسْمُهَا عَاصِيَةُ فَسُمِّيَتْ جَمِيلَةً، وَأَمَّا جَمِيلَةُ بِنْتُ سَلُولَ كَمَا فِي الْكَرْخِيِّ، فَالصَّوَابُ: بِنْتُ أُبَيٍّ ابْنِ سَلُولَ أُخْتُ عَبْدِ اللهِ بنِ أُبَيٍّ، وَهِيَ الَّتِي قَالَتْ لِرَسُولِ اللهِ صَلَّى اللهُ عَلَيْهِ وَسَلَّمَ: "مَا أَعْتِبُ عَلَى ثَابِتٍ فِي دِينٍ وَلَا خُلُقٍ"[(١)]. أَيْ: لَا أَحْقِدُ عَلَيْهِ، وَاخْتَلَعَتْ مِنْهُ بِحَدِيقَةٍ.

فَتَجَمَّلَ فِي (خ ص، خ ص ص). لَيْسَ الْجَمَلُ فِي (ي د).

[ج م م]: (جَمَّ) الْمَاءُ كَثُرَ جُمُومًا، وَمِنْهُ:

إِنْ تَغْفِرِ اللَّهُمَّ فَاغْفِرْ جَمًّا

أَيْ: ذَنْبًا جَمًّا كَثِيرًا.

(وَالْجُمَّةُ) بِالضَّمِّ مُجْتَمَعُ شَعْرِ الرَّأْسِ، وَهِيَ أَكْثَرُ مِنَ الْوَفْرَةِ، وَقَوْلُهُ: رَأَى لُمْعَةً

---

(١) أخرجه البخاري (٥٢٧٥)، وابن ماجه (٢٠٥٦)، وعبد الرزاق في مصنفه (١١٧٥٩).

فَغَسَلَهَا بِجُمَّتِه، أَيْ: بِبِلَّةِ جُمَّتِهِ أَوْ بِمَاءِ جُمَّتِه، عَلَى حَذْفِ الْمُضَافِ.

(وَجُمَامُ الْمَكُّوكِ) بِالضَّمِّ مَا عَلَى رَأْسِهِ بَعْدَ الامْتِلَاءِ فَوْقَ طَفَافِه وَالْفَتْحُ وَالْكَسْرُ لُغَةٌ، وَمِنْهُ قَوْلُهُ فِي الْكَيْلِ: وَإِنْ كَانَ يَمْسَحُ عَلَى الْجُمَامِ، فَكَذَلِكَ يَعْنِي: مَسَحَ الْكَيْلَ عَلَى رَأْسِ الْقَفِيزِ.

وَكَبْشٌ (أَجَمُّ) لَا قَرْنَ لَهُ، وَالْأُنْثَى (جَمَّاءُ) وَجَمْعُهَا جُمٌّ، وَمِنْهُ: تُبْنَى الْمَسَاجِدُ جُمًّا، أَيْ: لَا شُرَفَ لِجُدْرَانِهَا.

(الْجَمْجَمَةُ) إِخْفَاءُ الْكَلَامِ فِي الصَّدْرِ، (وَالْمَجْمَجَةُ) مِثْلُهَا عَنْ الزَّوْزَنِيِّ.

(وَالْجُمْجُمَةُ) بِالضَّمِّ عِظَامُ الرَّأْسِ، وَيُعَبَّرُ بِهَا عَنْ الْجُمْلَةِ فَيُقَالُ: وَضَعَ الْإِمَامُ الْخَرَاجَ عَلَى الْجَمَاجِمِ عَلَى كُلِّ جُمْجُمَةٍ كَذَا.

الْجِيمُ مَعَ النُّونِ

[ج ن ب]: (أَجْنَبَ) الرَّجُلُ مِنْ الْجَنَابَةِ، وَهُوَ وَهِيَ وَهُمْ وَهُنَّ جُنُبٌ، وَفِي حَدِيثِ صَفْوَانَ بن عَسَّالٍ: أَنَّهُ صَلَّى اللهُ عَلَيْهِ وَآلِهِ وَسَلَّمَ" كَانَ يَأْمُرُنَا أَنْ لَا نَنْزِعَ خِفَافَنَا ثَلَاثَةَ أَيَّامٍ وَلَيَالِيَهُنَّ لَا مِنْ جَنَابَةٍ، وَلَكِنْ مِنْ غَائِطٍ أَوْ نَوْمٍ أَوْ بَوْلٍ"[(١)]، وَفِي شَرْحِ السُّنَّةِ: "إِلَّا مِنْ جَنَابَةٍ، لَكِنْ مِنْ بَوْلٍ"[(٢)] وَالْأَوَّلُ أَحْسَنُ، وَقَوْلُهُ" الْمَاءُ لَا يَجْنُبُ"[(٣)]، أَيْ: لَا يَنْجَسُ مَجَازٌ.

(وَجُنِبَ) فَهُوَ مَجْنُوبٌ أَصَابَتْهُ[(٤)] ذَاتُ (الْجَنْبِ)، وَهِيَ عِلَّةٌ مَعْرُوفَةٌ.

(وَجَنْبٌ) حَيٌّ مِنْ الْيَمَنِ إِلَيْهِمْ يُنْسَبُ حُصَيْنُ بن الْجُنْدُبِ الْجَنْبِيُّ، وَكُنْيَتُهُ أَبُو ظَبْيَانَ بِالْكَسْرِ وَالصَّوَابُ الْفَتْحُ عَنْ أَهْلِ اللُّغَةِ، وَحَدِيثُهُ فِي السِّيَرِ.

وَلَا (جَنَبَ) فِي (ج ل، ج ل ب). جَنِيبًا فِي (ج م، ج م ع).

---

(١) أخرجه الترمذي (٩٦)، والنسائي (١٢٦)، وأحمد في مسنده (١٧٦٢٩)، وابن حبان في صحيحه (١٣٢١)، والبيهقي في السنن الكبرى في: ج ١: ص٢٧٦، والشافعي في مسنده (٥٧)، والبوصيري في إتحاف الخيرة (١٠٤٣)

(٢) أخرجه البيهقي في السنن الكبرى في: ج ١: ص١١٤

(٣) أخرجه الترمذي (٦٥)، وأبو داود (٦٨)، وابن ماجه (٣٧٠)، وأحمد في مسنده (٢٤٧٠٦)، وابن حبان في صحيحه (١٢٦١)، والبيهقي في السنن الكبرى في: ج ١: ص١٨٩

(٤) في خ: "أصابه".

[ج ن ح]: (جَنَحَ) جُنُوحًا مَالَ، وَاجْتَنَحَ مِثْلُهُ، وَفِي التَّنْزِيلِ (وَإِنْ جَنَحُوا لِلسَّلْمِ فَاجْنَحْ لَهَا) [سورة الأنفال آية ٦١]. وَفِي حَدِيثِ عَلِيٍّ رَضِيَ اللهُ عَنْهُ: فَجَاءَ شَيْخٌ كَبِيرٌ قَدْ (اجْتَنَحَ) بَدَنُهُ، أَيْ: مَالَ إِلَى الْأَرْضِ مُعْتَمِدًا بِكَفَّيْهِ عَلَى رُكْبَتَيْهِ مِنْ ضَعْفِهِ.

وَعَنْ أَبِي هُرَيْرَةَ: أَنَّ رَسُولَ اللهِ صَلَّى اللهُ عَلَيْهِ وَآلِهِ وَسَلَّمَ" أَمَرَ بِالتَّجَنُّحِ فِي الصَّلَاةِ، فَشَكَا نَاسٌ إِلَى النَّبِيِّ صَلَّى اللهُ عَلَيْهِ وَسَلَّمَ الضَّعْفَ، فَأَمَرَهُمْ أَنْ يَسْتَعِينُوا بِالرُّكَبِ"[١].

التَّجَنُّحُ وَالِاجْتِنَاحُ: هُوَ أَنْ يَعْتَمِدَ عَلَى رَاحَتَيْهِ فِي السُّجُودِ مُجَافِيًا لِذِرَاعَيْهِ غَيْرَ مُفْتَرِشِهِمَا.

[ج ن د]: (الْجُنْدُ) جَمْعٌ مُعَدٌّ لِلْحَرْبِ، وَجَمْعُهُ: أَجْنَادٌ وَجُنُودٌ، وَبِتَصْغِيرِهِ سُمِّيَ وَالِدُ مُحَمَّدِ بْنِ الْجُنَيْدِ هَكَذَا فِي مُخْتَصَرِ الْكَرْخِيِّ، وَفِي الْمُتَشَابِهِ: مُحَمَّدُ بن عَبْدِ اللهِ بن الْجُنَيْدِ الْجُنَيْدِيُّ يَرْوِي عَنْ أَبِي حَثْمَةَ، وَعَنْهُ شُعْبَةُ.

(وَجُنَادَةُ) بِالضَّمِّ وَالتَّخْفِيفِ ابْنُ أَبِي أُمَيَّةَ الدَّوْسِيُّ صَحَابِيٌّ.

[ج ن ز]: (الْجِنَازَةُ) بِالْكَسْرِ السَّرِيرُ، وَبِالْفَتْحِ الْمَيِّتُ، وَقِيلَ: هُمَا لُغَتَانِ، وَعَنْ الْأَصْمَعِيِّ لَا يُقَالُ بِالْفَتْحِ، وَعَنْ اللَّيْثِ: الْعَرَبُ تَقُولُ: طُعِنَ فُلَانٌ فِي جِنَازَتِهِ، وَرُمِيَ فِي جِنَازَتِهِ إِذَا مَاتَ.

حَدِيثُ عَدِيٍّ الْجُذَامِيِّ: قُلْت: يَا رَسُولَ اللهِ؛ كَانَتْ لِي امْرَأَتَانِ اقْتَتَلَتَا، فَرَمَيْت إِحْدَاهُمَا فَرُمِيَتْ فِي جِنَازَتِهَا، فَقَالَ عَلَيْهِ السَّلَامُ: "اعْقِلْهَا وَلَا تَرِثْهَا". يَعْنِي: مَاتَتْ هِيَ، وَإِنَّمَا قَالُوا هَذَا [لأن جنازتها تصير مرميًا بها][٢] وَالْمُرَادُ بِالرَّمْيِ: الْحَمْلُ وَالْوَضْعُ.

[ج ن س]: (الْجِنْسُ) عَنْ أَئِمَّةِ اللُّغَةِ: الضَّرْبُ مِنْ كُلِّ شَيْءٍ، وَالْجَمْعُ: أَجْنَاسٌ، وَهُوَ أَعَمُّ مِنْ النَّوْعِ، يُقَالُ: الْحَيَوَانُ جِنْسٌ وَالْإِنْسَانُ نَوْعٌ؛ لِأَنَّهُ أَخَصُّ مِنْ قَوْلِنَا حَيَوَانٌ، وَإِنْ كَانَ جِنْسًا بِالنِّسْبَةِ إِلَى مَا تَحْتَهُ، وَالْمُتَكَلِّمُونَ عَلَى الْعَكْسِ يَقُولُونَ: الْأَلْوَانُ نَوْعٌ وَالسَّوَادُ جِنْسٌ.

وَيُقَالُ: فُلَانٌ يُجَانِسُ هَذَا، أَيْ: يُشَاكِلُهُ، وَفُلَانٌ يُجَانِسُ الْبَهَائِمَ وَلَا يُجَانِسُ النَّاسَ، إِذَا لَمْ يَكُنْ لَهُ تَمْيِيزٌ وَلَا عَقْلٌ قَالَهُ الْخَلِيلُ.

وَعَنْ الْأَصْمَعِيِّ: أَنَّ هَذَا الِاسْتِعْمَالَ مُوَلَّدٌ، وَالَّذِي أَفَادَ أَهْلُ اللُّغَةِ بِالْجِنْسِ أَنَّ مَا

(١) أخرجه أحمد في مسنده (٩١٣١)، وأبو يعلى في مسنده (٦٦٦٤)، وفي معجمه أيضا (٢٨).
(٢) سقط من: م.

شَارَكَهُ فِيمَا لِأَجْلِهِ أُسْتُحِقَّ[١] الِاسْمَ كَانَ مَعَ ذَاكَ ضَرْبًا وَاحِدًا. وَالْأَوَّلُ مَذْهَبُ الْفُقَهَاءِ، أَلَا تَرَاهُمْ يَقُولُونَ فِي السَّلَمِ إِنَّهُ لَا يَجُوزُ إِلَّا فِي جِنْسٍ مَعْلُومٍ، وَيَعْنُونَ بِهِ كَوْنَهُ تَمْرًا أَوْ حِنْطَةً، وَفِي نَوْعٍ مَعْلُومٍ، وَيَعْنُونَ بِهِ فِي التَّمْرِ كَوْنَهُ بَرْنِيًّا أَوْ مَعْقِلِيًّا، وَفِي الْحِنْطَةِ كَوْنَهَا خَرِيفِيَّةً أَوْ رَبِيعِيَّةً.

وَأَمَّا قَوْلُهُ: أَوْصَى بِثُلُثِ مَالِهِ لِأَهْلِ بَيْتِهِ، فَهَذَا عَلَى بَنِي أَبِيهِ، وَكَذَا إِذَا أَوْصَى لِجِنْسِهِ لَا يَدْخُلُ فِي ذَلِكَ أَحَدٌ مِنْ قَرَابَاتِ[٢] الْأُمِّ، هَذَا لَفْظُ رِوَايَةِ الزِّيَادَاتِ وَالْقُدُورِيِّ أَيْضًا، وَهُوَ الصَّوَابُ.

وَفِي شَرْحِ الْحَلْوَائِيِّ لِحَسِيبِهِ قَالَ: لِأَنَّ الْحَسِيبَ هُوَ كُلُّ مَنْ يُنْسَبُ إِلَى مَنْ يُنْسَبُ هُوَ إِلَيْهِ، وَفِيهِ نَظَرٌ، وَتَقْرِيرُهُ فِي (ح س، ح س ب).

[ج ن ف]: (الْجَنَفُ) الْمَيْلُ، وَمِنْهُ: جَنِفَ عَلَيْهِ إِذَا ظَلَمَ، مِنْ بَابِ لَبِسَ.

وَعَنْ بَعْضِ الْفُقَهَاءِ: يُرَدُّ مِنْ جَنَفِ [الوصي، يعني][٣]: النَّاحِلِ مَا يرد مِنْ جَنَفِ الْمُوصِي، يَعْنِي بِالنَّاحِلِ: مَنْ يَنْحَلُ بَعْضَ وَلَدِهِ فَيُفَضِّلُ بَعْضَهُمْ عَلَى بَعْضٍ بِنُحْلِهِ فَيَجْنَفُ.

وَفِي الْحَدِيثِ: "مَا تَجَانَفْنَا لِإِثْمٍ". أَيْ: لَمْ نَنْحَرِفْ إِلَيْهِ وَلَمْ نَمِلْ، يَعْنِي: مَا تَعَمَّدْنَا فِي هَذَا ارْتِكَابَ الْمَعْصِيَةِ.

[ج ن ن]: (جَنَّهُ) سَتَرَهُ مِنْ بَابِ طَلَبَ، وَمِنْهُ: الْمِجَنُّ التُّرْسُ، لِأَنَّ صَاحِبَهُ يَتَسَتَّرُ بِهِ.

وَفِي رِسَالَةِ أَبِي يُوسُفَ: وَلَا قَطْعَ فِيمَا دُونَ ثَمَنِ الْمِجَنِّ، وَهُوَ عَشَرَةُ دَرَاهِمَ عَنْ ابْنِ عَبَّاسٍ رَضِيَ اللهُ عَنْهُ، وَلَفْظُ الْحَدِيثِ فِي الْفِرْدَوْسِ عَنْ سَعْدِ بن مَالِكٍ عَنْ النَّبِيِّ صَلَّى اللهُ عَلَيْهِ وَآلِهِ وَسَلَّمَ: "لَا تُقْطَعُ الْيَدُ إِلَّا فِي ثَمَنِ الْمِجَنِّ"[٤]. قَالَ: وَالْمِجَنُّ يَوْمَئِذٍ ثَمَنُهُ دِينَارٌ أَوْ عَشَرَةُ دَرَاهِمَ.

وَفِيهِ عَنْ ابْنِ عُمَرَ وَابْنِ مَسْعُودٍ رَضِيَ اللهُ عَنْهُمَا: "لَا قَطْعَ فِيمَا دُونَ عَشَرَةِ دَرَاهِمَ"[٥].

---

(١) في خ: "يستحق". (٢) في خ: "قرابة".

(٣) سقط من: م.

(٤) أخرجه النسائي (٤٩١٥)، والنسائي في السنن الكبرى (٧٣٦٢)، والبوصيري في إتحاف الخيرة (٤٧٠٤).

(٥) أخرجه أحمد في مسنده (٦٨٦١).

(وَالْجَنَّةُ) الْبُسْتَانُ، وَمِنْهَا قَوْلُهُ: لِأَنَّهُ لَا يُسْتَنْبَتُ فِي الْجِنَانِ، أَيْ: فِي الْبَسَاتِينِ. وَالْجَنَّةُ عِنْدَ الْعَرَبِ: النَّخْلُ الطِّوَالُ، قَالَ زُهَيْرٌ:

كَأَنَّ عَيْـنَيَّ فِي غَرْبَيْ مُقَتَّلَةٍ مِنْ النَّوَاضِحِ تَسْقِي جَنَّةً سُحُقَا

(وَالْجَنِينُ) الْوَلَدُ مَا دَامَ فِي الرَّحِمِ، (وَالْجُنُونُ) زَوَالُ الْعَقْلِ أَوْ فَسَادُهُ.

(وَالْجِنُّ) خِلَافُ الْإِنْسِ وَالْجَانُّ أَبُوهُمْ (وَالْجَانُّ) أَيْضًا حَيَّةٌ بَيْضَاءُ صَغِيرَةٌ، و فِي شَرْحِ الْجَامِعِ الصَّغِيرِ لِلصَّدْرِ الشَّهِيدِ: الْجِنِّيُّ مِنْ الْحَيَّاتِ الْأَبْيَضِ، وَفِيهِ نَظَرٌ.

[ج ن ي]: (الْجِنَايَةُ) مَا تَجْنِيهِ مِنْ شَرٍّ، أَيْ: تُحْدِثُهُ تَسْمِيَةً بِالْمَصْدَرِ مِنْ جَنَى عَلَيْهِ شَرًّا، وَهُوَ عَامٌّ إِلَّا أَنَّهُ خُصَّ بِمَا يَحْرُمُ مِنْ الْفِعْلِ، وَأَصْلُهُ مِنْ جَنَى الثَّمَرِ، وَهُوَ أَخْذُهُ مِنْ الشَّجَرِ.

الْجِيمُ مَعَ الْوَاوِ

[ج و ب]: وَفِي الْحَدِيثِ: "أَيُّ اللَّيْلِ أَجْوَبُ"[(١)]. أَيْ: أَيُّ أَجْزَائِهِ وَسَاعَاتِهِ أَسْرَعُ جَوَابًا، وَهُوَ مَجَازٌ، فَيُقَالُ: جَوْفُ اللَّيْلِ الْآخِرِ أَوْ الْغَابِرِ، أَيْ: الْجُزْءُ الْبَاقِي.

[ج و ث]: (جواثاء) قَرْيَةٌ بِالْبَحْرَيْنِ، بِالْمَدِّ عَنْ الْأَزْهَرِيِّ، وَالْقَصْرُ هُوَ الْمَشْهُورُ.

[ج و ح]: (الْجَائِحَةُ) الْمُصِيبَةُ الْعَظِيمَةُ الَّتِي تَجْتَاحُ الْأَمْوَالَ، أَيْ: تَسْتَأْصِلُهَا كُلَّهَا. وَسَنَةٌ جَائِحَةٌ: جَدْبَةٌ، وَمِنْهُ: فِي السِّنِينَ الْجَوَائِحِ.

وَعَنْ الشَّافِعِيِّ رَحِمَهُ اللهُ: هُوَ كُلُّ مَا أَذْهَبَ الثَّمَرَةَ أَوْ بَعْضَهَا مِنْ أَمْرٍ سَمَاوِيٍّ، وَمِنْهُ الْحَدِيثُ: "أَمَرَ بِوَضْعِ الْجَوَائِحِ"[(٢)]. أَيْ: بِوَضْعِ صَدَقَاتِ ذَوَاتِ الْجَوَائِحِ عَلَى حَذْفِ الاسْمَيْنِ، يَعْنِي: مَا أُصِيبَ مِنْ الْأَمْوَالِ بِآفَةٍ سَمَاوِيَّةٍ لَا تُؤْخَذُ مِنْهُ صَدَقَةٌ[(٣)].

[ج و خ]: (جوخى) بِوَزْنِ فَوْضَى مَوْضِعٌ بِالسَّوَادِ.

[ج و د]: (جَوَادًا) فِي (غ ذ، غ ذ ذ).

---

(١) أخرجه أحمد في مسنده (١٨٤١٦)، والبزار في البحر الزخار (٦١٦٧)، وأبو يعلى الموصلي في مسنده (٥٦٨٢)

(٢) أخرجه مسلم (١٥٥٨)، وابن حبان في صحيحه (٥٠٣١)، وأبو عوانة في مسنده (٥٢١٠)، والدارقطني في سننه (٢٨٨٩)، والبيهقي في السنن الصغير (١٩٧٠)، والبيهقي في السنن الكبرى في: ج ٥: ص٣٠٦، والشافعي في مسنده (٧٠٤)

(٣) بعده في م: "في الإباق".

[ج و ر]: (جَارَ) عَنْ الطَّرِيقِ مَالَ، وَجَارَ: ظَلَمَ جَوْرًا، وَفِي حَدِيثِ عَلِيٍّ رَضِيَ اللهُ عَنْهُ: إِنَّهُ لَجَوْرٌ، أَيْ: ذُو جَوْرٍ، يَعْنِي: جَارَ فِيهِ الْحَاكِمُ، أَيْ: مَالَ عَنْ مُرِّ[1] الْقَضَاءِ فِيهِ.

(وَأَجَارَهُ) يُجِيرُهُ إِجَارَةً وَإِغَاثَةً، وَالْهَمْزَةُ لِلسَّلْبِ، وَمِنْهُ قَوْلُهُ: أَجِرْنِي، فَقَالَ: مِنْ مَاذَا؟ فَقَالَ: مِنْ دَمِ عَمْدٍ، أَيْ: مِنْ هَذِهِ الْجِنَايَةِ. وَالْجَارُ الْمُجِيرُ وَالْمُجَارُ وَالْجَارُ أَيْضًا الْمُجَاوِرُ، وَمُؤَنَّثُهُ الْجَارَةُ، وَيُقَالُ لِلزَّوْجَةِ: (جَارَةٌ) لِأَنَّهَا تُجَاوِرُ زَوْجَهَا فِي مَحَلٍّ وَاحِدٍ.

وَقِيلَ: الْعَرَبُ تُكَنِّي عَنْ الضَّرَّةِ بِالْجَارَةِ، تَطَيُّرًا مِنْ الضَّرَرِ، وَمِنْهُ: كَانَ ابْنُ عَبَّاسٍ رَضِيَ اللهُ عَنْهُ يَنَامُ بَيْنَ جَارَتَيْهِ، وَفِي حَدِيثِ حَمَلِ بن مَالِكٍ: كُنْتُ بَيْنَ جَارَتَيَّ، فَضَرَبَتْ إِحْدَاهُمَا الْأُخْرَى.

[ج ب ر]: (الجويبار) فَارِسِيٌّ، وَهُوَ الْجَدْوَلُ عَلَى شَطَّيْهِ أَشْجَارٌ.

[ج و ز]: (جَازَ) الْمَكَانَ وَأَجَازَهُ وَجَاوَزَهُ وَتَجَاوَزَهُ إِذَا سَارَ فِيهِ وَخَلَّفَهُ، وَحَقِيقَتُهُ قَطَعَ جَوْزَهُ، أَيْ: وَسَطَهُ وَنَفَذَ فِيهِ، وَمِنْهُ: جَازَ الْبَيْعُ أَوْ النِّكَاحُ إِذَا نَفَذَ.

(وَأَجَازَهُ) الْقَاضِي إِذَا نَفَّذَهُ وَحَكَمَ، وَمِنْهُ: الْمُجِيزُ الْوَكِيلُ أَوْ الْوَصِيُّ لِتَنْفِيذِهِ مَا أُمِرَ بِهِ، وَهُوَ فِي اصْطِلَاحِ أَهْلِ الْكُوفَةِ، وَعَلَيْهِ[2] حَدِيثُ شُرَيْحٍ: أَنَّهُ كَانَ يُجِيزُ بَيْعَ كُلِّ مُجِيزٍ، وَقِيلَ: هُوَ الْعَبْدُ الْمَأْذُونُ لَهُ.

(وَجَوَّزَ الْحُكْمَ) رَآهُ جَائِزًا، وَتَجْوِيزُ الضَّرَّابِ الدَّرَاهِمَ أَنْ يَجْعَلَهَا جَائِزَةً رَائِجَةً.

(وَأَجَازَهُ جَائِزَةً سَنِيَّةً) إِذَا أَعْطَاهُ عَطِيَّةً، وَمِنْهَا: جَوَائِزُ الْوُفُودِ لِلتُّحَفِ وَاللُّطَفِ، وَأَصْلُهُ مِنْ أَجَازَهُ مَاءً يَجُوزُ بِهِ الطَّرِيقَ، إِذَا سَقَاهُ، وَاسْمُ ذَلِكَ الْمَاءِ الْجَوَازُ، وَبِهِ سُمِّيَ صَكُّ الْمُسَافِرِ الَّذِي يَأْخُذُهُ مِنْ السُّلْطَانِ لِئَلَّا يُتَعَرَّضَ لَهُ.

وَفِي الْحَدِيثِ" الضِّيَافَةُ ثَلَاثَةُ أَيَّامٍ (وَجَائِزَتُهُ) يَوْمٌ وَلَيْلَةٌ"[3]، أَيْ: يُعْطَى مَا يَجُوزُ بِهِ مَسَافَةَ يَوْمٍ وَلَيْلَةٍ، عَنْ الْأَزْهَرِيِّ، وَعَنْ مَالِكٍ: يُكْرِمُهُ وَيُتْحِفُهُ وَيَحْفَظُهُ يَوْمًا وَلَيْلَةً.

(وَتَجَاوَزَ) عَنْ الْمُسِيءِ، وَتَجَوَّزَ عَنْهُ: أَغْضَى عَنْهُ وَعَفَا.

(وَتَجَوَّزَ) فِي الصَّلَاةِ: تَرَخَّصَ فِيهَا وَتَسَاهَلَ، وَمِنْهُ: تَجَوَّزَ فِي أَخْذِ الدَّرَاهِمِ، إِذَا

---

(١) في خ: "سُرّ".

(٢) في م: "على".

(٣) أخرجه البخاري (٦٤٧٦)، ومسلم (١٧٢٩)، والترمذي (١٩٦٨)، وأبو داود (٣٧٤٨)، وابن ماجه (٣٦٧٥)، وأحمد في مسنده (١٠٥٢٤).

زَوَّجَهَا وَلَمْ يَرُدَّهَا، وَقَوْلُهُ: مَبْنَى الصُّلْحِ عَلَى كَذَا وَكَذَا، وَعَلَى التَّجَوُّزِ بِدُونِ الْحَقِّ، كَأَنَّهُ ضَمَّنَهُ مَعْنَى الرِّضَا فَعَدَّاهُ بِالْبَاءِ.

وَفِي حَدِيثِ ابْنِ رَوَاحَةَ: "هَذَا لَكَ وَتَجَاوَزْ فِي الْقَسْمِ"[1]، يَعْنِي: تَجَوَّزْ فِيهِ، وَهُوَ وَإِنْ لَمْ نَسْمَعْهُ جَائِزٌ لِأَنَّ التَّرَخُّصَ وَالْإِغْضَاءَ، وَهُوَ تَرْكُ الِاسْتِقْصَاءِ مِنْ وَادٍ وَاحِدٍ.

(وَالْجَوْزُ) تَعْرِيبُ كَوْز، وَإِلَيْهِ نُسِبَ إِبْرَاهِيمُ بن مُوسَى الْجَوْزِيُّ، يَرْوِي عَنْ سُفْيَانَ بن عُيَيْنَةَ، وَبِفَعَّالٍ مِنْهُ لُقِّبَ مُحَمَّدُ بن مَنْصُورٍ الْجَوَّازِ، وَفِي الْجَرْحِ: مُحَمَّدُ بن مَنْصُورِ بن الْجَوَّازِ بن ثَابِتِ بن خَالِدٍ الْمَكِّيُّ الْخُزَاعِيُّ عَنْ سُفْيَانَ بن عُيَيْنَةَ أَيْضًا، وَكِلَاهُمَا فِي شَرْحِ الْقُدُورِيِّ.

[ج و س]: (جَوْسٌ) عَنِ الضَّحَّاكِ: "لَا طَلَاقَ قَبْلَ النِّكَاحِ"[2]. هَكَذَا فِي شَرْحِ الْجَامِعِ الصَّغِيرِ، وَهُوَ تَحْرِيفٌ، وَإِنَّمَا الصَّوَابُ (جويبر) عَلَى لَفْظِ تَصْغِيرِ جَابِرٍ، عَنْ الضَّحَّاكِ عَنْ النَّزَّالِ بن سَبْرَةَ عَنْ عَلِيٍّ رَضِيَ اللهُ عَنْهُ، عَنْ النَّبِيِّ صَلَّى اللهُ عَلَيْهِ وَآلِهِ وَسَلَّمَ هَكَذَا فِي نَفْيِ الِارْتِيَابِ، وَفِي الْجَرْحِ: هُوَ جويبر بن سَعْدٍ الْبَلْخِيُّ، ضَعَّفَهُ ابْنُ مَعِينٍ.

[ج و ع]: (الرَّضَاعَةُ) مِنْ (الْمَجَاعَةِ)، أَيْ: الرَّضَاعَةُ الَّتِي تَثْبُتُ بِهَا الْحُرْمَةُ مَا تَكُونُ فِي صِغَرِ الصَّبِيِّ، حَيْثُ يَسُدُّ اللَّبَنُ جَوْعَتَهُ، فَأَمَّا إِذَا لَمْ يَسُدَّهَا إِلَّا الطَّعَامُ فَلَا وَصَاحِبُهَا حِينَئِذٍ لَا يُسَمَّى رَضِيعًا.

[ج و ف]: (الْجَائِفَةُ) الطَّعْنَةُ الَّتِي بَلَغَتِ الْجَوْفَ أَوْ نَفَذَتْهُ، وَفِي" الْأَكْمَلِ": الْجَائِفَةُ مَا يَكُونُ فِي اللَّبَّةِ وَالْعَانَةِ، وَلَا يَكُونُ فِي الْعُنُقِ وَالْحَلْقِ، وَلَا فِي الْفَخِذِ وَالرِّجْلَيْنِ، وَطَعَنَهُ فَأَجَافَهُ وَجَافَهُ أَيْضًا، وَمِنْهُ الْحَدِيثُ: "فَجَوِّفُوهُ" أَيْ: اطْعَنُوهُ فِي جَوْفِهِ.

[ج و ل]: أَبُو قَتَادَةَ: أَصَابَ الْمُسْلِمِينَ (جَوْلَةٌ)، هِيَ كِنَايَةٌ عَنْ الْهَزِيمَةِ، فَلَا تُسْتَعْمَلُ إِلَّا فِي حَقِّ الْأَوْلِيَاءِ، وَأَصْلُهَا مِنْ الْجَوَلَانِ.

[ج و م]: (الْجَامُ) طَبَقٌ أَبْيَضُ مِنْ زُجَاجٍ أَوْ فِضَّةٍ، وَيَشْهَدُ لَهُ مَا أَنْشَدَ أَبُو بَكْرٍ الْخُوَارِزْمِيُّ لِعَضُدِ الدَّوْلَةِ:

---

(١) أخرجه مالك في الموطأ برواية يحيى الليثي (١٤١٣)، والبيقي في السنن الكبرى ج١٢٢/٤.

(٢) أخرجه ابن ماجه (٢٠٤٩)، والحاكم في المستدرك ج٢٠٤/٢، والبيهقي في السنن الكبرى ج٣١٧/٧.

بمظة[1] تَعْـجِزُ عَنْ وَصْفِهَا ... يَـا مُدَّعِيَ الْأَوْصَافِ بِالزُّورِ
كَأَنَّهَا وَهِيَ عَلَى جَـامِهَا ... لَآلِئُ فِي جَـامِ كَافُورِ

الْجِيمُ مَعَ الْهَاءِ

[ج هـ د]: (جَهَدَهُ) حَمَّلَهُ فَوْقَ طَاقَتِه، مِنْ بَابِ مَنَعَ، وَمِنْهُ: قَوْلُ عُمَرَ رَضِيَ اللهُ عَنْهُ فِي الْمُؤَذِّنِ: يُجْهِدُ نَفْسَهُ، وَقَوْلُ سَعْد: أَوْ رَجُلٌ يُجْهِدُ أَنْ يَحمِلَ سِلَاحَهُ مِنْ الضَّعْفِ، عَلَى حَذْفِ الْمَفْعُولِ، وَتَقْدِيرُهُ: يُجْهِدُ نَفْسَهُ، أَيْ: يُكَلِّفُهَا مَشَقَّةً فِي حَمْلِ السِّلَاحِ.

(وَأَجْهَدَ) لُغَةٌ قَلِيلَةٌ، وَالْجَهْدُ وَالْجُهُودُ الْمَشَقَّةُ، وَرَجُلٌ مَجْهُودٌ ذُو جَهْدٍ، وَاجْتَهَدَ رَأْيَهُ.

(وَالْجِهَادُ) مَصْدَرُ جَاهَدْتُ الْعَدُوَّ إِذَا قَابَلْتُهُ فِي تَحَمُّلِ الْجَهْدِ، أَوْ بَذَلَ كُلٌّ مِنْكُمَا جُهْدَهُ، أَيْ: طَاقَتَهُ فِي دَفْعِ صَاحِبِهِ، ثُمَّ غَلَبَ فِي الْإِسْلَامِ عَلَى قِتَالِ الْكُفَّارِ وَنَحْوِهِ.

[ج هـ ز]: (عُثْمَانُ) رَضِيَ اللهُ عَنْهُ (أُجْهِزَ) عَلَيْهِ بِضَمِّ الْأَوَّلِ مَبْنِيًّا لِلْمَفْعُولِ، مِنْ أَجْهَزَ عَلَى الْجَرِيحِ إِذَا أَسْرَعَ فِي قَتْلِهِ. وَفِي كَلَامِ مُحَمَّدٍ رَحِمَهُ اللهُ: جَرَحَهُ رَجُلٌ وَأَجْهَزَ عَلَيْهِ آخَرُ، عِبَارَةٌ عَنْ إِتْمَامِ الْقَتْلِ.

(والمجاهز) عِنْدَ الْعَامَّةِ الْغَنِيُّ مِنَ التُّجَّارِ، وَكَأَنَّهُ أُرِيدَ الْمُجَهِّزُ، وَهُوَ الَّذِي يَبْعَثُ التُّجَّارَ بِالْجِهَازِ، وَهُوَ فَاخِرُ الْمَتَاعِ أَوْ يُسَافِرُ بِهِ فَحُرِّفَ إِلَى المجاهز.

وَأَمَّا الْمُجَهَّزُ فِي كِتَابِ الْحَجِّ، فَإِنَّمَا عُنِيَ بِهِ الَّذِي جُهِّزَ، أَيْ: هُيِّئَ لَهُ مَا احْتَاجَ إِلَيْهِ مِنَ الزَّادِ وَالْعَتَادِ لِيَحُجَّ عَنْ غَيْرِهِ.

[ج هـ ض]: (أَجْهَضْتُهُ) عَنْ الْأَمْرِ أَعْجَلْتُهُ وَأَزْعَجْتُهُ، وَمِنْهُ الْحَدِيثُ: "طَلَبْنَا الْعَدُوَّ حَتَّى أَجْهَضْنَاهُمْ" أَيْ: أَنْهَضْنَاهُمْ وَأَزَلْنَاهُمْ عَنْ أَمَاكِنِهِمْ.

[ج هـ م]: (رَجُلٌ جَهْمُ) الْوَجْهِ عَبُوسٌ.

وَبِهِ سُمِّيَ جَهْمُ بن صَفْوَانَ الْمَنْسُوبُ إِلَيْهِ (الْجَهْمِيَّةُ)، وَهِيَ فِرْقَةٌ شَايَعَتْهُ عَلَى مَذْهَبِهِ، وَهُوَ الْقَوْلُ: بِأَنَّ الْجَنَّةَ وَالنَّارَ تَفْنَيَانِ، وَأَنَّ الْإِيمَانَ هُوَ الْمَعْرِفَةُ فَقَطْ دُونَ الْإِقْرَارِ وَدُونَ سَائِرِ الطَّاعَاتِ، وَأَنَّهُ لَا فِعْلَ لِأَحَدٍ عَلَى الْحَقِيقَةِ إِلَّا لله تعالى، وَأَنَّ الْعِبَادَ فِيمَا يُنْسَبُ إِلَيْهِمْ مِنَ الْأَفْعَالِ كَالشَّجَرَةِ يُحَرِّكُهَا الرِّيحُ، فَالْإِنْسَانُ عِنْدَهُ لَا يَقْدِرُ عَلَى شَيْءٍ،

(١) في خ: "بهطة".

إِنَّمَا هُوَ مُجْبَرٌ فِي أَفْعَالِهِ لَا قُدْرَةَ لَهُ، وَلَا إِرَادَةَ، وَلَا اخْتِيَارَ، وَإِنَّمَا يَخْلُقُ اللهُ الْأَفْعَالَ فِيهِ عَلَى حَسَبِ مَا يَخْلُقُ فِي الْجَامِدَاتِ، وَتُنْسَبُ إِلَيْهِ مَجَازًا كَمَا تُنْسَبُ إِلَيْهَا.

وَقَوْلُهُ فِي مُقَدِّمَةِ "الْمُنْتَقَى": لَا يَجُوزُ الِاقْتِدَاءُ بِالْجَهْمِيِّ، وَلَا الْمُقَاتِلِيِّ، وَلَا الرَّافِضِيِّ، وَلَا الْقَدَرِيِّ. فَالْجَهْمِيُّ هَذَا.

(وَالْمُقَاتِلِيُّ) مَنْ دَانَ بِدِينِ مُقَاتِلِ بْنِ سُلَيْمَانَ، وَهُوَ مِنْ رِجَالِ الْمُرْجِئَةِ، وَهُمُ الَّذِينَ لَا يَقْطَعُونَ عَلَى أَهْلِ الْكَبَائِرِ بِشَيْءٍ مِنْ عَفْوٍ أَوْ عُقُوبَةٍ، بَلْ يُرْجِئُونَ الْحُكْمَ فِي ذَلِكَ، أَيْ: يُؤَخِّرُونَهُ إِلَى يَوْمِ الْقِيَامَةِ، يُقَالُ: أَرْجَأْتُ الْأَمْرَ وَأَرْجَيْتُهُ بِالْهَمْزِ، أَوْ الْيَاءِ، إِذَا أَخَّرْتُهُ، وَالنِّسْبَةُ إِلَى الْمَهْمُوزِ مُرْجِئٌ[1]، وَإِلَى غَيْرِهِ: مُرْجِيٌّ بِيَاءٍ مُشَدَّدَةٍ عَقِيبَ الْجِيمِ فَقَطْ، وَقَدْ تَفَرَّدَ مُقَاتِلٌ مِنْ هَؤُلَاءِ؛ بِأَنَّ اللهَ تَعَالَى لَا يُدْخِلُ أَحَدًا النَّارَ بِارْتِكَابِ الْكَبَائِرِ، وَأَنَّهُ تَعَالَى يَغْفِرُ مَا دُونَ الْكُفْرِ لَا مَحَالَةَ، وَأَنَّ الْمُؤْمِنَ الْعَاصِيَ رَبَّهُ يُعَذَّبُ يَوْمَ الْقِيَامَةِ عَلَى الصِّرَاطِ عَلَى مَتْنِ جَهَنَّمَ، يُصِيبُهُ لَفْحُ النَّارِ وَلَهِيبُهَا فَيَتَأَلَّمُ بِذَلِكَ عَلَى مِقْدَارِ الْمَعْصِيَةِ، ثُمَّ يَدْخُلُ الْجَنَّةَ.

(وَالرَّافِضِيُّ) مَنْسُوبٌ إِلَى الرَّافِضَةِ، وَهُمْ فِرْقَةٌ مِنْ شِيعَةِ الْكُوفَةِ كَانُوا مَعَ زَيْدِ بْنِ عَلِيٍّ، رَضِيَ اللهُ عَنْهُ، وَهُوَ مِمَّنْ يَقُولُ بِجَوَازِ إِمَامَةِ الْمَفْضُولِ مَعَ قِيَامِ الْأَفْضَلِ، فَلَمَّا سَمِعُوا مِنْهُ هَذِهِ الْمَقَالَةَ، وَعَرَفُوا أَنَّهُ لَا يَبْرَأُ مِنَ الشَّيْخَيْنِ، رَفَضُوهُ، أَيْ: تَرَكُوهُ فَلُقِّبُوا بِذَلِكَ، ثُمَّ لَزِمَ هَذَا اللَّقَبُ كُلَّ مَنْ غَلَا فِي مَذْهَبِهِ، وَاسْتَجَازَ الطَّعْنَ فِي الصَّحَابَةِ رَضِيَ اللهُ عَنْهُمْ أَجْمَعِينَ.

(وَأَمَّا الْقَدَرِيَّةُ) فَهُمُ الْفِرْقَةُ الْمُجْبِرَةُ الَّذِينَ يُثْبِتُونَ كُلَّ الْأَمْرِ بِقَدَرِ اللهِ، وَيَنْسُبُونَ الْقَبَائِحَ إِلَى اللهِ تَعَالَى عَنْ ذَلِكَ عُلُوًّا كَبِيرًا، وَأَمَّا تَسْمِيَتُهُمْ بِذَلِكَ أَنْفُسَهُمْ أَهْلَ الْعَدْلِ، وَالتَّوْحِيدِ، وَالتَّنْزِيهِ، فَمِنْ تَعْكِيسِهِمْ؛ لِأَنَّ الشَّيْءَ إِنَّمَا يُنْسَبُ إِلَيْهِ الْمُثْبِتُ لَا النَّافِي، وَمَنْ زَعَمَ أَنَّهُمْ يُثْبِتُونَ الْقَدَرَ لِأَنْفُسِهِمْ فَكَانُوا بِهِ أَوْلَى، فَهُوَ جَاهِلٌ بِكَلَامِ الْعَرَبِ، وَكَأَنَّهُمْ لَمَّا سَمِعُوا مَا رُوِيَ أَنَّهُ عَلَيْهِ السَّلَامُ قَالَ: "الْقَدَرِيَّةُ مَجُوسُ هَذِهِ الْأُمَّةِ"[2]. هَرَبُوا مِنَ الِاسْمِ، وَإِنْ كَانُوا قَدِ ارْتَكَبُوا مُسَمَّاهُ، وَعَنِ الْحَسَنِ عَنْ حُذَيْفَةَ رَضِيَ اللهُ عَنْهُ أَنَّ النَّبِيَّ صَلَّى اللهُ عَلَيْهِ وَسَلَّمَ قَالَ: "لُعِنَتِ الْقَدَرِيَّةُ وَالْمُرْجِئَةُ عَلَى لِسَانِ سَبْعِينَ نَبِيًّا، قَالَ: قِيلَ: وَمَنْ

---

(١) في خ: "مُرْجِئٌ كمُرْجِعٍ".
(٢) أخرجه أبو داود (٤٦٩١)، والحاكم في المستدرك في: ج ١: ص٨٥، والبيهقي في السنن الكبرى في: ج ١٠: ص٢٠٣

الْقَدَرِيَّةُ يَا رَسُولَ اللـه؟ قَالَ: قَوْمٌ يَزْعُمُونَ أَنَّ اللـه قَدَّرَ عَلَيْهِمْ الْمَعَاصِيَ، وَعَذَّبَهُمْ عَلَيْهَا"[1].

وَفِي" الْأَكْمَلِ" عَنْ مَالِكٍ رَحِمَهُ اللـه: أَنَّهُ يُسْتَتَابُ الْقَدَرِيَّةُ، قَالَ: يَعْنِي الْجَبْرِيَّةَ.

وَعَنْ الْحَسَنِ رَحِمَهُ اللـه: أَنَّ اللـه بَعَثَ مُحَمَّدًا عَلَيْهِ السَّلَامُ إِلَى الْعَرَبِ وَهُمْ قَدَرِيَّةٌ مُجْبِرَةٌ، يُحَمِّلُونَ ذُنُوبَهُمْ عَلَى اللـه تَعَالَى، وتَصْدِيقه فِي قَوْله تَعَالَى: (وَإِذَا فَعَلُوا فَاحِشَةً قَالُوا وَجَدْنَا عَلَيْهَا آبَاءَنَا وَاللَّهُ أَمَرَنَا بِهَا قُلْ إِنَّ اللـه لا يَأْمُرُ بِالْفَحْشَاءِ) [سورة الأعراف آية ٢٨]، أَعَاذَنَا اللـه مِنَ الْمُجَازَفَةِ وَالْمُكَابَرَةِ وَالْإِلْحَادِ فِي آيَاتِهِ تَعَالَى.

(وَدَارُ بَنِي جَهْمٍ) مَحَلَّةٌ بِمَكَّةَ، وَبِتَصْغِيرِهِ كُنِّيَ أَبُو جُهَيْمٍ الْأَنْصَارِيُّ، ذَكَرَهُ أَبُو نُعَيْمٍ الْحَافِظُ فِيمَنْ عُرِفَ بِالْكُنَى مِنْ الصَّحَابَةِ، وَقَالَ: هُوَ ابْنُ الْحَارِثِ بن الصِّمَّةِ، وَفِي" الْجَرْحِ" يُقَالُ لَهُ: ابْنُ الْحَارِثِ، وَيُقَالُ: إِنَّهُ الْحَارِثُ، وَفِي كِتَابِ الْكُنَى لِلْحَنْظَلِيِّ كَذَلِكَ، وَذَكَرَ خُوَاهَرْ زَادَهْ: أَنَّ اسْمَهُ أَيُّوبُ، وَقَدْ اسْتَقْصَيْتُ أَنَا فِي طَلَبِهِ فِي جُمْلَةِ مَنْ اسْمُهُ أَيُّوبُ فَلَمْ أَجِدْهُ، وَالظَّاهِرُ أَنَّهُ سَهْوٌ.

[ج هـ ن]: (جُهَيْنَةُ) فِي (س ف، س ف ع).

الْجِيمُ مَعَ الْيَاءِ التَّحْتَانِيَّةِ[2]

[ج ي ش]: (الْجَيْشُ) الْجُنْدُ يَسِيرُونَ لِحَرْبٍ، مِنْ جَاشَتْ الْقِدْرُ إِذَا غَلَتْ.

[ج ي ض]: فِي حَدِيثِ ابْنِ عُمَرَ رَضِيَ اللـه عَنْهُمَا: فَجَاضَ الْمُسْلِمُونَ جَيْضَةً[3]، وَرُوِيَ: فَحَاصَ، بِالْحَاءِ وَالصَّادِ، وَيُقَالُ: جَاضَ عَنْهُ وَحَاصَ، أَيْ: عَدَلَ وَمَالَ حَذَرًا.

[ج ي ف]: فِي حَدِيثِ عُمَرَ رَضِيَ اللـه عَنْهُ: أَتُكَلِّمُ قَوْمًا قَدْ (جَيَّفُوا) [4]. أَيْ: صَارُوا جِيَفًا، وَهِيَ جَمْعُ جِيفَةٍ، وَهِيَ جُثَّةُ الْمَيِّتِ الْمُنْتِنَةُ، وَ اللـه أَعْلَمُ.

---

(١) أخرجه أبو نعيم في حلية الأولياء (٦٥٧٦)، وفي أخبار أصبهان ج٢/٣٣٠، والخطيب في تاريخ بغداد ج١٦/٤٦٧.
(٢) زيادة من: م.
(٣) أخرجه أحمد في مسنده (٥٧١٨)، والبيهقي في السنن الكبرى ج٩/٧٦، وأبو نعيم في حلية الأولياء (١٣٤٩٩).
(٤) أخرجه النسائي (٢٠٧٥)، وأحمد في مسنده (١١٦٠٩)، وابن حبان في صحيحه (٦٥٢٥).

بَابُ الْحَاءِ

الْحَاءُ مَعَ الْبَاءِ الْمُوَحَّدَةِ

[ح ب ب]: (الْحُبُّ) خِلَافُ الْبُغْضِ، وَبِفَعِيلٍ مِنْهُ سُمِّيَ حَبِيبُ بن سُلَيْمٍ فِي الْكَفَالَةِ، وَكَانَ عَبْدَ شُرَيْحٍ الْقَاضِي، وَبِمُؤَنَّثِهِ كُنِّيَتْ أُمُّ حَبِيبَةَ حَمْنَةُ بِنْتُ جَحْشٍ، وَهِيَ الَّتِي سَأَلَتْ رَسُولَ اللهِ صَلَّى اللهُ عَلَيْهِ وَآلِهِ وَسَلَّمَ فِي الاسْتِحَاضَةِ، (وَأُمُّ حَبِيبَةَ) بِنْتُ أَبِي سُفْيَانَ فِي حَدِيثِ الْحِدَادِ، (وَحَبَّانُ) بن مُنْقِذٍ، الَّذِي قَالَ لَهُ عَلَيْهِ السَّلَامُ: "قُلْ: لَا خِلَابَةَ".

وَمُحَمَّدُ بن يَحْيَى بن (حَبَّانَ) فِي السِّيَرِ كِلَاهُمَا بِالْفَتْحِ، (وَحِبَّانُ) بن زَيْدٍ الشَّرْعَبِيُّ بِالْكَسْرِ، وَزَيْدُ بن (حَيَّانَ) تَحْرِيفٌ مَعَ تَصْحِيفٍ، وَأَمَّا جَعْفَرُ بن حِبَّانَ عَنْ الْحَسَنِ فَمُخْتَلَفٌ فِيهِ [بِالْبَاءِ وَكَسْرِ الْحَاءِ أَوْ بِالْفَتْحِ وَالْيَاءِ بِنُقْطَتَيْنِ] [(1)].

وَفِي مُخْتَصَرِ الْكَرْخِيِّ: زَيْدُ بن (الْحُبَابِ) بِالضَّمِّ، وَهُوَ أَبُو الْحُسَيْنِ الْعُكْلِيُّ، يَرْوِي عَنْ سُفْيَانَ الثَّوْرِيِّ، وَعَنْهُ مُحَمَّدُ بن الْعَلَاءِ، أَمَةُ الْحُبَابِ فِي (س ل، س ل م).

[ح ب ر]: (الْحِبَرَةُ) عَلَى مِثَالِ الْعِنَبَةِ بُرْدٌ يَمَانٍ، وَالْجَمْعُ: حِبَرٌ وَحِبَرَاتٌ، وَعَنْ اللَّيْثِ: بُرْدُ حِبَرَةٍ، وَبُرُودُ حِبَرَةٍ، عَلَى الْإِضَافَةِ لِضَرْبٍ مِنْ الْبُرُودِ الْيَمَانِيَةِ، وَلَيْسَ حِبَرَةٌ مَوْضِعًا أَوْ شَيْئًا مَعْلُومًا، إِنَّمَا هُوَ وَشْيٌ مَأْخُوذٌ مِنْ التَّحْبِيرِ وَالتَّزْيِينِ.

وَبِاسْمِ الْمَفْعُولِ مِنْهُ سُمِّيَ (الْمُحَبَّرُ) وَالِدُ سَلَمَةَ عَلَى زَعْمِ الْمُشَرِّحِ، وَإِنَّمَا الصَّوَابُ: سَلَمَةُ بن الْمُحَبِّقِ بِالْقَافِ وَكَسْرِ الْبَاءِ، [وَاسْمُهُ صَخْرُ بن عُقْبَةَ، وَهُوَ مِنْ الْحَبْقِ، كَمَا سُمِّيَ عَمْرُو بن هِنْدٍ مُضَرِّطُ الْحِجَارَةِ] [(2)].

وَفِي حَدِيثِ عُثْمَانَ رَضِيَ اللهُ عَنْهُ: كُلُّ شَيْءٍ يُحِبُّ وَلَدَهُ حَتَّى (الْحُبَارَى)، قَالُوا: إِنَّمَا خَصَّهَا؛ لِأَنَّهُ يُضْرَبُ بِهَا الْمَثَلُ فِي الْحُمْقِ، فَيَقُولُ: هِيَ عَلَى حُمْقِهَا تُحِبُّ وَلَدَهَا وَتُعَلِّمُهُ الطَّيَرَانَ، يَطِيرُ يَمْنَةً وَيَسْرَةً فَيَتَعَلَّمُ.

---

(١) زيادة من: م.

(٢) زيادة من: م.

[ح ب س]: (الْحَبْسُ) الْمَنْعُ، وَقَوْلُهُ: الصَّوْمُ مَحْبُوسٌ، أَيْ: مَوْقُوفٌ غَيْرُ مَقْبُولٍ وَلَا مَرْفُوعٍ.

(وَالْحُبُسُ) بِضَمَّتَيْنِ جَمْعُ حَبِيسٍ، وَهُوَ كُلُّ مَا وَقَفْتَهُ لِوَجْهِ اللهِ تَعَالَى حَيَوَانًا كَانَ أَوْ أَرْضًا أَوْ دَارًا، وَمِنْهُ: كَانَتْ بَنُو النَّضِيرِ (حُبُسًا) لِنَوَائِبِهِ، أَيْ: أَمْوَالُ بَنِي النَّضِيرِ عَلَى حَذْفِ الْمُضَافِ، وَيُقَالُ: (حَبَسَ) فَرَسًا فِي سَبِيلِ اللهِ، وَأَحْبَسَ فَهُوَ حَبِيسٌ وَمُحْبَسٌ، وَقَدْ جَاءَ حَبَّسَ بِالتَّشْدِيدِ، وَمِنْهُ قَوْلُهُ: صَلَّى اللهُ عَلَيْهِ وَآلِهِ وَسَلَّمَ لِعُمَرَ رَضِيَ اللهُ عَنْهُ فِي نَخْلٍ لَهُ: "حَبِّسْ الْأَصْلَ وَسَبِّلْ الثَّمَرَةَ" [(١)] أَيْ: اجْعَلْهُ وَقْفًا مُؤَبَّدًا، وَاجْعَلْ ثَمَرَتَهُ فِي سَبِيلِ الْخَيْرِ.

وَقَوْلُ شُرَيْحٍ: جَاءَ مُحَمَّدٌ صَلَّى اللهُ عَلَيْهِ وَآلِهِ وَسَلَّمَ بِإِطْلَاقِ الْحُبُسِ، أَرَادَ بِهَا مَا كَانَ أَهْلُ الْجَاهِلِيَّةِ يَحْبِسُونَهُ مِنْ السَّوَائِبِ وَالْبَحَائِرِ وَالْحَامِي، فَنَزَلَ الْقُرْآنُ بِإِحْلَالِ ذَلِكَ.

وَأَمَّا (لَا حُبُسَ عَنْ فَرَائِضِ اللهِ تَعَالَى) فَالصَّوَابُ: لَا حَبْسَ عَلَى لَفْظِ الْمَصْدَرِ كَمَا فِي شَرْحِ خُوَاهَرْ زَادَهْ، وَهَكَذَا أُثْبِتَ فِي فِرْدَوْسِ الْأَخْبَارِ وَتَقْرِيرُهُ فِي الْمُعْرِبِ.

(وَالْمِحْبَسُ) بِكَسْرِ الْمِيمِ مَا يُبْسَطُ عَلَى ظَهْرِ فِرَاشِ النَّوْمِ، وَيُقَالُ لَهَا: الْمِقْرَمَةُ.

[ح ب ش]: (الْحَبَشُ) جَمْعُ حَبَشِيٍّ، وَبِهِ سُمِّيَ الْمَوْضِعُ الَّذِي مَاتَ بِهِ عَبْدُ الرَّحْمَنِ بْنِ أَبِي بَكْرٍ، وَهُوَ قَرِيبٌ مِنْ مَكَّةَ، وَيُرْوَى بِالْحَبَشِيِّ، وَهُوَ أَصَحُّ مِنْ الْحَبَشِ، وَبِتَصْغِيرِهِ سُمِّيَ حُبَيْشُ بْنِ خَالِدٍ مِنْ الصَّحَابَةِ، وَكُنِّيَ وَالِدُ فَاطِمَةَ بِنْتِ أَبِي حُبَيْشٍ.

[ح ب ق]: (حبيق) فِي (ع ذ، ع ذ ق). ابْنُ (الْمُحَبِّقِ) ذُكِرَ آنِفًا.

[ح ب ل]: (الْحَبْلُ) رَمْلٌ يَسْتَطِيلُ وَيَمْتَدُّ، مُسْتَعَارٌ مِنْ وَاحِدِ الْحِبَالِ، وَمِنْهُ حَدِيثُ عُرْوَةَ بْنِ مُضَرِّسٍ: "وَمَا تَرَكْتُ مِنْ حَبْلٍ إِلَّا وَقَفْتُ عَلَيْهِ"[(٢)].

وَيَسْرِقُ الْحَبْلَ فِي (ب ي، ب ي ض).

(وَالْحَبَلَةُ) الْكَرْمَةُ، وَهِيَ شَجَرَةُ الْعِنَبِ، وَأَمَّا الْحَدِيثُ: "نَهَى عَنْ حَبَلِ الْحَبَلَةِ" [(٣)]. فَالْحَبَلُ مَصْدَرُ حَبِلَتْ الْمَرْأَةُ حَبَلًا فَهِيَ حُبْلَى وَهُنَّ حَبَالَى، فَسُمِّيَ بِهِ الْمَحْمُولُ كَمَا

---

(١) أخرجه البيهقي في السنن الصغير (٢٣١٥)، والبيهقي في السنن الكبرى في: ج ٦: ص١٦٢، والشافعي في مسنده (١٤٤٨).
(٢) سقط من: م.
(٣) أخرجه البخاري (٢١٤٣)، ومسلم (١٤١٢).

سُمِّيَ بِالْحَمْلِ، وَإِنَّمَا أُدْخِلَتْ عَلَيْهِ التَّاءُ لِلْإِشْعَارِ بِمَعْنَى الْأُنُوثَةِ فِيهِ، لِأَنَّ مَعْنَاهُ أَنْ يَبِيعَ مَا سَوْفَ يَحْمِلُهُ الْجَنِينُ إِنْ كَانَ أُنْثَى، وَمَنْ رَوَى الْحَبِلَةَ بِكَسْرِ الْبَاءِ فَقَدْ أَخْطَأَ.

(وَالْحُبُلِيُّ) بِضَمَّتَيْنِ وَتَخْفِيفِ الْبَاءِ وَاللَّامِ وَبِيَاءِ النِّسْبَةِ أَبُو عَبْدِ الرَّحْمَنِ عَبْدُ اللهِ بن يَزِيدَ، يَرْوِي عَنْ الْمَعَافِرِيِّ وَابْنِ عَمْرٍو وَالْمُسْتَوْرِدِ بن شَدَّادٍ، وَعَنْ شُرَحْبِيلَ بن شَرِيكٍ.

[ح ب ن]: (الْأَحْبَنُ) الَّذِي بِهِ اسْتِسْقَاءٌ، وَمِنْهُ: كُنِّيَتْ الْعَظَايَةُ بِأُمِّ حُبَيْنٍ لِعِظَمِ بَطْنِهَا.

[ح ب و]: (حَبَا) الصَّبِيُّ حَبْوًا مَشَى عَلَى أَرْبَعٍ أَوْ دَبَّ عَلَى اسْتِهِ، عَنْ الْغُورِيِّ، وَمُرَادُ الْفُقَهَاءِ الْأَوَّلُ، وَلِهَذَا قَالَ شَيْخُنَا فِي" جَمْعِ التَّفَارِيقِ": فِيمَنْ نَذَرَ أَنْ يَطُوفَ (حَبْوًا) يَطُوفُ أُسْبُوعَيْنِ أُسْبُوعًا لِلْيَدَيْنِ وَأُسْبُوعًا لِلرِّجْلَيْنِ.

وَمِنْهُ: الْحَبِيُّ السَّحَابُ الْمُتَرَاكِمُ؛ لِأَنَّهُ يَحْبُو، وَقِيلَ: هُوَ مِنْ حَبَا إِذَا عَرَضَ، كَمَا سُمِّيَ عَارِضًا لِذَلِكَ.

(وَالِاحْتِبَاءُ) أَنْ يَجْمَعَ ظَهْرَهُ وَسَاقَيْهِ بِثَوْبٍ أَوْ غَيْرِهِ، وَمِنْهُ: يَقْعُدُ كَيْفَ يَشَاءُ مُحْتَبِيًا أَوْ مُتَرَبِّعًا.

(وَالْمُحَابَاةُ) فِي الْبَيْعِ مَعْرُوفَةٌ، وَهِيَ مِنْ الْحِبَاءِ الْعَطَاءُ.

الْحَاءُ مَعَ التَّاءِ

[ح ت ت]: فِي الْحَدِيثِ: "حُتِّيهِ وَاقْرُصِيهِ". (الْحَتُّ) الْقَشْرُ بِالْيَدِ أَوْ الْعُودِ، (وَالْقَرْصُ) الْأَخْذُ بِأَطْرَافِ الْأَصَابِعِ، كِلَاهُمَا مِنْ بَابِ طَلَبَ.

أمة (الحتات) فِي (س ل، س ل م).

[ح ت ف]: قَوْلُهُمْ: مَاتَ (حَتْفَ) أَنْفِهِ، إِذَا مَاتَ عَلَى الْفِرَاشِ، قِيلَ هَذَا فِي الْآدَمِيِّ، ثُمَّ عَمَّ فِي كُلِّ حَيَوَانٍ إِذَا مَاتَ بِغَيْرِ سَبَبٍ.

الْحَاءُ مَعَ الثَّاءِ

[ح ث م]: (سُلَيْمَانُ بن أَبِي حَثْمَةَ) بِفَتْحِ الْأَوَّلِ وَسُكُونِ الثَّانِي، وَاسْمُ أَبِي حَثْمَةَ عَبْدُ اللهِ بن حُذَيْفَةَ، وَقِيلَ: عَدِيُّ بن كَعْبٍ.

[ح ث و]: (حَثَيْتُ) التُّرَابَ حَثْيًا وَحَثَوْتُ حَثْوًا إِذَا قَبَضْتَهُ وَرَمَيْتَهُ، وَقَوْلُهُ: إِنَّمَا يَكْفِيكِ أَنْ تَحْثِي ثَلَاثَ حَثَيَاتٍ، أَرَادَ صَبَّ الْمَاءِ فِي الْغُسْلِ، وَيُرْوَى فِي السُّنَنِ: أَنْ تَحْفِنِي مِنْ الْحَفْنَةِ.

الْحَاءُ مَعَ الْجِيمِ

[ح ج ب]: (الْحَجْبُ) الْمَنْعُ، وَمِنْهُ: الْحِجَابُ، وَحَاجِبُ الشَّمْسِ أَوَّلُ مَا يَبْدُو مِنْهَا مُسْتَعَارٌ مِنْ حَاجِبِ الْوَجْهِ.

[ح ج ج]: (الْحَجُّ) الْقَصْدُ، وَمِنْهُ: الْمَحَجَّةُ لِلطَّرِيقِ، قَالَ الْمُخَبَّلُ السَّعْدِيُّ:

[وَأَشْهَدُ مِنْ عَوْفٍ حُلُولًا كَثِيرَةً][1] يَحُجُّونَ سِبَّ الزِّبْرِقَانِ الْمُزَعْفَرَا

أَيْ: يَقْصِدُونَهُ وَيَخْتَلِفُونَ إِلَيْه، وَالسِّبُّ: الْعِمَامَةُ، وَالزِّبْرِقَانُ: لَقَبُ حُصَيْنِ بن بَدْرٍ، وَهُوَ فِي الْأَصْلِ الْقَمَرُ، وَقَدْ غَلَبَ الْحَجُّ عَلَى قَصْدِ الْكَعْبَةِ لِلنُّسُكِ الْمَعْرُوف.

(وَالْحِجَّةُ) بِالْكَسْرِ الْمَرَّةُ، وَالْقِيَاسُ الْفَتْحَةُ[2] إِلَّا أَنَّهُ لَمْ يُسْمَعْ مِنْ الْعَرَبِ عَلَى مَا حَكَاهُ ثَعْلَبٌ، يَدُلُّ عَلَى ذَلِكَ (ذُو الْحِجَّة) مِنْ أَشْهُرِ الْحَجِّ وَنَذَرَ خَمْسَ حِجَجٍ.

وَمِنْهُ: الْحُجَّةُ لِأَنَّهَا تُقْصَدُ وَتُعْتَمَدُ أَوْ بِهَا يُقْصَدُ الْحَقُّ الْمَطْلُوبُ، وَقَدْ حَاجَّهُ (فَحَجَّهُ) إِذَا غَلَبَهُ فِي الْحُجَّةِ، وَهُوَ حَاجٌّ، وَهُوَ أَحَجُّ مِنْهُ، وَالْمَحْجُوجُ الْمَغْلُوبُ.

(وَالْحَجَّاجُ) فِي الْأَعْلَامِ يُحْتَمَلُ أَنْ يَكُونَ مِنَ الْحَجِّ الْغَلَبَةُ بِالْحُجَّةِ، أَوْ مِنَ الْقَصْدِ، وَبِهِ سُمِّيَ ابْنُ يُوسُفَ، وَإِلَيْهِ يُنْسَبُ الصَّاعُ؛ لِأَنَّهُ اتَّخَذَهُ عَلَى صَاعِ عُمَرَ رَضِيَ اللهُ عَنْهُ، فَيُقَالُ: الصَّاعُ الْحَجَّاجِيُّ، وَالْقَفِيزُ الْحَجَّاجِيُّ، وَهُوَ تَبَعُ الْهَاشِمِيِّ، وَهُوَ ثَمَانِيَةُ أَرْطَالٍ عَنْ مُحَمَّدٍ رَحِمَهُ اللهُ.

وَمِنْ مَسَائِلِ الْجَدِّ (الْحَجَّاجِيَّةُ) وَهِيَ فِي (خ ر، خ ر ق).

وَأَمَّا حَدِيثُ اللُّقَطَةِ: أَنَّ رَجُلًا وَجَدَهَا أَيَّامَ (الْحُجَّاجِ) فَذَلِكَ بِالضَّمِّ جَمْعُ حَاجٍّ، وَقَدْ رُوِيَ أَيَّامَ الْحَجِّ، وَفِي" شَرْحِ السَّعْدِيِّ": أَيَّامَ الْحَاجِّ، وَهُوَ بِمَعْنَى الْحُجَّاجِ، كَالسَّامِرِ بِمَعْنَى السُّمَّارِ فِي قَوْلِهِ تَعَالَى: (سَامِرًا تَهْجُرُونَ) [سورة المؤمنون آية ٦٧].

[ح ج ر]: (الْحَجْرُ) الْمَنْعُ، وَمِنْهُ: حَجَرَ عَلَيْهِ الْقَاضِي فِي مَالِهِ، إِذَا مَنَعَهُ مِنْ أَنْ يُفْسِدَهُ فَهُوَ مَحْجُورٌ عَلَيْهِ، وَقَوْلُهُمْ: الْمَحْجُورُ يَفْعَلُ كَذَا، عَلَى حَذْفِ الصِّلَةِ كَالْمَأْذُونِ، أَوْ عَلَى اعْتِبَارِ الْأَصْلِ لِأَنَّ الْأَصْلَ حَجَرَةٌ، لَكِنْ اُسْتُعْمِلَ فِي مَنْعٍ مَخْصُوصٍ، فَقِيلَ: حَجَرَ عَلَيْهِ.

---

(١) سقط من: م.

(٢) في خ: "الفتح".

(وَالْحَجْرَةُ) النَّاحِيَةُ، وَمِنْهَا حَدِيثُ فُرَافِصَةَ: أَنَّهُ عَلَيْهِ السَّلَامُ رَأَى رَجُلًا فِي حَجْرَةٍ مِنَ الْأَرْضِ، فَقَالَ: "أَعِدِ الصَّلَاةَ"(١).

(وَالْحِجْرُ) بِالْكَسْرِ مَا أَحَاطَ بِهِ الْحَطِيمُ مِمَّا يَلِي الْمِيزَابَ مِنَ الْكَعْبَةِ، وَقَوْلُهُ: كُلَّ شَوْطٍ مِنَ الْحِجْرِ إِلَى الْحِجْرِ، وَيَعْنِي بِهِ هَذَا سَهْوٌ، إِنَّمَا الصَّوَابُ: مِنَ الْحِجْرِ إِلَى الْحَجَرِ، يَعْنِي: الْحَجَرَ الْأَسْوَدَ، لِأَنَّ الَّذِي يَطُوفُ يَبْدَأُ بِهِ فَيَسْتَلِمُهُ، ثُمَّ يَأْخُذُهُ عَنْ يَمِينِهِ عَلَى بَابِ الْكَعْبَةِ.

(وَحَجْرُ) الْإِنْسَانِ بِالْفَتْحِ وَالْكَسْرِ حِضْنُهُ، وَهُوَ مَا دُونَ إِبِطِهِ إِلَى الْكَشْحِ، ثُمَّ قَالُوا: فُلَانٌ فِي حِجْرِ فُلَانٍ، أَيْ: فِي كَنَفِهِ وَمَنَعَتِهِ، وَمِنْهُ قَوْلُهُ تَعَالَى: ﴿وَرَبَائِبُكُمُ اللَّاتِي فِي حُجُورِكُمْ﴾ [سورة النساء آية ٢٣] وَقَوْلُهَا: إِنَّ ابْنِي هَذَا كَانَ لَهُ كَذَا وَكَذَا.

(وَحِجْرِي لَهُ حُوَاءً) بِالضَّمِّ أَيْ: مَكَانًا يَحْوِيهِ وَيُؤْوِيهِ.

(وَالْحِجْرُ) بِالْكَسْرِ الْحَرَامُ، وَالْحُجْرُ بِالضَّمِّ لُغَةٌ، وَبِهِ وَسُمِّيَ وَالِدُ وَائِلِ بن حُجْرٍ، وَبِتَصْغِيرِهِ سُمِّيَ وَالِدُ قَاضِي مِصْرَ ابْنُ حُجَيْرٍ.

وَمِنْهُ: "وَتَحَجَّرْتَ عَلَيَّ مَا وَسَّعَهُ اللَّـهُ"، أَيْ: ضَيَّقْتَ وَحَرَّمْتَ.

(وَاحْتَجَرَ الْأَرْضَ) أَعْلَمَ عَلَمًا فِي حُدُودِهَا لِيَحُوزَهَا وَيَمْنَعَهَا، وَمِنْهُ: قَوْلُ عُمَرَ رَضِيَ اللـه عَنْهُ لِبِلَالِ بن الْحَارِثِ: إِنَّ رَسُولَ اللـه صَلَّى اللـه عَلَيْهِ وَآلِهِ وَسَلَّمَ لَمْ يُعْطِكَ الْعَقِيقَ- وَهُوَ مَوْضِعٌ- لِتَحْتَجِرَهُ عَنِ النَّاسِ، وَفِي حَدِيثِهِ أَيْضًا: "مَنْ أَحْيَا أَرْضًا مَيْتَةً فَهِيَ لَهُ، وَلَيْسَ لِمُحْتَجِرٍ بَعْدَ ثَلَاثِ سِنِينَ حَقٌّ".

وَفِي شَرْحِ خُوَاهَرْ زَادَهْ: لِتَحَجُّرٍ، وَالْأَوَّلُ أَصَحُّ، وَالْحَجَرُ بِفَتْحَتَيْنِ مِنْ هَذَا الْبَابِ؛ لِأَنَّهُ مُمْتَنِعٌ لِصَلَابَتِهِ وَبِجَمْعِهِ سُمِّيَتْ أَحْجَارُ الزَّيْتِ، وَهِيَ مَحَلَّةٌ بِالْمَدِينَةِ وَيُشْتَقُّ مِنْهُ فَيُقَالُ (اسْتَحْجَرَ) الطِّينُ إِذَا صَلُبَ كَالْحَجَرِ، وَالْآجُرُّ طِينٌ مُسْتَحْجِرٌ بِالْكَسْرِ، أَيْ: صُلْبٌ.

(وَالْحَنْجَرَةُ) مَجْرَى النَّفَسِ مِنْ هَذَا أَيْضًا؛ لِأَنَّهُ مَوْضِعٌ ضَيِّقٌ.

حَجَرُ الْفَصِّ فِي (ج ح، ح ج ر). أَقْصَى حَجَرٍ فِي (ج ز، ج ز ر).

[ح ج ز]: (الْحَجْزُ) الْمَنْعُ، وَالْحِجَازُ مَوْضِعٌ مَعْرُوفٌ؛ لِأَنَّهُ حَجَزَ أَيْ: فَصَلَ بَيْنَ الْغَوْرِ وَنَجْدٍ، وَقِيلَ: بَيْنَ الْغَوْرِ وَالشَّامِ وَبَيْنَ الْبَادِيَةِ، وَقِيلَ: أُحْتُجِزَ بِالْحِرَارِ وَالْجِبَالِ، أَيْ:

---

(١) أخرجه البيهقي في السنن الكبرى ج١٠٥/٣، والطبراني في المعجم الأوسط (٥٣٢٣)، وفي المعجم الكبير (٣٩٠).

أَحَاطَتْ بِهِ مِنْ احْتَجَزَ الرَّجُلُ بِإِزَارِهِ إِذَا شَدَّهُ فِي وَسَطِهِ، وَعَنْ الْأَصْمَعِيِّ: إِذَا عَرَضَتْ لَك الْحِرَارُ بِنَجْدٍ فَذَلِكَ الْحِجَازُ.

[ح ج ل]: (الْحَجَلَةُ) بِفَتْحَتَيْنِ سِتْرُ الْعَرُوسِ فِي جَوْفِ الْبَيْتِ وَالْجَمْعُ حِجَالٌ، وَفِي الصِّحَاحِ: بَيْتٌ يُزَيَّنُ بِالثِّيَابِ وَالْأَسِرَّةِ، وَبِهِ يُخَرَّجُ قَوْلُ مُحَمَّدٍ رَحِمَهُ اللَّهُ: فِي عِيدَانِ الْحَجَلَةِ وَكِسْوَتِهَا.

(وَالْحِجْلُ) بِالْكَسْرِ الْخَلْخَالُ وَالْقَيْدُ، وَالْفَتْحُ لُغَةٌ، وَجَمْعُهُ: حُجُولٌ وَحِجَالٌ، وَمِنْهُ: فَرَسٌ مُحَجَّلٌ، وَهُوَ الَّذِي قَوَائِمُهُ الْأَرْبَعُ بِيضٌ، قَدْ بَلَغَ الْبَيَاضُ مِنْهُ ثُلُثَ الْوَظِيفِ، أَوْ نِصْفَهُ أَوْ ثُلُثَيْهِ، بَعْدَ أَنْ يُجَاوِزَ الْأَرْسَاغَ، لِأَنَّ ذَلِكَ مَوْضِعُ الْإِحْجَالِ.

[ح ج م]: (حَجْمُ) الشَّيْءِ مَلْمَسُهُ تَحْتَ يَدِكَ، عَنْ الْغُورِيِّ، وَعَنْ اللَّيْثِ: الْحَجْمُ وِجْدَانُك مِنْ مَسِّ[1] شَيْءٍ تَحْتَ ثَوْبٍ، يُقَالُ: مَسِسْتُ الْحُبْلَى، فَوَجَدْتُ حَجْمَ الصَّبِيِّ فِي بَطْنِهَا.

(وَأَحْجَمَ) الثَّدْيُ عَلَى نَحْرِ الْجَارِيَةِ إِذَا نَهَدَ، وَحَقِيقَتُهُ صَارَ لَهُ حَجْمٌ، أَيْ: نُتُوءٌ وَارْتِفَاعٌ، وَمِنْهُ قَوْلُهُ: حَتَّى يَتَبَيَّنَ حَجْمَ عِظَامِهَا، وَقَوْلُهُ: مَكِّنْ جَبْهَتَك مِنْ الْأَرْضِ حَتَّى تَجِدَ حَجْمَهَا.

(وَالْحَجْمُ) أَيْضًا فِعْلُ الْحَجَّامِ مِنْ بَابِ طَلَبَ، وَالْحِجَامَةُ حِرْفَتُهُ، وَالْمِحْجَمَةُ بِالْكَسْرِ قَارُورَتُهُ، وَكَذَا الْمِحْجَمُ بِطَرْحِ الْهَاءِ.

(وَالْمَحْجَمُ) بِالْفَتْحِ مِنْ الْعُنُقِ مَوْضِعُ الْمِحْجَمَةِ، عَنْ اللَّيْثِ وَالْأَزْهَرِيِّ، وَمِنْهُ قَوْلُهُ: وَيَجِبُ غَسْلُ (الْمَحَاجِمِ)، يَعْنِي: مَوَاضِعَ الْحِجَامَةِ مِنْ الْبَدَنِ.

[ح ج ن]: (الْمِحْجَنُ) عُودٌ مُعْوَجُّ الرَّأْسِ كَالصَّوْلَجَانِ.

[ح ج و]: فِي الْحَدِيثِ: "مَنْ بَاتَ عَلَى ظَهْرِ بَيْتٍ لَيْسَ لَهُ حِجًا فَقَدْ بَرِئَتْ مِنْهُ الذِّمَّةُ[2]". رُوِيَ بِالْكَسْرِ وَالْفَتْحِ، وَهُوَ الْحِجَابُ وَالسِّتْرُ.

---

(١) سقط من: م.

(٢) أخرجه أبو داود (٥٠٤١)، والبخاري في الأدب المفرد (١١٩٢)، وأبو نعيم في معرفة الصحابة (٦٨١).

الْحَاءُ مَعَ الدَّالِ

[ح د أ]: (الْحِدَاءُ) بِالْكَسْرِ، وَقَدْ يُفْتَحُ طَائِرٌ يَصِيدُ الْجُرْذَانَ، وَعَنْ ابْنِ عَبَّاسٍ رَضِيَ اللهُ عَنْهُمَا: لَا بَأْسَ بِقَتْلِ الْحِدَوِّ وَالْإِفْعَوِّ لِلْمُحْرِمِ، وَرَوَى الْبُخَارِيُّ: الْحُدَيَّا، تَصْغِيرُ الْحِدَوِّ لُغَةٌ فِي الْحِدَاءِ، وَعَنْ أَبِي حَاتِمٍ: أَهْلُ الْحِجَازِ يَقُولُونَ لِهَذَا الطَّائِرِ: الْحُدَيَّا، وَيَجْمَعُونَهُ: الْحَدَاوِي، قَالَ: وَكِلَاهُمَا خَطَأٌ.

[ح د ب]: (حَدِبَ) حَدَبًا فَهُوَ أَحْدَبُ مِنْ بَابِ لَبِسَ.

(وَالْحَدَبَةُ) عَيْنُ ذَلِكَ النُّتُوءِ فِي الظَّهْرِ، وَقَوْلُهُ فِي" الْوَاقِعَاتِ": الْأَحْدَبُ إِذَا بَلَغَ حُدُوبَتَهُ الرُّكُوعَ، تَحْرِيفٌ وَالصَّوَابُ: حَدَبَتُهُ.

(الْحُدَيْبِيَةُ) بِتَخْفِيفِ الْيَاءِ الْأَخِيرَةِ، وَقَدْ تُشَدَّدُ، مَوْضِعٌ قَرِيبٌ مِنْ مَكَّةَ، وَمِنْهُ عَامُ الْحُدَيْبِيَةِ.

[ح د ث]: (الْحُدُوثُ) كَوْنُ شَيْءٍ لَمْ يَكُنْ، يُقَالُ: حَدَثَ أَمْرٌ حُدُوثًا، مِنْ بَابِ طَلَبَ، وَقَوْلُهُمْ: أَخَذَهُ مَا قَدُمَ وَمَا حَدُثَ، بِالضَّمِّ عَلَى الِازْدِوَاجِ، أَيْ: قَدِيمُ الْأَحْزَانِ وَحَدِيثُهَا.

(وَالْحَدَثُ) الْحَادِثُ، وَمِنْهُ: إِيَّاكَ وَالْحَدَثَ فِي الْإِسْلَامِ، يَعْنِي: لَا تُحْدِثْ شَيْئًا لَمْ يُعْهَدْ قَبْلُ، وَبِهِ سُمِّيَ الْحَدَثُ مِنْ قِلَاعِ الرُّومِ؛ لِحُدُوثِهِ أَوْ لِكَوْنِهِ عُدَّةً لِأَحْدَاثِ الزَّمَانِ وَصُرُوفِهِ.

(وَحِدْثَانُ) الْأَمْرِ أَوَّلُهُ، وَمِنْهُ حَدِيثُ صَفِيَّةَ، وَهِيَ عَرُوسٌ بِحِدْثَانِ مَا دَخَلَتْ عَلَيْهِ صلى الله عليه وسلم.

وَقَوْلُهُ عَلَيْهِ السَّلَامُ لِعَائِشَةَ رَضِيَ اللهُ عَنْهَا: "لَوْلَا (حِدْثَانُ) قَوْمِك بِالْجَاهِلِيَّةِ"[1]. وَيُرْوَى:"حَدَاثَةُ قَوْمِك بِالْكُفْرِ"، وَهُمَا بِمَعْنًى يُقَالُ: افْعَلْ هَذَا الْأَمْرَ بِحِدْثَانِهِ وَبِحَدَاثَتِهِ، أَيْ: فِي أَوَّلِهِ وَطَرَاءَتِهِ، وَيُرْوَى: "لَوْلَا أَنَّ قَوْمَكِ حَدِيثُ عَهْدٍ بِالْجَاهِلِيَّةِ"، وَالصَّوَابُ: حَدِيثُو عَهْدٍ، بِوَاوِ الْجَمْعِ مَعَ الْإِضَافَةِ، أَوْ"حَدِيثٌ عَهْدُهُمْ"، عَلَى إِعْمَالِ الصِّفَةِ الْمُشَبَّهَةِ كَمَا فِي الصَّحِيحَيْنِ.

(وَحَدِيثَةُ الْمَوْصِلِ) قَرْيَةٌ، وَهِيَ أَوَّلُ حَدِّ السَّوَادِ طُولًا، (وَحَدِيثَةُ الْفُرَاتِ) مَوْضِعٌ آخَرُ.

---

(١) أخرجه البخاري (١٥٨٣)، (٣٣٦٨)، (٤٤٨٤)، ومسلم (١٣٣٣).

[ح د د]: (الْحَدُّ) فِي الْأَصْلِ الْمَنْعُ، وَفِعْلُهُ مِنْ بَابِ طَلَبَ، وَالْحَدُّ الْحَاجِزُ بَيْنَ الْمَوْضِعَيْنِ تَسْمِيَةً بِالْمَصْدَرِ، وَمِنْهُ: حُدُودُ الْحَرَمِ، وَقَوْلُهُ:"مُسْلِمَةٌ مَوْقُوفَةٌ عَلَى حَدِّ الْحَرَامِ". أَيْ: عَلَى شَرَفِ أَنْ يَطَأَهَا كَافِرٌ، وَكَذَا مُسْلِمٌ مَوْقُوفٌ عَلَى حَدِّ كُفْرٍ، أَيْ: يُلْجَأُ بِالضَّرْبِ أَوْ بِالْقَتْلِ كَيْ يَكْفُرَ بِاللَّهِ، وَقَوْلُ الْعُلَمَاءِ لِحَقِيقَةِ الشَّيْءِ: حَدٌّ؛ لِأَنَّهُ جَامِعٌ مَانِعٌ.

(وَالْحَدَّادُ) الْبَوَّابُ لِمَنْعِهِ مِنَ الدُّخُولِ، وَسُمِّيَتْ عُقُوبَةُ الْجَانِي حَدًّا: لِأَنَّهَا تَمْنَعُ عَنِ الْمُعَاوَدَةِ، أَوْ لِأَنَّهَا مُقَدَّرَةٌ أَلَا تَرَى أَنَّ التَّعْزِيرَ وَإِنْ كَانَ عُقُوبَةً لَا يُسَمَّى حَدًّا؛ لِأَنَّهُ لَيْسَ بِمُقَدَّرٍ[1] لِقَوْلِ عُمَرَ لِابْنِ عَوْفٍ رَضِيَ اللَّهُ عَنْهُمَا: لَوْ رَأَيْتَهُ عَلَى حَدٍّ، أَيْ: عَلَى أَمْرٍ مُوجِبٍ لِلْحَدِّ، وَقِيلَ: فِي قَوْلِهِ: إِلَّا مَجْلُودًا فِي حَدٍّ، أَرَادَ حَدَّ الْقَذْفِ.

(وَالْحَدَّادُ) الَّذِي يُقِيمُ الْحَدَّ، فَعَّالٌ مِنْهُ كَالْجَلَّادِ مِنَ الْجَلْدِ، وَمِنْهُ قَوْلُهُ: أُجْرَةُ الْحَدَّادِ عَلَى السَّارِقِ، وَقِيلَ: هُوَ السَّجَّانُ؛ لِأَنَّهُ فِي الْغَالِبِ يَتَوَلَّى الْقَطْعَ، وَالْأَوَّلُ أَقْرَبُ وَأَظْهَرُ.

(وَحُدُودُ اللَّهِ) أَحْكَامُهُ الشَّرْعِيَّةُ لِأَنَّهَا مَانِعَةٌ عَنِ التَّخَطِّي إِلَى مَا وَرَاءَهَا، وَمِنْهُ: **(تِلْكَ حُدُودُ اللَّهِ فَلَا تَعْتَدُوهَا)** [سورة البقرة آية ٢٢٩]، وَيُقَالُ لِمَحَارِمِهِ وَمَنَاهِيهِ: حُدُودٌ، لِأَنَّهَا مَمْنُوعٌ عَنْهَا، وَمِنْهُ: **(تِلْكَ حُدُودُ اللَّهِ فَلَا تَقْرَبُوهَا)** [سورة البقرة آية ١٨٧].

(وَالْمَحْدُودُ) خِلَافُ الْمَجْدُودِ؛ لِأَنَّهُ مَمْنُوعٌ عَنِ الرِّزْقِ.

(وَحِدَادُ الْمَرْأَةِ) تَرْكُ زِينَتِهَا وَخِضَابِهَا، وَهُوَ بَعْدَ وَفَاةِ زَوْجِهَا؛ لِأَنَّهَا مُنِعَتْ عَنْ ذَلِكَ أَوْ مَنَعَتْ نَفْسَهَا عَنْهُ، وَقَدْ أَحَدَّتْ إِحْدَادًا فَهِيَ مُحِدٌّ، وَحَدَّتْ تَحُدُّ بِضَمِّ الْحَاءِ وَكَسْرِهَا حِدَادًا، وَالْحِدَادُ أَيْضًا ثِيَابُ الْمَأْتَمِ السُّودُ.

وَأَمَّا (الِاسْتِحْدَادُ) لِحَلْقِ الْعَانَةِ فَمُشْتَقٌّ مِنَ الْحَدِيدِ؛ لِأَنَّهُ يُسْتَعْمَلُ فِي ذَلِكَ، وَكَأَنَّهُ سُمِّيَ حَدِيدًا؛ لِأَنَّهُ مَنَعَ نَفْسَهُ لِصَلَابَتِهِ، وَمِنْهُ: وَحَوَافِرُهَا حَدِيدًا، أَيْ: صُلْبَةٌ كَأَنَّهَا حَدِيدٌ، وَبِهِ سُمِّيَ وَالِدُ عُمَارَةَ بن حَدِيدٍ الْبَجَلِيِّ فِي بَابِ السَّرَايَا.

(وَالْحِدَادَةُ) بِالْكَسْرِ صِنَاعَةُ الْحَدَّادِ، وَهُوَ الصَّانِعُ فِي الْحَدِيدِ، وَقَوْلُهُ: لَهُ أَنْ يَعْمَلَ فِيمَا بَدَا لَهُ مِنَ الْأَعْمَالِ مَا خَلَا الرَّحَى، وَالْحَدَّادَ وَالْقَصَّارَ الصَّوَابُ، مَا خَلَا وَضْعَ الرَّحَى وَالْحِدَادَةَ وَالْقِصَارَةَ، لِأَنَّ تِلْكَ الْأَعْيَانَ لَيْسَتْ مِنْ أَعْمَالِهِ.

(وَحُدَّانُ) بِالضَّمِّ اسْمٌ مُرْتَجَلٌ مِنْ حُرُوفِ الْحَدِيدِ، وَمِنْهُ: سَعِيدُ بن ذِي حُدَّانٍ فِي

---

(١) في م: "بمقدور".

السِّيَرِ يَرْوِي عَنْ عَلِيٍّ رَضِيَ اللهُ عَنْهُ.

[ح د ر]: (الْحَدْرُ) السُّرْعَةُ وَالتَّوْرِيمُ، وَهُوَ مَصْدَرُ، قَوْلِهِمْ هُوَ (يَحْدُرُ) فِي الْأَذَانِ، وَفِي الْقِرَاءَةِ، وَضَرَبَهُ حَتَّى (حَدَّرَ) جِلْدُهُ، أَيْ: وَرَّمَهُ مِنْ بَابِ طَلَبَ، وَبِتَصْغِيرِهِ سُمِّيَ حُدَيْرُ بْنُ كُرَيْبٍ أَبُو الزَّاهِرِيَّةِ، وَزِيَادُ بْنُ حُدَيْرٍ.

[ح د ق]: (أَحْدَقُوا بِهِ) أَحَاطُوا حَوْلَهُ، وَمِنْهُ قَوْلُهُ: الدَّارُ مُحْدِقَةٌ بِالْبُسْتَانِ، أَيْ: مُحِيطَةٌ، وَحَدَّقَ إِلَيْهِ تَحْدِيقًا شَدَّدَ النَّظَرَ إِلَيْهِ، وَقَوْلُ الْحَجَّاجِ وَقَدْ أُرْتِجَ عَلَيْهِ: قَدْ هَالَنِي كَثْرَةُ رُءُوسِكُمْ وَإِحْدَاقُكُمْ إِلَيَّ بِأَعْيُنِكُمْ، الصَّوَابُ: تَحْدِيقُكُمْ إِلَيَّ.

[ح د ل]: (ذَاتُ أَحْدَالٍ) مَوْضِعٌ بِالصَّفْرَاءِ، وَهِيَ وَادٍ فِي طَرِيقِ مَكَّةَ مَاتَ بِهِ عُبَيْدَةُ بْنُ الْحَارِثِ، وَفِي السِّيَرِ بِالْجِيمِ وَالْحَاءِ.

[ح د م]: (دَمٌ مُحْتَدِمٌ) شَدِيدُ الْحُمْرَةِ إِلَى السَّوَادِ، وَقِيلَ: شَدِيدُ الْحَرَارَةِ مِنْ احْتِدَامِ النَّارِ، وَهُوَ الْتِهَابُهَا، وَمِنْهُ: احْتَدَمَ الشَّرَابُ إِذَا غَلَا.

[ح د و]: (حَدَا الْإِبِلَ) سَاقَهَا حَدْوًا، وَأَحْدَى لَهَا غَنَّى لَهَا، وَالْحَادِي مِثْلُ السَّائِقِ.

الْحَاءُ مَعَ الذَّالِ

[ح ذ ر]: (الْحَذَرُ) الْخَوْفُ، وَفِي الْمَثَلِ: أَحْذَرُ مِنَ الْغُرَابِ، وَبِاسْمِ الْمَفْعُولِ مِنْهُ كُنِّيَ أَبُو مَحْذُورَةَ الْمُؤَذِّنُ، وَاسْمُهُ سَمُرَةُ أَوْ أَوْسُ بن مِعْيَرٍ، مِفْعَلٍ بِالْكَسْرِ مِنْ عِيَارِ الْمِيزَانِ.

[ح ذ ف]: (الْحَذْفُ) الْقَطْعُ وَالْإِسْقَاطُ، وَمِنْهُ: فَرَسٌ مَحْذُوفُ الذَّنَبِ أَوْ الْعُرْفِ، أَيْ: مَقْطُوعُهُ، وَيُجْعَلُ عِبَارَةً عَنْ تَرْكِ التَّطْوِيلِ وَالتَّمْطِيطِ فِي الْأَذَانِ وَالْقِرَاءَةِ، وَهُوَ مِنْ بَابِ ضَرَبَ.

(وَتَحْذِيفُ) الشَّعْرِ تَطْرِيرُهُ وَتَسْوِيَتُهُ، تَفْعِيلٌ مِنْ الطُّرَّةِ، وَهُوَ أَنْ يَأْخُذَ مِنْ نَوَاحِيهِ حَتَّى يَسْتَوِيَ، وَمِنْهُ: الْأَخْذُ مِنْ عُرْفِ الدَّابَّةِ وَقَصُّ الْحَافِرِ لَيْسَ بِرَضِيٍّ، كَتَقْلِيمِ الْأَظْفَارِ وَالتَّحْذِيفِ فِي الْجَارِيَةِ.

حُذَافَةُ فِي (خ ر، خ ر ج).

[ح ذ ق]: (التَّحْذِيقُ) مِنْ الْحِذْقِ، قِيَاسٌ لَا سَمَاعٌ.

[ح ذ م]: فَأَحْذِمَ فِي (ر س، ر س ل).

[ح ذ ل م]: (تَمِيمُ بن حَذْلَمٍ) بِوَزْنِ سَلْجَمٍ، يَرْوِي عَنْ عَلِيٍّ رَضِيَ اللهُ عَنْهُ.

[ح ذ و]: (قَوْلُهُمْ حِذَاءَ) أُذُنَيْهِ وَحَـذْوَ مَنْكِبَيْـهِ، كِلَاهُـمَا صَحِيحٌ، وَيُقَـالُ: حَذَوْتُـهُ وَحَاذَيْتُـهُ، أَيْ: صِرْتُ بِحِذَائِهِ، وَمِنْهُ: قَوْلُ الْحَلْوَائِيِّ: مَا يَحْذُو رَأْسَهَا، أَيْ: مَا يُحَاذِيهِ مِنْ الشَّعْرِ وَلَا يَسْتَرْسِـلُ، وَحَـذَا النَّعْـلَ بِالْمِثَـالِ قَطَعَهَا بِهِ، (وَحَذَا) لِي نَعْلًا عَمِلَهَا.

وَفِي "الْمُنْتَقَى": الْقَوْلُ فِي هَذَا قَوْلُ الْمَحْذُوَّةِ لَهُ، وَالصَّوَابُ: الْمَحْذُوُّ لَهُ أَوْ الْمَحْذُوَّةِ لَـهُ النَّعْـلُ، كَـمَا فِي الْمَقْطُوعَةِ يَدُهُ، وَفِي حَدِيثِ مَسِّ الذَّكَرِ: "هَلْ هَذَا إِلَّا بَضْعَةٌ مِنْك أَوْ حِذْوَةٌ"[١]، وَرُوِيَ: حِذْيَةٌ بِالْكَسْرِ فِـيهِمَا، وَهُمَا الْقِطْعَةُ مِنْ اللَّحْمِ إِذَا قُطِعَتْ طُولًا.

(وَالْحِذْيَا) الْعَطِيَّةُ، وَأَحْذَيْتُهُ: أَعْطَيْتُهُ، وَمِنْـهُ الْحَـدِيثُ: "كَـانَ يُحْـذِي النِّسَـاءَ وَالصِّبْيَانَ مِـنْ الْمَغْنَمِ" وَحَذَيْتُهُ لُغَةٌ، وَمِنْهُ حَدِيثُ شُقْرَانَ: فَحَذَاهُ كُلُّ رَجُلٍ مِنْ الْأُسَارَى، أَيْ: أَعْطَاهُ شَيْئًا، وَكَانَ عَلَى أُسَارَى بَدْرٍ.

(وَحَذَا) الشَّرَابُ أَوْ الْخَلُّ لِسَانَهُ إِذَا قَرَصَ، وَهَذَا لَبَنٌ قَـارِصٌ يَحْـذِي اللِّسَـانَ، وَهُـوَ أَنْ يَفْعَـلَ بِـهِ شِـبْهَ الْقَطْعِ مِنْ الْإِحْرَاقِ.

الْحَاءُ مَعَ الرَّاءِ

[ح ر ب]: (حَرَبَ) الرَّجُلُ وَحَرِبَ حَرَبًا فَهُوَ حَرِيبٌ، وَمَحْرُوبٌ إِذَا أُخِذَ مَالُهُ كُلُّهُ، وَمِنْهُ قَوْلُ صَفِيَّةَ حِـينَ بَارَزَ الزُّبَيْرُ رَضِيَ اللـه عَنْهُ: وَا حَرْبِي، فَهِيَ كَلِمَـةُ تَأَسُّـفٍ وَتَلَهُّـفٍ، كَقَـوْلِهِمْ: يَـا أَسَـفِي، وَيُـرْوَى أَنَّهَـا قَالَـتْ: وَاحِدِي، أَيْ: هَذَا وَاحِدِي عَلَى سَبِيلِ الِاسْتِعْطَافِ؛ لِأَنَّهُ مَا كَانَ لَهَا ابْنٌ سِوَاهُ.

(وَالْحَرْبُ) بِالسُّكُونِ مَعْرُوفَةٌ وقَوْله تَعَالَى: **(فَإِن لَّمْ تَفْعَلُوا فَأْذَنُوا بِحَرْبٍ مِّنَ اللـه وَرَسُولِهِ)** [سورة البقرة آية ٢٧٩] أَيْ: فَإِنْ لَمْ تَفْعَلُوا التَّرْكَ وَالِانْتِهَاءَ عَنْ الْمُطَالَبَةِ فَاعْلَمُوا أَنَّ الْحَرْبَ تَأْتِيكُمْ مِنْ قِبَلِ الرَّسُولِ صَلَّى اللـه عَلَيْهِ وَسَلَّمَ وَالْمُؤْمِنِينَ، وَتَفْسِيرُ مَنْ قَالَ: إِنَّهُمْ حَـرْبٌ لله، أَيْ: أَعْـدَاءٌ مُحَـارِبُونَ تَـرُدُّهُ كَلِمَـةُ مِـنْ، وَقَوْلُهُ: وَيُكْرَهُ إِحْرَاقُ الْمُشْرِكِ بَعْدَ مَا يُقْدَرُ عَلَيْهِ، فَأَمَّا وَهُوَ فِي حَرْبِهِ، أَيْ: وَهُـوَ مُحَـارِبٌ، وَيُـرْوَى: فِي حِزْبِـهِ، أَيْ: فِي جَمَاعَتِهِ وَقَوْمِهِ لِكِلَيْهِمَا وَجْهٌ، وَعَنْ أَبِي حَنِيفَةَ رَحِمَهُ اللـه: كَانَتْ مَكَّةُ إِذْ ذَاكَ حَرْبًا، أَيْ:

---

(١) أخرجه ابن حبان في صحيحه (١١٢٠)، وابن الجعد في مسنده (٣٢٩٩)، وابن عبد البر في التمهيد ج١٩٦/١٧.

دَارَ حَرْبٍ.

[ح ر ث] (حَرَثَ) الْأَرْضَ حَرْثًا أَثَارَهَا لِلزِّرَاعَةِ، وَمِنْهُ: (أَفَرَأَيْتُم مَّا تَحْرُثُونَ) [سورة الواقعة آية ٦٣] وَالْحَرْثُ مَا يُسْتَنْبَتُ بِالْبَذْرِ وَالنَّوَى وَالْغَرْسِ تَسْمِيَةً بِالْمَصْدَرِ، وَهُوَ مَجَازٌ، وقَوْله تَعَالَى: (نِسَاؤُكُمْ حَرْثٌ لَّكُمْ) [سورة البقرة آية ٢٢٣] مَجَازٌ مِنْ طَرِيقٍ آخَرَ، وَذَلِكَ أَنَّهُنَّ شُبِّهْنَ بِالْمَحَارِثِ وَمَا يُلْقَى فِي أَرْحَامِهِنَّ مِنَ النُّطَفِ بِالْبُذُورِ، وقَوْله تَعَالَى: (أَنَّى شِئْتُمْ) [سورة البقرة آية ٢٢٣] أَيْ: مِنْ أَيِّ جِهَةٍ أَرَدْتُمْ بَعْدَ أَنْ يَكُونَ الْمَأْتَى وَاحِدًا، وَهُوَ مَوْضِعُ الْحَرْثِ، وَبِاسْمِ الْفَاعِلِ مِنْهُ سُمِّيَ الْحَارِثُ بن لَقِيطٍ النَّخَعِيُّ فِي الصَّيْدِ، وَالْحَارِثُ بن قَيْسٍ فِي النِّكَاحِ، وَقَيْسُ بن الْحَارِثِ أَوْ قَيْسُ بن ثَابِتٍ، كِلَاهُمَا سَهْوٌ فِيهِ.

[ح ر ج]: (حَرِجَ) صَدْرُهُ: ضَاقَ حَرَجًا مِنْ بَابِ لَبِسَ، وَمِنْهُ: الْحَرَجُ ضِيقُ الْمَأْثَمِ [لَمْ أَجِدْهُ بِهَذِهِ اللَّفْظِ][1] (وَتَحَرَّجَ) مِنْ كَذَا تَأَثَّمَ، وَحَقِيقَتُهُ جَانَبَ الْحَرَجَ، وَفِي أَضَاحِي مَعَاظِم[2] الْخُوَارِزْمِيِّ: فَتَحَرَّجَتْ أَوْ حَرَّكَتْ ذَنَبَهَا، أَيْ: أَنَّ ذَلِكَ ذَكَاتُهَا، كَأَنَّهُ اسْتَعَارَ التَّحَرُّجَ لِلتَّحَرُّكِ عَلَى بُعْدٍ، وَالظَّاهِرُ أَنَّهُ تَحْرِيفٌ، فَتَحَرَّكَتْ أَوْ فَتَحَوَّزَتْ مِنْ تَحَوَّزَتْ الْحَيَّةُ إذَا تَلَوَّتْ وَتَرَحَّتْ [من الرَّحى][3].

[ح ر ح] الْحَرُ بِالتَّخْفِيفِ، وَقَدْ حَكَى الْأَزْهَرِيُّ بِالتَّشْدِيدِ، وَالْأَصْلُ حَرَحٌ، بِدَلِيلِ أَحْرَاحٍ فِي جَمْعِهِ.

[ح ر د]: (الْحَرَدُ) أَنْ يَيْبَسَ عَصَبُ يَدِ الْبَعِيرِ مِنْ عِقَالٍ، أَوْ يَكُونَ خِلْقَةً فَتَخْبِطَ إذَا مَشَى، وَبَعِيرٌ أَحْرَدُ، وَالْمَذْكُورُ فِي الرِّوَايَةِ هَذَا وَالْجِيمُ وَالذَّالُ فِي الشَّرْحِ.

(وَالْحَرَادِيُّ) مَا يُلْقَى عَلَى خَشَبِ السَّقْفِ مِنْ أَطْنَانِ الْقَصَبِ، عَنْ ابْنِ الْأَعْرَابِيِّ، الْوَاحِدُ حُرْدِيٌّ، وَهُوَ نَبَطِيٌّ، قَالَ ابْنُ السِّكِّيتِ: وَلَا تَقُلْ هُرْدِيٌّ، وَفِي الْعَيْنِ: الْهُرْدِيَّةُ قَصَبَاتٌ تُضَمُّ مَلْوِيَّةً بِطَاقَاتِ الْكَرْمِ تُرْسَلُ عَلَيْهَا قُضْبَانُ الْكَرْمِ.

(وَالْحُرْدِيَّةُ) حِيَاصَةُ الْحَظِيرَةِ الَّتِي تُشَدُّ عَلَى حَائِطٍ مِنْ قَصَبٍ عَرْضًا.

[ح ر ر]: (الْحَرُّ) خِلَافُ الْبَرْدِ، وَقَوْلُهُمْ:وَلِّ حَارَّهَا مَنْ تَوَلَّى قَارَّهَا، أَيْ: وَلِّ شَرَّهَا

---

(١) زيادة من: م.
(٢) في خ: "الخمير".
(٣) سقط من: م.

مَنْ تَوَلَّى خَيْرَهَا، تَمَثَّلَ بِهِ الْحَسَنُ حِينَ أَمَرَهُ عَلِيٌّ رَضِيَ اللهُ عَنْهُمَا أَنْ يَحُدَّ الْوَلِيدَ بِنَ عُقْبَةَ لِشُرْبِ الْخَمْرِ أَيَّامَ عُثْمَانَ رَضِيَ اللهُ عَنْهُ، وَالْمَعْنَى: أَنَّهُ إِنَّمَا يَتَوَلَّى إِقَامَةَ الْحَدِّ مَنْ يَتَوَلَّى مَنَافِعَ الْإِمَارَةِ.

(وَالْحَرَّةُ) الْأَرْضُ ذَاتُ الْحِجَارَةِ السُّودِ، وَالْجَمْعُ: حِرَارٌ.

(وَيَوْمُ الْحَرَّةِ) يَوْمٌ كَانَ لِيَزِيدَ عَلَى أَهْلِ الْمَدِينَةِ قُتِلَ فِيهَا خَلْقٌ كَثِيرٌ مِنْ أَبْنَاءِ الْمُهَاجِرِينَ وَالْأَنْصَارِ، وَقَوْلُهُ: وَبِهِ قَضَى زَيْدٌ فِي قَتْلَى الْحَرَّةِ، فَالصَّوَابُ ابْنُهُ خَارِجَةُ؛ لِأَنَّهُ رَضِيَ اللهُ عَنْهُ مَاتَ سَنَةَ خَمْسٍ وَأَرْبَعِينَ أَوْ خَمْسِينَ وَيَوْمُ الْحَرَّةِ كَانَ سَنَةَ ثَلَاثٍ وَسِتِّينَ، وَهِيَ تُعْرَفُ بِحَرَّةٍ وَاقِمٍ بِقُرْبِ الْمَدِينَةِ.

(وَالْحُرُّ) خِلَافُ الْعَبْدِ، وَيُسْتَعَارُ لِلْكَرِيمِ كَالْعَبْدِ لِلَّئِيمِ، وَبِهِ سُمِّيَ الْحُرُّ بِنُ الصَّيَّاحِ [فَعَّالٌ مِنَ الصَّيْحَةِ]
(١)

(وَالْحُرَّةُ) خِلَافُ الْأَمَةِ، وَبِهَا كُنِّيَ أَبُو حُرَّةَ وَاصِلُ بنُ عَبْدِ الرَّحْمَنِ عَنِ الْحَسَنِ الْبَصْرِيِّ فِي السِّيَرِ، وَفَتْحُ الْحَاءِ خَطَأٌ، وَقَوْلُهُمْ: أَرْضٌ حُرَّةٌ لَا رَمْلَ فِيهَا، مَجَازٌ، وَأَمَّا قَوْلُهُمْ لِلَّتِي لَا عُشْرَ عَلَيْهَا: حُرَّةٌ، فَمُوَلَّدٌ.

(وَالْحُرِّيَّةُ) مَصْدَرُ الْحُرِّ، وَحَقِيقَتُهَا الْخَصْلَةُ الْمَنْسُوبَةُ إِلَى الْحُرِّ، وَيُقَالُ لِجَمَاعَةِ الْأَحْرَارِ: حُرِّيَّةٌ، نِسْبَةً إِلَيهَا(٢)، وَمِنْهَا قَوْلُ مُحَمَّدٍ رَحِمَهُ اللهُ: فَصَالَحُوهُمْ عَلَى أَنْ يُؤْمِنُوا حُرِّيَّتَهُمْ مِنْ رِجَالِهِمْ وَنِسَائِهِمْ.

(وَحَرَّ الْمَمْلُوكُ) عَتَقَ حَرَارًا، مِنْ بَابِ لَبِسَ، وَحَرَّرَهُ صَاحِبُهُ، وَمِنْهُ: (فَتَحْرِيرُ رَقَبَةٍ) [النساء:٩٢].

(تَحَرَّرَ) بِمَعْنَى حَرَّ قِيَاسًا، وَقَوْلُهُ تَعَالَى: (إِنِّي نَذَرْتُ لَكَ مَا فِي بَطْنِي مُحَرَّرًا) [سورة آل عمران آية ٣٥] أَيْ: مُعْتَقًا لِخِدْمَةِ بَيْتِ الْمَقْدِسِ.

(وَالْحَرُورِيَّةُ) اسْمٌ بِمَعْنَى الْحُرِّيَّةِ، وَفَتْحُ الْحَاءِ هُوَ الْفَصِيحُ، وَأَمَّا الْحَرُورِيَّةُ الْفِرْقَةُ مِنَ الْخَوَارِجِ فَمَنْسُوبَةٌ إِلَى حَرُورَاءَ، قَرْيَةٍ بِالْكُوفَةِ، وَكَانَ بِهَا أَوَّلُ تَحْكِيمِهِمْ وَاجْتِمَاعِهِمْ، عَنِ الْأَزْهَرِيِّ.

وَقَوْلُ عَائِشَةَ رَضِيَ اللهُ عَنْهَا لِامْرَأَةٍ: أَحَرُورِيَّةٌ أَنْتِ؟ الْمُرَادُ: أَنَّهَا فِي التَّعَمُّقِ فِي

---

(١) زيادة من: م.

(٢) سقط من: م.

سُؤَالِهَا كَأَنَّهَا خَارِجِيَّةٌ؛ لِأَنَّهُمْ تَعَمَّقُوا فِي أَمْرِ الدِّينِ حَتَّى خَرَجُوا مِنْهُ.

(وَالْحَرِيرُ) الْإِبْرَيْسَمُ الْمَطْبُوخُ، وَسُمِّيَ الثَّوْبُ الْمُتَّخَذُ مِنْهُ حَرِيرًا، وَفِي" جَمْعِ التَّفَارِيقِ": الْحَرِيرُ مَا كَانَ مُصْمَتًا أَوْ لُحْمَتُهُ حَرِيرٌ، وَفِي كَرَاهِيَةِ شَرْحِ الْجَامِعِ الصَّغِيرِ الحسامي[1]: ستر[2] الْحَرِيرِ وَتَعْلِيقُهُ عَلَى الْأَبْوَابِ، وَسَتْرُ الْخِدْرِ تَصْحِيفٌ.

(وَحَرَّانُ) مِنْ بِلَادِ الْجَزِيرَةِ، إلَيْهِ تُنْسَبُ الثِّيَابُ الْحَرَّانِيَّةُ.

[ح ر ز]: (أَحْرَزَهُ) جَعَلَهُ فِي الْحِرْزِ وَالْحِرْزُ الْمَوْضِعُ الْحَصِينُ، وَبِاسْمِ فَاعِله سُمِّيَ مُحْرِزُ بن جَعْفَرٍ، مَوْلَى أَبِي هُرَيْرَةَ، يُرْوَى عَنْ صَالِح بن كَيْسَانَ فِي السِّيَرِ، هَكَذَا فِي الْمُشْتَبَهِ، عَنْ عَبْدِ الْغَنِيِّ، وَعَنْ الدَّارَقُطْنِيِّ كَذَلِكَ، وَفِي النَّفْيِ مُحَرَّزٌ بِرَاءٍ مُشَدَّدَةٍ مَفْتُوحَةٍ، مُكَرَّرَةٌ أَكْثَرُ.

وَاسْمُ الْمَفْعُولِ مِنْهُ (مُحْرَزٌ وَحَرِيزٌ) أَيْضًا، وَبِهِ سُمِّيَ حُرَيْزُ بن عُثْمَانَ فِي السِّيَرِ يَرْوِي عَنْ عَبْدِ اللهِ بن بُسْرٍ، قَالَ فِي الْجَرْحِ: هُوَ ثِقَةٌ، وَقِيلَ: كَانَ يُرْمَى بِالِانْحِرَافِ عَنْ عَلِيٍّ رَضِيَ اللهُ عَنْهُ، وَعَنْ الْحَلْوَانِيِّ: هُوَ مَطْعُونٌ فِيهِ.

وَقَوْلُهُ: مَا تَمَّتْ سَرِقَتُهُ فِي مَالٍ مَحْرُوزٍ، صَوَابُهُ: مُحْرَزٍ، وَإِنْ صَحَّ مَا فِي" كِتَابِ الْمَقَايِيسِ" مِنْ حَرَزْتُهُ كَانَ هَذَا اسْمَ مَفْعُولٍ مِنْهُ، وَبِتَصْغِيرِهِ سُمِّيَ وَالِدُ عَبْدِ اللهِ بن مُحَيْرِيزٍ الْجُمَحِيِّ فِي حَدِيثِ الْأَذَانِ وَالتَّرْجِيعِ فِيهِ.

(وَحَرَازٌ) بِالتَّخْفِيفِ عَلَى فَعَالٍ مِنْهُ قَلْعَةٌ يُنْسَبُ إلَيْهَا أَزْهَرُ بن عَبْدِ اللهِ الْحَرَازِيُّ فِي السِّيَرِ.

[ح ر س]: (حَرَسَهُ) حِرَاسَةً: حَفِظَهُ، وَالْحَرْسُ فِي مَصْدَرِهِ قِيَاسٌ لَا سَمَاعٌ، وَقَدْ وَقَعَ فِي كَلَامِ مُحَمَّدٍ رَحِمَهُ اللهُ كَثِيرًا.

وَالْحَرَسُ بِفَتْحَتَيْنِ جَمْعُ حَارِسٍ كَخَادِمٍ وَخَدَمٍ، وَقَوْلُ عُمَرَ رَضِيَ اللهُ عَنْهُ: أَلَا أُنَبِّئُكُمْ بِلَيْلَةٍ هِيَ أَفْضَلُ مِنْ لَيْلَةِ الْقَدْرِ، حَارِسٌ حَرَسَ فِي سَبِيلِ اللهِ لَعَلَّهُ لَا يَئُوبُ إلَى رَحْلِهِ، أَيْ: لَيْلَةُ حَارِسٍ، كَقَوْلِهِ: أَفْضَلُ الْأَعْمَالِ الْحَالُّ الْمُرْتَحِلُ، أَيْ: عَمَلُ الْحَالِّ لَعَلَّهُ لَا يَئُوبُ إلَى رَحْلِهِ، أَيْ: لَا يَرْجِعُ إلَى مَنْزِلِهِ فِي مَوْضِعِ الْحَالِ، وَتَقْدِيرُهُ يَائِسًا مِنْ الْحَيَاةِ غَيْرَ رَاجٍ إيَّاهَا.

---

(١) سقط من: م.

(٢) في م: "كراهية".

(وَحَرِيسَةُ الْجَبَلِ) هِيَ الشَّاةُ الْمَسْرُوقَةُ مِمَّا يُحْرَسُ فِي الْجَبَلِ، وَقِيلَ: هُوَ مِنْ قَوْلِهِمْ لِلسَّارِقِ حَارِسٌ عَلَى طَرِيقِ التَّعْكِيسِ، وَفِي" التَّكْمِلَةِ": حَرَسَنِي شَاةً، أَيْ: سَرَقَهَا حَرْسًا.

[ح ر ص]: (حَرَصَ) الْقَصَّارُ الثَّوْبَ شَقَّهُ فِي الدَّقِّ، وَمِنْهُ: الْحَارِصَةُ فِي الشِّجَاجِ، وَهِيَ الَّتِي تَحْرِصُ الْجِلْدَ أَيْ: تَشُقُّهُ.

[ح ر ض]: (الْحُرُضُ) الْأُشْنَانُ، وَالْمِحْرَضَةُ وِعَاؤُهُ.

[ح ر ف]: (الْحَرْفُ) الطَّرَفُ، وَمِنْهُ: الِانْحِرَافُ وَالتَّحَرُّفُ الْمَيْلُ إِلَى الْحَرْفِ، وَفِي التَّنْزِيلِ: ﴿مُتَحَرِّفًا لِقِتَالٍ﴾ [سورة الأنفال آية ١٦] أَيْ: مَائِلًا لَهُ وَأَنْ يَصِيرَ بِحَرْفٍ لِأَجْلِهِ، وَهُوَ مِنْ مَكَائِدِ الْحَرْبِ، يُرِي الْعَدُوَّ أَنَّهُ مُنْهَزِمٌ ثُمَّ يَكِرُّ عَلَيْهِ، وَمِنْهُ: الْحَرْفُ فِي اصْطِلَاحِ النَّحْوِيِّينَ.

وَأَمَّا قَوْلُهُ: "نَزَلَ الْقُرْآنُ عَلَى سَبْعَةِ أَحْرُفٍ" [(١)] فَأَحْسَنُ الْأَقْوَالِ أَنَّهَا وُجُوهُ الْقِرَاءَاتِ الَّتِي اخْتَارَهَا الْقُرَّاءُ، وَمِنْهُ: فُلَانٌ يَقْرَأُ بِحَرْفِ ابْنِ مَسْعُودٍ، وَقِيلَ لِلْمَحْرُومِ غَيْرِ الْمَرْزُوقِ: مُحَارَفٌ؛ لِأَنَّهُ يُحْرَفُ مِنَ الرِّزْقِ، وَقَدْ حُورِفَ، وَالِاسْمُ الْحُرْفَةُ بِالضَّمِّ.

(وَالْحِرْفَةُ) بِالْكَسْرِ اسْمٌ مِنَ الِاحْتِرَافِ الِاكْتِسَابِ.

(وَحَرِيفُ) الرَّجُلِ مُعَامِلُهُ، وَمِنْهُ: رَجُلٌ لَهُ حَرِيفٌ مِنَ الصَّيَارِفَةِ، أَمَرَهُ أَنْ يُعْطِيَ رَجُلًا أَلْفَ دِرْهَمٍ قَضَاءً عَنْهُ، أَوْ لَمْ يَذْكُرْ قَضَاءً عَنْهُ فَفَعَلَ، فَإِنَّهُ يَرْجِعُ عَلَى الْآمِرِ وَإِنْ كَانَ غَيْرَ حَرِيفٍ؛ فَإِنْ قَالَ: قَضَاءً عَنِّي، رَجَعَ وَإِلَّا فَلَا.

[ح ر ق]: "ضَالَّةُ الْمُؤْمِنِ حَرَقُ النَّارِ"[(٢)]. هُوَ اسْمٌ مِنَ الْإِحْرَاقِ كَالشَّفَقِ مِنَ الْإِشْفَاقِ، وَمِنْهُ: الْحَرَقُ وَالْغَرَقُ وَالشَّرَقُ شَهَادَةٌ، وَعَنِ ابْنِ الْأَعْرَابِيِّ: الْمُرَادُ بِهِ فِي الْحَدِيثِ: اللَّهَبُ نَفْسُهُ.

وَأَمَّا الثَّقْبُ فِي الثَّوْبِ؛ فَإِنْ كَانَ مِنَ النَّارِ فَهُوَ بِسُكُونِ الرَّاءِ، وَإِنْ كَانَ مِنْ دَقِّ الْقَصَّارِ فَهُوَ مُحَرَّكٌ، وَقَدْ رُوِيَ فِيهِ السُّكُونُ، وَالْمَعْنَى: أَنَّ مَنْ أَخَذَ الضَّالَّةَ لِلتَّمَلُّكِ فَإِنَّ ذَلِكَ يُؤَدِّيهِ إِلَى الْحَرَقِ.

---

(١) أخرجه أحمد في مسنده (١٥٩)، والحميدي في مسنده (٣٤٣)، وأبو يعلى الموصلي في مسنده (٥١٤٩)، والبوصيري في إتحاف الخيرة (٧٩٤٦).

(٢) أخرجه الترمذي (٢٦٨٧)، وابن ماجه (٤١٦٩)، والروياني (٢٠٢٣)، والبوصيري في إتحاف الخيرة (٤٠١٨).

(وَالْحُرَاقَةُ) بِالضَّمِّ وَالتَّخْفِيفِ مَا يَبْقَى مِنْ الثَّوْبِ الْمُحْتَرِقِ. (وَالْحَرِيقُ) النَّارُ.

وَأَمَّا الْحَدِيثُ: "الْحَرِيقُ شَهِيدٌ، وَالْغَرِيقُ شَهِيدٌ"[١]. فَالْمُرَادُ الْمُحْرَقُ، وَإِنْ لَمْ أَجِدْهُ، وَنَظِيرُهُ الْكِتَابُ الْحَكِيمُ بِمَعْنَى الْمُحْكَمِ عَلَى أَحَدِ الْقَوْلَيْنِ، وَفِي كَلَامِ مُحَمَّدٍ رَحِمَهُ اللهُ: وَلَوْ وُجِدَ مَنْ فِي الْمَعْرَكَةِ حَرِيقًا أَوْ غَرِيقًا لَمْ يُغَسَّلْ.

(وَالْحَرْقَى) فِي جَمْعِهِ مَبْنِيٌّ عَلَيْهِ، وَهُوَ مِثْلُ قَتْلَى وَجَرْحَى فِي قَتِيلٍ وَجَرِيحٍ.

وَأَمَّا (الْحُرَقَةُ) بِفَتْحِ الرَّاءِ فَلَقَبٌ لِبَطْنٍ مِنْ جُهَيْنَةَ، مِنْهُمْ عَبْدُ الرَّحْمَنِ بن الْعَلَاءِ الْحُرَقِيُّ، وَهُوَ الَّذِي بَقِيَ فِي بَطْنِ أُمِّهِ أَرْبَعَ سِنِينَ، عَنْ الْحَلْوَائِيِّ رَحِمَهُ اللهُ.

[ح ر م]: (حَرُمَ الشَّيْءُ) فَهُوَ حَرَامٌ، وَبِهِ سُمِّيَ حَرَامُ بن مُعَاوِيَةَ، وَحَرَامُ بن عُثْمَانَ الْأَنْصَارِيُّ عَنْ عَبْدِ الرَّحْمَنِ بن جَابِرٍ، وَعَنْهُ أَبُو بَكْرِ بن عَيَّاشٍ.

(وَبَنُو حَرَامٍ) قَوْمٌ بِالْكُوفَةِ، نُسِبَتْ إِلَيْهِمْ الْمَحَلَّةُ الْحَرَامِيَّةُ.

(وَالْحُرُمَةُ) اسْمٌ مِنْ الِاحْتِرَامِ، وَقَوْلُهُ:

الْيَوْمُ يَوْمُ الْمَلْحَمَه ... تُهْتَكُ فِيهِ الْحُرُمَه

يَعْنِي: حُرْمَةَ الْكُفَّارِ، وَإِنَّمَا حَرَّكَ الرَّاءَ بِالضَّمِّ لِاتِّبَاعِ ضَمَّةِ الْحَاءِ.

(وَالْمَحْرَمُ) الْحَرَامُ وَالْحُرْمَةُ أَيْضًا، وَحَقِيقَتُهُ مَوْضِعُ الْحُرْمَةِ، وَمِنْهُ، وَهِيَ لَهُ مَحْرَمٌ، وَهُوَ لَهَا مَحْرَمٌ، وَفُلَانٌ مَحْرَمٌ مِنْ فُلَانَةَ. (وَذُو رَحِمٍ) مَحْرَمٍ بِالْجَرِّ صِفَةٌ لِلرَّحِمِ وَبِالرَّفْعِ لِذُو.

وَأَمَّا قَوْلُهُ: وَإِنْ وَهَبَهَا لِأَجْنَبِيٍّ أَوْ ذِي رَحِمٍ لَيْسَ بِمَحْرَمٍ، أَوْ لِذِي مَحْرَمٍ لَيْسَ بِرَحِمٍ، فَالصَّوَابُ أَوْ لِمَحْرَمٍ لَيْسَ بِذِي رَحِمٍ.

[ح ر ن]: (حَرَنَ الْفَرَسُ: وَقَفَ وَلَمْ يَنْقَدْ، حَرُونًا وَحِرَانًا مِنْ بَابِ طَلَبَ، وَهُوَ حَرُونٌ.

(وَالْحَرْنُ) فِي مَعْنَى الْحِرَانِ غَيْرُ مَسْمُوعٍ.

[ح ر ي]: (التَّحَرِّي) طَلَبُ أَحْرَى الْأَمْرَيْنِ، وَهُوَ أَوْلَاهُمَا تَفَعُّلٌ مِنْهُ، وَقِيلَ: أَصْلُهُ قَصْدُ الْحَرَى، وَهُوَ جَنَابُ الْقَوْمِ، ثُمَّ أُسْتُعِيرَ فَقِيلَ: تَحَرَّيْت مَرْضَاتَكَ، وَهُوَ يَتَحَرَّى الصَّوَابَ، أَيْ: يَتَوَخَّاهُ. قَوْلُهُ: الْجِهَةُ الْمُتَحَرَّى إِلَيْهَا، الصَّوَابُ: الْمُتَحَرَّاةُ.

---

(١) أخرجه أبو داود (٣١١١)، ومالك في الموطأ برواية الشياني (٣٠١).

(وَحِرَاءٌ) بِغَيْرِ حَرْفِ التَّعْرِيفِ مَكْسُورًا مَمْدُودًا، وَالْقَصْرُ خَطَأٌ، عَلَمٌ لِجَبَلٍ بِمَكَّةَ، وَمَـنْ فَسَّرَهُ بِجَبَـلٍ فِي طَرَفِ الْمَفَازَةِ وَأَخَذَ التَّحَرِّي مِنْهُ فَقَدْ سَهَا، وَفِي الْحَدِيثِ: "أُسْكُنْ حِرَاءُ"[1] عَلَى حَذْفِ حَرْفِ النِّدَاءِ.

الْحَاءُ مَعَ الزَّايِ

[ح ز ب]: (الْحِزْبُ) وَاحِدُ الْأَحْزَابِ، وَهُوَ الْجَمَاعَةُ، وَمِنْهُ: قَرَأَ حِزْبَـهُ مِـنْ الْقُـرْآنِ، أَيْ: وِرْدَهُ وَوَظِيفَتَـهُ، وَنُهِيَ عَنْ تَحْزِيبِ الْقُرْآنِ، وَهُوَ أَنْ يُجْعَلَ حِزْبًا حِزْبًا يَأْخُذُ كُلَّ شَيْءٍ لِعَمَلٍ مُعَيَّنٍ مِنْ صَلَاةٍ أَوْ غَيْرِهَا.

(وَيَوْمُ الْأَحْزَابِ) هُوَ يَوْمُ الْخَنْدَقِ؛ لِأَنَّ الْكُفَّارَ تَحَزَّبُوا عَلَى أَهْلِ الْمَدِينَةِ حَتَّى خَنْدَقُوا.

(وَحَزَبَهُمْ أَمْرٌ) أَصَابَهُمْ، مِنْ بَابِ طَلَبَ.

[ح ز ر]: (الْحَزْرُ) التَّقْدِيرُ، وَمِنْهُ: فَأَنَا لِي أَحْرَز[2] النَّخْلِ، وَيُرْوَى: جِزَازُ النَّخْلِ، بِالْجِيمِ وَالزَّايِ الْمُكَرَّرَةِ.

(وَحَزْرَةُ الْمَالِ) خِيَارُهُ يُقَالُ: هَذَا حَزْرَةُ مَالِهِ وَحَزْرَةُ نَفْسِهِ وَحَزْرَةُ قَلْبِهِ؛ لِأَنَّهُ يُقَدِّرُهُ فِي نَفْسِهِ وَيُعَـدِّدُهُ، وَمِنْهُ الْحَدِيثُ: "لَا تَأْخُذْ مِنْ حَزَرَاتِ أَنْفُسِ النَّاسِ شَيْئًا خُذْ الشَّارِفَ"[3]. أَيْ: الْمُسِنَّةَ وَالْفَتِيَّةَ.

(غُلَامٌ حَزَوَّرٌ) احْتَلَمَ وَاجْتَمَعَتْ قُوَاهُ.

[ح ز ز]: (الْحَزُّ) الْقَطْعُ، وَمِنْهُ: الْإِثْمُ حَوَّازُ الْقُلُوبِ عَلَى فَوَاعِلَ، جَمْعُ حَازَّةٍ، كَدَابَّةٍ وَدَوَابَّ، وَهِيَ الْأُمُورُ الَّتِي تَحُزُّ فِي الْقُلُوبِ أَيْ: تَحُكُّ وَتُوهِمُ أَنْ تَكُونَ مَعَاصِيَ لِفَقْدِ الطُّمَأْنِينَةِ إلَيْهَا.

وَأَمَّا (حَزَّازٌ) عَلَى فَعَّالٍ مِنْهُ فَلَمْ يَرْوِهِ أَحَدٌ، وَعَنْ شِمْرٍ: حَوَّازٌ عَلَى فَعَّالٍ مِنْ الْحَـوْزِ الْجَمْـعِ، أَيْ: يَحُـوزُ الْقُلُوبَ وَيَغْلِبُ عَلَيْهَا، وَالْأَوَّلُ أَشْهَرُ.

[ح ز م]: (الْحَزْمُ) شَدُّ الْحِزَامِ، وَمِنْهُ: الْحَزْمُ جَوْدَةُ الرَّأْيِ، وَبِهِ سُمِّيَ أَبُو جَدِّ أَبِي

---

(١) أخرجه مسلم (٢٤١٩)، وأحمد (٤٢٢)، وابن حبان في صحيحه (٦٩٨٣).

(٢) في م: "حزر".

(٣) أخرجه البيهقي في السنن الكبرى ج١٠٢/٤، والهروي في غريب الحديث (٦٢).

بَكْرِ بن حَزْمٍ، [لأنه ابن محمد بن عمرو بن حزم] (١) إِلَّا أَنَّهُ نُسِبَ إِلَى الْجَدِّ فَاشْتَهَرَ بِهِ، وَهُوَ مِمَّنْ اسْمُهُ كُنْيَتُهُ، وَبِاسْمِ الْفَاعِلِ مِنْهُ سُمِّيَ وَالِدُ جَرِيرِ بن حَازِمٍ، وَإِسْحَاقُ بن حَازِمٍ، وَكُنِّيَ بِهِ وَالِدُ قَيْسِ بن أَبِي حَازِمٍ، وَكُلُّهُمْ فِي السِّيَرِ.

[ح ز ي]: (الْحَازِي) فِي (ع ر، ع ر ف).

الْحَاءُ مَعَ السِّينِ الْمُهْمَلَةِ

[ح س ب]: (حَسَبَ) الْمَالَ عَدَّهُ، مِنْ بَابِ طَلَبَ، حَسْبًا وَحُسْبَانًا، وَمِنْهُ: أَحْسَنْتُ إِلَيْهِ حَسْبَ الطَّاقَةِ، وَعَلَى حَسْبِهَا، أَيْ: قَدْرِهَا.

(وَحَسَبُ) الرَّجُلِ مَآثِرُ آبَائِهِ؛ لِأَنَّهُ يُحْسَبُ بِهِ مِنْ الْمَنَاقِبِ وَالْفَضَائِلِ لَهُ، وَعَنْ شِمْرٍ: الْحَسَبُ الْفَعَالُ الْحَسَنُ لَهُ وَلِآبَائِهِ، وَمِنْهُ: مَنْ فَاتَهُ حَسَبُ نَفْسِهِ لَمْ يَنْتَفِعْ بِحَسَبِ أَبِيهِ.

قَالَ الْأَزْهَرِيُّ: وَيُقَالُ لِلسَّخِيِّ الْجَوَّادِ: حَسِيبٌ، وَلِلَّذِي يُكْثِرُ عَدَدَ أَهْلِ بَيْتِهِ: حَسِيبٌ. قَالَ: وَلِلْحَسِيبِ مَعْنًى آخَرُ، وَهُوَ عَدَدُ ذَوِي قَرَابَةِ الرَّجُلِ مِنْ أَوْلَادِهِ وَغَيْرِهِمْ، وَيُفَسِّرُ ذَلِكَ حَدِيثُ الزُّهْرِيِّ عَنْ عُرْوَةَ: أَنَّ هَوَازِنَ أَتَوْا النَّبِيَّ صَلَّى اللهُ عَلَيْهِ وَآلِهِ وَسَلَّمَ فَقَالُوا: أَنْتَ أَبَرُّ النَّاسِ وَأَوْصَلُهُمْ، وَقَدْ سُبِيَ أَبْنَاؤُنَا وَنِسَاؤُنَا وَأُخِذَتْ أَمْوَالُنَا، فَقَالَ رَسُولُ اللهِ صَلَّى اللهُ عَلَيْهِ وَآلِهِ وَسَلَّمَ: "اخْتَارُوا إِحْدَى الطَّائِفَتَيْنِ: إِمَّا الْمَالَ، وَإِمَّا السَّبْيَ". فَقَالُوا: أَمَا إِذْ خَيَّرْتَنَا بَيْنَ الْمَالِ وَبَيْنَ الْحَسَبِ، فَإِنَّا نَخْتَارُ الْحَسَبَ، فَاخْتَارُوا أَبْنَاءَهُمْ وَنِسَاءَهُمْ، فَقَالَ النَّبِيُّ صَلَّى اللهُ عَلَيْهِ وَآلِهِ وَسَلَّمَ: "إِنَّا خَيَّرْنَاهُمْ بَيْنَ الْمَالِ وَالْأَحْسَابِ، فَلَمْ يَعْدِلُوا بِالْأَحْسَابِ شَيْئًا". فَأَطْلَقَ لَهُمْ السَّبْيَ (٢). قَالَ: فَبَيَّنَ هَذَا الْحَدِيثُ أَنَّ عَدَدَ أَهْلِ بَيْتِ الرَّجُلِ يُسَمَّى حَسَبًا.

قُلْت: وَعَلَى ذَلِكَ مَسْأَلَةُ الزِّيَادَاتِ، أَوْصَى بِثُلُثِ مَالِهِ لِأَهْلِ بَيْتِهِ أَوْ لِحَسَبِهِ، وَهُوَ مِنْ الْأَوَّلِ عَلَى حَذْفِ الْمُضَافِ؛ لِأَنَّ الْأَبْنَاءَ ذَوُو الْحَسَبِ وَالْعَدَدُ مِنْ الْمَآثِرِ وَالْمَنَاقِبِ، أَوْ عَلَى أَنَّ الْآبَاءَ يَكْثُرُ عَدَدُهُمْ بِالْبَنِينَ، أَوْ لِأَنَّ الذَّبَّ عَنْ حَرِيمِ الْأَهْلِ مِنْ الْمَآثِرِ، فَسُمُّوا حَسَبًا لِهَذِهِ الْمُلَابَسَةِ.

وَأَمَّا مَنْ رَوَى لِحَسِيبِهِ فَلَهُ وَجْهٌ، وَقَوْلُهُ عَلَيْهِ السَّلَامُ" الْحَسَبُ الْمَالُ، وَالْكَرَمُ

---

(١) سقط من: م.
(٢) أخرجه البخاري (٢٥٤٠)، وعبد الرزاق في مصنفه (٩٧٤١).

التَّقْوَى"[١]. هٰذَا لِقَاعِدَةِ الْعَرَبِ، وَمَعْنَاهُ: أَنَّ الْغَنِيَّ يُعَظَّمُ كَمَا يُعَظَّمُ الْحَسِيبُ، وَأَنَّ التَّقِيَّ[٢] هُوَ الْكَرِيمُ، لَا مَنْ يَجُودُ بِمَالِهِ وَيُبَذِّرُهُ، وَيُخْطِرُ بِنَفْسِهِ، لِيُعَدَّ جَوَّادًا شُجَاعًا.

(وَاحْتَسَبَ بِالشَّيْءِ) اعْتَدَّ بِهِ وَجَعَلَهُ فِي الْحِسَابِ، وَمِنْهُ: احْتَسَبَ عِنْدَ اللهِ خَيْرًا، إِذَا قَدَّمَهُ، وَمَعْنَاهُ: اعْتَدَّهُ فِيمَا يُدَّخَرُ عِنْدَ اللهِ، وَعَلَيْهِ حَدِيثُ أَبِي بَكْرٍ رَضِيَ اللهُ عَنْهُ: إِنِّي أَحْتَسِبُ خُطَايَ هٰذِهِ، أَيْ: أَعْتَدُّهَا فِي سَبِيلِ اللهِ تَعَالَى، وَمَنْ صَامَ رَمَضَانَ إِيمَانًا (وَاحْتِسَابًا)، أَيْ: صَامَ وَهُوَ يُؤْمِنُ بِاللهِ وَرَسُولِهِ، وَيَحْتَسِبُ صَوْمَهُ عِنْدَ اللهِ، وَاحْتَسَبَ وَلَدَهُ إِذَا مَاتَ كَبِيرًا، أَوْ مَعْنَاهُ: اعْتَدَّ أَجْرَ مُصَابِهِ فِيمَا يُدَّخَرُ، وَمِنْهُ: أُرِيدُ أَنْ أَحْتَسِبَ ابْنِي وَأُؤْجَرَ فِيهِ.

(وَالْحِسْبَانُ) بِالْكَسْرِ الظَّنُّ، (وَالْحُسْبَانُ) بِالضَّمِّ سِهَامٌ صِغَارٌ يُرْمَى بِهَا عَنْ الْقِسِيِّ الْفَارِسِيَّةِ، الْوَاحِدَةُ حُسْبَانَةٌ، وَإِنَّمَا قَالَ مُحَمَّدٌ رَحِمَهُ اللهُ: يُرْمَى بِهَا[٣] بِاعْتِبَارِ اللَّفْظِ.

[ح س ر]: (حَسَرَهُ) فَانْحَسَرَ أَيْ: كَشَفَهُ فَانْكَشَفَ، مِنْ بَابِ ضَرَبَ، وَمِنْهُ: الْحَاسِرُ خِلَافُ الدَّارِعِ، وَخِلَافُ الْمُقَنَّعِ أَيْضًا.

(وَحَسَرَ) الْمَاءُ نَضَبَ وَغَارَ، وَحَقِيقَتُهُ: انْكَشَفَ عَنْ السَّاحِلِ، وَمِنْهُ حَدِيثُ ابْنِ عَبَّاسٍ: "كُلْ مَا حَسَرَ عَنْهُ الْبَحْرُ، وَدَعْ مَا طَفَا عَلَيْهِ"[٤].

(وَحَسَّرَهُ) أَوْقَعَهُ فِي الْحَسْرَةِ، وَبِاسْمِ الْفَاعِلِ مِنْهُ سُمِّيَ وَالِدُ قَيْسِ بن (الْمُحَسِّرِ). وَوَادِي (مُحَسِّرٍ) وَهُوَ مَا بَيْنَ مَكَّةَ وَعَرَفَاتٍ.

[ح س س]: (الْحِسُّ) وَالْحَسِيسُ: الصَّوْتُ الْخَفِيُّ.

[ح س ك]: (الْحَسَكُ) عُشْبَةٌ شَوْكُهَا مُدَحْرَجٌ، الْوَاحِدَةُ حَسَكَةٌ، وَبِهَا كُنِّيَتْ أُمُّ حَسَكَةَ، وَهِيَ الَّتِي أَعْطَاهَا رَسُولُ اللهِ صَلَّى اللهُ عَلَيْهِ وَسَلَّمَ السُّدُسَ.

[ح س ل]: (الْحِسْلُ) وَلَدُ الضَّبِّ، وَبِهِ سُمِّيَ حِسْلُ بن خَارِجَةَ الْأَشْجَعِيُّ، وَقِيلَ:

---

(١) أخرجه الترمذي (٣٢٧١)، وابن ماجه (٤٢١٩)، وأحمد في مسنده (١٩٥٩٥)، والحاكم في المستدرك في: ج ٢: ص١٦٣، والدارقطني في سننه (٧٥٦٣)، والبيهقي في السنن الكبرى في: ج ٧: ص١٣٥

(٢) في م: "من له التقوى".

(٣) في خ: "به".

(٤) أخرجه الدارقطني في سننه (٤٦٦٨)، وابن أبي حاتم في العلل (١٦٢٠).

حُسَيْلٌ عَلَى التَّصْغِيرِ.

[ح س م]: (الْحَسْمُ) قَطْعُ الشَّيْءِ اسْتِئْصَالًا، وَمِنْهُ قَوْلُهُ صَلَّى اللهُ عَلَيْهِ وَسَلَّمَ فِي السَّارِقِ: "اقْطَعُوهُ، ثُمَّ احْسِمُوهُ" [١] أَيْ: اكْوُوهُ لِيَنْقَطِعَ الدَّمُ.

(وَحِسْمِي) بِالْكَسْرِ: مَاءٌ لِكَلْبٍ، قِيلَ: هُوَ بَقِيَّةُ مَاءِ الطُّوفَانِ، وَقِيلَ: هُوَ بَلَدُ جُذَامٍ.

[ح س ن]: (حَسُنَ) الشَّيْءُ فَهُوَ حَسَنٌ، وَبِهِ سُمِّيَ الْحَسَنُ بن الْمُعْتَمِرِ، وَبِمُؤَنَّثِهِ سُمِّيَتْ أُمُّ شُرَحْبِيلَ ابن حَسَنَةَ.

الْحَاءُ مَعَ الشِّينِ الْمُعْجَمَةِ

[ح ش ر]: فِي حَدِيثِ عُمَرَ رَضِيَ اللهُ عَنْهُ: "لَا يُعْطَى مِنْ الْغَنَائِمِ إلَّا رَاعٍ أَوْ سَائِقٌ أَوْ حَارِسٌ"، وَفِي الْحَلْوَائِيِّ: (حَاشِرٌ) قَالَ: وَهُوَ الَّذِي يَجْمَعُ الْغَنَائِمَ مِنَ الْحَشْرِ الْجَمْعُ.

(وَالْحَشَرَاتُ) صِغَارُ دَوَابِّ الْأَرْضِ، قِيلَ: هِيَ الْفَأْرُ وَالْيَرَابِيعُ وَالضِّبَابُ.

[ح ش ش]: (الْحَشِيشُ) مِنْ الْكَلَأِ الْيَابِسِ، وَيُسْتَعَارُ لِلْوَلَدِ إذَا يَبِسَ فِي بَطْنِ أُمِّهِ، وَمِنْهُ الْحَدِيثُ: "فَأَلْقَتْ حَشِيشًا". أَيْ: وَلَدًا يَابِسًا.

(وَحَشَشْتُ الْحَشِيشَ) قَطَعْتُهُ، وَاحْتَشَشْتُهُ: جَمَعْتُهُ، عَنْ الْجَوْهَرِيِّ. وَفِيهِ نَظَرٌ، وَعَلَيْهِ قَوْلُ الْقُدُورِيِّ فِي الْكَلَأِ: لَيْسَ لَهُ أَنْ يَمْنَعَهُ، وَلَا أَنْ يَبِيعَهُ حَتَّى يَحْتَشَّهُ فَيُحْرِزَهُ.

(وَالْحَشُّ) الْبُسْتَانُ، وَيُكَنَّى بِهِ عَنْ الْمُسْتَرَاحِ، لِأَنَّهُمْ كَانُوا يَتَغَوَّطُونَ فِي الْبَسَاتِينِ.

وَمِنْهُ الْحَدِيثُ: "إنَّ هَذِهِ الْحُشُوشَ مُحْتَضَرَةٌ، فَإِذَا أَتَى أَحَدُكُمْ الْخَلَاءَ فَلْيَقُلْ: أَعُوذُ بِاَللَّهِ مِنْ الْخُبْثِ وَالْخَبَائِثِ" [٢] وَهُمَا جَمْعَا خَبِيثٍ وَخَبِيثَةٍ، وَالْمُرَادُ: شَيَاطِينُ الْجِنِّ وَالْإِنْسِ ذُكْرَانُهُمْ وَإِنَاثُهُمْ.

(وَالْمَحَشَّةُ) كِنَايَةٌ عَنْ الدُّبُرِ، وَمِنْهَا الْحَدِيثُ: أَنَّ النَّبِيَّ صَلَّى اللهُ عَلَيْهِ وَآلِهِ وَسَلَّمَ "نَهَى أَنْ تُؤْتَى النِّسَاءُ فِي مَحَاشِّهِنَّ [٣]"، وَرُوِيَ بِالسِّينِ، وَعَنْ ابْنِ مَسْعُودٍ رَضِيَ اللهُ عَنْهُ: "مَحَاشُّ النِّسَاءِ عَلَيْكُمْ حَرَامٌ" [٤] يَعْنِي: أَدْبَارَهُنَّ.

---

(١) أخرجه الدارقطني في سننه (٣١٣٩).

(٢) أخرجه أبو داود (٦)، والبيهقي في السنن الكبرى في: ج ١: ص٩٦، والبزار في البحر الزخار (٤٣١٢).

(٣) أخرجه أبو عوانة في مسنده (٤٢٩٣).

(٤) أخرجه البوصيري في إتحاف الخيرة (٤٢٧٥).

[ح ش ف]: (الْحَشَفَةُ) مَا فَوْقَ الْخِتَانِ مِنْ رَأْسِ الذَّكَرِ، وَأَحْشَفَتْ النَّخْلَةُ: صَارَتْ ذَاتَ حَشَفٍ، وَهُوَ أَرْدَأُ التَّمْرِ، وَاسْتَحْشَفَتْ الْأُذُنُ: يَبِسَتْ فَهِيَ مُسْتَحْشِفَةٌ، وَأَنْفٌ مُسْتَحْشِفٌ: صَارَ بِحَيْثُ لَا يَتَحَرَّكُ غُضْرُوفُهُ.

[ح ش م]: (الْحِشْمَةُ) الِانْقِبَاضُ مِنْ أَخِيك فِي الْمَطْعَمِ، وَطَلَبِ الْحَاجَةِ، اسْمٌ مِنْ (الِاحْتِشَامِ) يُقَالُ: احْتَشَمَهُ وَاحْتَشَمَ مِنْهُ، إذَا انْقَبَضَ مِنْهُ وَاسْتَحْيَا، وَقِيلَ: هِيَ عَامِّيَّةٌ، لِأَنَّ الْحِشْمَةَ عِنْدَ الْعَرَبِ هِيَ الْغَضَبُ لَا غَيْرُ، وَمِنْهَا: حَشَمُ الرَّجُلِ لِقَرَابَتِهِ وَعِيَالِهِ، وَمَنْ يَغْضَبُ لَهُ إذَا أَصَابَهُ أَمْرٌ، عَنْ ابْنِ السِّكِّيتِ، وَهِيَ كَلِمَةٌ فِي مَعْنَى الْجَمْعِ لَا وَاحِدَ لَهَا مِنْ لَفْظِهَا، وَقِيلَ: جُمِعَتْ عَلَى أَحْشَامٍ، هَكَذَا فِي جَامِعِ الْغُورِيِّ.

[ح ش و]: (الْحَشْوُ) مَصْدَرُ حَشَى الْوِسَادَةَ، فَسُمِّيَ بِهِ الثَّوْبُ الْمَحْشُوُّ، وَمِنْهُ قَوْلُهُ: وَيُنْزَعُ عَنْهُ الْحَشْوُ.

(وَاحْتَشَتْ) الْحَائِضُ بِالْكُرْسُفِ: إذَا أَدْخَلَتْهُ فِي الْفَرْجِ، وَقَوْلُهُ: "احْتَشَى كُرْسُفًا". عَلَى حَذْفِ الْبَاءِ أَوْ عَلَى التَّضْمِينِ. وَقَوْلُهُ: خُذْ مِنْ (حَوَاشِي) أَمْوَالِهِمْ، أَيْ: مِنْ عُرْضِهَا، يَعْنِي: مِنْ جَانِبٍ مِنْ جَوَانِبِهَا مِنْ غَيْرِ اخْتِيَارٍ، وَهِيَ فِي الْأَصْلِ جَمْعُ حَاشِيَةِ الثَّوْبِ وَغَيْرِهِ لِجَانِبِهِ.

الْحَاءُ مَعَ الصَّادِ الْمُهْمَلَةِ

[ح ص ب]: (الْمُحَصَّبُ) مَوْضِعُ الْجِمَارِ بِمِنًى، وَأَمَّا التَّحْصِيبُ فَهُوَ النَّوْمُ بِالشِّعْبِ سَاعَةً مِنْ اللَّيْلِ، ثُمَّ يَخْرُجُ إلَى مَكَّةَ، وَمِنْهُ: قَوْلُ عَائِشَةَ رَضِيَ اللهُ عَنْهَا: لَيْسَ التَّحْصِيبُ بِشَيْءٍ، وَعَنْ ابْنِ عَبَّاسٍ رَضِيَ اللهُ عَنْهُمَا كَذَلِكَ، وَعَنْ نَافِعٍ: أَنَّ ابْنَ عُمَرَ رَضِيَ اللهُ عَنْهُمَا كَانَ يَرَى التَّحْصِيبَ سُنَّةً، وَكَانَ يُصَلِّي الظُّهْرَ يَوْمَ النَّفْرِ بِالْحَصْبَةِ، وَهِيَ مَوْضِعٌ ثَمَّةَ.

[ح ص د]: (حَصَدَ) الزَّرْعَ: جَزَّهُ حَصْدًا وَحَصَادًا، مِنْ بَابَيْ ضَرَبَ وَطَلَبَ، وَفِي"الْوَاقِعَاتِ": أَشْعَلَ فِي حَصَائِدِ الزَّرْعِ، جَمْعُ حَصِيدٍ وَحَصِيدَةٍ، وَهُمَا الزَّرْعُ الْمَحْصُودُ، وَأُرِيدَ هَاهُنَا مَا يَبْقَى فِي الْأَرْضِ مِنْ أُصُولِ الْقَصَبِ الْمَحْصُودِ، وَمِثْلُهُ فِي شَرْحِ الْجَامِعِ الصَّغِيرِ: اسْتَأْجَرَ أَرْضًا فَأَحْرَقَ الْحَصَائِدَ فَاحْتَرَقَ شَيْءٌ فِي أَرْضِ غَيْرِهِ لَا يَضْمَنُ.

وَأَمَّا مَا ذُكِرَ فِي شَرْحِ الْقُدُورِيِّ: أَنَّ ابْنَ سِمَاعَةَ قَالَ: وَلَوْ أَنَّ رَجُلًا زَرَعَ فِي أَرْضِهِ، ثُمَّ حَصَدَهُ وَبَقِيَ مِنْ حَصَادِهِ وَحِلِّهِ مَرْعَى فَلَهُ أَنْ يَمْنَعَ هَذَا وَيَبِيعَهُ، لِأَنَّ الْحَصَادَ نَبَتَ

بِزَرْعِه، فَفيه تَوَسُّعٌ وَذَلِكَ أَنَّ الْحَصَادَ مَصْدَرٌ فِي الْأَصْلِ كَمَا ذَكَرْتُ، وَقَدْ نَطَقَ بِهِ التَّنْزِيلُ فِي قَوْلِه تَعَالَى: (وَآتُوا حَقَّهُ يَوْمَ حَصَادِهِ) [سورة الأنعام آية ١٤١]، ثُمَّ سُمِّيَ بِهِ الزَّرْعُ الْمَحْصُودُ، قَالَ الْأَعْشَى:

لَـهُ زَجَلٌ كَحَفِيفِ الْحَصَادِ صَـادَفَ بِاللَّيْلِ رِيحًا دَبُورا

ثُمَّ سُمِّيَ بِهِ هَهُنَا مَا بَقِيَ فِي الْأَرْضِ، وَأَمَّا الْأَوَّلُ فَمُتَوَجِّهٌ كَالْجِلِّ.

(وَأَحْصَدَ) الزَّرْعُ وَاسْتَحْصَدَ: حَانَ لَهُ أَنْ يُحْصَدَ فَهُوَ مُحْصِدٌ، وَمُسْتَحْصِدٌ بِالْكَسْرِ، وَالْفَتْحُ خَطَأٌ.

[ح ص ر]: (الْحَصْرُ) الْمَنْعُ مِنْ بَابِ طَلَبَ، وَمِنْهُ: (الْحُصْرُ) بِالضَّمِّ مِنَ الْغَائِطِ، كَالْأُسْرِ مِنَ الْبَوْلِ، وَهُوَ الاحْتِبَاسُ، (وَالْحَصَرُ) بِفَتْحَتَيْنِ الْعِيُّ وَضِيقُ الصَّدْرِ، وَالْفِعْلُ مِنَ الْأَوَّلِ حُصِرَ- مَبْنِيًّا لِلْمَفْعُولِ فَهُوَ مَحْصُورٌ، وَمِنَ الثَّانِي حَصِرَ مِثْلُ لَبِسَ فَهُوَ حَصِرٌ، وَمِنْهُ: إِمَامٌ حَصِرَ فَلَمْ يَسْتَطِعْ أَنْ يَقْرَأَ، وَضَمُّ الْحَاءِ فِيهِ خَطَأٌ. وَيُقَالُ: أُحْصِرَ الْحَاجُّ، إِذَا مَنَعَهُ خَوْفٌ أَوْ مَرَضٌ مِنَ الْوُصُولِ لِإِتْمَامِ حَجِّهِ أَوْ عُمْرَتِهِ وَإِذَا مَنَعَهُ سُلْطَانٌ أَوْ مَانِعٌ قَاهِرٌ فِي حَبْسٍ أَوْ مَدِينَةٍ، قِيلَ: حُصِرَ، هَذَا هُوَ الْمَشْهُورُ، وَقَوْلُ ابْنِ عَبَّاسٍ رَضِيَ اللَّهُ عَنْهُمَا: لَا حَصْرَ- إِلَّا حَصْرَ- الْعَدُوِّ، قَالَ الْأَزْهَرِيُّ: فَجَعْلُهُ بِغَيْرِ أَلِفٍ جَائِزٌ، بِمَعْنَى قَوْلِ اللَّهِ تَعَالَى: (فَإِنْ أُحْصِرْتُمْ فَمَا اسْتَيْسَرَ مِنَ الْهَدْيِ) [سورة البقرة آية ١٩٦].

(وَالْحَصِيرُ) الْمَحْبِسُ، وَرَجُلٌ (حَصُورٌ) لَا يَأْتِي النِّسَاءَ، كَأَنَّهُ حُبِسَ عَمَّا يَكُونُ مِنَ الرِّجَالِ.

[ح ص ص]: (حَصَّنِي) مِنَ الْمَالِ الثُّلُثُ أَوْ الرُّبُعُ، أَيْ: أَصَابَنِي، وَصَارَ فِي حِصَّتِي، وَأَخَذْتُ مَا يَحُصُّنِي وَيَخُصُّنِي.

(وَتَحَاصَّ) الْغَرِيمَانِ أَوْ الْغُرَمَاءُ، أَيْ: اقْتَسَمُوا الْمَالَ بَيْنَهُمْ حِصَصًا، وَرَجُلٌ أَحَصُّ: لَا شَعْرَ لَهُ.

(وَحُصَاصُ) الْحِمَارِ شِدَّةُ عَدْوِهِ، وَقِيلَ: ضُرَاطُهُ.

[ح ص ر م]: فِي"جَمْعِ التَّفَارِيقِ": الْكِشْمِشُ زَبِيبٌ (لَا حِصْرِمَ) لَهُ، أَيْ: لَا عَجَمَ لَه[1] وَفِيهِ نَظَرٌ، لِأَنَّ الْحِصْرِمَ أَوَّلُ الْعِنَبِ إِلَى الْحَامِضِ مِنْهُ، بِاتِّفَاقِ أَهْلِ اللُّغَةِ.

---

(١) سقط من: م.

[ح ص ن]: (الْحُصْنُ) بِالضَّمِّ: الْعِفَّةُ، وَكَذَا الْإِحْصَانُ، وَأَصْلُ التَّرْكِيبِ يَدُلُّ عَلَى مَعْنَى الْمَنْعِ، وَمِنْهُ: الْحِصْنُ بِالْكَسْرِ، وَهُوَ كُلُّ مَكَان مَحْمِيٍّ مُحْرَزٍ لَا يُتَوَصَّلُ إِلَى مَا فِي جَوْفِهِ، وَبِهِ سُمِّيَ وَالِدُ عُيَيْنَةَ بن حصن الْفَزَارِيِّ، وَكَنَّازُ بن حِصْنٍ الْغَنَوِيُّ، وَبِتَصْغِيرِهِ سُمِّيَ حُصَيْنُ بن عَبْدِ اللهِ فِي حَدِيثِ الْقِرْطَاسِ، وَحُضَيْنٌ[(١)] تَصْحِيفٌ.

وَأَمَّا سُفْيَانُ بن حُصَيْنٍ كَمَا ذَكَرَ خُوَاهَرْ زَادَهْ فِي حَدِيثِ صَوْمِ التَّطَوُّعِ، وَقَالَ: ضَعَّفَهُ الشَّافِعِيُّ رَحِمَهُ اللهُ، فَالصَّوَابُ: سُفْيَانُ بن حُسَيْنٍ بِالسِّينِ كَمَا ذَكَرَ فِي تَارِيخِ الْبُخَارِيِّ، وَهُوَ مُؤَدِّبُ الْمَهْدِيِّ، وَقَالَ صَاحِبُ الْجَرْحِ عَنْ يَحْيَى بن مَعِينٍ: هُوَ ثِقَةٌ، وَعَنْ وَالِدِهِ هُوَ صَالِحُ الْحَدِيثِ، يُكْتَبُ حَدِيثُهُ وَلَا يُحْتَجُّ بِهِ، وَقَدْ حَصُنَ الْمَكَانُ حَصَانَةً فَهُوَ حَصِينٌ، وَبِهِ كُنِّيَ أَبُو حَصِينٍ عُثْمَانُ بن عَاصِمِ بن حَصِينٍ الْأَسَدِيُّ، يروي[(٢)] عَنْ ابْنِ عَبَّاسٍ وَابْنِ الزُّبَيْرِ وَالنَّخَعِيِّ، وَعَنْهُ الثَّوْرِيُّ وَشُعْبَةُ وَشَرِيكٌ، وَضَمُّ الْحَاءِ تَحْرِيفٌ عَنْ ابْنِ مَاكُولَا وَغَيْرِهِ.

وَفِي نُسْخَةِ سَمَاعِي مِنْ السِّيَرِ وَمَتْنِ الْأَحَادِيثِ: أَبُو الْحُصَيْنِ عَنْ الشَّعْبِيِّ وَعَنْهُ الثَّوْرِيُّ، وَهُوَ فِي بَابِ مَبْعَثِ السَّرَايَا.

وَحَصَّنَهُ صَاحِبُهُ (وَأَحْصَنَهُ)، وَمِنْهُ: ﴿لِتُحْصِنَكُمْ مِنْ بَأْسِكُمْ﴾ [سورة الأنبياء آية ٨٠] أَيْ: لِتَمْنَعَكُمْ وَتُحْرِزَكُمْ، وَإِنَّمَا قِيلَ لِلْعِفَّةِ: حُصْنٌ؛ لِأَنَّهَا تُحْصِنُ مِنْ الرِّيبَةِ، وَامْرَأَةٌ حَاصِنٌ وَحَصَانٌ بِالْفَتْحِ، وَقَدْ أَحْصَنَتْ: إِذَا عَفَّتْ، وَأَحْصَنَهَا زَوْجُهَا: إِذَا عَفَّهَا فَهِيَ مُحْصَنَةٌ بِالْفَتْحِ، وَأَحْصَنَتْ فَرْجَهَا فَهِيَ مُحْصِنَةٌ بِالْكَسْرِ، وَأُرِيدَ بِالْمُحْصَنَاتِ ذَوَاتُ الْأَزْوَاجِ فِي قَوْله تَعَالَى: ﴿وَالْمُحْصَنَاتُ مِنَ النِّسَاءِ إِلا مَا مَلَكَتْ أَيْمَانُكُمْ﴾ [سورة النساء آية ٢٤] وَالْحَرَائِرُ فِي قَوْله تَعَالَى: ﴿وَمَنْ لَمْ يَسْتَطِعْ مِنْكُمْ طَوْلاً أَنْ يَنْكِحَ الْمُحْصَنَاتِ﴾ [سورة النساء آية ٢٥] وَالْعَفَائِفُ فِي قَوْله تَعَالَى: ﴿وَالْمُحْصَنَاتُ مِنَ الْمُؤْمِنَاتِ وَالْمُحْصَنَاتُ مِنَ الَّذِينَ أُوتُوا الْكِتَابَ﴾ [سورة المائدة آية ٥] يَعْنِي: الْكِتَابِيَّاتِ.

وَشَرَائِطُ الْإِحْصَانِ فِي بَابِ الرَّجْمِ عِنْدَ أَبِي حَنِيفَةَ رَحِمَهُ اللهُ سِتَّةٌ: الْإِسْلَامُ، وَالْحُرِّيَّةُ، وَالْعَقْلُ، وَالْبُلُوغُ، وَالتَّزَوُّجُ بِنِكَاحٍ صَحِيحٍ، وَالدُّخُولُ، وَفِي بَابِ الْقَذْفِ الْأَرْبَعُ الْأُوَلُ وَالْعِفَّةُ.

---

(١) في خ: "وحُضَير".

(٢) سقط من: م.

(وَالْحِصَانُ) بِالْكَسْرِ: الذَّكَرُ مِنْ الْخَيْلِ، إِمَّا لِأَنَّ ظَهْرَهُ كَالْحِصْنِ لِرَاكِبِهِ، وَمِنْهُ[١]:

إِنَّ الْحُصُونَ الْخَيْلُ لَا مَدَرُ الْقُرَى

وَإِمَّا لِأَنَّ مَاءَهُ مُحْصَنٌ مُحْرَزٌ يُضَنُّ بِهِ فَلَا يَنْزِي إِلَّا عَلَى حَجَرٍ كَرِيمَةٍ، وَالْجَمْعُ بِضَمَّتَيْنِ: حُصُنٌ.

[ح ص و] فِي الْحَدِيثِ: "مَنْ أَحْصَاهَا دَخَلَ الْجَنَّةَ"[٢] أَيْ: مَنْ ضَبَطَهَا عِلْمًا وَإِيمَانًا.

(بَيْعُ الْحَصَاةِ) فِي (ن ب، ن ب ذ).

الْحَاءُ مَعَ الضَّادِ الْمُعْجَمَةِ

[ح ض ر]: (حَضَرَ) الْمَكَانَ وَاحْتَضَرَهُ: شَهِدَهُ، (وَالْحَاضِرُ وَالْحَاضِرَةُ) الَّذِينَ حَضَرُوا الدَّارَ الَّتِي بِهَا مُجْتَمَعُهُمْ، وَمِنْهُ: حَضِيرَةُ التَّمْرِ لِلْجَرِينِ، عَنْ الْأَزْهَرِيِّ عَنْ ابْنِ السِّكِّيتِ عَنْ الْبَاهِلِيِّ؛ لِأَنَّهُ يُحْضَرُ كَثِيرًا، وَهَكَذَا فِي زَكَاةِ التَّجْرِيدِ وَحُصُولُهُ فِي الْحَضَائِرِ، وَفِي الْكَرْخِيِّ بِالظَّاءِ، وَهُوَ تَصْحِيفٌ، وَفِي الصِّحَاحِ وَجَامِعِ الْغُورِيِّ بِالصَّادِ غَيْرِ مُعْجَمَةٍ مِنْ الْحَصْرِ الْحَبْسِ، وَلَهُ وَجْهٌ، إِلَّا أَنَّ الْأَوَّلَ أَصَحُّ.

[وَقَوْلُهُ: نُهِيَ عَنْ احْتِضَارِ السَّجْدَةِ، قَالَ الْأَزْهَرِيُّ: هُوَ عَلَى وَجْهَيْنِ: أَنْ يَحْتَضِرَ الْآيَةَ الَّتِي فِيهَا السُّجُودُ فَيَسْجُدَ بِهَا، الثَّانِي: أَنْ يَقْرَأَ السُّورَةَ فَإِذَا انْتَهَى إِلَى السَّجْدَةِ جَاوَزَهَا وَلَمْ يَسْجُدْهَا، وَهَذَا يَكُونُ الْأَصَحَّ][٣].

(وَاحْتُضِرَ) مَاتَ، لِأَنَّ الْوَفَاةَ حَضَرَتْهُ أَوْ مَلَائِكَةُ الْمَوْتِ، وَيُقَالُ: فُلَانٌ مُحْتَضَرٌ، أَيْ: قَرِيبٌ مِنْ الْمَوْتِ، وَمِنْهُ: إِذَا احْتُضِرَ الْإِنْسَانُ وُجِّهَ كَمَا يُوَجَّهُ فِي الْقَبْرِ.

(وَحَضُورٌ) مِنْ قُرَى الْيَمَنِ.

[ح ض ر م]: (الْحَضْرَمِيُّ) مَنْسُوبٌ إِلَى حَضْرَمَوْتَ، وَهِيَ بُلَيْدَةٌ صَغِيرَةٌ فِي شَرْقِيِّ عَدَنَ.

[ح ض ن]: (الْحِضْنُ) مَا دُونَ الْإِبِطِ، وَمِنْهُ حَدِيثُ أُسَيْدِ بن حُضَيْرٍ: "لَوْلَا

---

(١) البيت للأسعر الجعفي وهو الأسعر بن الحارث بن معاوية، شاعر جاهلي. انظر مجمع الأمثال ٣٣٣/١، وخزانة الأدب ١٠/٢، ٣٣٠/٣.

(٢) أخرجه البخاري (٧٣٩٢)، ومسلم (٢٦٧٩).

(٣) زيادة من: م.

رَسُولُ اللهِ صَلَّى اللهُ عَلَيْهِ وَآلِهِ وَسَلَّمَ لَأَنفَذْتُ حِضْنَيْكَ"[١]. أَيْ: لَخَرَّقْتُ جَنْبَيْكَ، وَخُصْيَتَيْكَ تَصْحِيفٌ.

(وَالْحَاضِنَةُ) الْمَرْأَةُ تُوَكَّلُ بِالصَّبِيِّ فَتَرْفَعُهُ وَتُرَبِّيهِ، وَقَدْ حَضَنَتْ وَلَدَهَا حَضَانَةً، مِنْ بَابِ طَلَبَ.

(وَحَضَنَ الطَّائِرُ) بَيْضَهُ، حَضْنًا إِذَا جَثَمَ عَلَيْهِ يَكْنُفُهُ بِحِضْنَيْهِ، وَحَمَامَةٌ حَاضِنٌ، وَفِي بُرْجِ الْحَمَامِ (مَحَاضِنُ) وَهِيَ فِي مَوَاضِعِهَا الَّتِي تَبِيضُ فِيهَا، جَمْعُ مَحْضَنٍ قِيَاسًا.

وَاحْتَضَنَتْ الدَّجَاجَةُ غَيْرُ مَسْمُوعٍ. وَأَمَّا قَوْلُهُ: وَلَوْ غَصَبَ بَيْضَةً وَحَضَنَهَا تَحْتَ دَجَاجَةٍ لَهُ حَتَّى أَفْرَخَتْ، أَيْ: وَضَعَهَا تَحْتَهَا وَأَجْلَسَهَا عَلَيْهَا؛ فَإِنْ كَانَ مَحْفُوظًا فَعَلَى الْإِسْنَادِ الْمَجَازِيِّ كَمَا فِي بَنَى الْأَمِيرُ الْمَدِينَةَ، وَإِلَّا فَالصَّوَابُ بِالتَّشْدِيدِ.

الْحَاءُ مَعَ الطَّاءِ الْمُهْمَلَةِ

[ح ط ب]: (الْحَطَبُ) مَعْرُوفٌ، وَقَوْلُهُ: مَا زُرِعَ وَغُرِسَ فَهُوَ بَيْنَهُمَا نِصْفَانِ كَذَا وَكَذَا، وَأُصُولُ الْكَرْمِ وَعِيدَانُهُ وَحَطَبُهُ، أَيْ: مَا يَبِسَ مِنْهُ، أَوْ مَا لَا يُنْتَفَعُ بِهِ إِلَّا فِي النَّارِ.

(وَحَطَبَهُ) جَمَعَهُ مِنْ بَابِ ضَرَبَ، وَبِاسْمِ فَاعِلِهِ سُمِّيَ حَاطِبُ بن أَبِي بَلْتَعَةَ، وَكَانَ حَازِمًا، وَفِيهِ جَرَى الْمَثَلُ: صَفْقَةٌ لَمْ يَشْهَدْهَا حَاطِبٌ.

وَقَوْلُهُ: رُخِّصَ فِي دُخُولِ مَكَّةَ (لِلْحَطَّابَةِ) أَيْ: لِلْجَمَاعَةِ الَّذِينَ يَحْطِبُونَ.

(وَحَطَبَ) بِفُلَانٍ سَعَى بِهِ وَوَشَى مِنْ الْحَطَبِ بِمَعْنَى النَّمِيمَةِ، فِي قَوْلِهِ تَعَالَى: ﴿حَمَّالَةَ الْحَطَبِ﴾ [سورة المسد آية ٤] عَلَى أَحَدِ الْقَوْلَيْنِ، وَحَطَبَ عَلَيْهِ بِخَبَرٍ أَوْرَدَ عَلَيْهِ خَبَرًا، أَوْ عَلَى ذَا قَوْلُهُ فِي كِتَابِ أَمَانِ السُّلْطَانِ: يَسْعَى وَاشٍ وَحَاطِبٌ عَلَيْكَ إِمَّا تَضْمِينٌ أَوْ سَهْوٌ.

[ح ط ط]: (حَطَّ) مِنْ الثَّمَنِ كَذَا أَسْقَطَ، وَاسْمُ الْمَحْطُوطِ: الْحَطِيطَةُ.

الْحَاءُ مَعَ الظَّاءِ الْمُعْجَمَةِ

[ح ظ ر]: (الْحَظْرُ) الْمَنْعُ وَالْحَوْزُ، وَمِنْهُ: حَظِيرَةُ الْإِبِلِ، وَالْمَحْظُورُ خِلَافُ الْمُبَاحِ؛ لِأَنَّهُ مَمْنُوعٌ مِنْهُ، وَيُقَالُ: احْتَظَرَ إِذَا اتَّخَذَ حَظِيرَةً لِنَفْسِهِ وَحَظَرَ لِغَيْرِهِ، وَقَوْلُهُمْ:كَانَ هَذَا

---

(١) أخرجه ابن سعد في الطبقات الكبرى ٥٥٦/٨.

زَمَانُ التَّحْظِيرِ، إِشَارَةً إِلَى مَا فَعَلَ عُمَرُ رَضِيَ اللهُ عَنْهُ مِنْ قِسْمَةِ وَادِي الْقُرَى بَيْنَ الْمُسْلِمِينَ وَبَيْنَ بَنِي عُذْرَةَ، وَذَلِكَ بَعْدَ إِجْلَاءِ الْيَهُودِ، وَهُوَ كَالتَّارِيخِ عِنْدَهُمْ.

الْحَاءُ مَعَ الْفَاءِ

[ح ف د]: (الْحَفْدُ) الْإِسْرَاعُ فِي الْخِدْمَةِ، وَمِنْهُ: نَسْعَى وَنَحْفِدُ، أَيْ: نَعْمَلُ لله تَعَالَى بِطَاعَتِهِ.

(وَالْحَفَدَةُ) الْخَدَمُ وَالْأَعْوَانُ، وَمِنْهُ قِيلَ لِأَوْلَادِ الِابْنِ أَوْ لِوَلَدِ الْوَلَدِ: حَفَدَةٌ.

[ح ف ر]: (الْحَفْرُ) مَصْدَرُ حَفَرَ النَّهْرَ، وَمِنْهُ: فَمُ فُلَانٍ مَحْفُورٌ حَفَرَهُ الْأُكَالُ، وَحَفَرَتْ أَسْنَانُهُ فَسَدَتْ وَتَأَكَّلَتْ، وَحَفِرَتْ حَفَرًا لُغَةٌ، وَالْحَفِيرَةُ: الْحُفْرَةُ، وَقَوْلُهُ: حَفَرَ مَوْضِعًا مِنَ الْمَعْدِنِ ثُمَّ بَاعَ الْحَفِيرَةَ، أَيْ: مَا حُفِرَ مِنْهُ.

وَحَفِيرٌ وَحَفِيرَةٌ مَوْضِعَانِ عَنِ الْأَزْهَرِيِّ، وَقِيلَ: بَيْنَ الْحَفِيرِ وَبَيْنَ الْبَصْرَةِ ثَمَانِيَةَ عَشَرَ مِيلًا، وَعَنْ شَيْخِنَا: الْحُفَيْرَةُ بِالضَّمِّ مَوْضِعٌ بِالْعِرَاقِ، فِي قَوْلِهِمْ: خَرَجَ مِنَ الْقَادِسِيَّةِ إِلَى الْحُفَيْرَةِ.

(وَالْمَحْفُورِيُّ) مَنْسُوبٌ إِلَى مَحْفُورٍ، بُلَيْدَةٌ عَلَى شَطِّ بَحْرِ الرُّومِ يُنْسَجُ فِيهَا الْبُسُطُ وَالْعَيْنُ تَصْحِيفٌ. أَوْ حَافِرٌ فِي (خ ف، خ ف ف).

[ح ف ز]: فِي الْحَدِيثِ: "إِذَا صَلَّتْ الْمَرْأَةُ فَلْتَحْتَفِزْ" أَيْ: فَلْتَتَضَامَّ كَتَضَامِّ الْمُحْتَفِزِ، وَهُوَ الْمُسْتَوْفِزُ، افْتِعَالٌ مِنْ حَفَزَهُ إِذَا حَرَّكَهُ وَأَزْعَجَهُ.

[ح ف ش]: (الْحِفْشُ) الْبَيْتُ الصَّغِيرُ، وَهُوَ فِي حَدِيثِ الْمُتَوَفَّى عَنْهَا زَوْجُهَا دَخَلَتْ (حِفْشًا)، وَفِي حَدِيثِ عَامِلِ الصَّدَقَةِ: "هَلَّا جَلَسَ فِي حِفْشِ أُمِّهِ"، وَهُوَ مُسْتَعَارٌ مِنْ حِفْشِ الْمَرْأَةِ، وَهُوَ دُرْجُهَا.

[ح ف ظ]: (حَفِظَ الشَّيْءَ حِفْظًا: مَنَعَهُ مِنَ الضَّيَاعِ، وَقَوْلُهُمْ (الْحِفْظُ) خِلَافُ النِّسْيَانِ، مِنْ هَذَا، وَقَدْ يُجْعَلُ عِبَارَةً عَنِ الصَّوْنِ وَتَرْكِ الِابْتِذَالِ، يُقَالُ: فُلَانٌ يَحْفَظُ نَفْسَهُ وَلِسَانَهُ، أَيْ: لَا يَبْتَذِلُهُ فِيمَا لَا يَعْنِيهِ، وَعَلَيْهِ قَوْله تَعَالَى: (ذَلِكَ كَفَّارَةُ أَيْمَانِكُمْ إِذَا حَلَفْتُمْ وَاحْفَظُوا أَيْمَانَكُمْ) [سورة المائدة آية ٨٩] فِي أَحَدِ الْأَوْجُهِ، أَيْ: صُونُوهَا وَلَا تَبْتَذِلُوهَا، وَالْغَرَضُ صَوْنُ الْمُقْسَمِ بِهِ عَنِ الِابْتِذَالِ، وَبَيَانُهُ فِي قَوْلِ اللهِ تَعَالَى: (وَلَا تَجْعَلُوا اللهَ عُرْضَةً لِأَيْمَانِكُمْ) [سورة البقرة آية ٢٢٤] أَيْ: مُعَرَّضًا لَهَا فَتَبْتَذِلُوهُ بِكَثْرَةِ الْحَلِفِ بِهِ؛

لِأَنَّهُ أَمْرٌ مَذْمُومٌ، [وَمِنْهُ قَوْله] [(١)] تَعَالَى: **(وَلا تُطِعْ كُلَّ حَلافٍ مَهِينٍ)** [سورة القلم آية ١٠] فَجَعَلَ الْحَلَّافَ عُنْوَانَ الْأَوْصَافِ الْمَذْمُومَةِ، ويُعَضِّدُ هَذَا الْوَجْهَ مَجِيئُهُ بِالْوَاوِ دُونَ الْفَاءِ، وَعَلَيْهِ بَيْتُ كُثَيِّرٍ[(٢)]:

قَلِيلُ الْأَلَايَا حَافِظٌ لِيَمِينِهِ　　وَإِنْ بَدَرَتْ مِنْهُ الْأَلِيَّةُ بَرَّتِ

أَيْ: لَا يُولِي أَصْلًا بَلْ يَتَحَفَّظُ وَيَتَصَوَّنُ، أَلَا تَرَى كَيْفَ قَرَّرَ بِذَلِكَ أَنَّ الْقِلَّةَ فِيهِ بِمَعْنَى الْعَدَمِ، كَمَا فِي بَيْتِ الْحَمَاسَةِ[(٣)]:

قليلُ التَّشَكِّي لِلْمُهِمِّ يُصِيبُهُ　　كَثِيرُ الْهَوَى شَتَّى الْهَوَى وَالْمَسَالِكِ

وَلِهَذَا دَخَلَ الْبَيْتَانِ فِي بَابِ الْمَدْحِ عَلَى أَنَّكَ لَوْ حَمَلْتَ الْقِلَّةَ عَلَى الْإِثْبَاتِ وَالْحِفْظَ عَلَى مُرَاعَاةِ الْيَمِينِ لِأَدَاءِ الْكَفَّارَةِ كَمَا زَعَمُوا، لَمْ تَخْلُ بِطَائِلٍ قَطُّ مِنْ قَوْلِهِ: وَإِنْ بَدَرَتْ، وَهَذَا ظَاهِرٌ لِمَنْ تَأَمَّلَ، وَبَدَرَتْ بِالْبَاءِ مِنْ قَوْلِهِمْ: بَدَرَ مِنْهُ كَلَامٌ، أَيْ: سَبَقَ، وَالْبَادِرَةُ: الْبَدِيهَةُ.

[ح ف ف]: (حَفَّتْ) الْمَرْأَةُ وَجْهَهَا: نَتَفَتْ شَعْرَهَا حَفًّا، وَمِنْهُ حَدِيثُ عَائِشَةَ رَضِيَ اللهُ عَنْهَا، أَنَّهَا سَأَلَتْهَا امْرَأَةٌ عَنْ (الْحَفِّ)، فَقَالَتْ: أَمِيطِي الْأَذَى عَنْ وَجْهِكِ.

[ح ف ل]: (الْمُحَفَّلَةُ) النَّاقَةُ أَوْ الْبَقَرَةُ أَوْ الشَّاةُ الَّتِي حُفِّلَ اللَّبَنُ فِي ضَرْعِهَا، أَيْ: جُمِعَ بِتَرْكِ حَلْبِهَا؛ لِيَغْتَرَّ بِهَا الْمُشْتَرِي فَيَزِيدَ فِي الثَّمَنِ.

[ح ف ن]: (الْحَفْنَةُ) مِلْءُ الْكَفِّ.

[ح ف ي]: (حَفِيَ) مَشَى بِلَا خُفٍّ وَلَا نَعْلٍ، حَفَاءً بِالْمَدِّ، وَأَمَّا الِاحْتِفَاءُ فِي مَعْنَاهُ كَمَا جَاءَ فِي حَدِيثِ عُمَرَ رَضِيَ اللهُ عَنْهُ: فَلَمْ أَجِدْهُ أَنَا (وَالْحَافِي)، خِلَافُ النَّاعِلِ، وَالْجَمْعُ: حُفَاةٌ.

---

(١) في خ: "ولذا قال الله".

(٢) البيت لكثير عزة، وهو كثير بن عبد الرحمن بن الأسود بن مليح، من خزاعة، اشتهر بحبه لعزة، فعرف بها وعرفت به، وهي عزة بنت جميل بن حفص، من بني حاجب بن غفار، كنانية النسب، كناها كثير في شعره بأم عمرو، ويسميها تارة الضميرية، وابنة الضمري، نسبة إلى بني ضمرة، وتوفي في الحجاز هو وعكرمة مولى ابن عباس في نفس اليوم فقيل: مات اليوم أفقه الناس وأشعر الناس.

(٣) البيت لتأبط شرا، وهو ثابت بن جابر بن سفيان، أبو زهير الفهمي، من مضر، كان من أهل تهامة، شعره فحل، قتل في بلاد هذيل، وألقي في غار يقال له: رخمان، فوجدت جثته فيه بعد مقتله.

(وَحَفِيَ) قَدَمُهُ: رَقَّتْ مِنْ كَثْرَةِ الْمَشْيِ، حَفًا بِالْقَصْرِ فَهُوَ حَفٍ.

(وَحَفِيَ بِهِ حَفَاوَةً) أَشْفَقَ عَلَيْهِ وَبَالَغَ فِي إِكْرَامِهِ، وَهُوَ حَفِيٌّ بِهِ، وَمِنْهُ حَدِيثُ عُمَرَ رَضِيَ اللهُ عَنْهُ فِي الْحَجَرِ الْأَسْوَدِ: "رَأَيْتُ أَبَا الْقَاسِمِ صَلَّى اللهُ عَلَيْهِ وَسَلَّمَ بِكَ حَفِيًّا"(١).

(وَأَحْفَى) شَارِبَهُ بِالْحَفِيِّ(٢) [بالغ في](٣) جَزِّهُ، وَمِنْهُ: احْتَفَى الْبَقْلَ، إِذَا أَخَذَهُ مِنْ وَجْهِ الْأَرْضِ بِأَطْرَافِ أَصَابِعِهِ مِنْ قِصَرِهِ وَقِلَّتِهِ.

وَعَلَيْهِ حَدِيثُ الْمُضْطَرِّ الَّذِي سَأَلَ رَسُولَ اللهِ صَلَّى اللهُ عَلَيْهِ وَآلِهِ وَسَلَّمَ: مَتَى تَحِلُّ لَنَا الْمَيْتَةُ؟ فَقَالَ: "مَا لَمْ تَحْتَفُوا بِهَا بَقْلًا فَشَأْنَكُمْ بِهَا"(٤). وَرُوِيَ: تَحْتَفِئُوا بِالْهَمْزَةِ مِنَ الْحَفَإِ، وَهُوَ أَصْلُ الْبَرْدِيِّ، أَيْ: تَقْتَلِعُوهُ بِعَيْنِهِ فَتَأْكُلُوهُ، وَرُوِيَ: تَحْتَفُّوا مِنْ حَفِّ الشَّعَرِ، وَرُوِيَ: تَجْتَفِئُوا بِهَا بَقْلًا بِالْجِيمِ مَهْمُوزٌ مِنْ اجْتَفَأْتَ الشَّيْءَ، إِذَا قَلَعْتَهُ وَرَمَيْت بِهِ، وَمِنْهُ: الْجُفَاءُ، وَرُوِيَ: تَخْتَفُوا مِنْ اخْتَفَى الشَّيْءَ إِذَا اسْتَخْرَجَهُ، وَمِنْهُ: الْمُخْتَفِي لِلنَّبَّاشِ، وَأَنْكَرَ أَبُو سَعِيدٍ الْهَمْزَةَ مَعَ الْجِيمِ وَالْحَاءِ، وَقَالَ: الِاجْتِفَاءُ كَبُّكَ الْآنِيَةَ، وَأَمَّا الِاحْتِفَاءُ مِنَ الْحَفَإِ، فَالْبَرْدِيُّ لَيْسَ مِنْ الْبُقُولِ، وَهُوَ لَا يَكُونُ بِبِلَادِ الْعَرَبِ أَصْلًا، وَتَمَامُ الْحَدِيثِ بِتَفْسِيرِهِ فِي (ص ب).

الْحَاءُ مَعَ الْقَافِ

[ح ق ف]: الْحِقْفُ: الرَّمْلُ الْمُعْوَجُّ، وَمِنْهُ: ظَبْيٌ حَاقِفٌ، أَيْ: مُنْطَوٍ مُنْعَطِفٌ، وَقِيلَ: فِي أَصْلِ الْحِقْفِ.

[ح ق ق]: (هُوَ حَقِيقٌ) بِكَذَا، وَأَنْتَ حَقِيقٌ بِأَنْ تَفْعَلَ كَذَا وَمَحْقُوقٌ بِهِ، أَيْ: خَلِيقٌ، وَقَوْلُهُ: إِنَّ دِينًا يَكُونُ الْعَدْلُ فِيهِ بِهَذِهِ الْمَنْزِلَةِ لَحَقِيقٌ أَنْ يَكُونَ حَقًّا، عَلَى حَذْفِ الْبَاءِ.

(وَالْحِقُّ) مِنْ الْإِبِلِ: مَا اسْتَكْمَلَ ثَلَاثَ سِنِينَ وَدَخَلَ فِي الرَّابِعَةِ، وَالْحِقَّةُ الْأُنْثَى، وَالْجَمْعُ: حِقَاقٌ، وَفِي الْحَدِيثِ: "وَشَرُّ السَّيْرِ الْحَقْحَقَةُ"(٥)، وَهِيَ أَرْفَعُ السَّيْرِ

---

(١) أخرجه مسلم (١٢٧٣)، والنسائي (٢٩٣٦)، وأحمد في مسنده (٢٧٦).

(٢) زيادة من: م.

(٣) سقط من: م.

(٤) أخرجه أحمد في مسنده (٢١٣٩٠)، والدارمي في سننه (١٩٩٦)، والبيهقي في السنن الكبرى ج٩/٣٥٦.

(٥) أخرجه أبو نعيم في معرفة الصحابة (٧٣٣٩)، وابن عدي في الكامل ج٣/١٢٣.

وَأَتْعَبُهُ لِلظَّهْرِ.

[ح ق ل]: (الْمُحَاقَلَةُ) بَيْعُ الطَّعَامِ فِي سُنْبُلِهِ بِالْبُرِّ، وَقِيلَ: اشْتِرَاءُ الزَّرْعِ بِالْحِنْطَةِ، وَقِيلَ: بَيْعُ الزَّرْعِ قَبْلَ بُدُوِّ صَلَاحِهِ مِنَ الْحَقْلِ، وَهُوَ الزَّرْعُ، وَقَدْ (أَحْقَلَ) إذَا طَلَعَ رَأْسُهُ وَنَبَتَ، وَقِيلَ: الْمُزَارَعَةُ بِالثُّلُثِ وَالرُّبُعِ وَغَيْرِهِمَا، وَقِيلَ: كِرَاءُ الْأَرْضِ بِالْحِنْطَةِ.

[ح ق ن]: (حَقَنَ) اللَّبَنَ: جَمَعَهُ فِي السِّقَاءِ، وَمِنْهُ: إذَا مَنَعَهُ أَنْ يُسْفَكَ، وَذَلِكَ إذَا حَلَّ بِهِ الْقَتْلُ فَأَنْقَذَهُ.

(وَحَقَنَ بَوْلَهُ) حَبَسَهُ وَجَمَعَهُ، وَمِنْهُ الْحَدِيثُ: "لَا رَأْيَ لِحَاقِنٍ وَلَا حَاقِبٍ وَلَا حَازِقٍ". هَكَذَا فِي غَرِيبِ الْقُتَبِيِّ، (فَالْحَاقِنُ) الَّذِي بِهِ بَوْلٌ كَثِيرٌ، وَالْحَاقِبُ الْمَحْصُورُ، وَالْحَازِقُ الَّذِي ضَاقَ خُفُّهُ فَحَزَقَ قَدَمَهُ، أَيْ: ضَغَطَهَا، وَأَمَّا (الْحَاقِنُ) كَمَا فِي" الْأَكْمَلِ" فَلَيْسَ بِشَيْءٍ.

(وَحَقَنَ) الْمَرِيضَ دَاوَاهُ بِالْحُقْنَةِ، وَهِيَ دَوَاءٌ يُجْعَلُ فِي خَرِيطَةٍ مِنْ أَدَمٍ يُقَالُ لَهَا: الْمِحْقَنَةُ، وَقَوْلُهُ فِي" الْوَاقِعَاتِ": رَجُلٌ أَدْخَلَ الْحُقْنَةَ ثُمَّ أَخْرَجَهَا، لَا وُضُوءَ عَلَيْهِ. أَرَادَ أُنْبُوبَ الْمِحْقَنَةِ فَتَوَسَّعَ فِي الْكَلَامِ، وَاحْتَقَنَ بِنَفْسِهِ: تَدَاوَى بِهَا، وَقَوْلُهُ: لَا بَأْسَ بِأَنْ يُبْدِيَ ذَلِكَ الْمَوْضِعَ لِلْمُحْتَقِنِ، صَوَابُهُ: لِلْحَاقِنِ.

وَقَوْلُهُمْ:احْتَقَنَ الصَّبِيُّ بِلَبَنِ أُمِّهِ بَعِيدٌ، (وَاحْتُقِنَ) بِالضَّمِّ غَيْرُ جَائِزٍ، وَإِنَّمَا الصَّوَابُ: حُقِنَ أَوْ عُولِجَ بِالْحُقْنَةِ.

الْحَاءُ مَعَ الْكَافِ

[ح ك ر]: (الِاحْتِكَارُ) حَبْسُ الطَّعَامِ لِلْغَلَاءِ، وَالِاسْمُ الْحُكْرَةُ.

[ح ك ك]: (الْحَكُّ) الْقَشْرُ، وَمِنْهُ: الْحِكَّةُ بِالْكَسْرِ، وَهِيَ كُلُّ مَا تَحُكُّهُ كَالْجَرَبِ وَنَحْوِهِ، وَقَدْ جُعِلَتْ فِي بَابِ الطَّهَارَةِ عِبَارَةً عَنْ الْقَمْلِ [أو كناية عن القمل] [(١)]، وَقَوْلُهُمْ:الْإِثْمُ مَا حَكَّ فِي صَدْرِك، أَيْ: أَثَّرَ فِيهِ وَأَوْهَمَ أَنَّهُ ذَنْبٌ؛ لِعَدَمِ انْشِرَاحِ الصَّدْرِ بِهِ، وَمَنْ رَوَى: صَدَرَك، فَقَدْ سَهَا.

[ح ك م]: (حَكَمَ) لَهُ عَلَيْهِ بِكَذَا حُكْمًا، وَقَوْلِهِ فِي الدَّارِ: يَرْتَدُّ أَهْلُهَا فَتَصِيرُ مَحْكُومَةً بِأَنَّهَا دَارُ الشِّرْكِ، الصَّوَابُ: مَحْكُومًا عَلَيْهَا.

(١) سقط من: م.

(وَالْحَكَمُ) بِفَتْحَتَيْنِ: الْحَاكِمُ، وَبِهِ سُمِّيَ الْحَكَمُ بن زُهَيْرٍ، خَلِيفَةُ أَبِي يُوسُفَ رَحِمَهُ اللهُ.

(وَحَكَّمَهُ) فَوَّضَ الْحُكْمَ إِلَيْهِ، وَمِنْهُ: الْمُحَكَّمُ فِي نَفْسِهِ، وَهُوَ الَّذِي خُيِّرَ بَيْنَ الْكُفْرِ بِاللهِ وَالْقَتْلِ فَاخْتَارَ الْقَتْلَ. (وَحَكَّمَتْ) الْخَوَارِجُ قَالُوا: إِنْ الْحُكْمُ إِلَّا للهِ، وَهُوَ مِنَ الْأَوَّلِ.

(وَالْحِكْمَةُ) مَا يَمْنَعُ مِنَ الْجَهْلِ، وَأُرِيدَ بِهِ الزَّبُورُ فِي قَوْلِهِ تَعَالَى: **(وَآتَيْنَاهُ الْحِكْمَةَ)** [سورة ص آية ٢٠]، وَقِيلَ: كُلُّ كَلَامٍ وَافَقَ الْحَقَّ.

وَأَحْكَمَ الشَّيْءُ فَاسْتَحْكَمَ، وَهُوَ مُسْتَحْكِمٌ بِالْكَسْرِ لَا غَيْرُ، وَمِنْهُ: النَّوْمُ فِي الرُّكُوعِ لَا يَسْتَحْكِمُ.

الْحَاءُ مَعَ اللَّامِ

[ح ل ب]: (حَلَبَ) النَّاقَةَ حَلْبًا (وَأَحْلَبَهُ) أَعَانَهُ فِي الْحَلْبِ، ثُمَّ عَمَّ.

(وَالْحَلَبُ) مُحَرَّكًا لَا غَيْرُ اللَّبَنُ (وَالْمَحْلُوبُ) (وَالْحَلُوبَةُ) مَا تُحْلَبُ (وَنَاقَةٌ حَلُوبٌ) (وَالْحُلْبَةُ) هَذَا الْحَبُّ الْمَعْرُوفُ.

(وَالْحَلْبَةُ) فِي (ج ل، ج ل ب).

[ح ل س]: (الْحِلْسُ) كِسَاءٌ يَكُونُ عَلَى ظَهْرِ الْبَعِيرِ تَحْتَ الْبَرْذَعَةِ وَيُبْسَطُ فِي الْبَيْتِ تَحْتَ حُرِّ الْمَتَاعِ، وَمِنْهُ: اسْتَحْلَسَ الْخَوْفَ لَزِمَهُ.

[ح ل ف]: (ذُو الْحُلَيْفَةِ) مِيقَاتُ أَهْلِ الْمَدِينَةِ.

(حِلْفُ أَبِينَا) فِي (ن ش، ن ش د).

[ح ل ق]: (الْحَلْقَةُ) حَلْقَةُ الدِّرْعِ وَغَيْرِهَا، وَفِي حَدِيثِ الزُّهْرِيِّ: "وَعَلَى مَا حَمَلَتْ الْإِبِلُ إِلَّا الْحَلْقَةَ". السِّلَاحُ كُلُّهُ، وَقِيلَ: الدُّرُوعُ خَاصَّةً، وَقَوْلُهُ:

نُقْسِمُ بِاللهِ نُسْلِمُ الْحَلَقَةَ

فَالتَّحْرِيكُ ضَرُورَةً، وَقِيلَ لُغَةٌ.

(حَلْقَى) فِي (ع ق، ع ق ر).

[ح ل ل]: (حَلَّ الْمَنْزِلَ) حُلُولًا، وَحَالَّ صَاحِبَهُ حَلَّ مَعَهُ، وَمِنْهُ: الْحَلِيلَةُ الزَّوْجَةُ؛ لِأَنَّهَا تُحَالُّ زَوْجَهَا فِي فِرَاشٍ، وَحَلَّ الْعُقْدَةَ حَلًّا مِنْ بَابِ طَلَبَ، وَمِنْهُ قَوْلُهُ: الشُّفْعَةُ كَحَلِّ الْعِقَالِ، مِثَالٌ فِي قِصَرِ الْمُدَّةِ؛ لِأَنَّهُ سَهْلُ الِانْحِلَالِ وَمَعْنَاهُ: أَنَّهَا تَحْصُلُ فِي أَدْنَى مُدَّةٍ كَمِقْدَارِ حَلِّ الْعِقَالِ، وَقَدْ أَبْعَدَ مَنْ قَالَ: إِنَّهَا تَذْهَبُ سَرِيعًا كَالْبَعِيرِ إِذَا حُلَّ عِقَالُهُ.

(وَحَلَّلَ) يَمِينَهُ تَحْلِيلًا وَتَحِلَّةً، إِذَا حَلَّهَا بِالِاسْتِثْنَاءِ أَوْ الْكَفَّارَةِ.

(وَتَحِلَّةُ) الْقَسَمِ وَالْيَمِينِ، مَثَلٌ فِي الْقِلَّةِ، وَمِنْهَا: فَتَمَسُّهُ النَّارُ إِلَّا تَحِلَّةَ الْقَسَمِ، أَيْ: مَسَّةً يَسِيرَةً.

(وَتَحَلَّلَ) مِنْ يَمِينِهِ خَرَجَ مِنْهَا بِكَفَّارَةٍ، (وَتَحَلَّلَ) فِيهَا اسْتَثْنَى، وَقَوْلُ الْأَشْعَرِيِّ: مَا تَحَلَّلَ يَمِينِي عَلَى خَدْعَةِ الْجَارِ إِنْ كَانَ الْحَدِيثُ مَحْفُوظًا، فَعَلَى تَضْمِينِ مَا انْحَلَّ.

(وَحَلَّ) لَهُ الشَّيْءُ حِلًّا فَهُوَ حِلٌّ وَحَلَالٌ مِنْ بَابِ ضَرَبَ، وَمِنْهُ: الزَّوْجُ أَحَقُّ بِرَجْعَتِهَا مَا لَمْ تَحِلَّ لَهَا الصَّلَاةُ.

(وَالْحَلَالُ) مِمَّا يَسْتَوِي فِيهِ الْمُذَكَّرُ وَالْمُؤَنَّثُ وَالْوَاحِدُ وَالْجَمْعُ، وَأَمَّا قَوْلُهُ فِي الْحَجِّ: عَلَى أَهْلِ الْمَدِينَةِ إِنْ صَادُوا وَهُمْ مُحْرِمُونَ فَحُكْمُهُمْ كَذَا، وَإِنْ صَادُوا وَهُمْ (أَحِلَّةٌ) فَحُكْمُهُمْ كَذَا. فَكَأَنَّهُ قَاسَهُ عَلَى زَمَانٍ وَأَزْمِنَةٍ وَمَكَانٍ وَأَمْكِنَةٍ.

(وَأَحَلَّهُ) غَيْرُهُ وَحَلَّلَهُ، وَمِنْهُ: "لَعَنَ اللهُ الْمُحَلِّلَ وَالْمُحَلَّلَ لَهُ"[(1)]. وَرُوِيَ: "الْمُحِلُّ وَالْمُحَلُّ لَهُ".

وَفِي الْكَرْخِيِّ: (الْحَالُّ) وَهُوَ مِنْ حَلِّ الْعُقْدَةِ، وَإِنَّمَا سُمِّيَ مُحَلِّلًا لِقَصْدِهِ التَّحْلِيلَ، وَإِنْ كَانَ لَا يَحْصُلُ بِهِ، وَذَلِكَ إِذَا شَرَطَا الْحِلَّ لِلْأَوَّلِ بِالْقَوْلِ عَلَى قَوْلِ أَبِي يُوسُفَ وَمُحَمَّدٍ رَحِمَهُمَا اللهُ تَعَالَى.

وَقَوْلُهُمْ:وَلَوْ قَالَ: أَحْلَلْتُكَ مِنْهُ، فَهُوَ بَرَاءَةٌ، مَبْنِيٌّ عَلَى لُغَةِ الْعَجَمِ.

(وَحَلَّ) عَلَيْهِ الدَّيْنُ: وَجَبَ وَلَزِمَ حُلُولًا، وَمِنْهُ: الدَّيْنُ الْحَالُّ خِلَافُ الْمُؤَجَّلِ.

(وَالْحُلَّةُ) إِزَارٌ وَرِدَاءٌ، هَذَا هُوَ الْمُخْتَارُ، وَهِيَ مِنَ الْحُلُولِ، أَوْ الْحَلِّ، لِمَا بَيْنَهُمَا مِنَ الْفُرْجَةِ، فَاحْتَلَّ فِي ج ل.

[ح ل م]: (الْحَلَمَةُ) وَاحِدَةُ الْحَلَمِ، وَهِيَ: الْقُرَادُ الضَّخْمُ الْعَظِيمُ، وَيُقَالُ لِرَأْسِ

(١) أخرجه الترمذي (١١١٩)، (١١٢٠)، والنسائي (٣٤١٦) (٥١٠٤)، وأبو داود (٢٠٧٦).

الثَّدْيِ: حَلَمَةٌ عَلَى التَّشْبِيهِ، وَيَشْهَدُ لَهُ بَيْتُ الْحَمَاسَةِ[(١)]:

كَأَنَّ قُرَادَيْ زَوْرِهِ طَبَعَتْهُمَا ... بِطِينٍ مِنَ الْجَوْلَانِ كُتَّابُ أَعْجَمِ

(وَحَلَمَ) الْغُلَامُ وَاحْتَلَمَ حُلْمًا مِنْ بَابِ طَلَبَ، وَالْحَالِمُ: الْمُحْتَلِمُ فِي الْأَصْلِ ثُمَّ عَمَّ فَقِيلَ لِمَنْ بَلَغَ مَبْلَغَ الرِّجَالِ حَالِمٌ، وَهُوَ الْمُرَادُ بِهِ فِي الْحَدِيثِ: "خُذْ مِنْ كُلِّ حَالِمٍ وَحَالِمَةٍ دِينَارًا".

(وَالْحَلِيمُ) ذُو الْحِلْمِ، وَمُؤَنَّثُهُ سُمِّيَتْ حَلِيمَةُ بِنْتُ أَبِي ذُؤَيْبٍ عَبْدِ اللهِ بن الْحَارِثِ بن سَعْدِ بن بَكْرٍ، ظِئْرِ رَسُولِ اللهِ صَلَّى اللهُ عَلَيْهِ وَآلِهِ وَسَلَّمَ، وَقَدْ حَلُمَ حِلْمًا مِنْ بَابِ قَرُبَ.

(وَحَلَّمَهُ) نَسَبَهُ إِلَى الْحِلْمِ، وَبِاسْمِ فَاعِلِهِ سُمِّيَ مُحَلِّمُ بن جَثَّامَةَ، وَهُوَ الَّذِي قَتَلَ رَجُلًا بِذَحْلِ الْجَاهِلِيَّةِ بَعْدَ مَا قَالَ لَا إِلَهَ إِلَّا اللهُ، فَقَالَ صَلَّى اللهُ عَلَيْهِ وَآلِهِ وَسَلَّمَ" اللَّهُمَّ لَا تَرْحَمْ مُحَلِّمًا". فَلَمَّا مَاتَ وَدُفِنَ لَفَظَتْهُ الْأَرْضُ ثَلَاثَ مَرَّاتٍ.

[ح ل ق م]: (الْحُلْقُومُ) مَجْرَى النَّفَسِ، وَعَنْ الْحَسَنِ: أَنَّهُ بَلَغَهُ أَنَّ الْحَجَّاجَ وَضَعَ الْجُمُعَةَ بِالْأَهْوَازِ، فَقَالَ: لَعَنَ اللهُ الْحَجَّاجَ، يَتْرُكُ الْجُمُعَةَ بِالْأَمْصَارِ وَيُقِيمُهَا فِي حَلَاقِيمِ الْبِلَادِ، أَيْ: فِي مَضَائِقِهَا؛ لِأَنَّ الْأَهْوَازَ بِالنِّسْبَةِ إِلَى غَيْرِهَا مِنْ الْأَمْصَارِ بَلَدٌ ضَيِّقٌ.

[ح ل و]: (الْحَلْوَاءُ) بِالْمَدِّ وَالْقَصْرِ، وَالْجَمْعُ: الْحَلَاوَى، (وَحُلْوَانُ الْكَاهِنِ) أُجْرَتُهُ، فُعْلَانٌ مِنْ الْحَلَاوَةِ.

[ح ل ي]: (وَالْحُلِيُّ) عَلَى فُعُولٍ جَمْعُ حَلْيٍ كَثُدِيٍّ فِي جَمْعِ ثَدْيٍ، وَهِيَ مَا تَتَحَلَّى بِهِ الْمَرْأَةُ مِنْ الذَّهَبِ أَوْ الْفِضَّةِ، وَقِيلَ أَوْ جَوْهَرٍ.

(وَالْحِلْيَةُ) الزِّينَةُ مِنْ ذَهَبٍ أَوْ فِضَّةٍ، [وَهِيَ مَا تَتَحَلَّى بِهِ الْمَرْأَةُ مِنْ ذَهَبٍ أَوْ فِضَّةٍ][(٢)]، يُقَالُ: حِلْيَةُ السَّيْفِ أَوْ السَّرْجِ وَغَيْرِهِ، وَفِي التَّنْزِيلِ ﴿وَتَسْتَخْرِجُونَ حِلْيَةً تَلْبَسُونَهَا﴾ [سورة فاطر آية ١٢] اللُّؤْلُؤُ وَالْمَرْجَانَ.

(وَحِلْيَةُ) الْإِنْسَانِ: صِفَتُهُ، وَمَا يُرَى مِنْهُ مِنْ لَوْنٍ وَغَيْرِهِ، وَالْجَمْعُ: حُلًى، بِالْكَسْرِ وَالضَّمِّ.

---

(١) البيت لابن ميادة، وهو الرماح بن أبرد بن ثوبان الذبياني الغطفاني المري، أبو شرحبيل، ويقال: أبو حرملة، وميادة أمه، وبنسبته إليها اشتهر.

(٢) زيادة من: م.

الْحَاءُ مَعَ الْمِيمِ

[ح م د]: (الْحَمْدُ) مَصْدَرُ حَمْدَ، وَبِتَصْغِيرِهِ سُمِّيَ حُمَيْدُ بن هَانِئٍ، وَكُنِّيَ أَبُو حُمَيْدٍ السَّاعِدِيُّ، وَيُنْسَبُ إِلَيْهِ الْحُمَيْدِيُّ، وَهُوَ نَوْعٌ مِنَ الْأَشْرِبَةِ؛ لِأَنَّهُ مَحْمُودٌ عِنْدَهُمْ.

(وَالْمَحْمَدَةُ) بِفَتْحِ الْعَيْنِ وَكَسْرِهَا: مَا يُحْمَدُ بِهِ.

[ح م ر]: (فَرَسٌ مِحْمَرٌ) إِذَا كَانَ هَجِينًا.

(وَالْيَحْمُورُ) فِي ذَبَائِحِ مُخْتَصَرِ الْكَرْخِيِّ: ضَرْبٌ مِنَ الْوَحْشِ، وَقِيلَ: الْحِمَارُ الْوَحْشِيُّ.

(وَحُمْرُ النَّعَمِ) كَرَائِمُهَا، وَهِيَ مَثَلٌ فِي كُلِّ نَفِيسٍ، وَقِيلَ: الْحَسَنُ أَحْمَرُ.

(وَحُمْرَانُ) مَوْلَى عُثْمَانَ، مُرْتَجَلٌ أَوْ مَنْقُولٌ مِنْ جَمْعِ أَحْمَرَ، كَعُمْيَانٍ فِي جَمْعِ أَعْمَى.

(حُمَيْرَاتٌ) فِي الذَّيْلِ.

[ح م ز]: "أَفْضَلُ الْأَعْمَالِ أَحْمَزُهَا". أَيْ: أَمَضُّهَا وَأَشَقُّهَا، مِنْ قَوْلِهِمْ: لَبَنٌ وَنَبِيذٌ حَامِزٌ.

(يَحْمِزُ اللِّسَانَ) أَيْ: يَحْرِقُهُ بِشِدَّتِهِ وَحِدَّتِهِ، وَمِنْهُ: الْحَمْزَةُ بَقْلَةٌ فِي ذَوْقِهَا لَذْعُ اللِّسَانِ، وَسُمِّيَ بِهَا حَمْزَةُ بن مَالِكِ بن أَبِي أُسَيْدٍ السَّاعِدِيِّ، لَا مَالِكُ بن حَمْزَةَ رَاوِي قَوْلِهِ صَلَّى اللهُ عَلَيْهِ وَآلِهِ وَسَلَّمَ: "إِذَا كَثَبُوكُمْ". وَتَقْرِيرُهُ فِي الْمُعْرِبِ.

[ح م س]: (الْحُمْسُ) قُرَيْشٌ وَمَنْ دَانَ بِدِينِهِمْ، الْوَاحِدُ: أَحْمَسُ، وَسُمُّوا بِذَلِكَ لِأَنَّهُمْ تَحَمَّسُوا فِي دِينِهِمْ، أَيْ: تَشَدَّدُوا، وَكَانُوا لَا يَسْتَظِلُّونَ أَيَّامَ مِنًى وَلَا يَدْخُلُونَ الْبُيُوتَ مِنْ أَبْوَابِهَا وَلَا يَخْرُجُونَ أَيَّامَ الْمَوْسِمِ إِلَى عَرَفَاتٍ، وَإِنَّمَا يَقِفُونَ بِالْمُزْدَلِفَةِ، وَلِهَذَا قَالَ جُبَيْرُ بن مُطْعِمٍ حِينَ رَأَى رَسُولَ اللهِ صَلَّى اللهُ عَلَيْهِ وَآلِهِ وَسَلَّمَ بِعَرَفَةَ: هَذَا مِنَ الْحُمْسِ فَمَا بَالُهُ خَرَجَ مِنَ الْحَرَمِ.

[ح م ش]: (حَمِشَ) فِي (ص هـ ص هـ ب).

[ح م ض]: (الْحَمْضَةُ) وَاحِدَةُ الْحَمْضِ، خِلَافُ الْخَلَّةِ، وَبِهَا كُنِّيَ وَالِدُ الْمُنْذِرِ بن أَبِي حَمْضَةَ، وَفِي السِّيَرِ عَلَى لَفْظِ التَّصْغِيرِ.

[ح م ق]: (الْحُمْقُ) نُقْصَانُ الْعَقْلِ عَنِ ابْنِ فَارِسٍ، وَعَنِ الْأَزْهَرِيِّ: فَسَادٌ فِيهِ وَكَسَادٌ، وَمِنْهُ: انْحَمَقَ الثَّوْبُ، إِذَا بَلِيَ، وَانْحَمَقَتِ السُّوقُ: كَسَدَتْ، وَقَدْ حَمِقَ فَهُوَ حَمِقٌ، وَحَمُقَ

فَهُوَ أَحْمَقُ.

وَإِنَّمَا قِيلَ لِصَوْتَيْ النِّيَاحَةِ وَالتَّرَنُّمِ فِي اللَّعِبِ: أَحْمَقَانِ؛ لِحُمْقِ صَاحِبِهِمَا. وَأَمَّا قَوْلُ عُمَرَ رَضِيَ اللهُ عَنْهُ لِعُبَادَةَ بْنِ الصَّامِتِ رَضِيَ اللهُ عَنْهُ: يَا أَحْمَقُ، وَإِنَّمَا خَاطَبَهُ بِهَذَا اللَّفْظِ الْخَشِنِ لِاعْتِرَاضِهِ عَلَى إِمَامٍ مِثْلِهِ فِي شَيْءٍ مُجْتَهَدٍ فِيهِ، وَقَدْ قِيلَ فِيهِ تَأْوِيلٌ آخَرُ إِلَّا أَنَّهُ بَارِدٌ مُسْتَبْعَدٌ.

(وَاسْتَحْمَقَهُ) عَدَّهُ أَحْمَقَ، وَعَنِ اللَّيْثِ: اسْتَحْمَقَ الرَّجُلُ فَعَلَ فِعْلَ الْأَحْمَقِ(١) حَكَاهُ الْأَزْهَرِيُّ، وَعَلَيْهِ حَدِيثُ ابْنِ عُمَرَ: أَرَأَيْتَ إِنْ عَجَزَ وَاسْتَحْمَقَ، وَهَكَذَا قَرَأْتُهُ فِي الْفَائِقِ، وَيُرْوَى: وَمَا لِي لَا أَحْتَسِبُ بِهَا وَإِنْ اسْتَحْمَقَتْ، وَنَظِيرُهُ: وَزْنًا، وَمَعْنَى اسْتَنْوَكَ: إِذَا فَعَلَ فِعْلَ الْأَنْوَكِ.

(وَالْأُحْمُوقَةُ) مِنْ أَفَاعِيلِ الْحَمْقَى.

[ح م ل]: (الْحَمْلُ) بِالْفَتْحِ مَصْدَرُ حَمَلَ الشَّيْءَ، وَمِنْهُ: مَا لَهُ حِمْلٌ وَمَئُونَةٌ، يَعْنُونَ: مَا لَهُ ثِقَلٌ يُحْتَاجُ فِي حَمْلِهِ إِلَى ظَهْرٍ أَوْ أُجْرَةِ حَمَّالٍ، وَبَيَانُهُ فِي لَفْظِ الْأَصْلِ: مَا لَهُ مَئُونَةٌ فِي الْحَمْلِ.

وَقِيلَ فِي قَوْلِهِ تَعَالَى: (وَحَمْلُهُ وَفِصَالُهُ) [سُورَةُ الْأَحْقَافِ آيَةُ ١٥] أُرِيدَ الْحَمْلُ عَلَى الْيَدِ دُونَ الْبَطْنِ وَلَيْسَ بِشَيْءٍ، وَبِاسْمِ فَاعِلِهِ عَلَى الْمُبَالَغَةِ سُمِّيَ وَالِدُ أَبْيَضَ بْنِ حَمَّالٍ، وَالدَّالُ تَصْحِيفٌ.

(وَالْحَمْلُ) أَيْضًا: مَا كَانَ فِي بَطْنٍ أَوْ عَلَى رَأْسِ شَجَرَةٍ، وَامْرَأَةٌ وَنَاقَةٌ حَامِلٌ، وَالْجَمْعُ: حَوَامِلُ.

(وَالْحِمْلُ) بِالْكَسْرِ مَا يَحْمِلُهُ عَلَى ظَهْرٍ أَوْ رَأْسٍ، وَالْجَمْعُ أَحْمَالٌ، وَعَنِ الْكَرْخِيِّ: هُوَ ثَلَاثُمِائَةٍ بِالْعِرَاقِيِّ.

(وَالْحَمَلُ) وَلَدُ الضَّأْنِ فِي السَّنَةِ الْأُولَى، وَبِتَصْغِيرِهِ سُمِّيَ أَبُو بَصْرَةَ حُمَيْلُ بْنُ بَصْرَةَ الْغِفَارِيُّ، وَالْجَمْعُ: حُمْلَانٌ، وَيُقَالُ لِمَا يُحْمَلُ عَلَيْهِ مِنَ الدَّوَابِّ فِي الْهِبَةِ خَاصَّةً: حُمْلَانٌ، وَيَكُونُ مَصْدَرًا بِمَعْنَى الْحَمْلِ، وَاسْمًا لِأُجْرَةِ مَا يُحْمَلُ، وَقَوْلُهُ: لَيْسَ لِلْإِمَامِ أَنْ يُعْطِيَهَا نَفَقَةً وَلَا حُمْلَانًا، يَحْتَمِلُ الْوَجْهَيْنِ: الدَّابَّةَ الْمَحْمُولَ عَلَيْهَا، وَأُجْرَةَ الْحَمْلِ. وَكَذَا

---

(١) فِي خ: "الحمقى".

قَوْلُهُ: مَا أُنفِقَ عَلَيْهَا، وَفِي كِسْوَةِ الرَّقِيقِ وَحُمْلَانِهِمْ، وَأَمَّا قَوْلُهُ فِي بَابِ الاسْتِئْجَارِ: وَلَا أَجْرَ لَهُ فِي حُمْلَانِهِمْ، فَالْمُرَادُ بِهِ الْمَصْدَرُ، وَكَذَا قَوْلُهُ: اسْتَأْجَرَ إِبِلًا بِأَعْيَانِهَا فَكَفَلَ لَهُ رَجُلٌ بِالْحُمْلَانِ، يَعْنِي: بِالْحَمْلِ.

(وَحُمْلَانُ) الدَّرَاهِمِ فِي اصْطِلَاحِهِمْ مَا يُحْمَلُ عَلَيْهَا مِنْ الْغِشِّ تَسْمِيَةً بِالْمَصْدَرِ.

(وَالْمَحْمِلُ) بِفَتْحِ الْمِيمِ الْأُولَى وَكَسْرِ الثَّانِيَةِ أَوْ عَلَى الْعَكْسِ: الْهَوْدَجُ الْكَبِيرُ الْحَجَّاجِيُّ.

وَأَمَّا تَسْمِيَةُ بَعِيرِ الْمَحْمِلِ بِهِ فَمَجَازٌ وَإِنْ لَمْ نَسْمَعْهُ، وَمِنْهُ قَوْلُهُ فِي"الإِيضَاحِ": فِي اسْتِطَاعَةِ السَّبِيلِ مَا يُكْتَرَى بِهِ شِقُّ مَحْمِلٍ، أَيْ: نِصْفُهُ أَوْ رَأْسُ زَامِلَةٍ.

(وَالْحَمُولَةُ) بِالْفَتْحِ مَا يُحْمَلُ عَلَيْهِ مِنْ بَعِيرٍ أَوْ فَرَسٍ أَوْ بَغْلٍ أَوْ حِمَارٍ، مِنْهَا: وَفَضْلُ الْحَمُولَةِ، أَيْ: مَا فَضَلَ مِنْ حَاجَتِهِ، وَمِنْهَا قَوْلُهُ: فَيُعْطَى أُجْرَةً لِلذَّهَابِ دُونَ الْحَمُولَةِ وَالرَّجْعَةِ، يَعْنِي: دُونَ إِعْمَالِ الْمَحْمُولَةِ.

(وَالْحُمُولَةُ) بِالضَّمِّ: الْأَحْمَالُ، مِنْهَا قَوْلُهُ: وَقَدْ عَقَرَهَا الرُّكُوبُ وَالْحُمُولَةُ، وَلَفْظُ الرِّوَايَةِ أَسْلَمُ وَأَظْهَرُ، وَمِنْهَا مَا فِي مُخْتَصَرِ الْكَرْخِيِّ: وَلَوْ تَقَبَّلَا حُمُولَةً بِأَجْرٍ وَلَمْ يُؤْجَرْ الْبَغْلُ وَالْبَعِيرُ فَحَمَلَا الْحُمُولَةَ عَلَى ذَلِكَ فَالْأَجْرُ بَيْنَهُمَا نِصْفَانِ.

وَأَمَّا قَوْلُهُ فِي إِجَارَةِ الْفُسْطَاطِ: فَإِنْ خَلَّفَهُ بِالْكُوفَةِ فَالْحُمُولَةُ عَلَى الْمُسْتَأْجِرِ، فَمَعْنَاهُ: فَمُؤْنَةُ الْحُمُولَةِ أَوْ فَحَمْلُ الْحُمُولَةِ عَلَى حَذْفِ الْمُضَافِ.

(وَالْحَمِيلُ) فِي حَدِيثِ عُمَرَ رَضِيَ اللهُ عَنْهُ: الَّذِي يُحْمَلُ مِنْ بَلَدِهِ إِلَى بِلَادِ الْإِسْلَامِ، وَتَفْسِيرُهُ فِي الْكِتَابِ: أَنَّهُ صَبِيٌّ مَعَ امْرَأَةٍ تَحْمِلُهُ وَتَقُولُ هَذَا ابْنِي. وَفِي كِتَابِ الدَّعْوَى: (الْحَمِيلُ) عِنْدَنَا كُلُّ نَسَبٍ كَانَ فِي أَهْلِ الْحَرْبِ.

(وَالتَّحَامُلُ) فِي الْمَشْيِ أَنْ يَتَكَلَّفَهُ عَلَى مَشَقَّةٍ وَإِعْيَاءٍ، يُقَالُ: تَحَامَلْتُ فِي الْمَشْيِ، وَمِنْهُ: رُبَّمَا يَتَحَامَلُ الصَّيْدُ وَيَطِيرُ، أَيْ: يَتَكَلَّفُ الطَّيَرَانَ. (وَالتَّحَامُلُ) أَيْضًا الظُّلْمُ، يُقَالُ: تَحَامَلَ عَلَى فُلَانٍ، إِذَا لَمْ يَعْدِلْ، وَكِلَاهُمَا مِنَ الْحَمْلِ، إِلَّا أَنَّ الْأَوَّلَ يَحْمِلُ نَفْسَهُ عَلَى تَكَلُّفِ الْمَشْيِ، وَالثَّانِي يَحْمِلُ الظُّلْمَ عَلَى الْآخَرِ.

[ح م م]: (الْحَمِيمُ) الْمَاءُ الْحَارُّ، وَمِنْهُ: الْمِحَمُّ الْقُمْقُمَةُ، وَمَثَلُ الْعَالِمِ كَمَثَلِ (الْحَمَّةِ)، وَهِيَ الْعَيْنُ الْحَارَّةُ الْمَاءِ.

(وَالْحَمَّامُ) تُذَكِّرُهُ الْعَرَبُ وَتُؤَنِّثُهُ، وَالْجَمْعُ: الْحَمَّامَاتُ، (وَالْحَمَّامِيُّ) صَاحِبُهُ.

(وَاسْتَحَمَّ) دَخَلَ الْحَمَّامَ، وَفِي الْحَدِيثِ: "لَا يَبُولَنَّ أَحَدُكُمْ فِي مُسْتَحَمِّهِ، ثُمَّ يَتَوَضَّأُ فِيهِ"[(١)]، وَيُرْوَى: فِي مُغْتَسَلِهِ، وَتحمم غَيْرُ ثَبْت.

(وَحَمَّامُ أَعْيَنَ) بُسْتَانٌ قَرِيبٌ مِنَ الْكُوفَةِ.

(وَحُمَّ) مِنَ الْحُمَّى، وَمِنْهُ حَدِيثُ بِلَالٍ: "أَمَحْمُومٌ بَيْتُكُمْ، أَوْ تَحَوَّلَتْ الْكَعْبَةُ فِي كِنْدَةَ؟"[(٢)]. كَأَنَّهُ رَأَى فِيهِمْ بَيْتًا مُزَيَّنًا بِالثِّيَابِ مِنْ خَارِجٍ فَكَرِهَهُ، وَقَالَ اسْتِهْزَاءً: أَصَابَتْهُ حُمَّى حَيْثُ أُلْقِيَ عَلَيْهِ الثِّيَابُ، أَمْ انْتَقَلَتْ الْكَعْبَةُ إِلَيْكُمْ، وَذَلِكَ لِأَنَّ مِثْلَ هَذَا التَّزْيِينِ مُخْتَصٌّ بِالْكَعْبَةِ.

(وَالْحُمَمُ) الْفَحْمُ، وَبِالْقِطْعَةِ مِنْهُ سُمِّيَ وَالِدُ جَبَلَةَ بن حُمَمَةَ، يروي[(٣)] عَنْ عَلِيٍّ رَضِيَ اللهُ عَنْهُ، وَحُمَيْد تَصْحِيفٌ، وَمِنْهُ: حُمِّمَ وَجْهُ الزَّانِي وَسُخِّمَ، أَيْ: سُوِّدَ مِنَ الْحُمَمِ وَالسُّخَامِ، وَمِنْهُ الْحَدِيثُ: "رَأَى يَهُودِيَّيْنِ مُحَمَّمَيْ الْوَجْهِ". وَعَنْ أَنَسٍ رَضِيَ اللهُ عَنْهُ: أَنَّهُ كَانَ بِمَكَّةَ وَكَانَ إِذَا حُمِّمَ رَأْسُهُ خَرَجَ فَاعْتَمَرَ، أَيْ: اسْوَدَّ بَعْدَ الْحَلْقِ، وَهُوَ مِنَ الْحُمَمِ أَيْضًا.

(وَأَمَّا التَّحْمِيمُ) فِي مُتْعَةِ الطَّلَاقِ خَاصَّةً فَمِنْ الْحَمَّةِ أَوْ الْحميم؛ لِأَنَّ التَّمْتِيعَ نَفْعٌ وَفِيهِ حَرَارَةُ شَفَقَةٍ.

قَوْلُهُ عَلَيْهِ السَّلَامُ فِي شِعَارِهِمْ لَيْلَةَ الْأَحْزَابِ: "إِنْ بُيِّتُّمْ فَقُولُوا: حم لَا يُنْصَرُونَ"[(٤)]. عَنْ ابْنِ عَبَّاسٍ رَضِيَ اللهُ عَنْهُ: أَنَّهُ مِنْ أَسْمَاءِ اللهِ تَعَالَى. وَقَالَ أَبُو عُبَيْدٍ: مَعْنَاهُ اللَّهُمَّ لَا يُنْصَرُونَ، وَعَنْ ثَعْلَبٍ: وَاللهِ لَا يُنْصَرُونَ، وَهُوَ كَالْأَوَّلِ، وَفِي هَذَا كُلِّهِ نَظَرٌ؛ لِأَنَّ (حم) لَيْسَ بِمَذْكُورٍ فِي أَسْمَاءِ اللهِ تَعَالَى الْمَعْدُودَةِ وَلِأَنَّهُ لَوْ كَانَ اسْمًا كَسَائِرِ الْأَسْمَاءِ لَأُعْرِبَ لِخُلُوِّهِ مِنْ عِلَلِ الْبِنَاءِ.

قَالَ شَيْخُنَا رَحِمَهُ اللهُ: وَالَّذِي يُؤَدِّي إِلَيْهِ النَّظَرُ أَنَّ السُّوَرَ السَّبْعَ الَّتِي فِي أَوَائِلِهَا

---

(١) أخرجه أحمد في مسنده (٢٠٠٤٥)، والبيهقي في السنن الصغير (٦٠)، وعبد بن حميد في مسنده (٥٠٥)

(٢) أخرجه عبد الرزاق في مصنفه (١٠٤٦٣)، وأبو نعيم في حلية الأولياء (٦١٨)، وابن عساكر في تاريخ دمشق ج٢١/٤٢٨.

(٣) سقط من: م.

(٤) أخرجه الترمذي (١٦٨٢)، وأبو داود (٢٥٩٧)، وأحمد في مسنده (١٦١٧٩).

(حم) سُوَرٌ لَهَا شَأْنٌ، فَنَبَّهَ عَلَيْهِ السَّلَامُ عَلَى أَنَّ ذِكْرَهَا لِشَرَفِ مَنْزِلَتِهَا وَفَخَامَةِ شَأْنِهَا عِنْدَ اللهِ عَزَّ وَجَلَّ، مِمَّا يُسْتَظْهَرُ بِهِ عَلَى اسْتِنْزَالِ رَحْمَةِ اللهِ فِي نُصْرَةِ الْمُسْلِمِينَ وَقِلَّةِ شَوْكَةِ الْكُفَّارِ، وَقَوْلُهُ:"لَا يُنْصَرُونَ"، كَلَامٌ مُسْتَأْنَفٌ كَأَنَّهُ حِينَ قَالَ:"قُولُوا: حم" قَالَ لَهُ قَائِلٌ: مَاذَا يَكُونُ إِذَا قِيلَتْ هَذِهِ الْكَلِمَةُ؟ فَقَالَ: "لَا يُنْصَرُونَ".

[ح م ي]: (حَمَاهُ) حِمَايَةً مَنَعَهُ[1] وَدَفَعَ عَنْهُ، وَحَامِيَةُ الْقَوْمِ: الَّذِي يَحْمِيهِمْ وَيَذُبُّ عَنْهُمْ، وَالْهَاءُ لِلْمُبَالَغَةِ.

(وَالْحَامِي) فِي الْقُرْآنِ: الْفَحْلُ إِذَا أَلْقَحَ وَلَدُ وَلَدِهِ لَا يُرْكَبُ وَلَا يُمْنَعُ مِنْ مَرْعًى.

(وَالْحِمَى) مَوْضِعُ الْكَلَأِ، يُحْمَى مِنَ النَّاسِ فَلَا يُرْعَى وَلَا يُقْرَبُ، وَكَانَ ذَلِكَ مِنْ عَادَاتِ الْجَاهِلِيَّةِ، فَنَفَاهُ صَلَّى اللهُ عَلَيْهِ وَآلِهِ وَسَلَّمَ فَقَالَ: "لَا حِمَى إِلَّا للهِ وَلِرَسُولِهِ" [2] أَيْ: إِلَّا مَا يُحْمَى لِخَيْلِ الْجِهَادِ وَنَعَمِ الصَّدَقَةِ، وَلُقِّبَ عَاصِمُ بن أَبِي الْأَقْلَحِ (بِحَمِيِّ الدَّبَرِ)، وَهُوَ جَمَاعَةُ النَّحْلِ لِأَنَّهَا حَمَتْ لَحْمَهُ[3] فَهُوَ فَعِيلٌ بِمَعْنَى مَفْعُولٍ.

(وَالْحَمِيَّةُ) الْأَنَفَةُ لِأَنَّهَا سَبَبُ الْحِمَايَةِ، وَقَوْلُهُ: لِئَلَّا تَحْمِلَهُ حَمِيَّةُ الشَّيْطَانِ، إِنَّمَا أَضَافَهَا إِلَيْهِ لِأَنَّهَا مِنْهُ.

(وَالْمَحْمِيَّةُ) مِثْلُهَا، وَبِهَا سُمِّيَ مَحْمِيَّةُ بن جَزْءٍ أَوْ جَزْءٍ، وَهُوَ صَحَابِيٌّ.

(وَأَحْمَى الْمِيسَمَ وَأَحْمَى عَلَيْهِ) أَوْقَدَ النَّارَ عَلَيْهِ.

(وَأَحْمَاءُ الْمَرْأَةِ) ذَوُو قَرَابَةِ زَوْجِهَا، وَمِنْهُ: كَانَتْ فَاطِمَةُ بِنْتُ قَيْسٍ تَبْذُو عَلَى (أَحْمَاءِ) زَوْجِهَا، أَيْ: عَلَى قَوْمِهِ، وَهُوَ إِمَّا مِنَ الْأَوَّلِ لِأَنَّهُمُ الْحَامُونَ وَالذَّابُّونَ، وَمِنَ الثَّانِي لِحَرَارَةِ شَفَقَتِهِمْ وَالْوَاحِدُ حَمًا كَعَصًا، وَحَمٌ كَأَخٍ، وَحَمْءٌ كَخَبْءٍ، فَعَلَى الْأَوَّلِ تَثْنِيَتُهُ حَمْوَانِ وَحَمَوَيْنِ، وَمِنْهُ:"إِلَّا أَجَرْتَ حَمَوَيْنِ"[4]، فِي حَدِيثِ أُمِّ هَانِئٍ، وَعَلَى الثَّانِي كَذَلِكَ وَعَلَى الثَّالِثِ ظَاهِرٌ، وَأَمَّا قَوْلُهُ:

يئذن[5] فَإِنِّي (حَمُهَا) وَجَارُهَا

(١) في م: "صنعه".
(٢) أخرجه البخاري (٣٠١٣)، وأبو داود (٣٠٨٣)، وأحمد في مسنده (١٦٢٣٠).
(٣) زيادة من: م.
(٤) أخرجه أحمد في مسنده (٢٦٣٥١)، والحاكم في المستدرك ج٣/٢٧٧.
(٥) زيادة من: م.

فَبِتَرْكِ الْهَمْزَةِ كَمَا قُرِئَ: يُخْرِجُ الْخَبَ.

الْحَاءُ مَعَ النُّونِ

[ح ن س]: (يُحَنَّسُ) بِضَمِّ الْيَاءِ وَفَتْحِ النُّونِ الْمُشَدَّدَةِ: عَتِيقُ عُمَرَ رَضِيَ اللـه عَنْـهُ، وَهُوَ أَعْجَمِيٌّ، أَوْ يُفَعَّلُ مِنَ الْحَنَسِ، وَهُوَ لُزُومُ وَسَطِ الْمَعْرَكَةِ.

[ح ن ش]: (الْحَنَشُ) وَاحِدُ الْحِنَاشِ[1]، وَهُوَ كُلُّ مَا أَشْبَهَ رَأْسُهُ رَأْسَ الْحَيَّاتِ كَالْحَرَابِيِّ وَسَوَامِّ أَبْرَصَ، وَقَدْ يُقَالُ لِلْحَيَّـةِ: (حَنَشٌ) وَلِمَا يُصَادُ مِنَ الطَّيْرِ أَيْضًا، وَبِهِ سُمِّيَ (حَنَشُ) بنُ الْحَارِثِ بنِ لَقِيطٍ الْكُوفِيُّ، (وَحَنَشُ) بن الْمُعْتَمِرِ الْكِنَانِيُّ، وَالْحَسَنُ تَصْحِيفٌ.

[ح ن ط]: (الْحَنَّاطُ) بَائِعُ الْحِنْطَةِ، وَبِهِ لُقِّبَ أَبُو ثُمَامَةَ الْحَنَّاطُ، عَنْ كَعْبِ بن عُجْرَةَ فِي تَشْبِيكِ الْيَدَيْنِ فِي الصَّلَاةِ.

(وَالْحَنَّاطِينَ) فِي (ن ق، ن ق ل).

[ح ن ف]: (الْأَحْنَفُ) الَّذِي أَقْبَلَتْ إِحْدَى إِبْهَامَيْ رِجْلَيْهِ عَلَى الْأُخْرَى، وَعَنْ ابْنِ دُرَيْدٍ: الْحَنَفُ انْقِلَابُ ظَهْرِ الْقَدَمِ حَتَّى يَصِيرَ بَطْنًا، وَأَصْلُهُ الْمَيْلُ، وَبِتَصْغِيرِهِ سُمِّيَ وَالِدُ سَهْلٍ وَعُثْمَانُ بن حُنَيْفٍ، وَحَنِيفَةُ تَحْرِيفٌ، وَمِنْهُ: الْحَنِيفُ الْمَائِلُ عَنْ كُلِّ دِينٍ بَاطِلٍ إِلَى دِينِ الْحَقِّ، وَقَوْلُهُمْ: الْحَنِيفُ الْمُسْلِمُ الْمُسْتَقِيمُ تَدْرِيس، وَقَدْ غَلَبَ هَذَا الْوَصْفُ عَلَى إِبْرَاهِيمَ عَلَيْهِ السَّلَامُ حَتَّى نُسِبَ إِلَيْهِ مَنْ هُوَ عَلَى دِينِهِ، وَمِنْهُ حَدِيثُ عُمَرَ رَضِيَ اللـه عَنْهُ لِلنَّصْرَانِيِّ: وَأَنَا الشَّيْخُ الْحَنِيفِيُّ.

[ح ن ق] [قَوْلُهُ: الَّذِي يُقْتَلُ] [2] بِالْحَنَقِ، وَصَوَابُهُ: بِالْخَنْقِ فِي (غ و، غ و ل).

[ح ن ك]: (تَحْنِيكُ) الْمَيِّتِ إِدَارَةُ الْخِرْقَةِ تَحْتَ الْحَنَكِ، وَهُوَ مَا تَحْتَ الذَّقَنِ، عَنِ الْجَوْهَرِيِّ، وَعَنْ ثَعْلَبٍ عَنِ ابْنِ الْأَعْرَابِيِّ: الْحَنَكُ الْأَسْفَلُ، وَالْفُقْمُ الْأَعْلَى مِنَ الْفَمِ، وَعَنِ الْغُورِيِّ: الْحَنَكُ سَقْفُ أَعْلَى الْفَمِ، وَمِنْهُ: تَحْنِيكُ الصَّبِيِّ، وَهُوَ أَنْ تَمْضَغَ تَمْرًا أَوْ نَحْوَهُ، ثُمَّ تَدْلُكَهُ بِحَنَكِهِ دَاخِلَ فَمِهِ، وَفِي الْحَدِيثِ: "كَانَ عَلَيْهِ السَّلَامُ يُحَنِّكُ أَوْلَادَ الْأَنْصَارِ".

---

(١) في خ: "الأحناش". (٢) سقط من: م.

[ح ن ت م]: (الْحَنْتَمُ) الْخَزَفُ الْأَخْضَرُ أَوْ كُلُّ خَزَفٍ، وَعَنْ أَبِي عُبَيْدٍ: هِيَ جِرَارٌ حُمْرٌ يُحْمَلُ فِيهَا الْخَمْرُ إلَى الْمَدِينَةِ، الْوَاحِدَة: حَنْتَمَةٌ.

[ح ن ن] (حُنَيْنٌ) وَادٍ قِبَلَ الطَّائِفِ قَرِيبٌ مِنْ مَكَّةَ، كَانَتْ بِهَا وَقْعَةٌ وَعَامُ حُنَيْنٍ أَوْ يَوْمُ حُنَيْنٍ، فِي حَدِيثِ سَهْلَةَ، وَهُوَ الصَّوَابُ، وَخَيْبَرُ تَصْحِيفٌ.

[ح ن و]: (حِنْوُ السَّرْجِ) اسْمٌ لِكِلَا القَرَبُوسَيْنِ الْمُقَدَّمِ وَالْمُؤَخَّرِ، وَالْجَمْعُ: أَحْنَاءٌ، وَحِنَّاءٌ خَطَأٌ.

(وَالْحَانُوتُ) يُذَكَّرُ وَيُؤَنَّثُ، وَهُوَ فَعَلُوتٌ عَلَى طَرِيقَةِ طَاغُوتٍ، أَوْ قِيلَ: هُوَ مِنْ تَرْكِيبِ حَانَةِ الْخَمَّارِ، وَالْأَصْلُ: حانوة كَتَرْقُوَةٍ، فَلَمَّا سَكَنَتْ الْوَاوُ انْقَلَبَتْ الْهَاءُ تَاءً، وَالْأَوَّلُ هُوَ الصَّحِيحُ.

الْحَاءُ مَعَ الْوَاوِ

[ح و ج]: (الْمَحَاوِيجُ) الْمُحْتَاجُونَ عَامِّيٌّ.

[ح و ر]: (الْحَوَرُ) نَوْعٌ مِنْ الشَّجَرِ، وَأَهْلُ الشَّامِ يُسَمُّونَ الذَّنْبَ حَوَرًا، وَهُوَ بِفَتْحَتَيْنِ بِدَلِيلِ قَوْلِ الرَّاعِي، أَنْشَدَهُ صَاحِبُ "التَّكْمِلَةِ":

[كَالْحَوَرِ سَيْرًا مَعَاصِيًا فِي سَيْرِهِمْ عَجَلٌ][1]   كَالْحَوَرِ[2] نُطَقَ بِالصَّفْصَافِ وَالْحَوَرِ

وَمِنْهُ مَا فِي الْهِبَةِ: وَلَوْ كَانَتْ الشَّجَرَةُ شَجَرَةً لَا يُقْصَدُ مِنْهَا إلَّا الْخَشَبُ كَشَجَرِ الْحَوَرِ، وَفِي مُفْرَدَاتِ الْقَانُونِ: (الْحَوَرُ) شَجَرَةٌ يُقَالُ: إنَّ الرُّومِيَّ مِنْهَا صَمْغُهَا الْكَهْرَبَاءُ، وَالْحَوْزُ وَالْجَوْزُ كِلَاهُمَا تَصْحِيفٌ.

(وَحَاوَرْت) فُلَانًا مُحَاوَرَةً وَحِوَارًا رَاجَعْته الْكَلَامَ.

وَفِي شَرْحِ الْقُدُورِيِّ عَنْ طَاوُسٍ: أَنَّهُ كَانَ يَرْفَعُ يَدَيْهِ حَتَّى يَعْلُوَ بِهِمَا مَحَارَةَ الرَّأْسِ". الصَّوَابُ: (مَحَارَةَ) الْأُذُنِ، وَهِيَ جَوْفُهَا وَمُتَّسَعُهَا حَوْلَ الصِّمَاخِ، وَأَصْلُهَا: صَدَفَةُ اللُّؤْلُؤِ، وَإِنْ صَحَّ مَا فِي الشَّرْحِ فَعَلَى الْمَجَازِ وَالسَّعَةِ.

[ح و ز]: (الْحَيِّزُ) كُلُّ مَكَانٍ فَيْعِلٌ مِنْ الْحَوْزِ الْجَمْعِ، وَمُرَادُ الْفُقَهَاءِ بِهِ: بَعْضُ النَّوَاحِي كَالْبَيْتِ مِنْ الدَّارِ مَثَلًا، وَقَوْلُهُ: وَإِذَا أَحْيَا مَوَاتًا، أُعْتُبِرَ الْحَيِّزُ عِنْدَ أَبِي يُوسُفَ

---

(١) زيادة من: م.
(٢) في خ: "كالجوز".

رَحِمَهُ اللهِ، وَالْمَاءُ عِنْدَ مُحَمَّدٍ رَحِمَهُ اللهِ، وَقَوْلُهُمْ فِي (حَيِّزِ) التَّوَاتُرِ، أَيْ: فِي جِهَتِهِ وَمَكَانِهِ، وَهُوَ مُجَازٌ.

(وَتَحَيَّزَ) مَالَ إِلَى الْحَيِّزِ، وَفِي التَّنْزِيلِ (أَوْ مُتَحَيِّزًا إِلَى فِئَةٍ) [سورة الأنفال آية ١٦] أَيْ: مَائِلًا إِلَى جَمَاعَةِ مُسْلِمِينَ سِوَى الَّتِي فَرَّ مِنْهَا.

[ح و ص]: (الْحَوْصُ) الْخِيَاطَةُ، وَبِتَصْغِيرِ لَفْظِ الْمَرَّةِ مِنْهُ سُمِّيَ وَالِدُ إِبْرَاهِيمَ بْنِ حُوَيِّصَةَ، عَنْ خَالِهِ مَعْنٍ، وَفِي السِّيَرِ: حُوَيِّصَةُ أَخُو مُحَيِّصَةَ ابْنَا أَبِي مَسْعُودٍ الْأَنْصَارِيِّ.

(وَالْحَوَصُ) بِفَتْحَتَيْنِ: ضِيقُ إِحْدَى الْعَيْنَيْنِ دُونَ الْأُخْرَى عَنِ اللَّيْثِ، وَقَالَ الْأَزْهَرِيُّ: هُوَ عِنْدَهُمْ جَمِيعًا ضِيقٌ فِي الْعَيْنَيْنِ مَعًا، وَأَمَّا مَا فِي "الْإِيضَاحِ": أَنَّ الْحَوَصَ اتِّسَاعُ إِحْدَى الْعَيْنَيْنِ فَوَهْمٌ، وَيُقَالُ رَجُلٌ (أَحْوَصُ)، وَبِهِ سُمِّيَ أَحْوَصُ بْنُ حَكِيمٍ، يَرْوِي عَنْ أَبِيهِ حَكِيمِ بْنِ عُمَيْرٍ، وَأَبُوهُ يَرْوِي عَنْ عُمَرَ وَجَابِرٍ وَالْعِرْبَاضِ بْنِ سَارِيَةَ، وَمَا وَقَعَ فِي "شَرْحِ الْقُدُورِيِّ" فِي تَجْصِيصِ الْقُبُورِ: أَحْوَصُ بْنُ حَكِيمٍ عَنْ أَبِيهِ عَنِ النَّبِيِّ صَلَّى اللهُ عَلَيْهِ وَسَلَّمَ، سَهْوٌ.

[ح و ط]: (الْحَائِطُ) الْبُسْتَانُ، وَأَصْلُهُ مَا أَحَاطَ بِهِ، وَهُوَ فِي حَدِيثِ رَافِعٍ وَحَدِيثِ كَشْفِ الْفَخِذِ وَاخْتِصَامِ أُبَيِّ بْنِ كَعْبٍ إِلَى زَيْدٍ، حَيْثُ قَالَ أُبَيٌّ: حَائِطِي، أَيْ: ادَّعَى حَائِطِي أَوْ حَائِطِيَ الَّذِي تَعْرِفُهُ مِلْكِي.

وَقَوْلُهُمْ: هَذَا أَحْوَطُ، أَيْ: أَدْخَلُ فِي الِاحْتِيَاطِ، شَاذٌّ، وَنَظِيرُهُ أَخْصَرُ مِنَ الِاخْتِصَارِ.

[ح و ك]: (الْحَاكَةُ وَالْحَوَكَةُ) جَمْعُ حَائِكٍ.

[ح و ل]: (حَالَ) الْحَوْلُ: دَارَ وَمَضَى وَتَحَوَّلَ فِي هَذَا الْمَعْنَى غَيْرُ مَسْمُوعٍ، وَحَالَتِ النَّخْلَةُ: حَمَلَتْ عَامًا وَعَامًا لَا، وَ أَحَالَتْ لُغَةٌ، وَمِنْهُ: قَوْلُ مُحَمَّدٍ رَحِمَهُ اللهِ: فَإِنْ أَحَالَ فَلَمْ يُخْرِجْ شَيْئًا، وَحَالَ بَيْنَهُمَا حَائِلٌ حَؤُولًا، (وَالْحَيْلُولَةُ) فِي مَصْدَرِهِ قِيَاسٌ كَالْكَيْنُونَةِ فِي كَانَ، وَحَالَ الشَّيْءُ تَغَيَّرَ عَنْ حَالِهِ، وَمِنْهُ: حَالَ مُخُّهَا دَمًا.

(وَأَحَلْتُ) زَيْدًا بِمَا كَانَ لَهُ عَلَيَّ، وَهُوَ مِائَةُ دِرْهَمٍ عَلَى رَجُلٍ، فَاحْتَالَ زَيْدٌ بِهِ عَلَى الرَّجُلِ، فَأَنَا مُحِيلٌ، وَزَيْدٌ مُحَالٌ، وَالْمَالُ مُحَالٌ بِهِ، وَالرَّجُلُ مُحَالٌ عَلَيْهِ، وَمُحْتَالٌ عَلَيْهِ.

وَقَوْلُ الْفُقَهَاءِ لِلْمُحَالِ: الْمُحْتَالُ لَهُ، لَغْوٌ؛ لِأَنَّهُ لَا حَاجَةَ إِلَى هَذِهِ الصِّلَةِ، وَيُقَالُ

لِلْمُحْتَالِ: حَوِيلٌ، قِيَاسًا عَلَى كَفِيلٍ وَضَمِينٍ، وَمِنْهُ قَوْلُ شَيْخِنَا الْقَالِيِّ[1]: الْحَوَالَةُ تَصِحُّ بِالْمُحِيلِ وَالْحَوِيلِ، وَأَصْلُ التَّرْكِيبِ دَالٌّ عَلَى الزَّوَالِ وَالنَّقْلِ، وَمِنْهُ: التَّحْوِيلُ، وَهُوَ نَقْلُ شَيْءٍ مِنْ مَحَلٍّ إِلَى آخَرَ، وَإِنَّمَا سُمِّيَ هَذَا الْعَقْدُ حِوَالَةً؛ لِأَنَّ فِيهِ نَقْلَ الْمُطَالَبَةِ، أَوَنَقْلَ الدَّيْنِ مِنْ ذِمَّةٍ إِلَى ذِمَّةٍ، بِخِلَافِ الْكَفَالَةِ؛ فَإِنَّ فِيهَا ضَمَّ ذِمَّةٍ إِلَى ذِمَّةٍ. وَقَوْلُهُمْ: فِي الْمُزَارَعَةِ الْحَوَالَةُ، زِيَادَةُ شَرْطٍ عَلَى الْعَامِلِ، يَعْنُونَ بِهَا التَّحْوِيلَ الْمُعْتَادَ فِي بَعْضِ النَّبَاتِ كَالْأُرْزِ وَالْبَاذِنْجَانِ وَالْغَرْسِ.

(وَتَحْوِيلُ) الرِّدَاءِ: أَنْ يُجْعَلَ الْيَمِينُ عَلَى الشِّمَالِ.

(وَالْحَوَلُ) أَنْ تَمِيلَ إِحْدَى الْحَدَقَتَيْنِ إِلَى الْأَنْفِ، وَالْأُخْرَى إِلَى الصُّدْغِ، وَصَاحِبُهُ أَحْوَلُ.

الْحَاءُ مَعَ الْيَاءِ

[ح ي ر]: (الْحَيْرَةُ) التَّحَيُّرُ، وَفِعْلُهَا مِنْ بَابِ لَبِسَ، وَقَوْلُهُ: بِحَيْثُ (لَا تَحَارُ) فِيهِ الْعَيْنُ، أَيْ: ذَهَبَ ضَوْءُهَا فَلَا يَتَحَيَّرُ فِيهِ الْبَصَرُ.

(وَالْحِيرَةُ) بِالْكَسْرِ مَدِينَةٌ كَانَ يَسْكُنُهَا النُّعْمَانُ بن الْمُنْذِرِ، وَهِيَ عَلَى رَأْسِ مِيلٍ مِنْ الْكُوفَةِ.

[ح ي س]: (الْحَيْسُ) تَمْرٌ يُخْلَطُ بِسَمْنٍ وَأَقِطٍ، ثُمَّ يُدْلَكُ حَتَّى يَخْتَلِطَ.

[ح ي ض]: (حَاضَتْ) الْمَرْأَةُ حَيْضًا وَمَحِيضًا: خَرَجَ الدَّمُ مِنْ رَحِمِهَا، وَهِيَ حَائِضٌ وَحَائِضَةٌ، وَهُنَّ حَوَائِضُ وَحُيَّضٌ، وَقَوْلُهُ صَلَّى اللهُ عَلَيْهِ وَآلِهِ وَسَلَّمَ: "لَا يَقْبَلُ اللهُ صَلَاةَ حَائِضٍ إِلَّا بِخِمَارٍ"[2]. أَرَادَ الْبَالِغَةَ مَبْلَغَ النِّسَاءِ، كَمَا قُلْنَا فِي الْحَالِمِ.

(وَاسْتُحِيضَتْ) بِضَمِّ التَّاءِ اسْتَمَرَّ بِهَا الدَّمُ، وَتَحَيَّضَتْ: قَعَدَتْ وَفَعَلَتْ مَا تَفْعَلُ الْحُيَّضُ، وَمِنْهُ: تَحِيضِي- فِي عِلْمِ اللهِ.

(وَالْحَيْضَةُ) الْمَرَّةُ، وَهِيَ الدُّفْعَةُ الْوَاحِدَةُ مِنْ دَفَعَاتِ دَمِ الْحَيْضِ، وَعِنْدَ الْفُقَهَاءِ: اسْمٌ لِلْأَيَّامِ الْمُعْتَادَةِ، مِنْهَا: طَلَاقُ الْأَمَةِ تَطْلِيقَتَانِ وَعِدَّتُهَا حَيْضَتَانِ.

---

(١) في خ: "البقالي".

(٢) أخرجه أبو داود (٦٤١)، وابن ماجه (٦٥٥)، وأحمد في مسنده (٢٥٣٠٥)، وابن حبان في صحيحه (١٧١١).

(وَالْحِيضَةُ) بِالْكَسْرِ الْحَالَةُ مِنْ تَجَنُّبِ الصَّلَاةِ وَالصَّوْمِ وَنَحْوِهِ، وَمِنْهُ: "لَيْسَتْ حَيْضَتُكِ فِي يَدِكِ"[(١)]، وَيُقَالُ لِلْخِرْقَةِ: حِيضَةٌ أَيْضًا، وَمِنْهَا قَوْلُ عَائِشَةَ رَضِيَ اللَّه عَنْهَا: لَيْتَنِي كُنْتُ حِيضَةً مُلْقَاةً، وَقَوْلُهُ فِي بِئْرِ بُضَاعَةَ: يُلْقَى فِيهَا الْجِيَفُ وَالْمَحِيضُ، وَيُرْوَى: وَالْمَحَائِضُ، أَيْ: الْخِرَقُ أَوْ الدِّمَاءُ، وَرُوِيَ: وَالْحِيَضُ، وَطَرِيقُهُ طَرِيقُ الْمَحِيضِ.

وَمِنْهُ: حَيْضُ السَّمُرِ، وَهُوَ شَيْءٌ يَسِيلُ مِنْهُ كَدَمِ الْغَزَالِ، وَقِيلَ فِي قَوْلِهِ تَعَالَى: ﴿وَيَسْأَلُونَكَ عَنِ الْمَحِيضِ﴾ [سورة البقرة آية ٢٢٢] هُوَ مَوْضِعُ الْحَيْضِ، وَهُوَ الْفَرْجُ، وَقِيلَ: هُوَ مَصْدَرٌ، وَهُوَ الصَّحِيحُ.

[ح ي ف]: (الْحَيْفُ) الظُّلْمُ.

[ح ي ل]: (حِيَالُهُ) أَيْ: قُبَالَتُهُ، وَأَعْطَى كُلَّ وَاحِدٍ عَلَى حِيَالِهِ، أَيْ: انْفِرَادِهِ.

[ح ي ن]: (الْحِينُ) كَالْوَقْتِ فِي أَنَّهُ مُبْهَمٌ يَقَعُ عَلَى الْقَلِيلِ وَالْكَثِيرِ، وَمِنْهُ قَوْلُ النَّابِغَةِ يَصِفُ حَيَّةً[(٢)]:

تَنَاذَرَهَا الرَّاقُونَ مِنْ سُوءِ سُمِّهَا … تُطَلِّقُهُ حِينًا وَحِينًا تُرَاجِعُ

يَعْنِي: أَنَّ السُّمَّ يَخِفُّ أَلَمُهُ وَقْتًا وَيَعُودُ وَقْتًا.

وَقَوْلُهُ تَعَالَى: ﴿وَلَتَعْلَمُنَّ نَبَأَهُ بَعْدَ حِينٍ﴾ [سورة ص آية ٨٨] أَيْ: بَعْدَ قِيَامِ السَّاعَةِ، وَقَوْلُهُ تَعَالَى: ﴿تُؤْتِي أُكُلَهَا كُلَّ حِينٍ﴾ [سورة إبراهيم آية ٢٥] مُخْتَلَفٌ فِيهِ.

[ح ي ي]: (حَيِيَ) حَيَاةً فَهُوَ حَيٌّ، وَبِهِ سُمِّيَ جَدُّ جَدِّ الْحَسَنِ بن صَالِحِ بْنِ مُسْلِمِ بْنِ حَيٍّ، وَبِتَصْغِيرِهِ سُمِّيَ حُيَيُّ بن عَبْدِ اللَّهِ الْمَعَافِرِيُّ، وَبِتَأْنِيثِهِ عَلَى قَلْبِ الْيَاءِ وَاوًا حَيْوَةُ بن شُرَيْحٍ.

(وَاسْتَحْيَاهُ) تَرَكَهُ حَيًّا، وَمِنْهُ: "وَاسْتَحْيُوا شَرْخَهُمْ"[(٣)]. وَحَيَاةُ الشَّمْسِ: بَقَاءُ ضَوْئِهَا وَبَيَاضِهَا، وَقِيلَ: بَقَاءُ حَرِّهَا وَقُوَّتِهَا، وَالْأَوَّلُ أَظْهَرُ يَدُلُّ عَلَيْهِ الْعُرْفُ، وَقَوْلُ ذِي الرُّمَّةِ

---

(١) أخرجه مسلم (٣٠٢)، والترمذي (١٣٤)، وأبو داود (٢٦١)، والنسائي (٢٧١)، وابن ماجه (٦٣٢)، وأحمد في مسنده (٢٤٢٨٥).

(٢) البيت للنابغة الذبياني، وهو زياد بن معاوية بن ضباب الذبياني الغطفاني المضري، أو أمامة.

(٣) أخرجه الترمذي (١٥٨٣)، وأحمد في مسنده (١٩٦٣١)، والبزار في البحر الزخار (٤٥٧٤)، والطبراني في مسنده (٢٦٤١)

يَصِفُ حِمَارَ وَحْشٍ[١]:

فَلَمَّا اسْتَبَانَ اللَّيْلُ وَالشَّمْسُ حَيَّةٌ حَيَاةَ الَّتِي تَقْضِي حُشَاشَةَ نَازِعِ

أَلَا تَرَى كَيْفَ شَبَّهَ حَالَةَ الشَّمْسِ بَعْدَمَا دَنَتْ لِلْمَغِيبِ بِحَالِ نَفْسٍ شَارَفَتْ أَنْ تَمُوتَ، فَهِيَ كَأَنَّهَا تَقْضِي دَيْنَ الْحَيَاةِ وَتُؤَدِّي مَا عِنْدَهَا مِنْ وَدِيعَةِ الرَّمَقِ، بَعْدَ أَنْ ذَكَرَ مُشَافَهَةَ طَلَائِعِ اللَّيْلِ وَمُشَاهَدَةَ أَوَائِلِهِ، فَأَيْنَ هَذِهِ الْحَالَةُ مِنْ بَقَاءِ قُوَّتِهَا وَحَرَارَتِهَا؟

(وَحَيِيَ) مِنْهُ حَيَاءً بِمَعْنَى اسْتَحَيَا فَهُوَ حَيِيٌّ، وَقَوْلُ ابْنِ عَبَّاسٍ رَضِيَ اللهُ عَنْهُمَا: حَيِيٌّ، أَيْ: يُعَامِلُ مُعَامَلَةَ مَنْ لَهُ حَيَاءٌ؛ لِأَنَّ حَقِيقَةَ الْحَيَاءِ انْكِسَارٌ، وَآفَةٌ تُصِيبُ الْحَيَاةَ وَذَلِكَ لَا يَصِحُّ فِيهِ تَعَالَى.

(وَحَيَّاهُ) بِمَعْنَى أَحْيَاهُ تَحِيَّةً، كبقاه بِمَعْنَى أَبْقَاهُ تَبْقِيَةً هَذَا أَصْلُهَا، ثُمَّ سُمِّيَ مَا يُحَيَّا بِهِ مِنْ سَلَامٍ وَنَحْوِهِ تَحِيَّةً، قَالَ اللهُ تَعَالَى: ﴿تَحِيَّتُهُمْ يَوْمَ يَلْقَوْنَهُ سَلَامٌ﴾ [سورة الأحزاب آية ٤٤] فَإِذَا[٢] جُمِعَتْ فَقِيلَ: وَتَحَايَا وَتحيات[٣]، وَحَقِيقَتُهُ: حَيَّيْتُ فُلَانًا، قُلْتُ لَهُ: حَيَّاكَ اللهُ، أَيْ: عَمَّرَكَ اللهُ، وَأَحْيَاكَ وَأَطَالَ حَيَاتَكَ، كَقَوْلِهِمْ: صَلَّى اللهُ[٤] عَلَى النَّبِيِّ، إِذَا دَعَا لَهُ، وَمَعْنَاهُ: قَالَ لَهُ صَلَّى اللهُ عَلَيْكَ.

وَمَنْ فَسَّرَ التَّحِيَّةَ فِي قَوْلِهِ تَعَالَى: ﴿وَإِذَا حُيِّيتُمْ بِتَحِيَّةٍ﴾ [سورة النساء آية ٨٦] بِالْعَطِيَّةِ، فَقَدْ سَهَا، وَكَذَلِكَ مَنْ ادَّعَى أَنَّ حَقِيقَتَهَا الْمُلْكُ، وَإِنَّمَا هِيَ مَجَازٌ، وَذَاكَ أَنَّ أَهْلَ الْجَاهِلِيَّةِ كَانُوا يُحَيُّونَ الْمُلُوكَ بِقَوْلِهِمْ: أَبَيْتَ اللَّعْنَ، وَلَا يُخَاطِبُونَ بِهِ غَيْرَهُمْ، حَتَّى إِنَّ أَحَدَهُمْ إِذَا تَوَلَّى الْإِمَارَةَ وَالْمُلْكَ قِيلَ لَهُ: فُلَانٌ نَالَ التَّحِيَّةَ، وَمِنْهُ: بَيْتُ الْإِصْلَاحِ:

وَلَكُلُّ مَا نَالَ الْفَتَى قَدْ نِلْتُهُ إِلَّا التَّحِيَّه

أَيْ: إِلَّا الْمُلْكَ.

وَأَمَّا (التَّحِيَّاتُ لِلَّهِ) فَمَعْنَاهَا: أَنَّ كَلِمَاتِ التَّحَايَا وَالْأَدْعِيَةِ لله تَعَالَى، وَفِي مَلَكَتِهِ، لَا أَنَّ هَذِهِ تَحِيَّةٌ لَهُ وَتَسْلِيمٌ عَلَيْهِ، فَإِنَّ ذَلِكَ مَنْهِيٌّ عَنْهُ عَلَى مَا قَرَأْتُ: أَنَّ ابْنَ مَسْعُودٍ

---

(١) البيت لذي الرمة، وهو غيلان بن عقبة بن نهيس بن مسعود العدوي، من مضر، من فحول الطبقة الثانية في عصره.

(٢) في خ: "ولذا".

(٣) في م: "وتحايلوا"، ولعل ما أثبتناه هو الصواب.

(٤) سقط من: م.

رَضِيَ اللـه عَنْهُ قَالَ: كُنَّا إِذَا صَلَّيْنَا خَلْفَ رَسُولِ اللـه صَلَّى اللـه عَلَيْهِ وَآلِهِ وَسَلَّمَ، قُلْنَا: السَّلَامُ عَلَى اللـه مِنْ عِبَادِهِ، السَّلَامُ عَلَى فُلَانٍ، السَّلَامُ عَلَى فُلَانٍ، فَقَالَ عَلَيْهِ السَّلَامُ: "لَا تَقُولُوا السَّلَامُ عَلَى اللـه، وَلَكِنْ قُولُوا: التَّحِيَّاتُ لله وَالصَّلَوَاتُ وَالطَّيِّبَاتُ" [١]. إِلَى آخِرِ الْحَدِيثِ.

(وَحَيَّ) مِنْ أَسْمَاءِ الْأَفْعَالِ، وَمِنْهُ: حَيَّ عَلَى الْفَلَاحِ، أَيْ: هَلُمَّ وَعَجِّلْ إِلَى الْفَوْزِ، وَاللهُ أَعْلَمُ.

(١) أخرجه البخاري (٦٢٦٥)، ومسلم (٤٠٤).

بَابُ الْخَاءِ الْمُعْجَمَةِ

الْخَاءُ مَعَ الْبَاءِ الْمُوَحَّدَةِ

[خ ب أ هـ]: (خَبَّأَهُ) فَاخْتَبَأَ، أَيْ: سَتَرَهُ فَاسْتَتَرَ، وَمِنْهُ: الْخِبَاءُ: الْخَيْمَةُ مِنَ الصُّوفِ، وَالْمُخْتَبِئُ الَّذِي يَسْتَتِرُ حَتَّى يَشْهَدَ حَيْثُ لَا يَعْلَمُ الْمَشْهُودُ عَلَيْهِ.

[خ ب ب]: (الْخَبَبُ) ضَرْبٌ مِنَ الْعَدْوِ دُونَ الْعَنَقِ؛ لِأَنَّهُ خَطْوٌ فَسِيحٌ [دُونَ الْعَنَقِ][1]، وَبِتَصْغِيرِهِ سُمِّيَ خُبَيْبُ بن عَدِيٍّ صَحَابِيٌّ، وَهُوَ الَّذِي أُسِرَ وَصُلِبَ.

[خ ب ث]: (الْأَخْبَثَانِ) فِي الْحَدِيثِ: الْغَائِطُ وَالْبَوْلُ، يُقَالُ: خَبُثَ الشَّيْءُ خُبْثًا وَخَبَاثَةً، خِلَافُ طَابَ فِي الْمَعْنَيَيْنِ، يُقَالُ: شَيْءٌ خَبِيثٌ، أَيْ: نَجِسٌ أَوْ كَرِيهُ الطَّعْمِ وَالرَّائِحَةِ، هَذَا هُوَ الْأَصْلُ، ثُمَّ اُسْتُعْمِلَ فِي كُلِّ حَرَامٍ، وَمِنْهُ: خَبَثَ بِالْمَرْأَةِ، إذَا زَنَى بِهَا.

وَفِي التَّنْزِيلِ (الْخَبِيثَاتُ لِلْخَبِيثِينَ) [سورة النور آية ٢٦] مِنَ الْخُبُثِ وَالْخَبَائِثِ فِي (ح ش، ح ش ش). وَلَا خِبَثَةَ فِي (عد، ع د و)، لَمْ يَحْمِلْ خَبَثًا فِي (ق ل، ق ل ل).

[خ ب ر]: (نَهَى) عَنْ الْمُخَابَرَةِ، وَهِيَ مُزَارَعَةُ الْأَرْضِ عَلَى الثُّلُثِ وَالرُّبُعِ، عَنْ أَبِي عُبَيْدٍ[2] وَأَصْلُهَا[3] مِنَ الْخَبِيرِ[4]، وَهُوَ الْأَكَّارُ لِمُعَالَجَتِهِ الْخَبَارَ، وَهُوَ الْأَرْضُ الرَّخْوَةُ، وَقِيلَ: مِنَ الْخُبْرَةِ النَّصِيبُ، وَعَنْ شِمْرٍ: مِنْ خَيْبَرَ؛ لِأَنَّهَا أَوَّلُ مَا دُفِعَتْ إِلَيْهِمْ كَذَلِكَ. وَعَنْ ابْنِ عُمَرَ رَضِيَ اللهُ عَنْهُمَا: كُنَّا لَا نَرَى بِالْخَبْرِ بَأْسًا، حَتَّى زَعَمَ رَافِعُ بن خَدِيجٍ أَنَّهُ عَلَيْهِ السَّلَامُ نَهَى عَنْهُ".

[خ ب ط]: (تَخَبَّطَهُ) الشَّيْطَانُ: أَفْسَدَهُ، وَحَقِيقَتُهُ أَنْ يَخْبِطَهُ، أَيْ: يَضْرِبَهُ، وَهُوَ مِنْ زَعَمَاتِ أَهْلِ الْجَاهِلِيَّةِ.

الْخَاءُ مَعَ التَّاءِ

[خ ت ل]: (خَتَلَهُ) خَدَعَهُ، وَمِنْهُ أَخْتَلُ مِنْ ذِئْبٍ.

---

(١) زيادة من: م. (٢) في م: "عبيدة".

(٣) زيادة من: م. (٤) في م: "الخبر".

[خ ت م]: (خَتَمَ) الشَّيْءَ: وَضَعَ عَلَيْهِ الْخَاتَمَ، وَمِنْهُ: خَتْمُ الشَّهَادَةِ، وَذَلِكَ عَلَى مَا ذَكَرَ الْحَلْوَائِيُّ رَحِمَهُ اللهُ: أَنَّ الشَّاهِدَ كَانَ إِذَا كَتَبَ اسْمَهُ فِي الصَّكِّ، جَعَلَ اسْمَهُ تَحْتَ رَصَاصٍ مَكْتُوبًا، وَوَضَعَ عَلَيْهِ نَقْشَ خَاتَمِهِ حَتَّى لَا يَجْرِيَ فِيهِ التَّزْوِيرُ وَالتَّبْدِيلُ.

وَعَنْ الشَّعْبِيِّ: أَنَّ رَجُلًا قَالَ: أَرَى نَقْشَ خَاتَمِي فِي الصَّكِّ وَلَا أَذْكُرُ الشَّهَادَةَ، قَالَ: لَا تَشْهَدْ إِلَّا بِمَا تَعْرِفُ، فَإِنَّ النَّاسَ يَنْقُشُونَ فِي الْخَوَاتِيمِ.

وَأَمَّا (خَتْمُ الْأَعْنَاقِ) فَقَدْ ذُكِرَ فِي (الرِّسَالَةِ الْيُوسُفِيَّةِ): أَنَّ عُمَرَ رَضِيَ اللهُ عَنْهُ بَعَثَ ابْنَ حُنَيْفٍ عَلَى خَتْمِ عُلُوجِ السَّوَادِ، فَخَتَمَ خَمْسَمِائَةِ أَلْفِ عِلْجٍ بِالرَّصَاصِ عَلَى الطَّبَقَاتِ، أَيْ: أَعْلَمَهَا اثْنَيْ عَشَرَ دِرْهَمًا، وَأَرْبَعَةً وَعِشْرِينَ، وَثَمَانِيَةً وَأَرْبَعِينَ، وَصُورَتُهُ أَنْ يُشَدَّ فِي عُنُقِهِ سَيْرٌ، وَيُوضَعَ عَلَى الْعُقْدَةِ خَاتَمُ الرَّصَاصِ.

(وَالْمَخْتُومُ) الصَّاعُ بِعَيْنِهِ عَنْ أَبِي عُبَيْدٍ، وَيَشْهَدُ لَهُ حَدِيثُ الْخُدْرِيِّ: الْوَسْقُ سِتُّونَ مَخْتُومًا.

(وَخَتَمَ الْقُرْآنَ) أَتَمَّهُ، وَقَوْلُهُ: كَانَ سُلَيْمَانُ الْأَعْمَشُ يَقْرَأُ خَتَمًا، أَيْ: يَخْتِمُ خَتْمًا مَرَّةً بِحَرْفِ ابْنِ مَسْعُودٍ، وَمَرَّةً مِنْ مُصْحَفِ عُثْمَانَ رَضِيَ اللهُ عَنْهُ.

[خ ت ن]: (خَتَنْتُ) الصَّبِيَّ خَتْنًا وَاخْتَتَنَ هُوَ خُتِنَ، أَوْ خَتَنَ نَفْسَهُ، وَالْخِتَانُ الِاسْمُ.

(وَالْخِتَانُ) أَيْضًا مَوْضِعُ الْقَطْعِ مِنَ الذَّكَرِ وَالْأُنْثَى، وَالْتِقَاؤُهُمَا كِنَايَةٌ عَنِ الْإِيلَاجِ لَطِيفَةٌ، وَعَنْ ابْنِ شُمَيْلٍ: سُمِّيَتِ الْمُصَاهَرَةُ مُخَاتَنَةً لِالْتِقَاءِ الْخِتَانَيْنِ مِنْهُمَا، وَمِنْهُ (الْخَتَنُ) وَهُوَ كُلُّ مَنْ كَانَ مِنْ قِبَلِ الْمَرْأَةِ مِثْلُ الْأَبِ وَالْأَخِ هَكَذَا عِنْدَ الْعَرَبِ، وَعِنْدَ الْعَامَّةِ: خَتَنُ الرَّجُلِ زَوْجُ بِنْتِهِ، وَعَنْ اللَّيْثِ: الْخَتَنُ الصِّهْرُ، وَهُوَ الرَّجُلُ الْمُتَزَوِّجُ فِي الْقَوْمِ.

قَالَ الْمُصَنِّفُ: وَالْأَبَوَانِ خَتَنَا ذَلِكَ الزَّوْجِ، وَعَلَى ذَا أَبُو بَكْرٍ وَعُمَرُ خَتَنَا رَسُولِ اللهِ صَلَّى اللهُ عَلَيْهِ وَسَلَّمَ، هَكَذَا عَنْ الْأَعْرَابِيِّ، وَعَنْ أَيُّوبَ: سَأَلْتُ سَعِيدَ بن جُبَيْرٍ: أَيَنْظُرُ الرَّجُلُ إِلَى شَعَرِ خَتَنَتِهِ؟ فَقَرَأَ: **(وَلا يُبْدِينَ زِينَتَهُنَّ إِلا لِبُعُولَتِهِنَّ)** [سورة النور آية ٣١] الْآيَةَ، فَقُلْتُ: لَا أَرَاهَا فِيهِنَّ، أَرَادَ بِخَتَنَتِهِ أُمَّ امْرَأَتِهِ.

وَقَالَ الْأَزْهَرِيُّ: الْخُتُونُ وَالْخُتُونَةُ الْمُخَاتَنَةُ، وَهِيَ تَجْمَعُ الْمُصَاهَرَةَ بَيْنَ الرَّجُلِ وَالْمَرْأَةِ، وَأَهْلُ بَيْتِهَا أَخْتَانٌ، وَأَهْلُ بَيْتِ الزَّوْجِ أَخْتَانُ الْمَرْأَةِ، وَالصِّهْرُ حُرْمَةُ الْخُتُونَةِ، وَخَتَنُ الرَّجُلِ فِيهِمْ صِهْرُهُ، وَالْمُتَزَوِّجُ فِيهِمْ أَصْهَارُ الْخَتَنِ.

وَعَنْ اللَّيْثِ: لَا يُقَالُ لِأَهْلِ بَيْتِ الْخَتَنِ إِلَّا أَخْتَانٌ، وَأَهْلُ بَيْتِ الْمَرْأَةِ أَصْهَارٌ، وَمِنْ

الْعَرَبِ مَنْ يَجْعَلُهُمْ كُلَّهُمْ أَصْهَارًا وَصِهْرًا، وَالْفِعْلُ الْمُصَاهَرَةُ، وَأَصْهَر بِهِمْ الْخَتَنُ: صَارَ فِيهِمْ صِهْرًا.

وَعَنْ الْأَصْمَعِيِّ: الْأَحْمَاءُ مِنْ قِبَلِ الزَّوْجِ، وَأَخْتَانِ مِنْ قِبَلِ الْمَرْأَةِ، وَالْأَصْهَارُ تَجْمَعُهُمَا، قَالَ: وَلَا يُقَالُ غَيْرُ ذَلِكَ. وَعَنْ ابْنِ الْأَعْرَابِيِّ نَحْوُهُ.

وَقَالَ الْفَرَّاءُ فِي قَوْله تَعَالَى: (وَهُوَ الَّذِي خَلَقَ مِنَ الْمَاءِ بَشَرًا فَجَعَلَهُ نَسَبًا وَصِهْرًا) [سورة الفرقان آية ٥٤]: النَّسَبُ: مَا لَا يَحِلُّ نِكَاحُهُ، وَالصِّهْرُ: الَّذِي يَحِلُّ نِكَاحُهُ كَبَنَاتِ الْعَمِّ وَالْخَالِ وَأَشْبَاهِهِنَّ مِنْ الْقَرَابَةِ الَّتِي يَحِلُّ تَزَوُّجُهَا، وَقَالَ الزَّجَّاجُ: الْأَصْهَارُ مِنْ النَّسَبِ لَا يَجُوزُ لَهُمْ التَّزْوِيجُ، وَالنَّسَبُ الَّذِي لَيْسَ بِصِهْرٍ مِنْ قَوْله تَعَالَى: (حُرِّمَتْ عَلَيْكُمْ أُمَّهَاتُكُمْ) [سورة النساء آية ٢٣] إِلَى قَوْله تَعَالَى: (وَأَنْ تَجْمَعُوا بَيْنَ الْأُخْتَيْنِ) [سورة النساء آية ٢٣].

وَعَنْ ابْنِ عَبَّاسٍ فِي تَفْسِيرِ النَّسَبِ وَالصِّهْرِ خِلَافُ مَا قَالَهُ الْفَرَّاءُ جُمْلَة، وَخِلَافُ بَعْضِ مَا قَالَهُ الزَّجَّاجُ، قَالَ: حَرَّمَ اللَّهُ مِنْ النَّسَبِ سَبْعًا، وَمِنْ الصِّهْرِ سَبْعًا، (حرمت عليكم) إِلَى (وَبَنَاتُ الْأُخْتِ) [سورة النساء آية ٢٣] وَمِنْ الصِّهْرِ (وَأُمَّهَاتُكُمُ اللَّاتِي أَرْضَعْنَكُمْ) إِلَى قَوْله تَعَالَى: (وَأَنْ تَجْمَعُوا بَيْنَ الْأُخْتَيْنِ) [سورة النساء آية ٢٣] (وَلَا تَنْكِحُوا مَا نَكَحَ آبَاؤُكُمْ) [سورة النساء آية ٢٢] قَالَ الْأَزْهَرِيُّ: وَهَذَا هُوَ الصَّحِيحُ الَّذِي لَا ارْتِيَابَ فِيهِ، هَذَا هُوَ الْمَذْكُورُ فِي كُتُبِ اللُّغَةِ.

وَفِي شَرْحِ الزِّيَادَاتِ: أَوْصَى بِثُلُثِ مَالِهِ لِأَخْتَانِهِ، هُمْ أَزْوَاجُ الْبَنَاتِ وَالْأَخَوَاتِ وَالْعَمَّاتِ وَالْخَالَاتِ وَكُلِّ امْرَأَةٍ ذَاتِ رَحِمٍ مَحْرَمٍ مِنْ الْمُوصِي، وَمَنْ كَانَ مِنْ قِبَلِ هَؤُلَاءِ الْأَزْوَاجِ مِنْ ذَوِي الرَّحِمِ الْمَحْرَمِ مِنْ رِجَالٍ وَنِسَاءٍ وَالْأَصْهَارُ مَنْ كَانَ مِنْ قِبَلِ الزَّوْجِ.

وَقَالَ الْحَلْوَائِيُّ: الْأَصْهَارُ فِي عُرْفِهِمْ كُلُّ ذِي رَحِمٍ مَحْرَمٍ مِنْ نِسَائِهِ اللَّاتِي يَمُوتُ هُوَ وَهُنَّ نِسَاؤُهُ أَوْ فِي عِدَّةٍ مِنْهُ، وَفِي عُرْفِنَا: أَبُ الْمَرْأَةِ وَأُمُّهَا، وَلَا يُسَمَّى غَيْرُهُمَا صِهْرًا.

الْخَاءُ مَعَ الثَّاءِ الْمُثَلَّثَةِ

[خ ث ر]: (لَبَنٌ خَاثِرٌ) غَلِيظٌ، وَقَدْ خَثُرَ خُثُورَةً، وَمِنْهُ: خَثُرَتْ نَفْسُهُ، إِذَا غَثَتْ، وَاسْتَيْقَظَ فُلَانٌ خَاثِرَ النَّفْسِ، إِذَا لَمْ تَكُنْ طَيِّبَةً.

[خ ث ع م]: (الْخَثْعَمِيَّةُ) فِي الزَّكَاةِ، وَهِيَ أَسْمَاءُ بِنْتُ عُمَيْسٍ مِنْ الْمُهَاجِرَاتِ.

[خ ث ي]: (الْأَخْثَاءُ) جَمْعُ خِثْيٍ، وَهُوَ لِلْبَقَرِ كَالرَّوْثِ لِلْحَافِرِ.

الْخَاءُ مَعَ الْجِيمِ

[خ ج ل]: (الخجالة) مِنْ أَخْطَاءِ الْعَامَّةِ، وَالصَّوَابُ: الْخَجْلَةُ وَالْخَجَلُ.

الْخَاءُ مَعَ الدَّالِ الْمُهْمَلَةِ

[خ د ج]: فِي الْحَدِيثِ: "كُلُّ صَلَاةٍ لَمْ يُقْرَأْ فِيهَا بِأُمِّ الْكِتَابِ فَهِيَ (خِدَاجٌ)" [1]. أَيْ: نَاقِصَةٌ، وَحَقِيقَتُهُ ذَاتُ خِدَاجٍ، وَهُوَ فِي الْأَصْلِ النُّقْصَانُ، اسْمٌ مِنْ أَخْدَجَتْ النَّاقَةُ إِخْدَاجًا، إِذَا أَلْقَتْ وَلَدَهَا نَاقِصَ الْخَلْقِ، وَمِنْهُ حَدِيثُ عَلِيٍّ رَضِيَ اللهُ عَنْهُ فِي ذِي الثُّدَيَّةِ: مُخْدَجُ الْيَدِ، أَيْ: نَاقِصُهَا.

[خ د ل ج]: (خَدَلَّج) فِي (ص هـ ص هـ ب).

[خ د ر]: (خُدْرَةُ) بِالسُّكُونِ حَيٌّ مِنْ الْعَرَبِ، إِلَيْهِمْ يُنْسَبُ أَبُو سَعِيدٍ الْخُدْرِيُّ رَضِيَ اللهُ عَنْهُ.

[خ د ش]: (الْخَدْشُ) مَصْدَرُ، خَدَشَ وَجْهَهُ، إِذَا ظَفَرَهُ فَأَدْمَاهُ أَوْ لَمْ يُدْمِهِ، ثُمَّ سُمِّيَ بِهِ الْأَثَرُ، وَلِهَذَا جُمِعَ فِي الْحَدِيثِ جَاءَتْ مَسْأَلَتُهُ خُدُوشًا.

[خ د ع]: (خَدَعَهُ) خَتَلَهُ خَدْعًا، وَرَجُلٌ خَدُوعٌ: كَثِيرُ الْخِدْعِ، وَقَوْمٌ خُدُعٌ.

(وَالْخَدْعَةُ) الْمَرَّةُ، وَبِالضَّمِّ مَا يُخْدَعُ بِهِ، وَبِفَتْحِ الدَّالِ الْخَدَّاعُ، قَالَ ثَعْلَبٌ: وَالْحَدِيثُ بِاللُّغَاتِ الثَّلَاثِ، فَالْفَتْحُ عَلَى أَنَّ الْحَرْبَ يَنْقَضِي أَمْرُهَا بِخَدْعَةٍ وَاحِدَةٍ، وَالضَّمُّ عَلَى أَنَّهَا آلَةُ الْخِدَاعِ، وَأَمَّا الْخُدَعَةُ فَلِأَنَّهَا تَخْدَعُ أَصْحَابَهَا لِكَثْرَةِ وُقُوعِ الْخِدَاعِ فِيهَا، وَهِيَ أَجْوَدُ مَعْنًى، وَالْأُولَى أَفْصَحُ لِأَنَّهَا لُغَةُ النَّبِيِّ صَلَّى اللهُ عَلَيْهِ وَآلِهِ وَسَلَّمَ.

(وَالْأَخْدَعَانِ) عِرْقَانِ فِي مَوْضِعِ الْحِجَامَةِ مِنْ الْعُنُقِ.

[خ د م]: (الْخَادِمُ) وَاحِدُ الْخَدَمِ غُلَامًا كَانَ أَوْ جَارِيَةً، إِلَّا أَنَّهُ كَثِيرٌ فِي كَلَامِ مُحَمَّدٍ رَحِمَهُ اللهُ بِمَعْنَى الْجَارِيَةِ، مِنْهُ: فَمَتَّعَهَا بِخَادِمٍ سَوْدَاءَ.

(وَالتَّخْدِيمُ) أَنْ يَسْتَدِيرَ الْبَيَاضُ بِأَرْسَاغِ رِجْلَيْ الْفَرَسِ دُونَ يَدَيْهِ، مِنْ الْخَدَمَةِ الْخَلْخَالُ، وَفَرَسٌ مُخَدَّمٌ وَأَخْدَمُ.

[خ د ن]: (الْخِدْنُ) وَاحِدُ الْأَخْدَانِ، وَهُوَ الصَّدِيقُ فِي السِّرِّ.

(وَالْمُخَادَنَةُ) الْمُصَادَقَةُ وَالْمُكَاسَرَةُ بِالْعَيْنَيْنِ فِي الْمُغَازَلَةِ أَيْضًا، وَقَوْلُهُ: لَا تَجُوزُ

(١) أخرج مسلم (٣٩٦)، والترمذي (٢٤٧)، والنسائي (٩٠٩)، وأبو داود (٨٢١)، وابن ماجه (٨٣٨).

شَهَادَةُ صَاحِبِ الْغِنَاءِ الَّذِي يُخَادِنُ عَلَيْهِ، بِكَسْرِ الدَّالِ يَعْنِي: بِهِ الْمُغَنِّي الَّذِي اتَّخَذَ الْغِنَاءَ حِرْفَةً، فَهُوَ يُصَادِقُ بِذَلِكَ النَّاسَ وَيَجْمَعُهُمْ لَهُ.

الْخَاءُ مَعَ الذَّالِ الْمُعْجَمَةِ

[خ ذ ف]: (الْخَذْفُ) أَنْ تَرْمِيَ بِحَصَاةٍ أَوْ نَوَاةٍ أَوْ نَحْوِهَا تَأْخُذُهُ بَيْنَ سَبَّابَتَيْك، وَقِيلَ: أَنْ تَضَعَ طَرَفَ الْإِبْهَامِ عَلَى طَرَفِ السَّبَّابَةِ، وَفِعْلُهُ مِنْ بَابِ ضَرَبَ.

[خ ذ م]: (خِذَامُ) بن خَالِدِ الْأَنْصَارِيُّ بالكسر[1] لَهُ صُحْبَةٌ، وَلِابْنَتِهِ خَنْسَاءَ، وَهِيَ الَّتِي رَدَّتْ نِكَاحَهَا بِإِذْنِ رَسُولِ اللهِ صَلَّى اللهُ عَلَيْهِ وَآلِهِ وَسَلَّمَ، فَتَزَوَّجَهَا أَبُو لُبَابَةَ رَضِيَ اللهُ عَنْهُ.

الْخَاءُ مَعَ الرَّاءِ الْمُهْمَلَةِ

[خ ر أ]: (خَرِيَ خُرْأَةً) تَغَوَّطَ مِنْ بَابِ لَبِسَ، وَالْخُرْءُ وَاحِدُ الْخُرُوءِ مِثْلُ قُرْءٍ وَقُرُوءٍ، وَعَنْ الْجَوْهَرِيِّ بِالضَّمِّ كَجُنْدٍ وَجُنُودٍ، وَالْوَاوُ بَعْدَ الرَّاءِ غَلَطٌ.

[خ ر ب]: (خَرَابُ) الْأَرْضِ: فَسَادُهَا بِفَقْدِ الْعِمَارَةِ، وَمِنْهُ: شَهَادَةُ الرَّجُلِ جَائِزَةٌ مَا لَمْ يُضْرَبْ حَدًّا أَوْ لَمْ يُعْلَمْ مِنْهُ (خَرِبَة) فِي دِينِهِ، أَيْ: عَيْبٌ وَفَسَادٌ، وَالزَّايُ وَالْيَاءُ تَصْحِيفٌ.

(وَالْخُرْبَةُ) بِالضَّمِّ عُرْوَةُ الْمَزَادَةِ، وَمِنْهَا قَوْلُ الشَّافِعِيِّ رَحِمَهُ اللهُ: وَإِنْ كَانَ الْهَدْيُ شَاةً فَقَلِّدْهَا خُرْبَةً وَلَا تُشْعِرْهَا.

(وَالْخَرُّوبُ) نَبْتٌ، وَقِيلَ: شَجَرُ الْخَشْخَاشِ، وَهُوَ الَّذِي تَشَاءَمَ بِهِ سُلَيْمَانُ عَلَيْهِ السَّلَامُ، والخرنوب لُغَةٌ.

[خ ر ث]: (الْخُرْثِيُّ) مَتَاعُ الْبَيْتِ، وَعِنْدَ الْفُقَهَاءِ سَقَطُ مَتَاعِهِ، وَمِنْهُ حَدِيثُ عُمَيْرٍ: أَعْطَاهُ مِنْ خُرْثِيِّ الْمَتَاعِ، قَالَ: يَعْنِي بِهِ الشَّقَقَ مِنْهُ، هَكَذَا جَاءَ مَوْصُولًا بِهِ، وَهُوَ الرَّدِيءُ مِنَ الْأَشْيَاءِ، يُقَالُ: ثَوْبٌ شَفَقٌ، أَيْ: رَدِيءٌ رَقِيقٌ.

[خ ر ج]: (الْخُرُوجُ) مَعْرُوفٌ وَبِاسْمِ الْفَاعِلَةِ، وَمِنْهُ: سُمِّيَ خَارِجَةُ بن حُذَافَةَ الْعَدَوِيُّ رَاوِي حَدِيثِ الْوِتْرِ، صَحَابِيٌّ.

---

(١) سقط من: م.

(وَالْخَرَاجُ) مَا يَخْرُجُ مِنْ غَلَّةِ الْأَرْضِ أَوْ الْغُلَامِ، وَمِنْهُ: الْخَرَاجُ بِالضَّمَانِ، أَيْ: الْغَلَّةُ بِسَبَبِ إِنْ ضَمِنْتَهُ ضَمِنْتَ، ثُمَّ سُمِّيَ مَا يَأْخُذُ السُّلْطَانُ خَرَاجًا، فَيُقَالُ: أَدَّى فُلَانٌ (خَرَاجَ أَرْضِهِ)، وَأَدَّى أَهْلُ الذِّمَّةِ (خَرَاجَ رُءُوسِهِمْ)، يَعْنِي: الْجِزْيَةَ، وَعَبْدٌ مُخَارِجٌ، وَقَدْ (خَارَجَهُ) سَيِّدُهُ إِذَا اتَّفَقَا عَلَى ضَرِيبَةٍ يَرُدُّهَا عَلَيْهِ عِنْدَ انْقِضَاءِ كُلِّ شَهْرٍ.

(وَالْخُرَاجُ) بِالضَّمِّ الْبَثْرُ، وَالْوَاحِدَةُ خُرَاجَةٌ وَبَثْرَةٌ، وَقِيلَ: هُوَ كُلُّ مَا يَخْرُجُ عَلَى الْجَسَدِ مِنْ دُمَّلٍ وَنَحْوِهِ.

[خ ر ف ج]: وَيُكْرَهُ السَّرَاوِيلُ (الْمُخَرْفَجَةُ) هِيَ الْوَاسِعَةُ الَّتِي تَقَعُ عَلَى ظَهْرِ الْقَدَمِ.

[خ ر خ ر]: (الْخَيْرَاخَرَى) مَنْسُوبٌ إِلَى خَيْرَاخَرَى، بِالْفَتْحِ قَرْيَةٌ مِنْ قُرَى بخارى.

[خ ر ص]: (خَرْصُ) النَّخْلِ حَزْرُ مَا عَلَيْهَا خَرْصًا، (وَالْخِرْصُ) بِالْكَسْرِ الْمَخْرُوصُ.

[خ ر ط]: (اخْتَرَطَ) السَّيْفَ: سَلَّهُ مِنْ غِمْدِهِ.

[خ ر ف]: "عَائِدُ الْمَرِيضِ عَلَى مَخَارِفِ الْجَنَّةِ حَتَّى يَرْجِعَ". جَمْعُ مَخْرَفٍ، وَهُوَ جَنَى النَّخْلِ، وَقِيلَ: النَّخْلُ وَالْبُسْتَانُ، وَمِنْهُ حَدِيثُ أَبِي قَتَادَةَ: فَابْتَعْت مَخْرَفًا، فَإِنَّهُ لَأَوَّلُ مَالٍ تَأَثَّلْته، وَقِيلَ: الطَّرِيقُ، وَتَشْهَدُ لِلْأَوَّلِ الرِّوَايَةُ الْأُخْرَى: عَلَى خُرْفَةِ الْجَنَّةِ، وَهِيَ جَنَاهَا، وَكَذَا (الْخُرَافَةُ) وَحَقِيقَتُهَا مَا اُخْتُرِفَ مِنْهَا، وَمِنْهُ (الْخُرَافَاتُ) لِلْأَحَادِيثِ الْمُسْتَمْلَحَةِ، وَمِثْلُهَا الْفُكَاهَةُ مِنْ الْفَاكِهَةِ، وَبِهَا سُمِّيَ (خُرَافَةُ) رَجُلٌ اسْتَهْوَتْهُ الْجِنُّ كَمَا تَزْعُمُ الْعَرَبُ، فَلَمَّا رَجَعَ أَخْبَرَ بِمَا نَالَ مِنْهَا فَكَذَّبُوهُ، حَتَّى قَالُوا لِمَا لَا يُمْكِنُ: حَدِيثُ خُرَافَةَ.

وَعَنْ النَّبِيِّ عَلَيْهِ السَّلَامُ أَنَّهُ قَالَ: "وَخُرَافَةُ حَقٌّ". يَعْنِي: مَا يُحَدِّثُ بِهِ عَنْ الْجِنِّ.

وَفِي شَرْحِ الْحَلْوَائِيِّ: اسْمُ الْمَفْقُودِ خُرَافَةُ، يَعْنِي: فِي حَدِيثِ ابْنِ أَبِي لَيْلَى، وَهُوَ بَعِيدٌ؛ لِأَنَّهُ كَانَ فِي عَهْدِ عُمَرَ رَضِيَ اللهُ عَنْهُ، وَخُرَافَةُ كَانَ فِي عَهْدِ النَّبِيِّ عَلَيْهِ السَّلَامُ.

(وَالْخَرِيفُ) أَحَدُ فُصُولِ السَّنَةِ سُمِّيَ بِذَلِكَ؛ لِأَنَّهُ يُخْتَرَفُ فِيهِ الثِّمَارُ، ثُمَّ أُرِيدَ بِهِ السَّنَةُ كُلُّهَا، فِي قَوْلِهِ: "مَنْ صَامَ يَوْمًا فِي سَبِيلِ اللهِ بَاعَدَهُ اللهُ مِنْ النَّارِ أَرْبَعِينَ خَرِيفًا أَوْ سَبْعِينَ"[1]. أَيْ: مَسَافَةَ هَذِهِ الْمُدَّةِ، وَهَذَا هُوَ التَّأْوِيلُ فِي حَدِيثِ ابْنِ مَسْعُودٍ: يُدْفَعُ

---

(١) أخرجه البخاري (٢٨٤٠)، ومسلم (١١٥٥).

الْقَاضِي فِي مَهْوَاةِ سَبْعِينَ خَرِيفًا، أَيْ: فِي هُوَّةٍ عَمِيقَةٍ مِقْدَارُ عُمْقِهَا مَسِيرَةُ هَذَا الْمِقْدَارِ، وَلَا تُرَادُ حَقِيقَةُ الْأَرْبَعِينَ أو السبعين[1]، وَإِنَّمَا تُرَادُ الْمُبَالَغَةُ عَلَى عَادَةِ الْعَرَبِ، وَيَجُوزُ أَنْ تُرَادَ.

[خ ر ق]: (الْخَرْقُ) مَصْدَرُ خَرَقَ الثَّوْبَ وَالْخُفَّ وَنَحْوَهُمَا، مِنْ بَابِ ضَرَبَ، ثُمَّ سُمِّيَ بِهِ الثُّقْبَةُ، وَلِذَا جُمِعَ فَقِيلَ: خُرُوقٌ، وَإِنَّمَا وَحَّدَهُ فِي قَوْلِهِ: فَآثَارُ الْأَشَافِي[2] خَرْقٌ، فِيهِ نَظَرًا إِلَى الْأَصْلِ وَمِثْلُهُ، وَيُجْمَعُ الْخَرْقُ[3] فِي خُفٍّ وَاحِدٍ.

(والمخارق)[4] الْمُعْتَادَةُ فِي الْبَدَنِ مِثْلُ الْفَمِ وَالْأَنْفِ وَالْأُذُنِ وَالدُّبُرِ وَنَحْوِهَا، جَمْعُ مَخْرَقٍ، وَإِنْ لَمْ نَسْمَعْهُ.

(وَخَرَقَ) الْمَفَازَةَ قَطَعَهَا حَتَّى بَلَغَ أَقْصَاهَا، (وَاخْتَرَقَهَا) مَرَّ فِيهَا عَرْضًا عَلَى غَيْرِ طَرِيقٍ، وَمِنْهُ: (لَا تَخْتَرِقْ) الْمَسْجِدَ، أَيْ: لَا تَجْعَلْهُ طَرِيقًا، (وَاخْتَرَقَ) الْحِجْرَ: دَخَلَ فِي جَوْفِهِ وَلَمْ يَطُفْ حَوْلَ الْحَطِيمِ.

(وَالْخُرْقُ) بِالضَّمِّ خِلَافُ الرِّفْقِ، وَرَجُلٌ (أَخْرَقُ)، أَيْ: أَحْمَقُ، وَامْرَأَةٌ (خَرْقَاءُ)، وَبِهَا سُمِّيَتْ إِحْدَى مَسَائِلِ الْجَدِّ: الْخَرْقَاءُ، لِكَثْرَةِ اخْتِلَافِ الصَّحَابَةِ فِيهَا، وَهِيَ الْحَجَّاجِيَّةُ.

وَأَمَّا (الْخَرْقَاءُ) مِنْ الشَّاءِ: لِلْمَثْقُوبَةِ الْأُذُنِ، فَذَلِكَ مِنْ الْأَوَّلِ.

[خ ر ب ق]: (الْخِرْبَاقُ) اسْمِ ذِي الْيَدَيْنِ.

[خ ر ن ق]: (خرينق) عَلَى لَفْظِ تَصْغِيرِ وَلَدِ الْأَرْنَبِ[5] أُخْتُ عِمْرَانَ بن الْحُصَيْنِ، يَرْوِي عَنْهَا عَبْدُ الْمَلِكِ بن عُبَيْدٍ فِي السِّيَرِ.

[خ ر ك ا هـ]: (الخركاه) بِالْفَارِسِيَّةِ: الْقُبَّةُ التُّرْكِيَّةُ، وَيُقَالُ فِي تَعْرِيبِهَا: خرقاهة.

الْخَاءُ مَعَ الزَّايِ الْمُعْجَمَةِ

[خ ز ر]: فِي حَدِيثِ الْمَفْقُودِ: (أَكَلْت خَزِيرًا)، الْخَزِيرَةُ مَرَقَةٌ تُطْبَخُ بِمَا يُصَفَّى بِهِ مِنْ

---

(١) زيادة من: م.
(٢) في م: "الأسافي".
(٣) في خ: "المتخارق".
(٤) زيادة من: م.
(٥) في م: (خِرْنَق).

بُلَالَةِ النُّخَالَةِ، تُسَمِّيهِ الْفُرْسُ سبوسبا.

(وَالْخَزَرُ) ضِيقُ الْعَيْنِ وَصِغَرُهَا، مِنْ الْخِنْزِيرِ.

(والْخَنَازِيرُ) غُدَدٌ فِي الرَّقَبَةِ، وَفِي الْأَجْزَاءِ الرَّخْوَةِ كَالْإِبْطِ لَكِنْ وُقُوعَهَا فِي الرَّقَبَةِ أَكْثَرُ.

(الْخَيْزُرَانَات) بِالْكَسْرِ جَمْعُ خَيْزُرَانَ فَارِسِيٌّ، وَهُوَ مَا يُجْعَلُ فِيهِ الْفُقَّاعُ وَيُحْمَلُ عَلَى الْعَاتِقِ.

[خ ز ز]: (الْخَزُّ) اسْمُ دَابَّةٍ، ثُمَّ سُمِّيَ الثَّوْبُ الْمُتَّخَذُ مِنْ وَبَرِهِ خَزًّا.

[خ ز ق]: فِي حَدِيثِ النَّخَعِيِّ: "إِذَا (خَزَقَ) الْمِعْرَاضُ فَكُلْ"، أَيْ: نَفَذَ، يُقَالُ: سَهْمٌ خَازِقٌ، أَيْ: مُقَرْطِسٌ[1] نَافِذٌ، وَالْمِعْرَاضُ: السَّهْمُ الَّذِي لَا رِيشَ عَلَيْهِ، يَمْضِي عَرَضًا فَيُصِيبُ بِعَرْضِ الْعُودِ لَا بِحَدِّهِ.

وَفِي حَدِيثِ عَدِيٍّ: أَنَّهُ قَالَ لِلنَّبِيِّ عَلَيْهِ السَّلَامُ: أَرْمِي بِالْمِعْرَاضِ فَيَخْزِقُ، قَالَ: "إِنْ خَزَقَ فَكُلْ، وَإِنْ أَصَابَ بِعَرْضِهِ فَلَا تَأْكُلْ"[2]. وَفِي حَدِيثٍ آخَرَ: "مَا خَزَقْتُمْ فَكُلُوهُ إِذَا ذَكَرْتُمْ اسْمَ اللهِ عَلَيْهِ". وَالسِّينُ لُغَةٌ، وَالرَّاءُ تَصْحِيفٌ. وَعَنْ الْحَسَنِ: لَا تَأْكُلْ مِنْ صَيْدِ الْمِعْرَاضِ إِلَّا أَنْ يَخْزِقَ.

[خ ز م]: (خَزَمَ) الْبَعِيرَ: ثَقَبَ أَنْفَهُ لِلْخِزَامَةِ، مِنْ بَابِ ضَرَبَ، وَكُلُّ شَيْءٍ مَثْقُوبٍ مَخْزُومٌ، وَمِنْهُ قَوْلُهُ فِي كِتَابِ الْقَاضِي: إِلَى الْقَاضِي يَخْزِمُهُ وَيَخْتِمُهُ، لِأَنَّ ذَلِكَ الْكِتَابَ يُثْقَبُ للسحاءة، ثُمَّ يُخْتَمُ. وَكِتَابٌ مَخْزُومٌ، وَالْحَاءُ مِنْ الْحَزْمِ بِمَعْنَى الشَّدِّ تَصْحِيفٌ، وَبِاسْمِ الْفَاعِلِ مِنْهُ يُكَنَّى أَبُو خَازِمٍ الْقَاضِي، وَهُوَ عَبْدُ الْحَمِيدِ بْنِ عَبْدِ الْعَزِيزِ قَاضِي بَغْدَادَ.

[خ ز ي]: وَفِي حَدِيثِ الشَّعْبِيِّ: وَوَقَعْنَا (فِي خَزْيَةٍ) لَمْ نَكُنْ فِيهَا بَرَرَةً أَتْقِيَاءَ، هِيَ الْخَصْلَةُ الَّتِي يَخْزَى فِيهَا الْإِنْسَانُ، أَيْ: يَذِلُّ مِنْ الْخِزْيِ، أَوْ يَسْتَحْيِي مِنْ الْخَزَايَةِ.

الْخَاءُ مَعَ السِّينِ الْمُهْمَلَةِ

[خ س ر و]: (إِنَاءٌ خُسْرَوَانِيٌّ) مَنْسُوبٌ إِلَى خُسْرو: مَلِكٌ مِنْ مُلُوكِ الْعَجَمِ.

[خ س س]: (خَسَائِسُ) الْأَشْيَاءِ: مُحَقَّرَاتُهَا، جَمْعُ خَسِيسَةٍ، تَأْنِيثُ خَسِيسٍ.

(وَأَخَسَّهُ وَخَسَّهُ) جَعَلَهُ خَسِيسًا.

---

(١) فِي خ: "مقرطيس".

(٢) أخرجه النسائي (٤٢٦٧)

[خ س ف]: (خَسَفَتِ) الشَّمْسُ وَكَسَفَتْ بِمَعْنًى وَاحِدٍ، وَفِي حَدِيثِ أَسْمَاءَ بِنْتِ أَبِي بَكْرٍ رَضِيَ اللهُ عَنْهُمَا: "أَتَيْتُ عَائِشَةَ حِينَ خَسَفَتِ الشَّمْسُ فَإِذَا النَّاسُ قِيَامٌ يُصَلُّونَ"(١) الْحَدِيثَ، وَقَوْلُهُ: وَلَوِ اشْتَرَى بِئْرًا (فَأَخْسَفَتْ) أَوِ انْهَدَمَتْ، أَيْ: ذَهَبْتَ فِي الْأَرْضِ بِطَيِّهَا مِنَ الْحِجَارَةِ أَوِ الْخَشَبِ، وَهُوَ فَوْقَ الِانْهِدَامِ مِنْ قَوْلِهِمْ: انْخَسَفَتِ الْأَرْضُ إِذَا سَاخَتْ بِمَا عَلَيْهَا، وَخَسَفَهَا اللهُ.

وَخَسَفَتِ الْعَيْنُ وَانْخَسَفَتْ: غَابَتْ حَدَقَتُهَا فِي الرَّأْسِ، وَهِيَ خَاسِفَةٌ وَخَسِيفَةٌ، وَعَنْ مُحَمَّدٍ رَحِمَهُ اللهُ: لَا قِصَاصَ فِي الْعَيْنِ الْقَائِمَةِ، وَإِنْ رَضِيَ أَنْ تُخْسَفَ وَلَا تُقْلَعَ.

وَأَمَّا قَوْلُهُ فِي الْأُذُنِ: إِذَا يَبِسَتْ أَوِ انْخَسَفَتْ، فَهُوَ تَحْرِيفٌ لِاسْتَحْشَفَتْ، وَقَدْ سَبَقَ.

وَأَمَّا انْخَنَسَتْ؛ فَإِنْ كَانَ مَحْفُوظًا فَمَعْنَاهُ: انْقَبَضَتْ وَانْزَوَتْ، وَهُوَ وَإِنْ كَانَ التَّرْكِيبُ دَالًّا عَلَى التَّأَخُّرِ صَحِيحٌ؛ لِأَنَّ الْجِلْدَ الرَّطْبَ إِذَا يَبِسَ تَقَبَّضَ وَتَقَلَّصَ، وَإِذَا تَقَبَّضَ تَأَخَّرَ.

الْخَاءُ مَعَ الشِّينِ الْمُعْجَمَةِ

[خ ش ب]: (ذُو خُشُبٍ) بِضَمَّتَيْنِ جَبَلٌ فِي (ن، خ، ن خ س).

[خ ش ك]: (الْخُشْكَنَانَجُ) السُّكَّرِيُّ.

[خ ش م ر]: (خُشْمَرَانُ) قَرْيَةٌ بِبُخَارَى.

[خ ش ش]: فِي حَدِيثِ عُمَرَ رَضِيَ اللهُ عَنْهُ: رَمَيْتُ ظَبْيًا وَأَنَا مُحْرِمٌ فَأَصَبْتُ (خُشَشَاءَهُ)، هِيَ الْعَظْمُ النَّاتِئُ حَوْلَ الْأُذُنِ.

[خ ش ف]: فِي حَدِيثِهِ عَلَيْهِ السَّلَامُ لِبِلَالٍ: "فَسَمِعْتُ خَشْفَةً مِنْ أَمَامِي فَإِذَا أَنْتَ"(٢)، هِيَ الصَّوْتُ لَيْسَ بِالشَّدِيدِ، وَيُرْوَى خَشْخَشَةً، وَهِيَ حَرَكَةٌ فِيهَا صَوْتٌ.

(وَالْخِشْفُ) وَلَدُ الظَّبْيَةِ، وَبِهِ سُمِّيَ خِشْفُ بْنُ مَالِكٍ عَنِ ابْنِ مَسْعُودٍ فِي الدِّيَاتِ.

[خ ش م]: (الْخَشَمُ) دَاءٌ يَكُونُ فِي الْأَنْفِ يَتَغَيَّرُ مِنْهُ رَائِحَتُهُ، عَنِ الزَّجَّاجِ، مِنْ بَابِ لَبِسَ.

وَفِي" التَّكْمِلَةِ": رَجُلٌ أَخْشَمُ، أَيْ: مُنْتِنُ الْخَيْشُومِ، وَقِيلَ: (الْأَخْشَمُ) الَّذِي لَا يَجِدُ رَائِحَةَ طِيبٍ أَوْ نَتْنٍ، عَنِ الْأَزْهَرِيِّ وَغَيْرِهِ، وَهُوَ الْمُرَادُ بِقَوْلِ الْفُقَهَاءِ: الْأَخْشَمُ كَالشَّامِّ فِي

(١) أخرجه ابن حبان في صحيحه (٣١١٤).
(٢) أخرجه عبد بن حميد في مسنده (١٣٤٦)، والطبراني في المعجم الأوسط (٦١٥٠).

وُجُوبِ الدِّيَةِ.

[خ ش رم] عَلِيُّ بن خَشْرَمٍ بِفَتْحِ الْخَاءِ، نَشَأَ فِي عَهْدِ أَبِي يُوسُفَ رَحِمَهُ اللـه تَعَالَى.

الْخَاءُ مَعَ الصَّادِ الْمُهْمَلَةِ

[خ ص ر]: "نَهَى عَنْ التَّخَصُّرِ فِي الصَّلَاةِ"(١)، وَرُوِيَ: أَنْ يُصَلِّيَ الرَّجُلُ مُخْتَصِرًا أَوْ مُتَخَصِّرًا.

(التَّخَصُّرُ) وَالِاخْتِصَارُ: وَضْعُ الْيَدِ عَلَى الْخَصْرِ، وَهُوَ الْمُسْتَدَقُّ فَوْقَ الْوَرِكِ أَوْ عَلَى الْخَاصِرَةِ، وَهِيَ مَا فَوْقَ الطَّفْطَفَةِ(٢) والشراسيف، وَمِنْهُ قَوْلُهُ: عَلَيْهِ السَّلَامُ" الاخْتِصَارُ فِي الصَّلَاةِ رَاحَةُ أَهْلِ النَّارِ"(٣). مَعْنَاهُ: أَنَّ هَذَا فِعْلُ الْيَهُودِ فِي صَلَاتِهِمْ وَهُمْ أَهْلُ النَّارِ لَا أَنَّ لَهُمْ رَاحَةً فِيهَا، وَقِيلَ: التَّخَصُّرُ أَخْذُ مِخْصَرَةٍ أَوْ عَصًا بِالْيَدِ يَتَّكِئُ عَلَيْهَا، وَمِنْهُ قَوْلُهُ عَلَيْهِ السَّلَامُ لِابْنِ أُنَيْسٍ، وَقَدْ أَعْطَاهُ عَصًا تَخَصَّرْ بِهَا: "فَإِنَّ الْمُتَخَصِّرِينَ فِي الْجَنَّةِ قَلِيلٌ". فَلُقِّبَ بِذَلِكَ فَقِيلَ: عَبْدُ اللـه الْمُتَخَصِّرُ فِي الْجَنَّةِ، وَمَنْ رَوَى: الْمُخْتَصِرَ، فَقَدْ حَرَّفَ.

وَقَوْلُهُ: "نَهَى عَنْ اخْتِصَارِ السَّجْدَةِ". قَالَ الْأَزْهَرِيُّ: هُوَ عَلَى وَجْهَيْنِ(٤): الْأَوَّلُ أَنْ يَخْتَصِرَ الْآيَةَ الَّتِي فِيهَا السُّجُودُ فَيَسْجُدَ بِهَا، وَالثَّانِي: أَنْ يَقْرَأَ السُّورَةَ فَإِذَا انْتَهَى إِلَى السَّجْدَةِ جَاوَزَهَا وَلَمْ يَسْجُدْ لَهَا، وَهَذَا أَصَحُّ.

وَأَمَّا" الْمُتَخَصِّرُونَ فِي الصَّلَاةِ عَلَى وُجُوهِهِمْ النُّورُ". فَهُمْ الَّذِينَ يَتَهَجَّدُونَ، فَإِذَا تَعِبُوا وَضَعُوا أَيْدِيَهُمْ عَلَى خَوَاصِرِهِمْ، وَقِيلَ: الْمُعْتَمِدُونَ عَلَى أَعْمَالِهِمْ يَوْمَ الْقِيَامَةِ.

[خ ص ص]: (الْخَصَاصَةُ) الْفَقْرُ وَالضِّيقُ مِنْ خَصَاصَاتِ الْمُنْخُلِ، أَيْ: ثُقْبُهُ، وَمِنْهَا قَوْلُهُ(٥):

وَإِذَا تُصِبْكَ خَصَاصَةٌ فَتَجَمَّلِ

(١) أخرجه البيهقي في السنن الكبرى ج٢/٢٨٧، وأبو داود الطيالسي في مسنده (٣٦٢٢).

(٢) في خ: "الطفطفة".

(٣) أخرجه ابن خزيمة في صحيحه (٨٦٩)، وابن حبان في صحيحه (٢٢٨٦)، والبيهقي في السنن الكبرى في: ج ٢: ص٢٨٧

(٤) في خ: "ضربين".

(٥) البيت لعبد قيس بن خفاف أبو جبيل البرجمي من ابن عمرو بن حنظلة، شاعر تميمي جاهلي، ومطلع البيت: واستغن ما أغناك ربك بالغنى....

أَيْ: فَتَصَبَّرْ مِنَ الْجَمَالِ الصَّبْرِ.

(وَالْخُصُوصِيَّةُ) بِالْفَتْحِ الْخُصُوصُ، وَقَدْ رُوِيَ فِيهَا الضَّمُّ.

(وَالْخُصُّ) بَيْتٌ مِنْ قَصَبٍ.

[خ ص ف]: فِي الْحَدِيثِ: فَتَرَدَّى فِي بِئْرٍ عَلَيْهَا (خَصَفَةٌ)، هِيَ جُلَّةُ التَّمْرِ، وَبِتَصْغِيرِهَا سُمِّيَ وَالِدُ يَزِيدَ بْنِ خُصَيْفَةَ.

(وَفَرَسٌ أخصَفُ) جَنْبِهِ أَبْيَضُ، وَبِتَصْغِيرِهِ عَلَى التَّرْخِيمِ سُمِّيَ (خُصَيْفُ) بن عَبْدِ الرَّحْمَنِ أَبُو عَوْنٍ، عَنْ سَعِيدِ بن جُبَيْرٍ، وَعَنْهُ الثَّوْرِيُّ، وَخُصَيْفُ بن زِيَادِ بن أَبِي مَرْيَمَ فِي الْقَسَامَةِ.

[خ ص م]: (خَاصَمْته) فَخَصَمْتُهُ، أَخْصُمُهُ بِالضَّمِّ: غَلَبْتُ فِي الْخُصُومَةِ، وَمِنْهُ: وَمَنْ كُنْتُ خَصْمَهُ خَصَمْتُهُ، وَقَوْلُ ابْنِ عَبَّاسٍ: أَمَا إِنَّهَا لَوْ خَاصَمَتْكُمْ لَخَصَمَتْكُمْ، يَعْنِي قَوْلَه تَعَالَى: (وَحَمْلُهُ وَفِصَالُهُ ثَلَاثُونَ شَهْرًا) [سورة الأحقاف آية ١٥] أَيْ: مُدَّةُ حَمْلِهِ وَفِصَالِهِ، وَقَوْلُهُ عَزَّ وَجَلَّ: (وَفِصَالُهُ فِي عَامَيْنِ) [سورة لقمان آية ١٤] أَيْ: فِي انْقِضَاءِ عَامَيْنِ.

[خ ص ي]: (الْخُصْيَةُ) وَاحِدَةُ الْخُصَى، وَتَثْنِيَتُهَا: خُصْيَانِ بِغَيْرِ تَاءٍ، وَقَدْ جَاءَ خُصْيَتَانِ.

(وَخَصَاهُ) نَزَعَ خُصْيَيْهِ، يَخْصِيهِ خِصَاءً عَلَى فِعَالٍ، وَالْإِخْصَاءُ فِي مَعْنَاهُ خَطَأٌ، وَأَمَّا الْخَصْيُ- كَمَا جَاءَ فِي حَدِيثِ الشَّعْبِيِّ عَلَى فَعْلٍ فَقِيَاسٌ، وَإِنْ لَمْ نَسْمَعْهُ، وَالْمَفْعُولُ خَصِيٌّ عَلَى فَعِيلٍ، وَالْجَمْعُ: خُصْيَانٌ.

الْخَاءُ مَعَ الضَّادِ الْمُعْجَمَةِ

[خ ض ر]: (الْخَضْرَاوَاتُ) بِفَتْحِ الْخَاءِ لَا غَيْرُ الْفَوَاكِهُ كَالتُّفَّاحِ وَالْكُمَّثْرَى وَغَيْرِهِمَا، أَوْ الْبُقُولُ كَالْكُرَّاثِ أَوْ الْكَرَفْسِ وَالسَّذَابِ وَنَحْوِهَا، وَقَدْ يُقَامُ مُقَامَهَا الْخُضَرُ.

قَالَ الْكَرْخِيُّ: لَيْسَ (فِي الْخُضَرِ) شَيْءٌ جَمْعُ خُضْرَةٍ، وَهِيَ فِي الْأَصْلِ لَوْنُ الْأَخْضَرِ فَسُمِّيَ بِهِ وَلِذَا جُمِعَ.

وَفِي "الرِّسَالَةِ الْيُوسُفِيَّةِ": عَنْ عَلِيٍّ رَضِيَ اللـه عَنْهُ: لَيْسَ فِي الْخُضَرِ[1] زَكَاةُ الْبَقْلُ

(١) فِي م: "الْمُخْضَرِّ".

وَالْقِثَّاءُ وَالْخِيَارُ وَالْمَبَاطِخُ، وَكُلُّ شَيْءٍ لَيْسَ لَهُ أَصْلٌ، وَعَنْ مُوسَى بن طَلْحَةَ مِثْلُهُ.

(وَالْمُخَاضَرَةُ) بَيْعُ الثِّمَارِ خُضْرًا لَمَّا يَبْدُو صَلَاحُهَا، وَفِي حَدِيثِ أَبِي حَدْرَد: فَسَمِعْت رَجُلًا يَصْرُخُ: يَا خضرَاهُ، فَتَفَاءَلْت وَقُلْت: لَأُصِيبَنَّ خَيْرًا، كَأَنَّهُ نَادَى رَجُلًا اسْمُهُ خَضِرٌ عَلَى طَرِيقَةِ النُّدْبَةِ كَمَا يَفْعَلُ الْمُتَلَهِّفُ، وَإِنَّمَا تَفَاءَلَ بِذَلِكَ؛ لِأَنَّهُ مِنْ الْخُضْرَةِ، وَهِيَ مِنْ أَسْبَابِ الْخِصْبِ الَّذِي هُوَ مَادَّةُ الْخَيْرِ، وَمِنْهُ: مَنْ خُضِرَ لَهُ فِي شَيْءٍ فَلْيَلْزَمْهُ، أَيْ: بُورِكَ لَهُ، وَيُرْوَى: يَا خاضِرةُ وَيَا خاضِراه، وَالْأَوَّلُ أَصَحُّ.

الْخَاءُ مَعَ الطَّاءِ الْمُهْمَلَةِ

[خ ط أ]: فِي حَدِيثِ ابْنِ عَبَّاسٍ رَضِيَ اللهُ عَنْهُمَا: خَطَّأَ اللهُ نَوْءَهَا أَلَا طَلَّقَتْ نَفْسَهَا، أَيْ: جَعَلَهُ مُخْطِئًا لَا يُصِيبُهَا مَطَرُهُ، وَهُوَ دُعَاءٌ عَلَيْهَا إنْكَارًا لِفِعْلِهَا، وَيُقَالُ لِمَنْ طَلَبَ حَاجَةً فَلَمْ يَنْجَحْ: أَخْطَأَ نَوْءُك، وَيُرْوَى: خَطَّى بِالْأَلِفِ اللَّيِّنَةِ مِنْ الْخَطِيطَةِ، وَهِيَ الْأَرْضُ الَّتِي لَمْ تُمْطَرْ بَيْنَ أَرْضَيْنِ مَمْطُورَتَيْنِ، وَأَصْلُهُ: خَطَّطَ، فَقُلِبَتْ الطَّاءُ الثَّالِثَةُ يَاءً كَمَا فِي التَّظَنِّي وَأَمْلَيْت الْكِتَابَ، فَأَمَّا خَطَّ فَلَمْ يَصِحَّ، وَالنَّوْءُ وَاحِدُ الْأَنْوَاءِ، وَهِيَ مَنَازِلُ الْقَمَرِ، وَتُسَمَّى نُجُومَ الْمَطَرِ، وَتَحْقِيقُ ذَلِكَ فِي شَرْحِنَا لِلْمَقَامَاتِ.

[خ ط ب]: (الْأَخْطَبُ) الصُّرَدُ، وَقِيلَ: الشِّقِرَّاقُ، وَأَمَّا قَوْلُهُ فِيمَا لَا دَمَ لَهُ مِنْ الْحَشَرَاتِ: الصَّرَّارُ وَالْأَخْطَبُ، فَهُوَ دُوَيْبَّةٌ خَضْرَاءُ أَطْوَلُ مِنْ الْجَرَادِ لَهَا أَرْجُلٌ سِتٌّ، وَيُقَالُ لَهَا بِالْفَارِسِيَّةِ: شش بايه وَسبوشكنك، وَالصَّرَّارُ هُوَ الجدجد، وَهُوَ أَكْبَرُ مِنْ الْجُنْدُبِ، وَيُقَالُ لَهُ: صَرَّارُ اللَّيْلِ وَبَعْضُهُمْ يُسَمِّيهِ: الصَّدَى.

(وَالْخَطَّابِيَّةُ) طَائِفَةٌ مِنْ الرَّافِضَةِ، نُسِبُوا إلَى أَبِي الْخَطَّابِ مُحَمَّدِ بن وَهْبٍ الْأَجْدَعِ، قَالَ صَاحِبُ الْمَقَالَاتِ: وَهُمْ كَانُوا يَدِينُونَ بِشَهَادَةِ الزُّورِ لِمُوَافِقِيهِمْ، وَعَنْ الْقُتَبِيِّ كَذَلِكَ، وَيُقَالُ: إنَّمَا تُرَدُّ شَهَادَةُ الْخَطَّابِيِّ؛ لِأَنَّهُ يَشْهَدُ لِلْمُدَّعِي إذَا حَلَفَ عِنْدَهُ فَتَتَمَكَّنُ شُبْهَةُ الْكَذِبِ.

[خ ط ر]: (الْخَطَرُ) الْإِشْرَافُ عَلَى الْهَلَاكِ، وَمِنْهُ: الْخَطَرُ لِمَا يُتَرَاهَنُ عَلَيْهِ.

(وَخَطَرَ الْبَعِيرُ بِذَنَبِهِ) حَرَّكَهُ خَطْرًا وَخَطَرَانًا مِنْ بَابِ ضَرَبَ.

(وَخَطَرَ) بِبَالِهِ أَمْرٌ، وَعَلَى بَالِهِ خُطُورًا، مِنْ بَابِ طَلَبَ، وَقَوْلُهُ فِي" الْوَاقِعَاتِ": الْخَطَرَانُ بِالْبَالِ، تَحْرِيفٌ.

[خ ط ط]: (الْخِطَّةُ) الْمَكَانُ الْمُخْتَطُّ لِبِنَاءِ دَارٍ وَغَيْرِ ذَلِكَ مِنْ الْعِمَارَاتِ، وَقَوْلُهُمْ:

مَسْجِدُ الْخِطَّةِ، يُرَادُ بِهِ مَا خَطَّهُ الْإِمَامُ حِينَ فَتَحَ الْبَلْدَةَ وَقَسَمَهَا بَيْنَ الْغَانِمِينَ.

(وَالْخَطُّ) فِي حَدِيثِ أَنَسِ بْنِ سِيرِينَ فِي الصَّلَاةِ فِي السَّفِينَةِ مَوْضِعٌ قَرِيبٌ مِنْ الْكُوفَةِ، [وموضعٌ باليمامة إليه تنسب الرماح الخطية، وعن ابن دريد: سيف البحرين وعمان، وقيل كل سيف خط] [(١)].

[خ ط ف]: (الْخُطَّافُ) طَائِرٌ مَعْرُوفٌ، وَرُوِيَ نَهَى عَنْ كُلِّ ذِي خَطْفَةٍ وَنُهْبَةٍ، هِيَ الْمَرَّةُ مِنْ خَطَفَ الشَّيْءَ بِمَعْنَى اخْتَطَفَهُ إِذَا اسْتَلَبَهُ بِسُرْعَةٍ، فَسُمِّيَ بِهِ الْمَخْطُوفُ، وَالْمُرَادُ: النَّهْيُ عَنْ صَيْدِ كُلِّ جَارِحٍ يَخْتَطِفُ الصَّيْدَ وَيَذْهَبُ بِهِ وَلَا يُمْسِكُهُ عَلَى صَاحِبِهِ، وَقِيلَ: أَرَادَ مَا يَخْطَفُ بِمِخْلَبِهِ كَالْبَازِي، وَأَرَادَ بِذِي النُّهْبَةِ: مَا يَنْتَهِبُ بِنَابِهِ كَالْفَهْدِ وَنَحْوِهِ، وَالْمَحْفُوظ وَالَّذِي هُوَ الْمُثْبَتُ فِي الْأُصُولِ: "نَهَى عَنْ الْخَطْفَةِ"، وَهِيَ مَا اخْتَطَفَهُ الذِّئْبُ مِنْ أَعْضَاءِ الشَّاةِوَهِيَ حَيَّةٌ، أَوْ اخْتَطَفَهُ الْكَلْبُ مِنْ أَعْضَاءِ الصَّيْدِ مِنْ لَحْمٍ أَوْ غَيْرِهِ وَهُوَ حَيٌّ، لِأَنَّ مَا أُبِينَ مِنْ الْحَيِّ فَهُوَ مَيْتَةٌ، وَمَنْ رَوَى: الْخَطَفَةَ وَالنَّهَبَةَ عَلَى فَعَلَةٍ بِالتَّحْرِيكِ، جَمْعَيْ خَاطِفٍ وَنَاهِبٍ، فَقَدْ أَخْطَأَ فِي الرِّوَايَةِ.

[خ ط ل]: (الْأَخْطَلُ) الَّذِي فِي أُذُنَيْهِ طُولٌ وَاسْتِرْخَاءٌ.

[خ ط م]: (الْخِطَامُ) حَبْلٌ يُجْعَلُ فِي عُنُقِ الْبَعِيرِ وَيُثْنَى فِي خَطْمِهِ، أَيْ: أَنْفِهِ، وَفِي حَدِيثِ عَلِيٍّ رَضِيَ اللهُ عَنْهُ: تَصَدَّقْ بِجِلَالِهَا وَخُطُمِهَا، عَلَى الْجَمْعِ، وَهُوَ الصَّوَابُ رِوَايَةً.

و(الْخِطْمِيُّ) مَنْسُوبٌ إِلَى خَطْمَةَ بِفَتْحِ الْخَاءِ، قَبِيلَةٌ مِنْ الْأَنْصَارِ، وَهُوَ يَزِيدُ بْنُ زَيْدِ بْنِ حِصْنٍ[(٢)] الْخِطْمِيُّ.

الْخَاءُ مَعَ الْفَاءِ

[خ ف ر]: (خَفَرَ) بِالْعَهْدِ: وَفَّى بِهِ، خِفَارَةً مِنْ بَابِ ضَرَبَ، وَأَخْفَرَهُ: نَقَضَهُ، إِخْفَارًا الْهَمْزَةُ لِلسَّلْبِ.

[خ ف س]: (الْخُنْفُسَاءُ) بِالضَّمِّ دُوَيْبَّةٌ سَوْدَاءُ تَكُونُ فِي أُصُولِ الْحِيطَانِ، وَثَلَاثُ خُنْفُسَاوَاتٍ، وَالْكَثِيرُ الْخَنَافِسُ، وَلَا يُقَالُ خُنْفُسَاءَةٌ، وَقِيلَ: هِيَ لُغَةٌ، [وبالفتح القصير][(٣)].

---

(١) سقط من: م.

(٢) في م: "حسن" وانظر الإصابة:٤/٢٦٧.

(٣) سقط من: م.

[خ ف ض]: (الْخَفْضُ) لِلْجَارِيَةِ كَالْخَتْنِ لِلْغُلَامِ، وَجَارِيَةٌ مَخْفُوضَةٌ: مَخْتُونَةٌ.

[خ ف ف]: فِي الْحَدِيثِ: "لَا سَبْقَ إِلَّا فِي خُفٍّ أَوْ حَافِرٍ" (١). يَعْنِي: الْإِبِلَ وَالْخَيْلَ، وَقَوْلُهُ: يُحْمَى مِنَ الْأَرَاكِ مَا لَمْ تَنَلْهُ أَخْفَافُ الْإِبِلِ، يَعْنِي: أَنَّ الْإِبِلَ تَأْكُل مُنْتَهَى رُءُوسِهَا، وَيَحْمِي مَا فَوْقَهَا.

[خ ف ق]: (خَفْقُ) النِّعَالِ: صَوْتُهَا، مِنْ خَفْقَهُ إِذَا ضَرَبَهُ بِالْمِخْفَقِ، وَهُوَ كُلُّ شَيْءٍ عَرِيضٍ أَوْ بِالْمُخَفَّقَةِ، وَهِيَ الدِّرَّةُ، وَمِنْهُ قَوْلُهُ: الْخَفْقُ مُوجِبٌ الْجَنَابَةَ، يَعْنِي: الْإِيلَاجَ.

وَعَنْ الْأَزْهَرِيِّ: أَنَّهُ مِنْ خَفَقَ النَّجْمُ إِذَا غَابَ، وَمِنْهُ: الْخَافِقَانِ لِلْمَغْرِبِ وَالْمَشْرِقِ.

(وَأَخْفَقَ الْغَازِي) لَمْ يَغْنَمْ، وَخَفَقَ: نَعَسَ، وَمِنْهُ حَدِيثُ ابْنِ عَبَّاسٍ رَضِيَ اللهُ عَنْهُمَا: "وَجَبَ الْوُضُوءُ عَلَى كُلِّ نَائِمٍ إِلَّا مَنْ خَفَقَ بِرَأْسِهِ خَفْقَةً أَوْ خَفْقَتَيْنِ".

[خ ف ي]: (الْخَفَاءُ) مِنْ الْأَضْدَادِ، يُقَالُ: خَفِيَ عَلَيْهِ الْأَمْرُ، إِذَا اسْتَتَرَ، وَخُفِيَ لَهُ: إِذَا ظَهَرَ.

وَمِنْهُ قَوْلُ مُحَمَّدٍ رَحِمَهُ اللهُ: فَأَصَابُوا - يَعْنِي: الْمُسْلِمِينَ - الْغَنَائِمَ فَخُفِيَ لَهُمْ أَنْ يَذْهَبُوا بِهَا وَيَكْتُمُوهَا أَهْلَ الشِّرْكِ، أَيْ: ظَهَرَ، وَكَذَا قَوْلُهُ: فَأَصَابَ الْقَوْمُ كُلُّهُمْ غَنَائِمَ فَأَخَذَهَا الْمُسْلِمُونَ فَخُفِيَ لَهُمْ أَنْ يُخْرِجُوهَا إِلَى دَارِ الْإِسْلَامِ، وَإِنَّمَا يُقَالُ ذَلِكَ فِيمَا يَظْهَرُ عَنْ خَفَاءٍ، أَوْ عَنْ جِهَةٍ خَفِيَّةٍ.

الْخَاءُ مَعَ الْقَافِ

[خ ق ق]: فِي (أَخَاقِيقُ) فِي (و ق، و ق ص).

الْخَاءُ مَعَ اللَّامِ

[خ ل ب]: فِي الْحَدِيثِ: "نَهَى عَنْ كُلِّ ذِي مِخْلَبٍ (٢)". أَيْ: عَنْ أَكْلِهِ، وَالْمِخْلَبُ لِلطَّائِرِ كَالظُّفْرِ لِلْإِنْسَانِ، وَالْمُرَادُ بِهِ: مِخْلَبٌ هُوَ سِلَاحٌ، وَهُوَ مِفْعَلٌ مِنَ الْخَلْبِ، وَهُوَ مَزْقُ الْجِلْدِ بِالنَّابِ وَانْتِزَاعُهُ.

قَالَ اللَّيْثُ: وَالسَّبُعُ يَخْلِبُ الْفَرِيسَةَ، إِذَا شَقَّ جِلْدَهَا بِنَابِهِ، أَوْ فَعَلَهُ الْجَارِحَةُ بِمِخْلَبِهِ.

وَمِنْهُ (الْمِخْلَبُ) الْمِنْجَلُ بِلَا أَسْنَانٍ، قَالَ ابْنُ فَارِسٍ: هَذَا التَّرْكِيبُ يَدُلُّ عَلَى الْإِمَالَةِ،

---

(١) أخرجه أبو داود (٢٥٧٤)، والنسائي (٣٥٨٩)، وابن ماجه (٢٨٧٨)، وأحمد في مسنده (٨٧٦٧).

(٢) أخرجه النسائي (٤٣٤٨)، وأحمد في مسنده (٣١٣١)، والنسائي في السنن الكبرى (٤٨٤٢)

لِأَنَّ الطَّائِرَ يَخْلِبُ بِهِ الشَّيْءَ إِلَى نَفْسِهِ، ثُمَّ قَالَ: وَمِنَ الْبَابِ الْخِلَابَةُ الْخِدَاعُ، يُقَالُ: خَلَبَهُ بِمَنْطِقِهِ، إِذَا أَمَالَ قَلْبَهُ بِأَلْطَفِ الْقَوْلِ، مِنْ بَابِ طَلَبَ، وَالْأَوَّلُ مِنْ بَابِ ضَرَبَ، وَقِيلَ: هُمَا مِنْ كِلَا الْبَابَيْنِ.

[خ ل ج]: (الْمُخَالَجَةُ) وَالْمُنَازَعَةُ بِمَعْنًى، وَمِنْهُ: "عَلِمْتُ أَنَّ بَعْضَكُمْ خَالَجَنِيهَا"[(١)]. يَعْنِي: سُورَةَ (سَبِّحِ اسْمَ رَبِّكَ) [سورة الأعلى آية ١]، وَيُرْوَى: "مَا لِي أُنَازَعُ الْقُرْآنَ"[(٢)]، وَأَمَّا فِي الْقُرْآنِ، وَفِي الْقِرَاءَةِ فَغَيْرُ مَسْمُوعٍ.

وَفِي كِتَابِ عُمَرَ رَضِيَ اللهُ عَنْهُ: الْفَهْمَ الْفَهْمَ[(٣)] عِنْدَمَا يَتَخَالَجُ فِي صَدْرِك، أَيْ: يَخْدِشُ وَيَقَعُ، وَيُرْوَى: يَخْتَلِجُ، أَيْ: يَضْطَرِبُ، مِنْ اخْتِلَاجِ الْأَعْضَاءِ، وَيُرْوَى: يَتَخَلَّجُ، مِنْ تَخَلُّجِ الْمَجْنُونِ، وَهُوَ تَمَايُلُهُ فِي الْمَشْيِ، وَيُرْوَى: يَتَلَجْلَجُ، أَيْ: يَتَرَدَّدُ، وَالْأَوَّلُ هُوَ الصَّحِيحُ.

[خ ل د]: (التَّخْلِيدُ) تَفْعِيلٌ مِنَ الْخُلُودِ، وَبِاسْمِ الْمَفْعُولِ مِنْهُ سُمِّيَ وَالِدُ مَسْلَمَةَ بن مَخْلَدٍ فِي السِّيَرِ. خَلَّادٌ فِي (سي، س ي ب). وَمَخْلَدُ فِي (سل).

[خ ل س]: (الْخَلْسُ) أَخْذُ الشَّيْءِ مِنْ ظَاهِرٍ بِسُرْعَةٍ، وَبِتَصْغِيرِهِ سُمِّيَ وَالِدُ عَيَّاشِ بن خُلَيْسٍ، وَالْحَاءُ مَعَ الْبَاءِ وَالْيَاءِ تَصْحِيفٌ.

(وَالْخَلْسَةُ) بِالْفَتْحِ[(٤)] الْمَرَّةُ، وَالْخُلْسَةُ بِالضَّمِّ مَا يُخْتَلَسُ، وَمِنْهُ: لَا قَطْعَ فِي الْخُلْسَةِ، وَقَوْلُهُ عَلَيْهِ السَّلَامُ: "تِلْكَ خُلْسَةٌ يَخْتَلِسُهَا الشَّيْطَانُ". إِنْ صَحَّتْ رِوَايَتُهَا كَانَتْ بِمَعْنَى الْخُلْسَةِ.

(وَشَعْرٌ مُخْلِسٌ وَخَلِيسٌ) غَلَبَ بَيَاضُهُ، كَأَنَّهُ اخْتَلَسَ السَّوَادَ، وَتَشْدِيدُ اللَّامِ خَطَأٌ.

[خ ل ص]: (الْخُلُوصُ) الصَّفَاءُ، وَيُسْتَعَارُ لِلْوُصُولِ، وَمِنْهُ قَوْلُهُ: و الْغَدِيرُ الْعَظِيمُ الَّذِي لَا يَخْلُصُ بَعْضُهُ إِلَى بَعْضٍ.

(وَخَلَصَتْ الرَّمْيَةُ) إِلَى اللَّحْمِ، وَفِي حَدِيثِ ابْنِ الْمُسَيِّبِ فِي يَوْمِ الْأَحْزَابِ: حَتَّى

---

(١) أخرجه مسلم (٣٩٩)، وأبو داود (٨٢٩)، والنسائي (٩١٧)، وأحمد في مسنده (١٩٣٧٢).
(٢) أخرجه الترمذي (٣١٢)، والنسائي (٩١٩)، وأبو داود (٨٢٦)، وابن ماجه (٨٤٩).
(٣) زيادة من: م.
(٤) زيادة من: م.

خَلَصَ الْكَرْبُ إِلَى كُلِّ امْرِئٍ، أَيْ: وَصَلَ وَأَصَابَ.

(وَالتَّخْلِيصُ) التَّصْفِيَةُ، وَمِنْهُ: اسْتَأْجَرَهُ لِيُخَلِّصَ لَهُ تُرَابَ الْمَعْدِنِ.

[خ ل ط]: (الْمُخَالَطَةُ) مَصْدَرُ، خَالَطَ الْمَاءَ وَاللَّبَنَ، إِذَا مَازَجَهُ، وَيُسْتَعَارُ لِلْجِمَاعِ، وَمِنْهُ قَوْلُهُ فِي الصَّائِمِ: فَخَالَطَ فَبَقِيَ، وَخَالَطَهُ فِي أَمْرٍ.

وَمِنْهُ: خَالَطَهُ شَارَكَهُ، وَهُوَ (خَلِيطُهُ) فِي التِّجَارَةِ وَفِي الْغَنَمِ، وَهُمْ (خُلَطَاؤُهُ) وَبَيْنَهُمَا (خُلْطَةٌ) يَعْنِي شَرِكَةً.

وَقَوْلُهُ فِي الشُّفْعَةِ: (الْخَلِيطُ) أَحَقُّ مِنَ الشَّرِيكِ، وَالشَّرِيكُ أَحَقُّ مِنَ الْجَارِ، وَالْجَارُ أَحَقُّ مِنْ غَيْرِهِ، أَرَادَ بِهِ: مَنْ شَارَكَ فِي نَفْسِ الْمَبِيعِ، وَبِالشَّرِيكِ الشَّرِيكَ فِي حُقُوقِهِ، وَبِالْجَارِ الْمُلَاصِقَ لَا الْمُجَاوِرَ مُطْلَقًا، وَمِنْهُ: قَوْلُ مُحَمَّدٍ رَحِمَهُ اللهُ فِي الْكِتَابِ وَلَوْ قَالَ لِشَرِيكِهِ أَوْ خَلِيطِهِ، وَقِيلَ: أَرَادَ بِهِ هُنَا مَنْ بَيْنَكَ وَبَيْنَهُ أَخْذٌ وَإِعْطَاءٌ وَمُدَايَنَاتٌ وَلَمْ يُرِدْ الشَّرِيكَ.

وَفِي أَشْرِبَةِ الْمُجَرَّدِ (الْخَلِيطَانِ) الزَّبِيبُ وَالتَّمْرُ [أو التمر] [1] وَالْبُسْرُ إِذَا أَنْضَجَتْهُ النَّارُ، وَفِي الْأَجْنَاسِ: الْخَلِيطَانِ اسْمٌ لِتَمْرٍ وَعِنَبٍ يُخْلَطَانِ، ثُمَّ يُطْبَخَانِ جَمِيعًا.

وَأَمَّا الْحَدِيثُ: "لَا خِلَاطَ وَلَا وِرَاطَ"[2]. فَهُوَ أَنْ يُخَالِطَ صَاحِبُ الثَّمَانِينَ صَاحِبَ الْأَرْبَعِينَ [في الغنم] [3]، وَفِيهِمَا شَاتَانِ حَالَةَ التَّفَرُّقِ لِتُؤْخَذَ وَاحِدَةٌ، وَالْوِرَاطُ: أَنْ يَكُونَ لَهُ أَرْبَعُونَ فَيُعْطِي صَاحِبَهُ نِصْفَهَا لِئَلَّا يَأْخُذَ الْمُصَدِّقُ شَيْئًا.

[خ ل ع]: (خَلَعَ) الْمَلْبُوسَ: نَزَعَهُ، يُقَالُ: خَلَعَ ثَوْبَهُ عَنْ بَدَنِهِ، وَخَلَعَ نَعْلَهُ عَنْ رِجْلِهِ، وَقَوْلُهُ: وَيُخْلَعُ الْمَيِّتُ لِأَجْلِ اللُّمْعَةِ، أَيْ: يُنْزَعُ عَنْهُ الْكَفَنُ.

(وَخَالَعَتْ) الْمَرْأَةُ زَوْجَهَا (وَاخْتَلَعَتْ مِنْهُ) إِذَا افْتَدَتْ مِنْهُ بِمَالِهَا، فَإِذَا أَجَابَهَا إِلَى ذَلِكَ فَطَلَّقَهَا قِيلَ: خَلَعَهَا، وَالِاسْمُ الْخُلْعُ بِالضَّمِّ، وَإِنَّمَا قِيلَ ذَلِكَ؛ لِأَنَّ كُلًّا مِنْهُمَا لِبَاسٌ لِصَاحِبِهِ، فَإِذَا فَعَلَا ذَلِكَ فَكَأَنَّهُمَا نَزَعَا لِبَاسَهُمَا.

وَيُقَالُ: خَلَعَ الْفَرَسُ عِذَارَهُ، إِذَا أَلْقَاهُ وَطَرَحَهُ، فَهَامَ عَلَى وَجْهِهِ، وَمِنْهُ: فُلَانٌ خَلِيعٌ،

---

(١) سقط من: م.

(٢) أخرجه الطبراني في المعجم الكبير (٧٩٥)، وابن أبي عاصم في الآحاد والمثاني (٢٧٠٨).

(٣) سقط من: م.

أَيْ: شَاطِرٌ،[وبيان أصله في المعرب] [١] قَدْ أَعْيَا أَهْلَهُ خُبْثًا، وَعَدَا عَلَى النَّاسِ كَأَنَّهُ خَلَعَ عِذَارَهُ وَرَسَنَهُ، أَوْ لِأَنَّ أَهْلَهُ خَلَعُوهُ وَتَبَرَّءُوا مِنْهُ، وَمِنْهُ قَوْلُهُ: نَخْلَعُ وَنَتْرُكُ مَنْ يَفْجُرُك، أَيْ: نَتَبَرَّأُ مِنْهُ، وَقَوْلُهُ: الْمَرْأَةُ فِي الْغُرْبَةِ تَكُونُ خَلِيعَةَ الْعِذَارِ، أَيْ: مُخَلَّاةً لَا آمِرَ لَهَا وَلَا نَاهِيَ، تَفْعَلُ مَا تَشَاءُ، وَالصَّوَابُ: خَلِيعُ الْعِذَارِ؛ لِأَنَّهُ فَعِيلٌ بِمَعْنَى مَفْعُولٍ، أَوْ خَلِيعَةٌ مِنْ غَيْرِ ذِكْرِ الْعِذَارِ، مِنْ خَلُعَ خَلَاعَةً كَظَرِيفَةٍ وَنَظِيفَةٍ مِنْ فَعُلَ فَعَالَةً.

(وَانْخَلَعَ فُؤَادُ الرَّجُلِ) إذَا فَزِعَ، وَحَقِيقَتُهُ: أُنْتُزِعَ مِنْ مَكَانِهِ، وَمِنْهُ قَوْلُهُ: انْخَلَعَ قِنَاعُ قَلْبِهِ مِنْ شِدَّةِ الْفَزَعِ، وَأَصْلُ الْقِنَاعِ مَا تُقَنِّعُ بِهِ الْمَرْأَةُ رَأْسَهَا، أَيْ: تُغَطِّيهِ، فَاسْتُعِيرَ لِغِشَاءِ الْقَلْبِ وَغِلَافِهِ.

وَمِنْ كَلَامِ مُحَمَّدٍ رَحِمَهُ اللهُ فِي السِّيَرِ: وَتَخَلَّعَتْ السَّفِينَةُ، أَيْ: تَفَكَّكَتْ وَانْفَصَلَتْ مَوَاصِلُهَا.

[خ ل ف]: (خَلَفَ) فُلَانٌ فُلَانًا: جَاءَ خَلْفَهُ خِلَافًا[٢] وَخُلْفَةً، وَمِنْهَا: خِلْفَةُ الشَّجَرِ، وَهِيَ ثَمَرٌ يَخْرُجُ بَعْدَ الثَّمَرِ الْكَثِيرِ، وَخِلْفَةُ النَّبَاتِ: مَا يَنْبُتُ فِي الصَّيْفِ بَعْدَ مَا يَبِسَ الْعُشْبُ الرَّبِيعِيُّ.

قَالَ الْأَزْهَرِيُّ: وَكَذَلِكَ مَا زُرِعَ مِنْ الْحُبُوبِ بَعْدَ إدْرَاكِ الْأُولَى يُسَمَّى خِلْفَةً.

وَأَمَّا مَا فِي فَتَاوَى أَبِي اللَّيْثِ: دَفَعَ أَرْضَهُ لِيَزْرَعَ فِيهَا الْقُطْنَ فَأَكَلَهُ الْجَرَادُ، فَأَرَادَ أَنْ يَزْرَعَ الْخَلْفَ فِي بَقِيَّةِ السَّنَةِ. فَالصَّوَابُ: الْخِلْفَةُ كَمَا ذَكَرْت، أَوْ الْخِلَفُ بِكَسْرِ الْخَاءِ وَفَتْحِ اللَّامِ عَلَى لَفْظِ الْجَمْعِ.

(وَخَلَفْتُهُ) خِلَافَةً كُنْت خَلِيفَتَهُ، وَكَانَتْ مُدَّةُ خِلَافَةِ الْأَئِمَّةِ الْأَرْبَعَةِ الرَّاشِدِينَ: ثَلَاثِينَ سَنَةً إلَّا سِتَّةَ أَشْهُرٍ، لِأَبِي بَكْرٍ رَضِيَ اللهُ عَنْهُ سَنَتَانِ وَثَلَاثَةُ أَشْهُرٍ وَتِسْعُ لَيَالٍ، وَلِعُمَرَ رَضِيَ اللهُ عَنْهُ عَشْرُ سِنِينَ وَسِتَّةُ أَشْهُرٍ وَخَمْسُ لَيَالٍ، وَلِعُثْمَانَ رَضِيَ اللهُ عَنْهُ اثْنَتَيْ عَشْرَةَ سَنَةً إلَّا اثْنَتَيْ عَشْرَةَ لَيْلَةً، وَلِعَلِيٍّ رَضِيَ اللهُ عَنْهُ خَمْسُ سِنِينَ إلَّا ثَلَاثَةَ أَشْهُرٍ.

(وَتَخَلَّفَ عَنْهُ) بَقِيَ خَلْفَهُ، وَفِي "الْإِيضَاحِ": فِي الْجُمُعَةِ لِأَنَّ الشَّرْطَ مَا يَسْبِقُهُ وَلَا يَتَخَلَّفُهُ، الصَّوَابُ: وَلَا يَتَخَلَّفُ عَنْهُ.

(وَخَلَفَ) فُوهُ: تَغَيَّرَتْ رَائِحَتُهُ، خُلُوفًا بِالضَّمِّ لَا غَيْرُ.

---

(١) سقط من: م.
(٢) في خ: "خَلْفاً".

(وَأَخْلَفَنِي) مَوْعِدَهُ إِخْلَافًا: نَقَضَهُ، وَمِنْهُ: أَخْلَفَتْ الْحُمَّى إِذَا كَانَتْ غِبًّا أَوْ رِبْعًا فَلَمْ تَجِئْ فِي نَوْبَتِهَا، وَخَالَفَنِي فِي كَذَا خِلَافًا ضِدُّ وَافَقَنِي، وَخَالَفَنِي عَنْ كَذَا وَلَّى عَنْهُ وَأَنْتَ قَاصِدُهُ، وَخَالَفَنِي إِلَى كَذَا: قَصَدَهُ وَأَنْتَ مُوَلٍّ عَنْهُ، وَمِنْهُ: مَا مِنْ رَجُلٍ يُخَالِفُ إِلَى امْرَأَةِ رَجُلٍ مِنَ الْمُجَاهِدِينَ، أَيْ: يَذْهَبُ إِلَيْهَا بَعْدَهُ.

وَاخْتَلَفُوا وَتَخَالَفُوا بِمَعْنًى، وَقَوْله: اخْتَلَفَا ضَرْبَةً، أَيْ: ضَرَبَ كُلٌّ مِنْهُمَا صَاحِبَهُ عَلَى التَّعَاقُبِ، وَهُوَ مِنْ الْخِلْفَةِ لَا مِنْ الْخِلَافِ كَقَوْلِهِ تَعَالَى: ﴿واختلاف الليل والنهار﴾ [سورة البقرة آية ١٦٤]، وَفِي حَدِيثِ عَلِيٍّ رَضِيَ اللهُ عَنْهُ: فَاخْتَلَفَتْ بَيْنَ عُبَيْدَةَ بن الْحَارِثِ وَالْوَلِيدِ بن عُتْبَةَ ضَرْبَتَانِ، فَأَثْخَنَ كُلُّ وَاحِدٍ مِنْهُمَا صَاحِبَهُ. وَفِي حَدِيثِ أُمِّ صَبِيَّةَ الْجُهَنِيَّةِ: "اخْتَلَفَتْ يَدِي وَيَدُ رَسُولِ اللهِ صَلَّى اللهُ عَلَيْهِ وَآلِهِ وَسَلَّمَ فِي إِنَاءٍ وَاحِدٍ"[(١)]. وَالْمَعْنَى اجْتَمَعَتَا.

(وَالْخَلِفَةُ) الْحَامِلُ مِنْ النُّوقِ، وَجَمْعُهَا مَخَاضٌ، وَقَدْ يُقَالُ: خَلِفَاتٌ.

(وَالْمِخْلَافُ) الْكُورَةُ بِلُغَةِ الْيَمَنِ.

[خ ل ق]: (خَلَقَهُ) اللهُ خَلْقًا: أَوْجَدَهُ، وَانْخَلَقَ فِي مُطَاوَعِهِ غَيْرُ مَسْمُوعٍ، وَأَخْلَقَهُ[(٢)] التَّرْكِيبُ، وَقَوْلُهُ فِي مَسْلَكٍ: هُوَ خِلْقَةٌ، أَيْ: فِي طَرِيقٍ خِلْقِيٍّ أَصْلِيٍّ.

(وَالْخَلُوقُ) ضَرْبٌ مِنْ الطِّيبِ مَائِعٌ[(٣)] فِيهِ صُفْرَةٌ.

[خ ل ل]: (الْخَلُّ) مَا حَمُضَ مِنْ عَصِيرِ الْعِنَبِ، وَخَلَّلَ الشَّرَابُ: صَارَ خَلًّا، وَخَلَّلْتُهُ أَنَا: جَعَلته خَلًّا يَتَعَدَّى وَلَا يَتَعَدَّى، وَالتَّخَلُّلُ فِي مَعْنَى الصَّيْرُورَةِ مِنْ كَلَامِ الْفُقَهَاءِ، وَالْخَلُّ أَيْضًا مَصْدَرُ خَلَّ الرِّدَاءَ، إِذَا ضَمَّ طَرَفَيْهِ بِخِلَالٍ.

(وَالْخَلَّةُ) الْخَصْلَةُ، وَمِنْهَا: خَيْرُ خِلَالِ الصَّائِمِ السِّوَاكُ.

وأَخَلَّ[(٤)] الْفَارِسُ بِمَرْكَزِهِ، إِذَا تَرَكَ مَوْضِعَهُ الَّذِي عَيَّنَهُ لَهُ الْأَمِيرُ، وَقَوْلُهُ: وَلَمْ يَكُنْ فِي ذَلِكَ خَلَلٌ بِمَرَاكِزِهِمْ، الصَّوَابُ: الْخِلَالُ، وَقَوْلُهُمْ: أَجْزَاءُ الرَّوْثِ مُتَخَلْخِلَةٌ، أَيْ: فِي خِلَالِهَا فُرَجٌ لِرَخَاوَتِهَا وَكَوْنِهَا مُجَوَّفَةً غَيْرَ مُكْتَنِزَةٍ.

---

(١) أخرجه أبو داود (٧٨)، وابن ماجه (٣٨٢)، وأحمد في مسنده (٢٦٥٢٦).
(٢) في خ: "والخِلْقة".
(٣) في خ: "ماتع".
(٤) في م: "وَالْخَلُّ".

(وَخَالَّهُ) صَادَقَهُ فَهُوَ خَلِيلُهُ، وَبِهِ سُمِّيَ وَالِدُ عَبْدِ اللهِ بن الْخَلِيلِ الْهَمْدَانِيِّ، وَكُنِّيَ هُوَ بِهِ، يَرْوِي عَنْ عَلِيٍّ رَضِيَ اللهُ عَنْهُ، وَعَنْهُ الشَّعْبِيُّ.

[خ ل و] (خَلَا الْإِنَاءُ) مِمَّا فِيهِ صَفِرَ فَهُوَ خَالٍ، وَأَنَا خَلِيٌّ مِنَ الْهَمِّ، أَيْ: خَالٍ، وَمِنْهُ: أَنْتِ خَلِيَّةٌ، أَيْ: خَالِيَةٌ مِنَ الْخَيْرِ، وَأَمَّا الْخَلِيَّةُ لِمُعَسَّلِ النَّحْلِ فَعَلَى الصِّفَةِ الْمُشَارَفَةِ.

وَأَخْلَى[1] الرُّطَبَ مِنَ الْمَرْعَى، وَخَلَاهُ وَاخْتَلَاهُ: قَطَعَهُ، وَمِنْهُ: لَا يُخْتَلَى خَلَاهَا، قَالَ مُحَمَّدٌ رَحِمَهُ اللهُ: هُوَ كُلُّ مَا يُعْتَلَفُ وَلَيْسَ عَلَى سَاقٍ.

الْخَاءُ مَعَ الْمِيمِ

[خ م ر]: (الْخُمْرَةُ) الْمِسْجَدَةُ، وَهِيَ حَصِيرٌ صَغِيرٌ[2] قَدْرُ مَا يُسْجَدُ عَلَيْهِ، سُمِّيَتْ بِذَلِكَ لِأَنَّهَا تَسْتُرُ الْأَرْضَ عَنْ وَجْهِ الْمُصَلِّي، وَتَرْكِيبُهَا دَالٌّ عَلَى مَعْنَى السَّتْرِ، وَمِنْهُ: الْخِمَارُ، وَهُوَ مَا تُغَطِّي بِهِ الْمَرْأَةُ رَأْسَهَا، وَقَدْ اخْتَمَرَتْ وَتَخَمَّرَتْ، إِذَا لَبِسَتْ الْخِمَارَ، وَالتَّخْمِيرُ التَّغْطِيَةُ.

وَمِنْهُ الْحَدِيثُ: "وَلَا تُخَمِّرُوا وَجْهَهُ وَلَا رَأْسَهُ"[3]، وَقَوْلُهُ: سَوَاءٌ كَانَ التَّنُّورُ مَفْتُوحَ الرَّأْسِ أَوْ مُخَمَّرًا.

(وَالْخَمْرُ) مَا وَارَاكَ مِنْ شَجَرٍ وَغَيْرِهِ، وَقَدْ خَمَرَ شَهَادَتَهُ، إِذَا كَتَمَهَا، وَمِنْهُ الْمُخَامَرَةُ الْمُخَالَطَةُ؛ لِأَنَّ فِيهَا اسْتِتَارًا، وَالْخَمْرُ لِسَتْرِهَا الْعَقْلَ، وَهُوَ[4] النِّيءُ مِنْ مَاءِ الْعِنَبِ إِذَا غَلَى وَاشْتَدَّ وَقَذَفَ بِالزَّبَدِ، أَيْ: رَمَاهُ وَأَزَالَهُ، فَانْكَشَفَ عَنْهُ وَسَكَنَ، وَقَدْ اخْتَمَرَتْ: إِذَا أَدْرَكَتْ، وَأَمَّا خَمَّرَ الْعَصِيرَ فَتَخَمَّرَ، مِمَّا لَمْ أَجِدْهُ، وَأَخْمَرَهُ: سَقَاهُ الْخَمْرَ، وَخُمِرَ مِنْ الْخُمَارِ، وَالْقَاسِمُ بن مُخَيْمِرَةَ عَلَى لَفْظِ تَصْغِيرِ مُخَيْمِرَةٍ مِنَ التَّابِعِينَ، وَأَمَّا اسْتَخْمَرَهُ بِمَعْنَى اسْتَعْبَدَهُ فَكَلِمَةٌ يَمَانِيَةٌ.

[خ م س]: (خَمَسَ) الْقَوْمَ: أَخَذَ خُمُسَ أَمْوَالِهِمْ، مِنْ بَابِ طَلَبَ، وَخَمَسَهُمْ: صَارَ

---

(١) في خ: "والخَلَى".
(٢) زيادة من: م.
(٣) أخرجه ابن ماجه (٣٠٨٤)، وأبو عوانة في مسنده (٣١٠٤)، والنسائي في السنن الكبرى (٣٦٨٠)، والبيهقي في السنن الصغير (١٥٨٥)، والبيهقي في السنن الكبرى في: ج ٣: ص٣٩٣، والشافعي في مسنده (١٦١٩)
(٤) في خ: "وهي".

خَامِسَهُمْ، مِنْ بَابَيْ ضَرَبَ وَطَلَبَ، وَصَبِيٌّ خُمَاسِيٌّ: بَلَغَ طُولُهُ خَمْسَةَ أَشْبَارٍ، وَالْخَمِيسُ: ثَوْبٌ طُولُهُ خَمْسَةُ أَذْرُعٍ، وَمِنْهُ الْحَدِيثُ: "ائْتُونِي بِخَمِيسٍ أَوْ لَبِيسٍ". وَيَعْنِي بِهِ: الصَّغِيرَ مِنَ الثِّيَابِ.

[خ م ص]: (الْخَمِيصَةُ) فِي الْحَدِيثِ: كِسَاءٌ أَسْوَدُ مُرَبَّعٌ لَهُ عَلَمَانِ.

[خ م ل]: (الْمُخْمَلُ) كِسَاءٌ خَمْلٌ، وَهُوَ كَالْهُدْبِ فِي وَجْهِهِ.

الْخَاءُ مَعَ النُّونِ

[خ ن ث]: "نَهَى عَنْ اخْتِنَاثِ الْأَسْقِيَةِ" [(١)]. يُقَالُ: خَنَثْتُ السِّقَاءَ وَأَخْنَثْتُهُ، إِذَا كَسَرْتَ فَمَهُ وَثَنَيْتَهُ إِلَى خَارِجٍ فَشَرِبْتَ مِنْهُ؛ فَإِنْ ثَنَيْتَهُ إِلَى دَاخِلٍ فَقَدْ قَبَعْتَهُ، وَتَرْكِيبُ الْخَنَثِ يَدُلُّ عَلَى لِينٍ وَتَكَسُّرٍ، وَمِنْهُ (الْمُخَنَّثُ) وَتَخَنَّثَ فِي كَلَامِهِ، وَالْخُنْثَى: الَّذِي لَهُ مَا لِلرِّجَالِ وَالنِّسَاءِ، وَالْجَمْعُ: خَنَاثَى، بِالْفَتْحِ كَحُبْلَى وَحَبَالَى.

وَالْقَاضِي الَّذِي رُفِعَ إِلَيْهِ هَذِهِ الْوَاقِعَةُ فِي الْجَاهِلِيَّةِ: عَامِرُ بن الظَّرِبِ الْعَدْوَانِيُّ، وَلَمَّا اشْتَبَهَ عَلَيْهِ حُكْمُهَا قَالَتْ لَهُ خُصَيْلَةُ، وَهِيَ أَمَةٌ لَهُ: أَتْبِعِ الْحُكْمَ الْمَبَالَ، وَيُرْوَى أَنَّهَا قَالَتْ: حَكِّمِ الْمُبَالَ، أَيْ: اجْعَلْ مَوْضِعَ الْبَوْلِ حَاكِمًا، وَعَلَى ذَلِكَ قَوْلُهُ عَلَيْهِ السَّلَامُ "يُوَرَّثُ مِنْ حَيْثُ يَبُولُ" [(٢)].

[خ ن ج ر]: (الْخِنْجَرُ) سِكِّينٌ كَبِيرٌ، وَيُقَالُ لَهُ بِالْفَارِسِيَّةِ: دَشْنَه.

[خ ن س]: (خَنَسَهُ) فَتَخَنَّسَ، أَيْ: أَخَّرَهُ فَتَأَخَّرَ، وَقَبَضَهُ فَانْقَبَضَ، مِنْ بَابِ ضَرَبَ، يَتَعَدَّى وَلَا يَتَعَدَّى، وَمِنْهُ حَدِيثُ النَّبِيِّ صَلَّى اللهُ عَلَيْهِ وَسَلَّمَ: "وَخَنَسَ إِبْهَامَهُ" [(٣)]. أَيْ: وَقَبَضَهَا، وَحَدِيثُ عَائِشَةَ رَضِيَ اللهُ عَنْهَا: "فَكَانَ إِذَا سَجَدَ خَنَسْتُ رِجْلَيَّ".

وَانْخَنَسَتْ الْأُذُنُ فِي (خس، خ س ف).

[خ ن ف]: (عَبْدُ الرَّحْمَنِ) بن مِخْنَفٍ، بِكَسْرِ الْمِيمِ وَفَتْحِ النُّونِ، اسْتَعْمَلَهُ عَلِيٌّ رَضِيَ اللهُ عَنْهُ عَلَى الرَّيِّ، فَأَخَذَ الْمَالَ وَتَوَارَى عِنْدَ نُعَيْمِ بن دَجَاجَةَ الْأَسَدِيِّ.

---

(١) أخرجه الترمذي (١٨٩٠)، وأبو داود (٣٧٢٠)، والدارمي في سننه (٢١١٩)، وأحمد في مسنده (١٠٦٤٣)، والبيهقي في السنن الكبرى في: ج ٨: ص٣١١، وأبو يعلى الموصلي في مسنده (١١٢٤)

(٢) أخرجه البيهقي في السنن الكبرى في: ج ٦: ص٢٦١

(٣) أخرجه الدارقطني في سننه (٢١٥٦)

[خ ن ق]: (الْخَنِقُ) بِكَسْرِ النُّونِ، وَلَا يُقَالُ بِالسُّكُونِ، وَهُوَ مَصْدَرُ خَنَقَهُ، إذَا عَصَرَ حَلْقَهُ، وَالْخَنَّاقُ فَاعِلُهُ.

(وَالْخِنَاقُ) بِكَسْرِ الْخَاءِ وَتَخْفِيفِ النُّونِ: مَا يُخْنَقُ بِهِ مِنْ حَبْلٍ أَوْ وَتَرٍ أَوْ نَحْوِهِ، وَمِنْهُ قَوْلُهُ فِي السَّرِقَةِ: خَنَقَ رَجُلًا بِخِنَاقٍ، وَيُرْوَى بِمِخْنَقَةِ خَنَّاقٍ، وَهِيَ فِي الْأَصْلِ هَذِهِ الْقِلَادَةُ الْمَعْرُوفَةُ الَّتِي تُطِيفُ بِالْعُنُقِ فَاسْتَعَارَهُمَا لِلْخِنَاقِ.

وَقَوْلُ مُوَرِّقٍ الْعِجْلِيِّ: (خَنَقَتْهُ) الْعَبْرَةُ، يَعْنِي: غَصَّ بِالْبُكَاءِ حَتَّى كَأَنَّ الدُّمُوعَ أَخَذَتْ بِمِخْنَقِهِ.

[خ ن ب ق]: (الخنبق) تَعْرِيبُ خنبه، وَهِيَ الْأَنْبَارُ يُتَّخَذُ مِنْ الْخَشَبِ مُعَلَّقَةٌ بِالسَّقْفِ.

[خ ن د م]: (الخندمة) مَوْضِعٌ قَرِيبٌ مِنْ مَكَّةَ، كَانَتْ بِهَا وَقْعَةٌ لِخَالِدِ بن الْوَلِيدِ عَلَى قُرَيْشٍ.

الْخَاءُ مَعَ الْوَاوِ

[خ و خ]: (الْخَوْخَةُ) الْكُوَّةُ فِي الْجِدَارِ، وَهِيَ الْمُرَادَةُ فِي قَوْلِهِ عَلَيْهِ السَّلَامُ: "بَابٌ مَفْتُوحٌ أَوْ خَوْخَةٌ". وَأَمَّا قَوْلُهُ عَلَيْهِ السَّلَامُ: "سُدُّوا عَنِّي كُلَّ خَوْخَةٍ فِي الْمَسْجِدِ غَيْرَ خَوْخَةِ أَبِي بَكْرٍ"[1]. فَالْمُرَادُ بِهَا: الْبُوَيْبُ، بِدَلِيلِ الرِّوَايَةِ الْأُخْرَى: "سُدُّوا هَذِهِ الْأَبْوَابَ إلَّا بَابَ أَبِي بَكْرٍ رَضِيَ اللهُ عَنْهُ".

[خ و ر]: (خَارَ) الثَّوْرُ خُوَارًا: صَاحَ، وَفِي الصَّحِيحِ: "بَقَرَةٌ لَهَا خُوَارٌ". وَالْجِيمُ تَصْحِيفٌ.

وَطَيْلَسَانٌ (خُوَارِيٌّ): مَنْسُوبٌ إلَى خُوَارِ الرَّيِّ.

[خ و ص]: (الْخَوْصُ) غَوْرُ الْعَيْنِ، وَبِالْحَاءِ ضِيقُهَا، وَقَدْ خَوِصَتْ عَيْنُهُ و حَوِصَتْ، وَهِيَ خَوْصَاءُ، وَالرَّجُلُ أَخْوَصُ.

[خ و ض]: (الْمَخَاضَةُ) فِي حَدِيثِ عُمَرَ رَضِيَ اللهُ عَنْهُ مَوْضِعُ (الْخَوْضِ) فِي الْمَاءِ، وَهُوَ الدُّخُولُ فِيهِ، وَخُضْتُ السَّوِيقَ بِالْمِخْوَضِ: جَدَحْتُهُ بِهِ، وَهُوَ أَنْ تَصُبَّ فِيهِ مَاءً

(١) أخرجه البخاري (٤٦٧)، وأحمد في مسنده (٢٤٢٨)، وابن حبان في صحيحه (٦٨٦٠)، والنسائي في السنن الكبرى (٨٠٤٨)

وَتَضْرِبُهُ لِيَخْتَلِطَ وَسَوِيقٌ مَخُوضٌ.

[خ و ف]: (خَافَهُ) عَلَى مَالِهِ خَوْفًا، وَتَخَوَّفَهُ عَلَيْهِ مِثْلُهُ، وَهَذَا أَمْرٌ مَخُوفٌ.

وَقَوْلُهُ عَلَيْهِ السَّلَامُ: "إِنَّ أَخْوَفَ مَا أَخَافُ عَلَى أُمَّتِي الشِّرْكُ وَالشَّهْوَةُ الْخَفِيَّةُ"[(١)]. فُسِّرَ الشِّرْكُ بِالرِّيَاءِ، وَالشَّهْوَةُ الْخَفِيَّةُ بِأَنْ تَعْرِضَ لِلصَّائِمِ شَهْوَةٌ فَيُوَاقِعَهَا وَيَدَعَ صَوْمَهُ، وَأَخْوَفُ: أَفْعَلُ مِنَ الْمَفْعُولِ كَأَشْغَلَ مِنْ ذَاتِ النَّحْيَيْنِ، وَقَوْلُهُ: فَإِنْ أَوْصَى إِلَى فَاسِقٍ مَخُوفٍ عَلَى مَالِهِ، أَيْ: يَخَافُ أَنْ يُهْلِكَ مَالَهُ وَيُنْفِقَهُ فِيمَا لَا يَنْبَغِي.

[خ و ن]: (الْخِيَانَةُ) خِلَافُ الْأَمَانَةِ، وَهِيَ تَدْخُلُ فِي أَشْيَاءَ سِوَى الْمَالِ، مِنْ ذَلِكَ قَوْلُهُ عَلَيْهِ السَّلَامُ: "لَا تَجُوزُ شَهَادَةُ خَائِنٍ وَلَا خَائِنَةٍ"[(٢)]. وَأُرِيدَ بِهَا فِي قَوْلِهِ تَعَالَى: ﴿وَإِمَّا تَخَافَنَّ مِنْ قَوْمٍ خِيَانَةً﴾ [سورة الأنفال آية ٥٨] نَكْثُ الْعَهْدِ وَنَقْضُهُ، وَقَدْ خَانَهُ، وَمِنْهُ: تَقُولُ النِّعْمَةُ: كَفَرْتُ وَلَمْ أُشْكَرْ، وَتَقُولُ الْأَمَانَةُ: خُنْتُ وَلَمْ أُحْفَظْ، وَهُوَ فُعِلْتُ عَلَى مَا لَمْ يُسَمَّ فَاعِلُهُ.

(خَائِنَةُ الْأَعْيُنِ) مُسَارَقَةُ النَّظَرِ، وَمِنْهُ الْحَدِيثُ: "مَا كَانَ لِنَبِيٍّ أَنْ تَكُونَ لَهُ خَائِنَةُ الْأَعْيُنِ"[(٣)].

(وَالْخِوَانُ) مَا يُؤْكَلُ عَلَيْهِ وَالْجَمْعُ خُونٌ وَأَخْوِنَةٌ.

[خ و ي]: (خَوَى) الْمَكَانُ: خَلَا، خَيًّا مِنْ بَابِ ضَرَبَ، وَخَوِيَ الْبَطْنُ خَلَا مِنَ الطَّعَامِ، خَوًى مِنْ بَابِ لَبِسَ، وَيُقَالُ: أَصَابَهُ الْخَوَى، أَيْ: الْجُوعُ، وَقَوْلُهُمْ: خَوَّى فِي السُّجُودِ تَخْوِيَةً، إِذَا جَافَى عَضُدَيْهِ، مَأْخُوذٌ مِنْ ذَلِكَ؛ لِأَنَّهُ حِينَئِذٍ يَبْقَى بَيْنَ الْعَضُدَيْنِ وَالْجَنْبِ خَوَاءٌ، وَمِنْهُ الْحَدِيثُ" إِذَا صَلَّى الرَّجُلُ فَلْيُخَوِّ".

الْخَاءُ مَعَ الْيَاءِ التَّحْتَانِيَّةِ

[خ ي ر]: (خَيَّرَهُ) بَيْنَ الشَّيْئَيْنِ فَاخْتَارَ أَحَدَهُمَا، وَتَخَيَّرَهُ بِمَعْنًى، وَمِنْهُ: فَتَخَيَّرَ الْحَرْبِيُّ أَيَّ الصَّبِيَّيْنِ شَاءَ، وَفِي حَدِيثِ غَيْلَانَ: خَيَّرَهُ عَلَيْهِ السَّلَامُ مِنْهُنَّ أَرْبَعًا، إِنْ كَانَ مَحْفُوظًا فَانْتِصَابُ أَرْبَعًا بِفِعْلٍ مُضْمَرٍ، وَإِلَّا فَالصَّوَابُ: خَيَّرَهُ بَيْنَ أَرْبَعٍ، وَيَشْهَدُ لَهُ حَدِيثُ

---

(١) أخرجه أحمد في مسنده (١٦٦٧١)، والطبراني في مسنده (٢٢٣٦)

(٢) أخرجه الترمذي (٢٢٩٨)، وأبو داود (٣٦٠٠)، وابن ماجه (٢٣٦٦)، وأحمد في مسنده (٦٨٦٠).

(٣) أخرجه أبو داود (٢٦٨٣)، والحاكم في المستدرك ج٣/٤٥، وأبو يعلى في مسنده (٧٥٧).

أَبِي مَسْعُودٍ الثَّقَفِيِّ: "أَنَّهُ أَسْلَمَ وَلَهُ ثَمَانِي نِسْوَةٍ، فَخُيِّرَ بَيْنَهُنَّ، فَاخْتَارَ أَرْبَعًا"[١].

(وَالْخِيَرَةُ) الِاخْتِيَارُ فِي قَوْلِهِ: فَأَهْلُهُ بَيْنَ خِيرَتَيْنِ، كَمَا فِي قَوْلِهِ تَعَالَى: ﴿مَا كَانَ لَهُمُ الْخِيَرَةُ﴾ [سورة القصص آية ٦٨]، وَفِي قَوْلِكَ: مُحَمَّدٌ خِيَرَةُ اللهِ، بِمَعْنَى: الْمُخْتَارِ، وَسُكُونُ الْيَاءِ لُغَةٌ فِيهِمَا.

(وَالْخِيَارُ) اسْمٌ مِنَ الِاخْتِيَارِ، وَمِنْهُ: خِيَارُ الرُّؤْيَةِ، (وَالْخِيَارُ) أَيْضًا خِلَافُ الْأَشْرَارِ، وَمِنْهُ قَوْلُهُ: كَذَا وَكَذَا بِرْذَوْنًا ذَكَرًا خِيَارًا[٢] فُرْهَةً، وَإِنَّمَا جُمِعَ حَمْلًا عَلَى الْمَعْنَى، وَقَالَ: ذَكَرًا حَمْلًا عَلَى اللَّفْظِ، وَالْفُرْهَةُ جَمْعُ فَارِهٍ، وَهُوَ الْكَيِّسُ كَصُحْبَةٍ فِي صَاحِبٍ.

(وَالْخِيَارُ) بِمَعْنَى الْقِثَّاءِ مُعَرَّبٌ.

[خ ي س]: (التَّخْيِيسُ) التَّذْلِيلُ، وَمِنْهُ: مَا أَنْشَدَ الْخَصَّافُ لِعَلِيٍّ رَضِيَ اللهُ عَنْهُ[٣]:

بَنَيْتُ بَعْدَ نَافِعٍ مُخَيَّسَا

وَهُوَ اسْمُ سِجْنٍ لَهُ، وَحَقِيقَتُهُ مَوْضِعُ التَّخْيِيسِ.

[خ ي ش]: (الْخَيْشُ) بِالْفَتْحِ: الْكَتَّانُ الْغَلِيظُ.

[خ ي ط]: (الْخَيْطُ الْأَبْيَضُ) مَا يَبْدُو مِنَ الْفَجْرِ الصَّادِقِ، وَهُوَ الْمُسْتَطِيرُ، (وَالْخَيْطُ الْأَسْوَدُ) مَا يَمْتَدُّ مَعَهُ مِنْ ظُلْمَةِ اللَّيْلِ، وَهُوَ الْفَجْرُ الْمُسْتَطِيلُ، وَهُوَ اسْتِعَارَةٌ مِنَ الْخَيْطِ الَّذِي يُخَاطُ بِهِ، وَيُقَالُ لَهُ: الْخِيَاطُ أَيْضًا، وَمِنْهُ الْحَدِيثُ" أَدُّوا الْخِيَاطَ وَالْمِخْيَطَ "[٤].وَفِي التَّنْزِيلِ بِمَعْنَى الْمِخْيَطِ الْإِبْرَةُ.

[خ ي ف]: (الْخَيَفُ) اخْتِلَافٌ فِي الْعَيْنَيْنِ، وَهُوَ أَنْ تَكُونَ إِحْدَاهُمَا زَرْقَاءَ وَالْأُخْرَى كَحْلَاءَ، وَفَرَسٌ أَخْيَفُ، وَمِنْهُ: الْأَخْيَافُ، وَهُمُ الْإِخْوَةُ لِآبَاءٍ شَتَّى، يُقَالُ: إِخْوَةٌ أَخْيَافٌ، وَأَمَّا بَنُو الْأَخْيَافِ؛ فَإِنْ قَالَهُ مُتْقِنٌ فَعَلَى إِضَافَةِ الْبَيَانِ.

---

(١) أخرجه ابن أبي شيبة في مسنده (٦٩٤)، والبيهقي في السنن الصغير (٢٥٨٣).

(٢) في خ: "خِيراً".

(٣) الأبيات للإمام علي رضي الله عنه: ويقول فيها:

أما تراني كيسا مكيسا ... بنيت بعد نافع مخيسا

حصنا حصينا وأمينا كيسا

(٤) أخرجه النسائي (٣٦٨٨)، والدارمي في سننه (٢٤٨٧)، ومالك في الموطأ رواية يحيى الليثي (٩٩٤)، والنسائي في السنن الكبرى (٦٤٨٢)

(وَالْخَيْفُ) بِالسُّكُونِ: الْمَكَانُ الْمُرْتَفِعُ نَحْو: خَيْفِ مِنًى، وَالَّذِي اخْتَلَفَتْ أَلْوَانُ حِجَارَتُهُ، وَمِنْهُ: حَدِيثُهُ عَلَيْهِ السَّلَامُ" نَحْنُ نَازِلُونَ بِخَيْفِ بَنِي كِنَانَةَ" [١]. يَعْنِي الْمُحَصَّبَ، وَفِي حَدِيثِ مَسِيرِهِ عَلَيْهِ السَّلَامُ إِلَى بَدْرٍ: "أَنَّهُ مَضَى حَتَّى قَطَعَ الْخُيُوفَ". عَلَى الْجَمْعِ.

[خ ي ل]: (الْخَيْلُ) اسْمُ جَمْعٍ لِلْعِرَابِ وَالْبَرَاذِينِ ذُكُورِهَا وَإِنَاثِهَا.

وَأَخَالَ عَلَيْهِ الشَّيْءُ: اشْتَبَهَ وَأَشْكَلَ، وَكَلَامٌ مُخِيلٌ: مُشْكِلٌ، وَرَجُلٌ أَخْيَلُ: فِي وَجْهِهِ خَالٌ، وَهُوَ بَثْرَةٌ إِلَى السَّوَادِ تَكُونُ فِي الْوَجْهِ، وَالْجَمْعُ خِيلَانٌ.

[خ ي م]: (الْخَيْمَةُ) بِالْفَارِسِيَّةِ: خَرْبُشْته، عَنْ أَبِي حَاتِمٍ، وَعَنْ ابْنِ الْأَعْرَابِيِّ: الْخَيْمَةُ عِنْدَ الْعَرَبِ لَا تَكُونُ إِلَّا مِنْ أَرْبَعَةِ أَعْوَادٍ، ثُمَّ تُسَقَّفُ بِالثُّمَامِ، وَلَا تَكُونُ مِنْ ثِيَابٍ. وَالتَّفْسِيرُ الْأَوَّلُ هُوَ الْمَعْنِيُّ هَاهُنَا، وَاللَّهُ أَعْلَمُ.

---

(١) أخرجه البخاري (١٥٩٠)، ومسلم (١٣١٦)، وأبو داود (٢٠١٠)، وابن ماجه (٢٩٤٢)، وأحمد في مسنده (٧١٩٩)، وابن خزيمة في صحيحه (٢٧٩٥)، وأبو عوانة في مسنده (٥٥٩٦)، والبيهقي في السنن الكبرى في: ج ٦: ص٢١٨

بَاب الدَّال الْمُهْمَلَةُ

الدَّالُ مَعَ الْهَمْزَةِ

[د أ ل]: أَبُو حَاتِمٍ: سَمِعْت الأَخْفَش يَقُولُ: (الدُّؤُل) بِضَمِّ الدَّالِ وَكَسْرِ الْوَاوِ وَالْمَهْمُوزَةِ دُوَيْبَّةٌ صَغِيرَةٌ شَبِيهَةٌ بِابْنِ عُرْسٍ، قَالَ: وَلَمْ أَسْمَعْ بِفُعِلٍ فِي الأَسْمَاءِ وَالصِّفَاتِ غَيْرَهُ، وَبِهِ سُمِّيَتْ قَبِيلَةُ أَبِي الأَسْوَدِ الدُّؤَلِيِّ، وَإِنَّمَا فُتِحَتْ الْهَمْزَةُ اسْتِثْقَالًا لِلْكَسْرَةِ مَعَ يَاءِ النَّسَبِ كَالنَّمْرِيِّ فِي نَمِرٍ.

(وَالدُّوْلُ) بِسُكُونِ الْوَاوِ غَيْرُ مَهْمُوزٍ فِي بَنِي حَنِيفَةَ، وَإِلَيْهِمْ يُنْسَبُ الدُّوَلِيُّ.

(وَالدِّيلُ) بِكَسْرِ الدَّالِ فِي تَغْلِبَ، وَفِي عَبْدِ الْقَيْسِ أَيْضًا، إلَيْهِمْ يُنْسَبُ ثَوْرُ بن زَيْدٍ الدِّيلِيُّ وَسِنَانُ بن أَبِي سِنَانٍ الدِّيلِيُّ وَكِلَاهُمَا فِي السِّيَرِ، وَفِي نَفْيِ الارْتِيَابِ سِنَانُ بن أَبِي سِنَانٍ الدُّوَلِيُّ، وَفِي مُتَّفَقِ الْجَوْزَقِيِّ كَذَلِكَ، وَفِي كِتَابِ الْكُنَى لِلْحَنْظَلِيِّ أَبُو سِنَانٍ الدُّوَلِيُّ، وَيُقَالُ: الدِّيلِيُّ، وَسَيَجِيءُ فِي بَابِ السِّينِ.

الدَّالُ مَعَ الْبَاءِ الْمُوَحَّدَةِ

[د ب ب]: (الدَّبَّابَةُ) الضَّبْرُ، وَهُوَ شَيْءٌ يُتَّخَذُ فِي الْحُرُوبِ يَدْخُلُ فِي جَوْفِهِ الرِّجَالُ، ثُمَّ يُدْفَعُ فِي أَصْلِ حِصْنٍ فَيَنْقُبُونَهُ، وَأَمَّا قَوْلُهُ: وَتُكْرَهُ الدَّبَّابَاتُ وَالطُّبُولُ وَالْبُوقَاتُ، فَلَا آمَنُ مِنْ أَنْ يَكُونَ تَحْرِيفُ الدَّبَادِبِ جَمْعَ دَبْدَبَةٍ، وَهُوَ شِبْهُ الطَّبْلِ.

[د ب ج]: (الدِّيبَاجُ) الثَّوْبُ الَّذِي سُدَاهُ وَلُحْمَتُهُ إبْرَيْسَمٌ، وَعِنْدَهُمْ اسْمٌ لِلْمُنَقَّشِ، وَالْجَمْعُ: دَبَابِيجُ، وَعَنْ النَّخَعِيِّ: أَنَّهُ كَانَ لَهُ طَيْلَسَانٌ مُدَبَّجٌ، أَيْ: أَطْرَافُهُ مُنَقَّشَةٌ مُزَيَّنَةٌ بِالدِّيبَاجِ.

وَفِي الْحَدِيثِ: "نَهَى أَنْ يُدَبِّجَ[1] الرَّجُلُ فِي رُكُوعِهِ"، وَهُوَ أَنْ يُطَأْطِئَ الرَّاكِعُ رَأْسَهُ حَتَّى يَكُونَ أَخْفَضَ مِنْ ظَهْرِهِ، وَقِيلَ: تَدْبِيجُ الْحِمَارِ أَنْ يُرْكَبَ، وَهُوَ يَشْتَكِي ظَهْرَهُ مِنْ دَبَرٍ فَيُرْخِي قَوَائِمَهُ وَيُطَامِنُ ظَهْرَهُ، وَقَدْ صَحَّ بِالدَّالِ غَيْرَ مُعْجَمَةٍ، وَالذَّالُ خَطَأٌ، عَنْ أَبِي

---

(١) في خ: "يُدَتِّج".

عُبَيْدٍ وَالْأَزْهَرِيِّ.

[د ب ر]: (التَّدْبِيرُ) الْإِعْتَاقُ عَنْ دُبُرٍ، وَهُوَ مَا بَعْدَ الْمَوْتِ، وَتَدَبَّرَ الْأَمْرَ نَظَرَ فِي أَدْبَارِهِ، أَيْ: فِي عَوَاقِبِهِ، وَأَمَّا قَوْلُهُ فِي الْأَيْمَانِ مِنْ الْجَامِعِ: فَإِنْ تَدَبَّرَ الْكَلَامَ تَدَبُّرًا، قَالَ الْحَلْوَائِيُّ: يَعْنِي إِنْ كَانَ حَلَفَ بَعْدَ مَا فَعَلَ، وَأَنْشَدَ[1]:

وَلَا يَعْرِفُونَ الْأَمْرَ إِلَّا تَدَبُّرا

أَيْ: فِي الْآخِرَةِ بَعْدَ مَا مَضَى، وَهَذَا صَحِيحٌ لِأَنَّ تَرْكِيبَهُ دَالٌّ عَلَى مَا يُخَالِفُ الِاسْتِقْبَالَ أَوْ يَكُونُ خَلْفَ الشَّيْءِ، مِنْ ذَلِكَ قَوْلُهُمْ: مَضَى أَمْسِ الدَّابِرُ، أَلَا تَرَى كَيْفَ أَكَّدَ بِهِ الْمَاضِيَ وَالْأَصْلُ فِي هَذَا الدُّبُرُ بِخِلَافِ الْقُبُلِ، وَقَوْلُهُمْ:وَلَّاهُ دُبُرَهُ، كِنَايَةٌ عَنْ الِانْهِزَامِ، وَيُقَالُ: لِمَنْ الدَّبْرَةُ؟ أَيْ: مَنْ الْهَازِمُ؟ وَعَلَى مَنْ الدَّبْرَةُ، أَيْ: مَنْ الْمَهْزُومُ.

(وَالدَّبَرَةُ) بِالتَّحْرِيكِ كَالْجِرَاحَةِ تَحْدُثُ مِنْ الرَّحْلِ أَوْ نَحْوِهِ، وَقَدْ دَبِرَ الْبَعِيرُ دَبَرًا وَأَدْبَرَهُ صَاحِبُهُ.

(وَالدَّبْرَةُ) بِالسُّكُونِ الْمَشَارَةُ، وَهِيَ بِالْفَارِسِيَّةِ: (كُرْد)، وَالْجَمْعُ: دَبْرٌ وَدِبَارٌ.

(وَمُدَابَرَةٌ) فِي (ش ر).

حَمِيُّ الدُّبُرِ فِي (ح م، ح م ي).

[د ب س]: (الدِّبْسُ) عَصِيرُ الرُّطَبِ، وَتَرْكِيبُهُ يَدُلُّ عَلَى لَوْنٍ لَيْسَ بِنَاصِعٍ، وَمِنْهُ: فَرَسٌ أَدْبَسُ بَيْنَ السَّوَادِ وَالْحُمْرَةِ، (وَالدُّبْسِيُّ) مِنْ الْحَمَامِ؛ لِأَنَّهُ يَكُونُ بِذَلِكَ اللَّوْنِ، وَالْأُنْثَى: دِبْسِيَّةٌ، وَبِالْفَارِسِيَّةِ: مُوسِيجَة.

[د ب غ]: (دَبَغَ) الْجِلْدَ يَدْبَغُ بِالْحَرَكَاتِ الثَّلَاثِ دَبْغًا وَدِبَاغًا، وَالدِّبَاغُ أَيْضًا مَا يُدْبَغُ بِهِ.

[د ب ق]: (دَابَقٌ) بَلَدٌ بِوَزْنِ طَابَقٍ، وَفِي التَّهْذِيبِ بِالْكَسْرِ، وَهُوَ مُذَكَّرٌ مَصْرُوفٌ.

[د ب ل]: (الدَّبْلُ) الْجَدْوَلُ، وَجَمْعُهُ: دُبُولٌ كَطَبْلٍ وَطُبُولٍ.

(وَالدُّبَيْلَةُ) دَاءٌ فِي الْبَطْنِ مِنْ فَسَادٍ يَجْتَمِعُ فِيهِ.

---

(١) البيت لجرير، وهو جرير بن عطية بن حذيفة الخطفي بن بدر الكلبي اليربوعي، أبو حزرة من تميم، ومطلع البيت: فَلا تَتَّقون الشرَّ حَتّى يُصيبكُم....

الدَّالُ مَعَ الثَّاءِ الْمُثَلَّثَةِ

[د ث ر]: (الدِّثَارُ) خِلَافُ الشِّعَارِ، وَهُوَ كُلُّ مَا أَلْقَيْتَهُ عَلَيْكَ مِنْ كِسَاءٍ أَوْ غَيْرِهِ، وَالْجَمْعُ: دُثُرٌ.

الدَّالُ مَعَ الْجِيمِ

[د ج ج]: (الدُّجُجُ) جَمْعُ دَجَاجٍ، وَالْوَاحِدَةُ: دَجَاجَةٌ، وَبِهَا سُمِّيَ وَالِدُ نُعَيْمِ بن دَجَاجَةَ الْأَسَدِيِّ.

[د ج ل]: (دِجْلَةُ) بِغَيْرِ حَرْفِ التَّعْرِيفِ نَهْرٌ بِبَغْدَادَ، قَوْلُهُ: أَرْضٌ غَلَبَ عَلَيْهَا الْمَاءُ فَصَارَتْ دِجْلَةً، أَيْ: مِثْلَهَا، قِيلَ: وَإِنَّمَا سُمِّيَتْ بِذَلِكَ لِأَنَّهَا تَدْجُلُ أَرْضَهَا، أَيْ: تُغَطِّيهَا بِالْمَاءِ إِذَا فَاضَتْ.

[د ج ن]: (شَاةٌ دَاجِنٌ) أَلِفَتْ الْبُيُوتَ، وَعَنْ الْكَرْخِيِّ: الدَّوَاجِنُ خِلَافُ السَّائِمَةِ.

الدَّالُ مَعَ الْحَاءِ الْمُهْمَلَةِ

[د ح د ح]: ثَابِتُ بن (الدَّحْدَاحِ) هُوَ الَّذِي سَأَلَ النَّبِيَّ صَلَّى اللـه عَلَيْهِ وَسَلَّمَ عَنْ الْمَحِيضِ، وَمَاتَ فِي عَهْدِ النَّبِيِّ عَلَيْهِ السَّلَامُ (أَتِيًّا)، أَيْ: غَرِيبًا لَمْ يَعْرِفُوا لَهُ نَسَبًا.

[د ح ل]: فِي حَدِيثِ عُمَرَ رَضِيَ اللـه عَنْهُ: (لَا تَدْحَلْ)، وَيُرْوَى: بِالْهَاءِ، أَيْ: لَا تَخَفْ بِالسُّرْيَانِيَّةِ.

[د ح ي]: (دِحْيَةُ) الْكَلْبِيُّ بِالْفَتْحِ وَالْكَسْرِ، وَعَنْ الْأَصْمَعِيِّ بِالْفَتْحِ لَا غَيْرِهِ.

الدَّالُ مَعَ الْخَاءِ الْمُعْجَمَةِ

[د خ س]: (الدَّخَسُ) دَاءٌ يَأْخُذُ فِي قَوَائِمِ الدَّابَّةِ، يُقَالُ: فَرَسٌ دَخِيسٌ بِهِ عَنَتٌ، وَفِي الصِّحَاحِ: وَرَمٌ حَوَالَيْ الْحَافِرِ، وَأَمَّا الدَّحَسُ بِالْحَاءِ غَيْرِ مُعْجَمَةٍ فَمِنْ الدَّاحِسِ، وَهُوَ تَشَعُّبُ الْإِصْبَعِ وَسُقُوطُ الظُّفْرِ.

[د خ ر ص]: (دخريص) الْقَمِيصِ مَا يُوَسَّعُ بِهِ مِنْ الشُّعَبِ، وَقَدْ يُقَالُ: دِخْرِصٌ وَدِخْرِصَةٌ، وَالْجَمْعُ: دَخَارِيصُ.

[د خ ل]: (الدُّخُولُ) بِالْمَرْأَةِ كِنَايَةٌ عَنْ الْوَطْءِ مُبَاحًا كَانَ أَوْ مَحْظُورًا، وَهِيَ مَدْخُولٌ بِهَا، وَأَمَّا الْمَدْخُولَةُ فَخَطَأٌ.

(وَدَاخِلَةُ) الْإِزَارِ: مَا يَلِي جَسَدَك مِنْهُ، وَعَنْ الْجُرْجَانِيِّ: اتِّصَالُ الْمُدَاخَلَةِ أَنْ يَكُونَ

آجُرُّ الْحَائِطِ مُدَاخِلًا لِحَائِطِ الْمُدَّعَى.

[د خ ن]: (تَدَخُّنُ) مِنَ الدُّخْنَةِ، وَهِيَ بَخُورٌ كَالذَّرِيرَةِ يُدَخَّنُ بِهَا الْبُيُوتُ.

(وَالْمِدْخَنَةُ) بِكَسْرِ الْمِيمِ فِي (جم، ج م ر).

الدَّالُ مَعَ الرَّاءِ الْمُهْمَلَةِ

[د ر أ]: (الدَّرْءُ) الدَّفْعُ، وَمِنْهُ: كَانَ بَيْنَ عُمَرَ وَبَيْنَ مُعَاذِ ابْنِ عَفْرَاءَ دَرْءٌ، أَيْ: خُصُومَةٌ وَتَدَافُعٌ، وَدَرَأَ عَنْهُ الْحَدَّ: دَفَعَهُ مِنْ بَابِ مَنَعَ، وَقَوْلُهُمْ: الْحُدُودُ تَنْدَرِئُ بِالشُّبُهَاتِ، قِيَاسٌ لَا سَمَاعٌ.

[د ر ب]: (الدَّرْبُ) الْمَضِيقُ مِنْ مَضَائِقِ الرُّومِ، وَعَنْ الْخَلِيلِ: الدَّرْبُ الْبَابُ الْوَاسِعُ عَلَى رَأْسِ السِّكَّةِ، وَعَلَى كُلِّ مَدْخَلٍ مِنْ مَدَاخِلِ الرُّومِ وَدَرْبٌ مِنْ دُرُوبِهَا، وَالْمُرَادُ بِهِ فِي قَوْلِهِ: زُقَاقٌ أَوْ دَرْبٌ غَيْرُ نَافِذٍ السِّكَّةُ الْوَاسِعَةُ نَفْسُهَا.

[د ر ج]: (دَرَجُ) السُّلَّمِ رُتْبَةُ الْوَاحِدَةُ دَرَجَةٌ، وَمِنْهَا قَوْلُهُ فِي الْجَنَائِزِ: شِبْهُ الدَّرَجِ، وَيُسَمَّى بِهَا هَذَا الْمَبْنِيُّ مِنْ خَشَبٍ أَوْ مَدَرٍ مُرَكَّبًا عَلَى حَائِطٍ أَوْ نَحْوِهِ تَسْمِيَةً لِلْكُلِّ بِاسْمِ الْبَعْضِ.

(وَصَبِيٌّ دَارِجٌ) إِذَا دَبَّ وَنَمَا.

[د ر د]: رَجُلٌ (أَدْرَدُ): ذَهَبَتْ أَسْنَانُهُ، وَقَدْ دَرِدَ دَرَدًا، وَمِنْهُ: حَتَّى خَشِيتُ لَأَدْرَدَنَّ، وَيُرْوَى: حَتَّى خَشِيتُ أَنْ أَدْرَدَ أَسْنَانِي، وَلَمْ أَسْمَعْهُ.

[د ر ر]: (الْفَارِسِيَّةُ الدَّرِّيَّةُ) الْفَصِيحَةُ، نُسِبَتْ إِلَى دَرٍ، وَهُوَ الْبَابُ بِالْفَارِسِيَّةِ، وَتَحْقِيقُهَا فِي الْمُعْرِبِ.

[د ر ز]: (الدَّرْزُ) الِارْتِفَاعُ الَّذِي يَحْصُلُ فِي الثَّوْبِ إِذَا جُمِعَ طَرَفَاهُ فِي الْخِيَاطَةِ، وَقَوْلُهُ: فَآثَارُ الدُّرُوزِ وَالْأَشَافِيِّ[1] خَرْقٌ، إِنَّمَا أَرَادَ بِهَا الثُّقَبَ، وَكَانَ مِنْ حَقِّهِ أَنْ يَقُولَ: فَآثَارُ الْغَرْزِ أَوْ الْخَرْزِ.

[د ر س]: (مِدْرَاسُ) الْيَهُودِ مَدْرَسَتُهُمْ، وَمِرْدَاسٌ تَحْرِيفٌ، وَقَوْلُهُمْ: مَوَارِيثُ دَرَسَتْ، أَيْ: تَقَادَمَتْ.

[د ر ع]: (دِرْعُ) الْحَدِيدِ مُؤَنَّثٌ، وَالدَّارِعُ ذُو الدِّرْعِ، وَدِرْعُ الْمَرْأَةِ مَا تَلْبَسُهُ فَوْقَ

(١) فِي م: "والأثافي".

الْقَمِيصِ، وَهُوَ مُذَكَّرٌ، وَعَنْ الْحَلْوَائِيِّ: وَهُوَ مَا جَيْبُهُ إلَى الصَّدْرِ وَالْقَمِيصُ مَا شَقُّهُ إلَى الْمَنْكِبِ، وَلَمْ أَجِدْهُ أَنَا فِي كُتُبِ اللُّغَةِ.

(فَادَّرَعَهُمَا) مَوْضِعُهُ فِي (ذر، ذ ر ع). (د ر غ) دَرْغَانُ فِي (ع ب، ع ب ر).

[د ر ق]: (الدَّرَقَةُ) تُرْسٌ يُتَّخَذُ مَنْ جُلُودٍ لَيْسَ فِيهَا خَشَبٌ وَلَا عَقَبٌ، وَأَمَّا قَوْلُهُ فِي شِرْبِ الْوَاقِعَاتِ: فَإِصْلَاحُ الدَّرَقَةِ عَلَى صَاحِبِ النَّهْرِ الصَّغِيرِ، فَهِيَ تَعْرِيبُ دربجه.

(وَالدَّوْرَقُ) مِكْيَالٌ لِلشَّرَابِ، وَهُوَ أَعْجَمِيٌّ.

[د ر ك]: (أَدْرَكْتُ) الْفَائِتَ، وَفِي الشُّرُوطِ: فَمَا أَدْرَكَ فُلَانًا مِنْ دَرَكٍ، وَقَوْلُهُ: الِاجْتِهَادُ جُعِلَ مَدْرَكًا مِنْ مَدَارِكِ الشَّرْعِ، الصَّوَابُ قِيَاسًا ضَمُّ الْمِيمِ؛ لِأَنَّ الْمُرَادَ مَوْضِعُ الْإِدْرَاكِ.

[د ر ك ل]: (وَالدِّرْكَلَةُ) لُعْبَةٌ مِنْ لُعَبِ الصِّبْيَانِ بِوَزْنِ رِبْحِلَةٍ أَوْ شِرْذِمَةٍ.

[د ر غ م]: (درغم) نَاحِيَةٌ مِنْ نَوَاحِي سَمَرْقَنْدَ.

[د ر هـ م]: (الدِّرْهَمُ) اسْمٌ لِلْمَضْرُوبِ الْمُدَوَّرِ مِنْ الْفِضَّةِ كَالدِّينَارِ مِنْ الذَّهَبِ، وَقَوْلُهُ: الْمُعْتَبَرُ مِنْ الدَّنَانِيرِ وَزْنُ الْمَثَاقِيلِ، وَفِي الدَّرَاهِمِ وَزْنُ سَبْعَةٍ.

قَالَ الْكَرْخِيُّ فِي مُخْتَصَرِهِ: وَهُوَ أَنْ يَكُونَ الدِّرْهَمُ أَرْبَعَةَ عَشَرَ قِيرَاطًا، وَتَكُونَ الْعَشَرَةُ وَزْنَ سَبْعَةِ مَثَاقِيلَ، وَالْمِائَتَانِ وَزْنَ مِائَةٍ وَأَرْبَعِينَ مِثْقَالًا، وَكَانَتْ الدَّرَاهِمُ فِي الْجَاهِلِيَّةِ ثِقَالًا مَثَاقِيلَ وَخِفَافًا طَبَرِيَّةً، فَلَمَّا ضُرِبَتْ فِي الْإِسْلَامِ جَمَعُوا الثَّقِيلَ وَالْخَفِيفَ فَجَعَلُوهُمَا دِرْهَمَيْنِ، فَكَانَتْ الْعَشَرَةُ مِنْ هَذِهِ الدَّرَاهِمِ الْمُتَّخَذَةِ وَزْنَ سَبْعَةِ مَثَاقِيلَ.

وَذَكَرَ أَبُو عُبَيْدٍ فِي كِتَابِ الْأَمْوَالِ: أَنَّ هَذَا الْجَمْعَ وَالضَّرْبَ كَانَ فِي عَهْدِ بَنِي أُمَيَّةَ، وَطَوَّلَ الْقَوْلَ فِيهِ، وَهُوَ فِي الْمُعْرِبِ.

[د ر ي]: (الْمُدَارَاةُ) الْمُخَاتَلَةُ، وَبِالْهَمْزَةِ مُدَافَعَةُ ذِي الْحَقِّ عَنْ حَقِّهِ، وَبَيَانُهَا فِي (ش ر، ش ر ى).

الدَّالُ مَعَ السِّينِ الْمُهْمَلَةِ

[د س ت ج]: (الدساتج) جَمْعُ دستجة، مُعَرَّبُ[1] دَسْتَهْ.

---

(١) في خ:"تعريب".

[د س ت و ا ء]: (هِشَامٌ الدَّسْتُوَائِيُّ) مَنْسُوبٌ إِلَى دُسْتُوَاءُ بِالْمَدِّ مِنْ كُوَرِ الْأَهْوَازِ بِفَارِسٍ، وَهُوَ مِنْ فُقَهَاءِ التَّابِعِينَ رَحْمَةُ اللـه عَلَيْهِمْ أَجْمَعِينَ.

[د س ر]: ابْنُ عَبَّاسٍ فِي الْعَنْبَرِ: إِنَّهُ شَيْءٌ (دَسَرَهُ) الْبَحْرُ، أَيْ: دَفَعَهُ وَقَذَفَهُ، مِنْ بَابِ طَلَبَ.

[د س ك ر]: (الدَّسْكَرَةُ) بِنَاءٌ يُشْبِهُ الْقَصْرَ حَوَالَيْهِ بُيُوتٌ يَكُونُ لِلْمُلُوكِ.

[د س س]: (الدَّسُّ) الْإِخْفَاءُ، يُقَالُ: دَسَّ الشَّيْءَ فِي التُّرَابِ، وَكُلُّ شَيْءٍ أَخْفَيْتَهُ تَحْتَ شَيْءٍ فَقَدْ دَسَسْتَهُ، وَمِنْهُ قَوْلُهُ: (يَدُسُّهُ) الْبَائِعُ فِيهِ.

[د س ع]: (الدَّسْعَةُ) الْقَيْئَةُ، يُقَالُ: دَسَعَ الرَّجُلُ، إِذَا قَاءَ مِلْءَ الْفَمِ، وَأَصْلُ الدَّسْعِ الدَّفْعُ.

[د س م]: (الدُّسُومَةُ) مَصْدَرُ، قَوْلِهِمْ: شَيْءٌ دَسِمٌ، أَيْ: ذُو دَسَمٍ، وَهُوَ الْوَدَكُ مِنْ لَحْمٍ أَوْ شَحْمٍ، وَعَنْ ابْنِ عَبَّاسٍ رَضِيَ اللـه عَنْهُمَا: "أَنَّ النَّبِيَّ عَلَيْهِ السَّلَامُ خَطَبَ النَّاسَ وَعَلَيْهِ عِمَامَةٌ دَسْمَاءُ". أَيْ: سَوْدَاءُ عَنْ الْأَزْهَرِيِّ، وَمِنْهَا: قَوْلُ عُثْمَانَ رَضِيَ اللـه عَنْهُ، وَقَدْ رَأَى غُلَامًا مَلِيحًا: دَسِّمُوا نُونَتَهُ، أَيْ: سَوِّدُوا النُّقْرَةَ الَّتِي فِي ذَقَنِهِ؛ لِئَلَّا تُصِيبَهُ الْعَيْنُ.

الدَّالُ مَعَ الْعَيْنِ الْمُهْمَلَةِ

[د ع ب]: (دَعَبَ) يَدْعَبُ دُعَابَةً: مَزَحَ، مِنْ بَابِ مَنَعَ وَلَبِسَ.

[د ع ر]: (الدَّاعِرُ) الْخَبِيثُ الْمُفْسِدُ وَمَصْدَرُهُ (الدَّعَارَةُ)، وَهِيَ مِنْ قَوْلِهِمْ: عُودٌ دَعِرٌ، أَيْ: كَثِيرُ الدُّخَانِ.

[د ع م ص]: (الدُّعْمُوصُ) دُوَيْبَّةٌ سَوْدَاءُ تَسْبَحُ فَوْقَ الْمَاءِ.

[د ع م]: مَالَ حَائِطُهُ (فَدَعَمَهُ) بِدِعَامَةٍ، وَهِيَ كَالْعِمَادِ يُسْنَدُ إِلَيْهِ لِيَسْتَمْسِكَ بِهِ، وَبِاسْمِ الْآلَةِ مِنْهُ سُمِّيَ مِدْعَمٌ الْأَسْوَدُ مَوْلَى رَسُولِ اللـه صَلَّى اللـه عَلَيْهِ وَآلِهِ وَسَلَّمَ، وَهُوَ فِي السِّيَرِ.

(وَادَّعَمَ) عَلَيْهَا: اتَّكَأَ عَلَى افْتَعَلَ، وَمِنْهُ: ادَّعَمَ عَلَى رَاحَتَيْهِ فِي السُّجُودِ.

[د ع و]: (دَعَوْتُ) فُلَانًا نَادَيْتُهُ، وَهُوَ دَاعٍ، وَهُمْ دُعَاةٌ، وَقَوْلُ عُمَرَ رَضِيَ اللـه عَنْهُ: إِنَّا بَعَثْنَاكَ دَاعِيًا لَا رَاعِيًا، أَيْ: لِلْأَذَانِ وَإِعْلَامِ النَّاسِ لَا حَافِظًا لِلْأَمْوَالِ[1]، وَقَوْلُ النَّهْدِيِّ: كُنَّا

(١) في خ: "للأحوال".

نَدْعُو وَنَدَعُ، أَيْ: نَدْعُوهُمْ إِلَى الإِسْلَامِ مَرَّةً وَمَرَّةً نَدَعُ، أَيْ: وَنَتْرُكُ الدَّعْوَةَ أُخْرَى.

وَادَّعَى زَيْدٌ عَلَى عَمْرٍو مَالًا، فَزَيْدٌ الْمُدَّعِي، وَعَمْرٌو الْمُدَّعَى عَلَيْهِ، وَالْمَالُ الْمُدَّعَى، وَالْمُدَّعَى بِهِ لَغْوٌ، وَالْمَصْدَرُ الادِّعَاءُ، وَالاسْمُ الدَّعْوَى، وَأَلِفُهَا لِلتَّأْنِيثِ فَلَا تُنَوَّنُ، يُقَالُ: دَعْوَى بَاطِلَةٌ أَوْ صَحِيحَةٌ، وَجَمْعُهَا: دَعَاوَى بِالْفَتْحِ كَفَتْوَى وَفَتَاوَى.

(وَالتَّدَاعِي) أَنْ يَدْعُوَ بَعْضُهُمْ بَعْضًا، وَقَدْ تَدَاعَوْا الشَّيْءَ إِذَا ادَّعَوْهُ، وَمِنْهُ: بَابُ الرَّجُلَانِ يَتَدَاعَيَانِ الشَّيْءَ بِالأَيْدِي، وَمِثْلُهُ: تَبَايَعَاهُ وَتَرَاءَوْا الْهِلَالَ، وَيُقَالُ: تَدَاعَتْ الْحِيطَانُ وَتَدَاعَى الْبُنْيَانُ، إِذَا بَلِيَ وَتَصَدَّعَ مِنْ غَيْرِ أَنْ يَسْقُطَ، وَأَمَّا قَوْلُهُ: وَإِنْ تَدَاعَتْ حَوَائِطُ الْمَقْبَرَةِ إِلَى الْخَرَابِ، فَعَامِّيٌّ غَيْرُ عَرَبِيٍّ.

(وَفُلَانٌ دَعِيٌّ) مِنَ الدِّعْوَةِ بِالْكَسْرِ، إِذَا ادَّعَى غَيْرَ أَبِيهِ، وَدَاعِيَةُ اللَّبَنِ: مَا يُتْرَكُ فِي الضَّرْعِ لِيَدْعُوَ مَا بَعْدَهُ، وَقَدْ يُقَالُ بِغَيْرِ هَاءٍ، وَمِنْهُ الْحَدِيثُ: "دَعْ دَاعِيَ اللَّبَنِ لَا تُجْهِدْهُ"[1]، أَيْ: لَا تَسْتَقْصِ الدَّعَةَ مَوْضِعُهَا فِي (و د، و د ع).

الدَّالُ مَعَ الْغَيْنِ الْمُعْجَمَةِ

[د غ ل]: (دَغَلٌ) فِي (ن غ، ن غ ل).

[د غ م]: (فَرَسٌ أَدْغَمُ) ديزج، وَهُوَ بِالْفَارِسِيَّةِ الَّذِي لَوْنُ وَجْهِهِ وَخَطْمُهُ يُخَالِفُ لَوْنَ سَائِرِ الْجَسَدِ، وَلَا يَكُونُ إِلَّا سَوَادًا، وَبِالْعَيْنِ غَيْرِ الْمُعْجَمَةِ الَّذِي فِي صَدْرِهِ بَيَاضٌ.

الدَّالُ مَعَ الْفَاءِ

[د ف أ]: (الدِّفْءُ) السُّخُونَةُ وَالْحَرَارَةُ مِنْ دَفِئَ مِنَ الْبَرْدِ، ثُمَّ سُمِّيَ بِهِ كُلُّ مَا يُدْفِئُ، أَيْ: يُسْخِنُ مِنْ صُوفٍ أَوْ نَحْوِهِ، وَمِنْهُ: "لَكُمْ فِيهَا دِفْءٌ"، وَهُوَ عِنْدَ الْعَرَبِ: اسْمٌ لِكُلِّ مَا يُنْتَفَعُ بِهِ مِنْ نِتَاجِ الإِبِلِ وَأَلْبَانِهَا، وَقَدْ تَدَفَّأَ بِالثَّوْبِ وَاسْتَدْفَأَ بِهِ إِذَا طَلَبَ بِهِ الدِّفْءَ.

وَعَنْ الْحَسَنِ فِي قَوْلِهِ عَلَيْهِ السَّلَامُ: "لِلرَّجُلِ مِنْ امْرَأَتِهِ مَا فَوْقَ الْمِئْزَرِ". قَالَ: أَرَادَ أَنْ تَتَدَفَّأَ بِالإِزَارِ، وَيَقْضِيَ هُوَ حَاجَتَهُ مِنْهَا فِيمَا دُونَ الْفَرْجِ، أَيْ: تَتَأَزَّرُ بِهِ وَتَتَسَتَّرُ، وَحَقِيقَتُهُ مَا ذَكَرْت، وَاسْتِعْمَالُهُ مِنَ الْحَسَنِ فِي هَذَا الْمَقَامِ حَسَنٌ.

---

(١) أخرجه أحمد في مسنده (١٦٢٦١)، والدارمي في سننه (١٩٩٧)، وابن حبان في صحيحه (٥٢٨٣).

[د ف ر]: (الدَّفَرُ) مَصْدَرُ دَفِر: إِذَا خَبُثَتْ رَائِحَتُهُ، وَبِالسُّكُونِ النَّتْنُ اسْمٌ مِنْهُ، وَفِي الدُّعَاءِ: دَفْرًا لَـهُ، أَيْ: نَتْنًا لَهُ، وَيُقَالُ لِلْأَمَةِ: يَا دَفَارِ، أَيْ: يَا مُنْتِنَةُ، وَهُوَ فِي حَدِيثِ عُمَرَ رَضِيَ اللـه عَنْهُ.

وَأَمَّا (الذَّفَرُ) بِالذَّالِ الْمُعْجَمَةِ فَبِالتَّحْرِيكِ لَا غَيْرُ، وَهُوَ حِدَّةُ الرَّائِحَةِ أَيًّمَا كَانَتْ، وَمِنْهُ: مِسْكٌ أَذْفَرُ، وَإِبِطٌ ذَفْرَاءُ، وَرَجُلٌ ذَفِرٌ بِهِ ذَفَرٌ، أَيْ: صُنَانٌ، وَهُوَ مُرَادُ الْفُقَهَاءِ فِي قَوْلِهِمْ: وَالْبَخَرُ وَالذَّفَرُ عَيْبٌ فِي الْجَارِيَةِ، وَهَكَذَا فِي الرِّوَايَةِ.

[د ف ت ر]: (الدَّفْتَرُ) الْكِتَابُ الْمَكْتُوبُ، وَقَوْلُهُ: وَهَبَ دَفَاتِرَ فَكَتَبَ فِيهَا، يَحْتَمِلُ أَنْ يُرَادَ فَزَادَ فِيهَا فَوَائِدَ وَحَوَاشِيَ، وَأَنْ يُسْتَعَارَ لِمَا لَا كِتَابَ فِيهِ كَمَا فِي قَوْلِهِ: وَلَوْ سَرَقَ دَفْتَرًا أَبْيَضَ قِيمَتُهُ عَشَرَةٌ قُطِعَتْ يَدُهُ، وَقَالَ الشَّافِعِيُّ رَحِمَهُ اللـه: خَرَجْتُ مِنْ مَكَّةَ وَخَلَّفْتُ بِهَا دُفَيْتِرَاتٍ، عَلَى تَصْغِيرِ دَفَاتِرَ. (وَزُفَيْرَاتٍ) بِالزَّايِ عَلَى تَصْغِيرِ زِفْرٍ، وَهُوَ الْحِمْلُ، تَصْحِيفٌ وَتَحْرِيفٌ.

[د ف ع]: (الدَّفْعُ) مَعْرُوفٌ، وَفِي حَدِيثِ ابْنِ أُنَيْسٍ: وَأَنَا أَمْشِي حَتَّى أُدْفَعَ إِلَى رَاعِيَةٍ لَهُ، وَرُوِيَ: حَتَّى أُرْفَعَ، وَالْأَصَحُّ:حَتَّى دُفِعْتُ.

[د ف ف]: الدُّفُّ بِالضَّمِّ وَالْفَتْحِ الَّذِي يُلْعَبُ بِهِ، وَهُوَ نَوْعَانِ: مُدَوَّرٌ وَمُرَبَّعٌ، وَمِنْهُ: قَوْلُ الْكَرْخِيِّ: لَا يَجُوزُ كَذَا وَكَذَا وَلَا الدُّفُّ الْمُرَبَّعُ، وَلَا بَأْسَ بِبَيْعِ الْمُدَوَّرِ.

(وَالدَّفُّ) بِالْفَتْحِ لَا غَيْرُ الْجَنْبُ، وَالدَّفَّةُ مِثْلُهُ، وَمِنْهَا: دَفَّتَا السَّرْجِ، لِلَّوْحَيْنِ اللَّذَيْنِ يَقَعَانِ عَلَى جَنْبَيْ الدَّابَّةِ، وَدَفَّتَا الْمُصْحَفِ: ضَامَّاهُ مِنْ جَانِبَيْهِ.

[د ف ق]: (دَفَقَ) الْمَاءَ دَفْقًا: صَبَّهُ صَبًّا فِيهِ دَفْعٌ وَشِدَّةٌ، وَمَاءٌ دَافِقٌ: ذُو دَفْقٍ عَلَى طَرِيقَةِ النَّسَبِ، وَعَنْ اللَّيْثِ: أَنَّهُ لَازِمٌ، وَقَدْ أُنْكِرَ عَلَيْهِ.

[د ف ن]: شُرَيْحٌ كَانَ لَا يَرُدُّ الْعَبْدَ مِنْ (الْإِدْفَانِ) وَيَرُدُّ مِنَ الْإِبَاقِ الْبَاتِّ. الْإِدْفَانُ: هُوَ افْتِعَالٌ مِنَ الدَّفْنِ لَا إِفْعَالٌ، وَذَلِكَ أَنْ يَرُوغَ عَنْ مَوَالِيهِ يَوْمًا وَيَوْمَيْنِ وَلَا يَغِيبَ عَنِ الْمِصْرِ، كَأَنَّهُ يَدْفِنُ نَفْسَهُ فِي أَبْيَاتِ الْمِصْرِ خَوْفًا مِنْ عُقُوبَةِ ذَنْبٍ فَعَلَهُ، وَعَبْدٌ دَفُونٌ: عَادَتُهُ ذَلِكَ.

الدَّالُ مَعَ الْقَافِ

[د ق ق]: (الْمِدَقُّ) وَالْمِدَقَّةُ بِكَسْرِ الْمِيمِ، وَالْمُدُقُّ بِضَمَّتَيْنِ، اسْمٌ لِمَا يُدَقُّ بِهِ وَذَلِكَ عَامٌّ، وَأَمَّا الْمَخْصُوصُ بِالْقَصَّارِينَ فَيُقَالُ لَهُ: الْكُذِينَقُ وَالْبَيْزَرُ وَالْمِيجَنَةُ.

وَقَوْلُهُ: أَسْلَمَ رَجُلٌ إِلَى رَجُلٍ فِي حُلَلٍ دِقٍّ، فَلَمْ يَجِدْ، فَأَرَادَ أَنْ يُعْطِيَهُ حُلَلَ جِلٍّ حُلَّتَيْنِ بِحُلَّةٍ، الدِّقُّ فِي الْأَصْلِ: الدَّقِيقُ، وَالْجِلُّ: الْغَلِيظُ، ثُمَّ جُعِلَ كُلُّ وَاحِدٍ مِنْهُمَا اسْمًا لِنَوْعٍ مِنَ الثِّيَابِ فَأُضِيفَتْ الْحُلَلُ إِلَيْهِمَا.

[د ق ل]: (الدَّقَلُ) نَوْعٌ مِنْ أَرْدَإِ التَّمْرِ.

(وَدَقَلُ) السَّفِينَةِ: خَشَبَتُهَا الطَّوِيلَةُ الَّتِي يُعَلَّقُ بِهَا الشِّرَاعُ.

الدَّال مَعَ الْكَاف

[د ك ك]: فِي حَدِيثِ الْأَشْعَرِيِّ: خَيْلًا عِرَاضًا (دُكًّا)، جَمْعُ أَدَكَّ، وَهُوَ الْعَرِيضُ الظَّهْرِ الْقَصِيرُ.

الدَّال مَعَ اللَّام

[د ل ب]: (الدُّلْبُ) شَجَرٌ عَظِيمٌ مُفَرَّضُ الْوَرَقِ لَا نَوْرَ لَهُ وَلَا ثَمَرَ، يُقَالُ لَهُ بِالْفَارِسِيَّةِ: الصنار.

(وَالدُّولَابُ) بِالْفَتْحِ الْمَنْجَنُونُ الَّتِي تُدِيرُهَا الدَّابَّةُ، وَبِهَا سُمِيَّ الْمَوْضِعُ الْمَنْسُوبُ إِلَيْهِ مُحَمَّدُ بن الصَّبَّاحِ الْبَزَّازُ الدُّولَابِيُّ هَكَذَا فِي الْمُتَّفَقِ، (وَالنَّاعُورُ) مَا يُدِيرُهُ الْمَاءُ.

(وَالدَّالِيَةُ) جِذْعٌ طَوِيلٌ يُرَكَّبُ تَرْكِيبَ مَدَاقِّ الْأُرْزِ، وَفِي رَأْسِهِ مِغْرَفَةٌ كَبِيرَةٌ يُسْتَقَى بِهَا.

وَفِي شُرُوطِ الْحَاكِمِ: وَيَدْخُلُ فِي الْبَيْعِ الدُّولَابُ مِنْ غَيْرِ ذِكْرٍ، وَلَا تَدْخُلُ الدَّالِيَةُ، لِأَنَّ هَذَا مُعَلَّقٌ بِغَيْرِهَا وَكَذَا جُذُوعُهَا، وَهَكَذَا أَيْضًا فِي جَمْعِ التَّفَارِيقِ.

[د ل س]: (التَّدْلِيسُ) كِتْمَانُ عَيْبِ السِّلْعَةِ عَنِ الْمُشْتَرِي، وَالْمُدَالَسَةُ كَالْمُخَادَعَةِ، وَمِنْهَا حَدِيثُ عُثْمَانَ رَضِيَ اللهُ عَنْهُ: "لَا نِكَاحَ إِلَّا نِكَاحَ رَغْبَةٍ لَا مُدَالَسَةٍ"(١).

[د ل ك]: (دَلَكَتْ) الشَّمْسُ: زَالَتْ أَوْ غَابَتْ، وقَوْله تَعَالَى: ﴿أَقِمِ الصَّلَاةَ لِدُلُوكِ الشَّمْسِ﴾ [سورة الإسراء آية ٧٨] أَيْ: أَدِمْهَا لِوَقْتِ زَوَالِ الشَّمْسِ، وَبِذَلِكَ تَكُونُ الْآيَةُ جَامِعَةً لِلصَّلَوَاتِ الْخَمْسِ.

[د ل ل]: (التَّدَلُّلُ) تَفَعُّلٌ مِنَ الدَّلَالِ وَالدَّالَّة، وَهُمَا الْجُرْأَةُ.

---

(١) أخرجه الطبراني في المعجم الكبير (١١٥٦٧)، وابن حزم في المحلى بالآثار ج٩/٤٣٤.

[د ل د ل]: (وَدُلْدُل) بِوَزْنِ بُلْبُل: بَغْلَةُ النَّبِيِّ صَلَّى اللـه عَلَيْهِ وَآلِهِ وَسَلَّمَ.

[د ل هـ م]: (ادْلَهَمَّ) اللَّيْلُ: اشْتَدَّ ظَلَامُهُ.

[د ل و]: (أَدْلَيْتُ) الدَّلْوَ: أَرْسَلْتُهَا فِي الْبِئْرِ، وَمِنْهُ: أَدْلَى بِالْحُجَّةِ: أَحْضَرَهَا، وَفِي التَّنْزِيلِ **(وَتُدْلُوا بِهَا إِلَى الْحُكَّامِ)** [سورة البقرة آية ١٨٨] أَيْ: لَا تُلْقُوا أَمْرَهَا وَالْحُكُومَةَ فِيهَا، وَفِي كِتَابِ عُمَرَ رَضِيَ اللـه عَنْهُ: فَافْهَمْ إِذَا أُدْلِيَ إِلَيْكَ، أَيْ: تُخُوصِمَ إِلَيْكَ.

(وَفُلَانٌ يُدْلِي) إِلَى الْمَيِّتِ بِذَكَرٍ: أَيْ: يَتَّصِلُ.

(وَدَلَّاهُ) مِنْ سَطْحٍ بِحَبْلٍ، أَيْ: أَرْسَلَهُ فَتَدَلَّى، وَمِنْهُ حَدِيثُ ابْنِ الْمُغَفَّلِ: دُلِّيَ عَلَيَّ جِرَابٌ مِنْ شَحْمٍ مِنْ بَعْضِ حُصُونِ خَيْبَرَ، وَحَدِيثُ بُنَانَةَ: أَنَّهَا دَلَّتْ رَحًى عَلَى خَلَّادٍ، أَيْ: أَرْسَلَتْ حَجَرًا.

(وَدَلَّى) رِجْلَيْهِ مِنَ السَّرِيرِ، وَقَدْ جَاءَ أَدْلَى، وَمِنْهُ: قَدْ أَدْلَى رُكْبَتَهُ، يَعْنِي: رَسُولَ اللـه عَلَيْهِ السَّلَامُ، فِي رَكِيَّةٍ إِذْ دَخَلَ أَبُو بَكْرٍ، أَيْ: أَرْسَلَ رِجْلَهُ فِيهَا.

وَأَمَّا الْحَدِيثُ الْآخَرُ: أَنَّ قَوْمًا وَرَدُوا مَاءً فَسَأَلُوا أَهْلَهُ أَنْ يُدْلُوهُمْ عَنِ الْمَاءِ؛ فَإِنْ صَحَّ فَهُوَ مِنْ أَدْلَى الدَّلْوَ بِمَعْنَى: دَلَّاهَا إِذَا نَزَعَهَا، وَفِيهِ اخْتِصَارٌ، وَالْمَعْنَى: يُدْلُوهُمْ أَوْ يُدْلُوا دَلْوَهُمْ عَلَى حَذْفِ الْجَارِّ وَالْمُضَافِ.

(الدَّالِيَةُ) ذُكِرَتْ فِي (دلب).

الدَّال مَعَ الْمِيم

[د م ث]: فِي الْحَدِيثِ: "فَأَتَى دَمِثًا فِي أَصْلِ جِدَارٍ فَبَالَ"[(١)]، وَفِي حَدِيثٍ آخَرَ: "بَيْنَمَا هُوَ يَمْشِي فِي طَرِيقٍ إِذْ مَالَ إِلَى دَمِثٍ فَبَالَ فِيهِ". يُقَالُ: (دَمِثَ) الْمَكَانُ دَمَثًا، إِذَا لَانَ وَسَهُلَ فَهُوَ دَمِثٌ، وَدَمِثٌ بِكَسْرِ الْمِيمِ وَسُكُونِهَا، وَقَدْ يُرْوَى الْحَدِيثُ بِهِمَا، وَسَمَاعِيٌّ فِي الْفَائِقِ: دَمَثٍ بِفَتْحَتَيْنِ، وَلَمْ أَجِدْهُ فِيمَا عِنْدِي مِنْ أُصُولِ اللُّغَةِ، وَإِنْ صَحَّ كَانَ تَسْمِيَةً بِاسْمِ الْمَصْدَرِ، وَيُؤَيِّدُهُ رِوَايَةُ الْغَرِيبَيْنِ: إِلَى دَمَثٍ مِنَ الْأَرْضِ، ثُمَّ قَالَ: الدَّمَثُ الْأَرْضُ السَّهْلَةُ، فَجَعَلَهُ كَالِاسْمِ. وَمِنْهُ: الدَّمَاثَةُ سُهُولَةُ الْخُلُقِ، وَفِي صِفَتِهِ عَلَيْهِ

---

(١) أخرجه أبو داود (٣)، والبيهقي في السنن الصغير (٥٦)، والبيهقي في السنن الكبرى في: ج ١: ص٩٣

السَّلَامُ: "دَمِثٌ لَيْسَ بِالْجَافِي"[١]. وَعَنْهُ عَلَيْهِ السَّلَامُ: "مَنْ كَذَبَ عَلَيَّ فَإِنَّمَا يُدَمِّثُ مَجْلِسَهُ مِنَ النَّارِ"[٢]. أَيْ: يُسَهِّلُهُ وَيُوَطِّئُهُ، بِمَعْنَى يُهَيِّئُهُ لِلْجُلُوسِ فِيهِ.

[د م ل ج]: (الدُّمْلُوجُ) مِنَ الْحُلِيِّ: الْمِعْضَدُ.

[د م ر]: (وَدَمَّرَ) عَلَيْهِ: أَهْلَكَهُ.

[د م ع ة]: (الدَّامِعَةُ) مِنَ الشِّجَاجِ: الَّتِي يَسِيلُ مِنْهَا الدَّمُ كَدَمْعِ الْعَيْنِ وَقَبْلَهَا الدَّامِيَةُ، وَهِيَ الَّتِي تَدْمَى مِنْ غَيْرِ أَنْ يَسِيلَ مِنْهَا دَمٌ.

[د م غ]: (دَمَغَ) رَأْسَهُ: ضَرَبَهُ حَتَّى وَصَلَتْ الضَّرْبَةُ إِلَى دِمَاغِهِ، (وَشَجَّةٌ دَامِغَةٌ) وَهِيَ بَعْدَ الْآمَّةِ.

[د م ل]: (انْدَمَلَتْ) الْقُرْحَةُ: بَرَأَتْ وَصَلَحَتْ، مِنْ دَمَلَ الْأَرْضَ إِذَا أَصْلَحَهَا بِالدَّمَالِ، وَهُوَ السَّمَادُ، وَمِنْهَا[٣]: الدَّمَّالُ فِي آفَاتِ النَّخْلِ، وَهُوَ فَسَادُ طَلْعِهَا وَخَلَالِهَا قَبْلَ الْإِدْرَاكِ.

[د م ن]: وَمِثْلُهُ (الدَّمَانُ) مِنَ الدِّمْنِ، وَهُوَ السِّرْقِينُ.

[د م ي]: وَفِي الْحَدِيثِ: "أَلَا إِنَّ كُلَّ دَمٍ وَكَذَا وَكَذَا تَحْتَ قَدَمَيَّ إِلَّا دَمَ رَبِيعَةَ بن الْحَارِثِ" قُتِلَ لَهُ ابْنٌ صَغِيرٌ فِي الْجَاهِلِيَّةِ فَأُضِيفَ إِلَيْهِ الدَّمُ؛ لِأَنَّهُ وَلِيُّهُ.

(وَالدُّمْيَةُ) الصُّورَةُ الْمُنَقَّشَةُ وَفِيهَا حُمْرَةٌ كَالدَّمِ، وَالْجَمْعُ: الدُّمَى، الدَّامِيَة ذُكِرَتْ آنِفًا.

الدَّال مَعَ النُّون

[د ن أ]: فِي كَسْبِ الْحَجَّامِ: أَنَّهُ (يُدَنِّئُ) الْمَرءَ وَيُخِسُّهُ، هُوَ بِالْهَمْزَةِ مِنَ الدَّنَاءَةِ، أَيْ: يَجْعَلُهُ دَنِيئًا وَخَسِيسًا.

[د ن ر]: فَرَسٌ (مُدَنَّرٌ): بِهِ نُكَتٌ سُودٌ وَبِيضٌ كَالدَّنَانِيرِ.

[د ن ف]: (أَدْنَفَ) الْمَرِيضُ (وَدَنِفَ) ثَقُلَ مِنَ الْمَرَضِ وَدَنَا مِنَ الْمَوْتِ كَالْحَرَضِ، وَأَدْنَفَهُ الْمَرَضُ: أَثْقَلَهُ، وَمَرِيض مُدْنِفٌ.

[د ن ق]: (الدَّانِقُ) بِالْفَتْحِ وَالْكَسْر قِيرَاطَانِ، وَالْجَمْع: دَوَانِقُ وَدَوَانِيقُ، وَعَنْ الْحَسَنِ

(١) أخرجه الطبراني في المعجم الكبير (٤١٤)، وأبو نعيم في دلائل النبوة (٥٦٥)، والبيهقي في دلائل النبوة ٢٨٥/١.
(٢) ذكره ابن الجوزي في الموضوعات الكبرى ٦٠/١.
(٣) في خ: "ومنه".

رَحِمَهُ اللـه: لَعَنَ اللـه الدَّانِق وَمَنْ دَنَّق بِه، وَيُرْوَى: وَأَوَّل مَنْ أَحَدَثَ الدَّانِق، يَعْنِي: الْحَجَّاج.

(وَالتَّدْنِيقُ) الْمُدَاقَّةُ، وَلُقِّبَ أَبُو جَعْفَر الْمَنْصُورُ، وَهُوَ الثَّانِي مِنْ خُلَفَاءِ بَنِي الْعَبَّاسِ (بِالدَّوَانِقِيِّ وَبِأَبِي الدَّوَانِيقِ)؛ لِأَنَّهُ لَمَّا أَرَادَ حَفْرَ الْخَنْدَقِ بِالْكُوفَةِ قَسَطَ عَلَى كُلِّ وَاحِدٍ مِنْهُمْ دَانِق فِضَّةٍ، وَأَخَذَهُ وَصَرَفَهُ فِي الْحَفْرِ.

[د ن ل] (دَانْيَال) النَّبِيُّ عَلَيْهِ السَّلَامُ بِكَسْرِ النُّون، وُجِدَ خَاتَمُهُ فِي عَهْدِ عُمَرَ رَضِيَ اللـه عَنْهُ وَكَانَ عَلَى فَصِّه أَسَدَانِ وَبَيْنَهُمَا رَجُلٌ يَلْحَسَانِه وَذَلِكَ أَنَّ بُخْتَ نَصَّرَ لَمَّا أَخَذَ فِي تَتَبُّعِ الصِّبْيَانِ وَقَتْلِهِمْ وَوُلِدَ هُوَ أَلْقَتْهُ أُمُّهُ فِي غَيْضَةٍ رَجَاءَ أَنْ يَنْجُوَ مِنْهُ، فَقَيَّضَ اللـه سُبْحَانَهُ وَتَعَالَى أَسَدًا يَحْفَظُهُ وَلَبُؤَةً تُرْضِعُهُ وَهُمَا يَلْحَسَانِهِ، فَلَمَّا كَبُرَ صَوَّرَ ذَلِكَ فِي خَاتَمِه حَتَّى لَا يَنْسَى نِعْمَةَ اللـه عَلَيْه.

[د ن و]: (دَنَا) مِنْهُ قَرُبَ وَأَدْنَاهُ غَيْرُهُ، وَمِنْهُ: أَدْنَتْ الْمَرْأَةُ ثَوْبَهَا عَلَيْهَا إِذَا أَرْخَتْهُ وَتَسَتَّرَتْ بِه، وَفِي التَّنْزِيلِ: (يُدْنِينَ عَلَيْهِنَّ مِن جَلَابِيبِهِنَّ ذَلِكَ أَدْنَى) [سورة الأحزاب آية ٥٩] أَيْ: أَوْلَى مِنْ أَنْ يُعْرَفْنَ فَلَا يُتَعَرَّضَ لَهُنَّ.

(وَرَجُلٌ دَنِيٌّ) خَسِيسٌ (وَالدَّنِيَّةُ) النَّقِيصَةُ، وَمِنْهَا قَوْلُ عُمَرَ رَضِيَ اللـه عَنْهُ: "إِنَّ اللـه أَعَزَّ الْإِسْلَامَ فَلِمَ نُعْطِي (الدَّنِيَّةَ) فِي دِينِنَا"[١].

الدَّال مَعَ الْوَاو

[د و أ]: (الدَّاءُ) الْعِلَّةُ، وَعَيْنُهُ وَاوٌ وَلَامُهُ هَمْزَةٌ، وَمِنْهُ: أَيُّ دَاءٍ أَدْوَأُ مِنَ الْبُخْلِ، أَيْ: أَشَدُّ، وَفِي حَدِيثِ شُرَيْحٍ: وَإِلَّا فَيَمِينُهُ أَنَّهُ مَا بَاعَكَ دَاءً، أَيْ: جَارِيَةً بِهَا دَاءٌ وَعَيْبٌ، وَمِثْلُهُ: رُدَّ (الدَّاءَ بِدَائِهِ) أَيْ: ذَا الْعَيْبِ بِعَيْبِهِ، وَلَكَ الْغَلَّةُ بِالضَّمَانِ.

لَا دَاءَ وَلَا خِبْثَةَ فِي (عد، ع د و).

[د و د]: (دَاوُد) بن كُرْدُوسٍ، هُوَ الَّذِي صَالَحَ عُمَرَ رَضِيَ اللـه عَنْهُ عَنْ بَنِي تَغْلِب، كَذَا ذُكِرَ فِي كِتَابِ الْأَمْوَالِ.

[د و ذ]: (حَبُّ الدّاذيّ) هُوَ الَّذِي يُصَلَّبُ بِهِ النَّبِيذُ، وَقَوْلُ الْفُقَهَاءِ: نَبِيذُ التَّمْرِ يُجْعَلُ فِيهِ الداذيُّ، صَحِيحٌ أَيْضًا.

---

(١) أخرجه النسائي في السنن الكبرى (١١٤٤٠)، وقوام السنة في دلائل النبوة (١٣٧).

[د و ر]: (الدَّارُ) اسْمٌ جَامِعٌ لِلْبِنَاءِ وَالْعَرْصَةِ وَالْمَحَلَّةِ، وَقِيلَ لِلْبِلَادِ: (دِيَارٌ) لِأَنَّهَا جَامِعَةٌ لِأَهْلِهَا كَالدَّارِ، وَمِنْهَا قَوْلُهُمْ: دِيَارُ رَبِيعَةَ وَدِيَارُ مُضَرَ، وَقِيلَ لِلْقَبَائِلِ: دُورٌ، كَمَا قِيلَ لَهَا بُيُوتٌ، وَمِنْهَا: "أَلَا أُنَبِّئُكُمْ بِخَيْرِ دُورِ الْأَنْصَارِ" [١].الْحَدِيث، وَقَوْلُهُ: (دَارُ) الرَّقِيقِ مَحَلَّةٌ بِبَغْدَادَ، وَدَارُ عَمْرِو بن حُرَيْثٍ قَصْرٌ مَعْرُوفٌ بِالْكُوفَةِ.

اسْتَأْجَرَ رَحَى مَاءٍ فَانْكَسَرَتْ (الدَّوَّارَةُ) هِيَ الْخَشَبَاتُ الَّتِي يُدِيرُهَا الْمَاءُ حَتَّى تَدُورَ الرَّحَى بِدَوَرَانِهَا.

دَوَّارٌ فِي (ع ن، ع ن ن).

[د و س]: (الدِّيَاسَةُ) فِي الطَّعَامِ: أَنْ يُوطَأَ بِقَوَائِمِ الدَّوَابِّ، أَوْ يُكَرَّرَ عَلَيْهِ الْمِدْوَسُ، يَعْنِي: الْجَرْجَرَ، حَتَّى يَصِيرَ تِبْنًا.

(وَالدِّيَاسُ) صُقْلُ السَّيْفِ، وَاسْتِعْمَالُ الْفُقَهَاءِ إِيَّاهُ فِي مَوْضِعِ الدِّيَاسَةِ تَسَامُحٌ أَوْ وَهْمٌ، وَأَصْلُ الدَّوْسِ شِدَّةُ وَطْءِ الشَّيْءِ بِالْقَدَمِ، وَبِهِ سُمِّيَ أَبُو حَيٍّ مِنَ الْعَرَبِ: دَوْسًا.

[د و ك]: (الْمَدَاكُ) مَفْعَلٌ [٢] الصَّلَايَةُ.

[د و م]: (اسْتَدِمْ) [٣] اللهُ نِعْمَتَك، أَيْ: أَطْلُبْ دَوَامَهَا، وَهُوَ مُتَعَدٍّ كَمَا تَرَى، وَقَوْلُهُمْ: اسْتَدَامَ السَّفَرُ، غَيْرُ ثَبْتٍ، وَمَاءٌ دَائِمٌ: سَاكِنٌ لَا يَجْرِي.

(وَدُومَةُ الْجَنْدَلِ) بِالضَّمِّ، وَالْمُحَدِّثُونَ عَلَى الْفَتْحِ، وَهُوَ خَطَأٌ عَنْ ابْن دُرَيْدٍ، وَهِيَ حِصْنٌ عَلَى خَمْسَ عَشْرَةَ لَيْلَةً مِنْ الْمَدِينَةِ، وَمِنْ الْكُوفَةِ عَلَى عَشْرِ مَرَاحِلَ.

[د و ن]: (الدِّيوَانُ) الْجَرِيدَةُ مِنْ دَوَّنَ الْكُتُبَ إِذَا جَمَعَهَا، لِأَنَّهَا قِطَعٌ مِنْ الْقَرَاطِيسِ مَجْمُوعَةٌ، وَرُوِيَ: أَنَّ عُمَرَ رَضِيَ اللهُ عَنْهُ أَوَّلُ مَنْ دَوَّنَ الدَّوَاوِينَ، أَيْ: رَتَّبَ الْجَرَائِدَ لِلْوُلَاةِ وَالْقُضَاةِ، وَيُقَالُ: فُلَانٌ مِنْ أَهْلِ الدِّيوَانِ، أَيْ: مِمَّنْ أُثْبِتَ اسْمُهُ فِي الْجَرِيدَةِ. وَعَنْ الْحَسَنِ رَحِمَهُ اللهُ: هِجْرَةُ الْأَعْرَابِ [٤] إذَا ضَمَّهُمْ دِيوَانُهُمْ، يَعْنِي: إذَا أَسْلَمَ وَهَاجَرَ إِلَى بِلَادِ الْإِسْلَامِ، فَهِجْرَتُهُ إِنَّمَا تَصِحُّ إذَا أُثْبِتَ اسْمُهُ فِي دِيوَانِ الْغُزَاةِ.

---

(١) أخرجه البخاري (٥٣٠٠)، ومسلم (٢٥١٤).
(٢) سقط من: م.
(٣) في خ: "أَسْتَدِيمُ".
(٤) في خ: "الأعرابي".

الدَّالُ مَعَ الْهَاءِ

[د هـ ر]: قَوْلُهُ عَلَيْهِ السَّلَامُ: "لَا تَسُبُّوا الدَّهْرَ، فَإِنَّ الدَّهْرَ هُوَ اللَّـهُ". وَيُرْوَى: "فَإِنَّ اللـه هُوَ الدَّهْرُ"[١]. الدَّهْرُ وَالزَّمَانُ وَاحِدٌ، وَيُنْشَدُ[٢]:

إِنَّ دَهْرًا يَلُفُّ حَبْلِي[٣] بِجُمْلٍ   لَزَمَانٌ يَهُمُّ بِالْإِحْسَانِ

وَقِيلَ: الدَّهْرُ الزَّمَانُ الطَّوِيلُ، وَتَحْقِيقُ ذَلِكَ فِي الْمُعْرِبِ، و كَانُوا يَعْتَقِدُونَ فِيهِ أَنَّهُ الطَّارِقُ بِالنَّوَائِبِ وَمَا زَالُوا يَشْكُونَهُ وَيَذُمُّونَهُ، فَنَهَاهُمْ رَسُولُ اللـه صَلَّى اللـه عَلَيْهِ وَآلِهِ وَسَلَّمَ عَنْ ذَلِكَ، وَبَيَّنَ لَهُمْ أَنَّ الطَّوَارِقَ الَّتِي تَنْزِلُ بِهِمْ يُنْزِلُهَا[٤] اللـه تَعَالَى دُونَ غَيْرِهِ.

وَفِي الْحَدِيثِ: أَنَّهُ عَلَيْهِ السَّلَامُ سُئِلَ عَنْ صَوْمِ الدَّهْرِ، فَقَالَ: "لَا صَامَ وَلَا أَفْطَرَ"[٥]. قِيلَ: إِنَّمَا دَعَا عَلَيْهِ لِئَلَّا يَعْتَقِدَ فَرْضِيَّتَهُ، أَوْ لِئَلَّا يَعْجِزَ فَيَتْرُكَ الْإِخْلَاصَ، أَوْ لِئَلَّا يَسْرُدَ صِيَامَ أَيَّامِ السَّنَةِ كُلِّهَا فَلَا يُفْطِرُ فِي الْأَيَّامِ الْمَنْهِيِّ عَنْهَا، عَنْ الْخَطَّابِيِّ.

[د هـ ل]: (وَلَا تدهل) سَبَقَ فِي (د ح، د ح ل).

[د هـ م]: (فَرَسٌ أَدْهَمُ) أَسْوَدُ.

[د هـ ن]: (الدُّهْنُ) دُهْنُ السِّمْسِمِ وَغَيْرِهِ، وَبِهِ سُمِّيَ دُهْنُ بَجِيلَةَ، حَيٌّ مِنْهُمْ، وَإِلَيْهِ يُنْسَبُ عَمَّارٌ الدُّهْنِيُّ، وَقَدْ دَهَنَ رَأْسَهُ أَوْ شَارِبَهُ، إِذَا طَلَاهُ بِالدُّهْنِ، وَادَّهَنَ عَلَى افْتَعَلَ إِذَا تَوَلَّى ذَلِكَ مِنْ نَفْسِهِ مِنْ غَيْرِ ذِكْرِ الْمَفْعُولِ، فَقَوْلُهُ: ادَّهَنَ شَارِبَهُ، خَطَأٌ.

[د هـ ق ن]: (الدِّهْقَانُ) عِنْدَ الْعَرَبِ: الْكَبِيرُ مِنْ كُفَّارِ الْعَجَمِ، وَكَانَتْ تَسْتَنْكِفُ مِنْ هَذَا الِاسْمِ، وَمِنْهُ حَدِيثُ عُمَرَ رَضِيَ اللـه عَنْهُ: بَارَزْتُ رَجُلًا دِهْقَانًا، وَقَدْ غَلَبَ عَلَى أَهْلِ الرَّسَاتِيقِ مِنْهُمْ، ثُمَّ قِيلَ لِكُلِّ مَنْ لَهُ عَقَارٌ كَثِيرٌ: دِهْقَانٌ، وَاشْتَقُّوا مِنْهُ الدَّهْقَنَةَ وَتَدَهْقَنَ، وَيُقَالُ لِلْمَرْأَةِ: دِهْقَانَةٌ، عَلَى الْقِيَاسِ.

---

(١) أخرجه البخاري (٦١٨٢)، ومسلم (٢٢٤٧).

(٢) البيت لحسان بن ثابت، شاعر النبي صلى اللـه عليه وسلم، أحد الشعراء المخضرمين.

(٣) في خ: "شملي".

(٤) في خ: "منزلها".

(٥) أخرجه مسلم (١١٦١)، والترمذي (٧٦٧)، وأبو داود (٢٤٢٥)، والنسائي (٢٣٨٧).

الدَّالُ مَعَ الْيَاءِ التَّحْتَانِيَّةِ

[د ي ث]: (الدَّيُّوثُ) الَّذِي لَا غَيْرَةَ لَهُ مِمَّنْ يَدْخُلُ عَلَى امْرَأَتِهِ.

[د ي ر]: (الدَّيْرُ) صَوْمَعَةُ الرَّاهِبِ.

(وَدَيْرَ زُورَ) مَوْضِعٌ، وَإِلَيْهِ يُنْسَبُ فَيُقَالُ: مِلْحَفَةُ دَيْرِ زُورِيَّةٍ.

[د ي ن]: (دَيَّنَهُ) وَكَلَهُ إِلَى دِينِهِ، وَقَوْلُهُمْ: يُدَيَّنُ فِي الْقَضَاءِ، أَيْ: يُصَدَّقُ تَدْرِيسٌ، وَالتَّحْقِيقُ مَا ذَكَرْتَ، وَدِنْتُ وَاسْتَدَنْتُ: اسْتَقْرَضْتُ، وَمِثْلُهُ أَدَنْتُ عَلَى افْتَعَلْتُ، [وَمِنْهُ: مُضَارِبٌ ادَّانَ دَيْنًا] [1] وَدِنْتُهُ وَأَدَنْتُهُ وَدَيَّنْتُهُ: أَقْرَضْتُهُ، وَرَجُلٌ دَائِنٌ وَمَدْيُونٌ.

وَفِي حَدِيثِ الْجِهَادِ: هَلْ ذَلِكَ يُكَفِّرُ عَنْهُ خَطَايَاهُ؟ يَعْنِي: هَلْ يُكَفِّرُ الْقَتْلُ فِي سَبِيلِ اللهِ ذُنُوبَهُ، فَقَالَ: "نَعَمْ، إِلَّا الدَّيْنَ" [2]. يَعْنِي: إِلَّا ذَنْبَ الدَّيْنِ، فَإِنَّهُ لَا بُدَّ مِنْ قَضَائِهِ.

(فَادَّانَ) فِي (س ف، س ف ع).

---

(١) زِيَادَةٌ مِنْ: م.

(٢) أَخْرَجَهُ النَّسَائِيُّ (٣١٥٥)، وَأَحْمَدُ فِي مُسْنَدِهِ (٨٠١٤)، وَمَالِكٌ فِي الْمُوَطَّأِ بِرِوَايَةِ يَحْيَى اللَّيْثِيِّ (١٠٠٣).

بَابُ الذَّالِ الْمُعْجَمَةِ

الذَّالُ مَعَ الْهَمْزَةِ

[ذ أ ب]: (الذُّئْبَةُ) مِنْ أَدْوَاءِ الْخَيْلِ، وَقَدْ ذُئِبَ الْفَرَسُ فَهُوَ مَذْءُوبٌ، إذَا أَصَابَهُ هَذَا، وَحِينَئِذٍ يُنْقَبُ عَنْهُ بِحَدِيدَةٍ فِي أَصْلِ أُذُنِه فَيُسْتَخْرَجُ مِنْهُ غُدَدٌ صِغَارٌ بِيضٌ أَصْغَرُ مِنْ حَبِّ الجاورس.

وَفِي" التَّكْمِلَةِ": حِمَارٌ مَذْءُوبٌ وَمَذْيُوبٌ، قَالَ: قُلْتُ: الْهَمْزَةُ هُوَ الْمُجْمَعُ عَلَيْه، وَكَأَنَّـهُ قَلَـبَ الْهَمْـزَةَ فِي الذُّئْبَةِ يَاءً، ثُمَّ بَنَى الْفِعْلَ عَلَى ذَلِكَ، ثُمَّ جَاءَ بِاسْمِ الْمَفْعُول مِنْهُ عَلَى طَرِيقِ مَخْيُوطٍ وَمَزْيُوتٍ، وَعَلَـيْهِمَا فِي" الْمُنْتَقَى": اسْتَكْرَى حِمَارًا فَأَصَابَهُ ذِيبَةٌ فَبُطَّ عَنْهُ، قَالَ: يَضْمَنُ مَا نَقَصَهُ الْبَطُّ مَذْيُوبًا.

الذَّالُ مَعَ الْبَاءِ الْمُوَحَّدَةِ

[ذ ب ب]: فِي الْحَـدِيثِ: "إِنَّمَـا النَّحْـلُ ذُبَـابُ غَيْـثٍ" [1]. أَيْ: يَـتَرَبَّى بِسَـبَبِهِ؛ لِأَنَّ الْغَيْـثَ سَـبَبُ النَّبَـاتِ، وَبِالنَّبَاتِ يَتَغَذَّى هُوَ وَيَتَرَبَّى، وَإِنَّمَا سَمَّاهُ ذُبَابًا اسْتِحْقَارًا لِشَأْنِهِ وَتَهْوِينًا لِمَا يَحْصُلُ مِنْهُ.

(وَذَبْذَبِهِ) فِي (ل ق، ل ق ل ق).

[ذ ب ح]: (الذَّبَائِحُ) جَمْعُ ذَبِيحَةٍ، وَهِيَ اسْمُ مَا يُذْبَحُ كَالذِّبْحِ، وَقَوْلُهُ: "إِذَا ذَبَحْتُمْ فَأَحْسِـنُوا الذَّبِيحَـةَ" خَطَأٌ، وَإِنَّمَا الصَّوَابُ: الذِّبْحَةَ، لِأَنَّ الْمُرَادَ الْحَالَةُ أَوْ الْهَيْئَةُ.

(وَالذَّبْحُ): قَطْعُ الْأَوْدَاجِ وَذَلِكَ لِلْبَقَرِ وَالْغَنَمِ وَنَحْوِهِمَا، وَعَنْ اللَّيْثِ: الذَّبْحُ قَطْـعُ الْحُلْقُـومِ مِـنْ بَـاطِنٍ عِنْدَ النَّصِيلِ، وَهُوَ أَظْهَرُ وَأَسْلَمُ، وَقَوْلُهُ عَلَيْهِ السَّلَامُ: "مَنْ جُعِلَ قَاضِيًا بَيْنَ النَّاسِ فَكَأَنَّمَا ذُبِحَ بِغَـيْرِ سِـكِّينٍ"[2]. مَثَلٌ فِي التَّحْذِيرِ عَنْ الْقَضَاءِ، وَتَفْسِيرُهُ فِي الْمُغْرِبِ.

---

(١) أخرجه ابن خزيمة في صحيحه (٢١٧٦)

(٢) أخرجه أبو داود (٣٥٧٢)، وابن ماجه (٢٣٠٨)، وأحمد في مسنده (٧١٠٥).

الذَّالُ مَعَ الْحَاءِ الْمُهْمَلَةِ

[ذ ح ج]: (مَذْحِجٌ) مِنْ قَبَائِلِ الْأَنْصَارِ.

[ذ ح ل]: (الذَّحْلُ) بِفَتْحِ الذَّالِ: الْحِقْدُ، وَالْجَمْعُ: أَذْحَالٌ وَذُحُولٌ.

الذَّالُ مَعَ الْخَاءِ الْمُعْجَمَةِ

[ذ خ ر]: (الْإِذْخِرُ) نَبَاتٌ كَهَيْئَةِ الْكُولَانِ، ذَفِرُ الرَّائِحَةِ وَالطَّاقَةِ، الْوَاحِدَةُ: إِذْخِرَةٌ، وَمِنْهَا: فَأَمْطِهِ وَلَوْ بِإِذْخِرَةٍ.

الذَّالُ مَعَ الرَّاءِ الْمُهْمَلَةِ

[ذ ر ر]: (ذُرِّيَّةُ) الرَّجُلِ: أَوْلَادُهُ وَتَكُونُ وَاحِدًا وَجَمْعًا، وَمِنْهُ: ﴿هَبْ لِي مِنْ لَدُنْكَ ذُرِّيَّةً طَيِّبَةً﴾ [سورة آل عمران آية ٣٨]، وَفِي حَدِيثِ ابْنِ عُمَرَ رَضِيَ اللـه عَنْهُمَا: "فَجَعَلَنِي فِي الذُّرِّيَّةِ". يَعْنِي: فِي الصِّغَارِ، وَفِي حَدِيثِ عُمَرَ رَضِيَ اللـه عَنْهُ: "حُجُّوا بِالذُّرِّيَّةِ"، يَعْنِي: بِالنِّسَاءِ.

[ذ ر ع]: (الذِّرَاعُ) مِنْ الْمِرْفَقِ إِلَى أَطْرَافِ الْأَصَابِعِ، ثُمَّ سُمِّيَ بِهَا الْخَشَبَةُ الَّتِي يُزْرَعُ بِهَا، وَالْمَذْرُوعُ أَيْضًا مَجَازًا، وَهِيَ مُؤَنَّثَةٌ، وَمِنْهَا لَفْظُ الرِّوَايَةِ: دَفَعَ إِلَيْهِ غَزْلًا عَلَى أَنْ يَحُوكَ سَبْعًا فِي أَرْبَعَةٍ، أَيْ: سَبْعَ أَذْرُعٍ طُولًا وَأَرْبَعَةَ أَشْبَارٍ عَرْضًا، وَإِنَّمَا قَالَ: سَبْعًا لِأَنَّ الذِّرَاعَ مُؤَنَّثَةٌ، وَقَالَ: أَرْبَعَةٌ لِأَنَّ الشِّبْرَ مُذَكَّرٌ.

وَفِي" شَرْحِ الْكَافِي": سَبْعًا فِي أَرْبَعٍ، وَهُوَ ظَاهِرٌ، وَفِي مَوْضِعٍ آخَرَ: سِتَّةَ أَذْرُعٍ فِي ثَلَاثَةِ أَشْبَارٍ، وَالصَّوَابُ: سِتٌّ فِي ثَلَاثٍ.

وَالذِّرَاعُ الْمُكَسَّرَةُ سِتُّ قَبَضَاتٍ، وَهِيَ ذِرَاعُ الْعَامَّةِ، وَإِنَّمَا وُصِفَتْ بِذَلِكَ لِأَنَّهَا نَقَصَتْ عَنْ ذِرَاعِ الْمَلِكِ بِقَبْضَةٍ، وَهُوَ بَعْضُ الْأَكَاسِرَةِ لَا الْأَخِيرُ، وَكَانَتْ ذِرَاعُهُ سَبْعَ قَبَضَاتٍ.

وَفِي الْحَدِيثِ: "وَعَلَيْهِ جُبَّةٌ ضَيِّقَةُ الْكُمَّيْنِ فَادَّرَعَهُمَا ادِّرَاعًا". أَيْ: نَزَعَ ذِرَاعَيْهِ عَنْ الْكُمَّيْنِ، وَهُوَ افْتَعَلَ مِنْ الذَّرْعِ كَادَّكَرَ مِنْ الذِّكْرِ، وَيُرْوَى: أَذْرَعَ ذِرَاعَيْهِ بِوَزْنِ أَكْرَمَ.

(وَذَرَعَهُ) الْقَيْءُ: سَبَقَ إِلَى فِيهِ وَغَلَبَهُ فَخَرَجَ مِنْهُ، وَقِيلَ: غَشِيَهُ مِنْ غَيْرِ تَعَمُّدٍ، مِنْ بَابِ مَنَعَ.

(وَأَذْرِعَاتٌ) مِنْ بِلَادِ الشَّامِ، يُنْسَبُ إِلَيْهَا الْخَمْرُ، وَهِيَ مُنَوَّنَةٌ كَعَرَفَاتٍ.

[ذ ر ق]: (ذَرَقَ) الطَّائِرُ يَذْرُقُ بِالضَّمِّ وَالْكَسْرِ ذَرْقًا سَلَحَ، وَالذَّرْقُ السُّلَاحُ تَسْمِيَةً بِالْمَصْدَرِ.

الذَّالُ مَعَ الْعَيْنِ الْمُهْمَلَةِ

[ذ ع ر]: فِي حَدِيثِ عُمَرَ رَضِيَ اللهُ عَنْهُ: (فَذَعَرَهَا) ذَلِكَ، أَيْ: خَوَّفَهَا إِرْسَالُهُ إِلَيْهَا.

(والذُّعْرُ) بِالضَّمِّ الْخَوْفُ.

[ذ ع ف]: (يُقَالُ): لِسُمِّ السَّاعَةِ سُمٌّ (ذُعَافٌ).

الذَّالُ مَعَ الْفَاءِ

[ذ ف ر]: (الذِّفْرَى) بِالْكَسْرِ مَا خَلْفَ الْأُذُنِ.

(الذَّفَرُ) ذُكِرَ فِي (د ف، د ف ر).

[ذ ف ف]: (ذَفَّفَ) عَلَى الْجَرِيحِ بِالدَّالِ وَالذَّالِ: أَسْرَعَ قَتْلَهُ، وَفِي كَلَامِ مُحَمَّدٍ رَحِمَهُ اللهُ: عِبَارَةٌ عَنْ إِتْمَامِ الْقَتْلِ.

الذَّالُ مَعَ الْكَافِ

[ذ ك ر]: (قَطَعَ مَذَاكِيرَهُ) إِذَا اسْتَأْصَلَ ذَكَرَهُ، وَإِنَّمَا جُمِعَ عَلَى مَا حَوْلَهُ كَقَوْلِهِمْ: شَابَتْ مَفَارِقُ رَأْسِهِ.

(وَأَذْكَرَتْ الْمَرْأَةُ) وَلَدَتْ ذُكُورًا، وَقَوْلُ عُمَرَ رَضِيَ اللهُ عَنْهُ: هَبِلَتْ الْوَادِعِيَّ أُمُّهُ لَقَدْ أَذْكَرَتْ بِهِ، أَيْ: جَاءَتْ بِهِ ذَكَرًا ذَكِيًّا دَاهِيًا.

(وَلَا ذَاكِر) فِي (أ ث، أ ث ر).

[ذ ك و]: (الذَّكَاةُ) الذَّبْحُ اسْمٌ مِنْ ذَكَّى الذَّبِيحَةَ تَذْكِيَةً، إِذَا ذَبَحَهَا، وَشَاةٌ ذَكِيٌّ: أُدْرِكَتْ ذَكَاتُهَا، وَقَوْلُهُ: "ذَكَاةُ الْجَنِينِ ذَكَاةُ أُمِّهِ" [(١)]. نَظِيرُ قَوْلِهِمْ أَبُو يُوسُفَ أَبُو حَنِيفَةَ: فِي أَنَّ الْخَبَرَ مُنَزَّلٌ مَنْزِلَةَ الْمُبْتَدَأِ لَا أَنَّهُ هُوَ هُوَ، وَالنَّصْبُ فِي مِثْلِهِ خَطَأٌ.

---

(١) أخرجه الترمذي (١٤٧٦)، وأبو داود (٢٨٢٨)، والدارمي في سننه (١٩٧٩)، وأحمد في مسنده (١٠٩٥٠)، وابن حبان في صحيحه (٥٨٨٩)، والحاكم في المستدرك في: ج ٤: ص١١٤، والدارقطني في سننه (٤٦٩٣)، والبيهقي في السنن الصغير (٤٢٦٩)، والبيهقي في السنن الكبرى في: ج ٩: ص٣٣٥، والبزار في البحر الزخار (٤١١٧)، وأبو يعلى الموصلي في مسنده (١٨٠٨)، والبوصيري في إتحاف الخيرة (٦٤٠٤)

وَقَوْلُ مُحَمَّدِ ابن الْحَنَفِيَّةِ رَحِمَهُ اللـه: ذَكَاةُ الْأَرْضِ يُبْسُهَا، أَيْ: إِنَّهَا إِذَا يَبِسَتْ مِنْ رُطُوبَةِ النَّجَاسَةِ طَهُرَتْ وَطَابَتْ كَمَا بِالذَّكَاةِ تَطْهُرُ الذَّبِيحَةُ وَتَطِيبُ، وَمِنْهُ: "أَيُّمَا أَرْضٍ جَفَّتْ فَقَدْ ذَكَتْ". أَيْ: طَهُرَتْ، وَهَذَا مِمَّا لَمْ أَجِدْهُ فِي الْأُصُولِ، وَأَمَّا قَوْلُهُ: غَصَبَ جِلْدًا ذَكِيًّا، فَمَعْنَاهُ: مَسْلُوخًا مِنْ حَيَوَانٍ ذَكِيٍّ عَلَى الْمَجَازِ، وَأَصْلُ التَّرْكِيبِ يَدُلُّ عَلَى التَّمَامِ، وَمِنْهُ: ذَكَاءُ السِّنِّ، بِالْمَدِّ لِنِهَايَةِ الشَّبَابِ، وذكا النَّار بِالْقَصْرِ، لِتَمَامِ اشْتِعَالِهَا.

الذَّالُ مَعَ اللَّامِ

[ذ ل ف]: (رَجُلٌ أَذْلَفُ) قَصِيرُ الْأَنْفِ لَطِيفُهُ، وَامْرَأَةٌ ذَلْفَاءُ.

[ذ ل ق] فِي حَدِيثِ مَاعِزٍ: فَلَمَّا أَذْلَقَتْهُ الْحِجَارَةُ، أَيْ: أَصَابَتْهُ بِذَلَقِهَا، وَهُوَ حَدُّهَا جَمَزَ، أَيْ: أَسْرَعَ فِي الْعَدْوِ، وَمِنْهُ: الْجَمَّازَةُ.

[ذ ل ل]: (حَائِطٌ ذَلِيلٌ) أَيْ: قَصِيرٌ دَقِيقٌ عَلَى الِاسْتِعَارَةِ.

الذَّالُ مَعَ الْمِيمِ

[ذ م م]: (الذَّمُّ) اللَّوْمُ، وَهُوَ خِلَافُ الْمَدْحِ وَالْحَمْدِ، يُقَالُ: ذَمَمْتُهُ، وَهُوَ ذَمِيمٌ غَيْرُ حَمِيدٍ.

وَمِنْهُ (الذَّمَّةُ) بِالْفَتْحِ: الْبِئْرُ الْقَلِيلَةُ الْمَاءِ؛ لِأَنَّهَا مَذْمُومَةٌ بِذَلِكَ وَفِي الْحَدِيثِ: "أَتَيْنَا عَلَى بِئْرٍ ذَمَّةٍ". عَلَى الْوَصْفِ.

(وَالتَّذَمُّمُ) الِاسْتِنْكَافُ، وَحَقِيقَتُهُ: مُجَانَبَةُ الذَّمِّ، (وَالذِّمَامُ) الْحُرْمَةُ.

(وَالذِّمَّةُ) الْعَهْدُ لِأَنَّ نَقْضَهُ يُوجِبُ الذَّمَّ، وَتُفَسَّرُ بِالْأَمَانِ وَالضَّمَان، وَكُلُّ ذَلِكَ مُتَقَارِبٌ، وَمِنْهَا قِيلَ لِلْمُعَاهِدِ مِنْ الْكُفَّارِ: ذِمِّيٌّ؛ لِأَنَّهُ أُومِنَ عَلَى مَالِه وَدَمِه بِالْجِزْيَةِ. وَقَوْلُهُ: جَعَلَ عُمَرُ رَضِيَ اللـه عَنْهُ أَهْلَ السَّوَادِ ذِمَّةً، أَيْ: عَامَلَهُمْ مُعَامَلَةَ أَهْلِ الذِّمَّةِ، وَيُسَمَّى مَحَلُّ الْتِزَامِ الذِّمَّةِ بِهَا فِي قَوْلِهِمْ: ثَبَتَ فِي ذِمَّتِي كَذَا. وَمِنْ الْفُقَهَاءِ مَنْ يَقُولُ: هِيَ مَحَلُّ الضَّمَانِ وَالْوُجُوبِ، وَمِنْهُمْ مَنْ قَالَ: هِيَ مَعْنًى يَصِيرُ بِسَبَبِهِ الْآدَمِيُّ عَلَى الْخُصُوصِ أَهْلًا لِوُجُوبِ الْحُقُوقِ لَهُ وَعَلَيْهِ، وَالْأَوَّلُ هُوَ التَّحْقِيقُ.

وَفِي فَتَاوَى أَبِي اللَّيْثِ عَنْ عَلِيٍّ رَضِيَ اللـه عَنْهُ: أَنَّ رَجُلًا أَتَاهُ وَقَالَ: يَا أَمِيرَ الْمُؤْمِنِينَ: قَضَيْتَ عَلَيَّ قَضِيَّةً ذَهَبَ فِيهَا أَهْلِي وَمَالِي، فَخَرَجَ إِلَى الرَّحْبَةِ فَاجْتَمَعَ عَلَيْهِ النَّاسُ، فَقَالَ: ذِمَّتِي بِمَا أَقُولُ رَهِينَةٌ، وَأَنَا بِهِ زَعِيمٌ، أَنَّ مَنْ صَرَّحَتْ لَهُ الْعِبَرُ عَمَّا بَيْنَ يَدَيْهِ

مِنَ الْمَثُلَاتِ حَجَزَهُ التَّقْوَى عَنْ تَقَحُّمِ الشُّبُهَاتِ، وَأَنَّ أَشْقَى النَّاسِ رَجُلٌ قَمَشَ عِلْمًا فِي أَوْبَاشِ النَّاسِ بِغَيْرِ عِلْمٍ وَلَا دَلِيلٍ، بَكَّرَ فَاسْتَكْثَرَ مِمَّا قَلَّ مِنْهُ فَهُوَ خَيْرٌ مِمَّا كَثُرَ، حَتَّى إِذَا ارْتَوَى مِنْ آجِنٍ وَاكْتَنَزَ مِنْ غَيْرِ طَائِلٍ جَلَسَ لِلنَّاسِ مُفْتِيًا لِتَخْلِيصِ مَا الْتُبِسَ عَلَى غَيْرِهِ، فَهُوَ مِنْ قَطْعِ الشُّبُهَاتِ فِي مِثْلِ نَسْجِ الْعَنْكَبُوتِ، لَا يَدْرِي أَصَابَ أَمْ أَخْطَأَ، خَبَّاطُ عَشَوَاتٍ رَكَّابُ جَهَالَاتٍ لَمْ يَعَضَّ عَلَى الْعِلْمِ بِضِرْسٍ قَاطِعٍ فَيَغْنَمَ، وَلَمْ يَسْكُتْ عَمَّا لَمْ يَعْلَمْ فَيَسْلَمَ، تَصْرُخُ مِنْهُ الدِّمَاءُ وَتَبْكِي مِنْهُ الْمَوَارِيثُ، وَيُسْتَحَلُّ بِقَضَائِهِ الْحَرَامُ وَالْفَرْجُ، أُولَئِكَ الَّذِينَ حَلَّتْ عَلَيْهِمُ النِّيَاحَةُ أَيَّامَ حَيَاتِهِمْ.

قَرَأْت هَذَا الْحَدِيثَ فِي كِتَابِ" نَهْجِ الْبَلَاغَةِ" أَطْوَلَ مِنْ هَذَا، وَقَرَأْتُهُ فِي" الْفَائِقِ" بِرِوَايَةِ أُخْرَى فِيهَا تَفَاوُتٌ، وَلَا أَشْرَحُ إِلَّا مَا نَحْنُ فِيهِ، يُقَالُ: هُوَ (رَهْنٌ) بِكَذَا وَرَهِينُهُ، أَيْ: مَأْخُوذٌ بِهِ، يَقُولُ: أَنَا بِالَّذِي أَقُولُهُ مَأْخُوذٌ، وَ(زَعِيمٌ)، أَيْ: كَفِيلٌ، فَلَا أَتَكَلَّمُ إِلَّا بِمَا هُوَ صِدْقٌ وَصَوَابٌ، وَالْمَعْنَى: أَنَّ قَوْلِي هَذَا حَقٌّ، وَأَنَا فِي ضَمَانِهِ فَلَا تَعْدِلَنَّ عَنْهُ، ثُمَّ أَخَذَ فِي تَقْرِيرِهِ فَقَالَ: (إِنَّ مَنْ صَرَّحَتْ لَهُ الْعِبَرُ) أَيْ: ظَهَرَتْ أَوْ كُشِفَتْ، لِأَنَّ التَّصْرِيحَ يَتَعَدَّى وَلَا يَتَعَدَّى، يَعْنِي: أَنَّ مَنْ اعْتَبَرَ بِمَا رَأَى وَسَمِعَ مِنَ الْعُقُوبَاتِ الَّتِي حَلَّتْ بِغَيْرِهِ فِيمَا سَلَفَ، (حَجَزَهُ التَّقْوَى) بِالزَّايِ، أَيْ: مَنَعَهُ الِاتِّقَاءُ عَنِ الْوُقُوعِ فِيمَا يَشْتَبِهُ وَيَشْكُلُ أَنَّهُ حَقٌّ أَوْ بَاطِلٌ صِدْقٌ أَوْ كَذِبٌ حَلَالٌ أَوْ حَرَامٌ، فَيَحْتَرِسُ وَيَحْتَرِزُ، وَيُقَالُ: تَقَحَّمَ فِي الْوَهْدَةِ، إِذَا رَمَى بِنَفْسِهِ فِيهَا عَلَى شِدَّةٍ وَمَشَقَّةٍ، (وَالْقَمْشُ) الْجَمْعُ مِنْ هُنَا وَهُنَا، (وَأَوْبَاشُ النَّاسِ) أَخْلَاطُهُمْ وَرُذَالُهُمْ، وَلَمْ أَسْمَعْهُ فِي هَذَا الْحَدِيثِ، وَقَوْلُهُ: (بَكَّرَ) أَيْ: ذَهَبَ بُكْرَةً، يَعْنِي: أَخَذَ فِي طَلَبِ الْعِلْمِ أَوَّلَ شَيْءٍ، (فَاسْتَكْثَرَ) أَيْ: أَكْثَرَ، وَجَمَعَ كَثِيرًا مِمَّا قَلَّ مِنْهُ، الصَّوَابُ: مَا قَلَّ كَمَا فِي الْفَائِقِ، وَسَمَاعِي فِي النَّهْجِ فَاسْتَكْثَرَ مِنْ جَمْعِ مَا قَلَّ مِنْهُ عَلَى الْإِضَافَةِ، وَصَوَابُهُ: مِنْ جَمْعٍ بِالتَّنْوِينِ، أَيْ: مِنْ مَجْمُوعٍ حَتَّى يَرْجِعَ الضَّمِيرُ فِي مِنْهُ إِلَيْهِ، أَوْ إِلَى مَا عَلَى رِوَايَةِ الْفَائِقِ، (وَالِارْتِوَاءُ) افْتِعَالٌ مِنْ رَوِيَ مِنَ الْمَاءِ رِيًّا، (وَالْآجِنُ) الْمَاءُ الْمُتَغَيِّرُ، وَهَذَا مِنَ الْمَجَازِ الْمُرَشَّحِ، وَقَدْ شَبَّهَ عِلْمَهُ بِالْمَاءِ الْآجِنِ فِي أَنَّهُ لَا نَفْعَ مِنْهُ وَلَا مَحْصُولَ عِنْدَهُ، (وَالِاكْتِنَازُ) الِامْتِلَاءُ، (وَالطَّائِلُ) الْفَائِدَةُ وَالنَّفْعُ، وَ(نَسْجُ الْعَنْكَبُوتِ) مَثَلٌ فِي كُلِّ شَيْءٍ وَاهٍ ضَعِيفٍ، (وَالْعَشْوَةُ) الظُّلْمَةُ بِالْحَرَكَاتِ الثَّلَاثِ، وَمِنْهَا قَوْلُهُمْ: رَكِبَ فُلَانٌ عَشْوَةً، إِذَا بَاشَرَ أَمْرًا مِنْ غَيْرِ أَنْ يَبِينَ لَهُ وَجْهُهُ، وَيُقَالُ: أَوْطَأْتُهُ الْعَشْوَةَ إِذَا أَحْمَلْتَهُ عَلَى أَمْرٍ مُلْتَبِسٍ، وَرُبَّمَا كَانَ فِيهِ هَلَاكُهُ وَالْخَبْطُ فِي الْأَصْلِ الضَّرْبُ عَلَى غَيْرِ اسْتِوَاءٍ، وَمِنْهُ:

فُلَانٌ يَخْبِطُ خَبْطَ عَشْوَاءَ، شَبَّهَهُ فِي تَحَيُّرِهِ فِي الْفَتْوَى بِوَاطِئِ الْعَشْوَةِ وَراكِبِهَا، وَقَوْلُهُ (لَمْ يَعَضَّ عَلَى الْعِلْمِ بِضِرْسٍ قَاطِعٍ[١]) أَيْ: لَمْ يُتْقِنْهُ وَلَمْ يُحْكِمْهُ، وَهَذَا تَمْثِيلٌ، وَفِي الْحَدِيثِ:"يُذْهِبُ مَذِمَّةَ الرِّضَاعِ الْغُرَّةُ"[٢]. هِيَ بِالْكَسْرِ الذِّمَامُ، وَالْفَتْحُ لُغَةٌ، وَذَلِكَ أَنَّهُمْ كَانُوا يَسْتَحِبُّونَ عِنْدَ فِطَامِ الصَّبِيِّ أَنْ يُعْطُوا الْمُرْضِعَةَ شَيْئًا سِوَى الْأُجْرَةِ، وَالْمَعْنَى: أَنَّ الَّذِي يُسْقِطُ حَقَّ مَنْ أَرْضَعَتْكَ غُرَّةٌ عَبْدٌ أَوْ أَمَةٌ.

الذَّالُ مَعَ النُّونِ

[ذ ن ب]: (بُسْرٌ مُذَنِّبٌ) بِكَسْرِ النُّونِ، وَقَدْ ذَنَّبَ، إِذَا بَدَأَ الْإِرْطَابُ مِنْ قِبَلِ ذَنَبِهِ، وَهُوَ مَا سَفَلَ مِنْ جَانِبِ الْمِقْمَعِ[٣] وَالْعِلَاقَةِ وَذَنَبُ السَّوْطِ وَثَمَرَتُهُ طَرَفُهُ.

(وذَنَبَةُ) بِزِيَادَةِ الْهَاءِ: مِنْ قُرَى الشَّامِ.

الذَّالُ مَعَ الْوَاوِ

[ذ و ب]: (ذَابَ) لِي عَلَيْهِ حَقٌّ، أَيْ: وَجَبَ مُسْتَعَارٌ مِنْ (ذَوْبِ) الشَّحْمِ.

[ذ و د]: (الذَّوْدُ) مِنَ الْإِبِلِ مِنَ الثَّلَاثِ إِلَى الْعَشْرِ، وَقِيلَ: مِنَ الثِّنْتَيْنِ إِلَى التِّسْعِ مِنَ الْإِنَاثِ دُونَ الذُّكُورِ، وَقَوْلُهُ: "فِي خَمْسِ ذَوْدٍ شَاةٌ"[٤]. بِالْإِضَافَةِ كَمَا فِي ﴿تِسْعَةُ رَهْطٍ﴾ [سورة النمل آية ٤٨].

[ذ و]: (ذُو) بِمَعْنَى الصَّاحِبِ يَقْتَضِي شَيْئَيْنِ مَوْصُوفًا وَمُضَافًا إِلَيْهِ، تَقُولُ: جَاءَنِي رَجُلٌ ذُو مَالٍ، بِالْوَاوِ فِي الرَّفْعِ، وَبِالْأَلِفِ فِي النَّصْبِ، وَبِالْيَاءِ فِي الْجَرِّ، وَمِنْهُ: ذُو بَطْنِ بِنْتِ خَارِجَةَ جَارِيَةٌ، أَيْ: جَنِينُهَا، وَأَلْقَتْ الدَّجَاجَةُ ذَا بَطْنِهَا، أَيْ: بَاضَتْ أَوْ سَلَحَتْ.

وَأَمَّا حَدِيثُ ابْنِ قُسَيْطٍ: أَنَّ أَمَةً لَهُ قَدْ أَبَقَتْ، فَتَزَوَّجَهَا رَجُلٌ فَنَثَرَتْ لَهُ ذَا بَطْنِهَا، فَالِاسْتِعْمَالُ نَثَرَتْ بَطْنَهَا إِذَا أَكْثَرَتْ الْوَلَدَ، وَإِنْ صَحَّ هَذَا فَلَهُ وَجْهٌ، وَتَقُولُ لِلْمُؤَنَّثِ: امْرَأَةٌ

(١) زيادة من: م.
(٢) أخرجه الترمذي (١١٥٣)، والنسائي (٣٣٢٩)، وأحمد في مسنده (١٥٣٠٦)، والدارمي في سننه (٢٢٥٤).
(٣) في خ: "القمع".
(٤) أخرجه أبو داود (١٥٦٧)، والنسائي (٢٤٥٥)، والنسائي في السنن الكبرى (٢٢٣٩)، والبيهقي في السنن الصغير (١١٩٠)، والبيهقي في السنن الكبرى في: ج ٤: ص٨٦، وأبو يعلى الموصلي في مسنده (١٢٧)

ذَاتُ مَالٍ، وَلِلثِّنْتَيْنِ: ذَوَاتَا مَالٍ، وَلِلْجَمَاعَةِ: ذَوَاتُ مَالٍ، هَذَا أَصْلُ الْكَلِمَةِ، ثُمَّ اقْتَطَعُوا عَنْهَا مُقْتَضِيَهَا وَأَجْرَوْهَا مُجْرَى الْأَسْمَاءِ التَّامَّةِ الْمُسْتَقِلَّةِ بِأَنْفُسِهَا غَيْرِ الْمُقْتَضِيَةِ لِمَا سِوَاهَا، فَقَالُوا: ذَاتٌ مُتَمَيِّزَةٌ، وَذَوَاتٌ قَدِيمَةٌ أَوْ مُحْدَثَةٌ، وَنَسَبُوا إِلَيْهَا كَمَا هِيَ مِنْ غَيْرِ تَغْيِيرِ عَلَامَةِ التَّأْنِيثِ، فَقَالُوا: الصِّفَاتُ الذَّاتِيَّةُ، وَاسْتَعْمَلُوهَا اسْتِعْمَالَ النَّفْسِ وَالشَّيْءِ.

وَعَنْ أَبِي سَعِيدٍ: كُلُّ شَيْءٍ ذَاتٌ، وَكُلُّ ذَاتٍ شَيْءٌ، وَحَكَى صَاحِبُ "التَّكْمِلَةِ" قَوْلَ الْعَرَبِ: جَعَلَ اللهُ مَا بَيْنَنَا فِي ذَاتِه، وَعَلَيْهِ قَوْلُ أَبِي تَمَّامٍ[(١)]:

وَيَضْرِبُ فِي ذَاتِ الْإِلَهِ فَيُوجِعُ

[أي: لأجل الإله] [(٢)].

قَالَ شَيْخُنَا: إِنْ صَحَّ هَذَا فَالْكَلِمَةُ إِذَنْ عَرَبِيَّةٌ، وَقَدْ أَسْمَنَ الْمُتَكَلِّمُونَ فِي اسْتِعْمَالِهِمْ الْقُدْوَةَ.

وَأَمَّا قَوْله تَعَالَى: ﴿عَلِيمٌ بِذَاتِ الصُّدُورِ﴾ [سورة آل عمران آية ١١٩] وَقَوْلُهُمْ: فُلَانٌ قَلِيلُ ذَاتِ الْيَدِ، وَقَلَّتْ: ذَاتُ يَدِهِ فَمِنَ الْأَوَّلِ؛ لِأَنَّ الْمَعْنَى الْأَمْلَاكُ الْمُصَاحِبَةُ لِلْيَدِ، وَكَذَا قَوْلُهُمْ: أَصْلَحَ اللهُ ذَاتَ بَيْنِهِمْ، وَذُو الْيَدِ أَحَقُّ، وَ اللهُ أَعْلَمُ.

---

(١) البيت لأبي تمام، وهو حبيب بن أوس بن الحارث الطائي، أحد أمراء البيان، كان فصيحا حلو الكلام، في شعره قوة وجزالة، له تصانيف منها: فحول الشعراء، وديوان الحماسة، ومختار أشعار القبائل، ومطلع البيت: يَقُولُ فَيُسْمِعُ وَيَمْشِي فَيُسْرِعُ....

(٢) سقط من: م.

بَابُ الرَّاءِ الْمُهْمَلَةِ

الرَّاءُ مَعَ الْهَمْزَةِ

[ر أ س]: (رَجُلٌ) أَرْأَسُ: عَظِيمُ الرَّأْسِ، وَالرَّآسُ: بَائِعُ الرُّءُوسِ، وَالْوَاوُ خَطَأٌ، وَالْأَعْضَاءُ الرَّئِيسَةُ عِنْدَ الْأَطِبَّاءِ أَرْبَعَةٌ: وَهِيَ الْقَلْبُ، وَالدِّمَاغُ، وَالْكَبِدُ، وَالرَّابِعُ الْأُنْثَيَانِ، وَيُقَالُ لِلثَّلَاثَةِ الْمُتَقَدِّمَةِ: رَئِيسَةٌ مِنْ حَيْثُ الشَّخْصُ، عَلَى مَعْنَى: أَنَّ وُجُودَهُ بِدُونِهَا أَوْ بِدُونِ وَاحِدٍ مِنْهَا لَا يُمْكِنُ، وَالرَّابِعُ: رَئِيسٌ مِنْ حَيْثُ النَّوْعُ، عَلَى مَعْنَى إذَا فَاتَ فَاتَ النَّوْعُ.

وَمَا ذَكَرَهُ فِي" مُخْتَصَرِ الْجَصَّاصِ": أَنَّ الْأَعْضَاءَ الرَّئِيسَةَ: الْأَنْف وَاللِّسَان وَالذَّكَر، سَهْوٌ.

وَقَوْلُهُ: اقْتَرَضْتَنِي عَشَرَةً بِرُءُوسِهَا، أَيْ: قَرْضًا لَا رِبْحَ فِيهِ إلَّا رَأْسَ الْمَالِ.

وَقَوْلُهُ عَلَيْهِ السَّلَامُ: "اجْعَلُوا الرَّأْسَ رَأْسَيْنِ". فِي (ف ر، ف ر ق).

[ر أ ي]: "صُومُوا لِرُؤْيَتِهِ"[1]. اللَّامُ لِلاخْتِصَاصِ، أَيْ: لِوَقْتِ رُؤْيَتِهِ إذَا رَأَيْتُمُوهُ.

(وَرَأَتْ الْمَرْأَةُ تَرِيَّةً) بِتَشْدِيدِ الْيَاءِ وَتَخْفِيفِهَا بِغَيْرِ هَمْزَةٍ، وَتَرِيئَةً مِثْلُ تَرِيعَةٍ، وَتَرْئِيَةٌ بِوَزْنِ تَرْعِيَةٍ، وَهِيَ لَوْنٌ خَفِيٌّ يَسِيرٌ أَقَلُّ مِنْ صُفْرَةٍ وَكُدْرَةٍ، وَقِيلَ: هِيَ مِنْ الرئة لِأَنَّهَا عَلَى لَوْنِهَا.

(وَالتُّرْبِيَّةُ) عَلَى النِّسْبَةِ إلَى التُّرْبِ بِمَعْنَى التُّرَابِ، وَقَوْلُهُ: "أَمَا تَرَيْ يَا عَائِشَةُ"، الصَّوَابُ: أَمَا تَرَيْنَ. وحَتَّى تَرَيْنَ فِي (ق ص، ق ص ص).

" وَمَنْ رَاءَى رَاءَى اللهُ بِهِ"[2] أَيْ: مَنْ عَمِلَ عَمَلًا لِكَيْ يَرَاهُ النَّاسُ شَهَّرَ اللهُ رِيَاءَهُ يَوْمَ الْقِيَامَةِ، وَرَايَا بِالْيَاءِ خَطَأٌ.

(وَالرَّأْيُ) مَا ارْتَآهُ الْإِنْسَانُ وَاعْتَقَدَهُ، وَمِنْهُ: رَبِيعَةُ الرَّأْيِ، بِالْإِضَافَةِ، فَقِيهُ أَهْلِ الْمَدِينَةِ،

---

(١) أخرجه البخاري (١٩٠٩)، ومسلم (١٠٨٢).

(٢) أخرجه مسلم (٢٩٨٨)، وأحمد في مسنده (١٩٩٤٢)، والنسائي في السنن الكبرى (١١٦٣٦)، وأبو يعلى الموصلي في مسنده (١٥٢٤)

وَكَذَلِكَ هِلَالُ الرَّأْيِ بْنِ يَحْيَى الْبَصْرِيِّ، صَاحِبُ الْوَقْفِ، وَالرَّازِيُّ تَحْرِيفٌ، هَكَذَا صَحَّ فِي مُسْنَدِ أَبِي حَنِيفَةَ رَحِمَهُ اللهُ وَمَنَاقِبِ الصَّيْمَرِيِّ، وَهَكَذَا صَحَّحَهُ الْإِمَامُ عَبْدُ الْغَنِيِّ فِي "مُشْتَبِهِ النِّسْبَةِ". وَنَقَلَهُ عَنْهُ شَيْخُنَا إِلَى الْمُتَشَابِهِ كَذَلِكَ.

(وَمَا أُرَاهُ) يَفْعَلُ كَذَا: أَيْ: مَا أَظُنُّهُ، وَمِنْهُ: الْبِرُّ تَرَوْنَ بِهِنَّ، وَذُو بَطْنٍ بِنْتِ خَارِجَةَ أُرَاهَا جَارِيَةً، أَيْ: أَظُنُّ أَنَّ مَا فِيهَا بَطْنِهَا أُنْثَى.

و أَرَأَيْتَ زَيْدًا وَأَرَأَيْتِك زَيْدًا بِمَعْنَى أَخْبِرْنِي، وَعَلَى هَذَا قَوْلُ مُحَمَّدٍ رَحِمَهُ اللهُ فِي الْمَبْسُوطِ قُلْتُ: أَرَأَيْتَ الرَّجُلَ بِالنَّصْبِ، وَمِنْهُ: فَمَهْ، أَرَأَيْتَ إِنْ عَجَزَ، وَفِيهِ حَذْفٌ وَإِضْمَارٌ، كَأَنَّهُ قِيلَ: أَخْبِرْنِي أَيُسْقِطُ عَنْهُ الطَّلَاقُ وَيُبْطِلُهُ عَجْزُهُ؟ وَهَذَا اسْتِفْهَامُ إِنْكَارٍ.

الرَّاءُ مَعَ الْبَاءِ الْمُوَحَّدَة

[ر ب ب]: (رَبَّ) وَلَدَهُ رَبًّا وَرَبَّبَهُ تَرْبِيبًا بِمَعْنَى: رَبَّاهُ، وَمِنْهُ: الرَّبِيبَةُ وَاحِدَةُ الرَّبَائِبِ لِبِنْتِ امْرَأَةِ الرَّجُلِ؛ لِأَنَّهُ يُرَبِّيهَا فِي الْغَالِبِ.

(وَالرُّبَّى) الْحَدِيثَةُ النِّتَاجِ مِنَ الشَّاءِ، وَعَنْ أَبِي يُوسُفَ رَحِمَهُ اللهُ: الَّتِي مَعَهَا وَلَدُهَا، وَالْجَمْعُ: رُبَابٌ بِالضَّمِّ، وَقَوْلُهُ: وَلَوْ دَفَعَ إِلَيْهِ سِمْسِمًا، وَقَالَ: قَشِّرْهُ وَرُبَّهُ، يُرْوَى بِالْفَتْحِ مِنَ التَّرْبِيَةِ، وَبِالضَّمِّ مِنَ الرُّبِّ عَلَى الْمَجَازِ.

[ر ب ث]: فِي الْأَيْمَانِ(١) بِرِوَايَةِ أَبِي حَفْصٍ: جِرِّيثًا أَوْ رَبِيثًا، قِيلَ: وَالرَّبِيثَةُ الْجِرِّيثُ، وَفِي جَامِعِ الْغُورِيِّ: الرِّبِّيثَى بِكَسْرِ الرَّاءِ وَتَشْدِيدِ الْبَاءِ ضَرْبٌ مِنَ السَّمَكِ.

[ر ب ح]: (رَبِحَ) فِي تِجَارَتِهِ رِبْحًا، وَهُوَ الرِّبْحُ وَالرَّبَاحُ أَيْضًا، وَبِهِ سُمِّيَ رَبَاحٌ مَوْلَى أُمِّ سَلَمَةَ، وَهُوَ فِي حَدِيثِ النَّفْخِ فِي الصَّلَاةِ.

(وَأَرْبَحَهُ) أَعْطَاهُ الرِّبْحَ، وَأَمَّا رَبَّحَهُ بِالتَّشْدِيدِ فَلَمْ نَسْمَعْهُ.

[ر ب د]: (الْمِرْبَدُ) بِكَسْرِ الْمِيمِ: الْمَوْضِعُ الَّذِي يُحْبَسُ فِيهِ الْإِبِلُ وَغَيْرُهَا، (وَالْجَرِينُ) أَعْنِي مَوْضِعَ التَّمْرِ يُسَمَّى مِرْبَدًا أَيْضًا.

[ر ب ذ]: (الرَّبَذَةُ) بِفَتْحَتَيْنِ: قَرْيَةٌ بِهَا قَبْرُ أَبِي ذَرٍّ الْغِفَارِيِّ رَضِيَ اللهُ عَنْهُ، وَإِلَيْهَا يُنْسَبُ مُوسَى بنُ عُبَيْدَةَ الرَّبَذِيُّ.

[ر ب ض]: (الرُّبُوضُ) لِلشَّاةِ كَالْجُلُوسِ لِلْإِنْسَانِ، وَالْمِرْبَضُ مَوْضِعُهُ.

---

(١) فِي خ: "الْأَمَانِ".

(وَالرَّبْضُ) مَا حَوْلَ الْمَدِينَةِ مِنْ بُيُوتٍ وَمَسَاكِنَ، وَيُقَالُ لِحَرِيمِ الْمَسْجِدِ: رَبَضٌ أَيْضًا، وَأَصْلُهُ الْمَرْبِضُ، وَجَمْعُهَا: الْمَرَابِضُ وَالْأَرْبَاضُ، وَأَمَّا مَا رُوِيَ عَنْ ابْنِ أَبِي لَيْلَى: وُجِدَ قَتِيلٌ فِي دَرْبٍ مِنْ دُرُوبِ الْأَرْبَاضِ، فَقَدْ قَالَ الْكَرْخِيُّ: هِيَ الْمَحَالُّ، وَفِي الْأَجْنَاسِ أَنْشَدَ ابْنُ جِنِّي:

جَاءَ الشِّتَاءُ وَلَمَّا أَتَّخِذْ رَبَضًا ... يَا وَيْحَ كَفِّيَّ مِنْ حَفْرِ الْقَرَامِيصِ

أَيْ: مَأْوًى، وَالْقُرْمُوص: حُفْرَةٌ يَحْفِرُهَا الرَّجُلُ يَقْعُدُ فِيهَا مِنَ الْبَرْدِ.

[ر ب ط]: (رَبَطَ) الدَّابَّةَ: شَدَّهَا، وَالْمَرْبِطُ مَوْضِعُ الرَّبْطِ، وَالرِّبَاطُ مَا يُرْبَطُ بِهِ مِنْ حَبْلٍ، وَقَدْ يُسَمَّى بِهِ الْحِبَالَةُ، وَمِنْهُ الْمَثَلُ: إِنْ ذَهَبَ عَيْرٌ فَعِيرٌ فِي الرِّبَاطِ، يُضْرَبُ فِي الرِّضَا بِالْحَاضِرِ وَتَرْكِ الْغَائِبِ.

(وَرِبَاطُ الْحَائِضِ) مَا تَشُدُّ بِهِ الْخِرْقَةَ.

(وَرَابَطَ الْجَيْشُ) أَقَامَ فِي الثَّغْرِ بِإِزَاءِ الْعَدُوِّ مُرَابَطَةً وَرِبَاطًا، وَمِنْهُ: **(اصْبِرُوا وَصَابِرُوا وَرَابِطُوا)** [سورة آل عمران آية ٢٠٠] جَاءَ فِي التَّفْسِيرِ: اصْبِرُوا عَلَى دِينِكُمْ وَصَابِرُوا عَدُوَّكُمْ وَرَابِطُوا، أَيْ: أَقِيمُوا عَلَى جِهَادِهِ بِالْحَرْبِ، وقَوْله تَعَالَى: **(وَمِن رِّبَاطِ الْخَيْلِ)** [الأنفال:٦٠] جَمْعُ رَبِيطٍ بِمَعْنَى مَرْبُوطٍ، كَفَصِيلٍ وَفِصَالٍ عَلَى أَحَدِ الْأَوْجُهِ.

(وَالْمُرَابَطَةُ) الْجَمَاعَةُ مِنْ الْغُزَاةِ، وَأَمَّا مَا ذَكَرَ الْقُدُورِيُّ مِنْ الْحَدِيثِ: "فِي كُلِّ فَرَسٍ دِينَارٌ، وَلَيْسَ فِي الرَّابِطَةِ شَيْءٌ". فَالْمَعْنَى: مَا يُرْبَطُ فِي الْبَلَدِ مِنَ الْخَيْلِ، وَحَقِيقَتُهَا ذَاتُ الرَّبْطِ كَعِيشَةٍ رَاضِيَةٍ.

[ر ب ع]: (الرِّبَاعُ) (وَالرُّبُوعُ) جَمْعُ رَبْعٍ، وَهُوَ الدَّارُ حَيْثُ كَانَتْ.

(وَالرَّبِيعُ) أَحَدُ فُصُولِ السَّنَةِ وَالنَّهْرُ أَيْضًا، وَمِنْهُ الْحَدِيثُ: "وَمَا سَقَى الرَّبِيعُ".

وَبِهِ سُمِّيَ (الرَّبِيعُ) بن صَبِيحٍ، وَبِتَصْغِيرِهِ سُمِّيَتْ الرُّبَيِّعُ بِنْتُ مُعَوِّذِ ابْنِ عَفْرَاءَ، وَالرُّبَيِّعُ بِنْتُ النَّضْرِ-عَمَّةُ أَنَسٍ.

(وَالرُّبَاعِيُّ) بِتَخْفِيفِ الْبَاءِ وَفَتْحِ الرَّاءِ بَعْدَ الثَّنِيِّ، وَهُوَ مِنَ الْإِبِلِ الَّذِي دَخَلَ فِي السَّابِعَةِ، وَمِنْهُ: اسْتَقْرَضَ بَكْرًا وَقَضَاهُ رَبَاعِيًا.

(وَالرَّبَاعِيَاتُ) مِنْ الْأَسْنَانِ الَّتِي تَلِي الثَّنَايَا (وَالرُّبُعُ) أَحَدُ الْأَجْزَاءِ الْأَرْبَعَةِ (وَالرُّبُعُ) الْهَاشِمِيُّ هُوَ الصَّاعُ، صَوَابُهُ: وَرُبُعُ الْهَاشِمِيِّ، عَلَى الْإِضَافَةِ مَعَ حَذْفِ الْمَوْصُوفِ أَيْ:

وَرُبُعُ الْقَفِيزِ الْهَاشِمِيِّ، وَهُوَ الصَّاعُ لِأَنَّ الْقَفِيزَ اثْنَا عَشَرَ مَنًّا [مُدٌّ بِدَلِيلِ][1]، وَأَمَّا قَوْلُه: لِكُلِّ مِسْكِينٍ رُبْعَانِ بِالْحَجَّاجِيِّ، أَيْ: مُدَّانِ، وَهُمَا نِصْفُ صَاعٍ مُقَدَّرَانِ بِالصَّاعِ الْحَجَّاجِيِّ، وَإِنَّمَا قَالَ ذَلِكَ احْتِرَازًا عَنْ قَوْلِ أَبِي يُوسُفَ رَحِمَهُ اللهُ فِي الصَّاعِ وَسَيَجِيءُ بَعْدُ.

وَيُقَالُ: (رَجُلٌ رَبْعَةٌ) بِفَتْحِ الرَّاءِ وَسُكُونِ الْبَاءِ، أَيْ: مَرْبُوعُ الْخَلْقِ، وَكَذَا الْمَرْأَةُ وَرِجَالٌ وَنِسَاءٌ رَبَعَاتٌ بِالتَّحْرِيكِ.

(وَالرَّبْعَة) الْجُونَةُ، وَهِيَ سُلَيْلَةٌ تَكُونُ لِلْعَطَّارِينَ مُغَشَّاةٌ أَدَمًا، وَبِهَا سُمِّيَتْ رَبْعَةُ الْمُصْحَفِ، وَذِكْرُهَا فِيمَا يَصْلُحُ لِلنِّسَاءِ مِنْ أَمْتِعَةِ الْبَيْتِ فِيهِ نَظَرٌ.

[ر ب غ]: (الْمُرْبَغَةُ) بِفَتْحِ الْبَاءِ وَبِالْغَيْنِ الْمُعْجَمَةِ: النَّاقَةُ السَّمِينَةُ، وَمِنْهَا حَدِيثُ عُمَرَ رَضِيَ اللهُ عَنْهُ: هَلْ يُرْضِيكَ مِنْ نَاقَتِكَ نَاقَتَانِ عُشَرَاوَانِ مُرْبَغَتَانِ، يُقَالُ: أَرْبَغْتُ الْإِبِلَ، أَيْ: أَرْسَلْتُهَا عَلَى الْمَاءِ تَرِدُهُ مَتَى شَاءَتْ فَرَبَغَتْ هِيَ، وَمَنْ رَوَى: مَرْبَعَتَانِ بِالْعَيْنِ مِنَ الرَّبِيعِ أَوْ الرُّبَعِ، فَقَدْ صَحَّفَ.

[ر ب و]: (رَبَا) الْمَالُ: زَادَ، وَمِنْهُ الرِّبَا، وَقَوْلُ الْخُدْرِيِّ: التَّمْرُ[2] رِبًا وَالدَّرَاهِمُ كَذَلِكَ، أَرَادَ أَنَّهُمَا مِنْ أَمْوَالِ الرِّبَا، وَيُنْسَبُ إِلَيْهِ، فَيُقَالُ: رِبَوِيٌّ بِكَسْرِ الرَّاءِ، وَمِنْهُ: الْأَشْيَاءُ الرِّبَوِيَّةُ، وَفَتْحُ الرَّاءِ خَطَأٌ.

(وَرَبَّى) الصَّغِيرَ وَتَرَبَّاهُ: غَذَّاهُ وَتَرَبَّى بِنَفْسِهِ، وَمِنْهُ: لِأَنَّ الصِّغَارَ لَا يَتَرَبَّوْنَ إِلَّا بِلَبَنِ الْآدَمِيَّةِ.

رُبَيَّة فِي (ر ي، ر ي ب).

الرَّاءُ مَعَ التَّاءِ الْفَوْقِيَّةِ

[ر ت ت]: (رَجُلٌ أَرَتُّ) فِي لِسَانِهِ رُتَّةٌ، وَهِيَ عَجَلَةٌ فِي الْكَلَامِ، وَعَنْ الْمُبَرِّدِ: هِيَ كَالرَّتَجِ تَمْنَعُ الْكَلَامَ، فَإِذَا جَاءَ مِنْهُ شَيْءٌ اتَّصَلَ، وَهِيَ غَرِيزَةٌ تَكْثُرُ فِي الْأَشْرَافِ.

وَعَنْ عَبْدِ الرَّحْمَنِ: الْأَرَتُّ: الَّذِي تَرْتَدُّ كَلِمَتُهُ وَيَسْبِقُهُ نَفَسُهُ.

[ر ت ج]: (أَرْتَجَ الْبَابَ): أَغْلَقَهُ إِغْلَاقًا وَثِيقًا، عَنْ اللَّيْثِ وَالْأَزْهَرِيِّ، وَفِي الْحَدِيثِ:

(١) زيادة من: م.
(٢) في خ: "الثمر".

"إِنَّ أَبْوَابَ السَّمَاءِ تُفْتَحُ فَلَا تُرْتَجُ". أَيْ: فَلَا تُطْبَقُ وَلَا تُغْلَقُ، وَفِي أَجْنَاسِ النَّاطِفِيِّ: وَلَوْ كَانَ عَلَى الدَّارِ بَابٌ مُرْتَجٌ غَيْرُ مُغْلَقٍ فَدَفَعَهُ وَدَخَلَ خَفِيًّا قُطِعَ، فَقَدْ جَعَلَ رَدَّ الْبَابِ وَإِطْبَاقَهُ إِرْتَاجًا عَلَى التَّوَسُّعِ، وَيَشْهَدُ لِصِحَّتِهِ مَا مَرَّ فِي تَفْسِيرِ الْحَدِيثِ: وَالرِّتَاجُ الْبَابُ الْمُغْلَقُ، وَيُقَالُ لِلْبَابِ الْعَظِيمِ: رِتَاجٌ أَيْضًا، أَنْشَدَهُ اللَّيْثُ[1]:

أَلَمْ تَرَنِي عَاهَدْتُ رَبِّي وَإِنَّنِي   لَبَيْنَ رِتَاجٍ مُقْفَلٍ وَمَقَامِ

يَعْنِي: بَابَ الْكَعْبَةِ وَمَقَامَ إِبْرَاهِيمَ عَلَيْهِ السَّلَامُ، وَفِي الْحَدِيثِ: "أَنَّ فُلَانًا جَعَلَ مَالَهُ فِي رِتَاجِ الْكَعْبَةِ". قَالُوا: لَمْ يُرِدِ الْبَابَ بِعَيْنِهِ، وَإِنَّمَا أَرَادَ أَنَّهُ جَعَلَهُ لَهَا، يَعْنِي: يُرِيدُ[2] النَّذْرَ.

قَوْلُهُمْ: أُرْتِجَ عَلَى الْخَطِيبِ، أَوْ عَلَى الْقَارِئِ، مَبْنِيًّا لِلْمَفْعُولِ، إِذَا اسْتُغْلِقَتْ عَلَيْهِ الْقِرَاءَةُ فَلَمْ يَقْدِرْ عَلَى إِتْمَامِهَا، وَهُوَ مِنَ الْأَوَّلِ أَلَا تَرَاهُمْ قَالُوا لِلْمُرْشِدِ: فَتَحَ عَلَى الْقَارِئِ.

قَالَ شَيْخُنَا: وَالْعَامَّةُ تَقُولُ: أُرْتِجَّ بِالتَّشْدِيدِ، وَعَنْ بَعْضِهِمْ: أَنَّ لَهُ وَجْهًا، وَإِنَّ مَعْنَاهُ وَقَعَ فِي رَجَّةٍ، وَهِيَ الِاخْتِلَاطُ.

[قَالَ الْمُصَنِّفُ][3]: وَيُعَضِّدُهُ قَوْلُهُمْ: ارْتَجَّ الظَّلَامُ، إِذَا تَرَاكَبَ وَالْتَبَسَ وَأَظْهَرُ، مِنْهُ مَا حَكَى الْأَزْهَرِيُّ عَنْ عَنْ عَمْرٍو عَنْ أَبِيهِ: الرَّتَجُ اسْتِغْلَاقُ الْقِرَاءَةِ عَلَى الْقَارِئِ، قَالَ: وَيُقَالُ: أُرْتِجَ عَلَيْهِ، وَأُرْتُجَّ عَلَيْهِ، وَاسْتُبْهِمَ عَلَيْهِ بِمَعْنًى.

[ر ت ق]: (امْرَأَةٌ رَتْقَاءُ) بَيِّنَةُ الرَّتَقِ، إِذَا لَمْ يَكُنْ لَهَا خَرْقٌ إِلَّا الْمَبَالُ.

[ر ت ل]: (التَّرْتِيلُ) فِي الْأَذَانِ وَغَيْرِهِ: أَنْ لَا يَعْجَلَ فِي إِرْسَالِ الْحُرُوفِ، بَلْ يَتَثَبَّتَ فِيهَا وَيُبَيِّنَهَا تَبْيِينًا وَيُوَفِّيَهَا حَقَّهَا مِنَ الْإِشْبَاعِ مِنْ غَيْرِ إِسْرَاعٍ، مِنْ قَوْلِهِمْ: ثَغْرٌ مُرَتَّلٌ، وَرَتِلٌ مُفَلَّجٌ مُسْتَوِي الثَّنِيَّةِ حَسَنُ التَّنْضِيدِ.

(١) الْبَيْتُ لِلْفَرَزْدَقِ، وَهُوَ هَمَّامُ بْنُ غَالِبِ بْنِ صَعْصَعَةَ التَّمِيمِيُّ الدَّارِمِيُّ، أَبُو فِرَاسٍ، شَاعِرٌ مِنَ النُّبَلَاءِ، مِنْ أَهْلِ الْبَصْرَةِ، عَظِيمُ الْأَثَرِ فِي اللُّغَةِ، يُشْبِهُ بِزُهَيْرِ بْنِ أَبِي سُلْمَى، لُقِّبَ بِالْفَرَزْدَقِ لِجَهَامَةِ وَجْهِهِ وَغِلَظِهِ.

(٢) زِيَادَةٌ مِنْ: م.

(٣) فِي خ: "قُلْتُ".

[ر ت م]: (الرَّتِيمَةُ) خَيْطُ التَّذَكُّرِ يُعْقَدُ بِالْإِصْبَعِ، وَكَذَلِكَ[1] الرَّتَمَةُ.

(وَأَرْتَمْتُ) الرَّجُلَ إِرْتَامًا، وَارْتَتَمَ هُوَ بِنَفْسِهِ، قَالَ:

إِذَا لَمْ تَكُنْ حَاجَاتُنَا فِي نُفُوسِكُمْ فَلَيْسَ بِمُغْنٍ عَنْكَ عَقْدُ الرَّتَائِمِ

وَالرَّتَمُ: ضَرْبٌ مِنَ الشَّجَرِ، وَأَنْشَدَ ابْنُ السِّكِّيتِ:

هَلْ يَنْفَعَنْكَ الْيَوْمَ إِنْ هَمَّتْ بِهِمْ كَثْرَةُ مَا تُوصِي وَتَعْقَادُ الرَّتَمْ

وَقَالَ: مَعْنَاهُ أَنَّ الرَّجُلَ كَانَ إِذَا خَرَجَ فِي سَفَرٍ عَمَدَ إِلَى هَذَا الشَّجَرِ، فَشَدَّ بَعْضَ أَغْصَانِهِ بِبَعْضٍ فَإِذَا رَجَعَ وَأَصَابَهُ عَلَى تِلْكَ الْحَالِ، قَالَ: لَمْ تَخُنِّي امْرَأَتِي، وَإِنْ أَصَابَهُ وَقَدْ انْحَلَّ قَالَ: خَانَتْنِي، هَكَذَا قَرَأْتُهُ عَلَى وَالِدِي رَحِمَهُ اللهُ فِي إِصْلَاحِ الْمَنْطِقِ، وَهُوَ الْمَشْهُورُ وَالْمَرْوِيُّ عَنِ الثِّقَاتِ، إِلَّا أَنَّ اللَّيْثَ ذَكَرَ الرَّتَمَ بِمَعْنَى الرَّتِيمَةِ، وَأَبُو زَيْدٍ ذَكَرَ الرَّتَمَةَ فِي مَعْنَاهَا، وَأَنْشَدَ هَذَا الْبَيْتَ اسْتِشْهَادًا بِهِ لِلْخَيْطِ، وَكَأَنَّهُ جَعَلَهُ جَمْعًا لَهَا، وَكَيْفَمَا كَانَ فَهُوَ حُجَّةٌ كَافِيَةٌ لِلْفُقَهَاءِ.

الرَّاءُ مَعَ الثَّاءِ الْمُثَلَّثَةِ

[ر ث أ]: (الرَّثِيئَةُ) لَبَنٌ حَلِيبٌ يُصَبُّ عَلَى حَامِضٍ.

[ر ث ث] رَثَّ الثَّوْبُ: بَلِيَ، وَثَوْبٌ (رَثٌّ) وَهَيْئَةٌ رَثَّةٌ (وَرَثَاثَةُ) الْهَيْئَةِ خُلُوقَةُ الثِّيَابِ وَسُوءُ الْحَالِ.

(وَرِثَّةُ) الْمَتَاعِ بِالْكَسْرِ إِسْقَاطُهُ وَخُلْقَانُهُ، وَيُقَالُ: هُمْ رِثَّةُ النَّاسِ لِضُعَفَائِهِمْ عَلَى التَّشْبِيهِ، وَمِنْهَا قَوْلُهُمْ: أُرْتُثَّ الْجَرِيحُ إِذَا حُمِلَ مِنَ الْمَعْرَكَةِ وَبِهِ رَمَقٌ؛ لِأَنَّهُ حِينَئِذٍ يَكُونُ ضَعِيفًا، أَوْ مُلْقًى كَرِثَّةِ الْمَتَاعِ، وَتَحْدِيدُ الِارْتِثَاثِ شَرْعًا فِي كُتُبِ الْفِقْهِ.

[ر ث م]: (فَرَسٌ أَرْثَمُ): شَفَتُهُ الْعُلْيَا بَيْضَاءُ.

الرَّاءُ مَعَ الْجِيمِ

[ر ج أ]: فِي الْحَدِيثِ: "فَأَمَرَ بِأَنْ يُقَوِّمَهُ وَيُرْجِئَهُ". أَيْ: يُؤَخِّرَهُ، وَمِنْهُ الْمُرْجِئَةُ لِإِرْجَائِهِمْ حُكْمَ أَهْلِ الْكَبَائِرِ إِلَى يَوْمِ الْقِيَامَةِ، وَتَمَامُ الشَّرْحِ فِي (ج هـ ج هـ م).

[ر ج ب]: (الرَّجَبِيَّةُ) مِنْ ذَبَائِحِ الْجَاهِلِيَّةِ فِي رَجَبٍ، نَسَخَهَا الْأَضْحَى.

---

(١) في خ: "وكذا".

(وَلَا رُجَّبِيَّةَ) فِي (عر، ع ر و).

[ر ج ز]: (الرِّجْزُ) الْعَذَابُ الْمُقْلِقُ، وَبِهِ سُمِّيَ الطَّاعُونُ.

(وَالْمُرْتَجِزُ) مِنْ أَفْرَاسِهِ عَلَيْهِ السَّلَامُ.

[ر ج ع]: (رَجَعَهُ) رَدَّهُ، وَمِنْهُ حَدِيثُ النُّعْمَانِ بن بَشِيرٍ: أَنَّهُ عَلَيْهِ السَّلَامُ قَالَ لَهُ: "أَكُلَّ أَوْلَادِكَ نَحَلْتَ مِثْلَ هَذَا؟" قَالَ: لَا، فَقَالَ عَلَيْهِ السَّلَامُ: "فَارْجِعْ إِذًا". فَرَجَعَ فَرَدَّ عَطِيَّتَهُ[1].

وَقَالَ ابْنُ مَسْعُودٍ رَضِيَ اللهُ عَنْهُ لِلْجَلَّادِ: اضْرِبْ وَارْجِعْ يَدَيْكَ، كَأَنَّهُ أَمَرَهُ أَنْ لَا يَرْفَعَهُمَا وَلَا يُدْنِيَهُمَا بَلْ يَقْتَصِرَ عَلَى أَنْ يَرْجِعَهُمَا رَجْعًا.

(وَرَجَعَ) بِنَفْسِهِ رُجُوعًا وَرَجْعَةً رَدَّهُ، وَمِنْهُ التَّرْجِيعُ فِي الْأَذَانِ؛ لِأَنَّهُ يَأْتِي بِالشَّهَادَتَيْنِ خَافِضًا بِهِمَا صَوْتَهُ، ثُمَّ يَرْجِعُهُمَا رَافِعًا بِهِمَا صَوْتَهُ، وَلَهُ عَلَى امْرَأَتِهِ (رَجْعَةٌ) وَرِجْعَةٌ وَالْفَتْحُ أَفْصَحُ، وَمِنْهَا: الطَّلَاقُ الرَّجْعِيُّ.

(وَارْتَجَعَ) الْهِبَةَ: ارْتَدَّهَا (وَارْتَجَعَ) إِبِلًا بِإِبِلِهِ: اسْتَبْدَلَهَا، وَقِيلَ: هُوَ أَنْ يَأْخُذَ وَاحِدًا مَكَانَ اثْنَيْنِ بِالْقِيمَةِ، (وَالرِّجْعَةُ) بِالْكَسْرِ اسْمُ الْمُرْتَجَعِ.

(وَالرَّجِيعُ) كِنَايَةٌ عَنْ ذِي الْبَطْنِ لِرُجُوعِهِ عَنِ الْحَالَةِ الْأُولَى، وَمِنْهُ: "نَهَى عَنِ الِاسْتِنْجَاءِ بِرَجِيعٍ أَوْ عَظْمٍ". وَبِهِ سُمِّيَ الْمَوْضِعُ الْمَعْرُوفُ بِنَاحِيَةِ الْحِجَازِ.

[ر ج ل]: (الرِّجَالُ) جَمْعُ رَجُلٍ خِلَافُ الْمَرْأَةِ، وَهُوَ فِي مَعْنَى الرَّجُلِ أَيْضًا، وَبِهِ كُنِّيَ وَالِدُ عَبْدِ الرَّحْمَنِ بن أَبِي الرِّجَالِ فِي السِّيَرِ.

(وَالرِّجْلُ) مِنْ أَصْلِ الْفَخِذِ إِلَى الْقَدَمِ وَقُرِئَ (وَأَرْجُلَكُمْ) [سورة المائدة آية ٦] بِالْجَرِّ وَالنَّصْبِ، وَظَاهِرُ الْآيَةِ مَتْرُوكٌ بِالْإِجْمَاعِ وَالسُّنَّةِ الْمُتَوَافِرَةِ، وَيُرْوَى: أَنَّ الصَّعْبَ بن جَثَّامَةَ أَهْدَى رِجْلَ حِمَارٍ، وَيُرْوَى[2]: فَخِذَ وَعَجُزَ، وَتَفْسِيرُهَا بِالْجَمَاعَةِ خَطَأٌ.

(وَالْمِرْجَلُ) قِدْرٌ مِنْ نُحَاسٍ، وَقِيلَ: كُلُّ قِدْرٍ يُطْبَخُ فِيهَا.

(وَرَجَّلَ) شَعَرَهُ أَرْسَلَهُ بِالْمِرْجَلِ، وَهُوَ الْمِشْطُ. (وَتَرَجَّلَ) فَعَلَ ذَلِكَ بِشَعْرِ نَفْسِهِ، وَمِنْهُ: حَتَّى فِي تَنَعُّلِهِ وَتَرَجُّلِهِ،" وَنَهَى عَنِ التَّرَجُّلِ إِلَّا غِبًّا"[3]. وَتَفْسِيرُهُ بِنَزْعِ الْخُفِّ خَطَأٌ.

---

(١) أخرجه أبو عوانة في مسنده (٥٦٦٧)
(٢) في خ: "وروي".
(٣) أخرجه الترمذي (١٦٧٦)، وأبو داود (٤١٥٩)، والنسائي (٥٠٥٥).

[ر ج م]: (الْمُرَاجَمَةُ) مُفَاعَلَةٌ مِنَ الرَّجْمِ بِالْحِجَارَةِ، وَبِاسْمِ الْفَاعِلِ مِنْهُ سُمِّيَ وَالِدُ الْعَوَّامِ بن مُرَاجِمٍ، هَكَذَا صَحَّ عَنْ ابْنِ مَاكُولَا وَغَيْرِهِ.

الرَّاءُ مَعَ الْحَاءِ الْمُهْمَلَةِ

[ر ح ب]: (الرُّحْبُ) بِالضَّمِّ السَّعَةُ، وَمِنْهُ: قَوْلُ زَيْدِ بن ثَابِتٍ لِعُمَرَ رَضِيَ اللهُ عَنْهُمَا: هَهُنَا بِالرُّحْبِ، أَيْ: تَقَدَّمْ إِلَى السَّعَةِ.

(وَالرَّحْبَةُ) بِالْفَتْحِ الصَّحْرَاء بَيْنَ أَفْنِيَةِ الْقَوْمِ عَنْ الْفَرَّاءِ، قَالَ اللَّيْثُ: وَرَحْبَةُ الْمَسْجِدِ سَاحَتُهُ.

قُلْتُ: وَقَدْ يُسَمَّى بِهَا مَا يُتَّخَذُ عَلَى أَبْوَابِ بَعْضِ الْمَسَاجِدِ فِي الْقُرَى وَالرَّسَاتِيقِ مِنْ حَظِيرَةٍ أَوْ دُكَّانٍ لِلصَّلَاةِ، وَمِنْهَا قَوْلُ أَبِي عَلِيٍّ الدَّقَّاقِ: لَا يَنْبَغِي لِلْحَائِضِ أَنْ تَدْخُلَ رَحْبَةَ مَسْجِدِ الْجَمَاعَةِ مُتَّصِلَةً كَانَتْ الرَّحْبَةُ أَوْ مُنْفَصِلَةً، وَتَحْرِيكُ الْحَاءِ أَحْسَنُ.

وَأَمَّا مَا فِي حَدِيثِ عَلِيٍّ رَضِيَ اللهُ عَنْهُ: "أَنَّهُ وَصَفَ وُضُوءَ رَسُولِ اللهِ صَلَّى اللهُ عَلَيْهِ وَآلِهِ وَسَلَّمَ فِي رَحْبَةِ الْكُوفَةِ". فَإِنَّهَا دُكَّانٌ وَسَطَ مَسْجِدِ الْكُوفَةِ، كَانَ رَضِيَ اللهُ عَنْهُ يَقْعُدُ فِيهِ وَيَعِظُ، وَمِنْهَا: أَنَّهُ أَلْقَى مَا أَصَابَ مِنْ أَهْلِ النَّهْرَوَانِ فِي الرَّحْبَةِ، يَعْنِي: غَنَائِمَ الْخَوَارِجِ.

(وَمَرْحَبٌ) اسْمُ رَجُلٍ، وَمِنْهُ:

هَذَا سَيْفُ مَرْحَبْ   مَنْ يَذُقْهُ يَعْطَبْ

(وَأَرْحَبُ) حَيٌّ مِنْ هَمْدَانَ.

[ر ح ض]: (الْمِرْحَاضُ) مَوْضِعُ الرَّحْضِ، وَهُوَ الْغَسْلُ، فَكُنِّيَ بِهِ عَنْ الْمُسْتَرَاحِ، وَمِنْهُ: فَقَدِمْنَا الشَّامَ فَوَجَدْنَا مَرَاحِيضَهُمْ قَدْ بُنِيَتْ قِبَلَ الْقِبْلَةِ.

[ر ح ل]: (رَحَلَ) عَنْ الْبَلَدِ شَخَصَ وَسَارَ، وَرَحَّلْتُهُ أَنَا وَأَرْحَلْتُهُ: أَشْخَصْتُهُ.

وَمِنْهُ قَوْلُ مُحَمَّدٍ رَحِمَهُ اللهُ فِي السِّيَرِ: وَكَانَ يَقْوَى عَلَى الْمَرْأَةِ إِذَا أَصَابَهُمْ هَزِيمَةٌ أَنْ يُرَحِّلَهَا مَعَهُ حَتَّى يُدْخِلَهَا أَرْضَ الْإِسْلَامِ، رُوِيَ بِالتَّخْفِيفِ وَالتَّشْدِيدِ.

(وَرَحَلَ الْبَعِيرَ) شَدَّ عَلَيْهِ الرَّحْلَ مِنْ بَابِ مَنَعَ، وَمِنْهُ حَدِيثُ الْأَسْوَدِ مَوْلَى رَسُولِ اللهِ صَلَّى اللهُ عَلَيْهِ وَآلِهِ وَسَلَّمَ: أَنَّهُ أَصَابَهُ سَهْمٌ وَكَانَ يُرَحِّلُ لَهُ.

(وَالرَّحْلُ) لِلْبَعِيرِ كَالسَّرْجِ لِلدَّابَّةِ، وَمِنْهُ: فَرَسٌ أَرْحَلُ أَبْيَضُ الظَّهْرِ؛ لِأَنَّهُ مَوْضِعُ الرَّحْلِ، وَيُقَالُ لِمَنْزِلِ الْإِنْسَانِ وَمَأْوَاهُ: رَحْلٌ أَيْضًا، وَمِنْهُ: نَسِيَ الْمَاءَ فِي رَحْلِهِ، وَفِي

السَّيْرِ: لَعَلَّهُ لَا يَئُوبُ إِلَى رَحْلِهِن وَالْجَمْعُ: أَرْحُلٌ وَرِحَالٌ، وَمِنْهُ: فَالصَّلَاةُ فِي الرِّحَالِ.

(وَرَاحَلَهُ[١]) أَعْطَاهُ رَاحِلَةً، وَهُوَ النَّجِيبُ وَالنَّجِيبَةُ مِنَ الْإِبِلِ، وَمِنْهُ: "تَجِدُونَ النَّاسَ كَالْإِبِلِ الْمِائَةِ لَيْسَ فِيهَا رَاحِلَةٌ"[٢]، وَهُوَ مَثَلٌ فِي عِزَّةِ كُلِّ مَرْضِيٍّ، وَقِيلَ: أَرَادَ التَّسَاوِيَ فِي النَّسَبِ، وَأُنْكِرَ ذَلِكَ.

[ر ح م]: (الرَّحِمُ) فِي الْأَصْلِ مَنْبِتُ الْوَلَدِ وَوِعَاؤُهُ فِي الْبَطْنِ، ثُمَّ سُمِّيَتْ الْقَرَابَةُ وَالْوُصْلَةُ مِنْ جِهَةِ الْوِلَادِ رَحِمًا، وَمِنْهَا: ذُو الرَّحِمِ خِلَافُ الْأَجْنَبِيِّ، وَفِي التَّنْزِيلِ: ﴿وَأُولُوا الْأَرْحَامِ بَعْضُهُمْ أَوْلَى بِبَعْضٍ﴾ [سورة الأنفال آية ٧٥].

[ر ح ي]: (الرَّحَى) مُؤَنَّثٌ، تَثْنِيَتُهَا: رَحَيَانِ، وَالْجَمْعُ: أَرْحَاءٌ وَأَرْحٍ، وأَنْكَرَ أَبُو حَاتِمٍ الْأَرْحِيَةَ، وَقَوْلُهُ: خَلَا الرَّحَى، أَيْ: وَضْعِ الرَّحَى، وَيُسْتَعَارُ الْأَرْحَاءُ لِلْأَضْرَاسِ، وَهِيَ اثْنَا عَشَرَ.

الرَّاءُ مَعَ الْخَاءِ الْمُعْجَمَةِ

[ر خ ج]: (الرُّخَّجُ) إِعْرَابُ رخد، بِوَزْنِ زُفَرَ، اسْمُ كُورَةٍ اسْتَوْلَى عَلَيْهِ التُّرْكُ، وَقَدْ جَاءَ فِي الشِّعْرِ مُنْصَرِفًا ضَرُورَةً.

[ر خ م]: قَوْلُهُ: لَا قَطْعَ فِي[٣] الرُّخَامِ، هِيَ: الْحِجَارَةُ الْبِيضُ الرِّخْوَةُ، الْوَاحِدَةُ: رُخَامَةٌ.
(وَفَرَسٌ أَرْخَمُ) وَجْهُهُ أَبْيَضُ.

الرَّاءُ مَعَ الدَّالِ الْمُهْمَلَةِ

[ر د أ]: (رَدَأَهُ) أَعَانَهُ، رِدْءًا وَالرِّدْءُ بِالْكَسْرِ: الْعَوْنُ.

[ر د د]: (رَدَّ) عَلَيْهِ الشَّيْءَ رَدًّا وَمَرَدًّا، وَرَدَّ الْبَابَ أَصْفَقَهُ وَأَطْبَقَهُ، وَبَابٌ مَرْدُودٌ مُطْبَقٌ غَيْرُ مَفْتُوحٍ، وَسَيَجِيءُ فِي (غ ل).

وَالرِّدِّيدِيُّ أَبْلَغُ مِنَ الرَّدِّ، وَدِرْهَمٌ رَدٌّ: زَيْفٌ غَيْرُ رَائِجٍ، وَمِنْهُ: "مَنْ أَدْخَلَ فِي دِينِنَا مَا

---

(١) في خ: "وأرحله".
(٢) أخرجه أبو يعلى الموصلي في مسنده (٥٤٣٦)
(٣) زيادة من: م.

لَيسَ مِنْهُ فَهُوَ رَدٌّ"[١]. أَيْ: مَرْدُودٌ[٢].

وَيُرَدُّ عَلَيْهِمْ فِي (كف، ك ف أ).

[ر د ع]: (الرَّدْعُ) أَثَرُ الطِّيبِ وَالْحِنَّاءِ، وَقَدْ رَدَعَهُ بِالزَّعْفَرَانِ أَوْ الدَّمِ رَدْعًا، أَيْ: لَطَخَهُ، وَقَوْلُهُمْ:رَكِبَ رَدْعَهُ، مَعْنَاهُ: جُرِحَ فَسَالَ دَمُهُ فَسَقَطَ فَوْقَهُ.

[ر د غ]: (الرِّدَاغُ) الطِّينُ الرَّقِيقُ، وَقِيلَ: هُوَ جَمْعُ الرَّدْغَةِ، وَمَكَانٌ رَدِغٌ بِالْكَسْرِ.

الرَّاءُ مَعَ الذَّالِ الْمُعْجَمَةِ

[ر ذ ن]: (رَاذَانُ) مَوْضِعٌ قَرِيبٌ مِنْ بَغْدَادَ بِيَوْمَيْنِ، وَمِنْهُ مَا ذَكَرَ الْقُدُورِيُّ فِي بَيْعِ أَرْضِ الْخَرَاجِ: أَنَّ ابْنَ مَسْعُودٍ اشْتَرَى أَرْضًا بِرَاذَانَ.

الرَّاءُ مَعَ الزَّايِ الْمُعْجَمَةِ

[ر ز أ]: (مَا رَزَأْتُهُ) شَيْئًا، أَيْ: مَا نَقَصْتُهُ، وَمِنْهُ: الرُّزْءُ وَالرَّزِيئَةُ: الْمُصِيبَةُ الْعَظِيمَةُ.

[ر ز ب]: (الْمِرْزَبَّةُ) الْمِيتَدَةُ، قَالَ الشاعر[٣]:

ضَرْبَكَ بِالْمِرْزَبَةِ الْعُودَ النَّخِر

وَعَنْ الْكِسَائِيِّ: تَشْدِيدُ الْبَاءِ.

(وَالْمَرْزُبَانُ) مُعَرَّبٌ، وَهُوَ الْكَبِيرُ مِنْ الْفُرْسِ، وَالْجَمْعُ: الْمَرَازِبَةُ، وَيُقَالُ لِلْأَسَدِ: مَرْزُبَانُ الزَّأْرَةِ عَلَى الِاسْتِعَارَةِ، لِأَنَّ الزَّأْرَةَ الْأَجَمَةُ، وَهِيَ فَعْلَةٌ مِنْ زَئِيرِ الْأَسَدِ، وَهُوَ صِيَاحُهُ الْأَلِفُ فِيهَا هَمْزَةٌ سَاكِنَةٌ قَدْ تُلَيَّنُ، وَقَدْ[٤] ذَكَرَهَا الْغُورِيُّ فِي بَابِ فَعَلَ مِنْ الْمُعْتَلِّ الْعَيْنِ.

وَأَمَّا مَا فِي السِّيَرِ مِنْ حَدِيثِ الْبَرَاءِ بن أَنَسٍ: أَنَّهُ بَارَزَ مَرْزُبَانَ الزَّأْرَةِ، فَهُوَ إِمَّا لَقَبٌ لِذَلِكَ الْمُبَارِزِ كَمَا يُلَقَّبُ بِالْأَسَدِ، أَوْ مُضَافٌ إِلَى الزَّأْرَةِ قَرْيَةٌ بالبَحْرين[٥]، وَالْأَوَّلُ أَصَحُّ.

[ر ز ح]: (بَعِيرٌ رَازِحٌ) سَقَطَ مِنْ الْإِعْيَاءِ، وَقَدْ رَزَحَ رُزُوحًا وَرُزَاحًا، وَقِيلَ: هُوَ

---

(١) أخرجه البخاري (٢٦٩٧)، ومسلم (١٧٢٠).
(٢) في خ: "رَدِيٌّ".
(٣) سقط من: م.
(٤) زيادة من: م.
(٥) في م: "بالجرين".

الشَّدِيدُ الْهُزَالُ، وَإِبِلٌ رَزْحَى كَهَالِكٍ وَهَلْكَى، وَفِي الزِّيَادَاتِ: الْمَهَازِيلُ الرُّزَّحُ، وَهُوَ قِيَاسٌ.

[ر ز ز]: فِي الْحَدِيثِ: "مَنْ وَجَدَ فِي بَطْنِهِ رِزًّا فَلْيَتَوَضَّأْ"[1]. هُوَ الصَّوْتُ، وَعَنْ الْقُتَبِيِّ: غَمْزُ الْحَدَثِ وَحَرَكَتُهُ.

[ر ز غ]: عَنْ ابْنِ عَبَّاسٍ رَضِيَ اللهُ عَنْهُمَا: أَنَّهُ خَطَبَ فِي يَوْمٍ ذِي (رَزَغٍ)، هُوَ بِالتَّحْرِيكِ وَالتَّسْكِينِ: الْوَحَلُ، وَمِنْهُ حَدِيثُ عَبْدِ الرَّحْمَنِ بن سَمُرَةَ، وَقِيلَ لَهُ: مَا جَمَّعْتَ؟ فَقَالَ: مَنَعَنَا هَذَا الرَّزَغُ، وَعَنْ اللَّيْثِ: الرَّزْغَةُ أَشَدُّ مِنْ الرَّدْغَةِ.

[ر ز ق]: (الرِّزْقُ) مَا يُخْرَجُ لِلْجُنْدِيِّ عِنْدَ رَأْسِ كُلِّ شَهْرٍ، وَقِيلَ: يَوْمًا بِيَوْمٍ.
(وَالْمُرْتَزِقَةُ) الَّذِينَ يَأْخُذُونَ الرِّزْقَ وَإِنْ لَمْ يُثْبَتُوا فِي الدِّيوَانِ.
وَفِي" مُخْتَصَرِ الْكَرْخِيِّ": الْعَطَاءُ مَا يُفْرَضُ لِلْمُقَاتِلَةِ، وَالرِّزْقُ لِلْفُقَرَاءِ.

[ر ز د ق]: (الرزدق) الصَّفُّ، وَفِي"الْوَاقِعَاتِ": رستق الصَّفَّارِينَ وَالْبَيَّاعِينَ، وَكِلَاهُمَا تَعْرِيبُ رسته.

[ر ز م]: (الرِّزْمَةُ) بِالْكَسْرِ: الثِّيَابُ الْمَجْمُوعَةُ وَغَيْرُهَا، وَالْفَتْحُ لُغَةٌ، وَعَنْ شِمْرٍ: هِيَ نَحْوُ ثُلُثِ الْغِرَارَةِ أَوْ رُبْعِهَا، وَفِي"التَّكْمِلَةِ": الرِّزَمُ الْغَرَائِرُ الَّتِي فِيهَا الطَّعَامُ، وَمِنْهَا: رِزَمُ الثِّيَابِ.

[ر ز ن] (الرَّوَازِنُ) جَمْعُ رَوْزَنٍ، وَهُوَ الْكُوَّةُ، مُعَرَّبٌ.

الرَّاءُ مَعَ السِّينِ الْمُهْمَلَةِ

[ر س ب]: (رَسَبَ) فِي الْمَاءِ: سَفَلَ، رُسُوبًا مِنْ بَابِ طَلَبَ.

[ر س ح]: الْأَرْسَح الْأَزَلُّ[2] فِي (ص هـ ص هـ ب).

[ر س ع]: (الْمُرَيْسِيعُ) مَاءٌ بِنَاحِيَةِ قُدَيْدٍ بَيْنَ مَكَّةَ وَالْمَدِينَةِ، رُوِيَ بِالْعَيْنِ وَالْغَيْنِ.
(وَغَزْوَةُ الْمُرَيْسِيعِ) وَهِيَ غَزْوَةُ بَنِي الْمُصْطَلِقِ، كَانَتْ قَبْلَ غَزْوَةِ الْخَنْدَقِ وَبَعْدَ دَوْمَةِ الْجَنْدَلِ.

[ر س ل]: قَوْلُهُ: أَدَّى إِلَى الْحَرَجِ وَانْقِطَاعِ السُّبُلِ. (وَالرُّسُلِ) جَمْعُ سَبِيلٍ وَرَسُولٍ

---

(١) أخرجه الطبراني في المعجم الأوسط (٣٤٩٤).
(٢) سقط من: م.

وَالنَّسْلُ.

(وَالرِّسْلُ) بِالْكَسْرِ، وَهُوَ اللَّبَنُ تَصْحِيفُ (وَالرَّسَلُ) بِفَتْحَتَيْنِ الْجَمَاعَةُ، وَمِنْهُ: وَكَانَ الْقَوْمُ يَأْتُونَهُ أَرْسَالًا، أَيْ: مُتَتَابِعِينَ جَمَاعَةً جَمَاعَةً.

(وَالْأَمْلَاكُ الْمُرْسَلَةُ) هِيَ الْمُطْلَقَةُ الَّتِي تَثْبُتُ بِدُونِ أَسْبَابِهَا مِنْ الْإِرْسَالِ خِلَافُ التَّقْيِيدِ، وَمِنْهُ: الْوَصِيَّةُ بِالْمَالِ الْمُرْسَلِ، يَعْنِي: الْمُطْلَقَ غَيْرَ الْمُقَيَّدِ بِصِفَةِ الثُّلُثِ أَوْ الرُّبُعِ.

(وَالْحَدِيثُ الْمُرْسَلُ) فِي اصْطِلَاحِ الْمُحَدِّثِينَ: مَا يَرْوِيهِ الْمُحَدِّثُ بِإِسْنَادٍ صَحِيحٍ مُتَّصِلٍ إِلَى التَّابِعِيِّ، فَيَقُولُ التَّابِعِيُّ: قَالَ رَسُولُ اللهِ صَلَّى اللهُ عَلَيْهِ وَآلِهِ وَسَلَّمَ، وَلَمْ يَذْكُرْ مَنْ بَيْنَهُ وَبَيْنَ رَسُولِ اللهِ صَلَّى اللهُ عَلَيْهِ وَآلِهِ وَسَلَّمَ كَمَا يَفْعَلُ ذَلِكَ: سَعِيدُ بن الْمُسَيِّبِ، وَمَكْحُولٌ، وَالنَّخَعِيُّ، وَالْحَسَنُ رَحِمَهُمُ اللهُ، وَمِنْهُ: الْمَرَاسِيلُ حُجَّةٌ، وَهُوَ اسْمُ جَمْعٍ لَهُ كَالْمَنَاكِيرِ لِلْمُنْكَرِ.

(وَشَعْرٌ مُسْتَرْسِلٌ) بِكَسْرِ السِّينِ، أَيْ: سَبْطٌ غَيْرُ جَعْدٍ، وَقَوْلُهُ: لَا يَجِبُ غَسْلُ مَا اسْتَرْسَلَ مِنْ اللِّحْيَةِ، أَيْ: تَدَلَّى وَنَزَلَ مِنْ الذَّقَنِ.

وَيُقَالُ: عَلَى (رِسْلِكَ)، أَيْ: اتَّئِدْ، وَمِنْهُ: (تَرَسَّلَ) فِي قِرَاءَتِهِ، إِذَا تَمَهَّلَ فِيهَا وَتَوَقَّرَ، وَفِي الْحَدِيثِ: "إِذَا أَذَّنْتَ فَتَرَسَّلْ وَإِذَا أَقَمْتَ فَاحْذِمْ"[1]. مِنْ الْحَذْمِ، وَهُوَ السُّرْعَةُ وَقَطْعُ التَّطْوِيلِ وَالتَّمْطِيطِ.

[ر س م] (ارْتَسَمَ) فِي (صل، ص ل و).

[ر س ت م]: (ابْنُ رُسْتُمَ) عَنْ مُحَمَّدٍ بِضَمِّ التَّاءِ وَفَتْحِهَا، وَهُوَ مُعَرَّبٌ.

الرَّاءُ مَعَ الشِّينِ الْمُعْجَمَةِ

[ر ش د]: (الرُّشْدُ) خِلَافُ الْغَيِّ، وَبِتَصْغِيرِهِ سُمِّيَ وَالِدُ أَبِي الْفَضْلِ دَاوُد بن رُشَيْدِ بن مُحَمَّدٍ الْخُوَارِزْمِيُّ، يَرْوِي عَنْ أَبِي حَنِيفَةَ وَأَبِي يُوسُفَ، رَحِمَهُمَا اللهُ تَعَالَى.

[ر ش ن]: فِي "الْمُنْتَقَى" قَوْلُهُ: (رَوْشَنٌ) وَقَعَ لِصَاحِبِ الْعُلُوِّ مُشْرِفٌ عَلَى نَصِيبِ الْآخَرِ، وَهُوَ الرَّفُّ عَنْ الْأَزْهَرِيِّ، وَعَنْ الْقَاضِي: الصَّدْرُ الْمَمَرُّ عَلَى الْعُلُوِّ، وَهُوَ مِثْلُ الرَّفِّ.

[ر ش و]: (الرِّشَاءُ) حَبْلُ الدَّلْوِ، وَالْجَمْعُ: أَرْشِيَةٌ، وَمِنْهُ: الرِّشْوَةُ بِالْكَسْرِ وَالضَّمِّ،

---

(١) أخرجه البيهقي في السنن الكبرى في: ج ١: ص٤٢٨

وَالْجَمْعُ: الرُّشَى، وَقَدْ رَشَاهُ إِذَا أَعْطَاهُ الرِّشْوَةَ، وَارْتَشَى مِنْهُ أَخَذَهُ.

الرَّاءُ مَعَ الصَّادِ الْمُهْمَلَةِ

[ر ص د]: فِي "جَمْعِ التَّفَارِيقِ": وَيُصْرَفُ مِنَ الْخَرَاجِ إِلَى أَرْزَاقِ الْقُضَاةِ وَالْعُمَّالِ (وَالرَّصَدَةِ) وَالْمُتَعَلِّمِينَ، هِيَ جَمْعُ رَاصِدٍ، وَهُوَ الَّذِي يَقْعُدُ بِالْمِرْصَادِ لِلْحِرَاسَةِ، وَهَذَا قِيَاسٌ، وَإِنَّمَا الْمَسْمُوعُ الرَّصَدُ، وَنَظِيرُهُ الْحَرَسُ وَالْخَدَمُ فِي حَارِسٍ وَخَادِمٍ.

[ر ص ص]: (رَصَّ) الشَّيْءَ وَرَصَّصَهُ: أَلْزَقَ بَعْضَهُ بِبَعْضٍ؛ لِئَلَّا يَكُونَ فِيهِ خَلَلٌ، وَمِنْهُ: رَصَّصَ الْقُمْقُمَةَ إِذَا شَدَّ فَمَهَا مُحْكَمًا. (وَبُنْيَانٌ مَرْصُوصٌ وَمُرَصَّصٌ) وَمِنْهُ: تَرَاصُّوا فِي الصَّفِّ، إِذَا انْضَمُّوا وَتَلَاصَقُوا.

(وَالرَّصَاصُ) الْعُلَابُ، وَفِي الزُّيُوفِ مِنَ الدَّرَاهِمِ هُوَ الْمُمَوَّهُ.

الرَّاءُ مَعَ الضَّادِ الْمُعْجَمَةِ

[ر ض خ]: (رَضَخَ) رَأْسَهُ كَسَرَهُ، وَمِنْهُ: رَضَخَ لَهُ، إِذَا أَعْطَاهُ شَيْئًا قَلِيلًا رَضْخًا، وَاسْمُ ذَلِكَ الْقَلِيلِ: رَضِيخَةٌ وَرَضْخَةٌ وَرَضْخٌ أَيْضًا، وَمِنْهُ قَوْلُهُ: إِمَّا سَهْمًا أَوْ رَضْخًا، أَيْ: نَصِيبًا وَافِيًا، أَوْ شَيْئًا يَسِيرًا.

[ر ض ع]: (الْمَرَاضِعُ) فِي الْقُرْآنِ جَمْعُ: مُرْضِعٍ، اسْمُ فَاعِلَةٍ مِنَ الْإِرْضَاعِ.

وَفِي قَوْلِهِ: فَإِنْ جَاءُوا بِمَرَاضَعَ أَوْ فُطُمٍ، جَمْعُ مُرْضَعٍ اسْمُ مَفْعُولٍ مِنْهُ، وَفُطُمٌ جَمْعُ فَطِيمٍ، وَهُوَ نَظِيرُ عَقِيمٍ وَعُقُمٍ، كَمَا ذَكَرَهُ سِيبَوَيْهِ.

[ر ض ف]: (الرَّضْفُ) الْحِجَارَةُ الْمُحْمَاةُ، الْوَاحِدَةُ: رَضْفَةٌ.

الرَّاءُ مَعَ الطَّاءِ الْمُهْمَلَةِ

[ر ط ب]: (الرُّطْبُ) بِالضَّمِّ الرَّطْبُ مِمَّا تَرْعَاهُ الدَّوَابُّ، وَالرَّطْبَةُ بِالْفَتْحِ الْإِسْفِسْتُ الرَّطْبُ، وَالْجَمْعُ: رِطَابٌ، وَمِنْهُ حَدِيثُ حُذَيْفَةَ وَابْنِ حُنَيْفٍ: وَظَّفَا عَلَى كُلِّ جَدِيبٍ مِنْ أَرْضِ الزَّرْعِ دِرْهَمًا وَمِنْ أَرْضِ الرَّطْبَةِ خَمْسَةَ دَرَاهِمَ. وَفِي كِتَابِ الْعُشْرِ: الْبُقُولُ غَيْرُ الرِّطَابِ، فَإِنَّمَا الْبُقُولُ مِثْلُ الْكُرَّاثِ وَنَحْوِ ذَلِكَ.

(وَالرِّطَابُ) هُوَ الْقِثَّاءُ وَالْبِطِّيخُ وَالْبَاذِنْجَانُ وَمَا يَجْرِي مَجْرَاهُ، وَالْأَوَّلُ هُوَ الْمَذْكُورُ فِيمَا عِنْدِي مِنْ كُتُبِ اللُّغَةِ فَحَسْبُ.

(وَالرُّطَبُ) مَا أَدْرَكَ مِنْ ثَمَرِ النَّخْلِ، الْوَاحِدَةُ: رُطَبَةٌ.

[ر ط ل]: (الرِّطْلُ) بِالْكَسْرِ وَالْفَتْحُ لُغَةٌ، نِصْفُ مَنٍّ[1]، وَعَنْ الْأَصْمَعِيِّ: هُوَ بِالْكَسْرِ الَّذِي يُوزَنُ بِهِ أَوْ يُكَالُ بِهِ، وَقَالَ أَبُو عُبَيْدٍ: وَزْنُهُ مِائَةُ دِرْهَمٍ وَثَمَانِيَةٌ وَعِشْرُونَ دِرْهَمًا وَزْنَ سَبْعَةٍ، وَفِي تَهْذِيبِ الْأَزْهَرِيِّ عَنْ الْمُنْذِرِيِّ عَنْ إبْرَاهِيمَ الْحَرْبِيِّ: السُّنَّةُ فِي النِّكَاحِ رِطْلٌ، وَالرِّطْلُ اثْنَتَا عَشْرَةَ أُوقِيَّةً، وَالْأُوقِيَّةُ أَرْبَعُونَ دِرْهَمًا، فَتِلْكَ أَرْبَعُ وَثَمَانُونَ دِرْهَمًا.

قُلْتُ: وَمِنْهُ: (الْمُرَاطَلَةُ) وَهُوَ بَيْعُ الذَّهَبِ بِالذَّهَبِ مُوَازَنَةً، يُقَالُ: رَاطَلَ ذَهَبًا بِذَهَبٍ، أَوْ وَرِقًا بِوَرِقٍ، وَهَذَا مِمَّا لَمْ أَجِدْهُ إلَّا فِي الْمُوَطَّأِ.

الرَّاءُ مَعَ الْعَيْنِ الْمُهْمَلَةِ

[ر ع ز]: (الْمِرْعِزَّى) إذَا شَدَّدْتَ الزَّايَ قَصَرْتَ، وَإِذَا خَفَّفْتَ مَدَدْتَ، وَالْمِيمُ وَالْعَيْنُ مَكْسُورَتَانِ، وَقَدْ يُقَالُ: مَرْعِزَاءُ بِفَتْحِ الْمِيمِ مُخَفَّفًا مَمْدُودًا، وَهِيَ كَالصُّوفِ تَحْتَ شَعْرِ الْعَنْزِ.

[ر ع ش]: (الرَّعْشَةُ) الرِّعْدَةُ، (وَالْمَرْعَشُ) الْحَمَامُ الْأَبْيَضُ، وَعَنْ الْجَوْهَرِيِّ: هُوَ الَّذِي يُحَلِّقُ فِي الْهَوَاءِ، قَالَ بَعْضُهُمْ: بِضَمِّ الْمِيمِ وَالْعَيْنُ مَفْتُوحَةٌ فِي كِلْتَا الْحَالَتَيْنِ.

[ر ع ر ع]: (صَبِيٌّ مُتَرَعْرِعٌ) إذَا كَانَ[2] يُجَاوِزُ عَشْرَ سِنِينَ أَوْ قَدْ جَاوَزَهَا.

[ر ع ف]: (رَعَفَ) أَنْفُهُ، سَالَ رُعَافُهُ، وَفَتْحُ الْعَيْنِ هُوَ الْفَصِيحُ.

وَقَوْلُ الْحَلْوَانِيِّ فِي الشَّهِيدِ: لَوْ كَانَ (مَرْعُوفًا) مَبْنِيٌّ عَلَى رُعِفَ بِضَمِّ الرَّاءِ، وَهُوَ لَحْنٌ.

[ر ع ل]: (رِعْلٌ) وَذَكْوَانُ بِكَسْرِ الرَّاءِ وَفَتْحِ الذَّالِ مِنْ أَحْيَاءِ بَنِي سُلَيْمٍ.

[ر ع ي]: (الرَّعْيُ) مَصْدَرُ رَعَتْ الْمَاشِيَةُ الْكَلَأَ، (وَالرِّعْيُ) بِالْكَسْرِ الْكَلَأُ نَفْسُهُ، وَمِنْهُ قَوْلُهُ: الْتَمِسُوا فِيهِ الرِّعْيَ، وَأَمَّا قَوْلُهُ: نَوَوْا أَنْ يُقِيمُوا فِيهِ لِلرَّعْيِ، فَالْفَتْحُ أَظْهَرُ، وَقَوْلُ عَائِشَةَ رَضِيَ اللهُ عَنْهَا: فَإِنْ كَانَتْ الْيَدُ تَرْعَى مَا هُنَالِكَ، كِنَايَةٌ عَنْ مَسِّ الْفَرْجِ نَفْسِهِ.

وَقَوْلُ الْكَرْخِيِّ فِي جَامِعِهِ الصَّغِيرِ: بَاعَ طَيْرًا عَلَى أَنَّهُ رَاعٍ مِنْ الرِّعَايَةِ، بِمَعْنَى الْوَفَاءِ، وَذَلِكَ فِي الْحَمَامِ مَعْرُوفٌ، حَتَّى قَالَ أَحْمَدُ:

يَا لَائِمِي فِي اصْطِنَاعِي لِلْحَمَامِ لَقَدْ ... خَابَتْ ظُنُونُكَ فِي هَذَا وَلَمْ أَخِبِ

---

(١) في خ: "مَتاً".
(٢) في م: "كاد".

رِعَايَةٌ لَوْ غَـدَا فِي النَّاسِ أَيْسَرُهَا   لَمْ يُعْرَفِ الْغَدْرُ فِي عُجْمٍ وَلَا عَرَبِ

وَفِي أَمْثَالِ الْعَرَبِ: أَهْدَى مِنْ حَمَامَةٍ، وَالْهِدَايَةُ بِالرِّعَايَةِ، وَالْحَمَامُ بِأَرْضِ الْعِرَاقِ وَالشَّامِ تُشْتَرَى بِالْأَثْمَانِ الْغَالِيَةِ، وَتُرْسَلُ مِنَ الْغَايَاتِ الْبَعِيدَةِ بِكُتُبِ الْأَخْبَارِ فَتُؤَدِّيهَا، ثُمَّ[1] تَعُودُ بِالْأَجْوِبَةِ عَنْهَا. قَالَ الْجَاحِظُ: لَوْلَا الْحَمَامُ الْهُدَى لَمَا عُرِفَ بِالْبَصْرَةِ مَا حَدَثَ بِالْكُوفَةِ فِي بَيَاضِ يَوْمٍ وَاحِدٍ.

وَفِي بَعْضِ نُسَخِ "الْمُنْتَقَى": عَلَى أَنَّهُ رَاعِبِيٌّ مَكَانُ رَاعٍ، وَكَأَنَّهُ هُوَ الصَّوَابُ، وَقَالَ الْجَوْهَرِيُّ: هُوَ مِنْ جِنْسِ الْحَمَامِ، وَالْأُنْثَى: رَاعِبِيَّةٌ، وَقَالَ اللَّيْثُ: الْحَمَامُ الرَّاعِبِيُّ يُرَعِّبُ فِي صَوْتِهِ تَرْعِيبًا، وَهُوَ شِدَّةُ الصَّوْتِ، وَكَذَا حَكَاهُ الْأَزْهَرِيُّ.

الرَّاءُ مَعَ الْغَيْنِ الْمُعْجَمَةِ

[ر غ ب]: (رَغِبَ) فِي الشَّيْءِ رَغْبًا وَرَغْبَةً: إِذَا أَرَادَهُ، (وَرَغِبَ عَنْهُ) لَمْ يُرِدْهُ، وَفِي تَلْبِيَةِ ابْنِ عُمَرَ: لَبَّيْكَ وَسَعْدَيْكَ وَالْخَيْرُ بِيَدَيْكَ، وَالرَّغْبَاءُ إِلَيْكَ، هِيَ بِالْفَتْحِ وَالْمَدِّ أَوْ بِالضَّمِّ وَالْقَصْرِ ـ الرَّغْبَةُ، وَقَوْلُهُ: وَإِنْ أُعْطُوا رَغْبَةً، أَيْ: مَالًا كَثِيرًا يُرْغَبُ فِيهِ، وَمِنْهَا قَوْلُهُ: وَإِنْ رُغِّبَ الْمُسْلِمُونَ.

(وَالرَّغَائِبُ) جَمْعُ رَغِيبَةٍ، وَهِيَ الْعَطَاءُ الْكَثِيرُ، وَمَا يُرْغَبُ فِيهِ مِنْ نَفَائِسِ الْأَمْوَالِ، وَأَمَّا قَوْلُهُ: قَلَّتْ رَغَائِبُ النَّاسِ فِيهِ، فَالصَّوَابُ: رَغَبَاتُ جَمْعُ رَغْبَةٍ، فِي مَعْنَى الْمَصْدَرِ.

[ر غ ف]: (الرُّغْفَانُ) جَمْعُ رَغِيفٍ، وَهُوَ خِلَافُ الرَّقِيقِ مِنَ الْخُبْزِ.

[ر غ ل]: (أَبُو رِغَالٍ) صَحَّ بِالْكَسْرِ، وَهُوَ الْمَرْجُومُ قَبْرُهُ.

[ر غ م]: قَوْلُهُ: (تَرْغِيمًا) لِلشَّيْطَانِ، أَيْ: إِذْلَالًا، يُقَالُ: رَغِمَ أَنْفُهُ، وَأَرْغَمَهُ، وَالرُّغْمُ الذُّلُّ، وَمِنْهُ قَوْلُهُ: حَتَّى يَخْرُجَ مِنْهُ الرُّغْمُ، يَعْنِي: حَتَّى يَخْضَعَ وَيَذِلَّ وَيَخْرُجَ مِنْهُ كِبْرُ الشَّيْطَانِ.

وَقَدْ (رَاغَمَهُ) إِذَا فَارَقَهُ عَلَى رَغْمِهِ، وَمِنْهُ: إِذَا خَرَجَ مُرَاغِمًا، أَيْ: مُغَاضِبًا، وَالْمُرَاغَمُ: الْمَهْرَبُ.

[ر غ و]: (رَغَا) الْبَعِيرُ رُغَاءً: صَاحَ.

---

(١) زيادة من: م.

الرَّاءُ مَعَ الْفَاءِ

[ر ف أ]: (رَفَأَ الثَّوْبَ) لَأَمَ خَرْقَهُ بِنَسَاجَةٍ، رَفْئًا مِنْ بَابِ مَنَعَ، وَبِمُضَارِعِهِ سُمِّيَ يَرْفَأُ مَوْلَى عُمَرَ، وَفِي مَعْنَاهُ: رَفَا يَرْفُو رَفْوًا مِنْ بَابِ طَلَبَ، وَمِنْهُ: هَذِهِ خُرُوقٌ وَإِنْ كَانَتْ مَرْفُوَّةً، أَيْ: مَخِيطَةً أَوْ مَرْقُوعَةً وَمَرْفِيَّةً خَطَأٌ.

(وَالرَّفَّاءُ) بِالْفَارِسِيَّةِ: رَفُوكَرْ، وَهُوَ يَحْتَمِلُ أَنْ يَكُونَ مِنَ الْبَابَيْنِ.

(وَرَفَأَ السَّفِينَةَ وَأَرْفَأَهَا) قَرَّبَهَا مِنَ الشَّطِّ وَسَكَّنَهَا، وَهُوَ مُرْفَأُ السُّفُنِ لِلْفُرْضَةِ، وَمِنْهُ: لَا يَتْرُكُ أَنْ يُرْفِئَ إِلَى شَيْءٍ مِنْ فُرَضِ الْمُسْلِمِينَ، وَقَوْلُهُ فِي كِرَاءِ السَّفِينَةِ: وَيَرْقَى إِذَا رَقِيَ النَّاسُ وَيَسِيرُ إِذَا سَارُوا، الصَّوَابُ: يُرْفِئُ أَوْ يَرْفَأُ بِالْفَاءِ وَالْهَمْزَةِ، وَالْقَافُ تَصْحِيفٌ.

[ر ف ث]: (الرَّفَثُ) الْفُحْشُ فِي الْمَنْطِقِ، وَالتَّصْرِيحُ بِمَا يَجِبُ أَنْ يُكَنَّى عَنْهُ مِنْ ذِكْرِ النِّكَاحِ، وَرَفَثَ فِي كَلَامِهِ وَأَرْفَثَ، وَقِيلَ لِابْنِ عَبَّاسٍ رَضِيَ اللهُ عَنْهُمَا، وَقَدْ أَنْشَدَ:

فَهُنَّ يَمْشِينَ بِنَا هَمِيسَا ... إِنْ تَصْدُقْ الطَّيْرُ نَنِكْ لَمِيسَا

(أَتَرْفُثُ) وَأَنْتَ مُحْرِمٌ، فَقَالَ: إِنَّمَا الرَّفَثُ مَا خُوطِبَتْ بِهِ النِّسَاءُ، وَقَدْ جُعِلَ عِبَارَةً عَنْ إِفْضَاءِ الْجِمَاعِ فِي قَوْلِهِ تَعَالَى: ﴿لَيْلَةَ الصِّيَامِ الرَّفَثُ﴾ [سورة البقرة آية ١٨٧] حَتَّى عُدِّيَ بِإِلَى، وَالضَّمِيرُ فِي هُنَّ لِلْإِبِلِ، (وَالْهَمِيسُ) صَوْتُ نَقْلِ أَخْفَافِهَا، وَقِيلَ: الْمَشْيُ الْخَفِيُّ، (وَلَمِيسُ) اسْمُ جَارِيَةٍ، وَالْمَعْنَى: نَفْعَلُ بِهَا مَا نُرِيدُ إِنْ صَدَقَ الْفَأْلُ.

وَقِيلَ: فِي قَوْلِهِ تَعَالَى ﴿فَلَا رَفَثَ﴾ [سورة البقرة آية ١٩٧] فَلَا جِمَاعَ، وَقِيلَ: فَلَا فُحْشَ فِي الْكَلَامِ، وَقِيلَ: الرَّفَثُ بِالْفَرْجِ الْجِمَاعُ، وَبِاللِّسَانِ الْمُوَاعَدَةُ بِالْجِمَاعِ، وَبِالْعَيْنِ الْغَمْزُ لِلْجِمَاعِ.

[ر ف د]: (رَفَدَهُ) وَأَرْفَدَهُ أَعَانَهُ بِعَطَاءٍ أَوْ قَوْلٍ أَوْ غَيْرِ ذَلِكَ، وَمِنْهُ: الرِّفَادَةُ لِإِطْعَامِ الْحَاجِّ.

(وَرِفَادَةُ السَّرْجِ) مِثْلُ حَدْيَتِهِ، وَرَوَافِدُ السَّقْفِ خُشُبُهُ.

[ر ف ض]: (الرَّفْضُ) التَّرْكُ، وَهُوَ مِنْ بَابَيْ طَلَبَ وَضَرَبَ، وَمِنْهُ: الرَّافِضَةُ لِتَرْكِهِمْ زَيْدَ بن عَلِيٍّ رَضِيَ اللهُ عَنْهُ حِينَ نَهَاهُمْ عَنِ الطَّعْنِ فِي الصَّحَابَةِ.

وَقَوْلُهُ: الْعَوْدُ إِلَى تِلْكَ السَّجْدَةِ لَا يَرْفُضُ الرُّكُوعَ، وَقَوْلُ خُوَاهَرْ زَادَهْ فِيمَنْ صَلَّى الْجُمُعَةَ بَعْدَ مَا صَلَّى الظُّهْرَ: إِنَّهُ يُرْتَفَضُ ظُهْرُهُ، أَيْ: تَذْهَبُ وَتَصِيرُ مَرْفُوضَةً مَتْرُوكَةً، وَهُوَ قِيَاسٌ لَا سَمَاعٌ.

[ر ف ع]: (الرَّفْعُ) خِلَافُ الْوَضْعِ، وَبِتَصْغِيرِهِ سُمِّيَ أَبُو الْعَالِيَةِ (رُفَيْعٌ) الرِّيَاحِيُّ، وَوَالِدُ ثَابِتِ بْنِ (رُفَيْعٍ) الْأَنْصَارِيِّ فِي حَدِيثِ: رِبَا الْغُلُولِ، وَبِاسْمِ الْفَاعِلِ مِنْهُ كُنِّيَ أَبُو رَافِعٍ مَوْلَى رَسُولِ اللهِ صَلَّى اللهُ عَلَيْهِ وَسَلَّمَ، وَبِتَصْغِيرِهِ سُمِّيَ رُوَيْفِعُ بن ثَابِتٍ.

وَيُقَالُ (ارْفَعْ) هَذَا، أَيْ: خُذْهُ. (وَالرِّفَاعُ) أَنْ يُرْفَعَ الزَّرْعُ إِلَى الْبَيْدَرِ بَعْدَ الْحَصَادِ، وَالْكَسْرُ لُغَةٌ، يُقَالُ: هَذِهِ أَيَّامُ الرِّفَاعِ، وَقَوْلُهُ: وَاخْتَلَفُوا فَقَالَ بَعْضُهُمْ: نَرْفَعُ طَرِيقًا، وَقَالَ بَعْضُهُمْ: لَا نَرْفَعُ، أَيْ: لَا نُخْرِجُ مِنْ بَيْنِ قِسْمَةِ الْأَرْضِ أَوْ الدَّارِ.

وَقَوْلُهُ: "رُفِعَ الْقَلَمُ عَنْ ثَلَاثٍ"[1]. هَكَذَا أُثْبِتَ فِي الْفِرْدَوْسِ عَنْ عَلِيٍّ وَابْنِ عَبَّاسٍ وَعَائِشَةَ رَضِيَ اللهُ عَنْهُمْ، عَنْ النَّبِيِّ صَلَّى اللهُ عَلَيْهِ وَآلِهِ وَسَلَّمَ، وَإِنَّمَا قِيلَ: ثَلَاثٌ عَلَى تَأْوِيلِ الْأَنْفُسِ، مَعْنَاهُ: أَنَّهُمْ لَا يُخَاطَبُونَ وَلَا يُكْتَبُ لَهُمْ وَلَا عَلَيْهِمْ.

وَنَفْيُ الرَّفْعِ لِلْعَصَا فِي حَدِيثِ فَاطِمَةَ الْفِهْرِيَّةِ: "أَمَّا أَبُو جَهْمٍ، فَإِنَّهُ لَا يَرْفَعُ عَصَاهُ عَنْ عَاتِقِهِ أَوْ عَنْ أَهْلِهِ، وَأَمَّا مُعَاوِيَةُ فَصُعْلُوكٌ"[2]. عِبَارَةٌ عَنْ التَّأْدِيبِ وَالضَّرْبِ، وَبَيَانُهُ فِي الرِّوَايَةِ الْأُخْرَى: "أَنَّ مُعَاوِيَةَ خَفِيفُ الْحَاذِ" أَيْ: فَقِيرٌ، وَأَبُو جَهْمٍ يَضْرِبُ النِّسَاءَ.

(وَالْمُرَافَعَةُ) مَصْدَرُ رَافَعَ خَصْمَهُ إِلَى السُّلْطَانِ، أَيْ: رَفَعَ كُلُّ وَاحِدٍ مِنْهُمَا صَاحِبَهُ إِلَيْهِ بِمَعْنَى قَرَّبَهُ، وَيُقَالُ: دَخَلْتُ عَلَى فُلَانٍ فَلَمْ يَرْفَعْ بِي رَأْسًا، أَيْ: لَمْ يَنْظُرْ إِلَيَّ وَلَمْ يَلْتَفِتْ.

[ر ف غ]: "عَشْرٌ مِنْ السُّنَّةِ: مِنْهَا كَذَا وَكَذَا، وَنَتْفُ (الرُّفْغَيْنِ)"، قَالُوا: يَعْنِي الْإِبْطَيْنِ.

(وَرَفْغُ) أَحَدِكُمْ فِي (و هـ و هـ م).

[ر ف ف]: كَعْبُ بن الْأَشْرَفِ: أَمَّا إِنَّ (رِفَافِي) تَقَصَّفُ تَمْرًا، أَيْ: تَتَكَسَّرُ مِنْ كَثْرَةِ التَّمْرِ، وَالرِّفَافُ جَمْعُ رَفٍّ، وَالْمَحْفُوظُ رُفُوفٌ، وَمِنْهَا: (رُفُوفُ) الْخَشَبِ، لِأَلْوَاحِ اللَّحْدِ عَلَى أَنَّ فِعَالًا فِي جَمْعِ فَعْلٍ كَثِيرٌ.

[ر ف ق]: (رَفَقَ بِهِ وَتَرَفَّقَ) تَلَطَّفَ بِهِ مِنْ الرِّفْقِ، خِلَافُ الْخُرْقِ وَالْعُنْفِ، وَارْتَفَقَ بِهِ انْتَفَعَ، وَعَلَى هَذَا قَوْلُهُمْ: تَرَفَّقَ بِنُسُكَيْنِ غَيْرُ سَدِيدٍ، وَكَذَا التَّرَفُّقُ بِلُبْسِ الْمَخِيطِ وَالدَّمِ إِنَّمَا يَجِبُ بِالتَّرَفُّقِ بِإِزَالَةِ التَّفَثِ.

---

(١) أخرجه النسائي (٣٤٣٢)، وأحمد في مسنده (٢٤١٧٢)، وابن خزيمة في صحيحه (٩٥٠)، والحاكم في المستدرك في: ج ١: ص٢٥٨، والبيهقي في السنن الكبرى في: ج ٤: ص٢٦٩

(٢) أخرجه مسلم (١٤٨٠)، والترمذي (١١٣٤)، والنسائي (٣٢٤٥)، وأبو داود (٢٢٨٤).

(وَمَرَافِقُ الدَّارِ): الْمُتَوَضَّأُ وَالْمَطْبَخُ وَنَحْوُ ذَلِكَ، وَالْوَاحِدُ مِرْفَقٌ بِكَسْرِ الْمِيمِ وَفَتْحِ الْفَاءِ لَا غَيْرُ، وَفِي (مِرْفَقِ الْيَدِ) الْعَكْسُ لُغَةٌ، وَهُوَ مَوْصِلُ الْعَضُدِ بِالسَّاعِدِ، وَمِنْهُ: الْمِرْفَقَةُ لِوِسَادَةِ الِاتِّكَاءِ، وَمِنْهَا قَوْلُهُ فِي الْإِيلَاءِ: عَلَى أَنْ لَا يَجْتَمِعَا فِي مِرْفَقَةٍ، وَمَرْفَقَةٌ تَصْحِيفٌ، إِلَّا أَنْ تَصِحَّ رِوَايَتُهَا.

(وَالرُّفْقَةُ) الْمُتَرَافِقُونَ، وَالْجَمْعُ: رِفَاقٌ.

[ر ف هـ]: رَجُلٌ (رَافِهٌ) وَمُتَرَفِّهٌ مُسْتَرِيحٌ، وَمِنْهُ: التَّمَتُّعُ التَّرَفُّهُ بِإِسْقَاطِ إِحْدَى السَّفْرَتَيْنِ، وَرَفَّهَ نَفْسَهُ: أَرَاحَهَا تَرْفِيهًا، وَمِنْهُ: التَّخَتُّمُ لَيْسَ بِشَرْطٍ إِنَّمَا هُوَ تَرْفِيهٌ، أَيْ: تَخْفِيفٌ وَتَوْسِعَةٌ، أَوْ مِنْ قَوْلِهِمْ: رَفَّهَ عَنِ الْغَرِيمِ، إِذَا نَفَّسَ عَنْهُ وَأَنْظَرَهُ. وَيُقَالُ أَيْضًا: رَفِّهْ عَلَيَّ، أَيْ: أَنْظِرْنِي، وَأَصْلُهُ مِنَ الرِّفْهِ، وَهُوَ أَنْ تَرِدَ الْإِبِلُ الْمَاءَ مَتَى شَاءَتْ، وَقَدْ رَفَهَتْ مِنْ بَابِ مَنَعَ، ثُمَّ قِيلَ: فِيهِ[1] عَيْشٌ رَافِهٌ، أَيْ: وَاسِعٌ، وَقَدْ رَفُهَ بِالضَّمِّ رَفَاهَةً وَرَفَاهِيَةً.

الرَّاءُ مَعَ الْقَافِ

[ر ق أ]: رَقَأَ الدَّمُ أَوِ الدَّمْعُ رَقْئًا وَرُقُوءًا، إِذَا سَكَنَ، وَمِنْهُ قَوْلُهُ: جُرْحَانِ لَا يَرْقَآنِ، أَيْ: لَا يَسْكُنُ دَمُهُمَا.

[ر ق ب]: (رَقَبَهُ) رِقْبَةً انْتَظَرَهُ مِنْ بَابِ طَلَبَ، وَرَاقَبَهُ مِثْلُهُ، وَمِنْهُ: رَاقَبَ اللهَ، إِذَا خَافَهُ؛ لِأَنَّ الْخَائِفَ يَرْقُبُ الْعِقَابَ وَيَتَوَقَّعُهُ.

(وَأَرْقَبَهُ الدَّارَ) قَالَ: لَهُ هِيَ لَكَ رُقْبَى، وَهِيَ مِنَ الْمُرَاقَبَةِ؛ لِأَنَّ كُلًّا مِنْهُمَا يَرْقُبُ مَوْتَ صَاحِبِهِ، وَاشْتِقَاقُهَا مِنْ رَقَبَةِ الدَّارِ غَيْرُ مَشْهُورٍ.

وَرَجُلٌ (رَقَبَانِيٌّ): عَظِيمُ الرَّقَبَةِ، وَاسْتِعْمَالُ الرَّقَبَةِ فِي مَعْنَى الْمَمْلُوكِ مِنْ تَسْمِيَةِ الْكُلِّ بِاسْمِ الْبَعْضِ، وَمِنْهُ: أَفْضَلُ الرِّقَابِ أَغْلَاهَا ثَمَنًا، وَهُوَ مِنَ الْغَلَاءِ وَقَوْله تَعَالَى **﴿وَفِي الرِّقَابِ﴾** [سورة البقرة آية ١٧٧] يَعْنِي: الْمُكَاتَبِينَ.

[ر ق ع]: (ثَوْبٌ) مُرَقَّعٌ كَثِيرُ الرِّقَاعِ، وَبِهِ سُمِّيَ مُرَقِّعُ بن صَيْفِيٍّ أَخُو أَكْثَمَ.

(وَغَزْوَةُ ذَاتِ الرِّقَاعِ) سُمِّيَتْ بِذَلِكَ لِأَنَّهُمْ شَدُّوا الْخِرَقَ عَلَى أَرْجُلِهِمْ لِحَفَاهَا وَعَدَمِ النِّعَالِ، وَقِيلَ: هُوَ جَبَلٌ قَرِيبٌ مِنَ الْمَدِينَةِ فِيهِ بُقَعٌ حُمْرَةٌ وَسَوَادٌ وَبَيَاضٌ كَأَنَّهَا رِقَاعٌ.

---

(١) زيادة من: م.

وَفِي الْحَدِيثِ: "لَقَدْ حَكَمْتَ بِحُكْمِ اللـه مِنْ فَوْقِ سَبْعَةِ أَرْقِعَةٍ"[١]. هِيَ السَّمَاوَاتُ لِأَنَّ كُلَّ طَبَقٍ رَقِيعٌ لِلْآخَرِ، وَالْمَعْنَى: أَنَّ هَذَا الْحُكْمَ مَكْتُوبٌ فِي اللَّوْحِ الْمَحْفُوظِ، وَهُوَ فِي السَّمَاوَاتِ، وَيُقَالُ: رُقْعَةُ هَذَا الثَّوْبِ جَيِّدَةٌ، يُرَادُ غِلَظُهُ وَثَخَانَتُهُ، وَهُوَ مَجَازٌ، قَالَ:

كَرَيْطِ الْيَمَانِي قَدْ تَقَادَمَ عَهْدُهُ وَرُقْعَته مَا شِئْتَ فِي الْعَيْنِ وَالْيَدِ

[ر ق ق]: (رَقَّ) الشَّيْءُ رِقَّةً، وَثَوْبٌ رَقِيقٌ، وَخُبْزٌ رُقَاقٌ، وَالْقُرْصُ الْوَاحِدُ رُقَاقَةٌ بِالضَّمِّ، وَالرَّقِيقُ الْعَبْدُ، وَقَدْ يُقَالُ لِلْعَبِيدِ، وَمِنْهُ: هَؤُلَاءِ رَقِيقِي، وَرَقَّ الْعَبْدُ رِقًّا: صَارَ أَوْ بَقِيَ رَقِيقًا، وَمِنْهُ قَوْلُهُمْ: عَتَقَ مَا عَتَقَ، وَرَقَّ مَا رَقَّ، وَالْمُعْتَقُ بَعْضُهُ يَسْعَى فِيمَا رَقَّ مِنْهُ.

(وَاسْتَرَقَّهُ) اتَّخَذَهُ رَقِيقًا، وَأَعْتَقَ أَحَدَ الْعَبْدَيْنِ وَأَرَقَّ الْآخَرَ، وَأَمَّا ذَاتٌ مَرْقُوقَةٌ أَوْ عَبْدٌ مَرْقُوقٌ كَمَا حَكَى ابْنُ السِّكِّيت، فَوَجْهُهُ أَنْ يَكُونَ مِنْ رَقَّ لَهُ إِذَا رَحِمَهُ فَهُوَ مَرْقُوقٌ لَهُ، ثُمَّ حُذِفَتْ الصِّلَةُ كَمَا فِي الْمَنْدُوبِ وَالْمَأْذُونِ؛ لِأَنَّ أَصْلَ الرِّقِّ مِنْ الرِّقَّةِ الَّتِي بِمَعْنَى الضَّعْفِ[٢]، وَمِنْهُ: إِنَّ أَبَا بَكْرٍ رَجُلٌ رَقِيقٌ، أَيْ: ضَعِيفُ الْقَلْبِ، وَكَذَا قَوْلُهُ: فَلَمَّا سَمِعَ ذِكْرَ النَّبِيِّ صَلَّى اللـه عَلَيْهِ وَآلِهِ وَسَلَّمَ رَقَّ، أَيْ: رَقَّ قَلْبُهُ وَاسْتَشْعَرَ الْخَشْيَةَ.

(وَالرَّقُّ) بِالْفَتْحِ: الصَّحِيفَةُ الْبَيْضَاءُ، وَقِيلَ: الْجِلْدُ الَّذِي يُكْتَبُ فِيهِ.

(وَالرُّقِّيَّاتُ) مَسَائِلُ جَمَعَهَا مُحَمَّدٌ رَحِمَهُ اللـه حِينَ كَانَ قَاضِيًا بِالرَّقَّةِ، وَهِيَ وَاسِطَةُ دِيَارِ رَبِيعَةَ.

(الرَّقَّةُ) مَوْضِعُهَا بِالْوَاوِ [(و ر ق)].

[ر ق م]: (رَقَمَ الثَّوْبَ) وَشَّاهُ رَقْمًا، وَمِنْهُ: بُرُودُ الرَّقْمِ، وَهُوَ نَوْعٌ مِنْهَا مُوَشًّى، وَالتَّاجِرُ يَرْقُمُ الثِّيَابَ، أَيْ: يُعَلِّمُهَا بِأَنَّ ثَمَنَهَا كَذَا، وَمِنْهُ: لَا يَجُوزُ بَيْعُ الشَّيْءِ بِرَقْمِهِ.

(وَالْأَرْقَمُ) مِنْ الْأَفَاعِي الْأَرْقَشُ، وَبِهِ سُمِّيَ أَرْقَمُ بن أَبِي الْأَرْقَمِ، وَهُوَ الَّذِي أُسْتُعْمِلَ عَلَى الصَّدَقَاتِ فَاسْتَتْبَعَ أَبَا رَافِعٍ، وَاسْمُ أَبِي الْأَرْقَمِ عَبْدُ مَنَافٍ.

[ر ق ي]: (رَقِيَ) فِي السُّلَّمِ رُقِيًّا مِنْ بَابِ لَبِسَ، وَفِي الْقُرْآنِ: **﴿أَوْ تَرْقَى فِي السَّمَاءِ﴾** [سورة الإسراء آية ٩٣] وَارْتَقَى فِيهِ مِثْلُهُ، وَرَقِيَ السَّطْحَ وَارْتَقَاهُ بِغَيْرِ فِي، وَمِنْهُ: لَقَدْ ارْتَقَيْتَ مُرْتَقًى صَعْبًا، بِضَمِّ الْمِيمِ وَالْفَتْحُ خَطَأٌ.

---

(١) ذكره الحربي في غريب الحديث ١٠٣٠/٣، وابن قدامة في إثبات صفة العلو (٢٤)، والذهبي في العلو (٤٦).
(٢) في خ: "الضعيف".

(وَرَقَاهُ الرَّاقِي) رُقْيَةً وَرَقْيًا: عَوَّذَهُ وَنَفَثَ فِي عُوذَتِه، مِنْ بَابِ ضَرَبَ، وَقَوْلُهُ فِي:"الْوَاقِعَاتِ": قَالَ لَهُ: ارْقِ عَلَى رَأْسِي مِنَ الصُّدَاعِ، أَيْ: عَوِّذْنِي إِنَّمَا عَدَّاهُ بِعَلَى؛ لِأَنَّهُ كَأَنَّهُ ضَمَّنَهُ مَعْنَى اقْرَأْ وَانْفُثْ.

الرَّاءُ مَعَ الْكَافِ

[ر ك ب]: (رَكِبَ) الْفَرَسَ رُكُوبًا، وَهُوَ رَاكِبٌ، وَهُمْ رُكُوبٌ، كَرَاكِعٍ وَرُكُوعٍ، وَمِنْهُ:"صَلَّوْا رُكُوبًا". أَيْ: رَاكِبِينَ.

(وَالْمَرْكَبُ) السَّفِينَةُ؛ لِأَنَّهُ يُرْكَبُ فِيهَا، وَمِنْهُ: انْكَسَرَتْ بِهِمْ مَرَاكِبُهُمْ، أَيْ: انْكَسَرَتْ سُفُنُهُمْ وَهُمْ فِيهَا، وَتَرْكِيبُ فَسِيلِ النَّخْلِ نَقْلُهُ إِلَى مَوْضِعٍ آخَرَ يُغْرَسُ فِيهِ، وَذَلِكَ أَقْوَى، وَمِنْهُ: وَلَوْ دَفَعَ نَخْلًا عَلَى أَنْ يَسْقِيَهُ وَيُلَقِّحَهُ وَيُرَكِّبَهُ، وَقِيلَ: التَّرْكِيبُ التَّشْذِيبُ، وَهُوَ عَلَى هَذَا تَصْحِيفُ التَّكْرِيبِ، يُقَالُ: كَرَّبَ النَّخْلَ إِذَا شَذَّبَهُ وَقَطَعَ كَرَبَهُ، وَهُوَ أُصُلُ سَعَفِه.

(وَالرَّكَبُ بِفَتْحَتَيْنِ) مَنْبِتُ شَعْرِ الْعَانَةِ مِنَ الْمَرْأَةِ وَالرَّجُلِ، وَقِيلَ: هُوَ لِلْمَرْأَةِ خَاصَّةً، وَالْجَمْعُ: أَرْكَابٌ.

[ر ك ز]: (رَكَزَ) الرُّمْحَ: غَرَزَهُ رَكْزًا فَارْتَكَزَ، شَيْءٌ رَاكِزٌ أَيْ: ثَابِتٌ، وَمِنْهُ: الرِّكَازُ لِلْمَعْدِنِ أَوْ الْكَنْزِ، لِأَنَّ كُلًّا مِنْهُمَا مَرْكُوزٌ فِي الْأَرْضِ، وَإِنْ اخْتَلَفَ الرَّاكِزَانِ وَالْأَرْكِزَةُ فِي جَمْعِه، قِيَاسٌ لَا سَمَاعٌ، وَفِي الْحَدِيثِ: "فَلَمَّا وَقَعَ الْفَرَسُ عَلَى عُرْقُوبِه ارْتَكَزَ سَلَمَةُ عَلَى رُمْحِه فِي الْمَاءِ". أَيْ: تَحَامَلَ عَلَى رَأْسِه مُعْتَمِدًا عَلَيْهِ لِيَمُوتَ.

[ر ك س]: قَوْلُهُ فِي الرَّوْثِ: إِنَّهُ (رِكْسٌ)، أَيْ: رِجْسٌ، وَهُوَ كُلُّ مَا تَسْتَقْذِرُهُ.

[ر ك ض]: (الرَّكْضُ) أَنْ تَضْرِبَ الدَّابَّةَ بِرِجْلَيْكَ لِتَسْتَحِثَّهَا، وَيُسْتَعَارُ لِلْعَدْوِ، وَمِنْهُ: ﴿إِذَا هُم مِّنْهَا يَرْكُضُونَ﴾ [الأنبياء:١٢]، وَقَوْلُهُ فِي الِاسْتِحَاضَةِ: "إِنَّمَا هَذِهِ رَكْضَةٌ مِنْ رَكَضَاتِ الشَّيْطَانِ"[(١)]. فَإِنَّمَا جَعَلَهَا كَذَلِكَ؛ لِأَنَّهَا آفَةٌ وَعَارِضٌ، وَالضَّرْبُ وَالْإِيلَامُ مِنْ أَسْبَابِ ذَلِكَ، وَإِنَّمَا أُضِيفَتْ إِلَى الشَّيْطَانِ وَإِنْ كَانَتْ مِنْ فِعْلِ اللهِ تَعَالَى سُبْحَانَهُ وَتَعَالَى؛ لِأَنَّهَا ضَرَرٌ وَسَيِّئَةٌ، وَاللهُ تَعَالَى يَقُولُ: (وَمَا أَصَابَكَ مِن سَيِّئَةٍ فَمِن نَّفْسِكَ) [سورة النساء آية ٧٩] أَيْ: بِفِعْلِكَ، وَمِثْلُ هَذَا يكون[(٢)] بِوَسْوَسَةِ الشَّيْطَانِ وَكَيْدِه، وَإِسْنَادُ الْفِعْلِ إِلَى

(١) أخرجه أبو داود (٢٨٧)، وأحمد (٢٦٩٢٧)، والحاكم في المستدرك ١٧٢/١.

(٢) سقط من: م.

الْمُسَبِّبِ كَثِيرٌ، وَمِنْهُ: (وَمَا أَنسَانِيهُ إِلا الشَّيْطَانُ) [سورة الكهف آية ٦٣].

[ر ك ع]: (الرُّكُوعُ) الِانْحِنَاءُ، قَالَ لَبِيدٌ[1]:

أَدِبُّ كَأَنِّي كُلَّمَا قُمْتُ رَاكِعُ

أَيْ: مُنْحَنٍ، وَمِنْهُ: رُكُوعُ الصَّلَاةِ.

وَيُقَالُ: رَكَعَ، إِذَا صَلَّى، وَمِنْهُ: (وَارْكَعُوا مَعَ الرَّاكِعِينَ) [سورة البقرة آية ٤٣]، وَأَمَّا قَوْلُه تَعَالَى:(فَاسْتَغْفَرَ رَبَّهُ وَخَرَّ رَاكِعًا وَأَنَابَ) [سورة ص آية ٢٤] فَمَعْنَاهُ سَاجِدًا شُكْرًا، وَرَكْعَةُ الصَّلَاةِ مَعْرُوفَةٌ، وَأَمَّا (رَكَعَتْ النَّخْلَةُ) إِذَا مَالَتْ، فَلَمْ أَجِدْهُ، وَإِنْ كَانَ يَصِحُّ لُغَةً.

[ر ك ن]: (الرُّكُونُ) الْمَيْلُ، يُقَالُ: رَكَنَ إِلَيْهِ، إِذَا مَالَ إِلَيْهِ وَسَكَنَ.

(وَالْمِرْكَنُ) الْإِجَّانَةُ، وَبِالْفَارِسِيَّةِ: تغارَهْ.

(وَرُكَانَةُ) مُصَارِعُ النَّبِيِّ عَلَيْهِ السَّلَامُ، وَالَّذِي طَلَّقَ امْرَأَتَهُ السَّهْمِيَّةَ أَلْبَتَّةَ ابْنُهُ، وَهُوَ يَزِيدُ بن رُكَانَةَ بن عَبْدِ يَزِيدَ بن هَاشِمٍ وَمَنْ ظَنَّ أَنَّ الْمُطَلِّقَ الْأَبُ فَقَدْ سَهَا، وَتَقْرِيرُهُ فِي الْمُعْرِبِ.

[ر ك و]: (الرَّكْوَةُ) بِالْفَتْحِ دَلْوٌ صَغِيرٌ، وَالْجَمْعُ: رِكَاءٌ.

الرَّاءُ مَعَ الْمِيمِ

[ر م س]: (رَمَسَ) الْمَيِّتَ: دَفَنَهُ مِنْ بَابِ طَلَبَ، وَمِنْهُ حَدِيثُ زَيْدِ بن صُوحَانَ:"ثُمَّ أَرْمُسُونِي رَمْسًا". وَيُحْتَمَلُ أَنْ يُرَادَ: أَكْتُمُوا قَبْرِي وَسَوُّوهُ بِالْأَرْضِ.

(وَالرَّمْسُ) تُرَابُ الْقَبْرِ تَسْمِيَةً بِالْمَصْدَرِ.

(وَالِارْتِمَاسُ) فِي الْمَاءِ مِثْلُ الِانْغِمَاسِ، وَهُوَ الِانْغِمَاسُ، وَمِنْهُ: مَا رُوِيَ عَنْ الشَّعْبِيِّ رَحِمَهُ اللهُ: أَنَّهُ كَرِهَ لِلصَّائِمِ أَنْ يَرْتَمِسَ، وَعَنْهُ: يَكْتَحِلُ الصَّائِمُ وَيَرْتَمِسُ وَلَا يَغْتَمِسُ.

قَالَ عَلِيُّ بن حُجْرٍ: الِارْتِمَاسُ أَنْ لَا يُطِيلَ اللُّبْثَ فِي الْمَاءِ، وَالِاغْتِمَاسُ أَنْ يُطِيلَ اللُّبْثَ فِيهِ.

وَعَنْهُ أَيْضًا: إِذَا ارْتَمَسَ الْجُنُبُ فِي الْمَاءِ أَجْزَأَهُ عَنْ غُسْلِ الْجَنَابَةِ.

(١) البيت للبيد بن ربيعة العامري وهو لبيد بن ربيعة بن مالك أبو عقيل العامري شاعر جاهلي، من أهل عالية نجد، أدرك الإسلام، ووفد على النبي صلى الله عليه وسلم، يعد من الصحابة، ومن المؤلفة قلوبهم، وترك الشعر فلم يقل في الإسلام إلا بيتا واحد، وسكن الكوفة وعاش عمرا طويلا، وهو أحد أصحاب المعلقات، ومطلع البيت: أُخَبِّرُ أَخبارَ القُرونِ التَّي مَضَت.....

[ر م ص]: (رَجُلٌ أَرْمَصُ) فِي عَيْنِه[1] رَمَصٌ، وَهُوَ مَا جَمُدَ مِنَ الْوَسَخِ فِي الْمُوقِ.

[ر م ض]: (الرَّمْضَاءُ) الْحِجَارَةُ الْحَارَّةُ الْحَامِيَةُ مِنْ شِدَّةِ حَرِّ الشَّمْسِ، وَالرَّمْضَاءُ أَيْضًا الرَّمَضُ، وَهُوَ شِدَّةُ الْحَرِّ، وَعَلَى اخْتِلَافِ الْقَوْلَيْنِ جَاءَتْ الرِّوَايَتَانِ: "شَكَوْنَا إِلَى رَسُولِ اللهِ صَلَّى اللهُ عَلَيْهِ وَآلِهِ وَسَلَّمَ حَرَّ الرَّمْضَاءِ فَلَمْ يُشْكِنَا"[2]. أَيْ: لَمْ يُزِلْ شِكَايَتَنَا، وَرُوِيَ: الرَّمْضَاءَ.

وَقَدْ (رَمِضَتْ) الْأَرْضُ وَالْحِجَارَةُ، إِذَا اشْتَدَّ وَقْعُ الشَّمْسِ عَلَيْهَا.

(وَرَمِضَ) الرَّجُلُ رَمَضًا: احْتَرَقَتْ قَدَمَاهُ مِنْ شِدَّةِ الْحَرِّ، وَمِنْهُ الْحَدِيثُ: "صَلَاةُ الْأَوَّابِينَ إِذَا رَمِضَتْ الْفِصَالُ مِنْ الضُّحَى"[3]، وَرُوِيَ: حِينَ تَرْمَضُ، أَيْ: أَصَابَتْهَا الرَّمْضَاءُ فَاحْتَرَقَتْ أَخْفَافُهَا. وَمِنْهُ شَهْرُ رَمَضَانَ، وَقَدْ جَاءَ مَحْذُوفَ الْمُضَافِ لِشُهْرَتِه، وَمِنْهُ الْحَدِيثُ: "مَنْ صَامَ رَمَضَانَ وَسِتًّا بَعْدَهُ"[4]، وَأَمَّا تَعْلِيلُهُمْ فِي عَدَمِ الْجَوَازِ فَعَلِيلٌ، وَالرَّمَضَانُ خَطَأٌ.

[ر م ق]: (رَمَقَهُ) أَطَالَ النَّظَرَ إِلَيْهِ مِنْ بَابِ طَلَبَ، وَمِنْهُ: فَرَمَقَهُ النَّاسُ بِأَبْصَارِهِمْ فِي حَدِيثِ التَّشْمِيتِ.

(وَالرَّمَقُ) بَقِيَّةُ الرُّوحِ.

[ر م ك]: (الْأَرْمَاكُ) جَمْعُ رَمَكَةٍ عَلَى تَقْدِيرِ حَذْفِ الْهَاءِ، وَهِيَ الْفَرَسُ، وَالْبِرْذَوْنَةُ تُتَّخَذُ لِلنَّسْلِ، وَالرِّمَاكُ قِيَاسٌ.

[ر م ل]: (أَرْمَلَ) افْتَقَرَ مِنْ الرَّمْلِ كَأَدْقَعَ مِنْ الدَّقْعَاءِ، وَهِيَ التُّرَابُ، وَمِنْهُ: الْأَرْمَلَةُ: الْمَرْأَةُ الَّتِي مَاتَ زَوْجُهَا وَهِيَ فَقِيرَةٌ، وَجَمْعُهَا: أَرَامِلُ، قَالَ اللَّيْثُ: وَلَا يُقَالُ: شَيْخٌ أَرْمَلُ، إِلَّا أَنْ يَشَاءَ شَاعِرٌ فِي تَمْلِيحِ كَلَامِهِ، كَقَوْلِ جَرِيرٍ يُخَاطِبُ عُمَرَ بن عَبْدِ الْعَزِيزِ:

هَذِي الْأَرَامِلُ قَدْ قَضَيْتَ حَاجَتَهَا ... فَمَنْ لِحَاجَةِ هَذَا الْأَرْمَلِ الذَّكَرِ

وَفِي "التَّهْذِيبِ": يُقَالُ لِلْفَقِيرِ الَّذِي لَا يَقْدِرُ عَلَى شَيْءٍ مِنْ رَجُلٍ أَوْ امْرَأَةٍ: أَرْمَلَةٌ،

---

(١) في خ:"عينيه".

(٢) أخرجه مسلم (٦٢١)، وابن ماجه (٦٧٦)، وأحمد في مسنده (٢٠٥٤٦)، وابن حبان في صحيحه (١٤٨٠).

(٣) أخرجه أحمد في مسنده (١٨٧٧٨)

(٤) أخرجه أحمد (١٣٨٩٠)، وابن حبان في صحيحه (٣٦٣٥)، والبيهقي في السنن الكبرى ٢٩٢/٤.

وَلَا يُقَالُ لِلَّتِي لَا زَوْجَ لَهَا وَهِيَ مُوسِرَةٌ أَرْمَلَةٌ.

ابْنُ السِّكِّيتِ: الْأَرَامِلُ الْمَسَاكِينُ مِنْ رِجَالٍ وَنِسَاءٍ، وَيُقَالُ: جَاءَتْ أَرْمَلَةٌ وَأَرَامِلُ، وَإِنْ لَمْ تَكُنْ فِيهِمْ نِسَاءٌ. وَعَنْ شِمْرٍ: يُقَالُ لِلذَّكَرِ أَرْمَلُ إِذَا كَانَ لَا امْرَأَةَ لَهُ، وَقَالَ الْقُتَبِيُّ كَذَلِكَ.

وَقَالَ ابْنُ الْأَنْبَارِيِّ: سُمِّيَتْ أَرْمَلَةً لِذَهَابِ زَادِهَا وَفَقْدِهَا كَاسِبَهَا، مِنْ قَوْلِ الْعَرَبِ: أَرْمَلَ الرَّجُلُ، إِذَا ذَهَبَ زَادُهُ. قَالَ: وَلَا يُقَالُ لَهُ إِذَا مَاتَتْ امْرَأَتُهُ: أَرْمَلُ، إِلَّا فِي شُذُوذٍ؛ لِأَنَّ الرَّجُلَ لَا يَذْهَبُ زَادُهُ بِمَوْتِ امْرَأَتِهِ إِذْ لَمْ تَكُنْ قَيِّمَةً عَلَيْهِ.

وَرَدَّ عَلَيْهِ الْقُتَبِيُّ قَوْلَهُ فِي مَنْ أَوْصَى بِمَالِهِ لِلْأَرَامِلِ: أَنَّهُ يُعْطَى مِنْهُ الرِّجَالُ الَّذِينَ مَاتَتْ أَزْوَاجُهُمْ، وَلِأَنَّهُ يُقَالُ: رَجُلٌ أَرْمَلُ، قَالَ: وَهَذَا مِثْلُ الْوَصِيَّةِ لِلْجَوَارِي لَا يُعْطَى مِنْهُ الْغِلْمَانُ، وَوَصِيَّةُ الْغِلْمَانِ لَا يُعْطَى مِنْهُ الْجَوَارِي، وَإِنْ كَانَ لَا يُقَالُ لِلْجَارِيَةِ غُلَامَةٌ.

(وَرَمَلَ) فِي الطَّوَافِ: هَرْوَلَ، يَرْمُلُ بِالضَّمِّ رَمَلًا وَرَمَلَانًا بِالتَّحْرِيكِ فِيهِمَا.

[ر م م]: (رَمَّ) الْعَظْمُ: بَلِيَ مِنْ بَابِ ضَرَبَ، وَالرِّمَّةُ بِالْكَسْرِ مَا بَلِيَ مِنَ الْعِظَامِ، وَمِنْهَا الْحَدِيثُ: "نَهَى عَنْ الِاسْتِنْجَاءِ بِالرَّوْثِ وَالرِّمَّةِ".

(وَرَمَّ الْبِنَاءَ) أَصْلَحَهُ رَمًّا، وَمَرَمَّةً مِنْ بَابِ طَلَبَ، وَاسْتَرَمَّ الْحَائِطُ: حَانَ لَهُ أَنْ يُرَمَّ.

[ر م ن]: (طِينٌ أَرْمَنِيٌّ) بِالْفَتْحِ[1] مَنْسُوبٌ إِلَى أَرْمَنَ، جِيلٌ مِنَ النَّاسِ سُمِّيَ بِهِ بَلَدُهُمْ.

[ر م ي]: (رَمَاهُ) عَنْ الْقَوْسِ وَعَلَيْهَا وَبِهَا، عَنْ الْغُورِيِّ، رَمْيًا وَرِمَايَةً، وَالرَّمْيَةُ: الْمَرَّةُ، وَمِنْهَا قَوْلُهُ: إِذَا أَرْمَاهُ وَخَلَصَتْ الرَّمْيَةُ إِلَى الصَّيْدِ فَعَلَيْهِ الْجَزَاءُ.

(وَالرَّمِيَّةُ) مَا يُرْمَى مِنْ الْحَيَوَانِ ذَكَرًا كَانَ أَوْ أُنْثَى، وَمِنْهَا حَدِيثُ بَهْزٍ: "هِيَ رَمِيَّتِي". وَالتَّشْدِيدُ فِي الْأَوَّلِ وَالتَّخْفِيفُ فِي الثَّانِي كِلَاهُمَا خَطَأٌ.

(وَالْمِرْمَاةُ) سَهْمُ الْهَدَفِ، وَفِي حَدِيثِ عَطَاءٍ: الْمَنْجَنِيقُ عَلَى الْمَجَازِ؛ لِأَنَّ كُلًّا مِنْهُمَا آلَةُ الرَّمْيِ.

وَأَمَّا حَدِيثُهُ عَلَيْهِ السَّلَامُ: "لَوْ أَنَّ أَحَدَكُمْ دُعِيَ إِلَى مِرْمَاتَيْنِ لَأَجَابَ، وَهُوَ لَا يُجِيبُ الْجَمَاعَةَ"[2]. فَفُسِّرَ فِيهِ الْمِرْمَاةُ: بِظِلْفِ الشَّاةِ؛ لِأَنَّهُ مِمَّا يُرْمَى، وَعَنْ أَبِي سَعِيدٍ: أَنَّ الْمُرَادَ

---

(١) زيادة من: م.

(٢) أخرجه البخاري (٦٤٤)، (٧٢٢٤)، والنسائي (٨٤٨)، ومالك في الموطأ برواية يحيى الليثي

بِهَا فِي الْحَدِيثِ السَّهْمُ، وَقَوْلُهُ فِي الرِّوَايَةِ الْأُخْرَى: إِلَى مِرْمَاتَيْنِ أَوْ عَرْقٍ لَا يُسَاعِدُ عَلَيْهِ.

وَفِي حَدِيثِ ابْنِ الْحَكَمِ: فَرَمَانِي الْقَوْمُ بِأَبْصَارِهِمْ، أَيْ[1]: نَظَرُوا إِلَيَّ شَزْرًا، أَوْ نَظَرًا بِتَحْدِيقٍ.

(وَأَرْمَى الشَّيْءُ) زَادَ إِرْمَاءً، وَمِنْهُ: إِنِّي أَخَافُ عَلَيْكُمْ الْإِرْمَاءَ، وَرُوِيَ: الرَّمَاءُ، وَهُوَ الزِّيَادَةُ وَيَعْنِي بِهِ: الرِّبَا.

الرَّاءُ مَعَ النُّونِ

[ر ن ب]: (الْأَرْنَبَةُ) لُغَةٌ فِي الْأَرْنَبِ، وَأَرْنَبَةُ الْأَنْفِ: طَرَفُهُ.

[ر ن ج]: (الرَّانِجُ) بِالْكَسْرِ: الْجَوْزُ الْهِنْدِيُّ، وَقِيلَ: نَوْعٌ مِنَ التَّمْرِ أَمْلَسُ.

[ر ن ز]: (الرَّنْزُ) لُغَةٌ فِي الْأَرُزِّ.

الرَّاءُ مَعَ الْوَاوِ

[ر و أ]: (رَوَّأْتُ) فِي الْأَمْرِ تَرْوِيَةً: فَكَّرْتُ فِيهِ وَنَظَرْتُ، وَمِنْهُ: يَوْمُ التَّرْوِيَةِ لِلثَّامِنِ مِنْ ذِي الْحِجَّةِ، وَأَصْلُهَا الْهَمْزُ، وَأَخْذُهَا مِنْ الرُّؤْيَةِ خَطَأٌ، وَمِنْ الرَّيِّ مَنْظُورٌ فِيهِ، وَقَوْلُهُ: إِلَّا بَعْدَ أَنْ يُرَوِّيَ النَّظَرَ فِيهِ، مُنْتَصِبٌ عَلَى الْمَصْدَرِ.

[ر و ب]: (الرَّائِبُ) مِنْ اللَّبَنِ: الْخَاثِرُ، ثُمَّ يَلْزَمُهُ هَذَا الِاسْمُ وَإِنْ مُخِضَ، أَيْ: أُخِذَ زُبْدُهُ، أَنْشَدَ الْأَصْمَعِيُّ:

سَقَاكَ أَبُو مَاعِزٍ رَائِبًا ... وَمَنْ لَكَ بِالرَّائِبِ الْخَاثِرِ

وَقَدْ رَابَ يَرُوبُ رَوْبًا وَرُؤُوبًا، وَالرَّوْبَةُ خَمِيرَتُهُ الَّتِي تُلْقَى فِيهِ لِيَرُوبَ، وَبِتَصْغِيرِهَا سُمِّيَ وَالِدُ عُمَارَةَ بن رُوَيْبَةَ الثَّقَفِيِّ.

وَقَوْمٌ (رَوْبَى) جَمْعُ رَائِبٍ، وَهُوَ الْخَاثِرُ النَّفْسِ مِنْ مُخَالَطَةِ النُّعَاسِ، وَقِيلَ: جَمْعُ أَرْوَبَ، كَأَنْوَكَ وَنَوْكَى، وَقِيلَ فِي قَوْلِ بِشْرٍ[2]:

---

(٢٩٢).

(١) في خ: "أني".

(٢) البيت لبشر بن أبي خازم، ت٢٢ق هـ وهو بشر بن أبي خازم عمرو بن عوف الأسدي، أبو نوفل، شاعر جاهلي فحل من الشجعان، من أهل نجد، من بني أسد بن خزيمة، توفي قتيلا في غزوة أغار بها على بني صعصعة.

فَأَمَّا تَمِيمٌ تَمِيمُ بن مُرٍّ   فَأَلْفَاهُمُ الْقَوْمُ رَوْبَى نِيَاما

إِنَّهُمْ شَرِبُوا الرَّائِبَ فَسَكِرُوا.

[ر و ث]: (الْأَرْوَاثُ) جَمْعُ رَوْثٍ، وَهُوَ لِكُلِّ حَافِرٍ.

[ر و ح]: (الرِّيحُ) هِيَ الَّتِي تَهُبُّ، وَالْجَمْعُ: أَرْوَاحٌ وَرِيَاحٌ أَيْضًا، بِهِ سُمِّيَ رِيَاحُ بن الرَّبِيعِ.

(وَرِيَاحٌ) مِنْ قَبَائِلِ بَنِي يَرْبُوعٍ، مِنْهُمْ: سُحَيْمُ بنُ وَثِيلٍ الرِّيَاحِيُّ الْيَرْبُوعِيُّ، وَكَذَا أَبُو الْعَالِيَةِ الرِّيَاحِيُّ، وَعَلَيْهِ قَوْلُ ابْنِ مَسْعُودٍ وَابْنِ عَبَّاسٍ رَضِيَ اللهُ عَنْهُمَا: مَتَى اقْتَنَتْ بَنُو رِيَاحٍ الْبَقَرَ؟!

(وَيَوْمٌ رَاحٌ) شَدِيدُ الرِّيحِ، وَرَيِّحٌ طَيِّبُ الرِّيحِ، وَقِيلَ: شَدِيدُ الرِّيحِ الْأَوَّلُ هُوَ الْمَذْكُورُ فِي الْأُصُولِ، وَلَمْ أَعْثُرْ عَلَى هَذَا الثَّانِي إِلَّا فِي كِتَابِ "التَّذْكِرَةِ" لِأَبِي عَلِيٍّ الْفَارِسِيِّ، وَعَلَيْهِ قَوْلُ مُحَمَّدٍ رَحِمَهُ اللهُ: فَإِنْ بَالَ فِي يَوْمٍ رَيِّحٍ.

وَالرَّائِحَةُ وَالرِّيحُ بِمَعْنًى، وَهُوَ عَرَضٌ يُدْرَكُ بِحَاسَّةِ الشَّمِّ، وَمِنْهَا قَوْلُهُ: الرَّوَائِحُ تُلْقَى فِي الدُّهْنِ فَتَصِيرُ غَالِيَةً، أَيْ: الْأَخْلَاطُ ذَوَاتُ الرَّوَائِحِ، وَفِي الْحَلْوَائِيِّ: الْأَرَايِيحُ، وَهِيَ جَمْعُ أَرْيَاحٍ، عَلَى مَنْ جَعَلَ الْيَاءَ بَدَلًا لَازِمًا.

وَفِي الْحَدِيثِ: "لَمْ يَرِحْ رَائِحَةَ الْجَنَّةِ". وَلَمْ يُرِحْ، أَيْ: لَمْ يُدْرِكْ وَزْنُ لَمْ يَخَفْ وَلَمْ يَزِدْ.

وَيُقَالُ: أَتَانَا فُلَانٌ وَمَا فِي وَجْهِهِ رَائِحَةُ دَمٍ، أَيْ: فَرِقًا خَائِفًا، وَقَدْ يُتْرَكُ ذِكْرُ الدَّمِ، وَعَلَيْهِ حَدِيثُ أَبِي جَهْلٍ: "فَخَرَجَ وَمَا فِي وَجْهِهِ رَائِحَةٌ"[1].

(وَالرَّيَاحِينُ) جَمْعُ الرَّيْحَانِ، وَهُوَ كُلُّ مَا طَابَ رِيحُهُ مِنَ النَّبَاتِ أَوِ الشَّاهَسْفُرَمِ، وَعِنْدَ الْفُقَهَاءِ: الرَّيْحَانُ مَا لِسَاقِهِ رَائِحَةٌ طَيِّبَةٌ، كَمَا لِوَرَقِهِ كَالْآسِ. وَالْوَرْدُ مَا لِوَرَقِهِ رَائِحَةٌ طَيِّبَةٌ فَحَسْبُ كَالْيَاسَمِينِ.

(وَرَاحَ) خِلَافُ غَدَا، إِذَا جَاءَ أَوْ ذَهَبَ رَوَاحًا، أَيْ: بَعْدَ الزَّوَالِ، وَقَدْ يُسْتَعْمَلُ لِمُطْلَقِ الْمُضِيِّ وَالذَّهَابِ، وَمِنْهُ الْحَدِيثُ: "وَمَنْ رَاحَ فِي السَّاعَةِ الثَّانِيَةِ فَكَأَنَّمَا قَرَّبَ بَقَرَةً"[2].

---

(١) أخرجه أبو نعيم في دلائل النبوة (١٦١)، وقوام السنة في دلائل النبوة (٢٦٤).

(٢) أخرجه البخاري (٨٨١)، ومسلم (٨٥٢)، والترمذي (٤٩٩)، وأبو داود (٣٥١)، والنسائي (١٣٨٨).

وَقَوْلُ مُحَمَّدٍ رَحِمَهُ اللهُ: حَتَّى تَرُوحَ إِلَى مِنًى، قِيلَ: أَرَادَ حَتَّى تَغْدُوَ.

(وَأَرَاحَ) الْإِبِلَ: رَدَّهَا إِلَى الْمُرَاحِ، وَهُوَ مَوْضِعُ إِرَاحَةِ الْإِبِلِ وَالْبَقَرِ وَالْغَنَمِ، وَفَتْحُ الْمِيمِ فِيهِ خَطَأٌ. وَرَوَّحَهَا كَذَلِكَ.

(وَرَوَّحْتُ بِالنَّاسِ) صَلَّيْتُ بِهِمْ التَّرَاوِيحَ، وَهِيَ جَمْعُ تَرْوِيحَةٍ الْمَصْدَرُ، وَعَنْ أَبِي سَعِيدٍ: سُمِّيَتْ التَّرْوِيحَةَ لِاسْتِرَاحَةِ الْقَوْمِ بَعْدَ كُلِّ أَرْبَعِ رَكَعَاتٍ.

(وَرَاوَحَ) بَيْنَ رِجْلَيْهِ: قَامَ عَلَى إِحْدَاهُمَا مَرَّةً وَعَلَى الْأُخْرَى مَرَّةً، وَمِنْهُ: الْمُرَاوَحَةُ بَيْنَ الْعَمَلَيْنِ، وَهِيَ أَنْ تَقْرَأَ مَرَّةً وَتَكْتُبَ مَرَّةً.

(وَالرَّوَحُ) سَعَةُ الرِّجْلَيْنِ، وَهُوَ دُونَ الْفَحَجِ، وَعَنْ اللَّيْثِ: هُوَ انْبِسَاطٌ فِي صُدُورِ الْقَدَمَيْنِ.

(وَقَدَمٌ رَوْحَاءُ) وَقِيلَ: الْأَرْوَحُ الَّذِي تَتَبَاعَدُ قَدَمَاهُ وَيَتَدَانَى عَقِبَاهُ، وَبِتَأْنِيثِهِ: سُمِّيَتْ الرَّوْحَاءُ، وَهِيَ بَيْنَ مَكَّةَ وَالْمَدِينَةِ.

[ر و د]: أَرَادَ مِنْهُ كَذَا إِرَادَةً، وَأَرَادَهُ عَلَى الْأَمْرِ: حَمَلَهُ عَلَيْهِ، وَمِنْهُ: أَرَادَ الْمَلِكُ الْأَمِيرَ عَلَى أَنْ يَكْتُبَ.

(وَرَادَ) جَاءَ وَذَهَبَ، وَمِنْهُ الْمِرْوَدُ: الْمِكْحَالُ، وَرَادَ الْكَلَأَ: طَلَبَهُ، وَمِنْهُ: الرَّائِدُ لَا يَكْذِبُ أَهْلَهُ، وَهُو[1] رَسُولُ الْقَوْمِ يَبْعَثُونَهُ أَمَامَهُمْ لِيَرُودَ الْكَلَأَ وَالْمَاءَ.

وَقَوْلُهُ: الْحُمَّى رَائِدُ الْمَوْتِ، أَيْ: مُقَدِّمَتُهُ؛ لِشِدَّتِهَا عَلَى التَّشْبِيهِ.

(وَارْتَادَ) الْكَلَأَ بِمَعْنَى: رَادَهُ، وَمِنْهُ حَدِيثُ عُثْمَانَ رَضِيَ اللهُ عَنْهُ: كَانَا يُعِدَّانِ لِهَذَا الْمَقَامِ مَقَالًا، وَيُرْوَى: يَرْتَادَانِ، وَمِنْهُ: "إِذَا بَالَ أَحَدُكُمْ فَلْيَرْتَدْ لِبَوْلِهِ"[2]. أَيْ: لِيَطْلُبْ مَكَانًا لَيِّنًا.

وَفِي حَدِيثِ خَوْلَةَ: "وَرَاوَدَنِي عَنْ نَفْسِي". أَيْ: خَادَعَنِي عَنْهَا.

[ر و ذ] روذبار فِي (ع ب).

[ر و ز]: (الرَّازِيّ) مَنْسُوبٌ إِلَى الرَّيِّ، وَهُوَ مِنْ بِلَادِ الْعِرَاقِ، وَمِنْهُ عِيسَى بن أَبِي عِيسَى- الرَّازِيّ، وَالدَّارِيُّ تَصْحِيفٌ، يَرْوِي عَنْ الرَّبِيعِ بن أَنَسٍ.

[ر و ض]: (الْمُرَاوَضَةُ) الْمُدَارَاةُ وَالْمُخَاتَلَةُ كَفِعْلِ الرَّائِضِ بِالرَّيِّضِ، وَمِنْهُ بَيْعُ

---

(١) سقط من: م.
(٢) أخرجه أبو داود (٣)، وأحمد في مسنده (١٩٠٤٢)، والحاكم في المستدرك ٤٦٥/٣.

(الْمُرَاوَضَةِ) لِبَيْعِ الْمُوَاصَفَةِ عَنْ الْأَزْهَرِيِّ؛ لِأَنَّهُ لَا يَخْلُو عَنْ مُدَارَاةٍ وَمُخَاتَلَةٍ، وَفِي الْإِجَارَاتِ: الْبَائِعُ وَالْمُشْتَرِي إذَا تَرَاوَضَا السِّلْعَةَ، أَيْ: تَدَارَيَا فِيهَا، وَتَرْكُ حَرْفِ الْجَرِّ فِيهِ نَظَرٌ.

[ر و ع]: فَرَسٌ رَائِعٌ جَمِيلٌ (يَرُوعُ) الرَّائِيَ بِجَمَالِهِ، أَيْ: يُخَوِّفُهُ.

[ر و غ]: (رَوَغَانُ) الثَّعْلَبِ: أَنْ يَذْهَبَ هَكَذَا وَهَكَذَا مَكْرًا وَخَدِيعَةً.

[ر و ق]: (الرِّوَاقُ) كِسَاءٌ مُرْسَلٌ عَلَى مُقَدَّمِ الْبَيْتِ مِنْ أَعْلَاهُ إلَى الْأَرْضِ، وَيُقَالُ: رَوْقُ الْبَيْتِ، وَرِوَاقُهُ: مُقَدَّمُهُ، وَرَجُلٌ أَرْوَقُ: طَوِيلُ الثَّنَايَا.

[ر و م]: (رُومَةُ) بِالضَّمِّ: بِئْرٌ مَعْرُوفَةٌ عَلَى نِصْفِ فَرْسَخٍ مِنْ الْمَدِينَةِ، (وَبِئْرُ رُومَةَ) إضَافَةُ بَيَانٍ.

[ر و ي]: (الرِّيُّ) بِالْكَسْرِ خِلَافُ الْعَطَشِ، يُقَالُ: رَوِيَ مِنْ الْمَاءِ فَهُوَ رَيَّانُ، وَهِيَ رَيَّا، وَهُمْ وَهُنَّ رِوَاءٌ.

(وَالرَّاوِيَةُ) الْمَزَادَةُ مِنْ ثَلَاثَةِ جُلُودٍ، وَمِنْهَا قَوْلُهُ: اشْتَرَى رَاوِيَةً فِيهَا مَاءٌ وَشَقَّ رَاوِيَةً لِرَجُلٍ، وَفِي السِّيَرِ: ظَفِرُوا بِرَوَايَا فِيهَا مَاءٌ، وَأَصْلُهَا بَعِيرُ السِّقَاءِ؛ لِأَنَّهُ يَرْوِي الْمَاءَ، أَيْ: يَحْمِلُهُ، وَمِنْهُ: رَاوِي الْحَدِيثِ وَرَاوِيَتُهُ، وَالتَّاءُ لِلْمُبَالَغَةِ، يُقَالُ: رَوَى الْحَدِيثَ وَالشِّعْرَ رِوَايَةً، وَرَوَّيْتُهُ إيَّاهُ: حَمَلْتُهُ عَلَى رِوَايَتِهِ، وَمِنْهُ: إنَّا رُوِّينَا فِي الْأَخْبَارِ.

الرَّاءُ مَعَ الْهَاءِ

[ر هـ ب]: (رَهِبَهُ) خَافَهُ رَهْبَةً [وَرَهَبًا وَرُهْبًا وَرُهْبَانًا وَالرَّهَبُوتِيُّ][1] وَاَللَّهُ تَعَالَى مَرْهُوبٌ، وَمِنْهُ: لَبَّيْكَ مَرْهُوبٌ وَمَرْغُوبٌ إلَيْك، وَارْتِفَاعُهُ عَلَى أَنَّهُ خَبَرُ مُبْتَدَإٍ مَحْذُوفٍ.

(وَالرَّاهِبُ) وَاحِدُ الرُّهْبَانِ، وَهُوَ عَابِدُ النَّصَارَى، وَهِيَ الرَّهْبَانِيَّةُ، وَتَحْقِيقُهَا فِي شَرْحِ الْمَقَامَاتِ.

[ر هـ ج]: (أَرْهَجَ) الْغُبَارَ: أَثَارَهُ، وَالرَّهَجُ: مَا أُثِيرَ مِنْهُ، وَقَوْلُهُ: وَعَلَيْهِ رَهَجُ الْغُبَارِ، مِنْ إضَافَةِ الْبَيَانِ، وَأَمَّا رَهْجَةُ الْغُبَارِ، فَلَيْسَ بِشَيْءٍ.

[ر هـ ص]: (الرِّهْصُ) بِالْكَسْرِ: الْعَرَقُ الْأَسْفَلُ مِنْ الْحَائِطِ، وَقِيلَ: الطِّينُ الَّذِي يُجْعَلُ بَعْضُهُ عَلَى بَعْضٍ، وَهُوَ الْمُرَادُ فِي قَوْلِهِ: مِنْ اللَّبِنِ وَالْآجُرِّ وَالرِّهْصِ، وَمِنْهُ:

---

(١) زيادة من: م.

الرَّهَّاصُ لِعَامِلِهِ، وَرُهِصَتْ الدَّابَّةُ فَهِيَ مَرْهُوصَةٌ: شَدَخَ بَاطِنَ حَافِرِهَا حَجَرٌ فَأَدْوَاهُ، وَبِهِ رَهْصَةٌ: شَيْءٌ مِنْ كَسْرٍ.

[ر هـ ق]: (رَهِقَهُ) دَنَا مِنْهُ رَهَقًا، وَمِنْهُ: "إِذَا صَلَّى أَحَدُكُمْ إِلَى سُتْرَةٍ فَلْيَرْهَقْهَا".

(وَرَهِقَهُ دَيْنٌ) غَشِيَهُ، (وَرَهِقَتْنَا الصَّلَاةُ) غَشِيَتْنَا، (وَأَرْهَقْنَاهَا) أَيْ: أَخَّرْنَاهَا حَتَّى تَكَادُ تَدْنُو مِنَ الْأُخْرَى، (وَصَبِيٌّ مُرَاهِقٌ) مُدَانٍ لِلْحُلُمِ، (وَالرَّهَقُ) أَيْضًا غَشَيَانُ الْمَحَارِمِ، وَمِنْهُ: لَا تُقْبَلُ شَهَادَتُهُمَا لِرَهَقِهِمَا، أَيْ: لِكَذِبِهِمَا، وَقَوْلُهُ: وَإِنْ كَانَ مُسْلِمًا يُرَهَّقُ بِالتَّشْدِيدِ، أَيْ: يُنْسَبُ إِلَى الرَّهَقِ، وَفِي حَدِيثٍ آخَرَ: "أَنَّهُ صَلَّى عَلَى امْرَأَةٍ تُرَهَّقُ"، وَقِيلَ: الْمُرَهَّقُ الْمُجَهَّلُ الْمُتَّهَمُ فِي دِينِهِ.

(وَأَرْهَقَهُ عُسْرًا) أَيْ: كَلَّفَهُ إِيَّاهُ.

[ر هـ ن]: (رَهَنْتُ) الرَّجُلَ الشَّيْءَ، وَرَهَنْتُهُ عِنْدَهُ، وَاسْتَرْهَنَنِي كَذَا فَرَهَنْتُهُ عِنْدَهُ، وَارْتَهَنَهُ: أَخَذَهُ رَهْنًا، وَالرَّهْنُ: الْمَرْهُونُ، وَالْجَمْعُ: رُهُونٌ وَرِهَانٌ وَرُهُنٌ، وَأَنَا رَهْنٌ بِكَذَا أَوْ رَهِينٌ وَرَهِينَةٌ، أَيْ: مَأْخُوذٌ بِهِ، وَأَصْلُ التَّرْكِيبِ دَالٌّ عَلَى الثَّبَاتِ، وَمِنْهُ: الرَّاهِنُ الثَّابِتُ: الدَّائِمُ، وَرَهَنَ بِالْمَكَانِ: أَقَامَ، وَأَرْهَنْتُهُ أَنَا، وَطَعَامٌ رَاهِنٌ: دَائِمٌ.

(وَلَا رَهْوَ مَاءٍ) فِي (ن ق، ن ق ع).

الرَّاءُ مَعَ الْيَاءِ التَّحْتَانِيَّةِ

[ر ي ب]: (رَابَهُ رَيْبًا) شَكَّكَهُ، وَالرِّيبَةُ: الشَّكُّ وَالتُّهْمَةُ، وَمِنْهَا الْحَدِيثُ: "دَعْ مَا يَرِيبُكَ إِلَى مَا لَا يَرِيبُكَ؛ فَإِنَّ الْكَذِبَ رِيبَةٌ وَإِنَّ الصِّدْقَ طُمَأْنِينَةٌ"[١]. أَيْ: مَا[٢] يُشَكِّكُكَ وَيُحَصِّلُ فِيكَ الرِّيبَةَ، وَهِيَ فِي الْأَصْلِ: قَلَقُ النَّفْسِ وَاضْطِرَابُهَا، أَلَا تَرَى كَيْفَ قَابَلَهَا بِالطُّمَأْنِينَةِ، وَهِيَ السُّكُونُ، وَذَلِكَ أَنَّ النَّفْسَ لَا تَسْتَقِرُّ مَتَى شَكَّتْ فِي أَمْرٍ، وَإِذَا أَيْقَنَتْهُ سَكَنَتْ وَاطْمَأَنَّتْ، وَقَوْلُهُ: نَهَى عَنِ الرِّبَا وَالرِّيبَةِ، إِشَارَةٌ إِلَى هَذَا الْحَدِيثِ. وَكَذَا حَدِيثُ شُرَيْحٍ: "أَيُّمَا امْرَأَةٍ صُولِحَتْ عَنْ ثُمُنِهَا لَمْ يُبَيَّنْ لَهَا كَمْ تَرَكَ زَوْجُهَا فَتِلْكَ الرِّيبَةُ". وَمَنْ رَوَى: الرُّبَيَّةَ فِي الْحَدِيثَيْنِ عَلَى حُسْبَانِ أَنَّهَا تَصْغِيرُ الرِّبَا فَقَدْ أَخْطَأَ لَفْظًا وَمَعْنًى.

وَكَذَا مَا فِي" جَمْعِ التَّفَارِيقِ": قَفِيزُ دَقِيقٍ مَعَهُ دِرْهَمٌ بِقَفِيزَيْ حِنْطَةٍ، قَالَ الشَّعْبِيُّ: إِنْ

---

(١) أخرجه الترمذي (٢٥١٨)، وأحمد في مسنده (٢٧٨١٩)، وابن خزيمة في صحيحه (٢١٩٨).

(٢) سقط من: م.

لَمْ يَكُنْ رِبًا فَهُوَ رُبَيَّةٌ، تَحْرِيفٌ، وَإِنْ كَانَ اللَّفْظَةُ مَحْفُوظَةً مِنْ الثِّقَاتِ فَوَجْهُهَا أَنْ تَكُونَ تَصْغِيرَ الرُّبْيَةِ بِمَعْنَى الرِّبَا، عَلَى مَا جَاءَ فِي حَدِيثٍ: "صُلْحِ نَجْرَانَ لَيْسَ عَلَيْهِمْ رُبْيَةٌ وَلَا دَمٌ". وَالْمُحَدِّثُونَ يَرْوُونَهَا: رُبِّيَةً بِتَشْدِيدِ الْبَاءِ وَالْيَاءِ عَلَى فُعُّولَةٍ مِنْ الرِّبَا، وَعَنْ الْفَرَّاءِ: رُبْيَةٌ وَشَبَّهَهَا بِحُبْيَةَ مِنْ الِاحْتِبَاءِ سَمَاعًا مِنْ الْعَرَبِ وَأَصْلُهَا وَاوٌ.

[ر ي ث]: (رَاثَ) أَبْطَأَ رَيْثًا، وَقَوْلُهُمْ: أَمْهَلْتُهُ رَيْثَمَا فَعَلَ كَذَا، أَيْ: سَاعَةَ فِعْلِهِ، وَتَحْقِيقُهُ فِي شَرْحِنَا لِلْمَقَامَاتِ.

[ر ي ش]: "لَعَنَ اللهُ الرَّاشِيَ وَالْمُرْتَشِيَ" [1]. وَالرَّائِشُ: هُوَ الَّذِي يَسْعَى بَيْنَهُمَا وَيُصْلِحُ أَمْرَهُمَا، مِنْ رَيْشِ السَّهْمِ، وَهُوَ إِصْلَاحُهُ بِوَضْعِ الرِّيشِ عَلَيْهِ.

[ر ي ط]: (الرَّيْطَةُ) كُلُّ مُلَاءَةٍ لَمْ تَكُنْ لِفْقَيْنِ، أَيْ: قِطْعَتَيْنِ مُتَضَامَّتَيْنِ، وَقِيلَ: كُلُّ ثَوْبٍ رَقِيقٍ لَيِّنٍ رَيْطَةٌ، وَبِهَا سُمِّيَتْ رَيْطَةُ امْرَأَةِ ابْنِ مَسْعُودٍ رَضِيَ اللهُ عَنْهُ، وَأَمَّا رَائِطَةُ فَهِيَ بِنْتُ سُفْيَانَ، لَهَا صُحْبَةٌ.

[ر ي ع]: (الرَّيْعُ) الزِّيَادَةُ، وَيُقَالُ: هَذَا طَعَامٌ كَثِيرُ الرَّيْعِ، وَقَوْلُهُ: إِذَا أَخْرَجَتْ الْأَرْضُ الْمَرْهُونَةُ رَيْعًا، أَيْ: غَلَّةً؛ لِأَنَّهَا زِيَادَةٌ.

[ر ي ك س ت ا ن]: (ريكستان) قُوت قَرْيَةٌ بِظَاهِرِ بَلَدِ بُخَارَى.

[ر ي م]: (رَامَ) مَكَانَهُ يَرِيمُهُ: زَالَ مِنْهُ وَفَارَقَهُ.

[ر ي ن]: (رِينَ بِهِ) فِي (س ف، س ف ع).

[ر ي ي]: (الرَّايَةُ) عَلَمُ الْجَيْشِ، وَتُكْنَى أُمَّ الْحَرْبِ، وَهِيَ فَوْقَ اللِّوَاءِ، قَالَ الْأَزْهَرِيُّ: وَالْعَرَبُ لَا تَهْمِزُهَا وَأَصْلُهَا الْهَمْزُ، وَأَنْكَرَ أَبُو عُبَيْدٍ وَالْأَصْمَعِيُّ الْهَمْزَ.

وَأَمَّا (رَايَةُ الْغُلَامِ) وَهِيَ الْعَلَامَةُ الَّتِي تُجْعَلُ فِي عُنُقِهِ؛ لِيُعْلَمَ أَنَّهُ أَبَقَ فَإِنَّهَا مِنْ الْأُولَى.

وَفِي "الْمُجْمَلِ": رَيَّيْتُ الْغُلَامَ بِرَايَةٍ، قَالَ: وَهِيَ غُلٌّ يُجْعَلُ فِي عُنُقِهِ، وَأَمَّا دَايَةٌ بِالدَّالِ فَغَلَطٌ [2]، وَاللهُ الْهَادِي إِلَى الصَّوَابِ.

---

(١) أخرجه أحمد في مسنده (٨٧٩٨)، وابن حبان في صحيحه (٥٠٧٧)، والحاكم في المستدرك في: ج ٤: ص١٠٣

(٢) في خ: "فخطأ".

بابُ الزَّايِ

الزَّايُ مَعَ الْهَمْزَة

[ز أ ر]: (الزَّأَرَةُ) قَرْيَةٌ كَبِيرَةٌ بِالْبَحْرَيْنِ صَارَ إِلَيْهَا الْفُرْسُ يَوْمَ انْهَزَمَتْ مِنْ الْعَلَاءِ بْنِ الْحَضْرَمِيِّ، وَقَدْ سَبَقَ ذِكْرُهَا فِي (ر ز، رزب).

الزَّايُ مَعَ الْبَاءِ الْمُوَحَّدَة

[ز ب ب]: (الزَّبِيبُ) مَعْرُوفٌ، وَالشَّرَابُ الْمُتَّخَذُ مِنْهُ (زَبِيبِيٌّ)، زَبَّبْتُ الْعِنَبَ جَعَلْتُهُ زَبِيبًا، وَتَزَبَّبَ بِنَفْسِهِ قِيَاسٌ.

(زَبِيبَتَانِ) فِي (ش ج، ش ج ع).

[ز ب د]: (الزُّبْدُ) مَا يُسْتَخْرَجُ مِنْ اللَّبَنِ بِالْمَخْضِ، (وَزَبَدَهُ زَبْدًا) رَفَدَهُ مِنْ بَابِ ضَرَبَ، وَحَقِيقَتُهُ: أَعْطَاهُ زُبْدًا، وَمِنْهُ: نَهَى عَنْ زَبْدِ الْمُشْرِكِينَ بِالْفَتْحِ، أَيْ: عَنْ رِفْدِهِمْ وَعَطَائِهِمْ.

(زُبْدَتَانِ) فِي (ش ج، ش ج ع).

[ز ب ر]: (الزَّبْرُ) الزَّجْرُ وَالْمَنْعُ مِنْ بَابِ طَلَبَ، وَبِتَصْغِيرِهِ سُمِّيَ الزُّبَيْرُ بْنُ الْعَوَّامِ، وَابْنُهُ الْمُنْذِرُ بْنُ الزُّبَيْرِ، زَوَّجَتْهُ عَائِشَةُ رَضِيَ اللهُ عَنْهَا حَفْصَةَ بِنْتَ عَبْدِ الرَّحْمَنِ بْنِ أَبِي بَكْرٍ رَضِيَ اللهُ عَنْهُمَا، وَفِي حَدِيثِ رِفَاعَةَ: فَتَزَوَّجَتْ عَبْدَ الرَّحْمَنِ بْنَ الزَّبِيرِ بِفَتْحِ الزَّايِ فَعِيلٌ مِنْهُ، وَهُوَ رِفَاعَةُ بْنُ زَنْبَرٍ فَنْعَلَ مِنْهُ.

(وَالزَّبُورُ) كِتَابُ دَاوُدَ عَلَيْهِ السَّلَامُ، وَقَوْلُهُ: سَيْفٌ مَرْحَبٌ عِنْدَنَا فِيهِ كِتَابٌ كُنَّا لَا نَعْرِفُهُ فِيهِ بِالزَّبُورِ، أَيْ: لَا نَعْرِفُهُ مَكْتُوبًا بِلُغَةِ الزَّبُورِ، وَيَعْنِي: بِالسُّرْيَانِيَّةِ.

[ز أ ب ق]: (زَأْبَقَ) الدَّرَاهِمَ: طَلَاهَا بِالزِّئْبَقِ بِكَسْرِ الْبَاءِ بَعْدَ الْهَمْزَةِ السَّاكِنَةِ، وَهُوَ الزَّاوُوقُ، وَدِرْهَمٌ مُزَأْبَقٌ، وَالنَّاسُ يَقُولُونَ: مُزَبَّقٌ، حَكَاهُ الْأَزْهَرِيُّ، وَمِنْهُ: كَرِهَ أَبُو يُوسُفَ رَحِمَهُ اللهُ الدَّرَاهِمَ الْمُزَبَّقَةَ.

[ز ن ب ق]: (الزَّنْبَقُ) دُهْنُ الْيَاسَمِينِ.

[ز ب ر ق]: (الزِّبْرِقَانُ) لَقَبُ ابْنِ بَدْرٍ، وَاسْمُهُ الْحُصَيْنُ أَوْ حِصْنٌ، وَالدِّرْهَمُ

الزِّبْرِقَانِيُّ: دِرْهَمٌ أَسْوَدُ كَبِيرٌ.

[ز ب ل]: (الْمَزْبَلَةُ) مَوْضِعُ الزِّبْلِ، وَهُوَ السِّرْقِينُ.

(وَزَابُلْتَانُ) مِنْ حُصُونِ سِجِسْتَانَ، وَلَفْظُ مُحَمَّدٍ رَحِمَهُ اللهُ زَابُلِسْتَانَ، وَكِلَاهُمَا صَحِيحٌ.

[ز ب ن]: (الزَّبْنُ) الدَّفْعُ، وَنَاقَةٌ زَبُونٌ: تَزْبِنُ حَالِبَهَا، وَمِنْهُ: الزَّبُونُ لِلْأَبْلَهِ الَّذِي يُغْبَنُ كَثِيرًا، عَلَى الْإِسْنَادِ الْمَجَازِيِّ. وَاسْتَزْبَنَهُ وَتَزَبَّنَهُ: اتَّخَذَهُ زَبُونًا.

(وَالْمُزَابَنَةُ) بَيْعُ التَّمْرِ فِي رُءُوسِ النَّخْلِ بِالتَّمْرِ كَيْلًا، مِنْ الزَّبْنِ أَيْضًا لِأَنَّهَا تُؤَدِّي إِلَى النِّزَاعِ وَالدِّفَاعِ.

[ز ب ي]: (الزُّبْيَةُ) حُفْرَةٌ فِي مَوْضِعٍ عَالٍ يُصَادُ بِهَا الذِّئْبُ أَوْ الْأَسَدُ، وَتَزَبَّاهَا: اتَّخَذَهَا، وَيُنْشَدُ:

وَلَا تَكُونَنَّ مِنْ اللَّذْ[1] كِيدَا ... حِينَ تَزَبَّى زُبْيَةً فَاصْطِيدَا

وَفِي حَدِيثِ الْأَعْرَابِيِّ: تَرَدَّى فِي زُبْيَةٍ، أَيْ: رَكِيَّةٍ.

الزَّايُ مَعَ الْجِيمِ الْمُعْجَمَةِ

[ز ج ج]: (زُجَّ لَاوَةَ) مَوْضِعٌ.

[ز ج ر]: (زَجَرَهُ) عَنْ كَذَا، وَازْدَجَرَهُ: مَنَعَهُ، وَازْدَجَرَ بِنَفْسِهِ وَانْزَجَرَ، وَزَجَرَ الرَّاعِي الْغَنَمَ: صَاحَ بِهَا فَانْزَجَرَتْ، وَمِنْهُ: وَيَصِيحُ مَجُوسِيٌّ فَيَنْزَجِرُ لَهُ الْكَلْبُ، أَيْ: يَنْسَاقُ لَهُ وَيَهْتَاجُ وَيَمْضِي إِلَى الصَّيْدِ، وَحَقِيقَتُهُ قِيلَ: الزَّجْرَةُ، وَهِيَ الصَّيْحَةُ.

الزَّايُ مَعَ الْحَاءِ الْمُهْمَلَةِ

[ز ح ز ح]: (زَحْزَحَهُ) فَتَزَحْزَحَ، أَيْ: بَاعَدَهُ فَتَبَاعَدَ، وَدَخَلْتُ عَلَى فُلَانٍ فَتَزَحْزَحَ لِي عَنْ مَجْلِسِهِ، أَيْ: تَنَحَّى.

[ز ح ف]: (الزَّحْفُ) الْجَيْشُ الْكَثِيرُ تَسْمِيَةً بِالْمَصْدَرِ؛ لِأَنَّهُ لِكَثْرَتِهِ وَثِقَلِ حَرَكَتِهِ كَأَنَّهُ يَزْحَفُ زَحْفًا، أَيْ: يَدِبُّ دَبِيبًا، وَمِنْهُ حَدِيثُ ابْنِ عَبَّاسٍ رَضِيَ اللهُ عَنْهُمَا: "النَّفَلُ قَبْلَ أَنْ يَلْتَقِيَ الزَّحْفَانِ". أَيْ: حَالَ قِيَامِ الْقِتَالِ، وَفِي حَدِيثِ الْأَسْلَمِيِّ سَائِقِ بُدْنِ رَسُولِ اللهِ

---

(١) في خ: "اللذة".

صَلَّى اللَّهُ عَلَيْهِ وَآلِهِ وَسَلَّمَ: أَرَأَيْتَ (إِنْ أُزْحِفَ) عَلَيَّ مِنْهَا شَيْءٌ، بِالضَّمِّ مَبْنِيًّا لِلْمَفْعُولِ، وَالصَّوَابُ الْفَتْحُ، يُقَالُ: زَحَفَ الْبَعِيرُ وَأَزْحَفَ، إِذَا أَعْيَا حَتَّى جَرَّ فِرْسِنَهُ، وَهَذَا اللَّحْنُ وَقَعَ فِي الْفَائِقِ أَيْضًا.

(وَازْحَلَفَ) عَنْ كَذَا، وَازْلَحَفَّ عَنْهُ، إِذَا تَنَحَّى عَنْهُ وَبَعُدَ، وَمِنْهُ مَا رُوِيَ أَنَّهُ عَلَيْهِ السَّلَامُ قَالَ: "مَا ازْلَحَفَّ نَاكِحُ الْأَمَةِ عَنِ الزِّنَا إِلَّا قَلِيلًا".

[ز ح م]: فِي حَدِيثِ شُرَيْحٍ: فَقَالَ الْحَمَّالُ: زَحَمَنِي النَّاسُ، أَيْ: دَافَعُونِي فِي مَضِيقٍ، وَعَلَى ذَا قَوْلُ مُحَمَّدٍ رَحِمَهُ اللَّهُ: فِي الْأَصْلِ رَجُلٌ صَلَّى خَلْفَ الْإِمَامِ فَزَحَمَهُ النَّاسُ، وَفِي شَرْحِ[شيخ الإسلام المعروف بـ] [(١)] خُوَاهَرْ زَادَهْ: فَازْدَحَمَهُ النَّاسُ، وَهُوَ خَطَأٌ.

الزَّايُ مَعَ الرَّاءِ الْمُهْمَلَةِ

[ز ر د ج]: (مَاءُ الزَّرْدَجِ) هُوَ مَاءٌ يَخْرُجُ مِنَ الْعُصْفُرِ الْمَنْقُوعِ فَيُطْرَحُ وَلَا يُصْبَغُ بِهِ.

[ز ر ج ن]: (الزَّرَاجِينُ) جَمْعُ زَرَجُونٍ بِفَتْحَتَيْنِ، وَهُوَ شَجَرُ الْعِنَبِ، وَقِيلَ: قُضْبَانُهُ.

[ز ر د]: (زَرِدَ الْمَاءَ) وَازْدَرَدَهُ، إِذَا ابْتَلَعَهُ.

[ز ر ر]: (زَرَّ الْقَمِيصَ) زَرًّا، وَزَرَّرَهُ تَزْرِيرًا: شَدَّ زِرَّهُ وَأَدْخَلَهُ فِي الْعُرْوَةِ.

[ز ر ع]: (زَرَعَ اللَّهُ) الْحَرْثَ: أَنْبَتَهُ وَأَنْمَاهُ، وَقَوْلُهُمْ: زَرَعَ الزَّارِعُ الْأَرْضَ: أَثَارَهَا لِلزِّرَاعَةِ مِنْ إِسْنَادِ الْفِعْلِ إِلَى السَّبَبِ مَجَازًا، وَمِنْهُ: إِذَا زَرَعَتْ هَذِهِ الْأُمَّةُ نُزِعَ مِنْهَا النَّصْرُ. أَيْ: اشْتَغَلَتْ بِالزِّرَاعَةِ وَأُمُورِ الدُّنْيَا وَأَعْرَضَتْ عَنِ الْجِهَادِ بِالْكُلِّيَّةِ، فَأَمَّا مَنْ جَمَعَ بَيْنَهُمَا فَقَدْ أَخَذَ بِالسُّنَّةِ، وَالْمُرَادُ بِنَزْعِ النَّصْرِ: الْخِذْلَانُ.

(وَالزَّرْعُ) مَا اسْتُنْبِتَ بِالْبَذْرِ سُمِّيَ بِالْمَصْدَرِ، وَجَمْعُهُ: زُرُوعٌ، وَبِتَصْغِيرِهِ سُمِّيَ وَالِدُ يَزِيدَ بْنِ زُرَيْعٍ، يَرْوِي عَنْ سَعِيدِ بن أَبِي عَرُوبَةَ، وَالْمُزَارَعَةُ مُفَاعَلَةٌ مِنَ الزِّرَاعَةِ.

[ز ر ف]: (الزَّرَافَاتُ) الْجَمَاعَاتُ (وَالزُّرَافَةُ) بِالْفَتْحِ وَالضَّمِّ مِنَ السِّبَاعِ، يُقَالُ لَهُ بِالْفَارِسِيَّةِ: أُشْتُرْ كَاوْبَلَنْك، وَقَوْلُهُ: خَلَطُوهَا بِمَا: أَخَذُوا مِنْ أَمْوَالِ الْغَصْبِ وَالْمُصَادَرَةِ، وَتَزْرِيفَاتُ الضُّعَفَاءِ وَالْفُقَرَاءِ، أَيْ: وَزِيَادَةُ مُؤْنَتِهِمْ وَعَوَارِضِهِمْ مِنْ زَرَّفَ الرَّجُلُ فِي حَدِيثِهِ، إِذَا زَادَ فِيهِ، أَوْ إِتْعَابِهِمْ فِيمَا يَحْمِلُونَ مِنَ الْمَشَاقِّ مِنْ قَوْلِهِمْ خِمْسٌ مُزَرِّفٌ،

---

(١) سقط من: م.

أَيْ: مُتْعَبٌ.

(وَالزُّفِينُ) بِالضَّمِّ وَالْكَسْرِ: حَلْقَةُ الْبَابِ.

[ز ر ق]: (الْمِزْرَاقُ) رُمْحٌ صَغِيرٌ أَخَفُّ مِنَ الْعَنَزَةِ، وَمِنْهُ الْحَدِيثُ: وَفِيهِ مِزْرَاقِي، وَزَرَقَهُ: رَمَاهُ بِهِ أَوْ طَعَنَهُ، وَمَصْدَرُهُ الزَّرْقُ، وَبِتَصْغِيرِهِ سُمِّيَ مَنْ أُضِيفَ إِلَيْهِ (بَنُو زُرَيْقٍ) وَهُمْ بَطْنٌ مِنَ الْأَنْصَارِ إِلَيْهِمْ يُنْسَبُ أَبُو عَيَّاشٍ الزُّرَقِيُّ.

[ز ر ن ق]: عِكْرِمَةُ قِيلَ لَهُ: الْجُنُبُ يَغْتَمِسُ فِي (الزُّرْنُوقِ) أَيُجْزِئُهُ مِنْ غُسْلِ الْجَنَابَةِ؟ قَالَ: نَعَمْ، هُوَ النَّهْرُ الصَّغِيرُ عَنْ شِمْرٍ، وَأَصْلُهُ وَاحِدُ الزَّرْنُوقَيْنِ، وَهُمَا مَنَارَتَانِ تُبْنَيَانِ عَلَى رَأْسِ الْبِئْرِ، أَوْ حَائِطَانِ أَوْ عُودَانِ تُعْرَضُ عَلَيْهِمَا خَشَبَةٌ، ثُمَّ تُعَلَّقُ مِنْهُمَا الْبَكَرَةُ وَيُسْتَقَى بِهَا.

قَالَ شَيْخُنَا: وَكَانَ عِكْرِمَةُ أَرَادَ جَدْوَلَ السَّانِيَةِ لِاتِّصَالِ بَيْنِهِمَا فِي أَنَّهُ آلَةُ الِاسْتِقَاءِ.

وَمِنْهُ: (الزَّرْنَقَةُ) السَّقْيُ بِالزُّرْنُوقِ، وَفِي حَدِيثِ عَلِيٍّ رَضِيَ اللهُ عَنْهُ: لَا أَدَعُ الْحَجَّ وَلَوْ تَزَرْنَقْتُ، قِيلَ: مَعْنَاهُ وَلَوِ اسْتَقَيْتُ وَحَجَجْتُ بِأُجْرَةِ الِاسْتِقَاءِ، وَقِيلَ: وَلَوْ تَعَيَّنْتُ عِينَةً[1] مِنَ الزَّرْنَقَةِ بِمَعْنَى (الْعِينَةِ)، وَمِنْهُ[2] قَوْلُ ابْنِ الْمُبَارَكِ: لَا بَأْسَ بِالزَّرْنَقَةِ، وَالْأَوَّلُ أَشْبَهُ عَنِ الْخَطَّابِيِّ.

[ز ر ي]: (الِازْدِرَاءُ) الِاسْتِخْفَافُ، افْتِعَالٌ مِنَ الزِّرَايَةِ، يُقَالُ: أَزْرَى بِهِ وَازْدَرَاهُ، إِذَا احْتَقَرَهُ، وَزَرَى عَلَيْهِ فِعْلَهُ زِرَايَةً: عَابَهُ.

الزَّايُ مَعَ الطَّاءِ الْمُهْمَلَةِ

[ز ط ط]: (الزُّطُّ) جِيلٌ مِنَ الْهِنْدِ إِلَيْهِمْ تُنْسَبُ الثِّيَابُ الزُّطِّيَّةُ.

الزَّايُ مَعَ الْعَيْنِ الْمُهْمَلَةِ

[ز ع ر]: (الزُّعْرُورُ) ثَمَرُ شَجَرٍ مِنْهُ أَحْمَرُ وَأَصْفَرُ لَهُ نَوًى صُلْبٌ مُسْتَدِيرٌ.

الزَّايُ مَعَ الْغَيْنِ الْمُعْجَمَةِ

[ز غ ب]: فِي الْحَدِيثِ: "لَعَلَّهَا دِرْعُ أَبِيكَ الزَّغْبَاءُ". هِيَ عَلَمٌ لِتِلْكَ الدِّرْعِ.

---

(١) زيادة من: م.

(٢) في خ:"ومنها".

الزَّايُ مَعَ الْفَاءِ

[ز ف ت]: (الْمُزَفَّتُ) الْوِعَاءُ الْمَطْلِيُّ بِالزِّفْتِ، وَهُوَ الْقَارُ، وَهَذَا مِمَّا يُحْدِثُ التَّغَيُّرَ فِي الشَّرَابِ سَرِيعًا.

[ز ف ن]: (الزَّفْنُ) الرَّقْصُ، مِنْ بَابِ ضَرَبَ.

الزَّايُ مَعَ الْقَافِ

[ز ق ق]: (الزُّقَاقُ) دُونَ السِّكَّةِ نَافِذَةً [كَانَتْ أَوْ غَيْرَ نَافِذَةٍ] (١)، وَالْجَمْعُ أَزِقَّةٌ.

الزَّايُ مَعَ الْكَافِ

[ز ك ر]: (الزُّكْرَةُ) زُقَيْق صَغِيرٌ لِلشَّرَابِ، وَالزُّكْوَةُ مَكَانَهَا تَصْحِيفٌ.

[ز ك ن]: (الزَّكَنُ) الْفِطْنَةُ، وَفِي حَدِيثِ مَاعِزٍ رَضِيَ اللـه عَنْهُ: "مَا زَكِنَتْ نَفْسُهُ حَتَّى جَاءَ وَاعْتَرَفَ". أَيْ: مَا فَطِنَتْ، وَكَأَنَّ الصَّوَابَ مَا رَكَنَتْ بِالرَّاءِ، أَيْ: مَا مَالَتْ.

[ز ك و]: (الزَّكَاةُ) التَّزْكِيَةُ فِي قَوْلِه تَعَالَى: ﴿وَالَّذِينَ هُمْ لِلزَّكَاةِ فَاعِلُونَ﴾ [سورة المؤمنون آية ٤]، ثُمَّ سُمِّيَ بِهَا هَذَا الْقَدْرُ الَّذِي يُخْرَجُ مِنَ الْمَالِ إِلَى الْفُقَرَاءِ، وَالتَّرْكِيبُ يَدُلُّ عَلَى الطَّهَارَةِ، وَقِيلَ عَلَى الزِّيَادَةِ وَالنَّمَاءِ، وَهُوَ الظَّاهِرُ.

(وَزَكَّى) مَالَهُ: أَدَّى زَكَاتَه، (وَزَكَّاهُمْ) أَخَذَ زَكَوَاتِهِم، وَهُوَ الْمُزَكِّي.

(وَزَكَّى) نَفْسَهُ: مَدَحَهَا، وَتَزْكِيَةُ الشُّهُودِ مِنْ ذَلِكَ؛ لِأَنَّهَا تَعْدِيلُهُمْ وَوَصْفُهُمْ بِأَنَّهُمْ أَزْكِيَاءُ، وَمِنْهُ: إِثْبَاتُ الصَّغِيرِ إِذَا زُكِّيَتْ بِبَيِّنَةٍ، وَمَنْ قَالَ: زُكَّتْ بِغَيْرِ يَاءٍ فَقَدْ غَلِطَ.

الزَّايُ مَعَ اللَّامِ

[ز ل ف]: (الزُّلْفَةُ) وَالزُّلْفَى: الْقُرْبَةُ، وَأَزْلَفَهُ: قَرَّبَهُ، وَازْدَلَفَ إِلَيْهِ: اقْتَرَبَ، وَمِنْهُ: الْمُزْدَلِفَةُ: الْمَوْضِعُ الَّذِي ازْدَلَفَ فِيهِ آدَم إِلَى حَوَّاءَ، وَلِذَا سُمِّيَ جَمْعًا.

[ز ل ق]: (أَزْلَقَتْ) الْأُنْثَى: أَلْقَتْ وَلَدَهَا قَبْلَ تَمَامِه.

[ز ل ل]: "مَنْ أُزِلَّتْ إِلَيْهِ نِعْمَةٌ فَلْيَشْكُرْهَا"(٢). أَيْ: أُسْدِيَتْ وَأُهْدِيَتْ، وَمِنْهُ: الزَّلَّةُ.

[ز ل م]: (الْأَزْلَامُ) جَمْعُ زَلَمٍ، وَهُوَ الْقَدَحُ، وَضَمُّ الزَّايِ لُغَةٌ، وَكَانَتْ الْعَرَبُ فِي

---

(١) زيادة من: م.

(٢) أخرجه القضاعي في مسند الشهاب (٣٧٦)، والهروي في غريب الحديث ٢٠/١.

الْجَاهِلِيَّةِ يَكْتُبُونَ عَلَيْهَا الْأَمْرَ وَالنَّهْيَ، وَيَضَعُونَهَا فِي وِعَاءٍ، فَإِذَا أَرَادَ أَحَدُهُمْ سَفَرًا أَوْ حَاجَةً أَدْخَلَ يَدَهُ فِي ذَلِكَ الْوِعَاءِ؛ فَإِنْ خَرَجَ الْأَمْرُ مَضَى، وَإِنْ خَرَجَ النَّهْيُ كَفَّ.

الزَّايُ مَعَ الْمِيمِ

[ز م ر ذ]: (الزُّمُرُّذُ) بِالضَّمِّ وَبِالذَّالِ الْمُعْجَمَةِ: مَعْرُوفٌ.

[ز م ع]: (أَزْمَعَ) الْمَسِيرَ: عَزَمَ عَلَيْهِ، وَرَجُلٌ (زَمِيعٌ): مَاضِي الْعَزِيمَةِ، وَهُوَ أَزْمَعُ مِنْهُ.

وَبِهِ سُمِّيَ وَالِدُ الْحَارِثِ بن الْأَزْمَعِ الْوَادِعِيِّ، يَرْوِي عَنْ عُمَرَ رَضِيَ اللهُ عَنْهُ.

(وَالزَّمَعَةُ) بِفَتْحَتَيْنِ، وَهِيَ زَوَائِدُ خَلْفَ الْأَرْسَاغِ، وَبِهَا سُمِّيَ وَالِدُ سَوْدَةَ بِنْتِ زَمَعَةَ، وَأَخُوهَا عَبْدُ اللهِ بن زَمَعَةَ، وَزَمَعَةَ أَيْضًا أَبُو وَهْبٍ، إِلَيْهِ يُنْسَبُ مُوسَى بن يَعْقُوبَ الزَّمْعِيُّ.

[ز م ل]: (زَمَّلَهُ) فِي ثِيَابِهِ لِيَعْرَقَ، أَيْ: لَفَّهُ، (وَتَزَمَّلَ) هُوَ وَازَّمَّلَ تَلَفَّفَ فِيهَا، وَفِي الْحَدِيثِ: "زَمِّلُوهُمْ بِدِمَائِهِمْ"[1]، وَفِي "الْفَائِقِ": فِي دِمَائِهِمْ وَثِيَابِهِمْ، وَالْمَعْنَى: لُفُّوهُمْ مُتَلَطِّخِينَ بِدِمَائِهِمْ.

(وَزَمَلَ الشَّيْءَ) حَمَلَهُ، وَمِنْهُ: الزَّامِلَةُ الْبَعِيرُ يَحْمِلُ عَلَيْهِ الْمُسَافِرُ مَتَاعَهُ وَطَعَامَهُ، وَمِنْهَا قَوْلُهُمْ[2]: تَكَارَى شِقَّ مَحْمَلٍ، أَوْ رَأْسَ زَامِلَةٍ، هَذَا هُوَ الْمُثْبَتُ فِي الْأُصُولِ، ثُمَّ سُمِّيَ بِهَا الْعِدْلُ الَّذِي فِيهِ زَادُ الْحَاجِّ مِنْ كَعْكٍ وَتَمْرٍ وَنَحْوِهِ، وَهُوَ مُتَعَارَفٌ بَيْنَهُمْ، أَخْبَرَنِي بِذَلِكَ جَمَاعَةٌ مِنْ أَهْلِ بَغْدَادَ وَغَيْرِهِمْ، وَعَلَى ذَا قَوْلُ مُحَمَّدٍ رَحِمَهُ اللهُ: اكْتَرَى بَعِيرَ مَحْمِلٍ فَوَضَعَ عَلَيْهِ زَامِلَةً يَضْمَنُ، لِأَنَّ الزَّامِلَةَ أَضَرُّ مِنَ الْمَحْمِلِ، وَنَظِيرُهَا الرَّاوِيَةُ، وَعَكْسُهَا مَسْأَلَةُ الْمَحْمِلِ.

(وَالزَّمِيلُ) الرَّدِيفُ الَّذِي يُزَامِلُكَ، أَيْ: يُعَادِلُكَ فِي الْمَحْمِلِ، وَمِنْهُ الْحَدِيثُ: "وَلَا يُفَارِقُ رَجُلٌ زَمِيلَهُ". أَيْ: رَفِيقَهُ.

[ز م م]: (زِمَامُ) النَّعْلِ سَيْرُهَا الَّذِي بَيْنَ الْأُصْبُعِ الْوُسْطَى وَالَّتِي تَلِيهَا، يُشَدُّ إِلَيْهِ الشِّسْعُ مُسْتَعَارٌ مِنْ زِمَامِ الْبَعِيرِ، وَهُوَ الْخَيْطُ الَّذِي يُشَدُّ فِي الْبُرَةِ أَوْ فِي الْخِشَاشِ، ثُمَّ يُشَدُّ إِلَيْهِ الْمِقْوَدُ، وَقَدْ يُسَمَّى بِهِ الْمِقْوَدُ نَفْسُهُ، وَقَدْ أَحْسَنَ الْمُتَنَبِّي فِي وَصْفِ النَّعْلِ حَيْثُ

---

(١) أخرجه النسائي (٢٠٠٢)، وأحمد في مسنده (٢٣١٤٢).
(٢) في خ: "قوله".

قَالَ[١]:

شِرَاكُهَا كُورُهَا وَمِشْفَرُهَا زِمَامُهَا وَالشُّسُوعُ مِقْوَدُهَا

خَلَا أَنَّهُ كَانَ مِنْ حَقِّهِ أَنْ يَقُولَ: وَزِمَامُهَا مِشْفَرُهَا، كَمَا فَعَلَ قَبْلُ وَبَعْدُ.

(وَزَمَّ) النَّعْلَ وَأَزَمَّهَا، مُسْتَعَارٌ مِنْ زَمِّ الْبَعِيرِ، إِذَا وَضَعَ عَلَيْهِ الزِّمَامَ، وَقَوْلُهُ: زَمَّ نَفْسَهُ وَكَسَرَ شَهْوَتَهُ، أَيْ: مَنَعَهَا، مَأْخُوذٌ مِنْهُ.

[ز م ز م]: (وَزَمْزَمَ) الْمَجُوسِيُّ: تَكَلَّفَ الْكَلَامَ عِنْدَ الْأَكْلِ، وَهُوَ مُطْبِقٌ فَمَهُ، وَمِنْهُ: وَانْهَوْهُمْ[٢] عَنْ الزَّمْزَمَةِ.

[ز م ن]: (الزَّمِنُ) الَّذِي طَالَ مَرَضُهُ زَمَانًا.

الزَّايُ مَعَ النُّونِ

[ز ن ب]: (زَيْنَبُ) بِنْتُ أَبِي مُعَاوِيَةَ الثَّقَفِيَّةُ امْرَأَةُ ابْنِ مَسْعُودٍ رَضِيَ اللهُ عَنْهُ، رَوَى عَنْهَا زَوْجُهَا وَأَبُو هُرَيْرَةَ وَعَائِشَةُ رَضِيَ اللهُ عَنْهُمْ.

[ز ن د]: (الزَّنْدَانِ) عَظْمَاتُ السَّاعِدِ، وَقَوْلُهُ: كُسِرَتْ إِحْدَى زَنْدَيْ عَلِيٍّ رَضِيَ اللهُ عَنْهُ يَوْمَ خَيْبَرَ، الصَّوَابُ كُسِرَ أَحَدُ؛ لِأَنَّهُ مُذَكَّرٌ، وَالْأَصْلُ: زَنْدُ الْقَدْحِ، وَبِجَمْعِهِ كُنِّيَ وَالِدُ عَبْدِ الرَّحْمَنِ بن أَبِي زِنَادٍ.

[ز ن د ن]: (وَالزَّنْدَنِيجِيُّ) مَنْسُوبٌ إِلَى زَنْدَنَةَ قَرْيَةٍ بِبُخَارَى.

[ز ن د ق]: قَالَ اللَّيْثُ: الزِّنْدِيقُ مَعْرُوفٌ، وَزَنْدَقَتُهُ أَنَّهُ لَا يُؤْمِنُ بِالْآخِرَةِ، وَوَحْدَانِيَّةِ الْخَالِقِ، وَعَنْ ثَعْلَبٍ: لَيْسَ زِنْدِيقٌ وَلَا فَرْزِينٌ مِنْ كَلَامِ الْعَرَبِ، وَقَالَ: مَعْنَاهُ عَلَى مَا يَقُولُهُ الْعَامَّةُ مُلْحِدٌ وَدَهْرِيٌّ، وَعَنْ ابْنِ دُرَيْدٍ: أَنَّهُ فَارِسِيٌّ مُعَرَّبٌ، وَأَصْلُهُ زَنْدَهْ، أَيْ: يَقُولُ بِدَوَامِ بَقَاءِ الدَّهْرِ.

وَفِي "مَفَاتِيحِ الْعُلُومِ": الزَّنَادِقَةُ هُمْ الْمَانَوِيَّةُ، وَكَانَ الْمَزْدَكِيَّةُ يُسَمَّوْنَ بِذَلِكَ، (وَمَزْدَكُ) هُوَ الَّذِي ظَهَرَ فِي أَيَّامِ قباذ وَزَعَمَ أَنَّ الْأَمْوَالَ وَالْحُرَمَ مُشْتَرَكَةٌ، وَأَظْهَرَ كِتَابًا سَمَّاهُ زَنْدًا، وَهُوَ كِتَابُ الْمَجُوسِيِّ الَّذِي جَاءَ بِهِ زَرَادُشْتَ الَّذِي يَزْعُمُونَ أَنَّهُ نَبِيٌّ، فَنُسِبَ أَصْحَابُ

---

(١) البيت للمتنبي أحمد بن الحسين بن الحسن بن عبد الصمد الجعفي الكوفي الكندي، أبو الطيب، الشاعر الحكيم، وأحد مفاخر الأدب العربي، له الأمثال السائرة والحكم البالغة المبتكرة.

(٢) في خ: (وانهرهم).

مَزْدَك إلى زِنْدَا، وَعُرِّبَتْ[١] الْكَلِمَةُ فَقِيلَ: زِنْدِيقٌ.

[ز ن م]: (الزَّنِيمُ) الدَّعِيُّ، وَفِي الْحَلْوَائِيِّ: "كَانَ عَلَيْهِ السَّلَامُ إذَا مَرَّ بِزَنِيمٍ سَجَدَ لله شُكْرًا"، ثُمَّ قَالَ: الزَّنِيمُ الْمُقْعَدُ الْمُشَوَّهُ، وَهَذَا مِمَّا لَمْ أَسْمَعهُ وَأَرَى أَنَّهُ تَصْحِيفُ زَمِنٍ، وَالَّذِي يَدُلُّ عَلَى ذَلِكَ حَدِيثُ السِّيَرِ: "أَنَّ رَسُولَ الله صَلَّى الله عَلَيْهِ وَآلِهِ وَسَلَّمَ مَرَّ بِرَجُلٍ بِهِ زَمَانَةٌ فَسَجَدَ".

عَلَى أَنَّ الصَّحِيحَ مَا ذَكَرَهُ الإِمَامُ أَبُو بَكْرٍ أَحْمَدُ بن الْحُسَيْنِ الْبَيْهَقِيُّ رَحِمَهُ الله فِي كِتَابِ "السُّنَنِ الْكَبِيرِ" بِإِسْنَادِهِ إلَى مُحَمَّدِ بن عَلِيٍّ قَالَ: رَأَى رَسُولُ الله صَلَّى الله عَلَيْهِ وَآلِهِ وَسَلَّمَ رَجُلًا نُغَاشِيًّا يُقَالُ لَهُ: زُنَيْمٌ، فَخَرَّ سَاجِدًا، وَقَالَ: "أَسْأَلُ الله الْعَافِيَةَ"[٢]. فَهُوَ عَلَى هَذَا اسْمُ عَلَمٍ لِرَجُلٍ بِعَيْنِهِ، وَالزَّايُ فِيهِ مَضْمُومَةٌ، وَلَمَّا ظَنُّوهُ وَصْفًا فَتَحُوا زَايَهُ، وَفَسَّرُوهُ بِمَا لَيْسَ تَفْسِيراً لَهُ، وَإِنَّمَا هُوَ هَيْئَةُ ذَلِكَ الرَّجُلِ الْمُسَمَّى بِزُنَيْمٍ، وَالله أَعْلَمُ.

[ز ن ي]: (زَنَى) يَزْنِي زِنًا، وَقَوْلُهُ: وَإِنْ شَهِدُوا عَلَى زِنَاءَيْنِ مُخْتَلِفَيْنِ أَوْ زِنَيَيْنِ، الصَّوَابُ: زَنْيَتَيْنِ مُخْتَلِفَتَيْنِ.

(وَزَانَاهَا مُزَانَاةً وَزِنَاءً وَزَنَّاهُ تَزْنِيَةً) نَسَبَهُ إلَى الزِّنَا، وَهُوَ وَلَدُ زِنْيَةٍ، وَلِزِنْيَةٍ بِالْفَتْحِ وَالْكَسْرِ، وَخِلَافُهُ وَلَدُ رِشْدَةٍ وَلِرِشْدَةٍ، وَأَمَّا قَوْلُهُ: كُلُّ دِرْهَمٍ مِنْ الرِّبَا أَشَدُّ مِنْ كَذَا زَنْيَةً، فَبِالْفَتْحِ لَا غَيْرُ.

وَمِنْ الْمَهْمُوزِ: زَنَأَ الْمَكَانُ: ضَاقَ، زُنُوءًا، وَالزَّنَاءُ: الضِّيقُ أَيْضًا، وَمِنْهُ: "نَهَى أَنْ يُصَلِّيَ الرَّجُلُ وَهُوَ زَنَاءٌ"[٣]، وَرُوِيَ: "لَا تُقْبَلُ صَلَاةُ زَانِئٍ". مَهْمُوزًا، وَهُوَ الْحَاقِنُ.

(وَزَنَأَ عَلَيْهِ) ضَيَّقَ، وَزَنَأَ فِي الْجَبَلِ زَنْئًا: صَعِدَ، وَقَوْلُ مُحَمَّدٍ رَحِمَهُ الله فِي هَذِهِ الْمَسْأَلَةِ هُوَ الظَّاهِرُ، وَقَوْلُهُ لِلْمَرْأَةِ: يَا زَانِي، عَلَى وَجْهِ التَّرْخِيمِ فِيهِ صَحِيحٌ، وَقَوْلُ مُحَمَّدٍ رَحِمَهُ الله: يَا زَانِيَةُ لِلرَّجُلِ، إنَّ الْهَاءَ لِلْمُبَالَغَةِ قَوِيٌّ.

الزَّايُ مَعَ الْوَاوِ

[ز و ج]: (الزَّوْجُ) الشَّكْلُ عَنْ عَلِيِّ بن عِيسَى، وَقَالَ الْفُورَانِيُّ[٤]: الزَّوْجُ شَكْلٌ لَهُ

---

(١) في خ: "وأعربت".

(٢) أخرجه البيهقي في السنن الكرى ج٣٧١/٢، وفي معرفة السنن والآثار (١١٧٥).

(٣) أخرجه الربيع بن حبيب (٢٩٧).

(٤) في خ: "الغوري".

قَرِينٌ مِنْ نَظِيرٍ كَالذَّكَرِ وَالْأُنْثَى، أَوْ نَقِيضٍ كَالرَّطْبِ وَالْيَابِسِ، وَقِيلَ: كُلُّ لَوْنٍ وَصِنْفٍ زَوْجٌ، وَهُوَ اسْمٌ لِلْفَرْدِ، وَقَالَ ابْنُ دُرَيْدٍ: كُلُّ اثْنَيْنِ زَوْجٌ ضِدُّ الْفَرْدِ، وَقَالَ أَبُو عُبَيْدٍ: الزَّوْجُ وَاحِدٌ وَيَكُونُ اثْنَيْنِ، وَحَكَى الْأَزْهَرِيُّ عَنِ ابْنِ شُمَيْلٍ، أَنَّهُ قَالَ: الزَّوْجُ اثْنَانِ، ثُمَّ قَالَ: وَأَنْكَرَ النَّحْوِيُّونَ مَا قَالَ، وَعَنْ عَلِيِّ بن عِيسَى: أَنَّهُ إِنَّمَا قِيلَ لِلْوَاحِدِ: زَوْجٌ، وَلِلاثْنَيْنِ: زَوْجٌ؛ لِأَنَّهُ لَا يَكُونُ زَوْجٌ إِلَّا وَمَعَهُ آخَرُ مِثْلُ اسْمِهِ.

وَقَالَ ابْنُ الْأَنْبَارِيِّ: الْعَامَّةُ تُخْطِئُ فَتَظُنُّ أَنَّ الزَّوْجَ اثْنَانِ، وَلَيْسَ ذَلِكَ مِنْ مَذَاهِبِ الْعَرَبِ، إِذْ كَانُوا لَا يَتَكَلَّمُونَ بِالزَّوْجِ مُوَحَّدًا فِي مِثْلِ قَوْلِهِمْ: زَوْجُ حَمَامٍ، وَلَكِنْ يُثَنُّونَهُ فَيَقُولُونَ: عِنْدِي زَوْجَانِ مِنَ الْحَمَامِ، وَزَوْجَانِ مِنَ الْخِفَافِ، وَلَا يَقُولُونَ لِلْوَاحِدِ مِنَ الطَّيْرِ: زَوْجٌ، كَمَا يَقُولُونَ لِلاثْنَيْنِ ذَكَرٍ وَأُنْثَى: زَوْجَانِ، بَلْ يَقُولُونَ لِلذَّكَرِ: فَرْدٌ، وَلِلْأُنْثَى: فَرْدَةٌ.

وَقَالَ شَيْخُنَا: الْوَاحِدُ إِذَا كَانَ وَحْدَهُ فَهُوَ فَرْدٌ، وَإِذَا كَانَ مَعَهُ غَيْرُهُ مِنْ جِنْسِهِ سُمِّيَ كُلُّ وَاحِدٍ مِنْهُمَا زَوْجًا، وَهُمَا زَوْجَانِ بِدَلِيلِ قَوْلِهِ تَعَالَى: ﴿خَلَقَ الزَّوْجَيْنِ الذَّكَرَ وَالْأُنثَىٰ﴾ [سورة النجم آية ٤٥]، وَقَوْلُهُ عَزَّ وَجَلَّ: ﴿ثَمَانِيَةَ أَزْوَاجٍ﴾ [سورة الأنعام آية ١٤٣] أَلَا تَرَى كَيْفَ فُسِّرَتْ بِقَوْلِهِ: ﴿مِنَ الضَّأْنِ اثْنَيْنِ وَمِنَ الْمَعْزِ اثْنَيْنِ﴾ [سورة الأنعام آية ١٤٣] ﴿وَمِنَ الْإِبِلِ اثْنَيْنِ وَمِنَ الْبَقَرِ اثْنَيْنِ﴾ [الأنعام آية ١٤٤] قَالَ: وَنَحْوُ تَسْمِيَتِهِمُ الْفَرْدَ بِالزَّوْجِ بِشَرْطِ أَنْ يَكُونَ مَعَهُ آخَرُ مِنْ جِنْسِهِ، تَسْمِيَتُهُمُ الزُّجَاجَةَ كَأْسًا بِشَرْطِ أَنْ يَكُونَ فِيهَا خَمْرٌ.

وَعِنْدَ الْحُسَّابِ: الزَّوْجُ خِلَافُ الْفَرْدِ، كَالْأَرْبَعَةِ وَالثَّمَانِيَةِ فِي خِلَافِ الثَّلَاثَةِ وَالسَّبْعَةِ، مَثَلًا يَقُولُونَ: زَوْجٌ أَوْ فَرْدٌ كَمَا يَقُولُونَ خَسًا أَوْ زَكًا شَفْعٌ أَوْ وِتْرٌ، وَعَلَى ذَلِكَ قَوْلُ أَبِي وَجْزَةَ السَّعْدِيِّ[(١)]:

مَا زِلْنَ يَنْسُبْنَ وَهْنًا كُلَّ صَادِقَةٍ ... بَاتَتْ تُبَاشِرُ عُرْمًا غَيْرَ أَزْوَاجِ

لِأَنَّ بَيْضَ الْقَطَاةِ لَا يَكُونُ إِلَّا وِتْرًا.

وَيُقَالُ: هُوَ زَوْجُهَا، وَهِيَ زَوْجُهُ، وَقَدْ يُقَالُ: زَوْجَتُهُ بِالْهَاءِ، وَفِي جَمْعِهِ: زَوْجَاتٌ،

---

(١) هو: يزيد بن أبي عبيد السلمي السعدي أبو وجزة السعدي، نشأ في بني سعد، فغلب عليه نسبهم، وهو شاعر مشهور من التابعين وهو محدث مقرئ، وسكن المدينة، فانقطع إلى آل الزبير ومات بها، له شعر في قصائد نادرة من كتاب الطلب في أشعار العرب.

وَقَالَ الْفَرَزْدَقُ:

وَإِنَّ الَّذِي يَسْعَى لِيُفْسِدَ زَوْجَتِي ... كَسَاعٍ إِلَى أُسْدِ الشَّرَى يَسْتَبِيلُهَا

وَأَنْشَدَ ابْنُ السِّكِّيتِ:

يَا صَاحِ بَلِّغْ ذَوِي الزَّوْجَاتِ كُلَّهِمْ ... أَنْ لَيْسَ وَصْلٌ إِذَا انْحَلَّتْ عُرَى الذَّنَبِ

وَالْأَوَّلُ هُوَ الاخْتِيَارُ بِدَلِيلِ مَا نَطَقَ بِهِ التَّنْزِيلُ: (أَمْسِكْ عَلَيْكَ زَوْجَكَ) [سورة الأحزاب آية ٣٧] [(اسْكُنْ أَنتَ وَزَوْجُكَ) [سورة البقرة آية ٣٥] (وَإِنْ أَرَدْتُمُ اسْتِبْدَالَ زَوْجٍ مَكَانَ زَوْجٍ) [سورة النساء آية ٢٠] (وَأَزْوَاجُهُ أُمَّهَاتُهُمْ) [سورة الأحزاب آية ٦] (يَا أَيُّهَا النَّبِيُّ قُل لِّأَزْوَاجِكَ)[سورة الأحزاب آية ٢٨]][(١)].

قَالَ ابْنُ يُونُسَ وَابْنُ السِّكِّيتِ: وَتَقُولُ الْعَرَبُ: زَوَّجْتُهُ إِيَّاهُ، وَتَزَوَّجْتُ امْرَأَةً، وَلَيْسَ مِنْ كَلَامِهِمْ: تَزَوَّجْتُ بِامْرَأَةٍ، وَلَا زَوَّجْتُ مِنْهُ امْرَأَةً، وَأَمَّا قَوْله تَعَالَى: (وَزَوَّجْنَاهُم بِحُورٍ عِينٍ) [سورة الدخان آية ٥٤] فَمَعْنَاهُ: قَرَنَّاهُمْ.

وَقَالَ الْفَرَّاءُ: تَزَوَّجْتُ بِامْرَأَةٍ لُغَةٌ فِي أَزْدِ شَنُوءَةَ، وَبِهَذَا صَحَّ اسْتِعْمَالُ الْفُقَهَاءِ.

[ز و ر]: (الزَّوَرُ) مَيْلٌ فِي الزَّوْرِ، وَهُوَ أَعْلَى الصَّدْرِ، وَفِي الصِّحَاحِ: الزَّوَرُ فِي صَدْرِ الْفَرَسِ: دُخُولُ إِحْدَى الْفَهْدَتَيْنِ وَخُرُوجُ الْأُخْرَى، وَهُمَا لَحْمَتَانِ فِي زَوْرِهِ نَاتِئَتَانِ مِثْلُ الْفِهْرَيْنِ.

وَفِي"الْجَامِعِ": الْأَزْوَرُ مِنْ الرِّجَالِ الَّذِي نَتَأَ أَحَدُ شِقَّيْ صَدْرِهِ، وَبِمُؤَنَّثِهِ سُمِّيَتْ دَارُ عُثْمَانَ رَضِيَ اللَّهُ عَنْهُ بِالْمَدِينَةِ، وَمِنْهَا قَوْلُهُمْ: أَحْدَثَ الْأَذَانَ عَلَى الزَّوْرَاءِ.

الزَّايُ مَعَ الْهَاءِ

[ز هـ]: (زِهْ) كَلِمَةُ اسْتِعْجَابٍ عِنْدَ أَهْلِ الْعِرَاقِ، وَإِنَّمَا قَالَهَا أَبُو يُوسُفَ تَهَكُّمًا، وَقِيلَ: الصَّوَابُ زُهْ بِالضَّمِّ وَالزَّايُ لَيْسَتْ بِخَالِصَةٍ.

[ز هـ د]: (زَهِدَ) فِي الشَّيْءِ، وَعَنْ الشَّيْءِ زُهْدًا وَزَهَادَةً، إِذَا رَغِبَ عَنْهُ وَلَمْ يُرِدْهُ، وَمَنْ فَرَّقَ بَيْنَ زَهِدَ فِيهِ وَزَهِدَ عَنْهُ فَقَدْ أَخْطَأَ.

[ز هـ ر]: (أَبُو الزَّاهِرِيَّةِ) كُنْيَةُ حُدَيْرِ بن كُرَيْبٍ.

[ز هـ ق]: (زَهِقَتْ نَفْسُهُ) بِالْفَتْحِ وَالْكَسْرِ زُهُوقًا: خَرَجَتْ رُوحُهُ (وَأَزْهَقَهَا) اللَّهُ،

(١) فِي خ: "إِلَى غير ذلك من الآيات".

وَقَوْلُهُمْ: الْقَتْلُ إزْهَاقُ الْحَيَاةِ، يُرِيدُونَ إبْطَالَهَا وَإِذْهَابَهَا عَلَى طَرِيقَةِ التَّسْبِيبِ. وَأَمَّا (انْزَهَقَتْ نَفْسُهُ) وَانْزِهَاقُ الرُّوحِ فَلَيْسَ مِنْ كَلَامِهِمْ.

(وَسَهْمٌ زَاهِقٌ) جَاوَزَ الْهَدَفَ فَوَقَعَ خَلْفَهُ، وَمِنْهُ قَوْلُهُ فِي "الْوَاقِعَاتِ": اتَّخَذَ هَدَفًا فِي دَارِهِ فَزَهَقَ سَهْمٌ مِمَّا رَمَى، أَيْ: جَاوَزَ هَدَفَهُ مُسْتَمِرًّا عَلَى وَجْهِهِ حَتَّى خَرَجَ مِنْ دَارِهِ.

[ز هـ و]: (هُمْ زُهَاءُ مِائَةٍ) أَيْ: قَدْرُهُمْ، وَزَهَا الْبُسْرُ: احْمَرَّ وَاصْفَرَّ، وَمِنْهُ الْحَدِيثُ: "نَهَى عَنْ بَيْعِ ثَمَرِ النَّخْلِ حَتَّى يَزْهُوَ"[(١)]، وَيُرْوَى: حَتَّى[(٢)] يُزْهِيَ.

(وَالزَّهْوُ) الْمُلَوَّنُ مِنْ الْبُسْرِ، تَسْمِيَةٌ بِالْمَصْدَرِ.

الزَّايُ مَعَ الْيَاءِ التَّحْتَانِيَّةِ[(٣)]

[ز ي ت]: (الزَّيْتُونُ) مِنْ الْعِضَاهِ، وَيُقَالُ لِثَمَرِهِ الزَّيْتُونُ أَيْضًا، وَلِدُهْنِهِ: الزَّيْتُ.

[ز ي د]: (زَادَ) الشَّيْءُ يَزِيدُ زَيْدًا بِمَعْنَى ازْدَادَ، وَمِمَّنْ سُمِّيَ بِمُضَارِعِهِ يَزِيدُ بن رُكَانَةَ، وَمِنْ حَدِيثِهِ: أَنَّهُ كَانَ يُصَلِّي وَلَهُ بُرْنُسٌ، وَابْنُ أَبِي سُفْيَانَ أَخُو مُعَاوِيَةَ مِنْ أُمَرَاءِ جُيُوشِ أَبِي بَكْرٍ رَضِيَ اللهُ عَنْهُ. وَبِمَصْدَرِهِ ابْنُ صُوحَانَ، وَقَدْ اُسْتُشْهِدَ بِصِفِّينَ، وَجُدْعَانُ تَحْرِيفٌ. وَابْنُ حَارِثَةَ أَبُو أُسَامَةَ مُتَبَنَّى رَسُولِ اللهِ صَلَّى اللهُ عَلَيْهِ وَآلِهِ وَسَلَّمَ، وَكُنِّيَ بِاسْمِ الْفَاعِلَةِ مِنْهُ وَالِدُ عَمْرِو بن أَبِي زَائِدَةَ حَامِلُ كِتَابِ قَاضِي الْكُوفَةِ إلَى إيَاسِ بن مُعَاوِيَةَ.

وَيُقَالُ: (ازْدَدْتُ مَالًا) أَيْ: زِدْتُهُ لِنَفْسِي، وَمِنْهُ قَوْلُهُ: وَإِذَا ازْدَادَ الرَّاهِنُ دَرَاهِمَ مِنْ الْمُرْتَهِنِ، أَيْ: أَخَذَهَا زِيَادَةً عَلَى رَأْسِ الْمَالِ. (وَاسْتَزَدْتُ) طَلَبْتُ الزِّيَادَةَ.

[ز ي غ]: (الزَّاغُ) غُرَابٌ صَغِيرٌ إلَى الْبَيَاضِ، لَا يَأْكُلُ الْجِيَفَ، وَالْجَمْعُ: زِيغَانٌ.

[ز ي ف]: (زَافَتْ) عَلَيْهِ دَرَاهِمُهُ، أَيْ: صَارَتْ مَرْدُودَةً عَلَيْهِ لِغِشٍّ فِيهَا، وَقَدْ زُيِّفَتْ إذَا رُدَّتْ، وَدِرْهَمٌ زَيْفٌ وَزَائِفٌ، وَدَرَاهِمُ زُيُوفٌ وَزُيَّفٌ، وَقِيلَ: هِيَ دُونَ الْبَهْرَجِ فِي الرَّدَاءَةِ؛ لِأَنَّ الزَّيْفَ مَا يَرُدُّهُ بَيْتُ الْمَالِ، وَالْبَهْرَجُ مَا تَرُدُّهُ التُّجَّارُ، وَقِيَاسُ مَصْدَرِهِ الزُّيُوفُ، وَأَمَّا الزِّيَافَةُ فَمِنْ لُغَةِ الْفُقَهَاءِ.

---

(١) أخرجه أبو عوانة في مسنده (٥٢٠٥)

(٢) زيادة من: م.

(٣) زيادة من: م.

بَابُ السِّينِ الْمُهْمَلَةِ

السِّينُ مَعَ الْهَمْزَةِ

[س أ ر]: (الْأَسْآرُ) عَلَى أَفْعَالٍ جَمْعُ سُؤْرٍ، وَهُوَ بَقِيَّةُ الْمَاءِ الَّذِي يُبْقِيهَا الشَّارِبُ فِي الْإِنَاءِ أَوْ فِي الْحَوْضِ، ثُمَّ أُسْتُعِيرَ لِبَقِيَّةِ الطَّعَامِ وَغَيْرِهِ.

السِّينُ مَعَ الْبَاءِ الْمُوَحَّدَةِ

[س ب ب]: (السَّبُّ) فِي (ح ج، ح ج ج).

[س ب ت]: (السَّبْتُ) الْقَطْعُ، وَمِنْهُ سَبَتَ رَأْسَهُ حَلَقَهُ.

(وَالسِّبْتُ) بِالْكَسْرِ: جُلُودُ الْبَقَرِ الْمَدْبُوغَةُ بِالْقَرَظِ، وَمِنْهُ: النِّعَالُ السِّبْتِيَّةُ، قَالَ الْأَزْهَرِيُّ: لِأَنَّ شَعْرَهَا قَدْ سُبِتَ عَنْهَا، أَيْ: حُلِقَ بِالدِّبَاغِ فَلَانَتْ، وَهِيَ مِنْ نِعَالِ أَهْلِ التَّنَعُّمِ، وَأَمَّا حِكَايَةُ أَبِي يُوسُفَ رَحِمَهُ اللهُ فِي الْمُنْتَقَى فَفِيهَا نَظَرٌ.

[س ب ح]: (سُبْحَانَ اللهِ[1]) عَلَمٌ لِلتَّسْبِيحِ لَا يُصْرَفُ وَلَا يَتَصَرَّفُ، وَإِنَّمَا يَكُونُ مَنْصُوبًا عَلَى[2] الْمَصْدَرِيَّةِ، وَقَوْلُهُمْ:سُبْحَانَكَ اللَّهُمَّ وَبِحَمْدِك، مَعْنَاهُ: سَبَّحْتُكَ بِجَمِيعِ آلَائِكَ، وَبِحَمْدِكَ سَبَّحْتُكَ.

(وَسَبَّحَ) قَالَ: سُبْحَانَ اللهِ، وَسَبَّحَ اللهَ: نَزَّهَهُ.

(وَالسُّبُّوحُ) الْمُنَزَّهُ عَنْ كُلِّ سُوءٍ.

(وَسَبَّحَ) بِمَعْنَى صَلَّى، وَفِي التَّنْزِيلِ: ﴿فَلَوْلَا أَنَّهُ كَانَ مِنَ الْمُسَبِّحِينَ﴾ [سورة الصافات آية ١٤٣] قِيلَ: مِنْ الْمُصَلِّينَ.

(وَالسُّبْحَةُ) النَّافِلَةُ؛ لِأَنَّهَا مُسَبَّحٌ فِيهَا.

[س ب د]: (سَبَدَ) فِي (ف ق، ف ق ر).

[س ب ر]: (سَبَرَ) الْجُرْحَ بِالْمِسْبَارِ: قَدَّرَ غَوْرَهُ بِحَدِيدَةٍ أَوْ غَيْرِهَا.

---

(١) زيادة من: م.
(٢) في خ: "إلى".

(وَالسَّبَرَاتُ) جَمْعُ سَبْرَةٍ، [وَهِيَ الْغَدَاةُ الْبَارِدَةُ] (١)، وَبِهَا سُمِّيَ وَالِدُ الرَّبِيعِ بْنِ سَبْرَةَ الْجُهَنِيِّ، وَالنَّزَّالِ بْنِ سَبْرَةَ.

(وَالسَّابِرِيُّ) ضَرْبٌ مِنَ الثِّيَابِ يُعْمَلُ بِسَابُورَ مَوْضِعٍ بِفَارِسَ، وَعَنِ ابْنِ دُرَيْدٍ: ثَوْبٌ سَابِرِيٌّ رَقِيقٌ.

[س ب ط]: (السُّبَاطَةُ) الْكُنَاسَةُ، وَالْمُرَادُ بِهَا فِي الْحَدِيثِ: مُلْقَى الْكُنَاسَةِ (٢)، عَلَى تَسْمِيَةِ الْمَحَلِّ بِاسْمِ الْحَالِّ عَنِ الْخَطَّابِيِّ.

(وَالسَّابَاطُ) سَقِيفَةٌ تَحْتَهَا مَمَرٌّ.

(وَأَسْبَاطٌ) عَلَى لَفْظِ جَمْعِ سِبْطٍ، هُوَ أَبُو يُوسُفَ بْنُ نَصْرٍ الْهَمْدَانِيُّ، يَرْوِي عَنْ سِمَاكٍ عَنْ عِكْرِمَةَ.

[س ب ع]: (السَّبْعَةُ) فِي عَدَدِ الْمُذَكَّرِ، وَبِتَصْغِيرِهَا سُمِّيَتْ (سُبَيْعَةُ) بِنْتُ الْحَارِثِ الْأَسْلَمِيَّةُ، وَضَعَتْ بَعْدَ وَفَاةِ زَوْجِهَا بِسَبْعَةِ أَيَّامٍ، وَقِيلَ: بِأَرْبَعِينَ لَيْلَةً، وَقِيلَ: بِبِضْعٍ وَعِشْرِينَ.

وَوَزْنُ (سَبْعَةَ) فِي (د ر، د ر هـ م).

(وَالسُّبْعُ) جُزْءٌ مِنْ سَبْعَةِ أَجْزَاءٍ، وَمِنْهُ (أَسْبَاعُ) الْقُرْآنِ، وَفِي "الْوَاقِعَاتِ": الْأَسْبَاعُ مُحْدَثَةٌ، وَالْقِرَاءَةُ فِي الْأَسْبَاعِ جَائِزَةٌ.

(وَالْأُسْبُوعُ) مِنَ الطَّوَافِ سَبْعَةُ أَطْوَافٍ، وَمِنْهُ: طَافَ أُسْبُوعًا وَأُسْبُوعَاتٍ وَأَسَابِيعَ.

(وَأَرْضٌ مَسْبَعَةٌ) كَثِيرَةُ السِّبَاعِ.

[س ب غ]: (سَابِغُ) الْأَلْيَتَيْنِ فِي (ص هـ ص هـ ب).

[س ب ق]: (التَّسْبِيقُ) مِنَ الْأَضْدَادِ، يُقَالُ: سَبَّقَهُ إِذَا أَخَذَ مِنْهُ السَّبَقَ، وَهُوَ مَا يُتَرَاهَنُ عَلَيْهِ، وَسَبَّقَهُ أَعْطَاهُ إِيَّاهُ، وَمِنْهُ حَدِيثُ رُكَانَةَ الْمُصَارِعِ:"مَا تَسْبِقُنِي؟" أَيْ: مَا تُعْطِينِي، فَقَالَ: ثُلُثَ غَنَمِي (٣). وَأَمَّا حَدِيثُ عُمَرَ رَضِيَ اللهُ عَنْهُ: أَجْرَى وَسَبَّقَ، فَقَدْ رُوِيَ بِالتَّشْدِيدِ، وَفُسِّرَ بِالْتِزَامِ السَّبَقِ وَأَدَائِهِ، وَرُوِيَ بِالتَّخْفِيفِ، أَيْ: وَسَبَقَ صَاحِبَهُ، وَالْأَوَّلُ أَصَحُّ.

[س ب ك]: (سَبَكَ) الذَّهَبَ وَالْفِضَّةَ: أَذَابَهَا وَخَلَّصَهَا مِنَ الْخَبَثِ سَبْكًا.

---

(١) زِيَادَةٌ مِنْ: م.

(٢) فِي خ: "الكناسات".

(٣) أخرجه أبو داود في المراسيل مع الأسانيد (٣٠٨).

(وَالسَّبِيكَةُ) الْقِطْعَةُ الْمُذَابَةُ مِنْهَا أَوْ غَيْرُهَا إذَا اسْتَطَالَتْ.

[س ب ل]: (السَّبِيلُ) يُذَكَّرُ وَيُؤَنَّثُ، وَالْمُرَادُ بِهِ فِي حَدِيثِ عُبَادَةَ رَضِيَ اللهُ عَنْهُ: "خُذُوا عَنِّي، خُذُوا عَنِّي، فَقَدْ جَعَلَ اللهُ لَهُنَّ سَبِيلًا"[1]. مَا فِي قَوْلِه تَعَالَى:(حَتَّىٰ يَتَوَفَّاهُنَّ الْمَوْتُ أَوْ يَجْعَلَ اللَّهُ لَهُنَّ سَبِيلًا) [النساء:١٥] وَذَلِكَ أَنَّ تَخْلِيدَهُنَّ فِي الْحَبْسِ كَانَ عُقُوبَتَهُنَّ فِي بَدْءِ الْإِسْلَامِ، ثُمَّ نُسِخَ بِالْجَلْدِ وَالرَّجْمِ.

يُقَال لِلْمُسَافِرِ: ابْنُ السَّبِيلِ، لِمُلَازَمَتِهِ إيَّاهُن وَالْمُرَادُ بِهِ فِي الْآيَةِ: الْمُسَافِرُ الْمُنْقَطِعُ عَنْ مَالِه.

(وَالسَّابِلَةُ) الْمُخْتَلِفَةُ فِي الطُّرُقَاتِ فِي حَوَائِجِهِمْ عَنْ عَلِيِّ بن عِيسَى، وَإِنَّمَا أُنِّثَتْ عَلَى تَأْوِيلِ الْجَمَاعَةِ بِطَرِيقِ النَّسَبِ.

(وَسَبَّلَ) الثَّمَرَةَ: جَعَلَهَا فِي سُبُلِ الْخَيْرِ، (وَالسَّبَلُ) بِفَتْحَتَيْنِ غِشَاءٌ يُغَطِّي الْبَصَرَ، وَكَأَنَّهُ مِنْ إسْبَالِ السِّتْرِ، وَهُوَ إرْسَالُهُ.

[س ن ب ل] (وَالسُّنْبُلُ) مَعْرُوفٌ، وَبِجَمْعِه كُنِّيَ ابْنُ بَعْكَكٍ أَبُو السَّنَابِلِ.

(وَسَنْبَلَ الزَّرْعُ) خَرَجَ سُنْبُلُهُ، وَأَمَّا تَسَنْبَلَ فَلَمْ أَجِدْهُ.

(وَسُنْبُلُ) بَلْدَةٌ بِالرُّومِ، وَأَمَّا سُنْبُلَانُ فَبَلَدٌ آخَرُ بِهَا أَيْضًا، وَبَيْنَهُمَا عِشْرُونَ فَرْسَخًا عَنْ صَاحِبِ الْأَشْكَالِ، وَمِنْهَا الْحَدِيثُ: "وَعَلَيَّ شُقَيْقَةٌ (سُنْبُلَانِيَّةٌ)".

السِّينُ مَعَ التَّاءِ الْفَوْقِيَّةِ

[س ت ر]: (السُّتْرَةُ) السِّتْرُ، وَقَدْ غَلَبَتْ عَلَى مَا يَنْصِبُ الْمُصَلِّي قُدَّامَهُ مِنْ سَوْطٍ أَوْ عُكَّازَةٍ.

(وَسُتْرَةُ) السَّطْحِ مَا يُبْنَى حَوْلَهُ.

وَمِنْهَا قَوْلُهُ: اسْتَأْجَرَ حَائِطًا لِيَبْنِيَ عَلَيْهِ سُتْرَةً، وَمِثْلُهُ: حَائِطٌ بَيْنَ اثْنَيْنِ لِأَحَدِهِمَا عَلَيْهِ خَشَبٌ وَلِآخَرَ عَلَيْهِ حَائِطُ سُتْرَةٍ. عَنْ الْحَلْوَائِيِّ: أَرَادَ بِهَا الظُّلَّةَ، وَهِيَ شَيْءٌ خَفِيفٌ لَا يُمْكِنُ الْحَمْلُ عَلَيْهَا.

[س ت ق]: (السَّتُّوقُ) بِالْفَتْحِ: أَرْدَأُ مِنْ الْبَهْرَجِ، وَعَنْ الْكَرْخِيِّ: السَّتُّوقُ عِنْدَهُمْ مَا كَانَ الصُّفْرُ أَوْ النُّحَاسُ هُوَ الْغَالِبُ الْأَكْثَرُ. وَفِي" الرِّسَالَةِ الْيُوسُفِيَّةِ": الْبَهْرَجَةُ إذَا غَلَبَهَا

(١) أخرجه مسلم (١٦٩٢)، والترمذي (١٤٣٤)، وأبو داود (٤٤١٥)، وابن ماجه (٢٥٥٠).

النُّحَاسُ لَمْ تُؤْخَذْ، (وَأَمَّا السَّتُّوقَةُ) فَحَرَامٌ أَخْذُهَا لِأَنَّهَا فُلُوسٌ، وَقِيلَ: هِيَ تَعْرِيبُ سَهْ تُو.

[س ت هـ]: الْعَيْنَانِ وِكَاءُ (السَّهِ) الْمُثْبَتُ فِي الْأُصُولِ الْعَيْنُ عَلَى الْإِفْرَادِ.

(وَالسَّهُ) بِتَخْفِيفِ الْهَاءِ: الإِسْتُ، وَأَصْلُهَا: سَتَهٌ، بِدَلِيلِ أَسْتَاهٍ فِي الْجَمْعِ.

(وَرَجُلٌ أَسْتَهُ وَسُتَاهِيٌّ)، عَظِيمُ الاسْتِ، وَيُرْوَى: وِكَاءُ الستِ عَلَى حَذْفِ لَامِ الْكَلِمَةِ، وَالْأَوَّلُ عَلَى حَذْفِ عَيْنِهَا.

وَيُقَالُ: (بِاسْتِ فُلَانٍ) إِذَا اسْتَخَفُّوا بِهِ، وَمَعْنَاهُ: لَصِقَ الْعَارُ بِذَلِكَ الْمَوْضِعِ، وَمِنْهُ قَوْلُ عَصْمَاءَ:

فَبِاسْتِ أَبِي مَالِكٍ وَالنَّبِيتِ ... وَعَوْفٍ وَبِاسْتِ بَنِي خَزْرَجِ
أَطَعْتُمْ أَتَاوِيَّ مِنْ غَيْرِكُمْ ... فَلَا مِنْ مُرَادٍ وَلَا مَذْحِجِ
وَتَرْجُونَهُ بَعْدَ قَتْلِ الرُّءُوسِ ... كَمَا يُرْتَجَى مَرَقُ الْمُنْضِجِ
أَلَا إِنَّمَا نَبْتَغِي غِرَّةً ... فَنَقْطَعُ عَنْ أَمَلِ الْمُرْتَجِي

وَهَمْزَتُهَا لِلْوَصْلِ وَإِثْبَاتُهَا فِي الْخَطِّ هُوَ الصَّوَابُ، وَلَمَّا وَقَعَ فِي النُّسَخِ: فَبِسْتِ بِإِسْقَاطِ الْهَمْزَةِ عَلَى لَفْظِ الْوَصْلِ صُحِّفَتْ إِلَى فَبُسَّتْ وَفَبُئِسَتْ، ثُمَّ فُسِّرَتْ بِتَفْسِيرَاتٍ عَجِيبَةٍ.

(وَالنَّبِيتُ) اسْمُ قَبِيلَةٍ، وَالثَّاءُ الْمُثَلَّثَةُ خَطَأٌ، (وَالْأَتِيُّ وَالْأَتَاوِيُّ) الْغَرِيبُ، وَإِنَّمَا لَمْ يُنَوِّنْهُ ضَرُورَةً، وَعَنَتْ الْمَلْعُونَةُ بِهِ النَّبِيَّ عَلَيْهِ السَّلَامُ، وبالنبيت وَمَذْحِجٍ قَبَائِلَ الْأَنْصَارِ، وَيُرْوَى: تُرَجُّونَهُ بِالتَّشْدِيدِ، تَقُولُ: تَرْجُونَ مِنْهُ خَيْرًا بَعْدَ مَا قَتَلَ رُؤَسَاءَكُمْ.

السِّينُ مَعَ الْجِيمِ

[س ج س ج]: (يَوْمٌ سجسج) إِذَا لَمْ يَكُنْ فِيهِ حَرٌّ مُؤْذٍ وَلَا قُرٌّ، وَكَذَلِكَ اللَّيْلُ.

[س ج د]: (السُّجُودُ) وَضْعُ الْجَبْهَةِ بِالْأَرْضِ، وَعَنْ أَبِي عَمْرٍو: (أَسْجَدَ) الرَّجُلُ إِذَا طَأْطَأَ رَأْسَهُ وَانْحَنَى، (وَسَجَدَ) وَضَعَ جَبْهَتَهُ بِالْأَرْضِ، وَمِنْهُ: سَجَدَ الْبَعِيرُ، إِذَا خَفَضَ رَأْسَهُ لِيُرْكَبَ، وَسَجَدَتْ النَّخْلَةُ: مَالَتْ مِنْ كَثْرَةِ حَمْلِهَا، وَكُلُّ هَذَا مَجَازٌ، بِدَلِيلِ التَّشْبِيهِ فِي قَوْلِ حُمَيْدِ بن ثَوْرٍ[1]:

---

(١) هو حميد بن ثور بن حزن الهلالي العامري، أبو المثنى، شاعر مخضرم عاش زمنا في الجاهلية

=

فُضُولَ أزِمَّتِهَا (أسْجَدَتْ) سُجُودَ النَّصَارَى لِأَرْبَابِهَا

وَفِي قَوْلِ الْأَخْزَرِ الْحِمَّانِيِّ:

وَكِلْتَاهُمَا خَرَّتْ (وَأَسْجَدَ) رَأْسَهَا كَمَا سَجَدَتْ نَصْرَانَةٌ لَمْ تَحَنَّفْ

(وَالْمَسْجِدُ) بَيْتُ الصَّلَاةِ، وَالْمَسْجِدَانِ: مَسْجِدَا مَكَّةَ وَالْمَدِينَةِ، وَالْجَمْعُ: الْمَسَاجِدُ.

وَأَمَّا فِي قَوْلِهِ: وَيَجْعَلَ الْكَافُورَ فِي (مَسَاجِدِهِ). فَهِيَ مَوَاضِعُ السُّجُودِ مِنْ بَدَنِ الْإِنْسَانِ جَمْعُ مَسْجَدٍ بِفَتْحِ الْجِيمِ لَا غَيْرُ، قَالَ السَّرَخْسِيُّ فِي" شَرْحِ الْكَافِي": يَعْنِي بِهَا جَبْهَتَهُ وَأَنْفَهُ وَيَدَيْهِ وَرُكْبَتَيْهِ وَقَدَمَيْهِ. وَلَمْ يَذْكُرْ الْقُدُورِيُّ الْأَنْفَ وَالْقَدَمَيْنِ.

(وَالسَّجَّادَةُ) الْخُمْرَةُ، وَأَثَرُ السُّجُودِ فِي الْجَبْهَةِ أَيْضًا، وَبِهَا سُمِّيَ سَجَّادَةُ صَاحِبُ أَبِي حَنِيفَةَ رَحِمَهُ اللهُ.

[س ج ر]: (سَجَرَ) التَّنُّورَ مَلَأَهُ سُجُورًا، وَهُوَ وَقُودُهُ، وَسَجَرَهُ أَيْضًا أَوْقَدَهُ بِالْمِسْجَرَةِ، وَهِيَ الْمِسْعَرُ مِنْ بَابِ طَلَبَ، وَمِنْهُ الْحَدِيثُ: "فَإِنَّهَا تُسْجَرُ فِيهَا نَارُ جَهَنَّمَ". أَيْ: تُوقَدُ، وَقَوْلُهُ فِي الْغَصْبِ: جَاءَ إِلَى تَنُّورِ رَءَّاس، وَقَدْ سُجِّرَتْ بِالتَّشْدِيدِ لِلْمُبَالَغَةِ، وَالصَّوَابُ تَرْكُ التَّاءِ؛ لِأَنَّ التَّنُّورَ مُذَكَّرٌ.

[س ج ل]: (السِّجِلُّ) كِتَابُ الْحُكْمِ، وَقَدْ سَجَّلَ عَلَيْهِ الْقَاضِي.

[س ج ن]: (السِّجْنُ) وَاحِدُ السُّجُونِ، وَفِي حَدِيثِ عُمَرَ رَضِيَ اللهُ عَنْهُ: أَنَّ رَجُلًا قَالَ لَهُ: أَجِرْنِي مِنْ دَمِ عَمْدٍ، فَقَالَ: السِّجْنُ. رُوِيَ بِالنَّصْبِ وَالرَّفْعِ عَلَى تَقْدِيرِ أُدْخِلُكَ أَوْ لَكَ.

وَفِي حَدِيثِ الْمَقْبُرِيِّ عَنْ جَدِّهِ قَالَ: شَهِدْتُ عَلِيًّا بِالْكُوفَةِ يَعْرِضُ السُّجُونَ، أَيْ: يَعْرِضُ مَنْ فِيهَا مِنَ الْمَسْجُونِينَ، يَعْنِي: يُشَاهِدُهُمْ وَيُفَحِّصُ عَنْ أَحْوَالِهِمْ.

[س ج و]: (سَجَّى الْمَيِّتَ) بِثَوْبٍ سَتَرَهُ تَسْجِيَةً.

السِّينُ مَعَ الْحَاءِ الْمُهْمَلَةِ

[س ح ب]: (السَّحَابُ) مَعْرُوفٌ، وَبِهِ سَمَّى عِمَامَتَهُ عَلَيْهِ السَّلَامُ.

=

وشهد حنينا مع المشركين، وأسلم ووفد على النبي صلى الله عليه وسلم، مات في خلافة عثمان رضي الله سنة ٣٠هـ، وقيل: أدرك زمن عبد الملك بن مروان.

[س ح ر]: (السَّحْرُ) الرِّئَةُ بِفَتْحِ السِّينِ وَسُكُونِ الْحَاءِ وَفَتْحِهَا، وَالْمُرَادُ بِهِ فِي قَوْلِ عَائِشَةَ رَضِيَ اللهُ عَنْهَا: الْمَوْضِعُ الْمُحَاذِي لِلسَّحْرِ مِنْ جَسَدِهَا.

(وَسَحَرَهُ) خَدَعَهُ، وَحَقِيقَتُهُ: أَصَابَ سَحْرَهُ، وَهُوَ سَاحِرٌ وَهُمْ سَحَرَةٌ.

وَقَوْلُ عُمَرَ رَضِيَ اللهُ عَنْهُ: أَسَحَرَةٌ أَنْتُمْ؟! سَأَلْتُمُونِي عَنْ ثَلَاثٍ مَا سَأَلْتُ عَنْهَا رَسُولَ اللهِ صَلَّى اللهُ عَلَيْهِ وَآلِهِ وَسَلَّمَ. وَالصَّوَابُ: مَا سُئِلْتُ عَنْهَا مُنْذُ سَأَلْتُ عَنْهَا رَسُولَ اللهِ صَلَّى اللهُ عَلَيْهِ وَآلِهِ وَسَلَّمَ، أَوْ سَأَلْتُمُونِي عَمَّا سَأَلْتُ عَنْهُ رَسُولَ اللهِ صَلَّى اللهُ عَلَيْهِ وَآلِهِ وَسَلَّمَ، وَإِنَّمَا جَعَلَهُمْ سَحَرَةً لِحِذْقِهِمْ فِي السُّؤَالِ، أَوْ أَنَّهُمْ سَأَلُوهُ عَلَى الْوَجْهِ الَّذِي سَأَلَ هُوَ عَلَيْهِ رَسُولَ اللهِ عَلَيْهِ السَّلَامُ.

(وَالسَّحَرُ) آخِرُ اللَّيْلِ، عَنْ اللَّيْثِ قَالُوا: هُوَ السُّدُسُ الْآخِرُ، وَهُمَا سَحَرَانِ: السَّحَرُ الْأَعْلَى قَبْلَ انْصِدَاعِ الْفَجْرِ، وَالْآخَرُ عِنْدَ انْصِدَاعِهِ.

(وَالسَّحُورُ) مَا يُؤْكَلُ فِي ذَلِكَ الْوَقْتِ، وَتَسَحَّرَ: أَكَلَ السَّحُورَ.

(وَسَحَّرَهُمْ) غَيْرُهُمْ أَعْطَاهُمْ السَّحُورَ، أَوْ أَطْعَمَهُمْ، وَمِثْلُهُ: غَدَّاهُمْ وَعَشَّاهُمْ مِنْ الْغَدَاءِ وَالْعَشَاءِ.

[س ح ق]: (سَحَقَ) الدَّوَاءَ: دَقَّهُ، وَمِسْكٌ سَحِيقٌ، وَمِنْهُ: الْمَجْبُوبُ يُسْحِقُ فَيُنْزِلُ، وَلَعَنَ اللهُ السَّحَّاقَاتِ، وَقِيلَ: مُسَاحَقَةُ النِّسَاءِ لَفْظٌ مُوَلَّدٌ.

(وَثَوْبٌ سَحْقٌ) بَالٍ وَيُضَافُ لِلْبَيَانِ، فَيُقَالُ: سَحْقُ بُرْدٍ، وَسَحْقُ عِمَامَةٍ، وَعَلَيْهِ قَوْلُهُ: اشْتَرَى سَحْقَ ثَوْبٍ، وَقَوْلُهُ: مَنْ كَانَ لَهُ سَحْقُ دِرْهَمٍ، أَيْ: زَائِفٍ عَلَى الِاسْتِعَارَةِ.

[س ح ل]: "كُفِّنَ رَسُولُ اللهِ صَلَّى اللهُ عَلَيْهِ وَآلِهِ وَسَلَّمَ فِي ثَلَاثَةِ أَثْوَابٍ بِيضٍ سَحُولِيَّةٍ"[1]. هِيَ مَنْسُوبَةٌ إِلَى سَحُولَ قَرْيَةٍ بِالْيَمَنِ وَالْفَتْحُ هُوَ الْمَشْهُورُ، وَعَنْ الْأَزْهَرِيِّ بِالضَّمِّ، وَعَنْ الْقُتَبِيِّ بِالضَّمِّ أَيْضًا، إِلَّا أَنَّهُ قَالَ: هُوَ جَمْعُ سَحْلٍ، وَهُوَ الثَّوْبُ الْأَبْيَضُ، وَفِيهِ نَظَرٌ.

[س ح م]: (الْأَسْحَمُ) الْأَسْوَدُ، وَبِتَأْنِيثِهِ سُمِّيَتْ أُمُّ شَرِيكِ بْنِ سَحْمَاءَ فِي حَدِيثِ

---

(١) أخرجه البخاري (١٢٦٤)، ومسلم (٩٤٢)، والنسائي (١٨٩٧)، ومالك في الموطأ رواية يحيى الليثي (٥٢١)، وأحمد في مسنده (٢٤٣٤٧)، وابن حبان في صحيحه (٣٠٣٧)، والنسائي في السنن الكبرى (٢٠٣٦)، والبيهقي في السنن الكبرى في: ج ٤: ص٣١، والشافعي في مسنده (١٦١٠)

الْمُلَاعَنَةِ.

[س ح ن]: (سَحْنُونٌ) بِنُونَيْنِ عَنْ ابْنِ مَاكُولَا قَالَ: هُوَ أَبُو سَعِيدٍ التَّنُوخِيُّ قَاضِي إِفْرِيقِيَّةَ وَفَقِيهُهَا، وَتُوُفِّيَ سَنَةَ أَرْبَعِينَ وَمِائَتَيْنِ.

السِّينُ مَعَ الْخَاءِ الْمُعْجَمَةِ

[س خ ب]: (السَّخَابُ) وَالصَّخَابُ الصَّيَّاحُ مِنْ السَّخَبِ وَالصَّخَبِ، وَهُمَا اخْتِلَاطُ الْأَصْوَاتِ، وَالْأَصْلُ السِّينُ.

[س خ ت]: فِي"الْأَكْمَلِ": عَنْ سُفْيَانَ بن (سَخْتَانَ) مَنْ قَالَ: إِنَّ الْمُعَوِّذَتَيْنِ لَيْسَتَا مِنْ الْقُرْآنِ لَمْ يَكْفُرْ، لِتَأْوِيلِ ابْنِ مَسْعُودٍ رَضِيَ اللـه عَنْهُ. صَحَّ عَلَى فَعْلَانَ بِفَتْحِ الْفَاءِ عَلَى لَفْظِ جَمْعِ سَخْتٍ، وَهُوَ الصُّلْبُ بِالْفَارِسِيَّةِ، كَذَا أُثْبِتَ فِي النَّفْيِ عَنْ الْمُسْتَغْفِرِيِّ، وَلَمْ أَجِدْهُ فِي غَيْرِهِ.

[س خ خ]: (السخ) فِي (غ و، غ و ر).

[س خ ر]: (السُّخْرِيُّ) مِنْ السُّخْرَةِ، وَهِيَ مَا يُتَسَخَّرُ، أَيْ: يُسْتَعْمَلُ بِغَيْرِ أَجْرٍ.

[س خ ب ر]: عَبْدُ اللـه بن (سَخْبَرَةَ) أَبُو مَعْمَرٍ الرَّازِيّ هَكَذَا صَحَّ، وَصَخْبَرَةٌ، وَتَخْبَرَةٌ خَطَأٌ.

[س خ ف]: رَجُلٌ (سَخِيفٌ) وَفِيهِ سُخْفٌ، وَهُوَ رِقَّةُ الْعَقْلِ، مِنْ قَوْلِهِمْ: ثَوْبٌ سَخِيفٌ، إِذَا كَانَ قَلِيلَ الْغَزْلِ، وَقَدْ سَخُفَ سَخَافَةً وَسَخَّفَتُه نَسَبَهُ إِلَى السُّخْفِ قِيَاسًا عَلَى جَهَّلْتُهُ وَفَسَّقْتُهُ وَسَرَّقْتُهُ، وَمِنْهُ قَوْلُ الْمُتَكَلِّمِينَ: فِي أَنَّ النَّبِيَّ عَلَيْهِ السَّلَامُ [يَنْبَغِي أَنْ يَكُونَ][(١)] مُنَزَّهًا عَنْ الصَّغَائِرِ الْمُسَخِّفَةِ كَمَا عَنْ الْكَبَائِرِ.

وَعَلَيْهِ مَا فِي"الْمُخْتَصَرِ": لَا تَجُوزُ شَهَادَةُ مَنْ يَفْعَلُ الْأَفْعَالَ الْمُسَخِّفَةَ، وَهَكَذَا بِخَطِّ شَيْخِنَا، وَتَصْحِيحُه يَدُلُّ عَلَى صِحَّةِ ذَلِكَ مَا ذَكَرَهُ النَّصْرَوِيُّ فِي شَرْحِهِ: لَا تَجُوزُ شَهَادَةُ مَنْ وَمَنْ وَلَا مَنْ يَأْكُلُ الرِّبَا وَيُقَامِرُ وَلَا مَنْ يَفْعَلُ أَفْعَالَ السُّخْفِ، يَعْنِي: أَهْلَ السُّخْفِ، وَيَشْهَدُ لَهُ قَوْلُ شَارِحٍ آخَرَ: لِأَنَّ هَذِهِ أُمُورٌ تَدُلُّ عَلَى قُصُورِ عَقْلِهِ.

وأما[(٢)] (وَالْمُسَخِّفَةُ) بِكَسْرِ الْخَاءِ وَفَتْحِهَا فَفِي كُلٍّ مِنْهُمَا تَمَحُّلٌ.

---

(١) زيادة من: م.
(٢) سقط من: م.

[س خ ل]: (السَّخْلَةُ) قِيلَ: الْبَهْمَةُ.

[س خ م]: (يُسَخَّمُ) وَجْهُهُ، أَيْ: يُسَوَّدُ مِنَ السُّخَامِ، وَهُوَ سَوَادُ الْقِدْرِ، وَأَمَّا بِالْحَاءِ مِنَ الْأَسْحَمِ الْأَسْوَدِ فَقَدْ جَاءَ.

[س خ ن]: (مَاءٌ سُخْنٌ) بِضَمِّ السِّينِ وَسُكُونِ الْخَاءِ، أَيْ: حَارٌّ وَسَخِينٌ مِثْلُهُ.

وَأَمَّا (السَّخِينَةُ) بِالْهَاءِ فَالْحِسَاءُ (وَالتَّسَاخِينُ) الْخِفَافُ، وَاحِدُهَا: تَسْخَانٌ وَتَسْخَنٌ عَنِ الْمُبَرِّدِ، وَالتَّاءُ فِيهِمَا مَفْتُوحَةٌ، وَعَنْ ثَعْلَبٍ: لَا وَاحِدَ لَهَا.

السِّينُ مَعَ الدَّالِ الْمُهْمَلَةِ

[س د د]: (سَدَّ الثُّلْمَةَ) سَدًّا، وَمِنْهُ: سِدَادُ الْقَارُورَةِ بِالْكَسْرِ.

(وَالسُّدَّةُ) الْبَابُ أَوِ الظُّلَّةُ فَوْقَهُ، وَمِنْهَا قَوْلُ أَبِي الدَّرْدَاءِ: مَنْ يَأْتِ سُدَدَ السُّلْطَانِ يَقُمْ وَيَقْعُدْ، وَعَنْ شُرَيْحٍ: مَا سَدَدْتُ عَلَى لَهَوَاتِ خَصْمٍ قَطُّ، أَيْ: لَمْ أَسْدُدْ عَلَيْهِ طَرِيقَ الْكَلَامِ وَمَا مَنَعْتُهُ أَنْ يَتَكَلَّمَ بِمَا فِي ضَمِيرِهِ، وَفِي "الْفَائِقِ" عَنِ الشَّعْبِيِّ: مَا سَدَدْتُ عَلَى خَصْمٍ قَطُّ، أَيْ: مَا قَطَعْتُ عَلَيْهِ، وَرُوِيَ الْأَوَّلُ بِالشِّينِ الْمُعْجَمَةِ وَفُسِّرَ بِالتَّقْوِيَةِ، وَهُوَ خَطَأٌ، إِلَّا أَنْ يُقَامَ مَقَامَ لَهَوَاتِ عَضُدٌ كَمَا فِي قَوْلِ مُحَمَّدٍ رَحِمَهُ اللهُ: لَيْسَ يَنْبَغِي أَنْ يَشُدَّ عَلَى عَضُدِهِ وَلَا يُلَقِّنَهُ حُجَّتَهُ.

[س د ر]: (السِّدْرُ) شَجَرُ النَّبْقِ، وَالْمُرَادُ بِهِ فِي بَابِ الْجِنَازَةِ: وَرَقُهُ.

[س د س]: (السُّدُسُ) وَالسَّدِيسُ الْبَعِيرُ فِي السَّنَةِ الثَّامِنَةِ، وَأَصْلُهُمَا السِّنُّ.

[س د ل]: (سَدَلَ) الثَّوْبَ سَدْلًا مِنْ بَابِ طَلَبَ، إِذَا أَرْسَلَهُ مِنْ غَيْرِ أَنْ يَضُمَّ جَانِبَيْهِ، قِيلَ: هُوَ أَنْ يُلْقِيَهُ عَلَى رَأْسِهِ وَيُرْخِيَهُ عَلَى مَنْكِبَيْهِ.

(وَأَسْدَلَ) خَطَأٌ، وَإِنْ كُنْتُ قَرَأْتُهُ فِي" نَهْجِ الْبَلَاغَةِ" لِأَنِّي كُنْتُ اسْتَقْرَيْتُ الْكُتُبَ فَلَمْ أَجِدْهُ، وَإِنَّمَا الِاعْتِمَادُ عَلَى الشَّائِعِ الْمُسْتَفِيضِ الْمَحْفُوظِ مِنَ الثِّقَاتِ، مِنْ ذَلِكَ حَدِيثُ ابْنِ عُمَرَ رَضِيَ اللهُ عَنْهُمَا: أَنَّهُ كَانَ" إِذَا اعْتَمَّ سَدَلَ عِمَامَتَهُ بَيْنَ كَتِفَيْهِ" [١]. هَكَذَا رُوِيَ بِطُرُقٍ كَثِيرَةٍ.

[س د ن]: (سِدَانَةُ) الْكَعْبَةِ: خِدْمَتُهَا، وَهُوَ سَادِنٌ مِنَ السَّدَنَةِ، وَهُوَ فِي أَوْلَادِ

---

(١) أخرجه الترمذي (١٧٣٦)

عُثْمَانَ بن طَلْحَةَ [ابن أبي طلحة] [١].

السِّينُ مَعَ الرَّاءِ الْمُهْمَلَةِ

[س ر ب]: (سَرَبَ) فِي الْأَرْضِ: مَضَى، وَسَرَبَ الْمَاءُ: جَرَى سُرُوبًا، وَمِنْهُ: السَّرْبُ بِالْفَتْحِ، فِي قَوْلِهِمْ: خَلِّ سَرْبَهُ، أَيْ: طَرِيقَهُ، وَمِنْهُ قَوْلُهُ فِي السَّيْرِ: وَإِذَا كَانَ مُخَلَّى السَّرْبِ، أَيْ: مُوَسَّعًا عَلَيْهِ غَيْرَ مُضَيَّقٍ عَلَيْهِ، وَقَبْلُهُ وَإِذَا جَاءَ مَعَ الْمُسْلِمِ وَهُوَ مَكْتُوفٌ، أَيْ: مَشْدُودٌ.

(وَالسِّرْبُ) بِالْكَسْرِ الْجَمَاعَةُ مِنَ الظِّبَاءِ وَالْبَقَرِ.

(وَالسُّرْبَةُ) بِالضَّمِّ الْقِطْعَةُ، وَمِنْهَا: سَرَّبَ عَلَى الْخَيْلِ، إِذَا أَرْسَلَهَا سُرَبًا.

(وَالسَّرَبُ) بِفَتْحَتَيْنِ بَيْتٌ فِي الْأَرْضِ، فَإِذَا كَانَ لَهُ مَنْفَذٌ سُمِّيَ نَفَقًا.

(وَالْمَسْرُبَةُ) بِضَمِّ الرَّاءِ: الشَّعْرُ السَّابِلُ[٢] مِنَ الصَّدْرِ إِلَى الْعَانَةِ، وَمِنْهَا الْحَدِيثُ: "كَانَ عَلَيْهِ السَّلَامُ دَقِيقَ الْمَسْرُبَةِ" [٣].

(وَالْمَسْرَبَةُ) بِالْفَتْحِ: مَجْرَى الْغَائِطِ وَمَخْرَجُهُ، وَمِنْهَا: أَنَّهُ عَلَيْهِ السَّلَامُ سُئِلَ عَنْ الِاسْتِطَابَةِ، فَقَالَ: "أَوَلَا يَجِدُ أَحَدُكُمْ ثَلَاثَةَ أَحْجَارٍ: حَجَرَيْنِ لِلصَّفْحَتَيْنِ، وَحَجَرًا لِلْمَسْرَبَةِ"[٤]. الصَّفْحَتَانِ: جَانِبَا الْمَخْرَجِ.

[س ر ج]: قَوْلُهُ: الضَّوْءُ[٥] عَلَى الْمَسَارِجِ، جَمْعُ مِسْرَجَةٍ أَوْ مَسْرَجَةٍ بِالْفَتْحِ، مَا فِيهِ الْفَتِيلَةُ وَالدُّهْنُ، وَبِالْكَسْرِ الَّتِي تُوضَعُ عَلَيْهَا، وَقِيلَ: عَلَى الْعَكْسِ.

(وَالسَّرْجُ) وَاحِدُ السُّرُوجِ، وَبِتَصْغِيرِهِ سُمِّيَ وَالِدُ أَبِي الْعَبَّاسِ أَحْمَدُ بن (سُرَيْجٍ)، وَهُوَ إِمَامُ أَصْحَابِ الشَّافِعِيِّ فِي وَقْتِهِ، (وَسُرَيْجُ) بن النُّعْمَانِ أَبُو الْحُسَيْنِ الْبَغْدَادِيُّ صَاحِبُ اللُّؤْلُؤِ، يَرْوِي عَنْ حَمَّادِ بن سَلَمَةَ، وَعَنْهُ سَعِيدُ بن أَشْوَعَ، وَفِي "الْمُنْتَقَى": سُرَيْجُ بن النُّعْمَانِ عَنْ أَبِي يُوسُفَ رَحِمَهُ اللهُ، وَأَمَّا شُرَيْحُ بن النُّعْمَانِ بِالشِّينِ الْمُعْجَمَةِ وَالْحَاءِ فَهُوَ يَرْوِي عَنْ عَلِيِّ بن أَبِي طَالِبٍ رَضِيَ اللهُ عَنْهُ، هَكَذَا فِي الْجَرْحِ وَالتَّعْدِيلِ.

---

(١) سقط من: م.
(٢) في خ: "السائل".
(٣) أخرجه البوصيري في إتحاف الخيرة (٨٥٠٤)
(٤) أخرجه الدارقطني في سننه (١٥٠)، والبيهقي في السنن الكبرى ١١٤/١.
(٥) في خ: "الصور".

(وَ سَرُوجُ) بَلَدٌ.

[س ر ح]: (السَّرْحُ) الْمَالُ الرَّاعِي، وَمِنْهُ: أَغَارَ الْمُشْرِكُونَ عَلَى سَرْحِ بِالْمَدِينَةِ وَفِيهَا نَاقَةُ رَسُولِ اللَّهِ صَلَّى اللَّهُ عَلَيْهِ وَآلِهِ وَسَلَّمَ الْعَضْبَاءُ، وَهُوَ تَسْمِيَةٌ بِالْمَصْدَرِ، يُقَالُ: سَرَحَتْ الْإِبِلُ، إِذَا رَعَتْ، وَسَرَحَهَا صَاحِبُهَا سَرْحًا فِيهِمَا وَسَرَّحَهَا أَيْضًا تَسْرِيحًا إِذَا أَرْسَلَهَا فِي الْمَرْعَى، وَمِنْهُ: وَسَرَّحُوا الْمَاءَ فِي الْخَنْدَقِ.

(وَ تَسْرِيحُ) الشَّعْرِ: تَخْلِيصُ بَعْضِهِ مِنْ بَعْضٍ، وَقِيلَ: تَخْلِيلُهُ بِالْمُشْطِ، وَقِيلَ: مَشْطُهُ.

(وَالسِّرْحَانُ) الذِّئْبُ، وَيُقَالُ لِلْفَجْرِ الْكَاذِبِ: ذَنَبُ (السِّرْحَانِ) عَلَى التَّشْبِيهِ.

[س ر ر]: (السِّرُّ) وَاحِدُ الْأَسْرَارِ، وَهُوَ مَا يُكْتَمُ، وَمِنْهُ: السِّرُّ الْجِمَاعُ، وَفِي التَّنْزِيلِ: ﴿وَلَكِنْ لَا تُوَاعِدُوهُنَّ سِرًّا﴾ [سورة البقرة آية ٢٣٥].

(وَأَسَرَّ) الْحَدِيثَ: أَخْفَاهُ، قَوْلُهُ: وَيُسِرُّهُمَا، يَعْنِي: الِاسْتِعَاذَةَ وَالتَّسْمِيَةَ، وَأَمَّا يُسِرُّ بِهِمَا بِزِيَادَةِ الْبَاءِ فَسَهْوٌ، وَسَارَّهُ مُسَارَّةً وَسِرَارًا.

وَفِي الْمُنْتَقَى: (بَيْعُ السِّرَارِ) أَنْ تَقُولَ: أُخْرِجُ يَدِي وَيَدَكَ؛ فَإِنْ أَخْرَجْتُ خَاتَمِي قَبْلَكَ فَهُوَ بَيْعٌ بِكَذَا، وَإِنْ أَخْرَجْتَ خَاتَمَكَ قَبْلِي فَبِكَذَا؛ فَإِنْ أَخْرَجَا مَعًا أَوْ لَمْ يُخْرِجَا جَمِيعًا عَادَا فِي الْإِخْرَاجِ.

(وَالسُّرِّيَّةُ) وَاحِدَةُ السَّرَارِيِّ، فُعْلِيَّةٌ مِنْ السَّرْوِ[1].

(وَالسِّرُّ) الْجِمَاعُ، أَوْ فُعُولَةٌ مِنَ السَّرْوِ وَالسِّيَادَةِ، وَالتَّسَرِّي كَالتَّظَنِّي عَلَى الْأَوَّلِ، وَعَلَى الثَّانِي ظَاهِرٌ، وَالْأَوَّلُ أَشْهَرُ.

وَفِي حَدِيثِ عَائِشَةَ رَضِيَ اللَّهُ عَنْهَا: "أَنَّهُ صَلَّى اللَّهُ عَلَيْهِ وَسَلَّمَ دَخَلَ عَلَيْهَا تَبْرُقُ أَسَارِيرُ وَجْهِهِ". جَمْعُ أَسْرَارٍ جَمْعُ سِرَرٍ أَوْ سِرٍّ، وَهُوَ مَا فِي الْجَبْهَةِ مِنَ الْخُطُوطِ، وَالْمَعْنَى: أَنَّ وَجْهَهُ يَلْمَعُ وَيُضِيءُ سُرُورًا.

[س ر ط]: (سَرِطَ) الشَّيْءَ وَاسْتَرَطَهُ: ابْتَلَعَهُ.

[س ر ع]: (الْإِسْرَاعُ) مِنَ السُّرْعَةِ، فِي حَدِيثِ الزُّهْرِيِّ: كَانَ رَجُلٌ مِنَّا نَازِلًا وَقَوْمٌ يَرْعَوْنَ حَوْلَهُ فَطَرَدَهُمْ، فَنَهَاهُ رَجُلٌ مِنَ الْمُهَاجِرِينَ فَأَسْرَعَ إِلَيْهِ، أَيْ: الرَّجُلُ النَّازِلُ، غَضِبَ عَلَى الْمُهَاجِرِيِّ حِينَ نَهَاهُ، يَعْنِي: أَسْرَعَ فِي الْغَضَبِ أَوْ اللَّوْمِ وَالشَّتْمِ.

---

(١) في خ: "السر".

وَفِي حَدِيثِ ذِي الْيَدَيْنِ: فَخَرَجَ سَرَعَانُ النَّاسِ، أَيْ: أَوَائِلُهُمْ، فَعَلَانُ بِفَتْحَتَيْنِ مِنَ السُّرْعَةِ.

[س ر ف]: قَوْلُهُ تَعَالَى: (فَلَا يُسْرِفْ فِي الْقَتْلِ) [سورة الإسراء آية ٣٣] أَيْ: الْوَلِيُّ لَا يَقْتُلُ غَيْرَ الْقَاتِلِ وَلَا اثْنَيْنِ، وَالْقَاتِلُ وَاحِدٌ، وَقِيلَ الْإِسْرَافُ الْمُثْلَةُ.

(وَسَرِفٌ) بِوَزْنِ كَتِفٍ: جَبَلٌ بِطَرِيقِ الْمَدِينَةِ.

[س ر ق]: (سَرَقَ) مِنْهُ مَالًا، وَسَرَقَهُ مَالًا سَرِقًا وَسَرِقَةً إِذَا أَخَذَهُ فِي خَفَاءٍ أَوْ حِيلَةٍ، وَفَتْحُ الرَّاءِ فِي السَّرِقِ لُغَةٌ، وَأَمَّا السُّكُونُ فَلَمْ نَسْمَعْهُ، وَيُسَمَّى الشَّيْءُ الْمَسْرُوقُ: سَرِقَةً مَجَازًا، وَمِنْهَا[١] قَوْلُ مُحَمَّدٍ رَحِمَهُ اللهُ: وَإِذَا كَانَتِ السَّرِقَةُ صُحُفًا.

(وَسُرَّقٌ) عَلَى لَفْظِ جَمْعِ سَارِقٍ اسْمُ رَجُلٍ، وَهُوَ الَّذِي بَاعَهُ رَسُولُ اللهِ صَلَّى اللهُ عَلَيْهِ وَآلِهِ وَسَلَّمَ فِي دَيْنِهِ، وَهُوَ حُرٌّ.

[س ر د ق]: (السُّرَادِقُ) مَا يُدَارُ حَوْلَ الْخَيْمَةِ مِنْ شُقَقٍ بِلَا سَقْفٍ.

[س ر و ل]: (حَمَامٌ مُسَرْوَلٌ) فِي رِجْلَيْهِ رِيشٌ كَأَنَّهُ سَرَاوِيلُ.

[س ر و]: (السَّرْوُ) سَخَاءٌ فِي مُرُوءَةٍ، وَقَدْ سَرُوَ فَهُوَ سَرِيٌّ، وَهُمْ سَرَاةٌ وَسَرَوَاتٌ، أَيْ: سَادَاتٌ، وَيُنْشَدُ[٢]:

وَهَانَ عَلَى سَرَاةِ بَنِي لُؤَيٍّ   حَرِيقٌ بِالْبُوَيْرَةِ مُسْتَطِيرُ

عَنَى بِبَنِي لُؤَيٍّ: قُرَيْشًا، وَالْبُوَيْرَةُ: مَوْضِعٌ، وَحَرِيقٌ مُسْتَطِيرٌ: مُرْتَفِعٌ أَوْ مُنْتَشِرٌ.

(وَسَرَاةُ) الطَّرِيقِ: مُعْظَمُهُ وَوَسَطُهُ، وَمِنْهَا الْحَدِيثُ: "لَيْسَ لِلنِّسَاءِ سَرَوَاتُ الطَّرِيقِ".

(وَسَرَوْتُ) عَنْهُ الثَّوْبَ: كَشَفْتُهُ مِنْ بَابِ طَلَبَ، وَمِنْهُ الْحَدِيثُ: "فَلَمَّا سُرِّيَ عَنْهُ عَلَيْهِ السَّلَامُ بُرَحَاءُ الْوَحْيِ وَثِقَلُهُ".

(وَسَرَى بِاللَّيْلِ) سُرًى مِنْ بَابِ ضَرَبَ بِمَعْنَى سَارَ لَيْلًا وَأَسْرَى مِثْلُهُ، وَمِنْهُ: السَّرِيَّةُ لِوَاحِدَةِ السَّرَايَا؛ لِأَنَّهَا تَسْرِي فِي خُفْيَةٍ، وَيَجُوزُ أَنْ تَكُونَ مِنَ الِاسْتِرَاءِ الِاخْتِيَارِ؛ لِأَنَّهَا جَمَاعَةٌ.

(١) فِي خ: "ومنه".
(٢) الْبَيْتُ لِحَسَّانَ بْنِ ثَابِتٍ شَاعِرِ الرَّسُولِ صلى الله عليه وسلم.

(مُسْتَرَاةٌ) مِنَ الْجَيْشِ، أَيْ: مُخْتَارَةٌ، يُقَالُ: اسْتَرَاهُ إِذَا اخْتَارَهُ، وَلَمْ يَرِدْ فِي تَحْدِيدِهَا نَصٌّ.

وَمَحْصُولُ مَا ذَكَرَ مُحَمَّدٌ رَحِمَهُ اللهُ فِي السِّيَرِ: أَنَّ التِّسْعَةَ فَمَا فَوْقَهَا سَرِيَّةٌ، وَالثَّلَاثَةَ وَالْأَرْبَعَةَ وَنَحْوَ ذَلِكَ طَلِيعَةٌ لَا سَرِيَّةٌ، وَمَا رُوِيَ: "أَنَّ رَسُولَ اللهِ صَلَّى اللهُ عَلَيْهِ وَآلِهِ وَسَلَّمَ بَعَثَ أُنَيْسًا وَحْدَهُ سَرِيَّةً". يُخَالِفُ ذَلِكَ.

وَقَوْلُهُ: إِذَا تَسَرَّتْ السَّرِيَّةُ تَفَعُّلٌ مِنَ السُّرَى، وَرُوِيَ: سُرِّبَ مِنَ التَّسْرِيبِ الْإِرْسَالُ، وَلَهُ وَجْهٌ، وَالْأَوَّلُ أَشْبَهُ وَإِنْ لَمْ يُذْكَرْ فِي اللُّغَةِ، وَقَوْلُهُمْ:الْعَفْوُ عَنِ الْقَطْعِ لَا يَكُونُ عَفْوًا عَنِ السِّرَايَةِ.

(وَسَرَى) الْجُرْحُ إِلَى النَّفْسِ، أَيْ: أَثَّرَ فِيهَا حَتَّى هَلَكَتْ، لَفْظَةٌ جَارِيَةٌ عَلَى أَلْسِنَةِ الْفُقَهَاءِ، إِلَّا أَنَّ كُتُبَ اللُّغَةِ لَمْ تَنْطِقْ بِهَا.

السِّينُ مَعَ الطَّاءِ الْمُهْمَلَةِ

[س ط ح]: (الْمِسْطَحُ) عَمُودُ الْفُسْطَاطِ، وَفِي حَدِيثِ الْمُغِيرَةِ: "فَضَرَبَتْ إِحْدَاهُمَا الْأُخْرَى بِعَمُودِ مِسْطَحٍ". إِنْ صَحَّ فَالْإِضَافَةُ لِلْبَيَانِ.

(وَالسَّطِيحَةُ) الْمَزَادَةُ تَكُونُ مِنْ جِلْدَيْنِ لَا غَيْرُ، وَمِنْهَا: اخْتَلَفَا فِي الدَّابَّةِ، وَأَحَدُهُمَا رَاكِبُهَا، وَلِلْآخَرِ عَلَيْهَا سَطِيحَةٌ.

[س ط ع]: (يَسْطَعُ) مِنْهُ رِيحُ الطِّيبِ، أَيْ: يَرْتَفِعُ وَيَنْتَشِرُ.

السِّينُ مَعَ الْعَيْنِ الْمُهْمَلَةِ

[س ع د]: (السَّعْدُ) مَصْدَرُ سُعِدَ خِلَافُ نُحِسَ، وَبِهِ سُمِّيَ سَعْدُ بن الرَّبِيعِ الَّذِي قُتِلَ يَوْمَ أُحُدٍ وَيَوْمَ بَدْرٍ سَهْوٌ.

(وَالسَّعْدَانِ) فِي كِتَابِ الصَّرْفِ سَعْدُ بن مَالِكٍ وَابْنُ أَبِي وَقَّاصٍ، وَفِي الْمُوَادَعَةِ يَوْمَ الْخَنْدَقِ سَعْدُ بن عُبَادَةَ وَابْنُ مُعَاذٍ، وَهُمَا الْمُرَادَانِ فِي اصْطِلَاحِ الْمُحَدِّثِينَ إِذَا أُطْلِقَا، وَبِاسْمِ الْمَفْعُولِ مِنْهُ كُنِّيَ أَبُو مَسْعُودٍ الْبَدْرِيُّ، وَاسْمُهُ عُقْبَةُ بن عَمْرٍو الْأَنْصَارِيُّ.

(وَسَعْدَيْكَ) فِي (لب).

(وَالسَّوَاعِدُ) جَمْعُ سَاعِدٍ، وَهُوَ مِنَ الْيَدِ مَا بَيْنَ الْمِرْفَقِ وَالْكَفِّ، ثُمَّ سُمِّيَ بِهَا مَا يُلْبَسُ عَلَيْهَا مِنْ حَدِيدٍ أَوْ صُفْرٍ أَوْ ذَهَبٍ.

[س ع ت ر]: (السَّعْتَرُ) مِنَ الْبُقُولِ، وَيُقَالُ لِحَبِّهِ سَعْتَرٌ أَيْضًا، قَالَ الْجَوْهَرِيُّ: وَبَعْضُهُمْ يَكْتُبُهُ فِي كِتَابِ الطِّبِّ بِالصَّادِ لِئَلَّا يَلْتَبِسَ بِالشَّعِيرِ.

قُلْتُ: أَمَّا صَاحِبُ الْقَانُونِ فَلَمْ يُثْبِتْهُ إِلَّا فِي بَابِ السِّينِ مِنَ الْأَدْوِيَةِ الْمُفْرَدَةِ، وَفِي التَّهْذِيبِ بِالصَّادِ عَنْ أَبِي عَمْرٍو لَا غَيْرُ، وَهَكَذَا فِي كِتَابِ اللَّيْثِ، وَفِي جَامِعِ الْغُورِيِّ بِالسِّينِ وَالصَّادِ.

[س ع ط]: (السَّعُوطُ) الدَّوَاءُ الَّذِي يُصَبُّ فِي الْأَنْفِ، وَأَسْعَطْتُهُ إِيَّاهُ، وَاسْتَعَطَ هُوَ بِنَفْسِهِ، وَلَا تَقُلْ: أُسْتُعِطَ مَبْنِيًّا لِلْمَفْعُولِ.

[س ع ف]: (السَّعَفُ) وَرَقُ جَرِيدِ النَّخْلِ الَّذِي يُسَوَّى مِنْهُ الزُّبُلُ وَالْمَرَاوِحُ، وَعَنِ اللَّيْثِ: أَكْثَرُ مَا يُقَالُ لَهُ السَّعَفُ إِذَا يَبِسَ، وَإِذَا كَانَتْ رَطْبَةً فَهِيَ الشَّطْبَةُ، وَقَدْ يُقَالُ لِلْجَرِيدِ نَفْسِهِ: سَعَفٌ، الْوَاحِدَةُ: سَعَفَةٌ.

[س ع ي]: (السَّعْيُ) الْإِسْرَاعُ فِي الْمَشْيِ، وَبِالْمَرَّةِ مِنْهُ سُمِّيَ وَالِدُ ثَعْلَبَةَ، وَأُسَيْدٍ ابْنَيْ (سَعْيَةَ)، وَبِالنُّونِ زَيْدُ بن (سَعْنَةَ)، وَالْيَاءُ فِيهِ تَصْحِيفٌ، كَانَ مِنَ الْأَحْبَارِ فَحَسُنَ إِسْلَامُهُ.

السِّينُ مَعَ الْفَاءِ

[س ف ت ج]: (السُّفْتَجَةُ) بِضَمِّ السِّينِ وَفَتْحِ التَّاءِ، وَاحِدَةُ السَّفَاتِجِ، وَتَفْسِيرُهَا عِنْدَهُمْ مَعْرُوفٌ.

[س ف ر]: (السَّفْرُ) الْمُسَافِرُونَ، جَمْعُ سَافِرٍ، كَرَكْبٍ وَصَحْبٍ فِي رَاكِبٍ وَصَاحِبٍ، وَقَدْ سَافَرَ سَفَرًا بَعِيدًا.

(وَالسَّفِيرُ) الرَّسُولُ الْمُصْلِحُ بَيْنَ الْقَوْمِ، وَمِنْهُ: الْوَكِيلُ سَفِيرٌ وَمُعَبِّرٌ، يَعْنِي: إِذَا لَمْ يَكُنِ الْعَقْدُ مُعَاوَضَةً كَالنِّكَاحِ وَالْخُلْعِ وَالْعِتْقِ وَنَحْوِهَا فَلَا يَتَعَلَّقُ بِهِ شَيْءٌ وَلَا يُطَالَبُ بِشَيْءٍ، وَجَمْعُهُ: سُفَرَاءُ، وَقَدْ سَفَرَ بَيْنَهُمْ سِفَارَةً.

(وَسَفَرَتْ) الْمَرْأَةُ قِنَاعَهَا عَنْ وَجْهِهَا: كَشَفَتْهُ سُفُورًا فَهِيَ سَافِرٌ، وَقَوْلُ الْحَلْوَائِيِّ: الْمُحْرِمَةُ تَسْفِرُ وَجْهَهَا ضَعِيفٌ، وَأَمَّا ضَمُّ تَاءِ الْمُضَارَعَةِ فَلَمْ يَصِحَّ.

(وَأَسْفَرَ) الصُّبْحُ: أَضَاءَ إِسْفَارًا، وَمِنْهُ: أَسْفَرَ بِالصَّلَاةِ، إِذَا صَلَّاهَا فِي الْإِسْفَارِ، وَالْبَاءُ لِلتَّعْدِيَةِ.

[س ف ط]: (وَالسَّفَطُ) وَاحِدُ الْأَسْفَاطِ، وَهُوَ مَا يُعَبَّأُ فِيهِ الطِّيبُ وَمَا أَشْبَهَهُ مِنْ

آلَاتِ النِّسَاءِ، وَيُسْتَعَارُ لِلتَّابُوتِ الصَّغِيرِ، وَمِنْهُ: وَلَوْ أَنَّ صَبِيًّا حُمِلَ فِي سَفَطٍ.

[س ف ع]: عُمَرُ رَضِيَ اللهُ عَنْهُ: أَلَا إِنَّ الْأُسَيْفِعَ أُسَيْفِعَ جُهَيْنَةَ قَدْ رَضِيَ مِنْ دِينِهِ وَأَمَانَتِهِ بِأَنْ يُقَالَ: سَبَقَ الْحَاجَّ فَادَّانَ مُعْرِضًا فَأَصْبَحَ قَدْ رِينَ بِهِ. الْحَدِيثَ. الْأُسَيْفِعُ: تَصْغِيرُ الْأَسْفَعِ صِفَةً أَوْ عَلَمًا مِنَ السُّفْعَةِ، وَهِيَ السَّوَادُ، وَتَأْنِيثُه: السَّفْعَاءُ، وَقَوْلُهُ عَلَيْهِ السَّلَامُ: "أَنَا وَسَفْعَاءُ الْخَدَّيْنِ الْحَانِيَةُ عَلَى وَلَدِهَا كَهَاتَيْنِ"(١). أَرَادَ شُحُوبَهَا وَتَغَيُّرَ لَوْنِهَا مِمَّا تُقَاسِي مِنَ الْمَشَاقِّ.

(وَجُهَيْنَةُ): بَطْنٌ مِنْ قُضَاعَةَ، (وَادَّانَ) بِمَعْنَى اسْتَدَانَ افْتَعَلَ مِنَ الدَّيْنِ، (وَمُعْرِضًا) مِنْ قَوْلِهِمْ: طَأْ مُعْرِضًا، أَيْ: ضَعْ رِجْلَيْكَ حَيْثُ وَقَعَتْ وَلَا تَتَّقِ شَيْئًا، (وَرِينَ بِهِ) غُلِبَ فُعِلَ مِنْ رَانَ الذَّنْبُ عَلَى قَلْبِهِ، وَعَنْ أَبِي عُبَيْدٍ: كُلُّ مَا غَلَبَكَ فَقَدْ رَانَ بِكَ وَرَانَكَ وَرَانَ عَلَيْكَ، وَعَنْ أَبِي زَيْدٍ يُقَالُ: رِينَ بِالرَّجُلِ، إِذَا وَقَعَ فِيمَا لَا يَسْتَطِيعُ الْخُرُوجَ مِنْهُ، وَالْمَعْنَى: أَنَّهُ اسْتَدَانَ مَا وَجَدَ مِمَّنْ وَجَدَ غَيْرَ مُبَالٍ بِذَلِكَ حَتَّى أَحَاطَ الدَّيْنُ بِمَالِهِ فَلَا يَدْرِي مَاذَا يَصْنَعُ.

[س ف ف]: (سَفَّ) الدَّوَاءَ وَالسَّوِيقَ، وَكُلَّ شَيْءٍ يَابِسٍ أَكَلَهُ مِنْ بَابِ لَبِسَ، وَمِنْهُ: لَأَنْ أَسَفَّ التُّرَابَ، وَقَوْلُ عَمْرِو بن كُلْثُومٍ(٢):

تَسَفُّ الْجِلَّةُ الْخُورُ الدَّرِينَا

أَيْ: تَأْكُلُ الْمَسَانُّ مِنَ الْإِبِلِ الْغِزَارُ الْحَشِيشَ الْبَالِيَ، وَفِي الْحَدِيثِ: "إِنَّ اللهَ تَعَالَى يُحِبُّ مَعَالِيَ الْأُمُورِ وَيُبْغِضُ سَفْسَافَهَا"(٣). أَيْ: مَا دَقَّ مِنْهَا وَلَؤُمَ مِنْ سَفْسَافِ التُّرَابِ هُوَ دُقَاقُهُ، وَمِنْهُ: سَفْسَافُ الشِّعْرِ.

---

(١) أخرجه معمر بن راشد في الجامع (٢٥٩١).

(٢) عمرو بن كلثوم: ت ٣٩ ق هـ هو عمرو بن كلثوم بن مالك بن عتاب، أبو الأسود، من بني تغلب، شاعر جاهلي من الطبقة الأولى، ولد في شمالي جزيرة العرب في بلاد ربيعة وتجول فيها وفي الشام والعراق ونجد، وكان من أعز الناس نفسا، وهو من الفتاك الشجعان، وساد قومه (تغلب)، وهو فتى وعمر طويلا، وهو الذي قتل الملك عمرو بن هند، أشهر شعره معلقته التي مطلعها:

ألا هبي بصحنك فاصبحينا...

يقال: إنها في نحو ألف بيت وإنما بقي منها ما حفظه الرواة، وفيها من الفخر والحماسة العجب، مات في الجزيرة الفراتية.

(٣) أخرجه القضاعي في مسند الشهاب (١٠٧٦)، والطبراني في المعجم الأوسط (٢٩٤٣)، وفي الكبير (٢٨٩٤).

[س ف ل]: (السُّفْلُ) خِلَافُ الْعُلُوِّ بِالْكَسْرِ وَالضَّمِّ فِيهِمَا، وَقَوْلُهُ: قَلْبُ الرِّدَاءِ، أَنْ يَجْعَلَ سُفْلَاهُ أَعْلَاهُ، الصَّوَابُ: أَسْفَلَهُ، وَسَفَلَ سُفُولًا خِلَافُ عَلَا مِنْ بَابِ طَلَبَ، وَمِنْهُ: بِنْتُ بِنْتِ بِنْتٍ وَإِنْ سَفَلَتْ، وَضَمُّ الْفَاءِ خَطَأٌ؛ لِأَنَّهُ مِنَ السَّفَالَةِ الْخَسَاسَةِ، وَمِنْهُ: السَّفِلَةُ لِخِسَاسِ النَّاسِ وَأَرَاذِلِهِمْ، وَقِيلَ: أُسْتُعِيرَتْ مِنْ سَفِلَةِ الْبَعِيرِ، وَهِيَ قَوَائِمُهُ، وَمَنْ قَالَ: السِّفْلَةَ بِكَسْرِ السِّينِ وَسُكُونِ الْفَاءِ فَهُوَ عَلَى وَجْهَيْنِ: أَنْ يَكُونَ تَخْفِيفَ السَّفِلَةِ كَاللِّبْنَةِ فِي اللَّبِنَةِ، وَجَمْعُ سَفِيلٍ كَعِلْيَةٍ فِي جَمْعِ عَلِيٍّ، وَالْعَامَّةُ يَقُولُونَ: هُوَ سِفْلَةٌ مِنْ قَوْمٍ سَفِلٍ، وَقَدْ أَنْكَرُوا[1] قَوْلَهُ: وَوَجْهُ اللهِ وَأَمَانَةُ اللهِ مِنْ أَيْمَانِ السَّفَلَةِ، يَعْنِي: الْجَهَلَةَ الَّذِينَ يَذْكُرُونَهُ، قَالَ أَبُو حَنِيفَةَ رَحِمَهُ اللهُ: يَعْنِي الْخَارِجَةَ.

وَفِي "الْمُنْتَقَى": إِنْ كُنْتُ سَفِلَةً فَأَنْتِ طَالِقٌ، قَالَ: هُوَ النَّذْلُ فِي عَقْلِهِ وَدِينِهِ.

وَأَمَّا السَّاقِطُ فَيَكُونُ عَلَى الْحَسَبِ وَعَلَى مَا وَصَفْتُ لَكَ مِنَ النَّذَالَةِ فِي الْعَقْلِ وَالدِّينِ.

[س ف ن]: (السَّفَنُ) بِفَتْحَتَيْنِ جِلْدُ الْأَطُومِ، وَهِيَ سَمَكَةٌ فِي الْبَحْرِ، وَهُوَ جِلْدٌ أَخْشَنُ يُحَكُّ بِهِ السِّيَاطُ، وَالسِّهَامُ وَيَكُونُ عَلَى قَوَائِمِ السُّيُوفِ.

[س ف ي]: (السَّفَا) خِفَّةُ النَّاصِيَةِ، وَهُوَ مَحْمُودٌ فِي الْبِغَالِ وَالْحَمِيرِ مَذْمُومٌ فِي الْخَيْلِ، يُقَالُ: فَرَسٌ أَسْفَى وَبَغْلَةٌ سَفْوَاءُ.

(وَسَفَتْ) الرِّيحُ التُّرَابَ: ذَرَتْهُ وَرَمَتْ بِهِ، وَقَوْلُهُ: تَسْفِي بِهِ، عَلَى زِيَادَةِ الْبَاءِ أَوْ عَلَى تَضْمِينِ مَعْنَى الرَّمْيِ، وَلَفْظُ الْحَلْوَائِيِّ: فَتَنْسِفُهُ مِنَ الْمَنْسَفِ.

السِّينُ مَعَ الْقَافِ

[س ق ب]: (السَّقَبُ) الْقُرْبُ، وَالصَّادُ لُغَةٌ، وَهُمَا مَصْدَرَا سَقِبَتْ الدَّارُ وَصَقِبَتْ، وَالصَّاقِبُ: الْقَرِيبُ، وَمِنْهُ حَدِيثُ عَلِيٍّ رَضِيَ اللهُ عَنْهُ: حَمَلَهُ عَلَى أَصْقَبِ الْقَرْيَتَيْنِ، وَمَعْنَى الْحَدِيثِ: "الْجَارُ أَحَقُّ بِسَقَبِهِ"[2]. أَيْ: أَنَّ الْجَارَ أَحَقُّ بِالشُّفْعَةِ إِذَا كَانَ جَارًا مُلَاصِقًا، وَالْبَاءُ مِنْ صِلَةِ أَحَقُّ لَا لِلتَّسْبِيبِ. وَأُرِيدَ بِالسَّقَبِ السَّاقِبُ عَلَى مَعْنَى ذُو

---

(١) في خ: "أنكر".

(٢) أخرجه البخاري (٢٢٥٨)، والترمذي (١٣٧٠)، وأبو داود (٣٥١٦)، والنسائي (٤٧٠٢)، وابن ماجه (٢٤٩٦).

السَّقَبِ أَوْ تَسْمِيَةٌ بِالْمَصْدَرِ أَوْ وَصْفٌ بِهِ، وَمِنْهُ قَوْلُهُمْ: دَارِي سَقَبٌ مِنْ دَارِهِ، أَيْ: قَرِيبَةٌ، وَيُرْوَى فِي حَدِيثِ عَمْرِو بن الشَّرِيدِ: أَنَّهُ عَلَيْهِ السَّلَامُ لَمَّا قَالَ ذَلِكَ، قِيلَ: وَمَا سَقَبُهُ؟ قَالَ: "شُفْعَتُهُ"، وَهَذَا يَشْهَدُ لِصِحَّةِ مَا ذَكَرْنَا[١].

[س ق ل ب]: (السَّقْلَبِيَّةُ) مِمَّا لَمْ أَسْمَعْهُ، إِنَّمَا الْمَحْفُوظُ الصَّقْلَابِيَّةُ بِالصَّادِ وَالسِّينِ، مَنْسُوبَةً إِلَى الصَّقَالِبَةِ، جِيلٌ مِنْ النَّاسِ حُمْرُ الْأَلْوَانِ يُتَاخِمُونَ الْخَزَرَ.

[س ق ل ت]: (السَّقَلَاتُونِيُّ) الصَّوَابُ بِالطَّاءِ مَنْسُوبٌ إِلَى سَقْلَاطُونَ مِنْ أَعْمَالِ الرُّومِ يُتَّخَذُ فِيهَا الثِّيَابُ الْمُنَقَّشَةُ.

[س ق د]: (سَقَدَ)[٢] فِي (ك ف).

[س ق ط]: (سَقَطَ) الشَّيْءُ سُقُوطًا: وَقَعَ عَلَى الْأَرْضِ، وَسَقَطَ النَّجْمُ، أَيْ: غَابَ مَجَازًا، وَمِنْهُ قَوْلُهُ: حِينَ يَسْقُطُ الْقَمَرُ.

(وَسَوَاقِطُ) فِي حَدِيثِ الْحَسَنِ بن عَلِيٍّ: "مَا يَسْقُطُ مِنْ الثِّمَارِ قَبْلَ الْإِدْرَاكِ". جَمْعُ سَاقِطَةٍ، وَفِي الْحَدِيثِ الْآخَرِ: أَنَّهُ عَلَيْهِ السَّلَامُ أَعْطَى خَيْبَرَ بِالشَّطْرِ، وَقَالَ: "لَكُمْ السَّوَاقِطُ". أَيْ: مَا يَسْقُطُ مِنْ النَّخْلِ فَهُوَ لَكُمْ مِنْ غَيْرِ قِسْمَةٍ.

وَعَنْ خُوَاهَرْ زَادَهْ: أَنَّ الْمُرَادَ مَا يَسْقُطُ مِنْ الْأَغْصَانِ لَا الثِّمَارِ لِأَنَّهَا لِلْمُسْلِمِينَ.

وَيُقَالُ: أَسْقَطْتُ الشَّيْءَ فَسَقَطَ، (وَأَسْقَطَتْ الْحَامِلُ) مِنْ غَيْرِ ذِكْرِ الْمَفْعُولِ إِذَا أَلْقَتْ سِقْطًا، وَهُوَ بِالْحَرَكَاتِ الثَّلَاثِ، الْوَلَدُ يَسْقُطُ مِنْ بَطْنِ أُمِّهِ مَيِّتًا، وَهُوَ مُسْتَبِينُ الْخَلْقِ وَإِلَّا فَلَيْسَ بِسِقْطٍ، وَقَوْلُ الْفُقَهَاءِ: أَسْقَطَتْ سِقْطًا، لَيْسَ بِعَرَبِيٍّ، وَكَذَا فَإِنْ أَسْقَطَ الْوَلَدُ سِقْطًا.

(وَالسَّقَطُ) بِفَتْحَتَيْنِ مِنْ الْخَطَأِ فِي الْكِتَابَةِ، وَمِنْهُ: سَقَطُ الْمُصْحَفِ.

(وَرَجُلٌ سَاقِطٌ) لَئِيمُ الْحَسَبِ وَالنَّفْسِ، وَالْجَمْعُ: سُقَّاطٌ، وَمِنْهُ: وَلَا أَنْ يَلْعَبُوا مَعَ الْأَرَاذِلِ وَالسُّقَّاطِ. (وَالسُّقَاطَةُ) فِي مَصْدَرِهِ خَطَأٌ، وَقَدْ جَاءَ بِهَا عَلَى الْمُزَاوَجَةِ مَنْ قَالَ: وَالصَّبِيُّ يُمْنَعُ عَمَّا يُورِثُ الْوَقَاحَةَ وَالسُّقَاطَةَ.

(وَسَقَطُ) الْمَتَاعِ رُذَالُهُ، وَيُقَالُ لِبَائِعِهِ: سَقَطِيٌّ، وَأَنْكَرَ بَعْضُهُمْ السَّقَّاطَ فِي مَعْنَاهُ، وَقَدْ جَاءَ فِي حَدِيثِ ابْنِ عُمَرَ: أَنَّهُ كَانَ يَغْدُو فَلَا يَمُرُّ بِسَقَّاطٍ وَلَا صَاحِبِ بِيعَةٍ إِلَّا سَلَّمَ عَلَيْهِ. وَالْبِيعَةُ مِنْ الْبَيْعِ كَالرِّكْبَةِ مِنْ الرُّكُوبِ وَالْجِلْسَةِ مِنْ الْجُلُوسِ، وَيُقَالُ: إِنَّهُ لَحَسَنُ الْبِيعَةِ،

---

(١) في خ: "ذكرت".
(٢) في خ: "أَسْقَدُ".

كَذَا فَسَّرَهَا الثِّقَاتُ.

[س ق م]: (السَّقَمُونْيَاءُ) بِالْمَدِّ سُرْيَانِيَّةٌ.

[س ق ي]: سَقَاهُ الْمَاءَ سَقْيًا، (وَالسِّقَايَةُ) مَا يُبْنَى لِلْمَاءِ، وَفِي قَوْلِهِ تَعَالَى: ﴿أَجَعَلْتُمْ سِقَايَةَ الْحَاجِّ﴾ [سورة التوبة آية ١٩] مَصْدَرٌ، وَفِي قَوْلِهِ تَعَالَى: ﴿جَعَلَ السِّقَايَةَ فِي رَحْلِ أَخِيهِ﴾ [سورة يوسف آية ٧٠] مِشْرَبَةُ الْمَلِكِ.

(وَالسَّاقِيَةُ) وَاحِدَةُ السَّوَاقِي، وَهِيَ فَوْقَ الْجَدْوَلِ وَدُونَ النَّهْرِ.

(وَالسَّقِيُّ) بِوَزْنِ الشَّقِيِّ وَالصَّبِيِّ مَا يُسْقَى سَيْحًا فَعِيلٌ بِمَعْنَى مَفْعُولٍ، وَالْبَخْسُ خِلَافُهُ، وَمِثْلُهُمَا فِي الْمَعْنَى الْمَسْقَوِيُّ وَالْمَظْمَئِيُّ فِي الْحَدِيثِ، وَقَوْله: السَّقِّيُّ، بِتَشْدِيدِ الْقَافِ مَعَ النَّخْشَبِيِّ، كِلَاهُمَا خَطَأٌ.

السِّينُ مَعَ الْكَافِ

[س ك ب]: (السَّكْبُ) مَصْدَرُ سَكَبْتُ الْمَاءَ إِذَا صَبَبْتَهُ، وَمِنْهُ: فَرَسٌ سَكْبٌ: كَثِيرُ الْجَرْيِ، وَبِهِ سُمِّيَ فَرَسُ رَسُولِ اللهِ صَلَّى اللهُ عَلَيْهِ وَآلِهِ وَسَلَّمَ، وَفِي الْحَدِيثِ: "هُنَا تُسْكَبُ الْعَبَرَاتُ"[1]. أَيْ: هُوَ مَوْضِعٌ لِأَنْ يُبْكَى فِيهِ طَلَبًا لِلْمَغْفِرَةِ.

[س ك ب ج]: ابْنُ عُمَرَ كَانَ يَأْكُلُ (السِّكْبَاجَ الْأَصْفَرَ) فِي إِحْرَامِهِ، وَهُوَ بِكَسْرِ السِّينِ وَتَخْفِيفِ الْكَافِ السَّاكِنَةِ: مَرَقٌ مَعْرُوفٌ، وَكَانَ فِيهِ زَعْفَرَانٌ؛ فَلِذَا[2] قَالَ: الْأَصْفَرَ.

[س ك ر]: (سَكَرَ) النَّهْرَ سَدَّهُ سَكْرًا، (وَالسِّكْرُ) بِالْكَسْرِ الِاسْمُ، وَقَدْ جَاءَ فِيهِ الْفَتْحُ عَلَى تَسْمِيَتِهِ بِالْمَصْدَرِ، وَقَوْلُهُ: لِأَنَّ فِي السِّكْرِ قَطْعَ مَنْفَعَةِ الْمَاءِ يَحْتَمِلُ الْأَمْرَيْنِ.

(وَالسَّكَرُ) بِفَتْحَتَيْنِ: عَصِيرُ الرُّطَبِ إِذَا اشْتَدَّ، وَهُوَ فِي الْأَصْلِ مَصْدَرُ سَكِرَ مِنَ الشَّرَابِ سُكْرًا وَسَكَرًا، وَهُوَ سَكْرَانُ، وَهِيَ سَكْرَى، كِلَاهُمَا بِغَيْرِ تَنْوِينٍ، وَبِهِ سَكْرَةٌ شَدِيدَةٌ، وَمِنْهَا: سَكَرَاتُ الْمَوْتِ لِشَدَائِدِهِ.

(وَالسُّكَّرُ) بِالتَّشْدِيدِ: ضَرْبٌ مِنَ الرُّطَبِ مُشَبَّهٌ بِالسُّكَّرِ الْمَعْرُوفِ فِي الْحَلَاوَةِ، وَمِنْهُ: بُسْرُ السُّكَّرِ، وَمَنْ فَسَّرَهُ بِالْغَضِّ مِنْ قَصَبِ السُّكَّرِ، فَقَدْ تَرَكَ الْمَنْصُوصَ عَلَيْهِ.

(والسكركة) بِضَمِّ الْكَافِ: شَرَابٌ تَتَّخِذُهُ الْحَبَشَةُ مِنَ الذُّرَةِ، وَهِيَ مُعَرَّبَةٌ.

---

(١) أخرجه ابن خزيمة في صحيحه (٢٥٤٦)
(٢) في خ: "فلهذا".

[س ك ك]: (السَّكَكُ) صِغَرُ الْأُذُنِ، وَرَجُلٌ أَسَكُّ، وَعَنْزٌ سَكَّاءُ، وَهِيَ عِنْدَ الْفُقَهَاءِ: الَّتِي لَا أُذُنَ لَهَا إِلَّا الصِّمَاخَ، وَعَنْ هِشَامٍ: سَأَلْتُ أَبَا يُوسُفَ عَنْ السَّكَّاءِ وَالَّتِي لَا قَرْنَ لَهَا، فَقَالَ: تُجْزِئُ الَّتِي لَا قَرْنَ لَهَا، فَأَمَّا السَّكَّاءُ فَإِنْ كَانَتْ لَهَا أُذُنٌ فَهِيَ تُجْزِئُ، وَإِنْ كَانَتْ صَغِيرَةَ الْأُذُنِ؛ فَإِنْ لَمْ يَكُنْ لَهَا أُذُنٌ فَإِنَّهَا لَا تُجْزِئُ. وَلَفْظُ الْقُدُورِيِّ: فَأَمَّا السَّكَّاءُ فَهِيَ الَّتِي لَا أُذُنَ لَهَا خِلْقَةً، وَأَمَّا مَنْ قَالَ: هِيَ الَّتِي لَا قَرْنَ لَهَا، فَقَدْ أَخْطَأَ.

(وَالسِّكَّةُ) الزُّقَاقُ الْوَاسِعُ، وَالسِّكَّةُ أَيْضًا دَارُ الْبَرِيدِ. (وَأَصْحَابُ السِّكَكِ) فِي كِتَابِ عُمَرَ بن عَبْدِ الْعَزِيزِ رَحِمَهُ اللهُ: هُمْ الْبُرُدُ الْمُرَتَّبُونَ بِهَا لِيُرْسَلُوا فِي الْمُهِمَّاتِ.

(وَالسِّكِّينُ) يُذَكَّرُ وَيُؤَنَّثُ فِعْلِينٌ مِنْ السَّكِّ أَوْ فِعِّيلٌ مِنَ السُّكُونِ.

(وَالسُّكُّ) بِالضَّمِّ: ضَرْبٌ مِنْ الطِّيبِ.

[س ك ن]: (سَكَنَ) الْمُتَحَرِّكُ سُكُونًا، وَمِنْهُ: الْمِسْكِينُ، لِسُكُونِهِ إِلَى النَّاسِ. قَالَ الْأَصْمَعِيُّ: هُوَ أَحْسَنُ حَالًا مِنْ الْفَقِيرِ، وَهُوَ الصَّحِيحُ، وَقَوْلُهُ عَلَيْهِ السَّلَامُ: "أَحْيِنِي مِسْكِينًا"[1]. قَالُوا: أَرَادَ التَّوَاضُعَ وَالْإِخْبَاتَ وَأَنْ لَا يَكُونَ مِنَ الْجَبَّارِينَ.

(وَالسُّكَّانُ) ذَنَبُ السَّفِينَةِ؛ لِأَنَّهَا بِهِ تَقُومُ وَتَسْكُنُ.

(وَالسُّكْنَى) مَصْدَرُ سَكَنَ الدَّارَ، وَفِيهَا إِذَا أَقَامَ، وَاسْمٌ بِمَعْنَى الْإِسْكَانِ كَالرُّقْبَى بِمَعْنَى الْإِرْقَابِ، وَهِيَ فِي قَوْلِهِمْ: دَارِي لَكَ سُكْنَى، فِي مَحَلِّ النَّصْبِ عَلَى الْحَالِ، عَلَى مَعْنَى مُسْكَنَةً أَوْ مَسْكُونًا فِيهَا.

السِّينُ مَعَ اللَّامِ

[س ل أ]: (سَلَأَ) السَّمْنَ بِالْهَمْزِ سَلْئًا طَبَخَهُ وَعَالَجَهُ حَتَّى خَلَصَ، وَقَوْلُهُ: وَلَوْ حَلَفَ لَا يَأْكُلُ زُبْدًا فسلئ سَمْنًا، أَيْ: عُمِلَ وَصُنِعَ، وَاسْتِعْمَالُهُ فِي دُهْنِ السِّمْسِمِ مِمَّا لَمْ أَجِدْهُ.

[س ل ب]: (سَلَبَهُ) ثَوْبَهُ: أَخَذَهُ سَلْبًا، وَالسَّلَبُ: الْمَسْلُوبُ، وَعَنْ اللَّيْثِ وَالْأَزْهَرِيِّ: كُلُّ مَا عَلَى الْإِنْسَانِ مِنْ اللِّبَاسِ فَهُوَ سَلَبٌ، وَلِلْفُقَهَاءِ فِيهِ كَلَامٌ.

[س ل ت]: (سَلَتَ) الْعَرَقَ أَوْ الْخِضَابَ وَنَحْوَهُ: أَخَذَهُ وَمَسَحَهُ مِنْ بَابِ طَلَبَ،

---

(١) أخرجه الترمذي (٢٣٥٢)، وابن ماجه (٤١٢٦)، والحاكم في المستدرك في: ج ٤: ص٣٢٢، والبيهقي في السنن الكبرى في: ج ٧: ص١٢، وعبد بن حميد في مسنده (١٠٠٢).

وَمِنْهُ حَدِيثُ ابْنِ عَبَّاسٍ رَضِيَ اللهُ عَنْهُمَا: "أَنَّهُ عَلَيْهِ السَّلَامُ دَعَا بِنَاقَةٍ فَأَشْعَرَهَا فِي صَحْفَةِ سَنَامِهَا الْأَيْمَنِ وَسَلَتَ الدَّمَ"(١).

(وَالسُّلْتُ) بِالضَّمِّ شَعِيرٌ لَا قِشْرَ لَهُ يَكُونُ بِالْغَوْرِ وَالْحِجَازِ، وَمِنْهُ: صَدَقَةُ الْفِطْرِ صَاعٌ مِنْ شَعِيرٍ أَوْ سُلْتٍ أَوْ تَمْرٍ.

[س ل ح]: (السَّلَاحُ) عَنِ اللَّيْثِ: مَا يُعَدُّ لِلْحَرْبِ مِنْ آلَةِ الْحَدِيدِ، وَالسَّيْفُ وَحْدَهُ يُسَمَّى سِلَاحًا، وَفِي السِّيَرِ تَفْصِيلٌ.

(وَالسَّالِحُ) ذُو السِّلَاحِ، وَالْمَسْلَحَةُ: الْجَمَاعَةُ، وَقَوْلُ عُمَرَ رَضِيَ اللهُ عَنْهُ: خَيْرُ النَّاسِ رَجُلٌ فَعَلَ كَذَا وَكَانَ (مَسْلَحَةً) بَيْنَ الْمُسْلِمِينَ وَعَدُوِّهِمْ، نَظِيرُ قَوْلِهِ تَعَالَى (إِنَّ إِبْرَاهِيمَ كَانَ أُمَّةً) [سُورَةُ النَّحْلِ آيَةُ ١٢٠]

(وَالْمَسْلَحَةُ) أَيْضًا مَوْضِعُ السِّلَاحِ كَالثَّغْرِ وَالْمَرْقَبِ، وَمِنْهَا كَانَ (مَسَالِحُ) فَارِسَ إِلَى الْعَرَبِ الْعُذَيْبِ، وَهُوَ مَوْضِعٌ قَرِيبٌ مِنَ الْكُوفَةِ. وَحَدِيثُ النَّخَعِيِّ: أَنَّهُ كَانَ فِي (مَسْلَحَةٍ) فَضُرِبَ عَلَيْهِمُ الْبَعْثُ يَحْتَمِلُ الْأَمْرَيْنِ.

(وَالسَّلْحُ) التَّغَوُّطُ، وَفِي الْمَثَلِ: (أَسْلَحُ) مِنْ حُبَارَى، وَقَوْلُ عُمَرَ لِزِيَادٍ فِي الشَّهَادَةِ عَلَى الْمُغِيرَةِ: قُمْ (يَا سَلْحَ الْغُرَابِ)، مَعْنَاهُ: يَا خَبِيثُ.

(وَالسَّالِحُونَ) مَوْضِعٌ عَلَى أَرْبَعَةِ فَرَاسِخَ مِنْ بَغْدَادَ إِلَى الْمَغْرِبِ، وَهُوَ الْمُرَادُ فِي يَجِيءُ مِنْ (السَّالِحِينَ)، وَأَمَّا (السَّيْلَحُونَ) فَهِيَ مَدِينَةٌ بِالْيَمَنِ، وَقَوْلُ الْجَوْهَرِيِّ: سَيْلَحُونَ قَرْيَةٌ، وَالْعَامَّةُ تَقُولُ: سَالِحُونَ، فِيهِ نَظَرٌ.

[س ل خ]: (الْمَسْلُوخَةُ) الشَّاةُ الْمَسْلُوخُ جِلْدُهَا بِلَا رَأْسٍ وَلَا قَوَائِمَ وَلَا بَطْنٍ، صِفَةٌ غَالِبَةٌ لَهَا.

[س ل ط]: (السُّلْطَانُ) التَّسَلُّطُ وَالْحُجَّةُ، وَقَدْ فُسِّرَ بِهِمَا قَوْلُهُ تَعَالَى: (فَقَدْ جَعَلْنَا لِوَلِيِّهِ سُلْطَانًا) [سُورَةُ الْإِسْرَاءِ آيَةُ ٣٣] وَفِي الْحَدِيثِ: "إِلَّا أَنْ تَسْأَلَ ذَا سُلْطَانٍ". هُوَ أَنْ تَسْأَلَ الْوَالِي أَوِ الْمَلِكَ حَقَّكَ مِنْ بَيْتِ الْمَالِ، وَقَوْلُهُ: "لَا يَؤُمُّ الرَّجُلُ الرَّجُلَ فِي سُلْطَانِهِ"(٢). أَيْ: فِي بَيْتِهِ وَحَيْثُ تَسَلُّطُهُ، "وَلَا يَجْلِسُ عَلَى تَكْرِمَتِهِ". أَيْ: وِسَادَتِهِ، فَإِنَّ فِيهِ ازْدِرَاءً بِهِ، أَيْ: تَحْقِيرًا لَهُ.

(١) أَخْرَجَهُ مُسْلِمٌ (١٢٤٥)، وَالنَّسَائِيُّ (٢٧٧٣)، وَأَحْمَدُ فِي مُسْنَدِهِ (٣٢٣٤).
(٢) أَخْرَجَهُ مُسْلِمٌ (٦٧٤)، وَالتِّرْمِذِيُّ (٢٣٥)، وَالنَّسَائِيُّ (٧٨٠)، وَأَبُو دَاوُدَ (٥٨٢).

[س ل ع]: (السِّلْعَةُ) بِلَفْظِ سِلْعَةِ: الْمَتَاعِ لَحْمَةٌ زَائِدَةٌ تَحْدُثُ فِي الْجَسَدِ كَالْغُدَّةِ تَجِيءُ وَتَذْهَبُ بَيْنَ الْجِلْدِ وَاللَّحْمِ.

(وَالسَّلْعَةُ) بِالْفَتْحِ: الشَّجَّةُ، (وَالأَسْلَعُ) الْأَبْرَصُ، وَبِهِ سُمِّيَ أَسْلَعُ بن شَرِيكٍ رَاوِي حَدِيثِ التَّيَمُّمِ.

[س ل ف]: (سَلَّفَ) فِي كَذَا وَأَسْلَفَ وَأَسْلَمَ إِذَا قَدَّمَ الثَّمَنَ فِيهِ، وَالسَّلَفُ السَّلَمُ وَالْقَرْضُ بِلَا مَنْفَعَةٍ، أَيْضًا يُقَالُ: أَسْلَفَهُ مَالًا إِذَا أَقْرَضَهُ، وَقَوْلُهُ: وَلَوْ كَانَ لِلْيَتِيمِ وَدِيعَةٌ عِنْدَ رَجُلٍ فَأَمَرَهُ الْوَصِيُّ أَنْ يُقْرِضَهَا أَوْ يَهَبَهَا أَوْ يُسْلِفَهَا، أَيْ: يُقَدِّمَهَا ثَمَنًا فِي بَيْعٍ وَتَفْسِيرُهُ بِالْإِقْرَاضِ لَا يَسْتَقِيمُ.

(وَالسُّلَافُ وَالسُّلَافَةُ) مَا تَحَلَّبَ وَسَالَ قَبْلَ الْعَصْرِ، وَهُوَ أَفْضَلُ الْخَمْرِ.

(وَالسَّالِفَةُ) جَانِبُ الْعُنُقِ.

[س ل ح ف]: (السُّلَحْفَاةُ) مِنْ حَيَوَانِ الْمَاءِ مَعْرُوفٌ[(١)].

[س ل ك]: (السِّلْكُ) الْخَيْطُ، وَبِتَصْغِيرِهِ سُمِّيَ سُلَيْكٌ الْغَطَفَانِيُّ فِي حَدِيثِ الصَّلَاةِ فِي خُطْبَةِ الْجُمُعَةِ، (وَسِلْكَانُ) بن سَلَامَةَ بِكَسْرِ السِّينِ لَا غَيْرُ.

[س ل ل]: (السَّلُّ) إِخْرَاجُ الشَّيْءِ مِنَ الشَّيْءِ بِجَذْبٍ وَنَزْعٍ كَسَلِّ السَّيْفِ مِنَ الْغِمْدِ وَالشَّعْرَةِ مِنَ الْعَجِينِ، يُقَالُ: سَلَّهُ فَانْسَلَّ، وَمِنْهُ: "سُلَّ رَسُولُ اللهِ صَلَّى اللهُ عَلَيْهِ وَآلِهِ وَسَلَّمَ مِنْ قِبَلِ رَأْسِهِ". أَيْ: نُزِعَ مِنَ الْجِنَازَةِ إِلَى الْقَبْرِ.

وَفِي النِّكَاحِ: الْمَسْلُولُ الَّذِي سُلَّ أُنْثَيَاهُ، أَيْ: نُزِعَتْ خُصْيَاهُ.

(وَانْسَلَّ) قِيَادُ الْفَرَسِ مِنْ يَدِهِ، أَيْ: خَرَجَ، وَمِنْهُ قَوْلُهُ: فِي أُمِّ الْوَلَدِ انْسَلَّ جُزْؤُهَا مِنْهَا.

(وَالسُّلَالَةُ) الْخُلَاصَةُ؛ لِأَنَّهَا تُسَلُّ مِنَ الْكَدَرِ وَيُكَنَّى بِهَا عَنِ الْوَلَدِ.

(وَأَسَلَّ) مِنَ الْمَغْنَمِ: سَرَقَ مِنْهُ؛ لِأَنَّ فِيهِ إِخْرَاجًا.

(وَالْمِسَلَّةُ) بِكَسْرِ الْمِيمِ وَاحِدَةُ الْمَسَالِّ، وَهِيَ الْإِبْرَةُ الْعَظِيمَةُ.

(وَالسِّلْسِلَةُ) وَاحِدُ السَّلَاسِلِ، وَمِنْهَا شَعْرٌ مُسَلْسَلٌ، أَيْ: جَعْدٌ.

(وَسِلْسِلَةُ بَنِي إِسْرَائِيلَ) كَانَتْ تَنْزِلُ مِنَ السَّمَاءِ فَتَأْخُذُ بِعُنُقِ الظَّالِمِ. وَفِي شُرُوطِ

---

(١) زيادة من: م.

الْحَاكِمِ السَّمَرْقَنْدِيِّ: أَنَّهُ كَانَ فِي بَدْءِ أَمْرِ دَاوُد عَلَيْهِ السَّلَامُ يَقَعُ الْقَضَاءُ بِالسِّلْسِلَةِ الَّتِي كَانَتْ عُلِّقَتْ بِالْهَوَاءِ، فَكَانَ الْخَصْمَانِ يَمُدَّانِ أَيْدِيَهُمَا إِلَيْهَا، وَكَانَتْ تَصِلُ يَدُ الْمَظْلُومِ إِلَيْهَا وَتَقْصُرُ يَدُ الظَّالِمِ دُونَ وُصُولِهَا إِلَيْهَا، إِلَى أَنْ احْتَالَ وَاحِدٌ كَانَ عَلَيْهِ حَقٌّ لِآخَرَ فَاتَّخَذَ عَصًا وَغَيَّبَ الذَّهَبَ الَّذِي كَانَ لِخَصْمِهِ فِي رَأْسِ تِلْكَ الْعَصَا بِحَيْثُ لَا يَظْهَرُ ذَلِكَ لِأَحَدٍ، فَلَمَّا تَحَاكَمَا إِلَى السِّلْسِلَةِ دَفَعَ الْعَصَا إِلَى صَاحِبِ الْحَقِّ وَمَدَّ يَدَهُ إِلَى السِّلْسِلَةِ فَوَصَلَ إِلَيْهَا، فَلَمَّا فَرَغَا اسْتَرَدَّ الْعَصَا مِنْهُ، فَارْتَفَعَتْ السِّلْسِلَةُ، فَأَنْزَلَ اللهُ تَعَالَى الْقَضَاءَ بِالشُّهُودِ وَالْأَيْمَانِ.

وَفِي مُخْتَصَرِ الْكَرْخِيِّ: كَانَ مَسْرُوقٌ عَلَى (السِّلْسِلَةِ) سَنَتَيْنِ يَقْصُرُ الصَّلَاةَ، هِيَ الَّتِي تُمَدُّ عَلَى نَهْرٍ أَوْ عَلَى طَرِيقٍ يُحْبَسُ بِهَا السُّفُنُ أَوْ السَّابِلَةُ؛ لِيُؤْخَذَ مِنْهُمْ الْعُشُورَ، وَتُسَمَّى الْمَأْصِرَ بِهَمْزٍ وَبِغَيْرِ هَمْزٍ، عَنْ اللَّيْثِ وَعَلِيِّ بن عِيسَى، وَقَدْ تَوَلَّى هَذَا الْعَمَلَ مَسْرُوقٌ عَلَى مَا ذَكَرَ أَبُو أَحْمَدَ الْعَسْكَرِيُّ فِي كِتَابِ "الزَّوَاجِرِ" عَنْ الشَّعْبِيِّ: أَنَّ زِيَادًا بَعَثَهُ عَامِلًا عَلَى السِّلْسِلَةِ، فَلَمَّا خَرَجَ شَيَّعَهُ قُرَّاءُ الْكُوفَةِ، وَكَانَ فِيهِمْ فَتًى يَعِظُهُ فَقَالَ: أَلَا تُعِينُنِي عَلَى مَا أَنَا فِيهِ؟ فَقَالَ: وَاللهِ؛ مَا أَرْضَاهُ لَكَ، فَكَيْفَ أُعِينُكَ عَلَيْهِ؟ قَالَ: وَلَمَّا رَجَعَ مَسْرُوقٌ مِنْ عَمَلِهِ ذَلِكَ، قَالَ لَهُ أَبُو وَائِلٍ: مَا حَمَلَكَ عَلَى ذَلِكَ؟ قَالَ: اكْتَنَفَنِي شُرَيْحٌ وَابْنُ زِيَادٍ وَالشَّيْطَانُ. وَيُرْوَى: أَنَّهُ كَانَ أَبَدًا يَنْهَى عَنْ عَمَلِ السُّلْطَانِ فَلَمَّا وَلَّاهُ زِيَادٌ السِّلْسِلَةَ قِيلَ لَهُ فِي ذَلِكَ، فَقَالَ: اجْتَمَعَ عَلَيَّ زِيَادٌ وَشُرَيْحٌ وَالشَّيْطَانُ وَكُنْتُ وَاحِدًا وَهُمْ ثَلَاثَةٌ فَغَلَبُونِي. وَعَنْ أَبِي وَائِلٍ: كُنْتُ مَعَهُ، وَهُوَ أَمِيرٌ عَلَى السِّلْسِلَةِ فَمَا رَأَيْتُ رَجُلًا أَعَفَّ مِنْهُ، مَا كَانَ يُصِيبُ إِلَّا الْمَاءَ مِنْ دِجْلَةَ، وَكَانَ مِنْ كِبَارِ التَّابِعِينَ، رَأَى أَبَا بَكْرٍ رَضِيَ اللهُ عَنْهُ. وَرَوَى عَنْ عُمَرَ وَابْنِ مَسْعُودٍ رَضِيَ اللهُ عَنْهُمَا، تُوُفِّيَ سَنَةَ ثَلَاثٍ وَسِتِّينَ رَحِمَهُ اللهُ تَعَالَى.

[س ل م]: (سَلِمَ) مِنْ الْآفَاتِ، وَمِنْهُ قَوْلُهُ: سَلِمَتْ لَهُ الضَّيْعَةُ، أَيْ: خَلَصَتْ، وَبِمَصْدَرِهِ سُمِّيَتْ (سَلَامَةُ) بِنْتُ مَعْقِلٍ أَمَةُ الْحُتَاتِ بِضَمِّ الْحَاءِ وَالتَّاءَيْنِ بِنُقْطَتَيْنِ مِنْ فَوْقٍ، وَقِيلَ: بِالْبَاءَيْنِ بِنُقْطَةٍ، وَالسَّارِقَةُ فِي حَدِيثِ أَبِي الدَّرْدَاءِ، وَبِاسْمِ الْفَاعِلِ مِنْهُ سُمِّيَ سَالِمُ ابْنُ عَبْدِ اللهِ بن عُمَرَ، رَاوِي حَدِيثِ رَفْعِ الْيَدَيْنِ، وَبِفَعَّالِ الْمُبَالَغَةِ سُمِّيَ وَالِدُ أَبِي عُبَيْدٍ الْقَاسِمِ بن سَلَّامٍ وَأَبِي نَصْرٍ مُحَمَّدِ بن سَلَّامٍ، وَبِفَعْلَانَ مِنْهُ سُمِّيَ سَلْمَانُ الْفَارِسِيُّ وَسَلْمَانُ بن رَبِيعَةَ الْبَاهِلِيُّ قَاضِي الْكُوفَةِ.

(وَسَلْمَانُ) أَيْضًا حَيٌّ مِنْ الْعَرَبِ، إِلَيْهِ يُنْسَبُ عُبَيْدَةُ السَّلْمَانِيُّ مِنْ التَّابِعِينَ

وَالْمُحَدِّثُونَ، عَلَى التَّحْرِيكِ، وَأَنْكَرَهُ السِّيرَافِيُّ، وَأَمَّا سُلَيْمَانُ فَأَعْجَمِيٌّ.

(وَالسَّلَمُ) بِفَتْحَتَيْنِ مِنَ الْعِضَاهِ، وَبِوَاحِدَتِهِ سُمِّيَ سَلَمَةُ بن صَخْرٍ الْبَيَاضِيُّ، وَكُنِّيَ أَبُو سَلَمَةَ زَوْجُ أُمِّ سَلَمَةَ قَبْلَ النَّبِيِّ عَلَيْهِ السَّلَامُ، وَأَبُو سَلَمَةَ بن عَبْدِ الرَّحْمَنِ بن عَوْفٍ الزُّهْرِيُّ.

وَقَوْلُهُ: السُّلَّمُ لَا يَدْخُلُ فِي الْبَيْعِ مِنْ غَيْرِ ذِكْرٍ، سَوَاءٌ كَانَ مِنْ خَشَبٍ أَوْ مَدَرٍ، يَعْنِي: الْمِعْرَاجَ، وَهُوَ مَا يُعْرَجُ فِيهِ وَيُرْتَقَى عَلَيْهِ، وَقَدْ يُؤَنَّثُ، قَالَ اللَّيْثُ: يُقَالُ هِيَ السُّلَّمُ، وَهُوَ السُّلَّمُ، وَالْجَمْعُ: السَّلَالِيمُ، قَالَ الزَّجَّاجُ رَحِمَهُ اللهُ: سُمِّيَ بِهَذَا؛ لِأَنَّهُ يُسَلِّمُكَ إِلَى حَيْثُ تُرِيدُ.

(وَأَسْلَمَ الثَّوْبَ) إِلَى الْخَيَّاطِ، وَأَسْلَمَ فِي الْبُرِّ: أَسْلَفَ مِنَ السَّلَمِ، وَأَصْلُهُ: أَسْلَمَ الثَّمَنَ فِيهِ فَحُذِفَ، وَقَدْ جَاءَ عَلَى الْأَصْلِ، مِنْهُ قَوْلُهُ: إِذَا أَسْلَمَ صُوفًا فِي لَبَدٍ أَوْ شَعْرًا فِي مِسْحٍ لَمْ يَجُزْ، وَسَلَّمَ إِلَيْهِ وَدِيعَتَهُ تَسْلِيمًا، وَأَمَّا قَوْلُهُ: لَا يَتِمُّ الرَّهْنُ حَتَّى يَقُولَ الرَّاهِنُ بَعْدَمَا خَرَجَ مِنَ الدَّارِ: سَلَّمْتُكَهَا، عَلَى حَذْفِ الْجَارِّ فَسَهْوٌ.

(وَالسَّلَامُ) اسْمٌ مِنَ التَّسْلِيمِ كَالْكَلَامِ مِنَ التَّكْلِيمِ، وَبِهِ سُمِّيَ وَالِدُ عَبْدِ اللهِ بن سَلَامٍ، وَكَذَا سَلَامُ بن مِشْكَمٍ عَنِ الْأَزْهَرِيِّ وَغَيْرِهِ، وَهُوَ أَبُو زَيْنَبَ، وَكَانَ مِنَ الْيَهُودِ، وَيُنْشَدُ لِأَبِي سُفْيَانَ[1]:

سَقَانِي فَرَوَّانِي كُمَيْتًا مُدَامَةً ... عَلَى ظَمَإٍ مِنِّي سَلَامُ بن مِشْكَمِ

(وَاسْتَلَمَ الْحَجَرَ) تَنَاوَلَهُ بِالْيَدِ أَوْ بِالْقُبْلَةِ أَوْ مَسَحَهُ بِالْكَفِّ، مِنَ السَّلِمَةِ بِفَتْحِ السِّينِ وَكَسْرِ اللَّامِ، وَهِيَ الْحَجَرُ، وَبِهَا سُمِّيَ بَنُو سَلِمَةَ بَطْنٌ مِنَ الْأَنْصَارِ.

السِّينُ مَعَ الْمِيمِ

[س م ت]: (السَّمْتُ) الطَّرِيقُ، وَيُسْتَعَارُ لِهَيْئَةِ أَهْلِ الْخَيْرِ، يُقَالُ: مَا أَحْسَنَ سَمْتَ فُلَانٍ، وَإِلَيْهِ يُنْسَبُ يُوسُفُ بن خَالِدٍ السَّمْتِيُّ، مِنْ أَصْحَابِ أَبِي حَنِيفَةَ رَحِمَهُ اللهُ تَعَالَى.

[س م ح]: (السَّمْحُ) الْجَوَادُ، وَقَوْلُهُ: تَسْلِيمُ الْمُشْتَرِي (سَمْحًا) بِغَيْرِ كَذَا، أَيْ: مُسَامِحًا مُسَاهِلًا، وَقَوْلُ عُمَرَ بن عَبْدِ الْعَزِيزِ رَحِمَهُ اللهُ: أَذِّنْ أَذَانًا سَمْحًا، أَيْ: مِنْ غَيْرِ

---

(١) البيت لأبي سفيان بن حرب، ت ٣١هـ وهو صخر بن حرب بن أمية بن عبد شمس بن عبد مناف، صحابي، من سادات قريش في الجاهلية، وهو والد معاوية رأس الدولة الأموية.

تَطْرِيبٍ وَلَا لَحْنٍ.

وَيُقَالُ: أَسْمَحَ وَسَمَّحَ وَسَامَحَ[١] إِذَا سَاهَلَ فِي الْأَمْرِ، وَمِنْهُ حَدِيثُ ابْنِ عَبَّاسٍ رَضِيَ اللهُ عَنْهُمَا: أَنَّهُ سُئِلَ عَنْ الْوُضُوءِ بِاللَّبَنِ، فَقَالَ: مَا أُبَالِيهِ بَالَةً اسْمَحْ يُسْمَحْ لَكَ، أَيْ: سَهِّلْ يُسَهَّلْ عَلَيْكَ.

[س م د]: (السَّامِدُ) الْقَائِمُ فِي تَحَيُّرٍ، وَمِنْهُ حَدِيثُ عَلِيٍّ رَضِيَ اللهُ عَنْهُ: مَا لِي أَرَاكُمْ سَامِدِينَ، قَالَ أَبُو عُبَيْدٍ: أَنْكَرَ عَلَيْهِمْ قِيَامَهُمْ قَبْلَ أَنْ يَرَوْا إِمَامَهُمْ.

(وَالسَّمَادُ) بِالْفَتْحِ مَا يُصْلَحُ بِهِ الزَّرْعُ مِنْ تُرَابٍ وَسِرْجِينٍ، وَعَنْ النَّسَفِيِّ: إِذَا قَرَأَ الصَّمَدَ بِالسِّينِ، لَا تَفْسُدُ صَلَاتُهُ؛ لِأَنَّ السَّمَدَ السَّيِّدُ. وَكَذَا فِي فَتَاوَى أَبِي بَكْرٍ الزَّرَنْجَرِيِّ، وَفِي زَلَّةِ الْقَارِيِّ لِلْقَاضِي: الصَّدْرِ تَفْسُدُ صَلَاتُهُ بِالْإِجْمَاعِ؛ لِأَنَّهُ شَيْءٌ يُوضَعُ عَلَى أَعْنَاقِ الثِّيرَانِ لِلزِّرَاعَةِ.

قُلْتُ[٢]: كِلَا التَّفْسِيرَيْنِ مِمَّا لَمْ أَجِدْهُ فِي الْأُصُولِ، وَإِنَّمَا الْمُثْبَتُ فِي التَّكْمِلَةِ، قَالَ اللِّحْيَانِيُّ: يُقَالُ هُوَ لَكَ أَبَدًا (سَمَدًا سَرْمَدًا) بِمَعْنًى وَاحِدٍ، وَعَنْ الزِّيَادِيِّ كَذَلِكَ، وَقَالَ الْفَرَّاءُ مِثْلَهُ، وَفِي التَّهْذِيبِ كَذَلِكَ، وَعَلَى ذَا[٣] لَا تَفْسُدُ صَلَاتُهُ؛ لِأَنَّهُ مِمَّا يَصِحُّ أَنْ يُوصَفَ بِهِ كَمَا بِالْأَبَدِ وَالسَّرْمَدِ.

[س م ر]: (سَمَّرَ) الْبَابَ: أَوْثَقَهُ بِالْمِسْمَارِ، وَهُوَ وَتَدٌ مِنْ حَدِيدٍ، (وَسَمَرَ) بِالتَّخْفِيفِ لُغَةٌ يُقَالُ: بَابٌ مُسَمَّرٌ وَمَسْمُورٌ، وَمِنْهُ: وَإِنْ كَانَتْ السَّلَاسِلُ وَالْقَنَادِيلُ مَسْمُورَةً فِي السُّقُوفِ فَهِيَ لِلْمُشْتَرِي، (وَسَمَرَ أَعْيُنَهُمْ): أَحْمَى لَهَا مَسَامِيرَ فَكَحَّلَهَا بِهَا.

(وَالسَّمُرُ) مِنْ شَجَرِ الْعِضَاهِ الْوَاحِدَةُ سَمُرَةٌ، وَقَوْلُهُ عَلَيْهِ السَّلَامُ: "يَا أَصْحَابَ الشَّجَرَةِ، يَا أَصْحَابَ السَّمُرَةِ"[٤]. عَنَى بِهِمْ الَّذِينَ فِي قَوْلِه تَعَالَى: ﴿لَقَدْ رَضِيَ اللَّهُ عَنِ الْمُؤْمِنِينَ إِذْ يُبَايِعُونَكَ تَحْتَ الشَّجَرَةِ﴾ [الفتح: ١٨].

(وَالسَّمُّورُ) دَابَّةٌ مَعْرُوفَةٌ.

(وَالسِّمْسَارُ) بِكَسْرِ الْأَوَّلِ الْمُتَوَسِّطُ بَيْنَ الْبَائِعِ وَالْمُشْتَرِي، فَارِسِيَّةٌ مُعَرَّبَةٌ عَنْ اللَّيْثِ،

---

(١) زيادة من: م.

(٢) في خ: "قال المصنف".

(٣) في خ: "ذلك".

(٤) أخرجه مسلم (١٧٧٦)، وأحمد في مسنده (١٧٧٨)، وابن حبان في صحيحه (٧٠٤٩).

وَالْجَمْعُ: السَّمَاسِرَةُ، وَفِي الْحَدِيثِ: "كُنَّا نُدْعَى السَّمَاسِرَةَ فَسَمَّانَا رَسُولُ اللهِ صَلَّى اللهُ عَلَيْهِ وَآلِهِ وَسَلَّمَ تُجَّارًا". وَمَصْدَرُهَا السَّمْسَرَةُ، وَهِيَ أَنْ يَتَوَكَّلَ الرَّجُلُ مِنَ الْحَاضِرَةِ لِلْبَادِيَةِ فَيَبِيعَ لَهُمْ مَا يَجْلِبُونَهُ. قَالَ الْأَزْهَرِيُّ: وَقِيلَ فِي تَفْسِيرِ قَوْلِهِ عَلَيْهِ السَّلَامُ: "لَا يَبِيعُ حَاضِرٌ لِبَادٍ"[1] إِنَّهُ لَا يَكُونُ سِمْسَارًا، وَمِنْهُ: كَانَ أَبُو حَنِيفَةَ رَحِمَهُ اللهُ يَكْرَهُ السَّمْسَرَةَ.

[س م ط]: (السِّمْطُ) الْخَيْطُ مَا دَامَ فِيهِ الْخَرَزُ أَوْ اللُّؤْلُؤُ وَإِلَّا فَهُوَ سِلْكٌ، وَبِهِ سُمِّيَ وَالِدُ شُرَحْبِيلِ بْنِ السِّمْطِ، وَمَا وَقَعَ فِي السِّيَرِ مِنْ فَتْحِ السِّينِ وَكَسْرِ الْمِيمِ سَهْوٌ، وَفِي حَدِيثِ نَافِعٍ:"لُبْسُ الْحَرِيرِ الْمُسْمَطِ وَالدِّيبَاجِ حَرَامٌ". تَصْحِيفٌ، وَإِنَّمَا الصَّوَابُ: الْمُصْمَتُ.

[س م ع]: يُقَالُ: فَعَلَ ذَلِكَ رِيَاءً سُمْعَةً، أَيْ: لِيُرِيَهُ النَّاسَ وَيُسْمِعَهُ مِنْ غَيْرِ أَنْ يَكُونَ قَصَدَ بِهِ التَّحْقِيقَ، وَسَمَّعَ بِكَذَا شَهَّرَهُ تَسْمِيعًا، وَمِنْهُ الْحَدِيثُ: "مَنْ سَمَّعَ النَّاسَ بِعَمَلِهِ سَمَّعَ اللهُ بِهِ أَسَامِعَ خَلْقِهِ وَحَقَّرَهُ وَصَغَّرَهُ"[2]. أَيْ: مَنْ نَوَّهَ بِعَمَلِهِ وَشَهَّرَهُ لِيَرَاهُ النَّاسُ وَيَسْمَعُوا بِهِ، نَوَّهَ اللهُ بِرِيَائِهِ وَمَلَأَ بِهِ أَسْمَاعَ خَلْقِهِ فَتَعَارَفُوهُ فَيَفْتَضِحُ.

(وَالْأَسَامِعُ) جَمْعُ أَسْمُعٍ جَمْعُ سَمْعٍ، وَهُوَ الْأُذُنُ وَأَصْلُهُ الْمَصْدَرُ.

(وَالسِّمْعُ) بِالْكَسْرِ: وَلَدُ الذِّئْبِ مِنَ الضَّبُعِ، وَبِتَصْغِيرِهِ سُمِّيَ وَالِدُ إِسْمَاعِيلَ بْنِ سُمَيْعٍ الْحَنَفِيِّ، يَرْوِي عَنْ مَالِكِ بن عُمَيْرٍ الْحَنَفِيِّ، وَعَنْهُ الثَّوْرِيُّ.

[س م ف ع]: مُحَمَّدُ بن (السُّمَيْفَعِ) بِالْفَاءِ بَعْدَ الْيَاءِ السَّاكِنَةِ أَحَدُ الْقُرَّاءِ.

[س م ح ق]: (السِّمْحَاقُ) جِلْدَةٌ رَقِيقَةٌ فَوْقَ قِحْفِ الرَّأْسِ إِذَا انْتَهَتْ إِلَيْهَا الشَّجَّةُ سُمِّيَتْ سِمْحَاقًا.

[س م ك]: فِي الْحَدِيثِ: "وَالْمَسْجِدُ قَرِيبُ السَّمْكِ". أَيْ: السَّقْفِ.

[س م ل]: (سَمَلَ أَعْيُنَهُمْ) أَيْ: فَقَأَهَا وَقَلَعَهَا.

[س م م]: (سَامُّ) أَبْرَصَ مِنْ كِبَارِ الْوَزَغِ، وَجَمْعُهُ: سَوَامُّ أَبْرَصَ.

(وَالْمَسَامُّ) الْمَنَافِذُ مِنْ عِبَارَاتِ الْأَطِبَّاءِ، وَقَدْ ذَكَرَهَا الْأَزْهَرِيُّ فِي كِتَابِهِ.

---

(١) أخرجه البخاري (٢٢٧٤)، والترمذي (١٢٢٣)، وأبو داود (٣٤٤٠)، والنسائي (٤٤٩٥)، وابن ماجه (٢١٧٦).

(٢) أخرجه أحمد في مسنده (٦٤٧٣)، وابن الجعد في مسنده (١٣٥)، والبوصيري في إتحاف الخيرة (٥٩٨).

[س م ن]: (السَّمْنُ) مَا يَخْرُجُ مِنَ الزُّبْدِ، وَهُوَ يَكُونُ لِأَلْبَانِ الْبَقَرِ وَالْغَنَمِ.

(وَسَمْنَانُ) بِالْفَتْحِ[1] مَوْضِعٌ [عَنِ الْغُورِيِّ][2]، وَهُوَ مِنْ أَعْمَالِ الرَّيِّ، وَهُوَ فِي شِعْرِ الْحَمَاسَةِ.

السِّينُ مَعَ النُّونِ

[س ن د]: (السَّنَدُ) بِفَتْحَتَيْنِ: مَا اسْتَنَدْتَ إِلَيْهِ مِنْ حَائِطٍ أَوْ غَيْرِهِ، وَالْمُرْتَفِعُ مِنَ الْأَرْضِ أَيْضًا.

(وَالسِّنْدُ) بِالْكَسْرِ: جِيلٌ مِنَ النَّاسِ يُتَاخِمُونَ الْهِنْدَ وَأَلْوَانُهُمْ إِلَى الصُّفْرَةِ وَالْقَضَافَةُ غَالِبَةٌ عَلَيْهِمْ.

(وَالسَّنْدَانُ) بِالْفَتْحِ مَعْرُوفٌ.

[س ن ط]: (السِّنَاطُ) الْكَوْسَجُ أَوْ الْخَفِيفُ الْعَارِضَيْنِ، أَوْ الَّذِي لَا لِحْيَةَ لَهُ.

[س ن م]: (قَبْرٌ مُسَنَّمٌ) مُرْتَفِعٌ غَيْرُ مُسَطَّحٍ، وَأَصْلُهُ مِنَ السَّنَامِ.

[س ن ن]: (السُّنَّةُ) الطَّرِيقَةُ، وَمِنْهَا الْحَدِيثُ فِي مَجُوسِ هَجَرَ: "سُنُّوا بِهِمْ سُنَّةَ أَهْلِ الْكِتَابِ"[3]. أَيْ: أُسْلُكُوا بِهِمْ طَرِيقَهُمْ، يَعْنِي: عَامِلُوهُمْ مُعَامَلَةَ هَؤُلَاءِ فِي إِعْطَاءِ الْأَمَانِ بِأَخْذِ الْجِزْيَةِ مِنْهُمْ.

(وَسَنَنُ) الطَّرِيقِ مُعْظَمُهُ وَوَسَطُهُ، وَقَوْلُهُ: فَمَرَّ السَّهْمُ فِي سَنَنِهِ، أَيْ: فِي طَرِيقِهِ، مُسْتَقِيمًا كَمَا هُوَ لَمْ يَتَغَيَّرْ، أَيْ: لَمْ يَرْجِعْ عَنْ وَجْهِهِ، وَبِتَصْغِيرِهِ سُمِّيَ سُنَيْنٌ، وَكُنْيَتُهُ أَبُو جَمِيلَةَ، وَهُوَ فِي حَدِيثِ اللَّقِيطِ، وَسُنَيٌّ بن جَمِيلَةَ أَوْ سُنِّيٌّ كُلُّهُ خَطَأٌ.

(وَسَنَّ) الْمَاءَ فِي وَجْهِهِ صَبَّهُ سَهْلًا مِنْ بَابِ طَلَبَ.

(وَالسِّنُّ) هِيَ الْمَعْرُوفَةُ، ثُمَّ سُمِّيَ بِهَا صَاحِبُهَا كَالنَّابِ لِلْمُسِنَّةِ مِنَ النُّوقِ، ثُمَّ أُسْتُعِيرَتْ لِغَيْرِهِ كَابْنِ الْمَخَاضِ وَابْنِ اللَّبُونِ، وَمِنَ الْمُشْتَقِّ مِنْهَا الْأَسْنَانُ، وَهُوَ فِي الدَّوَابِّ أَنْ تَنْبُتَ السِّنُّ الَّتِي بِهَا يَصِيرُ صَاحِبُهَا مُسِنًّا، أَيْ: كَبِيرًا، وَأَدْنَاهُ فِي الشَّاءِ وَالْبَقَرِ

---

(١) في خ: "بالكسر".

(٢) زيادة من: م.

(٣) أخرجه مالك في الموطأ رواية يحيى الليثي (٦١٧)، والبيهقي في السنن الصغير (٤٠٥٤)، والبيهقي في السنن الكبرى في: ج ٩: ص١٨٩، والشافعي في مسنده (١٠٠٧)، والبزار في البحر الزخار بمسند البزار (١٠٥٦)

الثَّنِيُّ[1] وَأَقْصَاهُ فِيهِمَا الصُّلُوغُ، وَفِي الْإِبِلِ الْبُزُولُ، وَمِنْهُ حَدِيثُ ابْنِ عُمَرَ: "يُتَّقَى فِي الضَّحَايَا الَّتِي تُسْنِنُ". أَيْ: لَمْ تُثْنِ، وَرُوِيَ بِفَتْحِ النُّونِ، وَأُنْكِرَ، وَفِي الزِّيَادَاتِ: فَإِنْ كَانَتْ الْغَنَمُ أَرْبَعِينَ أُخِذَتْ الْمُسِنَّةُ الْفَتِيَّةُ، وَالْقَافُ وَالنُّونُ تَصْحِيفٌ.

(وَسِنَانُ) الرُّمْحِ مَعْرُوفٌ، وَبِهِ سُمِّيَ سِنَانُ بن أَبِي سِنَانٍ الدُّؤَلِيُّ، وَوَالِدُ مَعْقِلِ بن سِنَانٍ الْأَشْجَعِيِّ، احْتَجَمَ فِي شَهْرِ رَمَضَانَ وَقُتِلَ يَوْمَ الْحَرَّةِ، وَهُوَ الرَّاوِي لِلنِّكَاحِ بِغَيْرِ مَهْرٍ، وَيَسَارٌ تَصْحِيفٌ، وَبُرْدُ بن سِنَانٍ الشَّامِيُّ فِي السِّيَرِ، وَبَشَّارٌ تَصْحِيفٌ.

[س ن و]: (السَّنَةُ) وَالْحَوْلُ بِمَعْنًى وَاحِدٍ، وَجَمْعُهَا: سِنُونَ وَسَنَوَاتٌ، وَقَدْ غَلَبَتْ عَلَى الْقَحْطِ غَلَبَةَ الدَّابَّةِ عَلَى الْفَرَسِ، وَمِنْهَا حَدِيثُ عُمَرَ رَضِيَ اللهُ عَنْهُ: لَا قَطْعَ فِي عَامِ سَنَةٍ عَلَى الْإِضَافَةِ، أَيْ: لَا يُقْطَعُ السَّارِقُ فِي الْقَحْطِ، وَفِي الْحَدِيثِ: "كَسِنِي يُوسُفَ"[2].

(وَالسَّانِيَةُ) الْبَعِيرُ يُسْنَى عَلَيْهِ، أَيْ: يُسْتَقَى مِنْ الْبِئْرِ، وَمِنْهَا سَيْرُ السَّوَانِي سَفَرٌ لَا يَنْقَطِعُ، وَيُقَالُ لِلْغَرْبِ مَعَ أَدَوَاتِهِ: (سَانِيَةٌ) أَيْضًا.

(وَالْمُسَنَّاةُ) مَا يُبْنَى لِلسَّيْلِ لِيَرُدَّ الْمَاءَ.

السِّينُ مَعَ الْوَاوِ

[س و أ]: (السَّوْأَةُ) الْعَوْرَةُ.

[س و ج]: (السَّاجُ) شَجَرٌ يَعْظُمُ جِدًّا، قَالُوا: وَلَا يَنْبُتُ إِلَّا بِبِلَادِ الْهِنْدِ، وَيُجْلَبُ مِنْهَا كُلُّ سَاجَةٍ مُشَرْجَعَةٍ مُرَبَّعَةٍ، وَقَوْلُهُ: اسْتَعَارَ سَاجَةً لِيُقِيمَ بِهَا الْحَائِطَ الَّذِي مَالَ، يَعْنِي: الْخَشَبَةَ الْمَنْحُوتَةَ الْمُهَيَّأَةَ لِلْأَسَاسِ وَنَحْوِهِ.

[س و د]: (السَّيِّدُ) ذُو السُّؤْدُدِ، وَمِنْهُ: السَّيِّدُ مِنْ الْمَعْزِ، وَهُوَ الْمُسِنُّ أَوْ الثَّنِيُّ.

(وَالسَّوَادُ) خِلَافُ الْبَيَاضِ، وَفِي الْحَدِيثِ: "تَمْشِيَانِ فِي سَوَادٍ وَيَأْكُلَانِ فِي سَوَادٍ". يُرِيدُ سَوَادَ قَوَائِمِهَا وَأَفْوَاهِهِمَا، وَاسْوِدَادُ الْوَجْهِ فِي قَوْلِهِ تَعَالَى: ﴿ظَلَّ وَجْهُهُ مُسْوَدًّا﴾ [سورة النحل آية ٥٨] عِبَارَةٌ عَنْ الْحُزْنِ أَوْ الْكَرَاهَةِ.

وَسُمِّيَ (سَوَادُ الْعِرَاقِ) لِخُضْرَةِ أَشْجَارِهِ وَزُرُوعِهِ، وَحَدُّهُ طُولًا مِنْ حَدِيثَةِ الْمَوْصِلِ

---

(١) في خ: "الأثناء".
(٢) أخرجه البخاري (٢٩٣٢)، ومسلم (٢٨٠٠)، وأبو داود (١٤٤٢)، والنسائي (١٠٧٣)، وابن ماجه (١٢٤٤).

إِلَى عَبَّادَانَ وَعَرْضًا مِنَ الْعَذِيبِ إِلَى حُلْوَانَ، وَهُوَ الَّذِي فُتِحَ عَلَى عَهْدِ عُمَرَ رَضِيَ اللهُ عَنْهُ، وَهُوَ أَطْوَلُ مِنَ الْعِرَاقِ بِخَمْسَةٍ وَثَلَاثِينَ فَرْسَخًا.

(وَسَوَادُ الْمُسْلِمِينَ) جَمَاعَتُهُمْ، (وَالْأَسْوَدُ) ذُو السَّوَادِ، وَبِهِ سُمِّيَ الْأَسْوَدُ بْنُ يَزِيدَ النَّخَعِيُّ، وَتَأْنِيثُهُ: السَّوْدَاءُ، وَبِتَصْغِيرِهَا سُمِّيَتْ (السُّوَيْدَاءُ)، وَهِيَ بُقْعَةٌ بَيْنَهَا وَبَيْنَ الْمَدِينَةِ سِتَّةٌ وَأَرْبَعُونَ مِيلًا، وَقِيلَ: عِشْرُونَ فَرْسَخًا، وَقَوْلُهُ صَلَّى اللهُ عَلَيْهِ وَسَلَّمَ: "اُقْتُلُوا الْأَسْوَدَيْنِ فِي الصَّلَاةِ الْحَيَّةَ وَالْعَقْرَبَ"[١]. هَكَذَا فِي حَدِيثِ أَبِي هُرَيْرَةَ رَضِيَ اللهُ عَنْهُ عَنِ النَّبِيِّ صَلَّى اللهُ عَلَيْهِ وَسَلَّمَ، وَفِي حَدِيثِ عَائِشَةَ رَضِيَ اللهُ عَنْهَا: "وَمَا لَنَا طَعَامٌ وَلَا شَرَابٌ إِلَّا الْأَسْوَدَيْنِ". تَعْنِي بِهِ: التَّمْرَ وَالْمَاءَ، وَيُصَغَّرُ تَصْغِيرَ التَّرْخِيمِ فِي مَعْنَى الْمَاءِ خَاصَّةً، وَمِنْهُ قَوْلُهُمْ: مَا سَقَانِي مِنْ سُوَيْدٍ قَطْرَةً، قَالَ أَبُو سَعِيدٍ: هُوَ الْمَاءُ بِعَيْنِهِ، وَبِهِ سُمِّيَ سُوَيْدُ بْنُ قَيْسٍ، وَهُوَ الَّذِي قَالَ عَلَيْهِ السَّلَامُ فِي حَدِيثِهِ "زِنْ وَأَرْجِحْ"[٢].

(وَسُوَيْدُ) بْنُ مُقَرِّنٍ وَابْنُ النُّعْمَانِ وَابْنُ حَنْظَلَةَ كُلُّهُمْ مِنَ الصَّحَابَةِ، وَأَمَّا سُوَيْدُ بْنُ سُوَيْدٍ عَنِ النَّبِيِّ صَلَّى اللهُ عَلَيْهِ وَآلِهِ وَسَلَّمَ فَلَمْ أَجِدْهُ، وَقَوْلُهُ صَلَّى اللهُ عَلَيْهِ وَآلِهِ وَسَلَّمَ: "اُقْتُلُوا الْكَلْبَ الْأَسْوَدَ الْبَهِيمَ، فَإِنَّهُ شَيْطَانٌ"[٣]. قَالَ الْجَاحِظُ: إِنَّمَا قَالَ ذَلِكَ لِأَنَّ عُقْرَهَا أَكْثَرُ مَا تَكُونُ سُودًا، وَقَالَ: شَيْطَانٌ لِخُبْثِهِ لَا أَنَّهُ مِنْ وَلَدِ إِبْلِيسَ.

(وَالسُّودَانِيَّةُ) طُوَيْرَةٌ طَوِيلَةُ الذَّنَبِ عَلَى قَدْرِ قَبْضَةِ الْكَفِّ، وَقَدْ تُسَمَّى الْعُصْفُورَ الْأَسْوَدَ، وَهِيَ تَأْكُلُ الْعِنَبَ وَالْجَرَادَ.

[س و ر]: (سَارَ) سَوْرَةً وَثَبَ، (وَرَجُلٌ سَوَّارٌ) مُعَرْبِدٌ، وَبِهِ سُمِّيَ وَالِدُ أَشْعَثَ بْنِ سَوَّارٍ الْأَثْرَمِ، عَنِ الشَّعْبِيِّ وَشُرَيْحٍ الْقَاضِي، وَعَنْهُ الثَّوْرِيُّ وَشُعْبَةُ.

(وَسُورُ) الْمَدِينَةِ مَعْرُوفٌ، وَبِهِ سُمِّيَ وَالِدُ كَعْبِ بْنِ سُورٍ الْأَزْدِيِّ، وَالشِّينُ تَصْحِيفٌ، وَكَعْبٌ هَذَا وَلِيَ قَضَاءَ الْبَصْرَةِ لِعُمَرَ رَضِيَ اللهُ عَنْهُ، وَقُتِلَ يَوْمَ الْجَمَلِ.

[س و س]: (السُّوسُ) نَبَاتٌ مَعْرُوفٌ يُعْمَى بِهِ الْبُيُوتُ، وَيُجْعَلُ وَرَقُهُ فِي النَّبِيذِ

---

(١) أخرجه أبو داود (٩٢١)، وابن حبان في صحيحه (٢٣٥٢)

(٢) أخرجه الترمذي (١٣٠٥)، وأبو داود (٣٣٣٦)، والنسائي (٤٥٩٢)، وابن ماجه (٢٢٢٠)، والدارمي في سننه (٨٥٢٥)، وأحمد في مسنده (١٨٦١٨)، والحاكم في المستدرك في: ج ٢: ص٣٠، والنسائي في السنن الكبرى (٩٥٩٢)، والبيهقي في السنن الكبرى في: ج ٦: ص٣٢

(٣) أخرجه ابن حبان في صحيحه (٥٦٥٨)

فَيَشْتَدُّ كَالدَّاذِيِّ، وَلَفْظُ الرِّوَايَةِ: أَرَأَيْتَ الْخَمْرَ يُطْرَحُ فِيهَا رَيْحَانٌ يُقَالُ لَهُ السُّوسُ، كَأَنَّهُ تَحْرِيفُ السَّوْسَنِ بِزِيَادَةِ النُّونِ؛ لِأَنَّهُ مِنَ الرَّيَاحِينِ وَذَلِكَ لَيْسَ مِنْهَا.

(وَالسُّوسَةُ) الْعُثَّةُ، وَهِيَ دُودَةٌ تَقَعُ فِي الصُّوفِ وَالثِّيَابِ وَالطَّعَامِ، وَمِنْهُ قَوْلُهُ: حِنْطَةٌ مُسَوِّسَةٌ بِكَسْرِ الْوَاوِ الْمُشَدَّدَةِ.

وَيُقَالُ: الرَّجُلُ (يَسُوسُ) الدَّوَابَّ، إِذَا قَامَ عَلَيْهَا وَرَاضَهَا، وَمِنْهُ: الْوَالِي يَسُوسُ الرَّعِيَّةَ سِيَاسَةً، أَيْ: يَلِي أَمْرَهُمْ.

[س و ط]: (ضَرَبْتُهُ سَوْطًا) أَيْ: ضَرْبَةً وَاحِدَةً بِالسَّوْطِ.

[س و غ]: (سَاغَ) الطَّعَامُ سَوْغًا سَهُلَ دُخُولُهُ فِي الْحَلْقِ، وَأَسَغْتُهُ أَنَا، أَيْ: سَاغَ لِي، وَمِنْهُ: فَأَخَذَ مِنْهَا لُقْمَةً فَجَعَلَ يَلُوكُهَا وَلَا يُسِيغُهَا، وَأَمَّا وَلَا تُسِيغُهُ، فَخَطَأٌ.

[س و ف]: (السَّافُ) الصَّفُّ مِنَ اللَّبِنِ أَوِ الطِّينِ، وَمِنْهُ قَوْلُهُ: الْكَرْمُ بِحَائِطٍ مَبْنِيٍّ بِسَافٍ أَوْ ثَلَاثِ سَافَاتٍ.

[س و ق]: (السَّوْقُ) الْحَثُّ عَلَى السَّيْرِ، يُقَالُ: سَاقَ النَّعَمَ يَسُوقُهَا، وَفُلَانٌ يَسُوقُ الْحَدِيثَ أَحْسَنَ سِيَاقٍ.

(وَالسُّوقَةُ) خِلَافُ الْمَلِكِ تَاجِرًا كَانَ أَوْ غَيْرَ تَاجِرٍ، وَيَقَعُ عَلَى الْوَاحِدِ وَالِاثْنَيْنِ وَالْجَمْعِ، وَبِهَا سُمِّيَ وَالِدُ مُحَمَّدِ بن سُوقَةَ، عَنْ سَعِيدِ بن جُبَيْرٍ، وَعَنْهُ الثَّوْرِيُّ، وَفِي السِّيَرِ أَبُو حَنِيفَةَ رَحِمَهُ اللهُ.

(وَالسُّوقُ) مَعْرُوفَةٌ، وَهِيَ مَوْضِعُ الْبِيَاعَاتِ، وَقَدْ يُذَكَّرُ.

(وَالسُّوقُ) أَيْضًا جَمْعُ سَاقِ الرَّجُلِ، ثُمَّ سُمِّيَ بِهَا مَا يُلْبَسُ عَلَيْهَا مِنْ شَيْءٍ يُتَّخَذُ مِنْ حَدِيدٍ أَوْ غَيْرِهِ.

(وَسَاقَةُ الْعَسْكَرِ) آخِرُهُ، وَكَأَنَّهَا جَمْعُ سَائِقٍ كَقَادَةٍ فِي قَائِدٍ.

(وَالسَّوَّاقُ) بَائِعُ السَّوِيقِ أَوْ صَانِعُهُ، وَمِنْهُ قَوْلُهُ: وَكَذَا مَقَالِي السَّوَّاقِينَ.

[س و ك]: (السِّوَاكُ) الْمِسْوَاكُ، وَالْمُرَادُ بِهِ فِي الْحَدِيثِ: "خَيْرُ خِلَالِ الصَّائِمِ السِّوَاكُ"[1]. اسْتِعْمَالُهُ عَلَى تَقْدِيرِ الْمُضَافِ، إِلَّا أَنَّهُ حُذِفَ لِأَمْنِ الْإِلْبَاسِ.

[س و م]: (سَامَ) الْبَائِعُ السِّلْعَةَ: عَرَضَهَا وَذَكَرَ ثَمَنَهَا، وَسَامَهَا الْمُشْتَرِي بِمَعْنَى

---

(١) أخرجه ابن ماجه (١٦٧٧)، والدارقطني في سننه (٢٣٤٦).

اسْتَامَهَا سَوْمًا، وَمِنْهُ: "لَا يَسُومُ الرَّجُلُ عَلَى سَوْمِ أَخِيهِ"(١). أَيْ: لَا يَشْتَرِي، وَرُوِيَ: "لَا يَسْتَامُ وَلَا يَبْتَاعُ".

(وَسَامَتْ الْمَاشِيَةُ) رَعَتْ سَوْمًا، وَأَسَامَهَا صَاحِبُهَا إِسَامَةً.

(وَالسَّائِمَةُ) عَنْ الْأَصْمَعِيِّ: كُلُّ إِبِلٍ تُرْسَلُ تَرْعَى وَلَا تُعْلَفُ فِي الْأَهْلِ، وَعَنْ الْكَرْخِيِّ: هِيَ الرَّاعِيَةُ إِذَا كَانَتْ تَكْتَفِي بِالرَّعْيِ وَيَمُونُهَا ذَلِكَ، أَوْ كَانَ الْأَغْلَبُ مِنْ شَأْنِهَا الرَّعْيَ.

وَقَوْلُهُ: يَنْوِيهَا لِلسَّائِمَةِ، الصَّوَابُ: لِلْإِسَامَةِ، وَالْأَحْسَنُ يَنْوِي بِهَا السَّوْمَ أَوْ الْإِسَامَةَ، وَقَوْلُهُ: النَّمَاءُ بِالتِّجَارَةِ أَوْ بِالسَّوْمِ فِيمَا يُسَامُ الظَّاهِرُ أَنْ يُقَالَ أَوْ بِالْإِسَامَةِ.

(وَالسَّامُ) الْمَوْتُ.

[س و ن]: (السُّونَايَا) عِنَبٌ أَسْوَدُ مُدَوَّرٌ.

[س و ي]: (سَوَّى) الْمُعْوَجَّ فَاسْتَوَى، فِي الْحَدِيثِ: قَدِمَ زَيْدٌ بَشِيرًا بِفَتْحِ بَدْرٍ حِينَ (سَوَّيْنَا) عَلَى رُقَيَّةَ رَضِيَ اللـه عَنْهَا، يَعْنِي: دَفَنَّاهَا وَسَوَّيْنَا تُرَابَ الْقَبْرِ عَلَيْهَا، وَقَوْلُهُ: (وَلَمَّا اسْتَوَتْ) بِهِ رَاحِلَتُهُ عَلَى الْبَيْدَاءِ، أَيْ: عَلَتْ بِهَا أَوْ قَامَتْ مُسْتَوِيَةً عَلَى قَوَائِمِهَا.

وَغُلَامٌ (سَوِيٌّ): مُسْتَوِي الْخَلْقِ لَا دَاءَ بِهِ وَلَا عَيْبَ، وقَوْله تَعَالَى: ﴿فَانبِذْ إِلَيْهِمْ عَلَى سَوَاءٍ﴾ [سورة الأنفال آية ٥٨] أَيْ: عَلَى طَرِيقٍ مُسْتَوٍ بِأَنْ تُظْهِرَ لَهُمْ نَبْذَ الْعَهْدِ وَلَا تُحَارِبَهُمْ، وَهُمْ عَلَى تَوَهُّمِ بَقَاءِ الْعَهْدِ أَوْ عَلَى اسْتِوَاءٍ فِي الْعِلْمِ بِنَقْضِ الْعَهْدِ أَوْ فِي الْعَدَاوَةِ، (وَهُمْ سَوَاسِيَةٌ) فِي هَذَا، أَيْ: سَوَاءٌ، وَهُمَا (سِيَّانِ)، أَيْ: مِثْلَانِ، وَمِنْهُ: رِوَايَةُ يَحْيَى بن مَعِينٍ: إِنَّمَا بَنُو هَاشِمٍ وَبَنُو عَبْدِ الْمُطَّلِبِ (سِيٌّ) وَاحِدٌ، وَفِيهِ نَظَرٌ، وَإِنَّمَا الْمَشْهُورُ: شَيْءٌ وَاحِدٌ.

السِّينُ مَعَ الْهَاءِ

[س هـ ل]: (السَّهْلُ) خِلَافُ الصَّعْبِ أَوْ الْحَزْنِ، وَبِهِ كُنِّيَ أَبُو سَهْلٍ الْفَرَضِيُّ، وَأَبُو سَهْلٍ الزَّجَّاجِيُّ مِنْ تَلَامِذَةِ الْكَرْخِيِّ، وَقِيلَ: إِنَّ أَبَا بَكْرٍ الرَّازِيَّ قَرَأَ عَلَيْهِ، وَبِتَصْغِيرِهِ كُنِّيَ أَبُو سُهَيْلٍ ابْنُ الْبَيْضَاءِ فِي الْجَنَائِزِ، وَكُنِّيَ أَبُو سُهَيْلٍ الْغَزَّالُ، وَهَذَا وَالْفَرَضِيُّ كِلَاهُمَا مِنْ عُلَمَاءِ الْحَيْضِ، وَبِتَأْنِيثِهِ سُمِّيَتْ سَهْلَةُ بِنْتُ سُهَيْلٍ الْمُسْتَحَاضَةُ، وَهِيَ امْرَأَةُ أَبِي حُذَيْفَةَ،

(١) أخرجه الترمذي (١٢٩٢)، وأحمد في مسنده (٢٧٤٩٣)، والبيهقي في السنن الصغير (٢٠٣٦)

وَأَبُوهَا عَلَى لَفْظِ التَّصْغِيرِ، وَسَهْلَةُ بِنْتُ سَهْلٍ السَّائِلَةُ عَنْ اغْتِسَالِهَا إِذَا احْتَلَمَتْ، وَالْأَبُ عَلَى لَفْظِ التَّكْبِيرِ، وَسَهْلَةُ بِنْتُ عَاصِمٍ الَّتِي وُلِدَتْ يَوْمَ حُنَيْنٍ، وَقَسَمَ لَهَا النَّبِيُّ عَلَيْهِ السَّلَامُ يَوْمَئِذٍ.

وَأَمَّا (سِهْلَةُ) الزُّجَاجِ فَبِالْكَسْرِ لَا غَيْرُ، وَهِيَ رَمْلُ الْبَحْرِ يُجْعَلُ فِي جَوْهَرِهِ لَا مَحَالَةَ.

[س هـ م]: (السَّهْمُ) النَّصِيبُ وَالْجَمْعُ: أَسْهُمٌ وَسِهَامٌ وَسُهْمَانٌ، وَإِنَّمَا أُضِيفَ عُبَيْدُ السِّهَامِ إِلَيْهَا؛ لِمَا ذُكِرَ فِي الِاسْتِيعَابِ: أَنَّ الْوَاقِدِيَّ قَالَ: سَأَلْتُ ابْنَ حَسَنَةَ لِمَ سُمِّيَ عُبَيْدُ السِّهَامِ؟ فَقَالَ: أَخْبَرَنِي دَاوُد بن الْحُصَيْنِ قَالَ: كَانَ قَدْ اشْتَرَى مِنْ سِهَامِ خَيْبَرَ ثَمَانِيَةَ عَشَرَ سَهْمًا فَسُمِّيَ بِذَلِكَ. وَفِي كِتَابِ "الطِّلْبَةِ": أَنَّ النَّبِيَّ عَلَيْهِ السَّلَامُ لَمَّا أَرَادَ أَنْ يُسْهِمَ قَالَ لَهُمْ: "هَاتُوا أَصْغَرَ الْقَوْمِ". فَأُتِيَ بِعُبَيْدٍ، وَكَانَ مِنْ صِبْيَانِ الْأَنْصَارِ، فَدَفَعَ إِلَيْهِ السِّهَامَ فَعُرِفَ بِذَلِكَ، وَهُوَ عُبَيْدُ بن سُلَيْمِ بن ضَبْعِ بن عَامِرٍ شَهِدَ أُحُدًا.

(وَالسَّهْمُ) أَيْضًا قِدْحُ الْقِمَارِ، وَالْقِدْحُ الَّذِي يُقْتَرَعُ بِهِ، وَمِنْهُ: سَاهَمَهُ قَارَعَهُ، وَالْأَصْلُ سَهْمُ الرَّمْيِ، وَبِتَصْغِيرِهِ مَعَ زِيَادَةِ الْهَاءِ سُمِّيَتْ سُهَيْمَةُ امْرَأَةُ يَزِيدَ بن رُكَانَةَ الَّتِي طَلَّقَهَا أَلْبَتَّةَ، وَحَدِيثُهَا فِي الْمُعْرِبِ.

السِّينُ مَعَ الْيَاءِ التَّحْتَانِيَّةِ

[س ي ب]: (سَابَ) جَرَى، وَذَهَبَ كُلَّ مَذْهَبٍ، وَبِاسْمِ الْفَاعِلِ مِنْهُ سُمِّيَ السَّائِبُ بن خَلَّادٍ الْأَنْصَارِيُّ رَاوِي حَدِيثِ التَّلْبِيَةِ، وَقِيلَ: خَلَّادُ بن السَّائِبِ، وَهُوَ أَصَحُّ، وَالسَّائِبُ بن أَبِي السَّائِبِ الْمَخْزُومِيُّ شَرِيكُ النَّبِيِّ عَلَيْهِ السَّلَامُ قَبْلَ الْبِعْثَةِ، وَابْنَاهُ عَبْدُ اللهِ وَقَيْسٌ شَرِيكَاهُ أَيْضًا، وَفِي بَعْضِ النُّسَخِ: سَائِبُ بن شَرِيكٍ أَوْ السَّائِبُ بن يَزِيدَ وَكِلَاهُمَا خَطَأٌ.

(وَالسَّائِبَةُ) أُمُّ الْبَحِيرَةِ، وَقِيلَ: كُلُّ نَاقَةٍ كَانَتْ تُسَيَّبُ لِنَذْرٍ، أَيْ: تُهْمَلُ تَرْعَى أَنَّى شَاءَتْ، وَمِنْهُ: صَبِيٌّ مُسَيَّبٌ، أَيْ: مُهْمَلٌ لَيْسَ مَعَهُ رَقِيبٌ، وَبِهِ سُمِّيَ وَالِدُ سَعِيدِ بن الْمُسَيِّبِ، وَفِي الشُّعَرَاءِ مُسَيَّبُ بن عَلَسٍ، وَقِيلَ: هَذَا بِالْكَسْرِ وَالصَّوَابُ بِالْفَتْحِ.

(وَعَبْدٌ سَائِبَةٌ) أَيْ: مُعْتَقٌ لَا وَلَاءَ بَيْنَهُمَا، وَعَنْ عُمَرَ رَضِيَ اللهُ عَنْهُ: السَّائِبَةُ وَالصَّدَقَةُ لِيَوْمِهِمَا، أَيْ: لِيَوْمِ الْقِيَامَةِ، فَلَا يُرْجَعُ إِلَى الِانْتِفَاعِ بِهِمَا فِي الدُّنْيَا، وَفِي حَدِيثِ ابْنِ مَسْعُودٍ رَضِيَ اللهُ عَنْهُ: السَّائِبَةُ يَضَعُ مَالَهُ حَيْثُ يَشَاءُ هُوَ الَّذِي لَا وَارِثَ لَهُ.

(وَالسَّيْبُ) الْعَطَاءُ، وَأُرِيدَ بِهِ الرِّكَازُ فِي قَوْلِهِ عَلَيْهِ السَّلَامُ: "وَفِي السُّيُوبِ

الْخُمُسُ"[١]. لِأَنَّهُ مِنْ عَطَاءِ اللهِ سُبْحَانَهُ وَتَعَالَى.

(وَسَيَابَةُ) صَحَابِيٌّ، يَرْوِي قَوْلَهُ عَلَيْهِ السَّلَامُ: "أَنَا ابْنُ الْعَوَاتِكِ"[٢].

[س ي ح]: (سَاحَ) الْمَاءُ سَيْحًا جَرَى عَلَى وَجْهِ الْأَرْضِ، وَمِنْهُ: مَا سُقِيَ سَيْحًا، يَعْنِي: مَاءَ الْأَنْهَارِ وَالْأَوْدِيَةِ.

(وَسَيْحَانُ) فَعْلَانُ مِنْهُ هُوَ وَالِدُ خَالِدِ بن سَيْحَانَ فِي السِّيَرِ.

(وَسَيْحَانُ) أَيْضًا نَهْرٌ مَعْرُوفٌ بِالرُّومِ، (وَسَيْحُونُ) نَهْرُ التُّرْكِ.

[س ي ر]: (سَارَ) مِنْ بَلَدٍ إِلَى بَلَدٍ سَيْرًا وَمَسِيرًا، وَالسَّيْرُورَةُ فِي مَصْدَرِهِ كَالْقَيْلُولَةِ، إِلَّا أَنَّا لَمْ نَسْمَعْهَا، وَسَيْرُ السَّفِينَةِ مَجَازٌ.

(وَالسِّيرَةُ) الطَّرِيقَةُ وَالْمَذْهَبُ، وَجَمْعُهَا: سِيَرٌ، وَقَوْلُهُ: ثُمَّ تَنْشُرُ الْمَلَائِكَةُ (سِيرَتَهُ) أَيْ: صَحِيفَةَ أَعْمَالِهِ وَطَاعَاتِهِ، عَلَى حَذْفِ الْمُضَافِ، وَأَصْلُهَا: حَالَةُ السَّيْرِ، إِلَّا أَنَّهَا غَلَبَتْ فِي لِسَانِ الشَّرْعِ عَلَى أُمُورِ الْمَغَازِي وَمَا يَتَعَلَّقُ بِهَا كَالْمَنَاسِكِ عَلَى أُمُورِ الْحَجِّ.

وَقَالُوا:(السِّيَرُ الْكَبِيرُ) فَوَصَفُوهَا بِصِفَةِ الْمُذَكَّرِ لِقِيَامِهَا مَقَامَ الْمُضَافِ الَّذِي هُوَ الْكِتَابُ، كَقَوْلِهِمْ: صَلَّى الظُّهْرَ، وَسِيَرُ الْكَبِيرِ خَطَأٌ كَجَامِعِ الصَّغِيرِ وَجَامِعِ الْكَبِيرِ.

(وَالسَّيَّارَةُ) الْقَافِلَةُ، وَحَقِيقَتُهَا جَمَاعَةٌ سَيَّارَةٌ، وَبِهَا كُنِّيَ أَبُو سَيَّارَةَ الَّذِي قَالَ لَهُ النَّبِيُّ عَلَيْهِ السَّلَامُ: "أَدِّ الْعُشْرَ مِنَ الْعَسَلِ"[٣].

(وَالسِّيَرَاءُ) ضَرْبٌ مِنَ الْبُرُودِ عَنْ الْفَرَّاءِ، وَقِيلَ: بُرْدٌ فِيهِ خُطُوطٌ صُفْرٌ، وَعَنْ أَبِي عُبَيْدٍ وَأَبِي زَيْدٍ: بُرُودٌ يُخَالِطُهَا قَزٌّ، وَفِي الْحَدِيثِ: أَنَّهُ عَلَيْهِ السَّلَامُ رَأَى حُلَّةً سِيَرَاءَ تُبَاعُ عِنْدَ بَابِ الْمَسْجِدِ فَقَالَ: "إِنَّمَا يَلْبِسُ هَذِهِ مَنْ لَا خَلَاقَ لَهُ فِي الْآخِرَةِ"[٤].

[س ي ف]: (وَالْمُسَايَفَةُ) الْمُضَارَبَةُ بِالسَّيْفِ. (وَالسِّيفُ) بِالْكَسْرِ: سَاحِلُ الْبَحْرِ.

[س ي ك]: (سِياكُواذَهْ) مَسْلَخُ الْحَمَامِ، وَالْمَعْرُوفُ سَاكُواذَهْ، وَاللهُ أَعْلَمُ بِالصَّوَابِ.

---

(١) أخرجه الطبراني في المعجم الكبير (٧٩٥)، وابن أبي عاصم في الآحاد والمثاني (٢٧٠٨).
(٢) أخرجه سعيد بن منصور في سننه (٢٨٤٠).
(٣) ذكره الدولابي في الكنى والأسماء (٢٢٢)، وابن عبد البر في الاستيعاب (٣٠٥٦).
(٤) أخرجه البخاري (٨٨٦)، ومسلم (٢٠٦٨)، وأبو داود (١٠٧٦)، والنسائي (٥٢٩٥)، وابن ماجه (٣٥٩١).

بَابُ الشِّينِ

الشِّينُ مَعَ الْهَمْزَةِ

[ش أ ن]: (شئون) الرَّأسِ: مَوَاصِلُ الْقَبَائِلِ، وَهِيَ قِطَعُ الْجُمْجُمَةِ، الْوَاحِدَةُ: شَأْنٌ.

الشِّينُ مَعَ الْبَاءِ الْمُوَحَّدَةِ

[ش ب ب]: (الشَّابُّ) بَيْنَ الثَّلَاثِينَ إِلَى الْأَرْبَعِينَ، وَقَدْ شَبَّ شَبَابًا مِنْ بَابِ ضَرَبَ، وَقَوْمٌ شَبَابٌ، أَيْ: شُبَّانٌ وَصْفٌ بِالْمَصْدَرِ، وَقَوْلُ ابْنِ سِيرِينَ: وَيُسْتَشَبُّونَ، أَيْ: يُطْلَبُونَ شَبَابًا بَالِغِينَ فِي الشَّهَادَةِ، وَقِيلَ: يُنْتَظَرُ بِهِمْ فِي الْأَدَاءِ وَقْتُ الشَّبَابِ.

(وَالتَّشْبِيبُ) فِي اصْطِلَاحِ عُلَمَاءِ الْفَرَائِضِ: ذِكْرُ الْبَنَاتِ عَلَى اخْتِلَافِ الدَّرَجَاتِ، إِمَّا مِنْ تَشْبِيبِ الْقَصِيدَةِ، وَهُوَ تَحْسِينُهَا وَتَزْيِينُهَا بِذِكْرِ النِّسَاءِ، أَوْ مِنْ شَبَّ النَّارُ لِأَنَّ فِيهِ تَذْكِيَةً لِلْخَوَاطِرِ، أَوْ مِنْ شِبَابِ الْفَرَسِ؛ لِأَنَّهُ خُرُوجٌ وَارْتِفَاعٌ مِنْ دَرَجَةٍ إِلَى أُخْرَى كَحَالِ الْفَرَسِ فِي نَزَوَاتِه.

(وَبَنُو شَبَابَةَ) قَوْمٌ بِالطَّائِفِ مِنْ خَثْعَمَ، كَانُوا يَتَّخِذُونَ النَّحْلَ حَتَّى نُسِبَ إِلَيْهِمْ الْعَسَلُ، فَقِيلَ: عَسَلٌ شَبَابِيٌّ، وَشَبَابَةُ تَصْحِيفٌ.

[ش ب ح]: (شَبَحَهُ) بَيْنَ الْعُقَابَيْنِ: مَدَّهُ، وَالْعُقَابَانِ: عُودَانِ يُنْصَبَانِ مَغْرُوزَيْنِ فِي الْأَرْضِ يُمَدُّ بَيْنَهُمَا الْمَضْرُوبُ أَوْ الْمَصْلُوبُ.

[ش ب ر]: (الشَّبَرُ) بِتَحْرِيكِ الْبَاءِ وَسُكُونِهَا: الْعَطَاءُ، وَبِهِ سُمِّيَ شَبْرُ بن عَلْقَمَةَ، يَرْوِي عَنْ سَعْدِ بن أَبِي وَقَّاصٍ، وَعَنْهُ الْأَسْوَدُ بن قَيْسٍ.

(وَالشَّبُّورُ) شَيْءٌ يُنْفَخُ فِيهِ، وَلَيْسَ بِعَرَبِيٍّ مَحْضٍ.

[ش ب ع]: فِي الْحَدِيثِ: "إِنَّهَا أَرْضٌ شَبِعَةٌ". أَيْ: ذَاتُ شِبَعٍ، يَعْنِي: ذَاتَ خِصْبٍ وَسَعَةٍ، وَالسِّينُ تَصْحِيفٌ، وَفِي الْحَدِيثِ: "الْمُتَشَبِّعُ بِمَا لَيْسَ عِنْدَهُ كَلَابِسِ ثَوْبَيْ زُورٍ"(1)، وَهُوَ الَّذِي يُرِي أَنَّهُ شَبْعَانُ وَلَيْسَ بِهِ، وَالْمُرَادُ هُنَا: الْكَاذِبُ الْمُتَصَلِّفُ بِمَا لَيْسَ عِنْدَهُ كَلَابِسِ ثَوْبَيْ زُورٍ، قَالَ أَبُو عُبَيْدٍ: هُوَ الْمُرَائِي يَلْبَسُ ثِيَابَ الزُّهَّادِ لِيُظَنَّ زَاهِدًا وَلَيْسَ بِهِ،

(1) أخرجه البخاري (٥٢١٩)، ومسلم (٢١٣٢).

وَقِيلَ: هُوَ أَنْ يَلْبَسَ قَمِيصًا يَصِلُ بِكُمَّيْهِ كُمَّيْنِ آخَرَيْنِ، يُرِي أَنَّهُ لَابِسٌ قَمِيصَيْنِ، وَقِيلَ: كَأَنْ يَكُونَ فِي الْحَيِّ الرَّجُلُ لَهُ هَيْئَةٌ وَصُورَةٌ حَسَنَةٌ، فَإِذَا احْتِيجَ إِلَى شَهَادَةِ زُورٍ شَهِدَ فَلَا يُرَدُّ لِأَجْلِ حُسْنِ ثَوْبِهِ.

[ش ب ق]: (الشَّبَقُ) شِدَّةُ الشَّهْوَةِ.

[ش ب ك]: (اشْتِبَاكُ) النُّجُومِ: كَثْرَتُهَا وَدُخُولُ بَعْضِهَا فِي بَعْضٍ، مَأْخُوذٌ مِنْ شَبَكَةِ الصَّائِدِ، وَمِنْهَا قَوْلُ مُحَمَّدِ بْنِ زَكَرِيَّاءَ: كَانَتِ الرِّيحُ شَبَكَتْهُمْ فَأَقْعَدَتْهُمْ، أَيْ: جَعَلَتْهُمْ كَالشَّبَكَةِ فِي تَدَاخُلِ الْأَعْضَاءِ وَانْقِبَاضِهَا، وَعَلَيْهِ قَوْلُ مُحَمَّدٍ رَحِمَهُ اللهُ فِي السِّيَرِ: شَبَكَتْهُ الرِّيحُ.

[ش ب ل]: (الشِّبْلُ) وَلَدُ الْأَسَدِ، وَبِهِ سُمِّيَ شِبْلُ بْنُ مَعْبَدٍ الْمُزَنِيُّ، وَقِيلَ: ابْنُ خُلَيْدٍ أَوْ خَالِدٍ أَوْ حَامِدٍ، وَاخْتُلِفَ فِي صُحْبَتِهِ، وَهُوَ أَحَدُ الشُّهُودِ عَلَى الْمُغِيرَةِ بْنِ شُعْبَةَ، وَهُمْ أَرْبَعَةُ إِخْوَةٍ لِأُمٍّ اسْمُهَا سُمَيَّةُ، هُوَ وَأَبُو بَكْرَةَ وَزِيَادُ بْنُ أَبِيهِ وَنَافِعٌ، وَالْقِصَّةُ مَعْرُوفَةٌ، وَبِتَصْغِيرِهِ سُمِّيَ وَالِدُ بُنَانَةَ بِنْتِ شُبَيْلٍ فِي السِّيَرِ.

[ش ب ه]: (الْخُطُوطُ تَتَشَابَهُ) أَيْ: يُشْبِهُ بَعْضُهَا بَعْضًا.

الشِّينُ مَعَ التَّاءِ الْفَوْقِيَّةِ

[ش ت ر]: (رَجُلٌ أَشْتَرُ) انْقَلَبَ شُفْرُ عَيْنَيْهِ مِنْ أَسْفَلَ أَوْ أَعْلَى، وَقِيلَ: الشَّتَرُ أَنْ يَنْشَقَّ الْجَفْنُ حَتَّى يَنْفَصِلَ شَقُّهُ، وَقِيلَ: هُوَ انْقِلَابُ الْجَفْنِ الْأَسْفَلِ فَلَا يَلْقَى الْأَعْلَى فَظَهَرَتْ حَمَالِيقُهُ.

الشِّينُ مَعَ الثَّاءِ الْمُثَلَّثَةِ

[ش ث ث]: قَوْلُهُ: وَلَوْ دَبَغَهُ بِشَيْءٍ لَهُ قِيمَةٌ (كَالشَّثِّ) وَالْقَرَظِ، هُوَ بِالثَّاءِ الْمُثَلَّثَةِ شَجَرٌ مِثْلُ التُّفَّاحِ الصِّغَارِ يُدْبَغُ بِوَرَقِهِ، وَهُوَ كَوَرَقِ الْخِلَافِ، وَالشَّبُّ تَصْحِيفٌ هُنَا؛ لِأَنَّهُ نَوْعٌ مِنَ الزَّاجِ، وَهُوَ صِبَاغٌ لَا دِبَاغٌ.

الشِّينُ مَعَ الْجِيمِ

[ش ج ر]: (الشَّجَرُ) فِي الْعُرْفِ مَا لَهُ سَاقٌ عُودٌ صُلْبَةٌ، وَفِي"الْمُنْتَقَى": كُلُّ نَابِتٍ إِذَا تُرِكَ حَتَّى إِذَا بَزَّرَ انْقَطَعَ فَلَيْسَ بِشَجَرٍ، وَكُلُّ شَيْءٍ يُبَزِّرُ وَلَا يَنْقَطِعُ مِنْ سَنَتِهِ فَهُوَ شَجَرٌ، وَبِالْوَاحِدَةِ مِنْهُ سُمِّيَ وَالِدُ عَبْدِ اللهِ بْنِ شَجَرَةَ الْأَزْدِيِّ، خَلِيفَةُ ابْنِ مَسْعُودٍ رَضِيَ اللهُ عَنْهُ

عَلَى بَيْتِ الْمَالِ.

(وَالْمَشْجَرَةُ) مَوْضِعُهُ وَمَنْبِتُهُ.

(وَاشْتَجَرَ الْقَوْمُ وَتَشَاجَرُوا) اخْتَلَفُوا وَتَنَازَعُوا، وَمِنْهُ: قَوْله تَعَالَى: ﴿فِيمَا شَجَرَ بَيْنَهُمْ﴾ [سورة النساء آية ٦٥] أَيْ: فِيمَا وَقَعَ بَيْنَهُمْ مِنْ الاخْتِلَافِ.

[ش ج ع]: فِي أَمْثَالِ الْعَرَبِ: أَشْجَعُ مِنْ دِيك، وَفِي الْحَدِيثِ: "مَنْ آتَاهُ اللهُ مَالًا فَلَمْ يُؤَدِّ زَكَاتَهُ مُثِّلَ لَهُ يَوْمَ الْقِيَامَةِ شُجَاعًا أَقْرَعُ لَهُ زَبِيبَتَانِ يُطَوَّقُهُ يَوْمَ الْقِيَامَةِ يَأْخُذُ بِلِهْزِمَتَيْهِ"[(١)]. يَعْنِي: شِدْقَيْهِ. (الشُّجَاعُ) الذَّكَرُ مِنْ الْحَيَّاتِ عَلَى الاسْتِعَارَةِ، (وَالْأَقْرَعُ) الَّذِي جَمَعَ السُّمَّ فِي رَأْسِهِ حَتَّى انْحَسَرَ شَعْرُهُ، (وَالزَّبِيبَتَانِ) بِالْبَاءَيْنِ النُّكْتَتَانِ السَّوْدَاوَانِ فَوْقَ عَيْنَيْهِ، وَقِيلَ: هُمَا الزَّبْدَتَانِ فِي شِدْقَيْهِ إِذَا غَضِبَ.

الشِّينُ مَعَ الْحَاءِ الْمُهْمَلَةِ

[ش ح ط]: (تَشَحَّطَ) فِي دَمِهِ: تَلَطَّخَ بِهِ وَتَمَرَّغَ فِيهِ، وَمِنْهُ كَالْمُتَشَحِّطِ فِي دَمِهِ، يَعْنِي: كَالشَّهِيدِ الَّذِي تَلَطَّخَ بِدَمِهِ فِي سَبِيلِ اللهِ تَعَالَى.

[ش ح م]: (شَحْمَةُ) الْأُذُنِ: مَا لَانَ مِنْ أَسْفَلِهَا، وَهُوَ مُعَلَّقُ الْقُرْطِ.

الشِّينُ مَعَ الْخَاءِ الْمُعْجَمَةِ

[ش خ]: فِي"أَجْنَاسِ النَّاطِفِيِّ": لَوْ قَالَ: يَا شَيْخُ يَا مُوَاجِرُ يَا بَغَا لَا يَجِبُ عَلَيْهِ شَيْءٌ هُوَ فِي الْأَصْلِ شوخ، وَهُوَ بِالْفَارِسِيَّةِ: الْعَارِمُ الشَّرِسُ الْخُلُقِ وَالْمُوَاجِرُ مَعْرُوفٌ، وَأَمَّا بَغَا فَهُوَ الْمَأْبُونُ، وَقَدْ يُقَالُ: بَاغَا، وَكَأَنَّهُ انْتُزِعَ مِنْ الْبَغْيِ، وَيَدُلُّ عَلَى هَذَا مَا فِي لِسَانِ أَهْلِ بَغْدَادَ: يَا بغاء[(٢)].

[ش خ ب]: (شَخَبَ) اللَّبَنُ وَكُلُّ شَيْءٍ، إِذَا سَالَ يَشْخُبُ شَخْبًا، وَشَخَبْتُهُ أَنَا، وَقَوْلُهُ: وَهُوَ يَشْخُبُ دَمًا عَلَى الْأَوَّلِ نُصِبَ بِالتَّمْيِيزِ، وَعَلَى الثَّانِي بِالْمَفْعُولِيَّةِ، وَالْأَوَّلُ هُوَ الْمَشْهُورُ، وَمِنْهُ: وَفِيهِ بَقِيَّةٌ تَشْخُبُ مِنْهَا الْأَوْدَاجُ.

[ش خ ص]: (شَخَصَ) بَصَرُهُ: امْتَدَّ وَارْتَفَعَ، وَيُعَدَّى بِالْبَاءِ فَيُقَالُ: شَخَصَ بِبَصَرِهِ.

---

(١) أخرجه البيهقي في السنن الكبرى في: ج ٧: ص٢

(٢) في م: "والدسوقي" ولعل ما أثبتناه هو الصحيح.

الشِّينُ مَعَ الدَّالِ الْمُهْمَلَةِ

[ش د د]: (رَجُلٌ شَدِيدٌ) وَشَدِيدُ الْقُوَى، أَيْ: قَوِيٌّ، وَقَوْلُهُ: اللَّهُمَّ اجْعَلْ ظُهُورَهَا شَدِيدًا، كَقَوْلِهِ: لَعَلَّ مَنَايَانَا قَرِيبٌ.

(وَشَدِيدٌ) مُشِدٌّ شَدَّ يَدَ الدَّابَّةِ، وَضَعِيفٌ مُضْعَفٌ خِلَافُهُ، وَمِنْهُ: وَيَرُدُّ مُشِدُّهُمْ عَلَى مُضْعِفِهِمْ.

(وَالْأَشُدُّ) فِي مَعْنَى الْقُوَّةِ جَمْعُ شِدَّةٍ كَأَنْعُمٍ فِي نِعْمَةٍ عَلَى تَقْدِيرِ حَذْفِ الْهَاءِ، وَقِيلَ: لَا وَاحِدَ لَهَا.

(وَبُلُوغُ الْأَشُدِّ) بِالْإِدْرَاكِ، وَقِيلَ: أَنْ يُؤْنَسَ مِنْهُ الرُّشْدُ مَعَ أَنْ يَكُونَ بَالِغًا، وَآخِرُهُ ثَلَاثٌ وَثَلَاثُونَ سَنَةً، وَالِاسْتِوَاءُ أَرْبَعُونَ.

(وَشَدَّ الْعُقْدَةَ) فَاشْتَدَّتْ، وَمِنْهُ: شَدُّ الرِّحَالِ، وَهُوَ كِنَايَةٌ عَنْ الْمُسَافَرَةِ.

(وَشَدَّ فِي الْعَدْوِ) وَاشْتَدَّ أَسْرَعَ، وَمِنْهُ: رَمَى صَيْدًا فَصَرَعَهُ فَاشْتَدَّ رَجُلٌ فَأَخَذَهُ، أَيْ: عَدَا.

(وَشَدَّ عَلَى قِرْنِهِ بِسِكِّينٍ أَوْ عَصًا) وَاشْتَدَّ عَلَيْهِ شَدَّةً، أَيْ: حَمَلَ عَلَيْهِ حَمْلَةً، وَمِنْهُ؛ فَإِنْ شَدَّ الْعَدُوُّ عَلَى السَّاقَةِ، وَفِي مَوْضِعٍ آخَرَ: (فَاشْتَدَّ) عَلَى صَيْدٍ فَأَدْخَلَهُ دَارَ رَجُلٍ.

[ش د ق]: (رَجُلٌ أَشْدَقُ) وَاسِعُ الشِّدْقَيْنِ، وَهُمَا جَانِبَا الْفَمِ.

الشِّينُ مَعَ الذَّالِ الْمُعْجَمَةِ

[ش ذ ب]: (تَشْذِيبُ) الزَّرَاجِينِ: قَطْعُ شَذَبِهَا، وَهُوَ مَا فَضَلَ مِنْ شُعَبِهَا.

وَمِنْهُ (الشَّوْذَبُ) الطَّوِيلُ الْحَسَنُ الْخَلْقِ كَأَنَّمَا شُذِّبَ، وَبِهِ سُمِّيَ وَالِدُ عُمَرَ بن شَوْذَبٍ، عَنْ عَمْرَةَ بِنْتِ صُبَيْحٍ، وَعَمْرٌو تَحْرِيفٌ.

[ش ذ ذ]: (شَذَّ) عَنْ الْجَمَاعَةِ: انْفَرَدَ عَنْهُمْ شُذُوذًا.

[ش ذ ك ن]: (الشاذكونة) بِالْفَارِسِيَّةِ: الْفِرَاشُ الَّذِي يُنَامُ عَلَيْهِ، وَمِنْهُ: حَلَفَ لَا يَبِيتُ عَلَى هَذِهِ الشاذكونة فَفُتِقَتْ، أَيْ: نُقِضَتْ خِيَاطَتُهَا وَعُزِلَتْ ظِهَارَتُهَا مِنْ بِطَانَتِهَا.

الشِّينُ مَعَ الرَّاءِ الْمُهْمَلَةِ

[ش ر ب]: (الشَّرَابُ) كُلُّ مَا يُشْرَبُ مِنْ الْمَائِعَاتِ، وَالْجَمْعُ: أَشْرِبَةٌ، وَمُرَادُ الْفُقَهَاءِ بِهَا: مَا حُرِّمَ مِنْهَا، وَيُقَالُ: شَرِبَ الْمَاءَ فِي كَرَّةٍ وَتَشَرَّبَهُ فِي مُهْلَةٍ، وَمِنْهُ: الثَّوْبُ يَتَشَرَّبُ

الصِّبْغ، وَقَدْ تَشَرَّبَ العَرَقَ، إذَا تَنَشَّفَهُ، كَأَنَّهُ شَرِبَهُ قَلِيلًا قَلِيلًا، وَاسْتِعْمَالُهُمْ إيَّاهُ لَازِمًا لَيْسَ مِنْ كَلَامِ الْعَرَبِ.

(وَالشِّرْبُ) بِالْكَسْرِ: النَّصِيبُ مِنَ الْمَاءِ، وَفِي الشَّرِيعَةِ: عِبَارَةٌ عَنْ نَوْبَةِ الانْتِفَاعِ بِالْمَاءِ سَقْيًا لِلْمَزَارِعِ أَوْ الدَّوَابِّ.

(وَالشَّرَبَّةُ) بِالْفَتْحِ وَتَشْدِيدِ الْبَاءِ: جَانِبُ الْوَادِي، وَمِنْهَا حَدِيثُ سَهْلِ بن أَبِي حَثْمَةَ: أَنَّ أَخَاهُ عَبْدَ اللهِ بن سَهْلِ بن زَيْدٍ وُجِدَ قَتِيلًا فِي (شَرَبَّةٍ).

[ش ر ج]: (شَرَجُ) الْعَيْبَةِ بِفَتْحَتَيْنِ عُرَاهَا، وَمِنْهُ: شَرَجُ الدُّبُرِ حِتَارُهُ، أَيْ: حَلْقَتُهُ، وَمِنْهُ قَوْلُهُ: النَّجَاسَةُ إذَا جَاوَزَتْ الشَّرَجَ.

(وَتَشْرِيجُ) اللَّبِنِ: تَنْضِيدُهُ، وَضَمُّ بَعْضِهِ إِلَى بَعْضٍ، وَفِي جَنَائِزِ الإِيضَاحِ: شَرِّجُوا اللَّبِنَ، وَذَلِكَ أَنْ يُوضَعَ الْمَيِّتُ فِي اللَّحْدِ، ثُمَّ يُقَامَ اللَّبِنُ قَائِمَةً بَيْنَهُ وَبَيْنَ الشَّقِّ.

(وَالشَّرِيجَةُ) شَيْءٌ يُنْسَجُ مِنْ سَعَفِ النَّخْلِ يُحْمَلُ فِيهِ الْبِطِّيخُ وَنَحْوُهُ عَنِ الْجَوْهَرِيِّ.

(وَالشَّرِيجَةُ) أَيْضًا بَابٌ مِنْ قَصَبٍ يُعْمَلُ لِلدَّكَاكِينِ، وَمِنْهَا قَوْلُهُ: وَجَعَلُوا شَرِيجَةَ الْبَقَّالِ حِرْزًا لِلْجَوَاهِرِ.

(وَرَجُلٌ أَشْرَجُ) لَهُ خُصْيَةٌ وَاحِدَةٌ، (وَدَابَّةٌ أَشْرَجُ) إِحْدَى خُصْيَيْهِ أَعْظَمُ مِنَ الْأُخْرَى.

(وَشَرْجُ الْعَجُوزِ) مَوْضِعٌ أَنِيسٌ يَجْتَمِعُونَ فِيهِ.

(وَالشِّرَاجُ) مَجَارِي الْمَاءِ مِنْ الْحِرَارِ إِلَى السَّهْلِ، وَمِنْهُ حَدِيثُ الزُّبَيْرِ رَضِيَ اللهُ عَنْهُ: أَنَّهُ خَاصَمَ رَجُلًا مِنْ الْأَنْصَارِ فِي سُيُولِ شِرَاجِ الْحَرَّةِ.

(وَالشَّيْرَجُ) الدُّهْنُ الْأَبْيَضُ، وَيُقَالُ لِلْعَصِيرِ وَالنَّبِيذِ قَبْلَ أَنْ يَتَغَيَّرَ: شَيْرَجُ أَيْضًا، وَهُوَ تَعْرِيبُ شَيْرَهْ.

[ش ر ح]: (شَرَحَ) اللهُ صَدْرَهُ لِلْإِسْلَامِ: فَسَّحَهُ، وَبِتَصْغِيرِ مَصْدَرِهِ سُمِّيَ شُرَيْحٌ الْقَاضِي، وَإِلَيْهِ تُنْسَبُ الشُّرَيْحِيَّةُ مِنْ مَسَائِلِ الْعَوْلِ، وَشُرَيْحُ بن هَانِئٍ الَّذِي دَعَا لَهُ النَّبِيُّ عَلَيْهِ السَّلَامُ، وَبِاسْمِ الْمَفْعُولِ مِنْهُ مَشْرُوحُ بن أَنَسَةَ مَوْلَى رَسُولِ اللهِ صَلَّى اللهُ عَلَيْهِ وَآلِهِ وَسَلَّمَ، أَوْ مَوْلَى عُمَرَ رَضِيَ اللهُ عَنْهُ، وَبِاسْمِ الْآلَةِ مِشْرَحُ بن هَاعَانَ صَاحِبُ مَنْجَنِيقِ الْحَجَّاجِ، وَبِاسْمِ الْفُضَالَةِ مِنْهُ سُمِّيَتْ شُرَاحَةُ الْهَمْدَانِيَّةُ الَّتِي جَلَدَهَا عَلِيُّ بن أَبِي طَالِبٍ رَضِيَ اللهُ عَنْهُ، ثُمَّ رَجَمَهَا.

(وَمَشْرَحُ الْمَرْأَةِ) بِالْفَتْحِ: فَرْجُهَا، كَأَنَّهُ مَوْضِعُ شَرْحِهَا، قَالَ دُرَيْدُ بن الصِّمَّةِ[1]:

فَإِنَّكَ وَاعْتِذَارَكَ مِنْ سُوَيْدٍ كَحَائِضَةٍ وَمَشْرَحُهَا يَسِيلُ

يَعْنِي: أَنَّكَ مُتَّهَمٌ بِقَتْلِ سُوَيْدٍ وَأَنْتَ تَتَبَرَّأُ مِنْهُ، فَمَثَلُكَ كَمَثَلِ هَـٰذِهِ إِذَا أَنْكَرَتِ الْحَيْضَ فَالدَّمُ يُكَذِّبُهَا وَيَشْهَدُ بِهِ [شرخ] شَرْخُهُمْ فِي (ش ي، ش ي خ).

[ش ر ر]: قَوْلُهُ: أَسْوَءُ الطَّلَاقِ (وَأَشَرُّهُ)، الصَّوَابُ: وَشَرُّهُ، يُقَالُ هَذَا خَيْرٌ مِنْ ذَاكَ وَذَاكَ شَرٌّ مِنْ هَذَا، وَأَمَّا أَخْيَرُ وَأَشَرُّ فَقِيَاسٌ مَتْرُوكٌ.

[ش ر ز]: (الشَّوَارِيزُ) جَمْعُ شِيرَازٍ، وَهُوَ اللَّبَنُ الرَّائِبُ إِذَا أُسْتُخْرِجَ مِنْهُ مَاؤُهُ.

(وَمُصْحَفٌ مُشَرَّزٌ) أَجْزَاؤُهُ مَشْدُودٌ بَعْضُهَا إِلَى بَعْضٍ مِنَ الشِيرَازَةِ، وَلَيْسَتْ بِعَرَبِيَّةٍ.

[ش ر س]: (الشِّرْسُ) مَا صَغُرَ مِنَ الشَّوْكِ.

[ش ر ط]: (الشُّرْطَةُ) بِالسُّكُونِ وَالْحَرَكَةِ: خِيَارُ الْجُنْدِ وَأَوَّلُ كَتِيبَةٍ تَحْضُرُ الْحَرْبَ، وَالْجَمْعُ: شُرَطٌ.

(وَصَاحِبُ الشُّرْطَةِ) فِي بَابِ الْجُمُعَةِ يُرَادُ بِهِ أَمِيرُ الْبَلْدَةِ كَأَمِيرِ بُخَارَى، وَقِيلَ: هَـٰذَا عَلَى عَادَتِهِمْ؛ لِأَنَّ أُمُورَ الدِّينِ وَالدُّنْيَا كَانَتْ حِينَئِذٍ إِلَى صَاحِبِ الشُّرْطَةِ، فَأَمَّا الْآنَ فَلَا.

(وَالشُّرْطِيُّ) بِالسُّكُونِ وَالْحَرَكَةِ مَنْسُوبٌ إِلَى الشُّرْطَةِ عَلَى اللُّغَتَيْنِ لَا إِلَى الشُّرَطِ؛ لِأَنَّهُ جَمْعٌ.

[ش ر ع]: (الشِّرْعَةُ) وَالشَّرِيعَةُ: الطَّرِيقَةُ الظَّاهِرَةُ فِي الدِّينِ.

(وَبَيْتٌ وَكَنِيفٌ شَارِعٌ) أَيْ: قَرِيبٌ مِنَ الشَّارِعِ، وَهُوَ الطَّرِيقُ الَّذِي يَشْرَعُ فِيهِ النَّاسُ عَامَّةً عَلَى الْإِسْنَادِ الْمَجَازِيِّ، أَوْ مِنْ قَوْلِهِمْ: شَرَعَ الطَّرِيقُ، إِذَا تَبَيَّنَ.

(وَشَرْعُهُ أَنَا) وَشَرْعِي هَذَا، أَيْ: حَسْبِي. (وَشِرَاعُ السَّفِينَةِ) بِالْفَارِسِيَّةِ: بادبان.

[ش ر غ]: (شرغ) مِنْ قُرَى بُخَارَى تَعْرِيبُ: جرغ، وَإِلَيْهَا يُنْسَبُ أَبُو سَهْلٍ الشَّرْغِيُّ فِي النِّكَاحِ.

[ش ر ف]: (الشَّرَفُ) الْمَكَانُ الْمُشْرِفُ الْمُرْتَفِعُ، وَمَدِينَةٌ شَرْفَاءُ ذَاتُ شَرَفٍ، وَمِنْهَا

---

(١) هو: دريد بن الصمة الجشمي البكري، من هوازن، شجاع من الأبطال الشعراء المعمرين في الجاهلية، كان سيد بني جشم وفارسهم وقائدهم، وغزا نحو مائة غزوة لم يهزم في واحدة منها، وعاش حتى سقط حاجباه عن عينيه، أدرك الإسلام ولم يسلم، فقتل على دين الجاهلية يوم حنين سنة ٨ هـ.

حَديثُ ابْنِ عَبَّاسٍ رَضِيَ اللهُ عَنْهُ: "مَا أُمِرْنَا أَنْ نَبْنِيَ الْمَدَائِنَ شُرَفًا وَالْمَسَاجِدَ جُمًّا". أَيْ: بِلَا شُرَفٍ مِنَ الشَّاةِ الْجَمَّاءِ، وَهِيَ الَّتِي لَا قَرْنَ لَهَا، وَفُعْلٌ فِي جَمْعِ أَفْعَلَ وَفَعْلَاءَ قِيَاسٌ.

وَقَوْلُهُ: وَاسْتَشْرِفُوا الْعَيْنَ وَالْأُذُنَ، أَيْ: تَأَمَّلُوا سَلَامَتَهُمَا مِنْ آفَةِ جَدْعٍ أَوْ عَوَرٍ، أَوْ اُطْلُبُوهُمَا شَرِيفَتَيْنِ بِالتَّمَامِ وَالسَّلَامَةِ. وَقَوْلُهُ: مِنْ غَيْرِ طَلَبٍ وَلَا اسْتِشْرَافٍ، أَيْ: بِلَا حِرْصٍ وَلَا طَمَعٍ، مِنْ قَوْلِهِمْ: أَشْرَفَتْ نَفْسُهُ عَلَى الشَّيْءِ، إِذَا اشْتَدَّ حِرْصُهُ عَلَيْهِ.

(وَمَشَارِفُ الشَّامِ) قُرًى مِنْ أَرْضِ الْعَرَبِ تَدْنُو مِنَ الرِّيفِ، تُنْسَبُ إِلَيْهَا السُّيُوفُ الْمَشْرَفِيَّةُ.

[ش ر ق]: (أَشْرَقَ) دَخَلَ فِي وَقْتِ الشُّرُوقِ، وَمِنْهُ: أَشْرِقْ ثَبِيرُ كَيْمَا نُغِيرُ، يُخَاطِبُ أَحَدَ جِبَالِ مَكَّةَ، وَقَدْ حُذِفَ مِنْهُ حَرْفُ النِّدَاءِ، وَنُغِيرُ: نَدْفَعُ فِي السَّيْرِ.

(وَالتَّشْرِيقُ) صَلَاةُ الْعِيدِ، مِنْ أَشْرَقَتْ الشَّمْسُ شُرُوقًا، إِذَا طَلَعَتْ، أَوْ مِنْ أَشْرَقَتْ، إِذَا أَضَاءَتْ؛ لِأَنَّ ذَلِكَ وَقْتُهَا، وَمِنْهُ: الْمُشَرَّقُ الْمُصَلَّى، وَسُمِّيَتْ أَيَّامُ التَّشْرِيقِ لِصَلَاةِ يَوْمِ النَّحْرِ وَصَارَ مَا سِوَاهُ تَبَعًا لَهُ، أَوْ لِأَنَّ الْأَضَاحِيَّ تُشَرَّقُ فِيهَا، أَيْ: تُقَدَّدُ فِي الشَّمْسِ.

(وَتَشْرِيقُ) الشَّعِيرِ: إِلْقَاؤُهُ فِي الْمَشْرَقَةِ لِيَجِفَّ.

(وَالشَّرْقَاءُ) مِنْ الشَّاءِ الْمَشْقُوقَةُ الْأُذُنِ.

[ش ر ك]: (شَرِكَهُ) فِي كَذَا شِرْكًا وَشَرِكَةً، وَبِاسْمِ الْفَاعِلِ مِنْهُ سُمِّيَ شَرِيكُ ابْنُ سَحْمَاءَ، الَّذِي قَذَفَ بِهِ امْرَأَتَهُ هِلَالُ بن أُمَيَّةَ، وَشَارَكَهُ فِيهِ وَاشْتَرَكُوا وَتَشَارَكُوا وَطَرِيقٌ مُشْتَرَكٌ.

وَمِنْهُ (الْأَجِيرُ الْمُشْتَرَكُ) وَهُوَ الَّذِي يَعْمَلُ لِمَنْ يَشَاءُ، وَأَمَّا أَجِيرُ الْمُشْتَرَكِ عَلَى الْإِضَافَةِ فَلَا يَصِحُّ إِلَّا عَلَى تَأْوِيلِ الْمَصْدَرِ.

(وَالتَّشْرِيكُ) بَيْعُ بَعْضِ مَا اشْتَرَى بِمَا اشْتَرَاهُ بِهِ.

(وَالشِّرْكُ) النَّصِيبُ تَسْمِيَةً بِالْمَصْدَرِ، وَمِنْهُ: بِيعَ شِرْكٌ مِنْ دَارٍ، وَأَمَّا فِي قَوْلِهِ تَعَالَى: ﴿إِنَّ الشِّرْكَ لَظُلْمٌ عَظِيمٌ﴾ [سورة لقمان آية ١٣] فَاسْمٌ مِنْ أَشْرَكَ بِاللهِ، إِذَا جَعَلَ لَهُ شَرِيكًا، وَفُسِّرَ بِالرِّيَاءِ فِي قَوْلِهِ عَلَيْهِ السَّلَامُ: "إِنَّ أَخْوَفَ مَا أَخَافُ عَلَى أُمَّتِي الشِّرْكُ وَالشَّهْوَةُ الْخَفِيَّةُ"[1]، وَهِيَ: أَنْ تَعْرِضَ لِلصَّائِمِ شَهْوَةٌ فَيُوَاقِعَهَا وَيَدَعَ صَوْمَهُ.

(١) أخرجه أحمد في مسنده (١٦٦٧١)، والطبراني في مسند الشاميين (٢٢٣٦)، وفي المعجم الأوسط (٤٢١٣).

(وَشَرَّكَ النَّعْلَ) وَضَعَ عَلَيْهَا الشِّرَاكَ، وَهُوَ سَيْرُهَا الَّذِي عَلَى ظَهْرِ الْقَدَمِ، وَهُوَ مَثَلٌ فِي الْقِلَّةِ.

وَأَمَّا حَدِيثُ أَبِي أُمَامَةَ: "صَلَّى بِي النَّبِيُّ عَلَيْهِ الصَّلَاةُ وَالسَّلَامُ الظُّهْرَ حِينَ صَارَ الْفَيْءُ مِثْلَ الشِّرَاكِ"(١)، فَإِنَّهُ عَنَى بِهِ الْفَيْءَ الَّذِي يَصِيرُ فِي أَصْلِ الْحَائِطِ مِنْ الْجَانِبِ الشَّرْقِيِّ إِذَا زَالَتْ الشَّمْسُ، وَهَذَا أَقَلُّ مَا يُسْتَبَانُ بِهِ الزَّوَالُ لَا أَنَّهُ تَحْدِيدٌ لَهُ.

[ش ر م]: (الشَّرِيمُ) الْمَرْأَةُ الْمُفْضَاةُ، وَالشَّرْمَاءُ فِي مَعْنَاهَا غَيْرُ مَسْمُوعٍ، إِلَّا أَنَّ صَاحِبَ التَّكْمِلَةِ ذَكَرَ أَنَّهُ يُقَالُ: نَاقَةٌ شَرْمَاءُ، وَأَتَانٌ شَرْمَاءُ، أَيْ: مَشْقُوقَةُ الْقُبُلِ؛ فَإِنْ صَحَّ كَانَ مَجَازًا مِنْ شَرَمَهُ قَطَعَهُ.

[ش ر هـ]: (شَرِهَ) عَلَى الطَّعَامِ شَرَهًا: اشْتَدَّ حِرْصُهُ عَلَيْهِ.

[ش ر ي]: (شَرَاهُ) بَاعَهُ، وَاشْتَرَاهُ شِرًى وَشِرَاءً.

(وَالشُّرَاةُ) جَمْعُ الشَّارِي بِمَعْنَى الْبَائِعِ، كَالْغَازِي وَالْهَادِي فِي الْغُزَاةِ وَالْهُدَاةِ، وَهِيَ الْخَوَارِجُ كَأَنَّهُمْ بَاعُوا أَنْفُسَهُمْ لِأَجْلِ مَا اعْتَقَدُوهُ، وَقِيلَ: لِأَنَّهُمْ يَقُولُونَ: إِنَّ اللهَ تَعَالَى اشْتَرَى أَنْفُسَنَا وَأَمْوَالَنَا.

(وَشَارَاهُ) لَاجَّهُ، مِنْ اشْتَرَى وَاسْتَشْرَى الْفَرَسُ فِي عَدْوِهِ إِذَا لَجَّ، وَمِنْهُ حَدِيثُ السَّائِبِ: "كَانَ عَلَيْهِ الصَّلَاةُ وَالسَّلَامُ شَرِيكِي، فَكَانَ خَيْرَ شَرِيكٍ، لَا يُشَارِي وَلَا يُمَارِي وَلَا يُدَارِي". وَالْمُمَارَاةُ: الْمُجَادَلَةُ، وَالْمُدَارَأَةُ: الْمُشَاغَبَةُ وَالْمُخَالَفَةُ، وَتَخْفِيفُ الْهَمْزِ فِيهَا لُغَةٌ.

الشِّينُ مَعَ الزَّايِ الْمُعْجَمَةِ

[ش ز ر]: (نَظَرَ إِلَيْهِ شَزْرًا)، وَهُوَ نَظَرٌ فِي إِعْرَاضٍ كَنَظَرِ الْمُبْغِضِ.

[ش ز ن]: فِي الْحَدِيثِ: "فَتَشَزَّنَ النَّاسُ لِلسُّجُودِ"، أَيْ: اسْتَوْفَزُوا وَتَهَيَّئُوا مِنْ الشَّزَنِ الْقَلَقِ.

الشِّينُ مَعَ الصَّادِ الْمُهْمَلَةِ

[ش ص ص]: (الشَّصُّ) بِالْفَتْحِ وَالْكَسْرِ: حَدِيدَةٌ مُعَقَّفَةٌ يُصَادُ بِهَا السَّمَكُ.

---

(١) أخرجه الترمذي (١٤٩)، وابن ماجه (١١٠١)، والحاكم في المستدرك في: ج ٣: ص٦٠٧، والشافعي في مسنده (١٠١)

الشِّينُ مَعَ الطَّاءِ الْمُهْمَلَةِ

[ش ط ب]: (رَجُلٌ مُشَطَّبٌ) فِي وَجْهِهِ أَثَرُ السَّيْفِ.

[ش ط ر]: (شَطْرُ) كُلِّ شَيْءٍ نِصْفُهُ، وَقَوْلُهُ فِي الْحَائِضِ: تَقْعُدُ شَطْرَ عُمُرِهَا، عَلَى تَسْمِيَةِ الْبَعْضِ شَطْرًا تَوَسُّعًا فِي الْكَلَامِ وَاسْتِكْثَارًا لِلْقَلِيلِ، وَمِثْلُهُ فِي التَّوَسُّعِ: "تَعَلَّمُوا الْفَرَائِضَ فَإِنَّهَا نِصفُ الْعِلْمِ". وَتَخْرِيجُ الْجُنَيْدِيِّ فِي الْأَوَّلِ تَمَحُّلٌ.

(وَشَطَرَتْ) الدَّار وَشَطَنَتْ: بَعُدَتْ، وَمَنْزِلٌ شَطِيرٌ: بَعِيدٌ، وَمِنْهُ قَوْلُ قَتَادَةَ فِي شَهَادَةِ الْقَرِيبِ: إذَا كَانَ مَعَهُ شَطِيرٌ جَازَتْ شَهَادَتُه، أَيْ: غَرِيبٌ أَجْنَبِيٌّ.

[ش ط ط]: (الشَّطَطُ) مُجَاوَزَةُ الْقَدْرِ وَالْحَدِّ، وَقَوْلُ عَائِشَةَ رَضِيَ اللـه عَنْهَا: لَقَدْ كَلَّفَهُنَّ شَطَطًا. أَيْ: أَمْرًا ذَا شَطَطٍ.

الشِّينُ مَعَ الظَّاءِ الْمُعْجَمَةِ

[ش ظ ي]: (الشَّظَى) عَظْمٌ لَاصِقٌ بِعَظْمِ الذِّرَاعِ، فَإِذَا زَالَ عَنْ مَوْضِعِهِ قِيلَ: شَظِيَ الْفَرَسُ، وَقِيلَ: (الشَّظَى) انْشِقَاقُ الْعَصَبِ.

(وَالشَّظِيَّةُ) شِقَّةٌ مِنْ عُودٍ أَوْ قَصَبَةٍ أَوْ عَظْمٍ، وَمِنْهَا قَوْلُهُ: مَا أَفْرَى الْأَوْدَاجَ مِنْ شَظِيَّةِ حَجَرٍ، وَشُطْبَةُ تَصْحِيفٌ، إِنَّمَا هِيَ وَاحِدَةُ شُطَبِ السَّنَامِ، وَهِيَ أَنْ تُقَطِّعَهُ قِدَدًا وَلَا تَفْصِلَهَا.

الشِّينُ مَعَ الْعَيْنِ الْمُهْمَلَةِ

[ش ع ب]: (الشُّعْبَةُ) وَاحِدَةُ شُعَبِ: الشَّجَرَة، وَبِهَا سُمِّيَ شُعْبَةُ بن الْحَجَّاجِ بن الْوَرْدِ، وَمِنْهَا: شُعْبَتَا الرَّحْلِ شَرْخَاهُ، وَهُمَا قَادِمَتُهُ وَآخِرَتُهُ، وَقَوْلُهُ عَلَيْهِ السَّلَامُ: "إِذَا قَعَدَ الرَّجُلُ بَيْنَ شُعَبِهَا الْأَرْبَعِ اغْتَسَلَ"[(١)]. يَعْنِي: بَيْنَ يَدَيْهَا ورِجْلَيْهَا، وَقِيلَ: بَيْنَ رِجْلَيْهَا وَشَفْرَيْ فَرْجِهَا، وَهُوَ كِنَايَةٌ عَنْ الْإِيلَاجِ.

[ش ع ث]: (الشَّعَثُ) انْتِشَارُ الشَّعْرِ وَتَغَيُّرُهُ لِقِلَّةِ التَّعَهُّدِ، (وَرَجُلٌ أَشْعَثُ) وَبِهِ سُمِّيَ أَشْعَثُ بن سَوَّارٍ فِي الشُّفْعَة، عَنْ شُرَيْحٍ الْقَاضِي وَالشَّعْبِيِّ، وَعَنْهُ الثَّوْرِيُّ وَأَشْعَثُ بن سَعِيدٍ السَّمَّانُ عَنْ عَاصِمٍ هَكَذَا فِي الْجَرْحِ، وَفِي الْكُنَى: أَبُو الرَّبِيعِ السَّمَّانُ، وَاسْمُهُ أَشْعَثُ بن

---

(١) أخرجه البخاري (٢٩١)، ومسلم (٣٥١).

سَعيد عَنْ عَاصِمٍ، وَفِي أَوَّلِ الْمُخْتَصَرِ: أَشْعَبُ بـن الرَّبِيـع السَّـمَّانُ عَـنْ عَاصِـم، وَهُـوَ تَصْحِيفٌ مَـعَ تَحْرِيـف، وَبِمُؤَنَّثِهِ كُنِّيَ أَبُو الشَّعْثَاءِ الْمُحَارِبِيُّ الْكُوفِيُّ، وَاسْمُهُ سُلَيْمُ بن أَسْوَدَ، يَرْوِي عَنْ ابْنِ مَسْعُودٍ وَابْـنِ عَبَّـاسٍ، وَعَنْـهُ ابْنُهُ أَشْعَثُ وَأَبُو سِنَانِ الشَّيْبَانِيُّ فِي زَلَّةِ الْقَارِيّ.

(وَالشَّعِثُ) مِثْلُ الْأَشْعَثِ، وَإِلَى مُصَغَّرِهِ نُسِبَ مُحَمَّدُ بن عُبَيْدِ اللـه الشُّـعَيْثِيُّ، يَـرْوِي عَـنْ خَالِـدِ بـن مَعْدَانَ، وَعَنْهُ وَكِيعٌ.

[ش ع ر]: (الشِّعَارُ) خِلَافُ الدِّثَارِ، وَالشِّعَارُ وَالشَّعِيرَةُ الْعَلَامَةُ، وَمِنْهُ: أَشْعَرَ الْبَدَنَةَ أَعْلَمهُ أَنَّهُ هَدْيٌ.

(وَشِعَارُ الدَّمِ) الْخِرْقَةُ أَوْ الْفَرْجُ عَلَى الْكِنَايَةِ؛ لِأَنَّ كُلًّا مِنْهُمَا عَلَمٌ لِلدَّمِ.

(وَالشِّعَارُ) فِي الْحَرْبِ نِدَاءٌ يُعْرَفُ أَهْلُهَا بِهِ، وَمِنْهُ: "أَنَّهُ عَلَيْهِ السَّلَامُ جَعَلَ شِعَارَ الْمُهَـاجِرِينَ يَـوْمَ بَـدْرٍ: يَا بَنِي عَبْدِ الرَّحْمَنِ، وَشِعَارَ الْخَزْرَجِ: يَا بَنِي عَبْدِ اللـه، وَشِعَارَ الْأَوْسِ: يَا بَنِي عُبَيْـدِ اللـه، وَشِـعَارَهُمْ يَـوْمَ الْأَحْزَابِ: حم لَا يُنْصَرُونَ"[١]. وَهُمَا الْحَرْفَانِ اللَّذَانِ فِي أَوَائِلِ السُّوَرِ السَّبْعِ، وَلِشَرَفِ مَنْزِلَتِهِمَا عِنْدَ اللـه تَعَـالَى نَبَّهَ عَلَيْهِ السَّلَامُ أَنَّ ذِكْرَهُمَا يُسْتَظْهَرُ بِهِ عَلَى اسْتِنْزَالِ الرَّحْمَةِ فِي نُصْرَةِ الْمُسْلِمِينَ.

(وَالْمَشْعَرُ الْحَرَامُ) جَبَلٌ بِالْمُزْدَلِفَةِ، وَاسْمُهُ قُزَحُ، يَقِفُ عَلَيْهِ الْإِمَامُ وَعَلَيْهِ الْمِيقَدَةُ.

[ش ع ل]: فِي الْعُيُوبِ مِنْ خِزَانَةِ الْفِقْهِ (الْإِشْعَالُ) بَيَاضُ الْأَشْفَارِ، وَإِنَّمَا الْمَذْكُورُ فِيمَا عِنْدِي: فَرَسٌ أَشْعَلُ بَيِّنُ الشَّعَلِ، وَهُوَ بَيَاضٌ فِي طَرَفِ الذَّنَبِ، وَقَدْ أَشْعَلَ إِشْعِيلَالًا.

وَعَنْ اللَّيْثِ: هُوَ بَيَاضٌ فِي النَّاصِيَةِ وَالذَّنَبِ، وَقِيلَ: فِي الرَّأْسِ وَالنَّاصِيَةِ، وَالِاسْمُ الشُّعْلَةُ.

وَعَنْ أَبِي عُبَيْدَةَ: غُرَّةٌ شَعْلَاءُ تَأْخُذُ إِحْدَى الْعَيْنَيْنِ حَتَّى تَدْخُلَ فِيهَا، وَكَأَنَّ مَا ذَكَرَ أَبُو اللَّيْثِ مَأْخُوذٌ مِـنْ هَذَا، إِلَّا أَنَّ اللَّفْظَ لَمْ يُضْبَطْ فَوُضِعَ الْإِشْعَالُ مَوْضِعَ الْإِشْعِيلَالِ.

الشِّينُ مَعَ الْغَيْنِ الْمُعْجَمَةِ

[ش غ ر]: (الشِّغَارُ) أَنْ يُشَاغِرَ الرَّجُلُ الرَّجُلَ، وَهُوَ أَنْ يُزَوِّجَهُ كَرِيمَتَهُ عَلَى أَنْ يُزَوِّجَهُ الْآخَرُ كَرِيمَتَـهُ، وَلَا مَهْرَ إِلَّا هَذَا، وَتَحْقِيقُهُ فِي الْمُعْرِبِ.

---

(١) أخرجه الحاكم في المستدرك ج١٠٦/٢، والبيهقي في السنن الكبرى ج٣٦١/٦، وفي دلائل النبوة ج٧٠/٣.

الشِّينُ مَعَ الْفَاءِ

[ش ف ر]: (شُفْرُ) كُلِّ شَيْءٍ حَرْفُهُ وَالتَّرْكِيبُ يَدُلُّ عَلَى ذَلِكَ، وَمِنْهُ: شَفْرَةُ السَّيْفِ حَدُّهُ.

(وَشَفِيرُ الْبِئْرِ أَوْ النَّهْرِ) حَرْفُهُ (وَمِشْفَرُ الْبَعِيرِ) شَفَتُهُ.

وَأَمَّا قَوْلُهُمْ: أَصْغَرُ الْقَوْمِ شَفْرَتُهُمْ، أَيْ: خَادِمُهُمْ، فَمُسْتَعَارٌ مِنْ الشَّفْرَةِ، وَهُوَ السِّكِّينُ الْعَرِيضَةُ؛ لِأَنَّهُ يُمْتَهَنُ فِي الْأَعْمَالِ كَمَا تُمْتَهَنُ هَذِهِ فِي قَطْعِ اللَّحْمِ وَغَيْرِهِ.

وَعَنْ أَبِي الْهَيْثَمِ: يُقَالُ لِنَاحِيَتَيْ فَرْجِ الْمَرْأَةِ: الْإِسْكَتَانِ، وَلِطَرَفَيْهِمَا الشُّفْرَانِ.

(وَشُفْرُ الْعَيْنِ) بِالضَّمِّ أَيْضًا مَنْبِتُ الْأَهْدَابِ، وَمِنْهُ قَوْلُ النَّاصِحِيِّ: وَفِي أَشْفَارِ الْعَيْنِ الدِّيَةُ إذَا ذَهَبَ الشَّعْرُ وَلَمْ يَنْبُتْ، وَهَذَا ظَاهِرٌ. وَأَمَّا لَفْظُ رِوَايَةِ "الْمَبْسُوطِ": وَفِي أَشْفَارِ الْعَيْنَيْنِ الدِّيَةُ كَامِلَةً إذَا لَمْ تَنْبُتْ، فَالصَّوَابُ فِيهِ ضَمُّ حَرْفِ الْمُضَارَعَةِ مِنْ الْإِنْبَاتِ، أَيْ: إذَا لَمْ تُنْبِتْ الْأَهْدَابَ أَوْ الشَّعْرَ وَإِنْ صَحَّ الْفَتْحُ فَعَلَى مَعْنَى: إذَا لَمْ تَنْبُتْ أَهْدَابُهَا، ثُمَّ حُذِفَ الْمُضَافُ وَأُسْنِدَ الْفِعْلُ إلَى ضَمِيرِ الْمُضَافِ إلَيْهِ، وَإِنَّمَا بَسَطْتُ الْكَلَامَ فِيهِ لِيُعْلَمَ أَنَّ أَحَدًا مِنْ الثِّقَاتِ لَمْ يَذْكُرْ أَنَّ الْأَشْفَارَ الْأَهْدَابُ.

وَالْعَجَبُ مَنْ الْقُتَبِيِّ أَنَّهُ بَالَغَ فِي ذَلِكَ حَتَّى قَالَ: تَذْهَبُ الْعَامَّةُ فِي أَشْفَارِ الْعَيْنِ إلَى أَنَّهَا الشَّعْرُ وَذَلِكَ غَلَطٌ، وَإِنَّمَا الْأَشْفَارُ حُرُوفُ الْعَيْنِ الَّتِي يَنْبُتُ عَلَيْهَا الشَّعْرُ، وَالشَّعْرُ هُوَ الْهُدْبُ، ثُمَّ لَمَّا انْتَهَى إلَى حَدِيثِ أُمِّ مَعْبَدٍ فِي صِفَةِ النَّبِيِّ عَلَيْهِ الصَّلَاةُ وَالسَّلَامُ: "فِي عَيْنَيْهِ دَعَجٌ". أَيْ: سَوَادٌ،" وَفِي أَشْفَارِهِ غَطَفٌ أَوْ عَطَفٌ أَوْ وَطَفٌ". فَسَّرَ الْأَلْفَاظَ الثَّلَاثَةَ بِالطُّولِ، وَلَمْ يَتَعَرَّضْ لِلْأَشْفَارِ أَنَّهَا حَقِيقَةٌ هَاهُنَا أَوْ مَجَازٌ.

قُلْتُ: الْوَجْهُ أَنْ يَكُونَ عَلَى حَذْفِ الْمُضَافِ كَأَنَّهُ قِيلَ: وَفِي شَعَرِ أَشْفَارِهِ وَطَفٌ، وَإِنَّمَا حُذِفَ لِأَمْنِ الْإِلْبَاسِ، وَأَنَّ الْمَدْحَ إنَّمَا يَكُونُ فِي الْأَهْدَابِ لَا فِي الْأَشْفَارِ نَفْسِهَا، أَوْ سُمِّيَ النَّابِتُ بِاسْمِ الْمَنَابِتِ لِمُلَابَسَةٍ بَيْنَهُمَا، وَذَلِكَ غَيْرُ عَزِيزٍ فِي كَلَامِهِمْ.

[ش ف ع]: يُكْرَهُ الصَّلَاةُ بَيْنَ (الْأَشْفَاعِ)، يَعْنِي: التَّرَاوِيحَ، كَأَنَّهُ جَمْعُ الشَّفْعِ خِلَافُ الْوَتْرِ، وَمِنْهُ: شَاةٌ شَافِعٌ: مَعَهَا وَلَدُهَا، وَنَاقَةٌ شَافِعٌ فِي بَطْنِهَا وَلَدُهَا وَيَتْلُوهَا آخَرُ، عَنْ شِمْرٍ عَنْ الْفَرَّاءِ.

(وَالشُّفْعَةُ) اسْمٌ لِلْمِلْكِ الْمَشْفُوعِ بِمِلْكٍ مِنْ قَوْلِهِمْ: كَانَ وِتْرًا فَشَفَعْتُهُ بِآخَرَ، أَيْ: جَعَلْتُهُ زَوْجًا لَهُ. وَمِنْهُ الْحَدِيثُ: "لَتَشْفَعَنَّهَا". وَنَظِيرُهَا الْأُكْلَةُ وَاللُّقْمَةُ، فَإِنَّ كُلًّا مِنْهُمَا فُعْلَةٌ

بِمَعْنَى مَفْعُولٍ هَذَا أَصْلُهَا، ثُمَّ جُعِلَتْ عِبَارَةً عَنْ تَمَلُّكٍ مَخْصُوصٍ، وَقَدْ جَمَعَهُمَا الشَّعْبِيُّ فِي قَوْلِهِ: مَنْ بِيعَتْ شُفْعَتُهُ وَهُوَ حَاضِرٌ فَلَمْ يَطْلُبْ ذَلِكَ فَلَا شُفْعَةَ لَهُ.

وَعَنْ الْقُتَبِيِّ: كَانَ الرَّجُلُ فِي الْجَاهِلِيَّةِ إِذَا أَرَادَ بَيْعَ مَنْزِلٍ أَتَاهُ جَارُهُ فَشَفَعَ إِلَيْهِ، أَيْ: طَلَبَ فِيمَا بَاعَ فَشَفَّعَهُ، أَيْ: قَبِلَ شَفَاعَتَهُ، وَجَعَلَهُ أَوْلَى بِالْمَبِيعِ مِمَّنْ بَعُدَ سَبَبُهُ.

قُلْتُ: وَكَأَنَّهُ أَخَذَهُ مِنَ الشَّفَاعَةِ؛ لِأَنَّ فِيهَا طَلَبًا، وَالْأَوَّلُ هُوَ الْأَصْلُ وَلَمْ نَسْمَع مِنْهَا فِعْلًا.

وَأَمَّا قَوْلُهُ: وَلَوْ بَاعَ الشَّفِيعُ دَارِهِ الَّتِي يَشْفَعُ بِهَا أَوْ نَصِيبَهُ الَّذِي يَشْفَعُ بِهِ، فَمِنْ لُغَةِ الْفُقَهَاءِ، وَعَلَى هَذَا قَوْلُهُ: إِذَا أَرَادَ الشَّفِيعُ أَخْذَ بَعْضِ الدَّارِ الْمَشْفُوعَة دُونَ بَعْضٍ، يَعْنِي: الدَّارَ الَّتِي أُخِذَتْ بِالشُّفْعَةِ، الصَّوَابُ: الْمَشْفُوعُ بِهَا، كَمَا فِي الْمَوْضِعِ الْآخَرِ، يَعْنِي: الدَّارَ الَّتِي أُخِذَتْ بِالشُّفْعَةِ.

[ش ف ف]: (شَفَّ) الثَّوْبُ: رَقَّ حَتَّى رَأَيْت مَا وَرَاءَهُ مِنْ بَابِ ضَرَبَ، وَمِنْهُ: إِذَا كَانَا ثَخِينَيْنِ لَا يَشِفَّانِ، وَنَفْيُ الشُّفُوفِ تَأْكِيدٌ لِلثَّخَانَةِ، وَأَمَّا يَنْشَفَانِ فَخَطَأٌ. (وَثَوْبٌ شَفٌّ) رَقِيقٌ.

(وَالشِّفُّ) بِالْكَسْرِ: الْفَضْلُ وَالزِّيَادَةُ، وَمِنْهُ: نَهَى عَنْ شِفِّ مَا لَمْ يُضْمَنْ أَرَادَ الرِّبْحَ، وَفِي حَدِيثِ رَافِعٍ: فَكَانَ الْخَلْخَالُ أَشَفَّ مِنْهَا قَلِيلًا، أَيْ: أَفْضَلَ مِنَ الدَّرَاهِمِ وَأَزْيَدَ مِنْهَا، وَفِي حَدِيثِهِ عَلَيْهِ الصَّلَاةُ وَالسَّلَامُ: "لَا تَبِيعُوا الذَّهَبَ بِالذَّهَبِ إِلَّا مِثْلًا بِمِثْلٍ، لَا تُشِفُّوا بَعْضَهَا عَلَى بَعْضٍ"[1]. أَيْ: لَا تُفَضِّلُوا.

[ش ف ق]: (الشَّفَقُ) الْحُمْرَةُ عَنْ جَمَاعَةٍ مِنْ الصَّحَابَةِ، وَهُوَ عَمْرُو بن عُمَرَ وَابْنُ عَبَّاسٍ وَعُبَادَةُ بن الصَّامِتِ وَشَدَّادُ بن أَوْسٍ، وَمِنْ التَّابِعِينَ مَكْحُولٌ وَطَاوُسٌ وَمَالِكٌ وَالثَّوْرِيُّ وَابْنُ أَبِي لَيْلَى، وَهُوَ قَوْلُ أَبِي يُوسُفَ وَمُحَمَّدٍ رَحِمَهُمَا اللهُ.

وَعَنْ أَبِي هُرَيْرَةَ رَضِيَ اللهُ عَنْهُ: أَنَّهُ الْبَيَاضُ، وَإِلَيْهِ ذَهَبَ أَبُو حَنِيفَةَ رَحِمَهُ اللهُ تَعَالَى، وَالْأَوَّلُ قَوْلُ أَهْلِ اللُّغَةِ، وَفِي "جَمْعِ التَّفَارِيقِ": قَالَ أَبُو حَنِيفَةَ رَحِمَهُ اللهُ: آخِرُ الشَّفَقِ الْحُمْرَةُ.

(وَالشَّفَقُ) فِي مَعْنَى الرَّدِيءِ فِي (خ ر، خ ر ث).

[ش ف هـ]: (رَجُلٌ أَشْفَهُ) وَشُفَاهِيٌّ: عَظِيمُ الشَّفَتَيْنِ، وَيُقَالُ: هُمْ أَهْلُ الشَّفَةِ، أَيْ:

---

(١) أخرجه البخاري (٢١٧٧)، ومسلم (١٥٨٥)، والترمذي (١٢٤١)، وأبو داود (٣٣٥٣)، والنسائي (٤٥٧٠)، ومالك في الموطأ رواية يحيى الليثي (١٣٢٤)، وأحمد في مسنده (٢٣٤٤٧).

الَّذِينَ لَهُمْ حَقُّ الشُّرْبِ بِشِفَاهِهِمْ، وَأَنْ يَسْقُوا دَوَابَّهُمْ.

(وَصَاحِبُ الْمُشَافَهَاتِ) هُوَ عَلِيُّ بن إِسْحَاقَ الْحَنْظَلِيُّ؛ لِأَنَّهُ زَعَمَ أَنَّ مَا ذُكِرَ مِنَ التَّفْسِيرِ كُلِّهِ مُسْنَدٌ إِلَى رَسُولِ اللهِ صَلَّى اللهُ عَلَيْهِ وَآلِهِ وَسَلَّمَ، فَكَأَنَّهُ شَافَهَهُ بِهِ.

[ش ف ي]: (الْأَشَافِي) جَمْعُ الْإِشْفَى، وَهُوَ الْمِخْرَزُ.

الشِّينُ مَعَ الْقَافِ

[ش ق ح]: (أَشْقَحَ) النَّخْلُ وَشَقَحَ، إِذَا تَغَيَّرَ الْبُسْرُ لِلاصْفِرَارِ بَعْدَ الاخْضِرَارِ.

[ش ق ر]: (الشُّقُورُ) الْأُمُورُ الْمُهِمَّةُ جَمْعُ شَقْرٍ، وَمِنْهُ الْمَثَلُ: أَفْضَيْتُ إِلَيْهِ بِشُقُورِي، وَالْعَيْنُ تَصْحِيفٌ، وَمَعْنَاهُ: أَبْثَثْتُهُ سِرِّي وَأَخْبَرْتُهُ بِجَمِيعِ أُمُورِي.

[ش ق ص]: (الشِّقْصُ) الْجُزْءُ مِنَ الشَّيْءِ وَالنَّصِيبُ، وَالشَّقِيصُ مِثْلُهُ، وَمِنْهُ: التَّشْقِيصُ التَّجْزِيَةُ، وَفِي الْحَدِيثِ: "مَنْ لَعِبَ بِالنَّرْدِ فَلْيُشَقِّصْ الْخَنَازِيرَ"[1]. أَيْ: فَلْيَجْعَلْهَا أَجْزَاءً وَأَعْضَاءً لِلْأَكْلِ وَالْبَيْعِ، وَالْمَعْنَى: أَنَّ مَنْ فَعَلَ هَذَا كَانَ كَمَنْ فَعَلَ ذَلِكَ لِأَنَّهُمَا سَوَاءٌ فِي التَّحْرِيمِ.

[ش ق ق]: (الشُّقَاقُ) بِالضَّمِّ تَشَقُّقُ الْجِلْدِ، وَمِنْهُ: طَلَى شُقَاقَ رِجْلِهِ، وَهُوَ خَاصٌّ، وَأَمَّا الشَّقُّ لِوَاحِدِ الشُّقُوقِ فَعَامٌّ، وَمِنْهُ: شَقُّ الْقَبْرِ لِضَرِيحِهِ.

وَفِي "التَّهْذِيبِ": قَالَ اللَّيْثُ: الشُّقَاقُ تَشَقُّقُ الْجِلْدِ مِنْ بَرْدٍ أَوْ غَيْرِهِ فِي الْيَدَيْنِ وَالْوَجْهِ، وَقَالَ الْأَصْمَعِيُّ: الشُّقَاقُ فِي الْيَدِ وَالرِّجْلِ مِنْ بَدَنِ الْإِنْسَانِ وَالْحَيَوَانِ، وَأَمَّا (الشُّقُوقُ) فَهِيَ صُدُوعٌ فِي الْجِبَالِ وَالْأَرْضِ.

وَفِي "التَّكْمِلَةِ": عَنْ يَعْقُوبَ، يُقَالُ: بِيَدِ فُلَانٍ شُقُوقٌ، وَلَا يُقَالُ: شُقَاقٌ؛ لِأَنَّ الشُّقَاقَ فِي الدَّوَابِّ، وَهِيَ صُدُوعٌ فِي حَوَافِرِهَا وَأَرْسَاغِهَا، وَهَكَذَا فِي الْمَقَايِيسِ، وَمَا فِي خِزَانَةِ الْفِقْهِ مُوَافِقٌ لِقَوْلِ اللَّيْثِ.

(وَذَاتُ الشُّقُوقِ) مَوْضِعٌ بِقُرْبِ مَكَّةَ[2] وَرَاءَ الْحَرَمِ.

(وَالشِّقُّ) بِالْكَسْرِ: الْجَنْبُ، فِي قَوْلِهِ: فَجُحِشَ شِقُّهُ الْأَيْسَرُ، وَالنِّصْفُ وَالْجَانِبُ فِي قَوْلِهِ: وَلَهَا شِقٌّ مَائِلٌ، أَيْ: هِيَ مَفْلُوجَةٌ، وَكَذَا فِي قَوْلِهِ: تَكَارَى شِقَّ مَحْمَلٍ، وَمِنْهُ: شَاقَّهُ

---

(١) أخرجه أبو داود (٣٤٨٩)، وأحمد في مسنده (٢١٠٢)، والدارمي فس سننه (٢١٠٢).

(٢) في خ: "فَيْدٍ".

مُشَاقَّةً، إِذَا خَالَفَهُ، كَأَنَّهُ صَارَ بِشِقٍّ مِنْهُ.

(وَالشِّقُّ) أَيْضًا مِنْ حُصُونِ خَيْبَرَ، وَرُوِيَ بِالْفَتْحِ.

(وَالشِّقَّةُ) الْقِطْعَةُ مِنْ كُلِّ خَشَبَةٍ، وَمِنْهَا حَدِيثُ عَدِيٍّ: "فَذَبَحَهُ بِشِقَّةِ الْعَصَا". وَبِالضَّمِّ الْقِطْعَةُ مِنْ الثَّوْبِ، وَبِتَصْغِيرِهَا جَاءَ الْحَدِيثُ: "وَعَلَيْهِ شُقَيْقَةٌ سُنْبُلَانِيَّةٌ". وَجَمْعُهَا: شُقَقٌ.

(وَشِقَاقٌ) بِالْكَسْرِ، يُقَالُ: فُلَانٌ يَبِيعُ شِقَاقَ الْكَتَّانِ، وَمِنْهُ قَوْلُهُ فِي الزِّيَادَاتِ: اشْتَرَى مُلَاءَةً فَوَجَدَهَا شِقَاقًا.

(وَالشُّقَّةُ) بِالضَّمِّ أَيْضًا: الطَّرِيقُ يَشُقُّ عَلَى سَالِكِهِ قَطْعُهُ، أَيْ: يَشْتَدُّ عَلَيْهِ، وَقَوْلُهُ: يُسْتَسْعَى الْعَبْدُ غَيْرَ مَشْقُوقٍ، عَلَى حَذْفِ الصِّلَةِ كَمَا فِي الْمَنْدُوبِ، وَالصَّوَابُ إِثْبَاتُهَا.

الشِّينُ مَعَ الْكَافِ

[ش ك ر]: (شَكَرَهُ) لُغَةٌ فِي شَكَرَ لَهُ، وَفِي دُعَاءِ الْقُنُوتِ: نَشْكُرُكَ، كَمَا يَجْرِي عَلَى أَلْسِنَةِ الْعَامَّةِ لَيْسَ بِمُثْبَتٍ فِي الرِّوَايَةِ أَصْلًا.

[ش ك ك]:، وَقَوْلُهُ: (فَشَكَّ) رِجْلَهُ مَعَ رِكَابِهِ، أَيْ: شَقَّهَا وَانْتَظَمَهَا.

[ش ك ل]: (الشَّكْلُ) بِالْفَتْحِ الْمِثْلُ وَالشِّبْهُ، وَالْجَمْعُ: أَشْكَالٌ، وَمِنْهُ: أَشْكَلَ الْأَمْرُ، إِذَا اشْتَبَهَ، وَرَجُلٌ أَشْكَلُ الْعَيْنِ وَأَشْهَلُ الْعَيْنِ وَفِيهَا شُكْلَةٌ، وَهِيَ حُمْرَةٌ فِي بَيَاضِهَا، وَشُهْلَةٌ فِي سَوَادِهَا.

(وَفَرَسٌ مَشْكُولٌ) بِهِ شِكَالٌ، وَهُوَ أَنْ يَكُونَ الْبَيَاضُ فِي يَدٍ وَرِجْلٍ مِنْ خِلَافٍ.

[ش ك و]: (الْإِشْكَاءُ) إِزَالَةُ الشِّكَايَةِ، وَمِنْهُ: "شَكَوْنَا إِلَى رَسُولِ اللهِ صَلَّى اللهُ عَلَيْهِ وَآلِهِ وَسَلَّمَ حَرَّ الرَّمْضَاءِ فَلَمْ يُشْكِنَا".

الشِّينُ مَعَ اللَّامِ

[ش ل ل]: (شَلَّتْ) يَدُهُ شَلَلًا مِنْ بَابِ لَبِسَ، وَهِيَ شَلَّاءُ، وَمَنْ قَالَ: شَلَّ الْمَارِنُ، وَشَلَّتْ الْأُذُنُ، فَهُوَ عَجَمِيٌّ.

[ش ل و] (أَشْلَيْتُ) الْكَلْبَ لِلصَّيْدِ: دَعَوْتُهُ إِشْلَاءً، وَأَمَّا أَشْلَيْتُهُ بِالصَّيْدِ وَعَلَى الصَّيْدِ بِمَعْنَى أَغْرَيْتُهُ، فَقَدْ أَنْكَرَهُ ثَعْلَبٌ وَأَجَازَهُ غَيْرُهُ، وَعَلَيْهِ مَا فِي الْإِيضَاحِ: مُسْلِمٌ أَرْسَلَ كَلْبَهُ فَزَجَرَهُ مَجُوسِيٌّ (وَأَشْلَاهُ) عَلَى الصَّيْدِ.

الشِّينُ مَعَ الْمِيمِ

[ش م ر خ]: (الشِّمْرَاخُ) فِي (ع ث، ع ث ك ل).

[ش م س]: (السَّنَةُ الشَّمْسِيَّةُ) ثَلَاثُمِائَةٍ وَخَمْسَةٌ وَسِتُّونَ يَوْمًا وَرُبْعُ يَوْمٍ إِلَّا جُزْءًا مِنْ ثَلَاثِمِائَةِ جُزْءٍ مِنْ يَوْمٍ. (وَالْقَمَرِيَّةُ) ثَلَاثُمِائَةٍ وَأَرْبَعَةٌ وَخَمْسُونَ يَوْمًا وَخُمُسُ يَوْمٍ وَسُدُسُهُ، وَفَضْلُ مَا بَيْنَهُمَا عَشَرَةُ أَيَّامٍ وَثُلُثُ وَرُبُعُ عُشْرِ يَوْمٍ بِالتَّقْرِيبِ عَلَى رَأْيِ بَطْلَيْمُوسَ، وَهُوَ اسْمُ حَكِيمٍ.

(وَخَيْلٌ شُمُسٌ) بِضَمَّتَيْنِ جَمْعُ شَمُوسٍ، هُوَ الَّذِي يَمْنَعُ ظَهْرَهُ وَلَا يَكَادُ يَسْتَقِرُّ.

(وَالشَّمَّاسُ) بِتَشْدِيدِ الْمِيمِ مِنْ رُؤَسَاءِ النَّصَارَى الَّذِي يَحْلِقُ وَسَطَ رَأْسِهِ وَيَكُونُ مُلَازِمًا لِلْبِيعَةِ، وَبِهِ سُمِّيَ جَدُّ ثَابِتِ بن قَيْسِ بن شَمَّاسٍ فِي حَدِيثِ الْخُلْعِ، وَالْجَمْعُ: الشَّمَامِسَةُ.

[ش م ط] (رَجُلٌ أَشْمَطُ) خَالَطَ شَعْرَهُ بَيَاضٌ، وَبِالْفَارِسِيَّةِ دُومُوي.

وَفِي أَجْنَاسِ النَّاطِفِيِّ: (الشَّمَطُ) عَيْبٌ، قَالَ: وَهُوَ بَيَاضُ شَعْرِ رَأْسِهِ فِي مَكَانٍ وَاحِدٍ وَالْبَاقِي أَسْوَدُ. قَالَ ابْنُ فَارِسٍ: وَالشَّمَطُ اخْتِلَاطُ الشَّيْبِ بِسَوَادِ الشَّبَابِ وَكُلُّ خَلِيطَيْنِ خَلَطْتَهُمَا فَقَدْ شَمَطْتَهُمَا، وَمِنْهُ قِيلَ لِلصَّبَاحِ: شَمِيطٌ لِاخْتِلَاطِ بَيَاضِهِ بِبَاقِي ظُلْمَةِ اللَّيْلِ.

وَعَنْ اللَّيْثِ: الشَّمَطُ فِي الرَّجُلِ شَيْبُ اللِّحْيَةِ، وَقِيلَ: الشَّمَطُ بَيَاضُ شَعْرِ الرَّأْسِ يُخَالِطُ سَوَادَهُ، وَلَا يُقَالُ لِلْمَرْأَةِ: شَيْبَاءُ، وَلَكِنْ شَمْطَاءُ، وَتَفْصِيلُ النَّاطِفِيِّ لِبَيَانِ أَنَّ الشَّمَطَ مَتَى يَكُونُ عَيْبًا لَا أَنَّهُ تَحْدِيدٌ لُغَوِيٌّ.

[ش م ل]: (الشَّمْلَةُ) كِسَاءٌ يُشْتَمَلُ بِهِ، وَقَوْلُهُ: جَمَعَ اللهُ شَمْلَهُ، أَيْ: مَا تَشَتَّتَ مِنْ أَمْرِهِ.

[ش م م]: (شَمُّ) الرَّائِحَةِ مَعْرُوفٌ مِنْ بَابِ لَبِسَ، وَقَدْ جَاءَ مِنْ بَابِ طَلَبَ، وَفِي "الْوَاقِعَاتِ": رَجُلٌ دَخَلَ الْمُخَاطُ أَنْفَهُ فَاسْتَشَمَّهُ فَأَدْخَلَهُ فِي حَلْقِهِ، أَرَادَ اسْتَنْشَقَهُ فَاسْتَعَارَ ذَلِكَ كَمَا أُسْتُعِيرَ الِاسْتِنْشَاقُ لِلشَّمِّ.

الشِّينُ مَعَ النُّونِ

[ش ن أ]: (شَنَأَهُ) أَبْغَضَهُ، وَهُوَ شَانِئٌ، وَهِيَ شَانِئَةٌ.

[ش ن ج]: (شَنِجَ) جِلْدُهُ شَنَجًا: تَقَبَّضَ وَانْزَوَى مِنْ مَسِّ النَّارِ، وَتَشَنَّجَ مِثْلُهُ،

وَقَبَاءٌ مُشَنَّجٌ.

وَفِي "الْمُنْتَقَى": مَنْ اسْتَنْجَى وَلَمْ يُدْخِلْ إِصْبَعَهُ فَلَيْسَ بِنَظِيفٍ، قَالَ: يَعْنِي الشَّنَجَ الظَّاهِرَ، وَهُوَ مَا حَوْلَ الْمَخْرَجِ مِنْ غَضْنٍ نَحْوَ تَشَنُّجِ الْقَبَاءِ.

[ش ن ر]: (الشَّنَارُ) الْعَيْبُ.

[ش ن ز]: (الشُّونِيزُ) نَوْعٌ مِنْ الْحَبِّ، وَقِيلَ: هُوَ الْحَبَّةُ السَّوْدَاءُ.

[ش ن ع]: (الشَّنَاعَةُ) الْقُبْحُ، وَعَنْ الْهِنْدُوَانِيِّ: الصُّفْرَةُ الْمُشَنَّعَةُ تَفْوِيتٌ لِلْجَمَالِ، أَيْ: الْقَبِيحَةُ مِنْ شَنَّعْتُ عَلَيْهِ الْأَمْرَ، إذَا قَبَّحْتَهُ عَلَيْهِ.

[ش ن ق]: (الشَّنَقُ) مَا بَيْنَ الْفَرِيضَتَيْنِ فِي الزَّكَاةِ وَتَمَامُهُ فِي (و ق، و ق ص).

وَمِنْهُ: وَلَا شِنَاقَ، أَيْ: لَا يُؤْخَذُ شَيْءٌ مِمَّا زَادَ عَلَى الْخَمْسِ إِلَى التِّسْعِ مَثَلًا، وَعَنْ أَبِي سَعِيدٍ الضَّرِيرِ: هُوَ مِثْلُ الْخِلَاطِ، وَفِيهِ نَظَرٌ.

وَأَمَّا الْحَدِيثُ الْآخَرُ: فَقَامَ إِلَى قِرْبَةٍ فَأَطْلَقَ شِنَاقَهَا ثُمَّ تَوَضَّأَ، فَالْمُرَادُ بِهِ الْوِكَاءُ.

[ش ن ن]: (الشَّنُّ) السِّقَاءُ الْبَالِي، وَالْمَاءُ يَكُونُ فِيهِ أَبْرَدَ، وَجَمْعُهُ: شِنَانٌ.

(وَالشَّنُّ) مَصْدَرُ شَنَّ الْمَاءَ إذَا صَبَّهُ مُتَفَرِّقًا مِنْ بَابِ طَلَبَ، وَمِنْهُ: وَشَنُّوا الْغَارَةَ، أَيْ: فَرِّقُوهَا، وَالْغَارَةُ هَاهُنَا الْخَيْلُ الْمُغِيرَةُ.

وَفِي مَثَلٍ: (شِنْشِنَةٌ) أَعْرِفُهَا مِنْ أَخْزَمَ، وَهِيَ الطَّبِيعَةُ وَالْعَادَةُ تُضْرَبُ فِي قُرْبِ الشَّبَهِ، وَقَدْ تَمَثَّلَ بِهِ عُمَرُ رَضِيَ اللهُ عَنْهُ لِابْنِ عَبَّاسٍ رَضِيَ اللهُ عَنْهُمَا يُشَبِّهُهُ بِأَبِيهِ؛ لِأَنَّهُ فِيمَا يُقَالُ: لَمْ يَكُنْ لِقُرَشِيٍّ رَأْيُ مِثْلُ الْعَبَّاسِ، وَأَوَّلُ مَنْ قَالَ هَذَا جَدُّ جَدِّ حَاتِمٍ؛ لِأَنَّهُ ابْنُ عَبْدِ اللهِ بن سَعْدِ بْنِ الْحَشْرَجِ بْنِ امْرِئِ الْقَيْسِ بْنِ عَدِيٍّ بْنِ أَخْزَمَ بن أَبِي أَخْزَمَ الطَّائِيُّ، كَذَا أُثْبِتَ نَسَبُهُ فِي النَّفْيِ، وَذَلِكَ أَنَّ حَاتِمًا حِينَ نَشَأَ وَتَقَبَّلَ أَخْلَاقَ جَدِّهِ أَخْزَمَ فِي الْجُودِ، قَالَ جَدُّهُ: شِنْشِنَةٌ أَعْرِفُهَا مِنْ أَخْزَمَ، وَقَدْ تَمَثَّلَ بِهِ عَقِيلُ بن عُلَّفَةَ الْمُرِّيُّ حِينَ جَرَحَهُ بَنُوهُ فَقَالَ:

إِنَّ بَنِيَّ ضَرَّجُونِي بِالدَّمِ
مَنْ يَلْقَ آسَادَ الرِّجَالِ يُكْلَمِ
شِنْشِنَةٌ أَعْرِفُهَا مِنْ أَخْزَمِ

قَالَ الْحَرِيرِيُّ: مَنْ ادَّعَى أَنَّ الْمَثَلَ لَهُ فَقَدْ سَهَا فِيهِ.

الشِّينُ مَعَ الْوَاوِ

[ش و ذ]: (الْمَشَاوِذُ) جَمْعُ مِشْوَذٍ، وَهُوَ الْعِمَامَةُ.

[ش و ر]: (شَارَ الدَّابَّةَ فِي الْمِشْوَارِ) عَرَضَهَا لِلْبَيْعِ، وَمِنْهُ: فَحَمَلَ عَلَيْهِ رَجُلًا يَشُورُهُ، أَيْ: يُقْبِلُ بِهِ وَيُدْبِرُ لِيَنْظُرَ كَيْفَ يَجْرِي، بِمَصْدَرِهِ سُمِّيَ وَالِدُ الْقَعْقَاعِ بن شَوْرٍ الْمَضْرُوبِ بِهِ الْمَثَلُ فِي حُسْنِ الْجِوَارِ.

(وَشَاوَرْت) فُلَانًا فِي كَذَا، وَتَشَاوَرُوا وَاسْتَشْوَرُوا، وَالشُّورَى: التَّشَاوُرُ، وَقَوْلُهُمْ:تَرَكَ عُمَرُ رَضِيَ اللهُ عَنْهُ الْخِلَافَةَ (شُورَى) أَيْ: مُتَشَاوَرًا فِيهَا؛ لِأَنَّهُ رَضِيَ اللهُ عَنْهُ جَعَلَهَا فِي سِتَّةٍ وَلَمْ يُعَيِّنْ لَهَا وَاحِدًا، وَهُمْ: عُثْمَانُ وَعَلِيٌّ وَطَلْحَةُ وَالزُّبَيْرُ وَعَبْدُ الرَّحْمَنِ بن عَوْفٍ وَسَعْدُ بن أَبِي وَقَّاصٍ رَضِيَ اللهُ تَعَالَى عَنْهُمْ.

[ش و س]: (الشَّوَسُ) مَصْدَرُ الْأَشْوَسِ، وَهُوَ أَنْ يَنْظُرَ بِمُؤَخَّرِ عَيْنِهِ تَكَبُّرًا أَوْ تَغَيُّظًا، وَبِتَصْغِيرِهِ مُرَخَّمًا سُمِّيَ شُوَيْسٌ فِي حَدِيثِ مَيْسَانَ، وَكُنْيَتُهُ أَبُو الرُّقَادِ.

[ش و ص]: (الشَّوْصُ) الْغَسْلُ، وَمِنْهُ الْحَدِيثُ: "وَكَانَ يَشُوصُ فَاهُ"(١). أَيْ: يُنَقِّي أَسْنَانَهُ وَيَغْسِلُهَا، وَفِي قَوْلِهِ عَلَيْهِ الصَّلَاةُ وَالسَّلَامُ: "مَنْ شَمَّتَ الْعَاطِسَ بِالْحَمْدِ لله، فَقَدْ أَمِنَ الشَّوْصَ وَاللَّوْصَ وَالْعِلَّوْصَ"(٢). الشَّوْصُ: وَجَعُ الضِّرْسِ، وَاللَّوْصُ: وَجَعُ الْأُذُنِ، وَالْعِلَّوْصُ: اللَّوَى، وَهُوَ التُّخَمَةُ.

[ش و ط]: (الْأَشْوَاطُ) جَمْعُ شَوْطٍ، وَهُوَ جَرْيُ مَرَّةٍ إِلَى الْغَايَةِ.

[ش و ع]: سَعِيدُ بن (أَشْوَعَ) قَاضِي الْكُوفَةِ مِنْ قِبَلِ خَالِدِ بن عَبْدِ اللهِ الْقَسْرِيِّ.

[ش و ف]: (الْمُطَلَّقَةُ) طَلَاقًا رَجْعِيًّا تَتَشَوَّفُ لِزَوْجِهَا، أَيْ: تَتَزَيَّنُ، بِأَنْ تَجْلُوَ وَجْهَهَا وَتَصْقُلَ خَدَّيْهَا مِنْ شَافَ الْحَلْيَ إِذَا جَلَاهُ.

[ش و هـ]: (امْرَأَةٌ شَوْهَاءُ) قَبِيحَةُ الْوَجْهِ، وَقَدْ شَوِهَتْ شَوَهًا، وَالشِّيَاهُ جَمْعُ شَاةٍ.

الشِّينُ مَعَ الْهَاءِ

[ش هـ ب]: (الشَّهَبُ) أَنْ يَغْلِبَ الْبَيَاضُ السَّوَادَ، وَبَغْلَةٌ (شَهْبَاءُ).

[ش هـ ب ن]: (شَهْبَانُو) وَفِي أَنْسَابِ الطَّالِبِيَّةِ: شَهْرَبَانُو بِنْتُ يَزْدَجِرْدَ بن كِسْرَى أُمُّ

---

(١) أخرجه البخاري (٢٤٦) (٨٩٩) (١١٣٦)، ومسلم (٢٥٧).
(٢) ذكره السخاوي في المقاصد الحسنة فيما اشتهر على الألسنة (١١٣٠).

زَيْنِ الْعَابِدِينَ زَوْجُ الْحُسَيْنِ بن عَلِيٍّ رَضِيَ اللـه عَنْهُمْ، وَيُقَالُ لَهَا: شَهْرَبَانُويَهْ وَجَيْدَاءُ وَغَزَالَةٌ.

[ش هـ د ج]: (الشَّهْدَانَجُ) بَزْرُ شَجَرِ الْقُنَّبِ.

[ش هـ د]: (شَهِدَ الْمَكَانَ) حَضَرَهُ شُهُودًا، وَمِنْهُ: شَهِدَ الْجُمُعَـةَ، إِذَا أَدْرَكَهَـا، وَقَـوْلُ عَائِشَـةَ رَضِيَ اللـه عَنْهَا لِأَخِيهَا عَبْدِ الرَّحْمَنِ: لَوْ شَهِدْتُك مَا زُرْتُك، أَيْ: لَوْ شَاهَدْتُك حَالَ الْحَيَاةِ لَمَا زُرْتُك بَعْدَ الْوَفَاةِ.

وَأَمَّا قَوْله تَعَالَى: ﴿فَمَنْ شَهِدَ مِنكُمُ الشَّهْرَ فَلْيَصُمْهُ﴾ [سورة البقرة آية ١٨٥] فَانْتِصَابُهُ بِـالظَّرْفِ عَـلَى مَعْنَى: فَمَنْ كَانَ حَاضِرًا مُقِيمًا غَيْرَ مُسَافِرٍ فِي الشَّهْرِ فَلْيَصُمْهُ، أَيْ: فَلْيَصُمْ فِيه.

(وَالشَّهَادَةُ) الْإِخْبَارُ بِصِحَّةِ الشَّيْءِ عَن[1] مُشَاهَدَةٍ وَعِيَانًا. يُقَالُ: شَـهِدَ عِنْـدَ الْحَـاكِمِ لِفُلَانٍ عَـلَى فُلَانٍ بِكَذَا شَهَادَةً، فَهُوَ شَاهِدٌ، وَهُمْ شُهُودٌ وَأَشْهَادٌ، وَهُوَ شَهِيدٌ، وَهُمْ شُهَدَاءُ.

وَأَمَّا (الشَّهِيدُ) بِمَعْنَى الْمُسْتَشْهَدِ الْمَقْتُولِ، فَقِيلَ: لِأَنَّهُ مَشْـهُودٌ لَـهُ بِالْجَنَّـةِ، أَوْ لِأَنَّـهُ حَـيٌّ عِنْـدَ اللـه حَاضِرٌ، وَقَدْ تَجْرِي الشَّهَادَةُ مَجْرَى الْحَلِفِ فِيمَا يُرَادُ بِه مِنَ التَّوْكِيدِ بِقَوْلِ الرَّجُلِ: أَشْـهَدُ، وَأَشْـهَدُ بِـاَللهِ بِفَـتْحِ الْأَلِفِ، وَأَعْزِمُ، وَأَعْزِمُ بِاَللهِ فِي مَوْضِعِ أُقْسِمُ، وَعَلَيْهِ قَوْله تَعَـالَى: (قَالُوا نَشْهَدُ إِنَّكَ لَرَسُولُ اللـه) [سـورة المنافقون آية ١] فِي أَحَدِ الْوَجْهَيْنِ. وَبِه اسْتَدَلَّ أَبُو حَنِيفَةَ رَحِمَهُ اللـه: أَنَّ أَشْهَدُ يَمِينٌ.

(وَأَشْهَدَهُ عَلَى كَذَا) جَعَلَهُ شَاهِدًا لَهُ، (وَاسْتَشْهَدَهُ) طَلَبَ مِنْهُ أَنْ يَشْهَدَ لَهُ.

(وَالْإِشْهَادُ) فِي الْجِنَايَاتِ، أَنْ يُقَالَ لِصَاحِبِ الدَّارِ: إِنَّ حَائِطَكَ هَذَا مَائِلٌ فَاهْدِمْهُ، أَيْ: مَخُوفٌ فَأَصْلِحْهُ.

(وَالتَّشَهُّدُ) قِرَاءَةُ التَّحِيَّاتِ؛ لِاشْتِمَالِهَا عَلَى الشَّهَادَتَيْنِ.

[ش هـ ر]: (شَهَرَهُ) بِكَذَا وَشَهَّرَ بِهِ، وَهُوَ مَشْهُورٌ وَمُشَهَّرٌ وَأَشْهَرَهُ بِمَعْنَى شَهَرَهُ غَيْرُ ثَبْتٍ وَقَوْله تَعَالَى: (الْحَجُّ أَشْهُرٌ مَعْلُومَاتٌ) [سورة البقرة آية ١٩٧] أَيْ: وَقْتُ الْحَجِّ أَشْهُرٌ مَعْرُوفَاتٌ عِنْدَ النَّاسِ، وَهِـيَ شَـوَّالٌ وَذُو الْقَعْدَةِ وَعَشْرُ ذِي الْحِجَّةِ عِنْدَ أَبِي حَنِيفَةَ رَحِمَهُ اللـه، وَعِنْـدَ الشَّـافِعِيِّ: تِسْـعُ ذِي الْحِجَّـةِ وَلَيْلَـةُ يَـوْمِ النَّحْرِ، وَعِنْدَ مَالِكٍ: ذُو الْحِجَّةِ

---

(١) سقط من: م.

كُلُّهُ، وَأَصْلُ الشَّهْرِ الْهِلَالُ، يُقَالُ: رَأَيْتُ الشَّهْرَ، أَيْ: هِلَالَهُ، قَالَ ذُو الرُّمَّةِ:

فَأَصْبَحَ أَحْلَى^(١) الطَّرْفِ مَا يَسْتَزِيدُهُ   يَرَى الشَّهْرَ قَبْلَ النَّاسِ وَهُوَ نَحِيلُ

وَسُمِّيَ ذَلِكَ لِمَا لَهُ مِنَ الشُّهْرَةِ، وَهِيَ اسْمٌ مِنَ الِاشْتِهَارِ.

وَمِنْهَا: "نُهِيَ عَنِ الشُّهْرَتَيْنِ"^(٢). وَهُمَا الْفَاخِرُ مِنَ اللِّبَاسِ الْمُرْتَفِعُ فِي غَايَةٍ وَالرَّذْلُ الدَّنِيءُ فِي غَايَةٍ.

(وَالشِّهْرِيَّةُ) الْبَرَاذِينُ، [وَالْجَمْعُ: الشِّهَارِيُّ]^(٣).

[ش هـ ر ز] (الشِّهْرِيزُ) نَوْعٌ مِنَ التَّمْرِ جَيِّدٌ، وَالسِّينُ غَيْرُ الْمُعْجَمِ أَعْرَفُ عَنِ الْأَزْهَرِيِّ وَغَيْرِهِ.

[ش هـ ل] (الشُّهْلِيلِيُّ) مِنَ الدَّرَاهِمِ: مِقْدَارُ عَرْضِ الْكَفِّ.

[ش هـ ن] (الشَّاهِينُ) طَائِرٌ مَعْرُوفٌ، وَأَمَّا الشَّاهِينُ فِي قَوْلِهِ: وَلَوْ أَوْصَى لَهُ بِشَاهِينٍ، فَهُوَ عَمُودُ الْمِيزَانِ، وَكِلَاهُمَا مُعَرَّبٌ.

الشِّينُ مَعَ الْيَاءِ التَّحْتَانِيَّةِ

[ش ي ء] (الشَّيْءُ) فِي اللُّغَةِ: مَا يُعْلَمُ وَيُخْبَرُ عَنْهُ، وَفِي الْحِسَابِ: عَدَدٌ مَجْهُولٌ يَصِيرُ فِي أَثْنَاءِ الْعَمَلِ جَذْرًا، وَقَوْلُهُ: هَلْ لَكَ مَعَ هَذَا مِنْ شَيْءٍ، فِي (ج ن).

وَفِي حَدِيثِ ابْنِ عُمَرَ رَضِيَ اللهُ عَنْهُمَا فِي الصَّرْفِ: "لَا بَأْسَ فِيمَا إِذَا افْتَرَقْتُمَا وَلَيْسَ بَيْنَكُمَا شَيْءٌ". أَيْ: بَيْنَكَ وَبَيْنَ صَاحِبِكَ شَيْءٌ مِنَ الْعَمَلِ الْوَاجِبِ بِحُكْمِ عَقْدِ الصَّرْفِ مِنْ قَبْضِ الْبَدَلَيْنِ أَوْ أَحَدِهِمَا.

[ش ي ب] (الشَّيْبُ) بَيَاضُ الشَّعْرِ، عَنِ الْأَصْمَعِيِّ وَغَيْرِهِ، قَالَ عُبَيْدٌ^(٤):

وَالشَّيْبُ شَيْنٌ لِمَنْ يَشِيبُ

(وَرَجُلٌ أَشْيَبُ) عَلَى غَيْرِ قِيَاسٍ، وَالْجَمْعُ: شِيبٌ، وَيُقَالُ لِكَانُونَ الْأَوَّلِ: شَيْبَانُ

---

(١) في خ: "أَحْلَى".

(٢) أخرجه البيهقي في السنن الكبرى ج٣/٢٧٣، وابن الجوزي في تلبيس إبليس (١٤٧).

(٣) في خ: "والشهاري جمعها".

(٤) البيت لعبيد بن الأبرص، وهو عبيد بن الأبرص بن عوف بن جشم الأسدي، أبو زياد من مضر، شاعر جاهلي من دهاة الجاهلية وحكمائها، عاصر امرؤ القيس، وله معه مناظرات ومناقضات، وعمر طويلا حتى قتله النعمان بن المنذر سنة ٢٥ ق هـ، ومطلع البيت: إِمَّا قَتِيلًا وَإِمَّا هَالِكًا....

لِابْيِضَاضِ الْأَرْضِ بِالْجَلِيدِ وَالثَّلْجِ، وَبِهِ سُمِّيَ وَالِدُ عَلِيِّ بن شَيْبَانَ، وَهُوَ صَحَابِيٌّ يَرْوِي حَدِيثَ إِقَامَةِ الصُّلْبِ فِي الرُّكُوعِ وَالسُّجُودِ.

[ش ي خ]: (الشَّيْخُ) فِي اللُّغَةِ: الْمُسِنُّ بَعْدَ الْكَهْلِ، وَهُوَ الَّذِي انْتَهَى شَبَابُهُ، وَالْجَمْعُ: أَشْيَاخٌ وَشُيُوخٌ، وَشِيخَةٌ بِسُكُونِ الْيَاءِ وَفَتْحِهَا كَغِلْمَةٍ وَعِوَدَةٍ فِي جَمْعَيْ غُلَامٍ وَعَوْدٍ، وَمِنْهُ قَوْلُهُ فِي الْمُنْتَقَى: وَلَوْ قَالَ لِلْوَكِيلِ تَصَدَّقْ بِهَا عَلَى الشِّيَخَةِ الضَّعْفَى الَّذِينَ حَطَمَهُمُ الْكِبَرُ، أَيْ: كَسَرَهُمْ يَعْنِي: أَسَنُّوا. (وَالْمَشْيَخَةُ) اسْمُ جَمْعٍ لَهُ وَالْمَشَايِخُ جَمْعُهَا.

وَأَمَّا:"اُقْتُلُوا شُيُوخَ الْمُشْرِكِينَ وَاسْتَحْيُوا شَرْخَهُمْ"[1]، فَفِيهِ قَوْلَانِ: أَحَدُهُمَا: أَنَّ الشُّيُوخَ الْمَسَانُّ الَّذِينَ بِهِمْ جَلَدٌ وَقُوَّةٌ عَلَى الْقِتَالِ، وَالشَّرْخَ الصِّغَارُ الضِّعَافُ مِنَ الشُّبَّانِ.

وَالثَّانِي: أَنَّهُ أُرِيدَ بِالشُّيُوخِ الْهَرْمَى الَّذِينَ لَا يُنْتَفَعُ بِهِمْ، وَبِالشَّرْخِ الشُّبَّانُ الْأَقْوِيَاءُ عَلَى ظَاهِرِ اللُّغَةِ، وَهُوَ جَمْعُ شَارِخٍ كَرَكْبٍ فِي رَاكِبٍ، وَتَفْسِيرُ الِاسْتِحْيَاءِ بِالِاسْتِرْقَاقِ تَوَسُّعٌ وَمَجَازٌ، وَذَلِكَ أَنَّ الْغَرَضَ مِنَ اسْتِبْقَائِهِمْ أَحْيَاءً اسْتِرْقَاقُهُمْ وَاسْتِخْدَامُهُمْ.

[ش ي ر]: فِي الْحَدِيثِ: قَسَّمَ الْخُمُسَ (بُشَيْرَ) شِعْبٌ بِالصَّفْرَاءِ، وَيُرْوَى بِالسِّينِ، وَالصَّوَابُ: بُشَيِّرٌ بِكَسْرِ الشِّينِ وَتَشْدِيدِ الْيَاءِ سَمَاعًا مِنْ مَشَائِخِ الصَّفْرَاءِ حِينَ نَزَلْتُ بِهَا مُجْتَازًا إِلَى مَدِينَةِ الرَّسُولِ عَلَيْهِ الصَّلَاةُ وَالسَّلَامُ.

[ش ي ز]: فِي"الْمُنْتَقَى": وَيُقْطَعُ فِي الشِّيزَى وَالْأَبْنُوسِ، هِيَ خَشَبُ الْجَوْزِ عَنِ الدِّينَوَرِيِّ، وَقِيلَ: خَشَبَةٌ سَوْدَاءُ تُتَّخَذُ مِنْهَا الْأَمْشَاطُ وَالْجِفَانُ قَالَ لَبِيدٌ:

بِجِفَانِ شِيزَى فَوْقَهُنَّ سَنَامُ

[ش ي ط]: (شَاطَ) دَمُهُ: بَطَلَ مِنْ بَابِ ضَرَبَ، وَأَشَاطَهُ السُّلْطَانُ: أَبْطَلَهُ وَأَهْدَرَهُ، وَمِنْهُ: قَوْلُ بَعْضِ الشَّافِعِيَّةِ: وَيُشَاطُ الدَّمُ بِالْقَسَامَةِ، وَيُنَاطُ تَصْحِيفٌ.

[ش ي ع]: (الْمُشَيَّعَةُ) الشَّاةُ الَّتِي لَا تَتْبَعُ الْغَنَمَ لِضَعْفِهَا وَعَجَفِهَا، بَلْ تَحْتَاجُ إِلَى مُشَيِّعٍ وَسَائِقٍ مِنْ شَيَّعَ الرَّاعِي إِبِلَهُ، إِذَا صَاحَ فِيهَا فَتَنْسَاقُ وَيُشَايِعُ بَعْضُهَا بَعْضًا، وَفِي"الْفَائِقِ" بِكَسْرِ الْيَاءِ، وَهِيَ الَّتِي لَا تَزَالُ تَتْبَعُ الْغَنَمَ وَلَا تَلْحَقُهَا لِهُزَالِهَا مِنْ شَيَّعَ الضَّيْفَ إِذَا تَبِعَهُ.

[ش ي م]: (وَرَجُلٌ أَشْيَمُ) بِهِ شَامَةٌ، وَهِيَ بَثْرَةٌ إِلَى السَّوَادِ فِي الْجَسَدِ.

[ش ي هـ]: (الشِّيَاتُ) مَوْضِعُهَا (و ش، و ش ي).

---

(١) أخرجه الترمذي (١٥٨٣)، وأبو داود (٢٦٧٠)، وأحمد في مسنده (١٩٦٣١).

باب الصَّاد المهملة

الصَّادُ مَعَ الْبَاءِ الْمُوَحَّدَةِ

[ص ب ب]: فَلَمَّا انْصَبَّتْ قَدَمَاهُ فِي الْوَادِي، أَيْ: اسْتَقَرَّتَا، مُسْتَعَارٌ مِنْ انْصِبَابِ الْمَاءِ.

(ابْنُ صُبَابَةَ) فِي (ق ي، ق ي ص).

[ص ب ح]: (صَبَحَهُ) سَقَاهُ الصَّبُوحَ مِنْ بَابِ مَنَعَ، وَمِنْهُ قَوْلُهُ:

أَلَا فَاصْبَحَانِي قَبْلَ خَيْلِ أَبِي بَكْرٍ ... لَعَلَّ مَنَايَانَا قَرِيبٌ وَلَا نَدْرِي

وَإِنَّمَا قَالَ: قَرِيبٌ، تَشْبِيهًا لَهُ بِفَعِيلٍ بِمَعْنَى مَفْعُولٍ كَمَا فِي: "إِنَّ رَحْمَةَ اللهِ قَرِيبٌ [من المحسنين][(1)]". عَلَى أَحَدِ الْأَوْجُهِ.

(وَوَجْهٌ صَبِيحٌ) حَسَنٌ، وَبِهِ سُمِّيَ وَالِدُ الرَّبِيعِ بن صَبِيحٍ، يَرْوِي عَنْ الْحَسَنِ وَعَطَاءٍ، وَعَنْهُ الثَّوْرِيُّ، وَكَذَا وَالِدُ عَمْرَةَ بِنْتِ صَبِيحٍ، وَالطَّبِيخُ تَصْحِيفٌ، وَأَمَّا مُسْلِمُ بن صُبَيْحٍ فَبِالضَّمِّ عَلَى لَفْظِ تَصْغِيرِ صُبْحٍ، وَكُنْيَتُهُ أَبُو الضُّحَى، يَرْوِي عَنْ النُّعْمَانِ بن بَشِيرٍ وَمَسْرُوقٍ [في السير][(2)]، وَعَنْهُ الْأَعْمَشُ هَكَذَا فِي النَّفْيِ وَالْجَرْحِ وَالْكُنَى.

(وَاصْتَصْبَحَ) بِالْمِصْبَاحِ وَاسْتَصْبَحَ بِالدُّهْنِ، وَمِنْهُ قَوْلُهُ: وَيُسْتَصْبَحُ بِهِ، أَيْ: يُنَوَّرُ بِهِ الْمِصْبَاحُ (وَالصُّبَاحِيُّ) بِضَمِّ الصَّادِ.

[ص ب هـ ب ذ]: (دَرَاهِمُ إِصْبَهْبَذِيَّةٌ) نَوْعٌ مِنْ دَرَاهِمِ الْعِرَاقِ.

[ص ب ر]: الْكَلْبُ مَثَّلَ فِي (الصَّبْرِ) عَلَى الْجِرَاحَةِ، وَأَصْلُهُ الْحَبْسُ، يُقَالُ: صَبَرْتُ نَفْسِي عَلَى كَذَا، أَيْ: حَبَسْتُهَا، وَمِنْهُ حَدِيثُ شُرَيْحٍ: أَصْبِرُ نَفْسِي لَهُمْ فِي الْمَجْلِسِ، وَرُوِيَ: أُصَيِّرُ مِنْ الصَّيْرُورَةِ وَلَيْسَ بِذَاكَ.

وَيُقَالُ لِلرَّجُلِ إِذَا شُدَّتْ يَدَاهُ وَرِجْلَاهُ أَوْ أَمْسَكَهُ رَجُلٌ آخَرُ حَتَّى يُضْرَبَ عُنُقُهُ: قُتِلَ صَبْرًا، وَمِنْهُ: نُهِيَ عَنْ قَتْلِ الْمَصْبُورَةِ، وَهِيَ الْبَهِيمَةُ الْمَحْبُوسَةُ عَلَى الْمَوْتِ.

---

(١) سقط من: م.

(٢) سقط من: م.

(وَيَمِينُ الصَّبْرِ) وَيَمِينٌ مَصْبُورَةٌ، وَهِيَ الَّتِي يُصْبَرُ عَلَيْهَا الْإِنْسَانُ، أَيْ: يُحْبَسُ حَتَّى يَحْلِفَ عَلَيْهَا، وَيُقَالُ: (صَبَّرْتُ يَمِينَهُ) أَيْ: حَلَّفْتُهُ بِاللهِ جَهْدَ الْقَسَمِ، وَرُوِيَ: أَنَّ إِيَاسًا قَضَى فِي يَوْمٍ ثَلَاثِينَ قَضِيَّةً فَمَا صَبَرَ فِيهَا يَمِينًا وَلَا سَأَلَ فِيهَا بَيِّنَةً، أَيْ: مَا أَجْبَرَ أَحَدًا عَلَيْهَا.

(وَالصَّبِرُ) بِكَسْرِ الْبَاءِ هَذَا الدَّوَاءُ الْمُرُّ، وَبِوَزْنِ الْقِطْعَةِ مِنْهُ سُمِّيَ وَالِدُ لَقِيطِ بن صَبِرَةَ فِي حَدِيثِ الْمَضْمَضَةِ.

(وَالصُّنْبُورُ) النُّحَاسِيُّ فِي كِمَامٍ، وَهُوَ قَصَبَةُ الْمَاءِ مِنَ الْحَوْضِ إِلَى الْحَوْضِ، وَبِالْفَارِسِيَّةِ: نَايِزَهْ.

[ص ب غ]: (صَبَغَ) الثَّوْبَ بِصِبْغٍ حَسَنٍ وَصِبَاغٍ، وَهُوَ مَا يُصْبَغُ بِهِ، وَمِنْهُ: الصِّبْغُ وَالصِّبَاغُ مِنَ الْإِدَامِ؛ لِأَنَّ الْخُبْزَ يُغْمَسُ فِيهِ وَيُلَوَّنُ بِهِ كَالْخَلِّ وَالزَّيْتِ، وَيُقَالُ: اصْطَبَغَ بِالْخَلِّ، وَفِي الْخَلِّ، وَلَا يُقَالُ: اصْطَبَغَ الْخُبْزَ بِخَلٍّ، وَرِوَايَةُ"الْمَبْسُوطِ" عَنْ أُمِّ خِدَاشٍ قَالَتْ: رَأَيْتُ عَلِيًّا يُخْرِجُ الْخُبْزَ مِنْ سَلَّةٍ وَيَصْطَبِغُ بِخَلِّ خَمْرٍ.

(وَفَرَسٌ أَصْبَغُ) ابْيَضَّتْ نَاصِيَتُهُ كُلُّهَا، وَبِهِ سُمِّيَ وَالِدُ تُمَاضِرَ بِنْتِ الْأَصْبَغِ.

[ص ب ي]: (الصَّبِيُّ) الصَّغِيرُ قَبْلَ الْغُلَامِ، وَجَمْعُهُ صِبْيَةٌ وَصِبْيَانٌ، وَبِتَصْغِيرِهِ مُرَخَّمًا سُمِّيَ صُبَيُّ بن مَعْبَدٍ التَّغْلِبِيُّ، أَسْلَمَ وَلَقِيَ زَيْدَ بن صُوحَانَ.

الصَّادُ مَعَ الْحَاءِ الْمُهْمَلَةِ

[ص ح ب]: (الصَّاحِبَةُ) تَأْنِيثُ الصَّاحِبِ، وَجَمْعُهَا: الصَّوَاحِبُ، وَمِنْهَا حَدِيثُ عَائِشَةَ رَضِيَ اللهُ عَنْهَا: "أَنْتُنَّ صَوَاحِبُ يُوسُفَ"[(١)]. وَمَنْ رَوَى صَوَاحِبَاتٍ فَقَدْ قَاسَهَا عَلَى جِمَالَاتٍ وَرِجَالَاتٍ، وَفِي ذَلِكَ قَلِيلٌ.

[ص ح ر]: (أَصْحَرَ) خَرَجَ إِلَى الصَّحْرَاءِ، وَتَصَحَّرَ غَيْرُ مَسْمُوعٍ، وَمِنْهُ: فَإِنْ قُطِعَتْ عَنْهُمْ شِرْبُهُمْ أَصْحَرُوا، وَرُوِيَ: أُضْجِرُوا، وَضَجِرُوا مِنَ الضَّجَرِ وَلَهُ وَجْهٌ.

(وَصُحَارٌ) جَدُّ جَعْفَرِ بن زَيْدِ بن صُحَارٍ، وَيُرْوَى: ابْنُ صُوحَانَ، وَالْأَوَّلُ أَصَحُّ.

[ص ح ف]: (الصَّحِيفَةُ) قِطْعَةُ قِرْطَاسٍ مَكْتُوبٍ، وَجَمْعُهَا: صُحُفٌ، وَقَدْ جَعَلَهَا مُحَمَّدٌ رَحِمَهُ اللهُ اسْمًا لِغَيْرِ الْمَكْتُوبِ فِي قَوْلِهِ: وَإِنْ كَانَتِ السَّرِقَةُ (صُحُفًا) لَيْسَ فِيهَا

---

(١) أخرجه الدارمي في سننه (٨٢)، وأحمد في مسنده (٢٤١٢٥)

كِتَابٌ، أَيْ: مَكْتُوبٌ، وَالنِّسْبَة إِلَيْهَا صَحَفِيٌّ بِفَتْحَتَيْنِ، وَهُوَ الَّذِي يَأْخُذُ الْعِلْمَ مِنَ الصَّحِيفَةِ.

(وَالْمُصْحَفُ) الْكُرَّاسَةُ وَحَقِيقَتُهَا مَجْمَعُ الصُّحُفِ.

(وَالتَّصْحِيفُ) أَنْ يَقْرَأَ الشَّيْءَ عَلَى خِلَافِ مَا أَرَادَهُ كَاتِبُهُ، أَوْ عَلَى غَيْرِ مَا اصْطَلَحُوا عَلَيْهِ.

(وَالصَّحْفَةُ) وَاحِدَةُ الصِّحَافِ، وَهِيَ قِطْعَةٌ كَبِيرَةٌ مُنْبَسِطَةٌ تُشْبِعُ الْخَمْسَةَ.

[ص ح ن]: (الصَّحْنَاةُ) بِالْفَتْحِ وَالْكَسْرِ: الصِّيرُ، وَهُوَ بِالْفَارِسِيَّةِ ماهِيابهْ.

[ص ح و]: (صَحَا) السَّكْرَانُ صَحْوًا وَصُحُوًّا زَالَ سُكْرُهُ، وَمِنْهُ: الصَّحْوُ ذَهَابُ الْغَيْمِ، وَقَدْ أَصْحَتْ السَّمَاءُ، إِذَا ذَهَبَ غَيْمُهَا وَانْكَشَفَ فَهِيَ (مُصْحِيَةٌ)، وَيَوْمٌ (مُصْحٍ)، وَعَنْ الْكِسَائِيِّ: هِيَ صَحْوٌ، وَلَا تَقُلْ: مُصْحِيَةٌ.

الصَّادُ مَعَ الدَّالِ الْمُهْمَلَةِ

[ص د أ]: (صُدَاءٌ) حَيٌّ مِنَ الْيَمَنِ إِلَيْهِمْ يُنْسَبُ زِيَادُ بن الْحَارِثِ الصُّدَائِيُّ، وَمِنْهُ: إِنَّ أَخَا صُدَاءٍ.

[ص د د]: (صَدِيدُ) الْجُرْحِ: مَاؤُهُ الرَّقِيقُ الْمُخْتَلِطُ بِالدَّمِ، وَقِيلَ: هُوَ الْقَيْحُ الْمُخْتَلِطُ بِالدَّمِ.

[ص د ر]: (رَجُلٌ مَصْدُورٌ) يَشْتَكِي صَدْرَهُ، وَمِنْهُ الْمَثَلُ: لَا بُدَّ لِلْمَصْدُورِ أَنْ يَنْفِثَ، وَعَنْ سُفْيَانَ: وَهَلْ يَسْتَطِيعُ مَنْ بِهِ صَدْرٌ إِلَّا أَنْ يَنْفِثَ، وَهَذَا إِنْ صَحَّ عَلَى حَذْفِ الْمُضَافِ.

[ص د ع]: (الصَّدْعُ) الشَّقُّ، وَمِنْهُ: تَصَدَّعَ النَّاسُ، إِذَا تَفَرَّقُوا، وَمِصْدَعُ أَبُو يَحْيَى الْأَعْرَجُ الْأَنْصَارِيُّ مِفْعَلٌ مِنْهُ.

[ص د غ]: (الصَّدِيغُ) الْوَلِيدُ الَّذِي تَمَّتْ لَهُ سَبعُ لَيَالٍ؛ لِأَنَّ صُدْغَهُ حِينَئِذٍ يَشْتَدُّ.

[ص د ف]: (الصَّدَفُ) مَيْلٌ فِي الْحَافِرِ أَوْ الْخُفِّ إِلَى الْجَانِبِ الْوَحْشِيِّ، وَأَمَّا الِالْتِوَاءُ فِي الْعُنُقِ فَلَمْ أَجِدْهُ.

(وَصَدَفُ الدُّرَّةِ) غِشَاؤُهَا، وَفِي كُتُبِ الطِّبِّ: أَنَّهُ مِنْ حَيَوَانِ الْبَحْرِ، وَهُوَ أَصْنَافٌ.

[ص د ق]: (صِدَاقُ) الْمَرْأَةِ: مَهْرُهَا، وَالْكَسْرُ أَفْصَحُ، وَجَمْعُهُ (صُدُقٌ)، وَالْأَصْدِقَةُ قِيَاسٌ لَا سَمَاعٌ. (وَأَصْدَقَهَا) سَمَّى لَهَا صَدَاقَهَا، وَقَدْ جَاءَ مُعَدًّى إِلَى مَفْعُولَيْنِ، وَمِنْهُ

الْحَدِيثُ: "مَاذَا تُصْدِقُهَا؟ فَقَالَ: إِزَارِي".

(وَتَصَدَّقَ) عَلَى الْمَسَاكِينِ: أَعْطَاهُمُ الصَّدَقَةَ، وَهِيَ الْعَطِيَّةُ الَّتِي بِهَا يُبْتَغَى الْمَثُوبَةُ مِنَ اللهِ تَعَالَى، وَأَمَّا الْحَدِيثُ: "إِنَّ اللهَ تَعَالَى تَصَدَّقَ عَلَيْكُمْ بِثُلُثِ أَمْوَالِكُمْ"[1]. فَإِنْ صَحَّ كَانَ مَجَازًا عَنِ التَّفَضُّلِ، وَقَوْلُهُ: فَوَدَاهُ بِمِائَةٍ مِنْ إِبِلِ الصَّدَقَةِ، وَرُوِيَ: فَوَدَاهُ مِنْ عِنْدِهِ، قَالَ الطَّحَاوِيُّ: أَي[2] مِمَّا يَدُهُ عَلَيْهِ وَإِنْ لَمْ يَكُنْ مَالِكًا لَهُ حَتَّى لَا يَتَضَادَّ الْحَدِيثَانِ، وَهَذَا أَحْسَنُ مِنْ تَأْوِيلِ مَنْ قَالَ: أَيْ: مِنَ الْأَسْنَانِ الَّتِي تُؤْخَذُ فِي الصَّدَقَةِ.

(وَالصِّدِّيقُ) الْكَثِيرُ الصِّدْقِ، وَبِهِ لُقِّبَ أَبُو بَكْرٍ الصِّدِّيقُ رَضِيَ اللهُ عَنْهُ، وَكُنِيَ أَبُو الصِّدِّيقِ النَّاجِي فِي حَدِيثِ التَّشَهُّدِ، وَاسْمُهُ بَكْرُ بن عُمَرَ أَوْ ابْنُ قَيْسٍ، يَرْوِي عَنِ ابْنِ عُمَرَ وَأَبِي سَعِيدٍ الْخُدْرِيِّ، رَضِيَ اللهُ عَنْهُمْ.

[ص د ل]: (الصَّيَادِلَةُ) جَمْعُ الصَّيْدَلَانِيِّ لُغَةٌ فِي (الصَّيْدَنَانِيِّ)، وَهُوَ بَيَّاعُ الْأَدْوِيَةِ.

[ص د م]: (الصَّدْمُ) الدَّفْعُ، وَأَنْ تَضْرِبَ الشَّيْءَ بِجَسَدِكَ، وَمِنْهُ: الْكَلْبُ إِذَا قَتَلَ الصَّيْدَ صَدْمًا لَا يُؤْكَلُ، وَالرَّجُلَانِ يَعْدُوَانِ فَيَتَصَادَمَانِ، وَاصْطَدَمَ الْفَارِسَانِ: صَدَمَ أَحَدُهُمَا الْآخَرَ، أَيْ: ضَرَبَهُ بِنَفْسِهِ.

[ص د ي]: (صَدِيَ) عَطِشَ، صَدًى مِنْ بَابِ لَبِسَ، وَمِنْهُ: قَوْلُ ابْنِ سِيرِينَ: طَعَامُ الْكَفَّارَةِ أَكْلَةٌ مَأْدُومَةٌ حَتَّى يَصْدُوا.

الصَّادُ مَعَ الرَّاءِ

[ص ر ب]: (الصَّرْبُ) اللَّبَنُ الْحَامِضُ، وَأَمَّا (الصِّرَابُ) كَمَا هُوَ فِي بَعْضِ شُرُوحِ الْجَامِعِ الصَّغِيرِ فَتَحْرِيفٌ، أَوْ جَمْعٌ عَلَى قِيَاسِ حَبْلٍ وَحِبَالٍ وَرَمْلٍ وَرِمَالٍ.

[ص ر ج]: (الصَّارُوجُ) النُّورَةُ وَأَخْلَاطُهَا.

[ص ر خ]: (صَرَخَ) صَاحَ يَسْتَغِيثُ مِنْ بَابِ طَلَبَ صُرَاخًا وَصَرِيخًا، وَمِنْهُ: لَيْسَ بِشَرْطٍ أَنْ يَصْرُخَ بِالتَّلْبِيَةِ وَيَهْتِفَ بِهَا، أَيْ: يُصَوِّتَ صَوْتًا شَدِيدًا.

(وَاسْتَصْرَخَنِي فَأَصْرَخْتُهُ) أَيْ: اسْتَغَاثَنِي فَأَغَثْتُهُ.

(وَاسْتِصْرَاخُ) الْحَيِّ عَلَى الْمَيِّتِ: أَنْ يُسْتَعَانَ بِهِ لِيَقُومَ بِشَأْنِ الْمَيِّتِ، وَمِنْهُ حَدِيثُ ابْنِ

---

(١) أخرجه ابن ماجه في سننه (٢٧٠٩)، واحمد في مسنده (٢٦٩٣٥)، والدارقطني في سننه (٤٢٤٥).
(٢) سقط من: م.

عُمَرَ رَضِيَ اللهُ عَنْهُمَا فَاسْتَصْرَخَ عَلَى امْرَأَتِهِ، وَبِامْرَأَتِهِ خطأٌ، وَالْمَعْنَى: أُسْتَعِينَ عَلَى تَجْهِيزِهَا وَدَفْنِهَا، وَيَجُوزُ أَنْ يُرَادَ: أَنَّهُ أُخْبِرَ أَنَّهَا أَشْرَفَتْ عَلَى الْمَوْتِ فَجَدَّ عَلَى السَّيْرِ وَأَسْرَعَ.

[ص ر د]: (الصُّرَدُ) طَائِرٌ أَبْقَعُ أَبْيَضُ الْبَطْنِ أَخْضَرُ الظَّهْرِ، وَلِذَا يُسَمَّى مُجَوَّفًا ضَخْمُ الرَّأْسِ ضَخْمُ الْمِنْقَارِ وَلَهُ بُرْثُنٌ، وَهُوَ مِثْلُ الْقَارِيَةِ فِي الْعِظَمِ، وَيُسَمَّى الْأَخْطَبَ لِخُضْرَةِ ظَهْرِهِ، وَالْأَخْيَلُ لِاخْتِلَافِ لَوْنِهِ، لَا يَكَادُ يُرَى إِلَّا فِي شُعْبَةٍ أَوْ شَجَرَةٍ، لَا يَقْدِرُ عَلَيْهِ شَيْءٌ يَصْطَادُ الْعَصَافِيرَ وَصِغَارَ الطَّيْرِ، وَيُتَشَاءَمُ بِهِ، كَذَا ذَكَرَهُ أَبُو حَاتِمٍ فِي كِتَابِ الطَّيْرِ.

[ص ر ر]: (الصَّرُّ) الشَّدُّ، وَمِنْهُ الْحَدِيثُ: "مَصْرُورٌ فَلَا أَقْتُلُهُ". أَيْ: مَأْسُورٌ مُوثَقٌ، وَيُرْوَى: مُصَفَّدٌ مِنَ الصَّفَدِ الْقَيْدُ.

(وَالصَّرُورَةُ) فِي الْحَدِيثِ: الَّذِي تَرَكَ النِّكَاحَ تَبَتُّلًا، وَفِي غَيْرِهِ: الَّذِي لَمْ يَحُجَّ، كِلَاهُمَا مِنَ الصَّرِّ؛ لِأَنَّهُ مُمْتَنِعٌ كَالْمَصْرُورِ.

(وَصَرْصَرُ) قَرْيَةٌ عَلَى فَرْسَخَيْنِ مِنْ بَغْدَادَ إِلَى الْمَدَائِنِ.

الصَّرَّارُ فِي (خ ط، خ ط ب).

[ص ر ف]: (صَرَفَ) الدَّرَاهِمَ: بَاعَهَا بِدَرَاهِمَ أَوْ دَنَانِيرَ.

(وَاصْطَرَفَهَا) اشْتَرَاهَا، وَلِلدِّرْهَمِ عَلَى الدِّرْهَمِ (صَرْفٌ) فِي الْجَوْدَةِ وَالْقِيمَةِ، أَيْ: فَضْلٌ، وَقِيلَ لِمَنْ يَعْرِفُ هَذَا الْفَضْلَ وَيُمَيِّزُ هَذِهِ الْجَوْدَةَ: (صَرَّافٌ وَصَيْرَفٌ وَصَيْرَفِيٌّ) وَأَصْلُهُ مِنَ الصَّرْفِ النَّقْلُ؛ لِأَنَّ مَا فَضَلَ صُرِفَ عَنِ النُّقْصَانِ، وَإِنَّمَا سُمِّيَ بَيْعُ الْأَثْمَانِ صَرْفًا، إِمَّا لِأَنَّ الْغَالِبَ عَلَى عَاقِدِهِ طَلَبُ الْفَضْلِ وَالزِّيَادَةِ، أَوْ لِاخْتِصَاصِ هَذَا الْعَقْدِ بِنَقْلِ كِلَا الْبَدَلَيْنِ مِنْ يَدٍ إِلَى يَدٍ فِي مَجْلِسِ الْعَقْدِ.

(وَالصِّرْفُ) بِالْكَسْرِ الْخَالِصُ؛ لِأَنَّهُ مَصْرُوفٌ عَنِ الْكَدَرِ.

[ص ر م]: (الصَّرْمُ) الْجِلْدُ، تَعْرِيبُ جرم، وَمِنْهُ: الصَّرَّامُ.

(وَصَرَمَهُ) قَطَعَهُ، وَمِنْهُ: الصِّرْمَةُ: الْقِطْعَةُ مِنَ الْإِبِلِ، وَبِهَا سُمِّيَ صِرْمَةُ بنُ أَنَسٍ أَوْ ابْنُ قَيْسٍ، وَقِيلَ: قَيْسُ بْنُ صِرْمَةَ، وَكِلْتَا الرِّوَايَتَيْنِ عَنِ الْوَاحِدِيِّ فِي سَبَبِ نُزُولِ قَوْله تَعَالَى: ﴿حَتَّىٰ يَتَبَيَّنَ لَكُمُ الْخَيْطُ الْأَبْيَضُ﴾ [سورة البقرة آية ١٨٧].

(وَرَجُلٌ أَصْرَمُ) مَقْطُوعُ طَرَفِ الْأُذُنَيْنِ، وَنَاقَةٌ مُصَرَّمَةُ الْأَطْبَاءِ: عُولِجَتْ حَتَّى انْقَطَعَ

لَبَنُهَا.

(وَتَصَرَّمَ الْقِتَالُ) انْقَطَعَ وَسَكَنَ.

[ص ر ي]: (الصَّرَاةُ) نَهْرُ سَقْيٍ[(١)] مِنْ الْفُرَاتِ، وَصَوَارِيهَا فِي (ق ل، ق ل ع).

الصَّادُ مَعَ الْعَيْنِ الْمُهْمَلَةِ

[ص ع ب]: (الصَّعْبُ) خِلَافُ السَّهْلِ، وَبِهِ سُمِّيَ الصَّعْبُ بن جَثَّامَةَ.

(وَحِصْنُ الصَّعْبِ بن مُعَاذٍ) أَحَدُ حُصُونِ خَيْبَرَ.

[ص ع د]: (الصَّعِيدُ) وَجْهُ الْأَرْضِ تُرَابًا كَانَ أَوْ غَيْرَهُ، قَالَ الزَّجَّاجُ: وَلَا أَعْلَمُ اخْتِلَافًا بَيْنَ أَهْلِ اللُّغَةِ فِي ذَلِكَ، وَمَنْ قَالَ: هُوَ فَعِيلٌ بِمَعْنَى مَفْعُولٍ أَوْ فَاعِلٍ مِنْ الصُّعُودِ، فَفِيهِ نَظَرٌ.

[ص ع ر]: (الصَّعَرُ) مَيْلٌ فِي الْعُنُقِ، وَانْقِلَابٌ فِي الْوَجْهِ إِلَى أَحَدِ الشِّقَّيْنِ عَنْ اللَّيْثِ، وَيُقَالُ: أَصَابَ الْبَعِيرَ صَعَرٌ وَصَيَدٌ، وَهُوَ دَاءٌ يَلْوِي مِنْهُ عُنُقَهُ، وَيُقَالُ لِلْمُتَكَبِّرِ: فِيهِ صَعَرٌ وَصَيَدٌ، وَمِنْهُ قَوْلُه تَعَالَى: **(وَلا تُصَعِّرْ خَدَّكَ لِلنَّاسِ)** [سورة لقمان آية ١٨] أَيْ: لَا تُعْرِضْ عَنْهُمْ تَكَبُّرًا، وَالظَّلِيمُ (أَصْعَرُ خِلْقَةً)، وَقَوْلُهُ: فِي الصَّعَرِ الدِّيَةُ، عَنْ الْمُبَرِّدِ: أَنَّهُ فَسَّرَهُ بِاعْوِجَاجِ الْوَجْهِ.

[ص ع ل ك]: (الصُّعْلُوكُ) الْفَقِيرُ.

[ص ع ل] وَرَجُلٌ (صَعْلٌ): صَغِيرُ الرَّأْسِ، وَأَصْعَلُ أَيْضًا، وَأَنْكَرَهُ الْأَصْمَعِيُّ.

[ص ع و]: (وَالصَّعْوُ) صِغَارُ الْعَصَافِيرِ، الْوَاحِدَةُ (صَعْوَةٌ)، وَهُوَ أَحْمَرُ الرَّأْسِ.

الصَّادُ مَعَ الْغَيْنِ الْمُعْجَمَةِ

[ص غ ر]: (صَغُرَ) صِغَرًا أَوْ صَغَارًا إِذَا ذَلَّ، وَفِي التَّنْزِيلِ: **(وَهُمْ صَاغِرُونَ)** [سورة التوبة آية ٢٩] أَيْ: يُؤْخَذُ مِنْهُمْ الْجِزْيَةُ عَلَى الصَّغَارِ وَالذُّلِّ، وَهُوَ أَنْ يَأْتِيَ بِهَا بِنَفْسِهِ مَاشِيًا غَيْرَ رَاكِبٍ وَيُسَلِّمَهَا، وَهُوَ قَائِمٌ وَالْمُتَسَلِّمُ جَالِسٌ.

(وَالْمُصَغَّرَةُ) عَنْ شِمْرٍ: فِيمَا نُهِيَ عَنْهُ فِي الْأَضَاحِيِّ مِنْ الصِّغَرِ أَوْ الصَّغَارِ، وَعَنْ الْقُتَبِيِّ: الْمُصَفَّرَةُ بِالْفَاءِ، وَهِيَ الْمَهْزُولَةُ، وَقِيلَ: الْمُسْتَأْصَلَةُ الْأُذُنِ، يُرْوَى بِتَخْفِيفِ الْفَاءِ،

---

(١) في خ: "يَسقي".

وَكِلَاهُمَا مِنَ الصَّفْرِ الْخَالِي.

الصَّادُ مَعَ الْفَاءِ

[ص ف ح]: (صَفْحُ) الشَّيْءِ وَصَفْحَتُهُ وَجْهُهُ وَجَانِبُهُ، وَمِنْهُ: صَلَّى إِلَى صَفْحَةِ بَعِيرِهِ، وَقَوْلُهُمْ:صَفَحَ عَنْهُ، إِذَا أَعْرَضَ عَنْهُ، وَحَقِيقَتُهُ: وَلَّاهُ صَفْحَةَ وَجْهِهِ، وَمِنْهُ قَوْلُهُ: فِي طَلَاقِ الْأَصْلِ: صَفَحْتُ عَنْ طَلَاقِك.

(وَتَصَفَّحَ الشَّيْءَ) تَأَمَّلَهُ وَنَظَرَ إِلَى صَفَحَاتِهِ، وَمِنْهَا: "أَنَّهُ عَلَيْهِ السَّلَامُ تَصَفَّحَ الرَّقِيقَ، فَرَأَى فِيهِمْ امْرَأَةً وَالِهَةً".

(وَصَفَّحَ) بِيَدَيْهِ: ضَرَبَ إِحْدَاهُمَا عَلَى الْأُخْرَى، وَمِنْهُ: التَّصْفِيحُ لِلنِّسَاءِ، وَيُرْوَى التَّصْفِيقُ وَهُمَا بِمَعْنًى.

(وَالْمُصْفَحُ) الَّذِي كَانَ[(١)] مُسِحَ صَفْحَا رَأْسِهِ، أَيْ: نَاحِيَتَاهُ فَخَرَجَ مُقَدَّمُهُ وَمُؤَخَّرُهُ.

(وَالصَّفِيحَةُ) اللَّوْحُ، وَكُلُّ شَيْءٍ عَرِيضٍ، وَمِنْهَا: اشْتَرَى دَارًا فِيهَا صَفَائِحَ مِنْ ذَهَبٍ وَفِضَّةٍ، وَقَوْلُهُ: صُفِّحَتْ لَهُ صَفَائِحُ مِنْ نَارٍ، أَيْ: جُعِلَتْ لَهُ قِطَعٌ مِنْهَا مِثْلُ الصَّفَائِحِ.

[ص ف د]: (صَفَدَهُ) أَوْثَقَهُ صَفْدًا مِنْ بَابِ ضَرَبَ، وَمِنْهُ حَدِيثُ ابْنِ مَسْعُودٍ رَضِيَ اللهُ عَنْهُمَا: "فِي هَذِهِ الْأُمَّةِ صَفْدٌ وَلَا تَسْيِيرٌ".

[ص ف ر]: (الصَّفْرَاءُ) وَادٍ فِي طَرِيقِ مَكَّةَ إِلَى الْمَدِينَةِ، وَسَمَاعِي عَلَى لَفْظِ التَّصْغِيرِ، وَيُقَالُ لَهُ: الْأَصَافِرُ.

[ص ف ف]: (صَفَفْتُ) الْقَوْمَ: أَقَمْتَهُمْ صَفًّا، وَصَفُّوا بِأَنْفُسِهِمْ بِمَعْنَى اصْطَفُّوا، وَمِنْهُ: تُصَفُّ النِّسَاءُ خَلْفَ الرِّجَالِ وَلَا تُصَفُّ مَعَهُمْ.

(وَالصَّفِيفُ) فِي كِتَابِ الْأَيْمَانِ: اللَّحْمُ الْقَدِيدُ الْمُجَفَّفُ فِي الشَّمْسِ.

وَفِي "الْمُنْتَقَى": لَا قَطْعَ فِي اللَّحْمِ طَرِيِّهِ وَصَفِيفِهِ وَمَالِحِهِ، وَفِي اللُّغَةِ: مَا شُرِحَ وَصُفَّ عَلَى الْجَمْرِ لِيَنْشَوِيَ، وَمِنْهُ: قَوْلُ امْرِئِ الْقَيْسِ[(٢)]:

---

(١) في خ: "كأنه".

(٢) هو: امرؤ القيس بن حجر بن الحارث الكندي، شاعر جاهلي، أشهر شعراء العرب على الإطلاق، يماني الأصل، مولده بنجد، كان أبوه ملك أسد وغطفان، وأمه أخت المهلهل الشاعر، ثار بنو أسد على أبيه فقتلوه، فبلغه ذلك وهو جالس للشراب فقال: رحم الله أبي، ضيعني صغيرا وحملني دمه كبيرا، لا صحو اليوم، ولا سكر غدا، اليوم خمر وغدا أمر، ونهض من غده فلم

=

[فَظَلَّ طُهَاةُ اللَّحْمِ مِنْ بَيْنِ مُنْضِجٍ صَفِيفَ شِوَاءٍ أَوْ قَدِيرٍ مُعَجَّلِ][1]

عَنِ اللَّيْثِ: هُوَ الْقَدِيدُ إِذَا شُرِّرَ فِي الشَّمْسِ، وَعَنِ الْكِسَائِيِّ مِثْلُهُ.

(وَالصِّفَافُ) فِي جَمْعِ صُفَّةِ الْبَيْتِ كَقِفَافٍ فِي جَمْعِ قُفَّةٍ قِيَاسٌ وَالسَّمَاعُ (الصُّفَّاتُ) وَصِفَّةُ السَّرْجِ: مَا غُشِّيَ بِهِ بَيْنَ الْقَرَبُوسَيْنِ، وَهُمَا مُقَدَّمُهُ وَمُؤَخَّرُهُ.

[ص ف ق]: (الصَّفْقُ) ضَرْبُ الْيَدِ عَلَى الْيَدِ فِي الْبَيْعِ وَالْبَيْعَةِ، ثُمَّ جُعِلَتْ عِبَارَةً عَنِ الْعَقْدِ نَفْسِهِ، وَقَوْلُ ابْنِ عُمَرَ رَضِيَ اللـه عَنْهُ: الْبَيْعُ صَفْقَةٌ أَوْ خِيَارٌ، أَيْ: بَيْعٌ بَاتٌّ أَوْ بَيْعٌ بِخِيَارٍ.

(وَثَوْبٌ صَفِيقٌ) خِلَافُ سَخِيفٍ، وَهُوَ أَصْفَقُ مِنْهُ.

[ص ف ن]: (الصُّفْنُ) بِالضَّمِّ: خَرِيطَةُ الرَّاعِي يَكُونُ فِيهَا طَعَامُهُ وَزَادُهُ وَمَا يَحْتَاجُ إِلَيْهِ، وَقِيلَ: هُوَ مِثْلُ الرَّكْوَةِ، وَمِنْهُ حَدِيثُ عُمَرَ رَضِيَ اللـه عَنْهُ: لَئِنْ بَقِيتُ لَأُسَوِّيَنَّ بَيْنَ النَّاسِ حَتَّى يَأْتِيَ الرَّاعِيَ حَقُّهُ فِي صُفْنِهِ لَمْ يَعْرَقْ فِيهِ جَبِينُهُ، وَيُرْوَى: حَتَّى يَكُونُوا بَيَانًا وَاحِدًا، أَيْ: ضَرْبًا وَاحِدًا فِي الْعَطَاءِ، وَهُوَ فَعَالٌ مِنْ بَابِ كَوْكَبٍ عَنْ أَبِي عَلِيٍّ، وَعَنْ بَعْضِهِمْ: بَبَانًا بِالْبَاءِ، وَلَمْ يَثْبُتْ.

[ص ف و]: (الصَّفِيُّ) مَا يَصْطَفِيهِ الرَّئِيسُ مِنَ الْغَنِيمَةِ قَبْلَ الْقِسْمَةِ مِنْ فَرَسٍ أَوْ سَيْفٍ أَوْ جَارِيَةٍ، وَالْجَمْعُ: صَفَايَا، وَمِنْهُ حَدِيثُ عُمَرَ رَضِيَ اللـه عَنْهُ: "كَانَتْ لِرَسُولِ اللـه صَلَّى اللـه عَلَيْهِ وَآلِهِ وَسَلَّمَ ثَلَاثُ صَفَايَا: بَنُو النَّضِيرِ وَفَدَكُ وَخَيْبَرُ". قَالَ ابْنُ عَنَمَةَ الضَّبِّيُّ[2]:

لَكَ الْمِرْبَاعُ مِنْهَا وَالصَّفَايَا وَحُكْمُكَ وَالنَّشِيطَةُ وَالْفُضُولُ

فَالْمِرْبَاعُ: الرُّبُعُ، وَالنَّشِيطَةُ: مَا يَنَالُ الْجَيْشُ فِي الطَّرِيقِ مِنَ الْغَنِيمَةِ قَبْلَ أَنْ يَصِلَ إِلَى بَيْضَةِ الْعَدُوِّ، وَالْفُضُولُ: مَا فَضَلَ مِنْهَا بَعْدَ الْقِسْمَةِ، وَكَانَتْ هذه[3] كُلُّهَا لِلرَّئِيسِ فَنَسَخَهَا

=

يزل حتى ثأر لأبيه من بني أسد، وقال في ذلك شعرا كثيرا، توفي سنة ٨٠ ق هـ.

(١) زيادة من: م.

(٢) هو: عبد اللـه بن عنمة بن حرثان الضبي، ابن عنمة، من شعراء المفضليات، وهو شاعر مخضرم عاش في الجاهلية ورثى فيها بسطام بن قيس المتوفى سنة ١٠ هـ، ثم شهد القادسية سنة ١٥ هـ في الإسلام، مات بالشام ت ١٥ هـ وقيل: في مكة والطائف، وقيل: في مصر.

(٣) سقط من: م.

الْإِسْلَامُ إِلَّا الصَّفِيَّ، فَإِنَّهُ بَقِيَ لِرَسُولِ اللـه صَلَّى اللـه عَلَيْهِ وَآلِهِ وَسَلَّمَ خَاصَّةً.

وَيُقَالُ: أَصْفَى دَارَ فُلَانٍ: إِذَا غَصَبَهَا، وَهُوَ مِنَ الصَّفْوِ، وَمِنْهُ: قَوْلُ مُحَمَّدٍ رحمه الله: وَإِذَا أَصْفَى أَمِيرُ خُرَاسَانَ شِرْبَ رَجُلٍ أَوْ أَرْضَهُ وَأَقْطَعَهَا رَجُلًا لَمْ يَجُزْ، وَتَمَامُهَا فِي الْمُعْرِبِ.

الصَّادُ مَعَ الْقَافِ

[ص ق ل ب]: (الصَّقَالِبَةُ) فِي (س ق، س ق ل ب).

[ص ق ر]: (الصَّقْرُ) دِبْسُ الرُّطَبِ، وَمِنْهُ: وَلَوْ جُعِلَ التَّمْرُ صَقْرًا صقع، وَفِي الْحَدِيثِ: "وَمَنْ زَنَى مِنْ بِكْرٍ فَاصْقَعُوهُ وَاسْتَوْقِضُوهُ، وَمَنْ زَنَى مِنْ ثَيِّبٍ فَضَرِّجُوهُ بِالْأَضَامِيمِ". أَيْ: اضْرِبُوهُ وَغَرِّبُوهُ مِنْ صَقَعَهُ إِذَا ضَرَبَ أَعْلَى رَأْسِهِ، وَمِنْهُ: فَرَسٌ أَصْقَعُ أَعْلَى رَأْسِهِ أَبْيَضُ، وَالِاسْتِيفَاضُ اسْتِفْعَالٌ مِنْ وَفَضَ وَأَوْفَضَ إِذَا عَدَا وَأَسْرَعَ، وَالتَّضْرِيجُ: التَّدْمِيَةُ، وَالْأَضَامِيمُ: جَمَاعَاتُ الْحِجَارَةِ، جَمْعُ إِضَمَامَةٍ، وَالْمُرَادُ الرَّجْمُ.

الصَّادُ مَعَ الْكَافِ

[ص ك ك]: (الصَّكَّاءُ) الَّتِي يَصْطَكُّ عُرْقُوبَاهَا، وَبِهَا صَكَكٌ، وَأَصْلُهُ مِنَ الصَّكِّ الضَّرْبُ، وَأَمَّا (الصَّكُّ) لِكِتَابِ الْإِقْرَارِ بِالْمَالِ وَغَيْرِهِ فَمُعَرَّبٌ.

الصَّادُ مَعَ اللَّامِ

[ص ل ب]: (الصَّلِيبُ) شَيْءٌ مُثَلَّثٌ كَالتِّمْثَالِ تَعْبُدُهُ النَّصَارَى، وَمِنْهُ: كُرِهَ التَّصْلِيبُ، أَيْ: تَصْوِيرُ الصَّلِيبِ؛ لِأَنَّهُ مِنْ عَلَامَاتِ الْكُفْرِ، وَفِي حَدِيثِ عَائِشَةَ رَضِيَ اللـه عَنْهَا: "أَنَّ النَّبِيَّ صَلَّى اللـه عَلَيْهِ وَسَلَّمَ كَانَ إِذَا رَأَى التَّصْلِيبَ فِي ثَوْبٍ قَضَبَهُ"[1]. أَيْ: قَطَعَ مَوْضِعَهُ أَوْ نَقْشَهُ وَصُورَتَهُ عَلَى التَّسْمِيَةِ بِالْمَصْدَرِ.

(وَالصَّلِيبُ) الْخَالِصُ النَّسَبُ يُقَالُ: عَرَبِيٌّ صَلِيبٌ أَيْ: خَالِصٌ لَمْ يَلْتَبِسْ بِهِ غَيْرُ عَرَبِيٍّ.

(وَصَلِيبَةُ الرَّجُلِ) مَنْ كَانَ مِنْ صُلْبِ أَبِيهِ، وَمِنْهُ: قِيلَ: آلُ النَّبِيِّ عَلَيْهِ الصَّلَاةُ وَالسَّلَامُ الَّذِينَ تَحْرُمُ عَلَيْهِمُ الصَّدَقَةُ هُمْ صَلِيبَةُ بَنِي هَاشِمٍ وَبَنِي عَبْدِ الْمُطَّلِبِ، يَعْنِي: الَّذِينَ

---

(١) أخرجه إسحاق بن راهويه في مسنده (١٤٠٤)، وابن عدي في الكامل ٤٧٢/٧.

مِنْ صُلْبِهِمْ.

[ص ل ح]: (الصَّلَاحُ) خِلَافُ الْفَسَاد، وَصَلَحَ الشَّيْءُ مِنْ بَابِ طَلَبَ، وَقَدْ جَاءَ فِي بَابِ قَرُبَ صَلَاحًا وَصُلُوحًا وَأَصْلَحَهُ غَيْرُهُ، وَمِنْهُ: عِلْكٌ مُصْلَحٌ، أَيْ: مَعْمُولٌ مَعْجُونٌ، وَالْجِيمُ خطأٌ، وَإِنَّمَا عُدِّيَ بِإِلَى فِي قَوْلِهِ: دَابَّةٌ أَنْفَقَ عَلَيْهَا وَأَصْلَحَ إِلَيْهَا، عَلَى تَضْمِينِ مَعْنَى أَحْسَنَ.

(وَالصُّلْحُ) اسْمٌ بِمَعْنَى الْمُصَالَحَةِ، وَالتَّصَالُحِ خِلَافُ الْمُخَاصَمَةِ وَالتَّخَاصُمِ، وَقَوْلُ عَلِيٍّ رَضِيَ اللهُ عَنْهُ: لَوْلَا أَنَّهُ صُلْحٌ لَرَدَدْتُهُ، أَيْ: مُصَالَحٌ فِيهِ أَوْ مَأْخُوذٌ بِطَرِيقِ الصُّلْحِ.

(وَلَا صُلْحَ) فِي (ع م). وَقَوْلُهُ: كَانَتْ تُسْتَرُ صُلْحًا، فِي (ت س).

وَقَوْلُهُ: فَإِنَّ اصْطِلَاحَ ذَلِكَ وَدَوَاءَهُ عَلَى الْمُرْتَهِنِ، الصَّوَابُ: فَإِنَّ إِصْلَاحَ ذَلِكَ.

[ص ل خ]: (الْأَصْلَخُ) الشَّدِيدُ الصَّمَمِ.

[ص ل ر]: (الصُّلَّوْرُ) بِوَزْنِ الْبِلَّوْرِ الْجِرِّيُّ.

[ص ل ع]: (الْأَصْلَعُ) فَوْقَ الْأَجْلَهِ، وَهُوَ الَّذِي انْحَسَرَ شَعْرُ مُقَدَّمِ رَأْسِهِ.

[ص ل غ]: (الصُّلُوغُ) بِالصَّادِ وَالسِّينِ فِي الشَّاةِ وَالْبَقَرِ كَالْبُزُولِ فِي الْإِبِلِ.

[[ص ل م]: (الْأَصْلَمُ) الْمُسْتَأْصَلُ الْأُذُنَيْنِ] [١].

[ص ل و]: (الصَّلَاةُ) [فَعَالَةٌ] [٢] مِنْ صَلَّى كَالزَّكَاةِ مِنْ زَكَّى، وَاشْتِقَاقُهَا مِنْ الصَّلَا، وَهُوَ الْعَظْمُ الَّذِي عَلَيْهِ الْأَلْيَتَانِ لِأَنَّ الْمُصَلِّيَ يُحَرِّكُ صَلَوَيْهِ فِي الرُّكُوعِ وَالسُّجُودِ، وَقِيلَ لِلثَّانِي مِنْ خَيْلِ السِّبَاقِ: الْمُصَلِّي؛ لِأَنَّ رَأْسَهُ يَلِي صَلَوَيْ السَّابِقِ، وَمِنْهُ: "سَبَقَ رَسُولُ اللهِ صَلَّى اللهُ عَلَيْهِ وَآلِهِ وَسَلَّمَ وَصَلَّى أَبُو بَكْرٍ وَثَلَّثَ عُمَرُ". وَسُمِّيَ الدُّعَاءُ صَلَاةً؛ لِأَنَّهُ مِنْهَا، وَمِنْهُ: "وَإِذَا كَانَ صَائِمًا فَلْيُصَلِّ"، أَيْ: فَلْيَدْعُ، وَقَالَ الْأَعْشَى لِابْنَتِهِ [٣]:

عَلَيْكِ مِثْلُ الَّذِي صَلَّيْت فَاغْتَمِضِي ... نَوْمًا فَإِنَّ لِجَنْبِ الْمَرْءِ مُضْطَجَعا

---

(١) زيادة من: م.

(٢) في خ: "فَعَلَة".

(٣) هو: ميمون بن قيس بن جندل من بني قيس بن ثعلبة الوائلي، أبو بصير، المعروف بأعشى قيس، ويقال له: أعشى بكر بن وائل، والأعشى الكبير، من شعراء الطبقة الأولى في الجاهلية وأحد أصحاب المعلقات، وكان يغني بشعره فسمي (صناجة العرب)، عاش وعمر طويلا وأدرك الإسلام ولم يسلم، ولقب بالأعشى لضعف بصره، وعمي في أواخر عمره، توفي سنة ٧ هـ.

يَعْنِي قَوْلَهَا:

يَا رَبِّ جَنِّبْ أَبِي الْأَوْصَابَ وَالْوَجَعَا

لِأَنَّهُ دُعَاءٌ لَهُ مِنْهَا، وَقَالَ أَيْضًا:

وَقَابَلَهَا الرِّيحُ فِي دَنِّهَا ... وَصَلَّى عَلَى دَنِّهَا وَارْتَسَمْ

أَيْ: اسْتَقْبَلَ بِالْخَمْرِ الرِّيحَ، وَدَعَا وَارْتَسَمَ مِنَ الرَّوْسَمِ، وَهُوَ الْخَاتَمُ يَعْنِي: خَتَمَهَا، ثُمَّ سُمِّيَ بِهَا الرَّحْمَةُ وَالِاسْتِغْفَارُ لِأَنَّهُمَا مِنْ لَوَازِمِ الدَّاعِي.

(وَالْمُصَلَّى) مَوْضِعُ الصَّلَاةِ أَوْ الدُّعَاءِ فِي قَوْلِهِ تَعَالَى: ﴿وَاتَّخِذُوا مِنْ مَقَامِ إِبْرَاهِيمَ مُصَلًّى﴾ [سورة البقرة آية ١٢٥]، وَقَوْلُهُ عَلَيْهِ السَّلَامُ حِكَايَةً عَنِ اللهِ تَعَالَى: "قَسَمْتُ الصَّلَاةَ"[١]. يَعْنِي: سُورَةَ الصَّلَاةِ، وَهِيَ الْفَاتِحَةُ لِأَنَّهَا بِقِرَاءَتِهَا تَكُونُ فَاضِلَةً أَوْ مُجْزِئَةً، وَقَوْلُهُ عَلَيْهِ السَّلَامُ لِأُسَامَةَ: "الصَّلَاةُ أَمَامَكَ"[٢]. أَيْ: وَقْتُ الصَّلَاةِ أَوْ مَوْضِعُهَا، يَعْنِي بِهَا: صَلَاةَ الْمَغْرِبِ، وَقَوْلُ عَبِيدٍ: فُلَانٌ يُصَلُّونَ، أَيْ: هُمْ بَالِغُونَ، وَمِنْهُ حَدِيثُ ابْنِ الزُّبَيْرِ: أَقْرَعَ بَيْنَ مَنْ صَلَّى مِنْ رَقِيقِهِ حِينَ أَعْتَقَهُمْ مِنْ بَعْدِهِ، أَيْ: مَنْ بَلَغَ وَأَدْرَكَ الصَّلَاةَ.

[ص ل ى] (الصَّلَاءَةُ) والصلاية[٣] الْحَجَرُ يُسْحَقُ عَلَيْهِ الطِّيبُ وَغَيْرُهُ، وَمِنْهَا: أَخْرَجَ جُرْصُنًا أَوْ صَلَايَةً، أَيْ: حَجَرًا، وَقَوْلُهُ فِي "الْوَاقِعَاتِ": حَدَّادٌ ضَرَبَ حَدِيدَةً بِمِطْرَقَةٍ عَلَى صَلَايَةٍ، يَعْنِي: السِّنْدَانَ، وَهَذَا وَهْمٌ.

(وَالصَّلَى) بِالْفَتْحِ وَالْقَصْرِ أَوْ بِالْكَسْرِ وَالْمَدِّ: النَّارُ.

الصَّادُ مَعَ الْمِيمِ

[ص م ت]: (صَمَتَ) صَمْتًا وَصُمُوتًا وَصُمَاتًا: أَطَالَ السُّكُوتَ، وَرُوِيَ" إِذْنُهَا صُمَاتُهَا"[٤]، وَمِنْهُ: الصَّامِتُ خِلَافُ النَّاطِقِ.

(وَبَابٌ مُصْمَتٌ) مُغْلَقٌ، وَمِنْهُ: حُرْمَةُ الْكُفْرِ حُرْمَةٌ مُصْمَتَةٌ، أَيْ: مَقْطُوعٌ بِهَا لَا طَرِيقَ إِلَى هَتْكِهَا، وَحَقِيقَةُ الْمُصْمَتِ مَا لَا جَوْفَ لَهُ، وَمِنْهُ: صَلَّى وَبَيْنَهُ وَبَيْنَ الْإِمَامِ حَائِطٌ

---

(١) أخرجه مسلم (٣٩٦)، والترمذي (٢٩٥٣)، وأبو داود (٩٩٩٩)، والنسائي (٩٠٩)، وابن ماجه (٣٧٨٤)، ومالك في الموطأ رواية يحيى الليثي (١٨٩)، وأحمد في مسنده (٩٦١٦).

(٢) أخرجه البخاري (١٦٦٧)، ومسلم (١٢٨٢).

(٣) سقط من: م.

(٤) أخرجه البخاري (٦٩٧١)

مُصْمَتٌ، أَيْ: لَا فُرْجَةَ فِيهِ.

(وَثَوْبٌ مُصْمَتٌ) عَلَى لَوْنٍ وَاحِدٍ، وَفِي بَابِ الْكَرَاهِيَةِ: الَّذِي سَدَاهُ وَلُحْمَتُهُ إِبْرَيْسَمٌ، وَقِيلَ: هُوَ مَا يُنْسَجُ مِنْ إِبْرَيْسَمٍ غَيْرِ مَطْبُوخٍ، ثُمَّ يُطَبَّخُ وَيُصْبَغُ عَلَى لَوْنٍ وَاحِدٍ.

(وَإِنَاءٌ مُصْمَتٌ) خِلَافُ مُفَضَّضٍ.

[ص م خ]: (الصِّمَاخُ) خَرْقُ الْأُذُنِ.

[ص م د]: (الصَّمْدُ) الْقَصْدُ مِنْ بَابِ طَلَبَ، وَمِنْهُ حَدِيثُ الْمِقْدَادِ: "مَا رَأَيْتُ رَسُولَ اللهِ صَلَّى اللهُ عَلَيْهِ وَآلِهِ وَسَلَّمَ صَلَّى إِلَى عُودٍ أَوْ عَمُودٍ إِلَّا جَعَلَهُ عَلَى حَاجِبِهِ الْأَيْمَنِ أَوْ الْأَيْسَرِ وَلَا يَصْمُدُ لَهُ صَمْدًا". أَيْ: لَا يُقَابِلُهُ مُسْتَوِيًا مُسْتَقِيمًا بَلْ كَانَ يَمِيلُ عَنْهُ.

وَقَوْلُهُ: (صَمَدَ لِجُبَّةِ خَزٍّ) أَيْ: قَصَدَ بِالْإِشَارَةِ إِلَيْهَا.

[ص م ر]: (صَيْمَرَةٌ) بِفَتْحِ الْمِيمِ - وَالضَّمُّ خَطَأٌ - أَرْضُ مِهْرَجَان كُورَةٍ مِنْ كُوَرِ الْجِبَالِ، وَإِلَيْهَا يُنْسَبُ أَبُو الْقَاسِمِ عَبْدُ الْوَاحِدِ بن الْحُسَيْنِ الصَّيْمَرِيُّ صَاحِبُ التَّصَانِيفِ، مِنْ فُقَهَاءِ خُرَاسَانَ، سَكَنَ الْبَصْرَةَ، وَكَذَا الشَّيْخُ أَبُو عَبْدِ اللهِ بن الْحُسَيْنِ بن عَلِيٍّ الصَّيْمَرِيُّ مُصَنِّفُ مَنَاقِبِ أَبِي حَنِيفَةَ.

(وَالْجُبْنُ الصَّيْمَرِيُّ) مَعْرُوفٌ.

[ص م ع]: (الْأَصْمَعُ) الصَّغِيرُ الْأُذُنَيْنِ، وَالْمُؤَنَّثُ: صَمْعَاءُ.

[ص م م]: (الْأَصَمُّ) الَّذِي لَا يَسْمَعُ مِنْ كُلِّ حَيَوَانٍ، وَالْمُؤَنَّثُ: صَمَّاءُ، وَمِنْهَا لِبْسَةُ الصَّمَّاءِ، وَهِيَ عِنْدَ الْعَرَبِ أَنْ يَشْتَمِلَ بِثَوْبِهِ فَيُجَلِّلَ جَسَدَهُ كُلَّهُ بِهِ وَلَا يَرْفَعَ جَانِبًا يُخْرِجَ مِنْهُ يَدَهُ، وَقِيلَ: أَنْ يَشْتَمِلَ بِثَوْبٍ وَاحِدٍ وَلَيْسَ عَلَيْهِ إِزَارٌ. وَعَنْ أَبِي حَنِيفَةَ رَحِمَهُ اللهُ: هِيَ الِاضْطِبَاعُ، وَعَنْ هِشَامٍ: سَأَلْتُ مُحَمَّدًا رَحِمَهُ اللهُ عَنْ الِاضْطِبَاعِ فَأَرَانِي (الصَّمَّاءَ)، فَقُلْتُ: هَذِهِ الصَّمَّاءُ! فَقَالَ: إِنَّمَا تَكُونُ الصَّمَّاءُ إِذَا لَمْ يَكُنْ عَلَيْكَ إِزَارٌ، وَهُوَ اشْتِمَالُ الْيَهُودِ.

وَقَوْلُهُ تَعَالَى: (نِسَاؤُكُمْ حَرْثٌ لَكُمْ فَأْتُوا حَرْثَكُمْ أَنَّى شِئْتُمْ) [سورة البقرة آية ٢٢٣] أَيْ: مِنْ أَيِّ جِهَةٍ أَرَدْتُمْ غَيْرَ أَنَّ ذَلِكَ فِي صِمَامٍ وَاحِدٍ، وَهُوَ مَا يُسَدُّ بِهِ الْفُرْجَةُ كَصِمَامِ الْقَارُورَةِ لِسِدَادِهَا فَسُمِّيَ بِهِ الْفَرْجُ، وَيَجُوزُ أَنْ يَكُونَ مَعْنَاهُ فِي مَوْضِعِ صِمَامٍ.

[ص م ي] فِي الْحَدِيثِ: "كُلْ مَا أَصْمَيْتَ وَدَعْ مَا أَنْمَيْتَ".

(الْإِصْمَاءُ) أَنْ يَرْمِيَهُ فَيَمُوتَ بَيْنَ يَدَيْهِ سَرِيعًا، وَالْإِنْمَاءُ أَنْ يَغِيبَ بَعْدَمَا أَصَابَهُ ثُمَّ يَمُوتَ.

الصَّادُ مَعَ النُّونِ

[ص ن ج]: (الصَّنجُ) مَا يُتَّخَذُ مِنْ صُفرٍ مُدَوَّرًا يُضْرَبُ أَحَدُهُمَا بِالْآخَرِ، وَمِنْهُ قَوْلُهُ: وَيُكْرَهُ الصُّنُوجُ وَالْكُوبَاتُ، وَيُقَالُ لِمَا يُجْعَلُ فِي إِطَارِ الدُّفِّ مِنَ الْهَنَاتِ الْمُدَوَّرَةِ: صُنُوجٌ أَيْضًا، وَهَذَا مِمَّا تَعْرِفُهُ الْعَرَبُ، وَأَمَّا (الصَّنجُ) ذُو الْأَوْتَارِ فَمُخْتَصٌّ بِهِ الْعَجَمُ، وَكِلَاهُمَا مُعَرَّبٌ.

وَكَذَا (الصَّنجَاتُ) بِالتَّحْرِيكِ فِي جَمْعِ صَنْجَةٍ بِالتَّسْكِينِ، وَعَنْ الْفَرَّاءِ: السِّينُ أَفْصَحُ، وَأَنْكَرَهُ الْقُتَبِيُّ أَصْلًا.

[ص ن ب ح]: (صنابح) بِضَمِّ الصَّادِ: اسْمُ بَطْنٍ مِنْ الْعَرَبِ إِلَيْهِمْ يُنْسَبُ عَبْدُ اللهِ الصُّنَابِحِيُّ.

[ص ن ر]: (الصُّنَّارُ) فِي (د ل، د ل ب).

[ص ن ب ر]: (الصَّنَوْبَرُ) شَجَرٌ ثَمَرُهُ مِثْلُ اللَّوْزِ الصِّغَارِ، وَوَرَقُهُ هَدَبٌ يُتَّخَذُ مِنْ عُرُوقِهِ الزِّفْتُ.

[ص ن ع]: (الصِّنَاعَةُ) حِرْفَةُ الصَّانِعِ، وَهُوَ الَّذِي يَعْمَلُ بِيَدِهِ، وَعَنْ عَلِيٍّ رَضِيَ اللهُ عَنْهُ: تُؤْخَذُ مِنْ كُلِّ ذِي صَانِعٍ صِنَاعَتُهُ، مَعْنَاهُ إِنْ صَحَّ الْحَدِيثُ: تُؤْخَذُ مِنْ كُلِّ ذِي صِنَاعَةٍ مَصْنُوعُهُ.

(وَاسْتَصْنَعَهُ) خَاتَمًا مُعَدًّى إِلَى مَفْعُولَيْنِ، مَعْنَاهُ: طَلَبَ مِنْهُ أَنْ يَصْنَعَهُ.

(وَاصْطَنَعَ) عِنْدَهُ صَنِيعَةً، إِذَا أَحْسَنَ إِلَيْهِ، وَقَوْلُ السَّرَخْسِيِّ: وَإِذَا اسْتَصْنَعَ عِنْدَ الرَّجُلِ قَلَنْسُوَةً، وَلَفْظُ الرِّوَايَةِ: وَإِذَا (اصْطَنَعَ) عِنْدَ الرَّجُلِ تَوْرًا فِي الْأَوَّلِ عِنْدَ زِيَادَةٍ، وَفِي الثَّانِي الِاسْتِعْمَالُ لَا فِي مَحَلِّهِ.

(وَرَجُلٌ صَنَعٌ) بِفَتْحَتَيْنِ، وَصَنَعُ الْيَدَيْنِ، أَيْ: حَاذِقٌ رَقِيقُ الْيَدَيْنِ، وَامْرَأَةٌ صَنَاعٌ وَخِلَافُهَا الْخَرْقَاءُ، وَأَمَّا قَوْلُهُ فِي زَيْنَبَ امْرَأَةِ ابْنِ مَسْعُودٍ: أَنَّهَا كَانَتْ صَنَعَةَ الْيَدَيْنِ، فَكَأَنَّهُ لَمَّا سَمِعَ فِي الْمُذَكَّرِ: صَنَعًا وَصَنِيعًا، وَأَرَادَ وَصْفَ الْمُؤَنَّثِ زَادَ الْهَاءَ قِيَاسًا عَلَى مَا هُوَ الْأَغْلَبُ فِي الصِّفَاتِ، وَلَمْ يَهِمْ أَنَّ الْقِيَاسَ يَتَضَاءَلُ عِنْدَ السَّمَاعِ.

(وَصَانَعَهُ بِالْمَالِ) رَشَاهُ، (وَالْمَصْنَعَةُ) كَالْحَوْضِ يُتَّخَذُ لِمَاءِ الْمَطَرِ.

(وَصَنْعَاءُ الْيَمَنِ) قَصَبَتُهَا[١].

الصَّادُ مَعَ الْوَاوِ

[ص و ب]: (الْإِصَابَةُ) الْإِدْرَاكُ، وَقَوْلُ عَائِشَةَ رَضِيَ اللهُ عَنْهَا: أَصَابَنِي مَا أَصَابَنِي، إِشَارَةٌ إِلَى حَدِيثِ الْإِفْكِ، وَهُوَ مَشْهُورٌ، وَقَوْلُهَا: "كَانَ عَلَيْهِ الصَّلَاةُ وَالسَّلَامُ يُصِيبُ مِنِّي". كِنَايَةٌ عَنْ التَّقْبِيلِ، وَفِي حَدِيثِ حَنْظَلَةَ: قَالَتْ زَوْجَتُهُ: "إِنَّهُ أَصَابَ مِنِّي". أَيْ: جَامَعَنِي، وَمِنْهُ حَدِيثُ الْبَيَاضِيِّ: كُنْتُ رَجُلًا أُصِيبُ مِنْ النِّسَاءِ مَا لَا يُصِيبُ غَيْرِي، أَيْ: أُجَامِعُ كَثِيرًا.

(وَصَوَّبَ رَأْسَهُ) خَفَضَهُ، وَصَوَّبَ الْإِنَاءَ: أَمَالَهُ إِلَى أَسْفَلَ لِيَجْرِيَ مَا فِيه، وَمِنْهُ قَوْلُهُ: الْإِنْسَانُ لَا يَجْعَلُ تَصْوِيبَ سَطْحِهِ إِلَى الْمِيزَابِ، إِلَّا أَنْ يَكُونَ لَهُ حَقُّ التَّسْيِيلِ، أَرَادَ تَسَفُّلَهُ وَانْحِطَاطَهُ لِسَيَلَانِ الْمَاءِ.

(وَرَأْيٌ صَيِّبٌ) أَيْ: صَائِبٌ، وَهَذَا مِمَّا لَمْ أَجِدْهُ.

[ص و ح]: جَعْفَرُ بن زَيْدِ بن (صُوحَانَ) بَعَثَ إِلَيْهِ مُصْعَبُ الثَّقَفِيُّ بِجَارِيَتَيْنِ، وَسَيْحَانُ خَطَأٌ، وَفِي مَتْنِ الْأَحَادِيثِ: جَعْفَرُ بن زَيْدِ بن صُحَارٍ، وَكَأَنَّهُ الصَّوَابُ، وَزَيْدُ بن صُوحَانَ مِنْ أَصْحَابِ عَلِيٍّ رَضِيَ اللهُ عَنْهُ قُتِلَ مَعَهُ يَوْمَ الْجَمَلِ، وَكَانَ قَدْ قُطِعَتْ يَدُهُ يَوْمَ الْقَادِسِيَّةِ، وَمَنْ ظَنَّ أَنَّهُ قُتِلَ يَوْمَ صِفِّينَ فَقَدْ سَهَا.

[ص و ر]: (الصُّورَةُ) عَامٌّ فِي كُلِّ مَا يُصَوَّرُ مُشَبَّهًا بِخَلْقِ اللهِ تَعَالَى مِنْ ذَوَاتِ الرُّوحِ وَغَيْرِهِ، وَقَوْلُهُمْ: وَيُكْرَهُ التَّصَاوِيرُ، الْمُرَادُ: التَّمَاثِيلُ، يَدُلُّ عَلَيْهِ مَا فِي الْمُتَّفَقِ: "أَنَّ أَصْحَابَ هَذِهِ الصُّوَرِ يَوْمَ الْقِيَامَةِ يُعَذَّبُونَ، وَيُقَالُ لَهُمْ: أَحْيُوا مَا خَلَقْتُمْ". ثُمَّ قَالَ" الْبَيْتُ الَّذِي فِيهِ صُورَةٌ لَا تَدْخُلُهُ الْمَلَائِكَةُ"[٢].

(ابْنُ صُورِيَا) بِالْقَصْرِ اسْمُ أَعْجَمِيٌّ.

[ص و ع]: (وَالصَّاعُ) ثَمَانِيَةُ أَرْطَالٍ عِنْدَ أَهْلِ الْعِرَاقِ، وَعِنْدَ أَهْلِ الْحِجَازِ: خَمْسَةُ أَرْطَالٍ وَثُلُثٌ، وَعَنْ مَالِكٍ: صَاعُ الْمَدِينَةِ تَحَرِّي عَبْدِ الْمَلِكِ فَالْمَصِيرُ إِلَى صِيَاعِ عُمَرَ رَضِيَ اللهُ عَنْهُ أَوْلَى، وَجَمْعُهُ: أَصْوُعٌ وَصِيعَانٌ، وَأَمَّا آصُعٌ فَقَلْبُ أَصْوُعٍ بِالْهَمْزَةِ لِضَمَّةِ

(١) في م: "قصبته" ولعل ما أثبتناه هو الصحيح.
(٢) أخرجه البخاري (٢١٠٥)، ومسلم (٢١٠٩).

الْوَاوِ كَآدُرٍ فِي أَدْؤُرٍ جَمْعُ دَارٍ عَنْ أَبِي عَلِيٍّ الْفَارِسِيِّ.

[ص و م]: (الصَّوْمُ) فِي اللُّغَةِ: تَرْكُ الْإِنْسَانِ الْأَكْلَ وَإِمْسَاكُهُ عَنْهُ، ثُمَّ جُعِلَ عِبَارَةً عَنْ هَذِهِ الْعِبَادَةِ الْمَخْصُوصَةِ، يُقَالُ: صَامَ صَوْمًا وَصِيَامًا فَهُوَ صَائِمٌ، وَهُمْ صُوَّمٌ وَصُيَّمٌ وَصِيَامٌ، وَفِي حَدِيثِ عُمَرَ رَضِيَ اللهُ عَنْهُ: إِنَّا نَصْنَعُ شَرَابًا فِي صَوْمِنَا، أَيْ: فِي زَمَنِ صَوْمِنَا، وَمِنْ مَجَازِهِ: صَامَ الْفَرَسُ عَلَى آرِيَّةٍ، إِذَا لم[1] يَكُنْ يَعْتَلِفُ، وَمِنْهُ: قَوْلُ النَّابِغَةِ:

خَيْلٌ صِيَامٌ وَخَيْلٌ غَيْرُ صَائِمَةٍ   [تحت العجاج وأخرى تعلك اللجُما][2]

وَقَوْلُ الْآخَرِ:

وَالْبَكَرَاتُ شَرُّهُنَّ الصَّائِمَه

يَعْنِي: الَّتِي سَكَنَتْ فَلَا تَدُورُ، وَهِيَ جَمْعُ بَكَرَةِ الْبِئْرِ.

(وَصَامَ) سَكَتَ. وَمَاءٌ صَائِمٌ وَقَائِمٌ وَدَائِمٌ: سَاكِنٌ، وَصَامَ النَّهَارُ: إِذَا قَامَ قَائِمُ الظَّهِيرَةِ.

الصَّادُ مَعَ الْهَاءِ

[ص هـ ب]: (الصَّهَبُ) وَالصُّهْبَةُ وَالصُّهُوبَةُ: حُمْرَةٌ فِي شَعَرِ الرَّأْسِ وَاللِّحْيَةِ، وَهِيَ إِذَا كَانَ فِي الظَّاهِرِ حُمْرَةٌ، وَفِي الْبَاطِنِ اسْوِدَادٌ، وَهُوَ أَصْهَبُ، وَهِيَ صَهْبَاءُ، وَالْفِعْلُ صَهِبَ بِكَسْرِ الْهَاءِ، وَالْأُصَيْهِبُ تَصْغِيرُ الْأَصْهَبِ، وَفِي حَدِيثِ هِلَالِ بن أُمَيَّةَ: "إِنْ جَاءَتْ بِهِ أُصَيْهِبَ أُثَيْبِجَ - وَيُرْوَى: أُرَيْصِحَ - حَمْشَ السَّاقَيْنِ فَهُوَ لِزَوْجِهَا، و إِنْ جَاءَتْ بِهِ أَوْرَقَ جَعْدًا جُمَالِيًّا خَدَلَّجَ السَّاقَيْنِ سَابِغَ الْأَلْيَتَيْنِ فَهُوَ لِلَّذِي رُمِيَتْ بِهِ"[3].

وَالْأَثْبَجُ: النَّاتِئُ الثَّبَجِ، وَالْأَرْسَحُ: بِالسِّينِ وَالصَّادِ الْأَزَلُّ، هُوَ الَّذِي لَا لَحْمَ عَلَى كَفَلِهِ، وَالْحَمْشُ: الدَّقِيقُ، وَالْأَوْرَقُ: الْآدَمُ، وَالْخَدَلَّجُ: الْخَدْلُ أَيْ: الضَّخْمُ، وَالْجَعْدُ

---

(١) سقط من: م.

(٢) هو: زياد بن معاوية بن ضباب الذبياني الغطفاني المضري أبو أمية، شاعر جاهلي من الطبقة الأولى، من أهل الحجاز، كانت تضرب له قبة من جلد أحمر بسوق عكاظ، فتقصده الشعراء فتعرض عليه أشعارها، وكان الأعشى- وحسان والخنساء ممن يعرض شعره على النابغة، شعره كثير، وكان أحسن شعراء العرب ديباجة، لا تكلف في شعره ولا حشو، عاش عمرا طويلا، توفي سنة ١٨ ق هـ.

(٣) أخرجه أبو داود (٢٢٥٦)، وأحمد في مسنده (٢١٣٢)، وأبو يعلى في مسنده (٢٧٤٠).

خِلَافُ السَّبْطِ، وَالْجُمَالِيُّ: بِضَمِّ الْجِيمِ الْعَظِيمُ الْخَلْقِ كَالْجَمَلِ، وَالسَّابِغُ الْأَلْيَتَيْنِ خِلَافُ الْأَزَلِّ.

[ص هـ ر]: (الصِّهْرُ) فِي (خ ت، خ ت ن).

الصَّادُ مَعَ الْيَاءِ التَّحْتَانِيَّةِ

[ص ي ح]: فِي حَدِيثِ الْعَبْدِ الْأَسْوَدِ: يَا رَسُولَ اللهِ، إِنَّ هَذِهِ الْغَنَمَ عِنْدِي، فَقَالَ: "أَخْرِجْهَا مِنْ الْعَسْكَرِ وَصِحْ بِهَا"[١]. أَمْرٌ مِنْ الصَّيْحَةِ، وَضَحِّ مِنْ التَّضْحِيَةِ تَصْحِيفٌ.

(وَابْنُ الصَّيَّاحِ) فِي (ح ر، ح ر ر).

(وَالصَّيْحَانِيُّ) ضَرْبٌ مِنْ تَمْرِ الْمَدِينَةِ أَسْوَدُ صُلْبُ الْمَمْضَغَةِ.

[ص ي د]: (الصَّيْدُ) مَصْدَرُ صَادَهُ، إِذَا أَخَذَهُ فَهُوَ صَائِدٌ، وَذَاكَ مَصِيدٌ.

(وَالْمِصْيَدَةُ) بِالْكَسْرِ: الْآلَةُ، وَالْجَمْعُ: مَصَائِدُ، وَيُسَمَّى الْمَصِيدُ صَيْدًا فَيُجْمَعُ صُيُودًا، وَهُوَ كُلُّ مُمْتَنِعٍ مُتَوَحِّشٍ طَبْعًا لَا يُمْكِنُ أَخْذُهُ إِلَّا بِحِيلَةٍ[٢]. (وَالِاصْطِيَادُ) افْتِعَالٌ مِنْهُ.

[ص ي ر]: (الصِّيرُ) فِي (ص ح، ص ح ن).

[ص ي ف]: (الصَّائِفَةُ) الْغَزْوَةُ فِي الصَّيْفِ، وَبِهَا سُمِّيَتْ غَزْوَةُ الرُّومِ؛ لِأَنَّ سُنَّتَهُمْ أَنْ يَغْزُوا صَيْفًا وَيُقْفِلَ عَنْهُمْ فِي الشِّتَاءِ، وَمَنْ فَسَّرَهَا بِالْمَوْضِعِ أَوْ بِالْجَيْشِ فَقَدْ وَهِمَ، وَأَمَّا قَوْلُ مُحَمَّدٍ رَحِمَهُ اللهُ: إِذَا كَانَتْ الصَّوَائِفُ وَنَحْوُهَا مِنَ الْعَسَاكِرِ الْعِظَامِ[٣] لَا بَأْسَ بِإِخْرَاجِ النِّسَاءِ مَعَهُمْ فَعَلَى التَّوَهُّمِ أَوْ عَلَى التَّوَسُّعِ.

---

(١) ذكره ابن الجوزي في المنتظم ج٣/٣٠٩.

(٢) في خ: "بجبلة".

(٣) زيادة من: م.

بَابُ الضَّادِ المُعْجَمة

(الضَّاد) مَخْرَجُهَا مِنْ أَوَّلِ حَافَّةِ اللِّسَانِ وَمَا يَلِيهَا مِنَ الْأَضْرَاسِ، وَلَا أُخْتَ لَهَا عِنْدَ سِيبَوَيْهِ.

وَقَالَ صَاحِبُ الْعَيْنِ: هِيَ أَحَدُ الْأَحْرُفِ الشَّجَرِيَّةِ، وَالشَّجْرُ مَفْتَحُ الْفَمِ، وَالظَّاءُ مَخْرَجُهَا مِنْ طَرَفِ اللِّسَانِ وَأُصُولِ الثَّنَايَا الْعُلْيَا، وَهِيَ أُخْتُ الذَّالِ وَالثَّاءِ بِالِاتِّفَاقِ، وَتُسَمَّى هَذِهِ الثَّلَاثُ الْأَحْرُفُ اللِّثَوِيَّةَ؛ لِأَنَّ مَبْدَأَهَا مِنَ اللِّثَةِ، وَإِتْقَانُ الْفَصْلِ بَيْنَهَا وَاجِبٌ؛ لِأَنَّ الْأَئِمَّةَ الْمُتْقِنِينَ عَلَى أَنَّ وَضْعَ إِحْدَاهُمَا مَوْضِعَ الْآخَرِ مُفْسِدٌ لِلصَّلَاةِ.

الضَّاد مَعَ الْبَاءِ الْمُوَحَّدَةِ

[ض ب ب]: (الضَّبَابُ) جَمْعُ ضَبَابَةٍ، وَهِيَ نَدًى كَالْغُبَارِ يُغَشِّي الْأَرْضَ بِالْغَدَوَاتِ.

(وَالضِّبَابُ) بِالْكَسْرِ جَمْعُ ضَبٍّ، وَقَدْ جَاءَ (أَضُبٌّ)، وَعَلَيْهِ حَدِيثُ ابْنِ عَبَّاسٍ رَضِيَ اللهُ عَنْهُمَا: "أَنَّ خَالَتَهُ أَهْدَتْ إِلَى رَسُولِ اللهِ صَلَّى اللهُ عَلَيْهِ وَآلِهِ وَسَلَّمَ سَمْنًا وَأَضُبًّا وَأَقِطًا".

(وَبَابٌ مُضَبَّبٌ) مَشْدُودٌ بِالضِّبَابِ جَمْعُ ضَبَّةٍ، وَهِيَ حَدِيدَتُهُ الْعَرِيضَةُ الَّتِي يُضَبَّبُ بِهَا عَلَى الِاسْتِعَارَةِ، وَمِنْهُ: (وَضَبَّبَ) أَسْنَانَهُ بِالْفِضَّةِ، إِذَا شَدَّهَا بِهَا.

[ض ب ر]: (الضَّبَائِرُ) جَمْعُ ضِبَارَةٍ بِالْكَسْرِ، لُغَةٌ فِي الْإِضْبَارَةِ، وَهِيَ الْحُزْمَةُ مِنَ الْكُتُبِ جَمْعُهَا أَضَابِيرُ.

[ض ب ط]: (الْأَضْبَطُ) الَّذِي يَعْمَلُ بِكِلْتَا يَدَيْهِ، وَهُوَ الَّذِي يُقَالُ لَهُ: أَعْسَرُ يَسَرٌ.

[ض ب ع]: (الضَّبُعُ) بِضَمِّ الْبَاءِ وَاحِدَةُ الضِّبَاعِ، وَهِيَ أَخْبَثُ السِّبَاعِ، (وَالضِّبْعَانُ) الذَّكَرُ مِنْهُ.

(وَالضَّبْعُ) بِالسُّكُونِ لَا غَيْرُ: الْعَضُدُ، وَقِيلَ: وَسَطُهُ وَبَاطِنُهُ، وَمِنْهُ: (الِاضْطِبَاعُ)، وَهُوَ أَنْ يُدْخِلَ ثَوْبَهُ تَحْتَ يَدِهِ الْيُمْنَى وَيُلْقِيَهُ عَلَى عَاتِقِهِ الْأَيْسَرِ، يُقَالُ: اضْطَبَعَ بِثَوْبِهِ وَتَأَبَّطَ بِهِ، وَقَوْلُهُ: اضْطَبَعَ رِدَاءَهُ، سَهْوٌ، وَإِنَّمَا الصَّوَابُ: بِرِدَائِهِ.

(وَضُبَاعَةُ) بِنْتُ الزُّبَيْرِ بن عَبْدِ الْمُطَّلِبِ عَمِّ النَّبِيِّ صَلَّى اللهُ عَلَيْهِ وَآلِهِ وَسَلَّمَ، وَقَوْلُهُ:

ضُبَاعَةُ عَمَّةُ رَسُولِ اللـه صَلَّى اللـه عَلَيْهِ وَآلِهِ وَسَلَّم، سَهْوٌ.

الضَّاد مَعَ الْجِيمِ

[ض ج ر]: (الضَّجَرُ) قَلَقٌ مِنْ غَمٍّ وَضِيقِ نَفْسٍ مَعَ كَلَامٍ، وَقَدْ ضَجِرَ مِنْ كَذَا، وَتَضَجَّرَ مِنْهُ، وَأَضْجَرَهُ غَيْرُهُ.

[ض ج ع]: (التَّضْجِيعُ) فِي النِّيَّةِ: هُوَ التَّرَدُّدُ فِيهَا وَأَنْ لَا يُبِتَّهَا، مِنْ ضَجَعَ فِي الْأَمْرِ، إِذَا وَهَنَ فِيهِ وَقَصَّرَ، وَأَصْلُهُ مِنَ الضُّجُوعِ.

(وَالِاضْطِجَاعُ) فِي السُّجُودِ: أَنْ لَا يَتَجَافَى فِيهِ، وَمِنْهُ: كَرِهَ ابْنُ مَسْعُودٍ رَضِيَ اللـه عَنْهُ: أَنْ يَسْجُدَ الرَّجُلُ مُضْطَجِعًا أَوْ مُتَوَرِّكًا.

[ض ج م]: (رَجُلٌ أَضْجَمُ) مَائِلُ الْفَمِ إِلَى أَحَدِ شِقَّيْهِ.

الضَّاد مَعَ الْحَاءِ الْمُهْمَلَةِ

[ض ح ك]: (الضَّحِكُ) مَصْدَرُ ضَحِكَ مِنْ بَابِ لَبِسَ، وَمِنْهُ: (الضَّوَاحِكُ) لِمَا يَلِي الْأَنْيَابَ، جَمْعُ ضَاحِكٍ وَضَاحِكَةٍ. (وَالضَّحَّاكُ) فَعَّالٌ مِنْهُ، وَبِهِ سُمِّيَ الضَّحَّاكُ بن مُزَاحِمٍ الَّذِي وُلِدَ لِأَرْبَعِ سِنِينَ، وَقِيلَ: لِسِتَّةَ عَشَرَ شَهْرًا. وَالضَّحَّاكُ بن فَيْرُوزَ الدَّيْلَمِيُّ، يَرْوِي عَنْ أَبِيهِ: "أَنَّهُ أَسْلَمَ وَتَحْتَهُ أُخْتُهُ"، الْحَدِيثَ. وَمَنْ قَالَ: بِأَنَّ الِابْنَ هُوَ صَاحِبُ الْوَاقِعَةِ، فَقَدْ سَهَا.

[ض ح و]: (الْأَضَاحِيُّ) جَمْعُ أُضْحِيَّةٍ، وَيُقَالُ: ضَحِيَّةٌ وَضَحَايَا كَهَدِيَّةٍ وَهَدَايَا، وَأَضْحَاةٌ وَأَضْحَى كَأَرْطَاةٍ وَأَرْطَى، وَبِهِ سُمِّيَ يَوْمُ الْأَضْحَى، وَيُقَالُ: ضَحَّى بِكَبْشٍ أَوْ غَيْرِهِ، إِذَا ذَبَحَهُ وَقْتَ الضُّحَى مِنْ أَيَّامِ الْأَضْحَى، ثُمَّ كَثُرَ حَتَّى قِيلَ ذَلِكَ وَلَوْ ذَبَحَ آخِرَ النَّهَارِ، وَمَنْ قَالَ: هِيَ مِنَ التَّضْحِيَةِ بِمَعْنَى الرِّفْقِ، فَقَدْ أَبْعَدَ، وَتَمَامُهُ فِي الْمُعْرِبِ.

الضَّاد مَعَ الرَّاءِ الْمُهْمَلَةِ

[ض ر ب]: (ضَرَبَهُ) بِالسَّيْفِ، وَضَارَبَ فُلَانٌ فُلَانًا، وَتَضَارَبُوا وَاضْطَرَبُوا، وَمِنْهُ: وَلَوْ اضْطَرَبَ الْعَبْدَانِ بِالْعَصَوَيْنِ، أَيْ: ضَرَبَ كُلُّ وَاحِدٍ مِنْهُمَا صَاحِبَهُ بِعَصَاهُ، وَقَوْلُهُ: يُحْبَسُ عَنْ مَنْزِلِهِ وَالِاضْطِرَابُ فِي أُمُورِهِ، يَعْنِي: تَرَدُّدَهُ وَمَجِيئَهُ وَذَهَابَهُ فِي أُمُورِ مَعَاشِهِ.

(وَضَرَبَ) الْقَاضِي عَلَى يَدِهِ: حَجَرَهُ، (وَضَرَبَ) فِي الْأَرْضِ: سَارَ فِيهَا، وَمِنْهُ قَوْلُه تَعَالَى: **(وَآخَرُونَ يَضْرِبُونَ فِي الْأَرْضِ)** [سورة المزمل آية ٢٠] يَعْنِي: الَّذِينَ يُسَافِرُونَ

لِلتِّجارَةِ، وَمِنْهُ: (الْمُضَارَبَةُ) لِهَذَا الْعَقْدِ الْمَعْرُوفِ؛ لِأَنَّ الْمُضَارِبَ يَسِيرُ فِي الْأَرْضِ غَالِبًا طَلَبًا لِلرِّبْحِ.

(وَضَارَبَ) فُلَانٌ لِفُلَانٍ فِي مَالِهِ: تَجَرَ لَهُ وَقَارَضَهُ أَيْضًا، وَقَالَ النَّضْرُ: وَكِلَا الشَّرِيكَيْنِ مُضَارِبٌ.

(وَضَرَبَ الْخَيْمَةَ) وَهُوَ الْمَضْرِبُ لِلْقُبَّةِ بِفَتْحِ الْمِيمِ وَكَسْرِ الرَّاءِ، وَمِنْهُ: "كَانَتْ مَضَارِبُ [رَسُولِ اللهِ صَلَّى اللهُ عَلَيْهِ وَآلِهِ وَسَلَّمَ] [(١)] فِي الْحِلِّ وَمُصَلَّاهُ فِي الْحَرَمِ" [(٢)].

(وَضَرَبَ الشَّبَكَةَ) عَلَى الطَّائِرِ: أَلْقَاهَا عَلَيْهِ، وَمِنْهُ: نَهَى عَنْ ضَرْبَةِ الْقَانِصِ، وَهُوَ الصَّائِدُ، وَفِي تَهْذِيبِ الْأَزْهَرِيِّ: عَنْ ضَرْبَةِ الْغَائِصِ، وَهُوَ الْغَوَّاصُ عَلَى اللَّآلِئِ، وَذَلِكَ أَنْ يَقُولَ لِلتَّاجِرِ: أَغُوصُ لَكَ غَوْصَةً فَمَا أَخْرَجْتُ فَهُوَ لَكَ بِكَذَا، وَقَوْلُهُ: لَا آخُذُ مَالِي عَلَيْكَ إِلَّا ضَرْبَةً وَاحِدَةً، أَيْ: دَفْعَةً وَاحِدَةً.

(وَضُرِبَتْ عَلَيْهِمْ ضَرِيبَةٌ) وَضَرَائِبُ مِنَ الْجِزْيَةِ وَغَيْرِهَا، أَيْ: أُوجِبَتْ، وَمِنْهُ قَوْلُهُ: لِأَنَّ الْمُسْلِمِينَ لَمْ يَضْرِبُوا عَلَى النِّسَاءِ بَعْثًا، أَيْ: لَمْ يُلْزِمُوهُنَّ أَنْ يُبْعَثْنَ إِلَى الْغَزْوِ.

(وَضَرَبَ لَهُ أَجَلًا) عَيَّنَ وَبَيَّنَ، وَأَمَّا قَوْلُهُمْ: يَضْرِبُ فِيهِ بِالثُّلُثِ أَوْ الرُّبُعِ، فَمِنْ ضَرْبِ سِهَامِ الْقِمَارِ، وَهُوَ إِجَالَتُهَا، يُقَالُ: ضَرَبَ بِالْقِدَاحِ عَلَى الْجَزُورِ، وَضَرَبَ فِي الْجَزُورِ بِسَهْمٍ، إِذَا شَرِكَ فِيهَا وَأَخَذَ مِنْهَا نَصِيبًا، وَعَلَى قَوْلِ امْرِئِ الْقَيْسِ:

وَمَا ذَرَفَتْ عَيْنَاكِ إِلَّا لِتَضْرِبِي ... بِسَهْمَيْكِ فِي أَعْشَارِ قَلْبٍ مُقَتَّلِ

قَالُوا: أَرَادَ بِالسَّهْمَيْنِ الْمُعَلَّى، وَلَهُ سَبْعَةُ أَنْصِبَاءَ مِنَ الْجَزُورِ، وَالرَّقِيبَ: وَلَهُ ثَلَاثَةٌ، وَالْجَزُورُ تُقْسَمُ عَشَرَةَ أَجْزَاءٍ، فَكَأَنَّهُ قَالَ: وَمَا بَكَيْتِ إِلَّا لِتَمْلِكِي قَلْبِي كُلَّهُ وَتَفُوزِي بِجَمِيعِ أَجْزَائِهِ، وَالْبَاءُ فِيهِ لِلْأَدَاةِ هَذَا هُوَ الْأَصْلُ، ثُمَّ تَصَرَّفُوا فِي اسْتِعْمَالِهِ وَتَوَسَّعُوا فِيهِ بَعْدَمَا اسْتَعَارُوا السَّهْمَ لِلنَّصِيبِ، حَتَّى قَالَ الْحَرِيرِيُّ: وَضَرَبْتُ فِي مَرْعَاهَا بِنَصِيبٍ.

وَقَالَ الْفُقَهَاءُ: فُلَانٌ يَضْرِبُ فِيهِ بِالثُّلُثِ، أَيْ: يَأْخُذُ مِنْهُ شَيْئًا بِحُكْمِ مَا لَهُ مِنَ الثُّلُثِ، وَقَالُوا: ضَرَبَ فِي مَالِهِ سَهْمًا، أَيْ: جَعَلَ، وَعَلَى ذَا قَوْلُهُ فِي الْمُخْتَصَرِ: قَالَ [(٣)] أَبُو حَنِيفَةَ رَحِمَهُ اللهُ: لَا يَضْرِبُ لِلْمُوصِي لَهُ فِيمَا زَادَ عَلَى الثُّلُثِ، عَلَى حَذْفِ الْمَفْعُولِ، كَأَنَّهُ قِيلَ:

---

(١) زيادة من: م.
(٢) ذكره الطحاوي في شرح معاني الآثار (٢٦٣٤)، وفي أحكام القرآن (١٦٨٢).
(٣) زيادة من: م.

لَا يَجْعَلُ لَهُ شَيْئًا فِيهِ وَلَا يُعْطِيَهُ.

(وَالضَّرْبُ) فِي اصْطِلَاحِ الْحُسَّابِ: تَضْعِيفُ أَحَدِ الْعَدَدَيْنِ بِقَدْرِ مَا فِي الْعَدَدِ الْآخَرِ مِنْ الْآحَادِ.

(وَضَرَّبَ) النَّجَّادُ الْمِضْرَبَةَ: خَاطَهَا مِنْ الْقُطْنِ، وَمِنْهُ: بِسَاطٌ مُضَرَّبٌ، إذَا كَانَ مَخِيطًا.

[ض ر ج]: (التَّضْرِيجُ) فِي (ص ق، ص ق ع).

[ض ر ح]: (الضَّرِيحُ) الشَّقُّ الْمُسْتَقِيمُ فِي وَسَطِ الْقَبْرِ.

[ض ر ر]: الْحَدِيثَ كَمَا أُثْبِتَ فِي الْفِرْدَوْسِ: "لَا ضَرَرَ وَلَا ضِرَارَ فِي الْإِسْلَامِ"[1]. أَيْ: لَا يَضُرُّ الرَّجُلُ أَخَاهُ ابْتِدَاءً وَلَا جَزَاءً، لِأَنَّ الضَّرَرَ بِمَعْنَى الضُّرِّ، وَهُوَ يَكُونُ مِنْ وَاحِدٍ، وَالضِّرَارُ مِنْ اثْنَيْنِ بِمَعْنَى الْمُضَارَّةِ، وَهُوَ أَنْ تَضُرَّ مَنْ ضَرَّكَ، وَفِي الْحَدِيثِ: "فَإِنَّكُمْ لَا تُضَارُّونَ فِي رُؤْيَتِهِ"[2]، وَيُرْوَى "تُضَارُونَ" وَ" تُضَامُونَ" بِالتَّخْفِيفِ مِنْ الضَّيْرِ وَالضَّيْمِ، وَهُمَا الظُّلْمُ، أَيْ: تَسْتَوُونَ فِي الرُّؤْيَةِ حَتَّى لَا يَضِيمَ بَعْضُكُمْ بَعْضًا وَلَا يَضِيرَهُ، وَرُوِيَ: "لَا تُضَامُونَ" بِفَتْحِ التَّاءِ وَضَمِّهَا مَعَ تَشْدِيدِ الْمِيمِ مِنْ التَّضَامِّ وَالْمُضَامَّةِ، أَيْ: لَا يُزَاحِمُ بَعْضُكُمْ بَعْضًا، فَيَقُولُ لَهُ: أَرِنِيهِ كَمَا فِي رُؤْيَةِ الْهِلَالِ. وَيَجُوزُ أَنْ يُرَادَ بِالضِّرَارِ وَالضَّيْمِ وَالضَّيْرِ: الِاخْتِلَافُ الَّذِي هُوَ سَبَبُ الظُّلْمِ، يَعْنِي: لَا تَخْتَلِفُونَ فِي ذَلِكَ حَتَّى يَقَعَ بَيْنَكُمْ ضِرَارٌ، أَوْ يَلْحَقَ بِكُمْ ضَرَرٌ وَمَشَقَّةٌ فِي رُؤْيَتِهِ لِوُضُوحِهِ.

[ض ر س]: (الْأَضْرَاسُ) مَا سِوَى الثَّنَايَا مِنْ الْأَسْنَانِ، الْوَاحِدُ (ضِرْسٌ)، وَهُوَ مُذَكَّرٌ، وَقَدْ يُؤَنَّثُ.

[ض ر ع]: (الضَّرَعُ) بِفَتْحَتَيْنِ: الضَّعِيفُ.

[ض ر م]: فِي حَدِيثِ أَبِي بَكْرٍ رَضِيَ اللهُ عَنْهُ: وَلِحْيَتُهُ كَأَنَّهَا (ضِرَامُ) عَرْفَجٍ، وَهُوَ اللَّهَبُ، وَالْعَرْفَجُ مِنْ دَقِّ الْحَطَبِ سَرِيعُ الِالْتِهَابِ لَا يَكُونُ لَهُ جَمْرٌ.

[ض ر ي]: (ضَرِيَ) الْكَلْبُ بِالصَّيْدِ ضَرَاوَةً: تَعَوَّدَهُ، وَكَلْبٌ ضَارٍ، وَأَضْرَاهُ صَاحِبُهُ

---

(١) أخرجه ابن ماجه (٢٣٤٠)، ومالك في الموطأ برواية يحيى الليثي (١٤٦١)، وأحمد في مسنده (٢٢٢٧٢).

(٢) أخرجه الترمذي (٢٥٥٧)، وأحمد في مسنده (٨٥٩٩)، وأبو يعلى الموصلي في مسنده (١٠٠٦)، وعبد بن حميد في مسنده (٩٢٠)

إِضْرَاءً، وَضَرَاهُ تَضْرِيَةً.

الضَّاد مَعَ الزَّايِ الْمُعْجَمَة

[ض ز ز]: (الْأَضَزُّ) الَّذِي لَصِقَ حَنَكُهُ الْأَعْلَى بِالْأَسْفَلِ، فَإِذَا تَكَلَّمَ كَادَتْ أَضْرَاسُهُ الْعُلْيَا تَمَسُّ السُّفْلَى.

الضَّاد مَعَ الْعَيْنِ الْمُهْمَلَة

[ض ع ف]: فِي مُخْتَصَرِ الْكَرْخِيِّ عَنْ أَبِي يُوسُفَ رَحِمَهُ اللهُ تَعَالَى: لِفُلَانٍ عَلَيَّ دَرَاهِمُ (مُضَاعَفَةٌ)، فَعَلَيْهِ سِتَّةُ دَرَاهِمَ، فَإِنْ قَالَ: أَضْعَافٌ مُضَاعَفَةٌ، فَعَلَيْهِ[1] ثَمَانِيَةَ عَشَرَ؛ لِأَنَّ ضِعْفَ الثَّلَاثَةِ ثَلَاثَةٌ ثَلَاثٍ، ثُمَّ أَضْعَفْنَاهَا مَرَّةً أُخْرَى؛ لِقَوْلِهِ: مُضَاعَفَةٌ.

وَعَنْ الشَّافِعِيِّ رَحِمَهُ اللهُ فِي رَجُلٍ أَوْصَى فَقَالَ: أَعْطُوا فُلَانًا ضِعْفَ مَا يُصِيبُ وَلَدِي، قَالَ: يُعْطَى مِثْلَهُ مَرَّتَيْنِ، وَلَوْ قَالَ: ضِعْفَيْ مَا يُصِيبُ وَلَدِي، نَظَرْتَ[2] فَإِنْ أَصَابَهُ مِائَةٌ أَعْطَيْتَ ثَلَاثَمِائَةٍ. وَنَظِيرُهُ مَا رَوَى أَبُو عَمْرٍو.

وَعَنْ أَبِي عُبَيْدَةَ فِي قَوْلِهِ تَعَالَى: **(يُضَاعَفْ لَهَا الْعَذَابُ ضِعْفَيْنِ)** [سورة الأحزاب آية ٣٠] قَالَ: مَعْنَاهُ يُجْعَلُ الْوَاحِدُ ثَلَاثَةً، أَيْ: تُعَذَّبُ ثَلَاثَةَ أَعْذِبَةٍ. وَأَنْكَرَهُ الْأَزْهَرِيُّ، وَقَالَ: هَذَا الَّذِي اسْتَعْمَلَهُ[3] النَّاسُ فِي مَجَازِ كَلَامِهِمْ وَتَعَارُفِهِمْ، وَإِنَّمَا الَّذِي قَالَ حُذَّاقُ النَّحْوِيِّينَ: إِنَّهَا تُعَذَّبُ مِثْلَيْ عَذَابِ غَيْرِهَا؛ لِأَنَّ الضِّعْفَ فِي كَلَامِ الْعَرَبِ الْمِثْلُ إِلَى مَا زَادَ، وَلَيْسَتْ تِلْكَ الزِّيَادَةُ بِمَقْصُورَةٍ عَلَى مِثْلَيْنِ، فَيَكُونُ مَا قَالَهُ أَبُو عُبَيْدَةَ صَوَابًا، وَبِهَذَا عُلِمَ أَنَّ مَا قَالَهُ الْفُقَهَاءُ عُرْفٌ عَامِّيٌّ.

(عَلَى مَضْعَفِهِمْ) فِي (ك ف، ك ف أ). فَعَرَّقْتُهَا ضَعِيفًا فِي (ن ف، ن ق ر).

الضَّاد مَعَ الْغَيْنِ الْمُعْجَمَة

[ض غ ث]: (الضِّغْثُ) مِلْءُ الْكَفِّ مِنَ الشَّجَرِ وَالْحَشِيشِ وَالشَّمَارِيخِ، وَفِي التَّنْزِيلِ: **(وَخُذْ بِيَدِكَ ضِغْثًا)** [سورة ص آية ٤٤]، وَقِيلَ: أَنَّهُ كَانَ حُزْمَةً مِنَ الْأَسَلِ، وَهُوَ

---

(١) في خ: "فله عليه".
(٢) في خ: "ينظر".
(٣) في خ: "يستعمله".

نَبَاتٌ لَهُ أَغْصَانٌ دِقَاقٌ لَا وَرَقَ لَهَا.

[ض غ ط]: (الضَّغْطُ) الْعَصْرُ، وَمِنْهُ: ضَغْطَةُ الْقَبْرِ لِتَضْيِيقِهِ.

(وَالضُّغْطَةُ) بِالضَّمِّ: الْقَهْرُ وَالْإِلْجَاءُ، وَمِنْهُ حَدِيثُ شُرَيْحٍ: كَانَ لَا يُجِيزُ (الضُّغْطَةَ)، وَهُوَ أَنْ يُلْجِئَ غَرِيمَهُ وَيُضَيِّقَ عَلَيْهِ، وَقِيلَ: هِيَ أَنْ يَقُولَ: لَا أُعْطِيكَ أَوْ تَدَعَ مِنْ مَالِكَ عَلَيَّ شَيْئًا، وَقِيلَ: هِيَ أَنْ يَكُونَ لِلرَّجُلِ عَلَى الرَّجُلِ دَرَاهِمَ فَجَحَدَهُ فَصَالَحَهُ عَلَى بَعْضِ مَالِهِ، ثُمَّ وَجَدَ الْبَيِّنَةَ فَأَخَذَهُ بِجَمِيعِ الْمَالِ بَعْدَ الصُّلْحِ.

الضَّاد مَعَ الْفَاءِ

[ض ف ر]: (الضَّفْرُ) فَتْلُ الشَّعْرِ وَإِدْخَالُ بَعْضِهِ فِي بَعْضٍ مُعْتَرِضًا، وَأَرَادَتْ بِقَوْلِهَا: "أَشُدُّ ضَفْرَ رَأْسِي أَفَأَنْقُضُهُ"[(١)]: (الضَّفِيرَةُ)، وَهِيَ الذُّؤَابَةُ تَسْمِيَةً بِالْمَصْدَرِ.

(وَالضَّفِيرُ) حَبْلٌ مِنْ شَعْرٍ، وَمِنْهُ: "فَلْيَبِعْهَا وَلَوْ بِضَفِيرٍ"[(٢)]. (وَالضَّفِيرُ) أَيْضًا الْمُسَنَّاةُ.

[ض ف ف]: (ضِفَّةُ النَّهْرِ) جَانِبُهُ بِالْكَسْرِ وَالْفَتْحِ.

الضَّاد مَعَ اللَّام

[ض ل ع]: (الضِّلَعُ) بِسُكُونِ اللَّامِ وَحَرَكَتِهَا، وَالْجَمْعُ: أَضْلَاعٌ وَضُلُوعٌ، وَهِيَ عِظَامُ الْجَنْبَيْنِ.

[(وَأَضْلَعَهُ)] [(٣)] اضْطَلَعَهُ بِحَمْلِهِ: أَطَاقَهُ، وَقَوْلُ الْخَصَّافِ فِي مُلَازَمَةِ الْغَرِيمِ بِالدَّيْنِ: لَهُ ذَلِكَ إِذَا كَانَ (مُضْطَلِعًا) عَلَى حَقِّهِ. كَأَنَّهُ ضَمَّنَهُ مَعْنَى: قَادِرًا أَوْ مُقْتَدِرًا فَعَدَّاهُ بِعَلَى، وَأَمَّا قَوْلُهُ: مُوسِرًا لِذَلِكَ، فَمَعْنَاهُ: مُطِيقًا لَهُ، وَلَوْ أُطْلِقَ لَكَانَ أَحْسَنَ.

(وَالضَّلَعُ) بِفَتْحَتَيْنِ الِاعْوِجَاجُ مِنْ بَابِ لَبِسَ، وَقَوْلُهُ: "وَلَا يُضَحِّي بِالْمَرِيضَةِ الْبَيِّنِ ضَلَعُهَا"[(٤)]. الصَّوَابُ: ظَلْعُهَا بِالظَّاءِ الْمَفْتُوحَةِ وَسُكُونِ اللَّامِ، وَهُوَ شَبِيهٌ بِالْعَرَجِ مِنْ بَابِ مَنَعَ.

[ض ل ل]: (ضَلَّ) الطَّرِيقَ، وَعَنْهُ يَضِلُّ وَيَضَلُّ إِذَا لَمْ يَهْتَدِ إِلَيْهِ، وَضَلَّ عَنِّي كَذَا،

---

(١) أخرجه مسلم (٣٣٢)، والترمذي (١٠٥)، والنسائي (٢٤١)، وأبو داود (٢٥١)، وابن ماجه (٦٠٣).

(٢) أخرجه أحمد في مسنده (٧٣٤٧)، والطيالسي في مسنده (٩٩٤).

(٣) زيادة من: م.

(٤) رواه بلفظه الروياني في مسنده (٤٠١)، والطحاوي في شرح معاني الآثار (٤٠٨٦).

أَيْ: ضَاعَ، وَمِنْهُ: قَدْ تَضِلُّ الْبَرَاءَةُ عَنْهُ، أَيْ: يَضِيعُ الْمَكْتُوبُ.
(وَضَلَلْتُ الشَّيْءَ) نَسِيتُهُ، وَمِنْهُ قَوْلُهُمْ: امْرَأَةٌ ضَالَّةٌ، وَضَلَّتْ أَيَّامَ حَيْضِهَا وَأَضَلَّتْهَا.

الضَّاد مَعَ الْمِيم

[ض م خ]: (ضَمَّخَهُ) بِالطِّيبِ فَتَضَمَّخَ، أَيْ: لَطَّخَهُ فَتَلَطَّخَ.

[ض م ر]: (ضَمُرَ) الْفَرَسُ: لَحِقَ بَطْنُهُ مِنَ الْهُزَالِ ضُمْرًا وَضُمُورًا، وَمِنْهُ: الْحِنْطَةُ إِذَا قُلِيَتْ رَطْبَةً انْتَفَخَتْ، وَإِذَا قُلِيَتْ يَابِسَةً ضَمُرَتْ، أَيْ: انْضَمَّتْ وَلَطُفَتْ.
(وَحَبٌّ ضَامِرٌ) دَقِيقٌ لَطِيفٌ.
(وَالْمَالُ الضِّمَارُ) الْغَائِبُ الَّذِي لَا يُرْجَى، فَإِذَا رُجِيَ فَلَيْسَ بِضِمَارٍ عَنْ أَبِي عُبَيْدَةَ، وَأَصْلُهُ مِنَ الْإِضْمَارِ، وَهُوَ التَّغْيِيبُ وَالِاخْتِفَاءُ، وَمِنْهُ: أَضْمَرَ فِي قَلْبِهِ شَيْئًا، وَاشْتِقَاقُهُ مِنَ الْبَعِيرِ الضَّامِرِ بَعِيدٌ، وَنَظِيرُهُ فِي الصِّفَاتِ: رَجُلٌ هِدَانٌ، أَيْ: أَحْمَقُ، وَنَاقَةٌ كَبِيرَةٌ سَمِينَةٌ.
(وَضُمَيْرٌ) عَلَى لَفْظِ تَصْغِيرِ الضُّمْرِ: مِنْ قُرَى الشَّامِ.
(وَضَمْرَةُ) بِوَزْنِ الْمَرَّةِ مِنْهُ: حَيٌّ مِنَ الْعَرَبِ، إِلَيْهِمْ يُنْسَبُ عَمْرُو بن أُمَيَّةَ الضَّمْرِيُّ، وَالصَّخْرِيُّ تَصْحِيفٌ.

[ض م م]: (الْأَضَامِيمُ) فِي (ص ق، ص ق ع). (لَا تُضَامُونَ) فِي (ض ر، ض ر ر).

(ضمن): (الضَّمَانُ) الْكَفَالَةُ. يُقَالُ: ضَمِنَ الْمَالَ مِنْهُ إِذَا كَفَلَ لَهُ بِهِ، وَضَمَّنَهُ غَيْرَهُ.
وَقَوْلُهُ صَلَّى اللهُ عَلَيْهِ وَآلِهِ وَسَلَّمَ حِكَايَةً عَنِ اللهِ تَعَالَى: "مَنْ خَرَجَ مُجَاهِدًا فِي سَبِيلِي وَابْتِغَاءَ مَرْضَاتِي فَأَنَا عَلَيْهِ ضَامِنٌ، أَوْ هُوَ عَلَيَّ ضَامِنٌ"[1]. شَكَّ الرَّاوِي، وَالْمَعْنَى: إِنِّي فِي ضَمَانِ مَا وَعَدْتُهُ مِنَ الْجَزَاءِ حَيًّا وَمَيِّتًا، وَعُدِّيَ بِعَلَى؛ لِأَنَّهُ يَتَضَمَّنُ مَعْنَى مُحَامٍ وَرَقِيبٍ، وَقَوْلُهُ: "هُوَ عَلَيَّ ضَامِنٌ". قَرِيبُ الْمَعْنَى مِنَ الْأَوَّلِ إِلَّا أَنَّهُ يُؤَوِّلُ الضَّامِنَ بِذِي الضَّمَانِ فَيَعُودُ إِلَى مَعْنَى الْوَاجِبِ، كَأَنَّهُ عَلَيَّ وَاجِبُ الْحِفْظِ وَالرِّعَايَةِ كَالشَّيْءِ الْمَضْمُونِ.
وَأَمَّا الْحَدِيثُ الْمَشْهُورُ: "الْإِمَامُ ضَامِنٌ وَالْمُؤَذِّنُ مُؤْتَمَنٌ"[2]. فَمَعْنَاهُ عَنِ الطَّحَاوِيِّ:

---

(١) أخرجه بمعناه أحمد في مسنده (٥٩٤١)، وإسحاق بن راهويه في مسنده (١٨٢).
(٢) أخرجه الترمذي (٢٠٧)، وأبو داود (٥١٧)، وأحمد في مسنده (٩٧٤٨)، وابن خزيمة في صحيحه (١٤٤٤)، وابن حبان في صحيحه (١٦٧١).

أَنَّ صَلَاةَ الْمُؤْتَمِّينَ بِهِ مُتَضَمَّنَةٌ لِصَلَاته فِي صِحَّتِهَا وَفَسَادِهَا، وَفِي سَهْوِهِ فِيهَا، وَقِيلَ: إِنَّمَا كَانَ ضَامِنًا؛ لِأَنَّهُ يَتَحَمَّلُ عَنْهُمْ الْقِرَاءَةَ وَالْقِيَامَ عَمَّنْ أَدْرَكَهُ رَاكِعًا.

وَفِي "الْإِيضَاح": مُوجِبُ الِاقْتِدَاءِ صَيْرُورَةُ صَلَاةِ الْمُقْتَدِي فِي ضِمنَ صَلَاةِ الْإِمَامِ صِحَّةً وَفَسَادًا لَا أَدَاءً، وَهُوَ مَعْنَى قَوْلِهِ: "الْإِمَامُ ضَامِنٌ". وَالضَّمَانُ لَا يَتَحَقَّقُ إِلَّا بِالِالْتِزَامِ.(الْمَضَامِين) فِي (ل ق).

الضَّاد مَعَ النُّون

[ض ن ن]: (ضَنَّ) عَلَيْهِ بِكَذَا: بَخِلَ، يَضِنُّ ضَنًّا وَضَنَانَةً، وَهُوَ ضَنِينٌ، أَيْ: بَخِيلٌ. (وَالضِّنَّةُ) الِاسْمُ، وَمِنْهُ قَوْلُهُ: ضِنَّةً مِنْهُ بِشَعْرِهِ. وَالظَّاءُ تَصْحِيفٌ.

[ض ن و] (أَضْنَاهُ) الْمَرَضُ مِنْ الضَّنَا، وَهُوَ الْهُزَالُ، وَمِنْهُ قَوْلُهُ: وَلَوْ أُلْقِيَ فِي النَّارِ فَخَرَجَ مُضْنًى وَبِهِ رَمَقٌ.

الضَّاد مَعَ الْيَاءِ التَّحْتَانِيَّةِ

[ض ي ر]: (ضَارَهُ) ضَيْرًا: أَضَرَّ بِهِ. (لَا تُضَارُونَ) فِي (ض ر، ض ر ر).

[ض ي ع]: (ضَاعَ) الشَّيْءُ ضَيْعَةً وَضَيَاعًا بِالْفَتْحِ، وَهُوَ ضَائِعٌ، وَهُمْ ضُيَّعٌ، وَفِي الْحَدِيثِ:"مَنْ تَرَكَ مَالًا فَلْيَرِثْهُ عَصَبَتُهُ مَنْ كَانُوا، وَمَنْ تَرَكَ دَيْنًا أَوْ ضَيَاعًا - وَرُوِيَ: ضَيْعَةً - فَلْيَأْتِنِي بِهِ فَأَنَا مَوْلَاهُ"[1]. كِلَاهُمَا عَلَى تَقْدِيرِ حَذْفِ الْمُضَافِ أَوْ تَسْمِيَةٌ بِالْمَصْدَرِ، وَالْمَعْنَى: أَنْ مَنْ تَرَكَ عِيَالًا ضُيَّعًا، أَوْ مَنْ هُوَ بِعَرَضِ أَنْ يَضِيعَ كَالذُّرِّيَّةِ الصِّغَارِ، وَالزَّمْنَى الَّذِينَ لَا يَقُومُونَ بِشَأْنِ أَنْفُسِهِمْ، فَأَنَا وَلِيُّهُمْ وَالْكَافِلُ لَهُمْ أَرْزُقُهُمْ مِنْ بَيْتِ الْمَالِ. وَلَوْ رُوِيَ بِكَسْرِ الضَّادِ لَكَانَ جَمْعَ ضَائِعٍ كَجِيَاعٍ فِي جَمْعِ جَائِعٍ.

(وَالْمَضِيعَةُ وَالْمَضْيَعَةُ) بِوَزْنِ الْمَعِيشَةِ وَالْمَطْيَبَةِ كِلَاهُمَا بِمَعْنَى الضَّيَاعِ، يُقَالُ: تَرَكَ عِيَالَهُ بِمَضِيعَةٍ، وَمِنْهَا قَوْلُهُ: السَّارِقُ لَا يُقْطَعُ فِي مَالٍ بِمَضْيَعَةٍ.

[ض ي ف]: (ضَافَتْ) الشَّمْسُ وَضَيَّفَتْ وَتَضَيَّفَتْ/ مَالَتْ لِلْغُرُوبِ، وَفِي حَدِيثِ عُقْبَةَ: حِينَ تَضَيَّفُ الشَّمْسُ، أَيْ: تَتَضَيَّفُ. وَتَصَيَّفُ بِالصَّادِ غَيْرُ مُعْجَمَةٍ تَصْحِيفٌ.

(١) أخرجه البخاري (٢٣٩٩)، (٤٧٨١)، وأحمد في مسنده (٨٢١٣)، والبيهقي في السنن الكبرى ٢٣٨/٦.

(وَضَافَ) الْقَوْمَ وَتَضَيَّفَهُمْ: نَـزَلَ عَلَـيْهِمْ ضَـيْفًا، وَأَضَـافُوهُ وَضَـيَّفُوهُ: أَنْزَلُـوهُ. وَعَـلَى هَـذَا حَـدِيثُ ابْـنِ الْمُسَيِّبِ: "أَنَّ رَجُلًا ضَيَّفَ أَهْلَ بَيْتٍ بِالْيَمَنِ". الصَّوَابُ فِيهِ: تَضَيَّفَ أَوْ ضَافَ؛ لِأَنَّ الْمُرَادَ النُّزُولُ عَلَيْهِمْ.

[ض ي م]: لَا تُضَامُونَ فِي (ض ر، ض ر ر).

بَابُ الطَّاءِ الْمُهْمَلَةِ

الطَّاءُ مَعَ الْبَاءِ الْمُوَحَّدَةِ

[ط ب هـ ج]: (الطَّبَاهَجُ) بِفَتْحِ الْهَاءِ: طَعَامٌ مِنْ بَيْضٍ وَلَحْمٍ. قَالَ الْكَرْخِيُّ: وَلَا يَكُونُ طَبِيخًا؛ لِأَنَّ الطَّبِيخَ مَا لَهُ مَرَقٌ وَفِيهِ لَحْمٌ أَوْ شَحْمٌ، فَأَمَّا الْقَلِيَّةُ الْيَابِسَةُ وَنَحْوُهَا فَلَا.

[ط ب خ]: (الْمَطْبَخُ) مَوْضِعُ الطَّبْخِ بِفَتْحِ الْمِيمِ وَكَسْرِهَا، وَالضَّمُّ خَطَأٌ، وَالْبَاءُ مَفْتُوحَةٌ لَا مَحَالَةَ.

[ط ب ر]: (دَرَاهِمُ طَبَرِيَّةٌ) مَنْسُوبَةٌ إِلَى طَبَرِيَّةَ، وَهِيَ قَصَبَةُ الْأُرْدُنِّ بِالشَّامِ، وَسُمِّيَ بِنَصِيبَيْنَ ثُلُثَا الدِّرْهَمِ الَّذِي هُوَ أَرْبَعَةُ دَوَانِقَ: طَبَرِيًّا، فَيَقُولُونَ: زِنْ طَبَرِيًّا، وَفِي كِتَابِ "الْمُشْبِعِ": الدِّرْهَمُ بِطَبَرِسْتَانَ وَزْنُ خَمْسَةٍ، وَهُوَ نِصْفُ مِثْقَالٍ، قَالَ: وَهِيَ الَّتِي تُسَمَّى الطَّبَرِيَّةَ وَالشَّهْرِيَّةَ.

[ط ب ع]: (الطَّبْعُ) ابْتِدَاءُ صَنْعَةِ الشَّيْءِ، يُقَالُ: (طَبَعَ) اللَّبِنَ وَالسَّيْفَ، إِذَا عَمِلَهُمَا. وَطَبَعَ الدَّرَاهِمَ، إِذَا ضَرَبَهَا. وَقَوْلُ [شَمْسِ الْأَئِمَّةِ] [1] السَّرَخْسِيِّ: مَا يَذُوبُ وَيَنْطَبِعُ، أَيْ: يَقْبَلُ الطَّبْعَ، وَهَذَا جَائِزٌ قِيَاسًا وَإِنْ لَمْ نَسْمَعْهُ.

وَفِي الصِّحَاحِ: (الطَّبْعُ) الْخَتْمُ، وَهُوَ التَّأْثِيرُ فِي الطِّينِ، وَنَحْوِهِ يُقَالُ: طَبَعَ الْكِتَابَ، وَعَلَى الْكِتَابِ، إِذَا خَتَمَهُ.

(وَالطَّابَعُ) الْخَاتَمُ، وَمِنْهُ: طَبَعَ اللهُ عَلَى قَلْبِهِ، إِذَا خَتَمَ فَلَا يَعِي وَعْظًا وَلَا يُوَفَّقُ لِخَيْرٍ.

[ط ب ق]: (أَطْبَقَ الْحَبَّ) وَضَعَ عَلَيْهِ الطَّبَقَ، وَهُوَ الْغِطَاءُ، وَمِنْهُ: أَطْبَقُوا عَلَى الْأَمْرِ: أَجْمَعُوا عَلَيْهِ، وَأَطْبَقَتْ عَلَيْهِ الْحُمَّى، وَحُمَّى مُطْبِقَةٌ، وَجُنُونٌ مُطْبِقٌ بِالْكَسْرِ، وَمَجْنُونَةٌ مُطْبَقٌ عَلَيْهَا بِالْفَتْحِ، وَأَطْبَقَ الْغَيْمُ السَّمَاءَ وَطَبَّقَهَا.

(وَطَبَّقَ الرَّاكِعُ كَفَّيْهِ) جَعَلَهُمَا بَيْنَ فَخِذَيْهِ، وَمِنْهُ: نُهِيَ عَنِ التَّطْبِيقِ، وَقَوْلُ الْغِيَاثِيِّ: الْمَرْأَةُ إِذَا اُسْتُحِيضَتْ فَطَبَّقَتْ بَيْنَ الْقُرْأَيْنِ، أَيْ: جَمَعَتْ بَيْنَهُمَا، إِمَّا مِنْ تَطْبِيقِ الرَّاكِعِ لِمَا فِيهِ مِنْ جَمْعِ الْكَفَّيْنِ، أَوْ مِنْ طَابَقَ الْفَرَسُ فِي جَرْيِهِ إِذَا وَضَعَ رِجْلَيْهِ مَوْضِعَ يَدَيْهِ.

---

(١) زيادة من: م.

(وَالطَّابَقُ) الْعَظِيمُ مِنَ الزُّجَاجِ وَاللَّبِنِ، تَعْرِيبُ تابه، وَمِنْهُ: بَيْتُ الطَّابَقِ، وَالْجَمْعُ: طَوَابِقُ وَطَوَابِيقُ.

[ط ب ي]: (الْأَطْبَاءُ) جَمْعُ طُبْيٍ، وَهُوَ الضَّرْعُ، وَأَكْثَرُ مَا يَكُونُ لِلسِّبَاعِ.

الطَّاءُ مَعَ الْحَاءِ الْمُهْمَلَةِ

[ط ح ن]: (الطَّاحُونَةُ) وَالطَّحَّانَةُ: الرَّحَى الَّتِي يُدِيرُهَا الْمَاءُ عَنِ اللَّيْثِ، وَفِي جَامِعِ الْغُورِيِّ اخْتِلَافٌ، وَفِي كُتُبِ الشُّرُوطِ: (الطَّحَّانَةُ) مَا تُدِيرُهُ الدَّابَّةُ، وَالطَّاحُونَةُ: مَا يُدِيرُهُ الْمَاءُ، وَدَلْوُهَا مَا يُجْعَلُ فِيهِ الْحَبُّ.

الطَّاءُ مَعَ الْخَاءِ الْمُعْجَمَةِ

[ط خ ر]: طَيْلَسَانٌ (طَخَارِيٌّ) مَنْسُوبٌ إِلَى طَخَارِسْتَانَ، وَقَدْ يُقَالُ: طَخَيْرَسْتَانُ، وَهُوَ بَلَدٌ مَعْرُوفٌ.

[ط خ ي]: (الطَّخْيَاءُ) ظُلْمَةُ الْغَيْمِ، وَيُقَالُ: لَيْلَةٌ طَخْيَاءُ، أَيْ: شَدِيدَةُ الظُّلْمَةِ، وَأَمَّا (طَخْيَاءُ مُظْلِمَةٌ) فِي حَدِيثِ ابْنِ عَامِرٍ عَنْ أَبِيهِ، فَهِيَ إِمَّا تَفْسِيرٌ أَوْ زِيَادَةٌ.

الطَّاءُ مَعَ الرَّاءِ الْمُهْمَلَةِ

[ط ر أ]: (شَيْءٌ طَرِيءٌ) بَيِّنُ الطَّرَاوَةِ وَالطَّرَاءَةِ[1]، وَقَدْ طَرَأَ وَطَرُوَ [بِهَمْزٍ وَبِغَيْرِ هَمْزٍ عَنِ الْغُورِيِّ، وَكَذَا فِي الْأَسْبَابِ، وَعَنِ ابْنِ الْأَعْرَابِيِّ: لَحْمٌ طَرِيٌّ، غَيْرُ مَهْمُوزٍ] [2].

(وَطَرَأَ عَلَيْنَا فُلَانٌ) جَاءَ علينا[3] مِنْ بَعِيدٍ فُجَاءَةً، مِنْ بَابِ مَنَعَ، وَمَصْدَرُهُ: الطُّرُوءُ، وَقَوْلُهُمْ: طَرِئَ الْجُنُونُ، وَالطَّارِي خِلَافُ الْأَصْلِيِّ، وَالصَّوَابُ الْهَمْزُ، وَأَمَّا الطَّرَيَانُ فَخَطَأٌ أَصْلًا.

[ط ر ح]: (الطَّرْحُ) أَنْ تَرْمِيَ بِالشَّيْءِ وَتُلْقِيَهُ مِنْ بَابِ مَنَعَ، يُقَالُ: طَرَحَ الشَّيْءَ مِنْ يَدِهِ، وَطَرَحَ بِهِ، وَبِهَذَا صَحَّ قَوْلُهُ: وَضْعُ الْجِمَارِ لَا يَنُوبُ عَنِ الرَّمْيِ، وَالطَّرْحُ قَدْ يَنُوبُ.

[ط ر د]: (الطَّرْدُ) الْإِبْعَادُ وَالتَّنْحِيَةُ، يُقَالُ: طَرَدَهُ، إِذَا نَحَّاهُ، وَأَطْرَدَهُ السُّلْطَانُ: جَعَلَهُ

---

(١) زيادة من: م.
(٢) زيادة من: م.
(٣) سقط من: م.

طَرِيدًا لَا يَأْمَنُ، وَقَوْلُهُ: لَا بَأْسَ بِالسِّبَاقِ مَا لَمْ تَطْرُدْهُ وَيُطْرِدْكَ. قَالَ أَبُو عُبَيْدٍ: (الْإِطْرَادُ) أَنْ تَقُولَ: إِنْ سَبَقْتَنِي فَلَكَ عَلَيَّ كَذَا، وَإِنْ سَبَقْتُكَ فَلِي عَلَيْكَ كَذَا.

(وَالْمِطْرَدُ) الرُّمْحُ الْقَصِيرُ؛ لِأَنَّهُ يُطْرَدُ بِهِ الْوَحْشُ، (وَالطِّرَّادُ) مِثْلُهُ، وَمِنْهُ: قَوْلُ مُحَمَّدٍ رَحِمَهُ اللهُ فِي تَفْصِيلِ السِّلَاحِ: الْأَعْلَامُ وَالطِّرَادَاتُ، وَقَوْلُهُ: إِنَّ مِنَ الْأَئِمَّةِ الطَّرَّادِينَ، أَيْ: إِنَّ مِنْهُمْ مَنْ يَطْرُدُ النَّاسَ بِطُولِ قِيَامِهِ وَكَثْرَةِ قِرَاءَتِهِ، وَإِنَّ مِنْهُمْ مَنْ طَالَتْ قِرَاءَتُهُ وَاطَّرَدَتْ، أَيْ: تَتَابَعَتْ مِنْ قَوْلِهِمْ: (يَوْمٌ طَرَّادٌ) أَيْ: طَوِيلٌ، الْأَوَّلُ مَرْوِيٌّ عَنْ قَتَادَةَ.

[ط ر ر]: (الطَّرَّارُ) الَّذِي يَطُرُّ الْهَمَايِينَ، أَيْ: يَشُقُّهَا وَيَقْطَعُهَا.

[ط ر ز]: (الطِّرَازُ)[1] بِالْكَسْرِ: عَلَمُ الثَّوْبِ، وَثَوْبٌ طِرَازِيٌّ مَنْسُوبٌ إِلَى طِرَازَ، وَهُوَ اسْمُ مَوْضِعٍ بِمَرْوَ، مَحَلَّةٌ يُقَالُ لَهَا: (طِرَازُ) أَيْضًا، وَأَمَّا (الطرازذان) لِغِلَافِ الْمِيزَانِ فَمُعَرَّبٌ.

[ط ر س]: (طَرَسُوسُ) مِنْ بِلَادِ ثَغْرِ الرُّومِ.

[ط ر ش]: (الطَّرَشُ) كَالصَّمَمِ، وَقَدْ طَرِشَ مِنْ بَابِ لَبِسَ. (وَرَجُلٌ أُطْرُوشٌ) بِهِ وَقْرٌ، (وَرِجَالٌ طُرْشٌ). وَعَنْ ابْنِ دُرَيْدٍ أَنَّهُ لَيْسَ بِعَرَبِيٍّ صَحِيحٍ، وَفِي "الْأَجْنَاسِ" فِي حِكَايَةِ أَبِي خَازِمٍ الْقَاضِي فِي حُكُومَةِ امْرَأَةٍ: فَتَطَارَشْتُ، أَيْ: أَرَتْ أَنَّ بِهَا طَرَشًا.

[ط ر ف]: فِي حَدِيثِ سَعْدِ بن الرَّبِيعِ: "لَا عُذْرَ لَكُمْ إِنْ وُصِلَ إِلَى عين[2] (تَطْرُفُ)"[3]، وَرُوِيَ: "شُفْرٌ"، أَيْ: ذُو عَيْنٍ وَشُفْرٍ. (وَالطَّرْفُ) تَحْرِيكُ الْجَفْنِ بِالنَّظَرِ، وَالْمَعْنَى: وُجُودُ الْحَيِّ وَكَوْنُهُ بَيْنَهُمْ.

[ط ر ق]: (الْمِطْرَقَةُ) مَا يُطْرَقُ بِهِ الْحَدِيدُ، أَيْ: يُضْرَبُ، وَمِنْهُ: وَإِنْ قَالُوا: لَنَطْرُقَنَّكَ أَوْ لَنَشْتُمَنَّكَ، وَقِيلَ: لَنَقْرُصَنَّكَ أَصَحُّ مِنْ قَرَصَهُ بِظُفُرَيْهِ، إِذَا أَخَذَهُ، ومنه[4] الْقَارِصَةُ: الْكَلِمَةُ الْمُؤْذِيَةُ.

---

(١) في خ: "الطيراز".
(٢) سقط من: م.
(٣) أخرجه سعيد بن منصور في سننه (٢٨٤٢)، والبيهقي في دلائل النبوة ج٣/٢٤٨، وابن المبارك في الجهاد (٩٤).
(٤) سقط من: م.

(وَالطَّرْقُ) الْمَاءُ الْمُسْتَنْقِعُ الَّذِي خَوَّضَتْهُ الدَّوَابُّ وَبَالَتْ[1] فِيهِ، وَمِنْهُ: قَوْلُ النَّخَعِيِّ: الْوُضُوءُ بِالطَّرْقِ أَحَبُّ إِلَيَّ مِنَ التَّيَمُّمِ، وَقَوْلُ خُوَاهَرْ زَادَهْ: بِحَيْثُ لَا يُمْكِنُ (الِاسْتِطْرَاقُ) بَيْنَ الصُّفُوفِ، أَيْ: الذَّهَابُ بَيْنَهَا اسْتِفْعَالٌ مِنَ الطَّرِيقِ، وَفِي الْقُدُورِيِّ: مِنْ غَيْرِ أَنْ يَسْتَطْرِقَ نَصِيبَ الْآخَرِ. أَيْ: يَتَّخِذَهُ طَرِيقًا.

[ط ر م]: (الطَّارِمَةُ) بَيْتٌ كَالْقُبَّةِ مِنْ خَشَبٍ، وَالْجَمْعُ: الطَّارِمَاتُ.

الطَّاءُ مَعَ السِّينِ الْمُهْمَلَةِ

[ط س ت]: (الطَّسْتُ) مُؤَنَّثَةٌ، وَهِيَ أَعْجَمِيَّةٌ، (وَالطَّسُّ) تَعْرِيبُهَا، وَالْجَمْعُ: طِسَاسٌ وَطُسُوسٌ، وَقَدْ يُقَالُ: طُسُوتٌ.

[ط س ج]: (الطَّسُّوجُ) النَّاحِيَةُ كَالْقَرْيَةِ وَنَحْوِهَا، مُعَرَّبٌ، وَيُقَالُ: أَرْدَبِيلُ مِنْ طَسَاسِيجِ حُلْوَانَ.

الطَّاءُ مَعَ الْعَيْنِ الْمُهْمَلَةِ

[ط ع م]: (الطَّعَامُ) اسْمٌ لِمَا يُؤْكَلُ، كَالشَّرَابِ لِمَا يُشْرَبُ، وَجَمْعُهُ: أَشْرِبَةٌ وَأَطْعِمَةٌ، وَقَدْ غَلَبَ عَلَى الْبُرِّ، وَمِنْهُ حَدِيثُ أَبِي سَعِيدٍ: "كُنَّا نُخْرِجُ فِي صَدَقَةِ الْفِطْرِ عَلَى عَهْدِ [رَسُولِ اللَّهِ][2] صَلَّى اللهُ عَلَيْهِ وَسَلَّمَ صَاعًا مِنْ طَعَامٍ أَوْ صَاعًا مِنْ شَعِيرٍ". وَفِي حَدِيثِ الْمُصَرَّاةِ: رُدَّهَا وَرُدَّ مَعَهَا صَاعًا مِنْ طَعَامٍ لَا سَمْرَاءَ، أَيْ: مِنْ تَمْرٍ لَا حِنْطَةٍ، وَقَوْلُهُ فِي بَابِ الْأَذَانِ: وَكَانَ ذَا طَعَامٍ، أَيْ: أَكُولًا.

(وَالطُّعْمَةُ) بِالضَّمِّ: الرِّزْقُ، يُقَالُ: جَعَلَ السُّلْطَانُ نَاحِيَةَ كَذَا (طُعْمَةً لِفُلَانٍ). وَقَوْلُ الْحَسَنِ: الْقِتَالُ ثَلَاثَةٌ: قِتَالٌ عَلَى كَذَا، وَقِتَالٌ لِكَذَا، وَقِتَالٌ عَلَى هَذِهِ الطُّعْمَةِ. يَعْنِي: الْخَرَاجَ وَالْجِزْيَةَ وَالزَّكَوَاتِ.

وَفِي السِّيَرِ: "أَطْعَمَهُمْ رَسُولُ اللهِ صَلَّى اللهُ عَلَيْهِ وَآلِهِ وَسَلَّمَ طُعْمَةً[3]"، وَفِي مَوْضِعٍ:"طُعَمًا" عَلَى الْجَمْعِ، وَفِي مَوْضِعٍ آخَرَ: طُعْمًا وَ طَعَامًا، وَهُمَا بِمَعْنًى.

وَعَنْ أَبِي حَنِيفَةَ رَحِمَهُ اللهُ: أَنَّ الْإِطْعَامَ مُخْتَصٌّ بِإِعَارَةِ الْأَرْضِ لِلزِّرَاعَةِ.

---

(١) في خ: "وبولت".
(٢) في خ:"النبي".
(٣) زيادة من: م.

وَعَنْ مُعَاوِيَةَ: أَنَّهُ أَطْعَمَ عَمْرًا خَرَاجَ مِصْرَ، أَيْ: أَعْطَاهُ طُعْمَةً.

(وَطَعِمَ الشَّيْءَ) أَكَلَهُ وَذَاقَهُ طُعْمًا بِالْفَتْحِ وَالضَّمِّ، إِلَّا أَنَّ الْجَارِيَ عَلَى أَلْسِنَتِهِمْ فِي عِلَّةِ الرِّبَا الْفَتْحُ، وَمُرَادُهُمْ كَوْنُ الشَّيْءِ مَطْعُومًا أَوْ مِمَّا يُطْعَمُ، وَفِي كَلَامِ الشَّافِعِيِّ رَحِمَهُ اللهُ: الْأَكْلُ مَعَ الْجِنْسِ عِلَّةٌ، وَرُبَّمَا قَالَ: الطُّعْمُ مَعَ الْجِنْسِ.

(وَقَدْ تطَعَّمَهُ) إِذَا ذَاقَهُ، وَمِنْهُ: الْمَثَلُ: تَطَعَّمْ تَطْعَمْ، أَيْ: ذُقْ تَشْتَه.

(وَاسْتَطْعَمَهُ) سَأَلَ إِطْعَامَهُ، وَقَوْلُهُ صَلَّى اللهُ عَلَيْهِ وَآلِهِ وَسَلَّمَ: "إِذَا اسْتَطْعَمَكُمْ الْإِمَامُ فَأَطْعِمُوهُ". أَيْ: إِذَا أُرْتِجَ عَلَيْهِ وَاسْتَفْتَحَكُمْ فَافْتَحُوا عَلَيْهِ، مَجَازٌ.

(وَأَطْعَمَتْ الثَّمَرَةُ) أَدْرَكَتْ، وَمِنْهُ: نَهَى عَنْ بَيْعِ الثَّمَرِ حَتَّى يُطْعِمَ.

(وَشَجَرٌ مُطْعِمٌ) أَيْ: مُثْمِرٌ، وَمِنْهُ: هَلْ أَطْعَمَ نَخْلُ بَيْسَانَ؟

الطَّاءُ مَعَ الْفَاءِ

[ط ف ر]: (طَفَرَ) طَفْرًا وَطُفُورًا مِنْ بَابِ ضَرَبَ، إِذَا وَثَبَ فِي ارْتِفَاعٍ كَمَا يَطْفِرُ الْإِنْسَانُ حَائِطًا إِلَى مَا وَرَاءَ، عَنْ اللَّيْثِ، وَيَدُلُّ عَلَى أَنَّهُ وَثْبٌ خَاصٌّ قَوْلُهُمْ: إِذَا زَالَتْ بَكَارَتُهَا بِوَثْبَةٍ أَوْ طَفْرَةٍ، وَقِيلَ: الْوَثْبَةُ مِنْ فَوْقُ، وَالطَّفْرَةُ إِلَى فَوْقُ.

[ط ف ف]: (طَفُّ) الصَّاعِ وَطَفَفَهُ وَطِفَافُهُ: مِقْدَارُهُ النَّاقِصُ عَنْ مِلْئِهِ، وَقَوْلُهُ صَلَّى اللهُ عَلَيْهِ وَسَلَّمَ: "كُلُّكُمْ بَنُو آدَمَ طَفُّ الصَّاعِ"[1]، مَعْنَاهُ: أَنَّ كُلَّكُمْ فِي الِانْتِسَابِ إِلَى أَبٍ وَاحِدٍ بِمَنْزِلَةٍ، ثُمَّ شَبَّهَهُمْ فِي نُقْصَانِهِمْ بِالْمَكِيلِ الَّذِي لَمْ يَبْلُغْ أَنْ يَمْلَأَ الْمِكْيَالَ، وَعَنْ الْأَزْهَرِيِّ: أَيْ: كُلُّكُمْ قَرِيبٌ بَعْضُكُمْ مِنْ بَعْضٍ؛ لِأَنَّ طَفَّ الصَّاعِ قَرِيبٌ مِنْ مِلْئِهِ.

[ط ف ق]: (طَفِقَ يَفْعَلُ كَذَا) أَيْ: أَخَذَ وَابْتَدَأَ.

[ط ف ل]: (الطِّفْلُ) الصَّبِيُّ حِينَ يَسْقُطُ مِنْ الْبَطْنِ إِلَى أَنْ يَحْتَلِمَ، وَيُقَالُ: جَارِيَةٌ طِفْلٌ وَطِفْلَةٌ.

[ط ف و]: (طَفَا) الشَّيْءُ فَوْقَ الْمَاءِ يَطْفُو طُفُوًّا: إِذَا عَلَا، وَمِنْهُ: السَّمَكُ الطَّافِي، وَهُوَ الَّذِي يَمُوتُ فِي الْمَاءِ فَيَعْلُو وَيَظْهَرُ.

[ط ف ي]: (وَالطُّفْيَةُ) خُوصَةُ الْمُقْلِ، وَمِنْهُ الْحَدِيثُ: "اُقْتُلُوا ذَا الطُّفْيَتَيْنِ

---

(١) أخرجه أحمد في مسنده (١٦٩٩٣)

وَالْأَبْتَرِ[١]، وَهُوَ مِنَ الْحَيَّاتِ مَا عَلَى ظَهْرِهِ خَطَّانِ أَسْوَدَانِ كَالْخُوصَتَيْنِ، وَالْأَبْتَرُ: الْقَصِيرُ الذَّنَبِ.

الطَّاءُ مَعَ اللَّامِ

[ط ل ب]: (الطَّلَبُ) الطَّالِبُونَ تَسْمِيَةً بِالْمَصْدَرِ، أَوْ جَمْعُ طَالِبٍ، كَخَدَمٍ فِي جَمْعِ خَادِمٍ.

[ط ل ح]: (الطَّلِيحُ) التَّعِبُ الْبَعِيرُ[٢] الْمُعَيِّي وَأَصْلُهُ الْهَزِيلُ فَعِيلٌ بِمَعْنَى مَفْعُولٍ.

[ط ل س]: (الطَّيْلَسَانُ) تَعْرِيبُ تَالَشَان، وَجَمْعُهُ: طَيَالِسَةٌ، وَهُوَ مِنْ لِبَاسِ الْعَجَمِ مُدَوَّرٌ أَسْوَدُ، وَمِنْهُ قَوْلُهُمْ فِي الشَّتْمِ: يَا ابْنَ الطَّيْلَسَانِ، يُرَادُ أَنَّكَ أَعْجَمِيٌّ.

وَعَنْ أَبِي يُوسُفَ فِي قَلْبِ الرِّدَاءِ فِي الِاسْتِسْقَاءِ: أَنْ يُجْعَلَ أَسْفَلُهُ أَعْلَاهُ؛ فَإِنْ كَانَ طَيْلَسَانًا لَا أَسْفَلَ لَهُ أَوْ خَمِيصَةً، أَيْ: كِسَاءً، يَثْقُلُ قَلْبُهَا حَوَّلَ يَمِينَهُ عَلَى شِمَالِهِ.

وَفِي "جَمْعِ التَّفَارِيقِ": الطَّيَالِسَةُ لَحْمَتُهَا وَسَدَاهَا صُوفٌ، وَالطَّيْلَسُ لُغَةٌ فِيهِ، قَالَ مَرَّارُ بْنُ مُنْقِذٍ:

فَرَفَعْتُ رَأْسِي لِلْخَيَالِ فَمَا أَرَى   غَيْرَ الْمَطِيِّ وَظُلْمَةً كَالطَّيْلَسِ

[ط ل ع]: (طُلُوعُ) الشَّمْسِ مَعْرُوفٌ، وَقَالَ أَبُو زَيْدٍ: كُلُّ مَا بَدَا لَكَ مِنْ عُلُوٍّ فَقَدْ طَلَعَ، وَقَوْلُ عُمَرَ رَضِيَ اللهُ عَنْهُ: حَتَّى تَطْلُعَ الدَّرْبَ قَافِلًا، أَيْ: تَخْرُجَ مِنْهُ عَلَى حَذْفِ حَرْفِ الْجَارِّ أَوْ مِنْ (طَلَعَ) الْجَبَلَ إِذَا عَلَاهُ، (وَأَطْلَعَ) مِنْ بَابِ أَكْرَمَ، لُغَةٌ فِي اطَّلَعَ بِمَعْنَى أَشْرَفَ، وَمِنْهُ قَوْلُهُ: الَّتِي اطَّلَعَتْ فَهِيَ طَالِقٌ، بِالتَّخْفِيفِ وَالتَّشْدِيدِ.

(وَالطَّلِيعَةُ) وَاحِدَةُ الطَّلَائِعِ فِي الْحَرْبِ، وَهُمُ الَّذِينَ يُبْعَثُونَ لِيَطَّلِعُوا عَلَى أَخْبَارِ الْعَدُوِّ وَيَتَعَرَّفُوهَا، قَالَ صَاحِبُ الْعَيْنِ: وَقَدْ يُسَمَّى الرَّجُلُ الْوَاحِدُ فِي ذَلِكَ طَلِيعَةً، وَالْجَمِيعُ أَيْضًا إِذَا كَانُوا مَعًا. وَفِي كَلَامِ مُحَمَّدٍ رَحِمَهُ اللهُ: الطَّلِيعَةُ الثَّلَاثَةُ وَالْأَرْبَعَةُ، وَهِيَ دُونَ السَّرِيَّةِ.

(وَالطَّلْعُ) مَا يَطْلُعُ مِنَ النَّخْلَةِ، وَهُوَ الْكِمُّ قَبْلَ أَنْ يَنْشَقَّ، وَيُقَالُ لِمَا يَبْدُو مِنَ الْكِمِّ: طَلْعٌ أَيْضًا، وَهُوَ شَيْءٌ أَبْيَضُ يُشْبِهُ بِلَوْنِهِ الْأَسْنَانَ وَبِرَائِحَتِهِ الْمَنِيَّ، وَقَوْلُهُ: (طَلْعُ الْكُفُرَّى)

---

(١) أَخْرَجَهُ الْبَزَّارُ فِي الْبَحْرِ الزَّخَّارِ (٦٠١٩)

(٢) زِيَادَةٌ مِنْ: م.

إِضَافَةُ بَيَانٍ.

(وَأَطْلَعَ النَّخْلُ) خَرَجَ طَلْعُهُ، (وَأَطْلَعَ) نَبْتُ الْأَرْضِ: خَرَجَ.

(وَطِلَاعُ الْإِنَاءِ) مِلْؤُهُ؛ لِأَنَّهُ يَطْلُعُ مِنْ نَوَاحِيهِ عِنْدَ الِامْتِلَاءِ.

[ط ل ق]: (الطَّلَاقُ) اسْمٌ بِمَعْنَى التَّطْلِيقِ كَالسَّلَامِ بِمَعْنَى التَّسْلِيمِ، وَمِنْهُ: ﴿الطَّلَاقُ مَرَّتَانِ﴾ [سورة البقرة آية ٢٢٩] وَمَصْدَرٌ مِنْ طَلُقَتْ بِالضَّمِّ وَالْفَتْحِ كَالْجَمَالِ وَالْفَسَادِ مِنْ جَمُلَ وَفَسَدَ.

(وَامْرَأَةٌ طَالِقٌ) وَقَدْ جَاءَ: طَالِقَةٌ، وَالتَّرْكِيبُ يَدُلُّ عَلَى الْحَلِّ وَالِانْحِلَالِ، وَمِنْهُ: أَطْلَقْتُ الْأَسِيرَ، إِذَا حَلَلْتَ إِسَارَهُ وَخَلَّيْتَ عَنْهُ، وَأَطْلَقْتُ النَّاقَةَ مِنْ الْعِقَالِ فَطَلَقَتْ بِالْفَتْحِ.

(وَرَجُلٌ طَلْقُ الْيَدَيْنِ) سَخِيٌّ، وَفِي ضِدِّهِ:مَغْلُولُ الْيَدَيْنِ، وَبِهِ سُمِّيَ وَالِدُ قَيْسِ بن طَلْقٍ.

(وَيَوْمٌ طَلْقٌ) وَلَيْلَةٌ طَلْقَةٌ، إِذَا لَمْ يَكُنْ فِيهِمَا قَرٌّ وَلَا حَرٌّ.

(وَشَيْءٌ طِلْقٌ) بِالْكَسْرِ، أَيْ: مُطْلَقٌ. (وَطَلَاقَةُ الْوَجْهِ) مِنْ هَذَا أَيْضًا لِأَنَّهَا خِلَافُ التَّقَبُّضِ وَالْعُبُوسِ، يُقَالُ: تَطَلَّقَ وَجْهُهُ وَانْطَلَقَ، وَمِنْهُ قَوْلُهُ: وَيَنْبَغِي لِلْقَاضِي أَنْ يُنْصِفَ الْخَصْمَيْنِ وَلَا يَنْطَلِقَ بِوَجْهِهِ إِلَى أَحَدِهِمَا فِي شَيْءٍ مِنْ الْمَنْطِقِ مَا لَمْ يَفْعَلْهُ بِالْآخَرِ، يَعْنِي: لَيْسَ لَهُ أَنْ يُكَلِّمَ أَحَدَهُمَا بِوَجْهٍ طَلْقٍ وَبِمَنْطِقٍ عَذْبٍ وَلَا يَفْعَلَ هَذَا بِصَاحِبِهِ، وَيَجُوزُ أَنْ يَكُونَ مِنَ الِانْطِلَاقِ: الذَّهَابُ، عَلَى مَعْنَى وَلَا يَلْتَفِتُ إِلَى أَحَدِهِمَا.

(وَأَمَّا الطَّلْقُ) بِالْفَتْحِ لِوَجَعِ الْوِلَادَةِ، فَعَلَى التَّفَاؤُلِ وَالْفِعْلُ مِنْهُ: طُلِقَتْ بِضَمِّ الطَّاءِ فَهِيَ مَطْلُوقَةٌ، وَمِنْهُ قَوْلُ ابْنِ عُمَرَ رَضِيَ اللهُ عَنْهُمَا: لَا، وَلَوْ بِطَلْقَةٍ. عَلَى لَفْظِ الْمَرَّةِ، وَقَوْلُهَا: لَتُطَلِّقُنِّي أَوْ لَأَقْتُلَنَّكَ، بِنُونِ التَّأْكِيدِ الْخَفِيفَةِ مُدْغَمَةً فِي نُونِ الْعِمَادِ.

[ط ل ل]: (طَلَلُ) السَّفِينَةِ: جِلَالُهَا[1]، وَهُوَ غِطَاءٌ تُغَشَّى بِهِ كَالسَّقْفِ لِلْبَيْتِ، وَالْجَمْعُ: أَطْلَالٌ، وَمِنْهُ: وَمَنْ وَقَفَ عَلَى الْأَطْلَالِ يَقْتَدِي بِالْإِمَامِ فِي سَفِينَةٍ.

(وَطُلَّ) دَمُ فُلَانٍ عَلَى الْبِنَاءِ لِلْمَفْعُولِ إِذَا أُهْدِرَ، وَمِنْهُ: وَمِثْلُ دَمِهِ يُطَلُّ.

[ط ل و] وَفِي الْحَدِيثِ:"إِنَّ لِلْقُرْآنِ (لَطَلَاوَةً)". أَيْ: بَهْجَةً وَحُسْنًا وَقَبُولًا

---

(١) في خ: "جلاتها".

فِي الْقُلُوبِ.

[ط ل ي]: (وَطَلَيْتُهُ) بِالنُّورَةِ أَوْ غَيْرِهَا: لَطَخْتُهُ، (وَاطَّلَيْتُ) عَلَى افْتَعَلْتُ بِتَرْكِ الْمَفْعُولِ إِذَا فَعَلْتَ ذَلِكَ بِنَفْسِكَ، وَعَلَى ذَا قَوْلُهُ: أَطْلَى شُقَاقُ رِجْلِهِ خَطَأٌ، وَإِنَّمَا الصَّوَابُ: طَلَى.

(وَالطَّلْيَةُ) الْمَرَّةُ، وَمِنْهَا: أَسْتَأْجِرُهُ عَلَى أَنْ يُنَوِّرَهُ فِي الْحَمَّامِ عَشْرَ طَلْيَاتٍ.

(وَالطِّلَاءُ) كُلُّ مَا يُطْلَى بِهِ مِنْ قَطِرَانٍ أَوْ نَحْوِهِ، وَمِنْهُ حَدِيثُ عُمَرَ رَضِيَ اللهُ عَنْهُ: مَا أَشْبَهَ هَذَا بِطِلَاءِ الْإِبِلِ، وَيُقَالُ لِكُلِّ مَا خَثُرَ مِنَ الْأَشْرِبَةِ: طِلَاءٌ، عَلَى التَّشْبِيهِ حَتَّى سُمِّيَ بِهِ الْمُثَلَّثُ.

الطَّاءُ مَعَ الْمِيمِ

[ط م ث]: (طَمَثَ) الْمَرْأَةَ: افْتَضَّهَا بِالتَّدْمِيَةِ، أَيْ: أَخَذَ بَكَارَتَهَا مِنْ بَابِ ضَرَبَ، وَمِنْهُ: تَمُوتُ بِجُمْعٍ لَمْ تَطْمِثْ، أَيْ: عَذْرَاءُ.

[ط م ر]: فِي الْحَدِيثِ: "رُبَّ ذِي طِمْرَيْنِ لَا يُؤْبَهُ لَهُ لَوْ أَقْسَمَ عَلَى اللهِ لَأَبَرَّهُ"[(١)].

(الطِّمْرُ) الثَّوْبُ الْخَلَقُ، وَالْجَمْعُ: أَطْمَارٌ، وَيُقَالُ: مَا وَبِهْتُ لَهُ [وَمَا أَبِهْتُ لَهُ] [(٢)] أَيْ: مَا فَطِنْتُ لَهُ، وَمَعْنَى: "لَا يُؤْبَهُ لَهُ" لِذِلَّتِهِ وَلَا يُبَالَى بِهِ لِحَقَارَتِهِ، وَهُوَ مَعَ ذَلِكَ مِنَ الْفَضْلِ فِي دِينِهِ وَالْخُضُوعِ لِرَبِّهِ بِحَيْثُ إِذَا دَعَاهُ اسْتَجَابَ دُعَاءَهُ، وَالْقَسَمُ عَلَى اللهِ أَنْ يَقُولَ: بِحَقِّكَ فَافْعَلْ كَذَا، وَإِنَّمَا عُدِّيَ بِعَلَى؛ لِأَنَّهُ ضُمِّنَ مَعْنَى التَّحَكُّمِ.

(وَالْمَطَامِيرُ) جَمْعُ مَطْمُورَةٍ، وَهِيَ حُفْرَةُ الطَّعَامِ، وَعَنِ ابْنِ دُرَيْدٍ: بَنَى فُلَانٌ مَطْمُورَةً إِذَا بَنَى دَارًا فِي الْأَرْضِ أَوْ بَيْتًا، وَهَذَا الَّذِي أَرَادَهُ مُحَمَّدٌ رَحِمَهُ اللهُ فِي السِّيَرِ.

[ط م س]: (الطَّمَاسَةُ) الْحَزْرُ عَنِ الْفَرَّاءِ، مِنْ بَابِ ضَرَبَ، وَتَحْقِيقُهَا فِي الْمُعْرِبِ.

[ط م م]: (طَمَّ) النَّهْرَ أَوِ الْبِئْرَ بِالتُّرَابِ: مَلَأَهَا[(٣)] حَتَّى سَوَّاهُمَا بِالْأَرْضِ مِنْ بَابِ طَلَبَ، (وَانْطَمَّ) النَّهْرُ فِي مُطَاوِعِهِ قِيَاسٌ.

[ط م ن]: (الطُّمَأْنِينَةُ) السُّكُونُ، اسْمٌ مِنِ اطْمَأَنَّ، إِذَا سَكَنَ فَهُوَ مُطْمَئِنٌّ.

---

(١) أخرجه البخاري (٤٩١٨)، ومسلم (٢٨٥٥)، والترمذي (٢٦٠٥)، وأبو داود (٤٥٩٥)، والنسائي (٤٧٥٦)، وابن ماجه (٤١١٥).

(٢) زيادة من: م.

(٣) زيادة من: م.

(وَالْمُطْمَئِنُّ) مِنَ الْأَرْضِ: الْمُنْخَفِضُ؛ لِأَنَّهُ مَوْضِعُ الطُّمَأْنِينَةِ، وَمِنْهُ: مَكَانٌ مُطْمَئِنٌّ.

الطَّاءُ مَعَ النُّونِ

[ط ن ج ر]: (الطِّنْجِيرُ) بِالْكَسْرِ: باتيلة.

[ط ن ن]: (الطُّنُّ) بِالضَّمِّ: الْحُزْمَةُ مِنَ الْقَصَبِ.

الطَّاءُ مَعَ الْوَاوِ

[ط و ف]: نَهَى عَنْ الْمُتَحَدِّثِينَ عَلَى (طَوْفِهِمَا)، وَهُوَ الْغَائِطُ، يُقَالُ: طَافَ طَوْفًا، إِذَا أَحْدَثَ.

[ط و ل]: قَوْله تَعَالَى: (وَمَنْ لَمْ يَسْتَطِعْ مِنْكُمْ طَوْلًا أَنْ يَنْكِحَ الْمُحْصَنَاتِ) [سورة النساء آية ٢٥] (الطَّوْلُ) الْفَضْلُ، يُقَالُ: لِفُلَانٍ عَلَى فُلَانٍ طَوْلٌ، أَيْ: زِيَادَةٌ وَفَضْلٌ، وَمِنْهُ: الطُّولُ فِي الْجِسْمِ؛ لِأَنَّهُ زِيَادَةٌ فِيهِ، كَمَا أَنَّ الْقِصَرَ قُصُورٌ فِيهِ وَنُقْصَانٌ[1]، وَالْمَعْنَى: وَمَنْ لَمْ يَسْتَطِعْ زِيَادَةً فِي الْحَالِ وَسَعَةً يَبْلُغُ بِهَا نِكَاحَ الْحُرَّةِ فَلْيَنْكِحْ أَمَةً، وَهَذَا تَفْسِيرُ قَوْلِ الزَّجَّاجِ: إِنَّ الطَّوْلَ الْقُدْرَةُ عَلَى الْمَهْرِ، وَقَدْ قِيلَ: هُوَ الْغِنَى، وَفُسِّرَ بِغِنَى الْمَالِ، فَيَصِيرُ إِلَى الْأَوَّلِ وَتَكُونُ الْحُرَّةُ تَحْتَهُ، وَفِيهِ نَظَرٌ. وَمَحَلُّ" أَنْ يَنْكِحَ" النَّصْبُ أَوْ الْجَرُّ عَلَى حَذْفِ الْجَارِّ أَوْ إِضْمَارِهِ، وَهُوَ عَلَى أَوْ إِلَى، وَنَظِيرُهُ: (لَا جُنَاحَ عَلَيْكُمْ أَنْ تَنْكِحُوهُنَّ) [سورة الممتحنة آية ١٠] وَالْإِضْمَارُ قَوْلُ الْخَلِيلِ وَإِلَيْهِ ذَهَبَ الْكِسَائِيُّ، وَعَنْ الشَّعْبِيِّ: إِذَا وَجَدَ الطَّوْلَ إِلَى الْحُرَّةِ بَطَلَ نِكَاحُ الْأَمَةِ، فَعَدَّاهُ بِإِلَى، وَكَذَا عَنْ ابْنِ عَبَّاسٍ وَجَابِرٍ وَسَعِيدِ بن جُبَيْرٍ رَضِيَ اللَّه عَنْهُمْ: لَا يَتَزَوَّجُ الْأَمَةَ إِلَّا مَنْ لَا يَجِدُ طَوْلًا إِلَى الْحُرَّةِ، وَأَمَّا قَوْلُهُمْ: طَوْلُ الْحُرَّةِ، فَمُتَّسَعٌ فِيهِ.

الطَّاءُ مَعَ الْهَاءِ

[ط هـ ر]: (الطَّهَارَةُ) مَصْدَرُ طَهُرَ الشَّيْءُ، وَطَهُرَ خِلَافُ نَجِسَ. (وَالطُّهْرُ) خِلَافُ الْحَيْضِ، (وَالتَّطَهُّرُ) الِاغْتِسَالُ، يُقَالُ: (طَهُرَتْ) إِذَا انْقَطَعَ عَنْهَا الدَّمُ. وَتَطَهَّرَتْ وَاطَّهَّرَتْ: اغْتَسَلَتْ، وَقَوْلُهُ: "خُذِي فِرْصَةً مُمَسَّكَةً فَتَطَهَّرِي بِهَا"[2]. أَيْ: امْسَحِي بِهَا أَثَرَ الدَّمِ، مِنْ

(١) زيادة من: م.

(٢) أخرجه البخاري (٣١٤)، (٣١٥)، ومسلم (٣٣٤).

تَطَهَّرَ إذَا تَنَزَّهَ عَنْ الْأَقْذَارِ وَبَالَغَ فِي تَطْهِيرِ النَّفْسِ، وَفِي التَّنْزِيلِ: (رِجَالٌ يُحِبُّونَ أَنْ يَتَطَهَّرُوا) [سورة التوبة آية ١٠٨] قِيلَ: أُرِيدَ الاسْتِنْجَاءُ.

(وَالطَّهُورُ) بِالْفَتْحِ مَصْدَرٌ بِمَعْنَى التَّطَهُّرِ، يُقَالُ: تَطَهَّرْت طَهُورًا حَسَنًا. وَمِنْهُ: "مِفْتَاحُ الصَّلَاةِ الطَّهُورُ"[(١)]." وَطَهُورُ إنَاءِ أَحَدِكُمْ"." وَحَتَّى يَضَعَ الطَّهُورَ مَوْضِعَهُ". وَاسْمٌ لِمَا يُتَطَهَّرُ بِهِ كَالسَّحُورِ وَالْفَطُورِ، وَصِفَةٌ فِي قَوْله تَعَالَى: (مَاءً طَهُورًا) [سورة الفرقان آية ٤٨] وَمَا حُكِيَ عَنْ ثَعْلَبٍ: إنَّ الطَّهُورَ مَا كَانَ طَاهِرًا فِي نَفْسِهِ مُطَهِّرًا لِغَيْرِهِ. إنْ كَانَ هَذَا زِيَادَةَ بَيَانٍ لِنِهَايَتِهِ فِي الطَّهَارَةِ فَصَوَابٌ حَسَنٌ، وَإِلَّا فَلَيْسَ فَعُولٌ مِنْ التَّفْعِيلِ فِي شَيْءٍ، وَقِيَاسُ هَذَا عَلَى مَا هُوَ مُشْتَقٌّ مِنْ الْأَفْعَالِ الْمُتَعَدِّيَةِ كَقَطُوعٍ وَمَنُوعٍ غَيْرُ سَدِيدٍ.

(وَالطُّهْرَةُ) اسْمٌ مِنْ التَّطْهِيرِ، وَ (الْمِطْهَرَةُ) الْإِدَاوَةُ، وَكَذَا كُلُّ إنَاءٍ يُتَطَهَّرُ بِهِ، وَفَتْحُ الْمِيمِ لُغَةٌ.

الطَّاءُ مَعَ الْيَاءِ التَّحْتَانِيَّةِ

[ط ي ب]: (الطَّيِّبُ) خِلَافُ الْخُبْثِ فِي الْمَعْنَيَيْنِ، يُقَالُ: شَيْءٌ طَيِّبٌ، أَيْ: طَاهِرٌ نَظِيفٌ أَوْ مُسْتَلَذٌّ طَعْمًا وَرِيحًا، وَخَبِيثٌ أَيْ: نَجَسٌ أَوْ كَرِيهُ الطَّعْمِ وَالرَّائِحَةِ، قَالَ اللَّه تَعَالَى (تَيَمَّمُوا صَعِيدًا طَيِّبًا) [سورة المائدة آية ٦] أَيْ: طَاهِرًا عَنْ الزَّجَّاجِ وَغَيْرِهِ، وَمِنْهُ: ﴿وَالْبَلَدُ الطَّيِّبُ يَخْرُجُ نَبَاتُهُ بِإِذْنِ رَبِّهِ وَالَّذِي خَبُثَ﴾ [سورة الأعراف آية ٥٨] يَعْنِي: الْأَرْضَ الْغَدَّةَ الْكَرِيمَةَ التُّرْبَةِ، وَالَّذِي خَبُثَ: الْأَرْضُ السَّبِخَةُ الَّتِي لَا تُنْبِتُ مَا يُنْتَفَعُ بِهِ.

وَقَوْله تَعَالَى: (قُلْ مَنْ حَرَّمَ زِينَةَ اللَّهِ الَّتِي أَخْرَجَ لِعِبَادِهِ وَالطَّيِّبَاتِ مِنَ الرِّزْقِ) [سورة الأعراف آية ٣٢] يَعْنِي: الْمُسْتَلَذَّاتِ مِنْ الْمَآكِلِ وَالْمَشَارِبِ.

وَقَوْله تَعَالَى: (وَيُحَرِّمُ عَلَيْهِمُ الْخَبَائِثَ) [سورة الأعراف آية ١٥٧] يَعْنِي: كُلَّ شَيْءٍ نَجِسٍ كَالدَّمِ وَالْمَيْتَةِ وَنَحْوِهِمَا، وَفِي الْحَدِيثِ: "مَنْ أَكَلَ مِنْ هَذِهِ الشَّجَرَةِ الْخَبِيثَةِ فَلَا يَقْرَبَنَّ مَسْجِدَنَا"[(٢)]. قِيلَ: هِيَ الْكُرَّاثُ وَالثُّومُ وَالْبَصَلُ هَذَا أَصْلُهُمَا، ثُمَّ جُعِلَا عِبَارَتَيْنِ

(١) أخرجه الترمذي (٢٣٨)، وأبو داود (٦١٨)، وابن ماجه (٢٧٥)، والدارمي في سننه (٦٨٧)، وأحمد في مسنده (١٠٠٩).
(٢) أخرجه أحمد في مسنده (٩٢٦٠)، وأبو يعلى الموصلي في مسنده (٢٢٢٦)

عَمَّا يُقَارِبُ ذَلِكَ مِنَ الْحِلِّ وَالْحُرْمَةِ وَالْفَسَادِ وَالْجَوْدَةِ وَالرَّدَاءَةِ.

قَالَ اللـه تَعَالَى: (فَانْكِحُوا مَا طَابَ لَكُمْ مِنَ النِّسَاءِ) [سورة النساء آية ٣] أَيْ: مَا حَلَّ لَكُمْ.

وَقَالَ اللـه عَزَّ وَجَلَّ: (أَنفِقُوا مِنْ طَيِّبَاتِ مَا كَسَبْتُمْ) [سورة البقرة آية ٢٦٧] أَيْ: مِنْ جِيَادِ مَكْسُوبَاتِكُمْ أَوْ مِنْ حَلَالِهَا، وَفِي ضِدِّهِ: (وَلَا تَيَمَّمُوا الْخَبِيثَ) [سورة البقرة آية ٢٦٧] أَيْ: الرَّدِيءَ أَوْ الْحَرَامَ، يَعْنِي: لَا تَقْصِدُوا مِثْلَهُ فَتَصَدَّقُوا بِهِ، وقَوْله تَعَالَى: (لَا يَسْتَوِي الْخَبِيثُ وَالطَّيِّبُ) [سورة المائدة آية ١٠٠] عَامٌّ فِي حَلَالِ الْمَالِ وَحَرَامِهِ، وَصَالِحِ الْعَمَلِ وَطَالِحِهِ، وَصَحِيحِ الْمَذَاهِبِ وَفَاسِدِهَا، وَجَيِّدِ النَّاسِ وَرَدِيِّهِمْ.

[ط ي ر]: (الطَّيْرُ) اسْمُ جَمْعٍ مُؤَنَّثٍ، وَقَدْ يُقَالُ لِلْوَاحِدِ عَنْ قُطْرُبٍ، وَكَذَا حَكَاهُ ثَعْلَبٌ عَنْ أَبِي عُبَيْدَةَ أَيْضًا، وَجَمْعُهُ: طُيُورٌ، وَعَلَيْهِ قَوْلُ مُحَمَّدٍ رَحِمَهُ اللـه فِي الْمُحْرِمِ: يَذْبَحُ الطَّيْرَ الْمُسَرْوَلَ، وَقَوْلُهُ: اشْتَرَى بَازِيًا عَلَى أَنَّهُ صَيُودٌ أَوْ طَيْرًا عَلَى أَنَّهُ رَاعٍ، وَقَوْلُهُمْ: طَارَ لَهُ مِنْ نَصِيبِهِ كَذَا، أَيْ: صَارَ وَحَصَلَ مَجَازٌ، أَنْشَدَ ابْنُ الْأَعْرَابِيِّ:

فَإِنِّي لَسْتُ مِنْك وَلَسْتِ مِنِّي إذَا مَا طَارَ مِنْ مَالِي الثَّمِينُ

يَقُولُ لِامْرَأَتِهِ: إذَا هَلَكْتُ وَصَارَ لَكِ الثُّمُنُ مِنْ مَالِي فَلَسْتِ حِينَئِذٍ مِنِّي وَلَا أَنَا مِنْك.

بَابُ الظَّاءِ الْمُعْجَمَةِ

الظَّاءُ مَعَ الْهَمْزَةِ

[ظ أ ر]: (الظِّئْرُ) الحَاضِنَةُ وَالْحَاضِنُ أَيْضًا، وَجَمْعُهُ: أَظْآرٌ، وَالظُّئُورَةُ فِي مَصْدَرِهِ مِمَّا لَمْ أَسْمَعْهُ.

(وَظَأَرَ النَّاقَةَ) عَطَفَهَا عَلَى غَيْرِ وَلَدِهَا، وَمِنْهُ قَوْلُهُ: مِنْ أَوَامِرِكَ الَّتِي تَظْأَرُنَا عَلَيْكَ، أَيْ: تَعْطِفُنَا أَوْ وَتُمِيلُنَا.

الظَّاءُ مَعَ الْبَاءِ

[ظ ب ي]: (أَبُو ظَبْيَانَ) فِي (ج ن، ج ن ب).

الظَّاءُ مَعَ الرَّاءِ

[ظ ر ب]: (الظَّرِبُ) بِفَتْحِ الظَّاءِ وَكَسْرِ الرَّاءِ: وَاحِدُ الظِّرَابِ، وَهِيَ الرَّوَابِي الصِّغَارُ، وَمِنْهُ: خَطَبَنَا عَلِيٌّ بِذِي قَارٍ عَلَى ظَرِبٍ، وَقَوْلُهُمْ: حَتَّى مَلَأَ الظَّلَامُ الظِّرَابَ.

[ظ ر ر]: (الظُّرَرُ) حَجَرٌ صَلْبٌ مُحَدَّدٌ، وَجَمْعُهُ: ظِرَارٌ وَظُرَّانٌ، وَعَنِ النَّضْرِ: الظِّرَارُ وَاحِدٌ، وَجَمْعُهُ: أَظِرَّةٌ، قَالَ: وَالظُّرَرُ حَجَرٌ أَمْلَسُ عَرِيضٌ يَكْسِرُهُ الرَّجُلُ فَيَجْزُرُ بِهِ الْجَزُورَ، وَيُقَالُ لِلْكِسْرَةِ مِنْهُ: مَظَرَّةٌ، وَجَمْعُهَا: مَظَارٌّ، وَهِيَ كَالسَّكَاكِينِ لِلْعَرَبِ.

[ظ ر ف]: (الظَّرْفُ) وَالظَّرَافَةُ: الْكَيْسُ وَالذَّكَاءُ، وَعَنِ ابْنِ الْأَعْرَابِيِّ: الظَّرْفُ فِي اللِّسَانِ، وَمِنْهُ حَدِيثُ عُمَرَ رَضِيَ اللَّهُ عَنْهُ: إِذَا كَانَ اللِّصُّ ظَرِيفًا لَا يُقْطَعُ، أَيْ: كَيِّسًا جَيِّدَ الْكَلَامِ يَدْرَأُ الْحَدَّ عَنْ نَفْسِهِ بِاحْتِجَاجِهِ. وَقَدْ (أَظْرَفَ): إِذَا جَاءَ بِأَوْلَادٍ ظِرَافٍ، وَقَوْلُهُمْ:أَظْرَفَ مُحَمَّدٌ رَحِمَهُ اللَّهُ فِي الْعِبَارَةِ حَيْثُ قَالَ: الْكَعْبَةُ تُبْنَى، إِنْ كَانَتْ الرِّوَايَةُ مَحْفُوظَةً عَنِ الثِّقَاتِ خُرِّجَ لَهُ وَجْهٌ، وَإِلَّا فَالصَّوَابُ: أَطْرَفَ، بِالطَّاءِ غَيْرِ مُعْجَمَةٍ، أَيْ: جَاءَ بِطُرْفَةٍ، وَهِيَ كُلُّ شَيْءٍ اسْتَحْدَثْتَهُ فَأَعْجَبَكَ، وَالْعِبَارَةُ عَنِ الِانْهِدَامِ بِالْبِنَاءِ طُرْفَةٌ مُعْجِبَةٌ كَمَا تَرَى.

(وَالظَّرْفُ) الْوِعَاءُ، وَجَمْعُهُ: ظُرُوفٌ، وَالْأَظْرَافُ تَحْرِيفٌ.

الظَّاءُ مَعَ الْعَيْنِ

[ظ ع ن]: (الظَّعِينَةُ) الْمَرْأَةُ، وَأَصْلُهَا الْهَوْدَجُ، وَالْجَمْعُ: ظُعُنٌ وَأَظْعَانٌ وَظَعَائِنُ.

الظَّاءُ مَعَ الْفَاءِ

[ظ ف ر]: (الْأَظَافِيرُ) جَمْعُ أُظْفُورٍ، لُغَةٌ فِي الظُّفُرِ، قَالَ أَبُو نُوَاسٍ[1]:

كَأَنَّمَا الْأُظْفُورُ فِي قِنَابِهِ   مُوسَى صَنَاعٍ رُدَّ فِي نِصَابِهِ

(وَالظَّفَرَةُ) بِفَتْحَتَيْنِ جُلَيْدَةٌ تَنْبُتُ فِي بَيَاضِ الْعَيْنِ، وَيُسَمِّيهَا الْأَطِبَّاءُ: الظُّفْرَةَ وَالظُّفْرَ، وَيُقَالُ: عَيْنٌ ظَفِرَةٌ، وَرَجُلٌ مَظْفُورٌ، وَأَنْشَدَ أَبُو الْهَيْثَمِ:

مَا الْقَوْلُ فِي عُجَيْزٍ كَالْحَمْــــرَهْ
بِعَيْنِهَا مِنْ الْبُكَـــاءِ ظَفَرَهْ
حَلَّ ابْنُهَا فِي الْحَبْسِ وَسْطَ الْكَفَرَهْ

(وَالْأَظْفَارُ) شَيْءٌ مِنَ الْعِطْرِ شَبِيهٌ بِظُفْرٍ مُقَلَّفٍ مِنْ أَصْلِهِ، قَالَ الْأَزْهَرِيُّ: وَلَا يُفْرَدُ مِنْهُ وَاحِدٌ، وَإِنْ أُفْرِدَ يَنْبَغِي أَنْ يَكُونَ ظُفْرًا، وَيُجْمَعُ عَلَى أَظَافِيرَ.

(وَظَفَارِ) مَبْنِيٌّ عَلَى الْكَسْرِ: مَدِينَةٌ بِالْيَمَنِ إِلَيْهَا يُنْسَبُ الْجَزْعُ الظَّفَارِيُّ.

(أَظْفَارٌ) فِي (ن ب، ن ب ذ).

الظَّاءُ مَعَ اللَّامِ

[ظ ل ع]: (الظَّلْعُ) بِسُكُونِ اللَّامِ: عَرَجٌ ضَعِيفٌ مِنْ بَابِ مَنَعَ، وَمِنْهُ: رَخَّصَ فِي يَسِيرِ الظَّلْعِ. (وَالْبَيِّنُ ظَلَعُهَا) فِي (ض ل، ض ل ع).

[ظ ل ل]: (الظُّلَّةُ) كُلُّ مَا أَظَلَّكَ مِنْ بِنَاءٍ أَوْ جَبَلٍ أَوْ سَحَابٍ، أَيْ: سَتَرَكَ وَأَلْقَى ظِلَّهُ عَلَيْكَ، وَلَا يُقَالُ: أَظَلَّ عَلَيْهِ، وَأَمَّا قَوْلُهُ: وَلَوْ كَانَ لِأَحَدِهِمَا مَشْجَرَةٌ أَغْصَانُهَا مُظِلَّةٌ عَلَى نَصِيبِ الْآخَرِ، فَعَامِّيٌّ وَكَأَنَّهُمْ لَمَّا اسْتَفَادُوا مِنْهُ مَعْنَى الْإِشْرَافِ عَدَّوْهُ تَعْدِيَتَهُ، وَلَوْ

---

(١) هو: الحسن بن هانئ بن عبد الأول بن صباح الحكمي بالولاء، أبو نواس، شاعر العراق في عصره، ولد في الأهواز من بلاد خوزستان، ونشأ بالبصرة، ورحل إلى بغداد فاتصل فيها بالخلفاء من بني العباس، ومدح بعضهم، وخرج إلى دمشق ومنها إلى مصر فمدح أميرها، وعاد إلى بغداد فأقام بها إلى أن توفي فيها سنة ١٩٨ هـ.

قَالُوا بِالطَّاءِ غَيْرِ الْمُعْجَمَةِ لَصَحَّ.

وَقَوْلُ الْفُقَهَاءِ: (ظُلَّةُ الدَّارِ) يُرِيدُونَ بِهَا السُّدَّةَ الَّتِي فَوْقَ الْبَابِ، وَعَنْ صَاحِبِ الْحَصْرِ: هِيَ الَّتِي أَحَدُ طَرَفَيْ جُذُوعِهَا عَلَى هَذِهِ الدَّارِ، وَطَرَفُهَا الْآخَرُ عَلَى حَائِطِ الْجَارِ الْمُقَابِلِ.

[ظ ل م]: (الْمَظْلَمَةُ) الظُّلْمُ فِي قَوْلِ مُحَمَّدٍ رَحِمَهُ اللهُ: فِي هَذَا مَظْلَمَةٌ لِلْمُسْلِمِينَ، وَاسْمٌ لِلْمَأْخُوذِ فِي قَوْلِهِمْ: عِنْدَ فُلَانٍ مَظْلَمَتِي وَظُلَامَتِي، أَيْ: حَقِّي الَّذِي أُخِذَ مِنِّي ظُلْمًا، وَأَمَّا فِي (يَوْمِ الْمَظَالِمِ) فَعَلَى حَذْفِ الْمُضَافِ، وَقَوْلُهُ: فَظَنَّ النَّصْرَانِيُّ أَنَّهُ لَمْ يَلْتَفِتْ إِلَى ظُلَامَتِهِ، يَعْنِي: شِكَايَتَهُ، وَهُوَ تَوَسُّعٌ.

الظَّاءُ مَعَ النُّونِ

[ظ ن ن]: (الظَّنُّ) الْحِسْبَانُ، وَقَدْ يُسْتَعْمَلُ فِي مَعْنَى الْعِلْمِ مَجَازًا، مِنْهُ: (الْمَظِنَّةُ) الْمَعْلَمُ، وَمِنْهَا قَوْلُهُمْ فِي الْبَيْضَةِ الْمَذِرَةِ: جَازَ لِأَنَّهُ فِي مَعْدِنِهِ وَمَظَانِّهِ، وَالضَّادُ خَطَأٌ.

وَيُقَالُ: ظَنَّهُ وَأَظَنَّهُ، إِذَا اتَّهَمَهُ ظِنَّةً، وَقَوْلُهُ فِي الْمَنَاسِكِ: ظِنَّةً مِنْهُ بِشَعْرِهِ، إِنَّمَا هِيَ بِالضَّادِ، وَكَذَا قَوْلُهُ: الظَّاهِرُ فِي الْمَاءِ عَدَمُ الظِّنَّةِ، لِأَنَّ الْمُرَادَ الْبُخْلُ وَالْمَنْعُ لَا التُّهْمَةُ.

(وَالظَّنِينُ) الْمُتَّهَمُ، وَمِنْهُ: "لَا تَجُوزُ شَهَادَةُ خَائِنٍ وَلَا خَائِنَةٍ وَلَا ظَنِينٍ فِي وَلَاءٍ وَلَا فِي قَرَابَةٍ"[1]، قَالَ أَبُو عُبَيْدٍ: الْمُرَادُ أَنْ يُتَّهَمَ الْمُعْتَقُ بِالنِّسْبَةِ إِلَى غَيْرِ مَوَالِيهِ، أَوِالْوَلَدُ بِالدَّعْوَةِ إِلَى غَيْرِ أَبِيهِ، أَوْ يُتَّهَمُ فِي شَهَادَتِهِ لِقَرِيبِهِ كَالْوَالِدِ لِلْوَلَدِ.

الظَّاءُ مَعَ الْهَاءِ

[ظ هـ ر]: (الظَّهْرُ) خِلَافُ الْبَطْنِ، وَبِتَصْغِيرِهِ سُمِّيَ وَالِدُ أُسَيْدِ بْنِ ظُهَيْرٍ، وَيُسْتَعَارُ لِلدَّابَّةِ أَوِ الرَّاحِلَةِ، وَمِنْهُ: وَلَا ظَهْرًا أَبْقَى، وَكَذَا قَوْلُ مُحَمَّدٍ رَحِمَهُ اللهُ: وَإِذَا كَانَ رَجُلًا مَعَهُ قُوَّةٌ مِنَ الظَّهْرِ وَالْعَبِيدِ وَالْإِمَاءِ[2]، وَأَمَّا: "لَا صَدَقَةَ إِلَّا عَنْ ظَهْرِ غِنًى"[3]، أَيْ: صَادِرَةٌ عَنْ غِنًى، فَالظَّهْرُ فِيهِ مُقْحَمٌ كَمَا فِي: ظَهْرِ الْقَلْبِ وَظَهْرِ الْغَيْبِ.

(وَظَاهَرَ) مِنِ امْرَأَتِهِ ظِهَارًا، وَتَظَاهَرَ وَاظَّاهَرَ بِمَعْنًى، وَهُوَ: أَنْ يَقُولَ لَهَا: أَنْتِ عَلَيَّ

---

(١) أخرجه الترمذي (٢٢٩٨)، وأبو داود (٣٦٠٠)، وابن ماجه (٢٣٦٦)، وأحمد في مسنده (٦٦٥٩).

(٢) زيادة من: م.

(٣) أخرجه أحمد في مسنده (٧١١٥)، والحميدي في مسنده (٧٥٨)، وأبو يعلى في مسنده (٢٢٢٠).

كَظَهْرِ أُمِّي.

(وَظَاهَرَهُ) عَاوَنَهُ، وَهُوَ ظَهِيرُهُ، (وَظَاهَرَ بَيْنَ ثَوْبَيْنِ وَدِرْعَيْنِ) لَبِسَ أَحَدَهُمَا عَلَى الْآخَرِ، وَقَوْلُهُ: ظَاهَرَ بِدِرْعَيْنِ، فِيهِ نَظَرٌ، وَوَجْهُهُ أَنْ يَجْعَلَ الْبَاءَ لِلْمُلَابَسَةِ لَا مِنْ صِلَةِ الْمُظَاهَرَةِ.

(وَظَهَرَ عَلَيْهِ) غَلَبَهُ[1]، وَمِنْهُ: وَلَمَّا ظَهَرُوا عَلَى كِسْرَى ظَفِرُوا بِمَطْبَخِهِ.

(وَظُهِرَ عَلَى اللِّصِّ) غُلِبَ، وَهُوَ مِنْ قَوْلِهِمْ: ظَهَرَ فُلَانٌ السَّطْحَ، إِذَا عَلَاهُ، وَحَقِيقَتُهُ: صَارَ عَلَى ظَهْرِهِ، وَأَصْلُ الظُّهُورِ خِلَافُ الْخَفَاءِ، وَقَدْ يُعَبَّرُ بِهِ عَنِ الْخُرُوجِ وَالْبُرُوزِ؛ لِأَنَّهُ يَرْدَفُ ذَلِكَ، وَعَلَيْهِ حَدِيثُ عَائِشَةَ رَضِيَ اللهُ عَنْهَا: "كَانَ رَسُولُ اللهِ صَلَّى اللهُ عَلَيْهِ وَسَلَّمَ صَلَّى الْعَصْرَ وَالشَّمْسُ فِي حُجْرَتِهَا قَبْلَ أَنْ تَظْهَرَ"[2]. وَتَصْدِيقُهُ فِي الرِّوَايَةِ الْأُخْرَى: "وَالشَّمْسُ لَمْ تَخْرُجْ مِنْ حُجْرَتِهَا"[3]. وَأَمَّا مَا رُوِيَ: "لَمْ يَظْهَرِ الْفَيْءُ مِنْ حُجْرَتِهَا"، أَوْ"وَالشَّمْسُ طَالِعَةٌ فِي حُجْرَتِي لَمْ يَظْهَرِ الْفَيْءُ"، بَعْدُ فَعَلَى الْكِنَايَةِ.

وَعَنِ الشَّافِعِيِّ رَحِمَهُ اللهُ: أَنَّ هَذَا أَبْيَنُ مَا رُوِيَ فِي أَوَّلِ وَقْتِ الْعَصْرِ؛ لِأَنَّ حُجَرَ أَزْوَاجِ النَّبِيِّ صَلَّى اللهُ عَلَيْهِ وَسَلَّمَ فِي مَوْضِعٍ مُنْخَفِضٍ مِنَ الْمَدِينَةِ، وَلَيْسَتْ هِيَ بِالْوَاسِعَةِ، وَذَلِكَ أَسْرَعُ لِارْتِفَاعِ الشَّمْسِ عَنْهَا.

وَالْمُسْتَحَاضَةُ (تَسْتَظْهِرُ) بِكَذَا، أَيْ: تَسْتَوْثِقُ.

(وَالظُّهْرُ) مَا بَعْدَ الزَّوَالِ، وَأَمَّا: "أَبْرِدُوا بِالظُّهْرِ"[4]، وَصَلَّى الظُّهْرَ، فَعَلَى حَذْفِ الْمُضَافِ.

---

(١) في خ: "غلب".

(٢) أخرجه البخاري (٥٢٢)، ومسلم (٦١١).

(٣) أخرجه البخاري (٥٤٤)، وأحمد في مسنده (٢٥٨٤٥)، وأبو عوانة في مسنده (١٠٣١)، والبيهقي في السنن الكبرى في: ج ١: ص٤٤١

(٤) أخرجه البخاري (٥٣٨)، والنسائي (٥٠١)، وابن ماجه (٦٧٩)، وأحمد في مسنده (١١٠٩٨).

باب العين المهملة

الْعَيْنُ مَعَ الْبَاءِ الْمُوَحَّدَةِ

[ع ب ب]: (الْعَبُّ) مِنْ بَابِ طَلَبَ: أَنْ يَشْرَبَ الْمَاءَ بِمَرَّةٍ مِنْ غَيْرِ أَنْ يَقْطَعَ الْجَرْعَ، وَقَالَ أَبُو عَمْرٍو: وَالْحَمَامُ يَشْرَبُ هَكَذَا بِخِلَافِ سَائِرِ الطَّيْرِ، فَإِنَّهَا تَشْرَبُ شَيْئًا شَيْئًا.

[ع ب ث]: (الْعَبَثُ) مِنْ بَابِ لَبِسَ: هُوَ اللَّعِبُ وَتَخْلِيطُ مَا لَا فَائِدَةَ فِيهِ مِنَ الْأَعْمَالِ.

[ع ب د]: فِي الْحَدِيثِ: "كُنْ فِي الْفِتْنَةِ حِلْسًا". أَيْ: مُلَازِمًا لِبَيْتِكَ." وَإِنْ دُخِلَ عَلَيْكَ فَكُنْ عَبْدَ اللهِ الْمَقْتُولَ"[(١)]. هَكَذَا صَحَّ، (وَعِنْدُ) بِالنُّونِ تَصْحِيفٌ.

(وَابْنُ أُمِّ عَبْدٍ) هُوَ عَبْدُ اللهِ بن مَسْعُودٍ، وَفِي كَرَاهِيَةِ رَفْعِ الصَّوْتِ عِنْدَ الْجَنَائِزِ: (قَيْسُ بن عُبَادُ) [بِالضَّمِّ وَالتَّخْفِيفِ][(٢)]، [وَهُوَ تَابِعِيٌّ يَرْوِي عَنْ عَلِيٍّ رَضِيَ اللهُ عَنْهُ وَعَنْهُ الْحَسَنُ][(٣)] وَعُبَادَةُ تَحْرِيفٌ. (عُبَيْدَةُ السَّلْمَانِيُّ) تَابِعِيٌّ[(٤)] بِفَتْحِ الْعَيْنِ، (وَوَابِصَةُ بن مَعْبَدٍ) مَفْعَلٌ مِنَ الْعَبْدِ، وَمَعْدٌ تَحْرِيفٌ.

وَفِي السِّيَرِ: "أَنَّ عَبَادَى نَصْرَانِيًّا أَهْدَى إِلَى رَسُولِ اللهِ" صَلَّى اللهُ عَلَيْهِ وَآلِهِ وَسَلَّمَ، بِوَزْنِ حَبَالَى، وَقَوْلُهُ فِي الْإِحْصَارِ: مَذْهَبُنَا مَرْوِيٌّ عَنْ (الْعَبَادِلَةِ الثَّلَاثَةِ): ابْنِ مَسْعُودٍ وَابْنِ عَبَّاسٍ وَابْنِ عُمَرَ رَضِيَ اللهُ عَنْهُمْ، وَكَذَا قَوْلُهُ: "لَا مَهْرَ أَقَلُّ مِنْ عَشَرَةٍ"[(٥)] يَرْوِيهِمَا هَؤُلَاءِ الثَّلَاثَةُ.

هَذَا رَأْيُ الْفُقَهَاءِ، وَأَمَّا فِي عُرْفِ الْمُحَدِّثِينَ فَالْعَبَادِلَةُ أَرْبَعَةٌ: ابْنُ عُمَرَ وَابْنُ عَبَّاسٍ وَابْنُ عَمْرٍو وَابْنُ الزُّبَيْرِ، وَلَمْ يُذْكَرْ فِيهِمْ ابْنُ مَسْعُودٍ؛ لِأَنَّهُ مِنْ كِبَارِ الصَّحَابَةِ، وَعَنْ

---

(١) أخرجه أحمد في مسنده (٢٠٥٥٨)، والحاكم في المستدرك ج٤/٥١٧، وابن أبي شيبة في مسنده (٤٠٢).

(٢) زيادة من: م.

(٣) في خ: "وهو صحابي" ولعل ما أثبتناه هو الصحيح، فهو من كبار التابعين، قدم المدينة في خلافة عمر بن الخطاب رضي الله عنه، ورتبته عند ابن حجر: ثقة مخضرم، وَهِمَ مَنْ عدّه في الصحابة.

(٤) في خ: "من التابعين".

(٥) أخرجه ابن حجر في المطالب العالية (١٥٦٩)

طَاوُسٍ فِي الْإِقْعَاءِ: رَأَيْتُ الْعَبَادِلَةَ يَفْعَلُونَ ذَلِكَ: عَبْدَ اللَّه بن عَمْرٍو[(١)] وَابْنَ عَبَّاسٍ وَابْنَ الزُّبَيْرِ، وَهِيَ إِمَّا جَمْعُ عَبْدَلٍ فِي مَعْنَى عَبْدٍ، كَزَيْدَلٍ فِي زَيْدٍ، أَوْ اسْمُ جَمْعٍ غَيْرُ مَبْنِيٍّ عَلَى وَاحِدِه.

وَقَوْلُهُ: أَقْبَلُوا (عَبَادِيدَ)، أَيْ: مُتَفَرِّقِينَ. و(عَبَّادَانُ) حِصْنٌ صَغِيرٌ عَلَى شَطِّ الْبَحْرِ.

[ع ب ر]: (عَبَرَ) النَّهْرَ وَغَيْرَهُ: جَاوَزَهُ مِنْ بَابِ طَلَبَ، وَمِنْهُ: حَلَفَ لَا يَدْخُلُ هَذِهِ الدَّارَ إِلَّا عَابِرَ سَبِيلٍ، أَيْ: إِلَّا مَارًّا فِيهَا وَمُجْتَازًا مِنْ غَيْرِ وُقُوفٍ وَلَا إِقَامَةٍ. وَعَابِرِي خَطَأً.

(وَالْمَعْبَرُ) بِالْفَتْحِ: مَوْضِعُ الْعُبُورِ، وَمِنْهُ: (مَعَابِرُ جَيْحُونَ) لِمَوَاضِعِ الْمَكَّاسِينَ، مِنْهَا: ذرعَان[(٢)]، وَهِيَ حَدُّ خُوَارِزْمَ، ثُمَّ آمويه، وَهِيَ قَلْعَةٌ مَعْرُوفَةٌ، ثُمَّ كَرْكَوَيْه، ثُمَّ بَلْخُ، وَفِي الْجَانِبِ الْبُخَارِيِّ: كَلَاةُ، ثُمَّ فِرَبْرُ بِكَسْرِ الْفَاءِ وَفَتْحِ الرَّاءِ، ثُمَّ نَرَزْمُ بِفَتْحَتَيْنِ وَسُكُونِ الزَّايِ، ثُمَّ تُوزِيجُ، ثُمَّ تِرْمِذُ.

[ع ب س]: (الْعَبَسُ) مَا جَفَّ عَلَى أَفْخَاذِ الْإِبِلِ مِنْ أَبْعَارِهَا وَأَبْوَالِهَا، وَبِتَصْغِيرِهِ كُنِّيَتْ أُمُّ عُبَيْسٍ مَوْلَاةُ أَبِي بَكْرٍ رَضِيَ اللَّه عَنْهُ، وَهِيَ إِحْدَى الْمُعَذَّبَاتِ فِي اللَّه، وَبِالْقِطْعَةِ مِنْهُ سُمِّيَ وَالِدُ عَمْرِو بن عَبَسَةَ رَاوِي قَوْلِه: "تُسْجَرُ فِيهَا جَهَنَّمُ".

[ع ب ط]: (دَمٌ عَبِيطٌ) طَرِيٌّ.

[ع ب ق]: (عَبِقَ) بِهِ الطِّيبُ عَبَقًا مِنْ بَابِ لَبِسَ، أَيْ: لَزِمَهُ وَلَصِقَتْ بِهِ رَائِحَتُهُ.

[ع ب ي]: (الْعَبَايَةُ) كِسَاءٌ وَاسِعٌ مُخَطَّطٌ، وَبِهَا سُمِّيَ عَبَايَةُ بن رِفَاعَةَ بِكَسْرِ الرَّاءِ. (وَالْعَبَاءَةُ) لُغَةٌ فِيهَا، وَالْجَمْعُ: عَبَاءٌ.

الْعَيْنُ مَعَ التَّاءِ

[ع ت ب]: قَوْلُهُ: لَوْ وَقَفَ عَلَى (عَتَبَةِ) الْبَابِ، يَعْنِي: الْأُسْكُفَّةَ، وَمِنْهَا حَدِيثُ الْكَعْبَةِ:"لَفَعَلْتُ كَذَا وَأَلْصَقْتُ الْعَتَبَةَ عَلَى الْأَرْضِ".

(وَالْعَتْبُ) الْمَوْجِدَةُ وَالْغَضَبُ مِنْ بَابِ ضَرَبَ، وَمِنْهُ حَدِيثُ جَمِيلَةَ: "مَا أَعْتِبُ عَلَى ثَابِتٍ فِي دِينٍ وَلَا خُلُقٍ".

(وَعُتْبَةُ) فُعْلَةٌ مِنْهُ، وَبِهَا سُمِّيَ أَخُو ابْنِ مَسْعُودٍ، وَمِنْهُ حَدِيثُهُ: "أَنَّهُ بَعَثَ بِهَدْيٍ مَعَ

---

(١) في خ: "عمر".
(٢) في خ: "درغان".

عَلْقَمَةَ وَأَمَرَهُ أَنْ يَتَصَدَّقَ بِالثُّلُثِ، وَيَأْكُلَ الثُّلُثَ، وَيَبْعَثَ بِالثُّلُثِ إِلَى آلِ عُتْبَةَ بن مَسْعُودٍ".

وَأَمَّا (بِئْرُ آلِ عُتْبَةَ) فَقَدْ رُوِيَ فِي شَرْحِ الْكَافِي هَكَذَا، وَفِي الْأَحْكَامِ وَالسُّنَنِ: بِئْرُ أَبِي عِنَبَةَ، بِلَفْظِ الْحَبَّةِ مِنَ الْعِنَبِ، وَكِلَاهُمَا صَحِيحٌ، وَهِيَ بِئْرٌ تَقْرُبُ مِنَ الْمَدِينَةِ لَا يُمْكِنُ الاسْتِقَاءُ مِنْهَا لِلصَّغِيرِ.

[ع ت د]: قَوْلُهُ: (وَعَتِيدَةٌ بِمِرْآتِهَا) هِيَ طَبْلُ الْعَرَائِسِ، (اعْتَدَّتْ) أَيْ: هُيِّئَتْ لِمَا تَحْتَاجُ إِلَيْهِ مِنْ طِيبٍ وَمُشْطٍ وَمِرْآةٍ وَغَيْرِهَا.

(وَالْعَتُودُ) مِنْ أَوْلَادِ الْمَعْزِ كَالْبَذَجِ مِنْ أَوْلَادِ الضَّأْنِ، وَهُوَ مَا قَوِيَ وَرَعَى مَعَهَا[1].

[ع ت ر]: (الْعَتِيرَةُ) ذَبِيحَةٌ كَانَتْ تُذْبَحُ فِي رَجَبٍ، يَتَقَرَّبُ بِهَا أَهْلُ الْجَاهِلِيَّةِ وَالْمُسْلِمُونَ فِي صَدْرِ الْإِسْلَامِ فَنُسِخَ.

[ع ت ر س]: (الْعِتْرِيسُ) الْمُتَكَبِّرُ الْغَضْبَانُ، فِعْلِيلٌ بِالْكَسْرِ مِنَ الْعَتْرَسَةِ، وَهِيَ الْأَخْذُ بِشِدَّةٍ، وَبِهِ سُمِّيَ عِتْرِيسُ بن عُرْقُوبٍ، أَسْلَمَ إِلَيْهِ زَيْدُ بن خَلْدَةَ فِي الْقَلَائِصِ.

[ع ت ق]: (الْعِتْقُ) الْخُرُوجُ مِنَ الْمَمْلُوكِيَّةِ، يُقَالُ: عَتَقَ الْعَبْدُ عِتْقًا وَعَتَاقًا وَعَتَاقَةً، وَهُوَ عَتِيقٌ، وَهُمْ عُتَقَاءُ، وَأَعْتَقَهُ مَوْلَاهُ، وَقَدْ يُقَامُ الْعِتْقُ مُقَامَ الْإِعْتَاقِ، وَمِنْهُ قَوْلُهُ: "مَعَ عِتْقِ مَوْلَاكَ إِيَّاكَ". هَذَا هُوَ الْأَصْلُ، ثُمَّ جُعِلَ عِبَارَةً عَنِ الْكَرَمِ وَمَا يَتَّصِلُ بِهِ كَالْحُرِّيَّةِ، فَقِيلَ: فَرَسٌ عَتِيقٌ، أَيْ: رَائِعٌ. وَ(عِتَاقُ الْخَيْلِ وَالطَّيْرِ) كَرَائِمُهَا، وَقِيلَ: مَدَارُ التَّرْكِيبِ عَلَى التَّقَدُّمِ، مِنْهُ: (عَتَقَ الْفَرَسُ) الْخَيْلَ إِذَا تَقَدَّمَهَا فَنَجَا مِنْهَا.

(وَالْعَاتِقُ) لِمَا بَيْنَ الْمَنْكِبِ وَالْعُنُقِ لِتَقَدُّمِهِ. وَ(الْعَتِيقُ) الْقَدِيمُ، وَقَدْ (عَتُقَ) بِالضَّمِّ عَتَاقَةً، وَمِنْهُ: الدَّرَاهِمُ (الْعُتُقُ) بِضَمَّتَيْنِ، وَالتَّشْدِيدُ خَطَأٌ؛ لِأَنَّهُ جَمْعُ عَتِيقٍ، وَتَمَامُ الشَّرْحِ فِي الْمُعْرِبِ.

[ع ت و]: فِي الْحَدِيثِ: "أَلَا إِنَّ (أَعْتَى) النَّاسِ ثَلَاثَةٌ"، هُوَ أَفْعَلُ التَّفْضِيلِ مِنَ[2] الْعَاتِي، وَهُوَ الْجَبَّارُ الَّذِي جَاوَزَ الْحَدَّ فِي الِاسْتِكْبَارِ.

[ع ت هـ]: (وَالْمَعْتُوهُ) النَّاقِصُ الْعَقْلِ، وَقِيلَ: الْمَدْهُوشُ مِنْ غَيْرِ جُنُونٍ، وَقَدْ عَتِهَ عَتَهًا وَعَتَاهَةً وَعَتَاهِيَةً.

---

(١) زيادة من: م.
(٢) سقط من: م.

الْعَيْنُ مَعَ الثَّاءِ

[ع ث ر]: (عَثَرَ عِثَارًا) سَقَطَ مِنْ بَاب طَلَبَ، وَمِنْهُ قَوْلُهُ فِي الْكَرَاهِيَـةِ، وَقَدْ عَـثَرَ عَـلَى فُلُـوسِ أُمِّـهِ، أَيْ: اطَّلَعَ عَلَيْهَا وَظَفِرَ بِهَا لِأَنَّ الْعَاثِرَ عَلَى الشَّيْءِ مُطَّلِعٌ عَلَيْهِ، وَفِي التَّنْزِيلِ: ﴿فَإِنْ عُثِرَ عَلَى أَنَّهُمَا اسْتَحَقَّا إِثْمًا﴾ [سورة المائدة آية ١٠٧] أَيْ: أُطُّلِعَ عَلَى خِيَانَتِهِمَا.

[ع ث ك ل]: فِي حَدِيثِ الْمُخْدَجِ: "اضْرِبُوهُ (بِعِثْكَالٍ) فِيـهِ مِائَـةُ شِـمْرَاخٍ". الْعِثْكَالُ وَالْعُثْكُولُ: عُنْقُـودُ النَّخْلِ، وَالشِّمْرَاخُ: شُعْبَةٌ مِنْهُ.

[ع ث م]: (الْعُثْمَانُ) وَلَدُ الْحَيَّةِ، وَبِهِ سُمِّيَ عُثْمَانُ بن حُنَيْفٍ، وَهُوَ الَّذِي وَلَّاهُ عُمَرُ الْكُوفَـةَ، وَأَمَـرَهُ أَنْ يَمْسَحَ سَوَادَهَا عَنْ أَبِي نُعَيْمٍ وَغَيْرِهِ، وَمَنْ قَالَ هُوَ أَخُو سَهْلٍ فَقَدْ سَهَا.

وَأَمَّا (الْعُثْمَانِيَّةُ) مِنْ مَسَائِلِ الْجَدِّ فَتِلْكَ مَنْسُوبَةٌ إِلَى أَمِيرِ الْمُؤْمِنِينَ عُثْمَانَ رَضِيَ اللَّـهُ عَنْـهُ، وَتُسَـمَّى الْحَجَّاجِيَّةَ أَيْضًا.

[ع ث ن]: (الْعُثَانُ) الدُّخَانُ، وَأَكْثَرُ مَا يُسْتَعْمَلُ فِيمَا يُتَبَخَّرُ بِهِ، وَمِنْهُ: (عَثَّنْتُ)[١] الثَّوْبَ: دَخَّنْتُـهُ، وَقَـدْ يُسْتَعَارُ لِلْغُبَارِ.

الْعَيْنُ مَعَ الْجِيمِ

[ع ج ج]: "أَفْضَلُ الْحَجِّ (الْعَجُّ) وَالثَّجُّ"[٢]، أَيْ: أَفْضَلُ أَعْمَالِ الْحَجِّ الْعَجُّ، وَهُوَ رَفْعُ الصَّوْتِ بِالتَّلْبِيَةِ، عَجَّ يَعِجُّ بِالْكَسْرِ عَجِيجًا وَعَجًّا، وَثَجَّ الْمَاءَ يَثُجُّهُ بِالضَّمِّ: سَيَّلَهُ ثَجًّا، وَأَرَادَ بِهِ إِرَاقَةَ دِمَاءِ الْأَضَاحِيِّ.

[ع ج ر]: (الْعُجْرَةُ) بِضَمِّ الْأَوَّلِ وَسُكُونِ الثَّانِي: وَاحِدَةُ الْعُجَرِ، وَهِيَ الْعُقَدُ فِي عُودٍ أَوْ غَيْرِهِ، وَبِهَا سُمِّيَ وَالِدُ كَعْبِ بن عُجْرَةَ.

(وَالِاعْتِجَارُ) الِاخْتِمَارُ وَالِاعْتِمَامُ أَيْضًا، وَأَمَّا الِاعْتِجَارُ الْمَنْهِيُّ عَنْهُ فِي الصَّلَاةِ، فَهُوَ لَيُّ الْعِمَامَةِ عَلَى الرَّأْسِ مِنْ غَيْرِ إِدَارَةٍ تَحْتَ الْحَنَكِ كَالِاقْتِعَاطِ عَنْ الْغُورِيِّ وَالْأَزْهَرِيِّ، وَتَفْسِيرُ مَنْ قَالَ: هُـوَ أَنْ يَلُـفَّ الْعِمَامَـةَ عَـلَى رَأْسِهِ وَيُبْدِيَ الْهَامَةَ أَقْرَبُ؛ لِأَنَّهُ مَأْخُوذٌ مِنْ (مِعْجَرِ) الْمَرْأَةِ، وَهُوَ ثَوْبٌ كَالْعِصَابَةِ تَلُفُّهُ الْمَـرْأَةُ عَـلَى اسْـتِدَارَةِ رَأْسِهَا. وَفِي "الْأَجْنَاسِ" عَنْ مُحَمَّدٍ رَحِمَهُ اللَّـهُ: الْمُعْتَجِرُ الْمُنْتَقِبُ بِعِمَامَتِهِ، وَقَدْ غَطَّـى أَنْفَـهُ. [وأنـا لم أجـده فيما

---

(١) في خ: "عَثَّتُ".
(٢) أخرجه الترمذي (٨٢٧)، وابن ماجه (٢٨٩٦)، وابن خزيمة في صحيحه (٢٤٦٧).

عندي][1].

[ع ج ز]: (عَجَزَ) عَنْ الشَّيْءِ عَجْزًا وَمَعْجَزَةً بِفَتْحِ الْجِيمِ وَكَسْرِهَا، وَمِنْهَا: لَا تَلِتُّوا بِدَارِ مُعْجِزَةٍ، أَيْ: لَا تُقِيمُوا، وَأَعْجَزَهُ غَيْرُهُ إِعْجَازًا.

(وَالْمُعْجِزَةُ) فِي اصْطِلَاحِ الْمُتَكَلِّمِينَ مَعْرُوفَةٌ، وَبَيَانُ إِعْجَازِ الْقُرْآنِ فِي الْمُعْرِبِ.

وَ(الْعَجِيزَةُ) لِلْمَرْأَةِ خَاصَّةً، وَقَدْ يُسْتَعَارُ لِلرَّجُلِ، وَأَمَّا (الْعَجُزُ) فَعَامٌّ، وَهُوَ مَا بَيْنَ الْوَرِكَيْنِ.

[ع ج ل]: (الْعِجْلُ) مِنْ أَوْلَادِ الْبَقَرِ حِينَ تَضَعُهُ أُمُّهُ إِلَى شَهْرٍ، وَالْجَمْعُ: عِجَلَةٌ، وَأَمَّا الْعِجَالُ فِي جَمْعِهِ فَلَمْ أَسْمَعْهُ، (وَالْعِجَّوْلُ) مِثْلُهُ، وَالْجَمْعُ: عَجَاجِيلُ.

(وَالْعَجَلُ) بِفَتْحَتَيْنِ: جَمْعُ عَجَلَةٍ، وَهُوَ مَا يُؤَلَّفُ، مِثْلَ الْمِحَفَّةِ تُحْمَلُ عَلَيْهَا الْأَثْقَالُ.

(وَعَجِلَ) أَسْرَعَ عَجَلًا وَعَجَلَةً، وَهُوَ عَجْلَانُ، أَيْ: مُسْتَعْجِلٌ، وَمِنْهُ:"لَا تُبَايِعُوا الدِّرْهَمَيْنِ بِالدِّرْهَمِ، فَإِنَّهُ رِبَا الْعَجْلَانِ". وَبِهِ سُمِّيَتْ الْقَبِيلَةُ الْمَنْسُوبُ إِلَيْهَا عُوَيْمِرٌ الْعَجْلَانِيُّ الَّذِي نَزَلَتْ فِيهِ آيَةُ اللِّعَانِ.

(وَأَعْجَلَهُ) حَمَلَهُ عَلَى أَنْ يَعْجَلَ، وَقَوْلُهُمْ: أَعْجَلْتُهُ عَنْ اسْتِلَالِ سَيْفِهِ، مَعْنَاهُ: عَجِلْتُ بِهِ وَأَزْعَجْتُهُ فَلَمْ يَقْدِرْ عَلَى أَنْ يَسْتَلَّ سَيْفَهُ، وَعَلَى ذَا قَوْلُهُ: رَأَى صَيْدًا فَرَكِبَ فَرَسَهُ وَعَجِلَ عَنْ حَرْبَتِهِ أَوْ سَوْطِهِ، سَهْوٌ، إِنَّمَا الصَّوَابُ: وَأُعْجِلَ بِالْأَلِفِ مَبْنِيًّا لِلْمَفْعُولِ، وَقَوْلُهُ: هَلَاكُ الْمَالِ أَعْجَلَهُ عَنْ أَدَائِهَا، أَيْ: مَنَعَهُ عَنْ أَدَاءِ الزَّكَاةِ، تَوَسُّعٌ، وَفِي حَدِيثِ عُمَرَ رَضِيَ اللهُ عَنْهُ: كَانَتْ لِأَبِي نَخْلٌ تُعْجِلُ، أَيْ: تُدْرِكُ ثَمَرُهَا قَبْلَ إِنَاهُ.

(وَعَجَّلَهُ) مِنْ الْكِرَاءِ كَذَا فَتَعَجَّلَهُ، أَيْ: أَعْطَاهُ إِيَّاهُ عَاجِلًا فَأَخَذَهُ، وَمِنْهُ: تَعَجَّلَ مِنْ الْمُسْلِمِ إِلَيْهِ فَضْلَ دِرْهَمٍ، وَأَمَّا قَوْلُهُ فِي الْإِجَارَاتِ: ضَرَبَ لَهُ أَجَلًا وَتَعَجَّلَ لَهُ الثَّمَنَ، فَالصَّوَابُ: عَجَّلَ، لِأَنَّ الْمُرَادَ الْإِعْطَاءُ لَا الْأَخْذُ، وَقَوْلُهُ: وَقَدْ يَتَقَدَّمُ الْإِدْرَاكُ إِذَا تَعَجَّلَ الْحَرُّ، أَيْ: أَتَى عَاجِلًا مِنْ تَعَجَّلَ فِي الْأَمْرِ، (وَاسْتَعْجَلَ) بِمَعْنَى عَجِلَ.

[ع ج م]: (عَجَمُ) الزَّبِيبِ بِالتَّحْرِيكِ: حَبُّهُ، وَكَذَا عَجَمُ الْعِنَبِ وَالتَّمْرِ وَالرُّمَّانِ وَنَحْوِهِ، وَالْوَاحِدَةُ: عُجْمَةٌ.

(وَالْعَجَمُ) جَمْعُ الْعَجَمِيِّ، وَهُوَ خِلَافُ الْعَرَبِيِّ وَإِنْ كَانَ فَصِيحًا. (وَالْأَعْجَمِيُّ) الَّذِي

---

(١) سقط من: م.

فِي لِسَانه عُجْمَةٌ، أَيْ: عَدَمُ إِفْصَاحٍ بِالْعَرَبِيَّةِ وَإِنْ كَانَ عَرَبِيًّا، وَقَوْلُهُ: وَلَوْ قَالَ لِعَرَبِيٍّ: يَا عَجَمِيُّ، لَمْ يَكُنْ قَاذِفًا؛ لِأَنَّهُ وَصْفٌ لَهُ بِاللُّكْنَةِ، فِيهِ نَظَرٌ.

(وَالْأَعْجَمُ) مِثْلُ الْعَجَمِيِّ[١] وَمُؤَنَّثُهُ: الْعَجْمَاءُ، وَقَدْ غَلَبَ عَلَى الْبَهِيمَةِ غَلَبَةَ الدَّابَّةِ عَلَى الْفَرَسِ، قَالَ صَلَّى اللهُ عَلَيْهِ وَسَلَّمَ: "(الْعَجْمَاءُ) جُبَارٌ"[٢]. وَفِي شَرْحِ السُّنَّةِ: "جُرْحُ الْعَجْمَاءِ جُبَارٌ"[٣]. أَيْ: هَدَرٌ، وَمِنْهَا: "صَلَاةُ النَّهَارِ عَجْمَاءُ"[٤]، أَيْ: لَا تُسْمَعُ فِيهَا قِرَاءَةٌ.

[ع ج و]: (الْعَجْوَةُ) أَجْوَدُ التَّمْرِ.

[ع ج ي]: (الْعُجَايَةُ)[٥] عَصَبَةٌ فِي قَوَائِمِ الْخَيْلِ وَالْإِبِلِ مُنْتَهَاهَا الرُّسْغُ.

الْعَيْنُ مَعَ الدَّالِ الْمُهْمَلَةِ

[ع د د]: (الْعَدِيدُ) الْعَدَدُ، وَفُلَانٌ عَدِيدُ بَنِي فُلَانٍ، أَيْ: يُعَدُّ فِيهِمْ.

(وَالْأَيَّامُ الْمَعْدُودَاتُ) أَيَّامُ التَّشْرِيقِ.

[ع د س]: وَكِيعُ بن (عُدُسٍ) بِضَمَّتَيْنِ، يَرْوِي عَنْ أَبِي رَزِينٍ الْعُقَيْلِيِّ.

[ع د ل]: (عِدْلُ) الشَّيْءِ بِالْكَسْرِ: مِثْلُهُ مِنْ جِنْسِهِ، وَفِي الْمِقْدَارِ أَيْضًا، وَمِنْهُ: عِدْلَا الْجَمَلِ، (وَعَدْلُهُ) بِالْفَتْحِ: مِثْلُهُ مِنْ غَيْرِ[٦] جِنْسِهِ، وَمِنْهُ قَوْلُهُ: "أَوْ عَدْلَهُ مَعَافِرَ"[٧]. أَيْ: مِثْلَهُ.

(وَهَذَا عَدْلٌ بَيْنَهُمَا) أَيْ: مُتَعَادِلٌ مُتَسَاوٍ لَا فِي غَايَةِ الْجَوْدَةِ وَلَا فِي نِهَايَةِ الرَّدَاءَةِ.

(وَعَدَّلَ) الشَّيْءَ تَعْدِيلًا سَوَّاهُ، وَبِاسْمِ الْمَفْعُولِ مِنْهُ لُقِّبَ عَمْرُو بن جَعْفَرٍ (الْمُعَدَّلُ) مَوْلَى الدَّوْسِيِّينَ، وَالْمُرَادُ بِتَعْدِيلِ أَرْكَانِ الصَّلَاةِ تَسْكِينُ الْجَوَارِحِ فِي الرُّكُوعِ وَالسُّجُودِ وَالْقَوْمَةِ بَيْنَهُمَا وَالْقَعْدَةِ بَيْنَ السَّجْدَتَيْنِ.

[ع د ن]: (عَدَنَ) بِالْمَكَانِ أَقَامَ بِهِ، وَمِنْهُ: (الْمَعْدِنُ) لِمَا خَلَقَهُ اللهُ فِي الْأَرْضِ مِنْ

---

(١) في خ: "الأعجمي".
(٢) أخرجه البخاري (١٤٩٩)، والنسائي (٢٤٩٧)، ومالك في الموطأ برواية يحيى الليثي (١٦٢٢).
(٣) ذكره البغوي في شرح السنة (١٥٨٦).
(٤) ذكره الشوكاني في الفوائد المجموعة (٥٣).
(٥) في خ: "العجابة".
(٦) في خ: "خلاف".
(٧) أخرجه الترمذي (٦٢٣)، والنسائي (٢٤٥٠)، وأحمد في مسنده (٢١٥٠٧).

الذَّهَبِ وَالْفِضَّةِ، لِأَنَّ النَّاسَ يُقِيمُونَ بِهِ الصَّيْفَ وَالشِّتَاءَ، وَقِيلَ: لِإِثْبَاتِ اللهِ فِيهِ جَوْهَرَهُمَا وَإِثْبَاتِهِ إِيَّاهُ فِي الْأَرْضِ حَتَّى عَدَنَ فِيهَا، أَيْ: ثَبَتَ.

[ع د و]: (الْعَدْوُ) السُّرْعَةُ، وَفَرَسٌ عَدَّاءٌ عَلَى فَعَّالٍ، وَبِهِ سُمِّيَ (الْعَدَّاءُ) الَّذِي كَتَبَ لَهُ رَسُولُ اللهِ صَلَّى اللهُ عَلَيْهِ وَآلِهِ وَسَلَّمَ الْكِتَابَ الْمَشْهُورَ، وَهُوَ" بِسْمِ اللهِ الرَّحْمَنِ الرَّحِيمِ، هَذَا مَا اشْتَرَى الْعَدَّاءُ بن خَالِد بن هَوْذَةَ مِنْ مُحَمَّدٍ رَسُولِ اللهِ، اشْتَرَى مِنْهُ عَبْدًا أَوْ أَمَةً -شَكَّ الرَّاوِي- لا دَاءَ، وَلَا غَائِلَةَ، وَلَا خِبْثَةَ بَيْعَ الْمُسْلِمِ لِلْمُسْلِمِ"[1].

[قَالَ الْمُصَنِّفُ][2]: الْمُشْتَرِي الْعَدَّاءُ لَا رَسُولُ اللهِ صَلَّى اللهُ عَلَيْهِ وَآلِهِ وَسَلَّمَ، هَكَذَا قَرَأْتُهُ فِي الْفَائِقِ، وَهَكَذَا أُثْبِتَ فِي مُشْكِلِ الْآثَارِ، وَنَفْيِ الِارْتِيَابِ، وَمُعْجَمِ الطَّبَرَانِيِّ، وَمَعْرِفَةِ الصَّحَابَةِ لِابْنِ مَنْدَهْ، وَمَعْرِفَةِ الصَّحَابَةِ لِلدَّغُولِيِّ، وَهَكَذَا فِي الْفِرْدَوْسِ أَيْضًا بِطُرُقٍ كَثِيرَةٍ، وَفِي شُرُوطِ الْخَصَّافِ، وَشُرُوطِ الطَّحَاوِيِّ بِتَعْلِيقِ أَبِي بَكْرٍ الرَّازِيِّ: أَنَّ الْمُشْتَرِيَ رَسُولُ اللهِ صَلَّى اللهُ عَلَيْهِ وَآلِهِ وَسَلَّمَ وَتَابَعَهُمَا فِي ذَلِكَ الْحَاكِمُ السَّمَرْقَنْدِيُّ، وَالْأَوَّلُ هُوَ الصَّحِيحُ، وَلَيْسَ فِي شَيْءٍ مِمَّا رَوَيْتُ وَرَأَيْتُ، وَلَا عَيْبَ وَلَا لَفْظَةَ فِيهِ.

قَالُوا: (الدَّاءُ) كُلُّ عَيْبٍ بَاطِنٍ ظَهَرَ مِنْهُ شَيْءٌ أَوْ لَا، وَهُوَ مِثْلُ وَجَعِ الطِّحَالِ وَالْكَبِدِ وَالسُّعَالِ وَكَذَا وَالْجُذَامِ، وَهُوَ مَا يَبْدُو فِي الْأَعْضَاءِ مِنَ الْقُرُوحِ وَالْبَرَصِ، وَهُوَ الْبَيَاضُ فِي ظَاهِرِ الْجِلْدِ وَرِيحِ الرَّحِمِ، وَهِيَ عَلَى مَا زَعَمَ الْأَطِبَّاءُ مَادَّةٌ نَفَّاخَةٌ فِيهَا بِسَبَبِ اجْتِمَاعِ الرُّطُوبَاتِ اللَّزِجَةِ، (وَالْغَائِلَةُ) الْإِبَاقُ وَالْفُجُورُ، (وَالْخِبْثَةُ) أَنْ يَكُونَ مَسْبِيًّا مِنْ قَوْمٍ لَهُمْ عَهْدٌ، (وَالْكَيَّةُ) لَيْسَتْ بِدَاءٍ وَلَا غَائِلَةٍ وَلَكِنَّهَا عَيْبٌ.

(وَعَدَاهُ) جَاوَزَهُ، وَمِنْهُ: اتَّجِرْ فِي الْبَزِّ وَلَا تَعْدُ إِلَى غَيْرِهِ، أَيْ: لَا تُجَاوِزْ الْبَزَّ.

(وَعَدَا عَلَيْهِ) جَاوَزَ الْحَدَّ فِي الظُّلْمِ، عَدْوًا وَعَدَاءً بِالْفَتْحِ وَالْمَدِّ، وَمِنْهُ: وَصْفُ رَسُولِ اللهِ صَلَّى اللهُ عَلَيْهِ وَسَلَّمَ السَّبُعَ بِالْعَدَّاءِ، فَقَالَ: "السَّبُعُ الْعَادِي"[3]. وَفِي حَدِيثِ عُثْمَانَ رَضِيَ اللهُ عَنْهُ: أَنَّ أَعْرَابِيًّا قَالَ لَهُ: إِنَّ بَنِي عَمِّكَ عَدَوْا عَلَى إِبِلِي.

(وَاسْتَعْدَى) فُلَانٌ الْأَمِيرَ عَلَى مَنْ ظَلَمَهُ، أَيْ: اسْتَعَانَ بِهِ فَأَعْدَاهُ عَلَيْهِ[4] أَيْ: أَعَانَهُ

---

(١) أخرجه الترمذي (١٢١٦)، وابن ماجه (٢٢٥١)، والدارقطني في سننه (٣٠٦١).
(٢) في خ: "قلت".
(٣) أخرجه الترمذي (٨٣٨)، والبيهقي في معرفة السنن والآثار (٣٢٣٦).
(٤) زيادة من: م.

عَلَيْهِ وَنَصَرَهُ، وَمِنْهُ: فَمَنْ رَجُلٌ يُعْدِينِي؟ أَيْ: يَنْصُرُنِي وَيُعِينُنِي.

(وَالاسْتِعْدَاءُ) طَلَبُ الْمَعُونَةِ وَالانْتِقَامِ وَالْمَعُونَةُ نَفْسُهَا أَيْضًا، وَمِنْهَا قَوْلُهُ: رَجُلٌ ادَّعَى عَلَى رَجُلٍ عِنْدَ الْقَاضِي وَأَرَادَ عَنْهُ عَدْوَى، أَيْ: عَنَ الْقَاضِي نُصْرَةً وَمَعُونَةً عَلَى إِحْضَارِ الْخَصْمِ، فَإِنَّهُ يُعْدِيه، أَيْ: يَسْمَعُ كَلَامَهُ وَيَأْمُرُ بِإِحْضَارِ خَصْمِه، وَكَذَا مَا رُوِيَ: "أَنَّ امْرَأَةَ الْوَلِيدِ بن عُقْبَةَ اسْتَعْدَتْ فَأَعْطَاهَا [رَسُولُ اللهِ صَلَّى اللهُ عَلَيْهِ وَآلِهِ وَسَلَّمَ هَدَبَةً][1] مِنْ ثَوْبِهِ كَهَيْئَةِ الْعَدْوَى". أَيْ: كَمَا يُعْطِي الْقَاضِي الْخَاتَمَ أَوْ الطِّينَةَ لِتَكُونَ عَلَامَةً فِي إِحْضَارِ الْمَطْلُوبِ.

وَأَمَّا قَوْلُ مُحَمَّدٍ رَحِمَهُ اللهُ: وَلَوْ سُبِيَتْ امْرَأَةٌ بِالْمَشْرِقِ فَعَلَى أَهْلِ الْمَغْرِبِ اسْتِعْدَاؤُهَا مَا لَمْ تَدْخُلْ دَارَ الْحَرْبِ، فَفِيهِ نَظَرٌ.

الْعَيْنُ مَعَ الذَّالِ الْمُعْجَمَةِ

[ع ذ ر]: (عِذَارَا اللِّحْيَةِ) جَانِبَاهَا، أُسْتُعِيرَ مِنْ عِذَارَيْ الدَّابَّةِ، وَهُمَا مَا عَلَى خَدَّيْهِ مِنْ اللِّجَامِ، وَعَلَى ذَلِكَ قَوْلُهُمْ: أَمَّا الْبَيَاضُ الَّذِي بَيْنَ الْعِذَارِ وَشَحْمَةِ الْأُذُنِ، صَحِيحٌ، وَأَمَّا مَنْ فَسَّرَهُ بِالْبَيَاضِ نَفْسِهِ فَقَدْ أَخْطَأَ.

(وَأَعْذَرَ) بَالَغَ فِي الْعُذْرِ، يُقَالُ: أَعْذَرَ مَنْ أَنْذَرَ، وَمِنْهُ: كَانَ أَبُو يُوسُفَ رَحِمَهُ اللهُ يَعْمَلُ (بِالْإِعْذَارِ) وَذَلِكَ إِذَا كَانَ قِبَلَ السُّلْطَانِ حَقٌّ لِإِنْسَانٍ، وَهُوَ لَا يُجِيبُهُ إِلَى الْقَاضِي، فَإِنَّهُ رَحِمَهُ اللهُ كَانَ يَبْعَثُ إِلَيْهِ مِنْ قِبَلِه رَسُولًا يُنَادِي عَلَى بَابِهِ أَنَّ الْقَاضِي يَقُولُ: أَجِبْ يُنَادِي بِذَلِكَ أَيَّامًا؛ فَإِنْ أَجَابَ وَإِلَّا جَعَلَ لِذَلِكَ السُّلْطَانِ وَكِيلًا فَيُخَاصِمُهُ هَذَا الْمُدَّعِي.

(وَعُذْرَةُ الْمَرْأَةِ) بَكَارَتُهَا، (وَالْعُذْرَةُ) أَيْضًا وَجَعٌ فِي الْحَلْقِ مِنْ الدَّمِ، وَبِهَا سُمِّيَتْ الْقَبِيلَةُ الْمَنْسُوبُ إِلَيْهَا عَبْدُ اللهِ بن ثَعْلَبَةَ بن صُعَيْرٍ أَبُو صُعَيْرٍ الْعُذْرِيُّ، وَمَنْ رَوَى الْعَدَوِيَّ فَكَأَنَّهُ نَسَبَهُ إِلَى جَدِّهِ الْأَكْبَرِ، وَهُوَ عَدِيُّ بن صُعَيْرٍ، وَالْعَبْدِيُّ فِي مَعْرِفَةِ الصَّحَابَةِ لِأَبِي نُعَيْمٍ، وَالْأَوَّلُ هُوَ الصَّحِيحُ.

[ع ذ ق]: (الْعَذْقُ) بِالْفَتْحِ: النَّخْلَة، وَمِنْهُ: عَذْقُ حُبَيْقٍ [النَّوْعِ مَنْ رَدِيءِ التَّمْرِ] [2]، وَحَدِيثُ أُنَيْسٍ: فَتَوَارَى الْقَوْمُ إِلَى ظَهْرِ (عَذْقٍ)، وَكَذَا قَوْلُهُ: (وَالْعَذْقُ) أَحَبُّ إِلَيْهِمْ مِنْ

---

(١) زيادة من: م.
(٢) زيادة من: م.

الْوَصِيف (وَأَمَّا (الْعِذْقُ) بِالْكَسْرِ: فَالْكِبَاسَةُ، وَهِيَ عُنْقُودُ التَّمْرِ، وَمِنْهُ حَدِيثُ عُمَرَ رَضِيَ اللهُ عَنْهُ: لَا قَطْعَ فِي كَذَا وَلَا فِي عِذْقٍ مُعَلَّقٍ، وَعِرْقٌ تَصْحِيفٌ.

الْعَيْنُ مَعَ الرَّاءِ الْمُهْمَلَةِ

[ع ر ب]: (الْعَرَبِيُّ) وَاحِدُ الْعَرَبِ، وَهُمْ الَّذِينَ اسْتَوْطَنُوا الْمُدُنَ وَالْقُرَى الْعَرَبِيَّةَ.

(وَالْأَعْرَابُ) أَهْلُ الْبَدْوِ، وَاخْتُلِفَ فِي نِسْبَتِهِمْ، فَالْأَصَحُّ أَنَّهُمْ نُسِبُوا إِلَى (عَرَبَةَ) بِفَتْحَتَيْنِ، وَهِيَ مِنْ تِهَامَةَ؛ لِأَنَّ أَبَاهُمْ إِسْمَاعِيلُ عَلَيْهِ السَّلَامُ نَشَأَ بِهَا، وَيُقَالُ: فَرَسٌ عَرَبِيٌّ، وَخَيْلٌ عِرَابٌ فَرَّقُوا فِي الْجَمْعِ بَيْنَ الْأَنَاسِيّ وَالْبَهَائِمِ. وَعَنْ أَنَسٍ عَنْ النَّبِيِّ صَلَّى اللهُ عَلَيْهِ وَآلِهِ وَسَلَّمَ "لَا تَسْتَضِيئُوا بِنَارِ الْمُشْرِكِينَ، وَلَا تَنْقُشُوا فِي خَوَاتِمِكُمْ عَرَبِيًّا"[١]. أَيْ: نَقْشًا عَرَبِيًّا، يَعْنِي: لَا تُشَاوِرُوهُمْ وَلَا تَكْتُبُوا فِيهَا:"مُحَمَّدٌ رَسُولُ اللَّهِ". عَنْ الْحَسَنِ رَضِيَ اللهُ عَنْهُ، وَعَنْ عُمَرَ رَضِيَ اللهُ عَنْهُ: "لَا تَنْقُشُوا فِيهَا بِالْعَرَبِيَّةِ"، وَعَنْ ابْنِ عُمَرَ: أَنَّهُ كَرِهَ أَنْ يُنْقَشَ عَلَيْهِ بِالْقُرْآنِ، وَفِي حَدِيثٍ: "لَا تَعَرُّبَ بَعْدَ الْهِجْرَةِ"[٢]. أَيْ: لَا رُجُوعَ إِلَى الْبَدْوِ وَأَنْ يَصِيرَ أَعْرَابِيًّا، وَذَلِكَ أَنَّهُ كَانَ رِدَّةً فِي ذَلِكَ الزَّمَانِ فَنُهِيَ عَنْهُ.

(وَالْإِعْرَابُ وَالتَّعْرِيبُ) الْإِبَانَةُ، وَمِنْهُ:"الثَّيِّبُ يُعْرِبُ عَنْهَا لِسَانُهَا". وَقَوْلُ ابْنِ سَوَّارٍ لِشُرَيْحٍ: وَقَدْ فَهَّهُ صَاحِبُهُ عَنْ حُجَّتِهِ، أَيْ: عَيَّ وَضَعُفَ، أَتَفْسُدُ شَهَادَتِي إِنْ أَعْرَبْتُ عَنْهُ؟ فَقَالَ: لَا، أَيْ: إِنْ تَكَلَّمْتَ عَنْهُ وَاحْتَجَجْتَ، وَالتَّعْرِيبُ فِي هَذَا الْمَعْنَى أَشْهَرُ.

(وَالْعُرْبَانُ وَالْعُرْبُونُ) وَالْأُرْبَانُ وَالْأُرْبُونُ: الَّذِي يَقُولُ لَهُ الْعَامَّةُ الزُّبُون، وَهُوَ أَنْ يَشْتَرِيَ السِّلْعَةَ وَيَدْفَعَ شَيْئًا دِينَارًا أَوْ دِرْهَمًا أَوْ أَقَلَّ أَوْ أَكْثَرَ، عَلَى أَنَّهُ إِنْ تَمَّ الْبَيْعُ حُسِبَ ذَلِكَ مِنْ الثَّمَنِ؛ فَإِنْ لَمْ يَتِمَّ كَانَ لِلْبَائِعِ، وَفِي الْحَدِيثِ: "نُهِيَ عَنْ بَيْعِ الْعُرْبَانِ"[٣]. قَالَ أَبُو دَاوُد: قَالَ مَالِكٌ: هُوَ أَنْ يَشْتَرِيَ الرَّجُلُ الْعَبْدَ أَوْ يَتَكَارَى الدَّابَّةَ، ثُمَّ يَقُولَ: أُعْطِيكَ دِينَارًا عَلَى أَنِّي إِنْ تَرَكْتُ السِّلْعَةَ أَوْ الدَّابَّةَ فَمَا أَعْطَيْتُكَ فَلَكَ.

(وَأَعْرَبَ وَعَرَّبَ) إِذَا أَعْطَى الْعُرْبَانَ عَنْ الْفَرَّاءِ، وَعَنْ عَطَاءٍ: أَنَّهُ كَانَ يَنْهَى عَنْ الْإِعْرَابِ فِي الْبَيْعِ.

---

(١) أخرجه البيهقي في السنن الكبرى ج١٠/١٢٧، والبوصيري في إتحاف الخيرة (٥٥٦٦).
(٢) أخرجه عبد الرزاق في مصنفه (١٣٨٩٩)، وابن حجر في المطالب العالية (٢٠٢٥).
(٣) أخرجه أبو داود (٣٥٠٢)، وابن ماجه (٢١٩٢)، ومالك في الموطأ برواية يحيى الليثي (١٢٦٧).

[ع ر ق ب]: (الْعُرْقُوبُ) عَصَبٌ مُوَتَّرٌ خَلْفَ الْكَعْبَيْنِ، وَقَوْلُهُ عَلَيْهِ السَّلَامُ: "وَيْلٌ لِلْعَرَاقِيبِ مِنْ النَّارِ"[١]. تَحْذِيرٌ مِنْ تَرْكِهَا غَيْرَ مَغْسُولَةٍ.

[ع ر ج]: (الْعَرْجُ) بِسُكُونِ الرَّاءِ مِنْ مَرَاحِلِ طَرِيقِ الْمَدِينَةِ، وَيُقَالُ: مَرَرْتُ بِهِ فَمَا عَرَّجْتُ عَلَيْهِ، أَيْ: مَا وَقَفْتُ عِنْدَهُ، وَمِنْهُ: الْمُعْتَكِفُ يَمُرُّ بِمَرِيضٍ فَيَسْأَلُ عَنْهُ وَلَا يُعَرِّجُ عَلَيْهِ.

(وَانْعَرَجَ) عَنْ الطَّرِيقِ: مَالَ عَنْهُ، وَمِنْهُ: الْعُرْجُونُ أَصْلُ الْكِبَاسَةِ، لِانْعِرَاجِهِ وَاعْوِجَاجِهِ.

[ع ر ف ج]: (الْعَرْفَجُ) نَبْتٌ، وَهُوَ مِنْ دِقِّ الْحَطَبِ سَرِيعُ الِالْتِهَابِ وَلَا يَكُونُ لَهُ جَمْرٌ، وَبِوَاحِدِهِ سُمِّيَ (عَرْفَجَةُ) بن أَسْعَدَ بن كَرِب، الَّذِي أُصِيبَ أَنْفُهُ يَوْمَ الْكُلَابِ بِالضَّمِّ.

[ع ر ر]: (الْمَعَرَّةُ) الْمَسَاءَةُ وَالْأَذَى مَفْعَلَةٌ مِنْ الْعَرِّ، وَهُوَ الْجَرَبُ، أَوْ مِنْ (عَرَّهُ) إذَا لَطَّخَهُ بِالْعُرَّةِ، وَهِيَ السِّرْجِينُ[٢]، وَمِنْهَا الْحَدِيثُ: "لَعَنَ اللهُ بَائِعَ الْعُرَّةِ وَمُشْتَرِيَهَا"، وَيُقَالُ: عَرَّ الْأَرْضَ، إذَا أَصْلَحَهَا بِالْعُرَّةِ، وَمِنْهُ: كَانَ ابْنُ عُمَرَ رَضِيَ اللهُ عَنْهُمَا يُخَابِرُ أَرْضَهُ وَيَشْتَرِطُ عَلَى أَنْ لَا يَعُرَّهَا.

[ع ر س]: (أَعْرَسَ) الرَّجُلُ بِالْمَرْأَةِ: بَنَى عَلَيْهَا، وَمِنْهُ حَدِيثُ ابْنِ عُمَرَ فِي مُتْعَةِ الْحَجِّ: "عَلِمْتُ أَنَّ رَسُولَ اللهِ صَلَّى اللهُ عَلَيْهِ وَآلِهِ وَسَلَّمَ فَعَلَ ذَلِكَ وَلَكِنِّي كَرِهْتُ أَنْ يَظَلُّوا بِهِنَّ مُعْرِسِينَ". هَكَذَا بِالتَّخْفِيفِ يَعْنِي: مُلِمِّينَ.

(وَالْعُرْسُ) بِالضَّمِّ الِاسْمِ، وَمِنْهُ: "إذَا دُعِيَ أَحَدُكُمْ إلَى وَلِيمَةِ عُرْسٍ فَلْيُجِبْ"[٣]. أَيْ: إلَى طَعَامِ عِرَاسٍ.

(وَعِرْسُ الرَّجُلِ) بِالْكَسْرِ: امْرَأَتُهُ، وَمِنْهَا: (ابْنُ عِرْسٍ) وَهُوَ بِالْفَارِسِيَّةِ: رَاسُو، وَأَمَّا (عَرَّسَ بِهَا) فِي حَدِيثِ مَيْمُونَةَ بِمَعْنَى: أَعْرَسَ فَخَطَأٌ، إنَّمَا (التَّعْرِيسُ) نُزُولُ الْمُسَافِرِ فِي

---

(١) أخرجه مسلم (٢٤٤)، وابن ماجه (٤٥٤)، وأحمد في مسنده (١٤٨٠٤)، وابن حبان في صحيحه (١٠٥٩).

(٢) في خ: "السرقين".

(٣) أخرجه مسلم (١٤٢٩)، وابن ماجه (١٩١٤)، وأحمد في مسنده (٤٧١٦)، وأبو عوانة في مسنده (٤١٨٣)، والبيهقي في السنن الكبرى في: ج ٧: ص٢٦١

آخِرِ اللَّيْلِ، وَكَذَا حَدِيثُ أَبِي سَعِيدٍ مَوْلَى أَبِي أُسَيْدٍ: عَرِسْتُ وَأَنَا عَبْدٌ، وَأَخْذُهُ مِنْ: عَرِسَ الرَّجُلُ بِقِرْنِهِ فِي الْقِتَالِ، إِذَا لَزِمَهُ، أَوْ مِنْ عَرِسَ الصَّبِيُّ أُمَّهُ إِذَا أَلِفَهَا، خَطَأٌ آخَرُ، لِأَنَّ الْمُرَادَ فِي الْحَدِيثِ: اتِّخَاذُ الْعُرْسِ أَوْ الْعِرْسِ وَذَاكَ مِنْ بَابِ أَفْعَلَ لَا غَيْرُ.

[ع ر ش]: (الْعَرْشُ) السَّقْفُ، فِي قَوْلِهِ: وَكَانَ عَرْشُ الْمَسْجِدِ مِنْ جَرِيدِ النَّخْلِ، أَيْ: مِنْ أَفْنَانِهِ وَعِيدَانِهِ، وَفِي قَوْلِهِ: "لَا، بَلْ عَرْشٌ كَعَرْشِ مُوسَى". الْمِظَلَّةُ تُسَوَّى مِنَ الْجَرِيدِ وَيُطْرَحُ فَوْقَهُ الثُّمَامُ، وَمِنْهُ حَدِيثُ ابْنِ عُمَرَ: أَنَّهُ كَانَ يَقْطَعُ التَّلْبِيَةَ إِذَا نَظَرَ إِلَى عُرُوشِ مَكَّةَ، يَعْنِي: بُيُوتَ أَهْلِ الْحَاجَةِ مِنْهُمْ.

(وَعَرِيشُ الْكَرْمِ) مَا يُهَيَّأُ لِيَرْتَفِعَ عَلَيْهِ، وَالْجَمْعُ: عَرَائِشُ.

[ع ر ض]: (الْعَرْضُ) خِلَافُ الطُّولِ، وَشَيْءٌ عَرِيضٌ، وَيُقَالُ: إِنَّهُ لَعَرِيضُ الْقَفَا، أَيْ: أَحْمَقُ.

وَلَقَدْ (أَعْرَضْتُ الْمَسْأَلَةَ) أي[1] جِئْتُ بِهَا عَرِيضَةً وَاسِعَةً.

(وَالْمِعْرَاضُ) السَّهْمُ بِلَا رِيشٍ يَمْضِي عَرْضًا فَيُصِيبُ بِعُرْضِهِ لَا بِحَدِّهِ.

(وَالْعَرْضُ) أَيْضًا خِلَافُ النَّقْدِ، (وَالْعُرْضُ) بِالضَّمِّ الْجَانِبُ، وَمِنْهُ: أَوْصَى أَنْ يُنْفَقَ عَلَيْهِ مِنْ عُرْضِ مَالِهِ، أَيْ: مِنْ أَيِّ جَانِبٍ مِنْهُ مِنْ غَيْرِ [أَنْ يُعَيِّنَ][2]، وَفُلَانٌ مِنْ عُرْضِ الْعَشِيرَةِ، أَيْ: مِنْ شِقِّهَا لَا مِنْ صَمِيمِهَا، وَمُرَادُ الْفُقَهَاءِ: أَبْعَدُ الْعَصَبَاتِ.

(وَاسْتَعْرَضَ) النَّاسُ الْخَوَارِجَ وَاعْتَرَضُوهُمْ، إِذَا خَرَجُوا لَا يُبَالُونَ مَنْ قَتَلُوا، وَمِنْهُ: قَوْلُ مُحَمَّدٍ رَحِمَهُ اللهُ: إِذَا دَخَلَ الْمُسْلِمُونَ مَدِينَةً مِنْ مَدَائِنِ الْمُشْرِكِينَ فَلَا بَأْسَ بِأَنْ يَعْتَرِضُوا مَنْ لَقُوا فَيَقْتُلُوا، أَيْ: يَأْخُذُوا مَنْ وَجَدُوا فِيهَا مِنْ غَيْرِ أَنْ يُمَيِّزُوا مَنْ هُوَ؟ وَمِنْ أَيْنَ هُوَ؟

وَأَمَّا مَا فِي الْمُنْتَقَى: رَجُلٌ قَالَتْ لَهُ امْرَأَتُهُ: أَبْغَضْتُك وَعَرَضْتُ مِنْكَ، فَالصَّوَابُ: غَرِضْتُ بِالْغَيْنِ الْمُعْجَمَةِ وَكَسْرِ الرَّاءِ، مِنْ قَوْلِهِمْ: غَرِضَ فُلَانٌ مِنْ كَذَا، إِذَا مَلَّهُ وَضَجِرَ مِنْهُ، قَالَ أَبُو الْعَلَاءِ[3]:

---

(١) سقط من: م.
(٢) في خ: "تعيين".
(٣) هو: أحمد بن عبد الله بن سليمان التنوخي، أبو العلاء المعري، شاعر وفيلسوف، ولد ومات في معرة النعمان، كان نحيف الجسم، أصيب بالجدري صغيرا فعمي في السنة الرابعة من عمره، =

إِنِّي غَرِضْتُ مِنَ الدُّنْيَا فَهَلْ زَمَنِي ... مُعْطٍ حَيَاتِي لِغِرٍّ بَعْدَمَا غَرِضَا

وَمِنْهُ: "فَادَّانَ مُعْرِضًا"، أَيْ: اسْتَدَانَ مِمَّنْ أَمْكَنَهُ الاسْتِدَانَةُ مِنْهُ، وَقَوْلُهُمْ:عَرَضَ عَلَيْهِ الْمَتَاعَ، إِمَّا لِأَنَّهُ يُرِيَهُ طُولَهُ وَعَرْضَهُ، أَوْ عُرْضًا مِنْ أَعْرَاضِهِ، وَمِنْهُ: اعْتَرَضَ الْجُنْدُ لِلْعَارِضِ، وَاعْتَرَضَهُمْ الْعَارِضُ إِذَا نَظَرَ فِيهِمْ، وَمِثْلُهُ[١] قَوْلُهُ: عَرَضَ عَلَى رَجُلٍ جِرَابَ هَرَوِيٍّ فَاشْتَرَاهُ الَّذِي اعْتَرَضَ الْجِرَابَ.

(وَالتَّعْرِيضُ) خِلَافُ التَّصْرِيحِ، وَالْفَرْقُ بَيْنَهُ وَبَيْنَ الْكِنَايَةِ أَنَّ التَّعْرِيضَ تَضْمِينُ الْكَلَامِ دَلَالَةً لَيْسَ لَهَا فِيهِ ذِكْرٌ، كَقَوْلِكَ: مَا أَقْبَحَ الْبُخْلَ! تَعْرِيضٌ بِأَنَّهُ بَخِيلٌ، وَالْكِنَايَةُ ذِكْرُ الرَّدِيفِ وَإِرَادَةُ الْمَرْدُوفِ، كَقَوْلِكَ: فُلَانٌ طَوِيلُ النِّجَادِ وَكَثِيرُ رَمَادِ الْقِدْرِ، يَعْنِي: أَنَّهُ طَوِيلُ الْقَامَةِ وَمِضْيَافٌ.

(وَالْعَرَضُ) بِفَتْحَتَيْنِ: حُطَامُ الدُّنْيَا، وَمِنْهُ: الدُّنْيَا عَرَضٌ حَاضِرٌ، وَفِي اصْطِلَاحِ الْمُتَكَلِّمِينَ مَا لَا بَقَاءَ لَهُ، وَقَوْلُهُمْ:هُوَ عَلَى عَرَضِ الْوُجُودِ، أَيْ: عَلَى إِمْكَانِهِ مِنْ: أَعْرَضَ لَهُ كَذَا، إِذَا أَمْكَنَهُ، وَحَقِيقَتُهُ: أَبْدَى عُرْضَهُ.

[ع ر ف]: (عَرَفَ) الشَّيْءَ وَاعْتَرَفَهُ بِمَعْنًى، وَمِنْهُ حَدِيثُ عُمَرَ رَضِيَ اللهُ عَنْهُ: فَمَا اعْتَرَفَهُ الْمُسْلِمُونَ، وَكَذَا قَوْلُ مُحَمَّدٍ رَحِمَهُ اللهُ فِي اللُّقَطَةِ: فَإِنْ أَكَلَهَا أَوْ تَصَدَّقَ بِهَا، ثُمَّ جَاءَ صَاحِبُهَا فَاعْتَرَفَهَا". أَيْ: عَرَفَ أَنَّهُ أَكَلَهَا أَوْ أَنَّهَا هِيَ الَّتِي تَصَدَّقَ بِهَا.

وَأَمَّا (الاعْتِرَافُ) بِمَعْنَى الْإِقْرَارِ بِالشَّيْءِ عَنْ مَعْرِفَةٍ فَذَاكَ يُعَدَّى بِالْبَاءِ.

(وَالْمَعْرُوفُ) خِلَافُ الْمُنْكَرِ، وَقَوْلُهُ فِي الْوَقْفِ: أَنْ يَأْكُلَ بِالْمَعْرُوفِ، أَيْ: بِقَدْرِ الْحَاجَةِ مِنْ غَيْرِ سَرَفٍ.

(وَالْعَرَّافُ) الْحَازِي، وَالْمُنَجِّمُ الَّذِي يَدَّعِي عِلْمَ الْغَيْبِ، وَهُوَ الْمُرَادُ فِي الْحَدِيثِ: "مَنْ أَتَى عَرَّافًا"[٢].

(وَالْعِرَافَةُ) بِالْكَسْرِ: الرِّيَاسَةُ، (وَالْعَرِيفُ) السَّيِّدُ؛ لِأَنَّهُ عَارِفٌ بِأَحْوَالِ مَنْ يَسُودُهُمْ

=
وقد ترجم كثير من شعره إلى غير العربية، وأما كتبه فكثيرة وفهرسها في معجم الأدباء، توفي سنة ٤٤٩ هـ.

(١) في خ: "ومنه".

(٢) أخرجه مسلم (٢٢٣٣)، وأحمد في مسنده (١٦٢٠٢).

وَيُسَوسِهُمْ. (وَعَرَفَاتٌ) عَلَمٌ لِلْمَوْقِفِ، وَهِيَ مُنَوَّنَةٌ لَا غَيْرَ، وَيُقَالُ لَهَا: عَرَفَةُ أَيْضًا.

(وَيَوْمَ عَرَفَة) التَّاسع مِنْ ذِي الْحِجَّة، وَفِي حَدِيث ابْن أُنَيْس: "بَعَثَهُ صَلَّى اللـه عَلَيْـه وَسَلَّمَ بِعَرَفَـةَ". وَالْقَاف تَصْحِيفٌ، (وَعَرَّفُوا تَعْرِيفًا) وَقَفُوا بِعَرَفَاتٍ، وَأَمَّا (التَّعْرِيفُ الْمُحْدَثُ) وَهُـوَ التَّشَبُّهُ بِأَهْـلِ عَرَفَـةَ فِي غَيْرِهَا مِنْ الْمَوَاضِع، وَهُوَ أَنْ يَخْرُجُوا إِلَى الصَّحْرَاءِ فَيَدْعُوَا وَيَتَضَرَّعُوا، وَأَوَّلُ مَنْ فَعَلَ ذَلِكَ بِالْبَصْرَةِ ابْنُ عَبَّاسٍ رَضِيَ اللـه عَنْهُمَا، وَقَوْلُهُ: لَيْسَ عَلَيْهِ أَنْ يُعَرِّف بِالْهَدْي، أَيْ: أَنْ يَأْتِي بِهِ إِلَى عَرَفَات.

(وَعُرْفُ الْفَرَسِ) شَعْرُ عُنُقِهِ. (وَالْمَعْرَفَة) بِفَتْحِ الْمِيم وَالرَّاء مِثْلُهُ. وَمِنْهَا: الْأَخْذُ مِنْ مَعْرَفَةِ الدَّابَّةِ لَـيْسَ بِرِضًا، يَعْنِي: قَطْعَ شَيْءٍ مِنْ عُرْفِهِ، (وَالْمَعْرَفَةُ) فِي غَيْرِ هَذَا: مَنْبِتُ الْعُرْفِ.

(وَفَرَسٌ أَعْرَفُ) وَافِرُ الْعُرْفِ، وَالْمُؤَنَّث: عَرْفَاءُ.

(الْعَارِفُ) فِي كِتَابِ الدَّعْوَى فِي (ن ت، ن ت ج).

(عَرَفَ عُمَر) فِي (س ن). (وَلَا اعْتِرَافًا) فِي (ع ق، ع ق ل).

[ع ر ق]: (الْعَرْقُ) بِفَتْحِ الْعَيْنِ وَسُكُونِ الرَّاءِ: الْعَظْمُ الَّذِي عَلَيْهِ لَحْمٌ وَالَّذِي لَا لَحْمَ عَلَيْهِ، وَقِيـلَ: الَّـذِي أُخِذَ أَكْثَرُ مَا عَلَيْهِ وَبَقِيَ عَلَيْهِ شَيْءٌ يَسِيرٌ، وَمِنْهُ حَدِيثُ جَابِرٍ: "رَأَى عَرْقًا فَأَكَلَ مِنْهُ". وَالْجَمْعُ: عِرَاقٌ.

(وَالْعِرْقُ) بِالْكَسْرِ: عِرْقُ الشَّجَرِ، وَقَوْلُهُ: "لَيْسَ لِعِرْقٍ ظَالِمٍ حَقٌّ"[١]. أَيْ: لِيس[٢] لِذِي عِرْقٍ ظَـالِمٍ، وَهُـوَ الَّذِي يَغْرِسُ فِي الْأَرْضِ غَرْسًا عَلَى وَجْهِ الاغْتِصَابِ لِيَسْتَوْجِبَهَا، وَوَصْفُ الْعِرْقِ بِالظُّلْمِ الَّذِي هُوَ صِفَةُ صَاحِبِهِ عَلَى هَذَا الْوَجْهِ مِنْ الْمَجَازِ حَسَـنٌ، وَأَمَّـا مَـا قَـالَ فِيـهِ بَعْضُـهُمْ فَتَمَحُّـلٌ، وَفِي"الْوَاقِعَـاتِ": رَجُـلٌ لَـهُ شَـجَرٌ (تَعَرَّقَتْ) فِي مِلْكِ غَيْرِهِ، أَيْ: سَرَى فِيهِ عِرْقُهَا، وَصَوَابُهُ: عَرَّقَتْ.

(وَذَاتُ عِرْقٍ) مِيقَاتُ أَهْلِ الْعِرَاقِ، (وَالْعَرَقُ) بِفَتْحَتَيْنِ: مِكْتَلٌ عَظِيمٌ يُنْسَجُ مِـنْ خُـوصِ النَّخْـلِ سِـعَتُهُ ثَلَاثُونَ صَاعًا، وَقِيلَ: خَمْسَةَ عَشَرَ.

---

(١) أخرجه الترمذي (١٣٧٨)، وأبو داود (٣٠٧٣)، ومالك في الموطأ برواية يحيى الليثي (١٤٥٦).

(٢) سقط من: م.

[ع ر ز ل] خُوَاهَرْ زَادَهْ: السُّجُود عَلَى الْعِيرْزَالِ[١]، قَالُوا: هُوَ الْخُوَازَةُ بِالْفَارِسِيَّةِ، وَعَنْ الْغُورِيِّ: هُوَ مَوْضِعٌ يَتَّخِذُهُ النَّاظِرُ فَوْقَ أَطْرَافِ الشَّجَرِ يَكُونُ فِيهِ فِرَارًا مِنْ الْأَسَدِ.

[ع ر م]: وَفِي حَدِيثِ عُمَرَ رَضِيَ اللهُ عَنْهُ: "أَنَّ لِنَبِيذِ الزَّبِيبِ (عُرَامًا)". أَيْ: حِدَةً وَشِدَّةً، مُسْتَعَارٌ مِنْ عُرَامِ الصَّبِيِّ، وَهُوَ شَرَّتُهُ.

[ع ر ن]: (عُرَنَةُ) وَادٍ بِحِذَاءِ عَرَفَات، وَبِتَصْغِيرِهَا سُمِّيَتْ (عُرَيْنَةُ)، وَهِيَ قَبِيلَةٌ يُنْسَبُ إِلَيْهَا الْعُرَنِيُّونَ فِي الْحَدِيثِ الْمَعْرُوفِ، يَدُلُّ عَلَى هَذَا رِوَايَةُ أَنَسٍ: "أَنَّهُ قَالَ قَدِمَ قَوْمٌ مِنْ عُكَلٍ أَوْ عُرَيْنَةَ". الْحَدِيثَ.

[ع ر و]: (الْعُرْوَةُ) عُرْوَةُ الْقَمِيصِ وَالْكُوزِ وَالدَّلْوِ، وَيُسْتَعَارُ لِمَا يُوثَقُ بِهِ وَيُعَوَّلُ عَلَيْهِ، مِنْهَا: (الْعُرْوَةُ مِنْ الْكَلَأِ) لِبَقِيَّةٍ تَبْقَى مِنْهُ بَعْدَ يُبْسِ النَّبَاتِ؛ لِأَنَّ الْمَاشِيَةَ تَتَعَلَّقُ بِهَا فَتَكُونُ عِصْمَةً لَهَا وَلِهَذَا تُسَمَّى عُلْقَةً. وَعَنْ الْأَزْهَرِيِّ: هِيَ مِنْ دِقِّ الشَّجَرِ: مَا لَهُ أَصْلٌ بَاقٍ فِي الْأَرْضِ مِثْلُ الْعَرْفَجِ وَالنَّصِيِّ وَأَجْنَاسِ الْخَلَّةِ وَالْحَمْضِ، فَإِذَا أَمْحَلَ النَّاسُ عَصَمَتْ الْمَاشِيَةَ بِهَا.

(وَالْعُرْوَةُ) أَيْضًا مِنْ أَسْمَاءِ الْأَسَدِ، وَبِهَا سُمِّيَ ابْنُ الْجَعْدِ الْبَارِقِيُّ، وَكُنِيَ بِهَا الْعَبَّاسُ رَضِيَ اللهُ عَنْهُ، وَيُقَالُ: (عَرَاهُ مُهِمٌّ وَاعْتَرَاهُ) أَيْ: أَصَابَهُ.

(وَعَرَوْتُ الرَّجُلَ) أَتَيْتُهُ طَالِبًا مَعْرُوفَهُ عَرْوًا، وَمِنْهُ: (الْعَرِيَّةُ) وَهِيَ النَّخْلَةُ يُعْرِيهَا صَاحِبُهَا رَجُلًا مُحْتَاجًا، أَيْ: يَجْعَلُ لَهُ ثَمَرَتَهَا عَامَهَا، لِأَنَّهَا تُؤْتَى لِلاجْتِنَاءِ، وَلِذَا قَالُوا لِلْمُعْرِي: الْعَارِي وَالْمُعْتَرِي، وَقِيلَ: لِأَنَّهَا عَرِيَتْ مِنْ التَّحْرِيمِ، أَوْ لِأَنَّهُ لَمَّا وَهَبَ ثَمَرَتَهَا فَكَأَنَّهُ جَرَّدَهَا مِنْ الثَّمَرَةِ، فَعَلَى الْأَوَّلِ فَعِيلَةٌ بِمَعْنَى مَفْعُولَةٍ هُوَ الصَّحِيحُ، وَعَلَى الثَّانِي بِمَعْنَى فَاعِلَةٍ، وَإِنَّمَا رَخَّصَ صَلَّى اللهُ عَلَيْهِ وَسَلَّمَ فِي (الْعَرَايَا) بَعْدَ نَهْيِهِ عَنْ الْمُحَاقَلَةِ وَالْمُزَابَنَةِ فِي أَنْ يَبْتَاعَ الْمُعْرِي ثَمَرَتَهَا مِنْ الْمُعْرَى بِتَمْرٍ لِمَكَانِ حَاجَتِهِ، وَقَدْ قِيلَ فِي الْعَرِيَّةِ تَفْسِيرٌ آخَرُ، إِلَّا أَنَّ هَذَا هُوَ الْمُخْتَارُ، يَشْهَدُ لَهُ الْحَدِيثُ الْآخَرُ: "خَفِّفُوا فِي الْخَرْصِ؛ فَإِنَّ فِي الْمَالِ (الْعَرِيَّةَ وَالْوَصِيَّةَ)" [٢].

وَقَوْلُ سُوَيْد بن الصَّامِتِ:

---

(١) في خ: "العرزال".

(٢) أخرجه ابن أبي شيبة في مصنفه (١٠٦٥٧)، والطحاوي في شرح معاني الآثار (٩٠٠٢).

وَلَيْسَتْ بِسَنْهَاءٍ وَلَا رُجَّبِيَّةٍ وَلَكِنْ (عَرَايَا) فِي السِّنِينَ الْجَوَائِحِ

أَقْوَى شَاهِد؛ لِأَنَّهُ لَوْ كَانَ الْأَمْرُ كَمَا زَعَمُوا لَمَا كَانَ هَذَا مَدْحًا.

(وَالسَّنْهَاءُ) النَّخْلَةُ الَّتِي تَحْمِلُ سَنَةً وَسَنَةً لَا، (وَالرُّجَبِيَّةُ) بِضَمِّ الرَّاءِ وَفَتْحِ الْجِيمِ: الَّتِي تُبْنَى حَوْلَهَا رُجْبَة، وَهِيَ جِدَارٌ وَنَحْوُهُ لِتَعْتَمِد عَلَيْهَا لِثِقَلِهَا أَوْ لِضَعْفِهَا، (وَالْجَوَائِحُ) جَمْعُ جَائِحَة، وَهِيَ السَّنَةُ الْمُجْدِبَةُ.

وَمِنْ ذَوَاتِ الْيَاءِ: (الْعُرْيُ) مَصْدَرُ عَرِيَ مِنْ ثِيَابِهِ، فَهُوَ عَارٍ وَعُرْيَانٌ، وَهِيَ عَارِيَةٌ وَعُرْيَانَةٌ.

(وَفَرَسٌ عُرْيٌ) لَا سَرْجَ عَلَيْهِ وَلَا لِبْدَ، وَجَمْعُهُ: أَعْرَاءٌ، وَلَا يُقَالُ: فَرَسٌ عُرْيَانٌ، كَمَا لَا يُقَالُ: رَجُلٌ عُرْيٌ، وَعَلَى ذَا قَوْلُهُ فِي الْأَيْمَان: وَلَوْ رَكِبَ دَابَّةً عُرْيَانًا، صَوَابُهُ: عُرْيًا، وَقَوْلُهُ فِي السِّيَرِ: وَسَاقُوهَا عُرْيًا، صَوَابُهُ: أَعْرَاءً، لِأَنَّ الْمُرَادَ الدَّوَابُّ.

(وَاعْرَوْرَى الدَّابَّةَ) رَكِبَهَا عُرْيًا، وَمِنْهُ: كَانَ النَّبِيُّ صَلَّى اللـه عَلَيْهِ وَآلِهِ وَسَلَّمَ يَرْكَبُ الْحِمَارَ مُعْرَوْرِيًا، وَهُوَ حَالٌ مِنْ ضَمِيرِ الْفَاعِلِ الْمُسْتَكِنِّ، وَلَوْ كَانَ مِنَ الْمَفْعُولِ لَقِيلَ: مُعْرَوْرِيٌّ.

الْعَيْنُ مَعَ الزَّايِ الْمُعْجَمَةِ

[ع ز ب]: (رَجُلٌ عَزَبٌ) بِالتَّحْرِيكِ: لَا زَوْجَ لَهُ، وَلَا يُقَالُ: أَعْزَبُ، وَقَدْ جَاءَ فِي حَدِيثِ النَّوْمِ فِي الْمَسْجِدِ عَنْ نَافِع قَالَ: أَخْبَرَنِي عَبْدُ اللـه بن عُمَرَ: أَنَّهُ كَانَ يَنَامُ فِي مَسْجِدِ النَّبِيِّ صَلَّى اللـه عَلَيْهِ وَآلِهِ وَسَلَّمَ وَهُوَ شَابٌّ (أَعْزَبُ). وَفِي مُخْتَصَرِ الْكَرْخِيِّ: الْأَيِّمُ مِنَ النِّسَاءِ مِثْلُ (الْأَعْزَبِ) مِنَ الرِّجَالِ، وَيُقَالُ: امْرَأَةٌ عَزَبٌ أَيْضًا، أَنْشَدَ الْجَرْمِيُّ[1]:

يَا مَنْ يَدُلُّ عَزَبًا عَلَى عَزَبْ عَلَى ابْنَةِ الْحُمَارِسِ الشَّيْخِ الْأَزَبّْ

وَلَك أَنْ تَقُولَ: امْرَأَةٌ عَزَبَةٌ.

[ع ز ر]: (التَّعْزِيرُ) تَأْدِيبٌ دُونَ الْحَدِّ، وَأَصْلُهُ مِنَ الْعَزْرِ، بِمَعْنَى الرَّدِّ وَالرَّدْعِ.

---

(١) البيت لعمرة بنت الحمارس، وهي شاعرة من أهل الجزيرة، دخلت على مسلمة بن عبد الملك فأنشدته:

بيني وبينك أطاط له حبك كمنخر الثور آذته الزنابير

وكان يأتيها الفرزدق والأحوص.

(وَالْعَيْزَارُ) فَيْعَالُ مِنْهُ، وَبِهِ كُنِّيَ وَالِدُ عُقْبَةَ بن أَبِي الْعَيْزَارِ فِي الْفَرَائِض.

(وَعَزْوَرَى) مَوْضِعٌ بَيْنَ مَكَّةَ وَالْمَدِينَةِ.

[ع ز ز]: (عَزَّ) عَلَيَّ أَنْ تَفْعَلَ كَذَا، أَيْ: اشْتَدَّ.

(يَعَزُّ) بِالْفَتْحِ عَنْ الْأَزْهَرِيِّ، وَبِالْكَسْرِ عَنْ الْغُورِيِّ، الْأَوَّلُ مِنْ بَابِ لَبِسَ، وَالثَّانِي مِنْ بَابِ ضَرَبَ، وَمِنْهُ حَدِيثُ أَبِي بَكْرٍ رَضِيَ اللهُ عَنْهُ: "إِنَّ أَحَبَّ النَّاسِ إِلَيَّ غِنًى أَنْتِ وَأَعَزَّهُمْ فَقْرًا أَنْتِ". أَيْ: أَشَدَّهُمْ، يَعْنِي: مَنْ يَشْتَدّ عَلَيَّ فَقْرُهُ وَيَشُقُّ عَلَيَّ حَاجَتُهُ.

[ع ز ف]: "أَمَرَ بِكَسْرِ (الْمَعَازِفِ)". هِيَ آلَاتُ اللَّهْوِ الَّتِي يُضْرَب بِهَا، الْوَاحِدَةُ: عَزْفٌ، رِوَايَةً عَنْ الْعَرَبِ، وَإِذَا أُفْرِدَ (الْمِعْزَفُ) فَهُوَ نَوْعٌ مِنْ الطَّنَابِيرِ يَتَّخِذُهُ أَهْلُ الْيَمَنِ.

[ع ز ل]: (الْعَزْلُ) مِنْ الْجَارِيَةِ مَعْرُوفٌ، (وَفَرَسٌ أَعْزَلُ): بِهِ عَزَلٌ، وَهُوَ مَيْلُ الذَّنَبِ إِلَى أَحَدِ شِقَّيْهِ. (وَالْعَزْلَاءُ) فَمُ الْمَزَادَةِ الْأَسْفَلُ، وَالْجَمْعُ: الْعَزَالَى، وَقَوْلُهُ فِي السَّحَابَةِ: أَرْخَتْ (عَزَالِيَهَا) إِذَا أَرْسَلَتْ دَفْعَهَا مَجَازٌ.

[ع ز م]: ابْنُ مَسْعُودٍ رَضِيَ اللهُ عَنْهُ: "إِنَّ اللهَ يُحِبُّ أَنْ يُؤْتَى بِرُخَصِهِ كَمَا يُحِبُّ أَنْ يُؤْتَى بِعَزَائِمِهِ". أَيْ: بِفَرَائِضِهِ الَّتِي عَزَمَ اللهُ تَعَالَى عَلَى الْعِبَادِ وُجُوبَهَا، وَمِنْهَا حَدِيثُ عَلِيٍّ رَضِيَ اللهُ عَنْهُ: "عَزَائِمُ الْقُرْآنِ أَرْبَعٌ". وَفِي (الْجَامِع): عَزَائِمُ السُّجُودِ، أَيْ: فَرَائِضُهُ، وَهِيَ: أَلَمْ تَنْزِيلُ، وَحمَ السَّجْدَةُ، وَالنَّجْمُ، وَ﴿اقْرَأْ بِاسْمِ رَبِّكَ﴾ [سورة العلق آية ١].

[ع ز و]: فِي الْحَدِيثِ: "مَنْ تَعَزَّى بِعَزَاءِ الْجَاهِلِيَّةِ فَأَعِضُّوهُ بِهَنِّ أَبِيهِ وَلَا تَكْنُوا"[١]. يُقَالُ: (تَعَزَّى وَاعْتَزَى) إِذَا انْتَسَبَ، (وَالْعَزَاءُ) اسْمٌ مِنْهُ، وَالْمُرَادُ بِهِ: قَوْلُهُمْ فِي الِاسْتِغَاثَةِ: يَا لَفُلَانٍ. (فَأَعِضُّوهُ) أَيْ: قُولُوا لَهُ: اعْضُضْ بِأَيْرِ أَبِيكَ، وَلَا تَكْنُوا عَنْ الْأَيْرِ بِالْهَنِ، وَهَذَا أَمْرُ تَأْدِيبٍ وَمُبَالَغَةٍ فِي الزَّجْرِ عَنْ دَعْوَى الْجَاهِلِيَّةِ.

الْعَيْنُ مَعَ السِّينِ الْمُهْمَلَةِ

[ع س ب]: "نَهَى عَنْ (عَسْبِ) الْفَحْلِ"[٢]، وَهُوَ ضِرَابُهُ، يُقَالُ: عَسَبَ الْفَحْلُ النَّاقَةَ يَعْسِبُهَا عَسْبًا، إِذَا قَرَعَهَا، وَالْمُرَادُ: عَنْ كِرَاءِ الْعَسْبِ، عَلَى حَذْفِ الْمُضَافِ.

[ع س ج]: (الْعَوْسَجُ) مِنْ شَجَرِ الشَّوْكِ لَهُ ثَمَرٌ مُدَوَّرٌ، كَأَنَّهُ خَرَزُ الْعَقِيقِ، فَإِذَا عَظُمَ

---

(١) أخرجه النسائي في السنن الكبرى (٨٨١٣).
(٢) أخرجه البخاري (٢٢٨٤)، والترمذي (١٢٧٣)، والنسائي (٤٦٧٢)، وأبو داود (٣٤٢٩).

فَهُوَ الْغَرْقَدُ.

[ع س ر]: (الْإِعْسَارُ) مَصْدَرُ أَعْسَرَ إِذَا افْتَقَرَ، (وَالْعَسَارُ) فِي مَعْنَاهُ خَطَأٌ محض[١].

(وَالْعُسْرُ) مَصْدَرُ الْأَعْسَرِ، وَهُوَ الَّذِي يَعْمَلُ بِيَسَارِهِ.

[ع س ك ر]: (الْعَسْكَرُ) تَعْرِيب لشَكَر، فِي (ح م).

[ع س س]: فِي الْحَدِيثِ: "أُتِيَ (بِعُسٍّ) مِنْ لَبَنٍ". هُوَ الْقَدَحُ الْعَظِيمُ، وَالْجَمْعُ: عِسَاسٌ.

[ع س ف]: (الْعَسْفُ) الظُّلْمُ، وَسُلْطَانٌ (عَسُوفٌ) ظَلُومٌ، وَمِنْهُ: الْعَسِيفُ: الْأَجِيرُ. وَبِجَمْعِهِ جَاءَ الْحَدِيثُ: "نَهَى عَنْ قَتْلِ الْعُسَفَاءِ وَالْوُصَفَاءِ"[٢] وَأَصْلُهُ مِنْ عَسَفَ الْفَلَاةَ وَاعْتَسَفَهَا، إِذَا قَطَعَهَا عَلَى غَيْرِ هِدَايَةٍ وَلَا طَرِيقٍ مَسْلُوكٍ، وَمِنْهُ قَوْلُهُمْ: هَذَا كَلَامٌ فِيهِ تَعَسُّفٌ.

(وَعُسْفَانٌ) مَوْضِعٌ عَلَى مَرْحَلَتَيْنِ مِنْ مَكَّةَ.

[ع س ل]: فِي حَدِيثِ امْرَأَةِ رِفَاعَةَ: "أَنَّهُ صَلَّى اللهُ عَلَيْهِ وَآلِهِ وَسَلَّمَ قَالَ لَهَا: "أَتُرِيدِينَ أَنْ تَرْجِعِي إِلَى رِفَاعَةَ؟ لا[٣] حَتَّى تَذُوقِي عُسَيْلَتَهُ وَيَذُوق من[٤] عُسَيْلَتَكِ". قَالَتْ: فَإِنَّهُ يَا رَسُولَ اللهِ قَدْ جَاءَنِي هِبَّةً"[٥].

(الْعُسَيْلَةُ) تَصْغِيرُ الْعَسَلَةِ، وَهِيَ الْقِطْعَةُ مِنَ الْعَسَلِ كَاللَّحْمَةِ وَالشَّحْمَةِ لِلْقِطْعَةِ مِنْهُمَا، وَقَدْ ضُرِبَ ذَوْقُهَا مَثَلًا لِإِصَابَةِ حَلَاوَةِ الْجِمَاعِ وَلَذَّتِه، وَإِنَّمَا صُغِّرَتْ إِشَارَةً إِلَى الْقَدْرِ الَّذِي يُحِلُّ، وَأَرَادَتْ (بِالْهَبَّةِ) الْمَرَّةَ، وَأَصْلُهَا مِنْ قَوْلِهِمْ: احْذَرْ هَبَّةَ السَّيْفِ. أَيْ: وَقْعَتَهُ، يَعْنِي: أَنَّ الْعُسَيْلَةَ قَدْ ذِيقَتْ بِالْوِقَاعِ مَرَّةً.

(وَعَسَلِيُّ الْيَهُودِ) عَلَامَتُهُمْ.

[ع س م]: (الْعَسَمُ) اعْوِجَاجٌ فِي الْيَدِ مِنْ يُبْسٍ فِي الرُّسْغِ أَوْ فِي الْمِرْفَقَيْنِ.

---

(١) سقط من: م.
(٢) أخرجه البيهقي في السنن الصغير (٣٨٩١)، والبوصيري في إتحاف الخيرة (٦٠٩٣)
(٣) سقط من: م.
(٤) سقط من: م.
(٥) أخرجه البخاري (٥٣١٧)، ومسلم (١٤٣٣)، والترمذي (١١١٨)، والنسائي (٣٤٠٩)، وابن ماجه (١٩٣٢).

الْعَيْنُ مَعَ الشِّينِ الْمُعْجَمَةِ

[ع ش ر]: فِي الْحَدِيثِ: "نَهَى عَنْ قَضَاءِ الصَّوْمِ فِي أَيَّامِ الْعَشْرِ". أَيْ: فِي أَيَّامِ اللَّيَالِي الْعَشْرِ- عَلَى حَذْفِ الْمَوْصُوفِ، (وَالْعُشْرُ) بِالضَّمِّ: أَحَدُ أَجْزَاءِ الْعَشَرَةِ، وَمِنْ مَسَائِلِ الْجَدِّ:(الْعُشْرِيَّةُ).

(وَالْعَشِيرُ) فِي مَعْنَاهُ، وَمِنْهُ الْحَدِيثُ: "أَنَّ بَعِيراً تَرَدَّى فِي بِئْرٍ فِي الْمَدِينَةِ فَوُجِئَ فِي خَاصِرَتِهِ فَأَخَذَ مِنْهُ ابْنُ عُمَرَ رَضِيَ اللهُ عَنْهُمَا عَشِيراً بِدِرْهَمَيْنِ". أَيْ: نَصِيبًا، وَالْجَمْعُ: أَعْشِرَاءُ، كَأَنْصِبَاء، يَعْنِي: اشْتَرَى مِنْهُ هَذَا الْقَدْرَ مَعَ زُهْدِهِ، فَدَلَّ عَلَى حِلِّهِ، وَمَنْ رَوَى: عُشَيْراً بِالضَّمِّ عَلَى لَفْظِ التَّصْغِيرِ فَقَدْ أَخْطَأَ.

(وَالْعُشَرَاءُ) النَّاقَةُ الَّتِي أَتَى عَلَيْهَا مِنْ حِينِ حَمْلِهَا عَشَرَةُ أَشْهُرٍ.

(وَثَوْبٌ عُشَارِيٌّ) طُولُهُ عَشْرُ أَذْرُعٍ وَكَذَا الْخُمَاسِيّ وَالتُّسَاعِيّ.

[ع ش ش]: (عُشُّ) الطَّائِرِ: الَّذِي يَجْمَعُهُ عَلَى الشَّجَرِ مِنْ حُطَامِ الْعِيدَانِ فَيَبِيضُ فِيهِ، وَالْجَمْعُ: عِشَاشٌ وَعِشَشَةٌ.

[ع ش و]: (الْعَشِيُّ) مَا بَيْنَ زَوَالِ الشَّمْسِ إِلَى غُرُوبِهَا، وَالْمَشْهُورُ: أَنَّهُ آخِرُ النَّهَارِ، وَعَنْ الْأَزْهَرِيِّ: "صَلَاتَا الْعَشِيِّ: الظُّهْرُ وَالْعَصْرُ"، وَفِي حَدِيثِ أُنَيْسٍ: "فَأَقْبَلْتُ عُشَيْشِيَةً[1]" أَيْ: عِشَاءً، وَهُوَ مِنْ شَوَاذِّ التَّصْغِيرِ، وَتَرْكُ الْيَاءِ الْأَخِيرَةِ خَطَأٌ.

(الْعَشَاءُ) فِي (أ ك، أ ك ل)، وَفِي (غ د، غ د و).

الْعَيْنُ مَعَ الصَّادِ الْمُهْمَلَةِ

[ع ص ب]: (الْعَصْبُ) الشَّدُّ، وَمِنْهُ: (عِصَابَةُ الرَّأْسِ) لِمَا يُشَدُّ بِهِ، وَتُسَمَّى بِهَا الْعِمَامَةُ، وَمِنْهُ قَوْلُهُ: الْمَسْحُ عَلَى الْعَصَائِبِ.

(وَالْعَصْبُ) مِنْ بُرُودِ الْيَمَنِ مَعْرُوفٌ؛ لِأَنَّهُ يُعْصَبُ غَزْلُهُ، ثُمَّ يُصْبَغُ، ثُمَّ يُحَاكُ، وَيُقَالُ: بُرْدُ عَصْبٍ، وَبُرُودُ عَصْبٍ، وَتَقْرِيرُهُ فِي الْمُعْرِبِ.

(وَالْعَصَبُ) بِفَتْحَتَيْنِ: الْأَصْفَرُ - بِالْفَاءِ - مِنْ أَطْنَابِ الْمَفَاصِلِ، وَالْعَقَبُ الْأَبْيَضُ مِنْهَا الصِّغَارُ، وَجَمْعُهَا: أَعْصَابٌ وَأَعْقَابٌ.

---

(١) في م: "عشية"، ولعل ما أثبتناه هو الصحيح.

(وَالْعَصَبَةُ) قَرَابَةُ الرَّجُلِ لِأَبِيهِ، وَكَأَنَّهَا جَمْعُ عَاصِبٍ، وَإِنْ لَمْ نَسْمَعْ بِهِ مِنْ (عَصَبُوا بِهِ) إِذَا أَحَاطُوا حَوْلَهُ، ثُمَّ سُمِّيَ بِهَا الْوَاحِدُ وَالْجَمْعُ وَالْمُذَكَّرُ وَالْمُؤَنَّثُ لِلْغَلَبَةِ، وَقَالُوا فِي مَصْدَرِهَا: (الْعُصُوبَةُ). وَالذَّكَرُ (يُعَصِّبُ) الْأُنْثَى، أَيْ: يَجْعَلُهَا عَصَبَةً.

[ع ص ر]: (الْعَصْرُ) مَصْدَرُ عَصَرَ الْعِنَبَ وَغَيْرَهُ، (وَالْعَصِيرُ) مَا عُصِرَ، وَفِي الْحَدِيثِ: "لَعَنَ اللهُ فِي الْخَمْرِ عَشْرَ أَنْفُسٍ: (عَاصِرَهَا وَمُعْتَصِرَهَا)" [١]. أَيْ: مَنْ عَصَرَهَا لِنَفْسِهِ وَلِغَيْرِهِ.

وَأُرِيدَ (بِالْمُعْتَصِرِ) فِي حَدِيثِ بِلَالٍ: الْمُتَغَوِّطُ، وَاتُّسِعَ فِي الِاعْتِصَارِ فَقِيلَ: اعْتَصَرَ النَّخْلَةَ، إِذَا اسْتَرَدَّهَا وَارْتَجَعَهَا، وَمِنْهُ حَدِيثُ عُمَرَ رَضِيَ اللهُ عَنْهُ: أَنَّ الْوَالِدَ [يَعْتَصِرُ الْوَلَدَ] [٢] فِيمَا أَعْطَاهُ، وَلَيْسَ لِلْوَلَدِ أَنْ يَعْتَصِرَ مِنْ وَالِدِهِ. يَعْنِي: أَنَّ الْوَالِدَ إِذَا نَحَلَ وَلَدَهُ شَيْئًا فَلَهُ أَنْ يَأْخُذَهُ مِنْهُ، شُبِّهَ أَخْذُ الْمَالِ مِنْهُ وَاسْتِخْرَاجُهُ مِنْ يَدِهِ بِالِاعْتِصَارِ. وَأَمَّا حَدِيثُ الشَّعْبِيِّ: يَعْتَصِرُ الْوَالِدُ عَلَى وَلَدِهِ، فَإِنَّمَا عَدَّاهُ بِعَلَى؛ لِأَنَّهُ ضَمَّنَهُ مَعْنَى يَرْجِعُ وَيَعُودُ، كَمَا ضُمِّنَ مَعْنَى الْأَخْذِ فِيمَا قَبْلُ فَعُدِّيَ بِمِنْ.

وَأَمَّا قَوْلُ مُحَمَّدٍ رَحِمَهُ اللهُ فِي الْمُوَطَّأِ: لَا سَبِيلَ لِلْوَالِدِ إِلَى الرَّجْعَةِ فِيهَا وَلَا إِلَى اعْتِصَارِهَا، فَالْمُرَادُ بَعْدَ الْإِشْهَادِ.

[ع ص ف ر]: (الْعُصْفُور) هُوَ الطُّوَيْرُ الْمَعْرُوف، وَبِهِ سُمِّيَ بَعِيرٌ لِعَلِيٍّ رَضِيَ اللهُ عَنْهُ، وَهُوَ فِي حَدِيثِهِ: أَنَّهُ رَضِيَ اللهُ عَنْهُ بَاعَ بَعِيراً يُقَال لَهُ: عُصْفُورٌ، بِعِشْرِينَ بَعِيراً. وَقِيلَ: (عُصَيْفِرٌ) عَلَى لَفْظِ التَّصْغِيرِ.

[ع ص ع ص]: (وَالْعُصْعُص) بِالضَّمِّ وَالْفَتْحِ: عَجْبُ الذَّنَبِ، وَهُوَ الْعَظْمُ بَيْنَ الْأَلْيَتَيْنِ، وَمُرَادُ الْفُقَهَاءِ فِي الْبُيُوعِ: مَا فِي وَسَطِ أَلْيَةِ الشَّاةِ.

[ع ص ف]: (الْعَصْفُ) وَرَقُ الزَّرْعِ، (وَالْعَفْص) بِتَقْدِيمِ الْفَاءِ: ثَمَرٌ مَعْرُوفٌ كَالْبُنْدُقَةِ يُدْبَغ بِهِ.

[ع ص م]: (عَصَمَهُ) اللهُ مِنَ السُّوءِ: وَقَاهُ عِصْمَةً، وَبِاسْمِ الْفَاعِلِ مِنْهُ كُنِّيَتْ جَمِيلَةُ بِنْت ثَابِتِ بن أَبِي الْأَقْلَحِ، (وَاعْتَصَمَ بِحَبْلِهِ) تَمَسَّكَ بِهِ، وَمِنْهُ:

وَسَعْدٌ بِبَابِ الْقَادِسِيَّةِ مُعْصِمُ

---

(١) أخرجه الترمذي (١٢٩٥)، وابن ماجه (٣٣٨١)، والطبراني في المعجم الأوسط (١٣٥٥).

(٢) في خ: "يعصر ولده".

أيْ[1]: مُتَمَسِّكٌ به[2]، وَفَتْحُ الصَّادِ فِيهِ، وَتَفْسِيرُهُ بِالْمُعَصَّبِ الْعَيْنِ خَطَأٌ فِي خَطَأ.

[ع ص ي]: فِي حَدِيثِ أَبِي بَكْرٍ رَضِيَ اللـه عَنْهُ لِأَخِي مُعَاوِيَةَ وَكَانَ أَمِيرَ جَيْشِهِ: يَا يَزِيدُ؛ لَا تَفْعَلْ كَذَا وَكَذَا، (وَلَا تَعْصِيَنَّ). أَرَادَ مَعْصِيَةَ اللـه سُبْحَانَهُ وَتَعَالَى وَمَعْصِيَةَ الْإِمَامِ، وَيُرْوَى: وَلَا تَقْصَيَنَّ، بِالْقَافِ وَفَتْحِ الصَّادِ، مِنْ قَصِيَ بِوَزْنِ رَضِيَ إِذَا بَعُدَ، وَالْمُرَادُ: الْإِبْعَادُ فِي السَّيْرِ عَنْ جَمَاعَةِ الْمُسْلِمِينَ.

(وَتَعَصَّى) ضَرَبَ بِالْعَصَا. (وَاعْتَصَى عَلَيْهَا) تَوَكَّأَ عَلَيْهَا، وَقَوْلُهُ: حَتَّى لَا يُمْكِنَ التَّعَصِّي بِهَا، يَعْنِي: اسْتِعْمَالَهَا وَالضَّرْبَ بِهَا.

الْعَيْنُ مَعَ الضَّادِ الْمُعْجَمَةِ

[ع ض ب]: (الْعَضْبُ) الْقَطْعُ، وَمِنْهُ: رَجُلٌ (مَعْضُوبٌ) أَيْ: زَمِنٌ لَا حَرَاكَ بِهِ، كَأَنَّ الزَّمَانَةَ عَضَبَتْهُ. وَشَاةٌ (عَضْبَاءُ) مَكْسُورَةُ الْقَرْنِ الدَّاخِلِ أَوْ مَشْقُوقَةُ الْأُذُنِ، وَمِنْهُ الْحَدِيثُ: "نَهَى أَنْ يُضَحَّى (بِالْأَعْضَبِ) الْقَرْنِ أَوْ الْأُذُنِ"[3].

وَأَمَّا (الْعَضْبَاءُ) لِنَاقَةِ رَسُولِ اللـه صَلَّى اللـه عَلَيْهِ وَآلِهِ وَسَلَّمَ، فَذَاكَ لَقَبٌ لَهَا، لَا لِشَقٍّ فِي أُذُنِهَا.

[ع ض د]: (الْعَضْدُ) قَطْعُ الشَّجَرِ، مِنْ بَابِ ضَرَبَ، وَمِنْهُ: "وَلَا يُعْضَدُ شَجَرُهَا"[4].

(وَالْمِعْضَدُ) كَالسَّيْفِ يُمْتَهَنُ فِي قَطْعِ الْأَشْجَارِ.

[ع ض ض]: (الْعَضُّ) قَبْضٌ بِالْأَسْنَانِ، مِنْ بَابِ لَبِسَ، (وَعَضَّ) فِي الْعِلْمِ بِنَاجِذِهِ: إِذَا أَتْقَنَهُ مَجَاز، وَالنَّاجِذُ: ضِرْسُ الْحُلُمِ؛ لِأَنَّهُ يَنْبُتُ بَعْدَمَا تَمَّ عَقْلُهُ، وَقَوْلُهُ صَلَّى اللـه عَلَيْهِ وَآلِهِ وَسَلَّمَ: "عَلَيْكُمْ بِسُنَّتِي وَسُنَّةِ الْخُلَفَاءِ مِنْ بَعْدِي، عَضُّوا عَلَيْهَا بِالنَّوَاجِذِ"[5]. أَمْرٌ بِالْتِزَامِ السُّنَّةِ وَالِاعْتِصَامِ بِهَا، وَفِيهِ تَأْكِيدٌ لِقَوْلِهِ صَلَّى اللـه عَلَيْهِ وَآلِهِ وَسَلَّمَ: "عَلَيْكُمْ

(١) زيادة من: م.

(٢) سقط من: م.

(٣) أخرجه الهروي في غريب الحديث ج١/٣٢٠، والبغوي في شرح السنة (١١٢٢).

(٤) أخرجه البخاري (١٨٣٣)، ومسلم (١٣٥٨)، وأبو داود (٢٠١٧)، والنسائي (٢٨٩٢)، وابن ماجه (٣١٠٩).

(٥) أخرجه الحربي في غريب الحديث ج١١٧٤/٣، والمروزي في السنة (٧٣)، وابن المنذر في الأوسط (١٢٩).

بِسُنَّتِي".

(فَأَعِضُّوهُ) فِي (ع ز، ع ز و).

الْعَيْنُ مَعَ الطَّاء

[ع ط ب]: (الْعَطَبُ) بِفَتْحَتَيْنِ: الْهَلَاكُ، مِنْ بَابِ لَبِسَ.

[ع ط ش]: قَوْلُهُ: يُخْرِجُ بَعْضُهُ حَبًّا ضَامِرًا (عَطِشًا)، أَيْ: دَقِيقًا مُحْتَاجًا إِلَى الْمَاءِ، وَيُرْوَى: عَطْشَانَ، وَالْأَوَّلُ أَوْجَهُ.

[ع ط ف]: (عَطَفَهُ) عَطْفًا: أَمَالَهُ، وَاسْتَعْطَفَهُ كَذَلِكَ. وَمِنْهُ: (اسْتَعْطَفَ نَاقَتَهُ) أَيْ: عَطَفَهَا، بِأَنْ جَذَبَ زِمَامَهَا لِتُمِيلَ رَأْسَهَا، وَعَطَفَ بِنَفْسِهِ عُطُوفًا، وَمِنْهُ قَوْلُهُ فِي الدِّيَاتِ: فَإِنْ عَطَفَتْ يَمِينًا وَشِمَالًا، أَيْ: انْعَطَفَتْ وَمَالَتْ، وَقَوْلُهُمْ:(عَطَفَ عَلَيْهِ) بِمَعْنَى رَحِمَ مِنْ ذَلِكَ؛ لِأَنَّ فِي الرَّحْمَةِ مَيْلًا وَانْعِطَافًا إِلَى الْمَرْحُومِ، وَمِنْهُ حَدِيثُ الْحَارِثِ: "فَعَطَفُوا عَلَيْهِ". أَيْ: رَحِمُوهُ فَاحْتَمَلُوهُ، وَيُرْوَى: فَقَطَعُوا عَلَيْهِ، وَهُوَ تَصْحِيفٌ.

(وَعِطْفُ) الْإِنْسَانِ بِالْكَسْرِ: جَانِبُهُ مِنْ رَأْسِهِ إِلَى وَرِكِهِ أَوْ قَدَمِهِ، وَمِنْهُ: هُمْ أَلْيَنُ عِطْفًا، وَأَمَّا زُقَاقٌ فِيهِ عِطْفٌ، أَيْ: اعْوِجَاجٌ، فَقَدْ رُوِيَ بِالْفَتْحِ وَالْكَسْرِ تَسْمِيَةً بِالْمَصْدَرِ أَوْ فِعْلًا بِمَعْنَى مَفْعُولٍ.

[ع ط ن]: (الْعَطَنُ) وَالْمَعْطِنُ: مُنَاخُ الْإِبِلِ وَمَبْرَكُهَا حَوْلَ الْمَاءِ، وَالْجَمْعُ: أَعْطَانٌ وَمَعَاطِنُ، وَقَوْلُهُمْ[1]: حَرِيمُ بِئْرِ الْعَطَنِ أَرْبَعُونَ ذِرَاعًا، وَحَرِيمُ بِئْرِ النَّاضِحِ سِتُّونَ. فَإِنَّمَا أَضَافَ لِيُفَرِّقَ بَيْنَ مَا يُسْتَقَى مِنْهُ بِالْيَدِ فِي الْعَطَنِ، وَبَيْنَ مَا يُسْتَقَى مِنْهُ بِالنَّاضِحِ، وَهُوَ الْبَعِيرُ.

[ع ط و]: (الْعَطَاءُ) اسْمُ مَا يُعْطَى، وَالْجَمْعُ: أَعْطِيَةٌ وَأَعْطِيَاتٌ، وَبِهِ سُمِّيَ عَطَاءُ بن أَبِي رَبَاحٍ، وَقَوْلُهُ: "لَا يَجُوزُ بَيْعُ الْعَطَاءِ وَالرِّزْقِ". فَفَرْقُ مَا بَيْنَهُمَا: أَنَّ الْعَطَاءَ: مَا يُخْرَجُ لِلْجُنْدِيِّ مِنْ بَيْتِ الْمَالِ فِي السَّنَةِ مَرَّةً أَوْ مَرَّتَيْنِ، وَالرِّزْقَ: مَا يُخْرَجُ لَهُ كُلَّ شَهْرٍ، وَعَنْ الْحَلْوَائِيِّ: كُلَّ سَنَةٍ أَوْ شَهْرٍ، وَالرِّزْقُ يَوْمًا بِيَوْمٍ.

وَفِي شَرْحِ الْقُدُورِيِّ فِي الْعَاقِلَةِ: الدِّيَةُ فِي أَعْطِيَاتِهِمْ ثَلَاثَ سِنِينَ؛ فَإِنْ لَمْ يَكُونُوا أَهْلَ عَطَاءٍ وَكَانَتْ لَهُمْ أَرْزَاقٌ جُعِلَتْ الدِّيَةُ فِي أَرْزَاقِهِمْ. قَالَ: وَالْفَرْقُ بَيْنَهُمَا أَنَّ الْعَطِيَّةَ مَا

---

(١) سقط من: م.

يُفْرَضُ لِلْمُقَاتِلَةِ، وَالرِّزْقُ مَا يُجْعَلُ لِفُقَرَاءِ الْمُسْلِمِينَ إذَا لَمْ يَكُونُوا مُقَاتِلَةً.

(وَالْعَطِيَّةُ) مِثْلُهُ، وَالْجَمْعُ: عَطَايَا، وَبِهَا كُنِّيَتْ أُمُّ عَطِيَّةَ الْأَنْصَارِيَّةُ.

الْعَيْنُ مَعَ الظَّاءِ الْمُعْجَمَةِ

[ع ظ م]: (أَعْظَمَهُ) وَاسْتَعْظَمَهُ: رَآهُ عَظِيمًا، وَمِثْلُهُ أَكْبَرَهُ وَاسْتَكْبَرَهُ، (وَعُظْمُ) الشَّيْءِ وَجُلُّهُ وَكُبْرُهُ بِمَعْنًى.

الْعَيْنُ مَعَ الْفَاءِ

[ع ف ج]: (الْمَعْفُوجُ) كِنَايَةٌ عَنْ الْمَوْطُوءِ مِنْ (الْعَفْجِ) وَاحِدُ الْأَعْفَاجِ، وَهِيَ الْأَمْعَاء.

[ع ف ر]: (الْعَفَرُ) وَجْهُ الْأَرْضِ، وَبِتَصْغِيرِهِ كُنِّيَ أَبُو عُفَيْرٍ مُحَمَّدُ بن سَهْل بن أَبِي حَثْمَةَ الْأَنْصَارِيُّ، وَمِنْهُ: (عَفَّرَهُ بِالتُّرَابِ) لَطَّخَهُ، وَعَلَيْهِ الْحَدِيثُ: "وَيُعَفِّرُ الثَّامِنَةَ بِالتُّرَابِ". أَيْ: الْمَرَّةَ الثَّامِنَةَ.

(وَالْعُفْرَةُ) بَيَاضٌ لَيْسَ بِالْخَالِصِ وَلَكِنْ كَلَوْنِ الْعَفَرِ، وَمِنْهُ: ظَبْيٌ (أَعْفَرُ)، وَبِتَأْنِيثِهِ سُمِّيَتْ أُمّ مُعَوِّذ ابْنِ عَفْرَاءَ، وَمُعَاذ ابْنِ عَفْرَاءَ رَاوِي حَدِيثِ النَّهْيِ عَنْ الصَّلَاةِ بَعْدَ الْفَجْرِ، وَمِنْهُ: (الْيَعْفُورُ) لِتَيْسِ الظِّبَاءِ أَوْ لِوَلَدِ الْبَقَرَةِ الْوَحْشِيَّةِ، وَبِهِ لُقِّبَ حِمَارُ النَّبِيِّ صَلَّى اللهُ عَلَيْهِ وَآلِهِ وَسَلَّمَ.

(وَثَوْبٌ مَعَافِرِيٌّ) مَنْسُوبٌ إلَى مَعَافِرِ بن مُرٍّ أَخِي تَمِيمِ بن مُرٍّ عَنْ سِيبَوَيْهِ، ثُمَّ صَارَ لَهُ اسْمًا بِغَيْرِ نِسْبَةٍ عَنْ الْأَصْمَعِيِّ، وَعَلَيْهِ حَدِيثُ مُعَاذٍ: "أَوْ عَدْلَهُ مَعَافِرَ". أَيْ: مِثْلَهُ بُرْدًا مِنْ هَذَا الْجِنْسِ.

(وَمَعَافِيرُ) بِزِيَادَةِ الْيَاءِ، وَمُعَافِرِيٌّ بِالضَّمِّ، وَمَعَافِرِيّ غَيْرَ مُنَوَّنٍ، كُلُّهُ لَحْنٌ.

[ع ف ص]: (الْعِفَاصُ) الْوِعَاءُ الَّذِي تَكُونُ فِيهِ النَّفَقَةُ مِنْ جِلْدٍ أَوْ خِرْقَةٍ أَوْ غَيْرِ ذَلِكَ، وَلِهَذَا سُمِّيَ الْجِلْدُ الَّذِي تُلْبَسُه رَأْس الْقَارُورَةِ: الْعِفَاصَ؛ لِأَنَّهُ كَالْوِعَاءِ لَهَا، وَقِيلَ: هُوَ الصِّمَامُ. وَعَنْ الْغُورِيِّ: غِلَافُهَا، وَالْأَوَّلُ الِاخْتِيَارُ.

[ع ف ل]: (الْعَفَلُ) عَنْ الشَّيْبَانِيِّ: شَيْءٌ مُدَوَّرٌ يَخْرُجُ بِالْفَرْجِ وَلَا يَكُونُ فِي الْأَبْكَارِ، وَإِنَّمَا يُصِيبُ الْمَرْأَةَ بَعْدَمَا تَلِدُ. وَعَنْ اللَّيْثِ: عَفِلَتْ الْمَرْأَةُ عَفَلًا فَهِيَ عَفْلَاءُ، وَكَذَا النَّاقَةُ، وَالِاسْمُ الْعَفَلَةُ، وَهِيَ شَيْءٌ يَخْرُجُ فِي فَرْجِهَا شِبْهَ الْأُدْرَةِ.

[ع ف ن]: (عَفِنَ) الشَّيْءُ عَفَنًا مِنْ بَابِ لَبِسَ، إِذَا بَلِيَ فِي نَدْوَةٍ، وَقَوْلُهُ: "فَمَا[١] أَصَابَ الثَّمَرَ الْعَفَنُ". فَهُوَ فَسَادٌ وَاسْتِرْخَاءٌ، وَهُوَ مِنَ الْأَوَّلِ.

[ع ف و]: يُقَالُ: (عَفَوْتُ) عَنْ فُلَانٍ أَوْ عَنْ ذَنْبِهِ، إِذَا صَفَحْتُ عَنْهُ، وَأَعْرَضْتُ عَنْ عُقُوبَتِهِ، وَهُوَ كَمَا تَرَى يُعَدَّى بِعَنْ إِلَى الْجَانِي وَإِلَى الْجِنَايَةِ، فَإِذَا اجْتَمَعَا عُدِّيَ إِلَى الْأَوَّلِ بِاللَّامِ، فَقِيلَ: (عَفَوْتُ) لِفُلَانٍ عَنْ ذَنْبِهِ. وَعَلَى ذَا قَوْلُهُ: عَفَوْتُكَ عَنِ الْقَطْعِ أَوْ عَنِ الشَّجَّةِ خَطَأً. وَبِاسْمِ الْفَاعِلَةِ مِنْهُ سُمِّيَ (عَافِيَةُ) الْقَاضِي الْأَوْدِيُّ، كَذَا صَحَّ فِي مَنَاقِبِ أَبِي حَنِيفَةَ رَحِمَهُ اللهُ.

(وَالتَّعَافِي) تَفَاعُلٌ مِنْهُ، وَهُوَ أَنْ يَعْفُوَ بَعْضُهُمْ عَنْ بَعْضٍ، وَأَمَّا (تَعَافُوا الْحُدُودَ فِيمَا بَيْنَكُمْ) فَالْأَصْلُ: تَعَافُوا عَنِ الْحُدُودِ، أَيْ: لِيَعْفُ كُلٌّ مِنْكُمْ عَنْ صَاحِبِهِ، إِلَّا أَنَّهُ حُذِفَ "عَنْ" وَأُوصِلَ الْفِعْلُ أَوْ ضُمِّنَ مَعْنَى التَّرْكِ فَعُدِّيَ تَعْدِيَتَهُ.

وَقَدْ جَعَلَ صَاحِبُ الْمَقَايِيسِ هَذَا التَّرْكِيبَ دَالًّا عَلَى أَصْلَيْنِ تَرْكٍ وَطَلَبٍ، إِلَّا أَنَّ الْعَفْوَ غَلَبَ عَلَى تَرْكِ عُقُوبَةِ مَنِ اسْتَحَقَّهَا، (وَالْإِعْفَاءُ) عَلَى التَّرْكِ مُطْلَقًا، وَمِنْهُ: إِعْفَاءُ اللِّحْيَةِ، وَهُوَ تَرْكُ قَطْعِهَا وَتَوْفِيرُهَا، وَقَوْلُهُمْ: "أَعْفِنِي مِنَ الْخُرُوجِ مَعَكَ". أَيْ: دَعْنِي عَنْهُ وَاتْرُكْنِي، وَمِنْهُ حَدِيثُ مُحَاكَمَةِ عُمَرَ وَأُبَيِّ بن كَعْبٍ إِلَى زَيْدِ بن ثَابِتٍ فِي الْحَائِطِ: وَإِنْ رَأَيْتَ أَنْ تُعْفِيَ أَمِيرَ الْمُؤْمِنِينَ مِنَ الْيَمِينِ فَاعْفِهِ، فَقَالَ أُبَيٌّ: بَلْ نُعْفِيهِ وَنُصَدِّقُهُ، وَمَنْ رَوَى: أَوْ عَفَوْتَ أَمِيرَ الْمُؤْمِنِينَ عَنِ الْيَمِينِ، فَقَدْ سَهَا. وَقَوْلُهُمْ: (الْعَفْوُ) الْفَضْلُ، صَحِيحٌ؛ لِأَنَّ الشَّيْءَ إِذَا تُرِكَ فَضَلَ وَزَادَ. وَمِنْهُ حَدِيثُ عَلِيٍّ رَضِيَ اللهُ عَنْهُ: "أُمِرْنَا أَنْ لَا نَأْخُذَ مِنْهُمْ إِلَّا الْعَفْوَ".

(وَخُذْ مَا صَفَا وَعَفَا) أَيْ: فَضَلَ وَتَسَهَّلَ، وَمِنْهُ: قَوْلُ عُمَرَ بن عَبْدِ الْعَزِيزِ: وَلَعَمْرِي؛ مَا الْبَرَاذِينُ بِأَعْفَى مِنَ الْفَرَسِ فِيمَا كَانَ مِنْ مُؤْنَةٍ وَحَرَسٍ. يَعْنِي: لَيْسَ هَذَا بِأَسْهَلَ مُؤْنَةً مِنْ ذَاكَ.

وَاخْتَلَفُوا[٢] فِي تَفْسِيرِ قَوْلِهِ تَعَالَى: ﴿فَمَنْ عُفِيَ لَهُ مِنْ أَخِيهِ شَيْءٌ فَاتِّبَاعٌ بِالْمَعْرُوفِ﴾ [سورة البقرة آية ١٧٨] فَأَكْثَرُهُمْ عَلَى أَنَّهُ مِنَ الْعَفْوِ خِلَافِ الْعُقُوبَةِ، وَأَنَّ مَعْنَاهُ: فَمَنْ عُفِيَ لَهُ مِنْ جِهَةِ أَخِيهِ شَيْءٌ مِنَ الْعَفْوِ، أَيْ: بَعْضِهِ بِأَنْ يُعْفَى عَنْ بَعْضِ الدَّمِ، أَوْ يَعْفُوَ

---

(١) زيادة من: م.
(٢) في خ: "واختلف".

بَعْضُ الْوَرَثَةِ وَالْأَخُ وَلِيُّ الْمَقْتُولِ، (وَمَنْ) هُوَ الْقَاتِلُ، وَالضَّمِيرُ فِي (لَهُ)، وَأَخِيهِ (لِمَنْ)، وَفِي إِلَيْهِ لِلْأَخِ أَوْ لِلْمُتَّبَعِ الدَّالِّ عَلَيْهِ، (فَاتِّبَاعٌ) لِأَنَّ الْمَعْنَى فَلْيَتَّبِعْ الطَّالِبُ بِالْمَعْرُوفِ وَلْيُؤَدِّ إِلَيْهِ الْمَطْلُوبُ بِإِحْسَانٍ.

وَقِيلَ: (عُفِيَ) تُرِكَ وَمُحِيَ، وَقِيلَ: أُعْطِيَ، وَالْأَخُ: الْقَاتِلُ، (وَمَنْ) لِلتَّبْعِيضِ أَوْ لِلْبَدَلِ، وَقَدْ أُنْكِرَ.

وَقَوْلُهُ عَزَّ وَجَلَّ: (إِلَّا أَنْ يَعْفُونَ أَوْ يَعْفُوَ الَّذِي بِيَدِهِ عُقْدَةُ النِّكَاحِ) [سورة البقرة آية ٢٣٧] فَالْعَفْوُ فِيهِ مُسْتَعَارٌ لِلتَّجَافِي عَنْ الْحَقِّ وَطَلَبِهِ، كَمَا فِي قَوْلِهِ صَلَّى اللهُ عَلَيْهِ وَآلِهِ وَسَلَّمَ: "عَفَوْنَا لَكُمْ عَنْ صَدَقَةِ الْخَيْلِ وَالرَّقِيقِ، فَهَاتُوا صَدَقَةَ الرِّقَةِ"[١]. وَالَّذِي بِيَدِهِ عُقْدَةُ النِّكَاحِ: الزَّوْجُ، وَقِيلَ: الْوَلِيُّ، وَقَدْ أُنْكِرَ كَمَا أُنْكِرَ تَفْسِيرُ الْعَفْوِ بِالْإِعْطَاءِ، وَتَمَامُ التَّفْسِيرِ لِلْآيَتَيْنِ فِي الْمُعْرِبِ.

الْعَيْنُ مَعَ الْقَافِ

[ع ق ب]: (الْعَقَبُ) بِفَتْحَتَيْنِ فِي (ع ص، ع ص ب).

(وَالْعَقِبُ) بِكَسْرِ الْقَافِ: مُؤَخَّرُ الْقَدَمِ.

(وَعَقِبُ الشَّيْطَانِ) هُوَ الْإِقْعَاءِ، (وَعَقِبُ الرَّجُلِ) نَسْلُهُ، وَفِي الْأَجْنَاسِ: هُمْ أَوْلَادُهُ الذُّكُورِ، وَعَنْ بَعْضِ الْفُقَهَاءِ: أَوْلَادُ الْبَنَاتِ عَقِبٌ؛ لِقَوْلِهِ تَعَالَى: (وَجَعَلَهَا كَلِمَةً بَاقِيَةً فِي عَقِبِهِ) [سورة الزخرف آية ٢٨].

(وَعَقَبَهُ) تَبِعَهُ مِنْ بَابِ طَلَبَ، وَهُوَ مَعْقُوبٌ، وَبِتَصْغِيرِهِ سُمِّيَ مُعَيْقِيبُ ابْنُ فَاطِمَةَ الدَّوْسِيُّ، وَتَرْكُ الْيَاءِ الثَّانِيَةِ خَطَأٌ.

(وَتَعَقَّبَهُ) تَتَبَّعَهُ وَتَفَحَّصَهُ، وَاسْتِعْمَالُهُمْ إِيَّاهُ فِي مَعْنَى: عَقَبَهُ، غَيْرُ سَدِيدٍ.

(وَاعْتَقَبَ) الْبَائِعُ الْمَبِيعَ: حَبَسَهُ حَتَّى يَأْخُذَ الثَّمَنَ، وَعَنْ النَّخَعِيِّ: الْمُعْتَقِبُ ضَامِنٌ لِمَا اعْتَقَبَ، يَعْنِي: إِنْ هَلَكَ فِي يَدِهِ فَقَدْ هَلَكَ مِنْهُ لَا مِنْ الْمُشْتَرِي.

(وَأَعْقَبَهُ نَدَمًا) أَوْرَثَهُ، وَقَوْلُهُمْ:الطَّلَاقُ يُعْقِبُ الْعِدَّةَ، وَالْعِدَّةُ تَعْقُبُ الطَّلَاقَ. الْأَوَّلُ مِنْ بَابِ أَكْرَمَ، وَالثَّانِي مِنْ بَابِ طَلَبَ.

(وَالْعُقْبَةُ) النَّوْبَةُ، وَمِنْهَا: عَاقَبَهُ مُعَاقَبَةً وَعِقَابًا: نَاوَبَهُ.

---

(١) أخرجه الترمذي (٦٢٠)، وابن ماجه (١٧٩٠)، وأحمد في مسنده (٩٨٧).

(وَعُقْبَةُ الأَجِيرِ) أَنْ يَنْزِلَ الْمُسْتَأْجِرُ صَبَاحًا مَثَلًا فَيَرْكَبَ الأَجِيرُ، وَقَوْلُ صَاحِبِ الإِيضَاحِ: فَإِنْ أَمْكَنَهُ أَنْ يَمْشِيَ أَوْ يَكْتَرِيَ عُقْبَةً فَلَيْسَ عَلَيْهِ الْحَجُّ، فِيهِ تَوَسُّع.

(وَالْعُقَابَانِ) عُودَانِ يُنْصَبَانِ مَغْرُوزَيْنِ فِي الأَرْضِ يُشْبَحُ بَيْنَهُمَا الْمَضْرُوبُ أَوْ الْمَصْلُوبُ، أَيْ: يُمَدُّ.

(وَالْيَعَاقِيبُ) جَمْعُ يَعْقُوبٍ، وَهُوَ ذَكَرُ الْقَبَجِ، وَأَمَّا (يَعْقُوبُ) اسْمُ رَجُلٍ فَأَعْجَمِيٌّ، وَبِهِ سُمِّيَ أَبُو يُوسُفَ، وَإِلَيْهِ يُنْسَبُ النَّبِيذُ الْيَعْقُوبِيُّ، الَّذِي يُسَمَّى الْجُمْهُورِيَّ.

[ع ق د]: (عَقَدَ) الْحَبْلَ عَقْدًا، وَهِيَ الْعُقْدَةُ، وَمِنْهَا عُقْدَةُ النِّكَاحِ.

(وَالْعَقْدُ) الْعَهْدُ، وَعَاقَدَهُ: عَاهَدَهُ، وَقُرِئَ: "وَالَّذِينَ عَاقَدَتْ أَيْمَانُكُمْ". وَعَقَّدَتْ وَعَقَدَتْ وَهُمْ مَوَالِي الْمُوَالَاةِ، وَكَانُوا يَتَمَاسَحُونَ بِالأَيْدِي.

(وَمَعْقِدُ الْعِزِّ) مَوْضِعُ عَقْدِهِ، وَتَقْدِيمُ الْقَافِ تَصْحِيفٌ، وَاعْتَقَدَ مَالًا: اتَّخَذَهُ وَتَأَثَّلَهُ.

[ع ق ر]: (عَقَرَهُ) عَقْرًا: جَرَحَهُ، وَعَقَرَ النَّاقَةَ بِالسَّيْفِ: ضَرَبَ قَوَائِمَهَا، (وَبَعِيرٌ عَقِيرٌ) وَالْجَمْعُ: عَقْرَى، وَمِنْهُ: "وَلَا تَعْقِرَنَّ شَجَرًا"، أَيْ: لَا تَقْطَعَنَّ.

وَفِي حَدِيثِ صَفِيَّةَ: "عَقْرَى حَلْقَى [أَحَابِسَتُنَا هِيَ؟][(١)]". أَيْ: مَانِعَتُنَا عَلَى فَعْلَى، وَقِيلَ: الأَلِفُ لِلْوَقْفِ، وَهُوَ دُعَاءٌ بِقَطْعِ الْحَلْقِ وَالرِّجْلِ، أَوْ بِحَلْقِ الرَّأْسِ، وَعَنْ أَبِي عُبَيْدٍ: عُقِرَ جَسَدُهَا وَأُصِيبَتْ بِدَاءٍ فِي حَلْقِهَا.

(وَالْعُقْرُ) صَدَاقُ الْمَرْأَةِ إِذَا وُطِئَتْ[(٢)] بِشُبْهَةٍ، (وَعُقْرُ الدَّارِ) بِالْفَتْحِ وَالضَّمِّ: أَصْلُ الْمُقَامِ الَّذِي عَلَيْهِ مُعَوَّلُ الْقَوْمِ، وَمِنْهُ حَدِيثُ عَلِيٍّ رَضِيَ اللهُ عَنْهُ: مَا غُزِيَ قَوْمٌ فِي عُقْرِ دَارِهِمْ إِلَّا ذَلُّوا.

(وَالْعَقَارُ) الضَّيْعَةُ، وَقِيلَ: كُلُّ مَالٍ لَهُ أَصْلٌ مِنْ دَارٍ أَوْ ضَيْعَةٍ.

[ع ق ص]: (الْعَقْصُ) مِنْ بَابِ ضَرَبَ: جَمْعُ الشَّعْرِ عَلَى الرَّأْسِ، وَقِيلَ: لَيُّهُ وَإِدْخَالُ أَطْرَافِهِ فِي أُصُولِهِ، (وَالْعِقَاصُ) سَيْرٌ يُجْمَعُ بِهِ الشَّعْرُ، وَقِيلَ: (الْعُقُصُ) خُيُوطٌ سُودٌ تَصِلُ بِهَا الْمَرْأَةُ شَعْرَهَا، وَعَنِ الْحَلْوَائِيِّ فِي حَدِيثِ عُمَرَ رَضِيَ اللهُ عَنْهُ: يَجُوزُ الْخُلْعُ بِكُلِّ مَا تَمْلِكُ إِلَّا الْعِقَاصَ. لَمْ يُرِدْ عَيْنَ الْعِقَاصِ، وَإِنَّمَا أَرَادَ بِهِ الذَّوَائِبَ؛ لِأَنَّ الرَّجُلَ رُبَّمَا قَطَعَ شَعْرَهَا وَذَلِكَ لَا يَحِلُّ.

(١) زيادة من: م.
(٢) في خ: "أتيت".

[ع ق ق]: (الْعَقُّ) الشَّقُّ وَالْقَطْعُ، وَمِنْهُ: (عَقِيقَةُ الْمَوْلُودِ) وَهِيَ شَعْرُهُ؛ لِأَنَّهُ يُقْطَعُ عَنْهُ يَوْمَ أُسْبُوعِهِ، وَبِهَا سُمِّيَتْ الشَّاةُ الَّتِي تُذْبَحُ عَنْهُ، وَإِنَّمَا قَالَ صَلَّى اللهُ عَلَيْهِ وَآلِهِ وَسَلَّمَ فِيهَا: "قُولُوا: نَسِيكَةً، وَلَا تَقُولُوا: عَقِيقَةً". كَرَاهِيَةَ[1] الطِّيَرَةِ، وَقَدْ قَرَّرْتُ هَذَا فِي رِسَالَةٍ لِي.

(وَالْعَقِيقُ) مَوْضِعٌ بِحِذَاءِ ذَاتِ عِرْقٍ، وَهُوَ الَّذِي فِي حَدِيثِ ابْنِ عَبَّاسٍ رَضِيَ اللهُ عَنْهُمَا: أَنَّهُ صَلَّى اللهُ عَلَيْهِ وَآلِهِ وَسَلَّمَ" وَقَّتَ لِأَهْلِ الْعِرَاقِ بَطْنَ الْعَقِيقِ"، وَفِي كَلَامِ الشَّافِعِيِّ رَحِمَهُ اللهُ: وَلَوْ أَهَلَّ (بِالْعَقِيقِ) كَانَ أَحَبَّ إِلَيَّ، وَأَصْلُهُ: كُلُّ مَسِيلٍ شَقَّهُ السَّيْلُ فَوَسَّعَهُ.

[ع ق ل]: (عَقَلَ) الْبَعِيرَ عَقْلًا: شَدَّهُ بِالْعِقَالِ، وَمِنْهُ: الْعَقْلُ وَالْمَعْقُلَةُ: الدِّيَةُ.

(وَعَقَلْتُ الْقَتِيلَ) أَعْطَيْتُ دِيَتَهُ، (وَعَقَلْتُ عَنِ الْقَاتِلِ): لَزِمَتْهُ دِيَةٌ فَأَدَّيْتُهَا عَنْهُ، وَمِنْهُ: الدِّيَةُ عَلَى (الْعَاقِلَةِ). وَهِيَ الْجَمَاعَةُ الَّتِي تَغْرَمُ الدِّيَةَ، وَهُمْ عَشِيرَةُ الرَّجُلِ أَوْ أَهْلُ دِيوَانِهِ، أَيْ: الَّذِينَ يَرْتَزِقُونَ مِنْ دِيوَانٍ عَلَى حِدَةٍ، وَعَنْ الشَّعْبِيِّ: لَا تَعْقِلُ الْعَاقِلَةُ عَمْدًا وَلَا عَبْدًا وَلَا صُلْحًا وَلَا اعْتِرَافًا، يَعْنِي: أَنَّ الْقَتْلَ إِذَا كَانَ عَمْدًا مَحْضًا، أَوْ صُولِحَ الْجَانِي مِنْ الدِّيَةِ عَلَى مَالٍ، أَوْ اعْتَرَفَ، لَمْ تَلْزَمْ الْعَاقِلَةَ الدِّيَةُ، وَكَذَا إِذَا جَنَى عَبْدٌ لِحُرٍّ عَلَى إِنْسَانٍ لَمْ تَغْرَمْ عَاقِلَةُ الْمَوْلَى جنايته[2].

وَعَنْ ابْنِ الْمُسَيِّبِ: الْمَرْأَةُ (تُعَاقِلُ) الرَّجُلَ إِلَى ثُلُثِ دِيَتِهَا، أَيْ: تُسَاوِيهِ فِي الْعَقْلِ فَتَأْخُذُ كَمَا يَأْخُذ الرَّجُلُ، وَفِي حَدِيثِ أَبِي بَكْرٍ: "لَوْ مَنَعُونِي عِقَالًا لَقَاتَلْتُهُمْ[3]". [قِيلَ: هُوَ صَدَقَةُ عَامٍ][4]، وَقِيلَ: هُوَ الْحَبْلُ الْمَعْرُوفُ، وَقِيلَ: أَرَادَ الشَّيْءَ الْحَقِيرَ فَضَرَبَ الْعِقَالَ مَثَلًا، وَهُوَ الْمُلَائِمُ لِكَلَامِهِ وَتَشْهَدُ لَهُ رِوَايَةُ الْبُخَارِيِّ: "عَنَاقًا"، وَهِيَ الْأُنْثَى مِنْ أَوْلَادِ الْمَعْزِ، وَفِي رِوَايَةٍ أُخْرَى:"جَدْيًا أَوْ أَذْوَطَ"، وَهُوَ الْقَصِيرُ الذَّقَنِ، وَكِلَاهُمَا لَا يُؤْخَذُ فِي الصَّدَقَاتِ فَدَلَّ أَنَّهُ تَمْثِيلٌ.

(وَتَعَقَّلَ) السَّرْجَ وَاعْتَقَلَهُ: ثَنَى رِجْلَهُ عَلَى مُقَدَّمِهِ، وَقَوْلُهُ: نَصَبَ شَبَكَةً فَتَعَقَّلَ بِهَا صَيْدٌ، أَيْ: نَشِبَ وَعَلِقَ، مَصْنُوعٌ غَيْرُ مَسْمُوعٍ.

---

(١) في خ: "كراهة".
(٢) سقط من: م.
(٣) زيادة من: م.
(٤) زيادة من: م.

(وَاعْتُقِلَ) لِسَانُهُ بِضَمِّ التَّاء، إِذَا أُحْتُبِسَ عَنْ الْكَلَامِ وَلَمْ يَقْدِرْ عَلَيْهِ.

(وَالْمَعْقِلُ) الْحِصْنُ وَالْمَلْجَأُ، وَبِهِ سُمِّيَ وَالِدُ عَبْدُ اللـه بن مَعْقِلِ بن مُقَرِّنٍ الْمُزَنِيِّ، وَمَعْقِلُ بـن يَسَـارٍ الْمُزَنِيّ الَّذِي يُضَافُ إِلَيْهِ النَّهْرُ بِالْبَصْرَةِ، وَيُنْسَبُ إِلَيْهِ التَّمْرُ الْمَعْقِلِيُّ.

الْعَيْنُ مَعَ الْكَافِ

[ع ك ر]: (عَكَرَ) إِذَا كَرَّ وَرَجَعَ مِنْ بَابِ طَلَبَ، وَمِنْهُ الْحَدِيثُ: "بَلْ أَنْتُمْ الْعَكَّارُونَ". أَيْ: الْكَرَّارُونَ.

(وَالْعَكَرُ) بِفَتْحَتَيْنِ: دُرْدِيُّ الزَّيْتِ، وَدُرْدِيُّ النَّبِيذِ فِي قَوْلِهِ: وَإِنْ صُبَّ الْعَكَرُ فَلَيْسَ بِنَبِيذٍ حَتَّى يَتَغَيَّرَ.

[ع ك ب ر]: (عُكْبَرَاءُ) مَوْضِعٌ بِسَوَادِ بَغْدَادَ، وَقَدْ يُقْصَرُ، وَيُقَالُ فِي النِّسْبَةِ: عُكْبَرَاوِيٌّ وَعُكْبَرِيٌّ.

[ع ك ش]: (عُكَّاشَةُ) صَحَّ بِالتَّشْدِيدِ سَمَاعًا مِـنْ الثِّقَـاتِ، وَالْمُحَـدِّثُونَ عَـلَى التَّخْفِيـفِ، وَعَـنْ الْفَـارَابِيِّ: بِالتَّشْدِيدِ لَا غَيْرُ، وَهُوَ عُكَّاشَةُ بن مِحْصَنٍ الْغَنْمِيُّ الْأَسَدِيُّ، قَالَ الشَّاعِرُ[(١)]:

عَشِيَّةَ إِذْ رِيتُ ابْنَ أَقْرَمَ ثَابِتًا ... وَعُكَّاشَةَ الْغَنْمِيُّ عِنْدَ صِيَالِ

وَهُوَ الَّذِي قَالَ فِيهِ رَسُولُ اللـه صَلَّى اللـه عَلَيْهِ وَآلِهِ وَسَلَّمَ: "سَبَقَكَ بِهَا عُكَّاشَـةُ"[(٢)]، يَعْنِـي: بِالـدَّعْوَةِ الَّتِي دَعَا لَهُ.

[ع ك ف]: (الِاعْتِكَافُ) افْتِعَالٌ مِنْ عَكَفَ، إِذَا دَامَ مِنْ بَـابِ طَلَـبَ، وَعَكَفَـهُ: حَبَسَـهُ، وَمِنْـهُ: **(وَالْهَدْيَ مَعْكُوفًا)** [سورة الفتح آية ٢٥] وَسُمِّيَ بِهِ هَذَا النَّوْعُ مِنْ الْعِبَادَةِ؛ لِأَنَّهُ إِقَامَةٌ فِي الْمَسْجِدِ مَعَ شَرَائِطَ، وَقَوْلُـهُ: "قَالَ لله عَلَيَّ اعْتِكَافُ رَمَضَانَ فَصَامَهُ وَلَمْ يَعْتَكِفْ". إِنَّمَا حَذَفَ حَرْفَ الظَّرْفِ عَلَى التَّوَسُّعِ.

[ع ك م]: (الْعِكْمُ) الْعِدْلُ، وَبِتَصْغِيرِهِ سُمِّيَ وَالِدُ عَبْد اللـه بن عُكَيْمٍ اللَّيْثِـيِّ، رَاوِي قَوْلِـهِ: "لَا تَنْتَفِعُـوا مِنْ الْمَيْتَةِ بِإِهَابٍ"[(٣)].

---

(١) زيادة من: م.

(٢) أخرجه البخاري (٥٧٠٥)، ومسلم (٢١٨)، والترمذي (٢٤٤٦)، والدارمي في سننه (٢٨٠٧)، وأحمد في مسنده (٧٩٥٦).

(٣) أخرجه الترمذي (١٧٢٩)، والنسائي (٤٢٥١)، وابن ماجه (٣٦١٣)، وأحمد في مسنده (١٨٣٠٦).

[ع ك ن]: (الْعُكَنُ) جَمْعُ عُكْنَةٍ، وَهِيَ الطَّيُّ الَّذِي فِي الْبَطْنِ مِنَ السَّمَنِ.

الْعَيْنُ مَعَ اللَّامِ

[ع ل ث]: (الْعَلْثُ) بِفَتْحِ الْعَيْنِ وَسُكُونِ اللَّامِ: قَرْيَةٌ مَوْقُوفَةٌ عَلَى الْعَلَوِيَّةِ، وَهِيَ أَوَّلُ الْعِرَاقِ شَرْقِيَّ دِجْلَةَ.

[ع ل ج]: (الْعِلْجُ) الضَّخْمُ مِنْ كُفَّارِ الْعَجَمِ، وَإِنَّمَا قَالَ الْحَسَنُ: عُلُوجٌ فَرَاغٌ لَا يُصَلُّونَ إِلَّا فِي الْوَقْتِ، اسْتِخْفَافًا بِهِمْ وَبِفِعْلِهِمْ، وَالْمَعْنَى: أَنَّ أَذَانَ بِلَالٍ كَانَ قَبْلَ طُلُوعِ الْفَجْرِ لِتَنْبِيهِ مَنْ كَانَ مُهْتَمًّا بِإِقَامَةِ النَّوَافِلِ، أَمَّا هَؤُلَاءِ فَلَيْسَ مِنْ هَمِّهِمْ ذَلِكَ، وَإِنَّمَا يُصَلُّونَ الْمَكْتُوبَةَ فَحَسْبُ.

[ع ل هـ ز]: (الْعِلْهِزُ) الْوَبَرُ مَعَ دَمِ الْحَلَمِ يُؤْكَلُ فِي الْمَجَاعَةِ، وَقِيلَ: شَيْءٌ يَنْبُتُ فِي بِلَادِ بَنِي سُلَيْمٍ، لَهُ أَصْلٌ رَخْصٌ كَأَصْلِ الْبَرْدِيِّ.

[ع ل س]: (الْعَلَسُ) بِفَتْحَتَيْنِ عَنِ الْغَوْرِيِّ وَالْجَوْهَرِيِّ: حَبَّةٌ سَوْدَاءُ إِذَا أَجْدَبَ النَّاسُ طَحَنُوهَا وَأَكَلُوهَا، وَقِيلَ: هُوَ مِثْلُ الْبُرِّ، إِلَّا أَنَّهُ عَسِرُ الِاسْتِنْقَاءِ يَكُونُ فِي الْكِمَامَةِ حَبَّتَانِ، وَهُوَ طَعَامُ أَهْلِ صَنْعَاءَ.

[ع ل ص]: (الْعِلَّوْصُ) فِي (ش و، ش و ص).

[ع ل ف]: (عَلَفَ) الدَّابَّةَ فِي الْمِعْلَفِ بِكَسْرِ الْمِيمِ، (عَلْفًا): أَطْعَمَهَا الْعَلَفَ، وَأَعْلَفَهَا لُغَةٌ، وَمِنْهُ قَوْلُهُ: فَإِنْ أَعْلَفَتِ السَّائِمَةُ، وَقَوْلُهُ فِي الْعَرْجَاءِ: فَإِنَّهَا لَا تَعَلَّفُ مَا حَوْلَهَا بِوَزْنِ تَلْبَسُ خَطَأً، وَلَا تُعَلَّفُ مَبْنِيًّا لِلْمَفْعُولِ فَاسِدٌ مَعْنًى، وَإِنَّمَا الصَّوَابُ: لَا تَعْتَلِفُ.

(وَالْعَلُوفَةُ) مَا يَعْلِفُونَ مِنَ الْغَنَمِ وَغَيْرِهَا، الْوَاحِدُ وَالْجَمْعُ سَوَاءٌ.

(وَالْعُلُوفَةُ) بِالضَّمِّ: جَمْعُ عَلَفٍ، (وَالتَّعَلُّفُ) تَطَلُّبُ الْعَلَفِ فِي مَظَانِّهِ.

(وَالْعَلَّافَةُ) أَصْحَابُ الْعَلَفِ وَطَلَبَتُهُ كَالْحَمَّارَةِ وَالْبَغَّالَةِ لِأَصْحَابِهِمَا، وَمِنْهُ قَوْلُهُ فِي السَّيَرِ: وَلْيَبْعَثِ الْأَمِيرُ قَوْمًا يَتَعَلَّفُونَ أَوْ يَخْرُجُونَ مَعَ الْعَلَّافَةِ يَكُونُونَ رَدْءًا لَهُمْ وَعَوْنًا.

(وَالْعِلَافَةُ) كَالصِّنَاعَةِ، وَهِيَ طَلَبُ الْعَلَفِ وَشِرَاؤُهُ وَالْمَجِيءُ بِهِ، وَأَمَّا قَوْلُهُ: فِي طَلَبِ الْعِلَافَةِ، فَالصَّوَابُ: الْعَلَّافَةِ، وَهِيَ مَوْضِعُ الْعَلَفِ وَمَعْدِنُهُ كَالْمَلَّاحَةِ لِمَعْدِنِ الْمِلْحِ وَمَنْبِتِهِ.

[ع ل ق]: (عَلَقَ) الشَّيْءَ بِالشَّيْءِ فَتَعَلَّقَ بِهِ، وَيُقَالُ: عَلَّقَ بَابًا عَلَى دَارِهِ، إِذَا نَصَبَهُ

وَرَكِبَهُ، وَقَوْلُهُ: الْمُشْرِكُونَ إِذَا نَقَبُوا الْحَائِطَ وَعَلَّقُوهُ، أَيْ: حَفَرُوا تَحْتَهُ وَتَرَكُوهُ مُعَلَّقًا، وَعَلِقَ بِالشَّيْءِ مِثْلُ تَعَلَّقَ بِهِ، وَمِنْهُ: (عَلِقَتْ الْمَرْأَةُ) إِذَا حَبِلَتْ عُلُوقًا، وَقَوْلُهُ:"الْغِرَاسُ تَبَدَّلُ بِالْعُلُوقِ" مُسْتَعَارٌ مِنْهُ، وَالْمَعْنَى: أَنَّ مَا يُغْرَسُ يَصِيرُ مُتَبَدِّلًا؛ لِأَنَّهُ يَنْمُو وَيَسْمُو إِذَا عَلِقَ بِالْأَرْضِ وَتَعَلَّقَ بِهَا، أَيْ: ثَبَتَ وَنَبَتَ.

(وَعِلَاقَةُ السَّوْطِ) بِالْكَسْرِ مَعْرُوفَة، وَبِهَا سُمِّيَ وَالِدُ زِيَادِ بن عِلَاقَةَ الْغَطَفَانِيِّ.

(وَالْمِعْلَاقُ) مَا يُعَلَّقُ بِهِ اللَّحْمُ وَغَيْرُهُ، وَالْجَمْعُ: الْمَعَالِيقُ، وَيُقَالُ لِمَا يُعَلَّقُ: بِالزَّامِلَةِ، مِنْ نَحْوِ الْقِرْبَةِ وَالْمِطْهَرَةِ وَالْقُمْقُمَةِ مَعَالِيقُ أَيْضًا.

(وَالْعَلَقُ) شَبِيهٌ بِالدُّودِ أَسْوَدُ يَتَعَلَّقُ بِحَنَكِ الدَّابَّةِ إِذَا شَرِبَ، وَمِنْهُ: بَيْعُ الْعَلَقِ يَجُوزُ.

(وَالْعَلَقُ) أَيْضًا: الدَّمُ الْجَامِدُ الْغَلِيظُ؛ لِتَعَلُّقِ بَعْضِهِ بِبَعْضٍ، وَالْقِطْعَةُ مِنْهُ عَلَقَةٌ، وَمِنْهُ: قَوْلُ بَعْضِهِمْ: دَمٌ مُنْجَمِدٌ مُنْعَلِقٌ، وَهُوَ قِيَاسٌ لَا سَمَاع.

[ع ل ك]: (حِنْطَةٌ عَلِكَةٌ) تَتَلَزَّجُ كَالْعِلْكِ مِنْ جَوْدَتِهَا وَصَلَابَتِهَا.

[ع ل ل]: (رَجُلٌ عَلِيلٌ) ذُو عِلَّةٍ وَمَعْلُولٌ مِثْلُهُ عَنْ شَيْخِنَا أَبِي عَلِيٍّ، (وَامْرَأَةٌ عَلِيلَةٌ)، وَبِهَا سُمِّيَتْ عَلِيلَةُ بِنْتُ الْكُمَيْتِ.

(بَنُو الْعَلَّاتِ) فِي (ع ي، ع ي ن).

[ع ل م] (الْأَيَّامُ الْمَعْلُومَاتُ) عَشْرُ ذِي الْحِجَّةِ، وَقَوْلُهُ: وَبَعْدَ (إِعْلَامِ) الْجِنْسِ جَهَالَةُ الْوَصْفِ، هُوَ مِنْ قَوْلِهِمْ: أَعْلَمَ الْقَصَّارُ الثَّوْبَ، إِذَا جَعَلَهُ ذَا عَلَامَةٍ، وَذَلِكَ أَنْ يُقَالَ: دَارٌ بِمَحَلَّةِ فُلَانٍ، وَجَهَالَةُ الْوَصْفِ: أَنْ لَا يَذْكُرَ ضِيقَهَا وَلَا سِعَتَهَا.

(وَرَجُلٌ أَعْلَمُ) مَشْقُوقُ الشَّفَةِ الْعُلْيَا.

[ع ل و]: (تَعَلَّتْ) الْمَرْأَةُ مِنْ نِفَاسِهَا وَتَعَالَتْ: خَرَجَتْ وَسَلِمَتْ، تَفَعَّلَتْ وَتَفَاعَلَتْ مِنْ الْعُلُوِّ الِارْتِفَاع، وَمِنْهُ: "إِلَى أَنْ تَتَعَالَى مِنْ نِفَاسِهَا".

(وَعَلَا) فِي الشَّرَف عَلَاءً، مِنْ بَابِ لَبِسَ، وَبِمُضَارِعِهِ كُنِّيَ أَبُو يَعْلَى بن مَنْصُورٍ مِنْ تَلَامِذَةِ أَبِي يُوسُفَ رَحِمَهُ اللهُ، وَاسْمُهُ الْمُعَلَّى بِلَفْظِ السَّابِعِ مِنْ سِهَامِ الْمَيْسِرِ.

(وَالْعَالِيَةُ) مَا فَوْقَ نَجْدٍ إِلَى تِهَامَةَ، وَأَمَّا مَا رُوِيَ فِي حَدِيثِ أَبِي بَكْرٍ: "أَنَّهُ نَحَلَ عَائِشَةَ رَضِيَ اللهُ عَنْهَا كَذَا وَسْقًا بِالْعَالِيَةِ". فَالصَّوَابُ: بِالْغَابَةِ عَلَى لَفْظِ غَابَةِ الْأَسَدِ.

(وَالْعَوَالِي) مَوْضِعٌ عَلَى نِصْفِ فَرْسَخٍ مِنْ الْمَدِينَةِ.

(وَالْعَلَاةُ) السَّنْدَانُ، وَبِتَصْغِيرِهَا سُمِّيَتْ أُمُّ إِسْمَاعِيلَ بن عُلَيَّةَ فِي تَكْبِيرَةِ الِافْتِتَاحِ.

(وَالْعِلَاوَةُ) مَا عُلِّقَ عَلَى الْبَعِيرِ بَعْدَ حَمْلِهِ مِنْ مِثْلِ الْإِدَاوَةِ وَالسُّفْرَةِ، وَقَوْلُهُ: فَضَرَبَ عِلَاوَةَ رَأْسِهِ، مَجَازٌ.

الْعَيْنُ مَعَ الْمِيمِ

[ع م د]: (الْعَمُودُ) مَا يُتَّخَذُ مِنَ الْحَدِيدِ فَيُضْرَبُ بِهِ، وَجَمْعُهُ: أَعْمِدَةٌ، وَمِنْهُ قَوْلُهُ:"الصُّورَةُ عَلَى الْمَسَارِجِ وَالْأَعْمِدَةِ". وَالْغَيْنُ الْمُعْجَمَةُ تَصْحِيفٌ. (وَالْعَمُودُ) أَيْضًا: عَمُودُ الْخَيْمَةِ.

وَفِي حَدِيثِ عُمَرَ رَضِيَ اللهُ عَنْهُ:"أَيُّمَا جَالِبٍ جَلَبَ عَلَى عَمُودِ بَطْنِهِ، فَإِنَّهُ يَبِيعُ أَنَّى شَاءَ وَمَتَى شَاءَ". يَعْنِي: الظَّهْرَ؛ لِأَنَّهُ قِوَامُ الْبَطْنِ وَمَسَاكُهُ. وَعَنِ اللَّيْثِ: هُوَ عِرْقٌ يَمْتَدُّ مِنَ الرَّهَابَةِ إِلَى السُّرَّةِ. قَالَ أَبُو عُبَيْدٍ: هَذَا مَثَلٌ، وَالْمُرَادُ: أَنَّهُ يَأْتِي بِهِ فِي تَعَبٍ وَمَشَقَّةٍ لَا أَنَّهُ يَحْمِلُهُ عَلَى الظَّهْرِ أَوْ عَلَى هَذَا الْعِرْقِ.

(وَالْمَعْمُودِيَّةُ) مَاءٌ لِلنَّصَارَى أَصْفَرُ، كَانُوا يَغْمِسُونَ بِهِ أَوْلَادَهُمْ وَيَعْتَقِدُونَ أَنَّ ذَلِكَ تَطْهِيرٌ لِلْمَوْلُودِ كَالْخِتَانِ لِغَيْرِهِمْ، وَلَمْ أَسْمَعْ هَذَا إِلَّا فِي التَّفْسِيرِ.

[ع م ر]: (الْعُمْرُ) بِالضَّمِّ وَالْفَتْحِ: الْبَقَاءُ، إِلَّا أَنَّ الْفَتْحَ غَلَبَ فِي الْقَسَمِ حَتَّى لَا يَجُوزُ فِيهِ الضَّمُّ، وَيُقَالُ: لَعَمْرُكَ وَلَعَمْرُ اللهِ لَأَفْعَلَنَّ كَذَا، وَارْتِفَاعُهُ عَلَى الِابْتِدَاءِ وَخَبَرُهُ مَحْذُوفٌ، وَبِتَصْغِيرِهِ سُمِّيَ عُمَيْرٌ مَوْلَى آبِي اللَّحْمِ، أَيْ: عَتِيقُهُ، وَبِهِ كُنِّيَ أَبُو عُمَيْرٍ أَخُو أَنَسٍ لِأُمِّهِ، وَهُوَ الَّذِي قَالَ فِيهِ عَلَيْهِ الصَّلَاةُ وَالسَّلَامُ: "يَا أَبَا عُمَيْرٍ مَا فَعَلَ النُّغَيْرُ"[١]. يُرْوَى أَنَّهُ كَانَ يُمَازِحُهُ بِهَذَا، وَذَلِكَ أَنَّهُ رَآهُ يَوْمًا حَزِينًا فَقَالَ:"مَا لَهُ؟" فَقِيلَ: مَاتَ نُغَيْرُهُ، وَهُوَ تَصْغِيرُ نُغَرٍ، وَهُوَ فَرْخُ الْعُصْفُورِ، وَقِيلَ: طَائِرٌ شَبَهُ الْعُصْفُورِ، وَجَمْعُهُ: نِغْرَانٌ، كَصُرَدٍ وَصِرْدَانٍ.

(وَأَعْمَرَهُ الدَّارَ) قَالَ لَهُ: هِيَ لَكَ عُمْرَكَ، وَمِنْهُ: "أَمْسِكُوا عَلَيْكُمْ أَمْوَالَكُمْ لَا تُعْمِرُوهَا فَمَنْ أَعْمَرَ شَيْئًا فَهُوَ لَهُ"، وَمِنْهُ: الْعُمْرَى، وَعَنْ جَابِرٍ: أَنَّهُ عَلَيْهِ الصَّلَاةُ وَالسَّلَامُ أَجَازَ الْعُمْرَى وَالرُّقْبَى". وَعَنْهُ: "لَا رُقْبَى وَلَا عُمْرَى"، وَعَنْ شُرَيْحٍ: "أَجَازَ الْعُمْرَى وَرَدَّ الرُّقْبَى". وَتَأْوِيلُ ذَلِكَ: أَنْ يُرَادَ بِالرَّدِّ إِبْطَالُ شَرْطِ الْجَاهِلِيَّةِ، وَبِالْإِجَازَةِ أَنْ يَكُونَ تَمْلِيكًا مُطْلَقًا.

---

(١) أخرجه البخاري (٦١٢٩)، والترمذي (٣٣٣)، وأبو داود (٤٩٦٩)، وأحمد في مسنده (١٢٥٦٧).

(وَعِمَارَةُ الْأَرْضِ) مَعْرُوفَةٌ، وَبِهَا سُمِّيَ وَالِدُ أُبَيِّ بن عُمَارَةَ الْأَنْصَارِيِّ مِنَ الصَّحَابَةِ، هَكَذَا صَحَّ فِي النَّفْيِ وَغَيْرِهِ، يَرْوِي عَنْهُ عَبَّادٌ.

(وَالْعُمْرَةُ) اسْمٌ مِنَ الِاعْتِمَارِ، وَأَصْلُهَا: الْقَصْدُ إِلَى مَكَانٍ عَامِرٍ، ثُمَّ غَلَبَتْ عَلَى الزِّيَارَةِ عَلَى وَجْهٍ مَخْصُوصٍ. (وَأَعْمَرَهُ) أَعَانَهُ عَلَى أَدَاءِ الْعُمْرَةِ، وَهُوَ قِيَاسٌ لَا سَمَاعٌ، وَمِنْهُ حَدِيثُ عَائِشَةَ رَضِيَ اللهُ عَنْهَا: "أَمَرَ صَلَّى اللهُ عَلَيْهِ وَآلِهِ وَسَلَّمَ أَخَاهَا أَنْ يُعْمِرَهَا مِنَ التَّنْعِيمِ"، وَهُوَ مَوْضِعٌ بِمَكَّةَ عِنْدَ مَسْجِدِ عَائِشَةَ رَضِيَ اللهُ عَنْهَا.

(وَعَمُّورِيَّةُ) بِتَشْدِيدَتَيْنِ: مِنْ بِلَادِ الشَّامِ.

[ع م س]: (عَمَوَاسُ) بِالْفَتْحِ مِنْ كُورِ الرَّمْلَةِ مَدِينَةِ فِلَسْطِينَ أَحَدِ أَجْنَادِ الشَّامِ.

(وَطَاعُون عَمَوَاسَ) وَقَعَ أَيَّامَ عُمَرَ رَضِيَ اللهُ عَنْهُ.

[ع م ل]: (عَمِلْتُ) عَلَى عَهْدِ رَسُولِ اللهِ صَلَّى اللهُ عَلَيْهِ وَسَلَّمَ (فَعَمَّلَنِي)، أَيْ: فَأَعْطَانِي الْعُمَالَةَ، وَهِيَ أُجْرَةُ الْعَامِلِ لِعَمَلِهِ فِي (ن ك، ن ك ح).

[ع م م]: مِنْ خُطْبَتِهِ عَلَيْهِ السَّلَامُ: "كَانَ أَهْلُ الْجَاهِلِيَّةِ يَدْفَعُونَ مِنْ عَرَفَةَ قَبْلَ غُرُوبِ الشَّمْسِ (إِذَا تَعَمَّمَتْ) رُءُوسَ الْجِبَالِ" أَيْ: وَقَعَ عَلَيْهَا ضَوْءُهَا حَتَّى يَصِيرَ لَهَا كَالْعِمَامَةِ.

[ع م ي]: (عَمِيَ) عَلَيْهِ الْخَبَرُ، أَيْ: خَفِيَ، مَجَازٌ مِنْ عَمَى الْبَصَرِ.

الْعَيْنُ مَعَ النُّونِ

[ع ن ت]: (الْعَنَتُ) الْمَشَقَّةُ وَالشِّدَّةُ، وَمِنْهُ: الْأَسِيرُ مِنَ الْمُسْلِمِينَ فِي دَارِ الْحَرْبِ إِذَا خَشِيَ الْعَنَتَ عَلَى نَفْسِهِ وَالْفُجُورَ فَلَا بَأْسَ بِأَنْ يَتَزَوَّجَ امْرَأَةً مِنْهُمْ، وَتَفْسِيرُهُ بِالزِّنَا تَدْرِيس.

(وَأَعْنَتَهُ) إِعْنَاتًا: أَوْقَعَهُ فِي الْعَنَتِ وَفِيمَا يَشُقُّ عَلَيْهِ تَحَمُّلُهُ، وَمِنْهُ: (تَعَنَّتَهُ) فِي السُّؤَالِ إِذَا سَأَلَهُ عَلَى جِهَةِ التَّلْبِيسِ عَلَيْهِ، (وَتَعَنَّتَ) الشَّاهِدَ أَنْ يَقُولَ لَهُ: أَيْنَ كَانَ هَذَا؟ وَمَتَى كَانَ هَذَا؟ وَأَيُّ ثَوْبٍ كَانَ عَلَيْهِ حِينَ تَحَمَّلْتَ الشَّهَادَةَ؟ وَحَقِيقَتُهُ طَلَبُ الْعَنَتِ لَهُ، وَمِنْهُ: وَلَا يَنْبَغِي لِلْقَاضِي أَنْ يَتَعَنَّتَ الشُّهُودَ، هَذَا لَفْظُ الرِّوَايَةِ، وَأَمَّا مَا فِي شَرْحِ أَدَبِ الْقَاضِي الصَّدْرِ: وَيُعَنِّتُ الشُّهُودَ وَيَتَعَنَّتُ عَلَى الشُّهُودِ، فَفِيهِ نَظَرٌ.

[ع ن د]: (رَجُلٌ عَانِدٌ) وَعَنِيدٌ: يَعْرِفُ الْحَقَّ فَيَأْبَاهُ، وَمِنْهُ: (عِرْقٌ عَانِدٌ) لَا يَرْقَأُ دَمُهُ وَلَا يَسْكُنُ.

[ع ن ب ر]: (الْعَنْبَرُ) مَعْرُوفٌ، وَبِهِ سُمِّيَ السَّمَكَةُ الَّتِي تُتَّخَذُ مِنْ جِلْدِهَا التِّرَسَةُ،

وَمِنْهُ الْحَدِيثُ: "فَأَلْقَى الْبَحْرُ دَابَّةً يُقَالُ لَهَا: الْعَنْبَرُ".

[ع ن ز]: (الْعَنَزَةُ) شَبِيهُ الْعُكَّازَة، وَهِيَ عَصَا ذَاتُ زُجٍّ، وَمِنْهُ:"صَلَّى رَسُولُ اللهِ صَلَّى اللهُ عَلَيْهِ وَآلِهِ وَسَلَّمَ إِلَى عَنَزَةٍ". بِالتَّنْوِينِ عَنْ بَعْضِ التَّابِعِينَ.

[ع ن س]: (الْعُذْرَةُ يُذْهِبُهَا التَّعْنِيسُ)، وَهُوَ مَصْدَرُ عَنَّسَتْ الْجَارِيَةُ، بِمَعْنَى: عَنَسَتْ عُنُوسًا إِذَا صَارَتْ عَانِسًا، أَيْ: نَصَفًا، وَهِيَ بِكْرٌ لَمْ تَتَزَوَّج، (وَعَنَّسَهَا أَهْلُهَا) عَنْ اللَّيْثِ، وَعَنْ الْأَصْمَعِيِّ: لَا يُقَالُ: عَنَسَتْ وَلَا عَنَّسَتْ، وَلَكِنْ يُقَالُ: عُنِّسَتْ فَهِيَ مُعَنَّسَةٌ.

[ع ن ط]: (بَكْرَةٌ عَنَطْنَطَةٌ) أَيْ: نَاقَةٌ طَوِيلَةُ الْعُنُقِ مَعَ حُسْنِ الْقَوَامِ.

[ع ن ف]: (الْعُنْفُ) خِلَاف الرِّفْقِ يُقَالُ: عَنُفَ بِهِ، وَعَلَيْهِ عُنْفًا وَعَنَافَةً مِنْ بَابِ قَرُبَ.

(وَسَائِقٌ عَنِيفٌ) غَيْرُ رَفِيقٍ، وَمِنْهُ قَوْلُهُ:"إِذَا عَنُفَ عَلَيْهِمْ فِي السَّوْقِ"، وَقَوْلُهُ: إِذَا اسْتَعَارَ دَابَّةً فَأَزْلَفَتْ مِنْ غَيْرِ أَنْ يَعْنُفَ عَلَيْهَا، وَالتَّشْدِيدُ خَطَأٌ.

[ع ن ف ق]: (الْعَنْفَقَةُ) شَعْرُ الشَّفَةِ السُّفْلَى، وَقَوْلُهُ: "بَادِي الْعَنْفَقَةِ" أَرَادَ الْمَوْضِعَ.

[ع ن ق]: فِي الْحَدِيثِ: "دَفَعَ عَلَيْهِ الصَّلَاةُ وَالسَّلَامُ مِنْ عَرَفَاتٍ فَكَانَ يَسِيرُ (الْعَنَقَ) فَإِذَا وَجَدَ فَجْوَةً نَصَّ". (الْعَنَقُ) سَيْرٌ فَسِيحٌ وَاسِعٌ، وَمِنْهُ: أَعْنَقُوا إِلَيْهِ إِعْنَاقًا، أَيْ: أَسْرَعُوا، وَقَوْلُهُ فِي الْمُنْذِرِ بن عَمْرٍو: "أَعْنَقَ لِيَمُوتَ" اللَّامُ فِيهِ لِلتَّعْلِيلِ. (وَالنَّصُّ) أَرْفَعُ الْعَدْوِ وَشِدَّةُ السَّيْرِ، (وَالْفَجْوَةُ) الْفُرْجَةُ وَالسَّعَةُ، (وَالْعَنَاقُ) الْأُنْثَى مِنْ أَوْلَادِ الْمَعْزِ، (وَعَنَاقُ الْأَرْضِ) بِالْفَارِسِيَّةِ: سِيَاه قُوش.

[ع ن ن]: (الْعُنَّةُ) عَلَى زَعْمِهِمْ: اسْمٌ مِنْ الْعِنِّينِ، وَهُوَ الَّذِي لَا يَقْدِرُ عَلَى إِتْيَانِ النِّسَاءِ مِنْ (عُنَّ) إِذَا حُبِسَ فِي الْعُنَّة، وَهِيَ حَظِيرَةُ الْإِبِلِ، أَوْ مِنْ (عَنَّ) إِذَا عَرَضَ؛ لِأَنَّهُ يَعِنُّ يَمِينًا وَشِمَالًا وَلَا يَقْصِدهُ وَلَمْ أَعْثُرْ عَلَيْهَا إِلَّا فِي صِحَاحِ الْجَوْهَرِيِّ.

وَفِي"الْبَصَائِرِ" لِأَبِي حَيَّانَ التَّوْحِيدِيِّ: قُلْ فُلَانٌ عِنِّينٌ بَيِّنُ التَّعْنِينِ، وَلَا تَقُلْ بَيِّنُ الْعُنَّةِ كَمَا يَقُولُهُ الْفُقَهَاء، فَإِنَّهُ كَلَامٌ مَرْذُولٌ.

(وَشِرْكَة الْعِنَانِ) أَنْ يَشْتَرِكَا فِي شَيْءٍ خَاصٍّ مَعْلُومٍ. قَالَ ابْن السِّكِّيتِ: كَأَنَّهُ عَنَّ لَهُمَا شَيْءٌ فَاشْتَرَكَا فِيهِ. وَأَنْشَدَ لِامْرِئِ الْقَيْسِ:

فَعَنَّ لَنَا سِرْبٌ كَأَنَّ نِعَاجَهُ ... عَذَارَى دَوَارٍ فِي مُلَاءٍ مُذَيَّلِ

(السِّرْبُ) الْجَمَاعَةُ مِنْ الظِّبَاءِ وَالْبَقَرِ، وَالْجَمْعُ: أَسْرَابٌ. (وَالنِّعَاجُ) جَمْعُ نَعْجَة،

وَهِيَ الْأُنْثَى مِنْ بَقَرِ الْوَحْشِ. (وَالْعَذَارَى) جَمْعُ عَذْرَاء مِنَ النِّسَاءِ. (وَالدَّوَّارُ) صَنَمٌ كَانَتْ الْعَرَبُ تَنْصِبُهُ وَتَدُورُ حَوْلَهُ. (وَالْمُلَاءُ) جَمْعُ مُلَاءَة. (وَالْمُذَيَّلُ) الطَّوِيل الذَّيْل، وَإِنَّمَا ذَكَّرَهُ حَمْلًا عَلَى اللَّفْظ، وَقِيلَ: هُوَ مَأْخُوذٌ مِنْ عِنَانِ الْفَرَسِ، إِمَّا لِأَنَّ كُلًّا مِنْهُمَا جَعَلَ عِنَانَ التَّصَرُّفِ فِي بَعْض الْمَالِ إِلَى صَاحِبِه، أَوْ لِأَنَّهُ يَجُوزُ أَنْ يَتَفَاوَتَا تَفَاوُتَ الْعِنَانِ فِي يَد الرَّاكِبِ حَالَةَ الْمَدِّ وَالْإِرْخَاءِ.

(وَعَنَانُ السَّمَاءِ) بِالْفَتْحِ: مَا عَلَا مِنْهَا وَارْتَفَعَ.

[ع ن و]: (الْعَنَاءُ) الْمَشَقَّة، اسْمٌ مِنْ عَنَّاهُ تَعْنِيَةً، (وَفُلَانٌ عَانٍ) مِنَ الْعُنَاةِ أَسِيرٌ، وَامْرَأَةٌ عَانِيَةٌ مِنَ النِّسَاءِ الْعَوَانِي، وَمِنْهَا قَوْلُهُ صَلَّى اللهُ عَلَيْهِ وَآلِهِ وَسَلَّمَ: "اتَّقُوا اللهَ فِي النِّسَاءِ فَإِنَّهُنَّ عِنْدَكُمْ عَوَانٍ". أَيْ: بِمَنْزِلَةِ الْأَسْرَى، وَقَوْلُهُ: "يرث مَالَهُ وَيَفُكُّ عَانَهُ". الصَّوَاب: عَانِيَه، وَيُرْوَى: عُنُوَّه، وَهُوَ مَصْدَرُ الْعَانِي، وَأَصْلُهُ مِنْ عَنَى عُنُوًّا، إِذَا ذَلَّ وَخَضَعَ، وَالِاسْمُ (الْعَنْوَةُ)، وَمِنْهَا قَوْلُهُمْ: فُتِحَتْ مَكَّةُ عَنْوَةً، أَيْ: قَسْرًا أَوْ قَهْرًا.

الْعَيْنُ مَعَ الْوَاو

[ع و د]: (الْعِيدَانُ) جَمْعُ عُودٍ، وَهُوَ الْخَشَبُ، (وَخَرِبٌ عَادِيٌّ) أَيْ[1]: قَدِيم.

(وَالْعَوْدُ) الصَّيْرُورَة ابْتِدَاءً أَوْ ثَانِيًا، فَمِنْ الْأَوَّلِ: (حَتَّىٰ عَادَ كَالْعُرْجُونِ الْقَدِيمِ) [سورة يس آية ٣٩] وَمِنْ الثَّانِي: ﴿كَمَا بَدَأَكُمْ تَعُودُونَ﴾ [سورة الأعراف آية ٢٩] وَيُعَدَّى بِنَفْسِهِ وَبِحَرْفِ الْجَرِّ بِإِلَى وَعَلَى وَفِي، وَبِاللَّامِ كَقَوْله تَعَالَى: (وَلَوْ رُدُّوا لَعَادُوا لِمَا نُهُوا عَنْهُ) [سورة الأنعام آية ٢٨] وَقَوْله تَعَالَى: (ثُمَّ يَعُودُونَ لِمَا قَالُوا) [سورة المجادلة آية ٣] أَيْ: يُكَرِّرُونَ قَوْلَهُمْ وَيَقُولُونَهُ مَرَّةً أُخْرَى عَلَى مَعْنَى: أَنَّ الَّذِينَ كَانُوا يَقُولُونَهُ فِي الْجَاهِلِيَّة، ثُمَّ يَعُودُونَ لِمِثْلِه فِي الْإِسْلَام فَتَحْرِيرُ رَقَبَةٍ قَبْلَ التَّمَاسِّ، وَيُحْتَمَلُ أَنْ يُرَاد لِنَقْضِه أَوْ تَدَارُكِه أَوْ لِتَحْلِيلِ مَا حَرَّمُوا عَلَى حَذْفِ الْمُضَافِ، وَتَنْزِيلِ الْقَوْلِ مَنْزِلَةَ الْمَقُول فِيه، وَهُوَ الظَّاهِرُ مِنْهَا كَمَا فِي: "وَنَرِثُهُ مَا يَقُولُ"[2]، وَهُوَ مَعْنَى قَوْلِ الْفُقَهَاء: الْعَوْدُ اسْتِبَاحَةُ وَطْئِهَا، وَاللَّفْظُ يَحْتَمِلُ تَكْرَارَ الظِّهَارِ فِي الْإِسْلَام إِلَّا أَنَّهُ لَيْسَ بِمَذْهَبٍ، وَأَمَّا حَمْلُهُ عَلَى السُّكُوتِ عَنْ الطَّلَاقِ عَقِيبَ الظِّهَارِ فَلَيْسَ مِنْ مَفْهُومِ اللَّفْظِ.

---

(١) زيادة من: م.

(٢) أخرجه البخاري (٤٧٣٥)

[ع و ذ] (مُعَاذٌ وَمُعَوِّذٌ) ابْنَا عَفْرَاءَ قُتِلَا يَوْمَ بَدْرٍ، (وَمُعَاذُ) بن عَمْرِو بن الْجَمُوحِ الْمَقْطُوع يَده، عَاشَ إِلَى زَمَنِ عُثْمَانَ رَضِيَ اللهُ عَنْهُ.

[ع و ر]: (الْعَوَارُ) بِالْفَتْحِ وَالتَّخْفِيف: الْعَيْبُ، وَالضَّمُّ لُغَةٌ، وَقَوْلُهُ فِي الشُّرُوط: مَا وَرَاءَ الدَّاءِ عَيْبٌ كَالْأُصْبُعِ الزَّائِدَةِ وَكَذَا وَكَذَا، (وَأَمَّا الْعَوَارُ) فَلَا يَكُونُ فِي بَنِي آدَمَ، وَإِنَّمَا يَكُونُ فِي أَصْنَافِ الثِّيَابِ، وَهُوَ الْخَرْقُ وَالْحَرْقُ وَالْعَفَنُ.

قُلْت: لَمْ أَجِدْ فِي هَذَا النَّفْيِ نَصًّا، غَيْرَ أَنَّ أَبَا سَعِيدٍ قَالَ: الْعَوَارُ الْعَيْبُ، يُقَالُ: بِالثَّوْبِ عَوَارٌ، وَعَنْ أَبِي حَاتِمٍ مِثْلُهُ، وَفِي الصِّحَاحِ: سِلْعَةٌ ذَاتُ عَوَارٍ، وَعَنْ اللَّيْثِ: الْعَوَارُ خَرْقٌ أَوْ شَقٌّ يَكُونُ فِي الثَّوْبِ.

(وَعَوَّرَ الرَّكِيَّةَ) دَفَنَهَا حَتَّى انْقَطَعَ مَاؤُهَا، مَأْخُوذٌ مِنْ تَعْوِيرِ الْعَيْنِ الْمُبْصِرَةِ، وَمِنْهُ: قَوْلُ مُحَمَّدٍ رَحِمَهُ اللهُ: عَوِّرُوا الْمَاءَ، أَيْ: أَفْسِدُوا مَجَارِيَهُ وَعُيُونَهُ حَتَّى نَضَبَ.

(وَتَعَاوَرُوا الشَّيْءَ وَاعْتَوَرُوهُ) تَدَاوَلُوهُ، وَمِنْهُ قَوْله: اعْتَوَرَ الْقَتِيلَ رَجُلَانِ، أَيْ: ضَرَبَهُ كُلٌّ مِنْهُمَا.

(وَالْعَارِيَّةُ) فَعِيلَة مَنْسُوبَةٌ إِلَى الْعَارَةِ، اسْمٌ مِنْ الْإِعَارَةِ كَالْغَارَةِ مِنْ الْإِغَارَةِ، وَأَخْذُهَا مِنْ الْعَار الْغَيْبِ أَوْ الْعُرْيِ خَطَأٌ، وَيُقَالُ: اسْتَعَرْتُ مِنْهُ الشَّيْءَ فَأَعَارَنِيه، وَاسْتَعَرْتُهُ إِيَّاهُ، عَلَى حَذْفِ الْجَارِّ.

[ع و ز]: (الْعَوَزُ) الضِّيقُ، وَأَنْ يُعْوِزَكَ الشَّيْءُ، أَنْ[1] يَقِلَّ عِنْدك وَأَنْتَ مُحْتَاجٌ إِلَيْهِ، وَمِنْهُ قَوْلُهُمْ: سِدَادٌ مِنْ عَوَزٍ، وَيُقَالُ أَيْضًا: أَعْوَزَنِي الْمَطْلُوبُ، أَيْ: أَعْجَزَنِي وَاشْتَدَّ عَلَيَّ، وَهُوَ قَرِيبٌ مِنْ الْأَوَّلِ، وَمِنْهُ قَوْلُهُ: مَسْأَلَةٌ يَخْتَلِفُ فِيهَا كِبَارُ الصَّحَابَةِ يُعْوِزُ فِقْهُهَا، أَيْ: يَشْتَدُّ عِلْمُهَا وَيَعْسُرُ.

[ع و ق]: مُحَمَّدُ بن سَعِيدٍ (الْعَوَقِيُّ) مَنْسُوبٌ إِلَى الْعَوَقَةِ بِفَتْحَتَيْنِ، وَهِيَ حَيٌّ مِنْ عَبْدِ الْقِيسِ، يُرْوَى عَنْ هَمَّامِ بن يَحْيَى.

[ع و ل]: (الْعِيَالُ) جَمْعُ عَيِّلٍ كَجِيَادٍ فِي جَيِّدٍ، وَعَالَ عِيَالَهُ: قَاتَهُمْ وَأَنْفَقَ عَلَيْهِمْ، وَمِنْهُ: "ابْدَأْ بِنَفْسِكَ، ثُمَّ بِمَنْ تَعُولُ". (وَأَعَالَ) كَثُرَ عِيَالُهُ.

(وَعَالَ الْحَاكِمُ) مَالَ وَجَارَ، وَمِنْهُ: ﴿ذَٰلِكَ أَدْنَىٰ أَلَّا تَعُولُوا﴾ [سورة النساء آية ٣].

---

(١) في خ: "أي".

(وَعَالَ الْمِيزَانُ) مَالَ وَارْتَفَعَ، وَمِنْهُ:"عَالَتْ الْفَرِيضَةُ عَوْلًا"، وَهُوَ أَنْ تَرْتَفِعَ السِّهَامُ وَتَزِيدَ فَيَدْخُلَ النُّقْصَانُ عَلَى أَهْلِهَا كَأَنَّهَا مَالَتْ عَلَيْهِمْ فَنَقَصَتْهُمْ، وَيُقَالُ: عَالَ زَيْدٌ الْفَرَائِضَ وَأَعَالَهَا، أَيْ: جَعَلَهَا عَائِلَةً.

[ع و م]: (عَامَ) فِي الْمَاءِ سَبَحَ، وَمِنْهُ: الْحَدِيث" إِنَّهُ لَيَعُومُ فِي الْجَنَّةِ عَوْمَ الدُّعْمُوصِ"، وَبِفَعَّالٍ مِنْهُ سُمِّيَ الْعَوَّامُ بن مُرَاجِمَ بِالرَّاءِ وَالْجِيم، عَنْ خَالِدِ بن سَيْحَانٍ بِالْيَاءِ بِنُقْطَتَيْنِ مِنْ تَحْت بَيْنَ السِّين وَالْحَاء غَيْرِ مُعْجَمَتَيْنِ، وَعَنْهُ سَمُرَةُ. قَالَ مُحَمَّدٌ رَحِمَهُ اللهُ: كِلَاهُمَا غَيْرُ مَعْرُوفٍ، وَفِي الْجَرْحِ: عَنْ يَحْيَى بن مَعِينٍ: عَوَّامٌ ثِقَةٌ.

[ع و ن]: فِي حَدِيث بَنِي قُرَيْظَةَ: "مَنْ كَانَتْ لَهُ (عَانَةٌ) فَاقْتُلُوهُ". هِيَ الشَّعْرُ النَّابِتُ فَوْقَ الْفَرْجِ، وَتَصْغِيرُهَا عُوَيْنَةٌ، وَقِيلَ: هِيَ الْمَنْبِتُ، وَإِنَّمَا اسْمُ النَّابِتُ: الشِّعْرَةُ بِالْكَسْرِ وَهُوَ الصَّوَابُ عَنْ الْأَزْهَرِيِّ، وَحِينَئِذٍ يَكُونُ فِي الْحَدِيث تَوَسُّعٌ، وَمَعْنَاهُ: أَنَّ مَنْ دَلَّ الْإِنْبَاتُ عَلَى بُلُوغِهِ فَاقْتُلُوهُ.

(وَاسْتَعَنْتُهُ فَأَعَانَنِي) وَالِاسْمُ الْعَوْنُ، وَبِهِ كُنِّيَ أَبُو عَوْنٍ الثَّقَفِيُّ، وَاسْمُهُ مُحَمَّدُ بن عُبَيْدِ اللهِ الْأَعْوَرُ الْكُوفِيُّ، يَرْوِي حَدِيثَ السُّجُودِ عَلَى الْحَصِيرِ عَنْ أَبِيهِ عَنْ الْمُغِيرَةِ بن شُعْبَةَ عَنْ النَّبِيِّ صَلَّى اللهُ عَلَيْهِ وَآلِهِ وَسَلَّمَ. وَمَا وَقَعَ فِي شَرْحِ مُخْتَصَرِ الْكَرْخِيِّ: أَبُو عَمْرٍو عَنْ أَبِيهِ عَنْ النَّبِيِّ صَلَّى اللهُ عَلَيْهِ وَآلِهِ وَسَلَّمَ، سَهْوٌ إِنْ كَانَ عَلَى ظَنِّ الْإِسْنَادِ، وَإِنْ كَانَ عَلَى ظَنٍّ أَنَّهُ مُرْسَلٌ فَصَوَابٌ.

(وَالْمَعُونَةُ) الْعَوْنُ أَيْضًا، وَبِهَا سُمِّيَتْ (بِئْرُ مَعُونَةَ)، وَهِيَ قَرِيبَةٌ مِنْ الْمَدِينَةِ.

الْعَيْنُ مَعَ الْهَاء

[ع هـ د]: (الْعَهْدُ) الْوَصِيَّة، يُقَالُ: عَهِدَ إِلَيْهِ، إِذَا أَوْصَاهُ، وَفِي حَدِيثِ سُوَيْد بن غَفَلَةَ: عَهْدِي أَنْ لَا آخُذَ مِنْ رَاضِعٍ شَيْئًا، أَيْ: فِيمَا كُتِبَ مِنْ الْعَهْدِ وَالْوَصِيَّةِ، فَاخْتُصِرَ مَجَازًا.

(وَالْعَهْدُ) الْعَقْدُ وَالْمِيثَاقُ، وَمِنْهُ: ذُو الْعَهْدِ لِلْحَرْبِيِّ يَدْخُلُ بِأَمَانٍ.

(وَعَهِدَهُ) بِمَكَانِ كَذَا: لَقِيَهُ، وَيُقَالُ: مَتَى عَهْدُكَ بِفُلَانٍ؟ أَيْ: مَتَى عَهِدْتَهُ، وَمِنْهُ: مَتَى عَهْدُك بِالْخُفِّ، أَيْ: بِلِبْسِهِ، يَعْنِي: مَتَى لَبِسْتَهُ.

(وَتَعَهَّدَ الضَّيْعَةَ) وَتَعَاهَدَهَا: أَتَاهَا وَأَصْلَحَهَا، وَحَقِيقَتُهُ: جَدَّدَ الْعَهْدَ بِهَا، وَقَوْلُهُمْ: عُهْدَتُهُ عَلَى فُلَانٍ، فُعْلَةٌ بِمَعْنَى مَفْعُولٍ مِنْ ذَلِكَ؛ لِأَنَّ مَعْنَاهُ: مَا أَدْرَكَ فِيهِ مِنْ دَرْكٍ

فإِصْلَاحُهُ عَلَيْه، هَكَذَا عَنِ الْغُورِيِّ، وَمِثْله عَنْ أَبِي الْهَيْثَم: بَرِئْتُ إِلَيْكَ مِنْ عُهْدَةِ هَذَا الْعَبْد، أَيْ: مِمَّا أَدْرَكْت فِيهِ مِنْ عَيْبٍ كَانَ مَعْهُودًا عِنْدِي، وَعَنْ الطَّحَاوِيِّ: أَنَّهَا مِنَ الْعَهْدِ بِمَعْنَى الْعَقْدِ وَالْوَصِيَّة.

[ع هـ ر] (وَلِلْعَاهِرِ) فِي (ف ر، ف ر ش).

الْعَيْنُ مَعَ الْيَاء

[ع ي ب]: (وَلَا عَيْبَ) فِي (ع د، ع د و).

[ع ي ر] (الْعِيرُ) الْحُمُرُ أَوْ الْإِبِلُ تَحْمِلُ الطَّعَامَ، ثُمَّ غُلِّبَ عَلَى كُلِّ قَافِلَةٍ.

(وَعَارَ الْفَرَسُ) يَعِيرُ: ذَهَبَ هُنَا وَهُنَا مِنْ نَشَاطه، أَوْ هَامَ عَلَى وَجْهِهِ لَا يُثْنِيهِ شَيْءٌ، وَمِنْهُ قَوْلُهُ فِيمَا لَا يَجُوزُ بَيْعُهُ: "كَذَا وَكَذَا (وَالْفَرَسُ الْعَائِرُ)". وَالْعَانِدُ مِنَ الْعِنَادِ تَصْحِيفٌ.

وَيُقَالُ: (سَهْمٌ عَائِرٌ) لَا يُدْرَى مَنْ رَمَاهُ.

(وَرَجُل عَيَّارٌ) كَثِيرُ الْمَجِيءِ وَالذَّهَابِ عَنْ ابْنِ دُرَيْد، وَعَنْ ابْنِ الْأَنْبَارِيِّ: الْعَيَّارُ مِنَ الرِّجَال: الَّذِي يُخَلِّي نَفْسَهُ وَهَوَاهَا لَا يَرْدَعُهَا وَلَا يَزْجُرهَا، وَفِي أَجْنَاسِ النَّاطِفِيِّ: الَّذِي يَتَرَدَّدُ بِلَا عَمَلٍ، وَهُوَ مَأْخُوذٌ مِنْ قَوْلِهِمْ: فَرَسٌ عَائِرٌ وَعَيَّارٌ.

وَقَوْلُهُ: اسْتَعَارَ دَرَاهِمَ لِيُعَيِّرَ بِهِ صَنْجَاتَهُ، أَيْ: لِيُسَوِّيَ، الصَّوَاب: لِيُعَايِرَ، يُقَالُ: عَايَرْتُ الْمَكَايِيلَ أَوْ الْمَوَازِينَ، إِذَا قَايَسْتُهَا.

(وَالْعِيَارُ) الْمِعْيَارُ الَّذِي يُقَاسُ بِهِ غَيْرُهُ وَيُسَوَّى، (وَعِيَارُ الدَّرَاهِمِ وَالدَّنَانِيرِ) مَا جُعِلَ فِيهَا مِنَ الْفِضَّةِ الْخَالِصَةِ أَوْ الذَّهَبِ الْخَالِصِ، وَمِنْهُ: وَيُقَدَّرُ أَمْرَ الْعِيَارِ الَّذِي وَقَعَ الِاتِّفَاقُ عَلَيْه.

(وَمِعْيَرٌ) مِفْعَل مِنْهُ بِكَسْرِ الْمِيم، وَهُوَ جَدُّ أَبِي مَحْذُورَةَ الْمُؤَذِّن. وَمَعِينٌ تَصْحِيف، وَالصَّوَابُ: أَبُو أَبِي مَحْذُورَةَ؛ لِأَنَّ مِعْيَرًا أَبُوهُ لَا جَدُّهُ، وَاسْمُ أَبِي مَحْذُورَةَ: سَمُرَةُ بن مِعْيَرٍ.

[ع ي ش]: (وَمَعِيشَةُ الْإِنْسَانِ) مَا يَعِيشُهُ مِنْ مَكْسَبِهِ، وَعَيَّاشٌ فَعَّالٌ مِنْهُ، وَبِهِ كُنِّيَ أَبُو عَيَّاشٍ الزُّرَقِيُّ، مُخْتَلَفٌ فِي اسْمِهِ وَنَسَبِهِ، وَالْأَكْثَرُ أَنَّهُ زَيْدُ بن الصَّامِتِ صَحَابِيٌّ يَرْوِي حَدِيثَ صَلَاةِ الْخَوْفِ فِي ذَاتِ الرِّقَاعِ، وَفِيهِ يَقُولُ أَبُو حَنِيفَةَ رَحِمَهُ اللهُ: لَا أَقْبَلُ حَدِيثَ زَيْدِ أَبِي عَيَّاشٍ، يَعْنِي: حَدِيثَ بَيْعِ الرُّطَبِ بِالتَّمْرِ، وَبِهِ سُمِّيَ وَالِدُ الْقَاسِمِ بن عَيَّاشٍ وَعَيَّاشُ بن خُلَيْسٍ بِضَمِّ الْخَاء، وَهُمَا فِي السِّيَرِ، وَعَبَّاسُ بن الْحَلْبَسِ تَصْحِيفٌ.

[ع ي ظ]: (امْرَأَةٌ عَيْظَاءُ) طَوِيلَةُ الْعُنُقِ.

[ع ي ف]: (عَافَ) الْمَاءَ: كَرِهَهُ، عِيَافًا مِنْ بَابِ لَبِسَ، وَمِنْهُ قَوْلُهُمْ: هَذَا مِمَّا يَعَافُهُ الطَّبْعُ.

[ع ي ل]: (عَالَ) عَيْلَةً: افْتَقَرَ مِنْ بَابِ ضَرَبَ، وَهُوَ عَائِلٌ، وَهُمْ عَالَةٌ.

[ع ي ن]: (الْعَيْنُ) هِيَ الْمُبْصِرَةُ، وَجَمْعُهَا: أَعْيُنٌ وَأَعْيَانٌ وَعُيُونٌ، وَمِنْهَا حَدِيثُ عَلِيٍّ: أَنَّهُ قَاسَ الْعَيْنَ[1] بِبَيْضَةٍ جَعَلَ عَلَيْهَا خُطُوطًا، وَعَنْ ابْنِ عَبَّاسٍ: لَا يُقَاسُ الْعَيْنُ فِي يَوْمِ غَيْمٍ، إِنَّمَا نَهَى عَنْ ذَلِكَ لِأَنَّ الضَّوْءَ يَخْتَلِفُ فِي السَّاعَةِ الْوَاحِدَةِ فَلَا يَصِحُّ الْقِيَاسُ، وَبِتَصْغِيرِهَا سُمِّيَ عُيَيْنَةُ بن حِصْنٍ الْفَزَارِيّ وَبِنْتُهُ أُمُّ الْبَنِينَ، وَهُوَ الَّذِي قَالَ لَهُ أُسَيْدُ بن حُضَيْرٍ وَقَدْ رَآهُ مَادًّا رِجْلَيْهِ بَيْنَ يَدَيْ النَّبِيِّ صَلَّى اللهُ عَلَيْهِ وَآلِهِ وَسَلَّمَ: "يَا عَيْنَ الْهِجْرِسِ". أَيْ: يَا صَغِيرُ، وَيَا عُيَيْنُ تَحْرِيفٌ.

(وَرَجُلٌ أَعْيَنُ) وَاسِعُ الْعَيْنَيْنِ، وَبِهِ سُمِّيَ مَنْ أُضِيفَ إِلَيْهِ حَمَّامُ أَعْيَنَ، وَهُوَ بُسْتَانٌ قَرِيبٌ مِنْ الْكُوفَةِ.

(وَالْعَيْنُ): الْمَضْرُوبُ مِنْ الذَّهَبِ خِلَافُ الْوَرِقِ، (وَالْعَيْنُ) أَيْضًا لِلنَّقْدِ مِنْ الدَّرَاهِمِ وَالدَّنَانِيرِ لَيْسَ بِعَرَضٍ، قَالَ: وَعَيْنُهُ كَالْكَالِئِ الضِّمَارِ يَهْجُو رَجُلًا بِأَنَّ عَطَاءَهُ النَّقْدَ الْحَاضِرَ كَالْغَائِبِ الَّذِي لَا يُرْجَى، وَمِنْهَا (عَيْنُ الشَّيْءِ) نَفْسه، يُقَالُ: خُذْ دَرَاهِمَكَ بِأَعْيَانِهَا، وَلَا يُقَالُ فِيهَا: أَعْيُنٌ وَلَا عُيُونٌ. (وَعَيْنُ الْمَتَاعِ) خِيَارُهُ، (وَأَعْيَانُ الْقَوْمِ) أَشْرَافُهُمْ، إِمَّا لِأَنَّهُ لَا يُنْظَرُ إِلَّا إِلَيْهِمْ، أَوْ لِأَنَّهُ كَأَنَّهُمْ عُيُونُهُمُ الْمُبْصِرَةُ، وَمِنْ ذَلِكَ قَوْلُهُمْ لِلْإِخْوَةِ لِأَبٍ وَأُمٍّ: (بَنُو الْأَعْيَانِ). وَمِنْهُ حَدِيثُ عَلِيٍّ: "أَعْيَانُ بَنِي الْأُمِّ يَتَوَارَثُونَ دُونَ بَنِي الْعَلَّاتِ". فَالْأَعْيَانُ مَا ذُكِرَ، وَبَنُو الْعَلَّاتِ: الْإِخْوَةُ لِأَبٍ وَاحِدٍ وَأُمَّهَاتٍ شَتَّى، وَأَمَّا الْحَدِيثُ الْآخَرُ: "الْأَنْبِيَاءُ بَنُو عَلَّاتٍ"[2]. فَمَعْنَاهُ: أَنَّهُمْ لِأُمَّهَاتٍ مُخْتَلِفَةٍ وَدِينُهُمْ وَاحِدٌ.

(وَالْعَلَّةُ) الضَّرَّةُ، وَقِيلَ: الرَّابَّةُ، وَكِلَا التَّفْسِيرَيْنِ صَحِيحٌ نِسْبَةً، إِلَّا أَنَّ الْأَوَّلَ أَصَحُّ، وَحَقِيقَتُهَا الْمَرَّةُ مِنْ الْعَلَلِ، وَهُوَ الشُّرْبُ الثَّانِي، كَأَنَّ مَنْ تَزَوَّجَهَا بَعْدَ ضَرَّتِهَا نَهِلَ مِنْ الْأُولَى وَعَلَّ مِنْ الثَّانِيَةِ، وَقَوْلُهُ: "وَإِنْ كَانَتْ الْبِئْرُ مَعِينًا لَا تَنْزَحُ". أَيْ: ذَاتَ عَيْنٍ جَارِيَةٍ، مِنْ قَوْلِهِمْ: عَيْنٌ مَعْيُونَةٌ، حَكَاهُ الْأَزْهَرِيُّ وَكَانَ الْقِيَاسُ أَنْ يُقَالَ: مَعِينَةٌ، لِأَنَّ الْبِئْرَ مُؤَنَّثَةٌ،

---

(١) في خ: "عينا".
(٢) أخرجه الطبراني في مسنده (٢٤٩٩)

وَإِنَّمَا ذَكَّرَهَا حَمْلًا عَلَى اللَّفْظِ، أَوْ تَوَهُّم أَنَّهُ فَعِيلٌ بِمَعْنَى مَفْعُول، أَوْ عَلَى تَقْدِيرِ ذَاتِ مَعِينٍ، وَهُوَ الْمَاءُ يَجْرِي عَلَى وَجْهِ الْأَرْضِ، وَفِيهِ كَلَامٌ ذَكَرْتُهُ فِي الْإِيضَاحِ.

(وَالْعِينَةُ) السَّلَفُ، وَيُقَالُ: بَاعَهُ بِعِينَةٍ، أَيْ: بِنَسِيئَةٍ مِنْ عَيْنِ الْمِيزَانِ، وَهُوَ مَيْلُهُ عَنِ الْخَلِيلِ، لِأَنَّهَا زِيَادَةٌ، وَقِيلَ: لِأَنَّهَا بَيْعُ الْعَيْنِ بِالرِّبْحِ، وَقِيلَ: هِيَ شِرَاءُ مَا بَاعَ بِأَقَلَّ مِمَّا ابْتَاعَ.

(وَاعْتَانَ): أَخَذَ بِالْعِينَةِ، وَمِنْهُ قَوْلُ ابْنُ مُقْبِلٍ:

وَكَيْف لَنَا بِالشُّرْبِ إِنْ لَمْ يَكُنْ لَنَا ... دَرَاهِمُ عِنْدَ الْحَانُوتِيِّ وَلَا نَقْدُ

أَنَدَّانُ أَمْ نَعْتَانُ أَمْ يَنْبَرِي لَنَا ... أَغَرُّ كَنَصْلِ السَّيْفِ أَبْرَزَهُ الْغِمْدُ

وَقَوْلُ ابْنِ عُمَرَ رَضِيَ اللهُ عَنْهُمَا:"إِذَا تَبَايَعْتُمْ بِالْعِينِ وَاتَّبَعْتُمْ أَذْنَابَ الْبَقَرِ". الْحَدِيثَ.

(الْعِينُ) مَا ذُكِرَ، وَاتِّبَاعُ أَذْنَابِ الْبَقَرِ، كِنَايَةٌ عَنِ الْحِرَاثَةِ، وَالْمَعْنَى: إِذَا اشْتَغَلْتُمْ بِالتِّجَارَةِ وَالزِّرَاعَةِ وَتَرَكْتُمْ الْجِهَادَ ذَلَلْتُمْ وَطَمِعَ الْكُفَّارُ فِي أَمْوَالِكُمْ، وَأَمَّا قَوْلُهُ: تَعَيَّنَ عَلَيَّ حَرِيرًا، أَيْ: اشْتَرِهِ بِبَيْعِ الْعِينَةِ فَلَمْ أَجِدْهُ.

[ع ي هـ]: (الْعَاهَةُ) الْآفَةُ.

[ع ي ي]: (الْعِيُّ) الْعَجْزُ مِنْ بَابِ لَبِسَ، (وَالْإِعْيَاءُ) التَّعَبُ، وَمِنْهُ:"فَيَعْتَمِد إِذَا أَعْيَا وَيَقْعُدُ إِذَا عَجَزَ"، وَقَوْلُهُ: "الرَّجُلُ يُصَلِّي تَطَوُّعًا، وَقَدْ افْتَتَحَ قَائِمًا ثُمَّ يَعْيَا". الصَّوَابُ: أَعْيَى أَوْ يَعْيِي، وَاللهُ أَعْلَمُ.

باب الغين المعجمة

الْغَيْن مَعَ الْبَاء الْمُوَحَّدَة

[غ ب ر]: (الْغَابِرُ) الْمَاضِي وَالْبَاقِي، وَقَوْلُهُ: جَوْفُ اللَّيْلِ الْغَابِرِ، أَيْ: الْجُزْءُ الْأَخِيرُ مِنْهُ.

(وَالْغُبَيْرَاءُ) السُّكْرَكَةُ، وَمِنْهُ الْحَدِيثُ: "إِيَّاكُمْ وَالْغُبَيْرَاءَ فَإِنَّهَا خَمْرُ الْعَالَمِ"[1]. أَيْ: هِيَ مِثْلُ الْخَمْرِ الَّتِي يَتَعَارَفُهَا جَمِيعُ النَّاسِ لَا فَصْلَ بَيْنَهُمَا، وَفِي حَدِيث مُعَاذٍ: "انْهَهُمْ عَنْ غُبَيْرَاءِ السُّكْرَكَةِ[2]"، وَإِنَّمَا أُضِيفَ لِئَلَّا يَذْهَبَ الْوَهْمِ إِلَى غُبَيْرَاءِ الثَّمَرِ.

[غ ب س]: (الْأَغْبَسُ) عَلَى لَوْنِ الرَّمَادِ، وَفِي شِيَاتِ الْخَيْلِ وَرْدٌ أَغْبَسُ سَمَنْدٌ.

[غ ب ش]: (غَبَشُ الصُّبْحِ) الْبَقِيَّةُ مِنَ اللَّيْلِ الْجَمْعُ أَغْبَاشٌ.

[غ ب ن]: (مَغَابِنُ الْبَدَنِ) هِيَ الْأَرْفَاغُ وَالْآبَاطُ، جَمْعُ مَغْبِنٍ بِكَسْرِ الْبَاء عَنِ اللَّيْثِ وَغَيْرِهِ، مِنْ غَبَنَ[3] الشَّيْءَ إِذَا غَيَّبَهُ، أَوْ مِنْ غَبَنَ الثَّوْبَ إِذَا ثَنَاهُ ثُمَّ خَاطَهُ، مِثْلُ خَبَنَهُ وَكَبَنَهُ.

الْغَيْن مَعَ التَّاءِ الْفَوْقِيَّة

[غ ت م]: (الْغُتْمَةُ) عُجْمَةٌ فِي الْمَنْطِقِ، وَرَجُلٌ أَغْتَمُ لَا يُفْصِحُ شَيْئًا، وَقَوْمٌ غُتْمٌ أَوْ أَغْتَامٌ.

الْغَيْن مَعَ الدَّالِ الْمُهْمَلَة

[غ د ف]: (الْغُدَافُ) غُرَابُ الْقَيْظِ، وَيَكُون ضَخْمًا وَافِيَ الْجَنَاحَيْنِ.

[غ د و]: (الْغُدُوُّ) الذَّهَابُ غُدْوَةً، ثُمَّ عَمَّ، وَمِنْهُ الْحَدِيث: "ثُمَّ أَغْدُ يَا أُنَيْسُ".

(وَغَادِيَةُ الْيَهُود) الْجَمَاعَة الَّتِي تَغْدُو مِنْهُمْ، وَبِهَا كُنِّيَ أَبُو الْغَادِيَةِ الْمُزَنِيّ.

(وَالْغَدَاءُ) طَعَامُ الْغَدَاةِ كَمَا أَنَّ الْعَشَاءَ طَعَامُ الْعَشِيِّ، هَذَا هُوَ الْمُثْبَتُ فِي الْأُصُولِ،

---

(١) أخرجه البوصيري في إتحاف الخيرة (٥١٥٤).

(٢) في خ: "السكر".

(٣) في خ: "مغبن".

وَأَمَّا فِي قَوْلِهِ فِي الْمُخْتَصَرِ: (الْغَدَاءُ) الْأَكْلُ مِنْ طُلُوعِ الْفَجْرِ إِلَى الظُّهْرِ، (وَالْعَشَاءُ) مِنْ صَلَاةِ الظُّهْرِ إِلَى نِصْفِ اللَّيْلِ، (وَالسُّحُورُ) مِنْ نِصْفِ اللَّيْلِ إِلَى طُلُوعِ الْفَجْرِ. فَتَوَسُّعٌ، وَمَعْنَاهُ: أَكْلُ الْغَدَاءِ وَالْعَشَاءِ عَلَى حَذْفِ الْمُضَافِ.

الْغَيْنُ مَعَ الذَّالِ الْمُعْجَمَةِ

[غ ذ ذ]: (الْإِغْذَاذُ) الْإِسْرَاعُ، وَمِنْهُ: فَأَقْبَلَ خَالِدٌ مُغِذًّا جَوَادًا، أَيْ: مُسْرِعًا مِثْلَ فَرَسٍ جَوَادٍ، وَمِثْلُهُ حَدِيثُ سُلَيْمَان بن صُرَدٍ: "فَسِرْتُ إِلَيْهِ مُغِذًّا جَوَادًا".

[غ ذ و]: (الْغَذَوِيُّ)[1] الْحَمَلُ وَالْجَدْيُ يُعَلَّلُ بِلَبَنِ غَيْرِ أُمِّهِ أَوْ بِشَيْءٍ آخَر. وَالْجَمْع: غِذَاء، وَإِنَّمَا ذَكَّرَ الضَّمِيرَ فِي إِنَّا نَعْتَدُّ بِالْغِذَاءِ كُلِّهِ؛ لِأَنَّهُ عَلَى وَزْنِ الْمُفْرَدِ.

الْغَيْنُ مَعَ الرَّاءِ الْمُهْمَلَةِ

[غ ر ب]: (الْغَرْبُ) الدَّلْوُ الْعَظِيمُ مِنْ مَسْكِ ثَوْرٍ، وَمِنْهُ قَوْلُهُ:"فِيمَا يُسْقَى بِالْغُرُوبِ".

(وَالْغَرْب) أَيْضًا عِرْقٌ فِي مَجْرَى الدَّمْعِ يَسْقِي فَلَا يَنْقَطِع مِثْلَ النَّاصُورِ، وَعَنْ الْأَصْمَعِيِّ: بِعَيْنِهِ غَرْبٌ، إِذَا كَانَتْ تَسِيلُ فَلَا تَنْقَطِع دُمُوعُهَا.

(الْغَرَبُ) بِالتَّحْرِيكِ: وَرَمٌ فِي الْمَآقِي، وَعَلَى ذَا صَحَّ التَّحْرِيكُ وَالتَّسْكِينُ فِي الْعُيُونِ.

(وَسَهْمُ غَرْبٍ) بِالْإِضَافَةِ وَغَيْرِ الْإِضَافَةِ، وَهُوَ الَّذِي لَا يُدْرَى مَنْ الَّذِي رَمَاهُ، وَيُقَالُ: غَرَّبَهُ، إِذَا أَبْعَدَهُ، وَمِنْهُ: "جَلْدُ مِائَةٍ وَتَغْرِيبُ عَامٍ"[2]. (وَغَرُبَ بِنَفْسِهِ) بَعُدَ، وَمِنْهُ:"هَلْ مِنْ مُغَرِّبَةِ خَبَرٍ". عَلَى الْإِضَافَةِ، وَهُوَ الَّذِي جَاءَ مِنْ بَعِيدٍ.

(وَالْغَارِبُ) مَا بَيْنَ الْعُنُقِ وَالسَّنَامِ، وَفِي أَمْثَالِهِمْ: حَبْلُكِ عَلَى غَارِبِكِ، أَيْ: اذْهَبِي حَيْثُ شِئْتِ، وَأَصْلُهُ فِي السَّاقَةِ.

[غ ر ق د]: (الْغَرْقَدُ) فِي (ع س، ع س ج).

[غ ر ر]: (فَرَسٌ أَغَرُّ) (وَبِهِ غُرَّةٌ)، وَهِيَ بَيَاضٌ فِي جَبْهَتِهِ قَدْرَ الدِّرْهَمِ. (وَغُرَّةُ الْمَالِ) خِيَارُهُ، كَالْفَرَسِ وَالْبَعِيرِ النَّجِيبِ وَالْعَبْدِ وَالْأَمَةِ الْفَارِهَةِ، وَمِنْهُ الْحَدِيثُ: "وَجَعَلَ فِي

(١) في خ: "الغذي".

(٢) أخرجه البخاري (٦٨٣٦)، ومسلم (١٧٠١)، والترمذي (١٤٣٣)، وأبو داود (٤٤٤٥)، والنسائي (٥٤١١)، وابن ماجه (٢٥٤٩).

الْجَنِينِ غُرَّةً عَبْدًا أَوْ أَمَةً". أَيْ: رَقِيقًا أَوْ مَمْلُوكًا، ثُمَّ أُبْدِلَ عَنْهُ عَبْدًا أَوْ أَمَةً، وَقِيلَ: أُطْلِقَ اسْمُ الْغُرَّةِ، وَهِيَ الْوَجْهُ عَلَى الْجُمْلَةِ كَمَا قِيلَ: رَقَبَةٌ وَرَأْسٌ، فَكَأَنَّهُ قِيلَ: وَجَعَلَ فِيهِ نَسَمَةً عَبْدًا أَوْ أَمَةً، وَقِيلَ: أَرَادَ الْخِيَارَ دُونَ الرُّذَالِ، وَعَنْ أَبِي عَمْرِو بنِ الْعَلَاءِ: "لَوْلَا أَنَّ رَسُولَ اللهِ صَلَّى اللهُ عَلَيْهِ وَآلِهِ وَسَلَّمَ أَرَادَ بِالْغُرَّةِ مَعْنًى لَقَالَ: فِي الْجَنِينِ عَبْدٌ أَوْ أَمَةٌ، وَلَكِنَّهُ عَنَى الْبَيَاضَ، فَلَا يُقْبَلُ فِي دِيَةِ الْجَنِينِ إِلَّا غُلَامٌ أَبْيَضُ وَجَارِيَةٌ بَيْضَاءُ".

(وَالْغِرَّةُ) بِالْكَسْرِ: الْغَفْلَةُ، وَمِنْهُ: أَتَاهُمُ الْجَيْشُ وَهُمْ غَارُّونَ، أَيْ: غَافِلُونَ، (وَأَغَرَّ مَا كَانُوا) أَيْ: أَغْفَلَ أَفْعَلُ التَّفْضِيلِ، وَمِنْهُ قَوْلُهُ: لَغِرَّتُهُ بِاللهِ أَعَزُّ عَلَيَّ مِنْ سَرِقَتِهِ، [أي: لجرأته على الله أشد من سرقته][1]، وَفِي الْحَدِيثِ: "نَهَى عَنْ بَيْعِ الْغَرَرِ"[2]، وَهُوَ الْخَطَرُ الَّذِي لَا يُدْرَى أَيَكُونُ أَمْ لَا؟ كَبَيْعِ السَّمَكِ فِي الْمَاءِ وَالطَّيْرِ فِي الْهَوَاءِ، وَعَنْ عَلِيٍّ: هُوَ عَمَلُ مَا لَا يُؤْمَنُ مَعَهُ الْغُرُورُ، وَعَنِ الْأَصْمَعِيِّ: بَيْعُ الْغَرَرِ أَنْ يَكُونَ عَلَى غَيْرِ عُهْدَةٍ وَلَا ثِقَةٍ، قَالَ الْأَزْهَرِيُّ: وَتَدْخُلُ الْبُيُوعُ الْمَجْهُولَةُ الَّتِي لَا يُحِيطُ بِهَا الْمُتَبَايِعَانِ.

(وَالْغِرَارَةُ) بِالْكَسْرِ: وَاحِدَةُ الْغَرَائِرِ، (وَالْغَرَارَةُ) بِالْفَتْحِ: الْغَفْلَةُ.

[غ ر ز]: (الْغَرْزُ) مَصْدَرُ (غَرَزَ) عُودًا فِي الْأَرْضِ، إِذَا أَدْخَلَهُ وَثَبَّتَهُ، وَمِنْهُ (الْغَرْزُ) رِكَابُ الرَّحْلِ، وَقَيْسُ بنُ (غَرَزَةَ) الْغِفَارِيُّ بِفَتْحَتَيْنِ، وَهُوَ فِي حَدِيثِ السِّمْسَارِ، وَغُرْزَةُ تَصْحِيفٌ.

[غ ر س]: (غَرَسَ) الشَّجَرَ غَرْسًا، وَمِنْهُ: أَذِنَ لَهُ فِي الْبِنَاءِ وَالْغَرْسِ، وَقَوْلُهُ: أَتَأْخُذُ غَرْسَهُ، أَرَادَ الْمَغْرُوسَ، وَقَدْ جَاءَ فِيهِ الْكَسْرُ، (وَالْغِرَاسُ) مَا يُغْرَسُ مِثْلُ الْغَرْسِ، وَفِي قَوْلِهِ: "الْغِرَاسُ تَبَدَّلُ بِالْعُلُوقِ". جَمْعُ غِرَاسَةٍ، وَأَرَادَ الْجِنْسَ فَأَنَّثَ.

[غ ر ش]: (غَرَوَاشُ) يُسْتَعْمَلُ بَدَلَ الْهُلْبِ، وَهُوَ نَبَاتٌ لَهُ عُرُوقٌ طَوِيلَةٌ تَمْتَدُّ فِي الرَّمْلِ وَتَذْهَبُ فِيهِ بَعِيدًا فَتُنْتَزَعُ مِنْهُ وَتُقْتَلَعُ، وَيُتَّخَذُ مِنْهَا مِمْسَكَةُ[3] الْحَاكَةِ وَالْأَسَاكِفَةِ[4].

[غ ر ض]: (الْأَغْرَاضُ) جَمْعُ غَرَضٍ، وَهُوَ الْهَدَفُ.

---

(١) سقط من: م.

(٢) أخرجه أبو داود (٣٣٧٦)، ومالك في الموطأ رواية يحيى الليثي (١٣٧٠)، وأحمد في مسنده (٨٦٦٧).

(٣) في خ: "مراس".

(٤) سقط من: م.

(وَغَرِضْتُ مِنْك) فِي(ع ر، ع ر ض).

[غ ر ف]: (الْغُرْفَةُ) بِالضَّمِّ: الْمَاءُ الْمَغْرُوف، وَبِالْفَتْح: الْمَرَّة مِنْ الْغَرْف.

[غ ر ق]: (الْغَرَقُ) بِفَتْحَتَيْنِ: مَصْدَر غرق فِي الْمَاء، إِذَا غَارَ فِيهِ مِنْ بَابِ لَبِسَ، فَهُوَ غَرِيقٌ، وَهُمْ غَرْقَى. (الْغَارِيقُونَ) مِنْ الْأَدْوِيَةِ شَيْءٌ يُشْبِهُ الْأَنْجَدَانَ[1]، وَهُوَ ذَكَر وَأُنْثَى، وَفِي مَرَارَتِهِ حَلَاوَةٌ.

[غ ر م]: (الْغُرْمُ) وَالْمَغْرَمُ وَالْغَرَامَةُ: أَنْ يَلْتَزِمَ الْإِنْسَانُ مَا لَيْسَ عَلَيْه.

(وَغَرَّمَهُ وَأَغْرَمَهُ) أَوْقَعَهُ فِي الْغَرَامَةِ، وَمِنْهُ قَوْلُهُ فِي الْإِقْرَار: لَوْ قَالَ أَغْرَمْتَنِي وَأَغْمَمْتَنِي، وَالصَّوَابُ: غَمَمْتَنِي بِغَيْرِ أَلِف.

[غ ر و]: (الْغِرَاءُ) مَا يُلْصَقُ بِهِ الشَّيْءُ يَكُونُ مِنْ السَّمَك، (وَالْغَرَا) بِالْفَتْحِ وَالْقَصْرِ لُغَةٌ.

الْغَيْن مَعَ الزَّاي الْمُعْجَمَة

[غ ز ر] (غَزُرَ الْمَاءُ) كَثُرَ غُزْرًا وَغَزَارَةً، (وَقَنَاةٌ غَزِيرَةٌ) كَثِيرَةُ الْمَاء، (وَنَاقَةٌ غَزِيرَةٌ) أَيْضًا.

[غ ز و]: (غَزَوْتُ الْعَدُوَّ) قَصَدْتُهُ لِلْقِتَالِ غَزْوًا، وَهِيَ الْغَزْوَةُ وَالْغَزَاةُ وَالْمَغْزَاةُ وَالْغَزَوَاتُ وَالْمَغَازِي، (وَالْغَازِي) وَاحِدُ الْغُزَاة، وَبِهِ سُمِّيَ وَالِدُ هِشَامِ بن الْغَازِ، إِلَّا أَنَّ الْيَاءَ لَمْ تَثْبُت كَمَا فِي الْعَاصِ وَالْكَبِير الْمُتَعَال.

(وَأَغْزَى أَمِيرُ الْجَيْشِ) إِذَا بَعَثَهُ إِلَى الْغَزْوِ، (وَأَغْزَتْ الْمَرْأَةُ) إِذَا غَزَا زَوْجُهَا، وَهِيَ مُغْزِيَةٌ.

الْغَيْن مَعَ السِّين الْمُهْمَلَة

[غ س ل]: (غَسْلُ) الشَّيْءِ: إِزَالَةُ الْوَسَخِ وَنَحْوِهِ عَنْهُ بِإِجْرَاءِ الْمَاءِ عَلَيْه.

(وَالْغُسْلُ) بِالضَّمِّ اسْمٌ مِنْ الِاغْتِسَال، وَهُوَ غَسْلُ تَمَامِ الْجَسَدِ وَاسْمٌ لِلْمَاءِ الَّذِي يُغْتَسَل بِهِ أَيْضًا، وَمِنْهُ: فَسَكَبْتُ لَهُ غُسْلًا، وَفِي حَدِيثِ مَيْمُونَةَ: "فَوَضَعْتُ غُسْلًا لِلنَّبِيِّ

---

(١) في خ: "الأنجذان".

صَلَّى اللـه عَلَيْهِ وَآلِهِ وَسَلَّمَ". وَفِي حَدِيثِ زَيْدِ بن حَارِثَةَ: "أَقْسَمَ لَا يَمَسّ رَأْسَهُ غُسْلٌ".

(وَالغِسْل) بِالْكَسْرِ: مَا يُغْسَلُ بِهِ الرَّأْسُ مِنْ خِطْمِيٍّ وَنَحْوِهِ كَطِينَةِ الرَّأْسِ، (وَالْغِسْلَةُ) بِالْهَاءِ مِثْلُهُ، وَمِنْهُ قَوْلُهُ: الْمَرْأَةُ تَسْرُجُ رَأْسَهَا بِالْغَسْلَةِ.

(وَالْمُغْتَسَلُ) مَوْضِعُ الاغْتِسَالِ، وَفِي الْوَاقِعَاتِ: وَقَفَ جِنَازَةٍ وَمُغْتَسَلًا، قَالَ: هُوَ بِالْفَارِسِيَّةِ: حوض مسين. وَفِي الْحَدِيثِ: "مَنْ غَسَّلَ يَوْمَ الْجُمُعَةِ وَاغْتَسَلَ وَبَكَّرَ وَابْتَكَرَ فَبِهَا وَنِعْمَتْ". أَيْ: غَسَلَ أَعْضَاءَهُ مُتَوَضِّئًا، وَالتَّشْدِيدُ لِلْمُبَالَغَةِ فِيهِ عَلَى الإِسْبَاغِ وَالتَّثْلِيثِ، ثُمَّ اغْتَسَلَ غُسْلَ الْجُمُعَةِ. وَعَنْ الْقُتَبِيِّ: أَنَّ أَكْثَرَهُمْ يَذْهَبُونَ إِلَى أَنَّ مَعْنَى غَسَّلَ جَامَعَ أَهْلَهُ مَخَافَةَ أَنْ يَرَى فِي طَرِيقِهِ مَا يَشْغَلُ قَلْبَهُ. قَالَ الأَزْهَرِيُّ: وَكَأَنَّ الصَّوَابَ فِي هَذَا الْمَعْنَى التَّخْفِيفُ، كَمَا رَوَاهُ بَعْضُهُمْ مِنْ قَوْلِهِ: غَسَلَ امْرَأَتَهُ وَعَسَلَهَا بِالْغَيْنِ وَالْعَيْنِ إِذَا جَامَعَهَا، وَمِنْهُ: فَحْلٌ غُسَلَةٌ.

(وَبَكَّرَ) بِالتَّشْدِيدِ وَالتَّخْفِيفِ: أَتَى الصَّلَاةَ فِي أَوَّلِ وَقْتِهَا، وَمِنْهُ: "بَكِّرُوا لِصَلَاةِ الْمَغْرِبِ". أَيْ: صَلُّوهَا عِنْدَ سُقُوطِ الْقُرْصِ (وَابْتَكَرَ) أَدْرَكَ أَوَّلَ الْخُطْبَةِ مِنَ الابْتِكَارِ، وَهُوَ أَكْلُ بَاكُورَةِ الْفَاكِهَةِ، وَمَنْ فَسَّرَ التَّغْسِيلَ بِحَمْلِ الْمَرْأَةِ عَلَى الْغُسْلِ بِأَنْ وَطِئَهَا حَتَّى أَجْنَبَتْ فَقَدْ أَبْرَدَ وَأَبْعَدَ مَعَ تَرْكِ الْمَنْصُوصِ عَلَيْهِ.

الْغَيْنُ مَعَ الشِّينِ الْمُعْجَمَةِ

[غ ش م ر]: (تَغَشْمَرَتْ) فِي (ن ك، ن ك ح).

[غ ش ش]: (لَبَنٌ مَغْشُوشٌ) مَخْلُوط بِالْمَاءِ.

[غ ش ي]: (الْغَشْيُ) تَعَطُّلُ الْقُوَى الْمُحَرِّكَةِ وَالْحَسَّاسَةِ لِضَعْفِ الْقَلْبِ، وَاجْتِمَاعِ الرُّوحِ إِلَيْهِ بِسَبَبِ يُخْفِيهِ فِي دَاخِلٍ فَلَا يَجِدُ مَنْفَذًا، وَمِنْ أَسْبَابِ ذَلِكَ: امْتِلَاءٌ خَانِقٌ، أَوْ مُؤْذٍ بَارِدٌ، أَوْ جُوعٌ شَدِيدٌ، أَوْ وَجَعٌ شَدِيدٌ، أَوْ آفَةٌ فِي عُضْوٍ مُشَارِكٍ كَالْقَلْبِ وَالْمَعِدَةِ.

وَالْفَرْقُ بَيْنَهُ وَبَيْنَ الإِغْمَاءِ: أَنَّ (الْغَشْيَ) مَا ذُكِرَ، (وَالإِغْمَاءَ) امْتِلَاءُ بُطُونِ الدِّمَاغِ مِنْ بَلْغَمٍ بَارِدٍ غَلِيظٍ، هَكَذَا فِي رِسَالَةِ ابْنِ مَنْدَوَيْهِ الأَصْفَهَانِيِّ، وَالْقَانُونِ، وَفِي حُدُودِ الْمُتَكَلِّمِينَ: (الإِغْمَاءُ) سَهْوٌ يَلْحَقُ الإِنْسَانَ مَعَ فُتُورِ الأَعْضَاءِ لِعِلَّةٍ، وَهُوَ وَالْغَشْيُ وَاحِدٌ، وَالْفُقَهَاءُ يُفَرِّقُونَ بَيْنَهُمَا كَمَا الأَطِبَّاءُ، وَالْغَيْنُ فِيهِ مَضْمُومَةٌ، وَفِي (الْغَشْيَةِ) عَلَى لَفْظِ الْمَرَّةِ مَفْتُوحَةٌ، وَهُوَ مَصْدَرُ غُشِيَ عَلَيْهِ فَهُوَ مَغْشِيٌّ عَلَيْهِ.

(وَالْغِشْيَانُ) بِالْكَسْرِ: الإِتْيَانُ، يُقَالُ: غَشِيَهُ إِذَا أَتَاهُ، ثُمَّ كُنِيَ بِهِ عَنِ الْجِمَاعِ كَمَا

بِالْإِتْيَانِ، وَمَنْ فَسَّرَهُ بِالتَّغْطِيَةِ فَقَدْ سَهَا.

الْغَيْنُ مَعَ الصَّادِ الْمُهْمَلَةِ

[غ ص ب]: (الْغَصْبُ) أَخْذُ الشَّيْءِ ظُلْمًا وَقَهْرًا، وَيُسَمَّى الْمَغْصُوبُ غَصْبًا، وَيُقَالُ: "اُغْتُصِبَتْ فُلَانَةُ نَفْسُهَا". إذَا وُطِئَتْ مَقْهُورَةً غَيْرَ طَائِعَةٍ.

الْغَيْنُ مَعَ الضَّادِ الْمُعْجَمَةِ

[غ ض ر]: (الْغَضَائِرُ) جَمْعُ غَضَارَةٍ، وَهِيَ الْقَصْعَةُ الْكَبِيرَةُ.

[غ ض ض]: (الْغَضَاضَةُ) الْمَذَلَّةُ وَالْمَنْقَصَةُ.

[غ ض ف]: (الْأَغْضَفُ) الْمُنْكَسِرُ الْأُذُنِ خِلْقَةً.

[غ ض ن]: (الْغُضُونُ) مَكَاسِرُ الْجِلْدِ، جَمْعُ غَضْنٍ بِسُكُونِ الضَّادِ وَفَتْحِهَا.

الْغَيْنُ مَعَ الطَّاءِ الْمُهْمَلَةِ

[غ ط ف]: (الْغَطَفُ) مَصْدَرُ الْأَغْطَفِ، وَهُوَ الْأَوْطَفُ، وَبِتَصْغِيرِهِ سُمِّيَ وَالِدُ عَبْدِ اللَّهِ بن غُطَيْفٍ الثَّقَفِيِّ.

[غ ط ر ف]: فِي الْوَاقِعَاتِ: الزَّكَاةُ تَجِبُ فِي (الْغطَارِفَةِ)، يَعْنِي: الدَّرَاهِمِ الْغطْرِيفِيَّةَ، وَهِيَ كَانَتْ مِنْ أَعَزِّ النُّقُودِ بِبُخَارَى، وَفِي مُخْتَصَرِ التَّارِيخِ: أَنَّهَا مَنْسُوبَةٌ إِلَى غِطْرِيفِ بن عَطَاءٍ الْكِنْدِيِّ أَمِيرِ خُرَاسَانَ أَيَّامَ الرَّشِيدِ.

الْغَيْنُ مَعَ الْفَاءِ

[غ ف ر]: (الْمِغْفَرُ) مَا يُلْبَسُ تَحْتَ الْبَيْضَةِ، وَالْبَيْضَةُ أَيْضًا، وَأَصْلُ الْغَفْرِ السَّتْرُ، وَمِنْهُ: قَوْلُ عُمَرَ رَضِيَ اللَّهُ عَنْهُ فِي تَحْصِيبِ الْمَسْجِدِ:"هُوَ أَغْفَرُ لِلنُّخَامَةِ". أَيْ: أَسْتَرُ.

(وَغِفَارٌ) حَيٌّ مِنْ الْعَرَبِ إِلَيْهِمْ يُنْسَبُ أَبُو ذَرٍّ الْغِفَارِيُّ وَأَبُو بَصْرَةَ الْغِفَارِيُّ، وَفِي كِتَابِ الْخَرَاجِ: الْبِطِّيخُ (وَالْغَوْفَرُ) مِمَّا لَا يَجِبُ فِيهِ الْعُشْرُ، وَهُوَ نَوْعٌ مِنْ الْبِطِّيخِ الْخَرِيفِيِّ.

[غ ف ل]: (غَفَلَ) الشَّيْءَ: كَتَمَهُ، وَرَجُلٌ (مُغَفَّلٌ) عَلَى لَفْظِ اسْمِ الْمَفْعُولِ مِنْ التَّغْفِيلِ، وَهُوَ الَّذِي لَا فِطْنَةَ لَهُ، وَبِهِ سُمِّيَ وَالِدُ عَبْدِ اللَّهِ بن الْمُغَفَّلِ مِنْ الصَّحَابَةِ، وَتَرْكُ حَرْفِ التَّعْرِيفِ فِي مِثْلِهِ جَائِزٌ، وَقَوْلُهُ فِي امْتِحَانِ السَّمْعِ: يَتَغَفَّلُهُ ثُمَّ يُنَادِي، أَيْ: يَطْلُبُ غَفْلَتَهُ وَيُرَاعِيهَا، وَيَتَغَافَلُ فِي مَعْنَاهُ خَطَأٌ.

الْغَيْنُ مَعَ اللَّامِ

[غ ل ب]: (غَلَبَ) فُلَانٌ عَلَى الشَّيْءِ: إذَا أُخِذَ مِنْهُ بِالْغَلَبَةِ، قَالَ:

فَكُنْتُ كَمَغْلُوبٍ عَلَى نَصْلِ سَيْفِهِ وَقَدْ جَرَّ فِيهِ نَصْلَ حَرَّانَ ثَائِرِ

وَمِنْهُ قَوْلُهُ صَلَّى اللهُ عَلَيْهِ وَآلِهِ وَسَلَّمَ: "فَإِنِ اسْتَطَعْتُمْ أَنْ لَا تُغْلَبُوا عَلَى صَلَاةٍ قَبْلَ طُلُوعِ الشَّمْسِ وَقَبْلَ غُرُوبِهَا"[١]، وَهُوَ حَثٌّ عَلَى أَنْ يَجْتَهِدُوا فِي أَدَائِهِمَا حَتَّى لَا يَفُوتَهُمْ ذَلِكَ فَيَفُوزُ بِهِ غَيْرُهُمْ.

(وَبَنُو تَغْلِبَ) قَوْمٌ مِنْ مُشْرِكِي الْعَرَبِ طَالَبَهُمْ عُمَرُ رَضِيَ اللهُ عَنْهُ بِالْجِزْيَةِ فَأَبَوْا، فَصُولِحُوا عَلَى أَنْ يُعْطُوا الصَّدَقَةَ مُضَاعَفَةً فَرَضُوا، فَقِيلَ: الْمُصَالِحُ كَرْدُوسٌ التَّغْلِبِيُّ، وَقِيلَ: ابْنُهُ دَاوُد، هَكَذَا فِي كِتَابِ الْأَمْوَالِ لِأَبِي عُبَيْدٍ، وَهُوَ أَقْرَبُ، وَقِيلَ: زُرْعَةُ بن النُّعْمَانِ، أَوْ النُّعْمَانُ بن زُرْعَةَ.

[غ ل س]: (التَّغْلِيسُ) الْخُرُوجُ بِغَلَسٍ، وَهُوَ ظُلْمَةُ آخِرِ اللَّيْلِ، يُقَالُ: (غَلَّسَ بِالصَّلَاةِ) إذَا صَلَّاهَا فِي الْغَلَسِ.

[غ ل ظ]: (الْغِلَظُ) خِلَافُ الدِّقَّةِ وَالرِّقَّةِ، يُقَالُ: غَلُظَ جِسْمُهُ وَثَوْبُهُ، وَجِلْدٌ غَلِيظٌ، ثُمَّ أُسْتُعِيرَ لِمَا هُوَ مُسَبَّبٌ عَنْهُ، وَهُوَ الْقُوَّةُ وَالشِّدَّةُ، فَقِيلَ: مِيثَاقٌ غَلِيظٌ وَعَذَابٌ غَلِيظٌ، وَمِنْهُ: قَوْلُهُ تَعَالَى: ﴿وَلْيَجِدُوا فِيكُمْ غِلْظَةً﴾ [سورة التوبة آية ١٢٣] أَيْ: شِدَّةً فِي الْعَدَاوَةِ وَالْقَتْلِ وَالْأَسْرِ.

(وَأَغْلَظَ لَهُ الْقَوْلَ) إذَا عَنَّفَ، وَأَمَّا مَا رُوِيَ فِي حَدِيثِ عَائِشَةَ رَضِيَ اللهُ عَنْهَا: "فَأَغْلَظَ عَلَيْهَا أَبُو بَكْرٍ رَضِيَ اللهُ عَنْهُ"؛ فَإِنْ صَحَّ فَعَلَى التَّضْمِينِ، وَقَوْلُهُ: الْمَقْصُود تَغَلُّظُ الْجَرِيمَةِ، أَيْ: غِلَظُهَا وَعِظَمُهَا قِيَاسٌ لَا سَمَاعٌ.

[غ ل ف]: (الْغُلْفَةُ) وَالْقُلْفَةُ: الْجُلَيْدَةُ الَّتِي يَقْطَعُهَا الْخَاتِنُ مِنْ غِلَافِ رَأْسِ الذَّكَرِ، وَمِنْ ذَلِكَ الْأَغْلَفُ، وَالْأَقْلَفُ لِلَّذِي لَمْ يُخْتَنْ، وَقَوْلُهُ: الْحِنَّاءُ يُغَلِّفُ الرَّأْسَ، أَيْ[٢]: يُغَشِّيهِ وَيُغَطِّيهِ يُقَالُ: غَلَفَ لِحْيَتَهُ بِالْغَالِيَةِ وَغَلَّفَهَا، وَعَنْ ابْنِ دُرَيْدٍ: الصَّوَابُ غَلَّاهَا وَغَلَّلَهَا، وَأَمَّا

---

(١) أخرجه البخاري (٥٧٣)، ومسلم (٦٣٥)، وأبو داود (٤٧٢٩)، وابن ماجه (١٧٧)، وأحمد في مسنده (١٨٧٢٢).

(٢) سقط من: م.

أَغْلَفَ لِحْيَتَهُ كَمَا فِي جَمْعِ التَّفَارِيقِ فَلَمْ أَجِدْهُ فِيمَا عِنْدِي.

[غ ل ق]: (الْإِغْلَاقُ) مَصْدَرُ أَغْلَقَ الْبَابَ فَهُوَ مُغْلَقٌ. (وَالْغَلْقُ) بِالسُّكُونِ اسْمٌ مِنْهُ، وَأَنْشَدَ الْجَوْهَرِيُّ:

وَبَابُ إِذَا مَا لُزَّ لِلغَلْقِ يَصْرِفُ

أَيْ: يَصِرُّ وَيُصَوِّتُ، وَعَلَيْهِ مَا فِي السَّرِقَةِ مِنْ جَمْعِ التَّفَارِيقِ: وَلَا يُعْتَبَرُ الْغَلْقُ إِذَا كَانَ مَرْدُودًا، أَيْ: إِذَا كَانَ الْبَابُ مُطْبَقًا غَيْرَ مَفْتُوحٍ.

(وَالْغَلَقُ) بِالتَّحْرِيكِ الْمِغْلَاقُ، وَهُوَ مَا يُغْلَق وَيُفْتَح بِالْمِفْتَاحِ، وَمِنْهُ: فَإِنْ كَانَ لِلْبُسْتَانِ بَابٌ وَغَلَقٌ فَهُوَ خَلْوَة. (وَالْغَلَقُ) أَيْضًا الرِّتَاجُ، وَهُوَ الْبَابُ الْعَظِيمُ، وَمِنْهُ قَوْلُهُمْ فِي الشُّرُوطِ: وَمَفَاتِيحُ أَغْلَاقِهَا، يَعْنِي: الْأَبْوَابَ. وَفِي الْحَدِيثِ" لَا طَلَاقَ فِي إِغْلَاقٍ". أَيْ: فِي إِكْرَاهٍ لِأَنَّ الْمُكْرَهَ مُغْلَقٌ عَلَيْهِ أَمْرُهُ. وَعَنْ ابْنِ الْأَعْرَابِيِّ: أَغْلَقَهُ عَلَى شَيْءٍ أَكْرَهَهُ، وَمَنْ أَوَّلَهُ بِالْجُنُونِ، وَأَنَّ الْمَجْنُونَ هُوَ الْمُغْلَقُ عَلَيْهِ فَقَدْ أَبْعَد. عَلَى أَنِّي لَمْ أَجِدْهُ فِي الْأُصُولِ، وَفِي سُنَنِ أَبِي دَاوُد: الْإِغْلَاقُ أَظُنُّهُ الْغَضَبَ، وَمِنْهُ: إِيَّاكَ وَالْغَلَقَ، أَيْ: الضَّجَرَ وَالْقَلَقَ، وَقِيلَ: مَعْنَاهُ لَا تُغْلَقُ التَّطْلِيقَاتُ كُلُّهَا دَفْعَةً وَاحِدَةً حَتَّى لَا يَبْقَى مِنْهَا شَيْءٌ، وَلَكِنْ تَطْلُقُ طَلَاقَ السُّنَّة.

(وَغَلِقَ الرَّهْنُ) مِنْ بَابِ لَبِسَ، إِذَا اسْتَحَقَّهُ الْمُرْتَهِنُ، وَمِنْهُ: أَذِنَ لِعَبْدِهِ فِي التِّجَارَةِ فَغَلِقَتْ رَقَبَتُهُ بِالدَّيْنِ، إِذَا[1] اُسْتُحِقَّتْ بِهِ فَلَمْ يُقْدَر عَلَى تَخْلِيصِهَا، يُنْشَدُ لِزُهَيْرٍ:

وَفَارَقَتْكَ بِرَهْنٍ لَا فِكَاكَ لَهُ ... يَوْمَ الْوَدَاعِ فَأَمْسَى الرَّهْنُ قَدْ غَلِقَا

أَيْ: ارْتَهَنَتْ قَلْبَهُ فَذَهَبَتْ بِهِ.

وَفِي الْحَدِيثِ: "لَا يَغْلَقُ الرَّهْنُ لِصَاحِبِهِ غُنْمُهُ وَعَلَيْهِ غُرْمُهُ"[2]. تَفْسِيرُه عَنْ أَبِي يُوسُفَ رَحِمَهُ اللهُ: أَنَّ الْفَضْلَ فِي قِيمَةِ الرَّهْنِ لِرَبِّ الرَّهْنِ وَلَا يَكُونُ مَضْمُونًا وَلَا يَغْلَقُ وَإِنْ كَانَ فِيهِ نُقْصَانٌ رَجَعَ بِالْفَضْلِ، وَعَنْ أَبِي عُبَيْدٍ: أَنَّهُمَا بِمَعْنًى وَاحِدٍ يَقُول: يُرْجَعُ الرَّهْنُ إِلَى رَبِّهِ فَيَكُونُ غُنْمُهُ لَهُ، وَيَرْجِعُ رَبُّ الْحَقِّ عَلَيْهِ بِحَقِّهِ فَيَكُونُ غُرْمُهُ عَلَيْهِ. وَعَنْ النَّخَعِيِّ: فِي رَجُلٍ دَفَعَ إِلَى رَجُلٍ رَهْنًا وَأَخَذَ مِنْهُ دِرْهَمًا، فَقَالَ: إِنْ جِئْتُك بِحَقِّكَ إِلَى كَذَا

---

(١) في خ: "أي".

(٢) أخرجه الحاكم في المستدرك في: ج ٢: ص٥١، والدارقطني في سننه (٢٨٩٨)، والبيهقي في السنن الكبرى في: ج ٦: ص٣٩

وَكَذَا وَإِلَّا فَالرَّهْنُ لَك بِحَقِّك، فَقَالَ إِبْرَاهِيمُ: لَا يَغْلَقُ الرَّهْنُ، فَجَعَلَهُ جَوَابًا لِلْمَسْأَلَة.

[غ ل ل]: (الْغَلَّةُ) كُلُّ مَا يَحْصُلُ مِنْ رِيعِ أَرْضٍ أَوْ كِرَائِهَا أَوْ أُجْرَةِ غُلَامٍ أَوْ نَحْوِ ذَلِك، وَقَدْ أَغَلَّتْ الضَّيْعَةُ فَهِيَ مُغِلَّةٌ، أَيْ: ذَاتُ غَلَّة، وَأَمَّا الْغَلَّةُ مِنْ الدَّرَاهِم: فَهِيَ الْمُقَطَّعَةُ الَّتِي فِي الْقِطْعَةِ مِنْهَا قِيرَاطٌ أَوْ طُسُوجٌ أَوْ حَبَّةٌ عَنْ أَبِي يُوسُفَ رَحِمَهُ اللهُ فِي رِسَالَتِه، وَيَشْهَدُ لِهَذَا مَا قَالَ فِي الْإِيضَاحِ: يُكْرَهُ أَنْ يُقْرِضَهُ غَلَّةً لِيَرُدَّ عَلَيْهِ صِحَاحًا، وَفِي الْحَدِيث: "إِنَّهُ لَيُحْرَقُ فِي النَّارِ عَلَى شَمْلَةٍ غَلَّهَا يَوْمَ خَيْبَر". أَيْ: أَخَذَهَا فِي خُفْيَةٍ مِنْ قَوْلِهِمْ: غَلَّ فُلَانٌ كَذَا، (غَلًّا) مِنْ بَابِ طَلَب إِذَا أَخَذَهُ وَدَسَّهُ فِي مَتَاعِه، وَقَدْ نَسِيَ مَفْعُولَهُ فِي قَوْلِهِمْ: غَلَّ مِنْ الْمَغْنَمِ غُلُولًا، إِذَا خَانَ فِيهِ وَقَالُوا: الْغُلُولُ وَالْإِغْلَالُ: الْخِيَانَة، إِلَّا أَنَّ الْغُلُولَ فِي الْمَغْنَمِ خَاصَّةً وَالْإِغْلَالُ عَامٌّ، وَمِنْهُ: لَيْسَ عَلَى الْمُسْتَعِيرِ غَيْرِ الْمُغِلِّ ضَمَانٌ، أَيْ: غَيْرِ الْخَائِن.

[غ ل م]: (الْغُلَامُ) الطَّارُّ الشَّارِب، وَالْجَارِيَةُ أُنْثَاهُ، وَيُسْتَعَارَانِ لِلْعَبْدِ وَالْأَمَة.

(وَغُلَامُ الْقَصَّار) أَجِيرُهُ، وَالْجَمْعُ: غِلْمَةٌ وَغِلْمَان، وَقَوْلُ ابْنِ عَبَّاسٍ رَضِيَ اللهُ عَنْهُمَا:"بَعَثَنَا رَسُولُ اللهِ صَلَّى اللهُ عَلَيْهِ وَآلِهِ وَسَلَّمَ أُغَيْلِمَةَ ابْنِ عَبْدِ الْمُطَّلِب". تَصْغِيرِ غِلْمَةٍ[1] عَلَى الْقِيَاسِ الْمَتْرُوك، وَعَلَيْهِ قَوْلُهُ: وَلَوْ كَانَ أَغْلِمَتُهُ عُجْمًا، وَاشْتِقَاقُهُ مِنْ غُلْمَةِ الْفَحْلِ وَاغْتِلَامِه، وَهُوَ شِدَّةُ شَهْوَتِهِ وَهَيَجَانِه، وَمِنْهُ: (وَاغْتَلَمَ الشَّرَابُ) إِذَا اشْتَدَّتْ سَوْرَتُهُ، (وَسَقَاهُ مُغْتَلِم) اشْتَدَّ شَرَابُهُ مِنْ مُسْتَعَارِ الْمَجَاز.

[غ ل و]: (الْغَلْوَةُ) مِقْدَارُ رَمْيَة، وَعَنْ اللَّيْث: الْفَرْسَخُ التَّامُّ خَمْسٌ وَعِشْرُونَ غَلْوَةٍ، وَيُقَالُ: (غَلَا بِسَهْمِهِ) غَلْوًا أَوْ غَالَى بِهِ غِلَاءً، إِذَا رَمَى بِهِ أَبْعَد مَا قَدَرَ عَلَيْه.

وَفِي "الْأَجْنَاس" عَنْ ابْنِ شُجَاعٍ فِي خَرَاجِهِ: الْغَلْوَةُ قَدْرُ ثَلَثِمِائَةِ ذِرَاعٍ إِلَى أَرْبَعمِائَةِ، وَالْمِيلُ ثَلَاثَةُ آلَاف ذِرَاعٍ إِلَى أَرْبَعَةِ آلَاف.

(وَغَلَا السِّعْرُ) غَلَاءً بِالْفَتْحِ: ارْتَفَعَ، وَمِنْهُ: "أَفْضَل الرِّقَابِ أَغْلَاهَا ثَمَنًا"، وَفِي الْمُنْتَقَى: حَمَامَةٌ تَغَالَى بِهَا أَهْلُ السَّفَه. أي[2] اشْتَرَوْهَا بِثَمَنٍ غَالٍ، يُقَالُ: غَالَى بِاللَّحْمِ وَتَغَالَوْا بِه، الْمُفَاعَلَةُ مِنْ وَاحِدٍ، وَالتَّفَاعُل مِنْ جَمَاعَةٍ.

---

(١) في خ: "أغلمة".

(٢) سقط من: م.

الْغَيْن مَعَ الْمِيم

[غ م د]: (الْغَامِدِيَّةُ) امْرَأَةٌ مِنْ غَامِد حَيٌّ مِنْ الْأَزْد، وَفِي حَدِيثِهَا" لَقَدْ تَابَتْ تَوْبَةً لَوْ تَابَهَا صَاحِبُ مَكْسٍ لَغُفِرَ لَهُ"[1] يَعْنِي: الْمَكَّاسَ، وَهُوَ الْعَشَّارُ، (وَالْمَكْسُ) مَا يَأْخُذُهُ، وَالْعَامِرِيَّةُ فِي مَوْضِعِهَا كَمَا فِي شَرْحِ الْإِرْشَادِ تَصْحِيف.

[غ م ر]: (الْغَمَر) بِفَتْحَتَيْنِ: رِيحُ اللَّحْمِ وَسَهَكُهُ، وَمِنْهُ: مَنْدِيلُ الْغَمَرِ (وَالْغِمْرُ) الْحِقْدُ.

[غ م ز]: (غَمَزَهُ) بِالْعَيْنِ أَوْ بِالْحَاجِبِ مِنْ بَابِ ضَرَبَ: إذَا أَشَارَ إلَيْهِ، وَمِنْهُ حَدِيثُ ابْنِ عَبَّاس رَضِيَ اللهُ عَنْهُمَا حِينَ احْتُضِرَ عُمَرُ رَضِيَ اللهُ عَنْهُ: فَغَمَزَنِي عَلِيٌّ أَنْ قُلْ: نَعَمْ. وَأَهْلُ الْمَغْرِبِ يَقُولُونَ: غَمَزَهُ فُلَانٌ بِفُلَان، إذَا كَسَرَ جَفْنَهُ نَحْوَهُ لِيُغْرِيَهُ بِهِ أَوْ لِيَلْتَجِئَ إلَيْهِ أَوْ لِيَسْتَعِينَ بِهِ، وَهُوَ الْمُرَادُ فِي حَدِيثِ أَبِي الْبَخْتَرِيِّ: "فَغَمَزَهُ بَعْضُ الْقَوْمِ بِابْنِ مَسْعُودٍ". قَالُوا: وَإِنَّمَا غَمَزَهُ لِمَا بَيْنَهُ وَبَيْنَ عُثْمَانَ مِنْ الْوَحْشَةِ بِسَبَبِ إحْرَاقِ مُصْحَفِهِ بَيْنَ الْمَصَاحِف.

وَأَصْلُ الْغَمْزِ: الْعَصْرُ، مِنْهُ غَمَزَ الثِّقَافُ الْقَنَاةَ، إذَا عَضَّهَا وَعَصَرَهَا، وَمِنْهُ قَوْلُهُ: مَا فِيهِ غَمِيزَةٌ وَلَا مَغْمَزٌ، أَيْ: عَيْبٌ، وَقَوْلُهُ: أَنْ أَذْكُرَ نُكْتَةً لَا مَغْمَزَ لِقَنَاتِهَا وَلَا مَقْرَعَ لِصَفَاتِهَا. نَفْيٌ لِاعْوِجَاجِهَا وَإِثْبَاتٌ لِاسْتِقَامَتِهَا، وَاسْتِعَارَةُ الْقَنَاةِ لِلنُّكْتَةِ تَرْشِيحٌ لِلْمَجَازِ، وَالْمَقْرَعُ إمَّا مَصْدَرٌ أَوْ اسْمٌ لِمَوْضِعِ، الْقَرْعِ: الضَّرْبُ، وَالصَّفَاةُ: الصَّخْرَةُ، وَهَذَا مُسْتَعَارٌ مِنْ قَوْلِهِمْ: قَرَعَ صَفَاتَهُ، وَهُوَ مَثَلٌ فِي الطَّعْنِ وَالْقَدْحِ.

[غ م س]: (غَمَسَهُ) فِي الْمَاءِ: غَطَّهُ فِيهِ وَأَدْخَلَهُ، فَانْغَمَسَ فِيهِ بِنَفْسِهِ وَاغْتَمَسَ، وَفِي الْحَدِيثِ: "الْيَمِينُ الْغَمُوسُ تَدَعُ الدِّيَارَ بَلَاقِعَ"، وَيُرْوَى: الْفَاجِرَةُ، أَيْ: الْكَاذِبَةُ، وَسُمِّيَتْ غَمُوسًا لِأَنَّهَا تَغْمِسُ صَاحِبَهَا فِي الْإِثْمِ ثُمَّ فِي النَّارِ. (وَالْبَلْقَعُ) الْمَكَانُ الْخَالِي، وَالْمَعْنَى: أَنَّهُ بِسَبَبِ شُؤْمِهَا تُهْلِكُ الْأَمْوَالَ وَأَصْحَابَهَا فَتَبْقَى الدِّيَارُ بَلَاقِعَ، فَكَأَنَّهَا هِيَ الَّتِي صَيَّرَتْهَا كَذَلِكَ، وَفِي بَعْضِ النُّسَخِ: يَمِينُ الْغَمُوس أَوْ يَمِينُ الْفَاجِرَة، وَهُوَ خَطَأٌ لُغَةً وَسَمَاعًا.

(وَلَا يَغْتَمِس) فِي (رم، ر م س).

(١) أخرجه مسلم (١٦٩٩)، وأبو داود (٤٤٤٢)، والدارمي في سننه (٢٣٢٤)، وأحمد في مسنده (٢٢٤٣٩)، وأبو عوانة في مسنده (٥٦٢٩)، والبيهقي في السنن الكبرى في: ج ٨: ص٢١٨

[غ م ص]: (الْأَغْمَصُ) الَّذِي فِي عَيْنَيْهِ غَمَصٌ، وَهُوَ مَا سَالَ مِنَ الْوَسَخِ فِي الْمُوقِ، وَبِتَصْغِيرِ تَأْنِيثِه سُمِّيَتْ الْغُمَيْصَاءُ، مُطَلَّقَةُ عَمْرِو بن حَزْمٍ.

(وَالْغَمْصُ) الِاسْتِحْقَارِ مِنْ بَابِ ضَرَبَ، وَمِنْهُ: أَتَغْمِصُ الْفُتْيَا وَتَقْتُلُ الصَّيْدَ وَأَنْتَ مُحْرِمٌ، فِي حَدِيثِ عُمَرَ رَضِيَ اللهُ عَنْهُ.

[غ م ض]: (أَغْمَضَ) عَيْنَيْهِ وَغَمَّضَهُمَا، إذَا أَطْبَقَ أَجْفَانَهُمَا، وَعَلَى ذَلِكَ قَوْلُهُ: وَيَنْبَغِي أَنْ لَا يَسْتَقْصِيَ فِي غَمْضِ عَيْنَيْهِ فِي الْوُضُوءِ، صَوَابُهُ: إغْمَاضِ أَوْ تَغْمِيضِ، وَفِي الْحَدِيثِ: "أَنَّ رَسُولَ اللهِ صَلَّى اللهُ عَلَيْهِ وَآلِهِ وَسَلَّمَ أَغْمَضَ أَبَا سَلَمَةَ حِينَ شَقَّ بَصَرُهُ وَمَاتَ". أَيْ: ضَمَّ أَجْفَانَهُ وَأَطْبَقَهَا بَعْدَ الْمَوْتِ. وَمِنْ الْمَجَازِ: (أَغْمَضَ عَنْهُ) إذَا أَغْضَى عَنْهُ وَتَغَافَلَ، وَمِنْهُ قَوْلُهُ: مَبْنَى الصُّلْحِ عَلَى الْحَطِّ وَالْإِغْمَاضِ، يَعْنِي: التَّسَامُحَ.

[غ م م]: فِي الْحَدِيثِ: "فَإِنْ غُمَّ عَلَيْكُمْ"[1]، وَيُرْوَى: "غُمِيَ". بِالتَّخْفِيفِ مِثْل رُمِيَ وَأُغْمِيَ مِثْل أُعْطِيَ وَمَعْنَاهَا وَاحِدٌ، وَهُوَ غُطِّيَ وَسُتِرَ، وَفِي" غُمَّ" ضَمِيرِ الْهِلَالِ وَيَجُوزُ أَنْ يَكُونَ مُسْنَدًا إلَى الْجَارِّ وَالْمَجْرُورِ. (الْغَمْغَمَةُ) أَصْوَاتُ الْأَبْطَالِ عِنْدَ الْقِتَالِ.

[غ م ي]: (الْإِغْمَاءُ) ضَعْفُ الْقُوَى لِغَلَبَةِ الدَّاءِ، يُقَالُ: أُغْمِيَ عَلَيْهِ فَهُوَ مُغْمًى عَلَيْهِ، وَتَفْسِيرِ الْأَطِبَّاءِ فِي (غش، غ ش ي).

الْغَيْنُ مَعَ النُّونِ

[غ ن م]: (الْغَنِيمَةُ) عَنْ أَبِي عُبَيْدٍ: مَا نِيلَ مِنْ أَهْلِ الشِّرْكِ عَنْوَةً وَالْحَرْبُ قَائِمَةٌ، وَحُكْمُهَا أَنْ تُخَمَّسَ، وَسَائِرُهَا بَعْدَ الْخُمُسِ لِلْغَانِمِينَ خَاصَّةً. (وَالْفَيْءُ) مَا نِيلَ مِنْهُمْ بَعْدَمَا تَضَعُ الْحَرْبُ أَوْزَارَهَا، وَتَصِيرُ الدَّارُ دَارَ الْإِسْلَامِ، وَحُكْمُهُ أَنْ يَكُونَ لِكَافَّةِ الْمُسْلِمِينَ وَلَا يُخَمَّسُ، (و النَّفَلُ) مَا يُنَفَّلُهُ الْغَازِيَ، أَيْ: يُعْطَاهُ زَائِدًا عَلَى سَهْمِهِ، وَهُوَ أَنْ يَقُولَ الْإِمَامُ أَوْ الْأَمِيرُ: مَنْ قَتَلَ قَتِيلًا فَلَهُ سَلَبُهُ، أَوْ قَالَ لِلسَّرِيَّةِ: مَا أَصَبْتُمْ فَهُوَ لَكُمْ أَوْ رُبْعُهُ أَوْ نِصْفُهُ وَلَا يُخَمَّسُ، وَعَلَى الْإِمَامِ الْوَفَاءُ بِهِ، وَعَنْ عَلِيِّ بن عِيسَى: (الْغَنِيمَةُ) أَعَمُّ مِنْ النَّفَلِ، (وَالْفَيْءُ) أَعَمُّ مِنْ الْغَنِيمَةِ؛ لِأَنَّهُ اسْمٌ لِكُلِّ مَا صَارَ لِلْمُسْلِمِينَ مِنْ أَمْوَالِ أَهْلِ الشِّرْكِ. قَالَ أَبُو بَكْرٍ الرَّازِيّ: فَالْغَنِيمَةُ فَيْءٌ وَالْجِزْيَةُ فَيْءٌ، وَمَالُ أَهْلِ الصُّلْحِ فَيْءٌ،

---

(١) أخرجه البخاري (١٩٠٠)، ومسلم (١٠٨٠)، والترمذي (٦٨٤)، وأبو داود (٢٣٢٠)، والنسائي (٢١٣٨)، وابن ماجه (١٦٥٤).

وَالْخَرَاجُ فَيْءٌ، لِأَنَّ ذَلِكَ كُلَّهُ مِمَّا أَفَاءَ اللَّه عَلَى الْمُسْلِمِينَ مِنَ الْمُشْرِكِينَ. وَعِنْدَ الْفُقَهَاءِ: كُلُّ مَا يَحِلُّ أَخْذُهُ مِنْ أَمْوَالِهِمْ فَهُوَ فَيْءٌ.

[غ ن ن]: (وَالْغُنَّةُ) صَوْتٌ مِنَ اللَّهَاةِ وَالْأَنْفِ، مِثْلُ نُونِ مِنْكَ وَعَنْكَ؛ لِأَنَّهُ لَا حَظَّ لَهَا فِي اللِّسَانِ، (وَالْخُنَّةُ) أَشَدُّ مِنْهَا، قَالَ أَبُو زَيْدٍ: الْأَغَنُّ الَّذِي يَجْرِي كَلَامُهُ مِنْ لَهَاتِهِ، وَالْأَخَنُّ السَّادُّ الْخَيَاشِيم. (وَالْغُنَّةُ) أَيْضًا مَا يَعْتَرِي الْغُلَامَ عِنْد بُلُوغِهِ إِذَا غَلُظَ صَوْتُهُ.

[غ ن ي]: (الْغَنَاءُ) بِالْفَتْحِ وَالْمَدِّ: الْإِجْزَاءُ وَالْكِفَايَة، يُقَالُ: أَغْنَيْتُ عَنْكَ مَغْنَى فُلَانٍ وَمَغْنَاتَهُ، إِذَا أَجْزَأْتَ عَنْهُ وَنُبْتَ مَنَابَهُ وَكَفَيْتَ كِفَايَتَهُ، وَيُقَالُ: أَغْنِ عَنِّي كَذَا، أَيْ: نَحِّهِ عَنِّي وَبَعِّدْهُ، قَالَ:

لِتُغْنِيَ عَنِّي ذَا إِنَائِكَ أَجْمَعَا

وَعَلَيْهِ حَدِيثُ عُثْمَانَ فِي صَحِيفَةِ الصَّدَقَةِ الَّتِي بَعَثَهَا عَلِيٌّ عَلَى يَدِ مُحَمَّدِ ابْنِ الْحَنَفِيَّةِ: (أَغْنِهَا عَنَّا)، وَهُوَ فِي الْحَقِيقَةِ مِنْ بَابِ الْقَلْبِ، كَقَوْلِهِمْ: عَرَضَ الدَّابَّةَ عَلَى الْمَاء.

الْغَيْنُ مَعَ الْوَاو

[غ و ث]: (أَغَاثَهُ) إِغَاثَةً مِنَ الْغَوْثِ، وَبِاسْمِ الْفَاعِلِ مِنْهُ سُمِّيَ مُغِيثٌ زَوْجُ بَرِيرَةَ، وَمُغِيثُ بنِ سُمَيٍّ الْأَوْزَاعِيُّ، وَمَعْبَدُ الْمُرَادِيُّ تَحْرِيف، وَمِنْ حَدِيثِهِ: إِذَا زَرِعَتْ هَذِهِ الْأُمَّةُ. وَبِاسْمِ الْفَاعِلَةِ مِنْهُ سُمِّيَتْ إِحْدَى قُرَى بَيْهَقَ مِنْ أَعْمَالِ نَيْسَابُورَ، الْمَنْسُوبُ إِلَيْهَا الْقَاضِي الْمُغِيثِيُّ.

[غ و ر]: (الْغَارَةُ) اسْمٌ مِنْ: أَغَارَ الثَّعْلَبُ، أَوْ الْفَرَسُ إِغَارَةً، وَغَارَةً إِذَا أَسْرَعَ فِي الْعَدْوِ، وَمِنْهُ: كَيْمَا نُغِيرَ، ثُمَّ قِيلَ لِلْخَيْلِ الْمُغِيرَةِ الْمُسْرِعَة: غَارَةٌ، وَمِنْهُ: وَشَنُّوا الْغَارَةَ، أَيْ: وَفَرَّقُوا الْخَيْلَ.

(وَأَغَارَ عَلَى الْعَدُوِّ) أَخْرَجَهُ مِنْ جَنَابِهِ بِهُجُومِهِ عَلَيْهِ، وَمِنْهُ: وَلَوْ أَغَارَ إِنْسَانٌ مِنْ أَهْلِ الْمَقَاصِيرِ عَلَى مَقْصُورَةٍ، وَفِي رِوَايَةِ مُحَمَّدٍ رَحِمَهُ اللَّه: وَإِنْ أَعَانَ إِنْسَانٌ مِنْ أَهْلِ الْمَقَاصِيرِ إِنْسَانًا عَلَى مَتَاعِ مَنْ يَسْكُنُ مَقْصُورَةً أُخْرَى، وَكَأَنَّهُ أَصَحُّ وَإِنْ كَانَ الْأَوَّلُ أَكْثَر، وَفِي مُخْتَصَرِ الْكَرْخِيِّ: وَكَذَلِكَ إِنْ أَغَارَ بَعْضُ أَهْلِ تِلْكَ الْمَقَاصِيرِ عَلَى مَقْصُورَةٍ فَسَرَقَ مِنْهَا، وَخَرَجَ بِهِ مِنْهَا إِلَى صَحْنِ الدَّارِ قُطِعَ. وَالْمَقْصُورَةُ: حُجْرَةٌ مِنْ حُجَرِ دَارٍ وَاسِعَةٍ مُحْصَنَةٌ بِالْحِيطَانِ.

(وَالْغَارُ) الْكَهْفُ، وَجَمْعُهُ: غِيرَانٌ، وَبِتَصْغِيرِهِ جَرَى الْمَثَلُ: عَسَى الْغُوَيْرُ أَبْؤُسًا، وَقِيلَ: هُوَ مَاءٌ لِكَلْبٍ يُضْرَبُ لِكُلِّ مَا يُخَافُ أَنْ يَأْتِي مِنْهُ شَرٌّ، وَقَدْ تَمَثَّلَ بِهِ عُمَرُ رَضِيَ اللهُ عَنْهُ حِينَ أَتَاهُ سُنَيْنٌ أَبُو جَمِيلَةَ بِمَنْبُوذٍ، وَمُرَادُهُ: اتِّهَامُهُ إِيَّاهُ أَنْ يَكُونَ صَاحِبَ الْمَنْبُوذِ، وَيَدُلُّ عَلَيْهِ أَنَّهُ لَمَّا قَالَ ذَلِكَ قَالَ عَرِيفُهُ، أَيْ: الَّذِي بَيْنَهُ وَبَيْنَهُ مَعْرِفَةٌ: "إِنَّهُ وَإِنَّهُ". فَأَثْنَى عَلَيْهِ خَيْرًا، أَرَادَ أَنَّهُ أَمِينٌ وَأَنَّهُ عَفِيفٌ. وَالْبَأْسُ: الشِّدَّةُ، وَقِصَّةُ الْمَثَلِ وَتَمَامُ شَرْحِهِ فِي الْمُعْرِبِ، وَفِيهِ:

مَا لِلْجِمَالِ مَشْيِهَا وَئِيدَا

بِالْجَرِّ عَلَى الْبَدَلِ، وَالْمَعْنَى: مَا لِمَشْيِ الْجِمَالِ ثَقِيلًا، هَكَذَا رُوِيَ عَنْ الْقُتَبِيِّ.

(وَالْغَارُ) شَجَرٌ عَظِيمٌ، وَرَقُهُ أَطْوَلُ مِنْ وَرَقِ الْخِلَافِ، طَيِّبُ الرِّيحِ، وَحَمْلُهُ يُقَالُ لَهُ: الدهمست. (وَالْغَارُ) أَيْضًا: مِكْيَالٌ لِأَهْلِ نَسَفَ، وَهُوَ مِائَةُ قَفِيزٍ، (وَالْغُورُ) لِأَهْلِ خُوَارِزْمَ، وَهِيَ اثْنَا عَشَرَ سُخًّا، وَالسُّخُ: أَرْبَعَةٌ وَعِشْرُونَ مَنًّا، وَهُوَ قَفِيزَانِ، وَالْغَارُ عَشَرَةُ أَغْوَارٍ.

[غ و ص]: (الْغَوْصُ) اسْتِخْرَاجُ اللَّآلِئِ مِنْ تَحْتِ الْمَاءِ، وَأَرَادَ بِهِ الْمَوْضِعَ مَنْ قَالَ: وَالْجَوْهَرُ يَسْتَخْرِجُهُ مِنْ الْغَوْصِ.

[غ و ل]: (غَالَهُ) غَوْلًا: أَهْلَكَهُ، وَمِنْهُ: (الْمِغْوَلُ) وَهُوَ سِكِّينٌ يَكُونُ السَّوْطُ غِلَافَه، وَمِنْهُ: فَذَكَرْتُ مِغْوَلًا فِي سَيْفِي، أَيْ: فِي غِمْدِهِ، وَبِهِ سُمِّيَ وَالِدُ مَالِكِ بن مِغْوَلٍ الْبَجَلِيِّ مِنْ أَصْحَابِ أَبِي حَنِيفَةَ رَحِمَهُ اللهُ.

(وَالْغِيلَةُ) الْقَتْلُ خُفْيَةً، وَقَوْلُهُ: وَالَّذِي يُقْتَلُ غِيلَةً بِالْحَنَقِ، أَيْ: بِالْغَيْظِ، وَالصَّوَابُ: بِالْخَنِقِ بِالْخَاءِ الْمُعْجَمَةِ وَكَسْرِ النُّونِ، وَهُوَ عَصْرُ الْحَلْقِ. (وَاغْتَالَهُ) قَتَلَهُ غِيلَةً، وَمِنْهُ قَوْلُهُ: إِنْ كَانَ لَا يَزَالُ يَغْتَالُ رَجُلٌ مِنَ الْمُسْلِمِينَ.

(غَوْلَهَا) فِي (د و)، (وَلَا غَائِلَةَ) فِي (ع د، ع د و).

[غ و و]: (مَنْ حَفَرَ مُغَوَّاةً) وَقَعَ فِيهَا بِضَمِّ الْمِيمِ وَتَشْدِيدِ الْوَاوِ، وَهِيَ حُفْرَةٌ يُصَادُ بِهَا الذِّئْبُ، ثُمَّ سُمِّيَ بِهَا كُلُّ مُهْلِكَةٍ.

الْغَيْنُ مَعَ الْيَاءِ التَّحْتَانِيَّةِ

[غ ي ب]: (غَابَ) عَنْهُ: بَعُدَ غَيْبَةً، وَغَابَتْ الشَّمْسُ غِيَابًا وَغَيْبُوبَةً وَغَيْبَةً أَيْضًا، وَمِنْهَا قَوْلُهُ: وَغَيْبَةُ الشَّفَقِ، وَرَجُلٌ غَائِبٌ، وَقَوْمٌ غَيَبٌ بِفَتْحَتَيْنِ، وَمِنْهُ حَدِيثُ أُمِّ سَلَمَةَ رَضِيَ اللهُ عَنْهَا: "أَوْلِيَائِي غَيَبٌ"، وَقَوْلُهُ: وَإِنْ كَانَ أَصْحَابُ الْوَصِيَّةِ غَيَبًا، وَهُوَ مِثْلُ خَادِمٍ وَخَدَمٍ،

وَأَمَّا غُيَّبٌ فَقِيَاسٌ، (وَامْرَأَةٌ مُغِيبَةٌ وَمُغِيبٌ): غَابَ عَنْهَا زَوْجُهَا، وَتَصْحِيح الْيَاءِ لُغَةٌ، وَمِنْهُ: "لَا يَخْلُوَنَّ رَجُلٌ بِمُغِيبَةٍ، وَإِنْ قِيلَ: حَمَاهَا كَانَ حَمْوُهَا".

(وَالْغَيْبُ) مَا غَابَ عَنْ الْعُيُون وَإِنْ كَانَ مُحَصَّلًا فِي الْقُلُوب، وَمِنْهُ قَوْلُهُ: وَلَا أُكَلِّفهُمْ أَنَّهُ لَا وَارِثَ لَهُ غَيْرُهُ مِنْ قِبَلِ أَنَّ هَذَا غَيْبٌ يَحْمِلهُمْ الْقَاضِي عَلَيْهِ. وَعَيْبٌ وَعَبَثٌ تَصْحِيف.

(بِالْغَابَةِ) فِي (ج د)، (غَائِب) فِي (ن ج، ن ج ز).

[غ ي ر]: (الْغِيَارُ) عَلَامَة أَهْلِ الذِّمَّةِ كَالزُّنَّار لِلْمَجُوس وَنَحْوِه، وَقَوْلُهُ فِي السِّيَرِ: وَهُمْ يَعْلَمُونَ بِذَلِكَ فَلَا يُغَيِّرُونَهُ، وَيُرْوَى بِالْعَيْنِ غَيْر مُعْجَمَة مِنْ التَّعْيِيرِ: اللَّوْمُ، وَالْأَوَّل أَصَحُّ.

(وَغَارَ) عَلَى أَهْلِهِ مِنْ فُلَانٍ غَيْرَةً، مِنْ بَاب لَبِسَ، وَمِنْهُ:"غَارَتْ أُمُّكُمْ".

[غ ي ض]: (مَغِيضُ) الْمَاءِ: مَدْخَلُهُ وَمُجْتَمَعُهُ، وَالْجَمْعُ: مَغَائِضُ، (وَالْغَيْضَةُ) الْأَجَمَةُ، وَهِيَ الشَّجَرُ الْمُلْتَفُّ، وَجَمْعُهَا: غِيَاضٌ. (وَغَيْضَةُ طَبَرِسْتَانَ) مَوْضِعٌ مَعْرُوفٌ بِالسَّعَة.

[غ ي ل]: فِي الْحَدِيثِ: "[لَقَدْ هَمَمْتُ أَنْ][1] أَنْهَى[2] عَنْ الْغِيلَة، ثُمَّ ذَكَرْتُ أَنَّ فَارِسَ وَالرُّومَ يَفْعَلُونَ ذَلِكَ فَلَا يَضُرُّهُمْ". [قال أبو عبيد][3] قَالَ أَبُو عُبَيْدَةَ: هِيَ الْغَيْلُ، وَذَلِكَ أَنْ يُجَامِعَ الرَّجُلُ الْمَرْأَةَ وَهِيَ مُرْضِعٌ، يُقَالُ: أَغَالَ وَأَغْيَلَ.

وَعَنْ الْكِسَائِيِّ: (الْغَيْلُ) أَنْ تُرْضِعَ الْمَرْأَةُ وَلَدَهَا وَهِيَ حَامِلٌ، يُقَالُ: أَغَالَتْ وَأَغْيَلَتْ، وَهِيَ مُغِيلٌ وَمُغْيِلٌ، وَالْوَلَدُ: مُغَالٌ وَمُغْيَلٌ.

(وَالْغَيْلُ) أَيْضًا: الْمَاءُ الَّذِي يَجْرِي عَلَى وَجْه الْأَرْض، وَمِنْهُ: مَا سُقِيَ بِالْغَيْلِ أَوْ غَيْلًا فَفِيهِ الْعُشْرُ.

(وَغَيْلَانُ بن سَلَمَةَ) أَسْلَمَ وَلَهُ عَشْرُ نِسْوَةٍ أَوْ ثَمَانٍ، (وَأُمُّ غَيْلَانَ) ضَرْبٌ مِنْ الْعِضَاه.

[غ ي ي]: قَوْلُهُ: الْغَايَةُ لَا تَدْخُلُ فِي الْمُغَيَّا، أَيْ: فِي الْمَوْضُوعِ لَهُ الْغَايَةُ.

---

(١) زيادة من: م.
(٢) في خ: "نهى".
(٣) سقط من: م.

بَاب الْفَاء

الْفَاء مَعَ الْهَمْزَة

[ف أ ف أ]: (الْفَأْفَاءُ) الَّذِي لَا يَقْدِرُ عَلَى إِخْرَاجِ الْكَلِمَةِ مِنْ لِسَانِهِ إِلَّا بِجَهْدٍ يَبْتَدِئُ فِي أَوَّلِ إِخْرَاجِهَا بِشِبْهِ الْفَاء، ثُمَّ يُؤَدِّي بَعْد ذَلِكَ بِالْجَهْدِ حُرُوف الْكَلِمَة عَلَى الصِّحَّةِ.

[ف أ م]: (الْفِئَامُ) جَمَاعَةٌ مِنَ النَّاسِ.

الْفَاء مَعَ التَّاء الْفَوْقِيَّة

[ف ت ت]: فِي كَرَاهِيَةِ الْوَاقِعَات: (الْفَتِيتَةُ) تَأْكُلُهَا الْمَرْأَةُ لِتَسْمَنَ هِيَ أَخَصُّ مِنْ الْفَتِيت، وَهُوَ الْخُبْزُ الْمَفْتُوتُ كَالسَّوِيقِ، وَمِثْلُهُ (الْفَتُوتُ)، وَأُخْبِرْتُ: أَنَّ الْخُبْزَ إِذَا فُتَّ فِي الْمَاءِ الْبَارِدِ يُورِثُ سِمَنًا.

[ف ت ح]: (مَا سُقِيَ فَتْحًا) نُصِبَ عَلَى الْمَصْدَرِ، أَيْ: مَا فُتِحَ عَلَيْهِ[1] مَاءُ الْأَنْهَار مِنْ الزَّرْعِ، وَالْيَاءُ تَصْحِيفٌ.

[ف ت خ] وَفِي الْحَدِيث: وَفَتَخَ أَصَابِعَ رِجْلَيْه، أَيْ: أَمَالَ رُءُوسَهَا إِلَى ظَاهِرِ الْقَدَم.

[ف ت ق]: (الْفَتْقُ) دَاءٌ يُصِيبُ الْإِنْسَانَ فِي أَمْعَائِه، وَهُوَ أَنْ يَنْفَتِقَ مَوْضِعٌ بَيْنَ أَمْعَائِهِ وَخُصْيَيْهِ فَيَجْتَمِع رِيحٌ بَيْنَهُمَا فَتَعْظُمَانِ، فَيُقَالُ: أَصَابَتْهُ رِيحُ الْفَتْقِ، وَقِيلَ: هُوَ[2] أَنْ يَنْقَطِعَ الشَّحْمُ الْمُشْتَمِلُ عَلَى الْأُنْثَيَيْنِ، وَفِي الْغَرِيبَيْنِ: الْفَتَقُ بِفَتْحِ التَّاءِ.

وَأَمَّا (الْفَتْقَاءُ) مِنْ النِّسَاءِ، وَهِيَ الْمُنْفَتِقَةُ الْفَرْجِ، فَمَصْدَره بِالْفَتْحِ لَا غَيْر، وَلَيْسَ هَذَا بِمُرَادِ الْفُقَهَاء، وَفِي الناطفي[3]: الْفَتْقُ انْشِقَاقُ الْعَانَة، وَلَيْسَ بِشَيْءٍ.

[ف ت ل]: (انْفَتَلَ) مِنْ الصَّلَاةِ: انْصَرَفَ عَنْهَا.

[ف ت ي]: (الْفَتَى) مِنْ النَّاس: الشَّابُّ الْقَوِيُّ الْحَدَثُ، وَالْجَمْعُ: فِتْيَةٌ وَفِتْيَانٌ، وَيُسْتَعَارُ لِلْمَمْلُوكِ وَإِنْ كَانَ شَيْخًا كَمَا الْغُلَامُ، وَرُوِيَ أَنَّهُ صَلَّى اللهُ عَلَيْهِ وَآلِهِ وَسَلَّمَ قَالَ:

---

(١) في خ: "إليه".
(٢) زيادة من: م.
(٣) في م: "مُتَحلّب".

"لَا يَقُلْ أَحَدُكُمْ: عَبْدِي وَأَمَتِي، وَلَكِنْ لِيَقُلْ: فَتَايَ وَفَتَاتِي"، وَعَنْ أَبِي يُوسُفَ رَحِمَهُ اللهِ: أَنَّ مَنْ قَالَ: أَنَا فَتَى فُلَانٍ، كَانَ إِقْرَارًا مِنْهُ بِالرِّقِّ.

وَاشْتِقَاقُ (الْفَتْوَى) مِنَ الْفَتَى؛ لِأَنَّهُ جَوَابٌ فِي حَادِثَةٍ أَوْ إِحْدَاثُ حُكْمٍ أَوْ تَقْوِيَةٌ لِبَيَانِ مُشْكِلٍ.

(وَالْفَتِيُّ) مِنَ الدَّوَابِّ عَلَى فَعِيل: الْحَدِيثُ السِّنِّ، وَهُوَ خِلَافُ الْمُسِنِّ، وَالْجَمْعُ: أَفْتَاءٌ، وَالْأُنْثَى فَتِيَّةٌ، وَقَوْلُهُ فِي الْغَنَمِ: إِنْ كَانَ فِيهَا وَاحِدَةٌ مُسِنَّةٌ فَتِيَّةً وَمَا سِوَاهَا سِخَالٌ حُسِبَتْ عَلَى صَاحِبِهَا، هَكَذَا صَحَّ لِأَنَّ أَدْنَى الْأَسْنَانِ فِيهَا الْإِثْنَاءُ، وَهُوَ حَالَةُ الْفَتَاءِ. وَقَوْلُ الْحَلْوَائِيّ: الْفَتِيَّةُ الْمُسِنَّةُ هِيَ الَّتِي تَمَّ لَهَا حَوْلَانِ وَطَعَنَتْ فِي الثَّالِثَةِ، تَفْسِيرُ الثَّنِيَّةِ بِعَيْنِهِ، وَبِذَا عُرِفَ أَنَّ قِنْيَةً بِالْقَافِ وَالنُّونِ تَصْحِيفٌ.

الْفَاء مَعَ الْجِيم

[ف ج أ]: فِي حَدِيثِ ابْنِ عَبَّاسٍ رَضِيَ اللهُ عَنْهُمَا فِي الرَّجُلِ تَفْجَؤُهُ الْجِنَازَةُ يُقَالُ: فَجِئَهُ وَفَاجَأَهُ، إِذَا أَتَاهُ فُجَاءَةً، أَيْ: بَغْتَةً مِنْ غَيْرِ تَوَقُّعٍ وَلَا مَعْرِفَةٍ، وَبِهَا سُمِّيَ مُصَدِّقُ بَنِي سُلَيْمٍ: الْفُجَاءَةُ بن عَبْدِ يَالِيل.

[ف ج ج]: فِي الْحَدِيثِ: "كَانَ صَلَّى اللهُ عَلَيْهِ وَآلِهِ وَسَلَّمَ قَائِمًا (فَتَفَاجَّ) لِيَبُولَ حَتَّى أَلْنَا لَهُ". أَيْ: فَرَّجَ بَيْنَ رِجْلَيْهِ، وَهُوَ تَفَاعُلٌ مِنَ الْفَجَجِ، وَهُوَ أَبْلَغُ مِنَ الْفَحَجِ، وَالصَّوَابُ فِي:"أَلْنَا لَهُ". أَلْنَا مِنْ آلَ إِلَيْهِ، وَعَلَيْهِ مِثْلُ قُلْنَا مِنْ قَالَ يَقُولُ، إِذَا أَشْفَقَ عَلَيْهِ وَعَطَفَ، وَإِنَّمَا عَدَّاهُ بِاللَّامِ عَلَى تَضْمِينِ مَعْنَى الرِّقَّةِ.

[ف ج ر]: (الْفَجْرُ) الشَّقُّ، وَالْفَتْحُ يُقَالُ فَجَرَ الْمَاءَ إِذَا فَتَحَهُ، (وَمَفَاجِرُ الدِّبَارِ) مَفَاتِحُ الْمَاءِ فِي الْكُرْدِ جَمْعُ الدَّبْرَةِ بِالسُّكُونِ، وَهِيَ الْكُرْدَةُ.

(وَالْفَجْرُ) ضَوْءُ الصُّبْحِ؛ لِأَنَّهُ انْصِدَاعُ ظُلْمَةٍ عَنْ نُورٍ؛ وَلِهَذَا يُسَمَّى الصَّدِيعَ، وَهُوَ فَجْرَانِ كَاذِبٌ، وَهُوَ الْمُسْتَطِيلُ، وَصَادِقٌ، وَهُوَ الْمُسْتَطِيرُ هَذَا أَصْلُهُ، ثُمَّ سُمِّيَ بِهِ الْوَقْتُ، وَقَوْلُهُمْ:الْفَجْرُ رَكْعَتَانِ عَلَى حَذْفِ الْمُضَافِ، وَمِنْهُ الْفُجُورُ: وَالْفُسُوقُ وَالْعِصْيَانُ كَأَنَّ الْفَاجِرَ يَفْتَحُ مَعْصِيَتَهُ وَيَتَّسِعُ فِيهَا، وَفِي دُعَاءِ الْقُنُوتِ: "وَنَتْرُكُ مَنْ يَفْجُرُكَ". أَيْ: يَعْصِيكَ، (وَالْيَمِينُ الْفَاجِرَةُ) عَلَى الْإِسْنَادِ الْمَجَازِيِّ.

[ف ج و]: (الْفَجْوَةُ) الْفُرْجَةُ وَالسَّعَةُ بَيْنَ الشَّيْئَيْنِ، وَمِنْهَا حَدِيثُ ابْنِ مَسْعُودٍ رَضِيَ اللهُ عَنْهُ: "إِذَا صَلَّى أَحَدُكُمْ فَلَا يُصَلِّيَنَّ وَبَيْنَهُ وَبَيْنَ الْقِبْلَةِ فَجْوَةٌ".

الْفَاء مَعَ الْحَاء الْمُهْمَلَة

[ف ح ج]: (الْفَحَجُ) تَبَاعُدُ مَا بَيْنَ أَوْسَاطِ السَّاقَيْنِ مِنْ الْإِنْسَانِ وَالدَّابَّةِ، وَالنَّعْت أَفْحَجُ وَفَحْجَاءُ.

[ف ح ش]: (أَفْحَشَ فِي الْكَلَام) جَاءَ بِالْفُحْشِ، وَهُوَ السَّيِّئُ مِنْ الْقَوْلِ، وَفَحَّشَ مِثْلُهُ، وَمِنْهُ مَا فِي الْمُنْتَقَى: ثُمَّ فَحَشْنَا عَلَيْهِ، أَيْ: أَوْرَدْنَا عَلَى أَبِي يُوسُفَ مَا فِيهِ غَبْنٌ فَاحِشٌ، أَوْ ذَكَرْنَا مَا يَقْبُحُ فِي الْعَادَة كَشَرْيِ مِثْلِ دَار بَنِي حُرَيْثٍ بِدِرْهَمٍ.

(وَرَجُلٌ فَاحِشٌ وَفَحَّاشٌ) سَيِّئُ الْكَلَام (وَأَمْرٌ فَاحِشٌ) قَبِيحٌ. قَالُوا: (وَالْفَاحِشَةُ) مَا جَاوَزَ حَدَّهُ فِي الْقُبْحِ، وَعَنْ اللَّيْث: كُلُّ أَمْرٍ لَمْ يَكُنْ مُوَافِقًا لِلْحَقِّ، وَقِيلَ فِي قَوْله تَعَالَى: ﴿إِلاَّ أَن يَأْتِينَ بِفَاحِشَةٍ﴾ [سورة الطلاق آية ١]، إِلَّا أَنْ يَزْنِينَ فَيُخْرَجْنَ لِلْحَدِّ، وَعَنْ إِبْرَاهِيمَ: إِلَّا إِذَا ارْتَكَبْنَ الْفَاحِشَةَ بِالْخُرُوجِ لِغَيْرِ الْإِذْنِ.

[ف ح ص]: (مَفْحَصُ) الْقَطَاة بِفَتْحِ الْمِيم وَالْحَاء: أُفْحُوصُهَا، وَهُوَ الْمَوْضِع الَّذِي تَفْحَصُ التُّرَاب عَنْهُ، أَيْ: تَكْشِفهُ وَتُنَحِّيهِ لِتَبِيضَ فِيهِ.

[ف ح ل]: (الْفُحَّالُ) وَاحِدُ (فَحَاحِيل) النَّخْلِ خَاصَّةً، وَهُوَ مَا يُلَقَّحُ بِهِ مِنْ ذَكَرِ النَّخْلِ، وَالْفَحْلُ عَامٌّ فِيهَا وَفِي الْحَيَوَان، وَجَمْعُهُ: فُحُولٌ وَفُحُولَةٌ، وَمِنْهُ: وَإِنْ كَانَ فِي نَخِيلِهَا فُحُولَةٌ تَفْضُلُ مِنْ لِقَاحِهَا، وَفِي حَدِيث عُثْمَانَ رَضِيَ اللـه عَنْهُ: "لَا شُفْعَةَ فِي بِئْرٍ وَلَا فَحْلٍ". أَرَادَ الْفُحَّالَ، وَذَلِكَ أَنَّهُ رُبَّمَا كَانَ بَيْنَ جَمَاعَةٍ فَحْلُ نَخْلٍ يَأْخُذُ كُلٌّ مِنْ الشُّرَكَاءِ فِيهِ زَمَنَ تَأْبِيرِ إِنَاثِ النَّخْلِ مَا يَحْتَاج إِلَيْهِ مِنْ الْحِرق، فَإِذَا بَاعَ وَاحِدٌ مِنْ الشُّرَكَاء نَصِيبَهُ مِنْ ذَلِكَ الْفَحْلِ رَجُلًا آخَرَ، فَلَا شُفْعَةَ لِلشُّرَكَاءِ فِيهِ؛ لِأَنَّهُ لَا يَنْقَسِم، وَهَذَا مَذْهَبُ أَهْلِ الْمَدِينَةِ.

الْفَاء مَعَ الْخَاء الْمُعْجَمَة

[ف خ ت]: (فَاخِتَةٌ) فِي (ح م).

[ف خ ت ج]: (الْفَخْتَجُ) بِفَتْحِ التَّاء وَضَمِّهَا: الْمُثَلَّث، وَهُوَ تَعْرِيبُ بُخْته.

[ف خ ذ]: (الْفَخِذُ) مَا بَيْنَ الرُّكْبَة وَالْوَرِكِ، وَهِيَ مُؤَنَّثَة، وَمِنْهَا: (تَفَخَّذَ الْمَرْأَةَ) إِذَا قَعَدَ بَيْنَ فَخِذَيْهَا أَوْ فَوْقَهُمَا.

(وَالْفَخِذُ) دُون الْبَطْنِ وَفَوْقَ الْفَصِيلَةِ، وَمِنْهَا: (فَخَّذَ عَشِيرَتَهُ) إِذَا دَعَاهُمْ فَخِذًا فَخِذًا،

وَهُوَ مُذَكَّر، وَعَلَى ذَا قَوْلُهُ: وَيَنْسُبُهُ إِلَى فَخِذِهِ الَّتِي هُوَ مِنْهَا، صَوَابُهُ: الَّذِي هُوَ مِنْهُ.

[ف خ ر]: (الْفَخَّارُ) الطِّينُ الْمَطْبُوخُ.

الْفَاء مَعَ الدَّال الْمُهْمَلَة

[ف د ح]: (فَدَحَهُ) الْأَمْر: عَالَهُ وَأَثْقَلَهُ، وَخَطْبٌ وَدَيْنٌ فَادِحٌ، وَمِنْهُ الْحَدِيث: وَعَلَى الْمُسْلِمِينَ أَنْ لَا يَتْرُكُوا (مَفْدُوحًا) فِي فِدَاءٍ أَوْ عَقْلٍ.

[ف د د]: فِي"جَمْعِ التَّفَارِيق": وَآلَاتُ الْفَدَّادِينَ، يَعْنِي: الْحَرَثَةَ، جَمْعُ فَدَّادٍ، فَعَّالٍ مِنْ الْفَدِيد، وَهُوَ الصَّوْتُ لِكَثْرَةِ أَصْوَاتِهِمْ فِي حُرُوثِهِمْ، وَأَمَّا الْفَدَّانُ بِالتَّخْفِيفِ وَالتَّشْدِيد فَالنُّونُ فِيهِ لَامُ الْكَلِمَة، وَهُوَ اسْمٌ لِلثَّوْرَيْنِ اللَّذَيْنِ يُحْرَثُ بِهِمَا فِي الْقُرْآنِ أَوْ لِأَدَاتِهِمَا، جَمْعُ الْمُخَفَّف: أَفْدِنَةٌ وَفُدُنٌ، وَجَمْعُ الْمُشَدَّد: فَدَادِينَ.

[ف د ع]: (الْفَدَعُ) اعْوِجَاجٌ فِي الرُّسْغِ مِنْ الْيَدِ وَالرِّجْلِ، وَقِيلَ: أَنْ يَصْطَكَّ كَعْبَاهُ وَيَتَبَاعَدَ قَدَمَاهُ، وَعَنْ ابْنِ الْأَعْرَابِيِّ: الْأَفْدَعُ الَّذِي يَمْشِي عَلَى ظَهْرِ قَدَمَيْهِ.

[ف د ق]: فِي" الْوَاقِعَات": الْأَفْدَقُ جَدْوَلٌ صَغِيرٌ، وَهُوَ مُعَرَّب، وَفِي الْكَرْخِيِّ: الشُّفْعَة فِي الْحَوَانِيتِ وَالْخَانَاتِ (وَالْفَنَادِق)، وَهُوَ جَمْعُ فُنْدُق بِلَفْظِ الْجَوْز الْبُلْغَرِيِّ، وَهُوَ بِلُغَةِ أَهْلِ الشَّامِ خَانٌ مِنْ هَذِهِ الْخَانَاتِ الَّتِي يَنْزِلُهَا النَّاسُ مِمَّا يَكُونُ فِي الطَّرِيق وَالْمَدَائِن.

[ف د ك]: (فَدَكُ) بِفَتْحَتَيْنِ: قَرْيَةٌ بِنَاحِيَةِ الْحِجَاز أَفَاءَهَا اللَّه تَعَالَى عَلَى نَبِيِّهِ صَلَّى اللَّه عَلَيْهِ وَآلِهِ وَسَلَّمَ، وَقَدْ تَنَازَعَهَا عَلِيٌّ وَالْعَبَّاسُ فَسَلَّمَهَا إِلَيْهِمَا عُمَرُ رَضِيَ اللَّه عَنْهُمْ.

[ف د ن] (الْفَدَّانُ) ذُكِرَ آنِفًا.

[ف د ي]: (فَدَاهُ) مِنْ الْأَسْرِ فِدَاءً وَفِدًى: اسْتَنْقَذَهُ مِنْهُ بِمَالٍ، (وَالْفِدْيَةُ) اسْمُ ذَلِكَ الْمَالِ وَجَمْعُهَا: فِدًى وَفِدْيَاتٌ، وَأَمَّا مَا فِي"الْوَاقِعَات": شَيْخٌ فَانٍ اجْتَمَعَ عَلَيْهِ فَدَايَا الصِّيَامِ، فَتَحْرِيفٌ.

(وَالْمُفَادَاةُ) بَيْنَ اثْنَيْنِ يُقَال: (فَادَاهُ) إِذَا أَطْلَقَهُ وَأَخَذَ فِدْيَتَهُ، وَعَنْ الْمُبَرِّد: (الْمُفَادَاةُ) أَنْ يَدْفَعَ رَجُلًا وَيَأْخُذُ رَجُلًا، وَالْفِدَاءُ أَنْ يَشْتَرِيَهُ، وَقِيلَ: هُمَا بِمَعْنًى. وَالْمُرَادُ بِقَوْلِهِ فِي الدِّيَات: وَإِنْ أَحَبُّوا فَادَوْا، إِطْلَاقُ الْقَاتِلِ أَوْ وَلِيِّهِ وَقَبُول الدِّيَة؛ لِأَنَّهَا عِوَض الدَّم كَمَا أَنَّ الْفِدْيَةَ عِوَضُ الْأَسِير.

الْفَاء مَعَ الذَّال الْمُعْجَمَة

[ف ذ ذ]: (الْفَذُّ) الْفَرْدُ.

الْفَاء مَعَ الرَّاء الْمُهْمَلَة

[ف ر ج ب]: (الفريجاب) بِالْفَارِسِيَّة: نَدَى اللَّيْلِ بُخَارِيَّةٌ، وَالْمَعْرُوف: شَبْ نَمْ.

[ف ر ت]: (الْفُرَاتُ) نَهْرُ الْكُوفَةِ، وَقَوْلُهُ: عَلَى أَنْ يَشْتَرِيَ حِنْطَةً مِنَ الْفُرَاتِ، يَعْنِي: مِنْ سَاحِله أَوْ مِنْ فُرْضَتْهُ.

[ف ر ج]: (الْفَرْجُ) قُبُلُ الرَّجُلِ وَالْمَرْأَةِ بِاتِّفَاقِ أَهْلِ اللُّغَةِ، وَقَوْلُهُ: الْقُبُل وَالدُّبُر كِلَاهُمَا فَرْجٌ، يَعْنِي: فِي الْحُكْمِ.

(وَأَفْرَجُوا) عَنْ الْقَتِيلِ: أَجْلَوْا عَنْهُ وَانْكَشَفُوا، (وَالْمُفْرَجُ) فِي حَدِيثِهِ صَلَّى اللهُ عَلَيْهِ وَسَلَّمَ: "الْعَقْلُ عَلَى الْمُسْلِمِينَ عَامَّةً، وَلَا يُتْرَكُ فِي الْإِسْلَامِ مَفْرَجٌ". قَالَ مُحَمَّدٌ رَحِمَهُ اللهُ: هُوَ الْقَتِيلُ الَّذِي وُجِدَ فِي أَرْضٍ فَلَاةٍ لَا يَكُونُ عِنْدَ قَرْيَةٍ، فَإِنَّهُ يُودَى مِنْ بَيْتِ الْمَالِ وَلَا يَبْطُلُ دَمُهُ، وَعَنْ أَبِي عُبَيْدَةَ: هُوَ أَنْ يُسْلِمَ الرَّجُلُ فَلَا يُوَالِي أَحَدًا، فَإِذَا جَنَى جِنَايَةً كَانَتْ عَلَى بَيْتِ الْمَالِ". وَعَنِ ابْنِ الْأَعْرَابِيِّ: هُوَ الَّذِي لَا عَشِيرَةَ لَهُ. وَأَمَّا (الْمُفْرَحُ) بِالْحَاءِ فِي الْحَدِيثِ الْآخَرِ: فَهُوَ الَّذِي أَثْقَله الدَّيْنُ عَنْ الْأَصْمَعِيِّ، وَالْهَمْزَة فِي كِلَيْهِمَا لِلسَّلْبِ، وَقِيلَ: بِالْجِيمِ مِنْ أَفْرَجَ الْوَلَدُ النَّاقَةَ فَفَرِجَتْ، وَذَلِكَ أَنْ تَضَعَ[1] أَوَّلَ بَطْنٍ حَمَلَتْهُ فَتَنْفَرِجَ فِي الْوِلَادَةِ، وَذَلِكَ مِمَّا يُجْهِدُهَا غَايَةَ الْجَهْدِ، وَمِنْهُ قِيلَ لِلْمَجْهُودِ: الْفَارِجُ.

(وَالْفَرُّوجُ) وَلَدُ الدَّجَاجَة خَاصَّةً، وَجَمْعُهُ: فَرَارِيجُ، وَكَأَنَّهُ أُسْتُعِيرَ لِلْقَبَاءِ الَّذِي فِيهِ شَقٌّ مِنْ خَلْفِهِ، وَمِنْهُ: "أُهْدِيَ إِلَى رَسُولِ اللهِ صَلَّى اللهُ عَلَيْهِ وَآله وَسَلَّمَ فَرُّوجُ خَزٍّ فَلَبِسَهُ وَصَلَّى فِيهِ".

[ف ر خ]: (الْفَرْخُ) بِالْخَاءِ عَامٌّ فِي وَلَدِ كُلِّ طَائِرٍ، وَالْجَمْع: أَفْرُخٌ وَأَفْرَاخٌ وَفِرَاخٌ.

(وَفِرَاخُ الزَّرْعِ) شَاخَاتُهُ اسْتِعَارَةً، وَمِنْهُ: وَلَوْ دَفَعَ إِلَيْهِ رَطْبَةً قَدْ صَارَتْ فِرَاخًا، وَقِدَاحًا تَصْحِيفٌ، وَمِنْ مَسَائِلِ الْعَوْلِ: (أُمُّ الْفُرُوخِ) لِكَثْرَةِ الِاخْتِلَافِ فِيهَا وَلَمْ يُسْمَع هَذَا الْجَمْعُ إِلَّا هَاهُنَا، (وَأَفْرَخَ) الْبَيْضُ: خَرَجَ فَرْخُهُ، (وَأَفْرَخَ) الطَّائِرُ، (وَفَرَّخَ) صَارَ ذَا فَرْخٍ، عَلَى ذَا قَوْلُهُ فِي الطَّائِرِ: ذَا فُرِّخ بِالضَّمِّ خَطأٌ.

---

(١) فِي خ: "تلد".

(وَفَرُّوخُ)[١] اسْمٌ أَعْجَمِيٌّ، وَهُوَ وَالِدُ رُسْتُمَ صَاحِبِ جَيْشِ الْعَجَمِ يَوْمَ الْقَادِسِيَّةِ، وَفِي الْفُتُوحِ: رُسْتُمُ بنِ (فَرْخَزَادَ)، وَلَقَبُهُ هُرْمُزَانُ، رَمَى هِلَالَ بن عَلْقَمَةَ بِسَهْمٍ فَشَكَّ قَدَمَهُ مَعَ رِكَابِهِ، فَضَرَبَهُ هِلَالٌ عَلَى تَاجِهِ فَقَتَلَهُ، وَقَالَ شِعْرًا مِنْهُ:

فَاضْرِبْ بِالسَّيْفِ يَافُوخَهُ فَكَانَتْ لَعَمْرُكَ فَتْحَ الْعَجَمِ

وَفِي بَعْضِ الشُّرُوحِ: وَكَانَ لَعَمْرِي وَقِيحَ الْعَجَمِ، وَهُوَ خَطَأٌ لُغَةً وَرِوَايَةً، وَالضَّمِيرُ فِي: فَكَانَتْ لِلضَّرْبَةِ الدَّالُّ عَلَيْهَا (فَاضْرِبْ).

[ف ر ش ح]: فِي الْحَدِيثِ: "كَانَ لَا يُفَرْشِحُ رِجْلَيْهِ وَلَا يُلْصِقُهُمَا". (الْفَرْشَحَةُ) أَنْ يُفَرِّجَ بَيْنَ رِجْلَيْهِ وَيُبَاعِدَ بَيْنَهُمَا.

[ف ر خ]: الْفَرْخ ذُكِرَ آنِفًا.

[ف ر س خ] (الْفَرْسَخُ) فِي (غ ل، غ ل و).

[ف ر ص د]: (الْفِرْصَادُ) التُّوتُ[٢] وَوَرَقُهُ يَأْكُلُهُ دُودُ الْقَزِّ بِبِلَادِ الْمَغْرِبِ، وَفِي الصِّحَاحِ: الْفِرْصَادُ التُّوتُ، وَهُوَ الْأَحْمَرُ مِنْهُ، قَالَ الْأَسْوَدُ بن يَعْفُرَ:

يَسْعَى بِهَا ذُو تُومَتَيْنِ مُشَمِّرٌ قَنَأَتْ أَنَامِلُهُ مِنَ الْفِرْصَادِ

وَفِي التَّهْذِيبِ: قَالَ اللَّيْثُ: الْفِرْصَادُ شَجَرٌ مَعْرُوفٌ، وَأَهْلُ الْبَصْرَةِ يُسَمُّونَ الشَّجَرَةَ فِرْصَادًا وَحَمْلَهُ التُّوتَ، وَفِي كِتَابِ النَّبَاتِ كَذَلِكَ إِلَّا أَنَّهُ قَالَ: وَالْحَمْلُ التُّوثُ بِالثَّاءِ الْمُثَلَّثَةِ.

[ف ر ب ر]: (فربر) فِي (ع ب، ع ب ر).

[ف ر ز]: (فَرَزَ لَهُ نَصِيبَهُ) عَزَلَهُ وَفَصَلَهُ فَرْزًا مِنْ بَابِ ضَرَبَ، (وَأَفْرَزَهُ) إِفْرَازًا لُغَةً، وَهُوَ مَفْرُوزٌ وَمُفْرَزٌ (وَإِفْرِيزُ الْحَائِطِ) مُعَرَّبٌ، وَهُوَ جَنَاحٌ نَادِرٌ، مِنْهُ قَوْلُهُ فِي الْمُنْتَقَى: أَخْرَجَ مِنْ حَائِطِهِ إِفْرِيزًا فِي الطَّرِيقِ.

(وَفَيْرُوزُ الدَّيْلَمِيُّ) ابْنُ أُخْتِ النَّجَاشِيِّ، قَاتِلُ الْأَسْوَدِ الْعَنْسِيِّ، خَدَمَ النَّبِيَّ صَلَّى اللهُ عَلَيْهِ وَآلِهِ وَسَلَّمَ وَسَأَلَهُ عَنِ الْأَشْرِبَةِ، وَأَسْلَمَ وَتَحْتَهُ أُخْتَانِ، فَقَالَ لَهُ صَلَّى اللهُ عَلَيْهِ وَآلِهِ وَسَلَّمَ: "طَلِّقْ أَيَّتَهُمَا شِئْتَ". وَمَا وَقَعَ فِي الشَّرْحِ سَهْوٌ.

---

(١) في خ: "فَرُّخُ".
(٢) في خ: "الخرتوت".

[ف ر س]: (الْفَرْسُ) دَقُّ الْعُنُقِ، ثُمَّ صُيِّرَ كُلُّ قَتْلٍ فَرْسًا، وَمِنْهُ: فَرِيسَةُ الْأَسَدِ، وَفِي الْحَدِيثِ: "نَهَى عَنْ الْفَرْسِ فِي الذَّبْحِ"، وَهُوَ أَنْ تَكْسِرَ عَظْمَ الرَّقَبَةِ قَبْلَ أَنْ تَبْرُدَ الذَّبِيحَةُ.

(وَالْفَرَسُ) بِفَتْحَتَيْنِ مَعْرُوفٌ، وَجَمْعُهُ: أَفْرَاسٌ، وَهُوَ يَقَعُ عَلَى الذَّكَرِ وَالْأُنْثَى عَرَبِيًّا كَانَ أَوْ غَيْرَ عَرَبِيٍّ، وَعَنْ مُحَمَّدٍ رَحِمَهُ اللهُ: أَنَّهُ اسْمٌ لِلْعَرَبِيِّ لَا غَيْرَ، وَلَمْ أَعْثُرْ عَلَى نَصٍّ مِنْ أَهْلِ اللُّغَةِ فِي ذَلِكَ، إِلَّا أَنَّ ابْنَ السِّكِّيتِ قَالَ: إِذَا كَانَ الرَّجُلُ عَلَى حَافِرٍ بِرْذَوْنًا كَانَ أَوْ فَرَسًا أَوْ بَغْلًا أَوْ حِمَارًا، قُلْتَ: مَرَّ بِنَا فَارِسٌ [أَوْ مَرَّ بِنَا فَارِسٌ عَلَى فَرَسٍ أَوْ مَرَّ بِنَا فَارِسٌ عَلَى بَغْلٍ][1] أَوْ مَرَّ بِنَا فَارِسٌ عَلَى حِمَارٍ.

(وَالتَّمْرُ الْفَارِسِيُّ): نَوْعٌ مِنْهُ مَنْسُوبٌ إِلَى فَارِسَ جِيلٍ مِنْ النَّاسِ.

[ف ر ش]: (الْفِرَاشُ) مَا يُفْرَشُ، أَيْ: يُبْسَطُ عَلَى الْأَرْضِ، وَقَوْلُهُ: بَاعَ قُطْنًا أَوْ صُوفًا فِي فِرَاشٍ، يَعْنِي: الْمِثَالَ الَّذِي يُنَامُ عَلَيْهِ، وَمِنْهُ: "الْوَلَدُ لِلْفِرَاشِ وَلِلْعَاهِرِ الْحَجَرُ"[2]. أَيْ: لِصَاحِبِ الْفِرَاشِ عَلَى حَذْفِ الْمُضَافِ، وَالْعَاهِرُ: الزَّانِي، وَيُقَالُ: عَهَرَ إِلَى الْمَرْأَةِ عَهْرًا وَعُهُورًا مِنْ بَابِ مَنَعَ، إِذَا أَتَاهَا لَيْلًا لِلْفُجُورِ بِهَا، وَقَالَ أَبُو عُبَيْدٍ فِي مَعْنَى قَوْلِهِ:"وَلِلْعَاهِرِ الْحَجَرُ". أَيْ: لَا حَقَّ لَهُ فِي النَّسَبِ كَقَوْلِهِمْ: لَهُ التُّرَابُ، أَيْ: لَا شَيْءَ لَهُ، وَبَعْضُهُمْ حَمَلَهُ عَلَى الظَّاهِرِ وَالرَّجْمُ بِالْحِجَارَةِ.

(وَافْتَرَشَ ذِرَاعَيْهِ) أَلْقَاهُمَا عَلَى الْأَرْضِ، (وَالْفَرْشُ) فِي قَوْلِهِ تَعَالَى: **﴿حَمُولَةً وَفَرْشًا﴾** [سورة الأنعام آية ١٤٢] مَا يُفْرَشُ لِلذَّبْحِ، أَيْ: يُلْقَى مِنْ صِغَارِ الْإِبِلِ وَالْبَقَرِ وَالْغَنَمِ وَيَسْتَوِي فِيهِ الْوَاحِدُ وَالْجَمْعُ، (وَالْفَرَاشُ) بِالْجَمْعِ: غَوْغَاءُ الْجَرَادِ، وَهُوَ مَا يَتَفَرَّشُ، أَيْ: يَبْسُطُ ذِرَاعَيْهِ[3] وَيَرْكَبُ بَعْضُهُ بَعْضًا، وَكَأَنَّ دُودَ الْقَزِّ سُمِّيَتْ فَرَاشًا؛ لِأَنَّهَا تَصِيرُ كَذَلِكَ إِذَا خَرَجَتْ مِنْ الْفَلِيقِ، وَمِنْهُ: وَلَوْ اشْتَرَى بَزْرًا مَعَهُ فَرَاشٌ.

[ف ر ص]: فِي الْحَدِيثِ: "خُذِي (فِرْصَةً) مُمَسَّكَةً فَتَطَهَّرِي بِهَا"، وَيُرْوَى: فَتَمَسَّكِي.

(الْفِرْصَةُ) قِطْعَةٌ مِنْ قُطْنٍ أَوْ صُوفٍ، (وَالْمُمَسَّكَةُ) الْخَلَقُ الَّتِي أُمْسِكَتْ كَثِيرًا أَوْ

---

(١) زيادة من: م.
(٢) أخرجه البخاري (٦٨١٨)، ومسلم (١٤٥٩)، والترمذي (١١٥٧)، وأبو داود (٢٢٧٤)، والنسائي (٣٤٨٣)، وابن ماجه (٢٠٠٦).
(٣) في خ: "جناحيه".

الْمُطَيَّبَةُ مِنَ الْمِسْكِ، وَكَذَا (فَتَمَسَّكِي) مِنَ التَّمَسُّكِ الْأَخْذُ وَالطِّيب جَمِيعًا، وَيَشْهَدُ لِلثَّانِي حَدِيثُ عَائِشَةَ: "أَنَّهُ صَلَّى اللَّه عَلَيْهِ وَآلِهِ وَسَلَّمَ قَالَ لِلسَّائِلَةِ: "خُذِي فِرْصَةً مِنْ مِسْكٍ". وَمَعْنَى: فَتَطَهَّرِي، أَيْ: تَتَبَّعِي آثَارَ الدَّمِ، يَعْنِي: الْفَرْجَ هَكَذَا فِي الْحَدِيثِ، وَقَدْ ذَكَرَهُ الْبَيْهَقِيُّ فِي السُّنَنِ.

(وَفُرَافِصَةُ) بِالضَّمِّ: ابْنُ عُمَيْرٍ الْحَنَفِيُّ، يَرْوِي عَنْ عُثْمَانَ رَضِيَ اللَّه عَنْهُ.

[ف ر ض]: (فَرْضُ) الْقَوْسِ حَزُّهَا لِلْوَتَرِ، وَجَمْعُهُ: فِرَاضٌ. (وَفُرْضَةُ النَّهْرِ) مَشْرَعَتُهُ، وَهِيَ الثُّلْمَةُ الَّتِي يَنْحَدِرُ مِنْهَا إِلَى الْمَاءِ وَمُرْفَأُ السُّفُنِ أَيْضًا.

(وَفَرَضَ) اللَّه الصَّلَاةَ وَافْتَرَضَهَا: أَوْجَبَهَا، وَمِنْهُ: هَذِهِ الْقَرَابَةُ يُفْتَرَضُ وَصْلُهَا، مَبْنِيًّا لِلْمَفْعُولِ.

(وَالْفَرِيضَةُ) اسْم مَا يُفْرَضُ عَلَى الْمُكَلَّفِ، (وَفَرَائِضُ الْإِبِلِ) مَا يُفْرَضُ فِيهَا كَبِنْتِ الْمَخَاضِ فِي خَمْسٍ وَعِشْرِينَ، وَبِنْت اللَّبُونِ فِي سِتٍّ وَثَلَاثِينَ، وَقَدْ سُمِّيَ بِهَا كُلُّ مُقَدَّرٍ، فَقِيلَ لِأَنْصِبَاءِ الْمَوَارِيثِ: (فَرَائِضُ) لِأَنَّهَا مُقَدَّرَة لِأَصْحَابِهَا، ثُمَّ قِيلَ لِلْعِلْمِ بِمَسَائِلِ الْمِيرَاثِ: (عِلْمُ الْفَرَائِضِ) وَلِلْعَالِمِ بِهِ: (فَرَضِيٌّ وَفَارِضٌ). وَلِقَوْلِهِ صَلَّى اللَّه عَلَيْهِ وَآلِهِ وَسَلَّمَ: "أَفْرَضُكُمْ زَيْدٌ". أَيْ: أَعْلَمُكُمْ بِهَذَا النَّوْعِ، وَفِي الْحَدِيثِ: "تَعَلَّمُوا الْفَرَائِضَ وَعَلِّمُوهَا النَّاسَ فَإِنَّهَا نِصْفُ الْعِلْمِ". تَأْنِيثُ الضَّمِيرِ كَمَا فِي أَلْسِنَةِ الْعَوَامِّ هُوَ الظَّاهِرُ، وَالتَّذْكِيرُ كَمَا فِي الْفِرْدَوْسِ عَلَى اعْتِبَارِ حُكْمِ الْمُضَافِ، وَإِنَّمَا سَمَّاهُ نِصْفَ الْعِلْمِ إِمَّا تَوَسُّعًا فِي الْكَلَامِ وَاسْتِكْثَارًا لِلْبَعْضِ كَمَا فِي: (شَطْرِ عُمْرِهَا) أَوْ اعْتِبَارًا بِحَالَتَيِ الْحَيَاةِ وَالْمَمَاتِ.

[ف ر ط]: "اللَّهُمَّ اجْعَلْهُ لَنَا فَرَطًا". أَيْ: أَجْرًا يَتَقَدَّمُنَا، وَأَصْلُ الْفَارِطِ وَالْفَرَطِ فِيمَنْ يَتَقَدَّمُ الْوَارِدَةَ.

[ف ر ع]: (الْفَرَعُ) أَوَّلُ مَا تَلِدُهُ النَّاقَةُ، وَكَانُوا يَذْبَحُونَهُ لِآلِهَتِهِمْ. (وَالْفَرَعَةُ) مِثْلُهُ، وَمِنْهَا الْحَدِيثُ: "لَا فَرَعَةَ وَلَا عَتِيرَةَ"[1]. وَبِتَصْغِيرِهَا سُمِّيَتْ (فُرَيْعَةُ) بِنْتُ مَالِكِ بن سِنَانٍ.

[ف ر ق ع]: قَوْلُهُ: "التَّفَرْقُعُ عَبَثٌ"، صَوَابُهُ: الْفَرْقَعَة، وَهِيَ تَنْقِيضُ الْأَصَابِع

(١) أخرجه ابن ماجه (٣١٦٨)، وأحمد في مسنده (٧٢١٥)، والبيهقي في السنن الكبرى في: ج ٩: ص٣١٣

وَذَلِكَ[١] أَنْ يَغْمِزَهَا أَوْ يَمُدَّهَا حَتَّى تُصَوِّتَ، يُقَال: فَرْقَعَهَا فَتَفَرْقَعَتْ، وَالتَّفْقِيعُ مِثْلُ الْفَرْقَعَةِ.

[ف ر ق]: (الْفَرَقُ) بِفَتْحَتَيْنِ: إِنَاءٌ يَأْخُذُ سِتَّةَ عَشَرَ رَطْلًا، وَذَلِكَ ثَلَاثَةُ أَصْوُعٍ [عَلى قَول أَبي يوسف][٢] هَكَذَا فِي التَّهْذِيبِ عَنْ ثَعْلَبٍ وَخَالِد بن يَزِيد، قَالَ الْأَزْهَرِيُّ: وَالْمُحَدِّثُونَ عَلَى السُّكُونِ وَكَلَامُ الْعَرَبِ عَلَى التَّحْرِيكِ. وَفِي الصِّحَاح: (الْفَرَقُ) مِكْيَالٌ مَعْرُوفٌ بِالْمَدِينَةِ، وَهُوَ سِتَّةُ عَشَرَ رَطْلًا، قَالَ: وَقَدْ يُحَرَّكُ، وَأَنْشَدَ لِخِدَاش بن زُهَيْر:

يَأْخُذُونَ الْأَرْشَ فِي إِخْوَتِهِمْ فَرَقَ السَّمْنِ وَشَاةً فِي الْغَنَمْ

وَالْجَمْع:فُرْقَان، وَهَذَا يَكُونُ لَهُمَا جَمِيعًا كَبَطْنٍ وَبُطْنَانٍ وَحَمَلٍ وَحُمْلَانٍ.

وَفِي التَّكْمِلَةِ: وَفَرَّقَ بَيْنَهُمَا الْقُتَبِيُّ فَقَالَ: (الْفَرْقُ) بِسُكُونِ الرَّاءِ مِنَ الْأَوَانِي وَالْمَقَادِير سِتَّةَ عَشَرَ رَطْلًا، وَالصَّاعُ ثُلُثُ الْفَرَقِ، وَبِالْفَتْحِ: مِكْيَال ثَمَانُونَ رَطْلًا. قَالَ: وَقَالَ[٣] بَعْضُهُمْ: (الْفَرْقُ) بِسُكُونِ الرَّاءِ: أَرْبَعَةُ أَرْطَال.

قُلْت: وَفِي نَوَادِرِ هِشَام عَنْ مُحَمَّد رَحِمَهُ اللهُ: (الْفَرَقُ) سِتَّةٌ وَثَلَاثُونَ رَطْلًا، وَلَمْ أَجِد هَذَا فِيمَا عِنْدِي مِنْ [أُصُول اللُّغَة][٤] وَكَذَا فِي الْمُحِيط أَنَّهُ سِتُّونَ رَطْلًا.

وَيُقَالُ: (فَرَقَ) لِي هَذَا الْأَمْرُ فُرُوقًا، مِنْ بَابِ طَلَبَ إِذَا تَبَيَّنَ وَوَضَحَ، وَمِنْهُ: فَإِنْ لَمْ يَفْرُقْ لِلْإِمَامِ رَأْيٌ. (وَفَرَقَ) بَيْنَ الشَّيْئَيْنِ. (وَفَرَّقَ) بَيْنَ الْأَشْيَاءِ.

وَذَكَر الْأَزْهَرِيُّ: فَرَقْتُ بَيْنَ الْكَلَام أَفْرُقُ بِالضَّمِّ، وَفَرَّقْتُ بَيْنَ الْأَجْسَام تَفْرِيقًا، قَالَ: وَقَوْلُ النَّبِيِّ صَلَّى اللهُ عَلَيْهِ وَآلِهِ وَسَلَّمَ: "الْبَيِّعَانِ بِالْخِيَارِ مَا لَمْ يَتَفَرَّقَا" بِالْأَبْدَان؛ لِأَنَّهُ يُقَالُ: فَرَّقْتُ بَيْنَهُمَا فَتَفَرَّقَا.

قُلْت: وَمِنْ هَذَا ذَكَرَ الْخَطَّابِيُّ: أَنَّ (الِافْتِرَاق) بِالْكَلَام، (وَالتَّفَرُّق) بِالْأَجْسَامِ؛ لِأَنَّهُ يُقَالُ: فَرَقْتُهُ فَافْتَرَقَ وَفَرَّقْتُهُ فَتَفَرَّقَ.

وَفِي حَدِيث عُمَرَ رَضِيَ اللهُ عَنْهُ:"فَرِّقُوا عَنْ الْمَنِيَّةِ، وَاجْعَلُوا الرَّأْس رَأْسَيْنِ، وَلَا تُلِثُّوا بِدَارِ مُعْجِزَةٍ، وَأَصْلِحُوا مَثَاوِيَكُمْ، وَأَخِيفُوا[٥] الْهَوَامَّ قَبْلَ أَنْ تُخِيفَكُمْ، وَاخْشَوْشِنُوا وَاخْشَوْشِبُوا وَتَمَعْدَدُوا". أَيْ: فَرِّقُوا أَمْوَالَكُمْ عَنْ الْمَنِيَّةِ بِأَنْ تَشْتَرُوا بِثَمَنِ الْوَاحِدِ مِنْ

---

(١) زيادة من: م.
(٢) سقط من: م.
(٣) زيادة من: م.
(٤) في خ: "الأصول".
(٥) في خ: "وأضيفوا".

الْحَيَوَانِ اثْنَيْنِ، حَتَّى إِذَا مَاتَ أَحَدُهُمَا بَقِيَ الثَّانِي. وَقَوْلُهُ: (وَاجْعَلُوا الرَّأْسَ رَأْسَيْنِ) بَيَانٌ لِهَذَا الْمُجْمَلِ. (وَالْإِلْثَاثُ) الْإِقَامَةُ. (وَالْمُعْجِزَةُ) بِفَتْحِ الْجِيمِ وَكَسْرِهَا الْعَجْزُ، يَعْنِي: سِيحُوا فِي الْأَرْضِ وَلَا تُقِيمُوا بِدَارٍ تَعْجِزُونَ فِيهَا عَنْ الْكَسْبِ أَوْ عَنْ إِقَامَةِ أَسْبَابِ الدِّينِ. (وَالْمَثَاوِي) جَمْعُ مَثْوًى، وَهُوَ الْمَنْزِلُ. (وَالْهَوَامُّ) الْعَقَارِبُ وَالْحَيَّاتُ، أَيْ: أَقْتُلُوهَا قَبْلَ أَنْ تَقْتُلَكُمْ. (وَالاخْشِيشَانُ) (وَالاخْشِيشَابُ) اسْتِعْمَالُ الْخُشُونَةِ فِي الْمَطْعَمِ وَالْمَشْرَبِ وَالْمَلْبَسِ، (وَالتَّمَعْدُدُ) التَّشَبُّهُ بِمَعْدٍ، وَهِيَ مِنْ قَبَائِلِ الْعَرَبِ، يَقُولُ: تَشَبَّهُوا بِهِمْ فِي خُشُونَةِ عَيْشِهِمْ وَاطِّرَاحِ زِيِّ الْعَجَمِ وَتَنَعُّمِهِمْ.

(وَإِفْرِيقِيَّةُ) بِتَخْفِيفِ الْيَاءِ وَتَشْدِيدِهَا: مِنْ بِلَادِ الْمَغْرِبِ.

وَفِي "الْوَاقِعَاتِ": وَسَط الصُّفُوف فَجْوَةٌ، أَيْ: سَعَةٌ مِقْدَارُ حَوْضٍ أَوْ فَارِقَيْنِ، وَهُوَ تَعْرِيبُ بَارْكَيْنِ، وَهُوَ شَيْءٌ يَضْرِبُ إِلَى السَّعَةِ كَالْحَوْضِ الْوَاسِعِ الْكَبِيرِ يُجْمَعُ فِيهِ الْمَاءُ لِلشِّتَاءِ وَأَكْثَرُ مَا يَكُونُ هَذَا بِمَا وَرَاءَ النَّهْرِ.

(الْمَفَارِقُ) فِي (و ب، و ب ص).

[ف ر ك]: (فَرَكَ) الْمَنِيَّ عَنْ الثَّوْبِ فَرْكًا: دَلَكَهُ، وَهُوَ أَنْ يَغْمِزَهُ بِيَدِهِ وَيَحُكَّهُ وَيَعْرُكَهُ[(١)] حَتَّى يَتَفَتَّتَ وَيَتَقَشَّرَ مِنْ بَابِ طَلَبَ. (فَرْتَنَى) فِي (ق ر، ق ر ب).

[ف ر ج ن]: (الْفِرْجِينُ) بِوَزْنِ السِّرْجِينِ وَالْفِرْزِينِ[(٢)] تَعْرِيبُ برجين، وَهُوَ الْحَائِطُ مِنْ الشَّوْكِ يُدَارُ حَوْلَ الْكَرْمِ أَوْ الْمَبْطَخَةِ وَنَحْوِهَا. وَفِي النَّاطِفِيِّ: لِأَحَدِ الْجَارَيْنِ أَنْ يَنْصِبَ (الْفِرْجِينَ) فِي مِلْكِهِ وَيَجْعَلَ الْقُمْطَ إِلَى جَانِبِ جَارِهِ، وَكَأَنَّهُ أَرَادَ بِهِ هُنَا مَا يُتَّخَذُ مِنْ الْخُصِّ وَنَحْوِهِ.

[ف ر و]: (فَرْوَةُ) الرَّأْسِ: جِلْدَتُهُ بِشَعْرِهَا، وَهِيَ فِي حَدِيثِ عُمَرَ رَضِيَ اللهُ عَنْهُ: الْأَمَةُ أَلْقَتْ فَرْوَتَهَا مِنْ وَرَاءِ الدَّارِ، مُسْتَعَارَةٌ لِخِمَارِهَا أَوْ قِنَاعِهَا، أَوْ الْمُرَادُ: أَنَّهَا تَبَرَّزَتْ مِنْ الْبَيْتِ مَكْشُوفَةَ الرَّأْسِ غَيْرَ مُتَقَنِّعَةٍ، وَبِهَا سُمِّيَ فَرْوَةُ بن عُمَيْرٍ فِي الدَّعْوَى، وَفَرْوَةُ بن مُسَيْكٍ، وَفَرْوَةُ بن عَمْرٍو[(٣)] الْبَيَاضِيُّ فِي قِسْمَةِ خَيْبَرَ، وَكُنِّيَتْ (أُمُّ فَرْوَةَ) بِنْتُ أَبِي قُحَافَةَ، أُخْتُ أَبِي بَكْرٍ رَضِيَ اللهُ عَنْهُمَا، وَهِيَ الَّتِي تَزَوَّجَهَا أَشْعَثُ بن قَيْسٍ بَعْدَ رُجُوعِهِ وَإِسْلَامِهِ

---

(١) فِي خ: "ويفركه".
(٢) فِي خ: "والغرزين".
(٣) فِي م: "عمر".

بَعْدَ ارْتِدَادِهِ.

[ف ر هـ] (الْفُرْهَةُ) فِي (خ ي، خ ي ر).

[ف ر ي]: سُئِلَ ابْنُ عَبَّاسٍ عَنْ الذَّبِيحَة بِالْعَوْدِ فَقَالَ: كُلْ مَا (أَفْرَى) الْأَوْدَاجَ غَيْرَ مُثَرِّدٍ، أَيْ: قَطَعَهَا وَشَقَّهَا فَأَخْرَجَ مَا فِيهَا مِنَ الدَّمِ عَنْ أَبِي عُبَيْدٍ.

وَالْفَرْقُ بَيْنَ الْإِفْرَاءِ وَالْفَرْيِ: أَنَّ (الْإِفْرَاءَ) قَطْعٌ لِلْإِفْسَادِ وَشَقٌّ كَمَا يُفْرِي الذَّابِحُ وَالسَّبُعُ. (وَالْفَرْيُ) قَطْعٌ لِلْإِصْلَاحِ كَمَا يَفْرِي الْخَرَّازُ الْأَدِيمَ، وَقَدْ جَاءَ بِمَعْنَى: أَفْرَى أَيْضًا، إِلَّا أَنَّهُ لَمْ يُسْمَع بِهِ فِي الْحَدِيثِ.

(وَالتَّثْرِيدُ) أَنْ يَغمِزَ الْأَوْدَاجَ وَيَعْصِرَهَا مِنْ غَيْرِ قَطْعٍ وَتَسْيِيلِ دَمٍ، وَأَصْلُهُ مِنْ الثَّرْدِ، وَهُوَ الْهَشْمُ وَالْكَسْرُ، وَمِنْهُ: الثَّرْدُ فِي الْخِصَاء.

(وَافْتَرَى) عَلَيْهِ كَذِبًا: اخْتَلَقَهُ، وَالِاسْمُ الْفِرْيَةُ، وَأُرِيدَ بِهَا الْقَذْفُ فِي قَوْلِهِ: فِيمَا أَصَابَ فِي دَارِ الْحَرْبِ مِنْ فِرْيَةٍ عَلَى صَاحِبِهِ أَوْ سَرِقَةٍ.

الْفَاء مَعَ السِّين الْمُهْمَلَة

[ف س ط]: (الْفُسْطَاطُ) الْخَيْمَةُ الْعَظِيمَةُ، وَعَنْ اللَّيْثِ: هُوَ ضَرْبٌ مِنْ الْأَبْنِيَةِ.

(وَالْفُسْطَاطُ) أَيْضًا: مُجْتَمَعُ أَهْلِ الْكُورَة حَوَالَيْ مَسْجِد جَمَاعَتِهِمْ، وَفِي الْحَدِيث: "يَدُ اللـه عَلَى الْفُسْطَاط". يُرِيد الْمَدِينَةَ، عَنْ الْأَزْهَرِيِّ، قَالَ: وَكُلُّ مَدِينَةٍ فُسْطَاطٌ، وَمِنْهُ: مَا رُوِيَ عَنْ الشَّعْبِيِّ فِي الْعَبْدِ الْآبِقِ: إِذَا أَخَذَ الْفُسْطَاطَ فَفِيهِ عَشَرَةُ دَرَاهِم، وَبِهِ سُمِّيَ مَدِينَةُ مِصْرَ- الَّتِي بَنَاهَا عَمْرُو بن الْعَاصِ رَضِيَ اللـه عَنْهُ، وَكَسْرُ الْفَاءِ فِيهِ لُغَةٌ.

[ف س ق]: (الْفُسُوقُ) الْخُرُوج مِنْ الِاسْتِقَامَة، وقَوْله تَعَالَى: **(وَلَا فُسُوقَ)** [سورة البقرة آية ١٩٧] أَيْ: وَلَا خُرُوجَ مِنْ حُدُودِ الشَّرِيعَة، وَقِيلَ: هُوَ التَّسَابُّ وَالتَّنَابُزُ بِالْأَلْقَابِ، وَقِيلَ لِلْعَاصِي: فَاسِقٌ؛ لِخُرُوجِهِ مِمَّا أُمِرَ بِهِ. وَسُمِّيَتْ هَذِهِ الْحَيَوَانَاتُ الْخَمْسُ (فَوَاسِقُ) اسْتِعَارَة لِخُبْثِهِنَّ، وَقِيلَ: لِخُرُوجِهِنَّ مِنْ الْحُرْمَةِ، بِقَوْلِهِ: "خَمْسٌ لَا حُرْمَةَ لَهُنَّ". وَقِيلَ: أَرَادَ بِتَفْسِيقِهَا: تَحْرِيمُ أَكْلِهَا، كَقَوْلِهِ تَعَالَى: **(ذَٰلِكُمْ فِسْقٌ)** [سورة المائدة آية ٣] بَعْدَمَا ذَكَرَ مَا حَرُمَ مِنْ الْمَيْتَةِ وَالدَّمِ.

[ف س ل]: (الْفَسِيلُ) مَا يُقْطَعُ مِنْ الْأُمَّهَاتِ أَوْ يُقْلَعُ مِنْ الْأَرْضِ مِنْ صِغَارِ النَّخْلِ فَيُغْرَسُ.

الْفَاء مَعَ الشِّينِ الْمُعْجَمَةِ

[ف ش ش]: فِي"الْمُنْتَقى": (الْفَشَّاشُ) إذَا فَشَّ بَابًا فِي السُّوقِ لَا يُقْطَعُ، قَالَ: وَهُوَ الَّذِي يُهَيِّئُ لِغَلَقِ الْبَابِ مَا يَفْتَحهُ بِهِ، وَهُوَ مِنْ (فَشَّ السِّقَاءَ) إذَا حَلَّ وِكَاءَهُ وَفَتَحَ فَاهُ بَعْد النَّفْخِ فِيهِ فَخَرَجَتْ مِنْهُ الرِّيحُ.

(وَانْفَشَّتْ الرِّيَاحُ) تَفَرَّقَتْ عِنْدَ الْمَسِّ، وَمِنْهُ قَوْلُهُ فِي شُبْهَةِ الْحَمْلِ: كَانَتْ رِيحًا انْفَشَّتْ، وَفِي كِتَابِ"اللُّصُوصِ" لِلْجَاحِظِ: (الْفَشُّ) مُعَالَجَةُ دَوَّارَةِ الْبَابِ، وَعَنْ اللَّيْثِ: هُوَ تَتَبُّعُ السَّرِقَةِ الدُّونِ. وَالْأَوَّلُ الْوَجْه.

[ف ش غ] عُمَرُ رَضِيَ اللهُ عَنْهُ قَالَ لِزَيْد: أَيْ عَدُوَّ نَفْسكَ مَا هَذِهِ الْفُتْيَا الَّتِي (تَفَشَّغَتْ) مِنْك، أَيْ: انْتَشَرَتْ وَظَهَرَتْ مِنْ (الْفَشَّاغِ)، وَهُوَ نَبْتٌ يَعْلُو الْأَشْجَارَ وَيَرْكَبُهَا وَيَلْتَوِي عَلَيْهَا لَا وَرَقَ لَهُ.

الْفَاء مَعَ الصَّاد الْمُهْمَلَةِ

[ف ص ل]: (فُصِلَ) الرَّضِيعَ عَنْ أُمِّهِ فَصْلًا وَفِصَالًا، وَمِنْهُ: الْفَصِيلُ لِوَاحِدِ الْفُصْلَانِ.

(وَفَصَلَ) الْعَسْكَرُ عَنْ الْبَلَدِ، وَمِنْهُ قَوْلُهُ عَلَيْهِ الصَّلَاةُ وَالسَّلَامُ فِي ابْنِ رَوَاحَةَ: كَانَ أَوَّلَنَا فُصُولًا وَآخِرَنَا قُفُولًا، أَيْ: انْفِصَالًا مِنْ دَارِهِ وَأَهْله وَرُجُوعًا إلَيْهِمْ.

(وَالْفَصِيلَةُ) دُون الْفَخِذِ، **(وَفَصْلَ الْخِطَابِ)** [سورة ص آية ٢٠] الْكَلَامُ الْبَيِّنُ الْمُلَخَّص الَّذِي يَتَبَيَّنُهُ مِنْ يُخَاطَبُ بِهِ وَلَا يَلْتَبِسُ عَلَيْهِ، وَالْفَاصِلُ بَيْنَ الْحَقِّ وَالْبَاطِلِ وَالصَّحِيحِ وَالْفَاسِدِ.

(وَالْمُفَصَّلُ) هُوَ السُّبْعُ السَّابِعُ مِنْ الْقُرْآنِ، سُمِّيَ بِهِ لِكَثْرَةِ فُصُوله، وَهُوَ مِنْ سُورَةِ مُحَمَّدٍ صَلَّى اللهُ عَلَيْهِ وَآلِهِ وَسَلَّمَ، وَقِيلَ: مِنْ سُورَةِ الْفَتْحِ، وَقِيلَ: مِنْ سُورَةِ قَافٍ إلَى آخِرِ الْقُرْآنِ.

الْفَاء مَعَ الضَّاد الْمُعْجَمَةِ

[ف ض خ]: (الْفَضْخُ) كَسْرُ الشَّيْءِ الْأَجْوَفِ، وَمِنْهُ: (الْفَضِيخُ) لِشَرَابٍ يُتَّخَذُ مِنْ الْبُسْرِ الْمَفْضُوخِ الْمَشْدُوخِ، وَمِنْهُ حَدِيثُ ابْنِ عُمَرَ رَضِيَ اللهُ عَنْهُمَا: سُئِلَ عَنْهُ فَقَالَ: لَيْسَ بِالْفَضِيخِ، وَلَكِنَّهُ الْفَضُوحُ، بِفَتْحِ الْفَاءِ وَبِالْحَاءِ الْمُهْمَلَةِ، وَالْمَعْنَى: أَنَّهُ يُسْكِرُ

شَارِبَهُ فَيَفْضَحُهُ.

[ف ض ض]: (الْفَضُّ) كَسْرٌ بِتَفْرِقَةٍ، يُقَال: (فَضَّ الْخَاتَمَ فَانْفَضَّ) أَيْ: كَسَرَهُ فَانْكَسَرَ.

(وَانْفَضَّ) الْقَوْمُ: تَفَرَّقُوا، (وَانْفَضَّتْ عُرَاهَا) انْكَسَرَتْ وَتَفَرَّقَتْ، وَقَوْلُ عُمَرَ رَضِيَ اللهُ عَنْهُ لِعَلِيٍّ: عَزَمْتُ عَلَيْكَ لَا تَجْلِسُ حَتَّى تَفُضَّ ذَلِكَ عَلَى قَوْمِكَ، أَيْ: تُفَرِّقَهُ وَتُقَسِّمَهُ، وَتَقُصَّ مِنَ الْقَصَصِ تَصْحِيفٌ، وَرُوِيَ: حَتَّى تَقْضِيَ ذَلِكَ عَنِّي مِنَ الْقَضَاءِ، وَقَوْلُهُ عَلَيْهِ الصَّلَاةُ وَالسَّلَامُ فِي الْمُتَوَفَّى عَنْهَا زَوْجُهَا: "ثُمَّ تُؤْتَى بَعْدَ مُضِيِّ السَّنَةِ بِدَابَّةٍ حِمَارٍ أَوْ شَاةٍ أَوْ ظَبْيٍ فَتَفْتَضُّ بِهِ". أَيْ: تَكْسِرُ بِهِ عِدَّتَهَا، وَقِيلَ: تَطْهُرُ بِهِ، مَأْخُوذٌ مِنَ الْفِضَّةِ لِنَقَائِهَا، وَقِيلَ: إِنَّهَا كَانَتْ تَمْسَحُ بِهِ قُبُلَهَا فَلَا يَكَادُ يَعِيشُ، أَيِ[1] ذَلِكَ الْحِمَارُ أَوِ الدَّابَّةُ، وَيُرْوَى: فَتَقْبِصُ، مِنَ التَّقَبُّصِ: الْأَخْذُ بِأَطْرَافِ الْأَصَابِعِ.

[ف ض ل]: (الْفَضْلُ) الزِّيَادَةُ، وَقَدْ غَلَبَ جَمْعُهُ عَلَى مَا لَا خَيْرَ فِيهِ حَتَّى قِيلَ:

فُضُولٌ بِلَا فَضْلٍ وَسِنٌّ بِلَا سِنٍّ وَطُولٌ بِلَا طَوْلٍ وَعَرْضٌ بِلَا عِرْضٍ

ثُمَّ قِيلَ لِمَنْ يَشْتَغِلُ بِمَا لَا يَعْنِيهِ: (فُضُولِيٌّ)، وَهُوَ فِي اصْطِلَاحِ الْفُقَهَاءِ: مَنْ لَيْسَ بِوَكِيلٍ، وَفَتْحُ الْفَاءِ فِيهِ[2] خَطَأٌ.

وَقَوْلُ عَبْدِ اللهِ الْأَنْصَارِيِّ فِيمَنْ يُجْعَلُ أَقَلَّ مِمَّا اجْتَعَلَ: إِذَا لَمْ يَكُنْ أَرَادَ الْفَضْلَ فَلَا بَأْسَ بِهِ، يَعْنِي: إِذَا لَمْ يَقْصِدْ بِمَا فَضَلَ مِنْهُ وَزَادَ أَنْ يَحْبِسَهُ لِنَفْسِهِ وَيَصْرِفَهُ إِلَى حَوَائِجِهِ، وَيُقَالُ: ثَوْبٌ فُضُلٌ وَامْرَأَةٌ فُضُلٌ، أَيْ: عَلَى ثَوْبٍ وَاحِدٍ مِلْحَفَةٍ وَنَحْوِهَا تَتَوَشَّحُ بِهِ، وَمِنْهُ حَدِيثُ سَهْلَةَ: فَيَرَانِي فُضُلًا، وَأَمَّا حَدِيثُ عَائِشَةَ فِي أَفْلَحَ:"وَأَنَا فِي ثِيَابٍ فُضُلٍ". فَفِيهِ نَظَرٌ.

وَالْفُضُولُ فِي (رَبّ).

[ف ض و]: (الْفَضَاءُ) الْمَكَانُ الْوَاسِعُ، وَقَوْلُهُمْ: أَفْضَى فُلَانٌ إِلَى فُلَانٍ، إِذَا وَصَلَ إِلَيْهِ، حَقِيقَتُهُ: صَارَ فِي فَضَائِهِ، وَفِي التَّنْزِيلِ: ﴿وَقَدْ أَفْضَى بَعْضُكُمْ إِلَى بَعْضٍ﴾ [سورة النساء آية ٢١] كِنَايَةٌ عَنِ الْمُبَاشَرَةِ، وَمَنْ قَالَ: هُوَ عِبَارَةٌ عَنِ الْخَلْوَةِ، فَقَدْ نَظَرَ إِلَى

---

(١) سقط من: م.
(٢) زيادة من: م.

أَصْلِ الاشْتِقَاق.

وَمِنْهُ: (الْمُفْضَاةُ) الْمَرْأَةُ الَّتِي صَارَ مَسْلَكَاهَا وَاحِدًا، يَعْنِي مَسْلَكَ الْبَوْلِ وَمَسْلَكَ الْغَائِطِ، وَذَلِكَ أَنْ يَنْقَطِعَ الْحَتَارُ بَيْنَهُمَا، وَهُوَ زِيقُ الْحَلْقَة، وَقَدْ (أَفْضَاهَا الرَّجُلُ) إِذَا جَعَلَهَا كَذَلِكَ، وَزِيَادَةُ الْبَيَانِ فِي الْمُعَرَّب.

الْفَاء مَعَ الطَّاء الْمُهْمَلَة

[ف ط ر]: (الْفَطْرُ) إِيجَادُ الشَّيْءِ ابْتِدَاءً وَابْتِدَاعًا، وَيُقَال: فَطَرَ اللَّه الْخَلْقَ فَطْرًا، إِذَا ابْتَدَعَهُمْ.

(وَالْفِطْرَةُ) الْخِلْقَةُ، وَهِيَ مِنْ الْفَطْرِ كَالْخِلْقَةِ مِنْ الْخَلْقِ فِي أَنَّهَا اسْمٌ لِلْحَالَةِ، ثُمَّ إِنَّهَا جُعِلَتْ اسْمًا لِلْخِلْقَةِ الْقَابِلَةِ لِدِينِ الْحَقِّ عَلَى الْخُصُوصِ، وَعَلَيْهِ الْحَدِيثُ الْمَشْهُور: "كُلُّ مَوْلُودٍ يُولَدُ عَلَى الْفِطْرَةِ"، ثُمَّ جُعِلَ اسْمًا لِمِلَّةِ الْإِسْلَامِ نَفْسِهَا؛ لِأَنَّهَا حَالَةٌ مِنْ أَحْوَالِ صَاحِبِهَا؛ وَعَلَيْهِ قَوْلُهُ: "قَصُّ الْأَظْفَارِ مِنْ الْفِطْرَةِ".

وَأَمَّا قَوْلُهُ فِي الْمُخْتَصَرِ: (الْفِطْرَةُ) نِصْفُ صَاعٍ مِنْ بُرٍّ، فَمَعْنَاهُ: صَدَقَةُ الْفِطْرِ، وَقَدْ جَاءَتْ فِي عِبَارَاتِ الشَّافِعِيِّ رَحِمَهُ اللَّه وَغَيْرِهِ، وَهِيَ صَحِيحَةٌ مِنْ طَرِيقِ اللُّغَةِ، وَإِنْ لَمْ أَجِدْهَا فِيمَا عِنْدِي مِنْ الْأُصُول.

وَيُقَالُ: (فَطَّرْتُ) الصَّائِمَ فَأَفْطَرَ، نَحْو بَشَّرْتُهُ فَأَبْشَرَ، وَقَوْلُهُ فِي الْمُخْتَصَرِ: وَإِنْ ابْتَلَعَ حَصَاةً فَطَرَ، أَيْ: فَطَّرَهُ ابْتِلَاعُهَا، وَكَذَا قَوْلُهُ: وَإِنْ ذَرَعَهُ الْقَيْءُ لَمْ يُفَطِّرْهُ، أَيْ: لَمْ يُفَطِّرْهُ الْقَيْءُ، وَهَذَا إِنْ صَحَّتْ الرِّوَايَةُ، وَإِلَّا فَالصَّوَابُ: أَفْطَرَ وَلَمْ يُفْطِر، وَأَمَّا" لَمْ يُفْطَرْ". مَبْنِيًّا لِلْمَفْعُولِ فَرَكِيكٌ، وَرُوِيَ أَنَّ رَسُولَ اللَّه صَلَّى اللَّه عَلَيْهِ وَآلِهِ وَسَلَّمَ قَالَ: "إِذَا أَقْبَلَ اللَّيْلُ مِنْ هَاهُنَا وَأَدْبَرَ النَّهَارُ مِنْ هَاهُنَا فَقَدْ أَفْطَرَ الصَّائِمُ". أَيْ: دَخَلَ فِي الْفِطْرِ كَأَصْبَحَ وَأَمْسَى، إِذَا دَخَلَ فِي الْوَقْتَيْنِ، وَعَلَيْهِ مَسْأَلَةُ الْجَامِع: إِنْ أَفْطَرْتُ بِالْكُوفَةِ فَعَبْدِي حُرٌّ، فَكَانَ بِالْكُوفَةِ يَوْمَ الْفِطْرِ إِلَّا أَنَّهُ لَمْ يَأْكُل حَنِثَ.

[ف ط س]: (الْفِطِّيسُ) بِكَسْرِ الْفَاء وَتَشْدِيدِ الطَّاء: الْمِطْرَقَةُ الْعَظِيمَةُ.

الْفَاء مَعَ الْعَيْنُ الْمُهْمَلَة

[ف ع ل] يُقَالُ لِلَّذِينَ يَعْمَلُونَ بِأَيْدِيهِمْ فِي طِينٍ أَوْ بِنَاءٍ أَوْ حَفْرٍ: (الْفَعَلَةُ) وَالْعَمَلَةُ،

وَمِنْهَا[(١)]: أَحْضَرَ فَعَلَةً لِهَدْمِ دَارِهِ وَتَسَخَّرَ الْأَمِيرُ الْعَمَلَةَ.
(وَافْتَعَلَ كَذِبًا) اخْتَلَقَهُ، وَمِنْهُ: الْخُطُوطُ تُفْتَعَلُ، أَيْ: تُزَوَّرُ.
(وَكِتَابٌ مُفْتَعَلٌ) [مَصْنُوعٌ مُزَوَّرٌ][(٢)].

الْفَاء مَعَ الْغَيْنِ الْمُعْجَمَة

[ف غ ر]: (فَغَرَ) فَاهُ: أي[(٣)] فَتَحَهُ، (وَفُغِرَ فُوهُ بِنَفْسِهِ) فُتِحَ، وَيَتَعَدَّى وَلَا يَتَعَدَّى.
[ف غ ل]: فِي"الْوَاقِعَاتِ": (الْفَغَالُ) وَالْقَلْتَبَانُ: الَّذِي يَعْلَمُ فُجُورَ امْرَأَتِهِ، وَهُوَ رَاضٍ.

الْفَاء مَعَ الْقَاف

[ف ق أ]: (الْفَقْءُ) الشَّقُّ، يُقَالُ: فَقَأْتُ الْبَثْرَةَ فَانْفَقَأَتْ، وَتَفَقَّأَ الدُّمَّلُ: تَشَقَّقَ، وَمِنْهُ حَدِيثُ عُمَرَ رَضِيَ اللهُ عَنْهُ: مَنْ وَافَاكَ مِنَ الْجُنْدِ مَا لَمْ يَتَفَقَّأْ الْقَتْلَى فَأَشْرِكْهُ فِي الْغَنِيمَةِ. يَعْنِي: إِنْ حَضَرَ وَقْتَ الْحَرْبِ فِي فَوْرِ الْقِتَالِ، أَمَّا بَعْدَ أَنْ وَضَعَتْ الْحَرْبُ أَوْزَارَهَا وَتَشَقَّقَتْ جِيَفُ الْقَتْلَى فَلَا، وَهَذِهِ عِبَارَةٌ عَنْ تَطَاوُلِ الزَّمَانِ بَعْدَ الْحَرْبِ، وَرُوِيَ: مَا لَمْ يَتَقَفَّ. أَيْ: مَا لَمْ يَجِئْ خَلْفَهُمْ، يَعْنِي: بَعْدَ انْقِضَاءِ الْحَرْبِ.
(وَفَقَأَ الْعَيْنَ): عَارَهَا بِأَنْ شَقَّ حَدَقَتَهَا، وَقَوْلُهُمْ: أَبُو حَنِيفَةَ رَحِمَهُ اللهُ سَوَّى بَيْنَ الْفَقْءِ وَالْقَلْعِ، أَرَادُوا التَّسْوِيَةَ حُكْمًا لَا لُغَةً، لِأَنَّ الْفَقْءَ مَا ذُكِرَ، وَالْقَلْعَ: أَنْ يَنْزِعَ حَدَقَتَهَا بِعُرُوقِهَا.
[ف ق د]: (فَقَدْتُ) الشَّيْءَ: غَابَ عَنِّي، وَأَنَا فَاقِدٌ، وَالشَّيْءُ مَفْقُودٌ، وَتَفَقَّدْتُهُ وَافْتَقَدْتُهُ: تَطَلَّبْتُهُ، وَافْتَقَدْتُهُ بِمَعْنَى فَقَدْتُهُ، وَمِنْهُ الْحَدِيثُ[(٤)]: الْخُطُوطُ تُفْتَقَدُ، أَيْ: تُفْقَدُ وَتَفُوتُ.
وَأَمَّا قَوْلُهُ: الْجُنُون يُفْقِدُ شَهْوَةَ الْجِمَاعِ، فَالصَّوَابُ: يُعْدِم أَوْ يُزِيلُ؛ لِأَنَّ الْإِفْقَادَ غَيْرُ ثَبَت.
[ف ق ر]: (الْفَقِيرُ) أَحْسَنُ حَالًا مِنَ الْمِسْكِينِ، وَقِيلَ عَلَى الْعَكْسِ؛ لِأَنَّ اللهَ تَعَالَى قَالَ: ﴿أَمَّا السَّفِينَةُ فَكَانَتْ لِمَسَاكِينَ﴾ [سورة الكهف آية ٧٩] فَأَخْبَرَ أَنَّ لَهُمْ سَفِينَةً، وَهِيَ

---

(١) في خ: "ومنه".
(٢) سقط من: م.
(٣) سقط من: م.
(٤) زيادة من: م.

تُسَاوِي جُمْلَة، وَقَالَ: (لِلْفُقَرَاءِ الَّذِينَ أُحْصِرُوا فِي سَبِيلِ اللَّهِ لا يَسْتَطِيعُونَ ضَرْبًا فِي الأَرْضِ) [سورة البقرة آية ٢٧٣]، وَأَمَّا قَوْلُ الرَّاعِي:

أَمَّا الْفَقِيرُ الَّذِي كَانَتْ حَلُوبَتُهُ ... وَفْقَ الْعِيَالِ فَلَمْ يُتْرَكْ لَهُ سَبَدُ

فَمَعْنَاهُ: كَانَتْ لَهُ حَلُوبَةٌ فِيمَا مَضَى فَالآن مَا بَقِيَتْ لَهُ تِلْكَ الْحَالَة، (وَالْحَلُوبَةُ) النَّاقَةُ الَّتِي تُحْلَب، وَقَوْلُهُ: لَمْ يُتْرَكْ لَهُ سَبَدٌ، مِنْ[1] مَثَلِ الْعَرَبِ فِي النَّفْيِ الْعَامِّ: مَا لَهُ سَبَدٌ وَلَا لَبَدٌ، أَيْ[2] شَيْءٌ، (وَالسَّبَدُ) فِي الْأَصْل: الشَّعْرُ، (وَاللَّبَدُ) الصُّوفُ، (وَفْقَ الْعِيَالِ) أَيْ: لَبَنُهَا يَكْفِيهِمْ.

(وَالْفَقِيرُ) البِئر، وَجَمْعُهُ: فُقُرٌ (وَأَفْقَرْتُ) فُلَانًا بَعِيرًا، أَيْ[3]: أَعَرْتُهُ إِيَّاهُ لِيَرْكَبَهُ، مَأْخُوذٌ مِنْ (فَقَارِ) الظَّهْرِ، وَهِيَ خَرَزَاتُهُ، الْوَاحِدَةُ: فَقَارَة. وَأَفْقَرَ فِي (ن ج، ن ج د).

[ف ق م]: (تَفَاقَمَ) الْأَمْرُ: اشْتَدَّ وَعَظُمَ.

[ف ق هـ]: (فَقِهَ الْمَعْنَى) فَهِمَهُ وَأَفْهَمَهُ غَيْرَهُ.

الْفَاء مَعَ الْكَاف

[ف ك ك]: (الْفَكَّانِ) اللَّحْيَانِ، وَفَكَّ الْعَظْمَ: أَزَالَهُ مِنْ مَفْصِلِهِ، وَانْفَكَّ بِنَفْسِهِ، وَتَفَكَّكَ إِذَا انْفَرَجَ وَانْفَصَلَ، وَمِنْهُ قَوْلُ مُحَمَّدٍ رَحِمَهُ اللَّه: تَفَكَّكَ السَّرْجُ.

(وَفَكُّ الْخِتَامِ) فَضُّهُ وَكَسْرُهُ، وَقَوْلُهُ فِي كِتَابِ الْقَاضِي: وَلَا يَفْتُكُهُ إِلَّا بِحَضْرَةِ الْخَصْم، أَيْ: لَا يَفُكُّ خَاتَمَهُ، وَإِنْ لَمْ نَسْمَعهُ. (وَفَكَّ الرَّهْنَ وَافْتَكَّهُ) إِذَا أَخْرَجَهُ مِنْ يَدِ الْمُرْتَهِنِ وَخَلَّصَهُ.

(وَفَكُّ الرَّقَبَة) فِي (ف ص).

[ف ك ل]: فِي الْحَدِيثِ: "وَجَدْتَنِي أُفْكَلُ". أَيْ: تُرْعَدُ فَرَائِصِي مِنَ (الْأَفْكَلِ)، وَهُوَ الرِّعْدَةُ، وَفِيهِ نَظَرٌ، لِأَنَّهُمْ قَالُوا: لَا فِعْلَ لَهُ.

[ف ك هـ]: (الْفَاكِهَةُ) مَا يُتَفَكَّهُ بِهِ، أَيْ: ما[4] يُتَنَعَّمُ بِأَكْلِهِ وَيُتَلَذَّذُ، ومِنْهَا (الْفُكَاهَةُ) الْمُزَاحُ. (وَرَجُلٌ فَكِهٌ) طَيِّبُ النَّفْسِ مَزَّاحٌ ضَحُوكٌ، وَقَدْ (فَكِهَ) بِالْكَسْرِ ـ (فَكَاهَةً) بِالْفَتْحِ، وَفِي التَّنْزِيلِ: (فَكِهِينَ) [سورة المطففين آية ٣١] أَيْ: أَشِرِينَ بَطِرِينَ، وَفَاكِهِينَ أَيْ:

(١) سقط من: م.
(٢) زيادة من: م.
(٣) زيادة من: م.
(٤) سقط من: م.

نَاعِمِينَ.

الْفَاء مَعَ اللَّام

[ف ل ت]: (الانْفِلَاتُ) خُرُوجُ الشَّيْءِ فَلْتَةً، أَيْ: بَغْتَةً، وَكَذَلِكَ الْإِفْلَاتُ وَالتَّفَلُّتُ، وَمِنْهُ: الدَّابَّةُ إِذَا أَفْلَتَتْ مِنَ الْمُشْرِكِ وَلَيْسَ لَهَا سَائِقٌ وَلَا قَائِدٌ، أَيْ: خَرَجَتْ مِنْ يَدِهِ وَنَفَرَتْ، وَيُرْوَى: انْفَلَتَتْ، وَأُجْبِرَ الْقَصَّارُ إِذَا انْفَلَتَتْ مِنْهُ الْمِدَقَّةُ، أَيْ: خَرَجَتْ مِنْ يَدِهِ.

(وَافْتَلَتَتْ) فُلَانَةُ نَفْسَهَا: إِذَا مَاتَتْ فُجَاءَةً، (وَتَفَلَّتَ عَلَيْنَا فُلَانٌ) أَيْ: تَوَثَّبَ، وَمِنْهُ حَدِيثُ أُمِّ هَانِئٍ: "فَتَفَلَّتَ عَلَيْهِمَا لَيَقْتُلَهُمَا".

[ف ل ج]: (الْفَلَجُ) بِالْفَتْحِ: خُمْسَا الْكُرِّ الْمُعَدَّلِ عَنْ شَيْخِنَا أَبِي عَلِيٍّ، وَعَنْ عَلِيِّ بن عِيسَى: هُوَ أَكْبَرُ مِنَ الْفَلْجِ، وَفِي" التَّهْذِيبِ": (الْفَالِجُ) نِصْفُ الْكُرِّ الْكَبِيرِ. (وَالْفِلْجُ) الْمِكْيَالُ الَّذِي يُقَالُ لَهُ بِالسُّرْيَانِيَّةِ: فَالِغَا، وَمِنْهُ حَدِيثُ عُمَرَ: أَنَّهُ بَعَثَ حُذَيْفَةَ وَابْنَ حُنَيْفٍ إِلَى السَّوَادِ فَفَلَجَا الْجِزْيَةَ عَلَى أَهْلِهِ، أَيْ: فَرَضَاهَا وَقَسَمَاهَا، وَإِنَّمَا أَخَذُوا الْقِسْمَةَ مِنْ هَذَا الْمِكْيَالِ؛ لِأَنَّ خَرَاجَهُ كَانَ طَعَامًا. وَقِيلَ (الْفَلْجُ) الْقِسْمَةُ، عَنْ شَمِرٍ يُقَالُ: فَلَجْتُ الْمَالَ بَيْنَهُمْ، أَيْ: قَسَمْتُهُ.

(وَفَلَجْتُ الشَّيْءَ فَلْجَيْنِ) أَيْ: شَقَقْتُهُ نِصْفَيْنِ، وَمِنْهُ: الْفَالِجُ فِي مَصْدَرِ الْمَفْلُوجِ؛ لِأَنَّهُ ذَهَابُ النِّصْفِ عَنِ ابْنِ دُرَيْدٍ.

(وَالْأَفْلَجُ) الْمُتَبَاعِدُ مَا بَيْنَ الرِّجْلَيْنِ، وَأَمَّا (الْمُفَلَّجُ الْأَسْنَانِ) فَلَا يُقَالُ إِلَّا أَفْلَجُ الْأَسْنَانِ.

[ف ل ح]: ابْنُ مَسْعُودٍ رَضِيَ اللهُ عَنْهُ: (اسْتَفْلِحِي) بِأَمْرِكِ، أَيْ: فُوزِي بِأَمْرِكِ وَاسْتَبِدِّي بِهِ، مِنَ الْفَلَاحِ، وَهُوَ الْفَوْزُ بِالْمَطْلُوبِ، وَمَدَارُ التَّرْكِيبِ عَلَى الشَّقِّ وَالْقَطْعِ، وَمِنْهُ: الْحَدِيدُ بِالْحَدِيدِ يُفْلَحُ.

(وَالْأَفْلَحُ) الْمَشْقُوقُ الشَّفَةِ السُّفْلَى، وَبِهِ سُمِّيَ أَفْلَحُ أَبُو الْقُعَيْسِ، أَوْ أَخُو أَبِي الْقُعَيْسِ، عَمُّ عَائِشَةَ مِنَ الرَّضَاعَةِ، وَفِي غَيْرِ الْحَدِيثِ: اسْتَفْلِجِي بِالْجِيمِ مِنَ الْفُلْجِ، وَهُوَ الظُّفُرُ.

[ف ل س]: (فَرَسٌ مُفَلَّسٌ) فِي جِلْدِهِ لُمَعٌ كَالْفُلُوسِ.

[ف ل س ط]: (فِلَسْطِينُ) مِنْ أَجْنَادِ الشَّامِ.

[ف ل ع]: (تَفَلَّعَ رَأْسُهُ) تَشَقَّقَ، وَأَمَّا (تَفَلَّعَتِ الْيَدُ) إِذَا تَشَقَّقَتْ، فَهُوَ بِالْقَافِ.

[ف ل ق]: وَعَنْ الْغُورِيِّ: (الْفَلْقُ) الشَّقُّ مِنْ بَابِ ضَرَبَ، يُقَالُ: فَلَقَهُ فَانْفَلَقَ، وَمِنْهُ: قَوْلُ مُحَمَّدٍ رَحِمَهُ اللهُ: (وَتَفَلَّقَتْ الْقَصْعَةُ) وَانْفَلَعَتْ تَصْحِيفٌ، (وَالْفِلْقَةُ) الْقِطْعَةُ، وَمِنْهَا قَوْلُهُ: كَأَنَّهَا فِلْقَةُ قَمَرٍ وَفِلْقٌ مِنْ مَدَرٍ.

(وَالْفَيْلَقُ) الْكَتِيبَةُ الْعَظِيمَة، وَأَمَّا (الْفَيْلَقُ) لِمَا يُتَّخَذُ مِنْهُ الْقَزُّ فَتَعْرِيبُ (بيله) وَالْفَاءُ فِيهِمَا مَفْتُوحَة.

[ف ل ك]: فِي حَدِيثِ عَائِشَةَ رَضِيَ اللهُ عَنْهَا: "(وَلَوْ بِفَلَكَةِ) مِغْزَلٍ". هَذَا عَلَى حَذْفِ الْمُضَافِ، وَقَدْ جَاءَ صَرِيحًا فِي شَرْحِ الْإِرْشَادِ: وَلَوْ بِدَوْرِ فَلَكَةِ مِغْزَلٍ، وَهُوَ مَثَلٌ فِي الدَّوَرَانِ وَالْغَرَضُ لَقَلِيل الْمُدَّةِ.

[ف ل ل]: (الْفَلُّ) الْمُنْهَزِمُونَ مِنْ (فَلَّهُ) إِذَا كَسَرَهُ، (وَالْفَلُو) الْمُهْرُ، وَالْجَمْعُ: أَفْلَاءٌ، كَعَدُوٍّ وَأَعْدَاءٍ.

[ف ل ي]: (فَلَى رَأْسَهُ وَثِيَابَهُ فَلْيًا) فَتَّشَ عَنْ الْقَمْلِ، وَمِنْهُ: دَفَعَ إِلَى رَجُلٍ ثَوْبًا لِيَفْلِيَهُ.

الْفَاء مَعَ النُّونِ

[ف ن ج]: (الْفِنْجَانُ) تَعْرِيب: بِنْكَانَ.

[ف ن ق]: فِي خِزَانَةِ الْأَكْمَلِ: سَعْدِ بن أَبِي وَقَّاصٍ وَسَعِيدِ بن زَيْدٍ رَضِيَ اللهُ عَنْهُمَا سَكَنَا (بِالْفَنِيقِ)، وَهُوَ مَوْضِعٌ عَلَى عَشَرَةِ أَمْيَالٍ مِنْ الْمَدِينَةِ.

[ف ن ي]: (الشَّيْخُ الْفَانِي) الَّذِي فَنِيَ قُوَاهُ، (وَالْفِنَاءُ) سَعَةٌ أَمَامَ الْبُيُوتِ، وَقِيلَ: مَا امْتَدَّ مِنْ جَوَانِبِهَا.

الْفَاء مَعَ الْوَاو

[ف و ت]: (الِافْتِيَاتُ) الِاسْتِبْدَادُ بِالرَّأْيِ، افْتِعَال مِنْ (الْفَوْت) السَّبْقِ، وَمِنْهُ:"خَشِيَ أَنْ يَكُونَ أُفْتَاتَ عَلَى رَسُولِ اللهِ صَلَّى اللهُ عَلَيْهِ وَآلِهِ وَسَلَّمَ"، وَفِي حَدِيثِ عَبْدِ الرَّحْمَنِ بن أَبِي بَكْرٍ: أَمِثْلِي يُفْتَاتُ عَلَيْهِ فِي بَنَاتِهِ، مَبْنِيًّا لِلْمَفْعُولِ، أَيْ: لَا يَصْلُح أَمْرُهُنَّ بِغَيْرِ إِذْنِي.

[ف و د]: (فَادَ يَفُودُ) مَاتَ، وَبِاسْمِ الْفَاعِلِ مِنْهُ سُمِّيَ وَالِدُ عَمْرِو بن فَائِدٍ، فِي زَلَّة الْقَارِيِّ.

[ف و ر]: (فَارَ) الْمَاءُ مِنَ الْأَرْضِ يَفُورُ فَوْرًا وَفَوَرَانًا: نَبَعَ وَخَرَجَ، وَقَوْلُ الْفُقَهَاءِ: الْأَمْرُ عَلَى الْفَوْرِ لَا عَلَى التَّرَاخِي، أَيْ: عَلَى الْحَالِ، وَهُوَ فِي الْأَصْلِ: مَصْدَر فَارَتْ الْقِدْرُ، إِذَا غَلَتْ فَاسْتُعِيرَ لِلسُّرْعَةِ، ثُمَّ سُمِّيَتْ بِهِ الْحَالَةُ الَّتِي لَا رَيْثَ فِيهَا وَلَا لَبْثَ، فَقِيلَ: جَاءَ فُلَانٌ وَخَرَجَ مِنْ فَوْرِهِ، أَيْ: مِنْ سَاعَتِه. وَفِي"التَّكْمِلَة": فَعَلَ ذَلِكَ مِنْ فَوْرِهِ وَفَوْرَتِهِ، إِذَا وَصَلَ الْفِعْلَ بِالْآخرِ، وَفِي الصِّحَاحِ: ذَهَبْتُ فِي حَاجَةٍ، ثُمَّ أَتَيْتُ فُلَانًا مِنْ فَوْرِي، أَيْ: قَبْلَ أَنْ أَسْكُنَ، وَالتَّحْقِيق الْأَوَّلُ.

[ف و ض]: (التَّفْوِيضُ) التَّسْلِيمُ وَتَرْكُ الْمُنَازَعَةِ، وَمِنْهُ: (الْمُفَوِّضَةُ) فِي حَدِيثِ ابْنِ مَسْعُودٍ رَضِيَ اللهُ عَنْهُ: وَهِيَ الَّتِي فَوَّضَتْ بُضْعَهَا إِلَى زَوْجِهَا، أَيْ: زَوَّجَتْهُ نَفْسَهَا بِلَا مَهْرٍ، وَمَنْ رَوَى بِفَتْحِ الْوَاوِ عَلَى مَعْنَى: أَنَّ وَلِيَّهَا زَوَّجَهَا بِغَيْرِ تَسْمِيَةِ الْمَهْرِ، فَفِيهِ نَظَرٌ.

وَيُقَالُ: (فَاوَضَهُ) فِي كَذَا: إِذَا حَاوَرَهُ وَفَعَلَ مِثْلَ فِعْلِه، وَالنَّاسُ (فَوْضَى) فِي هَذَا الْأَمْرِ، أَيْ: سَوَاءٌ لَا تَبَايُنَ بَيْنَهُمْ، وَكَانَتْ خَيْبَرُ (فَوْضَى)، أَيْ: مُخْتَلِطَة مُشْتَرَكَة، وَمِنْهَا: شَرِكَةُ الْمُفَاوَضَةِ، (وَتَفَاوَضَ الشَّرِيكَانِ) تَسَاوَيَا، وَاشْتِقَاقُهَا مِنْ فَيْضِ الْمَاءِ، وَاسْتِفَاضَةِ الْخَبَرِ خَطَأٌ.

[ف و ق]: (فَوْق) مِنْ ظُرُوفِ الْمَكَانِ نَقِيض (تَحْتَ)، يُقَالُ: زَيْدٌ فَوْقَ السَّطْحِ، وَالْعِمَامَةُ فَوْقَ الرَّأْسِ، وَعَلَيْهِ قَوْله تَعَالَى: **(فَاضْرِبُوا فَوْقَ الْأَعْنَاقِ)** [سورة الأنفال آية ١٢]، وَقَدْ اُسْتُعِيرَ بِمَعْنَى الزِّيَادَةِ، فَقِيلَ: هَذَا فَوْقَ ذَلِكَ، أَيْ: زَائِدٌ عَلَيْهِ، وَالْعَشَرَة فَوْقَ التِّسْعَة، وَمِنْهُ: **(بَعُوضَةً فَمَا فَوْقَهَا)** [سورة البقرة آية ٢٦] أَيْ: فَمَا زَادَ عَلَيْهَا فِي الصِّغَرِ أَوْ الْكِبَرِ، وَعَلَيْهِ قَوْلُهُ عَزَّ وَجَلَّ: **(فَإِنْ كُنَّ نِسَاءً فَوْقَ اثْنَتَيْنِ)** [سورة النساء آية ١١]، وَهِيَ فِي كِلْتَا الْآيَتَيْنِ فِي مَوْضِعِهَا، وَلَمْ يَذْكُر أَحَدٌ مِنْ الْمُحَقِّقِينَ: أَنَّهَا صِلَةٌ، وَمِنْ الْمُشْتَقِّ مِنْهَا: (فَاقَ النَّاسَ) إِذَا فَضَلَهُمْ، وَهُوَ (فَائِقٌ) فِي الْعِلْمِ وَالْغِنَى، وَقَسَمَ غَنَائِمَ خَيْبَرَ عَنْ (فُوَاقٍ)، أَيْ: صَادِرًا عَنْ سُرْعَةٍ، يَعْنِي: قَسَّمَهَا سَرِيعًا، وَتَمَامُ التَّحْقِيقِ فِي الْمُعْرَبِ.

[ف و م]: (الْفَامِيُّ) بِتَشْدِيدِ الْيَاءِ: السُّكَّرِيُّ، وَهُوَ الَّذِي يُسَمِّيهِ الْعَوَامُّ: الْبَيَّاعُ.

[ف و هـ]: (الْفُوهُ) بِالضَّمِّ: الطِّيبُ، وَالْجَمْعِ: أَفْوَاهٌ، (وَأَفَاوِيهُ) جَمْعُ الْجَمْعِ، وَمِنْهُ: وَلَوْ أَنَّ رَجُلًا اتَّخَذَ مِنْ الْخَمْرِ عِطْرًا أَوْ أَلْقَى فِيهِ أَفَاوِيهُ، وَقِيلَ: مَا يُعَالَجُ بِهِ كَالتَّوَابِلِ مِنْ الْأَطْعِمَة، يُقَالُ: هُوَ مِنْ أَفْوَاهِ الطِّيبِ، وَأَفْوَاه الْبُقُول لِأَصْنَافِهَا وَأَخْلَاطِهَا.

الْفَاء مَعَ الْهَاء

[ف هـ د]: (الْفَهْدُ) بِالْفَارِسِيَّةِ: يُوز، وَالْجَمْعُ: فُهُودٌ.

[ف هـ ر]: فِي الْحَدِيثِ: "كَأَنَّهُمْ الْيَهُودُ خَرَجُوا مِنْ (فُهْرِهِمْ)". بِضَمِّ الْفَاء، أَيْ: مِنْ مِدْرَاسِهِمْ. (أَوْ فِهْرٍ) فِي (م ر، م ر و).

الْفَاء مَعَ الْيَاء

[ف ي أ]: (الْفَيْءُ) بِوَزْنِ الشَّيْءِ: مَا نَسَخَ الشَّمْسَ، وَذَلِكَ بِالْعَشِيِّ، وَالْجَمْعُ: أَفْيَاءٌ وَفُيُوءٌ، (وَالظِّلُّ) مَا نَسَخَتْهُ الشَّمْسُ وَذَلِكَ بِالْغَدَاةِ. وَأَمَّا (الْفَيْءُ) فِي مَعْنَى الْغَنِيمَةِ فَقَدْ ذُكِرَ فِي (غ ن) (غ ن م). وَالْهَمْزَة بَعْدَ الْيَاء فِي كِلَيْهِمَا، وَالتَّشْدِيد لَحْنٌ.

[ف ي ح]: (فَيْحُ جَهَنَّم) شِدَّةُ حَرِّهَا.

[ف ي د]: (أَفَادَنِي) مَالًا: أَعْطَانِي، وَأَفَادَهُ بِمَعْنَى اسْتَفَادَهُ، وَمِنْهُ: بَعْدَمَا أَفَدْتُ الْفَرَسَ، أَيْ: وَجَدْتُهُ وَحَصَّلْتُهُ، وَهُوَ أَفْصَحُ مِنْ: اسْتَفَدْتُ.

[ف ي ض]: (فَاضَ) الْمَاءُ: انْصَبَّ عَنْ امْتِلَاءٍ، وَمِنْهُ: (فَاضَتْ نَفْسُهُ) إِذَا مَاتَ، وَفَاظَ بِالظَّاءِ مِنْ غَيْرِ ذِكْرِ النَّفْسِ.

(وَأَفَاضَ الْمَاءَ) صَبَّهُ بِكَثْرَةٍ، وَمِنْهُ: أَفَاضُوا مِنْ عَرَفَاتٍ، إِذَا دَفَعُوا بِكَثْرَةٍ.

(وَطَوَاف الْإِفَاضَة) هُوَ طَوَافُ الزِّيَارَةِ.

[ف ي م]: فِي حَدِيثِ ابْنِ مَسْعُودٍ رَضِيَ اللـه عَنْهُ: "جَاءَ بِأَبَاقَ مِنْ الْفَيُّومِ". وَهِيَ مِنْ كُورِ مِصْرَ قَرِيبَة مِنْ عَيْنِ شَمْسٍ بلدة[1].

[ف ي م ن] (الْفَيْمَانُ) تَعْرِيبُ: بيمان، وَمِنْهُ: اشْتَرَى كَذَا فَيْمَانًا مِنْ صُبْرَةٍ.

---

(١) سقط من: م.

بَاب الْقَاف

الْقَاف مَعَ الْبَاء.

[ق ب ب]: (الْقُبَّةُ) الخرقاهة، وَكَذَا كُلُّ بِنَاءٍ مُدوَّر، وَالْجَمْعُ: قِبَابٌ.

(أَبُو قُبْقُبَةَ) فِي (ل ق، ل ق ل ق).

[ق ب ر]: (قَبَرَ الْمَيِّتَ: دفنه قَبْرًا، مِنْ بَابَيْ طَلَبَ وَضَرَبَ، (وَأَقْبَرَهُ) صَيَّرَهُ ذَا قَبْرٍ أَوْ أَمَرَ بِأَنْ يُقْبَرَ. (وَالْقَابِرُ) الدَّافِنُ بِيَدِهِ، (وَالْمُقْبِرُ) هُوَ اللَّه تَعَالَى، (وَالْقَبْرُ) وَاحِدُ الْقُبُورِ، (وَالْمَقْبُرَةُ) بِضَمِّ الْبَاء: مَوْضِعُ الْقَبْرِ، وَالْفَتْحُ لُغَةٌ، (وَالْمَقْبَرُ) بِالْفَتْحِ لَا غَيْرُ، (وَالْمَقَابِرُ) جَمْعٌ لَهُمَا، وَهُوَ (الْمَقْبُرِيُّ).

[ق ب س]: (أَبُو قُبَيْسٍ) جَبَلٌ بِمَكَّةَ.

[ق ب ض]: (الْقَبْضُ) خِلَافُ الْبَسْط، وَيُقَالُ: قَبَضَ عَلَيْهِ بِيَدِهِ، إِذَا ضَمَّ عَلَيْهِ أَصَابِعَهُ، وَمِنْهُ: مَقْبِضُ السَّيْفِ، (وَقَبَضَ الشَّيْءَ) أَخَذَهُ، وَأَعْطَانِي (قُبْضَةً) مِنْ كَذَا، وَهَذَا الشَّيْءُ فِي قَبْضَةِ فُلَانٍ، أَيْ: فِي مِلْكِهِ وَتَصَرُّفِهِ، وَأَطْرَحَهُ فِي الْقَبَضِ، أَيْ: فِي الْمَقْبُوضِ، فَعَلٌ بِمَعْنَى مَفْعُولٍ، وَالْمُرَادُ بِهِ فِي الْحَدِيثِ: مَا قُبِضَ مِنْ الْغَنَائِمِ وَجُمِعَ قَبْلَ أَنْ يُقْسَمَ، وَمِنْهُ: جَعَلَ سَلْمَانَ عَلَى قَبَضٍ، أَيْ: وَلِيَ حِفْظَهُ وَقِسْمَتَهُ.

[ق ب ط]: (الْقَبَاطِيُّ) ثِيَابٌ بِيضٌ دَقِيقَةٌ رَقِيقَةٌ تُتَّخَذُ بِمِصْرَ، الْوَاحِدَة (قُبْطِيٌّ) بِالضَّمِّ نُسِبَتْ إِلَى الْقِبْطِ، وَالتَّغْيِيرُ لِلاخْتِصَاصِ كَدُهْرِيٍّ، وَرَجُلٌ (قِبْطِيٌّ)، وَجَمَاعَةٌ (قِبْطِيَّةٌ) بِالْكَسْرِ عَلَى الْأَصْلِ.

[ق ب ط ق]: (القباطاق) تَعْرِيب الْقَبَاء.

[ق ب ل]: عَائِشَةَ رَضِيَ اللَّه عَنْهَا: "لَوْ اسْتَقْبَلْنَا مِنْ أَمرِنَا مَا اسْتَدْبَرْنَا مَا غَسَّلَ رَسُولَ اللَّه صَلَّى اللَّه عَلَيْهِ وَآلِهِ وَسَلَّمَ إِلَّا[1] نِسَاؤُهُ"[2]. أَيْ: لَوْ أَدْرَكْنَا أَوَّلًا مَا أَدْرَكْنَا آخِرًا، تَعْنِي: لَوْ عَلِمْنَا أَنَّ رَسُولَ اللَّه صَلَّى اللَّه عَلَيْهِ وَآلِهِ وَسَلَّمَ يُغَسَّلُ بَعْدَ الْوَفَاةِ لَمَا غَسَّلَهُ إِلَّا

---

(١) زيادة من: م.

(٢) أخرجه الشافعي في مسنده (١٦٣٨)، وفي كتاب الأم ج٣٠٢/١.

نَحْنُ، مِنْ: اقْتَبَلَ الْأَمْرَ وَاسْتَقْبَلَهُ، إِذَا اسْتَأْنَفَهُ وَابْتَدَأَهُ، وَأَفْعَلُ هَذَا لِعَشْرٍ مِنْ (ذِي قَبَلٍ) بِفَتْحَتَيْنِ، أَيْ: مِنْ وَقْتٍ مُسْتَقْبَلٍ. وَوَجَدْتُ هَذَا (مِنْ قِبَلِكَ) بِكَسْرِ الْقَافِ، أَيْ: مِنْ جِهَتِكَ وَتِلْقَائِكَ، وَمِنْهُ قَوْلُهُمْ: ثَبَتَ لِفُلَانٍ قِبَلِي حَقٌّ.

(وَالْقَبِيلُ) الْكَفِيلُ، وَالْجَمْعُ: قُبُل وَقُبَلَاءُ، وَمَنْ تَقَبَّلَ شَيْئًا وَكَتَبَ عَلَيْهِ بِذَلِكَ كِتَابًا، فَاسْمُ ذَلِكَ الْكِتَابِ الْمَكْتُوبِ عَلَيْهِ: (الْقَبَالَة).

(وَقَبَالَةُ الْأَرْضِ) أَنْ يَتَقَبَّلَهَا إِنْسَانٌ فَيُقْبِلهَا الْإِمَامُ، أَيْ: يُعْطِيهَا إِيَّاهُ مُزَارَعَةً أَوْ مُسَاقَاةً، وَذَلِكَ فِي الْأَرْضِ الْمَوَاتِ أَوْ أَرْضِ الصُّلْحِ، كَمَا كَانَ رَسُولُ اللهِ صَلَّى اللهُ عَلَيْهِ وَآلِهِ وَسَلَّمَ يَقْبَلُ خَيْبَرَ مِنْ أَهْلِهَا، كَذَا ذُكِرَ فِي الرِّسَالَةِ الْيُوسُفِيَّةِ وَسُمِّيَتْ (شَرِكَة التَّقَبُّلِ) مِنْ تَقَبَّلَ الْعَمَلَ.

(وَرَجُلٌ أَقْبَلُ) وَامْرَأَةٌ (قَبْلَاءُ)، وَبِهِ (قَبَلٌ) وَهُوَ أَنْ تُقْبِلَ حَدَقَتَاهُ عَلَى الْأَنْفِ، وَخِلَافُهُ: الْحَوَلُ، وَهُوَ أَنْ تَتَحَوَّلَ إِحْدَاهُمَا إِلَى الْأَنْفِ، وَالْأُخْرَى إِلَى الصُّدْغِ.

(وَالْقِبَال) زِمَامُ النَّعْلِ، وَهُوَ سَيْرُهَا الَّذِي بَيْنَ الْإِصْبَعِ الْوُسْطَى وَالَّتِي تَلِيهَا.

(وَالْقَبَلِيَّةُ) بِفَتْحَتَيْنِ: مَوْضِعٌ بِنَاحِيَةِ الْفُرْعِ، وَهُوَ مِنْ أَعْرَاضِ الْمَدِينَةِ. وَمِنْهَا الْحَدِيثُ: "أَقْطَعَ رَسُولُ اللهِ صَلَّى اللهُ عَلَيْهِ وَآلِهِ وَسَلَّمَ بِلَالَ بن الْحَارِثِ مَعَادِنَ الْقَبَلِيَّةِ". هَكَذَا صَحَّ بِالْإِضَافَةِ.

[ق ب و]: (تَقَبَّى) يَعْنِي[1] لَبِسَ الْقَبَاءَ، (وَقُبَاءُ) بِالضَّمِّ وَالْمَدِّ: مِنْ قُرَى الْمَدِينَةِ، يُنَوَّن وَلَا يُنَوَّنُ.

الْقَاف مَعَ التَّاءِ الْفَوْقَانِيَّة

[ق ت ت]: (الْقَتُّ) الْيَابِسُ مِنَ الإسفست، وَدُهْنٌ (مُقَتَّتٌ)، وَهُوَ الَّذِي يُطْبَخُ بِالرَّيَاحِينِ حَتَّى يَطِيبَ، وَالْفَاءُ تَصْحِيفٌ.

[ق ت ل]: (قَتَلَهُ) قَتْلًا، وَالْقَتْلَةُ: الْمَرَّةُ، وَبِالْكَسْرِ: الْهَيْئَةُ وَالْحَالَةُ، وَالْقَتْلَى جَمْعُ قَتِيلٍ، وَقَاتَلَهُ مُقَاتَلَةً وَقِتَالًا.

(وَالْمُقَاتِلَةُ) الْمُقَاتِلُونَ، وَالْهَاءُ لِلتَّأْنِيثِ عَلَى تَأْوِيلِ الْجَمَاعَةِ، وَالْوَاحِدُ: مُقَاتِلٌ، وَبِهِ سُمِّيَ مُقَاتِلُ بن سُلَيْمَانَ الرَّازِيّ صَاحِبُ التَّفْسِيرِ، وَقَدْ سَبَقَ ذِكْرُهُ فِي (ج هـ ج هـ م).

---

(١) زيادة من: م.

(وَاسْتَقْتَلَ) الرَّجُلُ: أَسْلَمَ نَفْسَهُ لِلْقَتْلِ وَوَطَّنَهَا وَلَمْ يُبَالِ بِالْمَوْتِ، وَمِنْهُ حَدِيثُ جَعْفَرٍ الطَّيَّارِ: أَنَّهُ لَمَّا اسْتَقْتَلَ يَوْمَ مُؤْتَةَ عَقَرَ فَرَسَهُ، وَضَمُّ التَّاءِ خَطَأٌ.

الْقَاف مَعَ الثَّاء الْمُثَلَّثَة

[ق ث أ]: (الْقِثَّاءُ) مَعْرُوفٌ.

[ق ث د]: (وَالْقَثَدُ) الْخِيَارُ عَنْ ابْنِ الْأَعْرَابِيِّ، وَتَفْسِيرُ الْقِثَّاءِ بِالْخِيَارِ تَسَامُحٌ.

[ق ث م]: (قُثَمُ) ابْنُ عَمِّ رَسُولِ اللهِ صَلَّى اللهُ عَلَيْهِ وَسَلَّمَ، يَعْنِي: قُثَمَ بن عَبَّاسِ بن عَبْدِ الْمُطَّلِبِ، وَبِهِ سُمِّيَتْ الْمَحَلَّةُ بِسَمَرْقَنْدَ؛ لِأَنَّهُ دُفِنَ فِيهَا، وَبِهَا مَدْرَسَةُ قُثَمٍ.

الْقَاف مَعَ الْحَاء الْمُهْمَلَة

[ق ح ط]: فِي الْحَدِيثِ: "مَنْ أَتَى أَهْلَهُ فَأَقْحَطَ فَلَا يَغْتَسِلْ". أَيْ: لَمْ يُنْزِلْ، وَأَصْلُهُ مِنْ: (أَقْحَطَ الْقَوْمُ) إذَا قَحَطَ عَنْهُمْ الْمَطَرُ، أَيْ: انْقَطَعَ وَاحْتَبَسَ، وَمِثْلُهُ فِي الْمَعْنَى: "الْمَاءُ مِنْ الْمَاءِ". وَكِلَاهُمَا مَنْسُوخٌ بِقَوْلِهِ عَلَيْهِ الصَّلَاةُ وَالسَّلَامُ: "إذَا الْتَقَى الْخِتَانَانِ".

[ق ح م]: (الْقُحْمَةُ) الشِّدَّةُ وَالْوَرْطَةُ، وَمِنْهَا حَدِيثُ عَلِيٍّ رَضِيَ اللهُ عَنْهُ فِي الْخُصُومَةِ: وَإِنَّ لَهَا لَقُحَمًا، وَفَتْحُ الْقَافِ خَطَأٌ.

(وَاقْتَحَمَ) عَقَبَةً أَوْ وَهْدَةً: رَمَى بِنَفْسِهِ فِيهَا عَلَى شِدَّةٍ وَمَشَقَّةٍ، وَمِنْهُ حَدِيثُ كَعْبِ بنِ الْأَشْرَفِ:"فَلَمَّا اقْتَحَمْنَا الْحَائِطَ وَنَزَلْنَا، (وَاقْتَحَمَ) رَسُولُ اللهِ صَلَّى اللهُ عَلَيْهِ وَآلِهِ وَسَلَّمَ مِنْ دَابَّتِهِ". أَيْ: نَزَلَ فُجَاءَةً، (وَالتَّقَحُّمُ) مِثْلُ الِاقْتِحَامِ، وَمِنْهُ:"مَنْ سَرَّهُ أَنْ يَتَقَحَّمَ جَرَاثِيمَ جَهَنَّمَ". أَيْ: مَعَاظِمَ عَذَابِهَا، جَمْعُ جُرْثُومَةٍ، وَهِيَ أَصْلُ كُلِّ شَيْءٍ وَمُجْتَمَعُهُ.

(وَأَقْحَمَ) الْفَرَسَ النَّهْرَ: أَوْقَعَهُ فِيهِ وَأَدْخَلَهُ بِشِدَّةٍ، وَقَوْلُهُ: "لَيْسَ مِمَّنْ يُقْحِمُ بِهِمْ فِي الْمَهَالِكِ". صَوَابُهُ: يَتَقَحَّمُ بِهِمْ أَوْ يُقْحِمُهُمْ، وَالْمَعْنَى: أَنَّ هَذَا الْأَمِيرَ لَيْسَ مِنْ جُمْلَةِ مَنْ يُوقِعُ أَتْبَاعَهُ وَأَهْلَ جُنْدِهِ فِي الْمَتَاعِبِ وَالْمَصَاعِبِ.

الْقَاف مَعَ الدَّال الْمُهْمَلَة

[ق د ح]: (الْقَدْحُ) عَنْ اللَّيْثِ: أُكَالٌ يَقَعُ فِي الشَّجَرِ وَالْأَسْنَانِ.

(وَالْقَادِحَةُ) الدُّودَةُ الَّتِي تَأْكُلُ الشَّجَرَ وَالسِّنَّ، وَعَنْ الْغُورِيِّ وَالْجَوْهَرِيِّ: (الْقَادِحُ) سَوَادٌ يَظْهَرُ فِي الْأَسْنَانِ، وَأَنْشَدَا بَيْتَ جَمِيلٍ:

رَمَى اللهُ فِي عَيْنَيْ بُثَيْنَةَ بِالْقَذَى ... وَفِي الْغُرِّ مِنْ أَنْيَابِهَا بِالْقَوَادِحِ

وَفِي عُيُوب خِزَانَة أَبِي اللَّيْثِ: (الْقَوَادِحُ) الَّتِي تَقْدَحُ الْفَمَ، الصَّوَاب: فِي الْفَمِ، وَالْمُرَاد بِهِ الْأَسْنَان كَمَا فِي قَوْلِهِمْ: لَا فَضَّ اللـه فَاكَ.

(وَقِدْحُ السَّهْم) بِالْكَسْر: عُودُهُ الْمَبْرِيُّ قَبْلَ أَنْ يُرَاشَ وَيُنْصَلَ، وَالْجَمْعُ: قِدَاحٌ، وَمِنْهُ الْحَدِيث:"مَا اقْتَطَعْتَ مِنْ شَجَرِ أَرْضِ الْعَدُوِّ فَعَمِلْتَ قِدْحًا أَوْ مِرْزَبَةً فَلَا بَأْس بِهِ".

(وَالْقَدَحُ) بِفَتْحَتَيْنِ: الَّذِي يُشْرَبُ بِهِ، وَالْجَمْعُ: أَقْدَاحٌ، وَقَوْلُهُ صَلَّى اللـه عَلَيْهِ وَآلِهِ وَسَلَّمَ: "لَا تَجْعَلُونِي كَقَدَحِ الرَّاكِبِ"[١]. مَعْنَاهُ: لَا تُؤَخِّرُونِي فِي الذِّكْرِ؛ لِأَنَّ الرَّاكِب يُعَلِّقُ قَدَحَهُ فِي آخِرَة الرَّحْلِ بَعْدَ فَرَاغِهِ مِنْ التَّعْبِيَة، وَعَلَى هَذَا قَوْلُ حَسَّانَ:

وَأَنْتَ زَنِيمٌ نِيطَ فِي آلِ هَاشِمٍ   كَمَا نِيطَ خَلْفَ الرَّاكِبِ الْقَدَحُ الْفَرْدُ

[ق د د]: (قُدَيْدٌ) وَالْكُدَيْدُ: مِنْ مَنَازِل طَرِيقِ مَكَّةَ إِلَى الْمَدِينَةِ.

[ق د ر]: قَوْلُهُ:"فَإِنْ غُمَّ عَلَيْكُمْ (فَاقْدِرُوا)". بِكَسْرِ الدَّال وَالضَّمُّ خَطَأٌ رِوَايَةً، أَيْ: فَقَدِّرُوا عَدَدَ الشَّهْرِ حَتَّى تُكْمِلُوهُ ثَلَاثِينَ يَوْمًا.

(وَقَدَرُ اللَّـهُ) وَقَدْرُهُ: تَقْدِيره، وَقَدْرُ الشَّيْءِ: مَبْلَغُهُ، وَهُوَ[٢] أَنْ يَكُونَ مُسَاوِيًا لِغَيْرِهِ مِنْ غَيْرِ زِيَادَةٍ وَلَا نُقْصَانٍ، وَقَوْلُهُمْ:عِلَّةُ الرِّبَا الْقَدْرُ وَالْجِنسُ، يَعْنُونَ: الْكَيْل وَالْوَزْنَ فِيمَا يُكَالُ وَيُوزَنُ، وَقَوْلُهُمْ:الْقُدْرَةُ تُذْكَر وَيُرَادُ بِهَا التَّقْدِيرُ، فِيهِ نَظَرٌ.

[ق د س]: (الْقَادِسِيَّةُ) مَوْضِعٌ بَيْنَهُ وَبَيْنَ الْكُوفَةِ خَمْسَةَ عَشَرَ مِيلًا، [وَقِيلَ: سِتَّةَ فَرَاسِخَ][٣].

[ق د م]: (قَدَّمَ وَتَقَدَّمَ) بِمَعْنَى، وَمِنْهُ: مُقَدِّمَةُ الْجَيْشِ[٤]، وَمُقَدِّمَةُ الْكِتَابِ بِالْكَسْرِ، وَأَقْدَمَ مِثْلُهُ، وَمِنْهُ: الْإِقْدَامُ فِي الْحَرْبِ.

(وَمُقَدَّمُ الْعَيْنِ) مَا يَلِي الْأَنْف خِلَاف مُؤَخِّرِهَا، وَقَدَم مِثْله، قَالَ اللـه تَعَالَى: ﴿يَقْدُمُ قَوْمَهُ يَوْمَ الْقِيَامَةِ﴾ [سورة هود آية ٩٨]، وَمِنْهُ: (قَادِمَةُ الرَّحْلِ) خِلَاف آخِرَتِه.

(وَقَدِمَ الْبَلَدَ) أَتَاهُ، مِنْ بَابِ لَبِسَ، وَمِنْهُ: رَجُلٌ يَقْدَمُ بِتِجَارَةٍ.

---

(١) أخرجه ابن حجر في المطالب العالية (٣٣٢٤)، والبوصيري في إتحاف الخيرة (٨٢٩٨)، وعبد بن حميد في مسنده (١١٣٢)
(٢) زيادة من: م.
(٣) زيادة من: م.
(٤) في خ: "البيت".

(وقَدُم) مِنْ بَاب قَرُب، وَخِلَافُهُ: حَدَثَ مِنْ بَابِ طَلَبَ، وَقَوْلُهُمْ: أَخَذَهُ مَا قَدُمَ وَمَا حَدَثَ، إِنَّمَا ضُمَّ للازْدِوَاجِ، وَمَعْنَاهُ: عَاوَدَهُ قَدِيمُ الْأَحْزَانِ وَحَدِيثُهَا. وَمِثْلُهُ: أَخَذَهُ مَا قَرُبَ وَمَا بَعُدَ، وَأَخَذَهُ الْمُقِيمُ وَالْمُقْعِدُ، أَيْ: الْهَمُّ الْقَرِيب وَالْبَعِيد الَّذِي يُقْلِق صَاحِبَهُ فَلَا يَسْتَقِرُّ، بَلْ يَقُومُ وَيَقْعُدُ بِسَبَبِهِ، وَمِنْهُ: قَوْل أَبِي الدَّرْدَاء: مَنْ يَأْتِ سُدَدَ السُّلْطَانِ يَقُمْ وَيَقْعُدْ، وَهَذِهِ كُلّهَا كَلِمَاتٌ تَقُولُهَا الْعَرَبُ لِلرَّجُلِ يَتَبَالَغ هَمُّهُ وَغَمُّهُ، وَيُقَالُ: تَقَدَّمَ إِلَيْهِ الْأَمِيرُ بِكَذَا أَوْ فِي كَذَا: إِذَا أَمَرَهُ بِهِ، وَمِنْهُ قَوْلُهُ: وَإِنْ عَصَاهُ عَاصٍ فَلْيَتَقَدَّمْ إِلَيْهِ الْأَمِيرُ، أَيْ: فَلْيَأْمُرْهُ وَلْيُنْذِرْهُ، ثُمَّ قَالَ: وَإِنْ[1] عَصَاهُ عَاصٍ [2] بَعْدَ ذَلِكَ فَمَا أَحْسَن أدبه. أَيْ: لَمْ يُحْسِنْ تَأْدِيبَهُ وَلَمْ يُبَالِغْ فِي زَجْرِهِ حَتَّى لَا يَعْصِيَهُ ثَانِيًا. وَيُحْتَمَلُ أَنْ يَكُونَ هَذَا تَعَجُّبًا مِنْ عِصْيَانِ الْمَأْمُور عَلَى وَجْهِ الْهَزْءِ وَالسُّخْرِيَة، وَمَنْ قَالَ: هُوَ تَعَجُّبٌ مِنَ الْأَمْرِ، وَأَنَّ الْمَعْنَى: مَا أَحْسَنَ هَذَا لَوْ أَدَّبَهُ، لَمْ يَبْعُدْ مِنَ الصَّوَاب.

وَفِي حَدِيثِ عُمَرَ: لَوْ كُنْتُ تَقَدَّمْتُ فِي الْمُتْعَة لَرَجَمْتُ، أَيْ: لَوْ سَبَقَ أَمْرٌ مِنِّي إِلَيْهِمْ فِي مَعْنَى الْمُتْعَة، ثُمَّ أَقْدَمُوا عَلَيْهَا وَفَعَلُوهَا لَرَجَمْتُهُمْ، وَلَيْسَ هَذَا عَلَى التَّحْدِيد، وَإِنَّمَا هُوَ مُبَالَغَةٌ فِي التَّهْدِيدِ، وَقَوْلُهُ: إِذَا تَقَدَّمَ إِلَيَّ الْمُشْتَرِي لِلدَّارِ فِي حَائِطٍ مِنْهَا مَائِلٍ، أَيْ: أُذِنَ وَأُخْبِرَ أَنَّ هَذَا قَدْ مَالَ.

(وَالْقَدَم) مِنَ الرِّجْلِ: مَا يَطَأُ عَلَيْهِ الْإِنْسَانُ مِنْ لَدُنْ الرُّسْغِ إِلَى مَا دُون ذَلِكَ، وَقَوْلُهُمْ: "هَذَا تَحْتَ قَدَمَيَّ". عِبَارَة عَنْ الْإِبْطَال وَالْإِهْدَار.

(وَقَدُّوم) بَلْدَةٌ بِالشَّامِ، وَأَمَّا (الْقَدُومُ) مِنَ آلَاتِ النَّجَّار، فَالتَّشْدِيدُ فِيهِ لُغَةٌ.

الْقَاف مَعَ الذَّال الْمُعْجَمَة

[ق ذ ر]: (الْقَذَرُ) وَالْقَذَارَةُ خِلَافُ النَّظَافَة، يُقَالُ: قَذِرَ الشَّيْءُ فَهُوَ قَذِرٌ، أَيْ: غَيْرُ نَظِيفٍ. (وَقَذِرْتُهُ أَنَا) اسْتَقْذَرْتُهُ وَكَرِهْتُهُ، وَمِنْهُ الْحَدِيث: "قَذِرتُ لَكُم جَوَالَّ الْقُرَى". أَيْ: كَرِهْتُ الْبَقَرَ الَّتِي تَأْكُلُ النَّجَاسَاتِ فَلَا تَأْكُلُوهَا.

(وَرَجُلٌ قَاذُورَةٌ) فَاحِشٌ سَيِّئُ الْخُلُقِ، وَأَمَّا قَوْلُهُ: "كَانَ عَلَيْهِ السَّلَامُ قَاذُورَةً لَا يَأْكُلُ الدَّجَاجَ حَتَّى يُعْلَفَ". فَالْمُرَاد أَنَّهُ كَانَ مُتَقَذِّرًا مِنْ تَقَذَّرْتُ الشَّيْءَ. (وَاسْتَقْذَرْتُهُ) إِذَا

---

(١) في خ: "ولو".
(٢) زيادة من: م.

اجْتَنَبْتُهُ كَرَاهَةً لَهُ، وَيُقَالُ: لِكُلِّ مَا يُسْتَفْحَشُ وَيَحِقُّ بِالِاجْتِنَابِ: قَاذُورَةٌ، وَمِنْهُ: "اجْتَنِبُوا هَذِهِ الْقَاذُورَاتِ الَّتِي نَهَى اللهُ تَعَالَى عَنْهَا". وَالْمُرَادُ بِهَا فِي حَدِيثِ مَاعِزٍ: الزِّنَا، وَهَذَا مِنْ تَسْمِيَةِ الشَّيْءِ بِصِفَةِ صَاحِبِهِ.

[ق ذ ف]: (وَقَذَفَ) بِالزَّبَدِ فِي (خ م، خ م ر).

[ق ذ ل]: (الْقَذَالَانِ) عَنِ ابْنِ دُرَيْدٍ: مَا اكْتَنَفَا فَأْسَ الْقَفَا عَنْ يَمِينٍ وَشِمَالٍ، وَعَنِ الْغُورِيِّ: (الْقَذَالُ) مَا بَيْنَ نُقْرَةِ الْقَفَا إِلَى الْأُذُنِ، وَالْجَمْعُ: أَقْذِلَةٌ، وَقُذُلٌ، (وَالْمَقْذُولُ) الْمَشْجُوجُ فِي قَذَالِهِ.

الْقَافُ مَعَ الرَّاءِ الْمُهْمَلَةِ

[ق ر أ]: (قَرَأَ) الْكِتَابَ قِرَاءَةً وَقُرْآنًا، وَهُوَ قَارِئٌ، وَهُمْ قُرَّاءٌ وَقَرَأَةٌ، (وَاقْرَأْ سَلَامِي) عَلَى فُلَانٍ، وَقَوْلُهُمْ: أَقْرِئْهُ سَلَامِي عَامِّيٌّ.

(وَالْقُرْآنُ) اسْمٌ لِهَذَا الْمَقْرُوءِ وَالْمَجْمُوعِ بَيْنَ الدَّفَّتَيْنِ عَلَى هَذَا التَّأْلِيفِ، وَهُوَ مُعْجِزٌ بِالِاتِّفَاقِ، إِلَّا أَنَّ وَجْهَ الْإِعْجَازِ هُوَ الْمُخْتَلَفُ فِيهِ، وَأَكْثَرُ الْمُحَقِّقِينَ عَلَى أَنَّ الْوَجْهَ هُوَ اخْتِصَاصُهُ بِرُتْبَةٍ مِنَ الْفَصَاحَةِ خَارِجَةٍ عَنِ الْمُعْتَادِ، وَتَقْرِيرُهُ فِي الْمُعْرِبِ.

(وَالْقُرْءُ) بِالضَّمِّ وَالْفَتْحِ: الْحَيْضُ فِي قَوْلِ الْأَكْثَرِينَ، وَقِيلَ: إِنَّهُ يَصْلُحُ لَهُمَا، وَعَنْ أَبِي عَمْرٍو: أَنَّهُ فِي الْأَصْلِ اسْمٌ لِلْوَقْتِ، قَالَ الْقُتَبِيُّ: وَإِنَّمَا قِيلَ لِلْحَيْضِ وَالطُّهْرِ قُرْءٌ لِأَنَّهُمَا يَجِيئَانِ فِي الْوَقْتِ، يُقَالُ: هَبَّتِ الرِّيحُ لِقُرْئِهَا وَلِقَارِئِهَا، أَيْ: لِوَقْتِهَا، وَأَنْشَدَ:

يَا رُبَّ مَوْلًى حَاسِــدٍ مُبَاغِضٍ

عَلَيَّ ذِي ضِغْنٍ وَضَبٍّ فَــارِضٍ

لَهُ قُرُوءٌ كَقُرُوءِ الْحَـــائِضِ

أَيْ: لِهَذَا الضِّغْنِ أَوْقَاتٌ يَهِيجُ فِيهَا وَيَشْتَدُّ كَهَيْجِ دَمِ الْمَرْأَةِ فِي أَوْقَاتِ حَيْضِهَا، وَعَلَيْهِ قَوْلُ الْأَعْشَى:

أَفِي كُلِّ عَامٍ أَنْتَ جَاشِـــمُ غَزْوَةٍ   تَشُدُّ لِأَقْصَاهَـا عَزِيمَ عَزَائِكَا

مُورِثَةٍ مَالًا وَفِي الْحَـــيِّ رِفْعَةً   لِمَا ضَاعَ فِيهَا مِنْ قُـــرُوءِ نِسَائِكَا

أَيْ: مِنْ مُدَّةٍ طَوِيلَةٍ كَالْمُدَّةِ الَّتِي تَعْتَدُّ فِيهَا النِّسَاءُ، أَوْ أَرَادَ: مِنْ أَوْقَاتِ نِسَائِكَ. وَتَمَامُ الشَّرْحِ فِي الْمُعْرِبِ.

[ق ر ب]: (قَرُبَ) خِلَاف بَعُدَ، قُرْبًا وَقُرْبَةً وَقَرَابَةً وَقُرْبَى وَمَقْرُبَةً، وَقِيلَ: الْقُـرْبُ فِي الْمَكَـانِ، وَالْقُرْبَـةُ فِي الْمَنْزِلَة، وَالْقَرَابَةُ وَالْقُرْبَى فِي الرَّحِم، وَقَوْلُهُمْ فِي الْوَقْف: لَوْ قَالَ عَلَى قَرَابَتِي، تَنَـاوَلَ الْوَاحِـدَ وَالْجَمْـعَ صَـحِيحٌ، لِأَنَّهَا فِي الْأَصْل مَصْدَرٌ كَمَا ذُكِرَ آنِفًا، يُقَالُ: هُوَ قَرَابَتِي، وَهُمْ قَرَابَتِـي، عَـلَى أَنَّ الْفَصِيحَ: ذُو قَرَابَتِـي لِلْوَاحِـدِ، وَذَوَا قَرَابَتِي لِلاثْنَيْن، وَذَوُو قَرَابَتِي لِلْجَمْع، وَأَهْـلُ الْقَرَابَـةِ هُـمُ الَّـذِينَ يُقَـدَّمُونَ الْأَقْـرَبُ فَـالْأَقْرَبُ مِـنْ ذَوِي الْأَرْحَام.

وَبِتَصْغِيرِ الْقُرْبَةِ سُمِّيَتْ قَيْنَةُ عَبْدِ اللـه بن خَطَل، وَهِيَ وَفَرْتَنَى -بِالْفَـاءِ وَالتَّـاء وَالنُّـون قَبْـلَ الْأَلِـف- كَانَتَا تُغَنِّيَانِ بِهِجَاءِ النَّبِيِّ صَلَّى اللـه عَلَيْهِ وَآلِهِ وَسَلَّم، فَأَمَرَ بِقَتْلِهِمَا يَوْمَ الْفَتْح.

[ق ر ح]: (قَرَحَهُ) قَرْحًا: جَرَحَهُ، وَهُوَ قَرِيحٌ، وَمَقْرُوح: ذُو قَرْحٍ.

(وَفَرَسٌ أَقْرَحُ) فِي جَبْهَتِهِ قُرْحَةٌ، وَهِيَ بَيَاضٌ قَدْرَ الدِّرْهَمِ أَوْ دُوْنَهُ.

(وَمَاءٌ قَرَاحٌ) خَالِصٌ لَا يَشُوبُهُ شَيْءٌ مِنْ سَوِيقٍ أَوْ غَيْرِهِ.

(وَالْقَرَاحُ) مِنْ الْأَرْض: كُلُّ قِطْعَةٍ عَلَى حِيَالِهَا لَيْسَ فِيهَا شَجَرٌ وَلَا شَائِبُ سَبْخٍ، وَقَدْ يُجْمَعُ عَلَى (أَقْرِحَةٍ) كَمَكَان وَأَمْكِنَة، وَزَمَانٍ وَأَزْمِنَة.

[ق ر د]: (قَرَّدَ) بَعِيرَهُ: نَزَعَ عَنْهُ (الْقُرَادَ)، وَمِنْهُ حَـدِيثُ عُمَـرَ رَضِيَ اللـه عَنْـهُ: أَنَّـهُ كَـانَ يُقَـرِّدُ الْبَعِـيرَ بِالسُّقْيَا وَهُوَ مُحْرِمٌ، وَهِيَ قَرْيَةٌ مِنْ الْأَبْوَاء.

(وَأَقْـرَدَ) سَـكَتَ مِـنْ عِـيٍّ وَذُلٍّ، وَمِنْـهُ الْحَـدِيث: "إِيَّـاكُمْ وَالْإِقْـرَادَ [إيـاكم والإقـراد][1]". قَـالُوا: يَـا رَسُولَ اللـه؛ وَمَا هُوَ؟ قَالَ:"الرَّجُلُ يَكُونُ أَمِيرًا أَوْ عَامِلًا فَيَأْتِيه الْمِسْكِينُ وَالْأَرْمَلَةُ فَيَقُولُ لَهُمْ: مَكَـانَكُمْ حَتَّـى أَنْظُرَ فِي حَوَائِجِكُمْ، وَيَأْتِيهِ الشَّرِيفُ وَالْغَنِيُّ فَيُدْنِيه وَيَقُولُ: عَجِّلُوا قَضَاءَ حَاجَتِه، وَيُتْرَكُ الْآخَرُونَ مُقْرِدِينَ"[2].

وَفِي السِّيَرِ:"أَنَّهُ صَلَّى اللـه عَلَيْهِ وَآلِهِ وَسَلَّمَ صَلَّى إِلَى صَفْحَةِ بَعِيرِهِ إِذَا بِقَرَدَةٍ مِنْ وَبَرٍ"، وَفِي نُسْـخَة:"إِلَى صَفْحَةٍ لِعَبْدِهِ إِذَا بِغُرَيْرَة". وَكُلُّهُ تَصْحِيفٌ ظَاهِرٌ، وَأَرَادَ (بِالْقَرَدَة): الْقِطْعَةَ مِنْ الْقَرَد، وَهُـوَ مَـا تَسَـاقَطَ مِـنْ الصُّوفِ وَالْوَبَر، وَبِهِ سُمِّيَ (ذُو قَرَدٍ)، وَهُوَ مَوْضِعٌ قَرِيبٌ مِنْ الْمَدِينَةِ كَانَتْ بِهِ غَزْوَةٌ، وَمِنْهُ الْحَدِيث: "صَـلَّى بِذِي قَرَدٍ صَلَاةَ الْخَوْفِ، بِكُلِّ طَائِفَةٍ رَكْعَةً، فَكَانَتْ لَهُ رَكْعَتَان، وَلِكُلِّ طَائِفَةٍ رَكْعَةٌ".

---

(١) سقط من: م.
(٢) أخرجه الطبراني في مسنده (٨٦٦)

[ق ر ر]: (رَجُلٌ مَقْرُورٌ) أَصَابَهُ الْقَرُّ، وَهُوَ الْبَرْدُ، (وَيَوْمٌ قَارٌّ) بَارِدٌ، وَفِعْلُهُ مِـنْ بَـابَيْ لَبِسَ وَضَرَبَ، وَمِنْهُ الْمَثَلُ: وَلِّ حَارَّهَا مَنْ تَوَلَّى (قَارَّهَا)، أَيْ: وَلِّ شَرَّهَا مَنْ تَوَلَّى خَيْرَهَا، أَوْ حَمَلَ ثِقَلَكَ مَنْ يَنْتَفِعُ بِكَ، وَقَدْ تَمَثَّلَ بِهِ الْحَسَنُ بْنُ عَلِيٍّ رَضِيَ اللـهُ عَنْهُمَا حِينَ أَمَرَ أَنْ يُحَدَّ ابْنُ عُقْبَةَ بِشُرْبِ الْخَمْرِ، وَالْمَعْنَى: أَنَّهُ إِنَّمَا يُقِيمُ الْحَدَّ مَنْ تَوَلَّى مَنَافِعَ الْإِمَارَةِ.

(وَقَرَّ) بِالْمَكَانِ قَرَارًا، (وَيَوْمُ الْقَرِّ) بَعْدَ يَوْمِ النَّحْرِ؛ لِأَنَّ النَّاسَ يَقِرُّونَ فِيهِ فِي مَنَازِلِهِمْ.

(وَقُرَّانُ) فُعْلَانُ مِنْهُ، وَهُوَ وَالِدُ دَهْثَمٍ.

(وَالْإِقْرَارُ) خِلَافُ الْجُحُودِ، وَمِنْهُ: فَإِنْ أَتَاهُ أَمْرٌ لَا يَعْرِفُهُ فَلْيُقِى وَلَا يَسْتَحِي، (وَفَلْيُقِرَّ) مِنَ الْقَرَارِ، (وَفَلْيَفِرَّ) مِنَ الْفِرَارِ مِنَ النَّارِ، كِلَاهُمَا ضَعِيفٌ.

وَفِي حَدِيثِ ابْنِ مَسْعُودٍ رَضِيَ اللـهُ عَنْهُ: "قَارُّوا الصَّلَاةَ". أَيْ: قِرُّوا فِيهَا وَاسْكُنُوا وَلَا تَعْبَثُوا وَلَا تَحَرَّكُوا، مِنْ: (قَارَرْتُ فُلَانًا) إِذَا قَرَرْتُ مَعَهُ.

(الْقُرْقُورُ) سَفِينَةٌ طَوِيلَةٌ.

[ق ر ش]: (قُرَيْشٌ) مِنْ وَلَدِ النَّضْرِ بْنِ كِنَانَةَ، وَمَنْ لَمْ يَلِدْهُ فَلَيْسَ بِقُرَشِيٍّ، وَعَنِ ابْنِ عَبَّاسٍ رَضِيَ اللـهُ عَنْهُمَا: أَنَّهُمْ سُمُّوا بِدَابَّةٍ، وَأَنْشَدَ لِلْمُشَمْرِجِ:

وَقُرَيْشٌ هِيَ الَّتِي تَسْكُنُ الْبَحْـ   ـرَ بِهَا سُمِّيَتْ قُرَيْشٌ قُرَيْشا

وَقِيلَ: لِجَمْعِ قُصَيٍّ إِيَّاهُمْ، وَلِذَا سُمِّيَ مُجَمِّعًا، (وَالتَّقَرُّشُ) التَّجَمُّعُ، وَهُوَ أَوَّلُ مَنْ سُمِّيَ الْقُرَشِيَّ، وَمِنْ قَبَائِلِهِمْ: بَنُو عَامِرِ بْنِ لُؤَيِّ بْنِ غَالِبِ بْنِ فِهْرٍ، وَبَنُو كَعْبِ بْنِ لُؤَيٍّ وَهُمْ ثَلَاثَةٌ: مُرَّةُ وَعَدِيٌّ وَقُصَيٌّ، (فَبَنُو عَدِيٍّ) رَهْطُ عُمَرَ بْنِ الْخَطَّابِ رَضِيَ اللـهُ عَنْهُ، (وَمِنْ بَنِي مُرَّةَ) تَيْمٌ وَمَخْزُومٌ، (فَمِنْ تَيْمٍ) أَبُو بَكْرٍ الصِّدِّيقُ وَطَلْحَةُ بْنُ عُبَيْدِ اللـهِ. (وَبَنُو قُصَيٍّ) أَرْبَعَةٌ: عَبْدُ مَنَافٍ وَعَبْدُ الْعُزَّى وَعَبْدُ الدَّارِ وَعَبْدُ قُصَيٍّ (وَبَنُو عَبْدِ مَنَافٍ) أَرْبَعَةٌ: هَاشِمٌ وَالْمُطَّلِبُ وَعَبْدُ شَمْسٍ وَنَوْفَلٌ، (وَبَنُو هَاشِمٍ) هُمْ وَلَدُ عَبْدِ الْمُطَّلِبِ بْنِ هَاشِمٍ مِنْهُمْ: عَبْدُ اللـهِ أَبُو النَّبِيِّ صَلَّى اللـهُ عَلَيْهِ وَآلِهِ وَسَلَّمَ وَحَمْزَةُ وَأَبُو طَالِبٍ وَالْعَبَّاسُ رَضِيَ اللـهُ عَنْهُمْ، (وَأَمَّا بَنُو عَبْدِ شَمْسٍ) فَأُمَيَّةُ وَعَبْدُ الْعُزَّى وَحَبِيبٌ وَرَبِيعَةُ، (أَمَّا أُمَيَّةُ) فَصِنْفَانِ: الْأَعْيَاصُ وَالْعَنَابِسُ، (فَالْأَعْيَاصُ) الْعَاصُ وَأَبُو الْعَاصِ وَالْعِيصُ وَأَبُو الْعِيصِ، (وَالْعَنَابِسُ) حَرْبٌ وَأَبُو حَرْبٍ وَسُفْيَانُ وَأَبُو سُفْيَانَ، (وَمِنَ الْأَعْيَاصِ) عُثْمَانُ رَضِيَ اللـهُ عَنْهُ، (وَمِنَ الْعَنَابِسِ) أَبُو سُفْيَانَ.

قَالَ الْجَاحِظُ: عَنْبَسَةُ اسْمُ حَرْبِ بن أُمَيَّةَ، وَحَرْبٌ لَقَبُهُ، وَلِذَا سَمَّى أَبُو سُفْيَانَ ابْنَهُ عَنْبَسَةَ، وَسَمَّى سَعِيدُ بن الْعَاصِ ابْنَهُ عَنْبَسَةَ، وَالْعَرَبُ قَدْ تَجْمَعُ الْعَدَدَ الْكَثِيرَ عَلَى اسْمِ أَشْهَرِهِمْ.

[ق ر ص]: (الْقَرْصُ) الْأَخْذُ بِأَطْرَافِ الْأَصَابِعِ، مِنْ بَابِ طَلَبَ، وَمِنْهُ:"حُتِّيهِ (وَاقْرُصِيهِ)"، وَقَوْلُهُ: "أَنْهِرِ الدَّمَ بِمَا شِئْتَ إِلَّا مَا كَانَ قَرْضًا بِالسِّنِّ". الصَّوَابُ: قَرْصًا بِالْقَافِ وَالصَّادِ، وَفِي حَدِيثِ عَلِيٍّ: أَنَّهُ قَضَى - (فِي الْقَارِصَةِ) وَالْقَامِصَةِ وَالْوَاقِصَةِ بِالدِّيَةِ أَثْلَاثًا، هُنَّ ثَلَاثُ جَوَارٍ كُنَّ يَلْعَبْنَ فَتَرَاكَبْنَ، فَقَرَصَتْ السُّفْلَى الْوُسْطَى فَقَمَصَتْ، أَيْ: وَثَبَتْ فَسَقَطَتْ الْعُلْيَا فَوُقِصَتْ عُنُقُهَا، أَيْ: انْدَقَّتْ، فَجَعَلَ ثُلُثَيْ الدِّيَةِ عَلَى الثِّنْتَيْنِ، وَأَسْقَطَ ثُلُثَ الْعُلْيَا لِأَنَّهَا أَعَانَتْ عَلَى نَفْسِهَا، وَإِنَّمَا قِيلَ: الْوَاقِصَةُ، وَالْقِيَاسُ: الْمَوْقُوصَةُ، مُحَافَظَةً عَلَى الْمُشَاكَلَةِ.

[ق ر ض]: (الْقَرْضُ) الْقَطْعُ، يُقَالُ: قَرَضَ الثَّوْبَ بِالْمِقْرَاضِ، (وَقَرَضَتْهُ) الْفَأْرَةُ، وَهِيَ الْقُرَاضَةُ.

(وَالْقَرْضُ) وَاحِدُ الْقُرُوضِ تَسْمِيَةً بِالْمَصْدَرِ، قَالُوا: هُوَ مَالٌ يَقْطَعُهُ الرَّجُلُ مِنْ أَمْوَالِهِ فَيُعْطِيهِ عَيْنًا، فَأَمَّا الْحَقُّ الَّذِي يَثْبُتُ لَهُ عليه[1] دَيْنًا فَلَيْسَ بِقَرْضٍ.

(وَاسْتَقْرَضَنِي) فَأَقْرَضْتُهُ، وَقَارَضْتُهُ (مُقَارَضَةً): أَعْطَيْتُهُ مُضَارَبَةً.

[ق ر ط]: (الْقُرْطُ) وَاحِدُ الْقِرَطَةِ وَالْأَقْرِطَةِ، وَهُوَ مَا يُعَلَّقُ فِي شَحْمَةِ الْأُذُنِ، وَبِهِ سُمِّيَ وَالِدُ عَبْدِ اللهِ بن (قُرْطٍ الْأَزْدِيِّ)، وَقِيلَ: الثُّمَالِيُّ.

(وَالْقُرْطَاطُ وَالْقُرْطَانُ) بَرْذَعَةُ ذَوَاتِ الْحَوَافِرِ عَنْ أَبِي عُبَيْدٍ عَنْ الْأَصْمَعِيِّ.

(قَرْطَاجَنَّةُ) بِالْفَتْحِ: مَدِينَةٌ كَبِيرَةٌ عَلَى سَاحِلِ بَحْرِ الرُّومِ مِمَّا يَلِي إِفْرِيقِيَّةَ، وَإِنَّمَا أُضِيفَتْ إِلَى (جَنَّةٍ) لِنَزَاهَتِهَا وَحُسْنِهَا.

[ق ر ظ]: (الْقَرَظُ) وَرَقُ السَّلَمِ يُدْبَغُ بِهِ، وَقِيلَ: شَجَرٌ عِظَامٌ لَهَا شَوْكٌ غِلَاظٌ كَشَجَرِ الْجَوْزِ، وَإِلَيْهِ أُضِيفَ: سَعْدُ الْقَرَظِ الْمُؤَذِّنُ؛ لِأَنَّهُ كَانَ يَتَّجِرُ فِيهِ. وَبِوَاحِدَتِهِ سُمِّيَ قَرَظَةُ بن كَعْبٍ، وَهُوَ الَّذِي أَرْسَلَهُ ابْنُ مَسْعُودٍ إِلَى ابْنِ النَّوَّاحَةِ، بِتَصْغِيرِهِ سُمِّيَتْ إِحْدَى قَبَائِلِ يَهُودِ خَيْبَرَ الْمَنْسُوبِ إِلَيْهَا مُحَمَّدُ بن كَعْبٍ الْقُرَظِيِّ. وَبِوَزْنِ اسْمِ الْفَاعِلِ مِنْهُ سُمِّيَ وَالِدُ

---

(١) سقط من: م.

خَالِدِ بن قَارِظٍ بن شَبَّةَ ابن أَخِي عُمَرَ بن شَبَّةَ، وَإِلَيْهِ يُنْسَبُ سَعِيدُ بن خَالد الْقَارِظِيُّ فِي السِّيَرِ.

[ق ر ع]: (قَرَعَهُ بِالْمِقْرَعَةِ قَرْعًا) ضَرَبَهُ بِهَا مِنْ بَابِ مَنَعَ، (وَقَارِعَةُ) الطَّرِيقِ: أَعْلَاهُ، وَهُوَ مَوْضِعُ قَرْعِ الْمَارَّةِ، وَمِنْهَا: "وَتَكْرَار الْجَمَاعَةِ فِي مَسْجِدِ الْقَوَارِعِ"، وَيُرْوَى: الشَّوَارِع.

(وَالْقَارِعَةُ) الدَّاهِيَةُ وَالنَّكْبَةُ الْمُهْلِكَةُ.

(وَتَقَارَعُوا بَيْنَهُمْ) أَوْ اقْتَرَعُوا مِنْ الْقُرْعَةِ، وَأَقْرَعْتُ بَيْنَهُمْ: أَمَرْتُهُمْ أَنْ يَقْتَرِعُوا عَلَى شَيْءٍ.

(وَقَارَعْتُهُ فَقَرَعْتُهُ) أَصَابَتْنِي الْقُرْعَةُ دُونَهُ، وَمِنْهُ حَدِيثُ عَائِشَةَ: "أَنَّهُ صَلَّى اللـه عَلَيْهِ وَآلِهِ وَسَلَّمَ أَقْرَعَ بَيْنَ نِسَائِهِ، فَقَرَعْتُ فِي السَّفْرَةِ الَّتِي أَصَابَنِي فِيهَا مَا أَصَابَنِي"، وَهُوَ إِشَارَةٌ إِلَى حَدِيثِ الْإِفْكِ. وَقَوْلُ عَلِيٍّ رَضِيَ اللـه عَنْهُ فِي الشُّهُود: اسْتَحْلِفْ الَّذِي قَرَعَ، أَيْ: خَرَجَتْ لَهُ الْقُرْعَةُ.

(وَقَرِعَ) الْغِنَاءُ: خَلَا مِنْ النَّغَمِ، وَمِنْهُ: "نَعُوذ بِاَللَّه مِنْ صَفَرِ الْإِنَاءِ (وَقَرَعِ) الْغِنَاءِ".

(وَالْقَرَعُ) أَيْضًا فِي الْعُيُوبِ: مَصْدَرِ الْأَقْرَعِ مِنْ الرِّجَالِ، وَهُوَ الَّذِي ذَهَبَتْ بَشَرَةُ رَأْسِهِ مِنْ عِلَّةٍ، (وَالْأَقْرَعُ) أَيْضًا مِنْ الْحَيَّاتِ الَّذِي قَرَى السَّمَّ، أَيْ: جَمَعَ فِي رَأْسِهِ فَذَهَبَ شَعْرُهُ، وَمِنْهُ حَدِيثُ مَانِعِ الزَّكَاةِ: "مُثِّلَ لَهُ شُجَاعًا أَقْرَعَ"[1].

[ق ر ف]: (قَرَفَهُ) قَشَرَهُ قَرْفًا، وَالْقِرْفَةُ: قِشْرَةُ شَجَرٍ يُتَدَاوَى بِهِ، وَبِهَا كُنِّيَتْ أُمُّ قِرْفَةٍ امْرَأَةُ مَالِك بن حُذَيْفَة بن بَدْرٍ، الَّتِي يُضْرَبُ بِهَا الْمَثَلُ فِي الْعِزِّ وَالْمَنَعَةِ، وَفِي حَدِيث ابْنِ الزُّبَيْرِ رَضِيَ اللـه عَنْهُمَا: "مَا عَلَى أَحَدِكُمْ إِذَا أَتَى الْمَسْجِدَ أَنْ يُخْرِجَ قِرْفَةَ أَنْفِه". أَيْ: لَا ضَرَرَ عَلَيْهِ فِي أَنْ يُنَقِّيَ أَنْفَهُ مِمَّا لَزِقَ بِهِ مِنْ الْمُخَاطِ.

(وَقَارَفَهُ) قَارَبَهُ وَخَالَطَهُ مُقَارَفَةً وَقِرَافًا، وَمِنْهُ: (قِرَافُ الْمَرْأَةِ) جِمَاعُهَا أَوْ خِلَاطُهَا، وَفِي حَدِيثِ عُمَرَ رَضِيَ اللـه عَنْهُ فِي الْكَوَادِنِ: "فَمَا (قَارَفَ) الْعِتَاقَ مِنْهَا" أَيْ: قَارَبَهَا فِي السُّرْعَةِ.

(وَأَقْرَفَ الْفَرَسُ) أُدْنِيَ لِلْهُجْنَةِ فَهُوَ مُقْرِفٌ.

---

(١) أخرجه البخاري (٤٥٦٥)، وابن حبان في صحيحه (٣٢٥٧)، والحميدي في مسنده (٩٣)

[ق ر ط ق]: (وَالْقَرْطَقُ) قَبَاءٌ ذُو طَاقٍ وَاحِدٍ.

[ق ر ط ل]: (الْقِرْطَالَةُ) كَبَارِحَةٌ.

[ق ر م]: (الْقِرَامُ) السِّتْرُ الْمُنَقَّشُ، (وَالْمِقْرَمَةُ) الْمَحْبِسُ، وَهُوَ مَا يُبْسَطُ فَوْقَ الْمِثَالِ، وَقِيلَ: هُمَا بِمَعْنًى.

[ق ر ط م]: (الْقُرْطُمُ) بِالضَّمِّ وَالْكَسْرِ: حَبُّ الْعُصْفُرِ، (وَقَرْطَمَ) لِلطَّائِرِ: أَلْقَى لَهُ الْقُرْطُمَ، وَقَوْلُ ابْنِ شُبْرُمَةَ فِي أَبِي حَنِيفَةَ رَحِمَهُ اللهُ تَعَالَى: لَقَدْ قُرْطِمَ لَهُ وَقُرْطِمَ لَنَا، فَلَقَطْنَا وَرَفَعَ هُوَ رَأْسَهُ، مَثَلٌ فِي الِاسْتِزْلَالِ وَالتَّغْرِيرِ بِحُطَامِ الدُّنْيَا.

[ق ر ن]: (الْقَرْنُ) قَرْنُ الْبَقَرَةِ وَغَيْرِهَا، (وَشَاةٌ قَرْنَاءُ) خِلَافُ جَمَّاءَ، (وَقَرْنُ الشَّمْسِ) أَوَّلُ مَا يَطْلُعُ مِنْهَا، (وَقَرْنَا الرَّأْسِ) فَوْدَاهُ، أَيْ: نَاحِيَتَاهُ، وَمِنْهُ قَوْلُهُ:"مَا بَيْنَ (قَرْنَيْ) الْمَشْجُوجِ"، وَفِي الْحَدِيثِ: "الشَّمْسُ تَطْلُعُ بَيْنَ قَرْنَيْ الشَّيْطَانِ"[1] قِيلَ: إِنَّهُ يُقَابِلُ الشَّمْسَ حِينَ طُلُوعِهَا فَيَنْتَصِبُ حَتَّى يَكُونَ طُلُوعُهَا بَيْنَ قَرْنَيْهِ، فَيَنْقَلِبُ سُجُودُ الْكُفَّارِ لِلشَّمْسِ عِبَادَةً لَهُ، وَقِيلَ: هُوَ مَثَلٌ، وَعَنْ الصُّنَابِحِيِّ: إِنَّ الشَّمْسَ تَطْلُعُ وَمَعَهَا (قَرْنُ) الشَّيْطَانِ، فَإِذَا ارْتَفَعَتْ فَارَقَهَا الْحَدِيثَ، قِيلَ: هُوَ حِزْبُهُ، وَهُمْ عَبَدَةُ الشَّمْسِ، فَإِنَّهُمْ يَسْجُدُونَ لَهَا فِي هَذِهِ السَّاعَاتِ.

(وَالْقَرْنُ) شَعْرُ الْمَرْأَةِ خَاصَّةً، وَالْجَمْعُ: قُرُونٌ، وَمِنْهُ: "سُبْحَانَ مَنْ زَيَّنَ الرِّجَالَ بِاللِّحَى وَالنِّسَاءَ بِالْقُرُونِ".

(وَالْقَرْنُ) فِي الْفَرْجِ: مَانِعٌ يَمْنَعُ مِنْ سُلُوكِ الذَّكَرِ فِيهِ، إِمَّا غُدَّةٌ غَلِيظَةٌ أَوْ لَحْمَةٌ مُرْتَتِقَةٌ أَوْ عَظْمٌ. (وَامْرَأَةٌ قَرْنَاءُ) بِهَا ذَلِكَ.

(وَالْقَرْنُ) مِيقَاتُ أَهْلِ نَجْدٍ، جَبَلٌ مُشْرِفٌ عَلَى عَرَفَاتٍ، قَالَ:

أَلَمْ تَسْأَلْ الرَّبْعَ أَنْ يَنْطِقَا ... بِقَرْنِ الْمَنَازِلِ قَدْ أَخْلَقَا

وَفِي الصِّحَاحِ بِالتَّحْرِيكِ، وَفِيهِ نَظَرٌ.

(وَالْقَرَنُ) بِفَتْحَتَيْنِ حَيٌّ مِنَ الْيَمَنِ، إِلَيْهِمْ يُنْسَبُ أُوَيْسٌ الْقَرَنِيُّ.

---

(١) أخرجه النسائي (٥٧٢)، وابن ماجه (١٢٥٣)، وأحمد في مسنده (٢٣٣٦٩)، وابن خزيمة في صحيحه (١٢٠٩)، وابن حبان في صحيحه (١٥٥٠)، والبزار في البحر الزخار بمسند البزار (٢٣٠٤)، والبوصيري في إتحاف الخيرة (١٢٧١)، والطبراني في مسنده (١٨٤٧)

(وَالْقَرَن) الْجَعْبَةُ الصَّغِيرَةُ تُضَمُّ إِلَى الْكَبِيرَةِ، وَمِنْهَا[١]: فَاحْتَلَّ قَرَنًا لَهُ، وَرُوِيَ: فَنَثَلَ، أَيْ: أَخْرَجَ مَا فِيهِ مِنَ السِّهَامِ.

(وَالْقَرَنُ) الْحَبْلُ، (يُقْرَنُ) بِهِ بَعِيرَانِ، (وَالْقَرَنُ) مَصْدَرِ الْأَقْرَنِ وَهُوَ الْمَقْرُونُ الْحَاجِبَيْنِ.

(وَالْقِرَانُ) مَصْدَرُ (قَرَنَ) بَيْنَ الْحَجِّ وَالْعُمْرَةِ إِذَا جَمَعَ بَيْنَهُمَا، وَهُوَ قَارِنٌ.

(وَالْقَرْنَانُ) نَعْتُ سَوْءٍ فِي الرَّجُلِ الَّذِي لَا غَيْرَةَ لَهُ عَنِ اللَّيْثِ، وَعَنِ الْأَزْهَرِيِّ: هَذَا مِنْ كَلَامِ الْحَاضِرَةِ وَلَمْ أَرَ الْبَوَادِي لَفَظُوا بِهِ وَلَا عَرَفُوهُ، وَمِنْهُ: مَا فِي قَذْفِ الْأَجْنَاسِ: يَا كشخان يَا قَرْنَانِ.

[ق ر و]: (الْقَرْوُ) تَعْرِيبُ: غَرْو، هُوَ الْأَجْوَفُ مِنَ الْقَصَبِ.

الْقَاف مَعَ الزَّايِ الْمُعْجَمَة

[ق ز ح]: (قَزَحَ الْقِدْرَ) بِالتَّخْفِيفِ وَالتَّشْدِيدِ: بَزَرَهَا، (وَالْمُقَزَّحُ) مِنْ غَرِيبِ شَجَرِ الْبَرِّ، وَهُوَ عَلَى صُورَةِ شَجَرِ التِّينِ، لَهُ أَغْصَنَةٌ قِصَارٌ فِي رُءُوسِهَا، مِثْلُ بُرْثُنِ الْكَلْبِ عَنِ ابْنِ الْأَعْرَابِيِّ، وَمِنْهُ: مَا رَوَى الشَّعْبِيُّ عَنِ ابْنِ عَبَّاسٍ: أَنَّهُ كَرِهَ أَنْ يُصَلِّيَ الرَّجُلُ إِلَى الشَّجَرَةِ الْمُقَزَّحَةِ، هَكَذَا حَكَاهُ الْأَزْهَرِيُّ، وَيُحْتَمَلُ أَنَّهُ كَرِهَ صَلَاتَهُ إِلَى أَصْلِ شَجَرَةٍ بَالَتْ الْكِلَابُ وَالسِّبَاعُ عَلَيْهَا، مِنْ قَزَحَ الْكَلْبُ بِبَوْلِه، إِذَا رَمَى بِه.

(قُزَحَ) فِي (ش ع، ش ع ر).

[ق ز ز]: (التَّقَزُّزُ) التَّبَاعُد وَالتَّجَنُّب مِنْ كُلِّ مَا يُسْتَقْذَرُ وَيُسْتَخْبَثُ، يُقَالُ: هُوَ (يَتَقَزَّزُ) مِنْ أَكْلِ الضَّبِّ.

(وَالْقَازُوزَةُ) إِنَاءٌ يُشْرَبُ بِهِ الْخَمْرُ وَالْقَاقُوزَةُ مِثْلُهَا وَبَعْضُهُمْ أَنْكَرَ الْقَاقَزَةَ.

وَأَمَّا (الْقَزُّ) لِضَرْبٍ مِنَ الْإِبْرَيْسَمِ فَمُعَرَّب، قَالَ اللَّيْثُ: هُوَ مَا يُسَوَّى مِنْهُ الْإِبْرَيْسَمِ، وَفِي جَمْعِ التَّفَارِيقِ: (الْقَزُّ) وَالْإِبْرَيْسَم كَالدَّقِيقِ وَالْحِنْطَةِ.

[ق ز ع]: فِي الْحَدِيثِ: "نَهَى عَنْ (الْقَزَعِ)". هُوَ أَنْ يُحْلَقَ الرَّأْسُ وَيُتْرَكَ شَعْرٌ مُتَفَرِّقٌ فِي مَوَاضِعَ، فَذَلِكَ الشَّعْرُ قَزَعٌ، (وَقَزَّعَ) رَأْسَهُ تَقْزِيعًا: حَلَقَهُ كَذَلِكَ، وَكَأَنَّهُ مِنْ (قَزَعَ) السَّحَابِ، وَهُوَ قِطَعٌ مِنْهُ مُتَفَرِّقَةٌ صِغَارٌ، جَمْعُ قَزَعَةٍ، وَمِنْهَا الْحَدِيثُ: "كَانَتْ السَّمَاءُ

---

(١) فِي خ: "ومنه".

كَالزُّجَاجَةِ لَيْسَتْ فِيهَا قَزَعَةٌ".

الْقَاف مَعَ السِّين الْمُهْمَلَة

[ق س ب]: (الْقَسْبُ) تَمْرٌ يَابِسٌ يَتَفَتَّتُ فِي الْفَمِ صُلْبُ النَّوَاةِ، وَالصَّادُ فِيهِ خَطَأٌ.

[ق س ر]: (الْقَسْرُ) الْقَهْرُ، وَبِهِ سُمِّيَ الْبَطْنُ مِنْ بَجِيلَةَ، الَّذِي يُنْسَبُ إِلَيْهِ خَالِدُ بن عَبْدِ اللهِ بن يَزِيدَ الْبَجَلِيُّ، ثُمَّ الْقَسْرِيُّ، وَلِيَ الْعِرَاقَ بَعْدَ الْحَجَّاجِ، وَبَعْدَ عُمَرَ بن هُبَيْرَةَ، وَلَّاهُ ذَلِكَ هِشَامُ بن عَبْدِ الْمَلِكِ سَنَةَ سِتٍّ وَمِائَةٍ، وَكَانَتْ وَفَاةُ الْحَجَّاجِ سَنَةَ خَمْسٍ وَتِسْعِينَ.

[ق س س]: (يَوْمُ قُسِّ النَّاطِفِ) عَلَى الْفُرْسِ قُتِلَ فِيهِ عُبَيْدٌ الثَّقَفِيُّ، وَقَسَطَ تَصْحِيفٌ.

وَأَمَّا (قَسّ) بِالْفَتْحِ: فَمِنْ بِلَادِ مِصْرَ، يُنْسَبُ إِلَيْهَا الثِّيَابُ الْقَسِّيَّةُ، وَمِنْهُ:"نُهِيَ عَنْ لِبْسِ الْقَسِّيِّ"، وَقِيلَ لِعَلِيٍّ رَضِيَ اللهُ عَنْهُ: مَا الْقَسِّيَّةُ؟ فَقَالَ: ثِيَابٌ تَأْتِينَا مِنَ الشَّامِ أَوْ مِصْرَ مُضَلَّعَةٌ، أَيْ: مُنَقَّشَةٌ عَلَى شَكْلِ الْأَضْلَاعِ فِيهَا أَمْثَالُ الْأُتْرُجِّ.

[ق س ط]: (قَسَطَ) جَارَ قَسْطًا وَقُسُوطًا، وَمِنْهُ [قوله تعالى][1]: **(وَأَمَّا الْقَاسِطُونَ فَكَانُوا لِجَهَنَّمَ حَطَبًا)** [سورة الجن آية ١٥]، وَقَدْ غَلَبَ هَذَا الِاسْمُ عَلَى فِرْقَةِ مُعَاوِيَةَ رَضِيَ اللهُ عَنْهُ، وَمِنْهُ الْحَدِيثُ: "تَقَاتُلُ النَّاكِثِينَ وَالْقَاسِطِينَ وَالْمَارِقِينَ".

(وَأَقْسَطَ) إِقْسَاطًا: عَدَلَ، وَمِنْهُ: **(وَإِنْ خِفْتُمْ أَلَّا تُقْسِطُوا)** [سورة النساء آية ٣] وَالِاسْمُ الْقِسْطُ، وَهُوَ الْعَدْلُ وَالسَّوِيَّةُ، وَبِتَصْغِيرِهِ سُمِّيَ جَدُّ يَزِيدَ بن عَبْدِ اللهِ بن قُسَيْطٍ اللَّيْثِيِّ فِي الدَّعْوَى، وَفِي التَّنْزِيلِ: ﴿كُونُوا قَوَّامِينَ بِالْقِسْطِ﴾ [سورة النساء آية ١٣٥] أَيْ: مُجْتَهِدِينَ فِي إِقَامَةِ الْعَدْلِ حَتَّى لَا تَجُورُوا، وَمِنْهُ: الْقِسْطُ فِي الْمِكْيَالِ[2]، وَهُوَ نِصْفُ صَاعٍ.

(وَقَسَّطَ) الْخَرَاجَ تَقْسِيطًا: وَظَّفَهُ عَلَيْهِمْ بِالْقِسْطِ وَالسَّوِيَّةِ.

(وَالْقُسْطُ) بِالضَّمِّ: مِنَ الطِّيبِ يُتَبَخَّرُ بِهِ.

---

(١) سقط من: م.

(٢) في خ: "المكاييل".

(وَقُسْطَنْطِينِيَّة) [بِتَخْفِيفِ الْيَاء، وَالْعَامَّة بِالتَّشْدِيد] [١]: مَدِينَةٌ بِالرُّوم.

[ق س م]: (الْقَسْمُ) بِالْفَتْح: مَصْدَرُ قَسَمَ الْقَسَّامُ الْمَالَ بَيْنَ الشُّرَكَاء: فَرَّقَهُ بَيْنَهُمْ وَعَيَّنَ أَنْصِبَاءَهُمْ، وَمِنْهُ: الْقَسْمُ بَيْنَ النِّسَاء، وَقَوْلُهُمْ: قَسَّمَ الْأَمِيرُ الْخُمْسَ فَعَزَلَهُ، لَمْ يُرِدْ بِهِ تَفْرِيقَهُ عَلَى الْمَسَاكِين، وَإِنَّمَا أَرَادَ بِهِ أَنَّهُ مَيَّزَهُ مِنَ الْأَخْمَاسِ الْأَرْبَعَةِ وَعَيَّنَهُ، وَلِهَذَا قَالَ: فَعَزَلَهُ، وَفِي الْحَدِيث:"خَيْرُ السَّرَايَا زَيْدُ بن حَارِثَة: أَقْسَمُهُ بِالسَّوِيَّةِ وَأَعْدَلُهُ فِي الرَّعِيَّة". مِثْل هَذَا إِنْ صَحَّ مُؤَوَّلٌ كَأَنَّهُ قِيلَ: أَقْسَمُ مَنْ ذُكِرَ وَأَعْدَلُهُ.

(وَالْقِسْمُ) بِالْكَسْر: النَّصِيبُ وَكَذَا الْمَقْسِمُ، وَقَوْلُهُ فِي الشَّمْلَة الَّتِي أَخَذَهَا يَوْمَ خَيْبَرَ مِنْ الْغَنَائِم: لَمْ يُصِبْهَا مِنَ الْمَقْسَم، أَيْ: الْقِسْمَة، (وَمِنْ) زِيَادَةٌ وَقَعَتْ فِي النُّسْخَة، وَفِي الْمَتْن: لَمْ يُصِبْهَا الْمَقَاسِم، عَلَى لَفْظ الْجَمْع.

(وَصَاحِب الْمَقَاسِم) نَائِبُ الْأَمِير، وَهُوَ قَسَّامُ الْغَنَائِم، وَفِي أَجْنَاسِ النَّاطِفِيِّ: نَهْرٌ لَهُ مَقْسِمٌ لَيْسَ فَوْقَه مَقْسِمٌ، كَأَنَّهُ أَرَادَ مَوْضِعَ الْقَسْم، وَهُوَ مَوْضِعُ السِّكْرِ الْمَعْهُود، وَفِي التَّهْذِيب: الْمِقْسَمُ بِكَسْرِ الْمِيم وَفَتْح السِّين، وَبِه سُمِّيَ مِقْسَمُ بن بُجْرَةَ فِي رَفْعِ الْيَدَيْن.

(وَالْقِسْمَةُ) اسْمٌ مِنَ الاقْتِسَام، وَيُقَالُ: تَقَسَّمُوا الْمَالَ بَيْنَهُمْ، وَتَقَاسَمُوه، وَاقْتَسَمُوه، وَقَاسَمْتُهُ الْمَال، وَهُوَ قَسِيمِي، أَيْ: مُقَاسِمِي، وَمِنْهُ: قَوْلُ مُحَمَّدٍ رَحِمَهُ الله: فَإِذَا أَرَادَ صَاحِبُ النَّهْرِ أَنْ يَمُرَّ إِلَى نَهْرِهِ فِي أَرْض قَسِيمِهِ، يَعْنِي بِه: شَرِيكَهُ الَّذِي وَقَعَتْ الْمُقَاسَمَةُ مَعَهُ. وَقَسِيمَةٌ وَقِسْمَةٌ كِلَاهُمَا غَلَط.

(وَخَرَاجُ الْمُقَاسَمَة) أَنْ تُوَظِّفَ [٢] فِي الْخَرَاج مِنَ الْأَرْض شَيْئًا مُقَدَّرًا عُشْرًا أَوْ ثُلُثًا أَوْ رُبُعًا.

(وَالاسْتِقْسَامُ) بِالْأَزْلَام: طَلَبُ مَعْرِفَةِ مَا قُسِمَ لَهُ مِمَّا لَمْ يُقْسَم.

(وَالْقَسَمُ) الْيَمِينُ، يُقَال: أَقْسَمَ بِالله إِقْسَامًا، وَقَوْلُهُمْ:حَكَمَ الْقَاضِي (بِالْقَسَامَة)، اسْمٌ مِنْهُ وُضِعَ مَوْضِعَ الْإِقْسَام، ثُمَّ قِيلَ لِلَّذِين يُقْسِمُونَ: قَسَامَةً، وَقِيلَ: هِيَ الْأَيْمَانُ تُقَسَّمُ عَلَى أَوْلِيَاءِ الدَّم عَنْ الْأَزْهَرِيِّ، وَبِهَا سُمِّيَ قَسَامَةُ بن زُهَيْرٍ فِي نِكَاح السِّيَر.

(لَوْ أَقْسَمَ عَلَى الله) فِي (ط م، ط م ر).

[ق س و]: (دِرْهَمٌ قَسِيٌّ) أَيْ: رَدِيءٌ ذُو غِشٍّ مِنْ نُحَاسٍ وَغَيْرِه، وَجَمْعُهُ: قِسْيَانُ،

---

(١) زيادة من: م.

(٢) في خ: "يوظف الإمام".

كَصَبِيٍّ وَصِبْيَان.

الْقَاف مَعَ الشِّين

[ق ش ب]: (الْقَشْبُ) الْخَلْطُ، وَمِنْهُ: (الْقِشْبُ) السُّمُّ؛ لِأَنَّهُ أَشْيَاءُ تُخْلَطُ بِالسُّمِّ، ثُمَّ قِيلَ لِكُلِّ مَا يُسْتَقْذَر: قِشْبٌ، وَمِنْهُ: قَشَبَهُ وَقَشَّبَهُ، إِذَا أَذَاهُ، وَعَنْ عُمَرَ رَضِيَ اللهُ عَنْهُ: أَنَّهُ وَجَدَ مِنْ مُعَاوِيَةَ رِيحَ طِيبٍ وَهُوَ مُحْرِمٌ، فَقَالَ: مَنْ (قَشَبَنَا)؟ أَيْ: مَنْ أَصَابَنَا بِهَذِهِ الرَّائِحَة، وَالَّذِي اسْتَخْبَثَهُ مِنْ مُعَاوِيَةَ رَضِيَ اللهُ عَنْهُ مُخَالَفَتُهُ السُّنَّةَ وَتَطَيُّبُهُ وَقْتَ الْإِحْرَام.

[ق ش ر] (مِسْحٌ قُشَاسَارِيٌّ) بِضَمِّ الْقَاف وَبِالشِّينِ الْمُعْجَمَة قَبْلَ السِّين، مَنْسُوبٌ إِلَى قُشَاسَار، وَهِيَ مِنْ بِلَادِ الرُّومِ، وَقِيلَ: بَيْنَهَا وَبَيْنَ الشَّام.

[ق ش ع]: (انْقَشَعَ) السَّحَابُ وَتَقَشَّعَ وَأَقْشَعَ، إِذَا زَالَ وَانْكَشَفَ، (وَقَشَعَتْهُ الرِّيحُ) كَشَفَتْهُ.

[ق ش ف]: (الْمُتَقَشِّفَةُ) الْمُتَعَمِّقَةُ فِي الدِّين، وَأَصْلُ الْمُتَقَشِّف: الَّذِي لَا يَتَعَاهَدُ النَّظَافَة، ثُمَّ قِيلَ لِلْمُتَزَهِّدِ الَّذِي يَقْنَعُ بِالْمُرَقَّعِ مِنْ الثِّيَاب وَالْوَسِخ: مُتَقَشِّفٌ مِنْ الْقَشَف، وَهُوَ شِدَّةُ الْعَيْشِ وَخُشُونَتِهِ.

[ق ش م]: (الْقُشَامُ) أَنْ يَنْتَقِضَ ثَمَرُ النَّخْلَةِ قَبْلَ إِدْرَاكِهِ.

الْقَاف مَعَ الصَّاد الْمُهْمَلَة

[ق ص ب]: (الْقَصَبُ) كُلُّ نَبَاتٍ كَانَ سَاقُهُ أَنَابِيبَ وَكُعُوبًا، وَالْوَاحِدَةُ: قَصَبَةٌ، وَالْقَصْبَاءُ وَاحِدٌ وَجَمْعٌ عَنْ سِيبَوَيْهِ، وَقِيلَ: هِيَ (الْقَصَبُ) الْكَثِيرُ النَّابِتُ فِي الْغَيْضَةِ[1]، وَمِنْهَا: وَلَوْ اشْتَرَى أَجَمَةً وَفِيهَا قَصْبَاءُ. (وَالْمَقْصَبَةُ) مَنْبِتُهُ وَمَوْضِعُهُ، وَقَوْلُهُ: وَإِذَا اتَّخَذَ الْأَرْضَ مَقْصَبَةً فَالْخَرَاجُ عَلَى الْقَاصِبِ، أَيْ: عَلَى الْمُسْتَنْبِتِ[2]، وَهُوَ مِنْ بَابِ لَابِنٍ وَتَامِرٍ.

وَأَنْوَاعُ الْقَصَب: الْفَارِسِيُّ، وَهُوَ مَا يُتَّخَذُ مِنْ أَنَابِيبِهِ الْأَقْلَامُ، وَمِنْهَا: قَصَبُ السُّكَّر، وَهُوَ أَسْوَدُ وَأَبْيَضُ وَأَصْفَرُ، وَإِنَّمَا يُعْتَصَرُ النَّوْعَانِ دُونَ الْأَسْوَدِ، وَيُقَالُ لِتِلْكَ الْعُصَارَةِ: عَسَلُ الْقَصَب.

---

(١) في خ: "المقصبة".
(٢) في خ: "مستنبت القصب".

(وَقَصَبُ الذَّرِيرَةِ) ضَرْبٌ مِنْهُ مُتَقَارِبُ الْعُقَدِ يَتَكَسَّرُ شَظَايَا كَثِيرَة وَأُنْبُوبُهُ مَمْلُوءٌ مِنْ مَثَلِ نَسْجِ الْعَنْكَبُوتِ، وَفِي مَضْغِهِ حَرَاقَةٌ وَمَسْحُوقُهُ عِطْرٌ إِلَى الصُّفْرَة وَالْبَيَاضِ.

(وَالْقُصْبُ) بِالضَّمِّ: الْمِعَى، وَالْجَمْعُ: أَقْصَابٌ، وَمِنْهُ: (الْقَصَّابُ)؛ لِأَنَّهُ يُعَالِجُ الْأَقْصَاب أَيْ: الْأَمْعَاءَ.

[ق ص ر]: (الْقَصْرُ) الْحَبْسُ، وَمِنْهُ: مَقْصُورَةُ الدَّارِ لِحُجْرَةٍ مِنْ حُجَرِهَا.

(وَمَقْصُورَةُ الْمَسْجِدِ) مَقَامُ الْإِمَامِ.

(وَقَصْرُ الصَّلَاةِ) فِي السَّفَرِ: أَنْ يُصَلِّيَ ذَاتَ الْأَرْبَعِ رَكْعَتَيْنِ.

(وَقَصْرُ الثِّيَابِ) أَنْ يَجْمَعَهَا الْقَصَّارُ فَيَغْسِلَهَا، وَحِرْفَتُهُ (الْقِصَارَةُ) بِالْكَسْرِ.

(وَالْقُصُورُ) الْعَجْزُ، وَمِنْهُ حَدِيثُ عَائِشَةَ رَضِيَ اللهُ عَنْهَا فِي حَجَرِ الْكَعْبَةِ: "(قَصَرَتْ) بِهِمْ النَّفَقَةُ". وَيَشْهَدُ لِهَذَا لَفْظُ مُتَّفَقِ الْجَوْزَقِيِّ: "عَجَزَتْ بِهِمْ النَّفَقَةُ". وَالْبَاء فِيهِمَا لِلتَّعْدِيَةِ، وَالْمَعْنَى: عَجَزُوا عَنْ النَّفَقَةِ كَمَا فِي الرِّوَايَةِ الْأُخْرَى، وَالْفِعْلُ مِنْهَا كُلِّهَا مِنْ بَابِ طَلَبَ.

(وَالْقِصَرُ) خِلَافُ الطُّولِ، (وَالْقُصْرَى) تَأْنِيثُ الْأَقْصَرِ، تَفْضِيل الْقَصِيرِ وَأُرِيدَ بِسُورَةِ النِّسَاء (الْقُصْرَى) (يَا أَيُّهَا النَّبِيُّ إِذَا طَلَّقْتُمُ النِّسَاءَ) [سورة الطلاق آية ١] وَفِيهَا: (وَأُولَاتُ الْأَحْمَالِ أَجَلُهُنَّ) الآية. [سورة الطلاق آية ٤]، وَالْمَشْهُورَة: (يَا أَيُّهَا النَّاسُ اتَّقُوا رَبَّكُمُ الَّذِي خَلَقَكُم) [سورة النساء آية ١] وَبِالطُّولَى سُورَةُ الْبَقَرَةِ، وَفِيهَا: (يَتَرَبَّصْنَ بِأَنفُسِهِنَّ أَرْبَعَةَ أَشْهُرٍ وَعَشْرًا) [سورة البقرة آية ٢٣٤] وَالْغَرَضُ مِنْ نُزُولِ تِلْكَ بَعْدَ هَذِهِ بَيَانُ حُكْمِ هَاتَيْنِ الْآيَتَيْنِ، وَأَمَّا الْقُصْوَى بِالْوَاوِ فَتَصْحِيفٌ.

"وَأُمِرْنَا (بِإِقْصَارِ) الْخُطَبِ" أَيْ: بِجَعْلِهَا قَصِيرَةً، وَمِنْهُ: "لَئِنْ (أَقْصَرْتَ الْخُطْبَةَ) لَقَدْ أَعْرَضْتَ الْمَسْأَلَةَ". أَيْ: جِئْتَ بِهَذِهِ قَصِيرَةً مُوجَزَةً وَبِهَذِهِ عَرِيضَةً وَاسِعَةً."وَالْحَلْقُ أَفْضَلُ مِنْ (التَّقْصِيرِ)"، وَهُوَ قَطْعُ أَطْرَافِ الشَّعْرِ، وَفِي التَّنْزِيلِ: (مُحَلِّقِينَ رُءُوسَكُمْ وَمُقَصِّرِينَ) [الفتح:٢٧].

(وَالْقَصْرُ) وَاحِدُ الْقُصُورِ، (وَقَصْرُ ابْنِ هُبَيْرَةَ) عَلَى لَيْلَتَيْنِ مِنْ الْكُوفَةِ وَبَغْدَادُ مِنْهُ عَلَى لَيْلَتَيْنِ.

(وَالْقُصَارَةُ) مَا فِيهِ بَقِيَّةٌ مِنْ السُّنْبُلِ بَعْدَ التَّنْقِيَةِ، وَكَذَلِكَ (الْقِصْرِيُّ) بِكَسْرِ الْقَاف وَسُكُون الصَّادِ، (وَالْقُصْرَى) بِوَزْنِ الْكُفُرَّى: السَّنَابِلُ الْغَلِيظَةُ الَّتِي تَبْقَى فِي الْغِرْبَالِ بَعْدَ

الْغَرْبَلَة.

(وَالْقَوْصَرَّة) بِالتَّشْدِيدِ وَالتَّخْفِيفِ: وِعَاءُ التَّمْرِ يُتَّخَذُ مِنْ قَصَبٍ، وَقَوْلُهُمْ: وَإِنَّمَا تُسَمَّى بِذَلِكَ مَا دَامَ فِيهَا التَّمْرُ وَإِلَّا فَهِيَ زِنْبِيلٌ، مَبْنِيٌّ عَلَى عُرْفِهِمْ.

[ق ص ص]: (الْقَصُّ) الْقَطْعُ، (وَقُصَاص) الشَّعْرِ: مَقْطَعُهُ وَمُنْتَهَى مَنْبَتِهِ مِنْ مُقَدَّمِ الرَّأْسِ أَوْ حَوَالَيْهِ، وَالْفَتْحُ وَالْكَسْرُ لُغَةٌ فِي الضَّمِّ.

(وَالْقُصَّةُ) بِالضَّمِّ: الطُّرَّةُ، وَهِيَ النَّاصِيَةُ تُقَصُّ حِذَاءَ الْجَبْهَةِ، وَقِيلَ: كُلُّ خُصْلَةٍ مِنَ الشَّعْرِ، وَقَوْلُهُ:"يَجْعَل شَعْرَهُ (قُصَّةً)" كَمَا يَجْعَلُ أَهْلُ الذِّمَّة.

وَمِنْهُ: (الْقِصَاص) وَهُوَ مُقَاصَّة وَلِيِّ الْمَقْتُولِ الْقَاتِلَ وَالْمَجْرُوحِ الْجَارِحَ، وَهِيَ مُسَاوَاتُهُ إِيَّاهُ فِي قَتْلٍ أَوْ جَرْحٍ، ثُمَّ عَمَّ فِي كُلِّ مُسَاوَاةٍ، وَمِنْهُ: (تَقَاصُّوا) إِذَا قَاصَّ كُلٌّ مِنْهُمْ صَاحِبَهُ فِي الْحِسَابِ فَحَبَسَ عَنْهُ مِثْلَ مَا كَانَ لَهُ عَلَيْه.

وَفِي الْحَدِيثِ: "نَهَى عَنْ (تَقْصِيصِ الْقُبُورِ)". أَيْ: عَنْ تَجْصِيصِهَا مِنْ الْقَصَّةِ بِالْفَتْحِ، وَهِيَ الْجَصَّةُ، وَمِنْهَا حَدِيثُ عَائِشَةَ رَضِيَ اللهُ عَنْهَا لِلنِّسَاءِ: "لَا تَغْتَسِلْنَ حَتَّى تَرَيْنَ الْقَصَّةَ الْبَيْضَاءَ"، قَالَ أَبُو عُبَيْد: مَعْنَاهُ: أَنْ تَخْرُجَ الْقُطْنَةُ أَوْ الْخِرْقَةُ الَّتِي تَحْتَشِي بِهَا الْمَرْأَةُ كَأَنَّهَا قَصَّةٌ لَا تُخَالِطُهَا صُفْرَةٌ وَلَا تَرِيَّةٌ، وَقِيلَ: إِنَّ (الْقَصَّةَ) شَيْءٌ كَالْخَيْطِ الْأَبْيَضِ يَخْرُجُ بَعْدَ انْقِطَاعِ الدَّمِ كُلِّه، وَيَجُوزُ أَنْ يُرَادَ انْتِفَاءُ اللَّوْنِ وَأَنْ لَا يَبْقَى مِنْهُ أَثَرُ الْبَتَّةَ، فَضَرَبَتْ رُؤْيَةَ الْقَصَّةِ مَثَلًا لِذَلِكَ؛ لِأَنَّ رَائِي الْقَصَّةِ غَيْرُ رَاءٍ شَيْئًا مِنْ سَائِرِ أَلْوَانِ الْحَيْض.

[ق ص ع]: أَنَسٌ رَضِيَ اللهُ عَنْهُ: "كُنْتُ آخِذًا بِزِمَامِ نَاقَةِ رَسُولِ اللهِ صَلَّى اللهُ عَلَيْهِ وَآلِهِ وَسَلَّمَ وَهِيَ (تَقْصَعُ) بِجِرَّتِهَا وَلُعَابُهَا عَلَى كَتِفَيَّ". (الْجِرَّةُ) مَا يَجْتَرُّهُ الْبَعِيرُ، أَيْ: يَجُرُّهُ مِنْ بَطْنِهِ وَيُخْرِجُهُ إِلَى الْفَمِ (وَيَقْصَعُهُ) أَيْ: يَمْضَغُهُ، ثُمَّ يَبْتَلِعه، وَاللُّعَابُ مُسْتَعَارٌ لِلُّغَامِ أَوْ تَصْحِيفٌ وَكِلَاهُمَا وَاحِدٌ، إِلَّا أَنَّ هَذَا لِلْبَعِيرِ وَذَلِكَ لِلصَّبِيِّ.

[ق ص ف]: (قَصَفَ) الْعُودَ فَتَقَصَّفَ وَانْقَصَفَ، أَيْ: كَسَرَهُ فَانْكَسَرَ.

(تَقَصَّفُ) فِي (ر ف، ر ف ف).

[ق ص ل]: (الْقَصْلُ) قَطْعُ الشَّيْءِ، وَمِنْهُ: الْقَصِيلُ، [وَهُوَ الْفَصِيلُ][1]، وَهُوَ الشَّعِيرُ يُجَزُّ أَخْضَرَ لِعَلَفِ الدَّوَابِّ، وَالْفُقَهَاءُ يُسَمُّونَ الزَّرْعَ قَبْلَ إِدْرَاكِهِ: قَصِيلًا، وَهُوَ مَجَازٌ.

(١) زيادة من: م.

وَقَوْلُ أَبِي نَصْرٍ: كَأَنَّهَا أَكَلَتْ الْقَصِيلَ، إِنْكَارٌ لِخُضْرَةِ الدَّمِ.

[ق ص و]: (الْقَصْوَاءُ) الْمَقْطُوعَةُ طَرَفِ الْأُذُنِ، وَأَمَّا مَا فِي نَاقَةِ رَسُولِ اللهِ صَلَّى اللهُ عَلَيْهِ وَآلِهِ وَسَلَّمَ فَذَلِكَ[1] لَقَبٌ لَهَا.

(الْأَقْصَى) فِي (أ ي، أ ي ل). (لَا تَقْصَيَنَّ) فِي (ع ص، ع ص ي).

الْقَاف مَعَ الضَّاد [الْمُعْجَمَة]

[ق ض ب]: (الْقَضْبُ) الْقَطْعُ، مِنْ بَابِ ضَرَبَ، وَمِنْهُ: الْقَضْبُ الإسفست؛ لِأَنَّهُ يُجَزُّ، وَمِنْهُ حَدِيثُ مِسَاحَةِ الْكُوفَةِ: فَوَضَعَ عُثْمَانُ بن حُنَيْفٍ عَلَى جَرِيبِ الْكَرْمِ كَذَا، وَعَلَى جَرِيبِ النَّخْلِ كَذَا، وَعَلَى جَرِيبِ (الْقَضْبِ) سِتَّةَ دَرَاهِمَ.

[ق ض ض]: (انْقَضَّ) الطَّائِرُ: سَقَطَ مِنْ الْهَوَاءِ بِسُرْعَةٍ، (وَاقْتَضَّ) الْجَارِيَةَ: ذَهَبَ بِقِضَّتِهَا، وَهِيَ بَكَارَتُهَا، وَمَدَارُ التَّرْكِيبِ يَدُلُّ عَلَى الْكَسْرِ.

[ق ض م]: (الْقَضْمُ) الْأَكْلُ بِأَطْرَافِ الْأَسْنَانِ مِنْ بَابِ لَبِسَ، وَمِنْهُ: فَإِنْ قَضِمَ حِنْطَةً فَأَكَلَهَا، أَيْ: مَضَغَهَا وَكَسَرَهَا، وَفِي الْحَدِيثِ: "أَيَدَعُ يَدَهُ فِي فِيك فَتَقْضُمُهَا كَأَنَّهَا فِي فَحْلٍ".

[ق ض ي]: (قَضَى) الْقَاضِي لَهُ عَلَيْهِ بِذَلِكَ قَضَاءً، وَقَاضَيْتُهُ: حَاكَمْتُهُ، وَفِي حَدِيثِ الْحُدَيْبِيَةِ:"وَقَاضَاهُمْ عَلَى أَنْ يَعُودَ". أَيْ: صَالَحَهُمْ.

(وَقَاضِي الْحَرَمَيْنِ) هُوَ أَبُو الْحُسَيْنِ تِلْمِيذُ الْكَرْخِيِّ، وَأَبِي طَاهِرٍ الدَّبَّاسِ هَكَذَا فِي كِتَابِ الْفُقَهَاءِ، وَاسْمُ الْقَاضِي فِي"الْخُنْثَى": عَامِرُ بن الظَّرِبِ الْعَدْوَانِيُّ، وَقِصَّتُهُ مُسْتَقْصَاةٌ فِي الْمُعْرِبِ.

(وَقَضَيْتُ) دَيْنَهُ، وَتَقَاضَيْتُهُ دَيْنِي وَبِدَيْنِي، (وَاسْتَقْضَيْتُهُ) طَلَبْتُ قَضَاءَهُ، (وَاقْتَضَيْتُ مِنْهُ حَقِّي) أَخَذْتُهُ.

الْقَاف مَعَ الطَّاء الْمُهْمَلَة

[ق ط ر]: (قَطَّرَ) الْمَاءَ: صَبَّهُ، تَقْطِيرًا وَقَطَرَهُ مِثْلُهُ قَطْرًا، (وَأَقْطَرَهُ) لُغَةٌ، وَقَطَرَ بِنَفْسِهِ: سَالَ قَطْرًا وَقَطَرَانًا، وَفِي حَدِيثِ ابْنِ أُنَيْسٍ:"فَلَمَّا رَأَيْتُهُ وَجَدْتُنِي أَقْطُرُ". أَيْ: أَقْطُرُ

(١) زيادة من: م.

عَرَقًا أَوْ بَوْلًا مِنْ شِدَّةِ الْهَيْبَةِ، وَانْتِصَابُهُ عَلَى التَّمْيِيزِ، وَيُقَالُ: (بِهِ تَقْطِيرٌ) إِذَا لَمْ يَسْتَمْسِكْ بَوْلَهُ.

(وَالْقِطَارُ) الْإِبِلُ تُقْطَرُ عَلَى نَسَقٍ وَاحِدٍ، وَالْجَمْعُ: قُطُرٌ.

(وَالْقِطْرُ) بِالْكَسْرِ: النُّحَاسُ، وَقِيلَ: الْحَدِيدُ الْمُذَابُ وَكُلُّ مَا يَقْطُرُ بِالذَّوْبِ كَالْمَاءِ.

(وَالْقِطْرُ) أَيْضًا: نَوْعٌ مِنَ الْبُرُودِ، وَكَذَلِكَ (الْقِطْرِيَّةُ)، وَمِنْهُ حَدِيثُ أَنَسٍ رَضِيَ اللهُ عَنْهُ:"رَأَيْتُ رَسُولَ اللهِ صَلَّى اللهُ عَلَيْهِ وَآلِهِ وَسَلَّمَ يَتَوَضَّأُ وَعَلَيْهِ عِمَامَةٌ قِطْرِيَّةٌ".

[ق ن ط ر]: (الْقَنْطَرَةُ) مَا يُبْنَى عَلَى الْمَاءِ لِلْعُبُورِ، وَالْجِسْرُ عَامٌّ [مَبْنِيًّا كَانَ أَوْ غَيْرَ مَبْنِيٍّ][(١)].

[ق ط ع] (قطع) الشيء بحديدة][(٢)] (قَطْعًا) فَانْقَطَعَ انْقِطَاعًا، وَيُقَالُ: انْقَطَعَ السَّيْفُ، إِذَا انْكَسَرَ، وَهُوَ مِنْ أَلْفَاظِ الْمَغَازِي. وَلَقَدْ أَحْسَنَ مُحَمَّدٌ رَحِمَهُ اللهُ حَيْثُ قَالَ: انْقَصَفَ الرُّمْحُ وَانْقَطَعَ السَّيْفُ، وَعَنْ جَعْفَرٍ الطَّيَّارِ: (انْقَطَعَتْ) فِي يَدِي يَوْمَ مُؤْتَةَ تِسْعَةُ أَسْيَافٍ.

(وَانْقُطِعَ بِالْمُسَافِرِ) مَبْنِيًّا لِلْمَفْعُولِ، إِذَا عَطِبَتْ دَابَّتُهُ أَوْ نَفِدَ زَادُهُ فَانْقَطَعَ بِهِ السَّفَرُ دُونَ طَيِّهِ، فَهُوَ مُنْقَطَعٌ بِهِ، وَيُقَالُ: حَاجٌ مُنْقَطِعٌ بِالْكَسْرِ إِذَا حُذِفَ الْجَارُّ.

(وَقُطِعَ) بِالرَّجُلِ: إِذَا انْقَطَعَ رَجَاؤُهُ أَوْ عَجَزَ. (وَمُنْقَطَعُ)[(٣)] كُلِّ شَيْءٍ آخِرُهُ.

(وَمَقَاطِعُ الْقُرْآنِ) وُقُوفُهُ، وَمُرَادُ الْمُشَرِّحِ بِهَا فِي حَدِيثِ الْفَاتِحَةِ: الْفَوَاصِلُ، وَهِيَ أَوَاخِرُ الْآيِ.

(وَالْقِطْعَةُ) الطَّائِفَةُ مِنَ الشَّيْءِ، وَالْجَمْعُ: قِطَعٌ، وَقَوْلُهُ فِي الدَّرَاهِمِ: قِطَاعٌ صُفْرٌ، جَمْعُ قِطْعَةٍ كَلِقْحَةٍ وَلِقَاحٍ، وَإِنْ لَمْ نَسْمَعْهُ.

(وَالْقَطِيعَةُ) الطَّائِفَةُ مِنْ أَرْضِ الْخَرَاجِ يُقْطِعُهَا السُّلْطَانُ مَنْ يُرِيدُهُ، وَفِي الْقُدُورِيِّ: هِيَ الْمَوَاضِعُ الَّتِي أَقْطَعَهَا الْإِمَامُ مِنَ الْمَوَاتِ قَوْمًا فَيَتَمَلَّكُونَهَا، وَهِيَ الْمُرَادُ فِي قَوْلِهِ: وَيَجُوزُ بَيْعُ أَرْضِ الْقَطِيعَةِ.

(وَالدَّرَاهِمُ الْمُقَطَّعَةُ) الْخِفَافُ فِيهَا غِشٌّ، وَقِيلَ: الْمُكَسَّرَةُ، وَقَوْلُهُ: "ثِيَابُ الْبَيْتِ لَا تَدْخُلُ فِيهَا الثِّيَابُ الْمُقَطَّعَةُ وَغَيْرُهَا"، أَرَادَ بِهَا: الَّتِي تُقَطَّعُ ثُمَّ تُخَاطُ كَالْقُمُصِ وَالْجِبَابِ

---

(١) زيادة من: م. (٢) سقط من: م. (٣) في خ: "مقطع".

وَالسَّرَاوِيلَات. (وَبِغَيْرِهَا) مَا لَا يُقَطَّعُ كَالْأَرْدِيَةِ وَالْأَكْسِيَةِ وَالْعَمَائِمِ وَنَحْوِهَا، وَعَنْ يَعْلَى بن أُمَيَّةَ رَضِيَ اللهُ عَنْهُ:"كُنَّا عِنْدَ رَسُولِ اللهِ صَلَّى اللهُ عَلَيْهِ وَآلِهِ وَسَلَّمَ بِالْجِعْرَانَةِ[1] فَأَتَاهُ أَعْرَابِيٌّ وَعَلَيْهِ مُقَطَّعَةٌ، أَيْ: جُبَّةٌ، رَأْسُهُ مُضَمَّخٌ بِالْخَلُوقِ". أَيْ: مُلَطَّخٌ بِهَذَا النَّوْعِ مِنْ الطِّيبِ، ذَكَرَهُ [شيخ الإسلام المعروف][2] خُوَاهَرْ زَادَهْ فِي بَابِ لُبْسِ الْمُحْرِمِ.

وَقِيلَ: (الْمُقَطَّعَاتُ) الْقِصَارُ مِنْ الثِّيَابِ، وَمِنْهُ: قَوْلُ ابْنِ عَبَّاسٍ رَضِيَ اللهُ عَنْهُمَا فِي وَقْتِ الضُّحَى: إذَا تَقَطَّعَتْ الظِّلَالُ، أَيْ: قَصُرَتْ لِأَنَّهَا تَكُونُ مُمْتَدَّةً فِي أَوَّلِ النَّهَارِ، فَإِذَا ارْتَفَعَتْ الشَّمْسُ قَصُرَتْ، قَالُوا: وَهُوَ وَاقِعٌ عَلَى الْجِنْسِ وَلَا يُفْرَدُ، فَلَا يُقَالُ لِلْجُبَّةِ: مُقَطَّعَةٌ، وَلَا لِلْقَمِيصِ: مُقَطَّعٌ. وَأَمَّا الْحَدِيثُ: "نَهَى عَنْ لُبْسِ الذَّهَبِ إلَّا مُقَطَّعًا". فَعَنْ الْخَطَّابِيِّ أَنَّ الْمُرَادَ: الشَّيْءُ الْيَسِيرُ مِنْهُ كَالشَّنْفِ وَالْخَاتَمِ.

(تَقَطَّعُ الْأَعْنَاقُ) فِي (د ل).

[ق ط ف]: (قَطْفُ) الْعِنَبِ: قَطْعُهُ عَنْ الْكَرْمِ، قَطْفًا وَقِطَافًا أَيْضًا، وَقَدْ يُجْعَلُ اسْمًا لِلْوَقْتِ أَيْضًا، وَمِنْهُ: بَاعَهُ إلَى الْقِطَافِ، وَالْفَتْحُ فِيهِ لُغَةٌ.

(وَالْقَطِيفَةُ) دِثَارٌ مُخَمَّلٌ، وَالْجَمْعُ: قَطَائِفُ وَقُطُفٌ.

[ق ط ر ب ل]: (وَقُطْرَبُّلُ) بِالضَّمِّ فَتَشْدِيد الْبَاء أَوْ اللَّام: مَوْضِعٌ بِالْعِرَاقِ يُنْسَبُ إلَيْهِ الْخُمُور، وَقَالَ:

سَقَتْنِي بِهَا الْقُطْرُ بُلِّيَّ مَلِيحَةٌ ... عَلَى صَادِقٍ مِنْ وَعْدِهَا غَيْرِ كَاذِبِ

[ق ط ن]: (الْقِطْنِيَّةُ) بِكَسْرِ الْقَاف وَتَشْدِيد الْيَاءِ بَعْدَ النُّونِ، وَحَكَى الْأَزْهَرِيُّ بِالضَّمِّ عَنْ الْمُبَرِّدِ: وَهِيَ مِنْ الْحُبُوب مَا سِوَى الْحِنْطَةِ وَالشَّعِيرِ، وَهِيَ مِثْلُ الْعَدَسِ وَالْمَاشِ وَالْبَاقِلِّيِّ وَاللُّوبْيَاءِ وَالْحِمَّصِ وَالْأَرُزِّ وَالسِّمْسِمِ وَالْجُلُبَّانِ عَنْ الدِّينَوَرِيِّ.

وَعَنْ أَبِي مُعَاذ: (الْقَطَانِيُّ) خُضَرُ الصَّيْفِ، وَقَالَ غَيْرُهُ: وَهِيَ اسْمٌ جَامِعٌ لِهَذِهِ الْحُبُوب الَّتِي تُدَّخَرُ وَتُطْبَخُ سُمِّيَتْ بِذَلِكَ؛ لِأَنَّهُ لَا بُدَّ مِنْهَا لِكُلِّ مَنْ قَطَنَ بِالْمَكَانِ، أَيْ: أَقَامَ، وَقِيلَ: لِأَنَّهَا تُحْصَدُ مَعَ الْقُطْنِ.

---

(١) زيادة من: م.
(٢) سقط من: م.

الْقَاف مَعَ الْعَيْنُ الْمُهْمَلَة

[ق ع د]: (قَعَدَ قُعُودًا) خِلَافُ قَامَ، وَمِنْهُ: اسْتَأْجَرَ دَارًا عَلَى (أَنْ يَقْعُدَ) فِيمَا قَصَّارًا؛ فَإِنْ قَعَدَ فِيهَا حَدَّادًا. وَانْتِصَابُهُمَا عَلَى الْحَالِ، وَأَمَّا مَا فِي إِجَارَةِ الرَّقِيقِ: "لَيْسَ لَهُ أَنْ يُقْعِدَهُ خَيَّاطًا". فَذَاكَ بِضَمِّ الْيَاءِ؛ لِأَنَّهُ مِنَ الْإِقْعَادِ وَانْتِصَابِ خَيَّاطًا عَلَى الْحَالِ أَيْضًا.

(وَالْمَقْعَدُ) مَكَانُ الْقُعُودِ، وَمِنْهُ: "سَتَلْقَوْنَ قَوْمًا مَحْلُوقَةً أَوْسَاطُ رُءُوسِهِمْ فَاضْرِبُوا مَقَاعِدَ الشَّيْطَانِ مِنْهَا". أَيْ: مِنَ الْأَوْسَاطِ، وَإِنَّمَا جَعَلَهَا كَذَلِكَ لِأَنَّ حَلْقَهَا عَلَامَةُ الْكُفْرِ.

(وَالْمَقَاعِدُ) فِي حَدِيثِ حُمْرَانَ: مَوْضِعٌ بِعَيْنِهِ. (وَالْمَقْعَدَةُ) السَّافِلَةُ، وَهِيَ الْمَحِلُّ الْمَخْصُوصُ، وَمِنْهَا قَوْلُهُ: "الْمُتَسَانِدُ إِذَا ارْتَفَعَتْ مَقْعَدَتُهُ".

(وَقَعَدَ عَنِ الْأَمْرِ) تَرَكَهُ (وَامْرَأَةٌ قَاعِدَةٌ[1]) كَبِيرَةٌ قَعَدَتْ عَنِ الْحَيْضِ وَالْوَلَدِ، وَمِنْهُ: قَوْلُهُ تَعَالَى: ﴿وَالْقَوَاعِدُ مِنَ النِّسَاءِ﴾ [سورة النور آية ٦٠] (وَتَقَاعَدَ عَنْهُ) وَمِنْهُ: "الْبَلْوَى فِيهِ (مُتَقَاعِدَةٌ)". أَيْ: مُتَقَاصِرَةٌ عَنِ الضَّرُورَةِ فِي غَيْرِهِ، وَقَوْلُ الْحَلْوَانِيِّ: الزِّيَادَةُ (تَتَقَاعَدُ) فِي حَقِّ الشَّفِيعِ وَلَا تَتَسَانَدُ؛ لِأَنَّهُ يَتَضَرَّرُ بِذَلِكَ. أَيْ: يَقْتَصِرُ عَلَى حَالَةِ الزِّيَادَةِ فِي حَقِّ الشَّفِيعِ فَلَا تَلْزَمُهُ وَلَا تَسْتَنِدُ إِلَى أَصْلِ الْعَقْدِ.

(وَالْمُقْعَدُ) الَّذِي لَا حَرَاكَ بِهِ مِنْ دَاءٍ فِي جَسَدِهِ، كَأَنَّ الدَّاءَ أَقْعَدَهُ، وَعِنْدَ الْأَطِبَّاءِ هُوَ الزَّمِنُ، وَبَعْضُهُمْ فَرَّقَ فَقَالَ: الْمُقْعَدُ: الْمُتَشَنِّجُ الْأَعْضَاءِ، وَالزَّمِنُ: الَّذِي طَالَ مَرَضُهُ.

[ق ع س]: (أَبُو الْقُعَيْسِ) فِي (ف ل، ف ل ح).

[ق ع ط]: (الِاقْتِعَاطُ) فِي (ل ح، ل ح ي).

[ق ع ق ع]: قَوْلُهُ: وَيَحِلُّ أَكْلُ (الْقُعْقُعِ)؛ لِأَنَّهُ مِنَ الصُّيُودِ، وَلَكِنْ يُكْرَهُ لِأَكْلِهِ الْجِيَفَ. هُوَ بِالضَّمِّ (الْعَقْعَقُ) عَنْ أَبِي عَمْرٍو، وَعَنِ اللَّيْثِ: وَهُوَ مِنْ طَيْرِ الْبَرِّ، ضَخْمٌ طَوِيلُ الْمِنْقَارِ، أَبْلَقُ بِسَوَادٍ وَبَيَاضٍ، وَهُوَ اللَّقْلَقُ.

(وَقُعَيْقِعَانُ) مَوْضِعٌ بِمَكَّةَ عَنِ الْغُورِيِّ، وَفِي التَّهْذِيبِ عَنِ السُّدِّيِّ: سُمِّيَ الْجَبَلُ الَّذِي بِمَكَّةَ قُعَيْقِعَانُ؛ لِأَنَّ جُرْهُمًا كَانَتْ تَجْعَلُ فِيهِ قِسِيَّهَا وَجِعَابَهَا وَدَرَقَهَا فَكَانَتْ تَقَعْقَعُ، أَيْ: تُصَوِّتُ، وَأَمَّا (قَيْقُعَان) كَمَا فِي بَعْضِ النُّسَخِ فَلَيْسَ بِشَيْءٍ.

[ق ع و]: (الْإِقْعَاءُ) أَنْ يُلْصِقَ أَلْيَتَيْهِ بِالْأَرْضِ، وَيَنْصِبُ سَاقَيْهِ، وَيَضَعُ يَدَيْهِ عَلَى

---

(١) في خ: "قاعد".

الْأَرْضِ كَمَا يُقْعِي الْكَلْبُ، وَتَفْسِيرُ الْفُقَهَاءِ: أَنْ يَضَعَ أَلْيَتَيْهِ عَلَى عَقِبَيْهِ بَيْنَ السَّجْدَتَيْنِ، وَهُوَ عَقِبُ الشَّيْطَانِ.

الْقَاف مَعَ الْفَاءِ

[ق ف د]: (الْقَفَدُ) أَنْ يَمِيلَ خُفُّ الْبَعِيرِ إِلَى الْجَانِبِ الْأَيْسَرِ.

[ق ف ز]: الْمَسْحُ عَلَى (الْقُفَّازَيْنِ) هُمَا شَيْءٌ يَتَّخِذُهُ الصَّائِدُ فِي يَدَيْهِ مِنْ جِلْدٍ أَوْ لِبْدٍ، وَعَنْ عَائِشَةَ رَضِيَ اللهُ عَنْهَا: أَنَّهَا رَخَّصَتْ لِلْمُحْرِمَةِ فِي الْقُفَّازَيْنِ، قَالَ شِمْرٌ: هُمَا شَيْءٌ تَتَّخِذُهُ نِسَاءُ الْأَعْرَابِ فِي أَيْدِيهِنَّ يُغَطِّي أَصَابِعَهَا وَيَدَهَا مَعَ الْكَفِّ.

(وَالْقَفِيزُ) مِكْيَالٌ، وَجَمْعُهُ: قُفْزَانٌ، [وَهُوَ اثْنَا عَشَرَ مَنًّا، وَالرُّبْعُ الْهَاشِمِيُّ هُوَ الصَّاعُ، أَمَّا قَوْلُهُ: لِكُلِّ مِسْكِينٍ رُبْعَانِ، أَيْ: بِالْحَجَّاجِيِّ وَهُمَا نِصْف صَاع][1] وَقَفِيزُ الطَّحَّانِ: مَعْرُوفٌ.

[ق ف ع]: عُمَرُ رَضِيَ اللهُ عَنْهُ: لَيْتَ لَنَا قَفْعَةً مِنْ جَرَادٍ فَنَأْكُلَهُ أَوْ فَنَلْعَقَهُ، هِيَ مِثْلُ الْقُفَّةِ تُتَّخَذُ وَاسِعَةَ الْأَسْفَلِ ضَيِّقَةَ الْأَعْلَى، وَمِنْهُ: قَفَعَاتُ الدَّهَّانِينَ، وَإِنَّمَا قَالَ: (فَنَلْعَقَهُ) اسْتِطَابَةً لِإِدَامِهِ أَوْ تَمْلِيحًا لِكَلَامِهِ، وَإِلَّا فَالْجَرَادُ كَمَا هُوَ لَا يَصْلُحُ لِلَّعْقِ، اللَّهُمَّ إِلَّا أَنْ يُدَقَّ وَيُخْلَطَ بِمَائِعٍ فَيَصِيرَ كَاللَّعُوقِ.

[ق ف ف]: فِي "الْمُنْتَقَى": الْقَفَّافُ لَا يُقْطَعُ، وَهُوَ الَّذِي يُعْطَى الدَّرَاهِمَ لِيَنْقُدَهَا فَيَسْرِقَهَا بَيْنَ أَصَابِعِهِ، وَلَا يَشْعُرُ بِهِ صَاحِبُهُ.

[ق ف ل]: (قُفُولًا) فِي (ف ص، ف ص ل).

[ق ف ن]: فِي الذَّبَائِحِ: (الْقَفِينَةُ) الْمُبَانَةُ الرَّأْسِ، وَقِيلَ: الْمَذْبُوحَةُ مِنْ قِبَلِ الْقَفَا، وَالْقَنِيفَةُ وَالْقَفِيَّةُ مِثْلُهَا.

[ق ف و]: (قَافِيَةُ) الرَّأْسِ: هِيَ الْقَفَا.

الْقَاف مَعَ اللَّام

[ق ل ب]: (قَلَبَ الشَّيْءَ) حَوَّلَهُ عَنْ وَجْهِهِ، وَمِنْهُ: قَوْلُ أَبِي يُوسُفَ رَحِمَهُ اللهُ تَعَالَى فِي الِاسْتِسْقَاءِ: (قَلَبَ) رِدَاءَهُ فَجَعَلَ أَسْفَلَهُ أَعْلَاهُ.

(١) زيادة من: م.

(وَسَرِيرٌ مَقْلُوبٌ) قَوَائِمُهُ إِلَى فَوْق.

(وَالْقَلِيبُ) الْبِئْرُ الَّتِي لَمْ تُطْوَ، وَالْجَمْعُ: قُلُبٌ، وَمَا بِهِ (قَلَبَةٌ)، أَيْ: دَاءٌ، وَفِي يَدِهَا قُلْبُ فِضَّةٍ، أَيْ: سِوَارٌ غَيْرُ مَلْوِيٍّ، مُسْتَعَارٌ مِنْ قُلْبِ النَّخْلَةِ، وَهُوَ جُمَّارُهَا لِمَا فِيهِمَا مِنَ الْبَيَاضِ، وَقِيلَ: عَلَى الْعَكْسِ.

(وَأَبُو قِلَابَةَ) بِالْكَسْرِ مِنَ التَّابِعِينَ، وَاسْمُهُ عَبْدُ اللَّه بن زَيْدٍ.

[ق ل ت]: (الْقَلَتُ) الْهَلَاكُ مِنْ بَابِ لَبِسَ.

[ق ل ح]: (الْأَقْلَحُ) الَّذِي بِأَسْنَانِهِ قَلَحٌ، أَيْ: صُفْرَةٌ أَوْ خُضْرَةٌ، وَبِهِ كُنِّيَ جَدُّ عَاصِمِ بن ثَابِتٍ أَبُو الْأَقْلَحِ.

[ق ل د]: (تَقْلِيدُ) الْهَدْيِ: أَنْ يُعَلَّقَ بِعُنُقِ الْبَعِيرِ قِطْعَةُ نَعْلٍ أَوْ مَزَادَةٍ لِيُعْلَمَ أَنَّهُ هَدْيٌ.

[ق ل س]: (الْقَلْسُ) بِالسُّكُونِ: وَاحِدُ الْقُلُوسِ، وَهُوَ الْحَبْلُ الْغَلِيظُ، (وَالْقَلْسُ) أَيْضًا: مَصْدَرُ قَلَسَ، إِذَا قَاءَ مِلْءَ الْفَمِ، وَمِنْهُ: الْقَلْسُ حَدَثٌ، (وَأَمَّا الْقَلَسُ) مُحَرَّكًا: فَاسْمُ مَا يَخْرُجُ.

[ق ل ص]: (قَلَصَ الشَّيْءُ: ارْتَفَعَ وَانْزَوَى مِنْ بَابِ ضَرَبَ، وَمِنْهُ: رَجُلٌ قَالِصُ الشَّفَةِ أَنْدَر خجيذة، وَقَلَّصَ وَتَقَلَّصَ مِثْلُهُ، وَمِنْهُ: حَتَّى يَتَقَلَّصَ لَبَنُهَا، أَيْ: يَرْتَفِعَ. (وَقَلَصَ) الظِّلُّ وَتَقَلَّصَ.

(وَالْقَلُوصُ) مِنَ الْإِبِلِ: بِمَنْزِلَةِ الْجَارِيَةِ مِنَ النِّسَاءِ، وَالْجَمْعُ: قُلُصٌ وَقَلَائِصُ.

[ق ل ع]: (قَلَعَ) الشَّجَرَةَ: نَزَعَهَا مِنْ أَصْلِهَا، (وَأَقْلَعَ) عَنْ الْأَمْرِ: تَرَكَهُ، وَمِنْهُ:"صَائِمٌ جَامَعَ نَهَارًا فَذَكَرَ فَأَقْلَعَ". أَيْ: أَمْسَكَ عَنْهُ.

(وَالْقَلْعِيُّ) الرَّصَاصُ الْجَيِّدُ، وَعَنْ الْغُورِيِّ: السُّكُونُ غَلَطٌ.

(وَالْقَلَعَةُ) الْحِصْنُ فِي أَعْلَى الْجَبَلِ، وَالسُّكُونُ لُغَةٌ.

(وَالْقِلَاعُ) شِرَاعُ السَّفِينَةِ، وَالْجَمْعُ: قُلُعٌ، وَالْقِلْعُ مِثْلُهُ، وَالْجَمْعُ: قِلَاعٌ عَنْ الْغُورِيِّ، وَقُلُوعٌ عَنِ السِّيرَافِيِّ، وَمِنْهُ قَوْلُهُ فِي شِرَى السَّفِينَةِ بِجَمِيعِ أَلْوَاحِهَا: وَكَذَا وَقُلُوعِهَا وَقُلُوسِهَا وَصَوَارِيهَا، وَهِيَ جَمْعُ الصَّارِي، وَهُوَ الْمَلَّاحُ وَالدَّقَلُ أَيْضًا لُغَةُ أَهْلِ الشَّامِ عَنْ الْغُورِيِّ، إِلَّا أَنَّ شِرَى الْمَلَّاحِينَ غَيْرُ مُعْتَادٍ، وَتَفْسِيرُهُ بِالدَّقَلِ وَإِنْ كَانَ صَحِيحًا، إِلَّا أَنَّ لَفْظَ الْجَمْعِ لَا يُسَاعِدُ عَلَيْهِ مَعَ أَنَّهُ صَرَّحَ بِذِكْرِهِ بَعْدُ، فَقَالَ: وَسُكَّانِهَا وَدَقَلِهَا، وَلَا آمَنُ أَنْ يَكُونَ تَوَهُّمًا أَوْ تَحْرِيفًا لِمُرَادِيِّهَا جَمْعُ مُرْدِيٍّ بِضَمِّ الْمِيمِ وَتَشْدِيدِ الْيَاءِ، وَهُوَ عُودٌ مِنْ

أَعْوَادِ السَّفِينَةِ الَّتِي تُحَرَّكُ بِهَا، وَهُوَ الصَّوَابُ.

(الْقُلْفَةُ) وَالْأَقْلَفُ فِي (غ ل، غ ل ف).

[ق ل ل]: فِي الْحَدِيثِ: "إِذَا بَلَغَ الْمَاءُ قُلَّتَيْنِ لَمْ يَحْمِلْ خَبَثًا". وَرُوِيَ:"نَجَسًا".

(الْقُلَّةُ) حَبٌّ عَظِيمٌ، وَهِيَ مَعْرُوفَةٌ بِالْحِجَازِ وَالشَّامِ، وَعَنْ الْأَزْهَرِيِّ: (قِلَالُ هَجَرَ) مَعْرُوفَةٌ تَأْخُذُ الْقُلَّةُ مَزَادَةً كَبِيرَةً، وَتَمْلَأُ الرَّاوِيَةُ: قُلَّتَيْنِ. قَالَ: وَأَرَاهَا سُمِّيَتْ: قِلَالًا؛ لِأَنَّهَا تُقَلُّ، أَيْ: تُرْفَعُ إِذَا مُلِئَتْ.

وَقَدَّرَ الشَّافِعِيُّ رَحِمَهُ اللهُ (الْقُلَّتَيْنِ) بِخَمْسِ قِرَبٍ، وَأَصْحَابُهُ: بِخَمْسِ مِائَةِ رِطْلٍ، وَزْنَ كُلِّ قِرْبَةٍ مِائَةُ رِطْلٍ. (وَالْخَبَثُ) فِي الْأَصْلِ: خَبَثُ الْحَدِيدِ وَالْفِضَّةِ، وَهُوَ مَا نَفَاهُ الْكِيرُ، ثُمَّ كَنَّى بِهِ عَنْ ذِي الْبَطْنِ. (وَالنَّجَسُ) بِفَتْحَتَيْنِ: كُلُّ مَا اسْتَقْذَرْتَهُ. وَقَوْلُهُ: "لَمْ يَحْمِل خَبَثًا". أَيْ: يَدْفَعُهُ عَنْ نَفْسِه، يُقَالُ: فُلَانٌ لَا يَحْمِلُ الضَّيْمَ، إِذَا كَانَ يَأْبَى الظُّلْمَ وَيَدْفَعُهُ عَنْ نَفْسِه، وَفِي التَّنْزِيلِ: ﴿فَأَبَيْنَ أَنْ يَحْمِلْنَهَا وَأَشْفَقْنَ مِنْهَا وَحَمَلَهَا الْإِنْسَانُ﴾ [سورة الأحزاب آية ٧٢] أَيْ: الْتَزَمَهَا فِي أَحَدِ الْوَجْهَيْنِ.

[ق ل م]: (الْقَلَمُ) مَا يُكْتَبُ بِهِ، وَيُقَالُ لِلْأَزْلَامِ: أَقْلَامٌ أَيْضًا.

[ق ل ن]: فِي حَدِيثِ شُرَيْحٍ: (قَالُونْ) أَيْ: أَصَبْتَ بِالرُّومِيَّةِ.

[ق ل ي]: (قَلَى الْبُرَّ) بِالْمِقْلَى وَالْمِقْلَاةِ يَقْلِي وَيَقْلُو قَلْيًا وَقَلْوًا إِذَا شَوَاهُ، وَهِيَ الْقَلَّاءَةُ.

(وَحِنْطَةٌ مَقْلِيَّةٌ وَمَقْلُوَّةٌ) وَمَا ذُكِرَ مِنْ الطَّعْنِ عَلَى مُحَمَّدٍ رَحِمَهُ اللهُ تَعَالَى جَهْلٌ، وَقَوْلُهُ: الْحِنْطَةُ تُغْلَى وَتُوكَلُ، بِالْغَيْنِ تَصْحِيفٌ.

الْقَاف مَعَ الْمِيمِ

[ق م ح]: (الْقَمْحُ) الْبُرُّ بِفَتْحِ الْقَافِ لَا غَيْرُ.

[ق م ر]: (لَيْلَةٌ قَمْرَاءُ) مُضِيئَةٌ عَنْ الْجَوْهَرِيِّ، وَعَنْ اللَّيْثِ: (لَيْلَةٌ مُقْمِرَةٌ) وَلَيْلَةُ الْقَمْرَاءِ، بِالْإِضَافَةِ لِأَنَّ الْقَمْرَاءَ: الضَّوْءُ نَفْسُهُ.

(وَفَرَسٌ أَقْمَرُ) ماه رنك، وَبِهِ سُمِّيَ وَالِدُ كُلْثُومِ بن الْأَقْمَرِ وَعَلِيُّ بن أَقْمَرَ الْوَادِعِيُّ، وَأَرْقَمُ تَحْرِيفٌ، وَكَذَا عَلِيٌّ الْأَقْمَرُ.

[(ق م ط ر): (القِمَطْر) و (القِمَطْرة) بكسر القاف وفتح الميم وسكون الطاء فيهما: ما يصان فيه الكتب، وهو شبه سفطٍ يُسفّ. وفي ملحقات جامع الغوري: خريطة

كتب ديوان القاضي وجرائده، وهو المعنيّ عند الفقهاء][1].

[ق م ص]: (الْقُمُوص) مِنْ حُصُونِ خَيْبَرَ، وَالْحَاءُ مَوْضِعُ الصَّادِ تَحْرِيفٌ.

(الْقَمِيصُ) فِي (د ر، د ر ع). (الْقَامِصَةُ) فِي (ق ر، ق ر ص).

[ق م ط]: (الْقُمُطُ) جَمْعُ قِمَاطٍ، وَهُوَ الْحَبْلُ الَّذِي تُشَدُّ بِهِ قَوَائِمُ الشَّاةِ، وَالْخِرْقَةُ الَّتِي تُلَفُّ عَلَى الصَّبِيِّ إِذَا شُدَّ فِي الْمَهْدِ، وَالْمُرَادُ بِهَا فِي حَدِيثِ شُرَيْحٍ: شُرُطُ الْخُصِّ الَّتِي يُوثَقُ بِهَا، جَمْعُ: شَرِيطٍ، وَهُوَ حَبْلٌ عَرِيضٌ يُنْسَجُ مِنْ لِيفٍ أَوْ خُوصٍ، وَقِيلَ: (الْقُمُطُ) هِيَ الْخَشَبُ الَّتِي تَكُونُ عَلَى ظَاهِرِ الْخُصِّ أَوْ بَاطِنِهِ يُشَدُّ إِلَيْهَا حَرَادِيُّ الْقَصَبِ، وَأَصْلُ الْقَمْطِ: الشَّدُّ، يُقَالُ: قَمَطَ الْأَسِيرَ أَوْ غَيْرَهُ إِذَا جَمَعَ يَدَيْهِ وَرِجْلَيْهِ بِحَبْلٍ مِنْ بَابِ طَلَبَ، وَمِنْهُ قَوْلُهُ: قَمَطَ رَجُلًا وَأَلْقَاهُ فِي النَّارِ أَوْ بَيْنَ يَدَيْ السَّبُعِ.

[ق م ع]: (قِمَعُ) الْبُسْرَةِ: مَا يَلْتَزِقُ بِهَا حَوْلَ عِلَاقَتِهَا، وَمِنْهُ: قِمَعُ الْبَاذِنْجَانِ، وَأَصْلُهُ مِنَ الْقِمَعِ، وَهُوَ مَا يُصَبُّ فِيهِ الدُّهْنُ، وَمِنْهُ:"وَيْلٌ لِأَقْمَاعِ الْقَوْلِ". وَهُمْ الَّذِينَ يَسْمَعُونَ وَلَا يَعُونَ.

[ق م ن]: هُوَ (قَمِنٌ) بِكَذَا، وَقَمِينٌ بِهِ، أَيْ: خَلِيقٌ، وَالْجَمْعُ: قَمِنُونَ وَقُمَنَاءُ، وَأَمَّا (قَمَنٌ) بِالْفَتْحِ: فَيَسْتَوِي فِيهِ الْمُذَكَّرُ وَالْمُؤَنَّثُ وَالِاثْنَانِ وَالْجَمْعُ، وَعَلَى ذَا قَوْلُهُ فِي السِّيَرِ: فَإِذَا فَعَلُوا ذَلِكَ كَانُوا قَمِنًا مِنْ أَنْ يَنْتَصِفَ مِنْهُمْ عَدُوُّهُمْ، صَوَابُهُ: قَمَنًا بِالْفَتْحِ أَوْ قُمَنَاءَ.

الْقَاف مَعَ النُّون

[ق ن ب]: الْكَرْخِيُّ: لَا شَيْءَ فِي (الْقِنَّبِ)؛ لِأَنَّهُ لِحَاءُ شَجَرٍ وَيَجِبُ فِي حَبِّهِ، وَهُوَ الشهدانج. قَالَ الدِّينَوَرِيُّ فِي كِتَابِ النَّبَاتِ: الْقِنَّبُ فَارِسِيٌّ، وَقَدْ جَرَى فِي كَلَامِ الْعَرَبِ، وَهُوَ نَبَاتٌ يُدَقُّ سَاقُهُ حَتَّى يَنْتَثِرَ حَشَاهُ، أَيْ: تِبْنُهُ وَيَخْلُصَ لِحَاؤُهُ، وَيُقَالُ: حِبَالُ الْقِنَّبِ.

(الْقُنُوتُ) الطَّاعَةُ وَالدُّعَاءُ وَالْقِيَامُ فِي قَوْلِهِ عليه السلام: "أَفْضَلُ الصَّلَاةِ طُولُ الْقُنُوتِ". وَالْمَشْهُورُ: الدُّعَاءُ.

وَقَوْلُهُمْ: (دُعَاءُ الْقُنُوتِ) إِضَافَةُ بَيَانٍ، وَهُوَ: اللَّهُمَّ إِنَّا نَسْتَعِينُكَ وَنَسْتَغْفِرُكَ وَنُؤْمِنُ بِكَ وَنَتَوَكَّلُ عَلَيْكَ، وَنُثْنِي عَلَيْكَ الْخَيْرَ، وَنَشْكُرُكَ وَلَا نَكْفُرُكَ، وَنَخْلَعُ وَنَتْرُكُ مَنْ يَفْجُرُكَ، اللَّهُمَّ إِيَّاكَ نَعْبُدُ وَلَكَ نُصَلِّي وَنَسْجُدُ، وَإِلَيْكَ نَسْعَى وَنَحْفِدُ، نَرْجُو رَحْمَتَكَ

---

(١) سقط من: م.

وَنَخْشَى عَذَابَكَ إِنَّ عَذَابَكَ بِالْكُفَّارِ مُلْحَقٌ.

وَالْمَعْنَى: يَا اللهُ نَطْلُبُ مِنْكَ الْعَوْنَ عَلَى الطَّاعَةِ وَتَرْكِ الْمَعْصِيَةِ، وَنَطْلُبُ الْمَغْفِرَةَ لِلذُّنُوبِ، (وَنُثْنِي) مِنَ الثَّنَاءِ، وَهُوَ الْمَدْحُ، وَانْتِصَابُ الْخَيْرِ عَلَى الْمَصْدَرِ، وَالْكُفْرُ نَقِيضُ الشُّكْرِ، وَقَوْلُهُمْ: كَفَرْتُ فُلَانًا عَلَى حَذْفِ الْمُضَافِ، وَالْأَصْلُ: كَفَرْتُ نِعْمَتَهُ، (وَنَخْلَعُ) مِنْ خَلَعَ الْفَرَسُ رَسَنَهُ، إِذَا أَلْقَاهُ وَطَرَحَهُ، وَالْفِعْلَانِ مُتَوَجِّهَانِ إِلَى مَنْ، وَالْمُعْمَلُ مِنْهُمَا نَتْرُكُ، (وَيَفْجُرُكَ) أَيْ[1]: يَعْصِيكَ وَيُخَالِفُكَ، (وَالسَّعْيُ) الْإِسْرَاعُ فِي الْمَشْيِ، (وَنَحْفِدُ) أَيْ: نَعْمَلُ لَكَ بِطَاعَتِكَ مِنَ الْحَفْدِ، وَهُوَ الْإِسْرَاعُ فِي الْخِدْمَةِ، (وَأَلْحَقَ) بِمَعْنَى لَحِقَ، وَمِنْهُ: إِنَّ عَذَابَكَ بِالْكُفَّارِ مُلْحِقٌ، أَيْ: لَاحِقٌ عَنِ الْكِسَائِيِّ، وَقِيلَ: الْمُرَادُ مُلْحَقٌ بِالْكُفَّارِ لَا غَيْرِهِمْ، وَهَذَا أَوْجَهُ لِلِاسْتِئْنَافِ الَّذِي مَعْنَاهُ التَّعْلِيلُ.

[ق ن ع]: (الْقَانِعُ) السَّائِلُ، مِنَ الْقُنُوعِ لَا مِنَ الْقَنَاعَةِ، وَقَوْلُهُ: "لَا يَجُوزُ شَهَادَةُ الذِّمِّيِّ وَلَا الْقَانِعِ مَعَ أَهْلِ الْبَيْتِ لَهُمْ". قِيلَ: أَرَادَ مَنْ يَكُونُ مَعَ الْقَوْمِ كَالْخَادِمِ وَالتَّابِعِ وَالْأَجِيرِ وَنَحْوِهِ؛ لِأَنَّهُ بِمَنْزِلَةِ السَّائِلِ يَطْلُبُ مَعَاشَهُ مِنْهُمْ.

(وَتَقَنَّعَتِ الْمَرْأَةُ) لَبِسَتِ الْقِنَاعَ. (وَقِنَاعُ الْقَلْبِ) فِي (خ ل، خ ل ع).

وَقَوْلُهُ: (تُقْنِعُ) يَدَيْكَ فِي الدُّعَاءِ، أَيْ: تَرْفَعُهُمَا وَبُطُونُهُمَا إِلَى وَجْهِكَ، وَمِنْهُ: فَمٌ مُقْنَعُ الْأَضْرَاسِ، أَيْ: مُمَالُهَا إِلَى دَاخِلٍ، وَفِي التَّنْزِيلِ: ﴿مُقْنِعِي رُءُوسِهِمْ﴾ [سورة إبراهيم آية ٤٣] أَيْ: رَافِعِيهَا نَاظِرِينَ فِي ذُلٍّ.

[ق ن ن]: (الْقِنُّ) مِنَ الْعَبِيدِ: الَّذِي مُلِكَ هُوَ وَأَبَوَاهُ، وَكَذَلِكَ الِاثْنَانِ وَالْجَمْعُ وَالْمُؤَنَّثُ، وَقَدْ جَاءَ: قِنَانٌ أَقْنَانٌ أَقِنَّةٌ، وَأَمَّا (أَمَةٌ قِنَّةٌ) فَلَمْ نَسْمَعْهُ[2]، وَعَنِ ابْنِ الْأَعْرَابِيِّ: عَبْدٌ قِنٌّ، أَيْ: خَالِصُ الْعُبُودَةِ، وَعَلَى هَذَا صَحَّ قَوْلُ الْفُقَهَاءِ؛ لِأَنَّهُمْ يَعْنُونَ بِهِ خِلَافَ الْمُدَبَّرِ وَالْمُكَاتَبِ.

[ق ن و]: (قَنَوْتُ الْمَالَ) جَمَعْتُهُ قَنْوًا وَقُنْوَةً، وَاقْتَنَيْتُهُ: اتَّخَذْتُهُ لِنَفْسِي قِنْيَةً، أَيْ: أَصْلُ مَالٍ لِلنَّسْلِ لَا لِلتِّجَارَةِ، (وَأَقْنَاهُ) أَغْنَاهُ وَأَرْضَاهُ، وَمِنْهُ: "الْإِثْمُ مَا حَكَّ فِي صَدْرِكَ وَإِنْ أَقْنَاكَ النَّاسُ عَنْهُ (وَأَقْنَوْكَ)". أَيْ: وَأَرْضَوْكَ.

(وَالْقَنَاةُ) مَجْرَى الْمَاءِ تَحْتَ الْأَرْضِ، وَأَصْلُهَا مِنْ قَنَاةِ الرُّمْحِ، وَهِيَ خَشَبُهَا، قَالَ

---

(١) زيادة من: م.
(٢) في خ: "أسمعه".

الْحَمَاسِيُّ:

وَرُمْحًا طَوِيلَ الْقَنَاةِ عَسُولًا

وَمِنْهُ[1] قَوْلُهُ:"لَا قَطْعَ فِي الْخَشَبِ إِلَّا فِي السَّاجِ وَالصَّنْدَلِ وَالْأَبْنُوسِ وَالْقَنَا وَالدَّارَصِينِيِّ".

الْقَاف مَعَ الْوَاو

[ق و ت]: (قَاتَهُ) فَاقْتَاتَ نَحْوُ رَزَقَهُ فَارْتَزَقَ، وَهُمْ (يَقْتَاتُونَ) الْحُبُوبَ، أَيْ: يَتَّخِذُونَهَا قُوتًا، وَمِنْهُ قَوْلُهُمْ: عِلَّةُ الرِّبَا عِنْدَ مَالِكٍ: الْجِنْسُ وَالِاقْتِيَاتُ وَالِادِّخَارُ.

[ق و ح]: "احْتَجَمَ رَسُولُ اللهِ صَلَّى اللهُ عَلَيْهِ وَآلِهِ وَسَلَّمَ (بِالْقَاحَةِ) وَهُوَ صَائِمٌ مُحْرِمٌ". هِيَ مَوْضِعٌ بَيْنَ مَكَّةَ وَالْمَدِينَةِ.

[ق و د]: (قَادَ) الْفَرَسَ قَوْدًا وَقِيَادًا، (وَالْقِيَادُ) مَا يُقَادُ بِهِ مِنْ حَبْلٍ وَنَحْوِهِ، وَالْمِقْوَدُ مِثْلُهُ، وَجَمْعُهُ (مَقَاوِدُ).

(وَالْقَائِدُ) خِلَافُ السَّائِقِ، وَمِنْهُ: الْقَائِدُ لِوَاحِدِ الْقُوَّادِ وَالْقَادَةِ، وَهُوَ مِنْ رُؤَسَاءِ الْعَسْكَرِ، مَصْدَرُهُ الْقِيَادَةُ، وَمِنْهَا قَوْلُ الْكَرْخِيِّ فِي الدِّيَاتِ: وَإِنْ كَانَتْ دَوَاوِينُهُمْ عَلَى غَيْرِ الْقَبَائِلِ فَعَلَى الْقِيَادَاتِ وَالرَّايَاتِ، أَيْ: عَلَى أَصْحَابِهَا، وَيُرْوَى: (الْقَادَاتِ) عَلَى جَمْعِ الْقَادَةِ، وَالْمَعْنَى: أَنَّ الدِّيَةَ عَلَى الَّذِينَ تَجْمَعُهُمْ رَايَةٌ وَاحِدَةٌ وَقَائِدٌ وَاحِدٌ، أَوْ عَلَامَةٌ وَاحِدَةٌ، لِأَنَّهُمْ يَتَنَاصَرُونَ بِهَا.

وَقَوْلُهُمْ: هَذَا لَا يَسْتَقِيمُ عَلَى (قَوْد) كَلَامِكَ، بِالسُّكُونِ لَا غَيْرُ؛ لِأَنَّهُ مَصْدَرُ قَادَ كَمَا مَرَّ آنِفًا، وَإِنَّمَا (الْقَوَدُ) بِالتَّحْرِيكِ الْقِصَاصُ، يُقَالُ: اسْتَقَدْتُ الْأَمِيرَ مِنَ الْقَاتِلِ فَأَقَادَنِي مِنْهُ، أَيْ: طَلَبْتُ مِنْهُ أَنْ يَقْتُلَهُ فَفَعَلَ، (وَأَقَادَ) فُلَانًا بِفُلَانٍ: قَتَلَهُ بِهِ، وَعَلَى ذَا رِوَايَةُ حَدِيثِ عُمَرَ رَضِيَ اللهُ عَنْهُ: لَوْلَا أَنْ تَكُونَ سُنَّةً لَأَقَدْتُكَ مِنْهُ، سَهْوٌ وَالصَّوَابُ: لَأَقَدْتُهُ مِنْكَ، أَوْ لَأَقَدْتُكَ بِهِ.

[ق و ر]: (قَوَّرَ الشَّيْءَ تَقْوِيرًا) قَطَعَ مِنْ وَسَطِهِ خَرْقًا مُسْتَدِيرًا كَمَا يُقَوَّرُ الْبِطِّيخُ، وَمِنْهُ: "فِي الْعَيْنِ الْقِصَاصُ إِذَا ذَهَبَ ضَوْءُهَا، وَهِيَ قَائِمَةٌ وَإِنْ قَوَّرَهَا". فِيهِ رِوَايَتَانِ.

(وَذُو قَارٍ) مَوْضِعٌ خَطَبَ بِهِ عَلِيٌّ رَضِيَ اللهُ عَنْهُ.

---

(١) فِي خ: "وَمنها".

(وَالْقَارَةُ) قَبِيلَةٌ يُنْسَبُ إِلَيْهَا عَبْدُ الرَّحْمَنِ بن عَبْدٍ الْقَارِيّ، وَالْهَمْزَ كَمَا وَقَعَ فِي مُتَشَابِهِ الْأَسْمَاءِ سَهْوٌ.

[ق و س]: رَمَوْنَا عَنْ (قَوْسٍ وَاحِدَةٍ)، مَثَلٌ فِي الاتِّفَاق.

[ق و ق]: (دَنَانِيرُ قُوقِيَّةٌ) مَنْسُوبَةٌ إِلَى قُوق مَلِكٌ مِنْ مُلُوكِ الرُّوم.

[ق و ل]: قَالَ بِيَدَيْهِ عَلَى الْحَائِطِ، أَيْ: ضَرَبَ بِهِمَا، وَمِنْهُ الْحَدِيثُ: "أَنَّهُ صَلَّى اللهُ عَلَيْهِ وَآلِهِ وَسَلَّمَ قَالَ بِيَدَيْهِ[1] فِي مُقَدَّمِ الْخُفِّ إِلَى السَّاقِ"، وَقَوْلُهُ: "الْبِرَّ تَقُولُونَ بِهِنَّ". أَيْ: أَتَظُنُّونَ بِهِنَّ الْخَيْرَ. (وَالْقَوْل) بِمَعْنَى الظَّنِّ مُخْتَصٌّ بِالاسْتِفْهَام.

[ق و م]: (قَامَ قِيَامًا) خِلَافُ قَعَدَ، وَاسْمُ الْفَاعِلِ مِنْهُ (قَائِمٌ)، وَالْجَمْعُ: قَائِمُونَ وَقُوَّامٌ، وَأَمَّا مَا فِي الْإِيضَاحِ وَالتَّجْرِيد: وَلَيْسَ فِي رَقِيقِ الْأَخْمَاسِ وَلَا فِي رَقِيقِ الْقُوَّامِ صَدَقَةُ الْفِطْرِ، فَتَحْرِيفٌ ظَاهِرٌ، وَإِنَّمَا الصَّوَابُ: وَلَا فِي رَقِيقِ الْعَوَامِّ، هَكَذَا فِي مُخْتَصَرِ الْكَرْخِيِّ وَجَامِعِهِ الصَّغِيرِ، وَهَكَذَا فِي الْقُدُورِيِّ، وَتَفْسِيرُهُمْ يَدُلُّ عَلَى ذَلِكَ؛ لِأَنَّهُمْ قَالُوا جَمِيعًا: هُمُ الَّذِينَ يَقُومُونَ عَلَى مَرَافِقِ الْعَوَامِّ مِثْلُ زَمْزَمَ وَأَشْبَاهِهَا وَكَذَلِكَ رَقِيقُ الْفَيْءِ، لِأَنَّ هَؤُلَاءِ لَيْسَ لَهُمْ مَالِكٌ مُعَيَّنٌ، عَلَى أَنَّ رَقِيقَ الْقَوَامِ خَطَأٌ لُغَةً لِمَا فِيهِ مِنْ إِضَافَةِ الْمَوْصُوفِ إِلَى الصِّفَةِ. وَصَلَاةُ الْفَجْرِ (قَوْمَتَانِ).

(وَالْمَقَامُ) بِالْفَتْحِ: مَوْضِعُ الْقِيَامِ، وَمِنْهُ: مَقَامُ إِبْرَاهِيمَ، وَهُوَ الْحَجَرُ الَّذِي فِيهِ أَثَرُ قَدَمَيْهِ، وَهُوَ مَوْضِعُهُ أَيْضًا، وَأَمَّا (الْمُقَامُ) بِالضَّمِّ: فَمَوْضِعُ الْإِقَامَةِ، وَقَامَتْ عَلَيْهِ الدَّابَّةُ: كَلَّتْ حَتَّى وَقَفَتْ فَلَمْ تَبْرَحْ مَكَانَهَا.

(وَقَائِمُ السَّيْفِ) وَقَائِمَتُهُ: مَقْبِضُهُ، وَقَدْ يُقَالُ لِمِدَقِّ الْهَرَاسِ: قَائِمَتُهُ أَيْضًا.

(وَعَيْنٌ قَائِمَةٌ) وَهِيَ الَّتِي غَيْرُ مُنْخَسِفَةٍ، وَهِيَ الَّتِي ذَهَبَ بَصَرُهَا وَضَوْءُهَا وَالْحَدَقَةُ عَلَى حَالِهَا.

(الْمُقِيمُ) الْمُقْعِدُ فِي (ق د، ق د م).

[ق و هـ]: (ثَوْبٌ قُوهِيٌّ) مَنْسُوبٌ إِلَى (قُوهِسْتَانَ): كُورَةٌ مِنْ كُوَرِ فَارِس.

[ق و ي]: (قَوِيَ قُوَّةً)، وَهُوَ قَوِيٌّ، (وَقَوِيَ) عَلَى الْأَمْرِ: أَطَاقَهُ، وَمِنْهُ: فَإِنْ كَانَ لَهُ قُوَّةٌ مِنْ ظَهْرٍ أَوْ عَبِيدٍ يَقْوَى عَلَى الْمَرْأَةِ أَنْ يُرَحِّلَهَا.

---

(١) في خ: "بيديه".

(وَأَقْوَى الْقَوْمُ) فَنِيَ زَادُهُمْ، وَأَقْوَوْا: نَزَلُوا بِالْقَوَاءِ، (وَالْقِيِّ) وَهُوَ الْمَكَانُ الْقَفْرُ الْخَالِي، وَمِنْهُ:"وَمِنْ أَذَّنَ وَصَلَّى فِي أَرْضٍ قِيٍّ". الْحَدِيثَ، وقَوْلُهُ تَعَالَى: (وَمَتَاعًا لِلْمُقْوِينَ) [سورة الواقعة آية ٧٣] يَعْنِي: لِلْمُسَافِرِينَ. (وَأَقْوَتِ الدَّارُ) خَلَتْ.

الْقَاف مَعَ الْيَاءِ التَّحْتَانِيَّةِ

[ق ي أ]: (قَاءَ مَا أَكَلَ) يَقِيءُ قَيْئًا، إِذَا أَلْقَاهُ، (وَقَيَّأَهُ) غَيْرُهُ، (وَاسْتِقَاءَ وَتَقَيَّأَ) تَكَلَّفَ ذَلِكَ، وَقَوْلُهُ: تَقَيَّأَ الْبَلْغَمَ، فِيهِ نَظَرٌ.

[ق ي س]: (الْقَيْسُ) مَصْدَرُ قَاسَ، وَبِهِ سُمِّيَتْ الْقَبِيلَةُ الْمَنْسُوبُ إِلَيْهَا ابْنُ أَبِي نَجِيحٍ الْقَيْسِيُّ، وَالْعَيْنُ تَصْحِيفٌ.

[ق ي ص]: (مِقْيَصُ) بن صُبَابَةَ بِالصَّادِ غَيْرِ الْمُعْجَمَةِ فِيهِمَا عَنْ الْغُورِيِّ وَالْجَوْهَرِيِّ وَغَيْرِهِمَا، وَهُوَ الَّذِي قَتَلَهُ رَسُولُ اللهِ صَلَّى اللهُ عَلَيْهِ وَآلِهِ وَسَلَّمَ يَوْمَ الْفَتْحِ، وَأَخُوهُ هِشَامُ بن صُبَابَةَ قُتِلَ خَطَأً، فَوَدَاهُ النَّبِيُّ صَلَّى اللهُ عَلَيْهِ وَآلِهِ وَسَلَّمَ، وَالْمُحَدِّثُونَ يَقُولُونَ: مِقْيَسُ بِالسِّينِ، وَعَنْ ابْنِ دُرَيْدٍ: (مِقْيَسٌ) بِوَزْنِ مَرْيَمَ، وَضَبَابَةُ بِالضَّادِ مُعْجَمَةٌ.

[ق ي ض]: (قَيَّضَ كَذَا لَهُ) قَدَّرَهُ، وَمِنْهُ: (مَلَكًا مُقَيَّضًا)، وَقَايَضَهُ بِكَذَا: عَاوَضَهُ، وَمِنْهُ: (بَيْعُ الْمُقَايَضَةِ)، وَهُوَ بَيْعُ عَرْضٍ بِعَرْضٍ.

[ق ي ل]: (قَالَ قَيْلُولَةً) نَامَ نِصْفَ النَّهَارِ، (وَالْقَائِلَةُ) الْقَيْلُولَةُ، وَمِنْهَا: اسْتَعِينُوا بِقَائِلَةِ النَّهَارِ، (وَالْقَيْلُولَةُ) فِي مَعْنَى الْإِقَالَةِ، مِمَّا لَمْ أَجِدْهُ

(وَقَيَّلْتُهُ وَأَقَلْتُهُ): سَقَيْتُهُ الْقَيْلَ، وَهُوَ شُرْبُ نِصْفِ النَّهَارِ، وَمِنْهُ: "قَيِّلُوهُمْ حَتَّى يَبْرُدُوا"، وَيُرْوَى: أَقِيلُوهُمْ، وَعَلَى رِوَايَةِ مِنْ رَوَى: أَقِيلُوهُمْ وَاسْقُوهُمْ، يُحْتَمَلُ أَنْ يَكُونَ مِنْ إِقَالَةِ الْعَثْرَةِ، عَلَى مَعْنَى أُتْرُكُوهُمْ عَنْ الْقَيْلِ حَتَّى يَمْضِيَ عَلَيْهِمْ وَقْتُ الْحَرِّ، وَحِينَئِذٍ لَا يَكُونُ: وَاسْقُوهُمْ تَكْرَارًا، وَقَوْلُهُمْ: حَتَّى يَبْرُدُوا، صَوَابُهُ: حَتَّى يُبَرِّدُوا، بِضَمِّ الْأَوَّلِ، وَيَشْهَدُ لَهُ: فَقَيِّلُوهُمْ حَتَّى أَبْرِدُوا، أَيْ: دَخَلُوا فِي الْبَرْدِ، وَاللهُ أَعْلَمُ بِالصَّوَابِ.

بَابُ الْكَافِ

الْكَاف مَعَ الْهَمْزَةِ

[ك أ س]: (الْكَأْسُ) الْإِنَاءُ إِذَا كَانَتْ فِيهِ خَمْرٌ، وَهِيَ مُؤَنَّثَةٌ، وَجَمْعُهَا: أَكْؤُسٌ وَكُئُوسٌ.

الْكَاف مَعَ الْبَاءِ الْمُوَحَّدَةِ

[ك ب ب]: (كَبَّ الْإِنَاءَ) قَلَبَهُ مِنْ بَابِ طَلَبَ، (وَالْكُبَّةُ) مِنْ الْغَزْلِ بِالضَّمِّ: الجروهق، وَفِي مَسْأَلَةِ الْحَجَّامِ: الْمِحْجَمَةُ.

[ك ب ت]: (كَبَتَهُ اللَّهُ) أَهْلَكَهُ مِنْ بَاب ضَرَبَ.

[ك ب ح]: (كَبَحَ الدَّابَّةَ) بِاللِّجَامِ[1]: رَدَّهَا، وَهُوَ أَنْ يَجْذِبَهَا إِلَى نَفْسِهِ لِتَقِفَ وَلَا تَجْرِي.

(وَالْكُبْحُ) الرُّخْبِيْنِ بِضَمِّ الْأَوَّلِ وَسُكُونِ الثَّانِي، وَالْخَاءُ الْمُعْجَمَةُ تَصْحِيفٌ.

[ك ب د]: فِي حَدِيثِ الْعَبَّاسِ رَضِيَ اللهُ عَنْهُ: "وَلَا يَشْتَرِي (ذَاتَ كَبِدٍ) رَطْبٍ". الصَّوَاب: رَطْبَةٍ، لِأَنَّ الْكَبِدَ مُؤَنَّثٌ، وَالْمُرَادُ: نَفْسُ الْحَيَوَانِ.

[ك ب ر]: (كَبُرَ) فِي الْقَدْرِ مِنْ بَابِ قَرُبَ، (وَكَبِرَ فِي السِّنِّ) مِنْ بَابِ لَبِسَ كِبَراً، وَهُوَ كَبِيرٌ.

(وَكُبْرُ الشَّيْءِ وَكِبْرُهُ) مُعْظَمُهُ، وَقَوْلُهُمْ: (الْوَلَاءُ لِلْكُبْرِ) أَيْ: لِأَكْبَرِ أَوْلَادِ الْمُعْتِقِ، وَالْمُرَادُ: أَقْرَبُهُمْ نَسَبًا لَا أَكْبَرُهُمْ سِنًّا.

(وَكِبْرِيَاءُ اللَّهِ) عَظَمَتُهُ، (وَاللهُ أَكْبَرُ) أَيْ: أَكْبَرُ مِنْ كُلِّ شَيْءٍ، وَتَفْسِيرُهُمْ إِيَّاهُ بِالْكَبِيرِ ضَعِيفٌ.

(وَالْكَبَرُ) بِفَتْحَتَيْنِ: اللَّصَفُ بِالْعَرَبِيَّةِ، وَمِنْهُ: أَرَأَيْتَ شَرَابًا يُصْنَعُ مِنْ الْكَبَرِ وَالشَّعِيرِ، وَالثَّاءُ الْمُثَلَّثَةُ تَصْحِيفٌ.

---

(١) في خ:"بلجامها".

[ك ب س]: (كَبَسَ) النَّهْرَ فَانْكَبَسَ، وَكَذَا كُلُّ حُفْرَةٍ إذَا طَمَّهَا، أَيْ: مَلَأَهَا بِالتُّرَابِ وَدَفَنَهَا، وَمِنْهُ: وَمَا كَبَسَ بِهِ الْأَرْضَ مِنْ التُّرَابِ، أَيْ: طَمَّ وَسَوَّى، وَاسْمُ ذَلِكَ التُّرَابِ (الْكِبْسُ وَالْكَبْسُ)، وَقَوْلُهُ: لَيْسَ عَلَيْهِ وَضْعُ الْجُذُوعِ (وَكَبْسُ السُّطُوحِ) وَتَطْيِينُهَا، يَعْنِي بِهِ: إلْقَاءَ التُّرَابِ عَلَى السَّطْحِ وَتَسْوِيَتَهُ عَلَيْهِ قَبْلَ أَنْ يُطَيَّنَ مُسْتَعَارٌ مِنْ الْأَوَّلِ.

وَقَوْلُهُ فِي الْمُخْتَصَرِ: حَلَفَ لَا يَأْكُلُ الرُّءُوسَ فَيَمِينُهُ عَلَى مَا يُكْبَسُ فِي التَّنَانِيرِ، أَيْ: يُطَمُّ بِهِ التَّنُّورُ، أَيْ: يُدْخَلُ فِيهِ مِنْ: (كَبَسَ الرَّجُلُ رَأْسَهُ) فِي جَيْبِ قَمِيصِه، إذَا أَدْخَلَهُ.

(وَالْكَبِيسُ) نَوْعٌ مِنْ أَجْوَدِ التَّمْرِ، وَمِنْهُ قَوْلُهُ: لَمْ يَكُنْ لِيُعْطِيَهُ صَاعًا مِنْ الْعَجْوَةِ بِصَاعٍ مِنْ الْحَشَفِ، وَإِنَّمَا أَعْطَاهُ لِفَضْلِ (الْكَبِيسِ).

(وَالْكِبَاسَةُ) عُنْقُودُ النَّخْلِ، وَالْجَمْعُ: كَبَائِسُ.

[ك ب ع]: (الْكُبَعُ) جَمَلُ الْمَاءِ.

[ك ب ل]: "إذَا وَقَعَت السُّهْمَانُ فَلَا (مُكَابَلَةَ)". أَيْ: لَا مُمَانَعَةَ، مِنْ الْكَبْلِ وَاحِدُ الْكُبُولِ، وَهُوَ الْقَيْدُ، وَمِنْهُ: لَوْ عَنَى بِقَوْلِه: أَنْتِ طَالِقٌ مِنْ الْوَثَاقِ أَوْ مِنْ الْكَبْلِ لَمْ يُدَيَّنْ، وَالْمَعْنَى: أَنَّ الْقِسْمَةَ إذَا وَقَعَتْ وَحَصَلَتْ لَا يُحْبَسُ عَنْ حَقِّه.

(وَكَابُلُ) بِالضَّمِّ: مِنْ بِلَادِ الْهِنْدِ.

الْكَاف مَعَ التَّاءِ الْفَوْقَانِيَّةِ

[ك ت ب]: (كَتَبَهُ) كِتْبَةً وَكِتَابًا وَكِتَابَةً، وَقَوْلُهُ: وَإِذَا كَانَتْ السَّرِقَةُ صُحُفًا لَيْسَ فِيهَا كِتَابٌ، أَيْ: مَكْتُوبٌ، وَفِي حَدِيثِ أُنَيْسٍ: "وَاحْكُمْ بِكِتَابِ اللَّـهِ". أَيْ: بِمَا فَرَضَ اللـه مِنْ: كَتَبَ عَلَيْهِ كَذَا، إذَا أَوْجَبَهُ وَفَرَضَهُ، وَمِنْهُ: الصَّلَاةُ[1] الْمَكْتُوبَةُ.

وَأَمَّا قَوْلُهُ صَلَّى اللـه عَلَيْهِ وَآلِهِ وَسَلَّمَ: "مَا بَالُ أَقْوَامٍ يَشْتَرِطُونَ شُرُوطًا لَيْسَتْ فِي كِتَابِ اللـه تَعَالَى"[2]. فَقِيلَ: الْمُرَادُ قَوْله تَعَالَى: ﴿ادْعُوهُمْ لِآبَائِهِمْ﴾ [سورة الأحزاب آية ٥] إلَى أَنْ قَالَ: ﴿وَمَوَالِيكُمْ﴾ فِيهِ أَنَّهُ نَسَبَهُمْ إلَى مَوَالِيهِمْ كَمَا نَسَبَهُمْ إلَى آبَائِهِمْ، فَلَمَّا لَمْ يَجُزْ التَّحَوُّلُ عَنْ الْآبَاءِ لَمْ يَجُزْ ذلك[3] عَنْ الْأَوْلِيَاءِ، وَيَجُوزُ أَنْ يُرَادَ بِكِتَابِ اللـه: قَضَاؤُهُ

---

(١) في خ: "الصلوات".
(٢) أخرجه الدارقطني في سننه (٢٨٤٨)
(٣) سقط من: م.

وَحُكْمُهُ عَلَى لِسَانِ رَسُولِ اللهِ صَلَّى اللهُ عَلَيْهِ وَآلِهِ وَسَلَّمَ: "إِنَّ الْوَلَاءَ لِمَنْ أَعْتَقَ".

(وَأَكْتَبَ الْغُلَامَ وَكَتَّبَهُ) عَلَّمَهُ الْكِتَابَ، وَمِنْهُ: سَلَّمَ غُلَامَهُ إِلَى مُكْتَبٍ، أَيْ: إِلَى مُعَلِّمِ الْخَطِّ، رُوِيَ بِالتَّخْفِيفِ وَالتَّشْدِيدِ. وَأَمَّا (الْمَكْتَبُ) وَالْكُتَّابُ فَمَكَانُ التَّعْلِيمِ، وَقِيلَ: الْكُتَّابُ الصِّبْيَانُ.

(وَكَاتَبَ) عَبْدَهُ مُكَاتَبَةً وَكِتَابًا(١): قَالَ لَهُ: حَرَّرْتُكَ يَدًا فِي الْحَالِ وَرَقَبَةً عِنْدَ أَدَاءِ الْمَالِ، وَمِنْهُ: قَوْلُهُ تَعَالَى: (وَالَّذِينَ يَبْتَغُونَ الْكِتَابَ) [سُورَةُ النُّورِ آيَة ٣٣]، وَقَدْ يُسَمَّى بَدَلُ الْكِتَابَةِ: مُكَاتَبَةً، وَأَمَّا (الْكِتَابَةُ) فِي مَعْنَاهَا فَلَمْ أَجِدْهَا إِلَّا فِي الْأَسَاسِ، وَكَذَا (تَكَاتَبَ الْعَبْدُ) إِذَا صَارَ مُكَاتَبًا، وَمَدَارُ التَّرْكِيبِ عَلَى الْجَمْعِ.

وَمِنْهُ (كَتَبَ النَّعْلَ وَالْقِرْبَةَ) خَرَزَهَا، (وَالْكُتْبُ: الْخُرَزُ، الْوَاحِدَةُ: كُتْبَةٌ، وَمِنْهُ: (كَتَبَ الْبَغْلَةَ) إِذَا جَمَعَ بَيْنَ شُفْرَتَيْهَا بِحَلْقَةٍ.

(وَالْكَتِيبَةُ) الطَّائِفَةُ مِنَ الْجَيْشِ مُجْتَمِعَةً، وَبِهَا سُمِّيَ أَحَدُ حُصُونِ خَيْبَرَ، وَقَوْلُهُمْ: سُمِّيَ هَذَا الْعَقْدُ مُكَاتَبَةً: لِأَنَّهُ ضَمُّ حُرِّيَّةِ الْيَدِ إِلَى حُرِّيَّةِ الرَّقَبَةِ، أَوْ لِأَنَّهُ جَمَعَ بَيْنَ نَجْمَيْنِ فَصَاعِدًا ضَعِيفٌ جِدًّا، وَإِنَّمَا الصَّوَابُ: أَنَّ كُلًّا مِنْهُمَا كَتَبَ عَلَى نَفْسِهِ أَمْرًا هَذَا الْوَفَاءُ، وَهَذَا الْأَدَاءُ.

[ك ت ف]: (الْكَتِفُ) عَظْمٌ عَرِيضٌ خَلْفَ الْمَنْكِبِ. (وَكَتَّفَهُ) شَدَّ يَدَيْهِ إِلَى مَا خَلْفَ أَكْتَافِهِمَا، مِنْ بَابِ ضَرَبَ، وَمِنْهُ قَوْلُهُ: وَلَوْ كَانَ جَاءَ مَعَ الْمُسْلِمِينَ وَهُوَ مَكْتُوفٌ.

(وَالْكِتَافُ) الشَّدُّ وَالْحَبْلُ أَيْضًا، وَمِنْهُ: أَنْتَ طَالِقٌ مِنْ قَيْدٍ أَوْ غُلٍّ أَوْ كِتَافٍ.

[ك ت ل]: (الْمِكْتَلُ) الزِّنْبِيلُ، وَمِنْهُ: كَانَ سُلَيْمَانُ عَلَيْهِ السَّلَامُ يَصْنَعُ الْمَكَاتِلَ، وَالْمَكَائِيلُ تَصْحِيفٌ، (وَالْكُتْلَةُ) الْقِطْعَةُ مِنْ كَنِيزِ التَّمْرِ، وَقَدِ اسْتَعَارَهَا مَنْ قَالَ: كُتْلَةُ عَذِرَةٍ أَوْ دَمٍ.

[ك ت م]: (الْكَتْمُ) إِخْفَاءُ مَا يُسَرُّ، وَفِعْلُهُ مِنْ بَابِ طَلَبَ، وَهُوَ يَتَعَدَّى إِلَى مَفْعُولَيْنِ، وَمِنْهُ: وَلَوْ كَتَمَهَا الطَّلَاقَ، وَبِاسْمِ الْمَفْعُولِ مِنْهُ كُنِّيَتْ وَالِدَةُ جَدِّ ابْنِ أُمِّ مَكْتُومٍ خَلِيفَةِ النَّبِيِّ صَلَّى اللهُ عَلَيْهِ وَآلِهِ وَسَلَّمَ عَلَى الصَّلَاةِ بِالنَّاسِ فِي بَعْضِ الْمَغَازِي، وَكَانَ أَعْمَى.

(وَالْكَتَمُ) بِفَتْحَتَيْنِ مِنْ شَجَرِ الْجِبَالِ، وَرَقُهُ كَوَرَقِ الْآسِ، وَهُوَ شَبَابٌ لِلْحِنَّاءِ، وَعَنْ

---

(١) زِيَادَةٌ مِنْ: م.

الْأَزْهَرِيِّ: نَبْتٌ فِيهِ حُمْرَةٌ، وَمِنْهُ حَدِيثُ أَبِي بَكْرٍ رَضِيَ اللهُ عَنْهُ: "كَانَ يَخْضِبُ بِالْحِنَّاءِ (وَالْكَتَمِ) وَلِحْيَتُهُ كَأَنَّهَا ضِرَامُ عَرْفَجٍ".

[ك ت ن]: (الْكَتَّانُ) مَا يُتَّخَذُ مِنْهُ الْحِبَالُ تُدَقُّ عِيدَانُهُ حَتَّى يَلِينَ وَيَذْهَبَ تِبْنُهُ ثُمَّ يُسْتَعْمَلُ.

(وَبَزْرُهُ) يُقَالُ لَهُ بِالْفَارِسِيَّةِ: زغيرة، وَفِي "الْمُنْتَقَى": (الْكَتَّانُ) فِيهِ الْعُشْرُ، وَكَذَا بَزْرُهُ وَالْقُنَّبُ فِي بَزْرِهِ عُشْرٌ لَا فِي قِشْرِهِ؛ لِأَنَّهُ كَالْخَشَبِ، فَرْقٌ بَيْنَ الْكَتَّانِ وَالْقِنَّبِ، وَفِي "التَّهْذِيبِ": الْقِنَّبُ مِنَ الْكَتَّانِ.

الْكَاف مَعَ الثَّاءِ الْمُثَلَّثَةِ

[ك ث ب]: (إِذَا كَثَبُوكُمْ) هَكَذَا فِي نُسْخَةِ سَمَاعِيٍّ، وَالصَّوَابُ: أَكْثَبُوكُمْ، مِنْ قَوْلِهِمْ: أَكْثَبَكَ الصَّيْدُ فَارْمِهِ، أَيْ: دَنَا مِنْكَ وَأَمْكَنَكَ، وَمِنْهُ: رَمَاهُ مِنْ كَثَبٍ، أَيْ: مِنْ قُرْبٍ، وَرُوِيَ: إِذَا كَثَبُوكُمْ الْخَيْلَ، وَهُوَ إِنْ صَحَّ عَلَى حَذْفِ حَرْفِ الْجَرِّ؛ لِأَنَّهُ يُقَالُ: كَثَبُوا الْخَيْلَ عَلَى الْقَوْمِ مِنْ قُرْبٍ، أَيْ: أَرْسَلُوهَا عَلَيْهِمْ مِنْ بَابِ ضَرَبَ.

[ك ث ث]: (الْكِثْكِثُ) بِالْفَتْحِ وَالْكَسْرِ: فُتَاتُ الْحِجَارَةِ وَالتُّرَابِ، وَيُقَالُ فِي الدُّعَاءِ بِالْخَيْبَةِ: بِفِيهِ الْكَثْكَثُ، كَمَا يُقَالُ: بِفِيهِ الْبَرَى، وَقَالَ:

كِلَانَا يَا مُعَاذُ نُحِبُّ لَيْلَى ... بِفِي وَفِيكَ مِنْ لَيْلَى التُّرَابُ

أَيْ: كِلَانَا خَائِبٌ فِي وَصْلِهَا.

[ك ث ر]: (الْكَثْرَةُ) خِلَافُ الْقِلَّةِ، وَتُجْعَلُ عِبَارَةً عَنِ السَّعَةِ، وَمِنْهَا قَوْلُهُمْ: الْخَرْقُ الْكَثِيرُ، وَالْفَرْقُ بَيْنَ الْقَلِيلِ وَالْكَثِيرِ ثَلَاثُ أَصَابِعَ، وَبِهِ سُمِّيَ كَثِيرُ بن مُرَّةَ الْحَضْرَمِيُّ، يُكَنَّى أَبَا إِسْحَاقَ، أَدْرَكَ سَبْعِينَ بَدْرِيًّا.

(الْكَثَرُ) فِي (ث م، ث م ر).

[ك ث م]: (رَجُلٌ أَكْثَمُ) وَاسِعُ الْبَطْنِ عَظِيمُهُ، وَبِهِ سُمِّيَ أَكْثَمُ بن صَيْفِيٍّ.

الْكَاف مَعَ الْحَاءِ الْمُهْمَلَةِ

[ك ح ل]: (الْمُكْحُلَةُ) بِضَمَّتَيْنِ: وِعَاءُ الْكُحْلِ، وَالْجَمْعُ: مَكَاحِلُ، (وَكَحَلَ عَيْنَهُ) كَحْلًا مِنْ بَابِ طَلَبَ، وَكَحَّلَهَا تَكْحِيلًا مِثْلُهُ، وَمِنْهُ: الدَّرَاهِمُ الْمُكَحَّلَةُ، وَهِيَ الَّتِي يُلْصَقُ بِهَا الْكُحْلُ فَيَزِيدُ مِنْهُ الدِّرْهَمُ دَانَقًا أَوْ دَانَقَيْنِ، قَالَ أَبُو يُوسُفَ رَحِمَهُ اللهُ تَعَالَى فِي

الرِّسَالَةِ: الْوَاجِبُ أَنْ يَحُتَّ عَنْهُ الْكُحْلَ.

(وَرَجُلٌ أَكْحَلُ) وَعَيْنٌ كَحْلَاءُ: سَوْدَاءُ خِلْقَةً كَأَنَّهَا كُحِّلَتْ، وَتَكَحَّلَ وَاكْتَحَلَ: تَوَلَّى الْكَحْلَ مِنْ نَفْسِهِ، وَمِنْهُ:

لَيْسَ التَّكَحُّلُ فِي الْعَيْنَيْنِ كَالْكَحَلِ [لأن حِلْمك حِلْمٌ لا تكلفه][(١)]

(وَاكْتِحَالُ السَّهَرِ) عِبَارَةٌ عَنْ الْأَرَقِ وَذَهَابِ النَّوْمِ.

الْكَافُ مَعَ الدَّالِ الْمُهْمَلَةِ

[ك د ح]: (الْكَدْحُ) كُلُّ أَثَرٍ مِنْ خَدْشٍ أَوْ عَضٍّ، وَالْجَمْعُ: كُدُوحٌ، وَقِيلَ: هُوَ فَوْقَ الْخَدْشِ.

[ك د د] (وَالْكُدَيدُ) بِالضَّمِّ فِي (ق د، ق د د).

[ك د ر]: (أُكَيْدِرُ) بن عَبْدِ الْمَلِكِ عَلَى لَفْظِ تَصْغِيرِ (أَكْدَرَ): صَاحِبُ دَوْمَةِ الْجَنْدَلِ، كَاتَبَهُ النَّبِيُّ صَلَّى اللهُ عَلَيْهِ وَآلِهِ وَسَلَّمَ فَأَسْلَمَ[(٢)] وَأَهْدَى إِلَيْهِ حُلَّةً سِيَرَاءَ، فَبَعَثَ بِهَا إِلَى عُمَرَ رَضِيَ اللهُ عَنْهُ.

(وَالْأَكْدَرِيَّةُ) مِنْ مَسَائِلِ الْجَدِّ، سُمِّيَتْ[(٣)] بِذَلِكَ؛ لِأَنَّهُ تَكَدَّرَ فِيهَا مَذْهَبُ زَيْدٍ رَضِيَ اللهُ عَنْهُ، وَقِيلَ: لِأَنَّ عَبْدَ الْمَلِكِ أَلْقَاهَا عَلَى فَقِيهٍ اسْمُهُ أَوْ لَقَبُهُ: (أَكْدَرُ)، وَقِيلَ: بِاسْمِ الْمَيِّتِ.

(الْمُنْكَدِرُ) فِي (هـ د، هـ د ر).

[ك د و ر] (الْكَدِيُورُ) فِي اصْطِلَاحِ أَهْلِ مَا وَرَاءَ النَّهْرِ: الَّذِي يَعْمَلُ فِي الْكَرْمِ وَالْمَبْطَخَةِ وَيَأْخُذُ النَّصِيبَ، هَكَذَا بِفَتْحِ الْكَافِ وَكَسْرِ الدَّالِ.

[ك د س]: (الْكُدْسُ) بِالضَّمِّ: وَاحِدُ الْأَكْدَاسِ، وَهُوَ مَا يُجْمَعُ مِنَ الطَّعَامِ فِي الْبَيْدَرِ فَإِذَا دِيسَ وَدُقَّ فَهُوَ الْعَرَمَةُ، وَقَوْلُهُ فِي بَابِ سَجْدَةِ التِّلَاوَةِ: وَكَذَا عِنْدَ الْكُدْسِ وَتَسْدِيَةُ الثَّوْبِ، مَعْنَاهُ: فِي الدَّوَرَانِ عِنْدَ الْكُدْسِ وَحَوْلَهُ، إِلَّا أَنَّهُمْ تَوَسَّعُوا فِي ذَلِكَ لِأَمْنِ الْإِلْبَاسِ، وَمِنْ قَالَهُ بِالْفَتْحِ عَلَى ظَنِّ أَنَّهُ مَصْدَرٌ فِي مَعْنَى الدِّيَاسَةِ فَقَدْ غَلِطَ؛ لِأَنَّهُ لَمْ

---

(١) سقط من: م.

(٢) زيادة من: م.

(٣) في خ: "لقبت".

يُسْمَعْ بِهِ فِي هَذَا الْمَعْنَى.

[ك د م]: (الْكَدْمُ) الْعَضُّ بِمُقَدَّمِ الْأَسْنَانِ كَمَا يَكْدِمُ الْحِمَارُ، يُقَالُ: كَدَمَهُ يَكْدِمُهُ ويكدُمه[1] وَكَذَلِكَ إِذَا أَثَّرَ فِيهِ بِحَدِيدَةٍ عَنْ الْجَوْهَرِيِّ، ثُمَّ سُمِّيَ الْأَثَرُ بِهِ، فَجُمِعَ عَلَى (كُدُومٍ)، وَمِنْهُ: مَا رُوِيَ فِي خِزَانَةِ الْفِقْهِ: وَمِنْ الْعُيُوبِ (كَدْمُ السُّيُوفِ) وَالْقَتِيرِ، وَهُوَ رُءُوسُ مَسَامِيرِ الدُّرُوعِ.

[ك د ن]: (الْكَوْدَنُ) الْبِرْذَوْنُ الثَّقِيلُ، (وَالْكَوْدَنَةُ) الْبُطْءُ فِي الْمَشْيِ.

[ك د و]: فِي حَدِيثِ الْفَتْحِ: "أَمَرَ رَسُولُ اللهِ صَلَّى اللهُ عَلَيْهِ وَآلِهِ وَسَلَّمَ يَوْمَئِذٍ[2] خَالِدَ بنَ الْوَلِيدِ أَنْ يَدْخُلَ مِنْ أَعْلَى مَكَّةَ مِنْ (كَدًى) وَدَخَلَ النَّبِيُّ مِنْ (كُدًى)". الصَّوَابُ عَنْ الْأَزْهَرِيِّ وَالْغُورِيِّ: (كَدَاءٍ) بِالْفَتْحِ وَالْمَدِّ فَهُوَ جَبَلٌ بِمَكَّةَ عَنْ ابْنِ الْأَنْبَارِيِّ،(وَكُدَيٌّ) عَلَى لَفْظِ تَصْغِيرِهِ: جَبَلٌ بِهَا آخَرُ، قَالَ ابْنُ الرُّقَيَّاتِ يُخَاطِبُ عَبْدَ الْمَلِكِ بن مَرْوَانَ:

أَنْتَ ابْنُ مُعْتَلَجِ الْبِطَـ ـاحِ كُدَيِّهَا وَكَدَائِهَا

وَأَنْشَدَ الْغُورِيُّ:

أَقْفَرَتْ بَعْدَ عَبْدِ شَمْسٍ كَدَاءُ فَكُدَيٌّ فَالرُّكْنُ فَالْبَطْحَاءُ

وَأَمَّا حَدِيثُ فَاطِمَةَ رَضِيَ اللهُ عَنْهَا: "لَعَلَّكِ بَلَغْتِ مَعَهُمْ الْكُدَى". فَهِيَ الْقُبُورُ، وَرُوِيَ بِالرَّاءِ، وَأَنْكَرَهُ الْأَزْهَرِيُّ.

الْكَافُ مَعَ الذَّالِ الْمُعْجَمَةِ

[ك ذ ب]: (أَكْذَبَ) نَفْسَهُ: بِمَعْنَى كَذَّبَهَا عَنْ اللَّيْثِ، وَالْمَعْنَى: أَنَّهُ أَقَرَّ بِالْكَذِبِ.

[ك ذ ن ق]: (الْكُذِينَقُ) بِضَمِّ الْكَافِ وَكَسْرِ الذَّالِ: مُدُقُّ الْقَصَّارِ.

[ك ذ و]: (الْكَاذِي) بِوَزْنِ الْقَاضِي: ضَرْبٌ مِنْ الْأَدْهَانِ مَعْرُوفٌ عَنْ الْأَزْهَرِيِّ، وَمِنْهُ: اشْتَرَيْتُ كَاذِيًا مِنْ السُّفُنِ فَحَمَلْتُ حَوَالَيَّ[3] مِنْهَا، وَزِيَادَةُ الشَّرْحِ فِي الْمُعْرِبِ.

(كَذَا) مِنْ أَسْمَاءِ الْكِنَايَاتِ، وَإِدْخَالُ الْأَلِفِ وَاللَّامِ فِيهِ لَا يَجُوزُ.

---

(١) سقط من: م.
(٢) زيادة من: م.
(٣) في خ: "خوابي".

الْكَاف مَعَ الرَّاءِ الْمُهْمَلَة

[ك ر ب]: (كَرَبَتْ) الشَّمْسُ: دَنَتْ لِلْغُرُوبِ، وَمِنْهُ: (الْكَرُوبِيُّونَ وَالْكَرُوبِيَّةُ) بِتَخْفِيفِ الرَّاءِ: الْمُقَرَّبُونَ مِنْ الْمَلَائِكَةِ.

(وَكَرَبَ) الْأَرْضَ كِرَابًا: قَلَبَهَا لِلْحَرْثِ مِنْ بَابِ طَلَبَ.

(وَتَكْرِيبُ) النَّخْلِ: تَشْذِيبُهُ، وَالتَّرْكِيبُ فِي مَعْنَاهُ تَصْحِيفٌ.

[ك ر ت]: قَطِيفَةٌ (تَكْرِيتِيَّةٌ): مَنْسُوبَةٌ إِلَى تَكْرِيتَ بِفَتْحِ التَّاءِ بُلَيْدَةٌ بِالْعِرَاقِ.

[ك ر ث]: (أَمْرٌ كَارِثٌ) ثَقِيلٌ، وَمِنْهُ فُلَانٌ (لَا يَكْتَرِثُ) لِهَذَا الْأَمْرِ، أَيْ: لَا يَعْبَأُ بِهِ وَلَا يُبَالِيه.

[ك ر د]: (الْكَلْبُ الْكُرْدِيُّ): مَنْسُوبٌ إِلَى الْكُرْدِ، وَهُمْ جِيلٌ مِنْ النَّاسِ لَهُمْ خُصُوصِيَّةٌ فِي اللُّصُوصِيَّةِ، وَكِلَابُهُمْ مَوْصُوفَةٌ بِطُولِ الشَّعْرِ وَكَثْرَتِهِ، وَلَيْسَ فِيهَا مِنْ أَمَارَاتِ كِلَابِ الصَّيَّادِينَ بَلْ هِيَ مِنْ كَوَادِنِهَا. وَلَمَّا عَرَفَ مُحَمَّدٌ رَحِمَهُ اللهُ بِالْإِخْبَارِ أَوْ بِالاخْتِبَارِ أَنَّهَا لَيْسَتْ مِنْ كِلَابِ الصَّيْدِ، وَسَمِعَ فِي الْأَسْوَدِ أَنَّهُ شَيْطَانٌ أَشْفَقَ أَنْ يَظُنَّ ظَانٌّ أَنَّ صَيْدَهُمَا لَا يَحِلُّ، فَخَصَّهُمَا بِالذِّكْرِ حَيْثُ قَالَ: الْكَلْبُ الْكُرْدِيُّ وَالْأَسْوَدُ سَوَاءٌ فِي الِاصْطِيَادِ بِهِمَا. وَتَمَامُ الْفَصْلِ فِي الْمُعْرِبِ.

[ك ر د ر]: (الكردار) بِالْكَسْرِ فَارِسِيٌّ، وَهُوَ مِثْلُ الْبِنَاءِ وَالْأَشْجَارِ وَالْكَبْسِ، إِذَا كَبَسَهُ مِنْ تُرَابٍ نَقَلَهُ مِنْ مَكَانٍ كَانَ يَمْلِكُهُ، وَمِنْهُ: يَجُوزُ بَيْعُ (الكردار) وَلَا شُفْعَةَ فِيهِ؛ لِأَنَّهُ مِمَّا يُنْقَلُ.

[ك ر ر]: (كَرَّهُ) رَجَعَهُ كَرًّا، وَكَرَّ بِنَفْسِهِ كُرُورًا. (وَالْكَرَّةُ) الْحَمْلَةُ، وَمِنْهَا قَوْلُهُ صَلَّى اللهُ عَلَيْهِ وَآلِهِ وَسَلَّمَ: "اللهَ اللهَ وَالْكَرَّةَ عَلَى نَبِيِّكُمْ". أَنْ[1] اتَّقُوا اللهَ (وَكُرُّوا وَالْكَرَّةَ عَلَيْهِ)، أَيْ: ارْجِعُوا إِلَيْهِ.

(وَالْكُرُّ) مِكْيَالٌ لِأَهْلِ الْعِرَاقِ، وَجَمْعُهُ: أَكْرَارٌ، قَالَ الْأَزْهَرِيُّ: (الْكُرُّ) سِتُّونَ قَفِيزًا، وَالْقَفِيزُ ثَمَانِيَةُ مَكَاكِيكَ، وَالْمَكُّوكُ صَاعٌ وَنِصْفٌ، وَهُوَ ثَلَاثُ كِيلَجَاتٍ. قَالَ: وَهُوَ مِنْ هَذَا الْحِسَابِ اثْنَا عَشَرَ وَسْقًا، وَكُلُّ وَسْقٍ سِتُّونَ صَاعًا.

وَفِي كِتَابِ قُدَامَةَ: (الْكُرُّ الْمُعَدَّلُ) سِتُّونَ قَفِيزًا، وَالْقَفِيزُ عَشَرَةُ أَعْشِرَاءَ، (وَالْكُرُّ)

(١) فِي خ: "أَيْ".

الْمَعْرُوفُ بِالْقَنْقَلِ كُرَّانِ بِالْمُعَدَّلِ، وَهُوَ بِقُفَّزَيْنِ الْمُعَدَّلُ مِائَةٌ وَعِشْرُونَ قَفِيزًا، وَهَذَا الْكُرُّ لِلْخِرْصِ وَيُكَالُ بِهِ الْبُسْرُ وَالتَّمْرُ وَالزَّيْتُونُ بِنَوَاحِي الْبَصْرَةِ، وَقَفِيزُ الْخِرْصِ خَمْسَةٌ وَعِشْرُونَ رِطْلًا بِالْبَغْدَادِيِّ، فَكُرُّ الْقَنْقَلِ ثَلَاثَةُ آلَافِ رِطْلٍ، (وَالْكُرُّ) الْمَعْرُوفُ بِالْهَاشِمِيِّ ثُلُثُ الْمُعَدَّلِ، وَهُوَ بِالْمُعَدَّلِ عِشْرُونَ قَفِيزًا، وَهَذَا الْكُرُّ يُكَالُ بِهِ الْأُرْزُ، (وَالْكُرُّ الْهَارُونِيُّ) مُسَاوٍ لَهُ، وَالْأَهْوَازِيُّ مُسَاوٍ لَهُمَا، وَالْمَخْتُومُ سُدُسُ الْقَفِيزِ، وَالْقَفِيزُ عُشْرُ الْجَرِيبِ.

وَقَوْلُهُ: اسْتَأْجَرَهُ لِلْكُرِّ بِدِرْهَمٍ، أَيْ: لِحَمْلِ الْكُرِّ، عَلَى حَذْفِ الْمُضَافِ.

[ك ر ز]: (الْكَرِيزُ) الْأَقِطُ بِوَزْنِ الْكَرِيمِ، وَبِهِ سُمِّيَ جَدُّ طَلْحَةَ بْنِ عَبْدِ اللهِ بْنِ (كَرِيزٍ) الْخُزَاعِيِّ فِي السِّيَرِ، تَابِعِيٌّ يَرْوِي عَنْ ابْنِ عُمَرَ وَأَبِي الدَّرْدَاءِ رَضِيَ اللهُ عَنْهُمْ، وَعَنْهُ حُمَيْدٌ الطَّوِيلُ، هَكَذَا فِي النَّفْيِ.

[ك ر س]: (الْكِرْيَاسُ): الْمُسْتَرَاحُ الْمُعَلَّقُ مِنَ السَّطْحِ.

[ك ر د س]: (كُرْدُوسٌ) فِي (غ ل، غ ل ب).

[ك ر ش]: (الْكَرِشُ) لِذِي الْخُفِّ وَالظِّلْفِ وَكُلِّ مُجْتَرٍّ كَالْمَعِدَةِ لِلْإِنْسَانِ، وَقَدْ يَكُونُ لِلْيَرْبُوعِ، وَقَوْلُهُ صَلَّى اللهُ عَلَيْهِ وَآلِهِ وَسَلَّمَ: "الْأَنْصَارُ كَرِشِي وَعَيْبَتِي"[1]. أَيْ: أَنَّهُمْ مَوْضِعُ السِّرِّ وَالْأَمَانَةِ كَمَا أَنَّ الْكَرِشَ مَوْضِعُ عَلَفِ الْمُعْتَلِفِ، وَعَنْ أَبِي زَيْدٍ: جَمَاعَتِي الَّذِينَ أَثِقُ بِهِمْ.

وَيُقَالُ: هُوَ يَجُرُّ كَرِشَهُ، أَيْ: عِيَالَهُ، وَهُمْ كَرِشٌ مَنْثُورَةٌ، أَيْ: صِبْيَانٌ صِغَارٌ، وَمِنْهُ مَا ذُكِرَ فِي الْقِسْمَةِ مِنْ شَرْحِ النَّضْرَوِيِّ: أَنَّهُ فُرِضَ لِأَبِي بَكْرٍ رَضِيَ اللهُ عَنْهُ فِي بَيْتِ الْمَالِ دِرْهَمٌ وَثُلُثَا دِرْهَمٍ، فَقَالَ: زِيدُونِي (لِلْكَرِشِ) فَإِنِّي مُعِيلٌ.

[ك ر ع]: (الْكُرَاعُ) مَا دُونَ الْكَعْبِ مِنَ الدَّوَابِّ، وَمَا دُونَ الرُّكْبَةِ مِنَ الْإِنْسَانِ، وَجَمْعُهُ: أَكْرُعٌ وَأَكَارِعُ، ثُمَّ سُمِّيَ بِهِ الْخَيْلُ خَاصَّةً، وَمِنْهُ: كَذَلِكَ يُصْنَعُ بِمَا قَامَ عَلَى الْمُسْلِمِينَ مِنْ دَوَابِّهِمْ (وَكُرَاعِهِمْ)، أَرَادَ بِهِ الْخُيُولَ وَبِالدَّوَابِّ مَا سِوَاهَا.

وَعَنْ مُحَمَّدٍ رَحِمَهُ اللهُ: (الْكُرَاعُ) الْخَيْلُ وَالْبِغَالُ وَالْحَمِيرُ.

(وَالْكَرْعُ) تَنَاوُلُ الْمَاءِ بِالْفَمِ مِنْ مَوْضِعِهِ، يُقَالُ: كَرَعَ الرَّجُلُ فِي الْمَاءِ وَفِي الْإِنَاءِ: إِذَا مَدَّ عُنُقَهُ نَحْوَهُ لِيَشْرَبَهُ، وَمِنْهُ: كَرِهَ عِكْرِمَةُ الْكَرْعَ فِي النَّهْرِ؛ لِأَنَّهُ فِعْلُ الْبَهِيمَةِ يُدْخِلُ فِيهِ

---

(١) أخرجه البخاري (٣٨٠١)، ومسلم (٢٥١١)، والترمذي (٣٩٠٧)، وأحمد في مسنده (١٢٥٤٠).

أَكَارِعَهُ.

[ك ر س ف]: (الْكُرْسُفُ) الْقُطْنُ، وَبِهِ سُمِّيَ رَجُلٌ مِنْ زُهَّادِ بَنِي إِسْرَائِيلَ كَانَ يَقُومُ اللَّيْلَ وَيَصُومُ النَّهَارَ، فَكَفَرَ بِسَبَبِ امْرَأَةٍ عَشِقَهَا، ثُمَّ تَدَارَكَهُ اللَّهُ بِمَا سَلَفَ مِنْهُ فَتَابَ عَلَيْهِ، هَكَذَا فِي الْفِرْدَوْسِ، وَمِنْهُ الْحَدِيثُ" صَوَاحِبَاتُ يُوسُفَ [صواحبات كُرْسُف][1]"[2].

[ك ر م]:"(الْخِتَانُ) سُنَّةٌ لِلرِّجَالِ (وَمَكْرُمَةٌ) لِلنِّسَاءِ". أَيْ: مَحَلٌّ لِكَرَمِهِنَّ، يَعْنِي: بِسَبَبِهِ يَصِرْنَ كَرَائِمَ عِنْدَ أَزْوَاجِهِنَّ، وَقَوْلُهُ: نُهِيَ عَنْ أَخْذِ (كَرَائِمِ) أَمْوَالِ النَّاسِ، هِيَ خِيَارُهَا وَنَفَائِسُهَا عَلَى الْمَجَازِ.

(وَالتَّكْرِمَةُ) بِمَعْنَى التَّكْرِيمِ، وَقَوْلُهُ: "وَلَا يَؤُمُّ الرَّجُلُ فِي سُلْطَانِهِ وَلَا يُقْعَدُ فِي بَيْتِهِ عَلَى تَكْرِمَتِهِ". قَالُوا: هِيَ الْوِسَادَةُ تُجْلِسُ عَلَيْهَا صَاحِبَكَ إِكْرَامًا لَهُ، وَهَذَا مِمَّا لَمْ أَجِدْهُ.

(وَالْكَرَّامِيَّةُ) فِرْقَةٌ مِنَ الْمُشَبِّهَةِ نُسِبَتْ إِلَى أَبِي عَبْدِ اللَّهِ بن مُحَمَّدِ بن كَرَّامٍ، وَهُوَ الَّذِي نَصَّ عَلَى أَنَّ لِمَعْبُودِهِ عَلَى الْعَرْشِ اسْتِقْرَارًا، وَأَطْلَقَ اسْمَ الْجَوْهَرِ عَلَيْهِ، تَعَالَى اللَّهُ عَمَّا يَقُولُ الْمُبْطِلُونَ عُلُوًّا كَبِيرًا.

[ك ر و]: (الْكَرَوَانُ) طَائِرٌ طَوِيلُ الرِّجْلَيْنِ أَغْبَرُ دُونَ الدَّجَاجَةِ فِي الْخَلْقِ، وَالْجَمْعُ: كِرْوَانٌ، بِوَزْنِ قِنْوَانٍ.

[ك ر ي]: (وَالْكَرَوْيَا) تَابِلٌ مَعْرُوفٌ. (وَأَكْرَانِي) دَارَهِ أَوْ دَابَّتَهُ آجَرَنِيهَا، (وَاكْتَرَيْتُهَا وَاسْتَكْرَيْتُهَا) اسْتَأْجَرْتُهَا، وَعَنْ الْجَوْهَرِيِّ: (تَكَارَيْتُ) بِمَعْنَى اسْتَكْرَيْتُ، وَهُوَ كَثِيرٌ فِي كَلَامِ مُحَمَّدٍ رَحِمَهُ اللَّهُ.

(وَالْكَرِيُّ) الْمُكْرِي وَالْمُكْتَرِي (وَالْكِرَاءُ) الْأُجْرَةُ، وَهُوَ فِي الْأَصْلِ مَصْدَرُ كَارَى، وَمِنْهُ: الْمُكَارِي بِتَخْفِيفِ الْيَاءِ، وَهَؤُلَاءِ الْمُكَارُونَ، وَرَأَيْتُ الْمُكَارِينَ، وَلَا تَقُلْ: الْمُكَارِيِّينَ بِالتَّشْدِيدِ، فَإِنَّهُ غَلَطٌ، وَتَقُولُ فِي الْإِضَافَةِ إِلَى نَفْسِكَ: هَذَا مُكَارِيَّ، وَهَؤُلَاءِ مُكَارِيَّ، اللَّفْظُ وَاحِدٌ وَالتَّقْدِيرُ مُخْتَلِفٌ.

[ك ر هـ]: (كَرِهْتُ) الشَّيْءَ كَرَاهَةً وَكَرَاهِيَةً فَهُوَ مَكْرُوهٌ: إِذَا لَمْ تُرِدْهُ وَلَمْ تَرْضَهُ. (وَأَكْرَهْتُ) فُلَانًا إِكْرَاهًا: إِذَا حَمَلْتَهُ عَلَى أَمْرٍ يَكْرَهُهُ، (وَالْكَرْهُ) بِالْفَتْحِ: الْإِكْرَاهُ، وَمِنْهُ:

(١) سقط من: م.
(٢) أخرجه الترمذي (٣٦٧٢)، والنسائي (٨٣٣)، وابن ماجه (١٢٣٤)، وأحمد في مسنده (١٩٢٠٠).

الْقَيْدُ (كَرْهٌ).

(وَالْكُرْهُ) بِالضَّمِّ: الْكَرَاهَةُ، وَعَنْ الزَّجَّاجِ: كُلُّ مَا فِي الْقُرْآنِ مِنْ الْكُرْهِ فَالْفَتْحُ فِيهِ جَائِزٌ إِلَّا قَوْلَهُ تَعَالَى (**وَهُوَ كُرْهٌ لَكُمْ**) [سورة البقرة آية ٢١٦] فِي سُورَةِ الْبَقَرَةِ، وَقَوْلُهُمْ:شَهَادَتُهُمْ تَنْفِي صِفَةَ الْكَرَاهَةِ عَنْ الرَّجُلِ، الصَّوَابُ: صِفَةُ الْإِكْرَاهِ.

(وَاسْتُكْرِهَتْ) فُلَانَةُ: غُصِبَتْ، أُكْرِهَتْ عَلَى الزِّنَا.

[ك ر ي]: (كَرَيْتُ) النَّهْرَ كَرْيًا: حَفَرْتُهُ.

الْكَاف مَعَ الزَّايِ الْمُعْجَمَةِ

[ك ز ب ر]: (الْكُزْبَرَةُ) الكِشْنِيز.

الْكَاف مَعَ السِّينِ الْمُهْمَلَةِ

[ك س ج]: (الْكَوْسَجُ) مُعَرَّبٌ، وَهُوَ الَّذِي لِحْيَتُهُ عَلَى ذَقَنِهِ لَا عَلَى الْعَارِضَيْنِ، وَعَنْ الْأَصْمَعِيِّ: وَهُوَ النَّاقِصُ الْأَسْنَانِ، وَهُوَ الْمَحْكِيُّ عَنْ أَبِي حَنِيفَةَ رَحِمَهُ اللهُ تَعَالَى.

[ك س ت ج]: (الْكُسْتِيجُ) عَنْ أَبِي يُوسُفَ رَحِمَهُ اللهُ تَعَالَى: خَيْطٌ غَلِيظٌ بِقَدْرِ الْأُصْبُعِ يَشُدُّهُ الذِّمِّيُّ فَوْقَ ثِيَابِهِ دُونَ مَا يَتَزَيَّنُونَ بِهِ مِنْ الزَّنَانِيرِ الْمُتَّخَذَةِ مِنْ الْإِبْرَيْسَمِ، وَمِنْهُ: أَمَرَ عُمَرُ أَهْلَ الذِّمَّةِ بِإِظْهَارِ الْكُسْتِيجَاتِ.

[ك س ح]: (كَسَحَ) الْبَيْتَ: كَنَسَهُ، ثُمَّ أُسْتُعِيرَ لِتَنْقِيَةِ الْبِئْرِ وَحَفْرِ النَّهْرِ وَقَشْرِ شَيْءٍ مِنْ تُرَابِ جَدَاوِلِ الْكَرْمِ بِالْمِسْحَاةِ.

[ك س د]: (كَسَدَ) الشَّيْءُ يَكْسُدُ بِالضَّمِّ كَسَادًا، (وَسُوقٌ كَاسِدٌ) بِغَيْرِ هَاء.

[ك س ر]: فِي الْحَدِيثِ:"مَنْ (كُسِرَ) أَوْ عَرِجَ حَلَّ". أَيْ: انْكَسَرَتْ رِجْلُهُ، وَنَاقَةٌ وَشَاةٌ كَسِيرٌ: مُنْكَسِرَةٌ إِحْدَى الْقَوَائِمِ فَعِيلٌ بِمَعْنَى مَفْعُولٍ، وَمِنْهُ:"لَا يَجُوزُ فِي الْأَضَاحِيِّ (الْكَسِيرُ) الْبَيِّنَةُ الْكَسْرِ". قَالُوا: هِيَ الشَّاةُ الْمُنْكَسِرَةُ الرِّجْلِ الَّتِي لَا تَقْدِرُ عَلَى الْمَشْيِ وَفِيهِ نَظَرٌ.

(وَكَسْرَى) بِالْفَتْحِ أَفْصَحُ: مَلِكُ الْفُرْسِ

(الذِّرَاعُ الْمُكَسَّرَةُ) فِي (ذ ر، ذ ر ع).

[ك س ك ر]: (كَسْكَرُ) مِنْ طَسَاسِيجِ بَغْدَادَ، يُنْسَبُ إِلَيْهَا الْبَطُّ الْكَسْكَرِيُّ، وَهُوَ مِمَّا يُسْتَأْنَسُ بِهِ فِي الْمَنَازِلِ وَطَيَرَانُهُ كَالدَّجَاجِ.

[ك س س]: (رَجُلٌ أَكَسُّ) قَصِيرُ الْأَسْنَانِ.

[ك س ع]:"(لَيْسَ فِي الْكُسْعَةِ) وَلَا فِي الْجَبْهَةِ وَلَا فِي النَّخَّةِ صَدَقَةٌ". (الْكُسْعَةُ) الْحَمِيرُ، وَقِيلَ: صِغَارُ الْغَنَمِ عَنْ الْكَرْخِيِّ فِي مُخْتَصَرِهِ، (وَالْجَبْهَةُ) الْخَيْلُ، (وَالنَّخَّةُ) بِالْفَتْحِ وَالضَّمِّ: الرَّقِيقُ، وَعَنْ الْكِسَائِيِّ: الْعَوَامِلُ مِنْ الْبَقَرِ مِنْ النَّخِّ، وَهُوَ السَّوْقُ.

[ك س ف]: يقال[1]: (كَسَفَتْ) الشَّمْسُ وَالْقَمَرُ جَمِيعًا، عَنْ الْغُورِيِّ، وَقِيلَ: الْخُسُوفُ ذَهَابُ الْكُلِّ، وَالْكُسُوفُ ذَهَابُ الْبَعْضِ، وَكَيْفَمَا كَانَ فَقَوْلُ مُحَمَّدٍ رَحِمَهُ اللهُ تَعَالَى: (كُسُوفُ الْقَمَرِ) صَحِيحٌ، وَأَمَّا الِانْكِسَافُ فَعَامِّيٌّ، وَقَدْ جَاءَ فِي حَدِيثِهِ صَلَّى اللهُ عَلَيْهِ وَآلِهِ وَسَلَّمَ: "إِنَّ الشَّمْسَ وَالْقَمَرَ آيَتَانِ لَا تَنْكَسِفَانِ لِمَوْتِ أَحَدٍ وَلَا لِحَيَاتِه". الْحَدِيثَ.

[ك س ل]: (الْإِكْسَالُ) أَنْ يُجَامِعَ الرَّجُلُ، ثُمَّ يَفْتُرُ ذَكَرُهُ بَعْدَ الْإِيلَاجِ فَلَا يُنْزِلُ.

[ك س و]: (الْكِسْوَةُ) اللِّبَاسُ، وَالضَّمُّ لُغَةٌ، وَالْجَمْعُ: الْكُسَى بِالضَّمِّ، وَيُقَالُ: (كَسَوْتُهُ) إِذَا أَلْبَسْتُهُ ثَوْبًا، (وَالْكَاسِي) خِلَافُ الْعَارِي، وَجَمْعُهُ (كُسَاةٌ)، وَمِنْهُ: أَمَّ قَوْمًا عُرَاةً وَكُسَاةً.

وَفِي الْحَدِيثِ: "إِنَّ الْكَاسِيَاتِ الْعَارِيَّاتِ الْمَائِلَاتِ الْمُمِيلَاتِ لَا يَدْخُلْنَ الْجَنَّةَ". قَالَ ابْنُ الْأَنْبَارِيِّ: إِنَّهُنَّ اللَّوَاتِي يَلْبَسْنَ الرَّقِيقَ الشَّفَّافَ، فَهُنَّ كَاسِيَاتٌ فِي ظَاهِرِ الْأَمْرِ عَارِيَّاتٌ فِي الْحَقِيقَةِ، (وَالْمَائِلَاتُ) اللَّاتِي يَمِلْنَ فِي التَّبَخْتُرِ مِنْ الْخُيَلَاءِ أَوْ اللَّاتِي يَمْتَشِطْنَ الْمَيْلَاءَ، وَهِيَ مِشْطَةُ الْبَغَايَا، (وَالْمُمِيلَاتُ) اللَّاتِي يُمِلْنَ الرِّجَالَ إِلَى نُفُوسِهِنَّ. وَمَنْ رَوَى: الْمَائِلَاتِ الْمُتَمَائِلَاتِ، أَرَادَ بِالْمَائِلَةِ: الْخُمُرَ وَالذَّوَائِبَ، وبالمتمائلات: اللَّائِي يَتَبَخْتَرْنَ فَتَتَمَايَلُ أَكْفَالُهنَّ، وَيُعَضِّدُهُ قَوْله:"كَأَسْنِمَةِ الْبُخْتِ".

الْكَاف مَعَ الشِّينِ الْمُعْجَمَة

[ك ش ث]: (الْكَشُوثُ) بِالْفَتْحِ وَالتَّخْفِيفِ: نَبْتٌ يَتَعَلَّقُ بِأَغْصَانِ الشَّجَرِ مِنْ غَيْرِ أَنْ يَضْرِبَ بِعِرْقٍ فِي الْأَرْضِ، وَيُقَالُ أَيْضًا: (الْكَشُوثَاءُ) بِالْمَدِّ وَالْقَصْرِ، وَقَدْ تُضَمُّ الْكَافُ فِيهِمَا.

[ك ش ح]: (الْكَاشِحُ) الْعَدُوُّ الَّذِي أَعْرَضَ وَوَلَّاكَ كَشْحَهُ.

(١) سقط من: م.

[ك ش خ]: (الْكَشْخَانُ) الدَّيُّوثُ الَّذِي لَا غَيْرَةَ لَهُ، (وَكَشَخَهُ وَكَشْخَنَهُ): شَتَمَهُ، وَقَالَ لَهُ: يَا كَشْخَانُ، وَمِنْهُ مَا فِي"الْمُنْتَقَى": قَالَ: إِنْ لَمْ أَكُنْ كَشْخَنْتُ فُلَانًا أَوْ جَامَعْتُ امْرَأَتَهُ.

[ك ش ف]: (الْأَكْشَفُ) الَّذِي انْحَسَرَ مُقَدَّمُ رَأْسِهِ، وَقِيلَ: (الْكَشَفُ) انْقِلَابٌ فِي قِصَاصِ الشَّعْرِ، وَهُوَ مِنْ الْعُيُوبِ.

[ك ش ك]: (الْكِشْكُ) مَدْقُوقُ الْحِنْطَةِ أَوْ الشَّعِيرِ، فَارِسِيٌّ مُعَرَّبٌ، وَمِنْهُ: (الْكِشْكِيَّةُ) مِنْ الْمَرَقِ.

[ك ش ن]: (الْكَاشَانَةُ) الطَّرَزُ، وَقِيلَ: بَيْتُ الصَّيْفِ بِالْفَارِسِيَّةِ كَالْقَيْطُونِ الصَّيْفِيِّ عِنْدَنَا.

الْكَاف مَعَ الظَّاءِ

[ك ظ ظ]: يُنْهَى الْقَاضِي عَنْ الْقَضَاءِ إذَا كَانَ جَائِعًا (أَوْ كَظِيظًا)، أَيْ: مُمْتَلِئًا مِنْ الطَّعَامِ مِنْ الْكِظَّةِ، وَهِيَ الِامْتِلَاءُ الشَّدِيدُ.

الْكَاف مَعَ الْعَيْنِ الْمُهْمَلَةِ

[ك ع ب]: (الْكَعْبُ) الْعُقْدَةُ بَيْنَ الْأُنْبُوبَيْنِ مِنْ الْقَصَبِ.

(وَكَعْبَا الرِّجْلِ) هُمَا الْعَظْمَاتُ النَّاشِزَانِ مِنْ جَانِبَيْ الْقَدَمِ، وَأَنْكَرَ الْأَصْمَعِيُّ قَوْلَ النَّاسِ: إنَّ الْكَعْبَ فِي ظَهْرِ الْقَدَمِ، وَبِهِ سُمِّيَ كَعْبُ بن عَمْرٍو مِنْ الصَّحَابَةِ، وَأَمَّا عَمْرُو بن كَعْبٍ الْمَعَافِرِيُّ فِي السِّيَرِ، فَهُوَ يَرْوِي عَنْ عَلِيٍّ رَضِيَ اللـه عَنْهُ مُرْسَلًا، وَعَنْهُ حَيْوَةُ بن شُرَيْحٍ.

[ك ع ت]: (الْكُعَيْتُ) الْبُلْبُلُ، وَالْجَمْعُ: كِعْتَانٌ.

[ك ن ع د]: (الْكَنْعَدُ) ضَرْبٌ مِنْ السَّمَكِ، وَفَتْحُ النُّونِ وَسُكُونُ الْعَيْنِ لُغَةٌ.

[ك ع م]: "نُهِيَ عَنْ الْمُكَاعَمَةِ وَالْمُكَامَعَةِ". أَيْ: عَنْ مُلَاثَمَةِ الرَّجُلِ الرَّجُلَ وَمُضَاجَعَتِهِ إِيَّاهُ فِي ثَوْبٍ وَاحِدٍ لَا سِتْرَ بَيْنَهُمَا، هَذَا هُوَ الْمُرَادُ بِهِمَا فِي الْحَدِيثِ عَنْ أَبِي عُبَيْدٍ الْقَاسِمِ بن سَلَّامٍ وَابْنِ دُرَيْدٍ وَغَيْرِهِمَا، وَهَكَذَا حَكَاهُ الْأَزْهَرِيُّ وَالْجَوْهَرِيُّ، وَمَأْخَذُهُمَا مِنْ (كِعَامِ الْبَعِيرِ)، وَهُوَ مَا يُشَدُّ بِهِ فَمُهُ إذَا هَاجَ، وَمِنْهُ: (كَعَمَ الْمَرْأَةَ وَكَاعَمَهَا) إذَا الْتَقَمَ فَاهَا بِالتَّقْبِيلِ، وَمِنْهُ: الْكِمْعُ وَالْكَمِيعُ، بِمَعْنَى الضَّجِيعِ.

الْكَاف مَعَ الْفَاءِ

[ك ف أ]: (الْكُفُؤُ) النَّظِيرُ، وَمِنْهُ: (كَافَأَهُ) سَاوَاهُ، وَتَكَافَئُوا: تَسَاوَوْا.

وَفِي الْحَدِيثِ: "الْمُؤْمِنُونَ تَتَكَافَأُ دِمَاؤُهُمْ، وَيَسْعَى بِذِمَّتِهِمْ أَدْنَاهُمْ، وَيَرُدُّ عَلَيْهِمْ أَقْصَاهُمْ، وَهُمْ يَدٌ عَلَى مَنْ سِوَاهُمْ، يَرُدُّ مُشِدُّهُمْ عَلَى مُضْعِفِهِمْ، وَمُتَسَرِّيهِمْ عَلَى قَاعِدِهِمْ، لَا يُقْتَلُ مُسْلِمٌ بِكَافِرٍ، وَلَا ذُو عَهْدٍ فِي عَهْدِهِ"[١]. أَيْ: يَتَسَاوَى فِي الْقِصَاصِ وَالدِّيَاتِ لَا فَضْلَ لِشَرِيفٍ عَلَى وَضِيعٍ، وَإِذَا أَعْطَى أَدْنَى رَجُلٍ مِنْهُمْ أَمَانًا فَلَيْسَ لِلْبَاقِينَ نَقْضُهُ. (وَيَرُدُّ) عَلَيْهِمْ أَقْصَاهُمْ، أَيْ: إِذَا دَخَلَ الْعَسْكَرُ دَارَ الْحَرْبِ فَوَجَّهَ الْإِمَامُ سَرِيَّةً فَمَا غَنِمَتْ جَعَلَ لَهَا مَا سَمَّى، وَرَدَّ الْبَاقِيَ عَلَى الْعَسْكَرِ لِأَنَّهُمْ رِدْءٌ لِلسَّرَايَا. (وَهُمْ يَدٌ) أَيْ: يَتَنَاصَرُونَ عَلَى الْمِلَلِ الْمُحَارِبَةِ لَهَا، (وَالْمُشِدُّ) الَّذِي دَوَابُّهُ شَدِيدَةٌ، أَيْ: قَوِيَّةٌ، (وَالْمُضْعِفُ) بِخِلَافِهِ، (وَالْمُتَسَرِّي) الْخَارِجُ فِي السَّرِيَّةِ، أَيْ: لَا يُفَضَّلُ فِي الْمَغْنَمِ هَذَا عَلَى هَذَا، وَإِذَا بَعَثَ الْإِمَامُ سَرِيَّةً وَهُوَ خَارِجٌ إِلَى بِلَادِ الْعَدُوِّ فَغَنِمُوا أَشْيَاءَ كَانَ ذَلِكَ بَيْنَهُمْ وَبَيْنَ الْعَسْكَرِ. (وَلَا يُقْتَلُ مُسْلِمٌ بِكَافِرٍ) أَيْ: بِكَافِرٍ مُحَارِبٍ، وَقِيلَ: بِذِمِّيٍّ وَإِنْ قَتَلَهُ عَمْدًا، وَهُوَ مَذْهَبُ أَهْلِ الْحِجَازِ، (وَذَا الْعَهْدِ) الْحَرْبِيُّ يَدْخُلُ بِأَمَانٍ لَا يُقْتَلُ حَتَّى يَرْجِعَ إِلَى مَأْمَنِهِ لِقَوْلِهِ تَعَالَى: ﴿وَإِنْ أَحَدٌ مِنَ الْمُشْرِكِينَ اسْتَجَارَكَ فَأَجِرْهُ حَتَّى يَسْمَعَ كَلَامَ اللَّهِ﴾ [سورة التوبة آية ٦]، وَقِيلَ: "وَلَا ذُو عَهْدٍ فِي عَهْدِهِ بِكَافِرٍ".

وَفِي الْحَدِيثِ:"فِي الْعَقِيقَةِ شَاتَانِ مُتَكَافِئَتَانِ"، وَيُرْوَى: مُكَافِئَتَانِ وَمُكَافَأَتَانِ، أَيْ: مُتَسَاوِيَتَانِ فِي السِّنِّ وَالْقَدْرِ. وَفِي حَدِيثِ الْأَزْدِيِّ: أَنَّهُ اشْتَرَى رِكَازًا بِمِائَةِ شَاةٍ مُتْبِعٍ، فَقَالَتْ أُمُّهُ: إِنَّ الْمِائَةَ ثَلَاثُمِائَةٍ أُمَّهَاتُهَا مِائَةٌ وَأَوْلَادُهَا مِائَةٌ. (وَكَفْأَتُهَا) مِائَةٌ، أَيْ: أَوْلَادُهَا الَّتِي فِي بُطُونِهَا، قَالَ الْخَارْزَنْجِيُّ: الْكَفْأَةُ: الْوَلَدُ فِي بَطْنِ النَّاقَةِ. (وَأَكْفَأْتُهُ نَاقَةً) أَعْطَيْتُهُ إِيَّاهَا يَشْرَبُ لَبَنَهَا وَيَنْتَفِعُ بِوَبَرِهَا وَنِتَاجِهَا، وَفِي هَذَا الْحَدِيثِ تَأْوِيلٌ آخَرُ ذَكَرْتُهُ فِي الْمُعْرِبِ، إِلَّا أَنَّ هَذَا أَظْهَرُ.

(وَكَفَأَ) الْإِنَاءَ: قَلَبَهُ لِيُفْرِغَ مَا فِيهِ. (وَأَكْفَأَ) لُغَةٌ، وَمِنْهُ الْحَدِيثُ فِي لُحُومِ الْحُمُرِ: "وَإِنَّ الْقُدُورَ لَتَغْلِي بِهَا، فَقَالَ: أَكْفِئُوهَا". وَرُوِيَ: فَأُكْفِئَتْ، وَرُوِيَ: فَكَفَأْنَاهَا. وَعَنِ الْكِسَائِيِّ:

---

(١) أخرجه البيهقي في السنن الصغير (٣١٢٥)، والشافعي في مسنده (٩٢٥)، والبزار في البحر الزخار بمسند البزار (٤٨٦)، وأبو يعلى الموصلي في مسنده (٤٥١)

(كَفَأْتُهُ) كَبَبْتُهُ، (وَأَكْفَأْتُهُ) أَمَلْتُهُ، وَمِنْهُ: كَانَ يُكْفِئُ لَهَا الإِنَاءَ، أَيْ: يُمِيلُهُ. وَأَمَّا حَدِيثُ عَائِشَةَ رَضِيَ اللَّهُ عَنْهَا: فَدَعَا بِمَاءٍ فَأَكْفَأَهُ عَلَى يَدَيْهِ، فَمَعْنَاهُ: أَنَّهُ صَبَّهُ بِأَنْ أَمَالَ إِنَاءَهُ، وَهَذَا تَوَسُّعٌ.

(وَاكْتَفَأَ الإِنَاءَ): كَفَأَهُ لِنَفْسِهِ، وَفِي الْحَدِيثِ: "لَا تَسْأَلُ الْمَرْأَةُ طَلَاقَ أُخْتِهَا لِتَكْتَفِئَ مَا فِي صَحْفَتِهَا". وَيُرْوَى: لِتَكْتَفِيَ إِنَاءَهَا، وَيُرْوَى: لِتَكْفَأَ مَا فِي إِنَائِهَا، وَالْمَعْنَى: لِتَخْتَارَ نَصِيبَ أُخْتِهَا وَتَجْتَرَّهُ إِلَى نَفْسِهَا.

[ك ف ر]: (الْكَفْرُ) فِي الأَصْلِ: السَّتْرُ، يُقَالُ: كَفَرَهُ وَكَفَّرَهُ: إِذَا سَتَرَهُ، وَمِنْهُ الْحَدِيثُ فِي ذِكْرِ الْجِهَادِ: "هَلْ ذَلِكَ مُكَفِّرٌ عَنْهُ خَطَايَاهُ". يَعْنِي: هَلْ يُكَفِّرُ الْقَتْلُ فِي سَبِيلِ اللَّهِ ذُنُوبَهُ؟ فَقَالَ: "نَعَمْ إِلَّا الدَّيْنَ"[1]. أَيْ: إِلَّا ذَنْبَ الدَّيْنِ، فَإِنَّهُ لَا بُدَّ مِنْ قَضَائِهِ.

(وَالْكَفَّارَةُ): مِنْهُ لِأَنَّهَا تُكَفِّرُ الذَّنْبَ، وَمِنْهَا: كَفَّرَ عَنْ يَمِينِهِ، وَأَمَّا (كَفَّرَ يَمِينَهُ) فَعَامِّيٌّ.

(وَالْكَافُورُ) و (الْكُفُرَّى) بِضَمِّ الْكَافِ وَفَتْحِ الْفَاءِ وَتَشْدِيدِ الرَّاءِ: كِمُّ النَّخْلِ؛ لِأَنَّهُ يَسْتُرُ مَا فِي جَوْفِهِ. (وَالْكُفْرُ) اسْمٌ شَرْعِيٌّ، وَمَأْخَذُهُ مِنْ هَذَا أَيْضًا. (وَأَكْفَرَهُ) دَعَاهُ كَافِرًا، وَمِنْهُ: "لَا تُكْفِرْ أَهْلَ قِبْلَتِكَ"، وَأَمَّا: "لَا تُكَفِّرُوا أَهْلَ قِبْلَتِكُمْ". فَغَيْرُ ثَبَتٍ رِوَايَةً، وَإِنْ كَانَ جَائِزًا لُغَةً.

[أكفر وكفر واحد][2] قَالَ الْكُمَيْتُ: يُخَاطِبُ أَهْلَ الْبَيْتِ وَكَانَ شِيعِيًّا:

وَطَائِفَةٌ قَدْ أَكْفَرُونِي بِحُبِّكُمْ ... وَطَائِفَةٌ قَالُوا مُسِيءٌ وَمُذْنِبُ

وَيُقَالُ: أَكْفَرَ فُلَانًا صَاحِبُهُ، إِذَا أَلْجَأَهُ بِسُوءِ الْمُعَامَلَةِ إِلَى الْعِصْيَانِ بَعْدَ الطَّاعَةِ، وَمِنْهُ حَدِيثُ عُمَرَ رَضِيَ اللَّهُ عَنْهُ: "وَلَا تَمْنَعُوهُمْ حُقُوقَهُمْ فَتُكَفِّرُوهُمْ". يُرِيدُ: فَتُوقِعُوهُمْ فِي الْكُفْرِ لِأَنَّهُمْ رُبَّمَا ارْتَدُّوا عَنِ الإِسْلَامِ إِذَا مُنِعُوا الْحَقَّ.

(وَكَافَرَنِي حَقِّي) جَحَدَهُ، وَمِنْهُ قَوْلُ عَامِرٍ: إِذَا أَقَرَّ عِنْدَ الْقَاضِي بِشَيْءٍ ثُمَّ كَافَرَ، وَأَمَّا قَوْلُ مُحَمَّدٍ رَحِمَهُ اللَّهُ: رَجُلٌ لَهُ عَلَى آخَرَ دَيْنٌ فَكَافَرَهُ بِهِ سِنِينَ، فَكَأَنَّهُ ضَمَّنَهُ مَعْنَى الْمُمَاطَلَةِ فَعَدَّاهُ تَعْدِيَتَهُ، وَقَوْلُهُ صَلَّى اللَّهُ عَلَيْهِ وَسَلَّمَ: "إِذَا أَصْبَحَ ابْنُ آدَمَ كَفَّرَتْ جَمِيعُ

(١) أخرجه النسائي (٣١٥٦)، ومالك في الموطأ رواية يحيى الليثي (١٠٠٣)، وأحمد في مسنده (٨١٧١)، وابن حبان في صحيحه (٤٦٥٤)، وأبو عوانة في مسنده (٧٣٦٧)، والنسائي في السنن الكبرى (٤٣٤٨)

(٢) سقط من: م.

أَعْضَائِهِ لِلْقَلْبِ". فَالصَّوَابُ: اللِّسَانُ، أَيْ: تَوَاضَعَتْ مِنْ تَكْفِيرِ الذِّمِّيِّ وَالْعِلْجِ لِلْمَلِكِ، وَهُوَ أَنْ يُطَأْطِئَ رَأْسَهُ وَيَنْحَنِيَ وَاضِعًا يَدَهُ عَلَى صَدْرِهِ تَعْظِيمًا لَهُ، وَلَفْظُ الْحَدِيثِ لِأَبِي سَعِيدٍ الْخُدْرِيِّ مَوْقُوفًا كَمَا قَرَأْتُهُ فِي الْفَائِقِ: "إِذَا أَصْبَحَ ابْنُ آدَمَ فَإِنَّ الأَعْضَاءَ كُلَّهَا تُكَفِّرُ لِلِّسَانِ". الْحَدِيثَ.

(وَالْكَفْرُ) الْقَرْيَةُ، وَمِنْهُ قَوْلُ مُعَاوِيَةَ: أَهْلُ الْكُفُورِ هُمْ أَهْلُ الْقُبُورِ، وَالْمَعْنَى: أَنَّ سُكَّانَ الْقُرَى بِمَنْزِلَةِ الْمَوْتَى لَا يُشَاهِدُونَ الأَمْصَارَ وَالْجُمَعَ.

(وَلَا نَكْفُرُكَ) فِي (ق ن، ق ن ت).

[ك ف ف]: (الْكَفُّ) مَصْدَرُ كَفَّهُ إِذَا مَنَعَهُ،، وَكَفَّ بِنَفْسِهِ: امْتَنَعَ، وَأُرِيدَ بِكَفِّ الشَّعْرِ وَالثَّوْبِ: الْقَبْضُ وَالضَّمُّ وَأَنْ يَرْفَعَهُ مِنْ بَيْنِ يَدَيْهِ أَوْ مِنْ خَلْفِهِ إِذَا أَرَادَ السُّجُودَ، وَعَنْ بَعْضِهِمْ الِائْتِزَارُ فَوْقَ الْقَمِيصِ مِنَ الْكَفِّ.

وَقَوْلُهُ: الْعِدَّةُ فَرْضُ (كَفٍّ)، أَيْ: امْتِنَاعٍ عَنِ التَّبَرُّجِ وَالتَّزَوُّجِ كَالصَّوْمِ، فَإِنَّهُ كَفٌّ عَنِ الْمُفْطِرَاتِ، وَمِنْهُ: (الْمُكَافَّةُ) الْمُحَاجَزَةُ لِأَنَّهَا كَفٌّ عَنِ الْقِتَالِ.

(وَكَفَّ) الْخَيَّاطُ الثَّوْبَ: خَاطَهُ مَرَّةً ثَانِيَةً، وَمِنْهُ قَوْلُ أَبِي حَنِيفَةَ رَحِمَهُ اللهُ تَعَالَى فِي قَمِيصِ الْمَيِّتِ: أَحَبُّ إِلَيَّ أَنْ يُقَطَّعَ مُدَوَّرًا وَلَا يُكَفَّ.

(وَكِفَافَةٌ) مَوْضِعُ الْكَفِّ مِنْهُ وَذَلِكَ فِي مَوَاصِلِ الْبَدَنِ وَالدَّخَارِيصِ أَوْ حَاشِيَةِ الذَّيْلِ.

(وَثَوْبٌ مُكَفَّفٌ) كُفَّ جَيْبُهُ وَأَطْرَافُ كُمَّيْهِ بِشَيْءٍ مِنَ الدِّيبَاجِ.

(وَاسْتَكَفَّ النَّاسَ) وَتَكَفَّفَهُمْ: مَدَّ إِلَيْهِمْ كَفَّهُ يَسْأَلُهُمْ، وَمِنْهُ: "إِنَّكَ إِنْ تَتْرُكْ أَوْلَادَكَ أَغْنِيَاءَ خَيْرٌ مِنْ أَنْ تَتْرُكَهُمْ عَالَةً يَتَكَفَّفُونَ النَّاسَ". وَمَأْخَذُهُ مِنَ الْكِفَايَةِ خَطَأٌ.

(وَكِفَّةُ الْمِيزَانِ) مَعْرُوفَةٌ، وَقَوْلُهُ صَلَّى اللهُ عَلَيْهِ وَآلِهِ وَسَلَّمَ: "الذَّهَبُ بِالذَّهَبِ الْكِفَّةُ بِالْكِفَّةِ". عِبَارَةٌ عَنِ الْمُسَاوَاةِ فِي الْمُوَازَنَةِ.

[ك ف ل]: (الْكَفِيلُ) الضَّامِنُ، وَتَرْكِيبُهُ دَالٌّ عَلَى الضَّمِّ وَالتَّضَمُّنِ. وَمِنْهُ (الْكِفْلُ): وَهُوَ كِسَاءٌ يُدَارُ حَوْلَ سَنَامِ الْبَعِيرِ كَالْحَوِيَّةِ، ثُمَّ يُرْكَبُ، وَمِنْهُ: (كِفْلُ الشَّيْطَانِ) أَيْ: مَرْكَبُهُ.

(وَالْكَفَالَةُ) ضَمُّ ذِمَّةٍ إِلَى ذِمَّةٍ فِي حَقِّ الْمُطَالَبَةِ، وَيُقَالُ لِلْمَرْأَةِ: (كَفِيلٌ) أَيْضًا. (وَقَدْ كَفَلَ) عَنْهُ لِغَرِيمِهِ بِالْمَالِ أَوْ بِالنَّفْسِ كَفَالَةً، وَتَكَفَّلَ بِهِ وَأَكْفَلَهُ الْمَالَ وَكَفَّلَهُ: ضَمَّنَهُ.

(وَتَكْفِيلُ) الْقَاضِي أَخْذُهُ الْكَفِيلَ مِنَ الْخَصْمِ، وَمِنْهُ حَدِيثُ الأَسْلَمِيِّ: أَنَّهُ كَفَّلَ رَجُلًا فِي تُهْمَةٍ، وَاسْتَصْوَبَهُ عُمَرُ رَضِيَ اللهُ عَنْهُ وَابْنُ مَسْعُودٍ رَضِيَ اللهُ عَنْهُ لَمَّا اسْتَتَابَ

أَصْحَابُ ابْنِ النَّوَّاحَةِ (كَفَلَهُمْ) عَشَائِرُهُمْ وَنَفَاهُمْ إِلَى الشَّامِ، وَاسْمُ ابْنِ النَّوَّاحَةِ: عَبْدُ اللهِ صَاحِبُ مُسَيْلِمَةَ الْكَذَّابِ، وَحَدِيثُهُ فِي الْمُعْرِبِ.

الْكَاف مَعَ الْكَاف

[ك ك ب]: (رَجُلٌ مُكَوْكَبُ) الْعَيْنِ بِالْفَتْحِ: فِيهَا كَوْكَبٌ، أَيْ: نُقْطَةٌ بَيْضَاءُ.

الْكَاف مَعَ اللَّام

[ك ل أ]: (كَلَأَ الدَّيْنُ) تَأَخَّرَ كُلُوءًا فَهُوَ كَالِئٌ، وَمِنْهُ: "نَهَى عَنْ بَيْعِ الْكَالِئِ بِالْكَالِئِ"[1]. أَيْ: النَّسِيئَةِ بِالنَّسِيئَةِ، وَهُوَ أَنْ يَكُونَ عَلَى رَجُلٍ دَيْنٌ فَإِذَا حَلَّ أَجَلُهُ اسْتَبَاعَكَ مَا عَلَيْهِ إِلَى أَجَلٍ.

(وَالْكَلَأُ) وَاحِدُ الْأَكْلَاءِ، وَهُوَ كُلُّ مَا رَعَتْهُ الدَّوَابُّ مِنَ الرَّطْبِ وَالْيَابِسِ، وَذَكَرَ الْحَلْوَائِيُّ عَنْ مُحَمَّدٍ رَحِمَهُ اللهُ: أَنَّ (الْكَلَأَ) مَا لَيْسَ لَهُ سَاقٌ، وَمَا قَامَ عَلَى سَاقٍ فَلَيْسَ بِكَلَاءٍ مِثْلُ الْحَاجِ وَالْعَوْسَجِ وَالْغَرْقَدِ مِنَ الشَّجَرِ لَا مِنْ الْكَلَأِ؛ لِأَنَّهُ يَقُومُ عَلَى سَاقٍ.

قُلْتُ: لَمْ أَجِدْ فِي مَا عِنْدِي تَفْصِيلَ مُسَمَّى الْكَلَاءِ إِلَّا فِي التَّهْذِيبِ، وَقَبْلَ أَنْ أَذْكُرَ ذَلِكَ فَالَّذِي قَالُوهُ مُجْمَلًا: هُوَ أَنَّهُ اسْمٌ لِمَا تَرْعَاهُ الدَّوَابُّ رَطْبًا كَانَ أَوْ يَابِسًا، وَالظَّاهِرُ أَنَّهُ يَقَعُ عَلَى ذِي السَّاقِ وَغَيْرِهِ، يَدُلُّ عَلَى هَذَا أَنَّ أَبَا عُبَيْدٍ ذَكَرَ فِي كِتَابِ الْأَمْوَالِ قَوْلَهُ صَلَّى اللهُ عَلَيْهِ وَآلِهِ وَسَلَّمَ:"النَّاسُ شُرَكَاءُ فِي الثَّلَاثِ فِي الْمَاءِ وَالْكَلَإِ وَالنَّارِ"، ثُمَّ قَالَ عَقِيبَهُ: وَعَنْ قَيْلَةَ رَضِيَ اللهُ عَنْهَا أَنَّهَا سَمِعَتْ رَسُولَ اللهِ صَلَّى اللهُ عَلَيْهِ وَآلِهِ وَسَلَّمَ يَقُولُ: "الْمُسْلِمُ أَخُو الْمُسْلِمِ يَسَعُهُمَا الْمَاءُ وَالشَّجَرُ"[2]. قَالَ: وَفِي حَدِيثِ أَبْيَضَ بن حَمَّالٍ الْمَأْرِبِيِّ: أَنَّهُ سَأَلَ رَسُولَ اللهِ صَلَّى اللهُ عَلَيْهِ وَآلِهِ وَسَلَّمَ عَنْ مَا يُحْمَى مِنَ الْأَرَاكِ؟ فَقَالَ: "مَا لَمْ تَنَلْهُ أَخْفَافُ الْإِبِلِ"[3]، قَالَ أَبُو عُبَيْدٍ: فَلَيْسَ لِهَذَا وَجْهٌ، إِلَّا أَنَّ ذَلِكَ فِي أَرْضٍ يَمْلِكُهَا، وَلَوْلَا الْمِلْكُ مَا كَانَ لَهُ أَنْ يَحْمِيَ شَيْئًا دُونَ النَّاسِ مَا نَالَتْهُ الْإِبِلُ وَمَا لَمْ تَنَلْهُ.

قُلْتُ: وَوَجْهُ الِاسْتِدْلَالِ أَنَّهُ ذَكَرَ الشَّجَرَ فِي أَحَدِ الْحَدِيثَيْنِ، وَهُوَ فِي الْعُرْفِ: مَا لَهُ

---

(١) أخرجه الحاكم في المستدرك في: ج ٢: ص٥٧، والدارقطني في سننه (٣٠٤١)، والبيهقي في السنن الكبرى في: ج ٥: ص٢٩٠

(٢) أخرجه أبو داود (٣٠٧٠)، والبيهقي في السنن الكبرى في: ج ٦: ص١٥٠.

(٣) أخرجه أبو داود (٣٠٦٤)، والنسائي في السنن الكبرى (٥٧٣٧).

سَاقٌ عُودٌ صُلْبَةٌ، وَفِي الثَّانِي ذَكَرَ الْأَرَاكَ، وَهُوَ بِالِاتِّفَاقِ مِنْ عِظَامِ شَجَرِ الشَّوْكِ يُتَّخَذُ مِنْ فُرُوعِهِ وَعُرُوقِهِ الْمَسَاوِيكُ وَتَرْعَاهُ الْإِبِلُ.

قَالُوا: وَأَطْيَبُ الْأَلْبَانِ أَلْبَانُ الْأَرَاكِ، قَالَ الدِّينَوَرِيُّ: قَالَ أَبُو زِيَادٍ: وَقَدْ يَكُونُ الْأَرَاكُ دَوْحَةً مِحْلَالًا، أَيْ: يَحِلُّ النَّاسُ تَحْتَهَا لِسَعَتِهَا، وَيُقَالُ لِثَمَرِ الْأَرَاكِ:الْمَرْدُ وَالْبَرِيرُ وَالْكَبَاثُ، قَالَ: وَعُنْقُودُ الْبَرِيرِ أَعْظَمُهُ يَمْلَأُ الْكَفَّ، وَأَمَّا (الْكَبَاثُ) فَيَمْلَأُ الْكَفَّيْنِ، فَإِذَا الْتَقَمَهُ الْبَعِيرُ فَضَلَ عَنْ لُقْمَتِهِ. وَأَظْهَرُ مِنْ هَذَا قَوْلُهُ تَعَالَى: (هُوَ الَّذِي أَنْزَلَ مِنَ السَّمَاءِ مَاءً لَكُمْ مِنْهُ شَرَابٌ وَمِنْهُ شَجَرٌ فِيهِ تُسِيمُونَ) [سورة النحل آية ١٠] يَعْنِي: الشَّجَرَ الَّذِي تَرْعَاهُ الْمَوَاشِي.

وَعَنْ عِكْرِمَةَ: لَا تَأْكُلُوا ثَمَنَ الشَّجَرِ فَإِنَّهُ سُحْتٌ، قَالَ أَبُو عُبَيْدٍ: يَعْنِي الْكَلَأَ، وَالَّذِي يَدُلُّ عَلَى أَنَّ الْمُرَادَ بِالشَّجَرِ فِي الْآيَةِ الْمَرْعَى قَوْلُهُ: (فِيهِ تُسِيمُونَ)، وَهُوَ مِنْ سَامَتِ الْمَاشِيَةُ: إِذَا رَعَتْ وَأَسَامَهَا صَاحِبُهَا، وَعَنِ النَّضْرِ: أَمْرَعَتِ الْأَرْضُ إِذَا أَكْلَأَتْ فِي الشَّجَرِ وَالْبَقْلِ.

قَالَ الْأَزْهَرِيُّ: (الْكَلَأُ) يَجْمَعُ النَّصِيَّ وَالصِّلِّيَانَ وَالْحَلَمَةَ وَالشِّيحَ وَالْعَرْفَجَ، قَالَ: وَضُرُوبُ الْعُرَى دَاخِلَةٌ فِي الْكَلَأِ، قَالَ: وَالْعُرْوَةُ مِنْ دِقِّ الشَّجَرِ مَا لَهُ أَصْلٌ بَاقٍ فِي الْأَرْضِ مِثْلُ الْعَرْفَجِ وَالنَّصِيِّ وَأَجْنَاسِ الْخُلَّةِ وَالْحَمْضِ، وَعَنِ الْأَصْمَعِيِّ: هِيَ مِنَ الشَّجَرِ الَّذِي لَا يَزَالُ بَاقِيًا فِي الْأَرْضِ لَا يَذْهَبُ، وَذَكَرَ خُوَاهَرْ زَادَهْ فِي اخْتِلَافِ أَبِي حَنِيفَةَ رَحِمَهُ اللهُ تَعَالَى: أَنَّهُ [١] إِذَا بَاعَ الْقَصَبَ فِي الْأَجَمَةِ هَلْ يَجُوزُ بَيْعُهُ؟ قَالَ: إِنْ كَانَ فِي مِلْكِهِ كَانَ بِمَنْزِلَةِ مَا لَوْ بَاعَ حَشِيشًا أَوْ كَلَأً فِي أَرْضِهِ، ثُمَّ قَالَ: فَإِنْ قِيلَ: الْقَصَبُ لَهُ سَاقٌ وَكَانَ بِمَنْزِلَةِ الشَّجَرِ، قُلْنَا: الْقَصَبُ لَهُ سَاقٌ إِلَّا أَنَّهُ لَا يَبْقَى سَنَةً بَلْ يَيْبَسُ، فَكَانَ كَالْكَلَأِ مِنْ هَذَا الْوَجْهِ، وَالشَّجَرُ مَا لَهُ سَاقٌ وَيَبْقَى سَنَةً وَلَا يَيْبَسُ، ثُمَّ [٢] قَالَ: هَكَذَا ذَكَرَهُ أَبُو حَلَبَسَ الْبَغْدَادِيُّ فِي تَفْسِيرِهِ فِي تَحْدِيدِ الشَّجَرِ.

قُلْتُ: وَالْأَوَّلُ أَشْهَرُ وَأَظْهَرُ.

[ك ل ب]: (صَائِدٌ مُكَلِّبٌ) مُعَلِّمٌ لِلْكِلَابِ وَسَائِرِ الْجَوَارِحِ، وَقَوْلُهُ تَعَالَى: (وَمَا عَلَّمْتُمْ مِنَ الْجَوَارِحِ مُكَلِّبِينَ) [سورة المائدة آية ٤] مَعْنَاهُ أَحَلَّ: لَكُمُ الطَّيِّبَاتِ وَصَيْدَ مَا

---

(١) سقط من: م.

(٢) سقط من: م.

عَلَّمْتُمْ.

(وَالْكَلُّوبُ) وَالْكُلَّابُ: حَدِيدَةٌ مَعْطُوفَةُ الرَّأْسِ أَوْ عُودٌ. [و(الكَلُّوب)][1] فِي رَأْسِهِ عُقَّافَةٌ مِنْهُ أَوْ مِنَ الْحَدِيدِ يُجَرُّ بِهِ الْجَمْرُ، وَجَمْعُهَا: الْكَلَالِيبُ.

(وَيَوْمُ الْكُلَّابِ) بِالضَّمِّ وَالتَّخْفِيفِ: مِنْ أَيَّامِ الْجَاهِلِيَّةِ، وَقَدْ سَبَقَ فِي (ع ر، ع ر ف ج).

[ك ل ف]: (كَلِفَ) وَجْهُهُ كَلَفًا: عَلَتْهُ حُمْرَةٌ كَدِرَةٌ، وَهُوَ أَكْلَفُ، وَمِنْهُ: كَلِفَ بِالْمَرْأَةِ كَلَفًا: اشْتَدَّ حُبُّهُ لَهَا، وَأَصْلُهُ لُزُومُ الْكَلَفِ الْوَجْهَ، وَهُوَ كَلِفٌ بِهَا، وَمِنْهُ حَدِيثُ عُثْمَانَ رَضِيَ اللهُ عَنْهُ: كَلِفٌ بِأَقَارِبِهِ.

[ك ل ل]: (الْكَلَالَةُ) مَا خَلَا الْوَلَدَ وَالْوَالِدَ، وَيُطْلَقُ عَلَى الْمَوْرُوثِ وَالْوَارِثِ وَعَلَى الْقَرَابَةِ مِنْ غَيْرِ جِهَةِ الْوَالِدِ وَالْوَلَدِ، فَمِنْ الْأَوَّلِ: ﴿قُلِ اللَّهُ يُفْتِيكُمْ فِي الْكَلَالَةِ﴾ [سورة النساء آية ١٧٦] وَمِنْ الثَّانِي: مَا يُرْوَى أَنَّ جَابِرًا قَالَ: "إِنِّي رَجُلٌ لَيْسَ يَرِثُنِي إِلَّا (كَلَالَةٌ)"، وَمِنْ الثَّالِثِ: قَوْلُهُمْ: مَا وَرِثَ الْمَجْدَ عَنْ كَلَالَةٍ.

وَقَوْله تَعَالَى: ﴿وَإِنْ كَانَ رَجُلٌ يُورَثُ كَلَالَةً﴾ [سورة النساء آية ١٢] يَحْتَمِلُ الْأَوْجُهَ عَلَى اخْتِلَافِ الْقِرَاءَاتِ وَالتَّقْدِيرَاتِ، وَهِيَ مِنْ (الْكَلَالِ) الضَّعْفِ، أَوْ مِنَ (الْإِكْلِيلِ) الْعِصَابَةِ، وَمِنْهُ السَّحَابُ (الْمُكَلَّلُ): الْمُسْتَدِيرُ، أَوْ مَا تَكَلَّلَهُ الْبَرْقُ.

(وَالْكَلُّ) الْيَتِيمُ وَمَنْ هُوَ عِيَالٌ وَثِقَلٌ عَلَى صَاحِبِهِ، وَمِنْهُ: الْحَدِيثُ: "وَمَنْ تَرَكَ كَلًّا فَعَلَيَّ وَإِلَيَّ". وَالْمُثْبَتُ فِي الْفِرْدَوْسِ بِرِوَايَةِ أَبِي هُرَيْرَةَ رَضِيَ اللهُ عَنْهُ: "فَإِلَيْنَا". وَالْمَعْنَى: أَنَّ مَنْ تَرَكَ وَلَدًا لَا كَافِيَ لَهُ وَلَا كَافِلَ فَأَمْرُهُ مُفَوَّضٌ إِلَيْنَا، نُصْلِحُ أَحْوَالَهُ مِنْ بَيْتِ الْمَالِ.

[ك ل م]: فِي الْحَدِيثِ: "اتَّقُوا اللهَ فِي النِّسَاءِ؛ فَإِنَّمَا أَخَذْتُمُوهُنَّ بِأَمَانَةِ اللهِ وَاسْتَحْلَلْتُمْ فُرُوجَهُنَّ بِكَلِمَةِ اللَّهِ". هِيَ قَوْله تَعَالَى: ﴿فَإِمْسَاكٌ بِمَعْرُوفٍ أَوْ تَسْرِيحٌ بِإِحْسَانٍ﴾ [سورة البقرة آية ٢٢٩] وَيَجُوزُ أَنْ يُرَادَ إِذْنُهُ فِي النِّكَاحِ وَالتَّسَرِّي.

[ك ل ث م]: (رَجُلٌ مُكَلْثَمٌ) مُسْتَدِيرُ الْوَجْهِ كَثِيرُ لَحْمِهُ، (وَأُمُّ كُلْثُومٍ) كُنْيَةُ كُلٍّ مِنْ بِنْتَيْ عَلِيٍّ رَضِيَ اللهُ عَنْهُ الْكُبْرَى مِنْ فَاطِمَةَ رَضِيَ اللهُ عَنْهَا، وَقَدْ تَزَوَّجَهَا عُمَرُ رَضِيَ اللهُ عَنْهُ، وَالصُّغْرَى مِنْ أُمِّ وَلَدٍ لَهُ.

---

(١) سقط من: م.

[ك ل ا]: (كِلَا) اسْمٌ مُفْرَدُ اللَّفْظِ مُثَنَّى الْمَعْنَى، وَهُوَ مِنَ الْأَسْمَاءِ اللَّازِمَةِ لِلْإِضَافَةِ وَلَا يُضَافُ إِلَّا إِلَى مُثَنًّى مُظْهَرٍ أَوْ مُضْمَرٍ، وَتَأْنِيثُهُ (كِلْتَا)، وَالْحَمْلُ عَلَى اللَّفْظِ هُوَ الشَّائِعُ الْكَثِيرُ، قَالَ:

كِلَا الرَّجُلَيْنِ أَفَّاكٌ أَثِيمٌ

وَفِي التَّنْزِيلِ: (كِلْتَا الْجَنَّتَيْنِ آتَتْ أُكُلَهَا) [سورة الكهف آية ٣٣]، وَقَدْ جَاءَ الْحَمْلُ عَلَى الْمَعْنَى مِنْهُ قَوْلُ الْفَرَزْدَقِ:

[كلاهما حين] [١] جَدَّ الْحَرْبُ بَيْنَهُمَا ... قَدْ أَقْلَعَا وَكِلَا أَنْفَيْهِمَا رَابِي

وَعَلَى ذَا قَوْلُ أَبِي يُوسُفَ رَحِمَهُ اللـه تَعَالَى: كِلَاهُمَا نَجِسَانِ، صحيح[٢] وَإِنْ كَانَ الْفَصِيحُ الْإِفْرَادَ.

(وَكِلَاهُ) فِي (ع ب، ع ب ر).

الْكَافُ مَعَ الْمِيمِ

[ك م ت]: (الْكُمَيْتُ) مِنْ الْخَيْلِ: بَيْنَ السَّوَادِ وَالْحُمْرَةِ عَنْ سِيبَوَيْهِ، وَعَنْ أَبِي عُبَيْدٍ: الْفَرْقُ بَيْنَ الْأَشْقَرِ وَالْكُمَيْتِ بِالْعُرْفِ وَالذَّنَبِ؛ فَإِنْ كَانَا أَحْمَرَيْنِ فَهُوَ أَشْقَرُ وَإِنْ كَانَا أَسْوَدَيْنِ فَهُوَ كُمَيْتٌ.

[ك م خ]: (الْكَوَامِخُ) جَمْعُ كَامَخٍ، تَعْرِيبُ كَامَهْ، وَهُوَ الرَّدِيءُ مِنَ الْمُرِّيِّ.

[ك م ع]: (الْمُكَامَعَةُ) فِي (ك ع، ك ع م).

[ك م ل]: (كَمَلَ) الشَّيْءُ: تَمَّ كَمَالًا، (وَكَمِلَ) بِالضَّمِّ وَالْكَسْرُ لُغَةً، وَالْفَصِيحُ الْأَوَّلُ، وَبِاسْمِ الْفَاعِلِ مِنْهُ سُمِّيَ (كَامِلُ) بن الْعَلَاءِ السَّعْدِيُّ.

وَيُقَالُ: أَعْطَيْتُهُ حَقَّهُ (كَمَلًا)، قَالَ اللَّيْثُ: هَكَذَا يُتَكَلَّمُ بِهِ، وَهُوَ فِي الْجَمْعِ وَالْوُحْدَانِ سَوَاءٌ، وَلَيْسَ هَذَا بِمَصْدَرٍ وَلَا نَعْتٍ إِنَّمَا هُوَ كَقَوْلِكَ: أَعْطَيْتُهُ كُلَّهُ.

[ك م م]: (الْكِمُّ) السِّتْرُ، وَمِنْهُ: كِمُّ التَّمْرَةِ وَبِالْكَسْرِ وَالضَّمِّ: غِلَافُهَا.

(وَالْكُمَّةُ) بِالضَّمِّ لَا غَيْرُ: الْقَلَنْسُوَةُ الْمُدَوَّرَةُ، وَمِنْهَا قَوْلُهُ: وَيُنْزَعُ عَنْهُ الْحَشْوُ وَالْكُمَّةُ.

[ك م ن]: (كَمَنَ كُمُونًا) تَوَارَى وَاسْتَخْفَى، وَمِنْهُ (الْكَمِينُ) مِنْ حِيَلِ الْحَرْبِ، وَهُوَ

---

(١) سقط من: م.
(٢) سقط من: م.

أَنْ يَسْتَخْفُوا فِي مَكْمَنٍ لَا يُفْطَنُ لَهُمْ، وَأَمَّا (تَكَمَّنَ) فِي مَعْنَى كَمَنَ فَغَيْرُ مَسْمُوعٍ إِلَّا فِي السِّيَرِ.

(وَالِاسْتِكْمَانُ) فِي الصَّيْدِ تَحْرِيفُ الِاسْتِمْكَانِ.

الْكَاف مَعَ النُّون

[ك ن ب]: فِي حَدِيثِ سَعْدِ بن مُعَاذٍ: "أَنَّهُ (أَكْنَبَتْ) يَدَاهُ". أَيْ: غَلُظَتَا مِنَ الْعَمَلِ.

[ك ن ز]: (كَنَزَ الْمَالَ كَنْزًا) جَمَعَهُ مِنْ بَابِ ضَرَبَ، (وَالْكَنْزُ) وَاحِدُ الْكُنُوزِ، وَهُوَ الْمَالُ الْمَدْفُونُ تَسْمِيَةٌ بِالْمَصْدَرِ، وَبِفَعَّالٍ مِنْهُ سُمِّيَ أَبُو مَرْثَدٍ الْغَنَوِيُّ: (كَنَّازٌ) بن حِصْنٍ أَوْ حُصَيْنٍ، يَرْوِي عَنْ النَّبِيِّ صَلَّى اللهُ عَلَيْهِ وَآلِهِ وَسَلَّمَ، وَعَنْهُ وَاثِلَةُ بن الْأَسْقَعِ، وَالنُّونُ تَصْحِيفٌ.

(وَاكْتَنَزَ) الشَّيْءُ اكْتِنَازًا: اجْتَمَعَ وَامْتَلَأَ.

[ك ن س]: (كَنَسَ) الْبَيْتَ: كَسَحَهُ بِالْمِكْنَسَةِ كَنْسًا مِنْ بَابِ ضَرَبَ، (وَالْكُنَاسَةُ) الْكُسَاحَةُ وَمَوْضِعُهَا أَيْضًا، وَبِهَا سُمِّيَتْ (كُنَاسَةُ كُوفَانَ)، وَهِيَ مَوْضِعٌ قَرِيبٌ مِنَ الْكُوفَةِ قُتِلَ بِهَا زَيْدُ بن عَلِيٍّ رَضِيَ اللهُ عَنْهُمَا، وَهِيَ الْمُرَادَةُ فِي الْإِجَارَاتِ وَالْكَفَالَةِ، وَالصَّوَابُ تَرْكُ حَرْفِ التَّعْرِيفِ.

(وَكَنَسَ) الظَّبْيُ: دَخَلَ فِي الْكِنَاسِ كُنُوسًا مِنْ بَابِ طَلَبَ. (وَتَكَنَّسَ) مِثْلُهُ، وَمِنْهُ: الصَّيْدُ إِذَا (تَكَنَّسَ) فِي أَرْضِ إِنْسَانٍ، أَيْ: اسْتَتَرَ، وَيُرْوَى: تَكَسَّرَ وَانْكَسَرَ.

(وَالْكَنِيسَةُ) فِي الْإِجَارَاتِ: شِبْهُ الْهَوْدَجِ يُغْرَزُ فِي الْمَحْمِلِ أَوْ فِي الرَّحْلِ قُضْبَانٌ، وَيُلْقَى عَلَيْهِمَا ثَوْبٌ يَسْتَظِلُّ بِهِ الرَّاكِبُ وَيَسْتَتِرُ بِهِ، فَعِيلَةٌ مِنْ الْكُنُوسِ، وَأَمَّا (كَنِيسَةُ) الْيَهُودِ وَالنَّصَارَى[1] لِمُتَعَبَّدِهِمْ، فَتَعْرِيبُ (كُنْشْت) عَنْ الْأَزْهَرِيِّ، وَهِيَ تَقَعُ عَلَى بِيعَةِ النَّصَارَى وَصَلَاةِ الْيَهُودِ.

[ك ن ف]: (الْكَنَفُ) بِفَتْحَتَيْنِ: النَّاحِيَةُ، وَبِهِ كُنِّيَ (أَبُو كَنَفٍ) الَّذِي طَلَّقَ امْرَأَتَهُ وَغَابَ.

(وَالْكِنْفُ) بِكَسْرِ الْكَافِ وَسُكُونِ النُّونِ: وِعَاءٌ يُجْعَلُ فِيهِ أَدَاةُ الرَّاعِي، وَمِنْهُ حَدِيثُ عُمَرَ رَضِيَ اللهُ عَنْهُ فِي ابْنِ مَسْعُودٍ رَضِيَ اللهُ عَنْهُ: "(كُنَيْفٌ) مُلِئَ عِلْمًا".

---

(١) زيادة من: م.

وَالتَّصْغِيرُ لِلْمَدْحِ.

(وَالْكَنِيفُ) الْمُسْتَرَاحُ.

[ك ن ن]: (الْكَانُونُ) الْمُصْطَلَى. (الْكِنَانَةُ) فِي (ع ر، ع ر ض).

الْكَافُ مَعَ الْوَاوِ

[ك و ب]: (الْكُوبُ) تَعْرِيبُ[١] كُوز لَا عُرْوَةَ لَهُ، وَالْجَمْعُ: أَكْوَابٌ.

(وَالْكُوبَةُ) الطَّبْلُ الصَّغِيرُ الْمُخَصَّرُ، وَقِيلَ: النَّرْدُ، وَمِنْهُ الْحَدِيثُ: "إِنَّ اللَّهَ[٢] حَرَّمَ عَلَيَّ الْخَمْرَ وَالْكُوبَةَ"، وَعَنْ أَبِي سَعِيدٍ: هِيَ قَصَبَاتٌ تُجْمَعُ فِي قِطْعَةِ أَدِيمٍ يُخْرَزُ عَلَيْهِنَّ، ثُمَّ يَنْفُخُ اثْنَانِ يُزَمِّرَانِ فِيهَا، وَقَوْلُهُ:"وَيُكْرَهُ الصُّنُوجُ (وَالْكُوبَاتُ)". مُحْتَمَلٌ.

[ك و ر]: (كَارَ) الْعِمَامَةَ وَكَوَّرَهَا: أَدَارَهَا عَلَى رَأْسِهِ، وَهَذِهِ الْعِمَامَةُ عَشَرَةُ (أَكْوَارٍ) وَعِشْرُونَ (كَوْرًا).

(كُورُ الْحَدَّادِ) مَوْقِدُ النَّارِ مِنَ الطِّينِ.

(وَالْكِيرُ) زِقُّهُ الَّذِي يَنْفُخُ فِيهِ، (وَالْكُوَّارَةُ) بِالضَّمِّ وَالتَّشْدِيدِ عَنِ الْغُورِيِّ: مَعْسَلُ النَّحْلِ إِذَا سُوِّيَ مِنْ طِينٍ، وَفِي التَّهْذِيبِ: الْعَمِيرَةُ كُوَارَةُ النَّحْلِ وَكُوَارَةٌ مُخَفَّفَةٌ، وَفِي بَابِ الْكَافِ: الْكِوَارُ (وَالْكِوَارَةُ) هَكَذَا مُقَيَّدَانِ بِالْكَسْرِ مِنْ غَيْرِ تَشْدِيدٍ: شَيْءٌ كَالْقِرْطَالَةِ يُتَّخَذُ مِنْ قُضْبَانٍ ضَيِّقُ الرَّأْسِ إِلَّا أَنَّهُ يُتَّخَذُ لِلنَّحْلِ.

(وَكَارَةُ) الْقَصَّارِ: مَا يُجْمَعُ مِنَ الثِّيَابِ فِي وَاحِدٍ.

[ك و س]: (كَاسَ) الْبَعِيرُ: مَشَى عَلَى ثَلَاثِ قَوَائِمَ كَوْسًا مِنْ بَابِ طَلَبَ. (وَابْنُ كَاسٍ) هُوَ عَلِيُّ بْنُ مُحَمَّدِ بْنِ كَاسٍ النَّخَعِيُّ، يَرْوِي عَنْ مُحَمَّدِ بْنِ عَلِيٍّ الْعَامِرِيِّ، وَعَنْهُ الْمِسْكِيُّ أُسْتَاذُ أُسْتَاذِ الصَّيْمَرِيِّ.

[ك و ع]: (الْكُوعُ) أَنْ يَعْظُمَ الْكُوعُ، وَهُوَ طَرَفُ الزَّنْدِ الَّذِي يَلِي الْإِبْهَامَ، وَقِيلَ: الْتِوَاؤُهُ، وَقِيلَ: يُبْسٌ فِي الرُّسْغَيْنِ، وَإِقْبَالُ إِحْدَى الْيَدَيْنِ عَلَى الْأُخْرَى.

[ك و م]: (الْكُومَةُ) بِالضَّمِّ وَالْفَتْحِ: الْقِطْعَةُ مِنَ التُّرَابِ وَغَيْرِهِ، وَمِنْهَا حَدِيثُ عُثْمَانَ: أَنَّهُ كَوَّمَ كُومَةً مِنَ الْحَصَى، أَيْ: جَمَعَهَا وَرَفَعَ رَأْسَهَا.

---

(١) زِيَادَةٌ مِنْ: م.

(٢) فِي خ: "رَبِّي".

[ك و ي]: (كَوَاهُ) بِالنَّارِ: أَحْرَقَهُ كَيًّا، وَهِيَ (الْكَيَّةُ)، (وَاكْتَوَى): كَوَى نَفْسَهُ، وَعَنْ أَبِي حَنِيفَةَ رَحِمَهُ اللـه: لَا أَكْرَهُ الْكَيَّ وَالِاكْتِوَاءَ.

(وَالْكُوَّةُ) ثَقْبُ الْبَيْتِ، وَالْجَمْعُ: كُوًى، وَقَدْ يُضَمُّ الْكَافُ فِي الْمُفْرَدِ وَالْجَمْعِ، وَيُسْتَعَارُ لِمَفَاتِحِ الْمَاءِ إِلَى الْمَزَارِعِ أَوْ الْجَدَاوِلِ، فَيُقَالُ: (كُوَى النَّهْرِ).

الْكَافُ مَعَ الْهَاءِ

[ك هـ ر]: (الْكَهْرُ) الزَّجْرُ، وَقِيلَ: أَنْ يَسْتَقْبِلَهُ بِوَجْهٍ عَابِسٍ، وَمِنْهُ: مَا فِي حَدِيثِ التَّشْمِيتِ:"فَمَا شَتَمَنِي وَلَا كَهَرَنِي"، وَرُوِيَ:"وَلَا كَبَهَنِي". وَكَأَنَّهُ إِبْدَالُ: جَبَهَنِي.

[ك هـ ل]: (الْكَهْلُ) الَّذِي انْتَهَى شَبَابُهُ وَذَلِكَ بَعْدَ الْأَرْبَعِينَ.

[ك هـ ن]: (الْكَاهِنُ) وَاحِدُ الْكُهَّانِ وَالْكَهَنَةِ، قَالُوا: إِنَّ الْكِهَانَةَ كَانَتْ فِي الْعَرَبِ قَبْلَ الْمَبْعَثِ، يُرْوَى: أَنَّ الشَّيَاطِينَ كَانَتْ تَسْتَرِقُ السَّمْعَ فَتُلْقِيهِ إِلَى الْكَهَنَةِ فَتَزِيدُ فِيهِ مَا تُرِيدُ وَتَقَبَّلَهُ الْكُفَّارُ مِنْهُمْ، فَلَمَّا بُعِثَ صَلَّى اللـه عَلَيْهِ وَآلِهِ وَسَلَّمَ وَحُرِسَتْ السَّمَاءُ بَطَلَتْ الْكَهَانَةُ.

الْكَافُ مَعَ الْيَاءِ

[ك ي س]: (الْكَيْسُ) الظَّرْفُ وَحُسْنُ التَّأَنِّي فِي الْأُمُورِ، وَرَجُلٌ (كَيِّسٌ) مِنْ قَوْمٍ أَكْيَاسٍ، وَأَنْشَدَ الْخَصَّافُ لِعَلِيٍّ رَضِيَ اللـه عَنْهُ:

أَمَا تَرَانِي كَيِّسًا مُكَيَّسَا　　　بَنَيْتُ بَعْدَ نَافِعٍ مُخَيَّسَا

وَهُمَا سِجْنَانِ كَانَا لَهُ رَضِيَ اللـه عَنْهُ.

[(وَالْكَيِّسُ) الْمَنْسُوبُ إِلَى الْكِيَاسَةِ] [1]، وَقَوْلُهُ: (دَلْوٌ كَيِّسَةٌ) سُخْرِيَةٌ مِنْهُ.

(وَكَيْسَانُ) مِنْ أَسْمَاءِ الرِّجَالِ، وَإِلَيْهِ يُنْسَبُ أَبُو عَمْرٍو وَسُلَيْمَانُ بن شُعَيْبٍ (الْكَيْسَانِيُّ)، وَهُوَ مِنْ أَصْحَابِ مُحَمَّدٍ رَحِمَهُ اللـه وَمُسْتَمْلِيهِ، وَمِنْهُ قَوْلُهُمْ: ذَكَرَ مُحَمَّدٌ رَحِمَهُ اللـه فِي (الْكَيْسَانِيَّاتِ) أَوْ فِي إِمْلَاءِ (الْكَيْسَانِيِّ)، وَاَللَّهُ أَعْلَمُ بِالصَّوَابِ.

---

(١) في خ: "المُكيَّس: المنسوب إلى الكَيْس".

بَابُ اللَّامِ

اللَّامُ مَعَ الْهَمْزَةِ

[ل أ م]: قوله[1]: إذَا كَانَ الْعِلْكُ مُصْلَحًا مُلْتَأَمًا، الصَّوَابُ: (مُلْتَئِمًا) بِالْهَمْزَةِ الْمَكْسُورَةِ، وَفِي الْإِيضَاحِ: إذَا كَانَ مَعْجُونًا، أَمَّا إذَا كَانَ عِلْكًا لَمْ يَلْتَئِمْ بَعْدُ، وَذَلِكَ لِأَنَّهُ فِي أَوَّلِ الْأَمْرِ يَكُونُ دُقَاقًا يَتَفَتَّتُ وَيَتَكَسَّرُ، ثُمَّ يُعْجَنُ وَيُصْلَحُ فَيَلْتَئِمُ. أَيْ: يَنْضَمُّ وَيَلْتَصِقُ، وَيُسَمَّى حِينَئِذٍ مَعْمُولًا.

اللَّامُ مَعَ الْبَاءِ الْمُوَحَّدَةِ

[ل ب ب]: (التَّلْبِيَةُ) مَصْدَرُ (لَبَّى) إذَا قَالَ: (لَبَّيْكَ) وَالتَّثْنِيَةُ لِلتَّكْرِيرِ وَانْتِصَابُهُ بِفِعْلٍ مُضْمَرٍ، وَمَعْنَاهُ: إلْبَابًا لَكَ بَعْدَ إلْبَابٍ، أَيْ: لُزُومًا لِطَاعَتِكَ بَعْدَ لُزُومٍ مِنْ (أَلَبَّ) بِالْمَكَانِ إذَا قَامَ.

(وَاللَّبَّةُ) الْمَنْحَرُ مِنْ الصَّدْرِ، (وَلَبَبُ الدَّابَّةِ) مِنْ سُيُورِ السَّرْجِ مَا يَقَعُ عَلَى لَبَنِهِ.

(وَلَبَّبَ) خَصْمُهُ فَعَتَلَهُ إلَى الْقَاضِي، أَيْ: أَخَذَ تَلْبِيبَهُ بِالْفَتْحِ، وَهُوَ مَا عَلَى مَوْضِعِ اللَّبَبِ مِنْ ثِيَابِهِ، وَفِي الْحَدِيثِ: "أَنَّهُ صَلَّى فِي ثَوْبٍ وَاحِدٍ مُتَلَبِّبًا". أَيْ: مُتَحَزِّمًا، وَأَمَّا قَوْلُهُ: إذَا لَبَّبَ قَمِيصَهُ حَرِيرًا، فَمِنْ اسْتِعْمَالِ الْفُقَهَاءِ، وَمَعْنَاهُ: خَاطَ الْحَرِيرَ عَلَى مَوْضِعِ اللَّبَبِ مِنْهُ.

(وَلُبَابَةُ) بِنْتُ الْحَارِثِ الْعَامِرِيَّةُ، أُمُّ الْفَضْلِ زَوْجَةُ الْعَبَّاسِ عَمِّ النَّبِيِّ صَلَّى اللهُ عَلَيْهِ وَآلِهِ وَسَلَّمَ.

[ل ب د]: (الْمُلْبِدُ) الَّذِي يَجْعَلُ فِي رَأْسِهِ لَزُوقًا مِنْ صَمْغٍ أَوْ نَحْوِهِ لِيَتَلَبَّدَ شَعْرُهُ، أَيْ: يَتَلَصَّقَ فَلَا يَقْمَلُ، عَنْ مُحَمَّدٍ رَحِمَهُ اللهُ.

[ل ب س]: (قَمِيصٌ) هَرَوِيٌّ (لَبِيسٌ)، أَيْ: خَلَقٌ فَعِيلٌ بِمَعْنَى مَفْعُولٍ، وَقَدْ سَبَقَ فِي (خ م، خ م س).

---

(١) سقط من: م.

[ل ب ن]: (لَبَنُ الْفَحْلِ يَحْرُمُ: وَهُوَ الرَّجُلُ يَكُونُ لَهُ الْمَرْأَةُ، وَهِيَ تُرْضِعُ[1] بِلَبَنِهِ وَكُلُّ مَنْ أَرْضَعَتْهُ فَهُوَ وَلَدٌ لِزَوْجِهَا يُحَرَّمُونَ عَلَيْهِ وَعَلَى وَلَدِهِ.

(وَابْنُ اللَّبُونِ) مِنْ أَوْلَادِ الْإِبِلِ مَا اسْتَكْمَلَ سَنَتَيْنِ وَدَخَلَ فِي الثَّالِثَةِ، وَالْأُنْثَى: بِنْتُ اللَّبُونِ، وَجَمْعُهُمَا جَمِيعًا: بَنَاتُ اللَّبُونِ.

(وَالْمُلَبَّنُ) بِفَتْحِ الْبَاءِ الْمُشَدَّدَةِ: الْفَرَانِقُ، وَمِنْهُ قَوْلُهُ: صَنَعَ مِنَ الْمُثَلَّثِ مُلَبَّنًا.

(وَالتَّلْبِينَةُ) بِالْفَتْحِ: حِسَاءٌ مِنْ دَقِيقٍ أَوْ نُخَالَةٍ، وَقَدْ يُقَالُ لَهَا بِالْفَارِسِيَّةِ: (سَبُوسَبَا) يُجْعَلُ فِيهَا عَسَلٌ وَكَأَنَّهَا سُمِّيَتْ بِذَلِكَ لِأَنَّهَا تُشْبِهُ اللَّبَنَ فِي بَيَاضِهَا. وَفِي الْحَدِيثِ:"التَّلْبِينَةُ مُجِمَّةٌ لِفُؤَادِ الْمَرِيضِ". أَيْ: رَاحَةٌ.

(وَاللَّبِنَةُ) بِوَزْنِ الْكَلِمَةِ: وَاحِدَةُ اللَّبِنِ، وَهِيَ الَّتِي تُتَّخَذُ مِنْ طِينٍ وَيُبْنَى بِهَا وَيُخَفَّفُ مَعَ النَّقْلِ، فَيُقَالُ: لِبْنَةٌ، وَمِنْهُ: "كَانَ قَاعِدًا بَيْنَ (لِبْنَتَيْنِ)"، وَيُقَالُ: (لِبْنَةُ الْقَمِيصِ) عَلَى الِاسْتِعَارَةِ، (وَاللَّبَّانُ)، وَ (الْمُلَبِّنُ): صَانِعَاهُ. (وَالْمِلْبَنُ) أَدَاتُهُ، (وَلَبَّنَ اللَّبِنَ) ضَرَبَهُ، وَصَنَعَهُ تَلْبِينًا، وَمِنْهُ لَفْظُ الرِّوَايَةِ:"فَإِنْ لَبَّنَهُ فَأَصَابَهُ مَطَرٌ قَبْلَ أَنْ يَرْفَعَهُ فَأَفْسَدَهُ". وَالْهَاءُ لِلَّبِنِ.

اللَّامُ مَعَ التَّاءِ الْفَوْقَانِيَّةِ

(ابْنُ اللُّتْبِيَّةِ) فِي (أ ت، أ ت ب).

[ل ت ت]: (لَتَّ) السَّوِيقَ: خَلَطَهُ مِنْ بَابِ طَلَبَ.

اللَّامُ مَعَ الثَّاءِ الْمُثَلَّثَةِ

[ل ث ث]: (أَلَثَّ) بِالْمَكَانِ: أَقَامَ، (وَلَا تَلِثُّوا) فِي (ف ر، ف ر ق).

[ل ث غ]: (الْأَلْثَغُ) الَّذِي يَتَحَوَّلُ لِسَانُهُ مِنَ السِّينِ إِلَى الثَّاءِ، وَقِيلَ: مِنَ الرَّاءِ إِلَى الْغَيْنِ أَوْ الْيَاءِ.

[ل ث م]: (التَّلَثُّمُ) شَدُّ اللِّثَامِ، وَهُوَ مَا عَلَى الْفَمِ مِنَ النِّقَابِ.

اللَّامُ مَعَ الْجِيمِ

[ل ج أ]: (أَلْجَأَهُ) إِلَى كَذَا، (وَلَجَّأَهُ) إِذَا اضْطَرَّهُ وَأَكْرَهَهُ.

(وَالتَّلْجِئَةُ) أَنْ يُلْجِئَكَ إِلَى أَنْ تَأْتِيَ أَمْرًا بَاطِنُهُ خِلَافُ ظَاهِرِهِ، (وَالتَّلْجِئَةُ) أَيْضًا: أَنْ

---

(١) فِي خ: "مرضع".

يَجْعَلَ مَالَهُ لِبَعْضِ وَرَثَتِهِ دُونَ بَعْضٍ، كَأَنَّهُ يَتَصَدَّقُ بِهِ عَلَيْهِ، وَهُوَ وَارِثُهُ، وَمِنْهُ: وَلَا تَلْجِئَةَ إِلَّا مِنْ وَارِثٍ.

[ل ج ج]: (تَلَجْلَجَ) فِي صَدْرِهِ شَيْءٌ: تَرَدَّدَ.

[ل ج م]: (التَّلَجُّمُ) شِدَّةُ اللِّجَامِ، (وَاللُّجْمَةُ) هِيَ خِرْقَةٌ عَرِيضَةٌ طَوِيلَةٌ تَشُدُّهَا الْمَرْأَةُ فِي وَسَطِهَا، ثُمَّ تَشُدُّ مَا يَفْضُلُ مِنْ أَحَدِ طَرَفَيْهَا مَا بَيْنَ رِجْلَيْهَا إِلَى الْجَانِبِ الْآخَرِ، وَذَلِكَ إِذَا غَلَبَ سَيَلَانُ الدَّمِ وَإِلَّا فَالِاحْتِشَاءُ. وَ(الْمِكْيَالُ الْمُلْجَمُ) صَاعَانِ وَنِصْفٌ، وَهُوَ عَشَرَةُ أَمْدَادٍ.

اللَّامُ مَعَ الْحَاءِ الْمُهْمَلَةِ

[ل ح د]: (اللَّحْدُ) الشَّقُّ الْمَائِلُ فِي جَانِبِ الْقَبْرِ، وَ(لَحَدَ الْقَبْرَ وَأَلْحَدَهُ)، وَقَبْرٌ (مَلْحُودٌ وَمُلْحَدٌ)، وَ(لَحَدَ لِلْمَيِّتِ وَأَلْحَدَ لَهُ) حَفَرَ لَهُ لَحْدًا (وَلَحَدَ الْمَيِّتَ وَأَلْحَدَهُ) جَعَلَهُ فِي اللَّحْدِ.

[ل ح س]: (لَحِسَ) الْقَصْعَةَ وَغَيْرَهَا أَخَذَ مَا عَلَيْهَا بِلِسَانِهِ وَأُصْبُعِهِ.

(وَلَحِسَ) الدُّودُ الصُّوفَ: أَكَلَهُ (لَحْسًا) بِالسُّكُونِ مِنْ بَابِ لَبِسَ، وَمِنْهُ قَوْلُهُ فِي الْإِجَارَاتِ: وَلَوْ أَصَابَ الثَّوْبَ (لَحْسٌ)، وَفِي حَدِيثِ سَعْدٍ: "لَحِسْتَهُ بِلِسَانِكَ"[1]. وَالْفَتْحُ خَطَأٌ.

[ل ح ظ]: (اللِّحَاظُ) مُؤَخَّرُ الْعَيْنِ إِلَى الصُّدْغِ.

[ل ح ف]: (الْمِلْحَفَةُ) الْمُلَاءَةُ، وَهِيَ مَا تَلْتَحِفُ بِهِ الْمَرْأَةُ.

(وَاللِّحَافُ) كُلُّ ثَوْبٍ تَغَطَّيْتَ بِهِ، وَمِنْهُ حَدِيثُ عَائِشَةَ رَضِيَ اللهُ عَنْهَا: "كَانَ صَلَّى اللهُ عَلَيْهِ وَآلِهِ وَسَلَّمَ لَا يُصَلِّي فِي شُعُرِنَا وَلَا فِي لُحُفِنَا"، وَرُوِيَ: أَنَّ النَّبِيَّ صَلَّى اللهُ عَلَيْهِ وَآلِهِ وَسَلَّمَ قَالَ لِجَابِرٍ فِي الثَّوْبِ الْوَاحِدِ: "إِنْ كَانَ وَاسِعًا فَالْتَحِفْ بِهِ، وَإِنْ كَانَ ضَيِّقًا فَاتَّزِرْ بِهِ". أَرَادَ بِالِالْتِحَافِ الِاشْتِمَالَ بِهِ مُخَالِفًا بَيْنَ طَرَفَيْهِ عَلَى عَاتِقَيْهِ، وَالْمُرَادُ بِالْمُخَالَفَةِ أَنْ لَا يَشُدَّ الثَّوْبَ عَلَى وَسَطِهِ فَيُصَلِّي مَكْشُوفَ الْمَنْكِبَيْنِ بَلْ يَأْتَزِرُ بِهِ وَيَرْفَعُ طَرَفَيْهِ، فَيُخَالِفُ بَيْنَهُمَا، وَيَشُدُّهُ عَلَى عَاتِقِهِ فَيَكُونُ بِمَنْزِلَةِ الْإِزَارِ وَالرِّدَاءِ.

(وَاللَّحِيفُ) لَقَبُ فَرَسِ رَسُولِ اللهِ صَلَّى اللهُ عَلَيْهِ وَآلِهِ وَسَلَّمَ.

(١) أخرجه ابن حجر في المطالب العالية (١٦٦٨)، والبوصيري في إتحاف الخيرة (٤٣١٨)

[ل ح ق] (مُلْحَقٌ) فِي (ق ن، ق ن ت).

[ل ح ك]: (اللُّحَكَةُ) وَالْحُلَكَةُ: دُوَيْبَّةٌ تُشْبِهُ الْعَظَايَةَ، وَرُبَّمَا قَالُوا: اللُّحَكَى.

[ل ح م]: (لَحَمْتُ) الْعَظْمَ: عَرَقْتُهُ، أَيْ: أَخَذْتُ مَا عَلَيْهِ مِنَ اللَّحْمِ، وَمِنْهُ حَدِيثُ الزُّهْرِيِّ: فَلَمَّا رَأَتْ يَهُودُ بَنِي النَّضِيرِ مَا رَأَتْ وَلَحَمَهَا مِنْ الشَّرِّ مَا لَحَمَهَا، أَيْ: أَصَابَهَا وَأَضَرَّ بِهَا كَأَنَّهُ عَرَقَهَا، (وَلَحْمَةُ الثَّوْبِ) خِلَافُ سَدَاهُ، وَفِي مِثْلٍ: الْحَمْ مَا أَسْدَيْتَ، يُضْرَبُ فِي إِتْمَامِ الْأَمْرِ.

وَ(الْمُلْحَمُ) مِنْ الثِّيَابِ مَا سَدَاهُ إِبْرَيْسَمٌ وَلَحْمَتُهُ غَيْرُ إِبْرَيْسَمٍ، وَمِنْهَا: "الْوَلَاءُ لُحْمَةٌ كَلُحْمَةِ النَّسَبِ". أَيْ: تَشَابُكٌ وَوُصْلَةٌ كَوُصْلَتِهِ، وَالْفَتْحُ لُغَةٌ.

(وَالْتَحَمَ) الْقِتَالُ بَيْنَهُمْ، أَيْ: اشْتَبَكَ وَاخْتَلَطَ. (وَالْمَلْحَمَةُ) الْوَقْعَةُ الْعَظِيمَةُ. (وَالْمُتَلَاحِمَةُ) مِنَ الشِّجَاجِ: الَّتِي تَشُقُّ اللَّحْمَ دُونَ الْعَظْمِ، ثُمَّ تَتَلَاحَمُ بَعْدَ شَقِّهَا، أَيْ: تَتَلَاءَمُ وَتَتَلَاصَقُ. قَالَ الْأَزْهَرِيُّ: الْوَجْهُ أَنْ يُقَالَ: اللَّاحِمَةُ، أَيْ: الْقَاطِعَةُ لِلَّحْمِ، وَإِنَّمَا سُمِّيَتْ بِذَلِكَ عَلَى مَا تَئُولُ إِلَيْهِ أَوْ عَلَى التَّفَاؤُلِ، وَعَنْ مُحَمَّدٍ رَحِمَهُ اللهُ: هِيَ قَبْلَ الْبَاضِعَةِ، وَهِيَ الَّتِي يَتَلَاحَمُ فِيهَا الدَّمُ وَيَسْوَدُّ وَيَحْمَرُّ وَلَا يَبْتَضِعُ اللَّحْمُ.

[ل ح ن]: (لَحَنَ) فِي قِرَاءَتِهِ (تَلْحِينًا) طَرَّبَ فِيهَا وَتَرَنَّمَ مَأْخُوذٌ مِنْ أَلْحَانِ الْأَغَانِي، وَقَوْلُهُ صَلَّى اللهُ عَلَيْهِ وَآلِهِ وَسَلَّمَ: "لَعَلَّ بَعْضَكُمْ أَلْحَنُ بِحُجَّتِهِ مِنْ بَعْضٍ". أَيْ: أَعْلَمُ وَأَفْطَنُ مِنْ (لَحِنَ لَحَنًا) إِذَا فَهِمَ وَفَطِنَ لِمَا لَا يَفْطِنُ لَهُ غَيْرُهُ.

[ل ح ي]: (اللَّحْيُ) الْعَظْمُ الَّذِي[(١)] عَلَيْهِ الْأَسْنَانُ، وَمِنْهُ: رَمَاهُ (بِلَحْيِ) جَمَلٍ، وَقَوْلُهُ: (بِاضْطِرَابِ لَحْيَيْهِ) عَلَى لَفْظِ التَّثْنِيَةِ، الصَّوَابُ: لِحْيَتِهِ، وَفِي الْحَدِيثِ: "أَمَرَ بِالتَّلَحِّي وَنَهَى عَنِ الِاقْتِعَاطِ"، وَهُوَ إِدَارَةُ الْعِمَامَةِ تَحْتَ الْحَنَكِ، وَالِاقْتِعَاطُ تَرْكُ ذَلِكَ.

اللَّامُ مَعَ الْخَاءِ الْمُعْجَمَةِ[(٢)]

[ل خ ن]: فِي الْعُيُوبِ (اللَّخَنُ): النَّتْنُ، يُقَالُ: أَمَةٌ (لَخْنَاءُ): مُنْتِنَةُ الْمَغَابِنِ.

اللَّامُ مَعَ الزَّايِ

[ل ز ج]: (لَزِجَ الشَّيْءُ) إِذَا كَانَ يَتَمَدَّدُ وَلَا يَنْقَطِعُ، وَعَنِ الْحَلْوَائِيِّ: الْبَلْغَمُ لَزِجٌ دَسِمٌ

---

(١) زيادة من: م.
(٢) زيادة من: م.

لَا يُمَازِجُهُ نَجَاسَةٌ، وَمِنْهُ قَوْلُهُمْ: لَا تَعْلَقُ بِهِ نَجَاسَةٌ لِلُزُوجَتِهِ، وَتَقْدِيمُ الزَّايِ خَطَأٌ.

[ل ز م]: (الْمُلْتَزَمُ) بَيْنَ الْبَابِ وَالْحَجَرِ الْأَسْوَدِ.

اللَّامُ مَعَ الطَّاءِ

[ل ط ح]: (اللَّطْحُ) بِالْحَاءِ غَيْرِ مُعْجَمَةٍ: ضَرْبٌ لَيِّنٌ بِبَطْنِ الْكَفِّ، مِنْ بَابِ مَنَعَ، وَمِنْهُ الْحَدِيثُ" ثُمَّ جَعَلَ يَلْطَحُ أَفْخَاذَنَا".

[ل ط ع]: (رَجُلٌ أَلْطَعُ) أَبْيَضُ الشَّفَةِ.

[ل ط م]: (اللَّطِيمُ) مِنْ الْخَيْلِ: الَّذِي أَحَدُ شِقَّيْ وَجْهِهِ أَبْيَضُ، كَأَنَّهُ (لُطِمَ) بِالْبَيَاضِ.

اللَّامُ مَعَ الْعَيْنِ

[ل ع س]: رَجُلٌ (أَلْعَسُ): فِي شَفَتَيْهِ سُمْرَةٌ، وَمِنْهُ حَدِيثُ الزُّبَيْرِ: "أَبْصَرَ بِخَيْبَرَ فِتْيَةً لُعْسًا". وَيُنْشَدُ لِذِي الرُّمَّةِ:

لَمْيَاءُ فِي شَفَتَيْهَا حُوَّةٌ لَعَسٌ وَفِي اللِّثَاتِ وَفِي أَنْيَابِهَا شَنَبُ

اللُّمَى: سُمْرَةٌ دُونَ اللَّعَسِ. وَالْحُوَّةُ: السَّوَادُ. الشَّنَبُ: بَرْدُ الْفَمِ وَالْأَسْنَانِ، وَقِيلَ: الْعُذُوبَةُ وَالرِّقَّةُ.

[ل ع ق]: (فَنَلْعَقُهُ) فِي (ق ف) (ق ف ع).

[ل ع ن]: (لَعَنَهُ لَعْنًا) (وَلَاعَنَهُ مُلَاعَنَةً) وَ (لِعَانًا) وَ (تَلَاعَنُوا) لَعَنَ بَعْضُهُمْ بَعْضًا، وَأَصْلُهُ الطَّرْدُ.

[ل ع و]: سَعِيدُ بن ذِي (لَعْوَةَ) فِي السِّيَرِ بِفَتْحِ اللَّامِ وَسُكُونِ الْعَيْنِ.

اللَّامُ مَعَ الْغَيْنِ

[ل غ ط]: (اللَّغَطُ) أَصْوَاتٌ مُبْهَمَةٌ لَا تُفْهَمُ، وَقَدْ (لَغَطَ) الْقَوْمُ (يَلْغَطُونَ) وَ (أَلْغَطُوا إِلْغَاطًا).

[ل غ و]: (اللَّغْوُ) الْبَاطِلُ مِنْ الْكَلَامِ، وَمِنْهُ:"اللَّغْوُ فِي الْأَيْمَانِ". لِمَا لَا يُعْقَدُ عَلَيْهِ الْقَلْبُ، وَقَدْ (لَغَا) فِي الْكَلَامِ (يَلْغُو) وَ (يَلْغَى) و (لَغِيَ يَلْغَى)، وَمِنْهُ: "فَقَدْ

لَغَوْتَ"[١]، وَيُرْوَى:"لَغَيْتَ".

اللَّامُ مَعَ الْفَاءِ

[ل ف ع]: (تَلَفَّعَتْ الْمَرْأَةُ بِالثَّوْبِ): إذَا اشْتَمَلَتْ بِهِ. (وَاللِّفَاعُ) مَا يُتَلَفَّعُ بِهِ مِنْ ثَوْبٍ، وَمِنْهُ: رِيحُ لِفَاعِهَا.

[ل ف ف]: (اللَّفِيفُ) مِنْ وُجُوهِ الطَّلَاقِ.

[ل ف ي] فِي الْحَدِيثِ: "لَا أُلْفِيَنَّ أَحَدَكُمْ يَوْمَ الْقِيَامَةِ وَعَلَى عَاتِقِهِ شَاةٌ تَيْعَرُ". (أَلْفَاهُ): وَجَدَهُ، (وَالْعَاتِقُ): مَا بَيْنَ الْمَنْكِبِ وَالْعُنُقِ، (وَيُعَارُ الشَّاةِ): صِيَاحُهَا، وَقَوْلُهُ: (لَا أُلْفِيَنَّ)، ظَاهِرُهُ نَهْيُ نَفْسِهِ عَنْ الْإِلْفَاءِ، وَالْمُرَادُ: نَهْيُ الْمُخَاطَبِ عَنْ أَنْ يَكُونَ بِهَذِهِ الْحَالَةِ إذَا مَنَعَ الصَّدَقَةَ.

اللَّامُ مَعَ الْقَافِ

[ل ق ح]: (اللَّقَاحُ) بِالْفَتْحِ: مَصْدَرُ (لَقِحَتْ) النَّاقَةُ فَهِيَ (لَاقِحٌ)، إذَا عَلِقَتْ، وَمِنْهُ: قَوْلُهُ: "اللَّقَاحُ وَاحِدٌ". يَعْنِي: سَبَبَ الْعُلُوقِ.

[ل ق ط]: (اللَّقِيطُ) مَا يُلْقَطُ، أَيْ: يُرْفَعُ مِنْ الْأَرْضِ، وَقَدْ غَلَبَ عَلَى الصَّبِيِّ الْمَنْبُوذِ؛ لِأَنَّهُ عَلَى عَرَضِ أَنْ يُلْقَطَ، وَ(اللُّقَطَةُ) الشَّيْءُ الَّذِي تَجِدُهُ مُلْقًى فَتَأْخُذُهُ، قَالَ الْأَزْهَرِيُّ: وَلَمْ أَسْمَعْ اللُّقْطَةَ بِالسُّكُونِ لِغَيْرِ اللَّيْثِ.

[ل ق ف]: (تَلَقَّفْت) الشَّيْءَ: إذَا أَخَذْته مِنْ يَدِ رَامٍ رَمَاك بِهِ، وَمِنْهُ: تَلَقَّفَ مِنْ فِيهِ كَذَا، إذَا حَفِظَهُ، وَبِفَعَّالَةٍ مِنْهُ كُنِّيَ الْبَدَوِيُّ الَّذِي قَالَ لَهُ أَبُو بَكْرٍ رَضِيَ اللهُ عَنْهُ: أَبَا لَقَّافَةَ؛ هَلْ تَبِيعُ هَذَا الْبَعِيرَ بِمِائَةٍ؟ قَالَ: لَا، عَافَاك اللهُ. فَقَالَ لَهُ: لَا تَقُلْ هَكَذَا، وَلَكِنْ قُلْ: عَافَاك اللهُ لَا.

[ل ق ق]: فِي الْحَدِيثِ: "مَنْ وُقِيَ شَرَّ لَقْلَقِهِ وَقَبْقَبِهِ وَذَبْذَبِهِ فَقَدْ وُقِيَ". هَكَذَا فِي الْفِرْدَوْسِ يَعْنِي: لِسَانَهُ وَبَطْنَهُ وَفَرْجَهُ.

[ل ق ن]: (لَقِنَ) الْكَلَامَ مِنْ فُلَانٍ (وَتَلَقَّنَهُ): أَخَذَهُ مِنْ لَفْظِهِ وَفَهِمَهُ، وَأَمَّا: تَلَقَّنَ مِنْ الْمُصْحَفِ، فَلَمْ نَسْمَعْهُ.

---

(١) أخرجه البخاري (٩٣٤)، ومسلم (٨٥٢)، وأبو داود (١١١٢)، والنسائي (١٥٧٧)، وابن ماجه (١١١٠).

[ل ق ي]: (لَقِيَهُ) لِقَاءً وَ (لُقْيَانًا)، وَقَدْ غَلَبَ اللِّقَاءُ عَلَى الْحَرْبِ.

(وَأَلْقَى) الشَّيْءَ: طَرَحَهُ عَلَى الْأَرْضِ، وَمَعْنَى قَوْله تَعَالَى: (إِذْ يُلْقُونَ أَقْلامَهُمْ) [سورة آل عمران آية ٤٤] مَا كَانَتْ الْأُمَمُ تَفْعَلُهُ مِنَ الْمُسَاهَمَةِ عِنْدَ الِاخْتِلَافِ فَيَطْرَحُونَ سِهَامًا يَكْتُبُونَ عَلَيْهَا أَسْمَاءَهُمْ، فَمَنْ خَرَجَ لَهُ السَّهْمُ سُلِّمَ لَهُ الْأَمْرُ، وَالْأَزْلَامُ وَالْأَقْلَامُ: الْقِدَاحُ.

وَ(الْإِلْقَاءُ) كَالْإِمْلَاءِ وَالتَّعْلِيمِ، وَمِنْهُ الْحَدِيثُ: "أَلْقِهَا عَلَى بِلَالٍ، فَإِنَّهُ أَمَدُّ صَوْتًا"، أَيْ: أَرْفَعُ مِنْ قَوْلِهِمْ: قَدٌّ مَدِيدٌ، أَيْ: طَوِيلٌ مُرْتَفِعٌ، وَاشْتِقَاقُهُ مِنْ (الْمَدَى) خَطَأٌ.

اللَّامُ مَعَ الْكَافِ

[ل ك أ]: (تَلَكَّأَ) عَنْ الْأَمْرِ: تَبَاطَأَ وَتَوَقَّفَ، وَمِنْهُ قَوْلُهُ فِي الطَّلَاقِ: فَتَلَكَّأَتْ الْمَرْأَةُ، (وَفَتَلَكَّتْ) لَحْنٌ.

[ل ك ز]: (اللَّكْزُ) الضَّرْبُ بِجُمْعِ الْكَفِّ عَلَى الصَّدْرِ، مِنْ بَابِ طَلَبَ وَمِنْهُ: "لَيْسَ فِي اللَّطْمَةِ وَلَا فِي اللَّكْزَةِ قِصَاصٌ".

[ل ك ع]: (رَجُلٌ أَلْكَعُ) لَئِيمٌ أَوْ أَحْمَقُ وَ (امْرَأَةٌ لَكْعَاءُ) وَ (لَكَاعِ) بِالْكَسْرِ: مُخْتَصٌّ بِنِدَاءِ الْمَرْأَةِ، وَأَمَّا حَدِيثُ سَعْدٍ: "أَرَأَيْت إنْ دَخَلَ رَجُلٌ بَيْتَهُ فَرَأَى لَكَاعًا وَقَدْ تَفَخَّذَ امْرَأَتَهُ". فَقَالَ الْأَزْهَرِيُّ: جَعَلَ (لَكَاعًا) صِفَةً لِلرَّجُلِ عَلَى فَعَالٍ، وَقَوْلُ الْحَسَنِ لِإِيَاسٍ: يَا (مَلْكَعَانُ)، أَيْ: يَا لَئِيمُ.

[ل ك ن]: (الْأَلْكَنُ) الَّذِي لَا يُفْصِحُ بِالْعَرَبِيَّةِ، وَقِيلَ: (اللَّكَنُ) ثِقَلُ اللِّسَانِ كَالْعُجْمَةِ.

اللَّامُ مَعَ الْمِيمِ

[ل م س]: بَيْعُ (الْمُلَامَسَةِ) وَ (اللِّمَاسِ) أَنْ يَقُولَ لِصَاحِبِهِ: إذَا لَمَسْت ثَوْبَك أَوْ لَمَسْت ثَوْبِي فَقَدْ وَجَبَ الْبَيْعُ، وَفِي الْمُنْتَقَى عَنْ أَبِي حَنِيفَةَ: هِيَ أَنْ يَقُولَ: أَبِيعُك هَذَا الْمَتَاعَ بِكَذَا فَإِذَا لَمَسْتُك وَجَبَ الْبَيْعُ. أَوْ يَقُولَ الْمُشْتَرِي كَذَلِكَ. (وَالْمُنَابَذَةُ) أَنْ تَقُولَ إذَا نَبَذْته إلَيْك أَوْ يَقُولَ الْمُشْتَرِي: إذَا نَبَذْتَهُ إلَيَّ فَقَدْ وَجَبَ الْبَيْعُ. (وَإِلْقَاءُ الْحَجَرِ) أَنْ يَقُولَ الْمُشْتَرِي أَوْ الْبَائِعُ: إذَا أَلْقَيْت الْحَجَرَ وَجَبَ الْبَيْعُ، وَفِي سُنَنِ أَبِي دَاوُد: "الْمُلَامَسَةُ أَنْ يَمَسَّهُ بِيَدِهِ وَلَا يَنْشُرَهُ وَلَا يُقَلِّبَهُ".

[ل م ظ]: (تَلَمَّظَ) الرَّجُلُ: تَتَبَّعَ بِلِسَانِهِ بَقِيَّةَ الطَّعَامِ بَيْنَ أَسْنَانِهِ بَعْدَ الْأَكْلِ، وَقِيلَ:

التَّلَمُّظُ أَنْ يُخْرِجَ لِسَانَهُ فَيَمْسَحُ بِهِ شَفَتَيْهِ، و(الْأَلْمَظُ) مِنَ الْخَيْلِ: الَّذِي شَفَتُهُ السُّفْلَى بَيْضَاءُ.

[ل م م]: (أَلَمَّ) بِأَهْلِهِ: نَزَلَ، وَهُوَ يَزُورُنَا (لِمَامًا)، أَيْ: غِبًّا. وَ(اللِّمَّةُ): دُونَ الْجُمَّةِ، وَهِيَ مَا أَلَمَّ بِالْمَنْكِبِ مِنْ شَعْرِ الرَّأْسِ، وَجَمْعُهَا (لِمَمٌ).

وَ(اللَّمَمُ) بِفَتْحَتَيْنِ: جُنُونٌ خَفِيفٌ، وَمِنْهُ:"صَلَّى رَكْعَةً ثُمَّ غُشِيَ عَلَيْهِ أَوْ أَصَابَهُ لَمَمٌ"، وَفِي قَوْلِهِ: وَبَعْدَهُ يَنْفِي اللَّمَمَ: مَا دُونَ الْفَاحِشَةِ مِنْ صِغَارِ الذُّنُوبِ، وَمِنْهُ:

إِنْ تَغْفِرْ اللَّـهُمَّ تَغْفِرْ جَمًّا ... وَأَيُّ عَبْدٍ لَكَ لَا أَلَمَّا

أَيْ: لَمْ يُذْنِبْ (يَلَمْلَمُ) مَوْضِعُهُ (ي ل، ي ل م ل م).

اللَّامُ مَعَ الْوَاوِ

[ل و ب]: قَوْلُهُ: "مَا بَيْنَ لَابَتَيِ الْمَدِينَةِ أَفْقَرُ مِنِّي". (اللَّابَةُ) وَ(اللُّوبَةُ): الْحَرَّةُ، وَهِيَ الْأَرْضُ ذَاتُ الْحِجَارَةِ السُّودِ، وَمِنْهُ: أَسْوَدُ (لُوبِيٌّ) و (نُوبِيٌّ)، وَالْمَعْنَى: لَيْسَ بِالْمَدِينَةِ أَحْوَجُ مِنِّي، وَإِنَّمَا قِيلَ ذَلِكَ لِأَنَّ الْمَدِينَةَ بَيْنَ حَرَّتَيْنِ، ثُمَّ جَرَى عَلَى أَفْوَاهِ النَّاسِ فِي كُلِّ بَلْدَةٍ فَيَقُولُونَ: (مَا بَيْنَ لَابَتَيْهَا مِثْلُ فُلَانٍ) مِنْ غَيْرِ إِظْهَارِ صَاحِبِ الضَّمِيرِ.

(اللُّوبِيَاءُ) بِالْمَدِّ: حَبٌّ مَعْرُوفٌ، وَهُوَ نَوْعَانِ أَبْيَضُ وَأَسْوَدُ.

[ل و ث]: (لَوَّثَ) الْمَاءَ: كَدَّرَهُ، (وَلَوَّثَ) ثِيَابَهُ بِالطِّينِ، أَيْ: لَطَّخَهَا فَتَلَوَّثَتْ، وَقَوْلُ الْفُقَهَاءِ: بَاطِنُ الْخُفِّ لَا يَخْلُو عَنْ لَوْثٍ، أَيْ: عَنْ دَنَسٍ وَنَجَاسَةٍ، كَأَنَّهُ مَأْخُوذٌ مِنْ هَذَا. وَمِنْهُ:"بَيْنَهُمْ لَوْثٌ وَعَدَاوَةٌ". أَيْ: شَرٌّ أَوْ طَلَبٌ بِحِقْدٍ، وَعَنْ مَالِكٍ فِي الْقَسَامَةِ: إِذَا كَانَ هُنَاكَ لَوْثَةٌ اُسْتُحْلِفَ الْأَوْلِيَاءُ خَمْسِينَ يَمِينًا وَاقْتُصَّ مِنَ الْمُدَّعَى عَلَيْهِ، قَالَ: (وَاللَّوْثَةُ) أَنْ يَكُونَ هُنَاكَ عَلَامَةُ الْقَتْلِ فِي وَاحِدٍ بِعَيْنِهِ أَوْ تَكُونَ هُنَاكَ عَدَاوَةٌ ظَاهِرَةٌ، وَكَأَنَّهَا مِنَ الْأَوَّلِ بِزِيَادَةِ الْهَاءِ.

وَأَمَّا (اللُّوثَةُ) بِالضَّمِّ: فَالِاسْتِرْخَاءُ وَالْحُبْسَةُ فِي اللِّسَانِ.

[ل و ح]: (أَلَاحَ) بِثَوْبِهِ وَ (لَوَّحَ) بِهِ: إِذَا لَمَعَ بِهِ، وَمِنْهُ الْحَدِيثُ: "إِلَى أَنْ طَلَعَ الزُّبَيْرُ فِي النَّيْلِ يُلِيحُ بِثَوْبِهِ أَوْ يُلَوِّحُ". يَعْنِي: أَنَّهُ كَانَ يَرْفَعُهُ وَيُحَرِّكُهُ لِيَلُوحَ لِلنَّاظِرِ، (وَيَلْمَحُ) تَصْحِيفٌ.

[ل و ص]: (اللَّوْصُ) فِي (ش و، ش وص).

[ل و ق]: فِي حَدِيثِ عُبَادَةَ بن الصَّامِتِ: "وَلَا آكُلُ إِلَّا مَا لُوِّقَ لِي". أَيْ: لُيِّنَ مِنْ

طَعَامِي حَتَّى حَصَلَ فِي لِينِ (اللُّوقَةِ)، وَهِيَ الزُّبْدَةُ.

[ل و ك]: (اللَّوْكُ) مَضْغُ الشَّيْءِ الصُّلْبِ وَإِدَارَتُهُ فِي الْفَمِ، يُقَالُ: لَاكَ اللُّقْمَةَ، وَلَاكَ الْفَرَسُ اللِّجَامَ، وَمِنْهُ الْحَدِيثُ فِي الشَّاةِ الْمُصَلِّيَةِ: "فَأَخَذَ مِنْهَا لُقْمَةً فَجَعَلَ يَلُوكُهَا وَلَا يَسِيغُهَا". وَقَوْلُهُ: حَلَفَ لَا يَأْكُلُ عِنَبًا فَلَاكَهُ وَابْتَلَعَ مَاءَهُ وَرَمَى بِقِشْرِهِ وَحَبِّهِ لَمْ يَحْنَثْ، أَرَادَ: أَنَّهُ عَصَرَهُ بِاللِّثَاتِ لَا بِالْأَسْنَانِ.

[ل و م]: (التَّلَوُّمُ): الِانْتِظَارُ، وَمِنْهُ: "أَصْبَحُوا مُفْطِرِينَ مُتَلَوِّمِينَ". أَيْ: مُنْتَظِرِينَ.

[ل و ن]: (اللَّوْنُ) بِفَتْحِ اللَّامِ: الرَّدِيءُ مِنَ التَّمْرِ، وَأَهْلُ الْمَدِينَةِ يُسَمُّونَ النَّخْلَ كُلَّهُ - مَا خَلَا الْبَرْنِيَّ وَالْعَجْوَةَ - الْأَلْوَانَ، وَيُقَالُ لِلنَّخْلَةِ: (اللِّينَةُ) و (اللَّوْنَةُ) بِالْكَسْرِ وَالضَّمِّ.

[ل و ا]: (اللَّوُّ) بَاطِنُ الشَّيْءِ، وَمِنْهُ الْمَثَلُ: لَا يَعْرِفُ الْحَوَّ مِنَ اللَّوِّ، وَقَوْلُهُ: لِأَنَّ الْمَوْجُودَ مِنَ الْحِنْطَةِ لَوُّهَا، وَهُوَ مَا يَصِيرُ بِالطَّحْنِ دَقِيقًا، وَهُوَ وَإِنْ كَانَ صَحِيحًا نَادِرٌ غَرِيبٌ، وَلَا آمَنُ أَنْ يَكُونَ الصَّوَابُ (لُبُّهَا) لِأَنِّي رَأَيْت فِي مُخْتَصَرِ شَرْحَيِ الْكَافِي وَالْمَبْسُوطِ: "أَنَّ أَكْلَ الْحِنْطَةِ فِي الْعُرْفِ يُرَادُ بِهِ بَاطِنُ الْحِنْطَةِ، وَهُوَ اللُّبُّ، وَهُوَ يَصِيرُ بِالطَّحْنِ دَقِيقًا".

[ل و ي]: (لَوَى) الْحَبْلَ: فَتَلَهُ (لَيًّا)، وَمِنْهُ (اللِّوَاءُ): عَلَمُ الْجَيْشِ، وَهُوَ دُونَ الرَّايَةِ؛ لِأَنَّهُ شُقَّةُ ثَوْبٍ تُلْوَى وَتُشَدُّ إِلَى عُودِ الرُّمْحِ. (وَلَوَى) عُنُقَهُ أَوْ رَأْسَهُ: فَتَلَهُ وَأَمَالَهُ. وَ(لَوَّوْا) رُءُوسَهُمْ، وَقَوْلُهُ تَعَالَى ﴿وَإِنْ تَلْوُوا أَوْ تُعْرِضُوا﴾ [سورة النساء آية ١٣٥] عَنْ ابْنِ عَبَّاسٍ: أَنَّ الْآيَةَ فِي الشَّاهِدِ مَانِعَةٌ أَنْ يَلْوِيَ لِسَانَهُ فَيُحَرِّفُ أَوْ يُعْرِضُ فَيَكْتُمُ.

(وَلَوَى) الْغَرِيمَ: مَطَلَهُ (لَيًّا) وَ (لِيَانًا)، وَمِنْهُ: "لَيُّ الْوَاجِدِ يُحِلُّ عِرْضَهُ وَعُقُوبَتَهُ"[1]. وَجَدَ وُجْدًا وَجِدَةً اسْتَغْنَى، وَعِرْضُ الرَّجُلِ: مَا يَصُونُهُ مِنْ قَدْرِهِ وَأَصْلِهِ، وَالْمَعْنَى: أَنَّ مَطْلَ الْغَنِيِّ يُحِلُّ ذَمَّ عِرْضِهِ، وَأَنْ يُقَالَ لَهُ: يَا ظَالِمُ، وَعَنْ سُفْيَانَ: أَنَّهُ يُغَلَّظُ لَهُ وَعُقُوبَتُهُ الْحَبْسُ.

وَمَرَّ (لَا يَلْوِي) عَلَى أَحَدٍ، أَيْ: لَا يُقِيمُ عَلَيْهِ وَلَا يَنْتَظِرُهُ، وَمِنْهُ قَوْلُ أَنَسٍ فِي يَوْمِ حُنَيْنٍ: "فَوَلَّوْا مُنْهَزِمِينَ لَا يَلْوُونَ عَلَى شَيْءٍ".

(وَتَلَوَّتْ) الْحَيَّةُ: تَرَحَّتْ، وَفِي الْعُيُوبِ: التَّلَوِّي فِي الْأَسْنَانِ، أَيْ: الِاعْوِجَاجُ،

(١) أخرجه أبو داود (٣٦٢٨)، والنسائي (٤٦٨٩)، وابن ماجه (٢٤٢٧)، وأحمد في مسنده (١٨٩٦٨).

فَالصَّوَابُ الِالْتِوَاءُ.

اللَّامُ مَعَ الْهَاءِ

[ل هـ ج]: (اللَّهْجَةُ) بِالتَّحْرِيكِ وَالسُّكُونِ: اللِّسَانُ، وَقِيلَ: طَرَفُهُ، وَعَنْ الْأَزْهَرِيِّ: يُقَالُ: فُلَانٌ فَصِيحُ اللَّهْجَةِ، وَهِيَ لُغَتُهُ الَّتِي جُبِلَ عَلَيْهَا وَاعْتَادَهَا.

[ل هـ ز م]: (بِلِهْزِمَتِهِ) فِي (ش ج، ش ج ع).

[ل هـ و]: (اللَّهَاةُ) لَحْمَةٌ مُشْرِفَةٌ عَلَى الْحَلْقِ، وَمِنْهَا قَوْلُهُ: مَنْ تَسَحَّرَ بِسَوِيقٍ لَا بُدَّ أَنْ يَبْقَى بَيْنَ أَسْنَانِهِ وَلَهَاتِهِ شَيْءٌ، وَأَمَّا اللِّثَاتُ: فَهِيَ لَحْمَاتُ أُصُولِ الْأَسْنَانِ.

[ل هـ ن ك]: (لَهِنَّكَ) فِي الذَّيْلِ.

اللَّامُ مَعَ الْيَاءِ

[ل ي ط]: (لِيطَةُالْقَصَبِ): قِشْرُهُ، وَمِنْهَا: يَجُوزُ الذَّبْحُ (بِاللِّيطَةِ).

[ل ي ل]: فِي حَدِيثِ أَبِي بَكْرٍ: "مَا (لَيْلُك) بِلَيْلِ سَارِقٍ". إِنَّمَا قَالَ ذَلِكَ؛ لِأَنَّهُ كَانَ يُصَلِّي بِاللَّيْلِ، ثُمَّ سَرَقَ. (اللَّيْلَةُ) فِي (ب ر، ب ر ح).

[ل ي ن]: ﴿أَلَنَّا لَهُ﴾ [سورة سبأ آية ١٠] فِي (ف ج، ف ج ج).

بَابُ الْمِيمِ

الْمِيمُ مَعَ الْهَمْزَةِ

[م أ ت]: (مُؤْتَةُ) بِالْهَمْزِ عَنْ ثَعْلَبٍ: مِنْ قُرَى الْبَلْقَاءِ بِالشَّامِ، قُتِلَ بِهَا جَعْفَرُ الطَّيَّارُ رَضِيَ اللـه عَنْهُ، وَيَجُوزُ قَلْبُ مِثْلِ هَذِهِ الْهَمْزَةِ وَاوًا عَنْ أَبِي الدُّقَيْشِ.

[م أ ق]: (الْمُؤْقُ) مُؤَخَّرُ الْعَيْنِ، وَ(الْمَأْقُ) مُقَدَّمُهَا، وَعَلَى ذَا مَا رُوِيَ: "أَنَّهُ عَلَيْهِ السَّلَامُ كَانَ يَكْتَحِلُ مِنْ قِبَلِ مُؤْقِهِ مَرَّةً وَمِنْ قِبَلِ مَأْقِهِ أُخْرَى". قَالَ الْأَزْهَرِيُّ: هَذَا الْحَدِيثُ غَيْرُ مَعْرُوفٍ، وَإِجْمَاعُ أَهْلِ اللُّغَةِ أَنَّهُمَا بِمَعْنَى الْمُؤَخَّرِ،

وَكَذَا (الْمَآقِي)، وَمِنْهُ: "كَانَ عَلَيْهِ السَّلَامُ يَمْسَحُ الْمَأْقِيَيْنِ".

[م أ ن]: (الْمَئُونَةُ) الثِّقْلُ فَعُولَةٌ مِنْ (مَأَنْت) الْقَوْمَ: إِذَا احْتَمَلْت مَئُونَتَهُمْ، وَقِيلَ: الْعُدَّةُ مِنْ قَوْلِهِمْ: أَتَانِي هَذَا الْأَمْرُ وَمَا مَأَنْت لَهُ مَأْنًا، إِذَا لَمْ تَسْتَعِدَّ لَهُ، وَقِيلَ: إِنَّهَا مِنْ (مُنْت) الرَّجُلَ (أَمُونُهُ) وَالْهَمْزَةُ فِيهَا كَهِيَ فِي أَدْؤُرٍ، وَقِيلَ: هِيَ مَفْعَلَةٌ مِنْ الْأَوْنِ أَوْ الْأَيْنِ، وَالْأَوَّلُ أَصَحُّ.

[م أ ي]: عُمَرُ رَضِيَ اللـه عَنْهُ كَتَبَ إِلَى سَعْدٍ: "لَا تُخْصِيَنَّ فَرَسًا وَلَا تُجْرِيَنَّ فَرَسًا مِنْ الْمِائَتَيْنِ". قَالَ: يَعْنِي الْأَبْوَاعَ وَالْأَذْرُعَ، إِذَا كَانَ لِلتَّلَهِّي، وَيُرْوَى: (مِنْ مَأْتَيْنِ) قَالَ الْحَلْوَائِيُّ: هُوَ اسْمُ مَوْضِعٍ، وَالْمَعْنَى: لَا تُجَاوِزْ بِهِ هَذَا الْمَوْضِعَ، وَفِي هَذَا كُلِّهِ نَظَرٌ.

الْمِيمُ مَعَ التَّاءِ

[م ت ع]: (الْمَتَاعُ) فِي اللُّغَةِ: كُلُّ مَا انْتُفِعَ بِهِ، وَعَنْ عَلِيِّ بن عِيسَى: مَبِيعُ التُّجَّارِ مِمَّا يَصْلُحُ لِلِاسْتِمْتَاعِ بِهِ، فَالطَّعَامُ مَتَاعٌ، وَالْبَزُّ مَتَاعٌ، وَأَثَاثُ الْبَيْتِ مَتَاعٌ. قَالَ: وَأَصْلُهُ النَّفْعُ الْحَاضِرُ، وَهُوَ مَصْدَرُ (أَمْتَعَهُ إِمْتَاعًا) وَ (مَتَاعًا).

قُلْت: وَالظَّاهِرُ أَنَّهُ اسْمٌ مِنْ (مَتَّعَ) كَالسَّلَامِ مِنْ سَلَّمَ. وَالْمُرَادُ بِهِ فِي قَوْلِهِ تَعَالَى: ﴿وَلَمَّا فَتَحُوا مَتَاعَهُمْ﴾ [سورة يوسف آية ٦٥] أَوْعِيَةُ الطَّعَامِ، وَقَدْ يُكَنَّى بِهِ عَنْ الذَّكَرِ، وَمَا قَالَهُ مُحَمَّدٌ فِي تَفْسِيرِ الْمَتَاعِ مُثْبَتٌ فِي السِّيَرِ.

(وَمُتْعَةُ) الطَّلَاقِ، وَمُتْعَةُ الْحَجِّ، وَمُتْعَةُ النِّكَاحِ، كُلُّهَا مِنْ ذَلِكَ لِمَا فِيهَا مِنْ النَّفْعِ

أَوْ الِانْتِفَاعِ.

[م ت ل]: (جَوْزُ مَاتِلٍ) بِالْكَسْرِ وَالضَّمِّ سَمَاعًا عَنْ الْأَطِبَّاءِ: سُمٌّ مُخَدِّرٌ شَبِيهٌ بِالْجَوْزِ عَلَيْهِ شَوْكٌ غِلَاظٌ قِصَارٌ وَحَبُّهُ مِثْلُ حَبِّ الْأُتْرُجِّ، وَالْعَوَامُّ يَقُولُونَ: (مُهَاتِلٌ) وَلَيْسَ بِشَيْءٍ.

[م ت ن]: (مَتُنَ الشَّيْءُ) اشْتَدَّ وَقَوِيَ مَتَانَةً، وَمِنْهُ: (مَتُنَ الشَّرَابُ) إذَا اشْتَدَّ، (وَمَتَّنَهُ غَيْرُهُ) قَوَّاهُ بِالْأَفَاوِيهِ، وَأَمَّا (أَمْتَنَهُ) فَلَمْ أَسْمَعْهُ.

الْمِيمُ مَعَ الثَّاءِ الْمُثَلَّثَةِ

[م ث ل]: (الْمِثْلُ) وَاحِدُ الْأَمْثَالِ، وَمِنْهُ[1] قَوْله تَعَالَى: ﴿فَجَزَاءٌ مِثْلُ مَا قَتَلَ مِنَ النَّعَمِ﴾ [سورة المائدة آية ٩٥] أَيْ: فَعَلَيْهِ جَزَاءٌ مُمَاثِلٌ لِمَا قَتَلَ مِنْ الصَّيْدِ، وَهُوَ قِيمَةُ الصَّيْدِ عِنْدَ أَبِي حَنِيفَةَ وَأَبِي يُوسُفَ رَحِمَهُمَا اللهُ، وَعِنْدَ مُحَمَّدٍ وَالشَّافِعِيِّ رَحِمَهُمَا اللهُ: (مِثْلُهُ) نَظِيرُهُ مِنْ النَّعَمِ؛ فَإِنْ لَمْ يُوجَدْ عُدِلَ إلَى مَذْهَبِ أَبِي حَنِيفَةَ، فَمِنْ النَّعَمِ عَلَى الْأَوَّلِ: بَيَانٌ لِلْهَدْيِ الْمُشْتَرَى بِالْقِيمَةِ، وَعَلَى الثَّانِي: (لِلْمِثْلِ)، وَالْأَوَّلُ أَوْجَهُ لِأَنَّ التَّخْيِيرَ بَيْنَ الْوُجُوهِ الثَّلَاثَةِ عَلَيْهِ ظَاهِرٌ، وَانْتِصَابُ (هَدْيًا) عَلَى أَنَّهُ حَالٌ عَنْ جَزَاءٍ؛ لِأَنَّهُ مَوْصُوفٌ أَوْ مُضَافٌ عَلَى حِسَابِ الْقِرَاءَتَيْنِ أَوْ عَنْ الضَّمِيرِ فِي (بِهِ).

(وَمَثَلَ بِهِ مُثْلَةً) وَذَلِكَ بِأَنْ يُقَطِّعَ بَعْضَ أَعْضَائِهِ أَوْ يُسَوِّدَ وَجْهَهُ.

(وَالتِّمْثَالُ) مَا تَصْنَعُهُ وَتُصَوِّرُهُ مُشَبَّهًا بِخَلْقِ اللهِ تَعَالَى مِنْ ذَوَاتِ الرُّوحِ، وَالصُّورَةِ عَامٌّ، وَيَشْهَدُ لِهَذَا مَا ذُكِرَ فِي الْأَصْلِ: "أَنَّهُ صَلَّى وَعَلَيْهِ ثَوْبٌ فِيهِ تَمَاثِيلُ". كُرِهَ لَهُ قَالَ: وَإِذَا قُطِعَ رُءُوسُهَا فَلَيْسَتْ بِتَمَاثِيلَ، وَفِي مُتَّفَقِ الْجَوْزَقِيِّ: أَنَّ عَائِشَةَ رَضِيَ اللهُ عَنْهَا قَالَتْ:"قَدِمَ رَسُولُ اللهِ صَلَّى اللهُ عَلَيْهِ وَآلِهِ وَسَلَّمَ، وَقَدْ سَتَرْتُ سَهْوَةً لِي بِقِرَامٍ فِيهِ تَمَاثِيلُ فَلَمَّا رَآهُ هَتَكَهُ". الْحَدِيثَ.

وَمَنْ ظَنَّ أَنَّ الصُّورَةَ الْمَنْهِيَّ عَنْهَا مَا لَهُ شَخْصٌ دُونَ مَا كَانَ مَنْسُوجًا أَوْ مَنْقُوشًا فِي ثَوْبٍ أَوْ جِدَارٍ فَهَذَا الْحَدِيثُ يُكَذِّبُ ظَنَّهُ، وَقَوْلُهُ صَلَّى اللهُ عَلَيْهِ وَآلِهِ وَسَلَّمَ: "لَا تَدْخُلُ الْمَلَائِكَةُ بَيْتًا فِيهِ تَمَاثِيلُ أَوْ تَصَاوِيرُ"[2]. كَأَنَّهُ شَكٌّ مِنْ الرَّاوِي، وَأَمَّا قَوْلُهُمْ: "وَيُكْرَهُ التَّصَاوِيرُ وَالتَّمَاثِيلُ". فَالْعَطْفُ لِلْبَيَانِ، وَأَمَّا (تَمَاثِيلُ شَجَرٍ) فَمَجَازٌ إنْ صَحَّ.

---

(١) زيادة من: م.

(٢) أخرجه مسلم (٢١١٥)

(وَالْمِثَالُ) الْفِرَاشُ الَّذِي يُنَامُ عَلَيْهِ، (وَامْتَثَلَ أَمْرَهُ) احْتَذَاهُ وَعَمِلَ عَلَى (مِثَالِهِ)، وَقَوْلُهُ: مِنْ عَادَةِ مُحَمَّدٍ رَحِمَهُ اللهُ فِي تَصَانِيفِهِ: أَنْ يُمَثِّلَ بِكِتَابِ اللهِ تَعَالَى وَكَأَنَّهُ ظَنَّ أَنَّهُ بِمَعْنَى يَقْتَدِي، فَعَدَّاهُ تَعْدِيَتَهُ.

[م ث ن]: (الْمَمْثُونُ) الَّذِي يَشْتَكِي مَثَانَتَهُ.

الْمِيمُ مَعَ الْجِيمِ

[م ج ج]: (مَجَّ الْمَاءَ) مِنْ فِيهِ: رَمَى بِهِ مِنْ بَابِ طَلَبَ، (وَالْمُجَاجُ) الرِّيقُ، (وَمَجْمَجَ الْخَطَّ) خَلَطَهُ وَأَفْسَدَهُ بِالْقَلَمِ وَغَيْرِهِ.

[م ج ر]: فِي الْقُدُورِيِّ: "نَهَى عَنْ بَيْعِ الْمَجْرِ". لَفْظُ الْحَدِيثِ كَمَا أُثْبِتَ فِي الْأُصُولِ: "نَهَى عَنْ الْمَجْرِ"[(١)]. بِسُكُونِ الْجِيمِ، وَهُوَ مَا فِي بَطْنِ الْحَامِلِ، وَعَنْ أَبِي زَيْدٍ: هُوَ أَنْ يُبَاعَ الْبَعِيرُ بِمَا فِي بَطْنِ النَّاقَةِ. (وَأَمَّا الْمَجَرُ) مُحَرَّكًا: فَأَنْ يَعْظُمَ بَطْنُ الشَّاةِ الْحَامِلِ فَتَهْزُلَ يُقَالُ: شَاةٌ مُمْجِرٌ، وَغَنَمٌ مَمَاجِرُ.

[م ج س]: (الْمَجُوسُ) عَلَى قَوْلِ الْأَكْثَرِينَ: لَيْسُوا مِنْ أَهْلِ الْكِتَابِ، وَلِذَا لَا تُنْكَحُ نِسَاؤُهُمْ وَلَا تُؤْكَلُ ذَبَائِحُهُمْ، وَإِنَّمَا أُخِذَتْ الْجِزْيَةُ مِنْهُمْ لِأَنَّهُمْ مِنْ الْعَجَمِ لَا لِأَنَّهُمْ مِنْ أَهْلِ الْكِتَابِ قَالَهُ الطَّحَاوِيُّ، وَيَدُلُّ عَلَى أَنَّهُمْ لَيْسُوا مِنْهُمْ قَوْله تَعَالَى: ﴿إِنَّمَا أُنْزِلَ الْكِتَابُ عَلَى طَائِفَتَيْنِ مِنْ قَبْلِنَا﴾ [سورة الأنعام آية ١٥٦] وَحَدِيثُهُمْ فِي الْمُعْرِبِ.

[م ج ل]: (مَجِلَتْ) يَدُهُ مَجَلًا، وَمَجَلَتْ مَجْلًا لُغَةً، وَهُوَ أَنْ يَجْتَمِعَ بَيْنَ الْجِلْدِ وَاللَّحْمِ مَاءٌ مِنْ كَثْرَةِ الْعَمَلِ.

[م ج ن]: (الْمَاجِنُ) الَّذِي لَا يُبَالِي مَا صَنَعَ وَمَا قِيلَ لَهُ، وَمَصْدَرُهُ الْمُجُونُ، (وَالْمَجَانَةُ) اسْمٌ مِنْهُ وَالْفِعْلُ مِنْ بَابِ طَلَبَ.

(وَالْمُمَاجِنُ) مِنْ النُّوقِ: الْمُمَارِنُ، وَهِيَ الَّتِي يَنْزُو عَلَيْهَا غَيْرُ وَاحِدٍ مِنْ الْفُحُولَةِ فَلَا تَكَادُ تَلْقَحُ.

(وَالْمَنْجَنُونُ) الدُّولَابُ، وَعَنْ الدِّينَوَرِيِّ: كُلُّ مَا يَغْرِفُ بِالدُّورِ فَإِنَّهَا الْمَنْجَنُونَاتُ.

وَأَمَّا (أُرْزُ الْمَجَّانِ) فَمَعْرُوفٌ بِبُخَارَى.

(١) أخرجه البيهقي في السنن الصغير (٢٠٤٥)، والبيهقي في السنن الكبرى في: ج ٥: ص٣٤١

الْمِيمُ مَعَ الْحَاءِ الْمُهْمَلَةِ

[م ح ح]: (مُحُّ) الْبَيْضَةِ: صُفْرَتُهَا.

[م ح ق]: (الْمَحْقُ) النُّقْصَانُ وَذَهَابُ الْبَرَكَةِ، وَقِيلَ: هُوَ أَنْ يَذْهَبَ الشَّيْءُ كُلُّهُ حَتَّى لَا يُرَى مِنْهُ أَثَرٌ، وَمِنْهُ: (يَمْحَقُ اللهُ الرِّبَا وَيُرْبِي الصَّدَقَاتِ) [سورة البقرة آية ٢٧٦] أَيْ: يَسْتَأْصِلُهُ وَيَذْهَبُ بِبَرَكَتِهِ وَيُهْلِكُ الْمَالَ الَّذِي يَدْخُلُ فِيهِ.

[م ح ل]: (تَمَحَّلَهُ) طَلَبَهُ بِحِيلَةٍ وَتَكَلُّفٍ.

الْمِيمُ مَعَ الْخَاءِ الْمُعْجَمَةِ

[م خ ر]: (مَخَرْتُ) الْأَرْضَ مَخْرًا: أَرْسَلْتُ الْمَاءَ فِيهَا لِيُطَيِّبَهَا، وَمِنْهُ قَوْلُ مُحَمَّدٍ رَحِمَهُ اللهُ: وَإِذَا سَقَى أَرْضًا وَمَخَرَهَا.

[م خ ض]: (مَخَضَ) اللَّبَنَ فِي الْمِمْخَضَةِ، وَهِيَ الْإِنَاءُ الَّذِي يُمْخَضُ فِيهِ اللَّبَنُ، أَيْ: يُضْرَبُ وَيُحَرَّكُ حَتَّى يَخْرُجَ مِنْهُ الزُّبْدُ.

(وَمَخَضَتْ الْحَامِلُ) مَخَاضًا: أَخَذَهَا وَجَعُ الْوِلَادَةِ، وَمِنْهُ قَوْله تَعَالَى: (فَأَجَاءَهَا الْمَخَاضُ إِلَى جِذْعِ النَّخْلَةِ) [سورة مريم آية ٢٣].

(وَالْمَخَاضُ) أَيْضًا: النُّوقُ الْحَوَامِلُ، الْوَاحِدَةُ خَلِفَةٌ، وَيُقَالُ لِوَلَدِهَا إِذَا اسْتَكْمَلَ سَنَةً وَدَخَلَ فِي الثَّانِيَةِ: ابْنُ (مَخَاضٍ) لِأَنَّ أُمَّهُ لَحِقَتْ بِالْمَخَاضِ مِنْ النُّوقِ.

الْمِيمُ مَعَ الدَّالِ

[م د د]: (مَدَّ الْحَبْلَ) مَدًّا، قَوْلُهُ: (مَدَّ صَوْتَهُ) يَجِيءُ بُعَيْدَ هَذَا.

(وَأَمَدُّ صَوْتًا) فِي (ل ق، ل ق ي).

(وَمَدَّ النَّهْرُ) زَادَ مَاؤُهُ، وَمِنْهُ (مُدَّتْ دِجْلَةُ) مِنْ مَطَرٍ، وَمَدَّهُ نَهْرٌ آخَرُ. (وَالْمَدُّ) وَاحِدُ الْمُدُودِ، وَهُوَ السَّيْلُ، وَمِنْهُ (مَاءُ الْمَدِّ)، وَإِنَّمَا خُصَّ بِالذِّكْرِ؛ لِأَنَّهُ يَجِيءُ بِغُثَاءٍ وَنَحْوِهِ.

(وَالْمَدَدُ): مَا يُمَدُّ بِهِ الشَّيْءُ، أَيْ: يُزَادُ وَيُكَثَّرُ، وَمِنْهُ (أَمَدَّ الْجَيْشَ) بِمَدَدٍ: إِذَا أَرْسَلَ إِلَيْهِ زِيَادَةً.

(الْمُدُّ) رُبُعُ الصَّاعِ، وَفِي خُطْبَةِ عُبَادَةَ: أَلَا وَالْحِنْطَةُ بِالْحِنْطَةِ (مُدَّيْنِ بِمُدَّيْنِ). خَطَأٌ، وَالصَّوَابُ: مُدْيٌ بِمُدْيٍ، وَهُوَ مِكْيَالٌ بِالشَّامِ يَسَعُ خَمْسَةَ عَشَرَ مَكُّوكًا، وَالْمَكُّوكُ صَاعٌ وَنِصْفُ صَاعٍ عَنْ الْخَطَّابِيِّ.

[م د ي] (وَالْمُدْيَةُ) وَاحِدَةُ الْمُدَى، وَهِيَ سِكِّينُ الْقَصَّابِ، وَمِنْهَا: أَمَّا الظُّفُرُ فَمُدَى الْحَبَشَةِ.

(وَالْمَدَى) بِفَتْحَتَيْنِ: الْغَايَةُ، وَمِنْهَا (التَّمَادِي) فِي الْأَمْرِ، وَهُوَ بُلُوغُ الْمَدَى، وَأَمَّا الْحَدِيثُ:"يَشْهَدُ لِلْمُؤَذِّنِ مَنْ يَسْمَعُ صَوْتَهُ وَيَسْتَغْفِرُ لَهُ مَدَى صَوْتِهِ"، وَفِي شَرْحِ السُّنَّةِ: قَالَ صَلَّى اللهُ عَلَيْهِ وَآلِهِ وَسَلَّمَ: "الْمُؤَذِّنُ يُغْفَرُ لَهُ مَدَى صَوْتِهِ وَيَشْهَدُ لَهُ كُلُّ رَطْبٍ وَيَابِسٍ"[1]. وَالْمَعْنَى: أَنَّهُ يُغْفَرُ لَهُ مَغْفِرَةً طَوِيلَةً عَرِيضَةً عَلَى طَرِيقِ الْمُبَالَغَةِ، وَكَذَا عَلَى رِوَايَةِ مَنْ رَوَى:"مَدَّ صَوْتِهِ". وَيُحْتَمَلُ أَنْ يُرَادَ: أَنَّهُ لَوْ كَانَتْ هَذِهِ الْمَسَافَةُ مَمْلُوءَةً ذُنُوبًا لَغُفِرَتْ. (وَالْمَدَى) عَلَى الْأَوَّلِ نُصِبَ، وَعَلَى الثَّانِي: رُفِعَ بِالْفَاعِلِيَّةِ، وَإِنْ صَحَّ مَا فِي شَرْحِ الْكَافِي فَانْتِصَابُهُ عَلَى الظَّرْفِ وَالْفَاعِلُ ضَمِيرُ مَنْ فِي يَسْتَغْفِرُ.

الْمِيمُ مَعَ الذَّالِ الْمُعْجَمَةِ

[م ذ ر]: (بَيْضَةٌ مَذِرَةٌ) فَاسِدَةٌ مِنْ بَابِ لَبِسَ.

[م ذ ن]: (الْمَاذِيَانَاتُ) جَمْعُ الْمَاذِيَانِ، وَهُوَ أَصْغَرُ مِنَ النَّهْرِ وَأَعْظَمُ مِنَ الْجَدْوَلِ، فَارِسِيٌّ مُعَرَّبٌ، وَقِيلَ: مَا يَجْتَمِعُ فِيهِ مَاءُ السَّيْلِ، ثُمَّ يُسْقَى مِنْهُ الْأَرْضُ.

[م ذ ي]: (الْمَذْيُ) الْمَاءُ الَّذِي يَخْرُجُ مِنَ الذَّكَرِ عِنْدَ الْمُلَاعَبَةِ، يُقَالُ: مَذَى وَأَمْذَى وَمَذَّى، وَفِي حَدِيثِ عَلِيٍّ رَضِيَ اللهُ عَنْهُ: "كُنْتُ رَجُلًا مَذَّاءً"[2]. أَيْ: كَثِيرَ الْمَذْيِ، وَهُوَ فَعَّالٌ مِنَ الْأَوَّلِ.

الْمِيمُ مَعَ الرَّاءِ الْمُهْمَلَةِ

[م ر أ]: (الْمَرْأَةُ) مُؤَنَّثُ الْمَرْءِ، وَهُوَ الرَّجُلُ، وَهِيَ اسْمٌ لِلْبَالِغَةِ كَالرَّجُلِ، وَالْفُقَهَاءُ فَرَّقُوا فِي الْحَلِفِ بَيْنَ شِرَى الْمَرْأَةِ وَنِكَاحِهَا. (وَالْمُرُوءَةُ) كَمَالُ الرُّجُولِيَّةِ وَمِنْهَا: "تَجَافَوْا عَنْ عُقُوبَةِ ذِي الْمُرُوءَةِ". وَقَدْ[3] (مَرُؤَ الرَّجُلُ مُرُوءَةً) وَطَعَامٌ (مَرِيءٌ) هَنِيءٌ عَلَى فَعِيلٍ،

---

(١) أخرجه أبو داود (٥١٥)، وابن خزيمة في صحيحه (٣٨٤)، وابن حبان في صحيحه (١٦٦٦)، والبيهقي في السنن الكبرى في: ج ١: ص٤٣١

(٢) أخرجه البخاري (١٣٢)، ومسلم (٣٠٤)، وأبو داود (٢٠٦)، والنسائي (١٩٣)، وأحمد في مسنده (٦٦٤).

(٣) زيادة من: م.

وَقَدْ مَرُؤَ مَرَاءَةً، وَمِنْهُ (الْمَرِيءُ) لِمَجْرَى الطَّعَامِ وَالشَّرَابِ، وَهُوَ رَأْسُ الْمَعِدَةِ وَالْكَرِشِ اللَّازِقِ بِالْحُلْقُومِ.

[م ر خ]: (مَرَّخَ) أَعْضَاءَهُ بِالدُّهْنِ: لَطَخَهَا بِكَثْرَةٍ.

[م ر د]: (مُرَادِيُّهَا) فِي (ق ل، ق ل ع).

[م ر ب]: (مَأْرِبٌ) مَوْضِعُهُ فِي (أ ر، أ ر ب).

[م ر ر]: (مَرَّ) الْأَمْرُ (وَاسْتَمَرَّ) أَيْ: مَضَى، وَقَوْلُهُ: اسْتَمَرَّ بِهَا الدَّمُ، يَعْنِي: دَامَ وَاطَّرَدَ. وَكُلُّ شَيْءٍ انْقَادَتْ طَرِيقَتُهُ وَدَامَتْ حَالُهُ قِيلَ فِيهِ: قَدْ اسْتَمَرَّ، وَمِنْهُ: هَذِهِ عَادَةٌ مُسْتَمِرَّةٌ، وَفِي التَّنْزِيلِ: ﴿سِحْرٌ مُسْتَمِرٌّ﴾ [سورة القمر آية ٢] عَلَى أَحَدِ الْأَوْجُهِ.

(وَالْمِرَّةُ) الْقُوَّةُ وَالشِّدَّةُ، وَمِنْهَا: "وَلَا لِذِي (مِرَّةٍ) سَوِيٍّ". أَيْ: مُسْتَوِي الْخَلْقِ.

(وَمُرَّةٌ) بِالضَّمِّ قَبِيلَةٌ يُنْسَبُ إِلَيْهَا أَبُو غَطَفَانَ الْمُرِّيُّ يَزِيدُ بن طَرِيفٍ، وَالْمُزَنِيُّ تَحْرِيفٌ.

(وَالْمَرُّ) بِالْفَتْحِ فِي وَقْفِ الْمُخْتَصَرِ: الَّذِي يُعْمَلُ بِهِ فِي الطِّينِ، (وَبَطْنُ مُرٍّ) مَوْضِعٌ مِنْ مَكَّةَ عَلَى مَرْحَلَةٍ، وَعَنْ الشَّافِعِيِّ رَحِمَهُ اللهُ فِي حَصَى الرَّمْيِ: وَمِنْ حَيْثُ أَخَذَهُ أَجْزَأَهُ إِذَا وَقَعَ عَلَيْهِ اسْمُ الْحَجَرِ (مَرْمَرٍ) أَوْ بِرَامٍ أَوْ كَذَّانٍ أَوْ فِهْرٍ وَإِنْ رَمَى فَوَقَعَتْ حَصَاتُهُ عَلَى مَحْمَلٍ، فَاسْتَنَّتْ فَوَقَعَتْ فِي مَوْضِعِ الْحَصَاةِ أَجْزَأَهُ.

قُلْتُ: (الْمَرْمَرُ) الرُّخَامُ، وَهُوَ حَجَرٌ أَبْيَضُ رَخْوٌ، (وَالْبِرَامُ) بِالْكَسْرِ جَمْعُ بُرْمَةٍ، وَهِيَ فِي الْأَصْلِ: الْقُدُورُ مِنْ الْحِجَارَةِ إِلَّا أَنَّهُ أَرَادَهَا هُنَا الْحِجَارَةَ أَنْفُسَهَا. (وَالْكَذَّانُ) بِالْفَتْحِ وَالتَّشْدِيدِ: الْحِجَارَةُ الرَّخْوَةُ. (وَالْفِهْرُ) الْحَجَرُ مِلْءُ الْكَفِّ، وَالْجَمْعُ: أَفْهَارٌ وَفُهُورٌ، وَبِتَصْغِيرِهَا سُمِّيَ فُهَيْرَةُ وَالِدُ عَامِرٍ الْمُعَذَّبِ فِي اللهِ. (وَاسْتِنَانُ الْفَرَسِ) عَدْوُهُ إِقْبَالًا وَإِدْبَارًا مِنْ نَشَاطٍ وَأُرِيدَ بِهِ هَاهُنَا نُبُوُّهُ وَارْتِفَاعُهُ وَانْدِفَاعُهُ بِكَرَّةٍ، وَإِنْ لَمْ نَسْمَعْهُ مُسْتَعْمَلًا فِي هَذَا الْمَقَامِ.

[م ر س]: (الْمَرْسُ وَالْمَرْدُ) أَنْ يُبَلَّ الْخُبْزُ أَوْ نَحْوُهُ فِي الْمَاءِ وَيُدْلَكَ بِالْأَصَابِعِ حَتَّى يَلِينَ، وَيُقَالُ لِلتَّمْرِ إِذَا مُرِسَ فِي مَاءٍ أَوْ لَبَنٍ: مَرِيسٌ وَمَرِيدٌ.

[م ر ض]: (مَرَّضَهُ) تَمْرِيضًا: قَامَ عَلَيْهِ فِي مَرَضِهِ.

[م ر ط]: (الْمَرْطُ) سُقُوطُ أَكْثَرِ الشَّعْرِ، وَمِنْهُ (حَاجِبٌ أَمْرَطُ).

(وَالْمُرَيْطَاءُ) عَلَى لَفْظِ تَصْغِيرِ الْمَرْطَاءِ: مَا بَيْنَ السُّرَّةِ وَالْعَانَةِ، وَقِيلَ: جِلْدَةٌ رَقِيقَةٌ فِي

الْجَوْفِ، وَعَنْ شِمْرٍ: (الْمُرَيْطَاوَانِ) جَانِبَا عَانَةِ الرَّجُلِ اللَّذَانِ لَا شَعْرَ بِهِمَا. (وَالْمُرُوطُ) جَمْعُ مِرْطٍ، وَهُوَ كِسَاءٌ مِنْ صُوفٍ أَوْ خَزٍّ يُؤْتَزَرُ بِهِ، وَرُبَّمَا تُلْقِيهِ الْمَرْأَةُ عَلَى رَأْسِهَا وَتَتَلَفَّعُ بِهِ.

[م ر ت ك]: (الْمَرْتَكُ) بِفَتْحِ الْمِيمِ وَكَسْرِهَا: الْمُرْدَاسَنْجُ ذَكَرَ الْغُورِيُّ الْمَكْسُورَ فِي بَابِ مِفْعَلٍ وَالْمَفْتُوحَ فِي بَابِ فَعْلَلٍ، وَفِي "التَّكْمِلَةِ" فِي بَابِ فَعْلَلٍ لَا غَيْرُ: وَهُوَ الصَّحِيحُ؛ لِأَنَّهُ مُعَرَّبٌ، وَتَشْدِيدُ الْكَافِ خَطَأٌ.

[م ر ن]: (الْمَارِنُ) مَا دُونَ قَصَبَةِ الْأَنْفِ، وَهُوَ مَا لَانَ مِنْهُ.

[م ر و]: (الْمَرْوَةُ) حَجَرٌ أَبْيَضُ رَقِيقٌ يُجْعَلُ مِنْهُ الْمَظَارُّ، وَهِيَ كَالسَّكَاكِينِ يُذْبَحُ بِهَا، وَقَدْ سُمِّيَ بِهَا الْجَبَلُ الْمَعْرُوفُ. (وَالْمَرْوَانُ) مَرْوُ الرُّوذِ وَمَرْوُ الشَّاهِجَانِ وَهُمَا بِخُرَاسَانَ.

وَعَنْ خُوَاهَرْ زَادَهْ: (الثِّيَابُ الْمَرْوِيَّةُ) بِسُكُونِ الرَّاءِ مَنْسُوبَةٌ إِلَى بَلَدٍ بِالْعِرَاقِ عَلَى شَطِّ الْفُرَاتِ.

[م ر ي]: فِي الْحَدِيثِ: "امْرِ الدَّمَ بِمَا شِئْتَ". أَيْ: سَيِّلْهُ بِكَسْرِ هَمْزَةِ الْوَصْلِ: أَمْرٌ مِنْ مَرَى النَّاقَةَ بِيَدِهِ، إِذَا مَسَحَ أَخْلَافَهَا لِتَدِرَّ، مِثْلُ: ارْمِ مِنْ رَمَى يَرْمِي، وَيُرْوَى: أَمِرْ بِقَطْعِ الْهَمْزَةِ مِنْ (أَمَارَ الدَّمَ) إِذَا أَجْرَاهُ (وَمَارَ بِنَفْسِهِ يَمُورُ). (لَا يُمَارِي) فِي (ش ر، ش ر ي).

الْمِيمُ مَعَ الزَّايِ الْمُعْجَمَةِ

[م ز ر]: (الْمِزْرُ) شَرَابٌ يُتَّخَذُ مِنَ الْحِنْطَةِ، وَقِيلَ: مِنَ الذُّرَةِ وَالشَّعِيرِ.

[م ز ز]: (الْمَزْمَزَةُ) فِي (ت ر) (ت ر ت ر).

[م ز ق]: (مُزَيْقِيَاءُ) هُوَ عَمْرُو بن عَامِرٍ الَّذِي خَرَجَ مَعَهُ مَالِكُ [بن فهيم بن عقيم][1] الْأَزْدِيُّ مِنَ الْيَمَنِ حِينَ أَحَسُّوا بِسَيْلِ الْعَرِمِ، لُقِّبَ بِذَلِكَ لِأَنَّهُ كَانَ يُمَزِّقُ كُلَّ يَوْمٍ حُلَّتَيْنِ يَلْبَسُهُمَا وَيَكْرَهُ أَنْ يَعُودَ فِيهِمَا وَيَأْنَفُ أَنْ يَلْبَسَهُمَا غَيْرُهُ، وَأَبُوهُ كَانَ يُلَقَّبُ بِمَاءِ السَّمَاءِ؛ لِأَنَّهُ وَقْتَ الْقَحْطِ كَانَ يُقِيمُ مَالَهُ مُقَامَ الْقَطْرِ. وَأَمَّا أُمُّ الْمُنْذِرِ بن امْرِئِ الْقَيْسِ فَكَانَتْ تُسَمَّى مَاءَ السَّمَاءِ لِجَمَالِهَا وَحُسْنِهَا، وَرُبَّمَا نُسِبَ الْمُنْذِرُ إِلَيْهَا، وَهُوَ جَدُّ النُّعْمَانِ بن الْمُنْذِرِ ابن مَاءِ السَّمَاءِ صَاحِبِ النَّابِغَةِ وَعُبَيْدِ بن الْأَبْرَصِ، هَكَذَا عَنِ الْقُتَبِيِّ.

---

(١) سقط من: م.

الْمِيمُ مَعَ السِّينِ الْمُهْمَلَةِ

[م س ح]: (الْمَسْحُ) إمْرَارُ الْيَدِ عَلَى الشَّيْءِ يُقَالُ: مَسَحَ رَأْسَهُ بِالْمَاءِ أَوْ بِالدُّهْنِ يَمْسَحُهُ مَسْحًا، وَقَوْلُهُم:مَسَحَ الْيَدَ عَلَى رَأْسِ الْيَتِيمِ، عَلَى تَضْمِينِ مَعْنَى أَمَرَّ، وَأَمَّا: (مَسَحَ بِرَأْسِهِ) فَعَلَى الْقَلْبِ أَوْ عَلَى طَرِيقِ قَوْله تَعَالَى: ﴿وَأَصْلِحْ لِي فِي ذُرِّيَّتِي﴾ [سورة الأحقاف آية ١٥].

(وَالْمِسْحُ) بِالْكَسْرِ: وَاحِدُ الْمُسُوحِ، وَهُوَ لِبَاسُ الرُّهْبَانِ، وَبِتَصْغِيرِهِ سُمِّيَ وَالِدُ تَمِيمِ بن (مُسَيْحٍ) الْغَطَفَانِيِّ الَّذِي وُجِدَ لَقِيطًا، وَقِيلَ: مُسْلِمُ بن مُسَيْحٍ، وَلَمْ يَصِحَّ.

(وَالتِّمْسَاحُ) مِنْ دَوَابِّ الْبَحْرِ شَبِيهٌ بِالسُّلَحْفَاةِ إلَّا أَنَّهُ أَضْخَمُ، وَهُوَ مَثَلٌ فِي الْقُبْحِ.

[م س س]: (مَسَّ الشَّيْءَ) مَسًّا وَمَسِيسًا مِنْ بَابِ لَبِسَ، (وَأَمْسَسْتُهُ) مَكَّنْتُهُ مِنْ مَسِّهِ، وَقَوْلُهُمْ: أَمَسَّ وَجْهَهُ الْمَاءَ وَأَمَسَّهُ الطِّيبَ: إذَا لَطَّخَهُ مَجَازٌ، وَمِنْهُ: لَمْ يَكُنْ عَلَيْهِ (أَنْ يَمَسَّ شَيْئًا) مِنْ ذَلِكَ الْمَاءِ. وَفِي حَدِيثِ أُمِّ حَبِيبَةَ رَضِيَ اللهُ عَنْهَا: "دَعَتْ بِطِيبٍ بَعْدَ ثَلَاثَةِ أَيَّامٍ فَأَمَسَّتْهَا عَارِضَيْهَا". الصَّوَابُ لُغَةً: فَأَمَسَّتْهُ، وَالرِّوَايَةُ: (ثُمَّ مَسَّتْهُ بِعَارِضَيْهَا).

وَيُكْنَى (بِالْمَسِّ وَالْمَسِيسِ) عَنْ الْجِمَاعِ.

(وَرَجُلٌ مَمْسُوسٌ) مَجْنُونٌ (وَبِهِ مَسٌّ)، وَهُوَ مِنْ زَعَمَاتِ الْعَرَبِ تَزْعُمُ أَنَّ الشَّيْطَانَ يَمَسُّهُ فَيَخْتَلِطُ عَقْلُهُ.

[م س ت ق]: (الْمُسْتُقَةُ) بِضَمِّ التَّاءِ وَفَتْحِهَا: فَرْوٌ طَوِيلُ الْكُمَّيْنِ عَنْ ابْنِ الْأَعْرَابِيِّ وَالْأَصْمَعِيِّ، وَعَنْ ابْنِ شُمَيْلٍ: هِيَ الْجُبَّةُ الْوَاسِعَةُ، وَجَمْعُهَا: مَسَاتِقُ.

[م س ك]: (الْمِسْكُ) وَاحِدُ الْمُسُوكِ. (وَأَمْسَكَ) الْحَبْلَ وَغَيْرَهُ: أَخَذَهُ، وَأَمْسَكَ بِالشَّيْءِ وَتَمَسَّكَ بِهِ وَاسْتَمْسَكَ: اعْتَصَمَ بِهِ، (وَأَمْسَكَ عَنْ الْأَمْرِ وَاسْتَمْسَكَ عَنْهُ): كَفَّ عَنْهُ وَامْتَنَعَ، وَمِنْهُ (اسْتِمْسَاكُ الْبَوْلِ): امْتِنَاعُهُ عَنْ الْخُرُوجِ، وَقَوْلُهُمْ: (لَا يَسْتَمْسِكُ بَوْلَهُ) بِمَعْنَى: لَا يُمْسِكُهُ خَطأٌ، وَإِنَّمَا الصَّوَابُ: (بَوْلُهُ) بِالرَّفْعِ؛ لِأَنَّ الْفِعْلَ لَازِمٌ كَمَا تَرَى، وَمِنْهُ قَوْلُهُ: (وَأَنَّهُ لَا يَسْتَمْسِكُ عَلَى الرَّاحِلَةِ)، أَيْ: لَا يَقْدِرُ عَلَى إمْسَاكِ نَفْسِهِ وَضَبْطِهَا وَالثَّبَاتِ عَلَيْهَا.

وَقَوْلُهُ: (لِأَنَّ فِي الْآلَةِ الْمَاسِكَةِ) أَيْ: الْمُمْسِكَةِ مِنْ عِبَارَاتِ الْأَطِبَّاءِ.

(وَالْمُسْكَةُ) التَّمَاسُكُ، وَمِنْهَا: قَوْلُهُ: زَوَالُ مُسْكَةِ الْيَقْظَةِ، وَقَوْلُهُ فِي الدِّيَاتِ: أَزَالَ مُسْكَةَ الْأَرْضِ، وَالْآدَمِيُّ لَا يَسْتَمْسِكُ إلَّا بِمُسْكَةٍ. وَهِيَ الصَّلَابَةُ مِنْ الْأَرْضِ، وَحَقِيقَتُهَا

مَا يُتَمَسَّكُ بِهِ، وَمِنْهَا قَوْلُهُمْ: بَلَغْتُ (مُسْكَةَ الْبِئْرِ): إِذَا حَفَرْتَ فَبَلَغْتَ مَوْضِعًا صُلْبًا يَصْعُبُ حَفْرُهُ، وَقَوْلُهُمْ لِلْفَرَسِ إِذَا كَانَ مُحَجَّلَ الْيَدِ وَالرِّجْلِ: مُمْسَكُ الْأَيَامِنِ مُطْلَقُ الْأَيَاسِرِ، أَوْ عَلَى الْعَكْسِ، وَفِيهِ اخْتِلَافٌ، وَالصَّحِيحُ: أَنَّ الْإِمْسَاكَ التَّحْجِيلُ؛ لِأَنَّهُ مِنَ الْمَسَكِ جَمْعُ مَسَكَةٍ، وَهِيَ السِّوَارُ، كَمَا أَنَّ التَّحْجِيلَ مِنَ الْحِجْلِ، وَهُوَ الْخَلْخَالُ، إِلَّا أَنَّهُمَا اُسْتُعِيرَا لِلْقَيْدِ، وَكَذَا اُسْتُعْمِلَ الْإِطْلَاقُ فِي مُقَابَلَتِهِمَا، وَفِي الْحَدِيثِ" وَفِي يَدِهَا مَسَكَتَانِ غَلِيظَتَانِ مِنْ ذَهَبٍ"[1].

[م س ي]: (الْمَسَاءُ) مَا بَعْدَ الظُّهْرِ إِلَى الْمَغْرِبِ عَنْ الْأَزْهَرِيِّ، وَعَلَى ذَا قَوْلُ مُحَمَّدٍ: الْمَسَاءُ مَسَاءَانِ: إِذَا زَالَتْ الشَّمْسُ، وَإِذَا غَرَبَتْ.

الْمِيمُ مَعَ الشِّينِ الْمُعْجَمَةِ

[م ش ت]: (الْمُشْتُ) بِالْفَارِسِيَّةِ: جُمْعُ الْكَفِّ، وَمِنْهُ اصْطِلَاحُ أَهْلِ مَرْوَ فِي قِسْمَةِ الْمَاءِ: كُلُّ مُشْتٍ سِتُّ بِسِتَّاتٍ.

[م ش ش]: (الْمُشَاشُ) رُءُوسُ الْعِظَامِ الَّتِي تُمَشُّ، أَيْ: تُمَصُّ، وَفِي قَوْلِهِ: فَإِنْ بَلَغَ الْكَسْرُ (الْمُشَاشَ) لَا يُجْزِيهِ، يُرَادُ بِهِ: عَظْمُ دَاخِلِ الْقَرْنِ.

(وَالْمَشَشُ) فِي الدَّابَّةِ شَيْءٌ يَشْخَصُ فِي وَظِيفِهَا حَتَّى يَكُونَ لَهُ حَجْمٌ، وَلَيْسَ لَهُ صَلَابَةُ الْعَظْمِ الصَّحِيحِ، (وَقَدْ مَشِشَتْ) بِإِظْهَارِ التَّضْعِيفِ، وَفِي أَجْنَاسِ النَّاطِفِيِّ: (الْمَشَشُ) عَيْبٌ، وَهُوَ نَفْخٌ مَتَى وَضَعْتَ الْإِصْبَعَ عَلَيْهِ دَمِيَ وَإِذَا رَفَعْتَهَا عَادَ.

[م ش ق]: (ثَوْبٌ مُمَشَّقٌ) مَصْبُوغٌ بِالْمَشْقِ، أَيْ: بِالْمَغْرَةِ، وَهِيَ طِينٌ أَحْمَرُ.

(وَالْمُشَاقَةُ) مَا يَبْقَى مِنْ الْكَتَّانِ بَعْدَ الشَّقِّ، وَهُوَ أَنْ يُجْذَبَ فِي مِمْشَقَةٍ، وَهِيَ شَيْءٌ كَالْمُشْطِ حَتَّى يَخْلُصَ خَالِصُهُ وَيَبْقَى فُتَاتُهُ وَقُشُورُهُ فَتِلْكَ الْمُشَاقَةُ تَصْلُحُ لِلْقَبَسِ وَحَشْوِ الْخِفْتَانِ.

[م ش ي]: (الْمَشْيُ) السَّيْرُ عَلَى الْقَدَمِ سَرِيعًا كَانَ أَوْ غَيْرَ سَرِيعٍ، وَالسَّعْيُ: الْعَدْوُ، وَمِنْهُ: "إِذَا أَتَيْتُمْ الصَّلَاةَ فَأْتُوهَا وَأَنْتُمْ تَمْشُونَ، وَلَا تَأْتُوهَا وَأَنْتُمْ تَسْعَوْنَ".

(وَاسْتَمْشَى) أَيْ[2]: شَرِبَ مَشُوًّا أَوْ مَشْيًا، وَهُوَ الدَّوَاءُ الَّذِي يُسَهِّلُ، وَقَوْلُهُ: وَكَذَلِكَ

(١) أخرجه الدارقطني في سننه (١٩٦٣)
(٢) زيادة من: م.

إِذَا دَخَلَ الْمُخْرَجَ أَوْ جَامَعَ أَوْ اسْتَمْشَى، قَالُوا: (الِاسْتِمْشَاءُ) كِنَايَةٌ عَنْ التَّغَوُّطِ، وَهُوَ وَإِنْ كَانَ مُتَوَجِّهًا، إِلَّا أَنَّ رِوَايَةَ مَنْ رَوَى: (اسْتَمْنَى) أَوْجَهُ.

(وَمَشَتْ الْمَرْأَةُ مَشَاءً) كَثُرَ أَوْلَادُهَا، (وَنَاقَةٌ مَاشِيَةٌ) كَثِيرَةُ الْأَوْلَادِ، وَمِنْهُ: الْمَاشِيَةُ وَالْمَوَاشِي عَلَى التَّفَاؤُلِ، وَهِيَ الْإِبِلُ وَالْبَقَرُ وَالْغَنَمُ الَّتِي تَكُونُ لِلنَّسْلِ وَالْقِنْيَةِ.

الْمِيمُ مَعَ الصَّادِ الْمُهْمَلَةِ

[م ص ر]: (الْمَصَارِينُ) الْأَمْعَاءُ، جَمْعُ مُصْرَانٍ، جَمْعُ مَصِيرٍ عَلَى تَوَهُّمِ أَصَالَةِ الْمِيمِ، وَقَوْلُهُ:"وَلَوْ صَلَّى وَمَعَهُ أَصَارِينُ مَيْتَةٍ". تَحْرِيفٌ. (وَمُصْرَانُ الْفَأْرِ) ضَرْبٌ مِنْ رَدِيءِ التَّمْرِ.

[م ص ص]: (مَصِيصَةٌ) بِفَتْحِ الْمِيمِ وَتَخْفِيفِ الصَّادِ: مِنْ ثُغُورِ الشَّامِ، وَالنِّسْبَةُ إِلَيْهِ مَصِيصِيٌّ.

الْمِيمُ مَعَ الضَّادِ الْمُعْجَمَةِ

[م ض ر]: فِي طَلَاقِ الْمَرِيضِ: (تُمَاضِرُ الْكَلْبِيَّةُ) امْرَأَةُ عَبْدِ الرَّحْمَنِ بن عَوْفٍ، وَهِيَ بِنْتُ الْأَصْبَغِ بن عَمْرِو بن ثَعْلَبَةَ مِنْ بَنِي كَلْبٍ.

[م ض ي]: فِي"الْوَاقِعَاتِ": قِيلَ لِأَحْمَدَ بن مُضَيٍّ: إِنَّ الرَّحَبِيَّ يَقُولُ: إِنِّي رَأَيْتُ اللَّه فِي الْمَنَامِ، فَقَالَ: ذَلِكَ وَهْم (لَيْسَ كَمِثْلِهِ شَيْءٌ) [سورة الشورى آية ١١].

الْمِيمُ مَعَ الطَّاءِ الْمُهْمَلَةِ

[م ط ي]: (يُكْرَهُ أَنْ يَتَمَطَّى) أَيْ: يَتَمَدَّدَ.

الْمِيمُ مَعَ الْعَيْنِ الْمُهْمَلَةِ

[م ع د]: (تَمَعْدَدُوا) فِي (ف ر، ف ر ق).

[م ع ز]: فِي الْكَفَالَةِ: (ابْنُ مُعَيْزٍ) عَلَى لَفْظِ تَصْغِيرِ (مَعْزٍ) عَنْ ابْنِ مَاكُولَا.

[م ع ط]: (الْمَعْطُ) سُقُوطُ الشَّعْرِ، وَقَدْ (تَمَعَّطَ) الذِّئْبُ: إِذَا سَقَطَ شَعْرُهُ وَذَهَبَ.

[م ع ع]: (الْمَعْمَعَةُ): اخْتِلَافُ الْأَصْوَاتِ وَأَصْلُهَا فِي الْتِهَابِ النَّارِ، وَمِنْهَا قَوْلُهُ: اسْتَأْمَنَ الْمُشْرِكُونَ مِنَ الْمُسْلِمِينَ فِي (مَعْمَعَةِ الْقِتَالِ)، أَيْ: فِي شِدَّتِهِ.

[م ع ك]: عَمَّارٌ رَضِيَ اللَّه تَعَالَى عَنْهُ: (فَتَمَعَّكْتُ) فِي التُّرَابِ، أَيْ: تَمَرَّغْتُ فِيهِ

وَلَطَّخْتُ نَفْسِي بِهِ، وَلَفْظُ الْحَدِيثِ: "فَتَمَرَّغْتُ فِي الصَّعِيدِ كَمَا تَتَمَرَّغُ الدَّابَّةُ".

[م ع ن]: (أَمْعَنُوا) أَبْعَدُوا، وَمِنْهُ: "لَا (تُمْعِنُوا) فِي الطَّلَبِ". أَيْ: لَا تُبَالِغُوا فِي طَلَبِهِمْ وَلَا تُبْعِدُوا فِيهِ.

الْمِيمُ مَعَ الْقَافِ

[م ق ل]: (الْمَقْلُ) الْغَمْسُ، وَفِي الْحَدِيثِ: "إِذَا وَقَعَ الذُّبَابُ فِي طَعَامِ أَحَدِكُمْ فَامْقُلُوهُ فَإِنَّ فِي أَحَدِ جَنَاحَيْهِ سُمًّا، وَفِي الْآخَرِ شِفَاءً". هَكَذَا فِي الْأُصُولِ، وَأَمَّا (فَامْقُلُوهُ ثُمَّ أَنْقُلُوهُ) فَمَصْنُوعٌ.

قَالَ أَبُو عُبَيْدٍ: أَيْ: اغْمِسُوهُ فِي الطَّعَامِ أَوْ الشَّرَابِ لِيُخْرِجَ الشِّفَاءَ كَمَا أَخْرَجَ الدَّاءَ وَذَلِكَ بِإِلْهَامِ اللهِ تَعَالَى كَمَا فِي النَّحْلِ وَالنَّمْلِ.

(وَالْمُقْلَةُ): شَحْمَةُ الْعَيْنِ الَّتِي تَجْمَعُ سَوَادَهَا وَبَيَاضَهَا، وَعَنْ ابْنِ مَسْعُودٍ رَضِيَ اللهُ عَنْهُ فِي مَسْحِ الْحَصَى فِي الصَّلَاةِ قَالَ: "مَرَّةً وَتَرْكُهَا خَيْرٌ مِنْ مِائَةِ نَاقَةٍ (لِمُقْلَةٍ)". أَيْ: مُخْتَارَةٍ يَخْتَارُهَا الرَّجُلُ عَلَى مُقْلَتِهِ، أَيْ: عَلَى عَيْنِهِ وَنَظَرِهِ كَمَا يُرِيدُ، وَقَالَ الْأَوْزَاعِيُّ: مَعْنَاهُ أَنَّهُ يُنْفِقُهَا فِي سَبِيلِ اللهِ تَعَالَى، قَالَ أَبُو عُبَيْدٍ: هُوَ كَمَا قَالَ وَلَا يُرِيدُ أَنَّهُ يَقْتَنِيهَا.

الْمِيمُ مَعَ الْكَافِ

[م ك ث]: (الْمَكْثُ) بِفَتْحِ الْمِيمِ وَضَمِّهَا: مَصْدَرُ مَكَثَ وَمَكُثَ إِذَا قَامَ وَانْتَظَرَ.

(وَرَجُلٌ مَكِيثٌ) رَزِينٌ لَا يَعْجَلُ، وَبِهِ سُمِّيَ وَالِدُ رَافِعٍ وَجُنْدَبٍ ابْنَيْ (مَكِيثٍ) فِي السِّيَرِ، وَكِلَاهُمَا مِنْ الصَّحَابَةِ.

[م ك س]: (الْمَكْسُ) فِي الْبَيْعِ: اسْتِنْقَاصُ الثَّمَنِ مِنْ بَابِ ضَرَبَ. (وَالْمُمَاكَسَةُ وَالْمِكَاسُ) فِي مَعْنَاهُ. (وَالْمَكْسُ) أَيْضًا: الْجِبَايَةُ، وَهُوَ فِعْلُ الْمَكَّاسِ: الْعَشَّارُ، وَمِنْهُ: "لَا يَدْخُلُ صَاحِبُ مَكْسٍ الْجَنَّةَ"[1]. (وَالْمَكْسُ) وَاحِدُ الْمُكُوسِ هُوَ مَا يَأْخُذُهُ تَسْمِيَةً بِالْمَصْدَرِ.

[م ك ك]: (الْمَكُّوكُ) فِي (م د، م د د).

(١) أخرجه أبو داود (٢٩٣٧)، والدارمي في سننه (١٦٦٦)، وأحمد في مسنده (١٦٨٤٣)، وابن خزيمة في صحيحه (٢١٨٤)، والحاكم في المستدرك في: ج١ : ص٤٠٤، والبيهقي في السنن الكبرى في: ج ٧: ص١٦، وأبو يعلى الموصلي في مسنده (١٧٥٦)

[م ك ن]: (مَكَّنَهُ) مِنَ الشَّيْءِ، وَأَمْكَنَهُ مِنْهُ: أَقْدَرَهُ عَلَيْهِ، وَمِنْهُ الْحَدِيثُ: "ثُمَّ أَمْكَنَ يَدَيْهِ مِنْ رُكْبَتَيْهِ". أَيْ: مَكَّنَهُمَا مِنْ أَخْذِهِمَا وَالْقَبْضِ عَلَيْهِمَا.

الْمِيمُ مَعَ اللَّامِ

[م ل أ]: (الْمُلَاءَةُ) وَاحِدَةُ الْمُلَاءِ، وَهِيَ الرَّيْطَةُ، (وَالْمُلَيَّةُ) تَصْغِيرُ تَرْخِيمٍ، وَعَلَيْهِ حَدِيثُ ابْنَةِ مَخْرَمَةَ: "رَأَيْتُ رَسُولَ اللهِ صَلَّى اللهُ عَلَيْهِ وَآلِهِ وَسَلَّمَ وَعَلَيْهِ أَسْمَالُ مُلَيَّتَيْنِ". جَمْعُ سَمَلٍ، وَهُوَ الثَّوْبُ الْخَلَقُ وَالْإِضَافَةُ لِلْبَيَانِ.

(وَمِلْءُ الْإِنَاءِ) مَا يَمْلَؤُهُ، (وَمَالَأَهُ) عَاوَنَهُ مُمَالَأَةً، وَمِنْهُ حَدِيثُ عَلِيٍّ رَضِيَ اللهُ عَنْهُ: وَاللهِ مَا قَتَلْتُ عُثْمَانَ رَضِيَ اللهُ عَنْهُ وَلَا مَالَأْتُ عَلَى قَتْلِهِ. (وَتَمَالَئُوا) تَعَاوَنُوا، وَمِنْهُ: وَلَوْ تَمَالَأَ عَلَيْهِ أَهْلُ صَنْعَاءَ لَقَتَلْتُهُمْ. وَأَصْلُ ذَلِكَ: الْعَوْنُ فِي الْمَلْءِ، ثُمَّ عَمَّ.

(وَالْمَلِيءُ) الْغَنِيُّ الْمُقْتَدِرُ، وَقَدْ مَلُؤَ مَلَاءَةً، وَهُوَ أَمْلَأُ مِنْهُ عَلَى أَفْعَلِ التَّفْضِيلِ، وَمِنْهُ قَوْلُ شُرَيْحٍ: اخْتَرْ أَمْلَأَهُمْ، أَيْ: أَقْدَرَهُمْ، وَأَمَّا قَوْلُهُ: وَأَحَالَ[1] عَلَى إِنْسَانٍ أَمْلَى مِنَ الْغَرِيمِ، بِتَرْكِ الْهَمْزِ فَقَبِيحٌ.

[م ل ج]: (مَلَجَ) الصَّبِيُّ أُمَّهُ: رَضَعَهَا مَلْجًا مِنْ بَابِ طَلَبَ، (وَأَمْلَجَتْهُ) هِيَ إِمْلَاجًا: أَرْضَعَتْهُ، وَمِنْهُ:"لَا تُحَرِّمُ الْإِمْلَاجَةُ وَلَا الْإِمْلَاجَتَانِ".

[م ل ح]: (وَالْمَلَّاحَةُ) مَنْبِتُ الْمِلْحِ، وَمِنْهَا قَوْلُهُ: حِمَارٌ مَاتَ فِي الْمَلَّاحَةِ، وَرُوِيَ: فِي الْمَمْلَحَةِ، وَكِلَاهُمَا بِمَعْنًى، إِلَّا أَنَّ الثَّانِيَةَ قِيَاسٌ لَا سَمَاعٌ. وَمَاءٌ مِلْحٌ، وَسَمَكٌ مَلِيحٌ، وَمَاءٌ مَمْلُوحٌ، وَلَا يُقَالُ: مَالِحٌ إِلَّا فِي لُغَةٍ رَدِيئَةٍ، وَهُوَ الْمُقَدَّدُ الَّذِي جُعِلَ فِيهِ مِلْحٌ، وَمِنَ الْمَجَازِ: (وَجْهٌ مَلِيحٌ) وَفِيهِ مَلَاحَةٌ، وَبِهِ كُنِّيَ أَبُو الْمَلِيحِ بْنُ أُسَامَةَ رَاوِي كِتَابِ عُمَرَ رَضِيَ اللهُ عَنْهُ إِلَى الْأَشْعَرِيِّ فِي أَدَبِ الْقَاضِي، وَكَانَتْ جُوَيْرِيَةُ امْرَأَةً مُلَاحَةً، بِالضَّمِّ وَالتَّخْفِيفِ، أَيْ: مَلِيحَةً فِي الْغَايَةِ.

(وَالْمُمَالَحَةُ) الْمُوَاكَلَةُ، وَمِنْهَا قَوْلُهُمْ: بَيْنَهُمَا حُرْمَةُ الْمِلْحِ (وَالْمُمَالَحَةِ)، وَهِيَ الْمُرَاضَعَةُ، وَقَدْ مَلَحَتْ فُلَانَةُ لِفُلَانٍ، أَيْ: أَرْضَعَتْ لَهُ مِنْ بَابِ مَنَعَ، وَمِنْهُ: وَلَوْ مَلَحْنَا لِلْحَارِثِ بن شِمْرٍ.

---

(١) في خ: "واحتال".

وفي⁽¹⁾ الْحَدِيث الْآخَر: "لَا تُحَرِّمُ الْمَلْحَةُ"، وَرُوِيَ بِالْجِيمِ، وَكَبْشٌ أَمْلَحُ: فِيهِ مُلْحَةٌ، وَهِيَ بَيَاضٌ تَشُقُّهُ شُعَيْرَاتٌ سُودٌ، وَهِيَ مِنْ لَوْنِ الْمِلْحِ.

[م ل ص]: عُمَرُ رَضِيَ اللهُ عَنْهُ: "سَأَلَ عَنْ إِمْلَاصِ الْمَرْأَةِ الْجَنِينَ، فَقَالَ الْمُغِيرَةُ رَضِيَ اللهُ عَنْهُ: قَضَى فِيهِ رَسُولُ اللهِ صَلَّى اللهُ عَلَيْهِ وَآلِهِ وَسَلَّمَ بِغُرَّةٍ". (الْإِمْلَاصُ) الْإِزْلَاقُ، أَرَادَ الْمَرْأَةَ الْحَامِلَ تُضْرَبُ فَتُمْلِصُ جَنِينَهَا، أَيْ: تُزْلِقُهُ وَتُسْقِطُهُ قَبْلَ وَقْتِ الْوِلَادَةِ فَعَلَى الضَّارِبِ غُرَّةٌ، وَمَنْ فَسَّرَ الْإِمْلَاصَ بِالْجَنِينِ فَقَدْ سَهَا.

[م ل ط]: (الْمِلْطَا وَالْمِلْطَاةُ وَالْمِلْطَاءُ) بِالْمَدِّ: الْقِشْرَةُ الرَّقِيقَةُ الَّتِي بَيْنَ عَظْمِ الرَّأْسِ وَلَحْمِهِ، وَبِهَا سُمِّيَتْ الشَّجَّةُ الَّتِي تَقْطَعُ اللَّحْمَ كُلَّهُ وَتَبْلُغُ هَذِهِ الْقِشْرَةَ، وَمِنْهَا الْحَدِيثُ: "يُقْضَى فِي الْمِلْطَا بِدَمِهَا". أَيْ: يُحْكَم فِيهَا بِالْقِصَاصِ أَوْ الْأَرْشِ سَاعَةَ تُشَجُّ وَلَا يُنْتَظَرُ مَصِيرُ أَمْرِهَا، وَقَوْلُهُ: (بِدَمِهَا) فِي مَوْضِعِ الْحَالِ، كَأَنَّهُ قِيلَ: مُتَلَبِّسَةً بِدَمِهَا، وَذَلِكَ فِي حَالِ الشَّجِّ وَسَيَلَانِ الدَّمِ، وَالْمِيمُ فِيهِ أَصْلِيَّةٌ، عَنْ اللَّيْثِ وَزَائِدَةٌ عَلَى قِيَاسِ قَوْلِ أَبِي زَيْدٍ وَابْنِ الْأَعْرَابِيِّ.

(وَمَلَطْيَةُ) مِنْ ثُغُورِ الشَّامِ، وَقَدْ تُخَفَّفُ الْيَاءُ.

[م ل ك]: عُمَرُ رَضِيَ اللهُ عَنْهُ: إِذَا أَوْصَى الرَّجُلُ بِوَصِيَّتَيْنِ فَآخِرُهُمَا أَمْلَكُ، أَيْ: أَضْبَطُ لِصَاحِبِهَا وَأَقْوَى، أَفْعَلُ مِنْ الْمِلْكِ كَأَنَّهَا تَمْلِكُهُ وَتُمْسِكُهُ وَلَا تُخْلِيهِ إِلَى الْأُولَى، وَنَظِيرُهُ: (الشَّرْطُ أَمْلَكُ) فِي الْمَثَلِ السَّائِرِ. قَالَ ابْنُ فَارِسٍ: أَصْلُ هَذَا التَّرْكِيبِ يَدُلُّ عَلَى قُوَّةٍ فِي الشَّيْءِ وَصِحَّةٍ. مِنْهُ قَوْلُهُمْ: مَلَكْتُ الْعَجِينَ، إِذَا شَدَدْتَ عَجْنَهُ وَبَالَغْتُ فِيهِ. وَأَمْلَكْتُ لُغَةٌ، وَالْفُقَهَاءُ يَسْتَشْهِدُونَ بِقَوْلِهِ:

مَلَكْتُ بِهَا كَفِّي فَأَنْهَرْتُ فَتْقَهَا ... يَرَى قَائِمٌ مِنْ دُونِهَا مَا وَرَاءَهَا

وَالْبَيْتُ لِقَيْسِ بن الْخَطِيمِ فِي الْحَمَاسَةِ، وَقَبْلَهُ:

طَعَنْتُ ابْنَ عَبْدِ الْقَيْسِ طَعْنَةَ ثَائِرٍ ... لَهَا نَفَذٌ لَوْلَا الشُّعَاعُ أَضَاءَهَا

[(مَلَكْتُ بِهَا كَفِّي) أَيْ: شَدَدْتُ بِالطَّعْنَةِ كَفِّي]⁽²⁾ (وَالْإِنْهَارُ) التَّوْسِعَةُ (وَالْفَتْقُ) الشَّقُّ وَالْخَرْقُ، يَقُولُ: شَدَدْتُ بِهَذِهِ الطَّعْنَةِ كَفِّي وَوَسَّعْتُ خَرْقَهَا حَتَّى يَرَى الْقَائِمُ مِنْ دُونِهَا،

---

(١) سقط من: م.
(٢) زيادة من: م.

أَيْ: قُدَّامِهَا الشَّيْءَ الَّذِي وَرَاءَهَا، أَيْ: خَلْفَهَا.

(وَمَلَكَ الشَّيْءَ مِلْكًا) وَهُوَ مِلْكُهُ، وَهِيَ أَمْلَاكُهُ، قَالَ: لِأَنَّ يَدَ الْمَالِكِ قَوِيَّةٌ فِي الْمَمْلُوكِ، وَأَمْلَكْتُهُ الشَّيْءَ، وَمَلَّكْتُهُ إِيَّاهُ بِمَعْنًى، وَمِنْهُ: مُلِّكَتْ الْمَرْأَةُ أَمْرَهَا إِذَا جُعِلَ أَمْرُ طَلَاقِهَا فِي يَدِهَا وَأُمْلِكَتْ. وَالتَّشْدِيدُ أَكْثَرُ. (وَأَمْلَكَهُ خَطِيبَةً) زَوَّجَهُ إِيَّاهَا، وَشَهِدْنَا فِي إِمْلَاكِ فُلَانٍ وَمِلَاكِهِ، أَيْ: فِي نِكَاحِهِ وَتَزْوِيجِهِ، وَمِنْهُ: "لَا قَطْعَ عَلَى السَّارِقِ فِي عُرْسٍ وَلَا خِتَانٍ وَلَا مِلَاكٍ". وَالْفَتْحُ لُغَةٌ عَنْ الْكِسَائِيِّ، وَفِي الصِّحَاحِ: جِئْنَا مِنْ إِمْلَاكِ فُلَانٍ وَلَا تَقُلْ: مِنْ مِلَاكِهِ، وَيُقَالُ: فُلَانٌ مَا تَمَالَكَ أَنْ قَالَ ذَاكَ وَمَا تَمَاسَكَ، أَيْ: لَمْ يَسْتَطِعْ أَنْ يَحْبِسَ نَفْسَهُ، وَمِنْهُ: هَذَا الْحَائِطُ لَا يَتَمَالَكُ وَلَا يَتَمَاسَكُ، وَأَمَّا مَا رُوِيَ فِي حَدِيثِ الظِّهَارِ عَنْ سَلَمَةَ بن صَخْرٍ: فَلَمْ أَتَمَالَكْ نَفْسِي، فَالصَّوَابُ لُغَةً: فَلَمْ أَمْلِكْ نَفْسِي، عَلَى أَنَّ الرِّوَايَةَ: فَلَمْ أَلْبَثْ أَنْ نَزَوْتُ عَلَيْهَا، هَكَذَا فِي سُنَنِ أَبِي دَاوُد وَمَعْرِفَةِ الصَّحَابَةِ لِأَبِي نُعَيْمٍ.

[م ل و]: (الْمَلِيُّ) مِنْ النَّهَارِ: السَّاعَةُ الطَّوِيلَةُ عَنْ الْغُورِيِّ، وَعَنْ أَبِي عَلِيٍّ الْفَارِسِيِّ: الْمَلِيُّ الْمُتَّسِعُ، يُقَالُ: انْتَظَرْتُهُ (مَلِيًّا) مِنْ الدَّهْرِ، أَيْ: مُتَّسَعًا مِنْهُ، قَالَ: وَهُوَ صِفَةٌ اُسْتُعْمِلَتْ اسْتِعْمَالَ الْأَسْمَاءِ، وَقِيلَ فِي قَوْلِهِ تَعَالَى: (وَاهْجُرْنِي مَلِيًّا) [سورة مريم آية ٤٦] أَيْ: دَهْرًا طَوِيلًا عَنْ الْحَسَنِ وَمُجَاهِدٍ وَسَعِيدِ بن جُبَيْرٍ، وَالتَّرْكِيبُ دَالٌّ عَلَى السَّعَةِ وَالطُّولِ، وَمِنْهُ (الْمَلَا) الْمُتَّسَعُ مِنْ الْأَرْضِ، وَالْجَمْعُ: أَمْلَاءٌ، وَيُقَالُ (أَمْلَيْتُ لِلْبَعِيرِ) فِي قَيْدِهِ وَسَّعْتُ لَهُ، وَمِنْهُ: (فَأَمْلَيْتُ لِلْكَافِرِينَ) [سورة الحج آية ٤٤] أَيْ: أَمْهَلْتُهُمْ، وَعَنْ ابْنِ الْأَنْبَارِيِّ: أَنَّهُ مِنْ الْمَلَاوَةِ وَالْمُلْوَةِ: وَهُمَا الْمُدَّةُ مِنْ الزَّمَانِ، وَفِي أَوَّلِهِمَا الْحَرَكَاتُ الثَّلَاثُ.

(وَتَمَلَّ حَبِيبَكَ) عِشْ مَعَهُ مَلَاوَةً، (وَأَمَّا الْإِمْلَاءُ) عَلَى الْكَاتِبِ، فَأَصْلُهُ إِمْلَالٌ فَقُلِبَ.

الْمِيمُ مَعَ النُّونِ

[م ن ح]: (الْمَنْحُ) أَنْ يُعْطِيَ الرَّجُلُ الرَّجُلَ نَاقَةً أَوْ شَاةً يَشْرَبُ لَبَنَهَا، ثُمَّ يَرُدُّهَا إِذَا ذَهَبَ دَرُّهَا، هَذَا أَصْلُهُ، ثُمَّ كَثُرَ حَتَّى قِيلَ فِي كُلِّ مَنْ أَعْطَى شَيْئًا: مَنَحَ، وَمِنْهُ قَوْلُهُ: فَإِنْ قَالَ: قَدْ مَنَحْتُكَ هَذِهِ الْجَارِيَةَ أَوْ هَذِهِ الدَّارَ فَهِيَ لَهُ.

(وَالْمِنْحَةُ وَالْمَنِيحَةُ) النَّاقَةُ الْمَمْنُوحَةُ وَكَذَلِكَ الشَّاةُ، ثُمَّ سُمِّيَ بِهَا كُلُّ عَطِيَّةٍ، (وَمَنَّاحٌ) فَعَّالٌ مِنْهُ، وَبِهِ سُمِّيَ جَدُّ مُوسَى بن عِمْرَانَ بن (مَنَّاحٍ).

[م ن د]: (مَوَانِيدُ) الْجِزْيَةِ: بَقَايَاهَا جَمْعُ مَانِيدُ، وَهُوَ مُعَرَّبٌ.

[م ن ع]: (الْمَنْعُ) خِلَافُ الْإِعْطَاءِ، وَيُقَالُ: فُلَانٌ فِي عِزٍّ وَمَنَعَةٍ، أَيْ: تَمَنُّعٍ عَلَى مَنْ قَصَدَهُ مِنَ الْأَعْدَاءِ، وَقَدْ يُسَكَّنُ النُّونُ، وَقَوْلُهُ فِي غَنَائِمِ بَدْرٍ: "إِنَّهَا كَانَتْ بِمَنَعَةِ السَّمَاءِ". أَيْ: بِقُوَّةِ الْمَلَائِكَةِ لِأَنَّ اللهَ تَعَالَى أَمَدَّهُمْ فِي ذَلِكَ الْيَوْمِ بِجُنُودِ السَّمَاءِ كَمَا قَالَ اللهُ تَعَالَى: ﴿وَلَقَدْ نَصَرَكُمُ اللَّهُ بِبَدْرٍ وَأَنْتُمْ أَذِلَّةٌ﴾ [سورة آل عمران آية ١٢٣].

[م ن ي]: (مِنًى) اسْمٌ لِهَذَا الْمَوْضِعِ الْمَعْرُوفِ، وَالْغَالِبُ عَلَيْهِ التَّذْكِيرُ وَالصَّرْفُ، وَقَدْ يُكْتَبُ بِالْأَلِفِ وَاشْتِقَاقُهُ فِي الْمُعْرِبِ.

(وَالْمُنْيَةُ وَالْأُمْنِيَّةُ) وَاحِدٌ، جَمْعُهُمَا مُنًى وَأَمَانِيُّ، وَقَدْ تَمَنَّاهَا.

(وَالْمُتَمَنِّيَةُ) امْرَأَةٌ مَدَنِيَّةٌ عَشِقَتْ فَتًى مِنْ بَنِي سُلَيْمٍ يُقَالُ لَهُ: نَصْرُ بن حَجَّاجٍ، لُقِّبَتْ بِذَلِكَ لِقَوْلِهَا:

هَلْ مِنْ سَبِيلٍ إِلَى خَمْرٍ فَأَشْرَبُهَا ... أَمْ هَلْ[1] سَبِيلٌ إِلَى نَصْرِ بْنِ حَجَّاجِ

وَقِيلَ: هِيَ الْفُرَيْعَةُ بِنْتُ هَمَّامٍ أُمُّ الْحَجَّاجِ بنِ يُوسُفَ، قَالَ حَمْزَةُ الْأَصْبَهَانِيُّ: وَكَمَا قِيلَ بِالْمَدِينَةِ: أَصَبُّ مِنَ الْمُتَمَنِّيَةِ، قَالُوا بِالْبَصْرَةِ: أَدْنَفُ مِنَ الْمُتَمَنِّي، وَقِصَّتُهُمَا فِي الْمُعْرِبِ.

الْمِيمُ مَعَ الْوَاوِ

[م و ت]: (الْمَوَاتُ) الْأَرْضُ الْخَرَابُ، وَخِلَافُهُ: الْعَامِرُ، وَعَنِ الطَّحَاوِيِّ: هِيَ مَا لَيْسَ بِمِلْكٍ لِأَحَدٍ وَلَا هِيَ مِنْ مَرَافِقِ الْبَلَدِ، وَكَانَتْ خَارِجَةَ الْبَلَدِ سَوَاءٌ قَرُبَتْ مِنْهُ أَوْ بَعُدَتْ فِي ظَاهِرِ الرِّوَايَةِ، وَعَنْ أَبِي يُوسُفَ رَحِمَهُ اللهُ تَعَالَى: (أَرْضُ الْمَوَاتِ) هِيَ الْبُقْعَةُ الَّتِي لَوْ وَقَفَ رَجُلٌ عَلَى أَدْنَاهُ مِنَ الْعَامِرِ وَنَادَى بِأَعْلَى صَوْتِهِ لَمْ يَسْمَعْهُ أَقْرَبُ مَنْ فِي الْعَامِرِ إِلَيْهِ.

[(مَاتَ مَوْتًا) مِنْ بَابَيْ طَلَبَ وَلَبِسَ، (وَالْمَوْتَةُ) الْمَرَّةُ وَالْمِيتَةُ الْحَالَةُ وَالْمَيْتَةُ لَمْ تُدْرِكْ ذَكَاتُهَا. (وَمَوَّتَتِ الْبَهَائِمُ) وَقَعَ فِيهَا الْمُوتَانُ، أَيْ: الْمَوْتُ الْعَامُّ. (وَبَلَدٌ مَيْتٌ وَأَرْضٌ مَيْتَةٌ) هَامِدَةٌ لَا نَبَاتَ بِهَا][2].

---

(١) في خ: "لا".

(٢) زيادة من: م.

[م و ز]: (الْمَوْزُ) شَجَرٌ مَعْرُوفٌ، قَالَ الدِّينَوَرِيُّ: يُنْبِتُ الْمَوْزُ نَبَاتَ الْبَرْدِيِّ وَوَرَقَتُهُ طَوِيلَةٌ عَرِيضَةٌ، تَكُونُ ثَلَاثَةَ أَذْرُعٍ فِي ذِرَاعَيْنِ، وَيَكُونُ فِي الْقِنْوِ مِنْ أَقْنَائِهِ مَا بَيْنَ ثَلَاثِينَ مَوْزَةٍ إِلَى خَمْسِمِائَةٍ وَإِذَا كَانَ هَكَذَا عُمِدَ الْقِنْوُ.

[م و ل]: (الْمَالُ) النِّصَابُ عَنْ الْغُورِيِّ، وَعَنْ اللَّيْثِ: مَالُ أَهْلِ الْبَادِيَةِ النَّعَمُ، وَعَنْ مُحَمَّدٍ رَحِمَهُ اللهُ تَعَالَى: (الْمَالُ) كُلُّ مَا يَتَمَلَّكُهُ النَّاسُ مِنْ دَرَاهِمَ أَوْ دَنَانِيرَ أَوْ ذَهَبٍ أَوْ فِضَّةٍ أَوْ حِنْطَةٍ أَوْ شَعِيرٍ أَوْ خُبْزٍ أَوْ حَيَوَانٍ أَوْ ثِيَابٍ أَوْ سِلَاحٍ أَوْ غَيْرِ ذَلِكَ.

(وَالْمَالُ الْعَيْنُ) هُوَ الْمَضْرُوبُ وَغَيْرُهُ مِنْ الذَّهَبِ وَالْفِضَّةِ سِوَى الْمُمَوَّهِ وَالصَّفْرَاءُ وَالْبَيْضَاءُ وَالصَّامِتُ مِثْلُهُ، وَفِي اصْطِلَاحِ الْحِسَابِ: (الْمَالُ) اسْمٌ لِلْمُجْتَمِعِ مِنْ ضَرْبِ الْعَدَدِ فِي نَفْسِهِ، وَمَالَ يَمُولُ وَيَمَالُ وَتَمَوَّلَ بِمَعْنًى: إِذَا صَارَ ذَا مَالٍ، وَيُقَالُ: تَمَوَّلَ الشَّيْءَ إِذَا اتَّخَذَهُ مَالًا وَقِنْيَةً لِنَفْسِهِ، وَمِنْهُ:"الْخَمْرُ مُتَمَوَّلٌ". بِفَتْحِ الْوَاوِ، وَالتَّذْكِيرُ عَلَى تَأْوِيلِ: شَيْءٍ مُتَمَوَّلٍ.

[م و ن]: (مَانَهُ) يَمُونُهُ: قَامَ بِكِفَايَتِهِ، وَمِنْهُ قَوْلُ الْكَرْخِيِّ فِي زَكَاةِ السَّائِمَةِ: فَإِنْ كَانَتْ تَرْعَى حِينًا وَحِينًا (تُمَانُ) وَتُعْلَفُ، وَأَمَّا قَوْلُهُ: (السَّائِمَةُ) هِيَ الرَّاعِيَةُ إِذَا كَانَتْ تَكْتَفِي بِالرَّعْيِ، وَيَمُونُهَا ذَلِكَ فَمَجَازٌ.

[م و هـ]: (مَوَّهَ) الشَّيْءَ: طَلَاهُ بِمَاءِ الذَّهَبِ أَوْ الْفِضَّةِ وَمَا تَحْتَ ذَلِكَ حَدِيدٌ أَوْ شَبَهٌ، وَمِنْهُ قَوْلٌ: مُمَوَّهٌ، أَيْ: مُزَخْرَفٌ. (وَمَاءُ السَّمَاءِ) فِي (م ز، م ز ق).

(وَالْمَاهُ) قَصَبَةُ الْبَلَدِ عَنْ الْأَزْهَرِيِّ، وَمِنْهُ قَوْلُهُمْ: ضُرِبَ هَذَا الدِّرْهَمُ بِمَاهِ الْبَصْرَةِ أَوْ بِمَاهِ فَارِسٍ، قَالَ: وَكَأَنَّهُ مُعَرَّبٌ. (وَمَاهُ دِينَارٍ): حِصْنٌ قَدِيمٌ بَيْنَ خَيْبَرَ وَالْمَدِينَةِ.

الْمِيمُ مَعَ الْهَاءِ

[م هـ ر]: (الْمَاهِرُ) الْحَاذِقُ، وَقَدْ مَهَرَ فِي صِنَاعَتِهِ مَهَارَةً، (وَمَهَرَ الْمَرْأَةَ) أَعْطَاهَا الْمَهْرَ، وَمِنْهُ الْمَثَلُ: (أَحْمَقُ مِنَ الْمَمْهُورَةِ إِحْدَى خَدَمَتَيْهَا).

(وَأَمْهَرَهَا) سَمَّى لَهَا مَهْرًا وَتَزَوَّجَهَا بِهِ، وَمِنْهُ مَا رُوِيَ: أَنَّ النَّجَاشِيَّ أَمْهَرَ أُمَّ حَبِيبَةَ أَرْبَعَمِائَةِ دِينَارٍ وَأَدَّاهَا عَنْ النَّبِيِّ صَلَّى اللهُ عَلَيْهِ وَآلِهِ وَسَلَّمَ"، وَهُوَ الصَّوَابُ بِدَلِيلِ الرِّوَايَةِ الْأُخْرَى: أَنَّهُ زَوَّجَهَا النَّبِيَّ صَلَّى اللهُ عَلَيْهِ وَآلِهِ وَسَلَّمَ فَبَلَغَهُ ذَلِكَ فَأَجَازَ النِّكَاحَ." وَنَهَى

عَنْ مَهْرِ الْبَغِيِّ"[(١)]. أَيْ: عَنْ أُجْرَةِ الْفَاجِرَةِ.

[م هـ ق]: (أَبْيَضُ أَمْهَقُ) شَدِيدُ الْبَيَاضِ كَلَوْنِ الْجِصِّ.

[م هـ ل]: (أَمْهَلْتُهُ وَمَهَّلْتُهُ) أَنْظَرْتُهُ وَلَمْ أُعَاجِلْهُ، وَالاسْمُ (الْمُهْلَةُ) مِنَ الْمَهْلِ بِالسُّكُونِ، وَهُوَ التُّؤَدَةُ وَالرِّفْقُ. (وَتَمَهَّلَ) فِي الْأَمْرِ: اتَّأَدَ فِيهِ، (وَتَمَهَّلَ) أَيْضًا: تَقَدَّمَ مِنَ الْمَهَلِ بِالتَّحْرِيكِ، وَهُوَ التَّقَدُّمُ وَبِهِ كُنِّيَ (أَبُو مَهَلٍ) عُرْوَةُ بن عَبْدِ اللهِ بن قُشَيْرٍ الْجُعْفِيُّ عَنْ ابْنِ سِيرِينَ، وَعَنْهُ الثَّوْرِيُّ، وَمَا وَقَعَ فِي بَعْضِ نُسَخِ السِّيَرِ: سُفْيَانُ الثَّوْرِيُّ عَنْ أَبِي مَهَلٍ، تَحْرِيفٌ.

وَفِي حَدِيثِ أَبِي بَكْرٍ رَضِيَ اللهُ عَنْهُ: "ادْفِنُونِي فِي ثَوْبَيَّ هَذَيْنِ فَإِنَّهُمَا لِلْمُهْلِ وَالصَّدِيدِ". الرِّوَايَةُ فِي جَمِيعِ الْأُصُولِ: "فَإِنَّهُمَا لِلْمُهْلِ وَالتُّرَابِ"، وَيُرْوَى: (لِلْمَهَلَةِ) بِالْفَتْحِ وَالْكَسْرِ، وَالْأَوَّلُ بِالضَّمِّ لَا غَيْرُ، وَثَلَاثَتُهَا: الصَّدِيدُ وَالْقَيْحُ.

[م هـ ن]: (الْمَهْنَةُ) بِفَتْحِ الْمِيمِ وَكَسْرِهَا: الْخِدْمَةُ وَالِابْتِذَالُ، وَيُقَالُ لِلْأَمَةِ: إِنَّهَا الْحَسَنَةُ الْمَهْنَةِ، أَيْ: الْحَلْبِ، وَالْمَرْأَةُ تَقُومُ (بِمَهْنَةِ) بَيْتِهَا، أَيْ: بِإِصْلَاحِهَا، وَأَنْكَرَ الْأَصْمَعِيُّ الْكَسْرَ.

الْمِيمُ مَعَ الْيَاءِ

[م ي د]: (مَادَ مَيْدًا) مَالَ، وَمِنْهُ حَدِيثُ تُبَيْعٍ الْمَائِدُ فِيهِ كَالْمُتَشَحِّطِ فِي دَمِهِ أَيْ: مَنْ غَزَا فِي الْبَحْرِ وَمَادَتْ بِهِ السَّفِينَةُ مِنْ جَانِبٍ إِلَى جَانِبٍ كَالشَّهِيدِ الَّذِي تَلَطَّخَ بِالدَّمِ فِي سَبِيلِ اللهِ تَعَالَى.

[م ي ر]: (مَارَ أَهْلَهُ) أَتَاهُمْ بِالْمِيرَةِ، وَهِيَ الطَّعَامُ (وَامْتَارَهَا لِنَفْسِهِ).

[م ي س]: (أَبُو الرُّقَادِ): لَقَدْ خَشِيتُ أَنْ يَكُونَ مِنْ صُلْبِي (بِمَيْسَانَ) رِجَالٌ وَنِسَاءٌ، هِيَ مِنْ كُوَرِ الْعِرَاقِ، وَإِنَّمَا قَالَ ذَلِكَ؛ لِأَنَّهُ سَبَى جَارِيَةً مِنْ أَهْلِ مَيْسَانَ، وَقَدْ وَطِئَهَا زَمَانًا، ثُمَّ لَمَّا أَمَرَهُمْ عُمَرُ رَضِيَ اللهُ عَنْهُ بِتَخْلِيَةِ السَّبْيِ خَلَّى هُوَ تِلْكَ الْجَارِيَةَ وَلَمْ يَدْرِ أَكَانَتْ حَامِلًا أَمْ لَا.

وَأَمَّا (بَيْسَانُ) بِالْبَاءِ فَبِالشَّامِ.

(١) أخرجه أحمد في مسنده (١٨٢٨٧)، وأبو عوانة في مسنده (٥٢٨١)، والبيهقي في السنن الكبرى في: ج ٦: ص١٢٦

[م ي ط]: (أَمَاطَ) الْأَذَى عَنْ الطَّرِيقِ إِمَاطَةً: نَحَّاهُ وَأَزَالَهُ، وَمِنْهُ:"أَمِطْهُ وَلَوْ بِإِذْخِرَةٍ".

[م ي ف]: (الْمِيفُ) بِكَسْرِ الْمِيمِ الْمِنْسَغَةُ، وَهِيَ قُبْضَةٌ مِنْ الرِّيشِ يُنْسَغُ بِهَا الْقُرْصُ.

[م ي ل]: عن[١] الْأَزْهَرِيُّ: الْمِيلُ فِي كَلَامِ الْعَرَبِ: مِقْدَارُ مَدَى الْبَصَرِ مِنْ الْأَرْضِ. قَالَ: وَقِيلَ لِلْأَعْلَامِ الْمَبْنِيَّةِ فِي طَرِيقِ مَكَّةَ: (أَمْيَالٌ) لِأَنَّهَا بُنِيَتْ عَلَى مَقَادِيرِ مَدَى الْبَصَرِ مِنْ الْمِيلِ إِلَى الْمِيلِ وَكُلُّ ثَلَاثَةِ أَمْيَالٍ فَرْسَخٌ.

قُلْتُ: وَعَنْ أَبِي عَلِيٍّ أُسْتَاذِ وَالِدِي: إِنَّهُمْ إِنَّمَا[٢] قَالُوا: الْمِيلُ الْهَاشِمِيُّ؛ لِأَنَّ بَنِي هَاشِمٍ حَدَّدُوهُ وَأَعْلَمُوهُ.

وَأَمَّا (الْمِيلَانِ الْأَخْضَرَانِ) فَهُمَا شَيْئَانِ عَلَى شَكْلِ الْمِيلَيْنِ مَنْحُوتَانِ مِنْ نَقْشِ جِدَارِ الْمَسْجِدِ الْحَرَامِ، إِلَّا أَنَّهُمَا مُنْفَصِلَانِ عَنْهُ، وَهُمَا عَلَامَتَانِ لِمَوْضِعِ الْهَرْوَلَةِ فِي مَمَرِّ بَطْنِ الْوَادِي بَيْنَ الصَّفَا وَالْمَرْوَةِ.

(الْمَائِلَاتُ الْمُمِيلَاتُ) فِي (كس، ك س و).

---

(١) سقط من: م.

(٢) زيادة من: م.

باب النون

النُّونُ مَعَ الْبَاءِ الْمُوَحَّدَةِ

[ن ب ب]: (الْأُنْبُوبُ) مَا بَيْنَ الْكَعْبَيْنِ مِنْ الْقَصَبِ، وَفِي الْوَاقِعَاتِ: (وَأُنْبُوبُ) حَوْضِ الْحَمَّامِ، وَهُوَ مُسْتَعَارٌ لِمَسِيلِ مَائِهِ لِكَوْنِهِ أَجْوَفَ مُسْتَدِيرًا كَالْقَصَبِ.

[ن ب ت]: وَفِي الْحَدِيثِ:"مَنْ أَشْكَلَ بُلُوغُهُ (فَالْإِنْبَاتُ) دَلِيلُهُ"، وَهُوَ مَصْدَرُ (أَنْبَتَ) الْغُلَامُ إذَا نَبَتَتْ عَانَتُهُ، وَمِنْهُ قَوْلُهُ فِي الْحَجْرِ: وَلَا اعْتِبَارَ بِالنُّهُودِ وَالْإِنْبَاتِ.

(النَّبِيتِ) فِي (س ت، س ت هـ).

[ن ب ج]: (كِسَاءٌ أَنْبَجَانِيٌّ) وَمَنْبَجَانِيٌّ بِفَتْحِ الْبَاءِ، وَكِلَاهُمَا مَنْسُوبٌ إلَى مَنْبِجَ بِكَسْرِ الْبَاءِ مَوْضِعٌ بِالشَّامِ.

[ن ب ح]: (ابْنُ النَّبَّاحِ) مُؤَذِّنُ عَلِيٍّ رَضِيَ اللهُ عَنْهُ، فَعَّالٌ مِنْ نُبَاحِ الْكَلْبِ.

[ن ب ذ]: (نَبَذَ) الشَّيْءَ مِنْ يَدِهِ: طَرَحَهُ وَرَمَى بِهِ نَبْذًا، وَصَبِيٌّ مَنْبُوذٌ، وَمِنْهُ: "انْتَهَى[1] إلَى قَبْرِ مَنْبُوذٍ فَصَلَّى عَلَيْهِ[2]". هَكَذَا عَلَى الْإِضَافَةِ، وَرُوِيَ:"إلَى قَبْرٍ مَنْبُوذٍ" عَلَى الْوَصْفِ، أَيْ: بَعِيدٍ مِنْ الْقُبُورِ مِنْ (انْتَبَذَ) إذَا تَنَحَّى، وَمِنْهُ: ﴿فَانْتَبَذَتْ بِهِ مَكَانًا قَصِيًّا﴾ [سورة مريم آية ٢٢] وَفِي الْحَدِيثِ: "لَا صَلَاةَ لِمُنْتَبِذٍ". أَيْ: لِمُنْفَرِدٍ مِنْ الصَّفِّ، وَلَفْظُ الْحَدِيثِ كَمَا هُوَ فِي الْفِرْدَوْسِ وَكِتَابِ السُّنَنِ الْكَبِيرِ: "لَا صَلَاةَ لِفَرْدٍ خَلْفَ الصَّفِّ"[3]. وَجَلَسَ (نُبْذَةً) إلَى نَاحِيَةٍ، وَفِي حَدِيثِ (الْمُعْتَدَّةِ): "إلَّا نُبْذَةَ قُسْطٍ". أَيْ: قِطْعَةً مِنْهُ. وَفِي حَدِيثٍ آخَرَ: "رَخَّصَ لَنَا صَلَّى اللهُ عَلَيْهِ وَآلِهِ وَسَلَّمَ إذَا اغْتَسَلَتْ إحْدَانَا مِنْ الْمَحِيضِ فِي نُبْذَةٍ مِنْ كُسْتِ أَظْفَارٍ". هُوَ الْقُسْطُ بِإِبْدَالِ الْكَافِ مِنْ الْقَافِ، وَالتَّاءِ مِنْ الطَّاءِ، وَالْبَاءِ بِنُقْطَةٍ مِنْ تَحْتُ تَصْحِيفٌ.

---

(١) زيادة من: م.

(٢) زيادة من: م.

(٣) أخرجه ابن حبان في صحيحه (٢٢٠٣)، والبيهقي في السنن الكبرى في: ج ٣: ص١٠٥، والبوصيري في إتحاف الخيرة (١٩٢٥)

(وَأظْفَارٌ) مَوْضِعٌ أُضِيفَ الْكُسْتُ إلَيْهِ، وَيُقَالُ: الْحَائِضُ تَسْتَعْمِلُ شَيْئًا مِنْ قُسْطٍ وَأَظْفَارٍ، وَهُمَا مِمَّا يُتَبَخَّرُ بِهِ، وَلَا آمَنُ أَنْ يَكُونَ مَا فِي الْحَدِيثِ كَذَلِكَ، وَتَكُونَ الْإِضَافَةُ مِنْ تَحْرِيفِ النَّقَلَةِ.

(وَبَيْعُ الْمُنَابَذَةِ) وَبَيْعُ الْحَصَاةِ وَبَيْعُ إلْقَاءِ الْحَجَرِ وَاحِدٌ، وَهِيَ فِي (ل م، ل م س).

(وَنَبَذَ الْعَهْدَ) نَقَضَهُ، وَهُوَ مِنْ ذَلِكَ؛ لِأَنَّهُ طَرْحٌ لَهُ. (وَالنَّبِيذُ) التَّمْرُ يُنْبَذُ فِي جَرَّةِ الْمَاءِ أَوْ غَيْرِهَا، أَيْ: يُلْقَى فِيهَا حَتَّى يَغْلِيَ، وَقَدْ يَكُونُ مِنْ الزَّبِيبِ وَالْعَسَلِ.

[ن ب ش]: (النَّبْشُ) اسْتِخْرَاجُ الشَّيْءِ الْمَدْفُونِ مِنْ بَابِ طَلَبَ، وَمِنْهُ: (النَّبَّاشُ) الَّذِي يَنْبُشُ الْقُبُورَ، وَقَوْلُهُ: "وَإِنْ كَانُوا دَفَنُوهُ لَمْ يُنْشَرْ عَنْهُ الْقَبْرُ". تَصْحِيفُ: يُنْبَشْ، وَبِتَصْغِيرِ الْمَرَّةِ مِنْهُ سُمِّيَ (نُبَيْشَةُ الْخَيْرِ الْهُذَلِيُّ) مِنْ الصَّحَابَةِ.

[ن ب ض]: فِي الْحَجِّ (النَّابِضُ): الرَّامِي، وَحَقِيقَتُهُ: ذُو الْإِنْبَاضِ، كَقَوْلِهِمْ: بَلَدٌ عَاشِبٌ وَمَاحِلٌ، يُقَالُ: (أَنْبَضَ) الرَّامِي الْقَوْسَ، وَعَنْ الْقَوْسِ، وَأَنْبَضَ بِالْوَتَرِ: إذَا جَذَبَهُ ثُمَّ أَرْسَلَهُ لِيُصَوِّتَ.

[ن ب ط]: (النَّبَطُ) جِيلٌ مِنْ النَّاسِ بِسَوَادِ الْعِرَاقِ، الْوَاحِدُ (نَبَطِيٌّ)، وَعَنْ ثَعْلَبٍ عَنْ ابْنِ الْأَنْبَارِيِّ: رَجُلٌ نَبَاطِيٌّ، وَلَا تَقُلْ: نَبَطِيٌّ، وَقَوْلُهُ: الْوَاقِفُ أَرَادَ الصَّرْفَ إلَى كَذَا وَكَذَا وَإِلَى الْعَلَوِيِّ وَالنَّبَطِيِّ، قِيلَ: كَأَنَّهُ عَنَى الْعَامِّيَّ.

(وَفَرَسٌ أَنْبَطُ) أَبْيَضُ الظَّهْرِ.

[ن ب ع]: (نَبَعَ) الْمَاءُ يَنْبُعُ: خَرَجَ مِنْ الْأَرْضِ نُبُوعًا وَنَبْعًا وَنَبَعَانًا، وَمِنْهُ: قَوْلُ أَبِي يُوسُفَ: فَتَوَضَّأَ فِي نَبَعَانِهِ.

[ن ب ل]: (النَّبْلُ) السِّهَامُ الْعَرَبِيَّةُ، اسْمٌ مُفْرَدُ اللَّفْظِ مَجْمُوعُ الْمَعْنَى، وَجَمْعُهُ: نِبَالٌ، وَالنُّشَّابُ التُّرْكِيَّةُ الْوَاحِدَةُ: نُشَّابَةٌ. (وَرَجُلٌ نَابِلٌ) وَنَاشِبٌ: ذُو نَبْلٍ وَذُو نُشَّابٍ.

وَفِي الْحَدِيثِ: "اتَّقُوا الْمَلَاعِنَ وَأَعِدُّوا النُّبَلَ". هِيَ بِالضَّمِّ وَالْفَتْحِ: حِجَارَةُ الِاسْتِنْجَاءِ، وَالضَّمُّ اخْتِيَارُ الْأَصْمَعِيِّ جَمْعُ (نُبْلَةٍ)، وَهِيَ مَا تَنَاوَلْتَهُ مِنْ حَجَرٍ أَوْ مَدَرٍ.

النُّونُ مَعَ التَّاءِ الْفَوْقَانِيَّةِ

[ن ت أ]: (نَتَأَ) خَرَجَ وَارْتَفَعَ، وَمِنْهُ قَوْلُهُمْ: الْكَعْبُ عَظْمٌ نَاتِئٌ.

[ن ت ج]: (النِّتَاجُ) اسْمٌ لِجَمْعِ وَضْعِ الْغَنَمِ وَالْبَهَائِمِ كُلِّهَا عَنْ اللَّيْثِ وَغَيْرِهِ، ثُمَّ سُمِّيَ بِهِ الْمَنْتُوجُ، وَمِنْهُ مَا فِي الْمُخْتَصَرِ: لَا يَجُوزُ بَيْعُ الْحَمْلِ وَلَا النِّتَاجِ، يَعْنِي: نِتَاجَ

الْحَمْلِ، وَهُوَ حَبَلُ الْحَبَلَةِ فِي الْحَدِيثِ الْمَشْهُورِ، وَمَنْ قَالَ الْمُرَادُ بِالْحَمْلِ: مَا فِي بُطُونِ النِّسَاءِ، وَبِالنِّتَاجِ: مَا فِي بُطُونِ الْبَهَائِمِ، فَبَعِيدٌ. وَمَنْ رَوَى:"عَنْ بَيْعِ الْحَمْلِ قَبْلَ النِّتَاجِ". فَضَعِيفٌ.

وَقَدْ (نَتَجَ النَّاقَةَ) يَنْتِجُهَا نَتْجًا: إِذَا وَلِيَ نِتَاجَهَا حَتَّى وَضَعَتْ فَهُوَ نَاتِجٌ، وَهُوَ لِلْبَهَائِمِ كَالْقَابِلَةِ لِلنِّسَاءِ، وَالْأَصْلُ (نَتَجَهَا وَلَدًا) مُعَدًّى إِلَى مَفْعُولَيْنِ، وَعَلَيْهِ بَيْتُ الْحَمَاسَةِ:

هُمْ نَتَجُوك تَحْتَ اللَّيْلِ سَقْبًا ... خَبِيثَ[1] الرِّيحِ مِنْ خَمْرٍ وَمَاءِ

فَإِذَا بُنِيَ لِلْمَفْعُولِ الْأَوَّلِ قِيلَ: نُتِجَتْ وَلَدًا، إِذَا وَضَعَتْهُ، وَعَلَيْهِ حَدِيثُ الْحَارِثِ: كُنَّا إِذَا نُتِجَتْ فَرَسُ أَحَدِنَا فَلُوًّا - أَيْ: مُهْرًا - ذَبَحْنَاهُ، وَقُلْنَا: الْأَمْرُ قَرِيبٌ، فَبَلَغَ ذَلِكَ عُمَرَ رَضِيَ اللهُ عَنْهُ، فَقَالَ: لَا تَفْعَلُوا؛ فَإِنَّ فِي الْأَمْرِ تَرَاخِيًا - يَعْنِي: أَمْرَ السَّاعَةِ -، وَالتَّرَاخِي: الْبُعْدُ.

ثُمَّ إِنَّهُ[2] إِذَا بُنِيَ لِلْمَفْعُولِ الثَّانِي قِيلَ: نُتِجَ الْوَلَدُ، وَعَلَيْهِ قَوْلُ أَبِي الطَّيِّبِ الْمُتَنَبِّي:

وَكَأَنَّمَا نُتِجَتْ قِيَامًا تَحْتَهُمْ ... وَكَأَنَّهُمْ وُلِدُوا عَلَى صَهَوَاتِهَا

وَمِنْهُ قَوْلُ الْفُقَهَاءِ: وَلَوْ أَقَامَ الْبَيِّنَةَ فِي دَابَّةٍ أَنَّهَا نُتِجَتْ عِنْدَهُ، أَيْ: وَلَدَتْ وَوَضَعَتْ، وَهَذَا التَّقْرِيرُ لَا [تَعْرِفُهُ إِلَّا فِي هَذَا][3] الْكِتَابِ.

وَمِنْ النَّاتِجِ قَوْلُ شُرَيْحٍ: النَّاتِجُ أَوْلَى مِنْ الْعَارِفِ، عَنَى بِهِ: مَنْ نُتِجَتْ عِنْدَهُ أَوْ نَتَجَهَا هُوَ، وَبِالْعَارِفِ: الْخَارِجَ الَّذِي يَدَّعِي مِلْكًا مُطْلَقًا دُونَ النِّتَاجِ، وَإِنَّمَا سُمِّيَ عَارِفًا؛ لِأَنَّهُ قَدْ كَانَ فَقَدَهُ فَلَمَّا وَجَدَهُ عَرَفَهُ.

(وَفَرَسٌ نَتُوجٌ وَمُنْتِجٌ): دَنَا نِتَاجُهَا وَعَظُمَ بَطْنُهَا، وَكَذَا كُلُّ ذَاتِ حَافِرٍ، وَقَدْ (أَنْتَجَتْ) إِذَا صَارَتْ كَذَلِكَ، وَمِنْهُ: اسْتَعَارَ دَابَّةً نَتُوجًا فَأَزْلَقَتْ مِنْ غَيْرِ أَنْ يَعْنُفَ عَلَيْهَا، مِنْ بَابِ قَرُبَ.

[ن ت ر]: (النَّتْرُ) الْجَذْبُ فِي جَفْوَةٍ مِنْ بَابِ طَلَبَ، وَمِنْهُ: "إِذَا بَالَ أَحَدُكُمْ فَلْيَنْتُرْ ذَكَرَهُ ثَلَاثَ نَتَرَاتٍ".

[ن ت ف]: (نَتَفَ) الشَّعْرَ وَالرِّيشَ وَنَحْوَهُ: نَزَعَهُ، (وَالْمَنْتُوفُ) الْمُولَعُ بِنَتْفِ لِحْيَتِهِ.

---

(١) في خ: "خبيث"، وهو الأصح.

(٢) زيادة من: م.

(٣) في خ: "يعرفه إلا هذا".

وَيُكْنَى بِهِ عَنِ الْمُخَنَّثِ؛ لِأَنَّ ذَلِكَ مِنْ عَادَتِهِ، وَمِنْهُ: وَلَوْ قَالَ: يَا مَنْتُوفُ، لَا يُعَزَّرُ.

النُّونُ مَعَ الثَّاءِ الْمُثَلَّثَةِ

[ن ث ر]: (نَثْرُ) اللُّؤْلُؤِ وَنَحْوِهِ مَعْرُوفٌ، وَمِنْهُ: نَثَرَتِ الْمَرْأَةُ لِلزَّوْجِ ذَا بَطْنِهَا (وَنَثَرَتْ بَطْنُهَا) إِذَا أَكْثَرَتِ الْوَلَدَ، (وَامْرَأَةٌ نَثُورٌ) كَثِيرَةُ الْأَوْلَادِ.

(وَالِاسْتِنْثَارُ) الِاسْتِنْشَاقُ، وَلَمْ يُسْمَعْ بِهِ مُتَعَدِّيًا إِلَّا فِي حَدِيثِ الْحَسَنِ بن عَلِيٍّ: أَنَّهُ اسْتَنْثَرَ أَنْفَهُ، وَكَأَنَّهُ نُظِرَ فِيهِ إِلَى[1] الْأَصْلِ، أَوْ ضُمِّنَ مَعْنَى (نَقَّى) فَعُدِّيَ تَعْدِيَتَهُ. وَعَنِ الْفَرَّاءِ: (نَثَرَ) الرَّجُلُ وَانْتَثَرَ وَاسْتَنْثَرَ اسْتَنْشَقَ وَحَرَّكَ (النَّثْرَةَ)، وَهِيَ طَرَفُ الْأَنْفِ، وَقِيلَ: الِاسْتِنْثَارُ وَالنَّثْرُ: أَنْ يَسْتَنْشِقَ الْمَاءَ، ثُمَّ يَسْتَخْرِجَ مَا فِيهِ مِنْ أَذًى أَوْ مُخَاطٍ، وَعَنِ الْجَوْهَرِيِّ: الِانْتِثَارُ وَالِاسْتِنْثَارُ: نَثْرُ مَا فِي الْأَنْفِ بِنَفَسٍ، وَمِمَّا يَدُلُّ عَلَى أَنَّهُ صَلَّى اللهُ عَلَيْهِ وَآلِهِ وَسَلَّمَ غَيْرُ الِاسْتِنْشَاقِ مَا رُوِيَ: أَنَّهُ صَلَّى اللهُ عَلَيْهِ وَسَلَّمَ" كَانَ إِذَا تَوَضَّأَ يَسْتَنْشِقُ ثَلَاثًا فِي كُلِّ مَرَّةٍ يَسْتَنْثِرُ"، وَعَنْ أَبِي هُرَيْرَةَ: أَنَّهُ صَلَّى اللهُ عَلَيْهِ وَآلِهِ وَسَلَّمَ قَالَ: "إِذَا تَوَضَّأَ أَحَدُكُمْ فَلْيَجْعَلِ الْمَاءَ فِي أَنْفِهِ، ثُمَّ لِيَنْثِرْ"[2].

وَفِي حَدِيثٍ آخَرَ: "إِذَا اسْتَنْشَقْتَ فَانْثُرْ". بِوَصْلِ الْهَمْزَةِ وَقَطْعِهَا، وَقَدْ أَنْكَرَ الْأَزْهَرِيُّ الْقَطْعَ بَعْدَمَا رَوَاهُ عَنْ أَبِي عُبَيْدَةَ.

[ن ث ل]: (نَثَلَ) كِنَانَتَهُ: اسْتَخْرَجَ مَا فِيهَا مِنَ النَّبْلِ، مِنْ بَابِ طَلَبَ.

النُّونُ مَعَ الْجِيمِ

[ن ج ب]: (الْمُسَيَّبُ بن نَجَبَةَ) الْفَزَارِيُّ بِفَتْحَتَيْنِ، تَابِعِيٌّ.

[ن ج د]: (النَّجْدَةُ) الشَّجَاعَةُ، وَأَنْجَدَهُ: أَعَانَهُ، وَاسْتَنْجَدَهُ: اسْتَعَانَهُ، وَفِي الْحَدِيثِ: "نِعْمَ الْمَالُ أَرْبَعُونَ، وَالْكُثْرُ سِتُّونَ، وَالْوَيْلُ لِأَصْحَابِ الْمِئِينَ إِلَّا مَنْ أَعْطَى فِي (نَجْدَتِهَا) وَرِسْلِهَا، وَأَطْرَقَ فَحْلَهَا، وَأَفْقَرَ ظَهْرَهَا، وَأَطْعَمَ الْقَانِعَ وَالْمُعْتَرَّ". قَالَ أَبُو عُبَيْدٍ: قَالَ أَبُو عُبَيْدَةَ: (نَجْدَتُهَا) أَنْ تَكْثُرَ شُحُومُهَا حَتَّى يَمْنَعَ ذَلِكَ صَاحِبَهَا أَنْ يَنْحَرَهَا نَفَاسَةً بِهَا، فَصَارَ ذَلِكَ بِمَنْزِلَةِ الشَّجَاعَةِ لَهَا، تَمْتَنِعُ بِذَلِكَ مِنْ رَبِّهَا، وَمِنْ أَمْثَالِهِمْ: أَخَذَتِ الْإِبِلُ أَسْلِحَتَهَا وَتَتَرَّسَتْ بِتِرَسَتِهَا، وَقَالَتْ لَيْلَى الْأَخْيَلِيَّةُ:

---

(١) زيادة من: م.
(٢) أخرجه ابن حبان في صحيحه (١٤٣٩)

وَلَا تَأْخُذْ الْكُومَ الصَّفَا يَا سِلَاحَهَا لِتَوْبَةٍ فِي نَحْسِ الشِّتَاءِ الصَّنَابِرِ

قَالَ: (وَرِسْلُهَا) أَنْ لَا يَكُونَ لَهَا سِمَنٌ فَيَهُونُ عَلَيْهِ إِعْطَاؤُهَا فَهُوَ يُعْطِيهَا عَلَى رِسْلِهِ، أَيْ: مُسْتَهِينًا بِهَا، وَقِيلَ: (النَّجْدَةُ) الْمَكْرُوهُ وَالْمَشَقَّةُ، يُقَالُ: لَاقَى فُلَانٌ نَجْدَةً، وَرَجُلٌ مَنْجُودٌ: مَكْرُوبٌ، وَالرِّسْلُ: السُّهُولَةُ، مِنْ قَوْلِهِمْ: عَلَى رِسْلِكَ، أَيْ: عَلَى هَيْنَتِكَ، أَرَادَ: إِلَّا مَنْ أَعْطَى عَلَى كُرْهِ النَّفْسِ وَمَشَقَّتِهَا، وَعَلَى طِيبٍ مِنْهَا وَسُهُولَةٍ، وَهَذَا قَرِيبٌ مِنَ الْأَوَّلِ، وَأَنْشَدَ أَبُو عَمْرٍو الْمَرَّارَ:

لَهُمْ إِبِلٌ لَا مِنْ دِيَــــاتٍ وَلَمْ تَكُنْ مُهُورًا وَلَا مِنْ مَكْسَبٍ غَيْرِ طَائِــــلِ

مُخَيَّسَةٌ فِي كُلِّ رِسْــــلٍ وَنَجْدَةٍ وَقَدْ عُرِفَتْ أَلْوَانُهَا فِي الْمَعَاقِــــلِ

وَفَسَّرَ (الرِّسْلَ) بِالْخِصْبِ، (وَالنَّجْدَةَ) بِالشِّدَّةِ، وَقَدْ رَوَى أَبُو هُرَيْرَةَ رَضِيَ اللهُ عَنْهُ التَّفْسِيرَ مَوْصُولًا بِالْحَدِيثِ قَالَ: قَالَ رَسُولُ اللهِ صَلَّى اللهُ عَلَيْهِ وَآلِهِ وَسَلَّمَ:"وَنَجْدَتُهَا عُسْرُهَا، وَرِسْلُهَا يُسْرُهَا".

(وَالْإِفْقَارُ) الْإِعَارَةُ لِلرُّكُوبِ، وَإِطْرَاقُ الْفَحْلِ: إِعَارَتُهُ لِيَطْرُقَ إِبِلَهُ، أَيْ: لِيَنْزُوَ عَلَيْهَا. (وَالْقَانِعُ) السَّائِلُ، (وَالْمُعْتَرُّ) الَّذِي يَتَعَرَّضُ لِلسُّؤَالِ وَلَا يَسْأَلُ.

(وَالتَّنْجِيدُ) التَّزْيِينُ، وَيُقَالُ: نَجَّدْتُ الْبَيْتَ، إِذَا بَسَطْتُهُ بِثِيَابٍ مُوَشَّاةٍ. (وَنُجُودُ الْبَيْتِ) سُتُورُهُ الَّتِي تُشَدُّ عَلَى حِيطَانِهِ يُزَيَّنُ بِهَا،(وَالنَّاجُودُ) مِنْ أَوَانِي الْخَمْرِ.

[ن ج ذ]: (النَّوَاجِذُ) أَضْرَاسُ الْحُلُمِ، الْوَاحِدُ: نَاجِذٌ.

[ن ج ر]: (النَّجْرُ) مَصْدَرُ نَجَرَ الْخَشَبَةَ، إِذَا نَحَتَهَا مِنْ بَابِ طَلَبَ، وَبِتَصْغِيرِهِ سُمِّيَ أَحَدُ حُصُونِ حَضْرَمَوْتَ، وَمِنْهُ (يَوْمُ النُّجَيْرِ) مِنْ أَيَّامِ أَبِي بَكْرٍ لِزِيَادِ بن لَبِيدٍ.

(وَنَجْرَانُ) بِلَادٌ، وَأَهْلُهَا نَصَارَى.

[ن ج ز]: (أَنْجَزَ) الْوَعْدَ إِنْجَازًا: وَفَى بِهِ. (نَجَزَ الْوَعْدُ) وَهُوَ نَاجِزٌ: إِذَا حَصَلَ وَتَمَّ، وَمِنْهُ: بِعْتُهُ نَاجِزًا بِنَاجِزٍ، أَيْ: يَدًا بِيَدٍ، وَلَا يُبَاعُ غَائِبٌ بِنَاجِزٍ، أَيْ: نَسِيئَةٌ بِنَقْدٍ.

(وَاسْتَنْجَزَ الْوَعْدَ) وَتَنَجَّزَهُ طَلَبَ إِنْجَازَهُ، وَمِنْهُ: تَنَجُّزُ الْبَرَاءَةِ، وَهُوَ طَلَبُهَا وَأَخْذُهَا.

(وَالْمُنَاجَزَةُ) فِي الْحَرْبِ: الْمُبَارَزَةُ وَالْمُقَاتَلَةُ، وَمِنْهُ: فَإِنْ نُنَاجِزْهُمْ لَمْ تُطِقْهُمْ.

[ن ج س] (نَجَسًا) فِي (ق ل، ق ل ل).

[ن ج ش]: (النَّجَشُ) بِفَتْحَتَيْنِ: أَنْ تَسْتَامَ السِّلْعَةَ بِأَزْيَدَ مِنْ ثَمَنِهَا وَأَنْتَ لَا تُرِيدُ شِرَاءَهَا لِيَرَاكَ الْآخَرُ فَيَقَعَ فِيهِ، وَكَذَلِكَ فِي النِّكَاحِ وَغَيْرِهِ، وَمِنْهُ الْحَدِيثُ: "نَهَى عَنْ

النَّجْشِ"[١]، وَرُوِيَ بِالسُّكُونِ: "وَلَا تَنَاجَشُوا"[٢]. لَا تَفْعَلُوا ذَلِكَ، وَأَصْلُهُ مِنْ نَجْشِ الصَّيْدِ، وَهُوَ إِثَارَتُهُ.

(وَالنَّجَاشِيُّ) مَلِكُ الْحَبَشَةِ بِتَخْفِيفِ الْيَاءِ سَمَاعًا مِنَ الثِّقَاتِ، وَهُوَ اخْتِيَارُ الْفَارَابِيِّ، وَعَنْ صَاحِبِ التَّكْمِلَةِ بِالتَّشْدِيدِ، وَعَنْ الْغُورِيِّ كِلْتَا اللُّغَتَيْنِ، وَأَمَّا تَشْدِيدُ الْجِيمِ فَخَطَأٌ، وَاسْمُهُ (أَصْحَمَةُ) وَالسِّينُ تَصْحِيفٌ.

[ن ج ع]: (النُّجْعَةُ) اسْمٌ مِنْ الِانْتِجَاعِ، وَهُوَ طَلَبُ الْكَلَأِ، وَمِنْهُ: "أَبْعَدْت فِي النُّجْعَةِ وَمَنْ أَجْدَبَ جَنَابُهُ انْتَجَعَ".

[ن ج ف]: (النَّجَفُ) بِفَتْحَتَيْنِ: كَالْمُسَنَّاةِ بِظَاهِرِ الْكُوفَةِ عَلَى فَرْسَخَيْنِ مِنْهَا، يَمْنَعُ مَاءُ السَّيْلِ أَنْ يَعْلُوَ مَنَازِلَهَا وَمَقَابِرَهَا، وَمِنْهُ قَوْلُ الْقُدُورِيِّ: كَانَ الْأَسْوَدُ إِذَا حَجَّ قَصَرَ مِنْ النَّجَفِ وَعَلْقَمَةُ مِنْ الْقَادِسِيَّةِ.

[ن ج ل]: (الْمِنْجَلُ) مَا تُحْصَدُ بِهِ الزَّرْعُ، وَمِنْهُ: يُكْرَهُ الِاصْطِيَادُ بِالْمَنَاجِيلِ الَّتِي تَقْطَعُ الْعَرَاقِيبَ. وَالْيَاءُ لِإِشْبَاعِ الْكَسْرَةِ، وَقَوْلُهُ: الْقَيْلُولَةُ الْمُسْتَحَبَّةُ مَا بَيْنَ الْمِنْجَلَيْنِ، أَيْ: بَيْنَ دَاسِ الشَّعِيرِ وَدَاسِ الْحِنْطَةِ، هكذا[٣] فِي الْوَاقِعَاتِ.

[ن ج م]: (النَّجْمُ) هُوَ الطَّالِعُ، ثُمَّ سُمِّيَ بِهِ الْوَقْتُ، وَمِنْهُ قَوْلُ الشَّافِعِيِّ رَحِمَهُ اللهُ: أَقَلُّ (التَّأْجِيلِ) نَجْمَانِ، أَيْ: شَهْرَانِ، ثُمَّ سُمِّيَ بِهِ مَا يُؤَدَّى فِيهِ مِنْ الْوَظِيفَةِ، وَمِنْهُ حَدِيثُ عُمَرَ رَضِيَ اللهُ عَنْهُ: أَنَّهُ حَطَّ مِنْ مُكَاتَبٍ لَهُ أَوَّلَ نَجْمٍ حَلَّ عَلَيْهِ، أَيْ: أَوَّلَ وَظِيفَةٍ مِنْ وَظَائِفِ بَدَلِ الْمُكَاتَبَةِ، ثُمَّ اشْتَقُّوا مِنْهُ فَقَالُوا: نَجَّمَ الدِّيَةَ: أَدَّاهَا نُجُومًا، وَمِنْهُ قَوْلُهُ: (التَّنْجِيمُ) لَيْسَ بِشَرْطٍ.

(وَدَيْنٌ مُنَجَّمٌ) جُعِلَ نُجُومًا، وَأَصْلُ هَذَا مِنْ نُجُومِ الْأَنْوَاءِ؛ لِأَنَّهُمْ كَانُوا لَا يَعْرِفُونَ

---

(١) أخرجه البخاري (٦٩٦٣)، ومسلم (١٥١٩)، والنسائي (٤٤٩٧)، وابن ماجه (٢١٧٣)، ومالك في الموطأ رواية يحيى الليثي (١٣٩٢)، وأحمد في مسنده (٥٨٢٨)، وابن حبان في صحيحه (٤٩٦٨)، وأبو عوانة في مسنده (٤٩٣٩)، والنسائي في السنن الكبرى (٦٠٥٢)، والبيهقي في السنن الصغير (٢٠٤١)، والبيهقي في السنن الكبرى في: ج ٥: ص٣٤٣، والشافعي في مسنده (٨٣٠)، وأبو يعلى الموصلي في مسنده (٥٧٩٦)

(٢) أخرجه البخاري (٢٧٢٣)، ومسلم (١٥١٧)، والنسائي (٤٥٠٢)، والدارمي في سننه (٢٥٦٧)، ومالك في الموطأ رواية يحيى الليثي (١٣٩١)، وأحمد في مسنده (٧٦٧٠).

(٣) سقط من: م.

الْحِسَاب، وَإِنَّمَا يَحْفَظُونَ أَوْقَاتَ السَّنَةِ بِالْأَنْوَاءِ. (وَالنَّجْمُ) خِلَافُ الشَّجَرِ.

[ن ج و]: (النَّجْوُ) مَا يَخْرُجُ مِنَ الْبَطْنِ، وَبِتَصْغِيرِهِ سُمِّيَ وَالِدُ عَبْدِ اللهِ بن نُجَيٍّ قَسَّامُ عَلِيٍّ رَضِيَ اللهُ عَنْهُ، وَيُقَالُ: نَجَا وَأَنْجَى، إِذَا أَحْدَثَ، وَأَصْلُهُ مِنَ (النَّجْوَةِ) لِأَنَّهُ يُسْتَرُ بِهَا وَقْتَ قَضَاءِ الْحَاجَةِ، ثُمَّ قَالُوا: اسْتَنْجَى إِذَا مَسَحَ مَوْضِعَ النَّجْوِ أَوْ غَسَلَهُ، وَقِيلَ: هُوَ مِنْ نَجَا الْجِلْدَ إِذَا قَشَرَهُ، وَبِاسْمِ الْفَاعِلَةِ مِنْهُ سُمِّيَتْ (نَاجِيَةُ) قَبِيلَةٌ مِنَ الْعَرَبِ يُنْسَبُ إِلَيْهَا أَبُو الْمُتَوَكِّلِ (النَّاجِي) فِي حَدِيثِ التَّعَوُّذِ مِنْ شَرْحِ الْمُخْتَصَرِ، وَكَذَا أَبُو الصِّدِّيقِ النَّاجِي فِي حَدِيثِ التَّشَهُّدِ.

النُّونُ مَعَ الْحَاءِ الْمُهْمَلَةِ

[ن ح ب]: (نَحَبَ) بَكَى نَحِيبًا مِنْ بَابِ ضَرَبَ، وَعَنْ أَبِي عَمْرٍو: (النَّحْبُ) صَوْتٌ، وَفِي الصِّحَاحِ: (النَّحِيبُ) رَفْعُ الصَّوْتِ بِالْبُكَاءِ، وَمِنْهُ الْحَدِيثُ: "فَسُمِعَ نَحِيبُهُ".

[ن ح ر]: (النَّحْرُ) الطَّعْنُ فِي نَحْرِ الْبَعِيرِ مِنْ بَابِ مَنَعَ، وَمِنْهُ: (يَوْمُ النَّحْرِ) عَلَى التَّغْلِيبِ، وَقِيلَ: لِأَنَّ إِبْرَاهِيمَ عَلَيْهِ السَّلَامُ هَمَّ فِيهِ[1] بِنَحْرِ وَلَدِهِ، وَهَذَا مَجَازٌ، وَعَلَيْهِ حَدِيثُ ابْنِ عُمَرَ رَضِيَ اللهُ عَنْهُمَا: أَنَّ امْرَأَةً سَأَلَتْهُ: إِنِّي جَعَلْتُ وَلَدِي نَحِيراً، أَيْ: نَذَرْتُ أَنْ أَنْحَرَهُ، وَهُوَ فَعِيلٌ بِمَعْنَى مَفْعُولٍ، وَإِنْ لَمْ نَسْمَعْهُ.

[ن ح ز]: (النَّحْزُ الدَّقُّ) فِي الْمِسْحَقِ[2]، وَمِنْهُ: الْمِنْحَازُ.

[ن ح ل]: (نَحَلَهُ) كَذَا، أَيْ: أَعْطَاهُ إِيَّاهُ بِطِيبَةٍ مِنْ نَفْسِهِ مِنْ غَيْرِ عِوَضٍ، وَمِنْهُ حَدِيثُ أَبِي بَكْرٍ: أَنَّهُ (نَحَلَ) عَائِشَةَ رَضِيَ اللهُ عَنْهَا جِدَادَ عِشْرِينَ وَسْقًا، وَقِيلَ: الْمُرَادُ التَّسْمِيَةُ لَا التَّسْلِيمُ؛ لِأَنَّهُ قَالَ بَعْدُ: (لَمْ تَكُونِي قَبَضْتِهِ). وَالنُّحْلَى (وَالنِّحْلَةُ) وَالنُّحْلُ: الْعَطِيَّةُ، وَمِنْهُ **(وَآتُوا النِّسَاءَ صَدُقَاتِهِنَّ نِحْلَةً)** [سورة النساء آية ٤].

[ن ح م]: (النَّحَمَةُ) بِفَتْحَتَيْنِ: الصَّوْتُ، وَمِنْهَا لَقَبُ نُعَيْمٍ: النَّحَّامِ، أَحَدِ الصَّحَابَةِ، وَإِنَّمَا لُقِّبَ بِهِ لِأَنَّ النَّبِيَّ صَلَّى اللهُ عَلَيْهِ وَسَلَّمَ قَالَ: دَخَلْتُ الْجَنَّةَ فَسَمِعْتُ نَحْمَةً مِنْ نُعَيْمٍ.

---

(١) زيادة من: م.

(٢) في خ: "السحق".

النُّون مَعَ الْخَاءِ الْمُعْجَمَةِ

[ن خ خ]: (النَّخَّةُ) فِي (ك س، ك س ع).

[ن خ ر]: (الْمَنْخِرُ) خَرْقُ الْأَنْفِ، وَحَقِيقَتُهُ مَوْضِعُ النَّخِيرِ، وَهُوَ مَدُّ النَّفَسِ فِي الْخَيَاشِيمِ.

[ن خ س]: (نَخَسَ) الدَّابَّةَ نَخْسًا مِنْ بَابِ مَنَعَ: إذَا طَعَنَهَا بِعُودٍ أَوْ نَحْوِهِ، وَمِنْهُ (نَخَّاسُ الدَّوَابِّ): دَلَّالُهَا، وَفِي الْحَدِيثِ: "إنْ قَدَرْتُمْ عَلَى فُلَانٍ فَأَحْرِقُوهُ بِالنَّارِ، فَإِنَّهُ نَخَسَ بِزَيْنَبَ بِنْتِ رَسُولِ اللهِ صَلَّى اللهُ عَلَيْهِ وَآلِهِ وَسَلَّمَ". أَيْ: نَخَسَ دَابَّتَهَا، وَيُنْشَدُ:

وَالْمُقْحِمِينَ عَلَى عُثْمَانَ فِي الدَّارِ
لِلنَّاخِسِينَ بِمَرْوَانَ بِذِي خُشُبِ

أَيْ: نَخَسُوا بِهِ مِنْ خَلْفِهِ، وَأَزْعَجُوهُ حَتَّى سَيَّرُوهُ فِي الْبِلَادِ مَطْرُودًا، (وَذُو خُشُبٍ) بِضَمَّتَيْنِ: جَبَلٌ.

[ن خ ع]: (النُّخَاعُ) خَيْطٌ أَبْيَضُ فِي جَوْفِ عَظْمِ الرَّقَبَةِ يَمْتَدُّ إلَى الصُّلْبِ، وَالْفَتْحُ وَالضَّمُّ لُغَةٌ فِي الْكَسْرِ، وَمَنْ قَالَ: هُوَ عِرْقٌ فَقَدْ سَهَا، إنَّمَا ذَاكَ (الْبِخَاعُ) بِالْبَاءِ يَكُونُ فِي الْقَفَا، وَمِنْهُ: (بَخَعَ الشَّاةَ) إذَا بَلَغَ بِالذَّبْحِ ذَلِكَ الْمَوْضِعَ، وَالْبَخْعُ أَبْلَغُ مِنَ النَّخْعِ.

[ن خ ل]: (بَطْنُ نَخْلَةَ) مَوْضِعٌ بِالْحِجَازِ، وَهِيَ فِي الْأَصْلِ وَاحِدَةُ النَّخْلِ، وَتَصْغِيرُهَا (نُخَيْلَةٌ)، وَبِهَا سُمِّيَ مَوْضِعٌ آخَرُ بِالْبَادِيَةِ، وَرَأَيْتُ فِي كُتُبِ الْأَخْبَارِ: (النُّخَيْلَةُ) مَوْضِعٌ قَرِيبٌ مِنَ الْكُوفَةِ، وَهِيَ الَّتِي فِي الْجَامِعِ الصَّغِيرِ: شَهِدَ أَرْبَعَةٌ أَنَّهُ زَنَى بِالنُّخَيْلَةِ عِنْدَ طُلُوعِ الْفَجْرِ، وَأَرْبَعَةٌ أَنَّهُ زَنَى فِي بِدَيْرِ هِنْدٍ. وَالْبَاءُ وَالْجِيمُ تَصْحِيفٌ لِأَنَّهَا اسْمُ حَيٍّ مِنَ الْيَمَنِ، وَدَيْرُ هِنْدٍ [مِنْ مَحَالِّ الْكُوفَةِ][1] لَا يُسَاعِدُ عَلَيْهِ، وَأَمَّا ضَمُّ الْبَاءِ فَتَحْرِيفٌ أَصْلًا. وَفِي حَدِيثِ الْمَفْقُودِ:"أَتَعْرِفُ النَّخِيلَ؟" وَهُوَ اسْمُ جَمْعٍ، وَيُرْوَى: النَّخْلَ، وَهِيَ تَكْثُرُ حَوَالَيِ الْمَدِينَةِ.

[ن خ م]: (تَنَخَّمَ وَتَنَخَّعَ) رَمَى بِالنُّخَامَةِ وَالنُّخَاعَةِ، وَهِيَ مَا يَخْرُجُ مِنَ الْخَيْشُومِ عِنْدَ التَّنَخُّعِ.

(وَالنَّاخِمُ) الْمُغَنِّي.

---

(١) زيادة من: م.

النُّونُ مَعَ الدَّالِ الْمُهْمَلَةِ

[ن د ح]: (الْمَنْدُوحَةُ) السَّعَةُ وَالْفُسْحَةُ.

[ن د د]: (النَّدُّ) الْعُودُ الَّذِي يُتَبَخَّرُ بِهِ. (وَنَدَّ الْبَعِيرُ) نَفَرَ نُدُودًا وَنَدًّا وَنِدَادًا أَيْضًا مِنْ بَابِ ضَرَبَ.

[ن د ر]: قَوْلُهُ: الْمَنْدُورُ الَّذِي تَنْدُرُ خُصْيَتُهُ، أَيْ: تَخْرُجُ وَتَسْقُطُ مِنْ شِدَّةِ الْغَضَبِ مِنْ غَيْرِ أَنْ يُقْطَعَ، وَالصَّوَابُ: (الْمَنْدُورُ مِنْهُ) لِأَنَّ النَّدْرَ لَازِمٌ، وَيُقَالُ: ضَرَبَ رَأْسَهُ فَأَنْدَرَهُ، أَيْ: أَسْقَطَهُ.

[ن د ل]: قَوْلُهُ فِي الْمَاجِنِ: يَلْبَسُ قباطاقا (وَيَتَمَنْدَلُ) بِمِنْدِيلِ خَيْشٍ، أَيْ: يَشُدُّهُ بِرَأْسِهِ وَيَعْتَمُّ بِهِ، وَيُقَالُ: تَنَدَّلْتُ بِالْمِنْدِيلِ وَتَمَنْدَلْتُ، أَيْ: تَمَسَّحْتُ بِهِ، وَعَنْ بَعْضِ التَّابِعِينَ: أَنَّهُ كَانَتْ لَهُ بِضَاعَةٌ يَتَصَرَّفُ فِيهَا وَيَتَّجِرُ، فَقِيلَ لَهُ فِي ذَلِكَ فَقَالَ: لَوْلَاهَا لَتَمَنْدَلَ بِي بَنُو الْعَبَّاسِ، أَيْ: لَابْتَذَلُونِي بِالتَّرَدُّدِ إِلَيْهِمْ وَالدُّخُولِ عَلَيْهِمْ وَطَلَبِ مَا لَدَيْهِمْ.

[ن د م]: مَا أَنْشَدَتْهُ عَائِشَةُ رَضِيَ اللهُ عَنْهَا هُوَ لِمُتَمِّمِ بن نُوَيْرَةَ، قَالَهُ فِي أَخِيهِ مَالِكٍ حِينَ قَتَلَهُ خَالِدُ بن الْوَلِيدِ:

وَكُنَّا كَنَدْمَانَيْ جَذِيمَةَ حِقْبَةً ... مِنْ الدَّهْرِ حَتَّى قِيلَ لَنْ يَتَصَدَّعَا
فَلَمَّا تَفَرَّقْنَا كَأَنِّي وَمَالِكًا ... لِطُولِ اجْتِمَاعٍ لَمْ نَبِتْ لَيْلَةً مَعَا

هُوَ جَذِيمَةُ الْأَبْرَشُ مَلِكُ الْحِيرَةِ، وَنَدِيمَاهُ: مَالِكٌ وَعَقِيلٌ، قِيلَ: بَقِيَا مُنَادِمَيْهِ أَرْبَعِينَ سَنَةً، وَالْقِصَّةُ فِي الْمُعْرِبِ.

[ن د ي]: (النَّادِي) مَجْلِسُ الْقَوْمِ وَمُتَحَدَّثُهُمْ مَا دَامُوا يَنْدُونَ إِلَيْهِ نَدْوًا، أَيْ: يَجْتَمِعُونَ.

(وَالنَّدْوَةُ) الْمَرَّةُ، وَمِنْهَا (دَارُ النَّدْوَةِ) لِدَارِ قُصَيٍّ بِمَكَّةَ؛ لِأَنَّ قُرَيْشًا كَانُوا يَجْتَمِعُونَ فِيهَا لِلتَّشَاوُرِ، ثُمَّ صَارَ مَثَلًا لِكُلِّ دَارٍ يُرْجَعُ إِلَيْهَا وَيُجْتَمَعُ فِيهَا.

وَيُقَالُ: هُوَ (أَنْدَى) صَوْتًا مِنْكَ، أَيْ: أَرْفَعُ وَأَبْعَدُ، وَعَنْ الْأَزْهَرِيِّ: (الْإِنْدَاءُ) بُعْدُ مَدَى الصَّوْتِ، وَمِنْهُ[1]: (نَدِيَ الصَّوْتُ) بَعُدَ مَذْهَبُهُ، وَقَوْلُهُ: فَإِنَّهُ أَنْدَى لِصَوْتِكَ، أَيْ: أَبْعَدُ وَأَشَدُّ، وَهُوَ مِنْ (النُّدُوَّةِ) الرُّطُوبَةُ؛ لِأَنَّ الْحَلْقَ إِذَا جَفَّ لَمْ يَمْتَدَّ صَوْتُهُ.

---

(١) في خ: "وعنه أيضا".

النُّونُ مَعَ الرَّاءِ

[ن ر س]: (النِّرْسِيَانُ) بِكَسْرِ النُّونِ: ضَرْبٌ مِنَ التَّمْرِ عَنِ الْأَزْهَرِيِّ عَنْ أَبِي حَاتِمٍ عَنِ الْأَصْمَعِيِّ، وَفِي الْمَثَلِ: (أَطْيَبُ مِنَ الزُّبْدِ بِالنِّرْسِيَانِ)، وَيُقَالُ: ثَمَرَةٌ نِرْسِيَانِيَّةٌ.

[ن ر م ق]: (النَّرْمَقُ) اللَّيِّنُ، تَعْرِيبُ: نرمه.

[ن ر ز م]: (نَرَزْمُ) فِي (ع ب، ع ب ر).

النُّونُ مَعَ الزَّايِ الْمُعْجَمَةِ

[ن ز ح]: (نَزَحْتُ) الْبِئْرَ وَنَزَحْتُ مَاءَهَا: اسْتَقَيْتُهُ أَجْمَعَ، (وَنَزَحَتْ الْبِئْرُ): قَلَّ مَاؤُهَا نَزْحًا وَنُزُوحًا فِيهِمَا جَمِيعًا، وَقَوْلُهُ: كُلَّمَا نُزِحَ الْمَاءُ كَانَ أَطْهَرَ لِلْبِئْرِ، أَيْ: كَانَ النَّزْحُ أَبْلَغَ طَهَارَةً.

[ن ز ز]: (النَّزُّ) مَا تَحَلَّبَ مِنَ الْأَرْضِ مِنَ الْمَاءِ، وَقَدْ (نَزَّتْ الْأَرْضُ) إِذَا صَارَتْ ذَاتَ نَزٍّ وَتَحَلَّبَ مِنْهَا النَّزُّ، وَمِنْهُ: رَجُلٌ أَتَّخَذَ بَالُوعَةً فَنَزَّ مِنْهَا حَائِطُ جَارِهِ.

[ن ز ع]: (النَّزْعُ) الجذب[1] وَكَذَلِكَ الِانْتِزَاعُ، وَقَدْ جَمَعَ بَيْنَ اللُّغَتَيْنِ فِي قَوْلِهِ: نَزَعَ سِنَّ رَجُلٍ فَانْتَزَعَ، (الْمَنْزُوعَةُ) سِنُّهُ سِنَّ النَّازِعِ وَيَجُوزُ الْمَنْزُوعُ سِنُّهُ (وَالنُّزُوعُ) الْكَفُّ، وَمِنْهُ: فَوَاقَعَ فَنَزَعَ، أَيْ: كَفَّ وَامْتَنَعَ عَنِ الْجِمَاعِ. (وَنَازَعَهُ) فِي كَذَا: خَاصَمَهُ، مِنْ نَازَعَهُ الْحَبْلَ، إِذَا جَاذَبَهُ إِيَّاهُ، وَعَلَى ذَلِكَ قَوْلُهُ: الْحَائِطُ الْمُنَازَعُ، صَوَابُهُ: الْمُنَازَعُ فِيهِ.

(وَنَزِعَ الرَّجُلُ) نَزَعًا فَهُوَ أَنْزَعُ، [وَلَا يُقَالُ لِلْمُؤَنَّثِ: نَزْعَاءُ، بَلْ يُقَالُ: زَعْرَاءُ][2]، إِذَا انْحَسَرَ الشَّعْرُ عَنْ جَانِبَيْ جَبْهَتِهِ، وَيُقَالُ لِهَذَيْنِ الْجَانِبَيْنِ: (النَّزَعَتَانِ).

(نَازَعَهُ الْقُرْآنُ) فِي (خ ل، خ ل ج). (نُزِعَ مِنْهَا النَّصْرُ) فِي (ز ر، ز ر ع).

[ن ز ف]: (نَزَفَهُ) الدَّمُ نَزْفًا: سَالَ مِنْهُ دَمٌ كَثِيرٌ حَتَّى ضَعُفَ مِنْ بَابِ ضَرَبَ، وَمِنْهُ الْحَدِيثُ:"نَزَفَ الْحَارِثُ الدَّمَ"، وَقَوْلُهُ:"نُزِفَ حَتَّى ضَعُفَ". بِضَمِّ النُّونِ، أَيْ: خَرَجَ دَمُهُ.

[ن ز ل]: (الْمَنْزِلُ) مَوْضِعُ النُّزُولِ، وَهُوَ عِنْدَ الْفُقَهَاءِ: دُونَ الدَّارِ وَفَوْقَ الْبَيْتِ، وَأَقَلُّهُ بَيْتَانِ أَوْ ثَلَاثَةٌ. (وَالنُّزُلُ) طَعَامُ النَّزِيلِ، وَهُوَ الضَّيْفُ وَطَعَامٌ كَثِيرُ النَّزَلِ، (وَالنَّزَلُ) هُوَ الزِّيَادَةُ

---

(١) سقط من: م.
(٢) زيادة من: م.

وَالْفَضْلُ، وَمِنْهُ قَوْلُهُ: الْعَسَلُ ليس[1] مِنْ أَنْزَالِ الْأَرْضِ، أَيْ: مِنْ رَيْعِهَا وَمَا يُحَصَّلُ مِنْهَا، وَعَنْ الشَّافِعِيِّ رَحِمَهُ اللهُ: لَا يَجِبُ فِيهِ الْعُشْرُ؛ لِأَنَّهُ نُزْلُ طَائِرٍ.

وَفِي الْفَرَائِضِ: أَهْلُ (التَّنْزِيلِ): الَّذِينَ يُنْزِلُونَ الْمُدَلَّى مِنْ ذَوِي الْأَرْحَامِ مَنْزِلَةَ الْمُدَلَّى بِهِ فِي الِاسْتِحْقَاقِ.

[ن ز و]: (النَّزْوُ) وَالنَّزَوَانُ: الْوَثْبُ، وَقَوْلُهُ: (تَنْزُو وَتَلِينُ) مِنْ أَمْثَالِ الْعَرَبِ، وَلَعَلَّ غَرَضَ أَبِي يُوسُفَ رَحِمَهُ اللهُ مِنْ ضَرْبِ هَذَا الْمَثَلِ، أَنَّهُ عَنْ قَرِيبٍ يَفْتُرُ عَنْ مُبَاشَرَتِهَا وَإِنْ كَانَ قَدْ نَشِطَ لِذَلِكَ.

[ن ز هـ]: (نَزَّهَهُ اللَّهُ) عَنْ السُّوءِ تَنْزِيهًا: بَعَّدَهُ وَقَدَّسَهُ، وَلَا يُقَالُ: أَنْزَهَهُ، وَقَوْلُهُ: التَّسْبِيحُ إِنْزَاهُ اللهِ، سَهْوٌ، وَيُقَالُ: فُلَانٌ يَتَنَزَّهُ عَنْ الْمَطَامِعِ الدَّنِيَّةِ وَالْأَقْذَارِ، أَيْ: يُبَاعِدُ نَفْسَهُ وَيَتَصَوَّنُ، وَمِنْهُ الْحَدِيثُ: "تَنَزَّهُوا عَنْ الْبَوْلِ"، وَقَوْلُهُ: إِذَا وَقَعَ الشَّكُّ فَالْأَوْلَى الْأَخْذُ بِالتَّنَزُّهِ، يَعْنِي: الِاحْتِيَاطَ وَالْبُعْدَ عَنْ الرِّيَبِ، وَالِاسْمُ (النُّزْهَةُ)، وَمِنْهُ قَوْلُهُ: (وَنَزِهٌ)[2] عَنْ الطَّمَعِ، أَيْ: تَنَزَّهَ وَتَصَوَّنَ.

(وَالِاسْتِنْزَاهُ) بِمَعْنَى التَّنَزُّهِ غَيْرُ مَذْكُورٍ إِلَّا فِي الْأَحَادِيثِ، فِي مُتَّفَقِ الْجَوْزَقِيِّ: "كَانَ لَا يَسْتَنْزِهُ عَنْ الْبَوْلِ"، وَفِي سُنَنِ أَبِي دَاوُد وَشَرْحِ السُّنَّةِ: (مِنْ) مَكَانَ (عَنْ)، وَالْأَوَّلُ أَصَحُّ، وَأَمَّا قَوْلُهُ: "اسْتَنْزِهُوا الْبَوْلَ". فَلَحْنٌ.

النُّونُ مَعَ السِّينِ الْمُهْمَلَةِ

[ن س أ]: (النَّسَاءُ) بِالْمَدِّ [لا غير][3]: التَّأْخِيرُ، يُقَالُ: بِعْتُهُ بِنَسَاءٍ وَنَسِيءٍ وَنَسِيئَةٍ بِمَعْنًى، وَمِنْهُ: (نَسَأَ اللهُ فِي أَجَلِكَ).

[ن س ب]: (النِّسْبَةُ) مَصْدَرُ نَسَبَهُ إِلَى أَبِيهِ، وَبِتَصْغِيرِهَا سُمِّيَتْ أُمُّ عَطِيَّةَ بِنْتُ كَعْبٍ الْأَنْصَارِيَّةُ، وَفِي نَفْيِ الِارْتِيَابِ: (نَسِيبَةُ) بِالْفَتْحِ بِنْتُ كَعْبٍ، وَكُنْيَتُهَا أُمُّ عُمَارَةَ، وَفِي مَعْرِفَةِ الصَّحَابَةِ: أَنَّ أُمَّ عَطِيَّةَ تُكَنَّى أَيْضًا أُمَّ عُمَارَةَ، وَفِي مَعْرِفَةِ الصَّحَابَةِ لِابْنِ مَنْدَهْ مَا يَدُلُّ عَلَى أَنَّهُمَا وَاحِدَةٌ.

---

(١) سقط من: م.
(٢) في خ: "ونُزْهَةٌ".
(٣) سقط من: م.

وَيُقَالُ: (نَسَبَنِي فُلَانٌ فَانْتَسَبْتُ لَهُ) أَيْ: سَأَلَنِي عَنْ النَّسَبِ وَحَمَلَنِي عَلَى الِانْتِسَابِ فَفَعَلْتُ، وَمِنْهُ حَدِيثُ أَبِي قَيْسٍ: "فَجَاءَ فَسَلَّمَ، ثُمَّ نَسَبَنِي". وَالتَّشْدِيدُ خَطَأٌ.

[ن س خ]: (انْتَسَخَ) فِعْلٌ مُتَعَدٍّ كَنَسَخَ، يُقَالُ: نَسَخَتْ الشَّمْسُ الظِّلَّ وَانْتَسَخَتْهُ، أَيْ: نَفَتْهُ وَأَزَالَتْهُ، وَعَلَى ذَا قَوْلُهُ: انْتَسَخَ بِهَذَا حُكْمُ الْكَفَّارَةِ، صَوَابُهُ: (انْتُسِخَ) بِضَمِّ التَّاءِ مَبْنِيًّا لِلْمَفْعُولِ، لِأَنَّ الْمُرَادَ: صَيْرُورَتُهُ مَنْسُوخًا.

وَقَوْلُهُ: "وَإِذَا بَاعَ جَارِيَتَهُ وَتَنَاسَخَهَا رِجَالٌ". يَعْنِي: تَدَاوَلَتْهَا الْأَيْدِي بِالْبَيْعَاتِ وَتَنَاقَلَتْهَا، وَعَلَى ذَا قَوْلُهُ فِي الْإِيضَاحِ: (وَلَوْ تَنَاسَخَ الْعُقُودَ عَشَرَةٌ)، وَفِي التَّجْرِيدِ: وَتَنَاسَخُهَا عُقُودٌ، وَهُوَ مِنْ الْأَوَّلِ، وَكَذَا (الْمُنَاسَخَةُ) فِي الْفَرَائِضِ.

(وَتَنَاسُخُ) الْوَرَثَةِ: أَنْ يَمُوتَ وَرَثَةٌ بَعْدَ وَرَثَةٍ وَأَصْلُ الْمِيرَاثِ قَائِمٌ لَمْ يُقْسَمْ.

[ن س ط ر]: (النَّسْطُورِيَّةُ) مِنْ فِرَقِ النَّصَارَى، أَصْحَابُ نَسْطُورِ الْحَكِيمِ الَّذِي ظَهَرَ فِي زَمَانِ الْمَأْمُونِ وَتَصَرَّفَ فِي الْإِنْجِيلِ بِحُكْمِ رَأْيِهِ، وَقَالَ: إِنَّ اللهَ تَعَالَى وَاحِدٌ ذُو أَقَانِيمَ ثَلَاثَةٍ، وَبَيْنَهُمْ وَبَيْنَ الْمَلْكَانِيَّةِ وَالْيَعْقُوبِيَّةِ تَقَارُبٌ فِي التَّثْلِيثِ.

[ن س ف]: (نَسَفَ) الْحَبَّ بِالْمِنْسَفِ نَسْفًا، وَمِنْهُ: (نَسَفَتْ الرِّيحُ) التُّرَابَ، إِذَا ذَرَتْهُ.

[ن س ق]: (النَّسْقُ) مَصْدَرُ نَسَقَ الدُّرَّ: إِذَا نَظَمَهُ، وَقَوْلُهُمْ: (حُرُوفُ النَّسَقِ) أَيْ: الْعَطْفِ مَجَازٌ، وَقَوْلُهُ: هَذَا نَسْقُ هَذَا، وَصْفٌ بِالْمَصْدَرِ عَلَى مَعْنَى: مَعْطُوفٍ، وَأَمَّا (النَّسَقُ) مُحَرَّكًا فَاسْمٌ لِلْمَنْظُومِ.

[ن س ك]: (نَسَكَ) لِلَّهِ تَعَالَى نَسْكًا وَمَنْسَكًا: إِذَا ذَبَحَ لِوَجْهِهِ، (وَالنَّسِيكَةُ) الذَّبِيحَةُ. (وَالْمَنْسِكُ) بِالْكَسْرِ: الْمَوْضِعُ الَّذِي يُذْبَحُ فِيهِ، وَقَدْ تُسَمَّى الذَّبِيحَةُ (نُسُكًا) يُقَالُ: مَنْ فَعَلَ كَذَا فَعَلَيْهِ نُسُكٌ، أَيْ: دَمٌ يُهْرِيقُهُ بِمَكَّةَ، ثُمَّ قَالُوا لِكُلِّ عِبَادَةٍ: نُسُكٌ، وَمِنْهُ: **﴿إِنَّ صَلَاتِي وَنُسُكِي﴾** [سورة الأنعام آية ١٦٢] (وَالنَّاسِكُ) الْعَابِدُ الزَّاهِدُ، (وَمَنَاسِكُ) الْحَجِّ: عِبَادَاتُهُ، وَهَذَا مِنْ الْخَاصِّ الَّذِي صَارَ عَامًّا، وَقَوْلُهُ فِي أَضَاحِيِّ حِمْيَرَ الْخُوَارِزْمِيِّ:"وَلْيُحِدَّ شَفْرَتَهُ وَيُرِيحَ مَنْسَكَهُ". الصَّوَابُ:"وَيُرِحْ نُسُكَهُ أَوْ نَسِيكَتَهُ". عَلَى أَنَّ الْمَذْكُورَ فِي الْأَصْلِ: ذَبِيحَتَهُ، وَالْمَعْنَى: الْحَثُّ عَلَى إِسْرَاعِ الذَّبْحِ، وَقِيلَ: الْمُرَادُ أَنْ يُؤَخِّرَ سَلْخَهُ حَتَّى يَبْرُدَ.

[ن س ل] (انْقِطَاعُ النَّسْلِ) فِي (ر س، ر س ل).

[ن س م]: (النَّسَمَةُ) النَّفَسُ مِنْ نَسِيمِ الرِّيحِ، ثُمَّ سُمِّيَتْ بِهَا النَّفْسُ، وَمِنْهَا: أَعْتَقَ (النَّسَمَةَ)، وَاللهُ بَارِئُ النَّسَمِ، وَأَمَّا قَوْلُهُ: وَلَوْ أَوْصَى أَنْ يُبَاعَ عَبْدُهُ نَسَمَةً صَحَّتْ الْوَصِيَّةُ.

فَالْمُرَادُ: أَنْ يُبَاعَ لِلْعِتْقِ، أَيْ: لِمَنْ يُرِيدُ أَنْ يُعْتِقَهُ، وَانْتِصَابُهَا عَلَى الْحَالِ عَلَى مَعْنَى: مُعَرَّضًا لِلْعِتْقِ، وَإِنَّمَا صَحَّ هَذَا؛ لِأَنَّهُ لَمَّا كَثُرَ ذِكْرُهَا فِي بَابِ الْعِتْقِ، وَخُصُوصًا فِي قَوْلِهِ صَلَّى اللـه عَلَيْهِ وَآلِهِ وَسَلَّمَ: "فُكَّ الرَّقَبَةَ وَأَعْتِقْ النَّسَمَةَ". صَارَتْ كَأَنَّهَا اسْمٌ لِمَا هُوَ بِغَرَضِ الْعِتْقِ فَعُومِلَتْ مُعَامَلَةَ الْأَسْمَاءِ الْمُتَضَمِّنَةِ لِمَعَانِي الْأَفْعَالِ.

[ن س ي]: (النَّسِيُّ) الْمَنْسِيُّ، وَبِتَصْغِيرِهِ سُمِّيَ وَالِدُ عُبَادَةَ بن (نُسَيٍّ) قَاضِي الْأُرْدُنِّ، عَنْ أُبَيِّ بن عِمَارَةَ بِالْكَسْرِ، وَعَنْ ابْنِ أَبِي عُمَارَةَ تَصْحِيفٌ وَتَحْرِيفٌ، وَهُوَ فِي حَدِيثِ الْمَسْحِ.

(نُسْءٌ) فِي (سن) سُورَةُ النِّسَاءِ فِي (ق ص، ق ص ر).

النُّونُ مَعَ الشِّينِ الْمُعْجَمَةِ

[ن ش أ]: (النَّشْءُ) مَصْدَرُ نَشَأَ الْغُلَامُ، إِذَا شَبَّ وَأَيْفَعَ فَهُوَ (نَاشِئٌ)، وَحَقِيقَتُهُ: الَّذِي ارْتَفَعَ عَنْ حَدِّ الصِّبَا وَقَرُبَ مِنْ الْإِدْرَاكِ مِنْ قَوْلِهِمْ: (نَشَأَ السَّحَابُ) إِذَا ارْتَفَعَ، ثُمَّ سُمِّيَ بِهِ النَّسْلُ فَقِيلَ: هَؤُلَاءِ نَشْءُ سُوءٍ، وَفُلَانٌ مِنْ نَشْءِ صِدْقٍ. وَمِنْهُ قَوْلُهُمْ: قَطَعَ النَّشْءَ، وَقَدْ جَاءَ (النُّشُوءُ) فِي مَصْدَرِهِ أَيْضًا عَلَى فُعُولٍ، وَقَوْلُهُ: وَحُرْمَةُ الرَّضَاعِ إِنَّمَا تَثْبُتُ بِاللَّبَنِ الَّذِي يَشْرَبُهُ الصِّغَارُ لِلنُّشُوِّ [١] وَالنُّمُوِّ. عَلَى الْقَلْبِ وَالْإِدْغَامِ لِلازْدِوَاجِ.

[ن ش ب]: قَوْلُهُمْ: (مَا نَشِبَ) أَنْ فَعَلَ كَذَا، (وَلَمْ يَنْشَبْ) أَنْ قَالَ ذَلِكَ، أَيْ: لَمْ يَلْبَثْ، وَأَصْلُهُ مِنْ نَشِبَ الْعَظْمُ فِي الْحَلْقِ، وَالصَّيْدُ فِي الْحِبَالَةِ، إِذَا عَلِقَ.

(النَّاشِبُ وَالنُّشَّابُ) فِي (ن ب، ن ب ل).

[ن ش د]: (نَشَدَ) الضَّالَّةَ: طَلَبَهَا نِشْدَانًا مِنْ بَابِ طَلَبَ، وَمِنْهُ قَوْلُهُمْ فِي الِاسْتِعْطَافِ: نَشَدْتُكَ اللـه وَبِاللهِ، وَنَاشَدْتُكَ اللـه وَبِاللهِ، أَيْ: سَأَلْتُكَ بِاللهِ وَطَلَبْتُ إِلَيْكَ بِحَقِّهِ.

أَمَّا (أَنْشَدْتُكَ بِاللهِ وَأُنْشِدُكَ) مِنْ بَابِ أَكْرَمَ فَخَطَأٌ، (وَنَشَدَكَ اللَّـهَ) بِمَعْنَى نَشَدْتُكَ اللـه.

وَقَوْلُهُ صَلَّى اللـه عَلَيْهِ وَآلِهِ وَسَلَّمَ: "إِنِّي أَنْشُدُكَ عَهْدَكَ وَوَعْدَكَ"[٢] أَيْ: أُذَكِّرُكَ مَا عَاهَدْتَنِي بِهِ وَوَعَدْتَنِي وَأَطْلُبُهُ مِنْكَ، وَقَالَ عَمْرُو بن سَالِمٍ الْخُزَاعِيُّ:

(١) في خ: "لمعنى النشو".

(٢) أخرجه البخاري (٢٩١٥)، وأحمد في مسنده (٣٠٣٤)، والنسائي في السنن الكبرى (١١٤٩٣)

لَا هُمَّ إِنِّي نَاشِدٌ مُحَمَّـــــدَا حِلْفَ أَبِينَا وَأَبِيكَ الْأَتْلَـــــدَا
إِنَّ قُرَيْشًا أَخْلَفُوكَ الْمَوْعِـــدَا هُمْ بَيَّتُونَا بِالْوَتِيرِ هُجَّـــدَا

يَعْنِي: أُذَكِّرُ لَهُ الْحِلْفَ، وَهُوَ الْعَهْدُ، (وَالْأَتْلَدُ) أَفْعَلُ التَّفْضِيلِ مِنَ التَّالِدِ بِمَعْنَى الْقَدِيمِ، وَإِنَّمَا قَالَ ذَلِكَ؛ لِأَنَّهُ كَانَ بَيْنَ عَبْدِ الْمُطَّلِبِ وَبَيْنَ خُزَاعَةَ حِلْفٌ قَدِيمٌ، وَيُقَالُ: أَخْلَفَنِي مَوْعِدَهُ، أَيْ: نَقَضَهُ. (وَالْوَتِيرُ) بِالرَّاءِ: مَاءٌ بِأَسْفَلِ مَكَّةَ عَنِ الْغُورِيِّ، وَفِي الْمَغَازِي بِالنُّونِ، وَيُقَالُ: بَيَّتَهُمُ الْعَدُوُّ: إِذَا أَتَاهُمْ لَيْلًا، وَفِي التَّنْزِيلِ: ﴿لَنُبَيِّتَنَّهُ﴾ [سورة النمل آية ٤٩] أَيْ: لَنَقْتُلَنَّهُ لَيْلًا، وَقَوْلُهُ: لَتُطَلِّقَنِي أَوْ لَأَقْتُلَنَّكَ فَنَاشَدَهَا اللهَ، أَيْ: اسْتَعْطَفَهَا[1] أَنْ تَقْتُلَهُ.

[ن ش ر]: (النَّشْرُ) خِلَافُ[2] الطَّيِّ، وَمِنْهُ: "كَانَ صَلَّى اللهُ عَلَيْهِ وَآلِهِ وَسَلَّمَ يُكَبِّرُ نَاشِرَ الْأَصَابِعِ". قَالُوا: هُوَ أَنْ لَا يَجْعَلَهَا مُشْتًا.

(وَالنَّشَرُ) بِفَتْحَتَيْنِ الْمَنْشُورُ كَالْقَبَضِ بِمَعْنَى الْمَقْبُوضِ، وَمِنْهُ: وَمَنْ يَمْلِكُ نَشَرَ الْمَاءِ، يَعْنِي: مَا انْتَضَحَ مِنْ رَشَاشِهِ.

(وَالْإِنْشَارُ) الْإِحْيَاءُ، وَفِي التَّنْزِيلِ: ﴿إِذَا شَاءَ أَنشَرَهُ﴾ [سورة عبس آية ٢٢] وَمِنْهُ: "لَا رَضَاعَ إِلَّا مَا أَنْشَرَ الْعَظْمَ وَأَنْبَتَ اللَّحْمَ". أَيْ: قَوَّاهُ وَشَدَّهُ كَأَنَّهُ أَحْيَاهُ، وَيُرْوَى بِالزَّايِ.

[ن ش ز]: (النَّشْزُ) بِالْحَرَكَةِ وَالسُّكُونِ: الْمَكَانُ الْمُرْتَفِعُ، وَالْجَمْعُ: نُشُوزٌ وَأَنْشَازٌ، وَقَوْلُهُ: لَوْ كَانَ عَلَى مَوْضِعِ (نَشَزٍ)، ضَعِيفٌ سَوَاءٌ وَصَفْتَ أَوْ أَضَفْتَ. وَمِنْهُ: رَأَى قُبُورًا مُسَنَّمَةً (نَاشِزَةً) أَيْ: مُرْتَفِعَةً مِنَ الْأَرْضِ. وَمِنْهُ: (نَشَزَتِ الْمَرْأَةُ) عَلَى زَوْجِهَا فَهِيَ نَاشِزَةٌ: إِذَا اسْتَعْصَتْ عَلَيْهِ وَأَبْغَضَتْهُ، وَعَنِ الزَّجَّاجِ: (النُّشُوزُ) يَكُونُ مِنَ الزَّوْجَيْنِ، وَهُوَ كَرَاهَةُ كُلِّ وَاحِدٍ مِنْهُمَا صَاحِبَهُ.

[ن ش ش]: (النَّشُّ) نِصْفُ أُوقِيَّةٍ، وَكَذَلِكَ نِصْفُ كُلِّ شَيْءٍ، يُقَالُ: نَشُّ الدِّرْهَمِ وَنَشُّ الرَّغِيفِ، كَذَا حَكَاهُ الْأَزْهَرِيُّ عَنْ شِمْرٍ عَنِ ابْنِ الْأَعْرَابِيِّ.

(وَالنَّشِيشُ) صَوْتُ غَلَيَانِ الْمَاءِ، يُقَالُ: (نَشَّ) الْكُوزُ الْجَدِيدُ فِي الْمَاءِ: إِذَا صَوَّتَ مِنْ بَابِ ضَرَبَ، وَمِنْهُ قَوْلُهُ فِي الشَّرَابِ: إِذَا قَذَفَ بِالزَّبَدِ وَسَكَنَ نَشِيشُهُ، أَيْ: غَلَيَانُهُ.

[ن ش ط]: (نَشَطَ) الْعُقْدَةَ: شَدَّهَا أُنْشُوطَةً، وَهِيَ كَعُقْدَةِ التِّكَّةِ فِي سُهُولَةِ الِانْحِلَالِ

---

(١) زيادة من: م.
(٢) زيادة من: م.

(وَأَنْشَطَهَا) حَلَّهَا، وَمِنْهُ: كَأَنَّمَا أُنْشِطَ مِنْ عِقَالٍ، أَيْ: حُلَّ، وَهُوَ مَثَلٌ فِي سُرْعَةِ وُقُوعِ الْأَمْرِ، وَقَوْلُهُ: الشُّفْعَةُ كَنُشْطَةِ الْعِقَالِ، تَشْبِيهٌ لَهَا بِذَلِكَ فِي سُرْعَةِ بُطْلَانِهَا، وَهِيَ فَعْلَةٌ مِنَ الْإِنْشَاطِ أَوْ مِنْ نَشِطَ بِمَعْنَى أَنْشَطَ، وَقِيلَ: أَرَادَ كَعَقْدِ الْعِقَالِ، يَعْنِي: مُدَّةً يَسِيرَةً، وَالْأَوَّلُ أَظْهَرُ.

وَيُقَالُ: (انْتَشَطَ الْعُقْدَةَ) بِمَعْنَى أَنْشَطَهَا، وقَوْل عَلِيٍّ رَضِيَ اللهُ عَنْهُ: الْعِنِّينُ يُؤَجَّلُ سَنَةً؛ فَإِنِ انْتَشَطَ فَسَبِيلُ ذَلِكَ وَإِلَّا فُرِّقَ بَيْنَهُمَا، أَيْ: انْحَلَّتْ عُقْدَهُ وَقَدَرَ عَلَى الْمُبَاشَرَةِ. وَرُوِيَ: فَإِنْ انْبَسَطَ، وَلَهُ وَجْهٌ، وَالْأَوَّلُ أَعْرَبُ وَإِنْ لَمْ أَجِدْهُ فِي مَتْنِ اللُّغَةِ، وَكَأَنَّ الْحَرِيرِيَّ سَمِعَ هَذَا فَاسْتَعْمَلَهُ حَيْثُ قَالَ: انْتَشَطَ مِنْ عُقْلَةِ الْوُجُومِ.

[ن ش ف]: (نَشَفَ) الْمَاءَ: أَخَذَهُ مِنْ أَرْضٍ أَوْ غَدِيرٍ بِخِرْقَةٍ أَوْ غَيْرِهَا، مِنْ بَابِ ضَرَبَ، وَمِنْهُ: "كَانَ لِلنَّبِيِّ صَلَّى اللهُ عَلَيْهِ وَآلِهِ وَسَلَّمَ خِرْقَةٌ يَنْشِفُ بِهَا إِذَا تَوَضَّأَ". وَبِهَذَا صَحَّ قَوْلُهُ فِي غُسْلِ الْمَيِّتِ: "ثُمَّ يَنْشَفُهُ بِثَوْبٍ". أَيْ: يَنْشِفُ مَاءَهُ حَتَّى يَجِفَّ.

(وَنَشِفَ) الثَّوْبُ الْعَرَقَ: تَشَرَّبَهُ مِنْ بَابِ لَبِسَ، وَمِنْهُ: السَّيْفُ يَطْهُرُ بِالْمَسْحِ؛ لِأَنَّهُ (لَا يَنْشَفُ) مِنْهَا شَيْءٌ، وَأَمَّا قَوْلُهُ: وَإِنْ كَانَتْ النَّجَاسَةُ عَذِرَةً لَا يَنْشَفُ مِنْهَا شَيْءٌ فَعَلَى[1] لَفْظِ الْمَبْنِيِّ لِلْمَفْعُولِ، وَمَصْدَرُهُمَا جَمِيعًا النَّشْفُ.

(يَنْشِفَانِ) فِي (ش ف، ش ف ف).

النُّونُ مَعَ الصَّادِ الْمُهْمَلَةِ

[ن ص ب]: (النَّصِيبُ) مِنْ الشَّيْءِ مَعْرُوفٌ، وَعِنْدَ أَبِي حَنِيفَةَ رَحِمَهُ اللهُ: السُّدُسُ، وَلَمْ أَجِدْهُ.

[ن ص ت]: (أَنْصَتَ) سَكَتَ لِلِاسْتِمَاعِ.

[ن ص ر]: (النَّصْرُ) خِلَافُ الْخِذْلَانِ، وَبِهِ سُمِّيَ نَصْرُ بن دَهْمَانَ الْمَنْسُوبُ إِلَيْهِ مَالِكُ بن عَمْرٍو النَّصْرِيُّ، وَالْحَارِثُ النَّصْرِيُّ مُخْتَلَفٌ فِي صُحْبَتِهِ.

(فَلَوْ أَنَّ نَصْرًا) فِي (ص ح).

(النَّاصُورُ) قُرْحَةٌ غَائِرَةٌ قَلَّمَا تَنْدَمِلُ، وَمِنْهُ حَدِيثُ عِمْرَانَ بن حُصَيْنٍ قَالَ: كَانَ بِي النَّاصُورُ، فَسَأَلْتُ رَسُولَ اللهِ صَلَّى اللهُ عَلَيْهِ وَآلِهِ وَسَلَّمَ، فَقَالَ: "صَلِّ قَائِمًا؛ فَإِنْ لَمْ

---

(١) زيادة من: م.

تَسْتَطِعْ فَقَاعِدًا؛ فَإِنْ لَمْ تَسْتَطِعْ فَعَلَى جَنْبٍ"[١]. هَكَذَا فِي سُنَنِ أَبِي دَاوُد.

[ن ص ص]: (النَّصُّ) الرَّفْعُ مِنْ بَابِ طَلَبَ، يُقَالُ: الْمَاشِطَةُ (تَنُصُّ) الْعَرُوسَ فَتُقْعِدُهَا عَلَى الْمَنَصَّةِ بِفَتْحِ الْمِيمِ، وَهِيَ كُرْسِيُّهَا لِتُرَى مِنْ بَيْنِ النِّسَاءِ، وَمِنْهُ: (نَصَصْتُ نَاقَتِي) أَيْ: رَفَعْتُهَا فِي السَّيْرِ.

(وَنَصُّ الْحَدِيثِ) إِسْنَادُهُ وَرَفْعُهُ إِلَى الرَّئِيسِ الْأَكْبَرِ. نَصَّ فِي (ع ن، ع ن ق).

[ن ص ف]: (النِّصْفُ) أَحَدُ جُزْأَيْ الْكَمَالِ، وَمِنْهُ (الْإِنْصَافُ)؛ لِأَنَّهُ تَسْوِيَةٌ، وَمِنْهُ: يَنْبَغِي لِلْقَاضِي أَنْ (يُنْصِفَ) لِلْخَصْمَيْنِ فِي مَجْلِسِهِمَا، أَيْ: يُسَوِّيَ بَيْنَهُمَا عِنْدَهُ.

(وَمَنْصَفُ) الطَّرِيقِ: نِصْفُهُ بِفَتْحِ الصَّادِ وَكَسْرِهَا وَالْمِيمُ مَفْتُوحَةٌ لَا غَيْرُ، وَمِنْهُ: قَصْرُ ابْنِ هُبَيْرَةَ مَنْصَفٌ بَيْنَ بَغْدَادَ وَالْكُوفَةِ.

(وَالْمُنَصَّفُ) مِنْ الْعَصِيرِ: مَا طُبِخَ عَلَى النِّصْفِ. (فَإِنَّهُ نِصْفُ الْعِلْمِ) فِي (ف ر، ف ر ض).

[ن ص ل]: (نَصْلُ) السَّيْفِ: حَدِيدَتُهُ، وَكَذَلِكَ (نَصْلُ) السَّهْمِ، وَالْجَمْعُ: نُصُولٌ وَنِصَالٌ، وَأَمَّا قَوْلُهُ:"لَا سَبَقَ إِلَّا فِي كَذَا وَكَذَا أَوْ نَصْلٍ". فَالْمُرَادُ بِهِ: الْمُرَامَاةُ، وَالضَّادُ الْمُعْجَمَةُ تَصْحِيفٌ، إِنَّمَا ذَاكَ الْمُنَاضَلَةُ وَالنِّضَالُ، وَفِي خِزَانَةِ الْفِقْهِ: يَجُوزُ السَّلَمُ فِي كُلِّ مَا يُمْكِنُ ضَبْطُهُ كَالْحِنْطَةِ وَكَذَا وَكَذَا (وَنُصُولُ الْقَبِيعَةِ). أَرَادَ جَمْعَ نَصْلِ السَّيْفِ، (وَالْقَبِيعَةُ) مَا عَلَى رَأْسِ مِقْبَضِ السَّيْفِ مِنْ فِضَّةٍ أَوْ حَدِيدَةٍ أَوْ غَيْرِهَا، وَإِنَّمَا أُضِيفَتْ إِلَيْهَا لِيُفَرَّقَ بِذَلِكَ بَيْنَ السُّيُوفِ وَالسِّهَامِ.

[ن ص و]: (نَصَوْتُ) الرَّجُلَ نَصْوًا: أَخَذْتُ نَاصِيَتَهُ وَمَدَدْتُهَا. وَقَوْلُ عَائِشَةَ رَضِيَ اللهُ عَنْهَا: عَلَامَ (تَنْصُونَ مَيِّتَكُمْ). كَأَنَّهَا كَرِهَتْ تَسْرِيحَ رَأْسِ الْمَيِّتِ، وَأَنَّهُ لَا يَحْتَاجُ إِلَى ذَلِكَ، فَجَعَلَتْهُ بِمَنْزِلَةِ الْأَخْذِ بِالنَّاصِيَةِ، وَاشْتِقَاقُهُ مِنْ مَنَصَّةِ الْعَرُوسِ خَطَأٌ.

النُّونُ مَعَ الضَّادِ الْمُعْجَمَةِ

[ن ض ب]: (نَضَبَ الْمَاءُ) غَارَ وَسَفَلَ مِنْ بَابِ طَلَبَ، وَفِي الْحَدِيثِ فِي السَّمَكِ: "مَا نَضَبَ عَنْهُ الْمَاءُ فَكُلُوا". أَيْ: انْحَسَرَ عَنْهُ وَانْفَرَجَ.

---

(١) أخرجه البخاري (١١١٧)، والترمذي (٣٧١)، وأبو داود (٩٥٢)، وابن ماجه (١٢٢٣)، وأحمد في مسنده (١٩٩٣١).

[ن ض ح]: (النَّضْحُ) الرَّشُّ وَالْبَلُّ. يُقَالُ: (نَضَحَ) الْمَاءَ وَنَضَحَ الْبَيْتَ بِالْمَاءِ، وَمِنْهُ: (يُنْضَحُ ضَرْعُ النَّاقَةِ) أَيْ: يُرَشُّ بِالْمَاءِ الْبَارِدِ حَتَّى يَتَقَلَّصَ. قَالَ الْخَطَّابِيُّ: وَالْمُرَادُ بِنَضْحِ الْبَوْلِ إِمْرَارُ الْمَاءِ عَلَيْهِ بِرِفْقٍ مِنْ غَيْرِ دَلْكٍ. (وَانْتَضَحَ) الْبَوْلُ عَلَى الثَّوْبِ تَرَشَّشَ عَلَيْهِ. (وَالنَّضُوحُ) مِنَ الطِّيبِ: مَا يُنْضَحُ بِهِ، أَيْ: يُرَشُّ. (وَالنَّضْحُ) رَشَاشُ الْمَاءِ، وَنَحْوِهِ تَسْمِيَةً بِالْمَصْدَرِ، وَمِنْهُ قَوْلُ بِلَالٍ:

وَابْتَلَّ مِنْ نَضْحِ دَمٍ جَبِينُهُ

وَمَعْنَاهُ: لَيْتَهُ قُتِلَ. وَكَذَا النَّضْحُ فِي قَوْلِهِ: مَا سُقِيَ (نَضْحًا أَوْ بِالنَّضْحِ)، وَهُوَ الْمَاءُ يُنْضَحُ بِهِ الزَّرْعُ، أَيْ: يُسْقَى بِالنَّاضِحِ، وَهُوَ السَّانِيَةُ.

(بِئْرُ النَّاضِحِ) فِي (ع ط، ع ط ن).

[ن ض د]: (النَّضْدُ) ضَمُّ الْمَتَاعِ بَعْضِهِ إِلَى بَعْضٍ مُتَّسِقًا أَوْ مَرْكُومًا مِنْ بَابِ ضَرَبَ، (وَالنَّضَدُ) مُحَرَّكًا: الْمَتَاعُ الْمَنْضُودُ، وَكَذَا الْمَوْضِعُ يَعْنِي: السَّرِيرَ عَنْ اللَّيْثِ، وَعَنْ الْقُتَبِيِّ: إِنَّمَا سُمِّيَ السَّرِيرُ نَضَدًا؛ لِأَنَّ النَّضَدَ يَكُونُ عَلَيْهِ". وَمِنْهُ الْحَدِيثُ: "وَكَانَ الْكَلْبُ تَحْتَ نَضَدٍ لَهُمْ". أَيْ: سَرِيرٍ أَوْ مِشْجَبٍ، وَعَلَيْهِ قَوْلُهُ: وَيَدْخُلُ فِي الشُّفْعَةِ التَّنُّورُ وَكَذَلِكَ النَّضَدُ.

[ن ض ر]: (النَّضْرُ) الذَّهَبُ، وَبِهِ سُمِّيَ (النَّضْرُ) بن أَنَسٍ، يُرْوَى عَنْ بَشِيرِ بن نَهِيكٍ، عَنْ أَبِي هُرَيْرَةَ رَضِيَ اللهُ عَنْهُ عَنْ النَّبِيِّ صَلَّى اللهُ عَلَيْهِ وَآلِهِ وَسَلَّمَ، وَفِي الْمُتَشَابِهِ: النَّضْرُ بن شُمَيْلٍ، وَهُوَ سَهْوٌ، وَفِي شَرْحِ الْجَامِعِ: النَّضْرُ بن أَنَسٍ، وَهُوَ الصَّوَابُ.

(وَالنَّضْرَةُ) الْحُسْنُ، وَبِهَا كُنِّيَ أَبُو نَضْرَةَ مُنْذِرُ بن قِطْعَةَ الْعَبْدِيُّ. (وَنَضُرَ) وَجْهُهُ: حَسُنَ. (وَنَضَرَهُ اللهُ) يَتَعَدَّى وَلَا يَتَعَدَّى، وَعَلَيْهِ الْحَدِيثُ: "نَضَرَ اللهُ عَبْدًا سمِعَ مَقَالَتِي فَوَعَاهَا"[1]، وَعَنْ الْأَزْدِيِّ: لَيْسَ هَذَا مِنَ الْحُسْنِ فِي الْوَجْهِ، وَإِنَّمَا هُوَ فِي الْجَاهِ وَالْقَدْرِ، وَعَنْ الْأَصْمَعِيِّ بِالتَّشْدِيدِ أَيْ: نَعَّمَهُ.

[ن ض ض]: (نَضِيضُ الْمَاءِ) خُرُوجُهُ مِنَ الْحَجَرِ أَوْ نَحْوِهِ وَسَيَلَانُهُ قَلِيلًا قَلِيلًا مِنْ بَابِ ضَرَبَ، وَمِنْهُ: خُذْ مَا نَضَّ لَكَ مِنْ دَيْنِكَ، أَيْ: تَيَسَّرَ وَحَصَلَ، وَفِي الْحَدِيثِ: "خُذُوا صَدَقَةَ مَا نَضَّ مِنْ أَمْوَالِهِمْ". أَيْ: مَا ظَهَرَ وَحَصَلَ، وَفِي الزِّيَادَاتِ: يَمْلِكُ مِنَ التَّصَرُّفِ مَا

(١) أخرجه ابن ماجه (٢٣٦)، والدارمي في سننه (٢٢٨)، وأحمد في مسنده (١٦٣١٢)، والحاكم في المستدرك في: ج ١: ص٨٦، والحميدي في مسنده (٨٨).

يَنِضُّ بِهِ الْمَالُ، وَفِي الْحَدِيثِ: "يَقْتَسِمَانِ مَا نَضَّ بَيْنَهُمَا مِنَ الْعَيْنِ". أَيْ: صَارَ وَرِقًا وَعَيْنًا بَعْدَ أَنْ كَانَ مَتَاعًا.

(وَالنَّاضُّ) عِنْدَ أَهْلِ الْحِجَازِ: الدَّرَاهِمُ وَالدَّنَانِيرُ.

[ن ض ل]: فِي مُخْتَصَرِ الْكَرْخِيِّ: عُبَيْدُ بْنُ (نُضَيْلَةَ) الْخُزَاعِيُّ عَنِ الْمُغِيرَةِ، عَلَى لَفْظِ تَصْغِيرِ (نَضْلَةَ) مَرَّةٍ مِنَ النَّضْلِ بِمَعْنَى الْغَلَبَةِ فِي النِّضَالِ وَالْمُرَامَاةِ، وَفِي الْجَرْحِ: عُبَيْدُ بْنُ نَضْلَةَ، وَهُوَ الصَّوَابُ، يَرْوِي عَنِ ابْنِ مَسْعُودٍ وَالْمُغِيرَةِ بْنِ شُعْبَةَ، وَعَنْهُ النَّخَعِيُّ.

[ن ض و]: فِي حَدِيثِ عُرْوَةَ بْنِ مُضَرِّسٍ: "أَتْعَبْتُ نَفْسِي ـ وَأَنْضَيْتُ رَاحِلَتِي" [1]. أَيْ: جَعَلْتُهَا نِضْوًا، أَيْ: مَهْزُولَةً.

النُّونُ مَعَ الطَّاءِ الْمُهْمَلَةِ

[ن ط ح]: فِي الْأَمْثَالِ: (لَا يَنْتَطِحُ فِيهَا عَنْزَانِ) يُضْرَبُ فِي أَمْرٍ هَيِّنٍ لَا يَكُونُ لَهُ تَغْيِيرٌ وَلَا نَكِيرٌ، قَالَ الْجَاحِظُ: أَوَّلُ مَنْ تَكَلَّمَ بِهِ النَّبِيُّ صَلَّى اللهُ عَلَيْهِ وَآلِهِ وَسَلَّمَ قَالَهُ حِينَ قُتِلَ عُمَيْرُ بْنُ عَدِيٍّ بْنَ عَصْمَاءَ.

[ن ط ع]: (النَّطَعُ) بِوَزْنِ الْعِنَبِ هَذَا الْمُتَّخَذُ مِنَ الْأَدِيمِ، وَيُقَالُ أَيْضًا: نَطَعٌ وَنَطْعٌ وَنِطْعٌ، فَهَذِهِ أَرْبَعُ لُغَاتٍ.

(وَالنِّطْعُ) أَيْضًا: الْغَارُ الْأَعْلَى، وَمِنْهُ الْحُرُوفُ النِّطْعِيَّةُ، وَهِيَ [2]: الدَّالُ وَالطَّاءُ وَالتَّاءُ.

[ن ط ف]: وَقَوْلُهُ: "يَنْطُفُ مِنْهَا الْقَذَرُ". أَيْ: مِنَ الْخِرْقَةِ، يُقَالُ: (نَطَفَ) الْمَاءُ أَوْ نَحْوُهُ نَطَفَانًا: إِذَا سَالَ مِنْ بَابِ طَلَبَ، وَمِنْهُ: (النَّاطِفُ) لِلْقُبَّيْطِيِّ، وَقَوْلُهُ: كَانَ الرَّجُلُ يُكْرِي أَرْضَهُ وَيَشْتَرِي مَا سَقَاهُ الرَّبِيعُ (وَالنُّطَفُ). قَالَ السَّرَخْسِيُّ [3]: هِيَ جَوَانِبُ الْأَرْضِ. وَأَنَا لَا أَحُقُّهُ إِنَّمَا النُّطَفُ جَمْعُ نُطْفَةٍ، وَهِيَ الْمَاءُ الصَّافِي قَلَّ أَوْ كَثُرَ.

[ن ط ق]: (النِّطَاقُ) وَالْمِنْطَقُ: كُلُّ مَا تَشُدُّ بِهِ وَسَطَكَ. (وَالْمِنْطَقَةُ) اسْمٌ خَاصٌّ، وَمِنْهَا حَدِيثُ عُمَرَ رَضِيَ اللهُ عَنْهُ فِي أَهْلِ الذِّمَّةِ: وَيَشُدُّوا مَنَاطِقَهُمْ وَرَاءَ ثِيَابِهِمْ، وَفِي مَوْضِعٍ آخَرَ: (يُنَطِّقُونَ) أَيْ: يَشُدُّونَ فِي مَوْضِعِ الْمِنْطَقَةِ الزَّنَانِيرَ فَوْقَ ثِيَابِهِمْ.

---

(١) أخرجه البيهقي في السنن الكبرى في: ج ٥ص ١٧٣، والحميدي في مسنده (٩٢٤)

(٢) زيادة من: م.

(٣) سقط من: م.

[ن ط و]: (النَّطَاةُ) بِوَزْنِ الْقَطَاةِ: أَحَدُ حُصُونِ خَيْبَرَ.

النُّونُ مَعَ الظَّاءِ الْمُعْجَمَةِ

[ن ظ ف]: (التَّنَظُّفُ) كِنَايَةٌ عَنْ الِاسْتِنْجَاءِ، وَهُوَ مِنْ النَّظَافَةِ كَالِاسْتِطَابَةِ مِنْ الطِّيبِ، وَمِنْهَا قَوْلُهُمْ: (اسْتَنْظَفَ) الْوَالِي الْخَرَاجَ: إذَا اسْتَوْفَاهُ وَأَخَذَهُ كُلَّهُ. وَنَظِيرُهُ: اسْتَصْفَى الْخَرَاجَ مِنْ الصَّفَاءِ.

النُّونُ مَعَ الْعَيْنِ الْمُهْمَلَةِ

[ن ع ر]: (النَّاعُورُ) مَا يُدِيرُهُ الْمَاءُ مِنْ الْمَنْجَنُونَاتِ مِنْ (النَّعِيرِ) الصَّوْتُ.

[ن ع ش]: فِي حَدِيثِ فَاطِمَةَ رَضِيَ اللَّهُ عَنْهَا: سُجِّيَ قَبْرُهَا بِثَوْبٍ وَنُعِشَ عَلَى جِنَازَتِهَا، أَيْ: أُتُّخِذَ لَهَا نَعْشٌ، وَهُوَ شِبْهُ الْمِحَفَّةِ مُشَبَّكٌ يُطْبَقُ عَلَى الْمَرْأَةِ إذَا وُضِعَتْ عَلَى الْجِنَازَةِ.

[ن ع ل]: (رَجُلٌ نَاعِلٌ): ذُو نَعْلٍ، (وَقَدْ نَعَلَ) مِنْ بَابِ مَنَعَ، وَمِنْهُ حَدِيثُ عُمَرَ رَضِيَ اللَّهُ عَنْهُ: "مُرْهُمْ فَلْيَنْعَلُوا وَلْيَحْتَفُوا". أَيْ: فَلْيَمْشُوا مَرَّةً نَاعِلِينَ وَمَرَّةً حَافِينَ لِيَتَعَوَّدُوا كِلَا الْأَمْرَيْنِ.

(وَالنَّعْلُ) الْخُفُّ، (وَنَعَلَهُ) جَعَلَ لَهُ نَعْلًا. (وَجَوْرَبٌ مُنَعَّلٌ) وَمَنْعَلٌ، وَهُوَ الَّذِي وُضِعَ عَلَى أَسْفَلِهِ جِلْدَةٌ كَالنَّعْلِ لِلْقَدَمِ. (وَفَرَسٌ مُنَعَّلٌ) أَيْضًا[١]: أَبْيَضُ مُؤَخَّرِ الرُّسْغِ مِمَّا يَلِي الْحَافِرَ، وَأَمَّا قَوْلُهُ:"إذَا ابْتَلَّتْ (النِّعَالُ) فَالصَّلَاةُ فِي الرِّحَالِ". فَهِيَ الْأَرَاضِي الصِّلَابُ.

(وَفِي تَنَعُّلِهِ) فِي (ر ج، ر ج ل).

[ن ع ث ل]: (نَعْثَلُ) اسْمُ رَجُلٍ مِنْ مِصْرَ أَوْ مِنْ أَصْبَهَانَ كَانَ طَوِيلَ اللِّحْيَةِ، وَكَانَ عُثْمَانُ رَضِيَ اللَّهُ عَنْهُ إذَا نِيلَ مِنْهُ شُبِّهَ بِذَلِكَ الرَّجُلِ لِطُولِ لِحْيَتِهِ، وَلَمْ يَجِدُوا فِيهِ عَيْبًا سِوَى هَذَا؛ فَإِنَّهُ رَضِيَ اللَّهُ عَنْهُ كَانَ مَعْرُوفًا بِالْجَمَالِ.

[ن ع م]: (النِّعْمَةُ) وَاحِدَةُ النِّعَمِ (وَالنَّعْمَةُ) بِالْفَتْحِ: التَّنَعُّمُ، يُقَالُ: كَمْ ذِي نِعْمَةٍ لَا نَعْمَةَ لَهُ، أَيْ: كَمْ ذِي مَالٍ لَا تَنَعُّمَ لَهُ، وَيُقَالُ: نَعِمَ عَيْشُهُ: إذَا طَابَ، وَفُلَانٌ يَنْعَمُ نَعْمَةً، أَيْ: يَتَنَعَّمُ مِنْ بَابِ لَبِسَ، وَقَوْلُهُمْ: نَعِمْتَ بِهَذَا عَيْنًا، أَيْ: سُرِرْتَ بِهِ وَفَرِحْتَ، وَانْتِصَابُ

(١) زيادة من: م.

عَيْنًا عَلَى التَّمْيِيزِ مِنْ ضَمِيرِ الْفَاعِلِ، وَلَمَّا كَثُرَ اسْتِعْمَالُهُ فِي هَذَا الْمَعْنَى صَارَ مَثَلًا فِي الرِّضَا حَتَّى قِيلَ: (نعم) اللـه بِكَ عَيْنًا، كَمَا[1] قِيلَ: يَدُ اللـه بُسْطَانِ. لَمَّا صَارَتْ بَسْطَةُ الْيَدِ عِبَارَةً عَنِ الْجُودِ لَا أَنَّ لله يَدًا وَعَيْنًا تَعَالَى اللـه عَنْ ذَلِكَ عُلُوًّا كَبِيرًا.

وَأَمَّا قَوْلُ مُطَرِّفٍ: لَا تَقُلْ: نَعِمَ اللـه بِكَ عَيْنًا، فَإِنَّ اللـه تَعَالَى لَا يَنْعَمُ بِأَحَدٍ عَيْنًا، وَلَكِنْ قُلْ: أَنْعَمَ اللـه بِكَ عَيْنًا، فَإِنْكَارٌ لِلظَّاهِرِ وَاسْتِشْبَاعٌ لَهُ، عَلَى أَنَّكَ إِنْ جَعَلْتَ الْبَاءَ لِلتَّعَدِّي وَنَصَبْتَ عَيْنًا عَلَى التَّمْيِيزِ مِنَ الْكَافِ الَّذِي هُوَ ضَمِيرُ الْمَفْعُولِ، صَحَّ، وَخَرَجَ عَنْ أَنْ تَكُونَ الْعَيْنُ لله تَعَالَى وَصَارَ كَأَنَّكَ قُلْتَ: نَعَّمَكَ اللـه عَيْنًا، أَيْ: نَعَّمَ اللـه عَيْنَكَ وَأَقَرَّهَا، وَأَمَّا: (أَنْعَمَ اللـه بِكَ عَيْنًا) فَإِمَّا أَنْ يَكُونَ (أَنْعَم) بِمَعْنَى (نَعَمَ) فَتَكُونُ الْبَاءُ مَزِيدَةً أَوْ يَكُونَ بِمَعْنَى دَخَلَ فِي النَّعِيمِ فَتَكُونُ صِلَةً مِثْلُهَا فِي سُرَّ بِهِ وَفَرِحَ، وَانْتِصَابُ الْعَيْنِ عَلَى التَّمْيِيزِ مِنَ الْمَفْعُولِ فِي كِلَا الْوَجْهَيْنِ.

وَقَالَ صَاحِبُ التَّكْمِلَةِ: إِنَّمَا أَنْكَرَ مُطَرِّفٌ؛ لِأَنَّهُ لَا يُجَوِّزُ (نعم) بِمَعْنَى (أَنْعَمَ) وَهُمَا لُغَتَانِ كَمَا يُقَالُ: نَكِرْتُهُ وَأَنْكَرْتُهُ وَزَكَنْتُهُ وَأَزْكَنْتُهُ، أَيْ: عَلِمْتُهُ، وَأَلِفْتُ الْمَكَانَ وَآلَفْتُهُ قَالَ: رَوَى ذَلِكَ كُلَّهُ أَبُو عُبَيْدٍ، وَيَشْهَدُ لَهُ مَا فِي تَهْذِيبِ الْأَزْهَرِيِّ: قَالَ اللِّحْيَانِيُّ: نَعَّمَكَ اللـه عَيْنًا، وَنَعِمَ اللـه بِكَ عَيْنًا، وَأَنْعَمَ اللـه بِكَ عَيْنًا، وَعَنِ الْفَرَّاءِ: قَالُوا: نَزَلُوا مَنْزِلًا يَنْعَمُهُمْ. (وَيُنْعِمُهُمْ) ثَلَاثُ لُغَاتٍ، (وَبِنَعِيمِهِمْ) أَرْبَعُ لُغَاتٍ بِفَتْحِ الْعَيْنِ وَضَمِّهَا وَكَسْرِهَا. وَعَنِ الْكِسَائِيِّ كَذَلِكَ.

(وَالتَّنْعِيمُ) مَصْدَرُ نَعَّمَهُ: إِذَا أَتْرَفَهُ، وَبِهِ سُمِّيَ (التَّنْعِيمُ): وَهُوَ مَوْضِعٌ قَرِيبٌ مِنْ مَكَّةَ عِنْدَ مَسْجِدِ عَائِشَةَ رَضِيَ اللـه عَنْهَا، وَالتَّرْكِيبُ دَالٌّ عَلَى اللِّينِ وَالطِّيبِ. وَمِنْهُ: نَبْتٌ وَشَعْرٌ (نَاعِمٌ)، أَيْ: لَيِّنٌ وَعَيْشٌ نَاعِمٌ طَيِّبٌ، وَبِهِ سُمِّيَ (نَاعِمٌ) أَحَدُ حُصُونِ خَيْبَرَ، (وَالنَّعَامَةُ) مِنْهُ لِلِينِ رِيشِهَا، وَمِنْ ذَلِكَ (الْأَنْعَامُ) لِلْأَزْوَاجِ الثَّمَانِيَةِ، إِمَّا لِلِينِ خُلُقِهَا بِخِلَافِ الْوَحْشِ، وَإِمَّا لِأَنَّ أَكْثَرَ نَعَمِ الْعَرَبِ مِنْهَا، وَهُوَ اسْمٌ مُفْرَدُ اللَّفْظِ، وَإِنْ كَانَ مَجْمُوعَ الْمَعْنَى، وَلِذَا ذُكِّرَ الضَّمِيرُ فِي قَوْلِهِ تَعَالَى: ﴿وَإِنَّ لَكُمْ فِي الْأَنْعَامِ لَعِبْرَةً نُسْقِيكُمْ مِمَّا فِي بُطُونِهِ﴾ [سورة النحل آية ٦٦] هَكَذَا قَالَ سِيبَوَيْهِ فِي الْكِتَابِ، وَقَرَّرَهُ السِّيرَافِيُّ فِي شَرْحِهِ، وَعَلَيْهِ قَوْلُهُ فِي الصَّيْدِ: وَالَّذِي يَحِلُّ مِنَ الْمُسْتَأْنَسِ الْأَنْعَامُ، وَهُوَ الْإِبِلُ وَالْبَقَرُ وَالْغَنَمُ وَالدَّجَاجُ. أَلَا

---

(١) زيادة من: م.

تَرَى كَيْفَ قَالَ: (هُوَ) وَلَمْ يَقُلْ: (هِيَ). وَالدَّجَاجُ رُفِعَ عَطْفًا عَلَى الْأَنْعَامِ لَا عَلَى مَا وَقَعَ تَفْسِيرًا لَهُ؛ لِأَنَّهُ لَيْسَ مِنْهُ. وَعَنْ الْكِسَائِيِّ: أَنَّ التَّذْكِيرَ عَلَى تَأْوِيلِ فِي بُطُونِ مَا ذَكَرْنَا، كَقَوْلِ مَنْ قَالَ: (مِثْلَ الْفِرَاخِ نُتِفَتْ حَوَاصِلُهُ). عَنْ الْفَرَّاءِ: أَنَّهُ إِنَّمَا ذُكِّرَ عَلَى مَعْنَى النَّعَمِ، وَهُوَ يُذَكَّرُ وَيُؤَنَّثُ، وَأَنْشَدَ أَبُو عُبَيْدٍ فِي تَذْكِيرِهِ:

أَكُلَّ عَامٍ نَعَمٌ تَحْوُونَهُ   يُلْقِحُهُ قَوْمٌ وَتَنْتِجُونَهُ

قَالُوا: وَالْعَرَبُ إِذَا أَفْرَدَتْ النَّعَمَ لَمْ يُرِيدُوا بِهِ إِلَّا الْإِبِلَ، وَأَمَّا قَوْلُه تَعَالَى: **(فَجَزَاءٌ مِثْلُ مَا قَتَلَ مِنَ النَّعَمِ)** [سورة المائدة آية ٩٥] فَالْمُفَسِّرُونَ عَلَى أَنَّ الْمُرَادَ بِهِ: الْأَنْعَامُ.

وَبِتَصْغِيرِهِ سُمِّيَ (نُعَيْمُ) بن مَسْعُود مُصَنِّفُ كِتَابِ الْحِيَلِ.

(وَنِعْمَ) أَخُو بِئْسَ فِي أَنَّ هَذَا لِلْمُبَالَغَةِ فِي الْمَدْحِ وَذَلِكَ لِلْمُبَالَغَةِ فِي الذَّمِّ، وَكُلٌّ مِنْهُمَا يَقْتَضِي فَاعِلًا وَمَخْصُوصًا بِمَعْنَى أَحَدِهِمَا. وَقَوْلُهُمْ: (فَبِهَا وَنِعْمَتْ) الْمُقْتَضَيَانِ فِيهِ مَتْرُوكَانِ، وَالْمَعْنَى: فَعَلَيْكَ بِهَا أَوْ فَبِالسُّنَّةِ أَخَذْتَ. (وَنِعْمَتْ) الْخَصْلَةُ السُّنَّةُ، وَتَاؤُهُ مَمْطُوطَةٌ، أَيْ: مَمْدُودَةٌ وَالْمُدَوَّرَةُ خَطَأٌ، وَكَذَلِكَ الْمَدُّ مَعَ الْفَتْحِ فِي بِهَا.

[ن ع ي]: (نَعَى) النَّاعِي الْمَيِّتَ نَعْيًا: أَخْبَرَ بِمَوْتِهِ، وَهُوَ مَنْعِيٌّ، وَمِنْهُ الْحَدِيثُ: "إِذَا أُلْبِسَتْ أُمَّتِي السَّوَادَ فَانْعَوْا الْإِسْلَامَ"، وَإِنَّمَا قَالَ ذَلِكَ تَعْرِيضًا بِمُلْكِ بَنِي الْعَبَّاسِ؛ لِأَنَّهُ مِنْ أَشْرَاطِ السَّاعَةِ، وَفِي تَصْحِيفِهِ إِلَى:"فَابْغُوا الْإِسْلَامَ[1]". حِكَايَةٌ مُسْتَطْرَفَةٌ تَرَكْتُهَا لِشُهْرَتِهَا.

النُّونُ مَعَ الْغَيْنِ الْمُعْجَمَةِ

[ن غ ج]: (النَّغْجَةُ) مِكْيَالٌ لِأَهْلِ بُخَارَى يَسَعُهُ خَمْسَةٌ وَسَبْعُونَ مَنًّا حِنْطَةً.

[ن غ ر]: (النُّغَيْرُ) فِي (ع م، ع م ر).

[ن غ ش]: فِي الْحَدِيثِ: "أَنَّهُ صَلَّى اللهُ عَلَيْهِ وَآلِهِ وَسَلَّمَ مَرَّ بِنُغَاشِيٍّ -وَيُرْوَى: بِرَجُلٍ نُغَاشٍ- فَخَرَّ سَاجِدًا"، وَرُوِيَ: أَنَّهُ صَلَّى اللهُ عَلَيْهِ وَآلِهِ وَسَلَّمَ" رَأَى نَغَّاشًا فَسَجَدَ شُكْرًا". هُوَ الْقَصِيرُ فِي الْغَايَةِ الضَّعِيفُ الْحَرَكَةِ.

[ن غ ن غ]: فِي خِزَانَةِ الْفِقْهِ: النَّغَانِغُ عَيْبٌ، وَهِيَ لَحَمَاتٌ فِي الْحَلْقِ، قَالَ جَرِيرٌ:

ابْنُ مُرَّةَ يَا فَرَزْدَقُ كَيْنَهَا   غَمَزَ الطَّبِيبُ نَغَانِغَ الْمَعْذُورِ

(١) زيادة من: م.

الْوَاحِدُ: (نُغْنُغٌ) بِالضَّمِّ[١].

[ن غ ل]: فِي الْأَكْمَلِ: لَوْ قَالَ: (يَا نَغِلُ) لَزِمَهُ الْحَدُّ؛ لِأَنَّهُ بِلُغَةِ عُمَانَ: يَا زَانِي، الْمُثْبَتُ فِيمَا عِنْدِي أَنَّ (النَّغْلَ) تَخْفِيفُ النَّغِلِ، وَهُوَ وَلَدُ الزِّنَى وَأَصْلُهُ مِنْ (نَغِلِ الْأَدِيمِ)، وَهُوَ فَسَادُهُ.

وَفِي النَّاطِفِيِّ: عَنْ أَبِي حَنِيفَةَ رَحِمَهُ اللهُ: مَنْ قَالَ: عَلِيٌّ رَضِيَ اللهُ عَنْهُ أَحَبُّ إِلَيَّ مِنَ الْجَمِيعِ فَهُوَ رَجُلٌ نَغْلٌ، وَفِي مَوْضِعٍ آخَرَ: دَغْلٌ، وَهُوَ أَيْضًا تَخْفِيفُ (دَغِلٍ)، وَهُوَ الَّذِي فِيهِ دَغَلٌ، أَيْ: فَسَادٌ وَرِيبَةٌ.

النُّونُ مَعَ الْفَاءِ

[ن ف ح]: (نَفَحَتْهُ) الدَّابَّةُ: ضَرَبَتْهُ بِحَدِّ حَافِرِهَا، (وَإِنْفَحَةُ الْجَدْيِ) بِكَسْرِ الْهَمْزَةِ وَفَتْحِ الْفَاءِ وَتَخْفِيفِ الْحَاءِ أَوْ تَشْدِيدِهَا، وَقَدْ يُقَالُ: (مِنْفَحَةٌ) أَيْضًا، وَهِيَ شَيْءٌ يُسْتَخْرَجُ مِنْ بَطْنِ الْجَدْيِ أَصْفَرُ يُعْصَرُ فِي صُوفَةٍ مُبْتَلَّةٍ فِي اللَّبَنِ فَيَغْلُظُ كَالْجُبْنِ، وَلَا يَكُونُ إِلَّا لِكُلِّ ذِي كَرِشٍ، وَيُقَالُ: (كَرِشُهُ) إِلَّا أَنَّهُ مَا دَامَ رَضِيعًا سُمِّيَ ذَلِكَ الشَّيْءُ (إِنْفَحَةً)، فَإِذَا فُطِمَ وَرَعَى فِي الْعُشْبِ قِيلَ: اسْتَكْرَشَ، أَيْ: صَارَتْ إِنْفَحَتُهُ كَرِشًا.

[ن ف خ]: (نَفَخَ) فِي النَّارِ بِالْمِنْفَخِ وَالْمِنْفَاخِ، وَهُوَ شَيْءٌ طَوِيلٌ مِنْ حَدِيدٍ (وَنَفَخَ فِي الزِّقِّ)، وَقَدْ يُقَالُ: نَفَخَ الزِّقَّ، وَعَلَيْهِ حَدِيثُ أَصْحَمَةَ النَّجَاشِيِّ: أَنَّهُمْ (نَفَخُوا) لِلزُّبَيْرِ قِرْبَةً فَعَبَرَ النِّيلَ، أَيْ: نَفَخُوا فِيهَا فَرَكِبَ عَلَيْهَا حَتَّى جَاوَزَ نَهْرَ مِصْرَ، وَعَنْ أُمِّ سَلَمَةَ رَضِيَ اللهُ عَنْهَا: قُلْنَا: مَنْ رَجُلٌ يَعْلَمُ لَنَا عِلْمَ الْقَوْمِ؟ - أَيْ: أَيُّ رَجُلٍ يُحَصِّلُ لَنَا خَبَرَهُمْ؟- إِلَى أَنْ طَلَعَ الزُّبَيْرُ فِي النِّيلِ يُلِيحُ بِثَوْبِهِ أَوْ يُلَوِّحُ، أَيْ: يَلْمَعُ بِهِ. وَمَعْنَاهُ: أَنَّهُ كَانَ يَرْفَعُ ثَوْبَهُ وَيُحَرِّكُهُ لِيَلُوحَ لِلنَّاظِرِ.

وَقَوْلُهُ: أَصَابَ الْحِنْطَةَ مَطَرٌ (فَنَفَخَ) فَزَادَ، الصَّوَابُ: فَانْتَفَخَ أَوْ فَتَنَفَّخَ.

[ن ف ذ]: (رَمَيْتُهُ فَأَنْفَذْتُهُ) أَيْ: خَرَقْتُهُ، وَمِنْهُ: "لَوْلَا رَسُولُ اللهِ صَلَّى اللهُ عَلَيْهِ وَآلِهِ وَسَلَّمَ لَأَنْفَذْتُ حِضْنَيْكَ".

[ن ف ر]: (نَفَرَتْ) الدَّابَّةُ نُفُورًا أَوْ نِفَارًا، (وَنَفَرَ) الْحَاجُّ نَفْرًا، وَمِنْهُ: أَنْتِ طَالِقٌ فِي (نَفْرِ الْحَاجِّ).

---

(١) فِي خ: "بضم النون".

(وَيَوْمُ النَّفرِ): الثَّالثُ مِنْ يَوْم النَّحْرِ، لِأَنَّهُمْ يَنْفِرُونَ مِنْ مِنًى.

(وَنَفَرَ الْقَوْمُ) فِي الْأَمْرِ لِوَالِي[١] الثَّغْرِ نَفْرًا وَنَفِيرًا. وَمِنْهُ: (النَّفِيرُ الْعَامُّ).

(وَالنَّفِيرُ) أَيْضًا: الْقَوْمُ النَّافِرُونَ لِحَرْبٍ أَوْ غَيْرِهَا، وَمِنْهُ قَوْلُهُمْ لِمَنْ لَا يَصْلُحُ فِي مُهِمٍّ: (لَا فِي الْعِيرِ وَلَا فِي النَّفِيرِ) وَالْأَصْلُ: عِيرُ قُرَيْشٍ الَّتِي أَقْبَلَتْ مَعَ أَبِي سُفْيَانَ مِنَ الشَّامِ، (وَالنَّفِيرُ) مَنْ خَرَجَ مَعَ عُتْبَةَ بنِ رَبِيعَةَ لِاسْتِنْقَاذِهَا مِنْ أَيْدِي الْمُسْلِمِينَ، وَكَانَ بِبَدْرٍ مَا كَانَ، وَهُمَا الطَّائِفَتَانِ فِي قَوْلِهِ تَعَالَى: ﴿وَإِذْ يَعِدُكُمُ اللهُ إِحْدَى الطَّائِفَتَيْنِ﴾ [سورة الأنفال آية ٧] وَأَوَّلُ مَنْ قَالَ ذَلِكَ أَبُو سُفْيَانَ لِبَنِي زُهْرَةَ حِينَ صَادَفَهُمْ مُنْصَرِفِينَ إِلَى مَكَّةَ، قَالَ الْأَصْمَعِيُّ: يُقَالُ[٢] لِلرَّجُلِ يُحَطُّ أَمْرُهُ وَيُصْغَرُ قَدْرُهُ.

(وَاسْتَنْفَرَ) الْإِمَامُ النَّاسَ لِجِهَادِ الْعَدُوِّ: إِذَا حَثَّهُمْ عَلَى النَّفِيرِ وَدَعَاهُمْ إِلَيْهِ، وَأَمَّا مَا رُوِيَ: أَنَّ رَجُلًا وَجَدَ لُقَطَةً حِينَ أَنْفَرَ عَلِيٌّ رَضِيَ اللهُ عَنْهُ النَّاسَ إِلَى صِفِّينَ. فَالصَّوَابُ: اسْتَنْفَرَ، لِأَنَّ الْإِنْفَارَ هُوَ التَّنْفِيرُ، وَلَمْ يُسْمَعْ بِهَذَا الْمَعْنَى، وَفِيهِ قَالَ: فَعَرَّفْتُهَا ضَعِيفًا، أَيْ: سِرًّا، وَلَمْ أُعْلِنْ بِهِ فِي نَادِي الْقَوْمِ وَمُجْتَمَعِهِمْ، فَأَخْبَرْتُ عَلِيًّا رَضِيَ اللهُ عَنْهُ فَقَالَ: إِنَّكَ لَعَرِيضُ الْقَفَا، أَيْ: أَبْلَهُ، حَيْثُ لَمْ تُظْهِرِ التَّعْرِيفَ.

(وَالنَّفَرُ) بِفَتْحَتَيْنِ: مِنَ الثَّلَاثَةِ إِلَى الْعَشَرَةِ مِنَ الرِّجَالِ، وَقَوْلُ الشَّعْبِيِّ: حَدَّثَنِي بِضْعَةَ عَشَرَ نَفَرًا، فِيهِ نَظَرٌ لِأَنَّ اللَّيْثَ قَالَ: يُقَالُ: هَؤُلَاءِ عَشَرَةُ نَفَرٍ، أَيْ: رِجَالٍ، وَلَا يُقَالُ فِيمَا فَوْقَ الْعَشَرَةِ.

[ن ف س]: (النِّفَاسُ) مَصْدَرُ (نُفِسَتِ الْمَرْأَةُ) بِضَمِّ النُّونِ وَفَتْحِهَا: إِذَا وَلَدَتْ، فَهِيَ نُفَسَاءُ، وَهُنَّ نِفَاسٌ، وَقَوْلُ أَبِي بَكْرٍ رَضِيَ اللهُ عَنْهُ: إِنَّ أَسْمَاءَ نَفِسَتْ، أَيْ: حَاضَتْ، وَالضَّمُّ فِيهِ خَطَأٌ. وَكُلُّ هَذَا مِنَ (النَّفْسِ) وَهِيَ الدَّمُ فِي قَوْلِ النَّخَعِيِّ: كُلُّ شَيْءٍ لَيْسَتْ لَهُ (نَفْسٌ سَائِلَةٌ)، فَإِنَّهُ لَا يُنَجِّسُ الْمَاءَ إِذَا مَاتَ فِيهِ، وَإِنَّمَا سُمِّيَ بِذَلِكَ لِأَنَّ النَّفْسَ الَّتِي هِيَ اسْمٌ لِجُمْلَةِ الْحَيَوَانِ قِوَامُهَا الدَّمُ، وَقَوْلُهُمْ: النِّفَاسُ هُوَ الدَّمُ الْخَارِجُ عَقِيبَ الْوَلَدِ، تَسْمِيَةٌ بِالْمَصْدَرِ كَالْحَيْضِ سَوَاءٌ، وَأَمَّا اشْتِقَاقُهُ مِنْ تَنَفُّسِ الرَّحِمِ أَوْ خُرُوجِ النَّفَسِ بِمَعْنَى الْوَلَدِ فَلَيْسَ بِذَاكَ، لِأَنَّ[٣] النَّفَسَ - بِفَتْحَتَيْنِ - وَاحِدُ الْأَنْفَاسِ، وَهُوَ مَا يَخْرُجُ مِنَ الْحَيِّ حَالَ

(١) في خ: "أو إلى".
(٢) في خ: "يضرب".
(٣) زيادة من: م.

التَّنَفُّسِ، وَمِنْهُ: لَكَ فِي هَذَا (نَفَسٌ)، أَيْ: سَعَةٌ، (وَنُفْسَةٌ) أَيْ: مُهْلَةٌ.

(وَنَفَّسَ اللهُ كُرْبَتَكَ) أَيْ: فَرَّجَهَا، وَيُقَالُ: (نَفَّسَ اللَّهُ[1] عَنْهُ) إِذَا فَرَّجَ عَنْهُ[2]، (وَنَفَّسَ عَنْهُ) إِذَا أَمْهَلَهُ عَلَى تَرْكِ الْمَفْعُولِ، وَأَمَّا قَوْلُهُ فِي كِتَابِ الْإِقْرَارِ: لَوْ قَالَ نَفِّسْنِي، فَعَلَى تَضْمِينِ مَعْنَى أَمْهِلْنِي، أَوْ عَلَى حَذْفِ الْمُضَافِ، أَيْ: نَفِّسْ كَرْبِي أَوْ غَمِّي، (وَشَيْءٌ نَفِيسٌ وَمُنْفِسٌ).

[ن ف ض]: (النَّفْضُ) تَحْرِيكُ الشَّيْءِ لِيَسْقُطَ مَا عَلَيْهِ مِنْ غُبَارٍ أَوْ غَيْرِهِ، وَيُقَالُ: نَفَضَهُ فَانْتَفَضَ، وَمِنْهُ الْحَدِيثُ: "يَنْتَفِضُ بِهِ الصِّرَاطُ انْتِفَاضَةً". أَيْ: يُحَرِّكُهُ وَيُزَعْزِعُهُ أَوْ يُسْقِطُهُ.

(وَثَوْبٌ نَافِضٌ) أَيْ: ذَهَبَ بَعْضُ لَوْنِهِ مِنْ حُمْرَةٍ أَوْ صُفْرَةٍ، وَقَدْ نَفَضَ نُفُوضًا، وَحَقِيقَتُهُ: نَفَضَ صِبْغَهُ.

(وَالنَّفْضُ) عِنْدَ الْفُقَهَاءِ: التَّنَاثُرُ، وَعَنْ مُحَمَّدٍ رَحِمَهُ اللهُ: أَنْ لَا يَتَعَدَّى أَثَرُ الصِّبْغِ إِلَى غَيْرِهِ أَوْ تَفُوحَ مِنْهُ رَائِحَةُ الطِّيبِ، وَمِنْهُ قَوْلُهُ: وَمَا لَمْ يَكُنْ نَفْضٌ وَلَا رَدْعٌ، وَقَوْلُهُ: إِلَّا أَنْ يَكُونَ غَسِيلًا لَا يَنْفُضُ.

(وَالِاسْتِنْفَاضُ) الِاسْتِخْرَاجُ، وَيُكْنَى بِهِ عَنِ الِاسْتِنْجَاءِ، وَمِنْهُ حَدِيثُ ابْنِ مَسْعُودٍ رَضِيَ اللهُ عَنْهُ: "ائْتِنِي بِثَلَاثَةِ أَحْجَارٍ أَسْتَنْفِضُ بِهَا". وَالْقَافُ وَالصَّادُ غَيْرُ الْمُعْجَمَةِ تَصْحِيفٌ.

[ن ف ط]: (النَّفَّاطَةُ) مَنْبِتُ النِّفْطِ وَمَعْدِنُهُ، كَالْمَلَّاحَةِ وَالْقَيَّارَةِ لِمَنْبِتِ الْمِلْحِ وَالْقَارِ، أَوْ (النَّفَّاطَةُ) أَيْضًا: مَرْمَاةُ النِّفْطِ، يُقَالُ: خَرَجَ النَّفَّاطُونَ بِأَيْدِيهِمُ النَّفَّاطَاتُ.

(وَالنَّفْطَةُ) بِوَزْنِ الْكَلِمَةِ: الْجُدَرِيُّ (وَالنَّفْطَةُ) وَالنُّفْطَةُ لُغَةٌ، وَفِي التَّهْذِيبِ: (النَّفَطُ) بِالْفَتْحِ بِلَا هَاءٍ: بَثْرٌ يَخْرُجُ بِالْيَدِ مِنَ الْعَمَلِ مَلْآنُ مَاءً.

[ن ف ع]: (نَافِعٌ) فِي (ك ي، ك ي س).

[ن ف ق]: (نَفَاقُ السِّلْعَةِ) بِالْفَتْحِ: رَوَاجُهَا، (وَنُفُوقُ الدَّابَّةِ) مَوْتُهَا وَخُرُوجُ الرُّوحِ مِنْهَا، وَالْفِعْلُ مِنْ بَابِ طَلَبَ.

[ن ف ل]: (الْأَنْفَالُ) جَمْعُ النَّفَلِ، وَهُوَ الزِّيَادَةُ، يُقَالُ: لِهَذَا عَلَى هَذَا نَفَلٌ، أَيْ:

---

(١) زيادة من: م.

(٢) زيادة من: م.

زِيَادَةٌ. وَمِنْهُ (النَّافِلَةُ) فِي الْمَعْنَيَيْنِ. (وَالنَّفَلُ) الْغَنِيمَةُ، وَتَمَامُهُ فِي (غ ن، غ ن م).

وَفِي الْحَدِيثِ: "تَنَفَّلَ النَّبِيُّ بِبَدْرٍ[١] سَيْفَ ابْنِ الْحَجَّاجِ". أَيْ: أَخَذَهُ نَفَلًا. وَيُقَالُ: تَنَفَّلَ فُلَانٌ عَلَى أَصْحَابِهِ، أَيْ: أَخَذَ مِنَ الْغَنِيمَةِ أَكْثَرَ مِمَّا أَخَذُوا، وَأَمَّا قَوْلُهُ: لَا يَنْزِلَنَّ فِي الْجُنْدِ النُّفَلُ، وَيُرْوَى: (النُّفَّلُ) بِالتَّشْدِيدِ، وَيُرْوَى: (النَّفَلُ) بِفَتْحَتَيْنِ، فَقَدْ قَالُوا: هُمُ الَّذِينَ يَقُولُونَ لِلْإِمَامِ: لَا نُقَاتِلُ حَتَّى تُنَفِّلَ لَنَا، أَيْ: تُعْطِينَا شَيْئًا زَائِدًا عَلَى [سهام الغانمين، وقيل: هم العدد القليل يخرجون من دار الإسلام متلصصين بغير أمر الإمام، وتقريره في المعرب] [٢].

[ن ف ي]: (النَّفْيُ) خِلَافُ الْإِثْبَاتِ، وَقَوْلُهُ: الْمَنْفِيَّةُ نَسَبُهَا، الصَّوَابُ: الْمَنْفِيُّ نَسَبُهَا، وَيُقَالُ: نُفِيَ فُلَانٌ مِنْ بَلَدِهِ: إِذَا أُخْرِجَ وَسُيِّرَ، وَمِنْهُ قَوْله تَعَالَى: **(أَوْ يُنفَوْا مِنَ الْأَرْضِ)** [سورة المائدة آية ٣٣] وَعَنِ النَّخَعِيِّ: (النَّفْيُ) الْحَبْسُ، وَعَنْ مُجَاهِدٍ: يُطْلَبُ أَبَدًا لِإِقَامَةِ الْحَدِّ عَلَيْهِ حَتَّى يُخْرَجَ مِنْ دَارِ الْإِسْلَامِ.

النُّونُ مَعَ الْقَافِ

[ن ق ب]: (النَّقْبُ) فِي الْحَائِطِ وَنَحْوِهِ مَعْرُوفٌ، وَقَوْلُهُ: الْمُشْرِكُونَ نَقَبُوا الْحَائِطَ وَعَلَّقُوهُ، أَيْ: نَقَبُوا مَا تَحْتَهُ وَتَرَكُوهُ مُعَلَّقًا، وَكَذَا قَوْلُهُ: وَلَوْ أَمَرَ أَنْ يَجْعَلَ لَهُ بَابًا فِي هَذَا الْحَائِطِ فَفَعَلَ فَإِذَا هُوَ لِغَيْرِهِ ضَمِنَ النَّاقِبُ.

[ن ق ر]: (نَقَرَ) الطَّائِرُ الْحَبَّ: الْتَقَطَهُ بِمِنْقَارِهِ مِنْ بَابِ طَلَبَ، وَمِنْهُ حَدِيثُ ابْنِ عَبَّاسٍ رَضِيَ اللهُ عَنْهُ: أَنَّهُ سُئِلَ عَنْ صَلَاةِ الْأَعْرَابِ الَّذِينَ (يَنْقُرُونَ نَقْرًا)، أَيْ: يُسْرِعُونَ فِي الرُّكُوعِ وَالسُّجُودِ وَيُخَفِّفُونَ كَنَقْرِ الطَّائِرِ. وَفِي حَدِيثٍ آخَرَ: "نَهَى عَنْ نَقْرَةِ الْغُرَابِ"[٣].

(وَنَقَرَ الْخَشَبَةَ) حَفَرَهَا نَقْرًا، وَهُوَ النَّقِيرُ، وَمِنْهُ: "نَهَى عَنِ الشُّرْبِ (فِي النَّقِيرِ) وَالْمُزَفَّتِ وَالْحَنْتَمِ وَالدُّبَّاءِ، وَأَبَاحَ أَنْ يُشْرَبَ فِي السِّقَاءِ الْمُوكَى". (وَالنَّقِيرُ) الْخَشَبَةُ الْمَنْقُورَةُ، (وَالْمُزَفَّتُ) الْوِعَاءُ الْمَطْلِيُّ بِالزِّفْتِ، وَهُوَ الْقَارُ (وَالْحَنْتَمُ) الْجِرَارُ الْحُمْرُ،

---

(١) في خ: "يوم بدر".
(٢) سقط من: م.
(٣) أخرجه أحمد في مسنده (٢٣٢٤٥).

وَقِيلَ: الْخُضْرُ يُحْمَلُ فِيهَا الْخَمْرُ إِلَى الْمَدِينَةِ، وَالْوَاحِدَةُ: حَنْتَمَةٌ. (وَالدُّبَّاءُ) الْقَرْعُ، وَهَذِهِ أَوْعِيَةٌ ضَارِيَةٌ تُسْرِعُ بِالشِّدَّةِ فِي الشَّرَابِ وَتُحْدِثُ فِيهِ التَّغَيُّرَ، وَلَا يَشْعُرُ بِهِ صَاحِبُهُ فَهُوَ عَلَى خَطَرٍ مِنْ شُرْبِ الْمُحَرَّمِ، وَأَمَّا (الْمُوكَى) فَهُوَ السِّقَاءُ الَّذِي يُنْتَبَذُ فِيهِ وَيُوكَى رَأْسُهُ، أَيْ: يُشَدُّ، فَإِنَّهُ لَا يَشْتَدُّ فِيهِ الشَّرَابُ إِلَّا إِذَا انْشَقَّ فَلَا يَخْفَى تَغَيُّرُهُ، وَعَنْ ابْنِ سِيرِينَ: مَنْ أَوْكَى السِّقَاءَ لَمْ يَبْلُغْ السُّكْرَ حَتَّى يَنْشَقَّ.

(وَالنُّقْرَةُ) الْقِطْعَةُ الْمُذَابَةُ مِنْ الْفِضَّةِ أَوْ الذَّهَبِ، وَيُقَالُ: (نُقْرَةُ فِضَّةٍ) عَلَى الْإِضَافَةِ لِلْبَيَانِ.

[ن ق س]: (النَّاقُوسُ) خَشَبَةٌ طَوِيلَةٌ يَضْرِبُهَا النَّصَارَى لِأَوْقَاتِ الصَّلَاةِ، يُقَالُ: نَقَسَ بِالْوَبِيلِ (النَّاقُوسَ) نَقْسًا، مِنْ بَابِ طَلَبَ، وَمِنْهُ: "كَانُوا (يَنْقُسُونَ) حَتَّى رَأَى عَبْدُ اللهِ بن زَيْدٍ رَضِيَ اللهُ عَنْهُ الْأَذَانَ فِي الْمَنَامِ".

[ن ق ص]: (نَقَصَهُ) حَقَّهُ نَقْصًا (وَانْتَقَصَهُ) مِثْلُهُ، (وَنَقَصَ بِنَفْسِهِ) نُقْصَانًا (وَانْتَقَصَ) مِثْلُهُ، كِلَاهُمَا يَتَعَدَّى وَلَا يَتَعَدَّى، وَفِي الْحَدِيثِ: "شَهْرَا عِيدٍ لَا يَنْقُصَانِ رَمَضَانُ وَذُو الْحِجَّةِ"[1]. قِيلَ: أَيْ لَا يَجْتَمِعُ نُقْصَانُهُمَا فِي عَامٍ وَاحِدٍ. وَأَنْكَرَهُ الطَّحَاوِيُّ، وَقِيلَ: إِنَّهُمَا وَإِنْ نَقَصَا أَوْ نَقَصَ أَحَدُهُمَا، إِلَّا أَنَّ ثَوَابَهُمَا مُتَكَامِلٌ. وَفِيهِ: أَنَّ الْعَمَلَ فِي عَشْرِ ذِي الْحِجَّةِ لَا يَنْقُصُ ثَوَابُهُ عَمَّا فِي شَهْرِ رَمَضَانَ، وَقَوْلُهُ: فِي الدَّرَاهِمِ الْكُوفِيَّةِ الْمُقَطَّعَةِ (النُّقَّصِ)، أَيْ: الْخِفَافِ النَّاقِصَةِ، وَفُعَّلٌ فِي جَمْعِ فَاعِلٍ قِيَاسٌ.

[ن ق ض]: (نَقَضَ) الْبِنَاءَ أَوْ الْحَبْلَ نَقْضًا، (وَانْتَقَضَ) بِنَفْسِهِ، (وَنَاقَضَ) آخِرُ قَوْلِهِ الْأَوَّلَ، (وَتَنَاقَضَ) الْقَوْلَانِ، وَفِي كَلَامِهِ (تَنَاقُضٌ)، وَقَوْلُهُ: "فَالْتَقَيَا (فَتَنَاقَضَا) الْبَيْعَ"، أَيْ: نَقَضَاهُ كَأَنَّهُ قَاسَهُ عَلَى قَوْلِهِمْ: (تَرَاءَوْا الْهِلَالَ) أَيْ: رَأَوْهُ وَتَدَاعَوْا الْقَوْمَ وَتَسَاءَلُوهُمْ، أَيْ: دَعَوْهُمْ وَسَأَلُوهُمْ وَإِلَّا فَالتَّنَاقُضُ لَازِمٌ.

(وَالنَّقْضُ) الْبِنَاءُ الْمَنْقُوضُ، وَالْجَمْعُ: نُقُوضٌ، وَعَنْ الْغُورِيِّ فِي[2] (النِّقْضِ) بِالْكَسْرِ لَا غَيْرُ.

[ن ق ع]: (نَقَعَ) الْمَاءُ فِي الْوَهْدَةِ وَاسْتَنْقَعَ، أَيْ: ثَبَتَ وَاجْتَمَعَ، وَقَوْلُهُ: "يُكْرَهُ لِلصَّائِمِ أَنْ (يَسْتَنْقِعَ) فِي الْمَاءِ"، مِنْ قَوْلِهِمْ: (اسْتَنْقَعْتُ فِي الْمَاءِ)، أَيْ: مَكَثْتُ فِيهِ أَتَبَرَّدُ،

---

(١) أخرجه الترمذي (٦٩٢)، وأبو داود (٢٣٢٣)، وابن ماجه (١٦٥٩)، وأحمد في مسنده (٢٧٥٣٧).

(٢) زيادة من: م.

هَكَذَا ذَكَرَهُ شَيْخُنَا فِي أَسَاسِ الْبَلَاغَةِ، وَهُوَ مَجَازٌ مِنْ (اسْتِنْقَاعِ الزَّبِيبِ) حَسَنٌ مُتَمَكِّنٌ، وَهُوَ مِنْ أَلْفَاظِ الْمُنْتَقَى وَالْوَاقِعَاتِ، وَمَنْ أَنْكَرَهُ وَقَالَ: الصَّوَابُ (يَنْغَمِسُ أَوْ يَشْرَعُ) فَقَدْ سَهَا.

(وَمُسْتَنْقَعُ الْمَاءِ) بِالْفَتْحِ: مُجْتَمَعُهُ وَكُلُّ مَاءٍ مُسْتَنْقِعٍ بِالْكَسْرِ: (نَاقِعٌ وَنَقِيعٌ). وَمِنْهُ: "نَهَى عَنْ بَيْعِ نَقْعِ الْبِئْرِ". وَالرِّوَايَةُ:"لَا يُمْنَعُ نَقْعُ الْبِئْرِ"، وَفِي الْفِرْدَوْسِ عَنْ عَائِشَةَ رَضِيَ اللهُ عَنْهَا: "لَا يُبَاعُ نَقْعُ بِئْرٍ وَلَا رَهْوُ مَاءٍ". قَالَ أَبُو عُبَيْدٍ[1]: هُوَ فَضْلُ مَائِهَا الَّذِي يَخْرُجُ مِنْهَا قَبْلَ أَنْ يَصِيرَ فِي إِنَاءٍ أَوْ وِعَاءٍ، قَالَ: وَأَصْلُهُ فِي الْبِئْرِ يَحْفِرُهَا الرَّجُلُ بِالْفَلَاةِ يَسْقِي مِنْهَا مَوَاشِيَهُ، فَإِذَا سَقَاهَا فَلَيْسَ لَهُ أَنْ يَمْنَعَ الْفَاضِلَ غَيْرَهُ. (وَالرَّهْوُ) الْجَوْبَةُ تَكُونُ فِي مَحَلَّةِ الْقَوْمِ يَسِيلُ فِيهَا مَاءُ الْمَطَرِ وَغَيْرِهِ، وَعَنَى بِالْجَوْبَةِ: الْمُتَّسَعَ فِي انْخِفَاضٍ.

(وَأَنْقَعَ) الزَّبِيبَ فِي الْخَابِيَةِ (وَنَقَعَهُ): أَلْقَاهُ فِيهَا لِيَبْتَلَّ وَيُخْرِجَ مِنْهَا الْحَلَاوَةَ، (وَزَبِيبٌ مُنْقَعٌ) بِالْفَتْحِ مُخَفَّفًا، وَاسْمُ الشَّرَابِ: نَقِيعٌ. وَبِهِ سُمِّيَ الْمَوْضِعُ الْمَذْكُورُ فِي الْحَدِيثِ: "حَمَى رَسُولُ اللهِ صَلَّى اللهُ عَلَيْهِ وَآلِهِ وَسَلَّمَ (غَرَزَ النَّقِيعِ) لِخَيْلِ الْمُسْلِمِينَ". وَهُوَ[2] مَا بَيْنَ مَكَّةَ وَالْمَدِينَةِ، وَالْبَاءُ تَصْحِيفٌ قَدِيمٌ.

(وَالْغَرَزُ) بِفَتْحَتَيْنِ: نَوْعٌ مِنَ الثُّمَامِ.

[ن ق ف]: فِي الصَّوْمِ (نَقَفَ) الْجَوْزَةَ، أَيْ: كَسَرَهَا وَشَقَّهَا. وَرِوَايَةُ مَنْ رَوَى: (مَضَغَ الْجَوْزَةَ) أَجْوَدُ.

[ن ق ل]: (النَّقْلُ) مَعْرُوفٌ، وَقَوْلُهُ فِي الْمَأْذُونِ لَهُ: اعْمَلْ (فِي النَّقَّالِينَ) وَالْحَنَّاطِينَ، أَيْ: فِي الَّذِينَ يَنْقُلُونَ الْخَشَبَ مِنْ مَوْضِعٍ إِلَى مَوْضِعٍ، وَفِي الَّذِينَ (يَنْقُلُونَ) الْحِنْطَةَ مِنَ السَّفِينَةِ إِلَى الْبُيُوتِ، وَهَذَا تَفْسِيرُ الْفُقَهَاءِ.

(وَالْمَنْقَلَةُ) مِثْلُ الْمَرْحَلَةِ وَزْنًا وَمَعْنًى، (وَالْمُنَقِّلَةُ) مِنَ الشِّجَاجِ: الَّتِي يَنْتَقِلُ مِنْهَا فَرَاشُ الْعِظَامِ، وَهُوَ رِقَاقُهَا فِي الرَّأْسِ.

[ن ق م] فِي السِّيَرِ: فَإِنْ كَانُوا أَسَرُوهُمْ (وَنَقَمُوا) أَهْلَ دَارِهِمْ فَحَارَبُوهُمْ. إِنْ صَحَّتْ الرِّوَايَةُ هَكَذَا كَانَ عَلَى التَّضْمِينِ أَوْ حَذْفِ الْمُضَافِ، وَإِلَّا فَالصَّوَابُ: (نَقَمُوا عَلَى أَهْلِ دَارِهِمْ). يُقَالُ: (نَقَمَ مِنْهُ وَعَلَيْهِ كَذَا) إِذَا عَابَهُ وَأَنْكَرَهُ عَلَيْهِ يَنْقِمُ نَقْمًا.

---

(١) في خ: "عبيدة".

(٢) في خ: "وهي".

(وَنَقِمَ) بِالْكَسْرِ لُغَةً، وَفِي التَّنْزِيل: (هَلْ تَنْقِمُونَ مِنَّا إِلا أَنْ آمَنَّا) [سورة المائدة آية ٥٩]، وَقَالَ أَبُو الْعَلَاءِ الْمَعَرِّيُّ: (نَقِمْتُ الرِّضَا حَتَّى عَلَى ضَاحِكِ الْمُزْنِ).

[ن ق ي]: (شَيْءٌ نَقِيٌّ) نَظِيفٌ، وَقَوْلُهُ صَلَّى اللـه عَلَيْهِ وَآلِهِ وَسَلَّمَ: "كَقُرْصَةِ النَّقِيِّ" يَعْنِي: الْحَوَارِيَّ، وَأَمَّا النَّفِيُّ بِالْفَاءِ هُوَ مَا نَفَتْهُ الرَّحَى وَتَرَامَتْ بِهِ فَصَحِيحٌ لُغَةً، إِلَّا أَنَّ الرِّوَايَةَ فِي الْحَدِيثِ صَحَّتْ بِالْقَافِ.

(وَالتَّنْقِيَةُ) التَّنْظِيفُ، وَالْإِنْقَاءُ لُغَةً، (وَالِاسْتِنْقَاءُ) الْمُبَالَغَةُ فِي تَنْقِيَةِ الْبَدَنِ قِيَاسٌ، وَمِنْهُ قَوْلُهُ: فَإِذَا رَأَيْتَ أَنَّكَ طَهُرْتَ وَاسْتَنْقَيْتَ فَصَلِّ، وَالْهَمْزَةُ فِيهِ خَطَأٌ.

(وَالنِّقْيُ) الْمُخُّ، وَمِنْهُ:"نَهَى أَنْ يُضَحَّى بِالْعَجْفَاءِ الَّتِي (لَا تُنْقَى)". أَيْ: لَيْسَ لَهَا نِقْيٌ لِشِدَّةِ عَجَفِهَا.

النُّونُ مَعَ الْكَافِ

[ن ك أ]: الْحَلْوَائِيُّ: فِي الْحَدِيثِ: "بِئْسَ الشَّيْءُ الْبُنْدُقَةُ تَفْقَأُ الْعَيْنَ وَلَا (تَنْكَأُ) عَدُوًّا وَلَا تُذَكِّي صَيْدًا". يُقَالُ: (نَكَأْتُ) الْقَرْحَةَ: قَشَرْتُهَا. (وَنَكَأْتُ) فِي الْعَدُوِّ نَكْئًا، قَالَ اللَّيْثُ: وَلُغَةٌ أُخْرَى (نَكَيْتُ) فِي الْعَدُوِّ نِكَايَةً، وَعَنْ أَبِي عَمْرٍو: (نَكَيْتُ فِي الْعَدُوِّ) لَا غَيْرُ، وَعَنْ الْكِسَائِيِّ كَذَلِكَ، وَلَمْ أَجِدْهُ مُعَدًّى بِنَفْسِهِ إِلَّا فِي الْجَامِعِ، قَالَ يَعْقُوبُ: (نَكَيْتُ فِي الْعَدُوِّ) إِذَا قَتَلْتُ فِيهِمْ وَجَرَحْتُ، قَالَ عَدِيُّ بن زَيْد:

إِذَا أَنْتَ لَمْ تَنْفَعْ بِوُدِّكَ أَهْلَهُ وَلَمْ (تَنْكِ) بِالْبُؤْسَى عَدُوَّكَ فَابْعُدِ

[ن ك ب] (تَنَكَّبَ) الْقَوْسَ: أَلْقَاهَا عَلَى مَنْكِبِهِ.

[ن ك ت]: فِي الْحَدِيثِ:"نَكَتَتْ خِدْرَهَا بِإِصْبَعِهَا". أَيْ: نَقَرَتْهُ وَضَرَبَتْهُ.

(وَالنُّكْتَةُ) كَالنُّقْطَةِ، وَمِنْهَا النُّكْتَةُ مِنَ الْكَلَامِ، وَهِيَ الْجُمْلَةُ الْمُنَقَّحَةُ الْمَحْذُوفَةُ الْفُضُولِ، وَأَمَّا قَوْلُهُ: (النِّكَاتُ الطَّرْدِيَّةُ) فَإِنَّهُ أَرَادَ النُّكَتَ وَوَجْهُهُ أَنْ يُجْعَلَ الْأَلِفُ لِلْإِشْبَاعِ كَمَا فِي مُزَاحٍ أَوْ يُقَالَ: (النِّكَاتُ) بِالْكَسْرِ- قِيَاسًا عَلَى نُطْفَةٍ وَنِطَافٍ وَبُقْعَةٍ وَبِقَاعٍ وَرُقْعَةٍ وَرِقَاعٍ.

[ن ك ث]: فِي الْحَدِيثِ: "تُقَاتِلُ النَّاكِثِينَ وَالْقَاسِطِينَ وَالْمَارِقِينَ"[1]. هُمْ الَّذِينَ نَكَثُوا الْبَيْعَةَ، أَيْ: نَقَضُوهَا وَاسْتَنْزَلُوا عَائِشَةَ رَضِيَ اللـه عَنْهَا وَسَارُوا بِهَا إِلَى الْبَصْرَةِ عَلَى جَمَلٍ

(١) أخرجه الحاكم في المستدرك في: ج ٣: ص١٣٩.

اسْمُهُ عَسْكَرٌ، وَلِذَا سُمِّيَت الْوَقْعَةُ (يَوْمَ الْجَمَلِ)، (وَالْقَاسِطُونَ) مُعَاوِيَةُ رَضِيَ اللهُ عَنْهُ وَأَشْيَاعُهُ لِأَنَّهُمْ قَسَطُوا، أَيْ: جَارُوا حِينَ حَارَبُوا إِمَامَ الْحَقِّ، وَالْوَقْعَةُ تُعْرَفُ (بِيَوْم صِفِّينَ)، وَأَمَّا (الْمَارِقُونَ) فَهُمُ الَّذِينَ مَرَقُوا، أَيْ: خَرَجُوا مِنْ دِينِ اللهِ وَاسْتَحَلُّوا الْقِتَالَ مَعَ خَلِيفَةِ رَسُولِ اللهِ صَلَّى اللهُ عَلَيْهِ وَآلِهِ وَسَلَّمَ، وَهُمْ: عَبْدُ اللهِ بن وَهْبٍ الرَّاسِبِيُّ، وَحُرْقُوصُ بن زُهَيْرٍ الْبَجَلِيُّ، الْمَعْرُوفُ بِذِي الثُّدَيَّةِ، وَتُعْرَفُ تِلْكَ الْوَقْعَةُ (بِيَوْم النَّهْرَوَانِ)، وَهِيَ مِنْ أَرْضِ الْعِرَاقِ عَلَى أَرْبَعَةِ فَرَاسِخَ مِنْ بَغْدَادَ.

[ن ك ح]: (أَصْلُ النَّكَاحِ) الْوَطْءُ، وَمِنْهُ قَوْلُ النَّجَاشِيِّ:

(وَالنَّاكِحِينَ) بِشَطَّيْ دِجْلَةَ الْبَقَرَا

وَقَوْلُ الْأَعْشَى:

(وَمَنْكُوحَةٍ) غَيْرِ مَمْهُورَةٍ   وَأُخْرَى يُقَالُ لَهَا فَادِهَا

يَعْنِي: الْمَسْبِيَّةَ الْمَوْطُوءَةَ، ثُمَّ قِيلَ لِلتَّزَوُّجِ: (نِكَاحًا) مَجَازًا؛ لِأَنَّهُ سَبَبٌ لِلْوَطْءِ الْمُبَاحِ. قَالَ الْأَعْشَى:

(لَا تَنْكِحَنَّ) جَارَةً إِنْ سِرَّهَا   عَلَيْكَ حَرَامٌ (فَانْكِحَنْ) أَوْ تَأَبَّدَا

أَيْ: فَتَزَوَّجْ أَوْ فَتَوَحَّشْ وَتَعَفَّفْ، وَعَلَيْهِ قَوْلُهُ تَعَالَى: (إِذَا نَكَحْتُمُ الْمُؤْمِنَاتِ ثُمَّ طَلَّقْتُمُوهُنَّ مِنْ قَبْلِ أَنْ تَمَسُّوهُنَّ) [سورة الأحزاب آية ٤٩]، وَقَوْلُهُ صَلَّى اللهُ عَلَيْهِ وَآلِهِ وَسَلَّمَ: "أَنَا مِنْ نِكَاحٍ وَلَسْتُ مِنْ سِفَاحٍ"، وَقَالَ الزَّجَّاجُ فِي قَوْلِهِ تَعَالَى: (الزَّانِي لَا يَنْكِحُ إِلَّا زَانِيَةً) [سورة النور آية ٣] أَيْ: لَا يَتَزَوَّجُ، وَقِيلَ: لَا يَطَأُ. قَالَ: وَهَذَا بَعُدُ؛ لِأَنَّهُ لَا يُعْرَفُ شَيْءٌ مِنْ ذِكْرِ النَّكَاحِ فِي كِتَابِ اللهِ تَعَالَى إِلَّا عَلَى مَعْنَى التَّزْوِيجِ، وَأَيْضًا فَالْمَعْنَى لَا يَقُومُ عَلَيْهِ؛ [لِأَنَّهُ يَصِيرُ إِلَى مَعْنَى: الزَّانِي لَا يَزْنِي إِلَّا بِزَانِيَةٍ، وَهَذَا لَيْسَ فِيهِ طَائِلٌ، وَعَنْ بَعْضِهِمْ: إِنَّهَا مَنْسُوخَةٌ، بِقَوْلِهِ: (وَأَنْكِحُوا الْأَيَامَى مِنْكُمْ) [سورة النور آية ٣٢] وَقَوْلِهِ: (حَتَّى تَنْكِحَ زَوْجًا غَيْرَهُ) [سورة البقرة آية ٢٣٠] أَيْ: تتزوج](١).

وَقَوْلُهُمْ: (النَّكَاحُ الضَّمُّ) مَجَازٌ أَيْضًا، إِلَّا أَنَّ هَذَا مِنْ بَابِ تَسْمِيَةِ الْمُسَبِّبِ بِاسْمِ السَّبَبِ وَالْأَوَّلُ عَلَى الْعَكْسِ، وَمِمَّا اسْتَشْهَدُوا بِهِ قَوْلُ الْمُتَنَبِّي:

(أَنْكَحْتُ) صُمَّ حَصَاهَا خُفَّ يَعْمَلَةٍ   تَغَشْمَرَتْ بِي إِلَيْكَ السَّهْلَ وَالْجَبَلَا

---

(١) سقط من: م.

يُقَالُ:"أَنْكِحُوا الْحَصَا أَخْفَافُ الإِبِلِ": إِذَا سَارُوا. (وَالْيَعْمُلَةُ) النَّاقَةُ النَّجِيبَةُ الْمَطْبُوعَةُ عَلَى الْعَمَلِ. (وَالتَّغَشْمُرُ): الأَخْذُ قَهْرًا، يَعْنِي: أَخَذَتْ بِي فِي طُرُقِ السُّهُولَةِ وَالْحُزُونَةِ.

وَيُقَالُ: (نَكَحَ) الرَّجُلُ، وَنَكَحَتْ الْمَرْأَةُ، مِنْ بَابِ ضَرَبَ، (وَأَنْكَحَهَا) وَلِيُّهَا، وَفِي الْمَثَلِ: (أَنْكَحَنَا الْفَرَا فَسَنَرَى) قَالَه رَجُلٌ لِامْرَأَتِهِ حِينَ خَطَبَ إِلَيْهِ ابْنَتَهُ رَجُلٌ وَأَبَى أَنْ يُزَوِّجَهُ إِيَّاهَا، وَرَضِيَتْ الأُمُّ بِتَزْوِيجِهِ فَغَلَبَتْ الأَبَ حَتَّى زَوَّجَهَا إِيَّاهُ بِكُرْهٍ مِنْهُ، وَقَالَ: أَنْكَحْنَا الفرا فَسَنَرَى، ثُمَّ أَسَاءَ الزَّوْجُ الْعِشْرَةَ فَطَلَّقَهَا. يُضْرَبُ فِي التَّحْذِيرِ مِنْ الْعَاقِبَةِ، وَإِنَّمَا قُلِبَ الْهَمْزَةُ أَلِفًا لِلازْدِوَاجِ[1]، (وَالْفَرَا) فِي الأَصْلِ الْحِمَارُ الْوَحْشِيُّ فَاسْتِعَارَهُ لِلرَّجُلِ اسْتِخْفَافًا بِهِ.

وَفِي الْحَدِيثِ: "لَا يَنْكِحُ الْمُحْرِمُ وَلَا يُنْكَحُ"[2]، وَهَذَا خَبَرٌ فِي مَعْنَى النَّهْيِ، وَفِي حَدِيثِ الْخَنْسَاءِ:"انْكِحِي مَنْ شِئْتَ". بِكَسْرِ الْهَمْزَةِ، وَامْرَأَةٌ (نَاكِحٌ) فِي بَنِي فُلَانٍ، أَيْ: ذَاتُ زَوْجٍ.

[ن ك ر]: (التَّنَكُّرُ) أَنْ يَتَغَيَّرَ الشَّيْءُ عَنْ حَالِهِ حَتَّى يُنْكَرَ، وَقَوْلُهُ: (وَإِيَّاكَ وَالتَّنَكُّرَ)، يَعْنِي: سُوءَ الْخُلُقِ.

[ن ك س]: (الطَّوَافُ الْمَنْكُوسُ) أَنْ يَسْتَلِمَ الْحَجَرَ الأَسْوَدَ، ثُمَّ يَأْخُذَ عَنْ يَسَارِهِ، سُمِّيَ بِذَلِكَ لِأَنَّهُ (نُكِسَ) أَيْ: قُلِبَ عَمَّا هُوَ السُّنَّةُ.

[ن ك ص]: (الانْتِكَاصُ) افْتِعَالٌ مِنْ النُّكُوصِ بِمَعْنَى الرُّجُوعِ عَلَى الْعَقِبَيْنِ، وَإِنْ لَمْ نَسْمَعْهُ.

[ن ك هـ]: (اسْتَنْهَكْتُ) الشَّارِبَ وَنَهَكْتُهُ: تَشَمَّمْتُ نَكْهَتَهُ، أَيْ: رِيحَ فَمِهِ. وَنَكَهَ الشَّارِبُ فِي وَجْهِي أَيْضًا: إِذَا تَنَفَّسَ، يَتَعَدَّى وَلَا يَتَعَدَّى، وَهُوَ مِنْ بَابِ مَنَعَ، وَيُنْشَدُ:

يَقُولُونَ لِي انْكَهْ شَرِبْتَ مُدَامَةً ... فَقُلْتُ لَهُمْ إِنِّي أَكَلْتُ سَفَرْجَلَا

النُّونُ مَعَ الْمِيمِ

[ن م ذ ج]: (النَّمُوذَجُ) بِالْفَتْحِ، وَالأُنْمُوذَجُ بِالضَّمِّ: تَعْرِيبُ نَمُوذَه.

---

(١) في خ: "للزواج".

(٢) أخرجه مسلم (١٤١٠)، وأبو داود (١٨٤١)، والنسائي (٢٨٤٢)، ومالك في الموطأ رواية يحيى الليثي (٧٨٠)، وأحمد في مسنده (٤٦٤).

[ن م ر]: (النَّمِرُ) سَبُعٌ أَخْبَثُ مِنَ الْأَسَدِ، وَهُوَ بِالْفَارِسِيَّةِ: بَلَنْك. وَبِهِ سُمِّيَ (النَّمِرُ) بن جِدَار، وَقَدْ سَبَقَ فِي الْجِيمِ، وَوَالِدُ تَوْبَةَ بن (نَمِر) الْحَضْرَمِيِّ قَاضِي مِصْرَ قَبْلَ ابْنِ لَهِيعَةَ، وَتَمِيمُ بن نَمِرٍ تَصْحِيفٌ، وَالْجَمْعُ: نُمُورٌ، وَقَدْ يُقَالُ: أَنْمَارٌ، وَبِهِ سُمِّيَ أَبُو بَطْنٍ مِنَ الْعَرَبِ غَزَاهُمْ رَسُولُ اللهِ صَلَّى اللهُ عَلَيْهِ وَآلِهِ وَسَلَّمَ بَعْدَ غَزْوَةِ بَنِي النَّضِيرِ وَلَمْ يَكُنْ بَيْنَهُمْ قِتَالٌ، وَفِي دَلَائِلِ النُّبُوَّةِ: (وَغَزْوَةُ أَنْمَارٍ) هِيَ غَزْوَةُ ذَاتِ الرِّقَاعِ.

(وَالنَّمِرَةُ) كِسَاءٌ فِيهِ خُطُوطٌ سُودٌ وَبِيضٌ، (وَنِمْرَانُ) بن جَارِيَةَ الْحَنَفِيُّ بِوَزْنِ عِمْرَانَ، رَوَى عَنْهُ دَهْثَمُ بن قِرَّانٍ فِي حَدِيثِ الدِّيَاتِ.

[ن م س]: (قَضَيْتَ فِينَا بِالنَّامُوسِ)، أَيْ: بِالْوَحْيِ، وَهُوَ فِي الْأَصْلِ صَاحِبُ سِرِّ الْمَلِكِ، وَلِذَا كَانَ أَهْلُ الْكِتَابِ يُسَمُّونَ جِبْرِيلَ (النَّامُوسَ)، وَكَأَنَّ مَا فِي الْحَدِيثِ عَلَى حَذْفِ الْمُضَافِ.

[ن م ش]: (رَجُلٌ أَنْمَشُ) بِهِ نَمَشٌ، أَيْ: نُقَطٌ سُودٌ وَبِيضٌ.

[ن م ص]: "لَعَنَ اللهُ النَّامِصَةَ وَالْمُتَنَمِّصَةَ، وَالْوَاشِرَةَ وَالْمُؤْتَشِرَةَ، وَالْوَاصِلَةَ وَالْمُسْتَوْصِلَةَ، وَالْوَاشِمَةَ وَالْمُسْتَوْشِمَةَ"[1]. (النَّمْصُ) نَتْفُ الشَّعْرِ، وَمِنْهُ (الْمِنْمَاصُ) الْمِنْقَاشُ، (وَأَشَرَ) الْأَسْنَانَ، وَوَشَرَهَا: حَدَّدَهَا، (وَائْتَشَرَتْ) هِيَ فَعَلَتْ ذَلِكَ بِنَفْسِهَا، وَالْوَصْلُ هَهُنَا: أَنْ تَصِلَ شَعْرَهَا بِشَعْرِ غَيْرِهَا مِنَ الْآدَمِيِّينَ. (وَالْوَشْمُ) تَقْرِيحُ الْجِلْدِ وَغَرْزُهُ بِالْإِبْرَةِ وَحَشْوُهُ بِالنِّيلِ أَوْ الْكُحْلِ أَوْ دُخَانِ الشَّحْمِ وَغَيْرِهِ مِنَ السَّوَادِ، لَعَنَ صَلَّى اللهُ عَلَيْهِ وَآلِهِ وَسَلَّمَ الْفَاعِلَةَ أَوَّلًا، ثُمَّ الْمَفْعُولَ بِهَا ثَانِيًا.

[ن م ط]: (وَالنَّمَطُ) ثَوْبٌ مِنْ صُوفٍ يُطْرَحُ عَلَى الْهَوْدَجِ، وَمِنْهُ حَدِيثُ عَائِشَةَ رَضِيَ اللهُ عَنْهَا: "اتَّخَذْتُ نَمَطًا فَسَتَرْتُهُ عَلَى الْبَابِ، فَلَمَّا قَدِمَ صَلَّى اللهُ عَلَيْهِ وَآلِهِ وَسَلَّمَ هَتَكَهُ"، وَفِي السِّيَرِ: (الْأَنْمَاطُ) جَمْعُ نَمَطٍ، وَهُوَ ظِهَارَةُ الْمِثَالِ الَّذِي يُنَامُ عَلَيْهِ، وَمِنْهُ حَدِيثُ جَابِرٍ أَنَّهُ قَالَ:"لَمَّا تَزَوَّجْتُ قَالَ لِي رَسُولُ اللهِ صَلَّى اللهُ عَلَيْهِ وَآلِهِ وَسَلَّمَ: هَلِ اتَّخَذْتُمْ أَنْمَاطًا؟ قُلْتُ: وَأَنَّى لَنَا أَنْمَاطٌ؟ قَالَ: أَمَا إِنَّهَا سَتَكُونُ".

(وَالنَّمَطُ) أَيْضًا: الطَّرِيقَةُ وَالْمَذْهَبُ، وَمِنْهُ: تَكَلَّمُوا عَلَى نَمَطٍ وَاحِدٍ، وَفِي حَدِيثِ عَلِيٍّ رَضِيَ اللهُ عَنْهُ: "خَيْرُ الْأُمَّةِ النَّمَطُ الْأَوْسَطُ". يَعْنِي الْجَمَاعَةَ، قَالَ أَبُو عُبَيْدٍ: كَرِهَ

(١) أخرجه البخاري (٥٩٣٣)، ومسلم (٢١٢٧)، والترمذي (١٧٥٩)، وأبو داود (٤١٧٠)، والنسائي (٥٠٩٦)، وابن ماجه (١٩٨٧)، وأحمد في مسنده (٤٠٧٩).

رَضِيَ اللـه عَنْهُ الْغُلُوَّ وَالتَّقْصِيرَ. وَعِنْدِي مَتَاعٌ مِنْ هَذَا (النَّمَط)، أَيْ: مِنْ هَذَا النَّوْعِ.

[ن م ل]: (الْأَنْمُلَةُ) بِفَتْحِ الْهَمْزَةِ وَالْمِيمِ وَضَمُّ الْمِيمِ لُغَةٌ مَشْهُورَةٌ، وَمَنْ خَطَّأَ رَاوِيَهَا فَقَدْ أَخْطَأَ، وَقَوْلُ النَّاصِحِيِّ: وَفِي كُلِّ أُنْمُلَةٍ مِنَ الْإِصْبَعِ الَّتِي فِيهَا ثَلَاثُ أَنَامِلَ ثُلُثُ عُشْرِ الدِّيَةِ، وَإِنْ كَانَ فِيهَا (أُنْمُلَتَانِ) فَفِي أَحَدِهِمَا نِصْفُ عُشْرِ الدِّيَةِ. هَذَا كُلُّهُ تَوَهُّمٌ مِنْهُ، وَإِنَّمَا الصَّوَابُ: فِي كُلِّ مَفْصِلٍ وَمَفَاصِلَ وَمَفْصِلَيْنِ.

[ن م ي]: (النَّمَاءُ) بِالْمَدِّ الزِّيَادَةُ وَالْقَصْرُ بِالْهَمْزَةِ خَطَأٌ. يُقَالُ: نَمَا الْمَالُ يَنْمِي نَمَاءً، وَيَنْمُو نُمُوًّا وَأَنْمَاهُ اللـه تَعَالَى، وَنَمَا الرَّجُلَ إِلَى أَبِيهِ نَمْيًا[1]: نَسَبَهُ إِلَيْهِ، (وَانْتَمَى) هُوَ إِلَيْهِ: انْتَسَبَ، وَمِنْهُ حَدِيثُ ابْنِ قُسَيْطٍ: أَنَّ أُمَّهُ أَبَقَتْ فَأَتَتْ بَعْضَ الْقَبَائِلِ فَانْتَمَتْ إِلَيْهَا فَتَزَوَّجَهَا رَجُلٌ مِنْ عُذْرَةَ فَنَثَرَتْ لَهُ ذَا بَطْنِهَا.

(وَدَعْ مَا أَنْمَيْتَ) فِي (ص م، ص م ي).

النُّونُ مَعَ الْوَاوِ

[ن و أ]: (النَّوْءُ) النُّهُوضُ، (وَالْمُنَاوَأَةُ) الْمُعَادَاةُ، مُفَاعَلَةٌ مِنْهُ، لِأَنَّ كُلًّا مِنَ الْمُتَعَادِيَيْنِ يَنُوءُ إِلَى صَاحِبِهِ، أَيْ: يَنْهَضُ، وَمِنْهُ: كَانَ عَلِيٌّ رَضِيَ اللـه عَنْهُ يَقْنُتُ عَلَى مَنْ نَاوَأَهُ فِي صَلَاةِ الْفَجْرِ.

(خَطَّأَ اللـه نَوْءَكَ) فِي (خ ط، خ ط أ).

[ن و ب]: (نَابَهُ) أَمْرٌ: أَصَابَهُ نَوْبَةٌ مِنْ بَابِ طَلَبَ، وَمِنْهُ: "إِذَا نَابَكُمْ فِي صَلَاتِكُمْ شَيْءٌ فَلْيُسَبِّحْ الرِّجَالُ وَلْتُصَفِّقْ النِّسَاءُ". وَسُئِلَ النَّبِيُّ صَلَّى اللـه عَلَيْهِ وَآلِهِ وَسَلَّمَ عَنِ الْحِيَاضِ فِي الْفَلَوَاتِ تَنُوبُهَا السِّبَاعُ، أَيْ: تَنْتَابُهَا، أَيْ: تَرْجِعُ إِلَيْهَا مَرَّةً بَعْدَ مَرَّةٍ[2].

(وَالنَّائِبَةُ) النَّازِلَةُ، (وَنَوَائِبُ) الْمُسْلِمِينَ: مَا يَنُوبُهُمْ مِنَ الْحَوَائِجِ كَإِصْلَاحِ الْقَنَاطِرِ وَسَدِّ الْبُثُوقِ وَنَحْوِ ذَلِكَ، وَقَوْلُهُ: "كَانَتْ بَنُو النَّضِيرِ حَبْسًا لِنَوَائِبَ". أَيْ: لِمَنْ يَنْتَابُهُ مِنَ الرُّسُلِ وَالْوُفُودِ وَالضُّيُوفِ.

[ن و ح]: (نَاحَتْ) الْمَرْأَةُ عَلَى الْمَيِّتِ: إِذَا نَدَبَتْهُ، وَذَلِكَ أَنْ تَبْكِيَ عَلَيْهِ وَتُعَدِّدَ مَحَاسِنَهُ.

---

(١) في خ: "ينمي".
(٢) في خ: "أخرى".

(وَالنِّيَاحَةُ) الِاسْمُ، وَمِنْهُ الْحَدِيثُ عَلَى مَا قَرَأْتُهُ فِي الْفَائِقِ: "ثَلَاثٌ مِنَ الْجَاهِلِيَّةِ: الطَّعْنُ فِي الْأَنْسَابِ، وَالنِّيَاحَةُ، وَالْأَنْوَاءُ". فَالطَّعْنُ مَعْرُوفٌ وَالنِّيَاحَةُ مَا ذُكِرَ، وَالْأَنْوَاءُ جَمْعُ نَوْءٍ، وَهِيَ مَنَازِلُ الْقَمَرِ، وَالْعَرَبُ كَانَتْ تَعْتَقِدُ أَنَّ الْأَمْطَارَ وَالْخَيْرَ كُلَّهُ يَجِيءُ مِنْهَا.

وَقِيلَ: (النَّوْحُ) بُكَاءٌ مَعَ صَوْتٍ، وَمِنْهُ: نَاحَ الْحَمَامُ نَوْحًا، وَلَمَّا كَانَتِ النَّوَائِحُ تُقَابِلُ بَعْضُهُنَّ بَعْضًا فِي الْمَنَاحَةِ قَالُوا: الْجَبَلَانِ يَتَنَاوَحَانِ، وَالرِّيَاحُ تَتَنَاوَحُ، أَيْ: تَتَقَابَلُ، وَهَذِهِ نَيِّحَةُ تِلْكَ، أَيْ: مُقَابِلَتُهَا، وَمَنْ قَالَ: الْأَصْلُ التَّقَابُلُ، فَقَدْ عَكَسَ.

(ابْنُ النَّوَّاحَةِ) فِي (ك ف، ك ف ل).

[ن و ر]: (التَّنْوِيرُ) مَصْدَرُ نَوَّرَ الصُّبْحُ بِمَعْنَى:[أَنَارَ، أَيْ][1]: أَضَاءَ، ثُمَّ سُمِّيَ بِهِ الضَّوْءُ نَفْسُهُ، وَيُقَالُ: (نَوَّرَ بِالْفَجْرِ) إِذَا صَلَّاهَا فِي التَّنْوِيرِ، وَالْبَاءُ لِلتَّعْدِيَةِ كَمَا فِي: أَسْفَرَ بِهَا، وَغَلَّسَ بِهَا، وَقَوْلُهُ: الْمُسْتَحَبُّ فِي الْفَجْرِ تَنْوِيرُهَا، تَوَسُّعٌ.

وَيُقَالُ: بَيْنَهُمْ (نَائِرَةٌ)، أَيْ: عَدَاوَةٌ وَشَحْنَاءُ، (وَإِطْفَاءُ النَّائِرَةِ) عِبَارَةٌ عَنْ تَسْكِينِ الْفِتْنَةِ هِيَ فَاعِلَةٌ مِنَ النَّارِ، (وَتَنَوَّرَ) اطَّلَى بِالنُّورَةِ، وَمِنْهُ قَوْلُهُ فِي الْمَنَاسِكِ: لِأَنَّ ذَلِكَ مَقْصُودٌ بِالتَّنُّورِ، (وَنَوَّرَهُ غَيْرُهُ) طَلَاهُ بِهَا، وَمِنْهَا قَوْلُهُ: عَلَى أَنْ يُنَوِّرَهُ صَاحِبُ الْحَمَّامِ عَشْرَ طَلْيَاتٍ، وَهَمْزُ وَاوِ النُّورَةِ خَطَأٌ.

[ن و س]: (النَّاوُوسُ) عَلَى فَاعُولٍ: مَقْبَرَةُ النَّصَارَى، وَمِنْهُ مَا فِي جَمْعِ التَّفَارِيقِ: (النَّوَاوِيسُ) إِذَا خَرِبَتْ قَبْلَ الْإِسْلَامِ جَازَ أَخْذُ تُرَابِهَا لِلسَّمَادِ، وَهِيَ مَا يَصْلُحُ بِهِ الزَّرْعُ مِنْ تُرَابٍ وَنَحْوِهِ.

[ن و ش]: (التَّنَاوُشُ) التَّنَاوُلُ، وَمِنْهُ: (نَاوَشُوهُمْ) بِالرِّمَاحِ.

[ن و ق]: (النَّاوُوقُ) مُعَرَّبٌ، وَالْجَمْعُ: النَّاوُوقَاتُ، وَهُوَ الْخَشَبَةُ الْمَنْقُورَةُ الَّتِي يَجْرِي فِيهَا الْمَاءُ فِي الدَّوَالِيبِ، أَوْ تَعْرِضُ عَلَى النَّهْرِ أَوْ عَلَى الْجَدْوَلِ؛ لِيَجْرِيَ الْمَاءُ فِيهَا مِنْ جَانِبٍ إِلَى جَانِبٍ.

[ن و م]: (النَّوْمُ) خِلَافُ الْيَقَظَةِ، يُقَالُ: (نَامَ) فَهُوَ نَائِمٌ مِنْ بَابِ لَبِسَ، وَرَجُلٌ نُئُومٌ وَنُوَمَةٌ: كَثِيرُ النَّوْمِ، وَيُقَالُ لِلْخَامِلِ الذِّكْرِ الَّذِي لَا يُؤْبَهُ لَهُ: (نُوَمَةٌ). وَلِلْمُضْطَجِعِ: (نَائِمٌ) عَلَى الْمَجَازِ وَالسَّعَةِ، وَمِنْهُ الْحَدِيثُ: "مَنْ صَلَّى قَاعِدًا فَلَهُ نِصْفُ أَجْرِ الْقَائِمِ، وَمَنْ صَلَّى

---

(١) زيادة من: م.

نَائِمًا فَلَهُ نِصْفُ أَجْرِ الْقَاعِدِ". وَهَكَذَا فِي سُنَنِ أَبِي دَاوُد وَالسُّنَنِ الْكَبِيرِ وَالْفِرْدَوْسِ، وَيُقَالُ: (نَامَ فُلَانٌ عَنْ حَاجَتِي) إِذَا غَفَلَ عَنْهَا وَلَمْ يَهْتَمَّ بِهَا، وَمِنْهُ حَدِيثُ ابْنِ عُمَرَ رَضِيَ اللـه عَنْهُمَا: "أَنَّ بِلَالًا أَذَّنَ قَبْلَ طُلُوعِ الْفَجْرِ فَأَمَرَهُ رَسُولُ اللـه صَلَّى اللـه عَلَيْهِ وَآلِهِ وَسَلَّمَ أَنْ يَرْجِعَ فَيُنَادِي: أَلَا إِنَّ الْعَبْدَ نَامَ". أَرَادَ غَفَلَ عَنْ الْوَقْتِ، وَقِيلَ: مَعْنَاهُ أَنَّهُ قَدْ عَادَ لِنَوْمِهِ، إِذَا كَانَ عَلَيْهِ بَقِيَّةٌ مِنْ اللَّيْلِ يُعْلِمُ النَّاسَ ذَلِكَ لِئَلَّا يَنْزَعِجُوا عَنْ نَوْمِهِمْ وَسُكُونِهِمْ، وَالْأَوَّلُ أَوْجَهُ.

(وَتَنَاوَمَ) أَرَى مِنْ نَفْسِهِ أَنَّهُ نَائِمٌ وَلَيْسَ بِهِ، (وَتُنُوِّمَتْ الْمَرْأَةُ) أُتِيَتْ وَجُومِعَتْ، وَهِيَ نَائِمَةٌ هَكَذَا فِي حَدِيثِ عُمَرَ رَضِيَ اللـه عَنْهُ. (وَإِنَامَةُ الزَّرَاجِينِ) دَفْنُهَا وَتَغْطِيَتُهَا بِالتُّرَابِ مَجَازٌ.

[ن و هـ]: (وَالتَّنْوِيهُ) الرَّفْعُ، يُقَالُ: نَوَّهَ بِفُلَانٍ: إِذَا رَفَعَ ذِكْرَهُ وَشَهَرَهُ. وَمِنْهُ:"نَوَّهَ رَسُولُ اللـه صَلَّى اللـه عَلَيْهِ وَآلِهِ وَسَلَّمَ بِذِكْرِ اسْمِ زَيْدٍ". وَحَدِيثُ عَائِشَةَ رَضِيَ اللـه تَعَالَى عَنْهَا فِي بِنْتِ شُبَيْلٍ الْقُرَظِيَّةِ: إِلَى أَنْ (نَوَّهَ) إِنْسَانٌ بِاسْمِهَا، أَيْ: رَفَعَ اسْمَهَا وَمَدَحَهَا حَتَّى أَقَرَّتْ أَنَّهَا دَلَّتْ رَحًى عَلَى خَلَّادٍ.

[ن و ي]: (النَّوَى) حَبُّ التَّمْرِ وَغَيْرِهِ، الْوَاحِدَةُ: نَوَاةٌ، وَمِنْهَا قَوْلُهُ: كَانَ الدِّرْهَمُ فِي عَهْدِ رَسُولِ اللـه صَلَّى اللـه عَلَيْهِ وَآلِهِ وَسَلَّمَ [وَعَهْدِ أَبِي بَكْرٍ رَضِيَ اللـه عَنْهُ][1] عَلَى هَيْئَةِ (النَّوَاةِ الْمَنْقُورَةِ)، وَأَمَّا حَدِيثُ عَبْدِ الرَّحْمَنِ بن عَوْفٍ رَضِيَ اللـه عَنْهُ: "تَزَوَّجْتُ امْرَأَةً عَلَى وَزْنِ[2] (نَوَاةٍ) مِنْ ذَهَبٍ". فَهِيَ اسْمٌ لِخَمْسَةِ دَرَاهِمَ كَالْأُوقِيَّةِ لِلْأَرْبَعِينَ، وَالنَّشُّ لِلْعِشْرِينَ، كَذَا رُوِيَ عَنْ الْعَرَبِ وَأَصْحَابِ الْغَرِيبِ، وَهُوَ قَوْلُ مُجَاهِدٍ وَاخْتِيَارُ أَبِي عُبَيْدٍ وَالْمُبَرِّدِ. وَأَصْحَابُ الْحَدِيثِ يَقُولُونَ:"عَلَى قَدْرِ نَوَاةٍ مِنْ ذَهَبٍ كَانَتْ قِيمَتُهَا خَمْسَةَ دَرَاهِمَ". قَالَ الْمُبَرِّدُ: وَهُوَ خَطَأٌ وَغَلَطٌ، وَقَالَ أَبُو عُبَيْدٍ: لَمْ يَكُنْ ثَمَّ ذَهَبٌ، قَالَ الْأَزْهَرِيُّ: اللَّفْظُ يَدُلُّ عَلَى مَا قَالَهُ الْمُحَدِّثُونَ فَلَا أَدْرِي لِمَ أَنْكَرَهُ أَبُو عُبَيْدٍ؟!

النُّونُ مَعَ الْهَاءِ

[ن هـ ب]: (النُّهْبَةُ وَالنُّهْبَى) الشَّيْءُ الْمُنْتَهَبُ، وَالِانْتِهَابُ أَيْضًا، وَقَوْلُهُ:"فَهَذِهِ

(١) زيادة من: م.
(٢) زيادة من: م.

رُخصَةٌ". يَحْتَمِلُ الْوَجْهَيْنِ، إِلَّا أَنَّ الْمَصْدَرَ أَحْسَنُ.

(نَهَى عَنْ ذِي نَهْبَةٍ) فِي (خ ط، خ ط ف).

[ن هـ د]: (نَهَدَ) الثَّدْيُ نُهُودًا: كَعَبَ وَأَشْرَفَ مِنْ بَابِ طَلَبَ، وَجَارِيَةٌ (نَاهِدٌ)، وَقَدْ يُقَالُ: نَاهِدَةٌ. (وَتَنَاهَدَ) الْقَوْمُ مِنَ النَّهْدِ، وَهُوَ أَنْ يُخْرِجُوا نَفَقَاتِهِمْ عَلَى قَدْرِ عَدَدِ الرُّفْقَةِ.

[ن هـ ر]: فِي الْحَدِيثِ: "أَنْهِرِ الدَّمَ بِمَا شِئْتَ إِلَّا مَا كَانَ مِنْ سِنٍّ أَوْ ظُفْرٍ".

(الْإِنْهَارُ) الْإِسَالَةُ بِسِعَةٍ وَكَثْرَةٍ مِنَ النَّهْرِ، وَهُوَ الْمَجْرَى الْوَاسِعُ وَأَصْلُهُ الْمَاءُ.

(وَنَهْرُ الْمَلِكِ) عَلَى طَرِيقِ الْكُوفَةِ مِنْ بَغْدَادَ، وَهُوَ يُسْقَى مِنَ الْفُرَاتِ، وَمِنْهُ: (النَّهَارُ)؛ لِأَنَّهُ اسْمٌ لِضَوْءٍ وَاسِعٍ مُمْتَدٍّ مِنْ طُلُوعِ الشَّمْسِ إِلَى غُرُوبِهَا، لا[1] يُثَنَّى وَلَا يُجْمَعُ، وَرُبَّمَا جُمِعَ عَلَى تَأْوِيلِ الْيَوْمِ، أَنْشَدَ أَبُو الْهَيْثَمِ:

لَوْلَا الثَّرِيدَانِ هَلَكْنَا بِالضُّمُرْ ... ثَرِيدُ لَيْلٍ وَثَرِيدٌ بِالنُّهُرْ

وَعَلَيْهِ قَوْلُ الْفُقَهَاءِ: وُجُودُ الصَّوْمِ فِي (النُّهُرِ)، وَيُقَالُ: (نَهَرَهُ) وَانْتَهَرَهُ: إِذَا زَجَرَهُ بِكَلَامٍ غَلِيظٍ. (يَوْمُ النَّهْرَوَانِ) فِي (ن ك، ن ك ث).

[ن هـ س]: (نَهَسَهُ) الْكَلْبُ: عَضَّهُ بِأَنْ قَبَضَ عَلَى لَحْمِهِ وَمَدَّهُ بِالْفَمِ.

[ن هـ ش]: (نَهَشَتْهُ) الْحَيَّةُ بِالشِّينِ الْمُعْجَمَةِ.

[ن هـ ض]: (نَهَضَ) إِلَيْهِ: قَامَ نُهُوضًا، (وَنَاهَضَ) قِرْنَهُ: قَاوَمَهُ، وَمِنْهُ قَوْلُهُ فِي السِّيَرِ: "أَتَوْا حِصْنًا فَنَاهَضُوهُ". وَتَنَاهَضُوا فِي الْحَرْبِ، وَقَوْلُهُمْ: نَهَضَ الطَّائِرُ: إِذَا نَشَرَ جَنَاحَيْهِ لِيَطِيرَ.

(وَفَرْخٌ نَاهِضٌ) وَفَرَ جَنَاحَاهُ وَقَدَرَ عَلَى الطَّيَرَانِ مَجَازٌ، وَمِنْهُ مَا فِي الْمُنْتَقَى: أَغْلَقَ الْبَابَ عَلَى النَّوَاهِضِ، وَالْحَمَامِ عَلَى مَنْ تَرَى الْفِدَاءَ.

[ن هـ م]: قَوْلُهُ: (قَضَيْتُ نَهْمَتِي) أَيْ: شَهْوَتِي وَحَاجَتِي، وَقِيلَ: (النَّهْمَةُ) بُلُوغُ الْهِمَّةِ فِي الْأَمْرِ، وَمِنْهَا: (الْمَنْهُومُ بِالشَّيْءِ) الْمُولَعُ بِهِ.

النُّونُ مَعَ الْيَاءِ التَّحْتَانِيَّةِ

[ن ي أ]: (لَحْمٌ نِيءٌ) مِثْلُ نِيعٍ: أَيْ: غَيْرُ نَضِيجٍ، وَيَجُوزُ أَنْ يُقَالَ: (نِيٌّ) بِالتَّشْدِيدِ عَلَى الْقَلْبِ وَالْإِدْغَامِ، وَمِنْهُ: الْخَمْرُ هِيَ النِّيءُ مِنْ مَاءِ الْعِنَبِ إِذَا كَانَ كَذَا وَكَذَا. وَالْفِعْلُ

---

(١) سقط من: م.

(نَاءَ يَنِيءُ) مِثْلُ جَاءَ يَجِيءُ.

[ن ي ب]: (النَّابُ) وَاحِدَةُ الْأَنْيَابِ مِنَ الْأَسْنَانِ، وَهِيَ الَّتِي تَلِي الرَّبَاعِيَاتِ، وَيُسْتَعَارُ لِلْمُسِنَّةِ مِنَ النُّوقِ، وَيُقَالُ: (نَيَّبَتْ) إذَا صَارَتْ نَابًا، كَعَجَزَتْ الْمَرْأَةُ: إذَا صَارَتْ عَجُوزًا.

[ن ي ر]: (أَنَارَ الثَّوْبَ وَنَيَّرَهُ) خِلَافُ أَسْدَاهُ وَسَدَّاهُ مِنَ النِّيرِ، وَهُوَ اللُّحْمَةُ، وَمِنْهُ مَا فِي وَاقِعَاتِ النَّاطِفِيِّ: فَإِنْ كَانَ الْحَائِكُ (نَيَّرَهُ) وَأَخْرَجَ الْآخَرُ النِّيرَ.

[ن ي ف]: (النَّيِّفُ) بِالتَّشْدِيدِ: كُلُّ مَا بَيْنَ عَقْدَيْنِ، وَقَدْ يُخَفَّفُ وَأَصْلُهُ مِنَ الْوَاوِ، وَعَنِ الْمُبَرِّدِ: (النَّيِّفُ) مِنْ وَاحِدٍ إِلَى ثَلَاثٍ، (والبضع) من أربع إلى تسع.

وَفِي الْحَدِيثِ: "أَنَّهُ صَلَّى اللهُ عَلَيْهِ وَآلِهِ وَسَلَّمَ سَاقَ مِائَةَ بَدَنَةٍ نَحَرَ، مِنْهَا نَيِّفًا وَسِتِّينَ وَأَعْطَى عَلِيًّا الْبَاقِيَ"، وَفِي شَرْحِ الْآثَارِ:"ثَلَاثًا وَسِتِّينَ، وَنَحَرَ عَلِيٌّ رَضِيَ اللهُ عَنْهُ سَبْعًا وَثَلَاثِينَ".

[ن ي ك]: (النَّيْكُ) مِنْ أَلْفَاظِ التَّصْرِيحِ فِي بَابِ النِّكَاحِ، وَمِنْهُ حَدِيثُ مَاعِزٍ: "أَنِكْتَهَا؟ قَالَ: نَعَمْ"، وَقَوْلُهُمْ:"حَتَّى ذِكْرُ الْكَافِ وَالنُّونِ". كِنَايَةٌ عَنْهُ حَسَنَةٌ، إِلَّا أَنِّي لَمْ أَجِدْهُ فِيمَا عِنْدِي مِنْ كُتُبِ الْأَحَادِيثِ.

[ن ي ل]: (النِّيلُ) نَهْرُ مِصْرَ، وَبِالْكُوفَةِ نَهْرٌ يُقَالُ لَهُ: النِّيلُ أَيْضًا، وَهُوَ فِيمَا ذَكَرَ النَّاطِفِيُّ: خَرَجَ مِنَ النِّيلِ يُرِيدُ كَذَا.

(وَنَالَ) مِنْ عَدُوِّهِ: أَضَرَّ بِهِ، وَمِنْهُ قَوْله تَعَالَى: (وَلَا يَنَالُونَ مِنْ عَدُوٍّ نَيْلًا) [سورة التوبة آية ١٢٠] وَبِاسْمِ الْفَاعِلَةِ مِنْهُ سُمِّيَتْ (نَائِلَةُ) بِنْتُ الْفُرَافِصَةِ الْكَلْبِيَّةُ، تَزَوَّجَهَا عُثْمَانُ رَضِيَ اللهُ عَنْهُ عَلَى نِسَائِهِ، وَهِيَ نَصْرَانِيَّةٌ.

بَابُ الْوَاوِ

الْوَاوُ مَعَ الْهَمْزَةِ

[و أ د]: (وَأَدَ) ابْنَتَهُ: دَفَنَهَا حَيَّةً، (وَأْدًا) مِنْ بَابِ ضَرَبَ. وَمَشَى مَشْيًا وَئِيدًا أَيْ: عَلَى تُؤَدَةٍ، وَمِنْهُ:

مَا لِلْجِمَالِ مَشْيِهَا وَئِيدا

بِالْكَسْرِ عَلَى الْبَدَلِ، قَالَ الْقُتَبِيُّ: تُرِيدُ: مَا لِمَشْيِهَا ثَقِيلًا، وَالْوَأْدُ: الثِّقَلُ، يُقَالُ: (وَأَدَهُ) إِذَا أَثْقَلَهُ، وَمِنْهُ: الْمَوْءُودَةُ. (وَاتَّأَدَ فِي الْأَمْرِ) تَأَنَّى فِيهِ وَتَثَبَّتَ، وَهِيَ (التُّؤَدَةُ) وَالتَّاءُ مِنْ الْوَاوِ.

[و أ ل]: (وَأَلَ) نَجَا وَأْلًا (وَوَأَلَ إِلَيْهِ) الْتَجَأَ، مِنْ بَابِ ضَرَبَ، وَبِاسْمِ الْفَاعِلِ مِنْهُ سُمِّيَ (وَائِلُ) بن حُجْرٍ رَضِيَ اللهُ عَنْهُ، وَهُوَ صَحَابِيٌّ، وَابْنُهُ عَبْدُ الْجَبَّارِ، يَرْوِي حَدِيثَ رَفْعِ الْيَدَيْنِ حَذْوَ الْأُذُنَيْنِ، هَكَذَا فِي شَرْحِ السُّنَّةِ، وَمَا وَقَعَ فِي مُخْتَصَرِ الْكَرْخِيِّ: عَبْدُ الْجَبَّارِ بن وَائِلِ بن الْوَلِيدِ عَنْ أَبِيهِ: أَنَّ النَّبِيَّ صَلَّى اللهُ عَلَيْهِ وَآلِهِ وَسَلَّمَ" كَانَ يَرْفَعُ يَدَيْهِ حَذْوَ شَحْمَةِ أُذُنَيْهِ". فَذِكْرُ الْوَلِيدِ فِيهِ سَهْوٌ ظَاهِرٌ، وَفِي الْجَرْحِ: أنه[1] رَوَى عَنْ أَبِيهِ مُرْسَلًا، وَلَمْ يَسْمَعْ مِنْهُ.

الْوَاوُ مَعَ الْبَاءِ

[و ب أ]: (الْوَبَاءُ) بِالْمَدِّ: الْمَرَضُ الْعَامُّ، (وَأَرْضٌ وَبِئَةٌ وَوَبِيَّةٌ وَمَوْبُوءَةٌ): كَثُرَ مَرَضُهَا، وَقَدْ وَبِئَتْ وَوُبِئَتْ وَبَاءً.

[و ب خ]: (التَّوْبِيخُ) وَالتَّعْيِيرُ مِنْ بَابِ اللَّوْمِ.

[و ب ر]: (الْوَبْرُ) دُوَيْبَّةٌ عَلَى قَدْرِ السِّنَّوْرِ غَبْرَاءُ صَغِيرَةُ الذَّنَبِ، حَسَنَةُ الْعَيْنَيْنِ، شَدِيدَةُ الْحَيَاءِ، تُدْجَنُ فِي الْبُيُوتِ، أَيْ: تُحْبَسُ وَتُعَلَّمُ، الْوَاحِدَةُ: (وَبْرَةٌ). قَالَ فِي جَمْعِ التَّفَارِيقِ: تُؤْكَلُ لِأَنَّهَا تَعْتَلِفُ الْبُقُولَ.

---

(١) سقط من: م.

[و ب ص]: (الْوَبِيصُ) الْبَرِيقُ وَاللَّمَعَانُ، يُقَالُ (وَبَصَ وَبِيصًا) إذَا لَمَعَ. وَمِنْهُ: كُنْتُ أَرَى (وَبِيصَ الْمِسْكِ) عَلَى مَفَارِقِ رَسُولِ اللهِ صَلَّى اللهُ عَلَيْهِ وَآلِهِ وَسَلَّمَ، وَلَفْظُ الْحَدِيثِ كَمَا فِي الصَّحِيحَيْنِ عَنْ عَائِشَةَ رَضِيَ اللهُ عَنْهَا: "كَأَنِّي أَنْظُرُ إِلَى وَبِيصِ الطِّيبِ فِي مَفْرِقِ رَسُولِ اللهِ صَلَّى اللهُ عَلَيْهِ وَآلِهِ وَسَلَّمَ بَعْدَ ثَلَاثٍ مِنْ إِحْرَامِهِ".

[و ب ق]: (وَبِقَ): هَلَكَ وُبُوقًا، (وَأَوْبَقَتْهُ ذُنُوبُهُ): أَهْلَكَتْهُ، وَفُلَانٌ يَرْتَكِبُ (الْمُوبِقَاتِ)، وقَوْله تَعَالَى: **﴿وَجَعَلْنَا بَيْنَهُمْ مَوْبِقًا﴾** [سورة الكهف آية ٥٢] أَيْ: مَهْلِكًا مِنْ أَوْدِيَةِ جَهَنَّمَ أَوْ مَسَافَةٍ بَعِيدَةٍ.

[و ب هـ]: (لَا يُؤْبَهُ لَهُ) فِي (ط م، ط م ر).

الْوَاوُ مَعَ التَّاءِ الْفَوْقِيَّةِ

[و ت د]: (وَتَدَ الْوَتِدَ) ضَرَبَهُ بِالْمِيتَدَةِ وَأَثْبَتَهُ. وَمِنْهُ: لَيْسَ لِصَاحِبِ السُّفْلِ (أَنْ يَتِدَ) فِي حَائِطِ شَرِيكِهِ بِغَيْرِ رِضَاهُ.

[و ت ر]: (الْوِتْرُ): خِلَافُ الشَّفْعِ. (وَأَوْتَرَ): صَلَّى الْوِتْرَ. وَفِي الْحَدِيثِ: "إِذَا اسْتَجْمَرْتَ فَأَوْتِرْ"[١]، وَيُقَالُ: هُمْ عَلَى (وَتِيرَةٍ وَاحِدَةٍ)، أَيْ: طَرِيقَةٍ وَسَجِيَّةٍ، وَأَصْلُهَا مِنَ التَّوَاتُرِ: التَّتَابُعُ، وَمِنْهُ: (جَاءُوا تَتْرَى) أَيْ: مُتَتَابِعِينَ وِتْرًا بَعْدَ وِتْرٍ.

(وَوَتَرْتُهُ) قَتَلْتُ حَمِيمَهُ وَأَفْرَدْتُهُ مِنْهُ، وَيُقَالُ: وَتَرَهُ حَقَّهُ، أَيْ: نَقَصَهُ، وَمِنْهُ: "مَنْ فَاتَتْهُ صَلَاةُ الْعَصْرِ (فَكَأَنَّمَا وُتِرَ أَهْلُهُ) وَمَالُهُ"، [وَيُقَالُ: (وَتَرَهُ) حَقَّهُ، أَيْ: نَقَصَهُ مِنْهُ وَمِنْ مَالِهِ][٢] بِالنَّصْبِ.

وَفِي بَابِ كَرَاهِيَةِ السِّيَرِ: قَلِّدُوا الْخَيْلَ وَلَا تُقَلِّدُوهَا (الْأَوْتَارَ)، جَمْعُ وَتَرِ الْقَوْسِ، قِيلَ: كَانُوا يُقَلِّدُونَهَا مَخَافَةَ الْعَيْنِ فَنَهَى عَنْ ذَلِكَ، وَقِيلَ: لِئَلَّا يَخْتَنِقَ الْمُقَلَّدُ، وَقِيلَ: هِيَ الذُّحُولُ وَالْأَحْقَادُ، أَيْ: لَا تَطْلُبُوا عَلَيْهَا الْأَوْتَارَ الَّتِي وُتِرْتُمْ بِهَا فِي الْجَاهِلِيَّةِ، يَعْنِي: لَا تُقَاتِلُوا بِحَمِيَّةِ الْجَاهِلِيَّةِ، وَهَذَا التَّأْوِيلُ وَإِنْ كُنَّا سَمِعْنَاهُ وَقَرَأْنَاهُ غَيْرُ مُسْتَحْسَنٍ فِي هَذَا الْبَابِ.

(١) أخرجه النسائي (٤٣)، والنسائي في السنن الكبرى (٤٥).
(٢) زيادة من: م.

الْوَاوُ مَعَ الثَّاءِ الْمُثَلَّثَةِ

[و ث أ]: (وَثِئَتْ) رِجْلُهُ فَهِيَ مَوْثُوءَةٌ، وَثَأْتُهَا أَنَا (وَثْئًا)، وَهُوَ أَنْ يُصِيبَ الْعَظْمَ وَهَنٌ وَوَصْمٌ لَا يَبْلُغُ الْكَسْرَ.

[و ث ب]: قَوْلُهُ: "الشُّفْعَةُ لِمَنْ وَاثَبَهَا". أَيْ: لِمَنْ طَلَبَهَا عَلَى وَجْهِ الْمُسَارَعَةِ وَالْمُبَادَرَةِ، مُفَاعَلَةٌ مِنَ الْوُثُوبِ عَلَى الِاسْتِعَارَةِ.

(بَوْثَبَةٍ): فِي (ط ف، ط ف ر).

[و ث ر]: (فِرَاشٌ وَثِيرٌ) أَيْ: وَطِيءٌ، وَمِنْهُ (الْمِيثَرَةُ): وَهِيَ شِبْهُ مِرْفَقَةٍ تُتَّخَذُ كَصُفَّةِ السَّرْجِ، وَالْجَمْعُ: مَيَاثِرُ وَمَوَاثِرُ.

[و ث ق]: (وَثِقَ) بِهِ ثِقَةً وَوُثُوقًا: ائْتَمَنَهُ، وَهُوَ ثِقَةٌ مِنَ الثِّقَاتِ، وَأَنَا بِهِ وَاثِقٌ، وَمَوْثُوقٌ بِهِ.

(وَعَقْدٌ وَثِيقٌ) أَيْ: مُحْكَمٌ، وَقَدْ وَثُقَ وَثَاقَةً وَأَوْثَقَهُ وَوَثَّقَهُ: أَحْكَمَهُ، وَشَدَّهُ بِالْوَثَاقِ بِالْقَيْدِ وَكَسْرُ الْوَاوِ لُغَةً.

(وَالْمَوْثِقُ وَالْمِيثَاقُ) الْعَهْدُ، (وَاثَقَنِي بِاللهِ لَأَفْعَلَنَّ)[1] أَيْ: عَاهَدَنِي، يَعْنِي: حَلَفَ، وَإِنَّمَا سُمِّيَ الْحَلِفُ مَوْثِقًا؛ لِأَنَّهُ مِمَّا تُوَثَّقُ بِهِ الْعُهُودُ وَتُؤَكَّدُ، وَقَوْلُهُ تَعَالَى: (قَالَ لَنْ أُرْسِلَهُ مَعَكُمْ حَتَّى تُؤْتُونِ مَوْثِقًا مِنَ اللهِ) [سورة يوسف آية ٦٦] قَالَ الْإِمَامُ خُوَاهَرْ زَادَهْ: رُوِيَ أَنَّ ابْنَ عَبَّاسٍ رَضِيَ اللهُ تَعَالَى عَنْهُمَا أَنَّهُ[2] قَالَ: كَفِّلُهُمْ نَفْسَهُ وَلَمْ يُرِدْ أَنَّهُ اسْتَحْلَفَهُمْ عَلَى رَدِّهِ إِلَيْهِ، أَلَا تَرَى أَنَّهُ قَالَ: (مِنَ اللهِ) وَلَوْ أَرَادَ الْيَمِينَ لَقَالَ: (بِاللهِ) فَلَمَّا قَالَ: (مِنَ اللهِ) عَلِمْنَا أَنَّهُ أَرَادَ الْكَفَالَةَ.

قَالَ شَيْخُنَا صَاحِبُ جَمْعِ التَّفَارِيقِ: قَدْ قِيلَ ذَلِكَ وَلَكِنَّهُ بَعِيدٌ، وَإِنَّمَا الْمُرَادُ: الْيَمِينُ كَمَا قَالَهُ عَامَّةُ الْمُفَسِّرِينَ، وَيَشْهَدُ لَهُ قَوْلُهُ: (لَتَأْتُنَّنِي بِهِ) [سورة يوسف آية ٦٦] لِأَنَّهُ جَوَابُ الْيَمِينِ، وَالْمَعْنَى: لَنْ أُرْسِلَهُ مَعَكُمْ حَتَّى تَحْلِفُوا (لَتَأْتُنَّنِي بِهِ) [سورة يوسف آية ٦٦] وَلَتَرُدُّنَّهُ إِلَيَّ (إِلَّا أَنْ يُحَاطَ بِكُمْ) أَيْ: إِلَّا أَنْ تُغْلَبُوا فَلَمْ تُطِيقُوا الْإِتْيَانَ بِهِ، أَوْ إِلَّا أَنْ تَهْلِكُوا، وَيَعْضُدُهُ قَوْلُهُ: (وَاللهُ عَلَى مَا نَقُولُ وَكِيلٌ) [سورة القصص آية ٢٨] لِأَنَّهُ أَرَادَ

---

(١) فِي خ: "لِيَفْعَلَنَّ".
(٢) سَقَطَ مِنْ: م.

بِه طَلَبَ الْمَوْثِقِ وَعَطَاءَهُ، وَذَلِكَ مِنْ بَابِ الْقَوْلِ، وَإِنَّمَا قِيلَ: (مِنَ اللهِ) لِأَنَّهُ تَعَالَى قَدْ أَذِنَ لَهُ فِي ذَلِكَ فَهُوَ إِذْنٌ مِنْهُ، وَبِذَا عُرِفَ أَنَّ مَا قَالَهُ الْمُشَرِّجُ غَيْرُ سَدِيدٍ.

[و ث ن]: (الْوَثَنُ) مَا لَهُ جُثَّةٌ مِنْ خَشَبٍ أَوْ حَجَرٍ أَوْ فِضَّةٍ أَوْ جَوْهَرٍ يُنْحَتُ، وَالْجَمْعُ: أَوْثَانٌ، وَكَانَتْ الْعَرَبُ تَنْصِبُهَا وَتَعْبُدُهَا.

الْوَاوُ مَعَ الْجِيمِ

[و ج أ]: (الْوَجْءُ) الضَّرْبُ بِالْيَدِ أَوْ بِالسِّكِّينِ، يُقَالُ: (وَجَأَهُ) فِي عُنُقِهِ مِنْ بَابِ مَنَعَ، وَمِنْهُ: "لَيْسَ فِي كَذَا وَكَذَا (وَلَا فِي الْوَجَأَةِ) قِصَاصٌ".

(وَالْوِجَاءُ) عَلَى فِعَالٍ: نَوْعٌ مِنَ الْخِصَاءِ هُوَ أَنْ تَضْرِبَ الْعُرُوقَ بِحَدِيدَةٍ وَتَطْعَنَ فِيهَا مِنْ غَيْرِ إِخْرَاجِ الْبَيْضَتَيْنِ، يُقَالُ: (كَبْشٌ مَوْجُوءٌ) إِذَا فُعِلَ بِهِ ذَلِكَ، وَفِي الْحَدِيثِ: "أَنَّهُ ضَحَّى بِكَبْشَيْنِ مَوْجُوءَيْنِ"، وَأَمَّا مَوْجِيَّيْنِ، أَوْ مُوجَئَيْنِ فَخَطَأٌ، وَقَوْلُهُ: "الصَّوْمُ وِجَاءٌ"[1]. أَيْ: يَذْهَبُ بِالشَّهْوَةِ وَيَمْنَعُ مِنْهَا.

[و ج ب]: (الْوُجُوبُ) اللُّزُومُ، يُقَالُ: وَجَبَ الْبَيْعُ، وَيُقَالُ: أَوْجَبَ الرَّجُلُ، إِذَا عَمِلَ مَا تَجِبُ بِهِ الْجَنَّةُ أَوْ النَّارُ، وَيُقَالُ لِلْحَسَنَةِ: مُوجِبَةٌ، وَلِلسَّيِّئَةِ: مُوجِبَةٌ.

(وَالْوَجْبَةُ) السُّقُوطُ، يُقَالُ: وَجَبَ الْحَائِطُ، وَمِنْهُ: ﴿فَإِذَا وَجَبَتْ جُنُوبُهَا﴾ [سورة الحج آية ٣٦] أَيْ: إِذَا وَقَعَتْ عَلَى الْأَرْضِ، وَالْمَعْنَى: أَنَّهَا إِذَا فَعَلَتْ ذَلِكَ وَسَكَنَتْ نُفُوسُهَا بِخُرُوجِ بَقِيَّةِ الرُّوحِ حَلَّ لَكُمْ الْأَكْلُ مِنْهَا وَالْإِطْعَامُ. (وَالْوَجْبُ) فِي مَعْنَاهَا غَيْرُ مَسْمُوعٍ.

[و ج ر]: (الْوَجُورُ) الدَّوَاءُ الَّذِي يُصَبُّ فِي وَسَطِ الْفَمِ، يُقَالُ: أَوْجَرْتُهُ، وَوَجَرْتُهُ.

[و ج ف]: (وَجَفَ الْبَعِيرُ أَوْ الْفَرَسُ: عَدَا وَجِيفًا (وَأَوْجَفَهُ) صَاحِبُهُ إِيجَافًا، وَقَوْلُهُ: (وَمَا أَوْجَفَ الْمُسْلِمُونَ عَلَيْهِ، أَيْ: أَعْمَلُوا خَيْلَهُمْ أَوْ رِكَابَهُمْ فِي تَحْصِيلِهِ.

[و ج ن]: (الْمِيجَنَةُ) مِدَقُّ الْقَصَّارِ.

[و ج هـ]: قَوْلُهُ: "يَؤُمُّهُمْ أَحْسَنُهُمْ وَجْهًا". قِيلَ: مَعْنَاهُ أَحْسَنُهُمْ خِبْرَةً؛ لِأَنَّ حُسْنَ الظَّاهِرِ يُسْتَدَلُّ بِهِ عَلَى حُسْنِ الْبَاطِنِ.

---

(١) أخرجه أبو داود (٥٠٧)، والنسائي (٣٢٠٩)، وابن ماجه (١٨٤٦)، والدارمي في سننه (٢١٦٥)، وأحمد في مسنده (٤١٣).

(وَشَرِكَةُ الْوُجُوهِ) شَرِكَةُ الْمَفَالِيسِ، وَإِنَّمَا أُضِيفَتْ إِلَى الْوُجُوهِ؛ لِأَنَّهَا تُبْتَذَلُ فِيهَا لِعَدَمِ الْمَالِ، وَالْإِضَافَةُ فِيهِ بِمَعْنَى الْبَاءِ كَمَا فِي شَرِكَةِ الْأَبْدَانِ، وَذَلِكَ لِأَنَّهُمَا اشْتَرَكَا فِي الشِّرَاءِ وَالْبَيْعِ بِوُجُوهِهِمَا وَأَبْدَانِهِمَا لَا بِشَيْءٍ آخَرَ، وَقِيلَ: هُوَ أَنْ يَشْتَرِكَا[1] مِنَ الْوَجْهِ الَّذِي لَا يُعْرَفُ، وَقِيلَ: لِأَنَّ كُلًّا مِنْهُمَا يَنْظُرُ فِي وَجْهِ صَاحِبِهِ إِذَا جَلَسَا يُدَبِّرَانِ أَمْرَهُمَا وَلَا مَالَ لَهُمَا، وَقِيلَ: لِأَنَّهُمَا يَشْتَرِيَانِ بِجَاهِهِمَا، وَهُوَ مِنَ (الْوَجْهِ) عَلَى الْقَلْبِ، بِدَلِيلِ الْعِبَارَةِ الْأُخْرَى: لِأَنَّهُ لَا يَشْتَرِي بِالنَّسِيئَةِ إِلَّا مَنْ لَهُ وَجَاهَةٌ عِنْدَ النَّاسِ، أَيْ: قَدْرٌ وَشَرَفٌ، وَالْأَوَّلُ هُوَ الْوَجْهُ، وَيَشْهَدُ لِصِحَّتِهِ قَوْلُ مُحَمَّد بن بَشِير:

طَلَبْتُ فَلَمْ أُدْرِكْ بِوَجْهِي وَلَيْتَنِي ... قَعَدْتُ وَلَمْ[2] أَبْغِ النَّدَى بَعْدَ سَائِبِ

أَيْ: بِبَذْلِ وَجْهِي، يَعْنِي: تَوَلَّيْتُ الطَّلَبَ بِنَفْسِي وَلَمْ أَتَوَسَّلْ فِيهِ بِغَيْرِي.

وَقَوْله تَعَالَى: **(فَثَمَّ وَجْهُ اللهِ)** [سورة البقرة آية ١١٥] أَيْ: جِهَتُهُ الَّتِي أَمَرَ بِهَا اللهُ تَعَالَى وَرَضِيَهَا، عَنِ ابْنِ عُمَرَ رَضِيَ اللهُ تَعَالَى عَنْهُمَا: أَنَّهَا نَزَلَتْ فِي الصَّلَاةِ عَلَى الرَّاحِلَةِ، وَعَنْ عَطَاءٍ: فِي اشْتِبَاهِ الْقِبْلَةِ.

الْوَاوُ مَعَ الْحَاءِ الْمُهْمَلَةِ

[و ح د]: (أَجِيرُ الْوَحْدِ) عَلَى الْإِضَافَةِ: خِلَافُ الْأَجِيرِ الْمُشْتَرَكِ فِيهِ، مِنَ (الْوَحْدِ) بِمَعْنَى الْوَحِيدِ، وَمَعْنَاهُ: أَجِيرُ الْمُسْتَأْجِرِ الْوَاحِدِ، وَفِي مَعْنَاهُ: الْأَجِيرُ الْخَاصُّ، وَلَوْ حَرَّكَ الْحَاءَ لَصَحَّ؛ لِأَنَّهُ يُقَالُ رَجُلٌ (وَحَدٌ)، أَيْ: مُنْفَرِدٌ، وَمِنْهُ قَوْلُ النَّابِغَةِ:

كَأَنَّ رَحْلِي وَقَدْ زَالَ النَّهَارُ بِنَا ... بِذِي الْجَلِيلِ عَلَى مُسْتَأْنِسٍ وَحَدِ

[و ح ر]: "الْهَدِيَّةُ تُذْهِبُ وَحَرَ الصَّدْرِ"[3]، وَهُوَ غِشُّهُ وَوَسَاوِسُهُ، وَقِيلَ: هُوَ أَشَدُّ الْغَضَبِ.

[و ح ي]: (الْإِيحَاءُ) وَالْوَحْيُ: إِعْلَامٌ فِي خَفَاءٍ، وَعَنْ الزَّجَّاجِ: (الْإِيحَاءُ) يُسَمَّى وَحْيًا، يُقَالُ: (أَوْحَى إِلَيْهِ وَوَحَى) بِمَعْنَى أَوْمَأَ. (وَالْوَحَى) بِالْقَصْرِ وَالْمَدِّ: السُّرْعَةُ، وَمِنْهُ: (مَوْتٌ وَحِيٌّ). (وَذَكَاةٌ وَحِيَّةٌ) سَرِيعَةٌ، وَالْقَتْلُ بِالسَّيْفِ (أَوْحَى) أَيْ: أَسْرَعُ، وَقَوْلُهُمْ: السُّمُّ

---

(١) في خ: "يشتريا".
(٢) في خ: "فلم".
(٣) أخرجه الترمذي (٢١٣٠)، والبوصيري في إتحاف الخيرة (٣٩٨١)

يَقْتُلُ إِلَّا أَنَّهُ (لَا يُوحِي)، صَوَابُهُ: لَا يَحِي، مِنْ وَحَى الذَّبِيحَةَ: إِذَا ذَبَحَهَا ذَبْحًا وَحِيًّا، وَلَا يُقَالُ: أَوْحَى.

الْوَاوُ مَعَ الْخَاءِ الْمُعْجَمَةِ

[و خ م]: (طَعَامٌ وَخِيمٌ) غَيْرُ مَرِيءٍ، (وَرَجُلٌ وَخِمٌ) وَوَخْمٌ وَوَخِيمٌ: ثَقِيلٌ، وَمِنْهُ: حَلَفَ أَنَّ فُلَانًا وَخْمٌ.

[و خ ي]: (تَوَخَّى) مَرْضَاتَهُ: تَحَرَّاهَا وَتَطَلَّبَهَا، وَيُقَالُ: (تَوَخَّيْتُ) هَذَا الْأَمْرَ، أَيْ: تَعَمَّدْتُهُ دُونَ مَا سِوَاهُ.

الْوَاوُ مَعَ الدَّالِ الْمُهْمَلَةِ

[و د ج]: (وَدَجَ الدَّابَّةَ وَدْجًا) قَطَعَ أَوْدَاجَهَا، وَهِيَ عُرُوقُ الْحَلْقِ فِي الْمَذْبَحِ، الْوَاحِدُ: وَدَجٌ. (وَوَدَّجَهَا تَوْدِيجًا) وَمِنْهُ قَالَ لِلْبَيْطَارِ: (تُوَدِّجُ لِي دَابَّةً) وَتَأْخُذُ مِنْ مَعْرَفَتِهَا بِدَانِقٍ.

[و د ع]: (لَا تَدَعْهُ) وَلَا تَذَرْهُ، أَيْ: لَا تَتْرُكْهُ، قَالُوا: وَلَا يُسْتَعْمَلُ مِنْهُ مَاضٍ وَلَا مَصْدَرٌ، وَقَدْ جَاءَ ذَلِكَ نَادِرًا، أَنْشَدَ الْأَصْمَعِيُّ لِأَنَسِ بن زُنَيْم:

لَيْتَ شِعْرِي عَنْ أَمِيرِي مَا ... الَّذِي غَالَهُ فِي الْحُبِّ حَتَّى وَدَعَهُ

وَعَنْ عُرْوَةَ بن الزُّبَيْرِ وَمُجَاهِدٍ أَنَّهُمَا قَرَآ: "مَا وَدَعَكَ رَبُّكَ وَمَا قَلَى" بِالتَّخْفِيفِ، وَعَنِ ابْنِ عَبَّاسٍ رَضِيَ اللهُ تَعَالَى عَنْهُمَا: أَنَّ النَّبِيَّ صَلَّى اللهُ عَلَيْهِ وَآلِهِ وَسَلَّمَ قَالَ: "لَيَنْتَهِيَنَّ أَقْوَامٌ عَنْ وَدْعِهِمُ الْجُمُعَاتِ أَوْ لَيُخْتَمَنَّ عَلَى قُلُوبِهِمْ وَلَيُكْتَبُنَّ مِنَ الْغَافِلِينَ"[(١)]. أَيْ: عَنْ تَرْكِهِمْ إِيَّاهَا، قَالَ شِمْرٌ: زَعَمَتِ النَّحْوِيَّةُ أَنَّ الْعَرَبَ أَمَاتُوا مَصْدَرَ (يَدَعُ) وَالنَّبِيُّ صَلَّى اللهُ عَلَيْهِ وَآلِهِ وَسَلَّمَ أَفْصَحُ الْعَرَبِ، وَقَدْ رُوِيَتْ عَنْهُ هَذِهِ الْكَلِمَةُ.

ومنه[(٢)] (وَالْمُوَادَعَةُ) الْمُصَالَحَةُ لِأَنَّهَا مُتَارَكَةٌ، (الْوَدِيعَةُ) لِأَنَّهَا شَيْءٌ يُتْرَكُ عِنْدَ الْأَمِينِ، يُقَالُ: (وَدَعْتُ) زَيْدًا مَالًا (وَاسْتَوْدَعْتُهُ إِيَّاهُ): إِذَا دَفَعْتُهُ إِلَيْهِ لِيَكُونَ عِنْدَهُ، فَأَنَا مُودِعٌ وَمُسْتَوْدِعٌ بِالْكَسْرِ، وَزَيْدٌ مُودَعٌ وَمُسْتَوْدَعٌ بِالْفَتْحِ، وَالْمَالُ مُودَعٌ وَمُسْتَوْدَعٌ، أَيْ: وَدِيعَةٌ.

(وَالدَّعَةُ) الْخَفْضُ وَالرَّاحَةُ، وَمِنْهَا قَوْلُهُ فِي الْعُشْرِ: يَنْقُصُ لِلْعَنَاءِ وَيَتِمُّ (لِلدَّعَةِ)، وَقَدْ

---

(١) أخرجه أحمد في مسنده (٥٥٣٥)

(٢) سقط من: م.

وَدُعَ دَعَةً وَوَدَاعَةً، وَبِهَا سُمِّيَ وَالِدُ عَكَّاف بن (وَدَاعَةَ) الْهِلَالِيُّ، وَبِاسْمِ الْفَاعِلَةِ مِنْهُ سُمِّيَ الْحَيُّ مَنْ هَمْدَانَ، وَهِيَ الَّتِي يُنْسَبُ إِلَيْهَا الْمُنْذِرُ بن أَبِي حَمْزَةَ الْوَدَاعِيُّ فِي السِّيَرِ فِي حَدِيث عُمَرَ رَضِيَ اللـه تَعَالَى عَنْهُ.

[و د ك]: (الْوَدَكُ) مِنْ الشَّحْمِ أَوْ اللَّحْمِ: مَا يَتَحَلَّبُ مِنْهُ، وَقَوْلُ الْفُقَهَاءِ: (وَدَكُ الْمَيْتَةِ) مِنْ ذَلِكَ. (وَأَبُو الْوَدَّاكِ) فَعَّالٌ مِنْهُ، وَاسْمُهُ جَبْرُ بن نَوْفٍ الْبِكَالِيُّ، هُوَ نَوْفُ بن فَضَالَةَ فِيمَا لَا أَخَ لَهُ.

(وَبِكَالٌ) بِكَسْرِ الْبَاءِ وَتَخْفِيفِ الْكَافِ: حَيٌّ مَنْ الْعَرَبِ عَنْ الْغُورِيِّ وَالْجَوْهَرِيِّ وَغَيْرِهِمَا، (الْبِكَالِيُّ) يَرْوِي عَنْ الْخُدْرِيِّ: "الذَّهَبُ بِالذَّهَبِ الْكِفَّةُ بِالْكِفَّةِ".

[و د ي]: (الدِّيَةُ) مَصْدَرُ (وَدَى) الْقَاتِلُ الْمَقْتُولَ: إِذَا أَعْطَى وَلِيَّهُ الْمَالَ الَّذِي هُوَ بَدَلُ النَّفْسِ، ثُمَّ قِيلَ لِذَلِكَ الْمَالِ: (الدِّيَةُ) تَسْمِيَةً بِالْمَصْدَرِ وَلِذَا جُمِعَتْ، وَهِيَ مِثْلُ (عِدَةٍ) وَزِنَةٍ[1] فِي حَذْفِ الْفَاءِ، وَفِي حَدِيث قَتْلَى بَنِي جَذِيمَةَ:"فَبَعَثَ صَلَّى اللـه عَلَيْهِ وَآله وَسَلَّمَ عَلِيًّا رَضِيَ اللـه عَنْهُ (فَوَدَى) إِلَيْهِمْ كُلَّ شَيْءٍ أُصِيبَ لَهُمْ حَتَّى وَدَى إِلَيْهِمْ مِيلَغَةَ الْكَلْبِ"، وَإِنَّمَا عُدِّيَ بِإِلَى عَلَى تَضْمِينِ مَعْنَى (أَدَّى)، وَاسْتُعْمِلَ فِي الْمِيلَغَةِ، وَهِيَ إِنَاءُ الْوُلُوغِ فِيهِ عَلَى طَرِيقِ الْمُشَاكَلَةِ. وَأَصْلُ التَّرْكِيبِ يَدُلُّ عَلَى مَعْنَى الْجَرْيِ وَالْخُرُوجِ، وَمِنْهُ (الْوَادِي) لِأَنَّ الْمَاءَ يَدِي فِيهِ، أَيْ: يَجْرِي فِيهِ وَيَسِيلُ، وَمِنْهُ (وَادِي الْقُرَى)، وَهُوَ مَوْضِعٌ قَرِيبٌ مَنْ الْمَدِينَةِ فَتَحَهُ رَسُولُ اللـه صَلَّى اللـه عَلَيْهِ وَآله وَسَلَّمَ عَنْوَةً، وَعَامَلَ مَنْ فِيهِ مِنْ الْيَهُودِ مُعَامَلَةَ أَهْلِ خَيْبَرَ، ثُمَّ بَعْدَ ذَلِكَ أَجْلَاهُمْ عُمَرُ رَضِيَ اللـه عَنْهُ وَقَسَّمَ الْوَادِيَ بَيْنَ الْإِمَارَةِ وَبَيْنَ بَنِي عُذْرَةَ، أَيْ: مَنْ إِلَيْهِ الْإِمَارَةُ وَنِيَابَةُ الْمُسْلِمِينَ.

وَقَوْلُ الْأَعْرَابِيِّ فِي حَدِيثِ عُثْمَانَ: إِذَنْ تَمُوتُ فُصْلَانُهَا حَتَّى تَبْلُغَ (وَادِيَّ) بِالتَّشْدِيدِ؛ لِأَنَّهُ مُضَافٌ إِلَى يَاءِ الْمُتَكَلِّمِ.

وَمِنْهُ (الْوَدْيُ) وَهُوَ الْمَاءُ الرَّقِيقُ يُخْرَجُ بَعْدَ الْبَوْلِ، وَقَدْ وَدَى الرَّجُلُ وَأَوْدَى: إِذَا خَرَجَ مِنْهُ، وَإِنَّمَا طَوَّلْتُ تَنْبِيهًا عَلَى أَنَّ (الدِّيَةَ) لَيْسَتْ بِمُشْتَقَّةٍ مِنْ الْأَدَاءِ، وَتَقُولُ فِي الْأَمْرِ مِنْ يَدِي: دِهْ دِيَا دُوا، وَفِي الْحَدِيث: "قُومُوا فَدُوهُ"، وَقَوْلُهُ عَلَيْهِ السَّلَامُ لِعِمْرَانَ: "أَنْ قُمْ فَدِهْ"، وَقَوْلُهُ صَلَّى اللـه عَلَيْهِ وَآلِهِ وَسَلَّمَ لِعَلِيٍّ رَضِيَ اللـه تَعَالَى عَنْهُ: [يَا عَلِيُّ؛][2] أُخْرُجْ

---

(١) زيادة من: م.
(٢) زيادة من: م.

إِلَى هَؤُلَاءِ فَوَدَّ دِمَاءَهُمْ". صَوَابُهُ: (فَدَ) يَرْوِيهِ فِي مُخْتَصَرِ الْكَرْخِيِّ حَكِيمُ بنِ عَبَّادِ بنِ حُنَيْفٍ، عَنْ أَبِي جَعْفَرِ بن مُحَمَّدِ بن عَلِيٍّ فِي فَتْحِ مَكَّةَ.

وَأَمَّا (الْوَدِيُّ) وَهُوَ الْفَسِيلُ فَلِأَنَّهُ غُصْنٌ يَخْرُجُ مِنَ النَّخْلِ، ثُمَّ يُقْطَعُ مِنْهُ فَيُغْرَسُ.

وَقَوْلُهُمْ: (أَوْدَى) إِذَا هَلَكَ، مَأْخُوذٌ مِنْ ذَلِكَ أَيْضًا أَلَا تَرَى إِلَى قَوْلِهِمْ: (سَالَ بِهِمُ الْوَادِي) إِذَا هَلَكُوا. وَمِنْهُ قَوْلُ عُمَرَ رَضِيَ اللهُ عَنْهُ: (أَوْدَى) رَبْعُ الْمُغِيرَةِ.

الْوَاوُ مَعَ الذَّالِ الْمُعْجَمَةِ

[و ذ ح]: فِي "الْمُنْتَقَى": شَاةٌ وَقَعَتْ فِي الْبِئْرِ مَعَ مَا عَلَيْهَا مِنَ (الْوَذَحِ)، وَهُوَ مَا يَتَعَلَّقُ بِأَصْوَافِ الشَّاةِ مِنَ الْبَعْرِ وَالْبَوْلِ.

[و ذ ر]: عِكْرَاشٌ: فَأُتِينَا بِجَفْنَةٍ (كَثِيرَةِ الْوَذْرِ) جَمْعُ وَذْرَةٍ، وَهِيَ الْقِطْعَةُ مِنَ اللَّحْمِ.

(الْوَذَارِيُّ) ثَوْبٌ مَنْسُوبٌ إِلَى (وَذَارَ) قَرْيَةٌ بِسَمَرْقَنْدَ.

الْوَاوُ مَعَ الرَّاءِ الْمُهْمَلَةِ

[و ر أ]: (الْوَرَاءُ) فَعَالٌ وَلَامُهُ هَمْزَةٌ عِنْدَ سِيبَوَيْهِ وَأَبِي عَلِيٍّ الْفَارِسِيِّ وَيَاءٌ عِنْدَ الْعَامَّةِ، وَهُوَ مِنْ ظُرُوفِ الْمَكَانِ بِمَعْنَى خَلْفَ وَقُدَّامَ، وَقَدْ أُسْتُعِيرَ لِلزَّمَانِ فِي قَوْلِهِ: إِنَّ مَا تَطْلُبُ (وَرَاءَكَ)، يَعْنِي: إِنَّ الَّذِي تَطْلُبُهُ مِنْ لَيْلَةِ الْقَدْرِ يَجِيءُ بَعْدَ زَمَانِكَ هَذَا، وَلِلنَّافِلَةِ: وَهُوَ فِي حَدِيثِ الشَّعْبِيِّ: أَنَّهُ قِيلَ لَهُ: أَهَذَا ابْنُكَ؟ فَقَالَ: نَعَمْ، مِنَ (الْوَرَاءِ). وَكَانَ وَلَدَ وَلَدِهِ، وَلِلْبُعْدِ فِي قَوْلِهِ: شَهِدُوا أَنَّهُمْ إِنَّمَا سَمِعُوهُ مِنْ (وَرَاءُ وَرَاءُ)، أَيْ: مِنْ بَعِيدٍ، أَوْ مِمَّنْ سَمِعَ [ممن سمع] [1] مِنَ الْمُقِرِّ، وَبِنَاؤُهُ عَلَى الضَّمِّ، وَالثَّانِي تَكْرِيرٌ وَذَا وَذَا تَصْحِيفٌ.

وَأَمَّا حَدِيثُهُ صَلَّى اللهُ عَلَيْهِ وَآلِهِ وَسَلَّمَ: "إِنَّ اللهَ تَعَالَى وَرَاءَ لِسَانِ كُلِّ مُسْلِمٍ فَلْيَنْظُرْ امْرُؤٌ مَا يَقُولُ". فَتَمْثِيلٌ. وَالْمَعْنَى: أَنَّهُ تَعَالَى يَعْلَمُ مَا يَقُولُهُ الْإِنْسَانُ وَيَتَفَوَّهُ بِهِ كَمَنْ يَكُونُ وَرَاءَ الشَّيْءِ مُهَيْمِنًا لَدَيْهِ مُحَافِظًا عَلَيْهِ.

[و ر ث]: (وَرِثَ أَبَاهُ مَالًا) يَرِثُ وِرَاثَةً، وَهُوَ وَارِثٌ، وَالْأَبُ وَالْمَالُ كِلَاهُمَا مَوْرُوثٌ، مِنْهُ:"إِنَّا مَعَاشِرَ الْأَنْبِيَاءِ لَا نُورَثُ"[2]. وَكَسْرُ الرَّاءِ خَطَأٌ رِوَايَةً، وَانْتِصَابُ (مَعَاشِرَ) عَلَى الِاخْتِصَاصِ.

---

(١) سقط من: م.
(٢) أخرجه أحمد في مسنده (٢٧٢٣٨)، والنسائي في السنن الكبرى (٦٢٧٥).

[(وورّثـه) أشركـه في المـال][1]، وَأَوْرَثَـهُ مَـالًا: أَشْرَكَـهُ فِي الْمِـيرَاثِ، (وَأَوْرَثَـهُ) تَرَكَـهُ مِيرَاثًـا لَـهُ. (وَالْإِرْثُ) (وَالتُّرَاثُ) الْمِيرَاثُ، وَالْهَمْزَةُ وَالتَّاءُ بَدَلٌ مِنْ الْوَاوِ.

[و ر د]: (وَرَدَ) الْمَاءَ أَوْ الْبَلَدَ: أَشْرَفَ عَلَيْهِ أَوْ وَصَلَ إِلَيْهِ دَخَلَهُ أَوْ لَـمْ يَدْخُلْـهُ وُرُودًا، (وَاسْـتَوْرَدَ) مِثْلُـهُ، وَبِاسْمِ الْفَاعِلِ مِنْهُ سُمِّيَ (الْمُسْتَوْرِدُ) بن الْأَحْنَـفِ الْعِجْلِيُّ، وَهُـوَ الَّـذِي قَتَلَـهُ عَـلِيٌّ رَضِيَ اللـه تَعَـالَى عَنْـهُ بِالرِّدَّةِ، وَقَسَّمَ مَالَهُ بَيْنَ وَرَثَتِه.

(وَالْوِرْدُ) الْمَوْرِدُ، وَمِنْهُ: (الْوِرْدُ) مِنْ الْقُرْآنِ: الْوَظِيفَةُ، وَهُوَ مِقْدَارٌ مَعْلُومٌ: إِمَّا سُبُعٌ أَوْ نِصْفُ سُبُعٍ أَوْ مَا أَشْبَهَ ذَلِكَ، يُقَالُ: قَرَأَ فُلَانٌ (وِرْدَهُ وَحِزْبَـهُ) بِمَعْنًـى، وَرُوِيَ: أَنَّ الْحَسَـنَ وَابْـنَ سِـيرِينَ أَنَّهُـمَا[2] كَانَـا يَكْرَهَـانِ (الْأَوْرَادَ). قَالَ أَبُو عُبَيْدٍ: كَانُوا أَحْدَثُوا أَنْ جَعَلُوا السُّورَةَ الطَّوِيلَـةَ مَعَ أُخْـرَى دُونَهَـا فِي الطُّـولِ، ثُـمَّ يَزِيـدُونَ دُونَهَا كَذَلِكَ حَتَّى يَتِمَّ الْجُزْءُ، وَلَا يَكُونُ فِيهِ سُورَةٌ مُنْقَطِعَةٌ وَلَكِنْ تَكُونُ كُلُّهَا سُوَرًا تَامَّةً.

(وَالْوَرْدُ) هَذَا النَّوْرُ الَّذِي يُشَمُّ، قَالُوا: أُسْمِيَ[3] ذَلِكَ لِحُمْرَتِه. (وَالْوَرْدَةُ) فِي أَلْوَانِ الدَّوَابِّ: لَـوْنٌ يَضْـرِبُ إِلَى الصُّفْرَةِ الْحَسَنَةِ، (وَفَرَسٌ وَرْدٌ) وَالْأُنْثَى: وَرْدَةٌ، وَقَدْ وَرُدَ وُرُودَةً.

(وَفَرَسٌ وَرْدٌ) أَغْبَسُ سَمَنْد.

(وَوَرْدَانُ) غُلَامُ عَمْرِو بن الْعَاصِ، (وَبَنَاتُ وَرْدَانَ) دُودُ الْعَذِرَةِ.

[و ر س]: (مِلْحَفَةٌ مُوَرَّسَةٌ) مَصْبُوغَةٌ بِالْوَرْسِ، وَهُوَ صِبْغٌ أَصْفَرُ، وَقِيلَ: نَبْتٌ طَيِّبُ الرَّائِحَة، وَفِي الْقَانُونِ: (الْوَرْسُ) شَيْءٌ أَحْمَرُ قَانٍ يُشْبِهُ سَحِيقَ الزَّعْفَرَانِ، وَهُوَ مَجْلُوبٌ مِنْ الْيَمَنِ، وَيُقَالُ: إِنَّهُ يَنْحَتُّ مِنْ أَشْجَارِهِ.

[و ر ش]: (الْوَرَشَانُ) طَائِرٌ، وَعَنْ أَبِي حَاتِمٍ: الْوَرَاشِينُ مِنْ الْحَمَامِ.

[و ر ط]: (وِرَاطٌ) فِي (خ ل، خ ل ط).

[و ر ق]: (الْوَرَقُ) بِفَتْحَتَيْنِ: جَمْعُ (وَرَقَـةٍ) جُلُـودٌ رِقَـاقٌ يُكْتَـبُ فِيهَـا، وَمِنْهَـا: (وَرَقُ الْمُصْـحَفِ)، وَهُـوَ الْمُرَادُ فِي قَوْلِهِ: لَا يَجُوزُ السَّلَمُ فِي (الْوَرَقِ)، وَهُوَ مُسْتَعَارٌ مِنْ وَرَقِ الشَّجَرِ.

---

(١) سقط من: م.
(٢) زيادة من: م.
(٣) في خ: "سمي".

(وَالْوَرِقُ) بِكَسْرِ الرَّاءِ: الْمَضْرُوبُ مِنَ الْفِضَّةِ، وَكَذَا (الرِّقَةُ)، وَجَمْعُهَا (رُقُوقٌ)، وَمِنْهُ الْحَدِيثُ:"وَفِي الرِّقَةِ رُبُعُ الْعُشْرِ"[1]. وَعَرْفَجَةُ رَضِيَ اللـه عَنْهُ اتَّخَذَ أَنْفًا مِنْ (ورق).

(وَجَمَلٌ أَوْرَقُ) آدَمُ، وَفِي التَّهْذِيبِ: (الْأَوْرَقُ) مِنْ كُلِّ شَيْءٍ: الَّذِي يَكُونُ لَوْنُهُ لَوْنَ الرَّمَادِ.

[و ر ك]: (الْوَرِكَانِ) هُمَا فَوْقَ الْفَخْذَيْنِ كَالْكَتِفَيْنِ فَوْقَ الْعَضُدَيْنِ، وَيُقَالُ: نَامَ (مُتَوَرِّكًا)، أَيْ: مُتَّكِئًا عَلَى إِحْدَى وَرِكَيْهِ، (وَالتَّوَرُّكُ) فِي التَّشَهُّدِ: وَضْعُ الْوَرِكِ عَلَى الرِّجْلِ الْيُمْنَى، وَمِنْهُ حَدِيثُ مُجَاهِدٍ: "أَنَّهُ كَانَ لَا يَرَى بَأْسًا بِالتَّوَرُّكِ فِي الْأَرْضِ الْمُسْتَحِيلَةِ فِي الصَّلَاةِ". أَيْ: الْمُعْوَجَّةِ غَيْرِ الْمُسْتَوِيَةِ. وَأَمَّا حَدِيثُ النَّخَعِيِّ: "أَنَّهُ كَانَ يَكْرَهُ (التَّوَرُّكَ) فِي الصَّلَاةِ". فَإِنَّمَا يُرِيدُ وَضْعَ الْأَلْيَتَيْنِ أَوْ إِحْدَاهُمَا عَلَى الْأَرْضِ.

[و ر م]: (الورام) عِبَارَةٌ فَارِسِيَّةٌ تَجْرِي عَلَى أَلْسِنَةِ التُّجَّارِ.

[و ر ي]: فِي حَدِيثِ جَرْهَدٍ: "وَارِ فَخْذَكَ". أَيْ: غَطِّهَا وَاسْتُرْهَا، أَمْرٌ عَلَى فَاعِلٍ مِنَ الْمُوَارَاةِ.

الْوَاوُ مَعَ الزَّايِ الْمُعْجَمَةِ

[و ز ر]: (الْوِزْرُ) الْحِمْلُ الثَّقِيلُ، (وَوَزَرَهُ) حَمَلَهُ، وَمِنْهُ: ﴿وَلَا تَزِرُ وَازِرَةٌ وِزْرَ أُخْرَىٰ﴾ [سورة الإسراء آية ١٥] أَيْ: حِمْلَهَا مِنَ الْإِثْمِ، وَوَزَرَ [فَهُوَ وَازِرٌ، وَوُزِرَ فَهُوَ][2] مَوْزُورٌ، وَفِي التَّكْمِلَةِ: الْمَوْزُورُ ضِدُّ الْمَأْجُورِ، وَأَمَّا الْحَدِيثُ: "انْصَرِفْنَ مَأْزُورَاتٍ غَيْرَ مَأْجُورَاتٍ"[3]. فَإِنَّمَا قُلِبَ فِيهِ الْوَاوُ هَمْزَةً لِلِازْدِوَاجِ، وَقَوْلُهُمْ: وَضَعَتْ الْحَرْبُ (أَوْزَارَهَا)، عِبَارَةٌ عَنِ انْقِضَائِهَا؛ لِأَنَّ أَهْلَهَا يَضَعُونَ أَسْلِحَتَهُمْ حِينَئِذٍ، وَسُمِّيَ السِّلَاحُ (وِزْرًا)؛ لِأَنَّهُ ثِقَلٌ عَلَى لَابِسِهِ، قَالَ الْأَعْشَى:

وَأَعْدَدْتُ لِلْحَرْبِ أَوْزَارَهَا ... رِمَاحًا طِوَالًا وَخَيْلًا ذُكُورَا

[و ز ز]: (الْوَزُّ) لُغَةٌ فِي الْإِوَزِّ، وَمِنْهُ: (بَيْضُ الْوَزِّ بِبَيْضِ الدَّجَاجِ فِي السَّلَمِ جَائِزٌ).

[و ز ع]: (تَوَزَّعُوا الْمَالَ) بَيْنَهُمْ، أَيْ: اقْتَسَمُوهُ، وَمِنْهُ: الْمِيرَاثُ (إِنَّمَا يُتَوَزَّعُ) عَلَى

---

(١) أخرجه البخاري (١٤٥٤)، وأبو داود (١٥٦٧)، والنسائي (٢٤٥٥)، وأحمد في مسنده (٧٣).

(٢) زيادة من: م.

(٣) أخرجه ابن ماجه (١٥٧٨)، والبيهقي في السنن الكبرى في: ج ٤: ص٧٧.

الْأَحْوَالِ بِضَمِّ الْأَوَّلِ، وَفِي الْحَدِيثِ: "فَخَرَجَتْ الْخَيْلُ تُتَوَزَّعُ كُلَّ وَجْهٍ". هَكَذَا فِي مَتْنِ أَحَادِيثِ السِّيَرِ، أَيْ: تَفَرَّقَتْ فِي الْجِهَاتِ، كَأَنَّهَا اقْتَسَمَتْهَا، وَمَنْ رَوَى: (فِي كُلِّ وَجْهٍ) فَقَدْ سَهَا.

[و ز غ]: (الْوَزَغَةُ) سَامُّ أَبْرَصَ، وَالْجَمْعُ: وَزَغٌ، قَالَ الْكِسَائِيُّ: هُوَ يُخَالِفُ الْعَقْرَبَ؛ لِأَنَّ لَهُ دَمًا سَائِلًا. وَمُحَمَّدٌ رَحِمَهُ اللهُ أَلْحَقَهُ بِالْفَأْرِ فِي السُّؤْرِ.

[و ز ن]: (الِاتِّزَانُ) الْأَخْذُ بِالْوَزْنِ، يُقَالُ: (وَزَنْتُ لَهُ الدَّرَاهِمَ فَاتَّزَنَهَا) كَقَوْلِك: نَقَدْتُهَا لَهُ فَانْتَقَدَهَا، وَفِي حَدِيثِ أَنَسٍ رَضِيَ اللهُ عَنْهُ: فَأَعْطِيتُ بِهَا (وَزْنَهُ وَزِيَادَةً) أَيْ: أُشْتُرِيَ مِنِّي ذَلِكَ الْإِنَاءُ بِمِثْلِ وَزْنِهِ ذَهَبًا أَوْ فِضَّةً وَزِيَادَةً لِجَوْدَتِهِ وَإِحْكَامِ صَنْعَتِهِ.

(وَوَزْنُ سَبْعَةٍ) فِي (د ر، د ر هـ م).

الْوَاوُ مَعَ السِّينِ

[و س س]: (الْوَسْوَسَةُ) الصَّوْتُ الْخَفِيُّ، وَمِنْهَا (وَسْوَاسُ الْحَلْيِ) لِأَصْوَاتِهَا، وَيُقَالُ: (وَسْوَسَ الرَّجُلُ) بِلَفْظِ مَا سُمِّيَ فَاعِلُهُ: إذَا تَكَلَّمَ بِكَلَامٍ خَفِيٍّ يُكَرِّرُهُ، وَهُوَ فِعْلٌ لَازِمٌ كَوَلْوَلَتْ الْمَرْأَةُ وَوَعْوَعَ الذِّئْبُ، (وَرَجُلٌ مُوَسْوِسٌ) بِالْكَسْرِ، وَلَا يُقَالُ بِالْفَتْحِ، وَلَكِنْ (مُوَسْوَسٌ لَهُ أَوْ إلَيْهِ) أَيْ: تُلْقَى إلَيْهِ الْوَسْوَسَةُ، وَقَالَ أَبُو اللَّيْثِ رَحِمَهُ اللهُ: (الْوَسْوَسَةُ) حَدِيثُ النَّفْسِ، وَإِنَّمَا قِيلَ[(١)]: (مُوَسْوِسٌ)؛ لِأَنَّهُ يُحَدِّثُ بِمَا فِي ضَمِيرِهِ، وَعَنْ أَبِي اللَّيْثِ رَحِمَهُ اللهُ: لَا يَجُوزُ طَلَاقُ الْمُوَسْوِسِ، قَالَ: يَعْنِي: الْمَغْلُوبَ، أَيْ: الْمَغْلُوبَ [في عقله، وعن الحاكم: هو المصاب][(٢)] فِي عَقْلِهِ إذَا تَكَلَّمَ بِغَيْرِ نِظَامٍ.

(وَالْوَسْوَاسُ) اسْمٌ بِمَعْنَى الْوَسْوَسَةِ كَالزِّلْزَالِ بِمَعْنَى الزَّلْزَلَةِ، وَالْمُرَادُ بِهِ: الشَّيْطَانُ فِي قَوْلِهِ تَعَالَى: **﴿مِن شَرِّ الْوَسْوَاسِ﴾** [سورة الناس آية ٤] كَأَنَّهُ وَسْوَسَةٌ فِي نَفْسِهِ، وَأَمَّا الْحَدِيثُ: "إنَّ لِلْوُضُوءِ شَيْطَانًا يُقَالُ لَهُ: الْوَلْهَانُ، فَاتَّقُوا وَسْوَاسَ الْمَاءِ"[(٣)]. فَيَجُوزُ أَنْ يُرَادَ بِهِ الْوَسْوَسَةُ الَّتِي تَقَعُ عِنْدَ اسْتِعْمَالِ الْمَاءِ، وَأَنْ يُرَادَ الْوَلْهَانُ نَفْسُهُ عَلَى وَضْعِ الظَّاهِرِ مَوْضِعَ الضَّمِيرِ.

---

(١) في خ: "قال".
(٢) سقط من: م.
(٣) أخرجه الترمذي (٥٧).

[و س ط]: (الْوَسَطُ) بِتَحْرِيكِ الْعَيْنِ: مَا بَيْنَ طَرَفَيْ الشَّيْءِ كَمَرْكَزِ الدَّائِرَةِ، وَبِالسُّكُونِ: اسْمٌ مُبْهَمٌ لِدَاخِلِ الدَّائِرَةِ مَثَلًا، وَلِذَا كَانَ ظَرْفًا، فَالْأَوَّلُ يُجْعَلُ مُبْتَدأً وَفَاعِلًا وَمَفْعُولًا بِهِ وَدَاخِلًا عَلَيْهِ حَرْفُ الْجَرِّ، وَلَا يَصِحُّ شَيْءٌ مِنْ هَذَا فِي الثَّانِي، تَقُولُ: (وَسَطُهُ) خَيْرٌ مِنْ طَرَفِهِ، وَاتَّسَعَ (وَسَطُهُ)، وَضَرَبْتُ وَسَطَهُ، وَجَلَسْتُ فِي (وَسَطِ) الدَّارِ، وَجَلَسْتُ وَسْطَهَا بِالسُّكُونِ لَا غَيْرُ، وَيُوصَفُ بِالْأَوَّلِ مُسْتَوِيًا فِيهِ الْمُذَكَّرُ وَالْمُؤَنَّثُ وَالِاثْنَانِ وَالْجَمْعُ، قَالَ اللهُ تَعَالَى: **(وَكَذَٰلِكَ جَعَلْنَاكُمْ أُمَّةً وَسَطًا)** [سورة البقرة آية ١٤٣]، وَفِي مَسْأَلَةِ الْجَامِعِ: لَوْ قَالَ: لِلهِ عَلَيَّ أَنْ أُهْدِيَ شَاتَيْنِ وَسَطًا إِلَى بَيْتِ اللهِ أَوْ أُعْتِقَ عَبْدَيْنِ وَسَطًا، وَقَدْ يُبْنَى مِنْهُ أَفْعَلُ التَّفْضِيلِ فَقِيلَ لِلْمُذَكَّرِ: (الْأَوْسَطُ) وَلِلْمُؤَنَّثِ: (الْوُسْطَى)، قَالَ تَعَالَى: **(مِنْ أَوْسَطِ مَا تُطْعِمُونَ)** [سورة المائدة آية ٨٩] يَعْنِي: الْمُتَوَسِّطَ بَيْنَ الْإِسْرَافِ وَالتَّقْتِيرِ، وَقَدْ أَكْثَرُوا فِي ذَلِكَ، وَهُوَ فِي مَحَلِّ الرَّفْعِ عَلَى الْبَدَلِ مِنْ (إِطْعَامُ) أَوْ (كِسْوَتُهُمْ) عَطْفٌ عَلَيْهِ.

(وَالصَّلَاةِ الْوُسْطَىٰ) [سورة البقرة آية ٢٣٨] الْعَصْرُ عَنْ جَمَاعَةٍ مِنْ الصَّحَابَةِ، وَالظُّهْرُ عَنْ زَيْدِ بن ثَابِتٍ، وَالْمَغْرِبُ عَنْ قَبِيصَةَ بن ذُؤَيْبٍ، وَفِي رِوَايَةٍ عَنْ ابْنِ عَبَّاسٍ رَضِيَ اللهُ تَعَالَى عَنْهُمَا: الْفَجْرُ. وَالْأَوَّلُ الْمَشْهُورُ.

[و س ع]: قَوْلُهُ: نِيَّةُ الْعَدُوِّ (لَا تَسَعُ) فِي هَذَا، الصَّوَابُ: طَرْحُ (فِي)، وَكَذَا قَوْلُهُمْ: إِذَا اجْتَمَعُوا فِي أَكْبَرِ مَسَاجِدِهِمْ لَمْ يَسَعُوا فِيهِ، صَوَابُهُ: لَمْ يَسَعُوهُ، أَوْ لَمْ يَسَعْهُمْ؛ لِأَنَّهُ يُقَالُ: (وَسِعَ الشَّيْءُ) الْمَكَانَ، وَلَا يُقَالُ: فِي الْمَكَانِ، وَفِي مَعْنَاهُ: (وَسِعَهُ) الْمَكَانُ، وَذَلِكَ إِذَا لَمْ يَضِقْ عَنْهُ، وَمِنْهُ قَوْلُهُمْ: لَا يَسَعُكَ أَنْ تَفْعَلَ كَذَا، أَيْ: لَا يَجُوزُ لِأَنَّ الْجَائِزَ مُوسَعٌ غَيْرُ مُضَيَّقٍ، وَمِنْهُ: (لَا يَسَعُ) امْرَأَتَيْهِ أَنْ تُقِيمَا مَعَهُ، أَيْ: لَا يَجُوزُ لَهُمَا الْإِقَامَةُ، وَمِثْلُهُ: (لَا يَسَعُ) الْمُسْلِمِينَ أَنْ يَأْبَوْا عَلَى أَهْلِ الْحِصْنِ.

[و س ق]: (الْوَسْقُ) سِتُّونَ صَاعًا بِصَاعِ رَسُولِ اللهِ صَلَّى اللهُ عَلَيْهِ وَآلِهِ وَسَلَّمَ، وَهُوَ خَمْسَةُ أَرْطَالٍ وَثُلُثٌ عَنْ الْحَسَنِ وَابْنِ سِيرِينَ، قَالَ الْأَزْهَرِيُّ: (الْوَسْقُ) سِتُّونَ صَاعًا بِصَاعِ رَسُولِ اللهِ صَلَّى اللهُ عَلَيْهِ وَآلِهِ وَسَلَّمَ، وَالْخَمْسَةُ الْأَوْسُقِ ثَلَاثُ مِائَةِ صَاعٍ، وَالصَّاعُ ثَمَانِيَةُ أَرْطَالٍ، وَهُوَ مِثْلُ الْقَفِيزِ الْحَجَّاجِيِّ وَمِثْلُ رُبْعِ الْهَاشِمِيِّ.

[و س م]: (مَوْسِمُ) الْحَاجِّ[1]: سُوقُهُمْ وَمُجْتَمَعُهُمْ مَنَ الْوَسْمِ، وَهُوَ الْعَلَامَةُ.

(وَالْوَسِمَةُ) بِكَسْرِ السِّينِ وَسُكُونِهِ: شَجَرَةٌ وَرَقُهَا خِضَابٌ، وَقِيلَ: هِيَ الْخِطْرُ، وَقِيلَ: هِيَ الْعِظْلِمُ يُجَفَّفُ وَيُطْحَنُ، ثُمَّ يُخْلَطُ بِالْحِنَّاءِ فَيَقْنَأُ لَوْنُهُ وَإِلَّا كَانَ أَصْفَرَ.

[و س ي]: (وَإِسْوَهُ) فِي (أ س، أ س و).

الْوَاوُ مَعَ الشِّينِ الْمُعْجَمَةِ

[و ش ح]: قَوْلُهُ: الْعُنُقُ مَوْضِعُ الْقِلَادَةِ (وَالْوِشَاحِ)، فِيهِ نَظَرٌ لِأَنَّ الْوِشَاحَ كَمَا فِي تَهْذِيبِ التَّقْفِيَةِ: هُوَ قِلَادَةُ الْبَطْنِ.

قُلْتُ: وَوَجْهُهُ أَنْ يَطُولَ فَيُلْقَى فُضُولُ طَرَفَيْهِ عَلَى الْمَنْكِبَيْنِ فَيَقْرُبَ مِنَ الْعُنُقِ، وَيَشْهَدُ لَهُ مَا ذَكَرَ اللَّيْثُ: أَنَّ الْوِشَاحَ مِنْ حِلْيَةِ النِّسَاءِ كِرْسَانِ، أَيْ: نَظْمَانِ مِنْ لُؤْلُؤٍ وَجَوْهَرٍ مُخَالَفٌ بَيْنَهُمَا مَعْطُوفٌ أَحَدُهُمَا عَلَى الْآخَرِ تَتَوَشَّحُ بِهِ الْمَرْأَةُ، وَالْجَمْعُ: وُشُحٌ. وَمِنْهُ: تَوَشَّحَ الرَّجُلُ (وَاتَّشَحَ)، وَهُوَ أَنْ يُدْخِلَهُ تَحْتَ يَدِهِ الْيُمْنَى وَيُلْقِيَهُ عَلَى مَنْكِبِهِ الْأَيْسَرِ كَمَا يَفْعَلُ الْمُحْرِمُ، وَكَذَلِكَ الرَّجُلُ يَتَوَشَّحُ بِحَمَائِلِ سَيْفِهِ فَتَقَعُ الْحَمَائِلُ عَلَى عَاتِقِهِ الْيُسْرَى، وَتَكُونُ الْيُمْنَى مَكْشُوفَةً، وَمِنْهُ: حَدِيثُهُ صَلَّى اللهُ عَلَيْهِ وَسَلَّمَ فِي السِّيَرِ: "وَعَلَى ابْنِ عَوْفٍ السَّيْفُ مُتَوَشِّحَهُ"، وَهُوَ نَصْبٌ عَلَى الْحَالِ أَيْ: (مُتَوَشِّحًا) إِيَّاهُ، قَالَ لَبِيدٌ فِي تَوَشُّحِهِ بِاللِّجَامِ:

وَلَقَدْ حَمَيْتُ الْحَيَّ تَحْمِلُ شِكَّتِي فُرُطٌ وِشَاحِي إِذْ غَدَوْتُ لِجَامُهَا

وَقَوْلُ الْإِمَامِ السَّرَخْسِيِّ رَحِمَهُ اللهُ: (التَّوَشُّحُ) أَنْ يَفْعَلَ بِالثَّوْبِ مَا يَفْعَلُ الْقَصَّارُ فِي الْمَقْصَرَةِ، قَرِيبٌ مِمَّا ذَكَرْتُ، وَأَمَّا مَا ذَكَرَ الْإِمَامُ خُوَاهَرْ زَادَهْ: أَنَّ الْمَعْنَى: يَتَوَشَّحُ جَمِيعَ بَدَنِهِ كَنَحْوِ إِزَارِ الْمَيِّتِ أَوْ قَمِيصٍ وَاحِدٍ، فَبَعِيدٌ. عَلَى أَنَّ اسْتِعْمَالَ (تَوَشَّحَ) مُتَعَدِّيًا هَكَذَا غَيْرُ مَسْمُوعٍ.

[و ش م]: (الْوَاشِمَةُ) وَالْمُسْتَوْشِمَةُ فِي (ن م، ن م ص).

[و ش ي]: (الْوَشْيُ) خَلْطُ اللَّوْنِ بِاللَّوْنِ، وَمِنْهُ: (وَشَى) الثَّوْبَ، إِذَا رَقَمَهُ وَنَقَشَهُ.

(وَالْوَشْيُ) نَوْعٌ مِنَ الثِّيَابِ الْمَوْشِيَّةِ تَسْمِيَةً بِالْمَصْدَرِ، يُقَالُ: فُلَانٌ يَلْبَسُ (الْوَشْيَ)، وَقَالَ طَرَفَةُ:

(١) فِي خ: "الحجاج".

مِنْ وَشْي عَبْقَرَ تَجْلِيلٌ وَتَنْجِيدُ

وَ(الشِّيَاتُ) جَمْعُ (شِيَةٍ) بِحَذْفِ الْوَاوِ كَمَا فِي الرِّقَّةِ، وَهُوَ فِي أَلْوَانِ الْبَهَائِمِ سَوَادٌ فِي بَيَاضٍ أَوْ بَيَاضٌ فِي سَوَادٍ.

الْوَاوُ مَعَ الصَّادِ الْمُهْمَلَةِ

[و ص ف]: (بَيْعُ الْمُوَاصَفَةِ) أَنْ يَبِيعَ الشَّيْءَ بِالصِّفَةِ مِنْ غَيْرِ رُؤْيَةٍ، وَقِيلَ: أَنْ يَبِيعَهُ بِصِفَتِهِ وَلَيْسَ عِنْدَهُ، ثُمَّ يَبْتَاعَهُ وَيَدْفَعَهُ، وَفِي "الْمُنْتَقَى": كَانَ أَبُو حَنِيفَةَ رَحِمَهُ اللهُ يَكْرَهُ الْمُوَاصَفَةَ، وَهِيَ أَنْ لَا يَكُونَ عِنْدَ الْبَائِعِ شَيْءٌ. وَفِي "الْإِيضَاحِ": لَا يَجُوزُ بَيْعُ الْأَوْصَافِ وَالْأَتْبَاعِ مِنَ الْحَيَوَانِ، قَالَ[1]: أَمَّا بَيْعُ الْأَوْصَافِ فَكَبَيْعِ الْأَلْيَةِ مِنَ الشَّاةِ الْحَيَّةِ، وَالْأَتْبَاعُ: كَنِتَاجِ الْفَرَسِ وَاللَّبَنِ فِي الضَّرْعِ وَالثَّوْبِ الرَّقِيقِ يَصِفُ مَا تَحْتَهُ كَمَا يَصِفُ الرَّجُلُ سِلْعَتَهُ.

(وَالْوَصِيفُ) الْغُلَامُ، وَالْجَمْعُ: وُصَفَاءُ، وَالْجَارِيَةُ: وَصِيفَةٌ، وَجَمْعُهَا: وَصَائِفُ، وَقَدْ أَوْصَفَ: إِذَا تَمَّ قَدُّهُ وَبَلَغَ أَوَانَ الْخِدْمَةِ، وَاسْتَوْصَفَ كَذَلِكَ، وَكِلَاهُمَا مَبْنِيٌّ لِلْفَاعِلِ.

(فَإِنَّهُ يَصِفُ) فِي (ش ف).

[و ص ل]: (كُرِهَ صَوْمُ الْوِصَالِ) هُوَ أَنْ لَا يَأْكُلَ[2] لَيْلًا وَلَا نَهَارًا.

(وَالْوَصِيلَةُ) الشَّاةُ إِذَا أَتْأَمَتْ عَشْرَ إِنَاثٍ مُتَتَابِعَاتٍ فِي خَمْسَةِ أَبْطُنٍ لَيْسَ فِيهِنَّ ذَكَرٌ، فَيُقَالُ: قَدْ وَصَلَتْ فَكَانَ مَا وَلَدَتْ بَعْدَ ذَلِكَ لِلذُّكُورِ دُونَ الْبَنَاتِ، وَقِيلَ: كَانُوا إِذَا وَلَدَتْ ذَكَرًا، قَالُوا: هَذَا لِآلِهَتِنَا فَيَتَقَرَّبُونَ بِهِ وَإِذَا وَلَدَتْ أُنْثَى، قَالُوا: هَذِهِ لَنَا وَإِذَا وَلَدَتْ ذَكَرًا أَوْ أُنْثَى، قَالُوا: وَصَلَتْ أَخَاهَا فَلَمْ يَذْبَحُوهُ لِمَكَانِهَا.

[و ص م]: (الْوَصَمَةُ) فِي حَدِيثِ عُمَرَ بن عَبْدِ الْعَزِيزِ رَحِمَهُ اللهُ تَعَالَى: الْعَيْبُ وَالنَّقْصُ وَأَصْلُهَا الْكَسْرُ الْيَسِيرُ.

[و ص ي]: (أَوْصَى) فُلَانٌ إِلَى زَيْدٍ لِعَمْرٍو بِكَذَا (إِيصَاءً، وَقَدْ وَصَّى) بِهِ تَوْصِيَةً. وَالْوَصِيَّةُ وَالْوَصَاةُ اسْمَانِ فِي مَعْنَى الْمَصْدَرِ، وَمِنْهُ قَوْلُه تَعَالَى: ﴿حِينَ الْوَصِيَّةِ اثْنَانِ﴾ [سورة المائدة آية ١٠٦] ثُمَّ سُمِّيَ الْمُوصَى بِهِ وَصِيَّةً وَمِنْهُ: ﴿مِنْ بَعْدِ وَصِيَّةٍ تُوصُونَ بِهَا﴾ [سورة النساء آية ١٢].

---

(١) زيادة من: م.
(٢) في خ: "يفطر".

(وَالْوِصَايَةُ) بِالْكَسْرِ: مَصْدَرُ الْوَصِيِّ، وَقِيلَ: (الْإِيصَاءُ) طَلَبُ شَيْءٍ مِنْ غَيْرِهِ لِيَفْعَلَهُ عَلَى غَيْبٍ مِنْهُ حَالَ حَيَاتِه وَبَعْدَ وَفَاتِهِ، وَفِي الْمَثَلِ: (إِنَّ الْمُوَصَّيْنَ بَنُو سَهْوَانَ). قِيلَ: مَعْنَاهُ أَنَّهُ إِنَّمَا يَحْتَاجُ إِلَى الْوَصِيَّةِ مَنْ يَسْهُو وَيَغْفُلُ، وَأَمَّا أَنْتَ فَلَا تَحْتَاجُ إِلَيْهَا لِأَنَّكَ لَا تَسْهُو، وَقِيلَ: أُرِيدَ بِهِمْ جَمِيعُ النَّاسِ لِأَنَّ كُلًّا يَسْهُو، وَقِيلَ: الصَّوَابُ أَنْ يُقَالَ: إِنَّ الَّذِينَ يُوَصَّوْنَ بِالشَّيْءِ يَسْتَوْلِي عَلَيْهِمْ السَّهْوُ حَتَّى كَأَنَّهُ مُوَكَّلٌ بِهِمْ يُضْرَبُ لِمَنْ يَسْهُو عَنْ طَلَبِ شَيْءٍ أُمِرَ بِهِ، وَالسَّهْوَانُ عَلَى هَذَا بِمَعْنَى السَّهْوِ، وَقِيلَ: هُوَ السَّاهِي، وَالْمُرَادُ بِهِ آدَم عَلَيْهِ الصَّلَاةُ وَالسَّلَامُ.

وَفِي حَدِيثِ الظِّهَارِ: (اسْتَوْصِي) بِابْنِ عَمِّكِ خَيْرًا، أَيْ: اقْبَلِي وَصِيَّتِي فِيهِ وَانْتِصَابُ خَيْرًا عَلَى الْمَصْدَرِ، أَيْ: اسْتِيصَاءَ خَيْرٍ.

الْوَاوُ مَعَ الضَّادِ الْمُعْجَمَةِ

[و ض أ]: (الْوَضِيءُ) الْحَسَنُ النَّظِيفُ، وَقَدْ (وَضُؤَ وَضَاءَةً) (وَتَوَضَّأَ وُضُوءًا حَسَنًا بِوَضُوءٍ طَاهِرٍ) بِالضَّمِّ: الْمَصْدَرُ، وَبِالْفَتْحِ: الْمَاءُ الَّذِي يُتَوَضَّأُ بِهِ عَنْ ثَعْلَبٍ وَابْنِ السِّكِّيتِ، وَأَنْكَرَ أَبُو عُبَيْدٍ الضَّمَّ، وَتَبِعَهُ أَبُو حَاتِمٍ، وَلَمْ يَعْرِفْهُ أَبُو عَمْرِو بن الْعَلَاءِ أَصْلًا، وَالْمُرَادُ بِهِ فِي قَوْلِ الْحَسَنِ رَحِمَهُ اللهُ تَعَالَى: الْوُضُوءُ قَبْلَ الطَّعَامِ يَنْفِي الْفَقْرَ، غَسْلُ الْيَدِ فَحَسْبُ، وَعَلَيْهِ الْحَدِيثُ:"تَوَضَّئُوا مِمَّا غَيَّرَتْ النَّارُ"[1]. أَيْ: نَظِّفُوا أَيْدِيَكُمْ هَكَذَا فِي الْغَرِيبَيْنِ.

(وَالْمِيضَأَةُ وَالْمِيضَاءَةُ) عَلَى مِفْعَلَةٍ وَمِفْعَالَةٍ: الْمِطْهَرَةُ الَّتِي يُتَوَضَّأُ مِنْهَا أَوْ فِيهَا.

[(و ض ح): (وَضَح) الشيءُ: ظهر (وُضوحاً)، وأَوْضحته أنا إيضاحاً: أظهرته.

ومنه (المُوضِحة) من الشِّجاج: وهي التي تُوضِح العظم. ويقال: (أوضحَت) الشجَّةُ في رأسه. و(أَوْضَح) فلانٌ في رأس فلانٍ: إذا شجَّ هذه الشجَّة. وأما قول أبي يوسف: "شجَّه فأوضحه". فلم أجده إلا في رسالته.

و (الأَوْضاح): حُليٌّ من فضة جمع (وَضَح) وأصله البياض.][2]

[و ض ع]: (وَضَعَ) الشَّيْءَ: خِلَافُ رَفَعَهُ، وَمِنْهُ قَوْلُهُ: الْوَضْعُ لَا يَنُوبُ عَنْ الرَّمْيِ؛

---

(١) أخرجه أبو داود (١٩٥)، والنسائي (١٧٧)، وابن ماجه (٤٨٥)، وأحمد في مسنده (١٩٠٥٧).

(٢) سقط من: م.

لِأَنَّهُ طَرْحٌ فِي إِبْعَادٍ (وَوَضَعَ الْبَعِيرُ) عَدَا وَضْعًا (وَأَوْضَعْتُهُ) أَنَا إِيضَاعًا، وَمِنْهُ مَا رُوِيَ: أَنَّهُ صَلَّى اللهُ عَلَيْهِ وَآلِهِ وَسَلَّمَ" أَفَاضَ مِنْ عَرَفَةَ وَعَلَيْهِ السَّكِينَةُ وَأَوْضَعَ فِي وَادِي مُحَسِّرٍ".

(وَوُضِعَ) فِي تِجَارَتِهِ وَضِيعَةً: خَسِرَ وَلَمْ يَرْبَحْ. (وَأُوضِعَ) مِثْلُهُ بِضَمِّ الْأَوَّلِ فِيهِمَا، وَمِنْهُ: قَوْلُ الْإِمَامِ أَبِي الْفَضْلِ فِي الْإِشَارَاتِ: فَإِنْ كَانَ الْإِيضَاعُ قَبْلَ الشِّرَاءِ.

(وَالْوَضِيعَةُ) فِي مَعْنَى الْحَطِيطَةِ وَالنُّقْصَانِ تَسْمِيَةً بِالْمَصْدَرِ. (وَبَيْعُ الْمُوَاضَعَةِ) خِلَافُ بَيْعِ الْمُرَابَحَةِ، (وَاتَّضَعَتْ) السُّوقُ: كَسَدَتْ وَانْحَطَّ السِّعْرُ فِيهَا. (وَوَضْعُ الْعَصَا) كِنَايَةٌ عَنْ الْإِقَامَةِ. (وَوَضْعُ السِّلَاحِ) فِي الْعَدُوِّ: كِنَايَةٌ عَنْ الْمُقَاتَلَةِ.

الْوَاوُ مَعَ الطَّاءِ الْمُهْمَلَةِ

[و ط أ]: (وَطِئَ) الشَّيْءَ بِرِجْلِهِ وَطْئًا، وَمِنْهُ: (وَطْءُ الْمَرْأَةِ) جَامَعَهَا. (وَأَوْطَأْتُ) فُلَانًا الدَّابَّةَ فَوَطِئَتْهُ، أَيْ: أَلْقَيْتُهُ لَهَا حَتَّى وَضَعَتْ عَلَيْهِ رِجْلَهَا. وَعَلَى ذَا قَوْلُهُ: وَلَوْ سَقَطَ فَأَوْطَأَهُ رَجُلٌ مِنْ الْمُشْرِكِينَ بِدَابَّتِهِ. سَهْوٌ، وَإِنَّمَا الصَّوَابُ: (دَابَّتَهُ) وَكَذَا قَوْلُهُ: فَأَوْطَأْتُ فِي الْقِتَالِ مُسْلِمًا فَقَتَلْتُهُ، الصَّوَابُ: فَوَطِئْتُ، وَأَمَّا قَوْلُهُ صَلَّى اللهُ عَلَيْهِ وَآلِهِ وَسَلَّمَ يَوْمَ أُحُدٍ: "وَإِنْ رَأَيْتُمُونَا هَزَمْنَا الْقَوْمَ وَأَوْطَأْنَاهُمْ فَلَا تَبْرَحُوا مَكَانَكُمْ". فَقِيلَ: غَلَبْنَاهُمْ فَهَزَمْنَاهُمْ، وَحَقِيقَتُهُ: أَوْطَأْنَاهُمْ خَيْلَنَا، أَيْ: جَعَلْنَاهُمْ تَحْتَ حَوَافِرِهَا، وَقَوْلُهُمْ: وَطِئَهُ الْعَدُوُّ وَطْأَةً مُنْكَرَةً، عِبَارَةٌ عَنْ الْإِهْلَاكِ، وَأَصْلُهُ فِي الْبَعِيرِ الْمُقَيَّدِ، وَمِنْهُ: "اللَّهُمَّ اُشْدُدْ وَطْأَتَكَ عَلَى مُضَرَ-وَاجْعَلْهَا سِنِينَ كَسِنِي يُوسُفَ"[1]. يَعْنِي: خُذْهُمْ أَخْذًا شَدِيدًا، وَعَنَى بِسِنِي يُوسُفَ السَّبْعَ الشِّدَادَ، وَالضَّمِيرُ فِي (وَاجْعَلْهَا) لِلْوَطْأَةِ، وَعَلَى رِوَايَةِ مَنْ رَوَى: "وَاجْعَلْهَا عَلَيْهِمْ سِنِينَ". مُبْهَمٌ تَفْسِيرُهُ سِنِينَ وَالْأَوَّلُ هُوَ الصَّحِيحُ.

(وَالْوِطَاءُ) الْمِهَادُ، وَالْوَطِيءُ الْمُذَلَّلُ لِلتَّقَلُّبِ عَلَيْهِ.

[و ط ح]: (وَالْوَطِيحُ) مِنْ حُصُونِ خَيْبَرَ، وَالنَّطِيحُ تَصْحِيفٌ.

[و ط س]: (الْوَطِيسُ) التَّنُّورُ، وَمِنْهُ قَوْلُهُ: (كَانُونٌ ذُو وَطِيسٍ)، وَعَنْ الْغُورِيِّ: حُفْرَةٌ يُخْتَبَزُ فِيهَا وَيُشْتَوَى، وَمِنْهُ قَوْلُهُمْ: (حَمِيَ الْوَطِيسُ) إِذَا اشْتَدَّتْ الْحَرْبُ.

(وَأَوْطَاسٌ) مَوْضِعٌ عَلَى ثَلَاثِ مَرَاحِلَ مِنْ مَكَّةَ، كَانَتْ بِهِ وَقْعَةٌ لِلنَّبِيِّ صَلَّى اللهُ عَلَيْهِ

---

(١) أخرجه البخاري (٤٥٦٠)، والنسائي (١٠٧٣)، وابن ماجه (١٢٤٤)، وأحمد في مسنده (٧٤١٥)، والدارمي في سننه (١٥٩٥).

وَآلِهِ وَسَلَّمَ.

[و ط ف]: (وَطَفٌ) فِي (ش ف، ش ف ر).

[و ط ن]: (الْوَطَنُ) مَكَانُ الْإِنْسَانِ وَمَحَلُّهُ، (وَأَوْطَنَ) أَرْضَ كَذَا وَاسْتَوْطَنَهَا وَتَوَطَّنَهَا: اتَّخَذَهَا مَحَلًّا وَمَسْكَنًا يُقِيمُ فِيهِ، وَقَوْلُهُ: (وَأَوْطَنَ بِالْكُوفَةِ) عَلَى حَذْفِ الْمَفْعُولِ أَوْ عَلَى زِيَادَةِ الْبَاءِ.

(وَالْمَوْطِنُ) كُلُّ مُقَامٍ أَقَامَ بِهِ الْإِنْسَانُ لِأَمْرٍ، وَمِنْهُ: إِذَا أَتَيْتَ مَكَّةَ وَوَقَفْتَ فِي تِلْكَ (الْمَوَاطِنِ) فَادْعُ اللهَ تَعَالَى لِي وَلِإِخْوَانِي، وَكَذَا قَوْلُهُ:"تُرْفَعُ الْأَيْدِي فِي سَبْعَةِ (مَوَاطِنَ)".

الْوَاوُ مَعَ الظَّاءِ الْمُعْجَمَةِ

[و ظ ف]: (وَظِيفُ الْبَعِيرِ) مَا فَوْقَ الرُّسْغِ مِنْ السَّاقِ.

(خَرَاجُ الْوَظِيفَةِ) فِي (ق س، ق س ط).

الْوَاوُ مَعَ الْعَيْنِ الْمُهْمَلَةِ

[و ع ز]: (أَوْعَزَ إِلَيْهِ بِكَذَا) أَيْ: تَقَدَّمَ وَأَمَرَ إِيعَازًا.

الْوَاوُ مَعَ الْغَيْنِ الْمُعْجَمَةِ

[و غ ل]: فِي الْحَدِيثِ: "إِنَّ هَذَا الدِّينَ مَتِينٌ، فَأَوْغِلْ فِيهِ بِرِفْقٍ، وَلَا تُبَغِّضْ إِلَى نَفْسِكَ عِبَادَةَ اللهِ، فَإِنَّ الْمُنْبَتَّ لَا أَرْضًا قَطَعَ وَلَا ظَهْرًا أَبْقَى"[1]. يُقَالُ: (أَوْغَلَ فِي السَّيْرِ وَتَوَغَّلَ) إِذَا أَسْرَعَ فِيهِ وَأَمْعَنَ. (وَأَوْغَلَ فِي الْأَرْضِ): أَبْعَدَ فِيهَا، وَالْمَعْنَى: امْضِ فِيهِ وَابْلُغْ مِنْهُ الْغَايَةَ وَلَا يَكُنْ ذَلِكَ مِنْكَ عَلَى سَبِيلِ الْخُرْقِ وَالتَّسَرُّعِ، وَلَكِنْ بِالرِّفْقِ وَالْهُوَيْنَى وَرِيَاضَةِ النَّفْسِ شَيْئًا فَشَيْئًا حَتَّى تَبْلُغَ الْمَبْلَغَ الَّذِي تَرُومُهُ، وَأَنْتَ مُسْتَقِيمٌ ثَابِتُ الْقَدَمِ وَلَا تُتْعِبْ نَفْسَكَ فَيَكُونُ مَثَلُكَ مَثَلَ مَنْ أَسْرَعَ فِي السَّيْرِ وَبَالَغَ فِيهِ فَبَقِيَ مُنْبَتًّا، أَيْ: مُنْقَطِعًا بِهِ وَلَمْ يَقْضِ سَفَرَهُ وَأَهْلَكَ رَاحِلَتَهُ.

الْوَاوُ مَعَ الْفَاءِ

[و ف د]: (الْوَفْدُ) الْقَوْمُ يَفِدُونَ عَلَى الْمَلِكِ، أَيْ: يَأْتُونَ فِي أَمْرٍ: فَتْحٍ أَوْ تَهْنِئَةٍ أَوْ نَحْوِ ذَلِكَ، وَجَمْعُهُ: وُفُودٌ.

(١) أخرجه البيهقي في السنن الكبرى في: ج ٣: ص١٨.

[و ف ر]: (وَفَّرْتُ) عَلَى فُلَانٍ حَقَّهُ (فَاسْتَوْفَرَهُ) نَحْوُ وَفَّيْتُهُ إِيَّاهُ فَاسْتَوْفَاهُ.

(وَتَوَفَّرَ) عَلَى كَذَا، أَيْ: صَرَفَ هِمَّتَهُ إِلَيْهِ، وَأَمَّا قَوْلُهُ: "لَا بَرَاءَةَ وَلَا خَلَاصَ بِدُونِ (تَوَفُّرِ ذَلِكَ) كُلِّهِ عَلَيْهِ". فَالصَّوَابُ: تَوْفِيرُ.

(وَالْوَفْرَةُ) وَالْجُمَّةُ: الشَّعْرُ إِلَى الْأُذُنَيْنِ؛ لِأَنَّهُ وَفَرَ وَجَمَّ عَلَى الْأُذُنِ، أَيْ: اجْتَمَعَ.

[و ف ز]: (اسْتَوْفَزَ) فِي قِعْدَتِهِ: قَعَدَ مُنْتَصِبًا غَيْرَ مُطْمَئِنٍّ.

[و ف ض]: (اسْتَوْفَضُوهُ) فِي (ص ق، ص ق ع).

[و ف ق]: (وَفَقَ) الْعِيَالَ فِي (ف ق، ف ق ر).

[و ف ي]: (وَفَى) الشَّيْءُ: تَمَّ وُفِيًّا، (وَكَيلٌ وَافٍ وَأَوْفَاهُ) أَتَمَّهُ إِيفَاءً، وَمِنْهُ قَوْلُهُ: أَوْفَى الْعَمَلَ، وَوَفَّاهُ حَقَّهُ، وَأَوْفَاهُ إِيَّاهُ: أَعْطَاهُ وَافِيًا تَامًّا. (وَاسْتَوْفَاهُ وَتَوَفَّاهُ) أَخَذَهُ كُلَّهُ، وَمِنْهُ حَدِيثُ عَاصِمِ بن عَدِيٍّ: "(وَأَتَوَفَّى) تَمْرَكَ بِخَيْبَرَ".

(وَوَفَى بِالْعَهْدِ) وَأَوْفَى بِهِ وَفَاءً وَهُوَ وَفِيٌّ، وَمِنْهُ قَوْلُهُمْ: هَذَا الشَّيْءُ لَا يَفِي بِذَلِكَ، أَيْ: يَقْصُرُ عَنْهُ وَلَا يُوَازِيهِ، وَالْمُكَاتَبُ مَاتَ عَنْ وَفَاءٍ، أَيْ: عَنْ مَالٍ يَفِي بِمَا كَانَ عَلَيْهِ، وَالْجَذَعُ مِنَ الضَّأْنِ يَفِي بِالسَّيِّدِ مِنَ الْمَعْزِ، وَمَنْ قَالَ: يَفِي السَّيِّدُ، وَفَسَّرَهُ بِيُكَافِي فَقَدْ تَرَكَ الْفَصِيحَ.

وَفِي مُخْتَصَرِ الْكَرْخِيِّ عَنِ النَّبِيِّ صَلَّى اللهُ عَلَيْهِ وَآلِهِ وَسَلَّمَ: "الْجَذَعُ مِنَ الضَّأْنِ يُوَفِّي بِهِ الثَّنِيُّ مِنَ الْمَعْزِ". وَهُوَ مِثْلُ الْأَوَّلِ.

(وَوَافَاهُ) آتَاهُ مُفَاعَلَةٌ مِنَ الْوَفَاءِ، وَمِنْهُ: كَفَلَ بِنَفْسِ رَجُلٍ عَلَى أَنْ يُوَافِيَ بِهِ الْمَسْجِدَ الْأَعْظَمَ، وَإِنَّمَا خَصَّهُ لِأَنَّ الْقَاضِيَ كَانَ يَجْلِسُ فِي الْمَسْجِدِ لِلْحُكْمِ.

وَفِي الْمُنْتَقَى: (وَاللهِ لَأُوَافِيَنَّكَ) بِهَذَا عَلَى اللِّقَاءِ.

قُلْت: هُوَ صَحِيحٌ لِأَنَّ التَّرْكِيبَ دَالٌّ عَلَى التَّمَامِ وَالْكَمَالِ وَالْإِتْيَانُ إِنَّمَا يَتِمُّ بِاللِّقَاءِ.

الْوَاوُ مَعَ الْقَافِ

[و ق ت]: (الْوَقْتُ) مِنَ الْأَزْمِنَةِ الْمُبْهَمَةِ، (وَالْمَوَاقِيتُ) جَمْعُ الْمِيقَاتِ، وَهُوَ الْوَقْتُ الْمَحْدُودُ فَاسْتُعِيرَ لِلْمَكَانِ، وَمِنْهُ: (مَوَاقِيتُ الْحَجِّ) لِمَوَاضِعِ الْإِحْرَامِ، وَقَدْ فُعِلَ بِالْوَقْتِ مِثْلُ ذَلِكَ، قَالَ أَبُو حَنِيفَةَ رَحِمَهُ اللهُ: مَنْ تَعَدَّى وَقْتَهُ إِلَى وَقْتٍ أَقْرَبَ مِنْهُ أَوْ أَبْعَدَ فَإِنَّهُ يُجْزِئُهُ.

وَفِي الْجَامِعِ الصَّغِيرِ (وَوَقْتُهُ الْبُسْتَانُ) أَيْ: مِيقَاتُهُ بُسْتَانُ بَنِي عَامِرٍ، ثُمَّ اُسْتُعْمِلَ فِي

كُلِّ حَدٍّ، وَمِنْهُ قَوْلُهُ:"هَلْ فِي ذَلِكَ وَقْتٌ؟" أَيْ: حَدٌّ بَيْنَ الْقَلِيلِ وَالْكَثِيرِ، وَقَدْ اشْتَقُّوا مِنْهُ فَقَالُوا: (وَقَتَ اللهُ الصَّلَاةَ وَوَقَّتَهَا) أَيْ: بَيَّنَ وَقْتَهَا وَحَدَّدَهَا، ثُمَّ قِيلَ لِكُلِّ مَحْدُودٍ: مَوْقُوتٌ وَمُوَقَّتٌ.

وَمِنْهُ حَدِيثُ عَلِيٍّ رَضِيَ اللهُ تَعَالَى عَنْهُ: "فَإِنَّ رَسُولَ اللهِ صَلَّى اللهُ عَلَيْهِ وَآلِهِ وَسَلَّمَ لَمْ يُوَقِّتْ فِيهَا شَيْئًا". أَيْ: لَمْ يَفْرِضْ فِي شُرْبِ الْخَمْرِ مِقْدَارًا مُعَيَّنًا مِنَ الْجَلْدِ.

[و ق ح]: (تَوْقِيحُ) الدَّابَّةِ: تَصْلِيبُ حَافِرِهَا بِالشَّحْمِ الْمُذَابِ إِذَا حَفِيَ، أَيْ: رَقَّ مِنْ كَثْرَةِ الْمَشْيِ، وَالرَّاءُ خَطَأٌ. (وَحَافِرٌ وَقَاحٌ) صُلْبٌ خِلْقَةً.

[و ق د]: (الْوُقُودُ) بِالضَّمِّ: مَصْدَرُ وَقَدَتْ النَّارُ، وَبِالْفَتْحِ: مَا يُوقَدُ بِهِ مِنَ الْحَطَبِ، وَبِاسْمِ الْفَاعِلِ مِنْهُ كُنِّيَ أَبُو وَاقِدٍ اللَّيْثِيُّ، وَاسْمُهُ الْحَارِثُ بن عَوْفٍ لَهُ صُحْبَةٌ، وَهُوَ الَّذِي بَعَثَهُ عُمَرُ رَضِيَ اللهُ عَنْهُ إِلَى الْمَرْأَةِ الَّتِي رُمِيَتْ بِالزِّنَا، وَوَاقِدُ بن عَمْرِو بن سَعْدٍ يَرْوِي عَنْ أَنَسِ بن مَالِكٍ وَابْنِ جُبَيْرٍ.

(وَالْمِيقَدَةُ) بِالْمَشْعَرِ الْحَرَامِ عَلَى قُزَحَ كَانَ أَهْلُ الْجَاهِلِيَّةِ يُوقِدُونَ عَلَيْهَا النَّارَ.

[و ق ر]: قَوْلُهُ صَلَّى اللهُ عَلَيْهِ وَآلِهِ وَسَلَّمَ: "السَّلَمُ فِي الْحَطَبِ أَوْقَارًا أَوْ أَحْمَالًا". إِنَّمَا جَمَعَ بَيْنَهُمَا لِأَنَّ الْحِمْلَ عَامٌّ، (وَالْوِقْرُ) أَكْثَرُ مَا يُسْتَعْمَلُ فِي حِمْلِ الْبَغْلِ أَوْ الْحِمَارِ كَالْوَسْقِ فِي حِمْلِ الْبَعِيرِ.

[و ق ص]: (الْوَقْصُ) دَقُّ الْعُنُقِ وَكَسْرُهَا، وَمِنْهُ الْحَدِيثُ: "فَوَقَصَتْ بِهِ نَاقَتُهُ فِي أَخَاقِيقِ جِرْذَانَ". (الْأُخْقُوقُ) الشَّقُّ فِي الْأَرْضِ. (وَالْجُرَذُ) نَوْعٌ مِنَ الْفَأْرِ.

(وَالْوَقَصُ) بِالتَّحْرِيكِ: قِصَرُ الْعُنُقِ، يُقَالُ (رَجُلٌ أَوْقَصُ). وَمِنْهُ حَدِيثُ جَابِرٍ رَضِيَ اللهُ تَعَالَى عَنْهُ فِي الصَّلَاةِ فِي بُرْدَةٍ:"(فَتَوَاقَصْتُ) عَلَيْهَا لِئَلَّا تَسْقُطَ". أَيْ: تَشَبَّهْتُ بِالْأَوْقَصِ، وَأَرَادَ: أَنَّهُ أَمْسَكَ عَلَيْهَا بِعُنُقِهِ لِئَلَّا تَسْقُطَ. (وَالْوَقَصُ) أَيْضًا: مَا بَيْنَ الْفَرِيضَتَيْنِ كَالشَّنَقِ، وَقِيلَ: (الْأَوْقَاصُ) فِي الْبَقَرِ وَالْأَشْنَاقُ فِي الْإِبِلِ.

وَعَنْ أَبِي عَمْرٍو: (الْوَقَصُ) مَا وَجَبَتْ فِيهِ الْغَنَمُ مِنَ الْإِبِلِ فِي الصَّدَقَةِ، وَأَنْكَرَ عَلَيْهِ.

(وَالْوَاقُوصَةُ) مَوْضِعٌ بِالشَّامِ، وَالسِّينُ تَصْحِيفٌ. (الْوَاقِصَةُ) فِي (قر، ق ر ص).

[و ق ع]: وَقَعَ الشَّيْءُ عَلَى الْأَرْضِ وُقُوعًا، وَوَقَعَ بِالْعَدُوِّ أَوْقَعَ بِهِمْ فِي الْحَرْبِ، وَهِيَ الْوَقْعَةُ وَالْوَقِيعَةُ. (وَوَقَعَ فِي النَّاسِ) مِنَ الْوَقِيعَةِ: إِذَا عَابَهُمْ وَاغْتَابَهُمْ، وَقَوْلُهُ: التَّزْكِيَةُ فِي الْعَلَانِيَةِ جَوْرٌ وَمُعَادَاةٌ (وَوَقِيعَةٌ) عَلَى النَّاسِ، إِمَّا سَهْوٌ أَوْ تَضْمِينٌ.

(وَالْمُوَاقَعَةُ) وَالْوِقَاعُ: مِنْ كِنَايَاتِ الْجِمَاعِ.

[و ق ف]: (وَقَفَهُ) حَبَسَهُ وَقْفًا وَوَقَفَ بِنَفْسِهِ وُقُوفًا يَتَعَدَّى وَلَا يَتَعَدَّى، وَهُوَ وَاقِفٌ، وَهُمْ وُقُوفٌ، وَمِنْهُ: وَقَفَ دَارِهِ أَوْ أَرْضَهُ عَلَى وَلَدِهِ؛ لِأَنَّهُ يَحْبِسُ الْمِلْكَ عَلَيْهِ، وَقِيلَ لِلْمَوْقُوفِ: (وَقْفٌ) تَسْمِيَةً بِالْمَصْدَرِ، وَلِذَا جُمِعَ عَلَى (أَوْقَافٍ) كَوَقْتٍ وَأَوْقَاتٍ. قَالُوا: وَلَا يُقَالُ: (أَوْقَفَهُ) إِلَّا فِي لُغَةٍ رَدِيَّةٍ، وَقِيلَ: يُقَالُ: (وَقَفَهُ) فِيمَا يُحْبَسُ بِالْيَدِ، (وَأَوْقَفَهُ) فِيمَا لَا يُحْبَسُ بِهَا، وَمِنْهُ: أَوْقَفْتُهُ عَلَى ذَنْبِهِ، أَيْ: عَرَّفْتُهُ إِيَّاهُ، وَالْمَشْهُورُ: وَقَفْتُهُ، وَمَا رُوِيَ أَنَّهُ صَلَّى اللهُ عَلَيْهِ وَآلِهِ وَسَلَّمَ قَالَ: "مَنْ وَهَبَ هِبَةً، ثُمَّ أَرَادَ أَنْ يَرْجِعَ فِيهَا فَلْيُوقَفْ وَلْيُعَرَّفْ قُبْحَ فِعْلِهِ". يُحْتَمَلُ أَنْ يَكُونَ مِنَ الْبَابَيْنِ، وَقَوْلُهُ:

(قُلْتُ لَهَا: قِفِي، فَقَالَتْ لِي: قَافْ)

أَيْ: وَقَفْتُ فَاخْتَصَرَهُ، وَقَوْلُهُ: (حِينَ وَقَّفَهُ) أَيْ: عَرَّفَهُ إِيَّاهُ، مِنْ قَوْلِهِمْ: وَقَّفْتُ الْقَارِئَ تَوْقِيفًا، إِذَا عَلَّمْتَهُ مَوَاضِعَ الْوُقُوفِ.

[و ق ي]: (وَقَاكَ) اللهُ تَعَالَى كُلَّ سُوءٍ وَمِنْ السُّوءِ، أَيْ: صَانَكَ وَحَفِظَكَ.

(وَالْوِقَايَةُ وَالْوِقَاءُ) كُلُّ مَا وَقَيْتَ بِهِ شَيْئًا، وَمِنْهَا (الْوِقَايَةُ) فِي كِسْوَةِ النِّسَاءِ، وَهِيَ الْمِعْجَرُ، سُمِّيَتْ بِذَلِكَ لِأَنَّهَا تَقِي الْخِمَارَ وَنَحْوَهُ، وَعَلَى ذَا قَوْلُهُ فِي الْمُحِيطِ: كَمَا لَوْ مَسَحَتْ عَلَى الْوِقَايَةِ.

(وَالتَّقِيَّةُ) اسْمٌ مِنَ الِاتِّقَاءِ، وَتَاؤُهَا بَدَلٌ مِنَ الْوَاوِ؛ لِأَنَّهَا فَعِيلَةٌ مِنْ وَقَيْتُ، وَهِيَ أَنْ يَقِيَ نَفْسَهُ مِنَ اللَّائِمَةِ أَوْ مِنَ الْعُقُوبَةِ بِمَا يُظْهِرُ وَإِنْ كَانَ عَلَى خِلَافِ مَا يُضْمِرُ، وَعَنْ الْحَسَنِ: التَّقِيَّةُ جَائِزَةٌ إِلَى يَوْمِ الْقِيَامَةِ.

(وَالْأُوقِيَّةُ) بِالتَّشْدِيدِ: أَرْبَعُونَ دِرْهَمًا، وَهِيَ أُفْعُولَةٌ مِنَ الْوِقَايَةِ؛ لِأَنَّهَا تَقِي صَاحِبَهَا مِنَ الضُّرِّ. وَقِيلَ: فُعْلِيَّةٌ مِنْ (الْأَوْقِ) الثِّقْلُ، وَالْجَمْعُ (الْأَوَاقِيُّ) بِالتَّشْدِيدِ وَالتَّخْفِيفِ، وَفِي كِتَابِ الْخَرَاجِ فِي حَدِيثِ أَهْلِ نَجْرَانَ: "الْحُلَلُ ثَلَاثَةُ أَنْوَاعٍ: حُلَلُ دِقٍّ، وَحُلَلُ جِلٍّ، وَحُلَلُ أَوَاقٍ"، وَإِنَّمَا أُضِيفَتْ إِلَيْهَا لِأَنَّ ثَمَنَ كُلِّ حُلَّةٍ مِنْهَا كَانَ أُوقِيَّةً.

وَعِنْدَ الْأَطِبَّاءِ (الْأُوقِيَّةُ) وَزْنُ عَشَرَةِ مَثَاقِيلَ وَخَمْسَةُ أَسْبَاعِ دِرْهَمٍ، وَهُوَ إِسْتَارٌ وَثُلُثَا إِسْتَارٍ.

وَفِي كِتَابِ الْعَيْنِ: (الْأُوقِيَّةُ) وَزْنٌ عَلَى أَوْزَانِ الدُّهْنِ، وَهِيَ سَبْعَةُ مَثَاقِيلَ، وَفِي شَرْحِ السُّنَّةِ فِي عِدَّةِ أَحَادِيثَ: (وَقِيَّةٌ) ثُمَّ تَحَرَّفَ إِلَى وُقِيَّةٍ، قَالَ الْأَزْهَرِيُّ: وَاللُّغَةُ الْجَيِّدَةُ أُوقِيَّةٌ.

قُلْتُ: وَكَأَنَّهُمْ جَعَلُوا الْخَاصَّ عَامًّا فِي مَكَايِيلِ الدُّهْنِ، فَقِيلَ: (أُوقِيَّةٌ) عُشْرِيَّةٌ وَأُوقِيَّةٌ رُبُعِيَّةٌ وَأُوقِيَّةٌ نِصْفِيَّةٌ. وَمِنْهُ قَوْلُهُ فِي الْفَتَاوَى لِأَبِي اللَّيْثِ: مَا يَجْتَمِعُ لِلدَّهَّانِ مِنْ دُهْنٍ يَقْطُرُ مِنَ الْأُوقِيَّةِ هَلْ يَطِيبُ لَهُ أَمْ لَا؟. وَعَنْ أَبِي حَنِيفَةَ رَحِمَهُ اللَّهُ: مَا رَأَيْنَا قَاضِيًا يَكِيلُ الْبَوْلَ بِالْأَوَاقِيِّ.

الْوَاوُ مَعَ الْكَافِ

[و ك د]: (الْوَكَادَةُ) بِمَعْنَى التَّوْكِيدِ غَيْرُ ثَبَتٍ.

[و ك ر]: قَوْلُهُ فِي الْحَمَامَةِ: (أَوْكَرَتْ) عَلَى بَابِ الْغَارِ، وَالصَّوَابُ: (وَكَرَتْ أَوْ وَكَّرَتْ) بِالتَّخْفِيفِ وَالتَّشْدِيدِ، أَيْ: اتَّخَذَتْ وَكْرًا.

[و ك س]: (وَكَسَهُ) نَقَصَهُ، ومنه[1]: وَلَا وَكْسَ وَلَا شَطَطَ، أَيْ: لَا نَقْصَ وَلَا مُجَاوَزَةَ حَدٍّ، وَقَوْلُهُ فِي قِسْمَةِ الْبِنَاءِ: يُنْظَرُ إِلَى (صَاحِبِ الْأَوْكَسِ)، يَعْنِي: الَّذِي يُصِيبُهُ مَوْضِعٌ أَقَلُّ قِيمَةً وَأَنْقَصُ مِنَ الْآخَرِ.

[و ك ع]: (الْوَكَعُ) رُكُوبُ الْإِبْهَامِ عَلَى السَّبَّابَةِ مِنَ الرِّجْلِ، قَالَ اللَّيْثُ: وَرُبَّمَا كَانَ ذَلِكَ فِي الْيَدِ. (وَرَجُلٌ أَوْكَعُ وَامْرَأَةٌ وَكْعَاءُ) قَالَ: وَأَكْثَرُ مَا يَكُونُ ذَلِكَ فِي الْإِمَاءِ اللَّوَاتِي يَكْدُدْنَ فِي الْعَمَلِ.

[و ك ف]: (وَكَفَ) الْبَيْتُ وَكِيفًا: قَطَرَ سَقْفُهُ، وَمِنْهُ: (نَاقَةٌ أَوْ شَاةٌ وَكُوفٌ) أَيْ: غَزِيرَةُ الدَّرِّ كَأَنَّهَا تَكِفُ بِهِ. (وَاسْتَوْكَفَ) سَأَلَ الْوَكِيفَ، وَفِي الْحَدِيثِ: "تَوَضَّأَ فَاسْتَوْكَفَ ثَلَاثًا"[2]. أَيْ: فَاسْتَقْطَرَ الْمَاءَ، يَعْنِي: اصْطَبَّهُ عَلَى يَدَيْهِ ثَلَاثَ مَرَّاتٍ فَغَسَلَهُمَا قَبْلَ إِدْخَالِهِمَا فِي الْإِنَاءِ، وَقِيلَ: بَالَغَ فِي غَسْلِ الْيَدَيْنِ حَتَّى وَكَفَ مِنْهُمَا الْمَاءُ. (الْوِكَافُ) (وَأَوْكَفَ) فِي (أ ك، أ ك ف).

[و ك ل]: (الْوَكِيلُ) الْقَائِمُ بِمَا فُوِّضَ إِلَيْهِ، وَالْجَمْعُ: الْوُكَلَاءُ، وَكَأَنَّهُ فَعِيلٌ بِمَعْنَى مَفْعُولٌ؛ لِأَنَّهُ مَوْكُولٌ إِلَيْهِ الْأَمْرُ، أَيْ: مُفَوَّضٌ إِلَيْهِ.

(وَالْوِكَالَةُ) بِالْكَسْرِ: مَصْدَرُ الْوَكِيلِ، (وَالْوَكَالَةُ) بِالْفَتْحِ لُغَةً، وَمِنْهُ: (وَكَّلَهُ) بِالْبَيْعِ

---

(١) سقط من: م.

(٢) أخرجه الدارمي في سننه (٦٩٢)، وأحمد في مسنده (١٥٧٣٨)، والبيهقي في السنن الكبرى في: ج ١: ص٤٦

فَتَوَكَّلَ بِهِ، أَيْ: قَبِلَ الْوَكَالَةَ لَهُ، وَقَوْلُهُ: لِلْمَأْذُونِ لَهُ أَنْ يَتَوَكَّلَ لِغَيْرِهِ، أَيْ: يَتَوَلَّى الْوَكَالَةَ له[1]، وَهُوَ قِيَاسٌ عَلَى التَّكَفُّلِ مِنَ الْكَفَالَةِ.

وَقَوْلُهُمْ: (الْوَكِيلُ) الْحَافِظُ. (وَالْوَكَالَةُ) الْحِفْظُ. فَذَاكَ مُسَبَّبٌ عَنِ الِاعْتِمَادِ وَالتَّفْوِيضِ.

وَمِنْهُ: (رَجُلٌ وَكَلٌ) ضَعِيفٌ جَبَانٌ يَكِلُ أَمْرَهُ إِلَى غَيْرِهِ، وقَوْله تَعَالَى: ﴿وَمَا أَنتَ عَلَيْهِم بِوَكِيلٍ﴾ [سورة الأنعام آية ١٠٧] أَيْ: عَلَيْكَ التَّبْلِيغُ وَالدَّعْوَةُ، وَأَمَّا الْقِيَامُ بِأُمُورِهِمْ وَمَصَالِحِهِمْ فَلَيْسَ إِلَيْكَ.

[و ك ي]: (أَوْكَى السِّقَاءَ): شَدَّهُ بِالْوِكَاءِ، وَهُوَ الرِّبَاطُ، وَمِنْهُ: السِّقَاءُ الْمُوكَى.

الْوَاوُ مَعَ اللَّامِ

[و ل د]: (الْوَلَدُ) يَقَعُ عَلَى الذَّكَرِ وَالْأُنْثَى وَالْوَاحِدِ وَالْجَمْعِ، (وَالْوَلِيدُ) صَبِيٌّ، وَجَمْعُهُ: وِلْدَانٌ، (وَالْوَلِيدَةُ) الصَّبِيَّةُ، وَجَمْعُهَا: وَلَائِدُ، وَيُقَالُ لِلْعَبْدِ حِينَ يَسْتَوْصِفُ قَبْلَ أَنْ يَحْتَلِمَ: (وَلِيدٌ) وَلِلْأَمَةِ (وَلِيدَةٌ) وَإِنْ أَسَنَّتْ. وَمِنْهَا حَدِيثُ عُمَرَ: "مَنْ وَطِيءَ وَلِيدَةً فَالْوَلَدُ مِنْهُ وَالضَّيَاعُ عَلَيْهِ"، وَفِي الرِّوَايَةِ الْأُخْرَى: "أَيُّمَا رَجُلٍ وَطِئَ جَارِيَةً". وَمَنْ قَالَ: هِيَ أُمُّ الْوَلَدِ فَعِيلَةٌ بِمَعْنَى مَفْعُولَةٍ فَقَدْ أَخْطَأَ لَفْظًا وَمَعْنًى، وَقَدْ (وَلَدَتْ وِلَادًا وَوِلَادَةً) (وَوَلَّدَتْ الشَّاةُ): حَانَ وِلَادُهَا، وَلَا يُقَالُ: أَوْلَدَ الْجَارِيَةَ بِمَعْنَى اسْتَوْلَدَهَا.

(وَالْمَوْلِدُ) الْمَوْضِعُ وَالْوَقْتُ. (وَالْمِيلَادُ): الْوَقْتُ لَا غَيْرُ، وَقَوْلُهُ: وَلَوْ اشْتَرَى إِلَى الْمِيلَادِ، قِيلَ: الْمُرَادُ نِتَاجُ الْإِبِلِ، وَقِيلَ: أَرَادَ وَقْتَ وِلَادَةِ عِيسَى عَلَيْهِ السَّلَامُ؛ لِأَنَّهُ وُلِدَ فِي أَطْوَلِ لَيْلَةٍ مِنَ السَّنَةِ، إِلَّا أَنَّ الْمُسْلِمِينَ لَا يَعْرِفُونَ تِلْكَ اللَّيْلَةَ، وَيُقَالُ لِلصَّغِيرِ: مَوْلُودٌ وَإِنْ كَانَ الْكَبِيرُ مَوْلُودًا أَيْضًا لِقُرْبِ عَهْدِهِ مِنَ الْوِلَادَةِ، كَمَا يُقَالُ: لَبَنٌ حَلِيبٌ، وَرُطَبٌ جَنِيٌّ لِلطَّرِيِّ مِنْهُمَا، وَمِنْهُ:"وَلَا تَقْتُلْ (مَوْلُودًا) وَلَا شَيْخًا فَانِيًا".

(وَالْمُوَلِّدَةُ) الْقَابِلَةُ، وَقِيلَ: التَّوْلِيدُ لِلْغَنَمِ، وَالنَّتْجُ لِلْإِبِلِ. وَمِنْهُ قَوْلُهُ فِي رَاعِي الْغَنَمِ: وَلَوْ اشْتُرِطَ عَلَيْهِ أَنْ يُوَلِّدَهَا، أَيْ: يَنْتِجُهَا وَيُعَيِّنُهَا وَيَكْفِي أَمْرَهَا عِنْدَ الْوِلَادَةِ.

(الْمُوَلَّدَةُ) فِي (ت ل، ت ل د).

[و ل م]: فِي"الْمُنْتَقَى": وَاللهِ لَا آكُلُ وَلِيمَةَ فُلَانٍ وَلَا عُرْسَ فُلَانٍ فَهَذَا عَلَى بَعْضِهِ.

(١) زيادة من: م.

قُلْتُ: هُمَا جَمِيعًا طَعَامُ الزِّفَافِ، وَقِيلَ: الْوَلِيمَةُ اسْمٌ لِكُلِّ طَعَامٍ، وَالْعُرْسُ فِي الْأَصْلِ: اسْمٌ مِنَ الْإِعْرَاسِ، ثُمَّ سُمِّيَ بِهِ الْوَلِيمَةُ، وَيُذَكَّرُ وَيُؤَنَّثُ.

[و ل هـ]: يُقَالُ: (وَلِهَ الرَّجُلُ عَلَى وَلَدِهِ، (وَوَلِهَتْ) الْمَرْأَةُ عَلَيْهِ تَوْلَهُ وَتَلِهُ فَهِيَ وَالِهٌ، وَوَالِهَةٌ إِذَا اشْتَدَّ حُزْنُهَا حَتَّى ذَهَبَ عَقْلُهَا، وَوَلَّهَهَا الْحُزْنُ عَلَى وَلَدِهَا وَأَوْلَهَهَا، وَأَمَّا تَعْدِيَتُهُ بِعَنْ فَعَلَى تَضْمِينِ مَعْنَى الْعَزْلِ، وَمِنْهُ:"لَا تُوَلَّهُ وَالِدَةٌ عَنْ وَلَدِهَا". وَمَنْ رَوَى: "لَا تُوَلِّهَنَّ وَلَدًا عَنْ وَالِدَةٍ". فَقَدْ أَخْطَأَ، وَإِنَّمَا الصَّوَابُ: (وَالِدًا عَنْ وَلَدِهِ) أَيْ: لَا تَعْزِلَنَّهُ عَنْهُ فَتَجْعَلُهُ وَالِهًا، أَيْ: ثَاكِلًا حَزِينًا بِفَقْدِهِ إِيَّاهُ، وَتَفْسِيرُ (التَّوْلِيَةِ) بِالتَّفْرِيقِ تَدْرِيسٌ، وَالتَّحْقِيقُ مَا ذَكَرْتُ.

(وَالْوَلَهَانُ) شَيْطَانُ الْمَاءِ يُولِعُ النَّاسَ بِكَثْرَةِ اسْتِعْمَالِ الْمَاءِ، هَكَذَا رَأَيْتُهُ فِي نُسْخَتِي مِنَ التَّهْذِيبِ مُقَيَّدًا بِفَتْحَتَيْنِ.

[و ل ي]: (الْمَوْلَى) عَلَى وُجُوهٍ: ابْنُ الْعَمِّ وَالْعَصَبَةُ كُلُّهَا، وَمِنْهُ: **(وَإِنِّي خِفْتُ الْمَوَالِيَ مِن وَرَائِي)** [سورة مريم آية ٥] (وَالرَّبُّ وَالْمَالِكُ) فِي قَوْلِهِ تَعَالَى: **(ثُمَّ رُدُّوا إِلَى اللهِ مَوْلَاهُمُ الْحَقِّ)** [سورة الأنعام آية ٦٢]، وَفِي مَعْنَاهُ الْوَلِيُّ، وَمِنْهُ: "أَيُّمَا امْرَأَةٍ نَكَحَتْ بِغَيْرِ إِذْنِ وَلِيِّهَا"[١]، وَيُرْوَى: مَوْلَاهَا، (وَالنَّاصِرُ) فِي قَوْلِهِ تَعَالَى: **(ذَلِكَ بِأَنَّ اللهَ مَوْلَى الَّذِينَ آمَنُوا وَأَنَّ الْكَافِرِينَ لَا مَوْلَى لَهُمْ)** [سورة محمد آية ١١] (وَالْحَلِيفُ)، وَهُوَ الَّذِي يُقَالُ لَهُ: مَوْلَى الْمُوَالَاةِ، قَالَ:

مَوَالِيَ حِلْفٍ لَا مَوَالِي قَرَابَةٍ

(وَالْمُعْتِقُ) وَهُوَ مَوْلَى النِّعْمَةِ، (وَالْمُعْتَقُ) فِي قَوْلِهِ صَلَّى اللهُ عَلَيْهِ وَآلِهِ وَسَلَّمَ: "مَوْلَى الْقَوْمِ مِنْ أَنْفُسِهِمْ"[٢]. يَعْنِي: مَوَالِيَ بَنِي هَاشِمٍ فِي حُرْمَةِ الصَّدَقَةِ عَلَيْهِمْ، وَهُوَ مَفْعَلٌ مِنَ (الْوَلْيِ) بِمَعْنَى الْقُرْبِ، وَعَنْ عَلِيِّ بْنِ عِيسَى: (الْوَلْيُ) حُصُولُ الثَّانِي بَعْدَ الْأَوَّلِ مِنْ غَيْرِ فَصْلٍ، فَالْأَوَّلُ يَلِيهِ[٣] الثَّانِي وَالثَّانِي يَلِيهِ[٤] الثَّالِثُ، وَيُقَالُ: وَلِيَ الشَّيْءُ الشَّيْءَ يَلِيهِ وَلْيًا،

---

(١) أخرجه الترمذي (١١٠٢)، والدارمي في سننه (٢١٨٤)، وأحمد في مسنده (٣٧٨٥٠)، وابن حبان في صحيحه (٤٠٧٤).
(٢) أخرجه البخاري (٦٧٦١)، وأبو داود (١٦٥٠)، وأحمد في مسنده (٢٣٣٥٠)، والنسائي في السنن الكبرى (٢٤٠٥).
(٣) في خ: "يلي".
(٤) في خ: "يلي".

وَمِنْهُ: "لِيَلِنِي أُولُو الْأَحْلَامِ"[1]، وَيُقَالُ: (وَلِيَ) الْأَمْرَ (وَتَوَلَّاهُ) إِذَا فَعَلَهُ بِنَفْسِهِ، وَمِنْهُ قَوْلُهُ فِي بَابِ الشَّهِيدِ: "لُوا أَخَاكُمْ". أَيْ: تَوَلَّوْا أَمْرَهُ مِنَ التَّجْهِيزِ.

(وَوَلِيُّ الْيَتِيمِ) أَوْ الْقَتِيلِ وَوَالِي الْبَلَدِ، أَيْ: مَالِكُ أَمْرِهِمَا، وَمَصْدَرُهُمَا (الْوِلَايَةُ) بِالْكَسْرِ، (وَالْوَلَايَةُ) بِالْفَتْحِ النُّصْرَةُ وَالْمَحَبَّةُ، وَكَذَا (الْوَلَاءُ) إِلَّا أَنَّهُ اخْتَصَّ فِي الشَّرْعِ بِوَلَاءِ الْعِتْقِ وَوَلَاءِ الْمُوَالَاةِ وَأَمَّا قَوْلُهُمْ: (هُمْ وَلَاءٌ) أَيْ: مُوَالُونَ، فَعَلَى حَذْفِ الْمُضَافِ أَوْ وَصْفٍ بِالْمَصْدَرِ.

(وَالتَّوْلِيَةُ) أَنْ تَجْعَلَهُ وَالِيًا، وَمِنْهَا بَيْعُ التَّوْلِيَةِ. (وَالْمُوَالَاةُ) الْمُحَامَاةُ وَالْمُحَابَّةُ وَالْمُتَابَعَةُ أَيْضًا.

(وَالْوِلَاءُ) بِالْكَسْرِ: فِي مَعْنَاهَا، يُقَالُ: وَالَى الْكُتُبَ فَتَوَالَتْ، أَيْ: تَتَابَعَتْ وَتَمَامُ تَقْرِيرِ الْكَلِمَةِ اشْتِقَاقًا وَتَصْرِيفًا فِي مَكْتُوبِنَا الْمَوْسُومِ بِرِسَالَةِ الْمَوْلَى، وَالَّذِي هُوَ الْأَهَمُّ فِيمَا نَحْنُ فِيهِ: أَنَّ الْمَوَالِيَ بِمَعْنَى الْعُتَقَاءِ لَمَّا كَانَتْ غَيْرَ عَرَبٍ فِي الْأَكْثَرِ غَلَبَتْ عَلَى الْعَجَمِ حَتَّى قَالُوا: الْمَوَالِي أَكْفَاءٌ بَعْضُهَا لِبَعْضٍ، وَالْعَرَبُ أَكْفَاءٌ بَعْضُهَا لِبَعْضٍ، وَقَالَ عَبْدُ الْمَلِكِ فِي الْحَسَنِ الْبَصْرِيِّ: أَمَوْلًى هُوَ أَمْ عَرَبِيٌّ؟ فَاسْتَعْمَلُوهَا اسْتِعْمَالَ الِاسْمَيْنِ الْمُتَقَابِلَيْنِ.

(رِبَاطُ وَلِيَانَ) فِي ظَاهِرِ بُخَارَى، وَأَصْلُ الْيَاءِ فِيهَا مُشَدَّدَةٌ.

الْوَاوُ مَعَ الْمِيمِ

[و م أ]: (الْإِيمَاءُ) أَنْ تُشِيرَ بِرَأْسِكَ أَوْ بِيَدِكَ أَوْ بِعَيْنِكَ أَوْ بِحَاجِبِكَ، تَقُولُ: (أَوْمَأْتُ إِلَيْهِ)، وَلَا تَقُلْ: أَوْمَيْتُ، هَكَذَا قَرَأْتُهُ فِي الْإِصْلَاحِ، قَالَ الْحَمَاسِيُّ:

فَأَوْمَأْتُ إِيمَاءً خَفِيًّا لِحَبْتَرٍ ... وَللهِ عَيْنَا حَبْتَرٍ أَيَّمَا فَتَى

وَفِي التَّهْذِيبِ: وَقَدْ تَقُولُ الْعَرَبُ أَوْمَى بِرَأْسِهِ، أَيْ قَالَ: لَا، يَعْنِي: بِتَرْكِ الْهَمْزَةِ.

[و م س]: (الْمُومِسَةُ) وَالْمُومِسُ: الْفَاجِرَةُ الزَّانِيَةُ مِنَ (الْوَمْسِ)، وَهُوَ الِاحْتِكَاكُ.

---

(١) أخرجه مسلم (٤٣٤)، وأبو داود (٦٧٤)، وابن خزيمة في صحيحه (١٤٨٥)، والحاكم في المستدرك في: ج ١: ص٢١٨، والنسائي في السنن الكبرى (٨٨٣)، وأبو يعلى الموصلي في مسنده (٥٣٢٤)

الْوَاوُ مَعَ الْهَاءِ

[و هـ ب]: (الْهِبَةُ) هِيَ التَّبَرُّعُ بِمَا يَنْفَعُ الْمَوْهُوبَ لَهُ، يُقَالُ: (وَهَبَ) لَهُ مَالًا وَهْبًا وَهِبَةً وَمَوْهِبَةً، وَقَدْ يُقَالُ: وَهَبَهُ مَالًا، وَلَا يُقَالُ: وَهَبَ مِنْهُ. وَعَلَى ذَا قَوْلُهُ: (وَهَبْتُ) نَفْسِي مِنْك، صَوَابُهُ: لَك، وَيُسَمَّى (الْمَوْهُوبُ) هِبَةً وَمَوْهِبَةً، [وَقَدْ يُقَالُ: وَهْبَةً][1]. وَالْجَمْعُ: هِبَاتٌ وَمَوَاهِبُ.

[و هـ د]: (الْوَهْدَةُ) الْمَكَانُ الْمُطْمَئِنُّ، وَتُسَمَّى بِهَا غَدِيرَةُ الْحَائِكِ، وَهِيَ الْحُفْرَةُ الَّتِي يَجْعَلُ فِيهَا رِجْلَيْهِ.

[و هـ ط]: (الْأَوْهَاطُ) جَمْعُ وَهْطٍ، وَهُوَ الْمُطْمَئِنُّ مِنْ الْأَرْضِ، وَبِهِ سُمِّيَ مَالٌ كَانَ لِعَمْرِو بْنِ الْعَاصِ بِالطَّائِفِ.

[و هـ ق]: (تَوَهَّقَهُ) جَعَلَ الْوَهَقَ فِي عُنُقِهِ وَأَعْلَقَهُ بِهَا، وَهُوَ الْحَبْلُ الَّذِي فِي طَرَفَيْهِ أُنْشُوطَةٌ تُطْرَحُ فِي أَعْنَاقِ الدَّوَابِّ حَتَّى تُؤْخَذَ.

[و هـ م]: (وَهِمْتُ) الشَّيْءَ أَهِمُهُ وَهْمًا مِنْ بَابِ ضَرَبَ، أَيْ: وَقَعَ فِي خَلَدِي.

(وَالْوَهْمُ) مَا يَقَعُ فِي الْقَلْبِ مِنْ الْخَاطِرِ، وَمِنْهُ: "مَتَى اقْتَنَتْ بَنُو رِيَاحٍ الْبَقَرَ؟ إنَّمَا وَهْمُ صَاحِبِكُمْ الْإِبِلُ" أَيْ: مَا ذَهَبَ إلَيْهِ وَهْمُهُ. (وَوَهِمَ فِي الْحِسَابِ) غَلِطَ مِنْ بَابِ لَبِسَ. (وَأَوْهَمَ فِيهِ) مِثْلُهُ، وَمِنْهُ قَوْلُهُ: فَإِنْ قَالَ: (أَوْهَمْتُ) أَوْ أَخْطَأْتُ أَوْ نَسِيتُ، وَفِي حَدِيثِ عَلِيٍّ: قَالَ الشَّاهِدَانِ: أَوْهَمْنَا إنَّمَا السَّارِقُ هَذَا، وَيُرْوَى: وَهِمْنَا.

(وَأَوْهَمَ مِنْ الْحِسَابِ مِائَةً) أَيْ: أَسْقَطَ، وَأَوْهَمَ مِنْ صَلَاتِهِ رَكْعَةً، وَفِي الْحَدِيثِ: "أَنَّهُ صَلَّى اللَّهُ عَلَيْهِ وَآلِهِ وَسَلَّمَ صَلَّى وَأَوْهَمَ فِي صَلَاتِهِ فَقِيلَ لَهُ: كَأَنَّكَ أَوْهَمْتَ فِي صَلَاتِكَ، فَقَالَ: وَكَيْفَ لَا أُوهِمُ وَرُفْغُ أَحَدِكُمْ بَيْنَ ظُفْرِهِ وَأُنْمُلَتِهِ". أَيْ: أَخْطَأَ فَأَسْقَطَ رَكْعَةً، وَرَوَى ابْنُ الْأَنْبَارِيِّ: (وَهِمْتَ) فَقَالَ: كَيْفَ لَا أَهِيمُ[2]، عَلَى لُغَةِ مَنْ قَالَ: تِعْلَمُ. وَأَمَّا حَدِيثُ عَطَاءٍ: إذَا أَوْهَمَ فِي الثَّانِيَةِ وَالثَّالِثَةِ لَمْ يُعِدْ، فَمَعْنَاهُ: إذَا شَكَّ.

(وَالرُّفْغُ) بِالضَّمِّ وَالْفَتْحِ: أَصْلُ الْفَخِذِ، وَعَنْ الْأَصْمَعِيِّ: (الْأَرْفَاغُ) الْآبَاطُ وَالْمَغَابِنُ مِنْ الْجَسَدِ، قَالَ أَبُو عُبَيْدٍ: وَالْمُرَادُ بِهِ فِي الْحَدِيثِ: مَا بَيْنَ الْأَلْيَتَيْنِ وَأُصُولِ الْفَخِذَيْنِ،

---

(١) زيادة من: م.
(٢) في خ: "أيهم".

وَهُوَ مِنَ الْمَغَابِنِ، وَالْمَعْنَى: أَنَّ أَحَدَكُمْ يَحُكُّ ذَلِكَ الْمَوْضِعَ مِنْ جَسَدِهِ فَيَعْلَقُ دَرَنُهُ وَوَسَخُهُ بِأَصَابِعِهِ فَيَبْقَى بَيْنَ الظُّفْرِ وَالْأُنْمُلَةِ، وَالْغَرَضُ إِنْكَارُ طُولِ الْأَظْفَارِ وَتَرْكِ قَصِّهَا.

[و هـ ن]: فِي الْحَدِيثِ: "وَهَنَتْهُمْ الْحُمَّى"[1]. أَيْ: أَضْعَفَتْهُمْ مِنْ (الْوَهْنِ) الضَّعْفُ، يُقَالُ: (وَهَنَ) إِذَا ضَعُفَ، (وَوَهَنَهُ اللَّهُ) يَتَعَدَّى وَلَا يَتَعَدَّى.

[و هـ ي]: قَوْلُهُ: فَإِنْ حَاضَتْ فِي حَالِ (وَهَاءِ الْمِلْكِ) لَا يُعْتَدُّ بِهِ، (الْوَهَاءُ) بِالْمَدِّ خَطَأٌ، وَإِنَّمَا هُوَ (الْوَهْيُ) مَصْدَرُ وَهِيَ الْحَبْلُ يَهِي وَهْيًا إِذَا ضَعُفَ، وَمِنْهُ: إِذَا أَصَابَ السَّهْمُ الشَّجَرَ (وَهَى) عَنْهَا يَمِينًا وَشِمَالًا، أَيْ: ضَعُفَ بِإِصَابَتِهِ الشَّجَرَ فَانْحَرَفَ عَنْهَا، أَيْ: عَنْ الشَّجَرِ.

---

(١) أخرجه مسلم (١٢٦٧)، وأبو داود (١٨٨٦)، وأحمد في مسنده (٢٦٨١)، وأبو عوانة في مسنده (٣٤١٧)، والبيهقي في السنن الكبرى في: ج ٥: ص٨٢

بَابُ الْهَاءِ

الْهَاءُ مَعَ الْهَمْزَةِ

[هـ ا ء]: فِي حَدِيثِ عُمَرَ رَضِيَ اللـه تَعَالَى عَنْهُ: "لَا تَشْتَرُوا الذَّهَبَ بِالْفِضَّةِ إِلَّا يَدًا بِيدٍ، هَاءَ وَهَاءَ، إِنِّي أَخَافُ عَلَيْكُمْ الرِّبَا". (هَاءَ) بِوَزْنِ هَاعَ بِمَعْنَى: خُذْ. وَمِنْهُ: ﴿هَاؤُمُ اقْرَءُوا كِتَابِيَهْ﴾ [سورة الحاقة آية ١٩] أَيْ: كُلُّ وَاحِدٍ مِنْ الْمُتَعَاقِدَيْنِ يَقُولُ لِصَاحِبِهِ: هَاءَ فَيَتَقَابَضَانِ، وَهُوَ تَأْكِيدٌ لِقَوْلِهِ: "إِلَّا يَدًا بِيَدٍ". كَأَنَّهُ قَالَ: إِلَّا نَقْدًا مَعَ التَّقَابُضِ وَالْقَصْرِ، وَتَفْسِيرُهُمْ إِيَّاهُ بِقَوْلِهِمْ: هَذَا بِهَذَا كِلَاهُمَا[1] غَيْرُ صَوَابٍ. (وَالرِّبَا) الْإِرْبَاءُ، وَهُوَ الزِّيَادَةُ، يَعْنِي[2] أَنَّ الرِّبَاءَ فِي كَوْنِ أَحَدِهِمَا نَسِيئَةً، فَأَمَّا التَّفَاضُلُ فِي بَيْعِ الذَّهَبِ بِالْفِضَّةِ فَلَا كَلَامَ فِيهِ.

الْهَاءُ مَعَ الْبَاءِ الْمُوَحَّدَةِ

[هـ ب ب]: (هَبَّةٌ) فِي (ع س، ع س ل) فِي حَدِيثِ رِفَاعَةَ: "فَإِنَّهُ قَدْ جَاءَنِي (هَبَّةً)". أَيْ[3]: مَرَّةً، وَأَصْلُهَا مِنْ قَوْلِهِمْ: احْذَرْ هَبَّةَ السَّيْفِ، أَيْ: وَقْعَتَهُ.

[هـ ب ط]: (الْهَبْطَةُ) مَا اطْمَأَنَّ مِنْ الْأَرْضِ، وَمِنْهَا قَوْلُهُ: إِنْ كَانَتْ أَرْضُ السَّاقِي فِي صُعْدَةٍ وَأَرْضُ جَارِهِ فِي هَبْطَةٍ، وَأَرَادَ بِالصَّعْدَةِ: خِلَافَ الْهَبْطَةِ، وَهَذَا وَإِنْ لَمْ أَجِدْهُ مُتَوَجِّهٌ.

[هـ ب ل]: يُقَالُ: (فُلَانٌ هَبِلَتْهُ أُمُّهُ) إِذَا مَاتَ، ثُمَّ قَالُوا فِي دُعَاءِ السُّوءِ: (هَبِلَتْكَ أُمُّكَ)، ثُمَّ اُسْتُعْمِلَ فِي التَّعَجُّبِ: كَقَاتَلَكَ اللـه وَتَرِبَتْ يَدَاكَ، وَقَوْلُ عُمَرَ رَضِيَ اللـه تَعَالَى عَنْهُ: (هَبِلَتْ الْوَادِعِيَّ أُمُّهُ). مَدْحٌ لَهُ وَتَعَجُّبٌ مِنْهُ، أَلَا تَرَى إِلَى قَوْلِهِ: (لَقَدْ أَذْكَرَتْ بِهِ) أَيْ: جَاءَتْ بِهِ ذَكَرًا شَهْمًا دَاهِيًا.

---

(١) زيادة من: م.

(٢) زيادة من: م.

(٣) زيادة من: م.

الْهَاءُ مَعَ التَّاءِ الْفَوْقِيَّةِ

[هـ ت ر]: (تَهَاتَرَتْ) الشَّهَادَاتُ: تَسَاقَطَتْ وَبَطَلَتْ. (وَتَهَاتَرَ الْقَوْمُ) ادَّعَى كُلٌّ مِنْهُمْ عَلَى صَاحِبِهِ بَاطِلًا مَأْخُوذٌ مِنَ الْهِتْرِ، وَهُوَ السَّقَطُ مِنَ الْكَلَامِ وَالْخَطَأُ فِيهِ، وَقِيلَ: كُلُّ بَيِّنَةٍ لَا تَكُونُ حُجَّةً شَرْعًا فَهِيَ مِنَ التَّهَاتُرِ.

[هـ ت ف]: (الْهَتْفُ) الصَّوْتُ الشَّدِيدُ مِنْ بَابِ ضَرَبَ، (وَهَتَفَ بِهِ) صَاحَ بِهِ وَدَعَاهُ، وَيُقَالُ: سَمِعْتُ (هَاتِفًا يَهْتِفُ): إِذَا كُنْتَ تَسْمَعُ الصَّوْتَ وَلَا تُبْصِرُ أَحَدًا.

[هـ ت م]: (الْأَهْتَمُ) السَّاقِطُ مُقَدَّمِ الْأَسْنَانِ، وَهُوَ فَوْقَ الْأَثْرَمِ، وَمِنْهُ:"نَهَى عَنِ الْهَتْمَاءِ وَالثَّرْمَاءِ".

الْهَاءُ مَعَ الْجِيمِ

[هـ ج ر]: (الْهَجْرُ) خِلَافُ الْوَصْلِ، يُقَالُ: (هَجَرَ أَخَاهُ) إِذَا صَرَمَهُ وَقَطَعَ كَلَامَهُ هَجْرًا وَهِجْرَانًا، فَهُوَ هَاجِرٌ، وَالْأَخُ مَهْجُورٌ.

وَفِي بَابِ الْحَظْرِ وَالْإِبَاحَةِ فِي شَرْحِ الْقُدُورِيِّ: أَنَّ خَادِمَ مَيْمُونَةَ رَضِيَ اللهُ عَنْهَا رَأَتْ فِرَاشَ امْرَأَةِ ابْنِ عَبَّاسٍ رَضِيَ اللهُ عَنْهُمَا نَاحِيَةً [أَيْ: بَعِيدَةً] [(١)] مِنْ فِرَاشِهِ، فَقَالَتْ: (هَجْرَى) أَنْتِ؟ فَقَالَتْ: لَا، وَلَكِنِّي إِذَا حِضْتُ لَمْ يَقْرَبْ فِرَاشِي. كَأَنَّهَا جَعَلَتْهُ صِفَةً لَهَا كَعَقْرَى وَحَلْقَى فِي أَحَدِ الْأَوْجُهِ وَإِنْ لَمْ أَجِدْهُ.

(وَالْهَجْرُ) بِالْفَتْحِ أَيْضًا: الْهَذَيَانُ، وَمِنْهُ قَوْلُهُ تَعَالَى: ﴿سَامِرًا تَهْجُرُونَ﴾ [سورة المؤمنون آية ٦٧] (وَالْهُجْرُ) بِالضَّمِّ: الْفُحْشُ، اسْمٌ مَنْ أَهْجَرَ فِي مَنْطِقِهِ: إِذَا أَفْحَشَ.

(وَالْهِجْرَةُ) تَرْكُ الْوَطَنِ وَمُفَارَقَتُهُ إِلَى مَوْضِعٍ آخَرَ، اسْمٌ مَنْ هَاجَرَ مِنْ بَلَدٍ إِلَى بَلَدٍ مُهَاجَرَةً، وَقَوْلُ الْحَسَنِ: هِجْرَةُ الْأَعْرَابِيِّ إِذَا ضَمَّهُمْ دِيوَانُهُمْ، يَعْنِي: إِذَا أَسْلَمَ وَهَاجَرَ إِلَى بِلَادِ الْمُسْلِمِينَ فَهِجْرَتُهُ إِنَّمَا تَصِحُّ إِذَا ثَبَتَ اسْمُهُ فِي دِيوَانِ الْغُزَاةِ، أَيْ: فِي جَرِيدَتِهِمْ. وَيُقَالُ: (هَجَّرَ) إِذَا سَارَ فِي الْهَاجِرَةِ، وَهِيَ نِصْفُ النَّهَارِ فِي الْقَيْظِ خَاصَّةً، ثُمَّ قِيلَ: (هَجَّرَ إِلَى الصَّلَاةِ) إِذَا بَكَّرَ وَمَضَى إِلَيْهَا فِي أَوَّلِ وَقْتِهَا، وَفِي الْحَدِيثِ: "لَوْ يَعْلَمُ النَّاسُ مَا فِي التَّهْجِيرِ لَاسْتَبَقُوا إِلَيْهِ"، وَفِي الْحَدِيثِ: "الْمُهَجِّرُ إِلَى الْجُمُعَةِ كَالْمُهْدِي بَدَنَةً"[(٢)]. قَالَ ابْنُ

---

(١) زيادة من: م.

(٢) أخرجه النسائي (١٣٨٥)، وأحمد في مسنده (٧٢١٨)، والنسائي في السنن الكبرى (١٧٠٤).

شُمَيْلٍ: الْمُرَادُ التَّبْكِيرُ إِلَيْهَا، وَهَذَا تَفْسِيرُ الْخَلِيلِ.

[هـ ج ر س]: (الْهَجْرَسُ) فِي (ع ي، ع ي ن).

[هـ ج ع]: (هَجَعَ) نَامَ لَيْلًا هُجُوعًا، وَجِئْتُهُ بَعْدَ هَجْعَةٍ مِنَ اللَّيْلِ، أَيْ: بَعْدَ نَوْمَةٍ خَفِيفَةٍ.

[هـ ج م]: (الْهُجُومُ) الْإِتْيَانُ بَغْتَةً وَالدُّخُولُ مِنْ غَيْرِ اسْتِئْذَانٍ مِنْ بَابِ طَلَبَ، يُقَالُ: هَجَمَ عَلَيْهِ.

[هـ ج ن]: جَمَلٌ (وَنَاقَةٌ هِجَانٌ): أَبْيَضُ سَوَاءٌ فِيهِ الْوَاحِدُ وَالْجَمْعُ وَالْمُذَكَّرُ وَالْمُؤَنَّثُ، وَيُسْتَعَارُ لِلْكَرِيمِ كَالْأَبْيَضِ، فَيُقَالُ: (رَجُلٌ وَامْرَأَةٌ هِجَانٌ)، وَقَوْمٌ هِجَانٌ.

(وَالْهَجِينُ) الَّذِي وَلَدَتْهُ أَمَةٌ أَوْ غَيْرُ عَرَبِيَّةٍ، وَخِلَافُهُ: الْمُقْرِفُ، وَالْجَمْعُ: (هُجُنٌ) قَالَ الْمُبَرِّدُ: أَصْلُهُ بَيَاضُ الرُّومِ وَالصَّقَالِبَةِ، وَيُقَالُ لِلَّئِيمِ: (هَجِينٌ) عَلَى الِاسْتِعَارَةِ، وَقَدْ هَجُنَ هَجَانَةً وَهُجْنَةً، وَمِنْهَا قَوْلُهُ:"الصَّبِيُّ يُمْنَعُ عَمَّا يُورِثُ (الْهُجْنَةَ) وَالْوَقَاحَةَ". يَعْنِي: الْعَيْبَ، وَقَدْ هَجَّنَهُ تَهْجِينًا.

[هـ ج و]: (هَجَّى) الْحُرُوفَ: عَدَّدَهَا، وَمِنْهُ: النَّفْخُ الْمَسْمُوعُ الْمُهَجَّى.

الْهَاءُ مَعَ الدَّالِ

[هـ د أ]: (الْهُدُوءُ) السُّكُونُ مِنْ بَابِ مَنَعَ، يُقَالُ: أَهْدَأَهُ فَهَدَأَ، أَيْ: سَكَّنَهُ فَسَكَنَ، وَمِنْهُ مَا فِي سَرِقَةِ الْأَجْنَاسِ: فَإِنْ دَخَلَ لَيْلًا وَالْبَابُ مَفْتُوحٌ أَوْ مَرْدُودٌ بَعْدَمَا صَلَّى النَّاسُ الْعِشَاءَ (وَهَدَءُوا)، بِالْهَمْزِ بَعْدَ الدَّالِ، أَيْ: سَكَنُوا وَنَامُوا. (وَهَدَوْا) تَحْرِيفٌ.

[هـ د ب]: (رَجُلٌ أَهْدَبُ) طَوِيلُ الْأَهْدَابِ، وَهُوَ شَعْرُ أَشْفَارِ الْعَيْنِ.

[هـ د ب د]: (الْهُدَبِدُ) اللَّبَنُ الْخَاثِرُ، وَالْأَصْلُ: (هُدَابِدُ) فَقُصِرَ.

[هـ د ر]: (الْهَدْرُ) مَصْدَرُ هَدَرَ الْبَعِيرُ وَالْحَمَامُ: إِذَا صَوَّتَ مِنْ بَابِ ضَرَبَ، وَبِتَصْغِيرِهِ سُمِّيَ وَالِدُ عَبْدِ اللهِ بن الْهُدَيْرِ التَّيْمِيُّ الْقُرَشِيُّ فِي السِّيَرِ، وَهُوَ جَدُّ الْمُنْكَدِرِ وَرَبِيعَةَ ابْنَيْ عَبْدِ اللهِ، وَالْمُنْكَدِرُ هَذَا يَرْوِي عَنْ النَّبِيِّ صَلَّى اللهُ عَلَيْهِ وَآلِهِ وَسَلَّمَ، قَالَ صَاحِبُ الْجَرْحِ: وَلَا تَثْبُتُ لَهُ صُحْبَةٌ. وَأَمَّا (هُرَيْرٌ) بِرَاءٍ مُكَرَّرَةٍ فَهُوَ ابْنُ عَبْدِ الرَّحْمَنِ بن

=

والبزار في البحر الزخار (٤٥٨٥)

ابْنِ خَدِيجٍ يَرْوِي عَنْ أَبِيهِ عَنْ جَدِّهِ.

[هـ د ل]: (رَجُلٌ أَهْدَلُ) مُسْتَرْخِي الشَّفَةِ السُّفْلَى.

[هـ د م]: (الْهَدْمُ) مَصْدَرُ هَدَمَ الْبِنَاءَ، (وَالْهَدَمُ) بِالتَّحْرِيكِ: مَا انْهَدَمَ مِنْ جَانِبِ الْحَائِطِ وَالْبِئْرِ. وَأَمَّا (الهدمى) فَلَمْ أَجِدْهُ، وَوَجْهُهُ أَنْ يَكُونَ جَمْعَ (هَدِيمٍ) بِمَعْنَى مَهْدُومٍ عَلَيْهِ، وَكَأَنَّهُ سَهُلَ لَهُمْ اسْتِعْمَالَ مِثْلِ: هَذَا طَلَبُ الزَّوَاجِ، كَمَا فِي قَوْلِهِمْ: آتِيكَ بِالْغَدَايَا وَالْعَشَايَا.

[هـ د ن]: (هَادَنَهُ) صَالَحَهُ مُهَادَنَةً، وَتَهَادَنُوا: تَصَالَحُوا. (وَالْهُدْنَةُ) الِاسْمُ، وَمِنْهَا هُدْنَةٌ عَلَى دَخَنٍ، أَيْ: صُلْحٌ عَلَى فَسَادٍ، وَأَصْلُهَا مِنْ (هَدَنَ) إِذَا سَكَنَ هُدُونًا.

[هـ د ي]: (الْهَدْيُ) السِّيرَةُ السَّوِيَّةُ. (وَالْهُدَى) بِالضَّمِّ: خِلَافُ الضَّلَالَةِ، وَمِنْهُ حَدِيثُ ابْنِ مَسْعُودٍ رَضِيَ اللَّهُ تَعَالَى عَنْهُ: "عَلَيْكُمْ بِالْجَمَاعَاتِ فَإِنَّهَا مِنْ سُنَنِ الْهُدَى". وَرِوَايَةُ مَنْ رَوَى بِفَتْحِ الْهَاءِ وَسُكُونِ الدَّالِ لَا تحسُن، وَفِي حَدِيثِ أَبِي بَكْرٍ: "فَخَرَجَ يُهَادَى بَيْنَ اثْنَيْنِ". أَيْ: يَمْشِي بَيْنَهُمَا مُعْتَمِدًا عَلَيْهِمَا لِضَعْفِهِ.

(وَالْهَدْيُ) مَا يُهْدَى إِلَى الْحَرَمِ مِنْ شَاةٍ أَوْ بَقَرَةٍ أَوْ بَعِيرٍ، الْوَاحِدَةُ: (هَدْيَةٌ) كَمَا يُقَالُ: جَدْيٌ فِي جَدْيَةِ السَّرْجِ، وَيُقَالُ: (هَدِيٌّ) بِالتَّشْدِيدِ عَلَى فَعِيلٍ، الْوَاحِدَةُ: هَدِيَّةٌ، كَمَطِيَّةٍ وَمَطِيٍّ وَمَطَايَا.

الْهَاءُ مَعَ الرَّاءِ الْمُهْمَلَةِ

[هـ ر د]: (الْهُرْدِيَّةُ) عَنِ اللَّيْثِ: قَصَبَاتٌ تُضَمُّ مَلْوِيَّةً بِطَاقَاتٍ مِنَ الْكَرْمِ تُرْسَلُ عَلَيْهَا قُضْبَانُ الْكَرْمِ، قَالَ ابْنُ السِّكِّيتِ: هُوَ الْحُرْدِيُّ، وَلَا تَقُلْ: هُرْدِيٌّ.

[هـ ر ر]: (الْهِرُّ) دُعَاءُ الْغَنَمِ، وَهُوَ أَحَدُ الْأَقْوَالِ فِي الْمَثَلِ السَّائِرِ: (لَا يَعْرِفُ هِرًّا مِنْ بِرٍّ).

[هـ ر س]: (الْمِهْرَاسُ) حَجَرٌ مَنْقُورٌ مُسْتَطِيلٌ ثَقِيلٌ شِبْهُ تَوْرٍ يُدَقُّ فِيهِ وَيُتَوَضَّأُ مِنْهُ، وَمِنْهُ حَدِيثُ قَيْنٍ الْأَشْجَعِيِّ لِأَبِي هُرَيْرَةَ رَضِيَ اللَّهُ عَنْهُ: "إِذَا أَتَيْنَا مِهْرَاسَكُمْ بِاللَّيْلِ مَا نَصْنَعُ؟" وَقَدْ أُسْتُعِيرَ لِلْخَشَبِيِّ، وَهُوَ مِفْعَالٌ مِنْ (الْهَرْسِ) الدَّقِّ؛ لِأَنَّهُ يُهْرَسُ فِيهِ الْحَبُّ وَمِنْهُ (الْهَرِيسَةُ)، (وَالْهَرَّاسُ) صَانِعُهَا وَبَائِعُهَا.

(وَالْهَرَاس) مِنَ الشَّوْكِ بِالْفَتْحِ وَالتَّخْفِيفِ، وَبِالْوَاحِدَةِ مِنْهُ سُمِّيَ وَالِدُ إِبْرَاهِيمَ بن (هَرَاسَةَ)، وَهُوَ شَيْخٌ كُوفِيٌّ يَرْوِي عَنِ الثَّوْرِيِّ وَمُغِيرَةَ بن زِيَادٍ، وَعَنْهُ عَلِيُّ بن هَاشِمٍ.

[هـ ر ش]: (الْهِرَاشُ) الْمُهَارَشَةُ بَيْنَ الْكِلَابِ، وَهِيَ تَهْيِيجُهَا وَإِغْرَاءُ بَعْضِهَا عَلَى بَعْضٍ، وَيُسْتَعَارُ لِلْقِتَالِ، وَمِنْهُ قَوْلُهُ: لِأَنَّ الْمَقْصُودَ مِنَ الْجَارِيَةِ الِاسْتِفْرَاشُ، وَمِنْ الْغُلَامِ الْهِرَاشُ.

[هـ ر م ز]: (هُرْمُزَانُ) لَقَبُ رُسْتُمَ بن فَرْخَزَادَ صَاحِبُ جَيْشِ الْعَجَمِ، قُتِلَ يَوْمَ الْقَادِسِيَّةِ عَلَى يَدِ هِلَالٍ الْعُقَيْلِيِّ، (وَالْهُرْمُزَانُ) مَلِكُ الْأَهْوَازِ، أَسْلَمَ، وَقَتَلَهُ عُبَيْدُ اللهِ بن عُمَرَ رَضِيَ اللهُ عَنْهُ مَا اتَّهَامًا أَنَّهُ قَاتِلُ أَبِيهِ أَوْ الْآمِرُ بِهِ.

[هـ ر ق]: (هَرَاقَ) الْمَاءَ، يَعْنِي: أَرَاقَهُ، أَيْ: صَبَّهُ. (يُهَرِيق) بِتَحْرِيكِ الْهَاءِ، (وَأَهْرَاقَ يُهْرِيقُ) بِسُكُونِ الْهَاءِ، وَالْهَاءُ فِي الْأَوَّلِ بَدَلٌ مِنْ الْهَمْزَةِ، وَفِي الثَّانِي زَائِدَةٌ، وَفِي حَدِيثِ الْجُهَنِيِّ: "مُرْهَا فَلْتَرْكَبْ (وَلْتُهْرِقْ دَمًا)". وَأَمَّا (انْهَرَاقَ [مَا فِيهَا] [1]) فِي حَدِيثِ أَبِي طَلْحَةَ:"كَسَرْتُ جِرَارَ الْفَضِيخِ حَتَّى انْهَرَاقَ مَا فِيهَا". فَلَيْسَ مِنْ الْعَرَبِيَّةِ فِي شَيْءٍ، الصَّوَابُ: حَتَّى هُرِيقَ أَوْ أُهْرِيقَ.

[هـ ر و ل]: (الْهَرْوَلَةُ) ضَرْبٌ مَنْ الْعَدْوِ، وَقِيلَ: بَيْنَ الْمَشْيِ وَالْعَدْوِ.

[هـ ر م]: (الْهَرَمُ) كِبَرُ السِّنِّ مِنْ بَابِ لَبِسَ، وَبِاسْمِ الْفَاعِلِ مِنْهُ سُمِّيَ هَرِمُ بن حَيَّانَ، قَالَ الْقُتَبِيُّ: وَإِنَّمَا سُمِّيَ هَرِمًا؛ لِأَنَّهُ بَقِيَ فِي بَطْنِ أُمِّهِ أَرْبَعَ سِنِينَ.

[هـ ر ي]: (ثَوْبٌ هَرَوِيٌّ) بِالتَّحْرِيكِ، وَمَرْوِيٌّ بِالسُّكُونِ: مَنْسُوبٌ إِلَى هَرَاةَ وَمَرْوَ، قَرْيَتَانِ مَعْرُوفَتَانِ بِخُرَاسَانَ، وَعَنْ خُوَاهَرْ زَادَهْ: هُمَا عَلَى شَطِّ الْفُرَاتِ، وَلَمْ نَسْمَعْ ذَلِكَ لِغَيْرِهِ، وَفِي الْأَشْكَالِ: سِوَى هَرَاةَ خُرَاسَانَ (هَرَاةُ أُخْرَى) بِنَوَاحِي إِصْطَخْرَ مِنْ بِلَادِ فَارِسٍ.

الْهَاءُ مَعَ الزَّايِ الْمُعْجَمَةِ

[هـ ز ز]: عُمَرُ رَضِيَ اللهُ تَعَالَى عَنْهُ:"عَلَامَ (أَهُزُّ) كَتِفِي وَلَيْسَ هَاهُنَا أَحَدٌ أُرِيهِ". (الْهَزُّ) التَّحْرِيكُ مِنْ بَابِ طَلَبَ، وَهَزُّ الْمَنْكِبِ وَالْكَتِفِ: كِنَايَةٌ عَنْ التَّبَخْتُرِ وَالْخُيَلَاءِ، وَالْمَفْعُولُ الثَّانِي مِنْ (أُرِيهِ) مَحْذُوفٌ، وَهُوَ الْجَلَدُ أَوْ الْقُوَّةُ.

[هـ ز ع]: (جَاءَ بَعْدَ هَزِيعٍ) مِنْ اللَّيْلِ، أَيْ: بَعْدَ سَاعَةٍ.

[هـ ز ل]: (الْهَزْلُ) خِلَافُ الْجِدِّ، وَبِفَعَّالٍ مِنْهُ سُمِّيَ (هَزَّالُ) بن يَزِيدَ الْأَسْلَمِيُّ فِي

---

(١) زيادة من: م.

حَدِيثِ مَاعِزٍ رَضِيَ اللـه تَعَالَى عَنْهُ. (وَالْهُزَالُ) خِلَافُ السِّمَنِ، وَقَدْ (هُزِلَ) بِضَمِّ الْهَاءِ فَهُوَ مَهْزُولٌ، وَالْجَمْعُ: (مَهَازِيلُ).

[هـ ز م]: (الْهَزْمُ) الْكَسْرُ مِنْ بَابِ ضَرَبَ [فَهُوَ مَهْزُومٌ][1]، وَيُقَالُ لِمَا اطْمَأَنَّ مِنَ الْأَرْضِ: (هَزْمٌ) وَجَمْعُهُ هُزُومٌ، وَمِنْهُ حَدِيثُ كَعْبِ بن مَالِك: أَوَّلُ مَنْ جَمَعَ بِنَا سَعْدُ بن زُرَارَةَ فِي هَزْمِ [النَّبِيتِ] مِنْ حَرَّةِ بَنِي بَيَّاضَةَ عَلَى مِيلٍ مِنَ الْمَدِينَةِ. وَفِي أَدَبِ الْقَاضِي لِلْخَصَّافِ: (أَبُو الْمُهَزَّمِ) عَلَى مُفَعَّلٍ مِنَ الْهَزْمِ بِضَمِّ الْمِيمِ وَتَشْدِيدِ الْعَيْنِ الْمَفْتُوحَةِ، عَنْ ابْنِ مَاكُولَا، وَاسْمُهُ يَزِيدُ بن سُفْيَانَ، وَقِيلَ: عَبْدُ اللَّـهِ[2] بَصْرِيٌّ حَدَّثَ عَنْ أَبِي هُرَيْرَةَ، وَعَنْهُ شُعْبَةُ.

الْهَاءُ مَعَ الشِّينِ الْمُعْجَمَةِ

[هـ ش ش]: عُمَرُ رَضِيَ اللـه تَعَالَى عَنْهُ:"(هَشَشْتُ) وَأَنَا صائم[3] فَقَبَّلْتُ"، أَيْ: اشْتَهَيْتُ وَنَشِطْتُ، وَإِنْ صَحَّ مَا فِي الشَّرْحِ: (هَشَشْتُ إِلَى امْرَأَتِي) فَعَلَى تَضْمِينِ مَعْنَى: الْمَيْلِ أَوْ الْخِفَّةِ.

[هـ ش م]: (الْهَشْمُ) كَسْرُ الشَّيْءِ الرَّخْوِ مِنْ بَابِ ضَرَبَ، وَمِنْهُ: (وَجَدَ فِي الْقَلْبِ هَشْمًا). وَبِاسْمِ الْفَاعِلِ مِنْهُ لُقِّبَ عَمْرٌو؛ لِأَنَّهُ أَوَّلُ مَنْ هَشَمَ الثَّرِيدَ لِأَهْلِ الْحَرَمِ.

(وَبَنُو هَاشِمٍ) هُمْ وَلَدُ عَبْدِ الْمُطَّلِبِ بن هَاشِمٍ: عَبْدُ اللـه أَبُو النَّبِيِّ صَلَّى اللـه عَلَيْهِ وَآلِهِ وَسَلَّمَ، وَحَمْزَةُ وَأَبُو طَالِبٍ، وَالْعَبَّاسُ، وَضِرَارٌ، وَالْغَيْدَاقُ، وَالزُّبَيْرُ، وَالْحَارِثُ، وَالْمُقَوِّمُ، وَجَحْلٌ، وَأَبُو لَهَبٍ، وَقُثَمُ، وَفِي الشِّجَاجِ: (الْهَاشِمَةُ) وَهِيَ الَّتِي تَهْشِمُ الْعَظْمَ.

الْهَاءُ مَعَ الصَّادِ الْمُهْمَلَةِ

[هـ ص ر]: (هَصَرَ) الْغُصْنَ: ثَنَاهُ وَمَدَّهُ إِلَى نَفْسِهِ مِنْ بَابِ ضَرَبَ، وَفِي حَدِيثِ الرُّكُوعِ:"ثُمَّ هَصَرَ ظَهْرَهُ". يَعْنِي: ثَنَاهُ ثَنْيًا شَدِيدًا فِي اسْتِوَاءٍ بَيْنَ رَقَبَتِهِ وَظَهْرِهِ.

الْهَاءُ مَعَ الضَّادِ الْمُعْجَمَةِ

[هـ ض ب]: (الْهَضْبَةُ) الْجَبَلُ الْمُنْبَسِطُ عَلَى وَجْهِ الْأَرْضِ، وَجَمْعُهَا: هِضَابٌ.

---

(١) زيادة من: م. (٢) في خ: "الرحمن".
(٣) في م: "قائم".

[هـ ض م]: (الْهَضْمُ) مِثْلُ الْهَشْمِ، وَمِنْهُ: (هَضَمَ حَقَّهُ) نَقَصَهُ، وَتَقُولُ لِلْغَرِيمِ: (هَضَمْتُ) لَكَ مِنْ حَقِّي طَائِفَةً، أَيْ: تَرَكْتُهَا لَكَ وَكَسَرْتُهَا مِنْ حَقِّي، وَفِي حَدِيثِ صَالِحٍ السَّمَّانِ: أَنَّهُ سَأَلَ عَلِيًّا رَضِيَ اللهُ تَعَالَى عَنْهُ عَنْ الدَّرَاهِمِ: تَكُونُ مَعِي، أَأُنْفِقُ فِي حَاجَتِي أَمْ أَشْتَرِي بِهَا دَرَاهِمَ تُنْفَقُ فِي حَاجَتِي وَاهْتَضَمَ مِنْهَا؟ أَيْ: أَنْقَصُ مِنْهَا شَيْئًا.

الْهَاءُ مَعَ الْفَاءِ

[هـ ف ت]: فِي حَدِيثِ ابْنِ عُجْرَةَ: "وَالْقَمْلُ (تَتَهَافَتُ) عَلَى وَجْهِهِ". أَيْ: تَتَسَاقَطُ مِنْ قَوْلِهِمْ: تَهَافَتَ الْفَرَاشُ فِي النَّارِ.

الْهَاءُ مَعَ الْقَافِ

[هـ ق ع]: (الْمَهْقُوعُ) مِنْ الْخَيْلِ: الَّذِي بِهِ الْهَقْعَةُ، وَهِيَ دَائِرَةٌ فِي جَنْبِهِ حَيْثُ يَكُونُ رَحْلُ الرَّاكِبِ، وَعَنْ الْغُورِيِّ: فِي أَعْلَى صَدْرِهِ، وَعَنْ ابْنِ دُرَيْدٍ: بَيَاضٌ فِي جَانِبِهِ الْأَيْسَرِ يُتَشَاءَمُ بِهَا، وَفِي الْمُنْتَقَى: (الْمَهْقُوعُ) الَّذِي إذَا سَارَ سُمِعَ مَا بَيْنَ الْخَاصِرَةِ وَفَرْجِهِ صَوْتٌ، وَهُوَ عَيْبٌ.

الْهَاءُ مَعَ اللَّامِ

[هـ ل ج]: (الْهَلِيلَجُ) مَعْرُوفٌ عَنْ اللَّيْثِ، وَهَكَذَا فِي الْقَانُونِ، وَعَنْ أَبِي عُبَيْدٍ عَنْ الْأَحْمَرِ: (الْإِهْلِيلِجَةُ) بِكَسْرِ اللَّامِ الْأَخِيرَةِ، وَكَذَا عَنْ شِمْرٍ، وَلَا تَقُلْ: (هَلِيلَجَةٌ) وَكَذَا قَالَ الْفَرَّاءُ.

[هـ ل ك]: (الْهَلَاكُ) السُّقُوطُ، وَقِيلَ: الْفَسَادُ، وَقِيلَ: هُوَ مَصِيرُ الشَّيْءِ إلَى حَيْثُ لَا يُدْرَى أَيْنَ هُوَ؟ (وَالْهَلَكَةُ) مِثْلُهُ، وَقَوْلُهُ صَلَّى اللهُ عَلَيْهِ وَآلِهِ وَسَلَّمَ: "لَا يُغَادِرُ[1] رُسُلِي فَهَلَكَ عَلَى أَيْدِيهِمْ". أَيْ: اسْتَهْلَكُوهُ، قال[2]: يُقَالُ: (هَلَكَ الشَّيْءُ فِي يَدِهِ) إذَا كَانَ بِغَيْرِ صُنْعِهِ. (وَهَلَكَ عَلَى يَدِهِ) إذَا اسْتَهْلَكَهُ.

قُلْتُ: كَأَنَّهُ قَاسَهُ عَلَى قَوْلِهِمْ: قُتِلَ فُلَانٌ عَلَى يَدِ فُلَانٍ وَمَاتَ فِي يَدِهِ، وَلَا يُقَالُ: مَاتَ عَلَى يَدِهِ، وَيُقَالُ: لِمَنْ ارْتَكَبَ أَمْرًا عَظِيمًا (هَلَكْتَ وَأَهْلَكْتَ).

---

(١) في خ: "يعار على".
(٢) سقط من: م.

وَفِي حَدِيثِ عُمَرَ رَضِيَ اللهِ تَعَالَى عَنْهُ: "لَا تَسْتَعْمِلُوا الْبَرَاءَ عَلَى جَيْشِ الْمُسْلِمِينَ، فَإِنَّهُ هُلَكَةٌ". مَنْ الْهَلَكِ رُوِيَ بِالتَّحْرِيكِ بِوَزْنِ هُمَزَةٍ وَلُمَزَةٍ، أَيْ: يُهْلِكُ أَتْبَاعَهُ لِجُرْأَتِهِ وَشَجَاعَتِهِ، وَرُوِيَ بِالسُّكُونِ، أَيْ: يَهْلِكُونَ مِنْهُ يَعْنِي بِسَبَبِهِ كَالضُّحْكَةِ لِمَنْ يَضْحَكُونَ مِنْهُ، وَفِي نُسْخَةِ سَمَاعِي: (هَلَكَةٌ) بِفَتْحَتَيْنِ كَأَنَّهُ جَعَلَ جُمْلَتَهُ هَلَاكًا مُبَالَغَةً فِي ذَلِكَ، وَكُلُّ ذَلِكَ تَصْحِيحٌ لِلرِّوَايَةِ وَتَخْرِيجٌ لَهَا وَلَمْ يُذْكَرْ فِي أُصُولِ اللُّغَةِ إِلَّا (الْهِلْكَةُ) بِكَسْرِ الْهَاءِ وَسُكُونِ اللَّامِ، قَالَ الْأَزْهَرِيُّ: فُلَانٌ هِلْكَةٌ مِنْ الْهِلَكِ، أَيْ: سَاقِطَةٌ مِنْ السَّوَاقِطِ يَعْنِي هَالِكٌ، وَهَذَا إِنْ صَحَّ غَرِيبٌ، وَالْمَعْنَى أَنَّهُ جَرِيءٌ مِقْدَامٌ يُقْدِمُ بِالْمُسْلِمِينَ فِي الْمَهَالِكِ وَالْمَتَالِفِ.

[هـ ل ل]: (أَهَلُّوا الْهِلَالَ وَاسْتَهَلُّوهُ): رَفَعُوا أَصْوَاتَهُمْ عِنْدَ رُؤْيَتِهِ، ثُمَّ قِيلَ: أُهِلَّ الْهِلَالُ وَاسْتُهِلَّ مَبْنِيًّا لِلْمَفْعُولِ فِيهِمَا إِذَا أُبْصِرَ. (وَاسْتِهْلَالُ الصَّبِيِّ) أَنْ يَرْفَعَ صَوْتَهُ بِالْبُكَاءِ عِنْدَ وِلَادَتِهِ، وَمِنْهُ الْحَدِيثُ: "إِذَا اسْتَهَلَّ الصَّبِيُّ وَرِثَ"[1]. وَقَوْلُ مَنْ قَالَ: (هُوَ أَنْ يَقَعَ حَيًّا) تَدْرِيسٌ، وَيُقَالُ: (الْإِهْلَالُ) رَفْعُ الصَّوْتِ بِقَوْلِ: لَا إِلَهَ إِلَّا اللهِ، وَمِنْهُ قَوْلُهُ تَعَالَى: ﴿وَمَا أُهِلَّ بِهِ لِغَيْرِ اللهِ﴾ [سورة البقرة آية ١٧٣]. (وَأَهَلَّ الْمُحْرِمُ بِالْحَجِّ) رَفَعَ صَوْتَهُ بِالتَّلْبِيَةِ.

الْهَاءُ مَعَ الْمِيمِ

[هـ م ج]: (الْهَمَجُ) ذُبَابٌ صَغِيرٌ كَالْبَعُوضِ يَسْقُطُ عَلَى وُجُوهِ الْغَنَمِ وَالْحَمِيرِ وَأَعْيُنِهَا، الْوَاحِدَةُ (هَمَجَةٌ).

[هـ م ل ج]: (الْهَمْلَجَةُ) مَشْيُ الْهِمْلَاجِ مِنْ الْبَرَاذِينِ، وَهِيَ مَشْيٌ سَهْلٌ كَالرَّهْوَجَةِ.

[هـ م د]: قَوْلُهُ: هَذَا إِذَا كَانَتْ الرِّيَاحُ (هَامِدَةً)، أَيْ: سَاكِنَةً اسْتِعَارَةٌ، وَهُوَ[2] مِنْ هُمُودِ النَّارِ، وَهُوَ أَنْ يُطْفَأَ جَمْرُهَا الْبَتَّةَ لِأَنَّ فِيهِ سُكُونَ حَرِّهَا.

[هـ م س]: (هَمِيسٌ) هَمِيسًا فِي (ر ف، ر ف ث).

[هـ م ل]: (هَمَلَ الْمَاءُ هَمَلَانًا) فَاضَ وَانْصَبَّ مِنْ بَابِ طَلَبَ، (وَانْهَمَلَ) مِثْلُهُ انْهِمَالًا.

---

(١) أخرجه الحاكم في المستدرك في: ج ٤: ص٣٤٨، والبيهقي في السنن الكبرى في: ج ٤: ص٨.
(٢) زيادة من: م.

[هـ م م]: (هَمَّ) الشَّحْمَ فَانْهَمَّ، أَيْ: أَذَابَهُ فَذَابَ، وَقَوْلُهُ فِي الطَّلَاقِ: "كُلُّ مَنْ هَمَّهُ أَمْرٌ اسْتَوَى جَالِسًا وَاسْتَوْفَزَ". الصَّوَابُ: أَهَمَّهُ، يُقَالُ: (أَهَمَّهُ) الْأَمْرُ إِذَا أَقْلَقَهُ وَأَحْزَنَهُ، وَمِنْهُ قَوْلُهُمْ: (هَمُّكَ مَا أَهَمَّكَ) أَيْ: أَذَابَكَ مَا أَحْزَنَكَ، وَمِنْهُ قِيلَ لِلْمَحْزُونِ المغموم[١]: مَهْمُومٌ.

(وَالْهِمُّ) الشَّيْخُ الْفَانِي مِنْ (الْهَمِّ) الْإِذَابَةُ، أَوْ مِنْ (الْهَمِيمِ): الدَّبِيبُ.

(وَهَمَّ بِالْأَمْرِ) قَصَدَهُ (وَالْهَمُّ) وَاحِدُ الْهُمُومِ، وَهُوَ مَا يَشْغَلُ الْقَلْبَ مِنْ أَمْرٍ يَهُمُّ بِهِ.

وَمِنْهُ: "اتَّقُوا الدَّيْنَ فَإِنَّ أَوَّلَهُ هَمٌّ وَآخِرَهُ حَرَبٌ". هَكَذَا حَكَاهُ الْأَزْهَرِيُّ عَنِ ابْنِ شُمَيْلٍ، (وَالْحَرَبُ) بِفَتْحَتَيْنِ: أَنْ يُؤْخَذَ مَالُهُ كُلُّهُ، وَرُوِيَ: حُزْنٌ، وَهُوَ غَمٌّ يُصِيبُ الْإِنْسَانَ بَعْدَ فَوَاتِ الْمَحْبُوبِ. (وَالْهَمِيمُ) الدَّبِيبُ، وَمِنْهُ: (الْهَامَّةُ) مِنَ الدَّوَابِّ: مَا يَقْتُلُ مِنْ ذَوَاتِ السُّمُومِ كَالْعَقَارِبِ وَالْحَيَّاتِ. وَمِنْهُ حَدِيثُ عُمَرَ رَضِيَ اللهُ تَعَالَى عَنْهُ: "وَأَخِيفُوا الْهَوَامَّ قَبْلَ أَنْ تُخِيفَكُمْ". أَيْ: أُقْتُلُوهَا قَبْلَ أَنْ تَقْتُلَكُمْ، وَمِثْلُهُ حَدِيثُهُ صَلَّى اللهُ عَلَيْهِ وَآلِهِ وَسَلَّمَ: "لَعَلَّ بَعْضَ الْهَوَامِّ أَعَانَكَ عَلَيْهِ". وَأَمَّا حَدِيثُ ابْنِ عُجْرَةَ: "أَيُؤْذِيكَ هَوَامُّ رَأْسِكَ"[٢]. فَالْمُرَادُ بِهَا الْقَمْلُ عَلَى الِاسْتِعَارَةِ. فِي الْحَدِيثِ: إِنَّ رَجُلًا قَالَ: يَا رَسُولَ اللهِ؛ إِنَّا نُصِيبُ (هَوَامِيَ الْإِبِلِ)، فَقَالَ: "ضَالَّةُ الْمُؤْمِنِ حَرَقُ النَّارِ"[٣]. هِيَ الْمُهْمَلَةُ الَّتِي لَا رَاعِيَ لَهَا وَلَا حَافِظَ مِنْ (هَمَى) عَلَى وَجْهِهِ (يَهْمِي هَمْيًا) إِذَا هَامَ، وَالْحَرَقُ: اللَّهَبُ، وَالْمَعْنَى: أَنَّهُ إِذَا أَخَذَهَا لِيَتَمَلَّكَهَا أَدَّتْهُ إِلَى النَّارِ.

الْهَاءُ مَعَ النُّونِ

[هـ ن أ]: (هَنَّأَهُ) أَعْطَاهُ هَنَاءً مِنْ بَابِ ضَرَبَ، وَبِاسْمِ الْفَاعِلِ مِنْهُ كُنِيَتْ فَاخِتَةُ بِنْتُ أَبِي طَالِبٍ رَضِيَ اللهُ عَنْهَا، وَمِنْ حَدِيثِهَا: "أَجَرْتُ حَمْوَيْنِ". وَابْنُهَا جَعْدَةُ بن هُبَيْرَةَ، وَمَا وَقَعَ فِي مَعْرِفَةِ الصَّحَابَةِ لِأَبِي نُعَيْمٍ وَابْنِ مَنْدَهْ: أَنَّهُ ابْنُ بِنْتِ أُمِّ هَانِئٍ سَهْوٌ، وَأَمَّا أُمُّ هَانِئٍ الْأَنْصَارِيَّةُ الَّتِي سَأَلَتِ النَّبِيَّ صَلَّى اللهُ عَلَيْهِ وَآلِهِ وَسَلَّمَ عَنْ تَزَاوُرِ الْمَوْتَى، فَتِلْكَ امْرَأَةٌ أُخْرَى.

---

(١) سقط من: م.

(٢) أخرجه البخاري (٤١٩١)، ومسلم (١٢٠١)، وأحمد في مسنده (١٧٦٣٥)، والدارقطني في سننه (٢٧٥٧). والبيهقي في السنن الكبرى في: ج ٥: ص٢٤٢.

(٣) أخرجه البيهقي في السنن الكبرى في: ج ٦: ص١٩١، والبوصيري في إتحاف الخيرة (٤٠١٨).

[هـ ن م]: (الْهَيْنَمَةُ) الصَّوْتُ الْخَفِيُّ، وَقِيلَ: كُلُّ كَلَامٍ لَا يُفْهَمُ.
(وَهَنَّامٌ) فَعَّالٌ مِنْهَا، وَهُوَ اسْمُ رَجُلٍ جَمَعَ بَيْنَ أُخْتَيْنِ فِي الْجَاهِلِيَّةِ.
[هـ ن و]: (الْهَنُ) كِنَايَةٌ عَنْ كُلِّ اسْمِ جِنْسٍ، وَلِلْمُؤَنَّثِ: هَنَةٌ، وَلَامُهُ ذَاتُ وَجْهَيْنِ، فَمَنْ قَالَ: (وَاوٌ) قَالَ فِي الْجَمْعِ (هَنَوَاتٌ)، وَفِي التَّصْغِيرِ (هُنَيَّةٌ)، وَمَنْ قَالَ: (هَاءٌ) قَالَ: (هُنَيْهَةٌ)، وَمِنْهَا قَوْلُهُ: مَكَثَ هُنَيْهَةً، أَيْ: سَاعَةً يَسِيرَةً.
[هـ ن ا]: ابْنُ مَسْعُودٍ: أَتَى عَلَيْنَا حِينٌ لَسْنَا نُسْأَلُ وَلَسْنَا (هُنَالِكَ)، يَعْنِي: وَلَسْنَا بِأَهْلٍ لِلسُّؤَالِ، وَأَرَادَ بِالْحِينِ زَمَنَ النَّبِيِّ صَلَّى اللَّهُ عَلَيْهِ وَآلِهِ وَسَلَّمَ أَوْ زَمَنَ الْخُلَفَاءِ.

الْهَاءُ مَعَ الْوَاوِ

[هـ و ذ]: (هَوْذَةُ) بِفَتْحِ الْهَاءِ وَسُكُونِ الْوَاوِ فِي (ع د، ع د و).
[هـ و ع]: فِي حَدِيثِ السِّوَاكِ: (التَّهَوُّعُ) التَّقَيُّؤُ.
[هـ و ن]: (امْشِ عَلَى هِينَتِكَ) أَيْ: عَلَى السَّكِينَةِ وَالْوَقَارِ، فِعْلَةٌ مِنَ (الْهَوْنِ).
[هـ و ي]: (هَوَى) مِنَ الْجَبَلِ، وَفِي الْبِئْرِ: سَقَطَ هَوِيًّا بِالْفَتْحِ مِنْ بَابِ ضَرَبَ، [وَيُقَالُ: مَضَى مِنَ اللَّيْلِ (هَوِيٌّ) بِالْفَتْحِ، أَيْ: طَائِفَةٌ مِنْهُ، وَعَلَيْهِ الْحَدِيثُ: "أَنَّهُ صَلَّى اللَّهُ عَلَيْهِ وَآلِهِ وَسَلَّمَ صَلَّى بَعْدَ هَوِيٍّ مِنَ اللَّيْلِ"][1]. وَمِنْهُ فَأَقْبَلَ (يَهْوِي) حَتَّى وَقَعَ فِي الْحِصْنِ، أَيْ: يَذْهَبُ فِي انْحِدَارٍ." وَكَانَ صَلَّى اللَّهُ عَلَيْهِ وَآلِهِ وَسَلَّمَ يُكَبِّرُ حَتَّى يَهْوِيَ إِلَى الرُّكُوعِ". أَيْ: يَذْهَبُ وَيَنْحَطُّ.
(وَالْمَهْوَاةُ) مَا بَيْنَ الْجَبَلَيْنِ، وَقِيلَ: الْهُوَّةُ، وَهِيَ الْحُفْرَةُ، وَقَوْلُ ابْنِ مَسْعُودٍ رَضِيَ اللَّهُ تَعَالَى عَنْهُ فِي أَدَبِ الْقَاضِي: دَفَعَهُ فِي (مَهْوَاةِ) أَرْبَعِينَ خَرِيفًا، عَلَى الْإِضَافَةِ، يَعْنِي: فِي حُفْرَةٍ عُمْقُهَا مَسَافَةُ أَرْبَعِينَ سَنَةً.
(وَالْإِهْوَاءُ) التَّنَاوُلُ بِالْيَدِ، وَمِنْهُ حَدِيثُ عُمَرَ رَضِيَ اللَّهُ تَعَالَى عَنْهُ: أَهْوَى بِيَدِهِ فَضَرَبَهُ بِالدِّرَّةِ، أَيْ: جَافَى يَدَهُ وَرَفَعَهَا إِلَى الْهَوَاءِ وَمَدَّهَا حَتَّى بَقِيَ بَيْنَهَا وَبَيْنَ الْجَنْبِ هَوَاءٌ، أَيْ: خَلَاءٌ، وَمِثْلُهُ (أَهْوَى) بِخَشَبَةٍ فَضَرَبَهَا.
(وَالْهَوَى) مَصْدَرُ (هَوِيَهُ) إِذَا أَحَبَّهُ وَاشْتَهَاهُ، ثُمَّ سُمِّيَ بِهِ (الْمَهْوِيُّ) الْمُشْتَهَى مَحْمُودًا كَانَ أَوْ مَذْمُومًا، ثُمَّ غَلَبَ عَلَى غَيْرِ الْمَحْمُودِ فَقِيلَ: فُلَانٌ اتَّبَعَ هَوَاهُ: إِذَا أُرِيدَ ذَمُّهُ، وَفِي

---

(١) زيادة من: م.

التَّنْزِيل: (وَلا تَتَّبِعِ الْهَوَى) [سورة ص آية ٢٦] (وَلَا تَتَّبِعُوا أَهْوَاءَ قَوْمٍ) [سورة المائدة آية ٧٧] وَمِنْهُ: فُلَانٌ مِنْ (أَهْلِ الْأَهْوَاءِ): لِمَنْ زَاغَ عَنِ الطَّرِيقَةِ الْمُثْلَى مِنْ أَهْلِ الْقِبْلَةِ كَالْجَبْرِيَّةِ وَالْحَشْوِيَّةِ وَالْخَوَارِجِ وَالرَّوَافِضِ وَمَنْ سَارَ بِسِيرَتِهِمْ.

الْهَاءُ مَعَ الْيَاءِ

[هـ ي أ]: (الْهَيْئَةُ) هِيَ الْحَالَةُ الظَّاهِرَةُ لِلْمُتَهَيِّئِ لِلشَّيْءِ، وَمِنْهُ قَوْلُهُ: "أَقِيلُوا ذَوِي الْهَيْئَاتِ عَثَرَاتِهِمْ"[١]. قَالَ الشَّافِعِيُّ رَحِمَهُ اللـه: ذُو الْهَيْئَةِ مَنْ لَمْ يَظْهَرْ مِنْهُ رِيبَةٌ، (وَالتَّهَايُؤُ) تَفَاعُلٌ مِنْهَا، وَهُوَ أَنْ يَتَوَاضَعُوا عَلَى أَمْرٍ فَيَتَرَاضَوْا بِهِ، وَحَقِيقَتُهُ: أَنَّ كُلًّا مِنْهُمْ يَرْضَى بِحَالَةٍ وَاحِدَةٍ وَيَخْتَارُهَا، وَيُقَالُ: (هَايَأَ) فُلَانٌ فُلَانًا وَتَهَايَأَ الْقَوْمُ، وَمِنْهَا: الْمُودَعَانِ يَتَهَايَآن، وَأَمَّا (الْمُهَايَاةُ) بِإِبْدَالِ الْهَمْزَةِ أَلِفًا فَلُغَةٌ.

[هـ ي ب]: (ابْنُ الْهَيَّبَانِ) بِفَتْحِ الْهَاءِ وَالْيَاءِ الْمُشَدَّدَةِ فَيْعَلَانُ مِنْ (الْهَيْبَةِ) الْخَوْفُ، وَقَوْلُهُ فِي أَدَبِ الْقَاضِي: لِيَكُونَ (أَهْيَبَ) لِلنَّاسِ، أَيْ: أَبْلَغَ وَأَشَدَّ فِي كَوْنِهِ مَهِيبًا عِنْدَهُمْ، وَنَظِيرُهُ: (أَشْغَلُ مِنْ ذَاتِ النِّحْيَيْنِ) فِي أَنَّهُ تَفْضِيلٌ عَلَى الْمَفْعُولِ.

[هـ ي ت]: (هِيتٌ) مِنْ مُخَنَّثِي الْمَدِينَةِ، وَمِنْ حَدِيثِهِ فِي بَادِيَةِ بِنْتِ غَيْلَانَ: (تُقْبِلُ بِأَرْبَعٍ وَتُدْبِرُ بِثَمَانٍ) عَنَى بِالْأَرْبَعِ: عُكَنَ الْبَطْنِ، وَبِالثَّمَانِ: أَطْرَافَهَا؛ لِأَنَّ لِكُلِّ عُكْنَةٍ طَرَفَيْنِ إِلَى جَنْبَيْهَا، وَقِيلَ: هُوَ تَصْحِيفُ (هِنْبٍ) بِالنُّونِ وَالْبَاءِ، وَخُطِّئَ قَائِلُهُ.

[هـ ي ج] (هَاجَهُ) فَهَاجَ، أَيْ: هَيَّجَهُ وَأَثَارَهُ فَثَارَ، وَبَعَثَهُ فَانْبَعَثَ يَتَعَدَّى وَلَا يَتَعَدَّى.

(وَالْهَيْجُ) اسْمٌ لِلْحَرْبِ تَسْمِيَةٌ بِالْمَصْدَرِ، وَقِيلَ: هُوَ اخْتِلَاطُ الْأَصْوَاتِ فِي حَرْبٍ وَغَيْرِهَا، وَمِنْهُ: فَإِنْ هَاجَهُمْ هَيْجٌ مِنَ اللَّيْلِ كَانُوا مُسْتَعِدِّينَ، وَقَوْلُهُ: وَإِنْ لَمْ يُهِجِ الدَّابَّةَ بِشَيْءٍ، أَيْ: لَمْ يُحَرِّكْهَا بِضَرْبٍ أَوْ نَخْسٍ أَوْ نَحْوِ ذَلِكَ.

[هـ ي د]: فِي الْحَدِيثِ: "أَلَا نَهِيدُ مَسْجِدَكَ". وَسَمَاعِي: "يَا رَسُولَ اللـه هِدْهُ". قَالُوا: مَعْنَاهُ أَصْلِحْهُ، وَقِيلَ: اهْدِمْهُ، ثُمَّ أَصْلِحْ بِنَاءَهُ، مِنْ (هَادَ السَّقْفَ هَيْدًا) إِذَا حَرَّكَهُ لِلْهَدْمِ، فَقَالَ صَلَّى اللـه عَلَيْهِ وَآلِهِ وَسَلَّمَ: "لَا، بَلْ عَرْشٌ كَعَرْشِ مُوسَى". وَرُوِيَ: (عَرِيشٌ) وَهُمَا

---

(١) أخرجه أبو داود (٤٣٧٥)، وأحمد في مسنده (٢٤٩٤٥)، والنسائي في السنن الكبرى (٧٢٥٦)، والدارقطني في سننه (٣٤٣٧)، والبيهقي في السنن الصغير (٣٧٢٩)، والبيهقي في السنن الكبرى في: ج ٨: ص٢٦٧

مَا يُسْتَظَلُّ بِهِ.

[هـ ي ع]: (ابْـنُ هَاعَـانَ) فِي (ش ر، ش ر ح). وَكَأَنَّـهُ فَعْـلَانُ مِـنْ (الْهَيْعَـةِ): الصَّـوْتِ الْمُفْـزِعِ، أَوْ مِـنْ (الْهَوْعِ): الْحُزْنِ. وَاَللهُ أَعْلَمُ.

بَابُ الْيَاءِ

الْيَاءُ مَعَ الْهَمْزَةِ

[ي أ س]: (الْيَأْسُ) انْقِطَاعُ الرَّجَاءِ، يُقَالُ: (يَئِسَ) مِنْهُ، فَهُوَ يَائِسٌ، وَذَلِكَ مَيْئُوسٌ، مِنْهُ: (وَأَيْأَسْتُهُ أَنَا) أَيْ: سَأَجْعَلُهُ[1] يَائِسًا، وَفِيهِ لُغَةٌ أُخْرَى: (أَيِسَ) وَآيَسْتُهُ أَنَا، وَأَمَّا (الْإِيَاسُ) فِي مَصْدَرِ الْآيِسَةِ مِنْ الْحَيْضِ فَهُوَ فِي الْأَصْلِ: (إِيئَاسٌ) بِوَزْنِ إِيعَاسٌ كَمَا قَرَّرَهُ الْأَزْهَرِيُّ، إِلَّا أَنَّهُ حُذِفَ مِنْهُ الْهَمْزَةُ الَّتِي هِيَ عَيْنُ الْكَلِمَةِ تَخْفِيفًا، وَلَيْسَ بِمَصْدَرِ (أَيِسَ) كَمَا ظَنَّهُ بَعْضُهُمْ، وَتَمَامُ الْفَصْلِ فِي الْمُعْرِبِ.

الْيَاءُ مَعَ الْبَاءِ الْمُوَحَّدَةِ

[ي ب س]: قَوْلُهُمْ: الْمَفْلُوجُ الْيَابِسُ الشِّقِّ: يُرَادُ (بِالْيُبْسِ) بُطْلَانُ حِسِّهِ وَذَهَابُ حَرَكَتِهِ لَا أَنَّهُ مَيِّتٌ حَقِيقَةً.

الْيَاءُ مَعَ التَّاءِ الْفَوْقِيَّةِ

[ي ت م]: (الْيُتْمُ) فِي النَّاسِ مِنْ قِبَلِ الْأَبِ، وَفِي الْبَهَائِمِ مِنْ قِبَلِ الْأُمِّ، وَقَدْ يَتِمَ الصَّبِيُّ مِنْ أَبِيهِ يَتْمًا وَيُتْمًا، وَيَتُمَ بِالضَّمِّ لُغَةٌ. (وَالْيَتَامَى) جَمْعُ يَتِيمٍ وَيَتِيمَةٍ، وَالْأَصْلُ: يَتَائِمُ، فَقُلِبَ، وَأَمَّا (أَيْتَامٌ) فَجَمْعُ يَتِيمٍ لَا غَيْرُ كَشَرِيفٍ وَأَشْرَافٍ.

وَفِي حَدِيثِ أَنَسٍ رَضِيَ اللهُ تَعَالَى عَنْهُ: أَنَّ جَدَّتَهُ دَعَتْ رَسُولَ اللهِ صَلَّى اللهُ عَلَيْهِ وَآلِهِ وَسَلَّمَ لِطَعَامٍ صَنَعَتْهُ، ثُمَّ قَالَ: "قُومُوا لِأُصَلِّيَ بِكُمْ". إِلَى أَنْ قَالَ: فَقَامَ رَسُولُ اللهِ صَلَّى اللهُ عَلَيْهِ وَآلِهِ وَسَلَّمَ وَصَفَفْتُ أَنَا وَالْيَتِيمُ وَرَاءَهُ وَالْعَجُوزُ مِنْ وَرَائِنَا[2]. ذِكْرُ تَمَامِ الْحَدِيثِ فِي الصَّحِيحَيْنِ وَسُنَنِ أَبِي دَاوُد، وَشَرَحَهُ الْخَطَّابِيُّ فِي الْأَعْلَامِ، وَأَثْبَتَهُ الْبَيْهَقِيُّ فِي سُنَنِهِ فِي بَابِ:(الرَّجُلِ يَأْتَمُّ بِالرَّجُلِ وَمَعَهُمَا صَبِيٌّ وَامْرَأَةٌ). وَبِهَذَا عُرِفَ أَنَّ مَا رَوَاهُ بَعْضُهُمْ أَنَّهُ صَلَّى اللهُ عَلَيْهِ وَآلِهِ وَسَلَّمَ صَلَّى بِأَنَسٍ. (وَيَتِيمٍ) تَحْرِيفٌ وَتَصْحِيفٌ.

---

(١) في خ: "جعلته".

(٢) أخرجه البخاري (٨٦٠)، ومسلم (٦٦٠)، والترمذي (٢٣٤)، وأبو داود (٦١٢)، والنسائي (٨٠١).

الْيَاءُ مَعَ الثَّاءِ الْمُثَلَّثَةِ

[ي ث ر ب]: (يَثْرِبُ) مَوْضِعُهُ (ث ر، ث ر ب).

الْيَاءُ مَعَ الدَّالِ الْمُهْمَلَةِ

[ي د ي]: (الْيَدُ) مِنْ الْمَنْكِبِ إلَى أَطْرَافِ الْأَصَابِعِ، وَالْجَمْعُ: الْأَيْدِي وَالْأَيَادِي، جَمْعُ الْجَمْعِ إلَّا أَنَّهَا غَلَبَتْ عَلَى جَمْعِ (يَدِ) النِّعْمَةِ، وَمِنْهَا قَوْلُهُمْ: (الْأَيَادِي تَرُوضُ[1]).

(وَذُو الْيَدَيْنِ) لَقَبُ الْخِرْبَاقِ لُقِّبَ بِذَلِكَ لِطُولِهِمَا، وَقَوْلُهُمْ: ذَهَبُوا أَيْدِي سَبَأٍ وَأَيَادِيَ سَبَأٍ، أَيْ: مُتَشَتِّتِينَ، وَتَحْقِيقُهُ فِي شَرْحِ الْمَقَامَاتِ، وَيُقَالُ: (مَا لَكَ عَلَيْهِ يَدٌ) أَيْ: وِلَايَةٌ. (وَيَدُ اللهِ مَعَ الْجَمَاعَةِ) أَيْ: حِفْظُهُ، وَهُوَ مَثَلٌ، وَالْقَوْمُ عَلَيَّ يَدٌ وَاحِدَةٌ: إذَا اجْتَمَعُوا عَلَى عَدَاوَتِهِ، وَمِنْهُ الْحَدِيثُ: "وَهُمْ يَدٌ عَلَى مَنْ سِوَاهُمْ"[2].

(وَأَعْطَى بِيَدِهِ) إذَا انْقَادَ، وَمِنْهُ قَوْلُهُ: ﴿حَتَّى يُعْطُوا الْجِزْيَةَ عَنْ يَدٍ﴾ [سورة التوبة آية ٢٩] أَيْ: صَادِرَةً عَنْ انْقِيَادٍ وَاسْتِسْلَامٍ أَوْ نَقْدٍ غَيْرِ نَسِيئَةٍ، (وَبَايَعْتُهُ) يَدًا بِيَدٍ، أَيْ: بِالتَّعْجِيلِ وَالنَّقْدِ، وَالِاسْمَانِ هَكَذَا فِي مَوْضِعِ الْحَالِ، وَلَا يَجُوزُ فِيهِمَا إلَّا النَّصْبُ عَنْ السِّيرَافِيِّ.

[ث د ي]: (ذُو الثُّدَيَّةِ) فِي (ث د، ث د ي).

الْيَاءُ مَعَ الذَّالِ الْمُعْجَمَةِ

[ي ذ ك ر]: (يَا ذَكَّارَةَ الْبَاعَةِ) جَرِيدَةُ التَّذْكِرَةِ لِلْمُبْتَاعِينَ.

الْيَاءُ مَعَ الرَّاءِ الْمُهْمَلَةِ

[ي ر م ك]: (يَرْمُوكُ) مَوْضِعُهُ (ر م).

الْيَاءُ مَعَ السِّينِ الْمُهْمَلَةِ

[ي س ر]: (الْيُسْرُ) خِلَافُ الْعُسْرِ، وَبِتَصْغِيرِهِ سُمِّيَ وَالِدُ سُلَيْمَانَ بْنِ يُسَيْرٍ فِي كِتَابِ الصَّرْفِ، وَرُوِيَ (أُسَيْر)، وَبُشَيْرٌ تَصْحِيفٌ.

(وَالْيَسَارُ) اسْمٌ مِنْ أَيْسَرَ إيسَارًا إذَا اسْتَغْنَى، وَبِهِ سُمِّيَ وَالِدُ مَعْقِلِ بن يَسَارٍ أَخُو

---

(١) في خ: "قروض".

(٢) أخرجه أبو داود (٤٥٣٠)، والنسائي (٤٧٣٤)، وابن ماجه (٢٦٨٣)، وأحمد في مسنده (٩٩٦)، والنسائي في السنن الكبرى (٦٩٢١).

عَطَاءِ بن يَسَارٍ الْمُزَنِيِّ الَّذِي نَزَلَ فِيهِ: ﴿وَلَا تَعْضُلُوهُنَّ﴾ [سورة النساء آية ١٩] وَسُلَيْمَانُ بن يَسَارٍ مِنْ فُقَهَاءِ الْمَدِينَةِ.

(وَالتَّيْسِيرُ) التَّسْهِيلُ، وَمِنْهُ قَوْلُهُ فِي الدَّعْوَى: لَيْسَتْ بِمُهَيَّأَةٍ أَوْ بِمُيَسَّرَةٍ، (وَمُصَيَّرَةٌ) رَكِيكٌ، وَبِغَيْرِ الْهَاءِ (الْمُيَسَّرُ) الزُّمَاوَرْدُ، وَهُوَ الَّذِي يُقَالُ لَهُ بِالْفَارِسِيَّةِ (نُوَالِه) كَأَنَّهُ مُوَلَّدٌ، وَإِنَّمَا سُمِّيَ بِهِ لِأَنَّ اتِّخَاذَهُ سَهْلٌ مُيَسَّرٌ وَعَلَيْهِ مَسْأَلَةُ الْوَاقِعَاتِ: حَلَفَ لَا يَأْكُلُ بُسْرًا فَأَكَلَ مُيَسَّرًا.

(وَالْيَسَارُ وَالْيُسْرَى) خِلَافُ الْيَمِينِ وَالْيُمْنَى، وَمِنْهُ: رَجُلٌ (أَعْسَرُ يَسْرٌ): يَعْمَلُ بِكِلْتَا يَدَيْهِ، وَبِهِ كُنِّيَ أَبُو الْيَسْرِ كَعْبُ بن عَمْرٍو الْأَنْصَارِيُّ مِمَّنْ شَهِدَ بَدْرًا،وَأَخُوهُ الْحُبَابُ[1] بن عَمْرُو.

(وَالْمَيْسِرُ) قِمَارُ الْعَرَبِ بِالْأَزْلَامِ. وَتَفْسِيرُهُ[2] فِي الْمُعْرِبِ.

الْيَاءُ مَعَ الشِّينِ الْمُعْجَمَةِ

[ي ش ب]: (الْيَشْبُ) حَجَرٌ إِلَى الصُّفْرَةِ يُتَّخَذُ مِنْهُ خَاتَمٌ وَيُجْعَلُ فِي حِمَالَةِ السَّيْفِ فَيَنْفَعُ الْمَعِدَةَ، وَعَنْ ابْنِ زَكَرِيَّاءَ فِي الصَّيْدَنَةِ: أَنَّ (الْيَشْفَ) بِالْفَاءِ، وَكَذَا فِي الْقَانُونِ، وَفِي بَعْضِ النُّسَخِ بِالْمِيمِ، وَتَحْرِيكُ الشِّينِ خَطَأٌ.

الْيَاءُ مَعَ الْعَيْنِ الْمُهْمَلَةِ

[ي ع ر]: (يُعَارُ الشَّاةِ) صِيَاحُهَا مَنْ بَابِ مَنَعَ. (تَيْعَرُ) فِي (لف، ل ف ي).

[ي ع ل] (يَعْلَى) بن مُنْيَةَ مَوْضِعُهُ (عل).

الْيَاءُ مَعَ الْفَاءِ

[ي ف ع]: (غُلَامٌ يَافِعٌ وَيَفَعَةٌ) تَحَرَّكَ وَلَمَّا يَبْلُغْ، (وَغِلْمَانٌ أَيْفَاعٌ وَيَفَعَةٌ)، وَفِي التَّكْمِلَةِ: (غُلَامٌ يَفَاعٌ) بِمَعْنَى يَافِعٍ، وَهُوَ فِي حَدِيثِ عُمَرَ رَضِيَ اللهُ تَعَالَى عَنْهُ، وَجَمْعُهُ: (يُفْعَانٌ).

---

(١) في خ: "الحتات"، ولم يذكره هكذا إلا ابن حجر في الإصابة ٣٠/٢، والأغلب أنه: الحباب.

(٢) في خ: "وتفصيله".

الْيَاءُ مَعَ الْقَافِ

[ي ق ظ]: (الْيَقَظَةُ) بِفَتْحَتَيْنِ لَا غَيْرُ: خِلَافُ النَّوْمِ. (وَأَيْقَظَ الْوَسْنَانَ) نَبَّهَهُ، يُوقِظُهُ إيقَاظًا فَاسْتَيْقَظَ اسْتِيقَاظًا.

الْيَاءُ مَعَ اللَّامِ

[ي ل م]: (يَلَمْلَمُ) مِيقَاتُ أَهْلِ الْيَمَنِ، (وَأَلَمْلَمُ) كَذَلِكَ.

الْيَاءُ مَعَ الْمِيمِ

[ي م م]: (تَيَمَّمَ) فِي (أ م، أ م م).

[ي م ن]: (الْيُمْنُ) الْبَرَكَةُ، وَرَجُلٌ مَيْمُونٌ. (وَتَيَمَّنَ بِهِ) تَبَرَّكَ.

(وَالْيَمِينُ) خِلَافُ الْيَسَارِ، وَإِنَّمَا سُمِّيَ الْقَسَمُ يَمِينًا؛ لِأَنَّهُمْ كَانُوا يَتَمَاسَحُونَ بِأَيْمَانِهِمْ حَالَةَ التَّحَالُفِ، وَقَدْ يُسَمَّى الْمَحْلُوفُ عَلَيْهِ (يَمِينًا) لِتَلَبُّسِهِ بِهَا، وَمِنْهَا الْحَدِيثُ: "مَنْ حَلَفَ عَلَى يَمِينٍ فَرَأَى غَيْرَهَا خَيْرًا مِنْهَا"[1]، وَهِيَ مُؤَنَّثَةٌ فِي جَمِيعِ الْمَعَانِي، وَقَوْلُهُمْ: (الْأَيْمَانُ ثَلَاثَةٌ) الصَّوَابُ ثَلَاثٌ، وَإِنْ كَانَتْ الرِّوَايَةُ مَحْفُوظَةً فَعَلَى تَأْوِيلِ الْأَقْسَامِ، وَيُجْمَعُ عَلَى (أَيْمُنٍ) كَرَغِيفٍ وَأَرْغُفٍ.

(وَايْمُ) مَحْذُوفٌ مِنْهُ وَالْهَمْزَةُ لِلْقَطْعِ، وَهَذَا مَذْهَبُ الْكُوفِيِّينَ وَإِلَيْهِ ذَهَبَ الزَّجَّاجُ، وَعِنْدَ سِيبَوَيْهِ: هِيَ كَلِمَةٌ بِنَفْسِهَا وُضِعَتْ لِلْقَسَمِ، لَيْسَتْ جَمْعًا لِشَيْءٍ، وَالْهَمْزَةُ فِيهَا لِلْوَصْلِ. وَمِنْ الْمُشْتَقِّ مِنْهَا (الْأَيْمَنُ) خِلَافُ الْأَيْسَرِ، وَهُوَ جَانِبُ الْيَمِينِ أَوْ مَنْ فِيهِ، وَمِنْهُ حَدِيثُ أَنَسٍ رَضِيَ اللهُ تَعَالَى عَنْهُ: أَنَّ رَسُولَ اللهِ صَلَّى اللهُ عَلَيْهِ وَآلِهِ وَسَلَّمَ أُتِيَ بِلَبَنٍ قَدْ شِيبَ بِمَاءٍ، وَعَنْ يَمِينِهِ أَعْرَابِيٌّ، وَعَنْ يَسَارِهِ أَبُو بَكْرٍ رَضِيَ اللهُ تَعَالَى عَنْهُ، فَشَرِبَ، ثُمَّ أَعْطَى الْأَعْرَابِيَّ، وَقَالَ: "الْأَيْمَنَ الْأَيْمَنَ". هَكَذَا فِي الْمُتَّفِقِ، وَرُوِيَ: (الْأَيْمَنُ) بِالْإِفْرَادِ، وَفِي إعْرَابِهِ الرَّفْعُ وَالنَّصْبُ بِإِضْمَارِ الْفِعْلِ أَوْ الْخَبَرِ، وَبِهِ سُمِّيَ أَيْمَنُ ابْنُ أُمِّ أَيْمَنَ حَاضِنَةِ النَّبِيِّ صَلَّى اللهُ عَلَيْهِ وَآلِهِ وَسَلَّمَ، وَهُوَ أَخُو أُسَامَةَ بن زَيْدٍ لِأُمِّهِ.

(وَيَامَنَ وَتَيَامَنَ) أَخَذَ جَانِبَ الْيَمِينِ، وَمِنْهُ: "كَانَ صَلَّى اللهُ عَلَيْهِ وَآلِهِ وَسَلَّمَ يُحِبُّ

---

(١) أخرجه مسلم (١٦٥٢)، والترمذي (١٥٣٠)، والنسائي (٣٧٨١)، وابن ماجه (٢١٠٨)، والدارمي في سننه (٢٣٤٥)، وأحمد في مسنده (١٧٧٩٣).

التَّيَامُنَ فِي كُلِّ شَيْءٍ"[١]، وَرُوِيَ: (التَّيَمُّنَ) وَفِيهِ نَظَرٌ لِأَنِّي لَمْ أَجِدْهُ إِلَّا فِي مَعْنَى التَّبَرُّكِ، وَمِنَ الْمَأْخُوذِ مِنْهَا: (الْيَمَنُ) بِخِلَافِ الشَّامِ لِأَنَّهَا بِلَادٌ عَلَى يَمِينِ الْكَعْبَةِ. وَالنِّسْبَةُ إِلَيْهَا (يَمَنِيٌّ) بِتَشْدِيدِ الْيَاءِ أَوْ (يَمَانِيٌّ) بِالتَّخْفِيفِ عَلَى تَعْوِيضِ الْأَلِفِ مِنْ إِحْدَى يَاءَيِ النِّسْبَةِ، وَمِنْهُ طَاوُسٌ الْيَمَانِيُّ.

وَأَمَّا (يَامِينُ) فَاسْمٌ أَعْجَمِيٌّ، وَهُوَ يامين بن وَهْبٍ فِي السِّيَرِ، أَسْلَمَ وَلَقِيَ النَّبِيَّ صَلَّى اللهُ عَلَيْهِ وَآلِهِ وَسَلَّمَ.

الْيَاءُ مَعَ النُّونِ

[ي ن ق]: (يَنَاقُ) الْبِطْرِيقُ، بِتَخْفِيفِ النُّونِ بَعْدَ الْيَاءِ الْمَفْتُوحَةِ كَذَا قَرَأْنَاهُ، وَفِي مَعْرِفَةِ الصَّحَابَةِ مُقَيَّدٌ بِالتَّشْدِيدِ، وَهُوَ الَّذِي أُتِيَ أَبُو بَكْرٍ رَضِيَ اللهُ عَنْهُ بِرَأْسِهِ.

الْيَاءُ مَعَ الْوَاوِ

[ي و م]: (لِيَوْمِهَا) فِي (س ي، س ي ب).

وَاللهُ [الْمُوَفِّقُ لِلصَّوَابِ][٢]
وَإِلَيْهِ الْمَرْجِعُ وَالْمَآبُ

---

(١) أخرجه ابن حبان في صحيحه (٥٤٥٦).
(٢) في خ: "أعلم بالحقيقة".

رسالة في النحو

ذَيَّلت بِهَا كِتَابِي هَـذَا مُضَـمِّنًا إِيَّاهَـا مَـا تَشَـتَّتَتْ فِي أَصْـلِ الْمُعْـرِبِ مِـنْ الْأَدَوَاتِ، وَشَـيْئًا مِـنْ مَسَـائِلِ الْإِعْرَابِ، وَجَعَلْتُهَا أَرْبَعَةَ أَبْوَابٍ مُفَصَّلَةٍ:

(الْأَوَّلُ): فِي الْمُقَدِّمَاتِ.

(وَالثَّانِي): فِي شَيْءٍ مِنْ تَصْرِيفِ الْأَسْمَاءِ.

(وَالثَّالِثُ): فِيمَا لَا يَتَصَرَّفُ مِنْ الْأَفْعَالِ، وَمَا يَجْرِي مَجْرَى الْأَدَوَاتِ.

(وَالرَّابِعُ): فِي الْحُرُوفِ.

وَرُبَّمَا ذَكَرْت فِي أَثْنَاءِ ذَلِكَ مَا لَمْ يَقَعْ فِي الْأَصْلِ، كَمَا قَدْ يُذْكَرُ الشَّيْءُ بِالشَّيْءِ تَأْنِيسًا بِالسَّابِقِ أَوْ تَأْسِيسًـا لِلَّاحِقِ، وَبِاللهِ أَسْتَعِينُ، وَعَلَيْهِ أَتَوَكَّلُ.

الْبَابُ الْأَوَّلُ فِي الْمُقَدِّمَاتِ

(الْكَلِمَةُ) لَفْظَةٌ دَالَّةٌ عَلَى مَعْنًى بِالْوَضْعِ، وَهِيَ اسْمٌ كـ (رَجُل)، وَفِعْلٌ كـ (نَصَرَ)، وَحَرْفٌ كـ (هَلْ).

(وَالْكَلَامُ): هُوَ الْمُفِيدُ فَائِدَةً مُسْتَقِلَّةً، وَطَرَفَاهُ[1] مُسْنَدٌ، وَمُسْنَدٌ إِلَيْهِ، وَلِلْمُتَكَلِّمِينَ وَالْفُقَهَاءِ فِي تَحْدِيدِهِ كَلِمَاتٌ لَا تَخْلُو عَنْ نَظَرٍ فِيهَا.

(وَمِمَّا يُعْرَفُ بِهِ الِاسْمُ): أَنْ يَصِحَّ الْحَدِيثُ عَنْـهُ نَحْـوَ: نَصَرَ- زَيْـدٌ، وَزَيْـدٌ نَـاصِرٌ، وَأَنْ يَدْخُلَـهُ التَّنْـوِينُ، وَحَرْفُ التَّعْرِيفِ نَحْوَ: غُلَامٌ، وَالْغُلَامُ، وَحُرُوفُ الْجَرِّ نَحْوَ: بِزَيْدٍ، وَهُوَ نَوْعَانِ: مُظْهَرٌ، وَمُضْمَرٌ.

(فَالْمُظْهَرُ): هُوَ الِاسْمُ الصَّرِيحُ، وَلَهُ أَنْوَاعٌ، وَمِنْهَا: (الْجِنْسُ): وَهُوَ (اسْمُ عَيْنٍ) كَرَجُلٍ، وَفَرَسٍ، (وَاسْمُ مَعْنًى) كَعِلْمٍ، وَجَهْلٍ، وَمِنْهَا: (الْعَلَمُ) وَهُوَ إِمَّا (مَنْقُولٌ): كَزَيْدٍ، وَعَمْرٍو، وَثَوْرٍ، وَالْعَبَّاسِ، (وَإِمَّا مُرْتَجَلٌ): كَسُفْيَانَ، وَعِمْرَانَ، وَمِنْهَا: (الْمُبْهَمُ): وَهُوَ نَوْعَانِ: (أَسْمَاءُ الْإِشَارَةِ): كَذَا، وَتَا، وَهَؤُلَاءِ. (وَالْمَوْصُولَاتُ): كَالَّذِي، وَالَّتِي،

(١) في خ: "وأدناه".

وَمَنْ، وَمَا.

(وَالْمُضْمَرُ): هُوَ الْكِنَايَةُ وَهُوَ نَوْعَانِ: مُتَّصِلٌ، وَمُنْفَصِلٌ:

(فَالْمُتَّصِلُ): مَا لَا يَسْتَغْنِي عَنْ اتِّصَالِهِ بِشَيْءٍ، وَهُوَ مَرْفُوعٌ، وَمَنْصُوبٌ، وَمَجْرُورٌ، وَكُلٌّ مِنْ هَـذِهِ يَكُـونُ بَارِزًا فَحَسْبُ إِلَّا مَرْفُوعَهُ فَإِنَّهُ يَجِيءُ بَارِزًا، وَمُسْتَكِنًّا: (فَالْبَارِزُ): مَا لُفِظَ بِـهِ كَقَوْلِـك (فِي الْمَرْفُـوعِ): نَصَرْتُ، نَصَرْنَا، وَنَصَرْتِ إِلَى نَصَرْتُنَّ، وَنَصَرَتْ إِلَى نَصَرْنَ، (وَفِي الْمَنْصُوبِ): نَصَرَنِي نَصَرَنَا، وَنَصَرَكِ إِلَى نَصَرَكُنَّ، وَنَصَرَهُ إِلَى نَصَرَهُنَّ، (وَفِي الْمَجْرُورِ): غُلَامِي غُلَامُنَا، وَغُلَامُك إِلَى غُلَامِكُـنَّ، وَغُلَامُـهُ إِلَى غُلَامِهِـنَّ، (وَالْمُسْتَكِنُّ): مَا نُـوِيَ نَحْوُ: زَيْدٌ نَصَرَ، وَهِنْدٌ نَصَرَتْ التَّاءُ هَاهُنَا عَلَامَةُ التَّأْنِيثِ، وَلَيْسَتْ لِلضَّمِيرِ، وَأَنَا أَنْصُرُ وَنَحْـنُ نَنْصُرُ وَتَنْصُرُ أَنْتَ أَيُّهَا الرَّجُلُ.

(وَالْمُنْفَصِلُ): مَـا يَسْـتَغْنِي عَـنْ اتِّصَـالِهِ بِشَيْـءٍ كَـالْمُظْهَرِ، وَهُـوَ مَرْفُـوعٌ، وَمَنْصُـوبٌ، وَلَا مَجْـرُورَ لَـهُ، (فَالْمَرْفُوعُ): أَنَا، نَحْنُ، وَأَنْتَ إِلَى أَنْتُنَّ، وَهُوَ إِلَى هُنَّ، (وَالْمَنْصُوبُ): إِيَّـايَ إِيَّانَـا، وَإِيَّـاكَ إِلَى إِيَّـاكُنَّ، وَإِيَّـاهُ إِلَى إِيَّاهُنَّ.

(وَمِمَّا يُعْرَفُ بِهِ الْفِعْلُ): أَنْ يَدْخُلَهُ قَدْ، وَحَرْفُ الِاسْتِقْبَالِ نَحْوَ: قَدْ قَامَ، وَسَـيَقُومُ، وَسَـوْفَ يَقُـومُ، وَأَنْ يَتَّصِلَ بِهِ الضَّمِيرُ الْمَرْفُوعُ نَحْوَ: نَصَرَا، نَصَرُوا. وَتَاءُ التَّأْنِيثِ السَّاكِنَةُ نَحْوَ: نِعْمَتْ، وَبِئْسَتْ، وَلَهُ ثَلَاثَـةُ أَمْثِلَـةٍ: مَاضٍ، وَمُضَارِعٌ، وَأَمْرٌ:

(فَالْمَاضِي): مَا دَلَّ عَلَى حَدَثٍ فِي زَمَانٍ قَبْلَ زَمَانِ الْإِخْبَارِ، وَهُوَ مَبْنِيٌّ لِلْفَاعِلِ، وَمَبْنِيٌّ لِلْمَفْعُولِ، وَيُقَـالُ (لِلْأَوَّلِ): مَا سُمِّيَ فَاعِلُهُ، (وَلِلثَّـانِي): مَـا لَـمْ يُسَـمَّ فَاعِلُـهُ وَالْمَجْهُـولُ. (فَـالْمَبْنِيُّ لِلْفَاعِـلِ): مَـا أَوَّلُـهُ مَفْتُـوحٌ: كَـ(فَعَلَ)، وَفَعْلَلَ، وَأَفْعَلَ، وَأَوَّلُ مُتَحَرِّكَاتِهِ: كَـ(افْتَعَلَ) أَوَّلُ مُتَحَرِّكَاتِهِ التَّاءُ، وَكَذَا كُلُّ مَا فِي أَوَّلِهِ هَمْزَةُ الْوَصْلِ، وَلَا يُعْتَدُّ بِهَا. (وَالْمَبْنِيُّ لِلْمَفْعُولِ): مَا أَوَّلُهُ مَضْمُومٌ ضَمَّةً أَصْلِيَّةً: كَـ(فُعِلَ)، وَفُعْلِلَ، وَأُفْعِـلَ، وَفُوعِـلَ، أَوْ أَوَّلُ مُتَحَرِّكَاتِهِ: كَـ(افْتُعِلَ)، وَأَخَوَاتِهِ، وَهَمْزَةُ الْوَصْلِ تَتْبَعُ الْمَضْمُومَ فِي الضَّمَّةِ.

(وَالْمُضَارِعُ): مَا يَتَعَاقَبُ عَلَى أَوَّلِهِ الزَّوَائِدُ الْأَرْبَعُ نَحْوُ: يَفْعَلُ هُـوَ، وَتَفْعَـلُ أَنْـتَ أَوْ هِـيَ، وَأَفْعَـلُ أَنَـا، وَنَفْعَلُ نَحْنُ وَهُوَ مُشْتَرَكٌ بَيْنَ الْحَاضِرِ وَالْمُسْتَقْبَلِ، يَقُولُ: هُوَ يَفْعَلُ وَهُوَ يَشْتَغِلُ بِالْفِعْلِ، وَيَفْعَلُ غَـدًا. فَـإِذَا دَخَلَتْ عَلَيْهِ السِّينُ أَوْ سَوْفَ خَلَصَ لِلْمُسْتَقْبَلِ، وَهُوَ أَيْضًا عَلَى ضَرْبَيْنِ: (مَبْنِيٌّ لِلْفَاعِلِ): وَهُوَ مَا أَوَّلُهُ مَفْتُـوحٌ إِلَّا أَرْبَعَةَ أَبْوَابٍ فَإِنَّ أَوَائِلَهَا

مَضْمُومَةٌ، وَعَلَامَةُ بِنَائِهَا لِلْفَاعِلِ انْكِسَارُ الْحَرْفِ الرَّابِعِ، وَهُوَ اللَّامُ الْأُولَى فِي يَفْعَلِلُ، وَالْعَيْنُ فِي يُفَاعِلُ، وَالْعَيْنُ فِي يُفْعِلُ، وَالْعَيْنُ الثَّانِيَةُ فِي يُفَعِّلُ، وَهِيَ فِي التَّقْدِيرِ رَابِعَةٌ لِأَنَّ الْأَصْلَ يُوَفْعِلُ، (وَمَبْنِيٌّ لِلْمَفْعُولِ): وَهُوَ مَا أَوَّلُهُ مَضْمُومٌ إِلَّا فِي الْأَبْوَابِ الْأَرْبَعَةِ، فَإِنَّ عَلَامَةَ بِنَائِهَا لِلْمَفْعُولِ انْفِتَاحُ الْحَرْفِ الْمَكْسُورِ.

(وَالْأَمْرُ): وَهُوَ افْعَلْ وَهُوَ كُلُّ مَا اُشْتُقَّ مِنَ الْمُضَارِعِ عَلَى طَرِيقَتِهِ، وَذَلِكَ أَنْ تَحْذِفَ الزَّوَائِدَ[1] وَتُسَكِّنَ الْآخِرَ، وَلَا تُغَيِّرْ مِنَ الْبِنَاءِ شَيْئًا كَقَوْلِكَ فِي يَعُدُّ: عُدَّ، وَفِي يَضَعُ: ضَعْ، وَفِي يُدَحْرِجُ: دَحْرِجْ، وَأَمَّا يُكْرِمُ فَأَصْلُهُ: يُؤَكْرِمُ، فَجَاءَ أَكْرِمْ عَلَى قِيَاسِ الْأَصْلِ. هَذَا إِذَا كَانَ مَا بَعْدَ الزَّائِدِ مُتَحَرِّكًا فَأَمَّا إِذَا كَانَ سَاكِنًا كَضَادِ يَضْرِبُ، وَحَاءِ (يَحْمَدُ) فَزِدْ هَمْزَةً مَكْسُورَةً فِي جَمِيعِ الْمَوَاضِعِ إِلَّا فِي مَا ضُمَّتْ مِنْهُ الْعَيْنُ كَصَادِ (يَنْصُرُ)، وَرَاءِ (يَقْرُبُ) فَإِنَّكَ تَضُمُّ الْهَمْزَةَ إِتْبَاعًا لِضَمَّةِ الْعَيْنِ.

(وَالْأَفْعَالُ الْحَقِيقِيَّةُ عَلَى ضَرْبَيْنِ): (لَازِمٌ): وَهُوَ مَا يُخَصَّصُ بِالْفَاعِلِ نَحْوَ: قُمْتُ، وَقَعَدْتُ، (وَمُتَعَدٍّ): وَهُوَ مَا يُجَاوِزُ الْفَاعِلَ فَيَنْصِبُ الْمَفْعُولَ بِهِ، أَوْ شِبْهَهُ نَحْوَ: نَصَرْتُ زَيْدًا، وَأَحْدَثْتُ الْأَمْرَ وَهُوَ يَتَعَدَّى إِلَى مَفْعُولٍ وَاحِدٍ كَمَا مَرَّ آنِفًا، وَإِلَى اثْنَيْنِ نَحْوَ: أَعْطَيْتُ زَيْدًا دِرْهَمًا، وَعَلِمْتُهُ فَضْلًا، وَإِلَى ثَلَاثَةٍ نَحْوَ: اللهُ أَعْلَمَ زَيْدًا عَمْرًا فَاضِلًا.

وَأَسْبَابُ التَّعْدِيَةِ ثَلَاثَةٌ: (الْهَمْزَةُ): فِي أَجْلَسْتُهُ، (وَتَضْعِيفُ الْعَيْنِ): فِي فَرَّحْتُهُ، (وَحَرْفُ الْجَرِّ): فِي ذَهَبَ بِهِ أَوْ إِلَيْهِ، وَكُلٌّ مِنَ اللَّازِمِ وَالْمُتَعَدِّي يَكُونُ عِلَاجًا نَحْوُ: قُمْتُ، وَقَعَدْتُ، وَقَطَعْتُهُ، وَرَأَيْتُهُ، وَغَيْرَ عِلَاجٍ نَحْوَ: حَسُنَ، وَقَبُحَ، وَعَدِمْتُهُ، وَفَقَدْتُهُ، وَأَمَّا أَفْعَالُ الْحَوَاسِّ، فَكُلُّهَا مُتَعَدِّيَةٌ.

(وَالْحَرْفُ): مَا دَلَّ عَلَى مَعْنًى فِي غَيْرِهِ.

فَصْلٌ

(الْإِعْرَابُ): اخْتِلَافُ آخِرِ الْكَلِمَةِ بِاخْتِلَافِ الْعَوَامِلِ وَأَلْقَابُ حَرَكَاتِهِ: (الرَّفْعُ)، (وَالنَّصْبُ)، (وَالْجَرُّ)، وَيُسَمَّى السُّكُونُ فِيهِ (جَزْمًا).

(وَالْمُعْرَبُ) مِنَ الْكَلِمَةِ شَيْئَانِ: الِاسْمُ الْمُتَمَكِّنُ، وَالْفِعْلُ الْمُضَارِعُ، وَمَا أُعْرِبَ مِنَ الْأَسْمَاءِ ضَرْبَانِ: (مُنْصَرِفٌ): وَهُوَ مَا يَدْخُلُهُ الْحَرَكَاتُ وَالتَّنْوِينُ. (وَغَيْرُ مُنْصَرِفٍ): وَهُوَ

---

(١) فِي خ: "الزائد".

مَا يُمْنَعُ التَّنْوِينَ وَالْجَرَّ، وَكَانَ فِي مَوْضِعِ الْجَرِّ مَفْتُوحًا.

(وَأَسْبَابُ مَنْعِ الصَّرْفِ تِسْعَةٌ): الْعَلَمِيَّةُ، التَّأْنِيثُ، وَزْنُ الْفِعْلِ، الْوَصْفُ، الْعَدْلُ، الْجَمْعُ، التَّرْكِيبُ، الْعُجْمَةُ فِي الْأَعْلَامِ خَاصَّةً، الْأَلِفُ وَالنُّونُ الْمُضَارِعَتَانِ لِأَلِفَيْ التَّأْنِيثِ، مَتَى اجْتَمَعَ فِي الِاسْمِ اثْنَانِ مِنْهَا، أَوْ تَكَرَّرَ وَاحِدٌ لَمْ يَنْصَرِفْ، وَذَلِكَ فِي أَحَدَ عَشَرَ اسْمًا: خَمْسَةٌ حَالَةَ التَّنْكِيرِ، وَهِيَ: (أَفْعَلُ) صِفَةً نَحْوَ أَحْمَرَ، وَأَحْمَدَ، وَأَصْفَرَ، وَمَثْنَى وَثُلَاثُ وَرُبَاعُ فِي قَوْلِهِ تَعَالَى: ﴿أُولِي أَجْنِحَةٍ مَثْنَى وَثُلَاثَ وَرُبَاعَ﴾ [سورة فاطر آية ١] فِيهَا الْعَدْلُ، وَالْوَصْفُ، وَقِيلَ: الْعَدْلُ الْمُكَرَّرُ لِأَنَّهَا عُدِلَتْ عَنْ صِيَغِهَا، وَعَنْ التَّكْرِيرِ لِأَنَّ الْأَصْلَ: أُولِي أَجْنِحَةٍ اثْنَتَيْنِ اثْنَتَيْنِ، وَثَلَاثَةٍ ثَلَاثَةٍ، وَأَرْبَعَةٍ أَرْبَعَةٍ، وَتَمَامُ التَّقْرِيرِ فِي الْمُعْرِبِ.

(وَفَعْلَانُ) الَّذِي مُؤَنَّثُهُ فَعْلَى كَعَطْشَانَ، وَرَيَّانَ، وَمَا فِيهِ أَلِفُ التَّأْنِيثِ مَقْصُورَةً كَحُبْلَى، وَبُشْرَى، وَالدَّعْوَى، وَالْفَتْوَى، وَالْفُتْيَا، أَوْ مَمْدُودَةً نَحْوُ: حَمْرَاءَ، وَصَحْرَاءَ، وَالْجَمْعُ الَّذِي لَيْسَ عَلَى وَزْنِهِ وَاحِدٌ: كَمَسَاجِدَ، وَمَصَابِيحَ، وَدَعَاوَى، وَفَتَاوَى، وَسَرَارِيَّ، وَعَوَارِيَّ، وَنَحْوَ: جَوَارٍ، وَمَوَاشٍ مِمَّا فِي آخِرِهِ يَاءٌ يُحْذَفُ يَاؤُهُ فِي الرَّفْعِ، وَالْجَرِّ، وَيُنَوَّنُ الِاسْمُ لِخُرُوجِهِ عَنْ حَدِّ: مَسَاجِدَ، وَأَمَّا فِي النَّصْبِ فَلَا يُنَوَّنُ بِإِثْبَاتِ الْيَاءِ فِيهِ.

وَأَمَّا السِّتَّةُ الَّتِي لَا تُصْرَفُ فِي الْعَلَمِيَّةِ فَهِيَ: (الْأَعْجَمِيُّ) كَإِبْرَاهِيمَ، وَإِسْمَاعِيلَ، وَمَا فِيهِ (وَزْنُ الْفِعْلِ) كَيَزِيدَ، وَأَحْمَدَ، (وَالتَّأْنِيثُ لَفْظًا) كَطَلْحَةَ، وَحَمْزَةَ، أَوْ مَعْنًى كَعَادٍ. (وَالْمَعْدُولُ) كَعُمَرَ، وَزُفَرَ عَنْ عَامِرٍ، وَزَافِرٍ، (وَالتَّرْكِيبُ) كَمَعْدِي كَرِبَ، وَبَعْلَبَكَّ، (وَالْأَلِفُ وَالنُّونُ) كَمَرْوَانَ، وَسُفْيَانَ، وَهَذِهِ السِّتُّ إِذَا نُكِّرَتْ انْصَرَفَتْ.

وَفِي نَحْوِ: نوح[1] لُوطٍ، وَهِنْدٍ، وَدَعْدٍ، يَجُوزُ الصَّرْفُ اسْتِحْسَانًا، وَتَرْكُهُ قِيَاسًا، وَكُلُّ مَا لَا يَنْصَرِفُ إِذَا أُضِيفَ أَوْ دَخَلَهُ حَرْفُ التَّعْرِيبِ انْجَرَّ، تَقُولُ: مَرَرْتُ بِالْأَحْمَرِ، وَالْحَمْرَاءِ، وَبِعُمَرِكُمْ، وَبِعُثْمَانِنَا.

فَصْلٌ

وَمَا لَا يَظْهَرُ فِيهِ الْإِعْرَابُ قُدِّرَ فِي مَحَلِّهِ، وَذَلِكَ فِي نَحْوِ: الْعَصَا، وَسُعْدَى، مِمَّا

---

(١) سقط من: م.

حَرْفُ إِعْرَابِهِ أَلْفٌ مَقْصُورَةٌ، وَالْقَاضِي، وَالْعَمَى، فِي حَالَتَيْ الرَّفْعِ، وَالْجَرِّ.

فَصْلٌ

وَالْإِعْرَابُ كَمَا يَكُونُ بِالْحَرَكَاتِ فَقَدْ يَكُونُ بِالْحُرُوفِ، وَذَلِكَ فِي (الْأَسْمَاءِ السِّتَّةِ) مُضَافَةً، وَهِيَ: أَخُوهُ، وَأَبُوهُ، وَفُوهُ، وَحَمُوهَا، وَهَنُوهُ، وَذُو مَالٍ، تَقُولُ: جَاءَنِي أَبُوهُ، وَرَأَيْتُ أَبَاهُ، وَمَرَرْتُ بِأَبِيهِ.

وَفِي (كِلَا) مُضَافًا إِلَى مُضْمَرَتِهِ[١]، تَقُولُ: جَاءَنِي كِلَاهُمَا، وَرَأَيْتُ كِلَيْهِمَا، وَمَرَرْتُ بِكِلَيْهِمَا، وَأَمَّا إِذَا أُضِيفَ إِلَى مُظْهَرٍ فَحُكْمُهُ حُكْمُ الْعَصَا، وَالرَّحَى. [تقول: جاءني كلا الرجلين، ورأيت كلا الرجلين، ومررت بكلا الرجلين، بالألف في الأحوال الثلاثة][٢].

وَفِي التَّثْنِيَةِ وَالْجَمْعِ بِالْوَاوِ وَالنُّونِ تَقُولُ: جَاءَنِي مُسْلِمَانِ، وَمُسْلِمُونَ، وَرَأَيْتُ مُسْلِمَيْنِ، وَمُسْلِمِينَ، وَمَرَرْتُ بِمُسْلِمَيْنِ، وَمُسْلِمِينَ.

فَصْلٌ

وَاعْلَمْ أَنْ الرَّفْعَ عَلَمُ الْفَاعِلِيَّةِ، وَالنَّصْبَ عَلَمُ الْمَفْعُولِيَّةِ، وَالْجَرَّ عَلَمُ الْإِضَافَةِ:

(فَالْفَاعِلُ): مَا أُسْنِدَ إِلَيْهِ الْفِعْلُ مُقَدَّمًا عَلَيْهِ وَيَكُونُ (مُظْهَرًا) نَحْوَ: نَصَرَ زَيْدٌ، (وَمُضْمَرًا) نَحْوَ: نَصَرْتُ، وَزَيْدٌ نَصَرَ، وَمِمَّا أُلْحِقَ بِهِ: الْمُبْتَدَأُ، وَالْخَبَرُ، وَهُمَا الِاسْمَانِ الْمُجَرَّدَانِ مِنْ الْعَوَامِلِ اللَّفْظِيَّةِ لِلْإِسْنَادِ، وَرَافِعُهُمَا الِابْتِدَاءُ، وَهُوَ جَعْلُ الِاسْمِ أَوَّلًا لِلثَّانِي، وَذَلِكَ الثَّانِي حَدِيثٌ عَنْهُ، نَحْوَ: زَيْدٌ مُنْطَلِقٌ، وَاللهُ إِلَهُنَا، وَمُحَمَّدٌ نَبِيُّنَا.

(وَالْمَفْعُولُ): مَا أَحْدَثَهُ الْفَاعِلُ، أَوْ فَعَلَ بِهِ، أَوْ فِيهِ، أَوْ لَهُ، أَوْ مَعَهُ، كَقَوْلِكَ: قُمْتُ قِيَامًا، وَضَرَبْتُ زَيْدًا، وَخَرَجْتُ يَوْمَ الْجُمُعَةِ، وَصَلَّيْتُ أَمَامَ الْمَسْجِدِ، وَضَرَبْتُهُ تَأْدِيبًا، وَكُنْتُ وَزَيْدًا. وَيُسَمَّى الْمَنْصُوبُ فِي الْمِثَالِ الْأَوَّلِ: (الْمَفْعُولَ الْمُطْلَقَ) لِكَوْنِهِ غَيْرَ مُقَيَّدٍ بِالْجَارِّ، وَفِي الثَّانِي: (الْمَفْعُولَ بِهِ)، وَفِي الثَّالِثِ، وَالرَّابِعِ: (الْمَفْعُولَ فِيهِ)، وَهُوَ الظَّرْفُ الزَّمَانِيُّ، وَالْمَكَانِيُّ، وَفِي الْخَامِسِ: (الْمَفْعُولَ لَهُ)، وَفِي السَّادِسِ: (الْمَفْعُولَ معه).

(وَالْمَفْعُولُ بِهِ) هُوَ الْفَارِقُ بَيْنَ اللَّازِمِ وَالْمُتَعَدِّي، وَمِمَّا أُلْحِقَ بِهِ:

(الْحَالُ): وَهِيَ هَيْئَةُ بَيَانِ الْفَاعِلِ أَوْ الْمَفْعُولِ.

---

(١) في خ: "مضمر".

(٢) سقط من: م.

(وَالتَّمْيِيزُ): [رَفْعُ الْإِبْهَامِ عَنْ الْجُمْلَةِ][1] نَحْوَ: طَابَ زَيْدٌ نَفْسًا، وَاشْتَعَلَ الرَّأْسُ شَيْبًا.

(وَالْإِضَافَةُ): نِسْبَةُ شَيْءٍ إِلَى شَيْءٍ، وَذَلِكَ عَلَى ضَرْبَيْنِ: (إِضَافَةُ فِعْلٍ أَوْ مَعْنَاهُ إِلَى اسْمٍ) وَذَلِكَ لَا يَكُونُ إِلَّا بِوَاسِطَةِ حَرْفِ الْجَرِّ نَحْوَ: مَرَرْتُ بِزَيْدٍ، وَزَيْدٌ فِي الدَّارِ. (وَالثَّانِي): إِضَافَةُ اسْمٍ إِلَى اسْمٍ، وَذَلِكَ أَنْ تَجْمَعَ بَيْنَهُمَا فَتَجُرَّ الثَّانِي مِنْهُمَا بِالْأَوَّلِ، وَتُسْقِطَ التَّنْوِينَ، وَنُونَيْ التَّثْنِيَةِ، وَالْجَمْعِ مِنَ الْأَوَّلِ فَتَقُولُ: غُلَامُ زَيْدٍ، وَصَاحِبَاكَ، وَصَالِحُو قَوْمِكَ، وَيُسَمَّى الْأَوَّلُ مُضَافًا، وَالثَّانِي مُضَافًا إِلَيْهِ، وَهُوَ لَا يَكُونُ إِلَّا مَجْرُورًا.

وَهَذِهِ الْإِضَافَةُ تُسَمَّى (مَعْنَوِيَّةً) [وَهِيَ الَّتِي بِمَعْنَى اللَّامِ][2] [أَوْ بِمَعْنَى][3] الْمُضَافِ، وَلِهَذَا لَا يَجُوزُ فِيهِ الْأَلِفُ وَاللَّامُ فَلَا يُقَالُ: الْغُلَامُ زَيْدٍ.

وَأَمَّا (اللَّفْظِيَّةُ) فَهِيَ إِضَافَةُ الصِّفَةِ إِلَى فَاعِلِهَا أَوْ مَفْعُولِهَا، وَحُكْمُهَا التَّخْفِيفُ لَا التَّعْرِيفُ، وَلِهَذَا يَجُوزُ الْجَمْعُ بَيْنَهَا وَبَيْنَ الْأَلِفِ وَاللَّامِ نَحْوُ: الْحَسَنُ الْوَجْهِ، وَالضَّارِبُ الرَّجُلِ، وَفِي التَّنْزِيلِ، ﴿وَالْمُقِيمِي الصَّلَاةِ﴾ [سورة الحج آية ٣٥].

فَصْلُ التَّوَابِعِ

([وللمعرب توابع][4] وَهِيَ خَمْسَةٌ):

الْأَوَّلُ: (التَّوْكِيدُ) نَحْوَ: جَاءَنِي زَيْدٌ زَيْدٌ، وَزَيْدٌ نَفْسُهُ، وَالْقَوْمُ كُلُّهُمْ، وَأَجْمَعُونَ، وَلَا يُؤَكَّدُ النَّكِرَاتُ.

وَالثَّانِي: (الْبَدَلُ) وَهُوَ أَرْبَعَةٌ: (بَدَلُ الْكُلِّ مِنْ الْكُلِّ): نَحْوَ قَوْلِهِ عَزَّ وَجَلَّ: ﴿لَنَسْفَعًا بِالنَّاصِيَةِ (١٥) نَاصِيَةٍ كَاذِبَةٍ خَاطِئَةٍ (١٦)﴾ [سورة العلق آية ١٥-١٦] (وَبَدَلُ الْبَعْضِ مِنْ الْكُلِّ): نَحْوَ مَرَرْتُ بِالْقَوْمِ ثُلُثَيْهِمْ، (وَبَدَلُ الِاشْتِمَالِ): نَحْوَ سُلِبَ زَيْدٌ ثَوْبُهُ، وَفِي التَّنْزِيلِ ﴿يَسْأَلُونَكَ عَنِ الشَّهْرِ الْحَرَامِ قِتَالٍ فِيهِ﴾ [سورة البقرة آية ٢١٧]، (وَبَدَلُ الْغَلَطِ) نَحْوَ: مَرَرْتُ بِرَجُلٍ حِمَارٍ، وَتُبْدَلُ النَّكِرَةُ مِنَ الْمَعْرِفَةِ، وَعَلَى الْعَكْسِ، وَشَرْطُ النَّكِرَةِ الْمُبْدَلَةِ أَنْ تَكُونَ مَوْصُوفَةً.

---

(١) زيادة من: م.
(٢) زيادة من: م.
(٣) في خ: "وحكمها تعرف".
(٤) سقط من: م.

وَالثَّالِثُ: (عَطْفُ الْبَيَانِ): وَهُوَ أَنْ تُتْبِعَ الْمَذْكُورَ بِأَشْهَرِ اسْمَيْهِ كَقَوْلِهِ: أَقْسَمَ بِاللهِ أَبُو حَفْصٍ عُمَرُ.

وَالرَّابِعُ: (الْعَطْفُ بِالْحَرْفِ): نَحْوُ جَاءَنِي زَيْدٌ وَعَمْرٌ، وَحُرُوفُهُ تُذْكَرُ فِي بَابِهَا.

الْخَامِسُ: (الصِّفَةُ): وَهِيَ الِاسْمُ الدَّالُّ عَلَى بَعْضِ أَحْوَالِ الذَّاتِ، وَهِيَ تَتْبَعُ الْمَوْصُوفَ فِي إِعْرَابِهِ، وَإِفْرَادِهِ، وَتَثْنِيَتِهِ، وَجَمْعِهِ، وَتَعْرِيفِهِ، وَتَنْكِيرِهِ، وَتَذْكِيرِهِ، وَتَأْنِيثِهِ إِذَا كَانَتْ فِعْلًا لَهُ، تَقُولُ: رَجُلٌ صَالِحٌ، وَرَجُلَانِ صَالِحَانِ، وَرِجَالٌ صَالِحُونَ، وَالرَّجُلُ الصَّالِحُ، وَالْمَرْأَةُ الصَّالِحَةُ، وَالنِّسَاءُ الصَّالِحَاتُ، وَقَوْلُهُ: (إِذَا كَانَتْ فِعْلًا لَهُ) احْتِرَازٌ عَنْ وَصْفِ الشَّيْءِ بِفِعْلِ، سَبَبِهِ كَقَوْلِكَ: رَجُلٌ حَسَنٌ وَجْهُهُ، وَكَرِيمٌ آبَاؤُهُ، وَمُؤَدَّبٌ خُدَّامُهُ. فَإِنَّ ذَلِكَ يَتْبَعُهُ فِي الْإِعْرَابِ، وَالتَّعْرِيفِ، وَالتَّنْكِيرِ فَحَسْبُ، وَمِنْهُ قَوْلُهُ تَعَالَى ﴿الْقَرْيَةِ الظَّالِمِ أَهْلُهَا﴾ [سورة النساء آية ٧٥].

فَصْلٌ

(وَإِعْرَابُ الْفِعْلِ): عَلَى الرَّفْعِ، وَالنَّصْبِ، وَالْجَزْمِ. (فَارْتِفَاعُهُ) بِالْمَعْنَى، وَهُوَ وُقُوعُهُ مَوْقِعَ الِاسْمِ نَحْوَ: زَيْدٌ يَضْرِبُ، (وَانْتِصَابُهُ وَانْجِزَامُهُ) بِالْحُرُوفِ وَسَتُذْكَرُ، وَأَمَّا نَحْوَ: يَفْعَلَانِ، وَتَفْعَلَانِ، وَيَفْعَلُونَ، وَتَفْعَلُونَ، وَتَفْعَلِينَ، فَعَلَامَةُ الرَّفْعِ فِيهِ إِثْبَاتُ النُّونِ، وَسُقُوطُهَا عَلَامَةُ الْجَزْمِ، وَالنَّصْبِ.

(وَالْمَبْنِيُّ): مَا لَزِمَ آخِرُهُ[1] وَجْهًا وَاحِدًا، وَهُوَ جَمِيعُ الْحُرُوفِ، وَأَكْثَرُ الْأَفْعَالِ وَهُوَ الْمَاضِي، وَالْأَمْرُ الْمُخَاطَبُ، وَبَعْضُ الْأَسْمَاءِ نَحْوَ: كَمْ، وَمَنْ، وَكَيْفَ، وَأَيْنَ، [وما أشبه الحرف: كالذي، والتي، ومَنْ] [2]، وَمَا فِي مَعْنَى الَّذِي أَوْ تَضَمَّنَ مَعْنَاهُ.

(وَالْبِنَاءُ) لَازِمٌ وَعَارِضٌ (فَاللَّازِمُ) مَا ذُكِرَ، (وَالْعَارِضُ) فِي نَحْوِ: غُلَامِي، وَلَا رَجُلَ فِي الدَّارِ، وَيَا زَيْدُ، وَخَمْسَةَ عَشَرَ مِنَ الْأَسْمَاءِ، وَمِنَ الْأَفْعَالِ: الْمُضَارِعُ إِذَا اتَّصَلَ بِهِ ضَمِيرُ جَمَاعَةِ الْمُؤَنَّثِ نَحْوَ: هُنَّ يَفْعَلْنَ، وَنُونُ التَّوْكِيدِ نَحْوَ: هَلْ يَفْعَلَنَّ؟

فَصْلٌ

(السَّاكِنَانِ لَا يَجْتَمِعَانِ) وَالسَّاكِنُ إِذَا حُرِّكَ حُرِّكَ بِالْكَسْرِ وَحُذِفَ [أَيْ: حُذِفَ

(١) زيادة من: م.
(٢) سقط من: م.

الْحَرْفُ السَّاكِنِ فِي نَحْوِ[(١)]: قُلْ الْحَقَّ، وَمَرَرْت بِغُلَامَيْ الْحَسَنِ، وَجَاءَنِي غُلَامَا الْقَاضِي، وَصَالِحُوا الْقَوْمِ، وَبِصَالِحِي الْقَوْمِ، بِإِسْقَاطِ الْأَلِفِ وَالْوَاوِ، وَالْيَاءِ لَفْظًا لَا خَطًّا.

فصل

وَكُلُّ كَلِمَةٍ إِذَا وَقَفْت عَلَيْهَا أَسْكَنْت آخِرَهَا إِلَّا مَا كَانَ مُنَوَّنًا، فَإِنَّك تُبْدِلُ مِنْ تَنْوِينِهِ أَلِفًا حَالَةَ النَّصْبِ نَحْوَ: رَأَيْت زَيْدًا، وَاَللَّهُ أَعْلَمُ.

الْبَابُ الثَّانِي
فيما يَخْتَصُّ بِالْأَسْمَاءِ

التَّثْنِيَةُ: إذا[(٢)] ثُنِّيَ الاِسْمُ أُلْحِق بِآخِرِهِ أَلِفٌ أَوْ يَاءٌ مَفْتُوحٌ مَا قَبْلَهَا وَنُونٌ مَكْسُورَةٌ: الْأَلِفُ حَالَةَ الرَّفْعِ عَلَامَةُ التَّثْنِيَةِ، وَالْيَاءُ حَالَةَ النَّصْبِ وَالْجَرِّ كَذَلِكَ، وَالنُّونُ عِوَضٌ عَنْ الْحَرَكَةِ وَالتَّنْوِينِ، وَلَا تَسْقُطُ تَاءُ التَّأْنِيثِ إِلَّا فِي كَلِمَتَيْنِ: (خُصْيَانِ)، (وَأَلْيَانِ)، وَقَدْ جَاءَنَا عَلَى الْأَصْلِ، وَهُوَ الْقِيَاسُ؛ لِأَنَّ حَقَّ الْمُثَنَّى أَنْ تَكُونَ صِيغَةُ الْمُفْرَدِ فِيهِ مَحْفُوظَةً إِلَّا مَا فِي آخِرِهِ أَلِفٌ، وَذَلِكَ لِأَنَّهَا إِنْ كَانَتْ ثَالِثَةً رُدَّتْ إِلَى أَصْلِهَا نَحْوَ عَصَوَانِ، وَرَحَيَانِ، وَإِنْ كَانَتْ رَابِعَةً فَصَاعِدًا لَمْ تُقْلَبْ إِلَّا يَاءً نَحْوَ: أَعْشَيَانِ، وَحُبْلَيَانِ، وَالْأُولَيَانِ، وَعَلَى ذَا قَوْلُهُمْ: (الْأُخْرَوَانِ) لَحْنٌ، وَإِنَّمَا الصَّوَابُ: الْأُخْرَيَانِ، وَإِنْ كَانَتْ مَمْدُودَةً لِلتَّأْنِيثِ كَحَمْرَاءَ، وَصَحْرَاءَ قُلِبَتْ وَاوًا نَحْوَ: حَمْرَوَانِ، وَصَحْرَاوَانِ، وَمَا عَدَاهَا بَاقٍ عَلَى حَالِهِ، وَيُثَنَّى الْجَمْعُ عَلَى تَأْوِيلِ الْجَمَاعَتَيْنِ وَالْفَرِيقَيْنِ، وَمِنْهُ الْحَدِيثُ: "مَثَلُ الْمُنَافِقِ كَالشَّاةِ الْعَائِرَةِ بَيْنَ الْغَنَمَيْنِ"، وَقَالَ أَبُو النَّجْمِ:

بَيْنَ رِمَاحَيْ مَالِكٍ وَنَهْشَلِ

وَعَلَيْهِ قَوْلُ مُحَمَّدٍ رَحِمَهُ اللهُ: فَإِنْ كَانَ إِحْدَى الْبَلَادَيْنِ خَيْرًا مِنْ الْأُخْرَى.

(وَالْجَمْعُ عَلَى ضَرْبَيْنِ): (مُصَحَّحٌ): وَهُوَ مَا صَحَّ بِنَاءُ وَاحِدِهِ، (وَمُكَسَّرٌ): وَهُوَ خِلَافُ ذَلِكَ، (فَالْأَوَّلُ): عَلَى ضَرْبَيْنِ: مُذَكَّرٌ، وَمُؤَنَّثٌ:

(فَالْمُذَكَّرُ) يَلْحَقُ آخِرَهُ وَاوٌ مَضْمُومٌ مَا قَبْلَهَا أَوْ يَاءٌ مَكْسُورٌ مَا قَبْلَهَا، وَنُونٌ مَفْتُوحَةٌ،

---

(١) زيادة من: م.

(٢) سقط من: م.

فَالْوَاوُ حَالَةَ الرَّفْعِ عَلَامَةُ الْجَمْعِ، وَالْيَاءُ حَالَةَ الْجَرِّ وَالنَّصْبِ كَذَلِكَ، وَالنُّونُ عِوَضٌ مِنَ الْحَرَكَةِ وَالتَّنْوِينِ، والاسْمُ الَّذِي فِي آخِرِهِ أَلِفٌ إِذَا جُمِعَ بِالْوَاوِ وَالنُّونِ، حُذِفَتْ أَلِفُهُ، وَتُرِكَ مَا قَبْلَهَا عَلَى الْفَتْحِ كَقَوْلِهِمْ: هُم[١] الْأَعْلَوْنَ، وَمَرَرْتُ بِالْأَعْلَيْنَ، وَرَأَيْتُ الْأَعْلَيْنَ، وَكَذَلِكَ الْمُصْطَفَوْنَ، وَالْمُرْتَضَوْنَ، وَالْمُصْطَفَيْنَ، وَالْمُرْتَضَيْنَ، وَعَلَى ذَا قَوْلُهُمْ: هَذَا مَا شَهِدَ عَلَيْهِ الشُّهُودُ الْمُسَمَّوْنَ بِفَتْحِ الْمِيمِ، وَإِذَا كَانَ فِي آخِرِهِ يَاءٌ مَكْسُورٌ مَا قَبْلَهَا: كَالْقَاضِي، وَالْغَازِي، حُذِفَتْ يَاؤُهُ، وَضُمَّ مَا قَبْلَ الْوَاوِ، وَكُسِرَ مَا قَبْلَ الْيَاءِ، فَقِيلَ: هُمْ قَاضُونَ، وَغَازُونَ، وَمَرَرْتُ بِقَاضِينَ، وَغَازِينَ، وَكَذَا الْمُصْطَفُونَ، وَالْمُرْتَضُونَ، وَالْمُصْطَفِينَ، وَالْمُرْتَضِينَ.

وَأَمَّا (الْمُؤَنَّثُ): فَتَلْحَقُ آخِرَهُ أَلِفٌ وَتَاءٌ، وَهَذِهِ التَّاءُ مَرْفُوعَةٌ حَالَةَ الرَّفْعِ، وَمَكْسُورَةٌ حَالَةَ الْجَرِّ وَالنَّصْبِ، وَالْأَلِفُ الثَّالِثَةُ لَا مَا يُرَدُّ إِلَى أَصْلِهَا كَصَلَوَاتٍ، وَزَكَوَاتٍ، وَحَصَيَاتٍ. وَأَمَّا حَصَايَاتٌ كَمَا فِي السِّيَرِ فَخَطَأٌ؛ [لِأَنَّ أَصْلَهَا: صَلَاةٌ، لِأَنَّهَا مُشْتَقَّةٌ مِنَ الصَّلَوَيْنِ][٢]، وَالرَّابِعَةُ فَصَاعِدًا إِلَّا مَا كَانَتْ زَائِدَةً لَا تُقْلَبُ إِلَّا يَاءً: كَمَوْلَيَاتٍ، وَحُبْلَيَاتٍ، وَالْفُضْلَيَاتِ، وَالْمَمْدُودَةُ: إِذَا كَانَتْ زَائِدَةً لِلتَّأْنِيثِ قُلِبَتْ وَاوًا: كَصَحْرَوَاتٍ، وَبَيْدَاوَاتٍ، وَأَمَّا فِي الصِّفَاتِ فَالتَّكْسِيرُ لَا غَيْرُ: كَحُمْرٍ وَصُفْرٍ، وَأَمَّا الْخَضْرَاوَاتُ فِي الْحَدِيثِ فَلِجَرْيِهَا مَجْرَى الْأَسْمَاءِ.

(وَالْأَوَّلُ): مُخْتَصٌّ بِأُولِي الْعِلْمِ فِي أَسْمَائِهِمْ وَصِفَاتِهِمْ: كَالْمُسْلِمِينَ، وَالزَّيْدِينَ، إِلَّا مَا جَاءَ مِنْ نَحْوِ: سِنِينَ، وَأَرَضِينَ، (وَالثَّانِي): عَامٌّ فِيهِمْ وَفِي غَيْرِهِمْ: كَالْمُسْلِمَاتِ، وَالْهِنْدَاتِ، وَالْحَمَّامَاتِ، وَالرَّايَاتِ، وَكَذَا الْمُكَسَّرُ: كَرِجَالٍ، وَجِمَالٍ، وَظُرُفٍ، وَأَشْرَافٍ.

وَالْجَمْعُ الْمُصَحَّحُ وَمَا كَانَ عَلَى الْمُكَسَّرِ: عَلَى أَفْعَلَ كَـ (أَفْلُسٍ)، وَأَفْعَالٍ كَأَفْرَاخٍ، وَأَفْعِلَةٍ كَأَلْسِنَةٍ، وَفِعْلَةٍ كَغِلْمَةٍ جَمْعُ قِلَّةٍ، وَمَا عَدَا ذَلِكَ جَمْعُ كَثْرَةٍ، وَالْمُرَادُ بِجَمْعِ الْقِلَّةِ: الْعَشَرَةُ فَمَا دُونَهَا.

وَكُلُّ اسْمٍ عَلَى فَعْلَةٍ: إِذَا جُمِعَ بِالْأَلِفِ وَالتَّاءِ حُرِّكَتْ عَيْنُهُ بِالْفَتْحِ: كَتَمَرَاتٍ، وَنَخَلَاتٍ، وَرَكَعَاتٍ، وَسَجَدَاتٍ، وَمَا كَانَ صِفَةً أَوْ مُضَاعَفًا أَوْ مُعْتَلَّ الْعَيْنِ: يَأْتِي[٣] عَلَى

---

(١) سقط من: م.
(٢) زيادة من: م.
(٣) في خ: "باق".

السُّكُونِ: كَعَبْلَاتٍ، وَضَخْمَاتٍ، وَجَدَّاتٍ، وَجَوْزَاتٍ، وَبَيْضَاتٍ، وَيُجْمَعُ الْجَمْعُ فَيُقَالُ: أَكْلُبٌ، وَأَكَالِبُ، وَأَكَالِيبُ، وَأَعَارِبُ، وَأَعَارِيبُ، وَأَسْوِرَةٌ، وَأَسَاوِيرُ، وَآنِيَةٌ، وَأَوَانٍ، وَقَالُوا: جِمَالَاتٌ، وَرِجَالَاتٌ، وَبُيُوتَاتٌ، وَطُرُقَاتٌ فِي جَمْعِ جِمَالٍ، وَرِجَالٍ، وَبَيْتٍ، وَطُرُقٍ، وَلَيْسَ ذَلِكَ بِقِيَاسٍ وَأَمَّا (الْمَوَالِيَاتُ) فَخَطَأٌ، وَأَمَّا الْأَرْبَعِينَاتُ، وَالْخَمْسِينَاتُ إِنْ كَانَ اسْتِعْمَالُهَا عَنْ عَلَمٍ خُرِّجَ لَهَا وَجْهٌ، وَأَمَّا رُكُوعَاتٌ وَسُجُودَاتٌ فَلِلْفَرْقِ بَيْنَهَا وَبَيْنَ الرَّكَعَاتِ وَالسَّجَدَاتِ الْعُرْفِيَّةِ.

فَصْلٌ

(الاسْمُ الْمُفْرَدُ) الَّذِي يَقَعُ عَلَى الْجَمْعِ فَمُيِّزَ بَيْنَهُ وَبَيْنَ وَاحِدِهِ بِالتَّاءِ، غَالِبًا فِي الْأَشْيَاءِ الْمَخْلُوقَةِ دُونَ الْمَصْنُوعَةِ، وَذَلِكَ نَحْوَ: تَمْرَةٍ، وَتَمْرٍ، وَنَخْلَةٍ، وَنَخْلٍ، وَبَقَرَةٍ، وَبَقَرٍ، وَحَمَامَةٍ، وَحَمَامٍ، وَدَجَاجَةٍ، وَدَجَاجٍ، وَنَحْوُ: سَفِينَةٍ، وَسُفُنٍ، وَلَبِنَةٍ، وَلَبِنٍ قَلِيلٌ.

(التَّصْغِيرُ): الاسْمُ الْمُعْرَبُ إِذَا صُغِّرَ ضُمَّ أَوَّلُهُ، وَفُتِحَ ثَانِيهِ، وَأُلْحِقَ يَاءٌ ثَالِثَةٌ سَاكِنَةٌ نَحْوَ: فُعَيْلٍ كَفُلَيْسٍ، وَفُعَيْعِلٍ كَدُرَيْهِمٍ، وَفُعَيْعِيلٍ كَدُنَيْنِيرٍ، وَقَالُوا: جُيَمَالٌ[1]، وَحُبَيْلَى، وَحُمَيْرَاءُ، وَسُكَيْرَانَ لِلْمُحَافَظَةِ عَلَى الْأَلِفَاتِ، وَتَقُولُ فِي مِيزَانٍ، وَبَابٍ، وَنَابٍ: مُوَيْزِينٌ، وَبُوَيْبٌ، وَنُيَيْبٌ، وَفِي عِدَةٍ وَزِنَةٍ: وُعَيْدَةٌ، وَوُزَيْنَةٌ، وَفِي أَخٍ وَابْنٍ: أُخَيٌّ، وَبُنَيٌّ، يُرْجَعُ بِهَا إِلَى الْأَصْلِ.

وَتَاءُ التَّأْنِيثِ الْمُقَدَّرَةُ فِي الْبَابِ تَثْبُتُ فِي التَّصْغِيرِ: كَيُدَيَّةٍ، وَعُيَيْنَةٍ، وَنُوَيْرَةٍ، وَدُوَيْرَةٍ فِي: يَدٍ، وَعَيْنٍ، وَنَارٍ، وَدَارٍ إِلَّا مَا شَذَّ مِنْ نَحْوِ: قُرَيْشٍ[2]، وَعُرَيْبٍ، وَلَا تَثْبُتُ فِي الرُّبَاعِيِّ: كَعُقَيْرِبٍ إِلَّا مَا شَذَّ مِنْ نَحْوِ: قُدَيْدِيمَةٍ، وَوُرَيَّةٍ، [في تصغير: قدام ووراء][3].

(وَجَمْعُ الْقِلَّةِ) يُصَغَّرُ عَلَى بِنَائِهِ كَأُجَيْمَالٍ، وَأُلَيْسِنَةٍ، (وَجَمْعُ الْكَثْرَةِ) يُرَدُّ إِلَى وَاحِدِهِ، ثُمَّ يُجْمَعُ جَمْعَ السَّلَامَةِ نَحْوُ: شُوَيْعِرُونَ، وَمُسَيْجِدَاتٍ، وَدُرَيْهِمَاتٍ فِي: شُعَرَاءَ، وَمَسَاجِدَ، وَدَرَاهِمَ، وَعَلَى ذَا: دُفَيْتِرَاتٌ، وَحُمَيْرَاتٌ فِي: دَفَاتِرَ، وَحُمُرٍ، وَإِنْ كَانَ لَهُ جَمْعُ قِلَّةٍ رُدَّ إِلَيْهِ نَحْوَ: غُلَيْمَةٍ فِي: غِلْمَانٍ، وَإِنْ شِئْتَ: غُلَيْمُونَ.

---

(١) في خ: "أجيمال".
(٢) في خ: "عريس".
(٣) سقط من: م.

(وَتَصْغِيرُ التَّرْخِيمِ) أَنْ تَحْذِفَ الزَّائِدَةَ نَحْوَ: زُهَيْرٍ فِي: أَزْهَرَ، وَحُرَيْثٍ فِي: حَارِثٍ.

التَّذْكِيرُ وَالتَّأْنِيثُ

عَلَامَةُ التَّأْنِيثِ فِي الْأَسْمَاءِ الْمُتَمَكِّنَةِ شَيْئَانِ: التَّاءُ الَّتِي تَنْقَلِبُ هَاءً فِي الْوَقْفِ، وَالْأَلِفُ الزَّائِدَةُ الْمَقْصُورَةُ فِي: حُبْلَى، وَبُشْرَى، أَوْ الْمَمْدُودَةِ فِي: حَمْرَاءَ، وَصَحْرَاءَ.

(وَالْمُذَكَّرُ وَالْمُؤَنَّثُ كِلَاهُمَا): حَقِيقِيٌّ، وَلَفْظِيٌّ، وَالْأَوَّلُ هُوَ الْخَلْقِيُّ: كَالرَّجُلِ، وَالْمَرْأَةِ، وَالثَّانِي نَحْوُ: الثَّوْبِ، وَالْعِمَامَةِ، وَالْحَقِيقِيُّ أَقْوَى، وَلِهَذَا أُنِّثَ فِعْلُهُ تَقَدَّمَ أَوْ تَأَخَّرَ نَحْوُ: حَسُنَتْ الْمَرْأَةُ، وَالْمَرْأَةُ حَسُنَتْ، وَلَمْ يَجُزْ: حَسُنَ الْمَرْأَةُ، وَجَازَ: حَسُنَ الْعِمَامَةُ، [وَطَلَعَ الشَّمْسُ][1]، وَإِلْحَاقُ الْعَلَامَةِ لِلْفَرْقِ بَيْنَ الْمُذَكَّرِ وَالْمُؤَنَّثِ، [ثُمَّ أُنِّثَ بِالشُّخُوصِ عَلَى تَأْوِيلِ الْأَنْفُسِ][2] فِي الصِّفَاتِ، هُوَ الْأَصْلُ نَحْوَ: صَالِحٍ، وَصَالِحَةٍ، وَكَرِيمٍ، وَكَرِيمَةٍ، وَسَكْرَانَ، وَسَكْرَى، وَعَطْشَانَ، وَعَطْشَى، وَأَحْمَرَ، وَحَمْرَاءَ، وَأَبْيَضَ، وَبَيْضَاءَ، وَأَمَّا حَائِضٌ، وَطَالِقٌ، وَمُرْضِعٌ، وَامْرَأَةٌ عَاشِقٌ، وَنَاقَةٌ ضَامِرٌ: فَعَلَى تَأْوِيلِ شَخْصٍ أَوْ شَيْءٍ.

فَصْلٌ

وَمِنْ الْأَسْمَاءِ الْمُؤَنَّثَةِ مَا لَا عَلَامَةَ فِيهِ، وَهِيَ أَنْوَاعٌ مِنْهَا: النَّفْسُ، وَالْعَيْنُ، وَالنَّابُ [من الإبل][3]، وَالْيَدُ، وَالْقَدَمُ، وَالسَّاقُ، وَالْعَقِبُ، وَالْعَضُدُ، وَالْكَفُّ، وَالْيَمِينُ، وَالشِّمَالُ، وَالذِّرَاعُ، وَالْكُرَاعُ، وَالْأُصْبُعُ، وَالْبِنْصِرُ، وَالْخِنْصِرُ، وَالْإِبْهَامُ، وَالضِّلَعُ، وَالْكَبِدُ، وَالْكَرِشُ، وَالْوَرِكُ، وَالْفَخِذُ، وَالِاسْتُ، وَالسَّهُ، وَالطِّبَاعُ.

وَمِنْهَا: الْقِدْرُ، وَالدَّارُ، وَالنَّارُ، وَالْفَأْسُ، وَالْكَأْسُ، وَالنَّعْلُ، وَالْفِهْرُ، وَالسُّوقُ، وَالْبِئْرُ، وَالْحَالُ، وَالْعِيرُ، وَالْأَرْضُ، وَالسَّمَاءُ، وَالشَّمْسُ، وَالرِّيحُ، وَأَسْمَاؤُهَا إِلَّا الْإِعْصَارَ، وَالْخَرَابُ[4]، وَالْقَوْسُ، وَالسَّرَاوِيلُ، وَالْعَرُوضُ، وَالذَّنُوبُ، وَمُوسَى الْحَدِيدِ، وَالْمَنْجَنُونُ، وَالْمَنْجَنِيقُ، وَالْعَقْرَبُ، وَالْأَرْنَبُ، وَالْعُقَابُ، وَالْعَنَاقُ، وَالرَّحْلُ، وَالضَّبُعُ، وَالْأَفْعَى، وَالْعَنْكَبُوتُ.

---

(١) زيادة من: م.
(٢) زيادة من: م.
(٣) سقط من: م.
(٤) في خ: "والحرب".

وَمِنْ مَحَاسِنِ هَذَا الْبَابِ مَسْأَلَةُ الشُّرُوطِ فِي تَذْكِيرِ الدَّارِ، وَمَا يُذَكَّرُ وَيُؤَنَّثُ: الْهُدَى، وَالنَّوَى، وَالسُّرَى، وَالْقَفَا، وَالْعُنُقُ، وَالْعَاتِقُ، وَالإِبْطُ بِمَعْنَى الْكَلِمَةِ، وَاللِّسَانِ، وَالسُّلْطَانُ بِمَعْنَى الْحُجَّةِ، وَالسِّلْمُ، وَالسِّلَاحُ، وَدِرْعُ الْحَدِيدِ، وَالسِّكِّينُ، وَالدَّلْوُ، وَالصَّاعُ، وَالسَّبِيلُ، وَالطَّرِيقُ، وَالْمَنُونُ، وَالْفُلْكُ، وَالْمِسْكُ، وَالْحَانُوتُ، وَوَسْطُ الدَّارِ.

فَصْلٌ

وَمِمَّا ذُكِّرَ لِكَوْنِهِ مَخْصُوصًا بِالرِّجَالِ دُونَ النِّسَاءِ: أَمِيرٌ، وَوَكِيلٌ، وَوَصِيٌّ، وَشَاهِدٌ، وَمُؤَذِّنٌ، (وَالأَلْفُ) مُذَكَّرٌ فِي عَدَدِ الْمُؤَنَّثِ وَغَيْرِهِ بِدَلِيلِ: ثَلَاثَةِ آلَافٍ، وَمَنْ أَنَّثَ جَازَ عَلَى تَأْوِيلِ الدَّرَاهِمِ.

فَصْلٌ

وَكُلُّ جَمْعٍ مُؤَنَّثٌ إِلَّا مَا صَحَّ بِالْوَاوِ وَالنُّونِ فِيمَنْ يُعْلَمُ، تَقُولُ: جَاءَ الرِّجَالُ وَالنِّسَاءُ، وَجَاءَتْ الرِّجَالُ وَالنِّسَاءُ، وَفِي التَّنْزِيلِ: ﴿إِذَا جَاءَكَ الْمُؤْمِنَاتُ﴾ [سورة الممتحنة آية ١٢]، (وَأَسْمَاءُ الْجُمُوعِ مُؤَنَّثَةٌ) نَحْوَ: الإِبِلِ، وَالذَّوْدِ، وَالْخَيْلِ، وَالْغَنَمِ، وَالْوَحْشِ، وَالْعَرَبِ، وَالْعَجَمِ، وَكَذَا كُلُّ مَا بَيْنَهُ، وَبَيْنَ وَاحِدِهِ التَّاءُ أَوْ يَاءُ النِّسْبَةِ: كَتَمْرٍ، وَنَخْلٍ، وَرُمَّانٍ فِي: تَمْرَةٍ، وَنَخْلَةٍ، وَرُمَّانَةٍ، وَرُومِيٍّ، وَرُومٍ، وَبُخْتِيٍّ، وَبُخْتٍ.

فَصْلٌ

(الأَعْدَادُ وَتَأْنِيثُهَا) عَلَى عَكْسِ تَأْنِيثِ مَا عَلَيْهِ أَكْثَرُ الْكَلَامِ، فَالتَّاءُ فِيهَا عَلَامَةُ التَّذْكِيرِ، وَسُقُوطُهَا عَلَامَةُ التَّأْنِيثِ، وَذَلِكَ مِنَ الثَّلَاثَةِ إِلَى الْعَشَرَةِ تَقُولُ: ثَلَاثَةُ رِجَالٍ، وَثَلَاثُ نِسْوَةٍ، وَفِي التَّنْزِيلِ: ﴿فِي أَرْبَعَةِ أَيَّامٍ﴾ [سورة فصلت آية ١٠]، وَثَلَاثُ لَيَالٍ، وَفِي الشِّعْرِ:

[أرمي إليها وهي فرعٌ أجمعُ][1] وَهِيَ ثَلَاثَةُ أَذْرُعٍ وَأَصْبُعُ

وَمَا قَبْلَ الثَّلَاثَةِ: بَاقٍ عَلَى الْقِيَاسِ، تَقُولُ: وَاحِدٌ، وَوَاحِدَةٌ، وَاثْنَانِ، وَاثْنَتَانِ، وَإِذَا جَاوَزْتَ الْعَشَرَةَ أَسْقَطْتَ التَّاءَ مِنَ الْعَشَرَةِ فِي الْمُذَكَّرِ، وَأَثْبَتَّهَا فِي الْمُؤَنَّثِ، وَكَسَرْتَ الشِّينَ أَوْ سَكَّنْتَهَا، وَمَا ضُمَّتْ إِلَى الْعَشَرَةِ بَاقٍ عَلَى حَالِهِ إِلَّا الْوَاحِدَةَ، تَقُولُ فِي الْمُذَكَّرِ: أَحَدَ عَشَرَ، وَاثْنَا

---

(١) سقط من: م.

عَشَرَ، وَثَلَاثَةَ عَشَرَ إِلَى تِسْعَةَ عَشَرَ، وَفِي الْمُؤَنَّثِ إِحْدَى عَشْرَةَ، وَاثْنَتَا عَشْرَةَ، وَثَلَاثَ عَشْرَةَ، وَمَا فِي آخِرِهِ الْوَاوُ وَالنُّونُ: مُسْتَوْفِيَةُ الْمُذَكَّرِ وَالْمُؤَنَّثِ نَحْوُ: الْعِشْرُونَ، وَالثَّلَاثُونَ، وَالْأَرْبَعُونَ، وَكَذَا الْمِائَةُ، وَالْأَلْفُ.

وَقَالُوا: الْأَوَّلُ، وَالْأُولَى، وَالثَّانِي، وَالثَّانِيَةُ، وَالْعَاشِرُ، وَالْعَاشِرَةُ: فَعَادُوا إِلَى أَصْلِ الْقِيَاسِ، وَالْحَادِي عَشَرَ، وَالْحَادِيَةَ عَشْرَ، وَالثَّانِي عَشَرَ، وَالثَّانِيَةَ عَشَرَ، وَالتَّاسِعَ عَشَرَ، وَالتَّاسِعَةَ عَشَرَ: تَبْنِي الِاسْمَيْنِ عَلَى الْفَتْحِ كَمَا فِي أَحَدَ عَشَرَ.

فَصْلٌ

وَبِكَوْنِ الْأَعْدَادِ مُبْهَمَةً تَحْتَاجُ إِلَى مُمَيِّزٍ وَهُوَ عَلَى ضَرْبَيْنِ: مَجْرُورٍ، وَمَنْصُوبٍ:

(فَالْمَجْرُورُ) عَلَى ضَرْبَيْنِ: مَجْمُوعٍ وَمُفْرَدٍ، (فَالْمَجْمُوعُ) مُمَيِّزُ الثَّلَاثَةِ إِلَى الْعَشَرَةِ، وَحَقُّهُ أَنْ يَكُونَ جَمْعَ قِلَّةٍ نَحْوُ: ثَلَاثَةِ أَفْلُسٍ، وَأَرْبَعَةِ أَغْلِمَةٍ، وَخَمْسَةِ أَثْوَابٍ، إِلَّا إِذَا لَمْ يُوجَدْ، أَيْ: إِذَا لَمْ يُوجَدْ جَمْعُ قِلَّةٍ نَحْوُ: ثَلَاثَةِ شُسُوعٍ، وَعَشَرَةِ رِجَالٍ، وَأَمَّا (ثَلَاثَةُ قُرُوءٍ) مَعَ وِجْدَانِ (الْأَقْرَاءِ) فَلِكَوْنِهِ أَكْثَرَ اسْتِعْمَالًا، (وَالْمُفْرَدُ) مُمَيِّزُ الْمِائَةِ وَالْأَلْفِ، وَمَا يَتَضَاعَفُ مِنْهُمَا.

(وَالْمَنْصُوبُ) مُمَيِّزُ أَحَدَ عَشَرَ إِلَى تِسْعَةٍ وَتِسْعِينَ، وَلَا يَكُونُ إِلَّا مُفْرَدًا، تَقُولُ: أَحَدَ عَشَرَ رَجُلًا، وَإِحْدَى عَشْرَةَ امْرَأَةً، وَاثْنَتَا عَشْرَةَ عَيْنًا، وَتِسْعٌ وَتِسْعُونَ نَعْجَةً، وَإِنْ أَرَدْتَ التَّعْرِيفَ قُلْتَ فِيمَا أُضِيفَ: ثَلَاثَةُ الْأَثْوَابِ، وَمِائَةُ الدِّينَارِ، وَأَلْفُ الدَّرَاهِمِ، عَلَى تَعْرِيفِ الثَّانِي، وَفِيمَا سِوَاهُ: الْأَحَدَ عَشَرَ دِرْهَمًا، وَالْعِشْرُونَ دِينَارًا عَلَى تَعْرِيفِ الْأَوَّلِ.

(النِّسْبَةُ) إِذْ نَسَبْتَ إِلَى اسْمٍ زِدْتَ فِي آخِرِهِ يَاءً مُشَدَّدَةً مَكْسُورًا مَا قَبْلَهَا، وَذَلِكَ عَلَى ضَرْبَيْنِ: (حَقِيقِيٌّ): كَهَاشِمِيٍّ، وَبَصْرِيٍّ (وَلَفْظِيٌّ): نَحْوُ: كُرْسِيٍّ، وَجُودِيٍّ، وَعُودِيٍّ.

وَتَغْيِيرَاتُ هَذَا الْبَابِ كَثِيرَةٌ، وَهِيَ عَلَى ضَرْبَيْنِ: قِيَاسِيٍّ، وَشَاذٍّ:

(فَالْأَوَّلُ): حَذْفُ تَاءِ التَّأْنِيثِ، وَنُونَيِ التَّثْنِيَةِ، وَالْجَمْعِ: كَبَصْرِيٍّ، وَكُوفِيٍّ، وَقِنَّسْرِيٍّ، وَنَصِيبِيٍّ، وَعَلَى ذَا السَّجْدَةُ الصَّلَاتِيَّةُ، وَالْأَمْوَالُ الزَّكَاتِيَّةُ، وَالْحُرُوفُ الشَّفَتِيَّةُ: كُلُّهَا لَحْنٌ، وَأَمَّا التَّاءُ الْمُبْدَلَةُ مِنَ الْوَاوِ فِي نَحْوِ: بِنْتٍ، وَأُخْتٍ، فَفِيهَا مَذْهَبَانِ: إِبْقَاؤُهَا عَلَى حَالِهَا.

(وَالثَّانِي): الْحَذْفُ وَالرُّجُوعُ إِلَى الْأَصْلِ، تَقُولُ: بِنْتِي، وَأُخْتِي، وَبَنَوِيٌّ، وَأَخَوِيٌّ، وَعَلَى ذَا قَوْلُ الْفُقَهَاءِ: (الْأُخْتِيَّةُ) صَحِيحٌ.

وَأَمَّا قَوْلُهُمْ: عَلَمٌ ذَاتِيٌّ، وَقُدْرَةٌ ذَاتِيَّةٌ فَقَدْ ذُكِرَ فِي بَابِ الذَّالِ.

(وَمِنَ الْقِيَاسِي) فَتْحُ الْمَكْسُورِ: كَنَمَرِيٍّ، وَدُؤَلِيٍّ فِي: نَمِرٍ، وَدُئِلَ، (وَحَذْفُ يَاءِ فَعِيْلَةٍ)

كَحَنَفِيٍّ، وَمَدَنِيٍّ إِلَى: أَبِي حَنِيفَةَ، وَالْمَدِينَةِ، وَالْفَرْضِيِّ إِلَى الْفَرِيضَةِ إِلَّا مَا كَانَ مُضَاعَفًا أَوْ مُعْتَلَّ الْعَيْنِ: كَشَدِيدِيٍّ، وَطَوِيلِيٍّ، وَكَذَا (فُعَيْلَةٌ) بِالضَّمِّ كَجُهَنِيٍّ فِي جُهَيْنَةَ، وَعُرَنِيٍّ فِي عُرَيْنَةَ، وَهُمَا قَبِيلَتَانِ. وَأَمَّا (فَعِيل) بِلَا هَاءٍ لَا تَغَيُّرُ: كَحُنَيْفِيٍّ إِلَى الْحُنَيْفِ، وَعَلَيْهِ حَدِيثُ عُمَرَ رَضِيَ اللهُ تَعَالَى عَنْهُ:"وَأَنَا الشَّيْخُ الْحُنَيْفِيُّ"، وَكَذَا (فُعيل) بِالضَّمِّ: كَهُذَيْلِيٍّ إِلَى هُذَيْلٍ، (وَفَعِيل) إِذَا كَانَ مُعْتَلَّ اللَّامِ غُيِّرَ[1]: كَعَلَوِيٍّ، وَعَدَوِيٍّ: إِلَى عَلِيٍّ، وَعَدِيٍّ، وَكَذَا (فُعَيْل، وَفُعَيْلَة) مِنْ الْمُعْتَلِّ: كَقُصَوِيٍّ، وَأُمَوِيٍّ: إِلَى قُصَيٍّ، وَأُمَيَّةَ.

وَمِنْ الْخَطَإِ الظَّاهِرِ فِي هَذَا الْبَابِ قَوْلُهُمْ: (اقْتِدَاءُ حَنِيفِيِّ الْمَذْهَبِ بِشَفْعَوِيِّ الْمَذْهَبِ). وَإِنَّمَا الصَّوَابُ: (حَنَفِيُّ الْمَذْهَبِ) كَمَا مَرَّ آنِفًا، (وَالشَّافِعِيُّ الْمَذْهَبِ) فِي النِّسْبَةِ إِلَى شَافِعِيِّ الْمَوْلِدِ عَلَى حَذْفِ يَاءِ النِّسْبَةِ مِنَ الْمَنْسُوبِ إِلَيْهِ.

فَصْلٌ

وَالْأَلِفُ الثَّالِثَةُ تُقْلَبُ وَاوًا سَوَاءٌ كَانَتْ مِنْ وَاوٍ أَوْ يَاءٍ: كَرَحَوِيٍّ، وَعَصَوِيٍّ، وَالرَّابِعَةُ الْمُنْقَلِبَةُ مِنْ حُرُوفِ أَصْلٍ تُقْلَبُ: كَمَعْنَوِيٍّ، وَمَوْلَوِيٍّ. وَفِي الرَّابِعَةِ الزَّائِدَةِ: الْحَذْفُ وَالْقَلْبُ: كَحُبْلَى، وَحُبْلَوِيٍّ، وَدُنْيَى، وَدُنْيَوِيٍّ، وَأَمَّا (دُنْيَاوِيٌّ) بِزِيَادَةِ الْأَلِفِ فَلِلْفَصْلِ بَيْنَ الْيَاءِ وَالْوَاوِ، وَلَيْسَ فِيمَا وَرَاءَ الرَّابِعَةِ إِلَّا الْحَذْفُ، وَالْأَلِفُ الْمَمْدُودَةُ تَثْبُتُ وَلَا تُقْلَبُ إِلَّا لِلتَّأْنِيثِ: كَحَمْرَاوِيٍّ، وَصَحْرَاوِيٍّ.

وَمِنْ التَّغْيِيرِ الشَّاذِّ: ثَقَفِيٌّ، وَقُرَشِيٌّ، وَمَنْبَجَانِيٌّ إِلَى مَنْبِجٍ، وإسكندراني إِلَى إِسْكَنْدَرِيَّةَ، وَحَرُورِيٌّ إِلَى حَرُورَاءَ، وَبَحْرَانِيٌّ إِلَى بَحْرِ الرُّومِ، وَأَمَّا الْبَحْرَانِيُّ إِلَى الْبَحْرَيْنِ: فَعَلَى قَوْلِ مَنْ جَعَلَ النُّونَ مُعْتَقَبَ الْإِعْرَابِ.

وَمِمَّا غُيِّرَ لِلْفَرْقِ: (الدَّهْرِيُّ) لِلْقَائِلِ بِقِدَمِ الدَّهْرِ، (وَالدُّهْرِيُّ) لِلْمُسِنِّ، [وَقَدْ يُعَوَّضُ مِنْ إِحْدَى يَاءَيْ النَّسَبِ الْأَلِفُ فَيُقَالُ: الْيَمَانِي بِالتَّخْفِيفِ، وَمِنْهُ: الثَّمَانِي، وَالرُّبَاعِيُّ][2].

فَصْلٌ

وَيُنْسَبُ إِلَى الصَّدْرِ مِنَ الْمُرَكَّبِ فَيُقَالُ: حَضَرِيٌّ مَوْتَ، وَمَعْدِيٌّ كَرِبَ، وَكَذَا فِي نَحْوِ: خَمْسَةَ عَشَرَ، وَاثْنَا عَشَرَ، اسْمُ رَجُلٍ: خَمْسِيٌّ، وَاثْنِيٌّ، وَثَنَوِيٌّ، وَأَمَّا إِذَا كَانَ لِلْعَدَدِ

---

(١) سقط من: م.

(٢) زيادة من: م.

فَلَا يَجُوزُ لِأَدَائِهِ إِلَى اللَّبْسِ هَكَذَا نَصّ سِيبَوَيْه، وَأَبُو عَلِيٍّ الْفَارِسِيُّ.

وَعَنْ أَبِي حَاتِمٍ: أَنَّهُ أَجَازَ النِّسْبَةَ إِلَيْهِمَا مُنْفَرِدَيْنِ فِرَارًا عَنِ اللَّبْسِ فَقَالَ: ثَوْبُ أَحَدِيٍّ عَشَرِيٍّ، أَيْ: طُولُهُ أَحَدَ عَشَرَ شِبْرًا، وَفِي اثْنَيْ عَشَرَ: اثْنَيّ عَشَرِيٍّ أَوْ ثَنَوِيٍّ عَشَرِيٍّ، وَكَأَنَّهُ قَاسَهُ عَلَى مَا أَنْشَدَ السِّيرَافِيُّ:

تَزَوَّجْتُهَا رَايَة[١] هُرْمُزِيَّةً بِفَضْلِ الَّذِي أَعْطَى الْأَمِيرُ مِنَ الْوَرِقِ[٢]

وَعَلَى هَذَا لَوْ قِيلَ فِي تِلْكَ الْمَسْأَلَةِ: الِاثْنِيَّةُ الْعَشَرِيَّةُ أَوِ الثَّنَوِيَّةُ الْعَشَرِيَّةُ لَجَازَ.

فَصْلٌ

وَلِلْعَرَبِ فِي النِّسْبَةِ إِلَى الْأَسْمَاءِ الْمُضَافَةِ مَذْهَبَانِ: تَقُولُ فِي مِثْلِ أَبِي بَكْرٍ، وَابْنِ الزُّبَيْرِ: بَكْرِيٌّ، وَزُبَيْرِيٌّ، وَفِي مِثْلِ امْرِئِ الْقَيْسِ، وَعَبْدِ شَمْسٍ: امْرِئِيٌّ، وَعَبْدِيٌّ، وَرُبَّمَا أَخَذْتَ بَعْضَ الْأَوَّلِ وَبَعْضَ الثَّانِي وَرَكَّبْتَهُمَا[٣]، وَجَعَلْتَ مِنْهُمَا اسْمًا وَاحِدًا فَتَقُولُ فِي عَبْدِ الْقَيْسِ وَعَبْدِ الدَّارِ: عَبْقَسِيٌّ وَعَبْدَرِيٌّ، وَهَذَا لَيْسَ بِقِيَاسٍ، وَإِنَّمَا يُسْمَعُ فَحَسْبُ، وَمِنْ ذَلِكَ قَوْلُهُمْ: عُثْمَانِيٌّ عَبْشَمِيٌّ.

فَصْلٌ

إِذَا نُسِبَ إِلَى الْجَمْعِ [رُدَّ إِلَى][٤] وَاحِدُهُ فَقِيلَ: فَرْضِيٌّ، وَمُصْحَفِيٌّ، وَمَسْجِدِيٌّ: لِلْعَالِمِ بِمَسَائِلِ الْفَرَائِضِ، وَالَّذِي يَقْرَأُ مِنَ الْمَصَاحِفِ، وَيُلَازِمُ الْمَسَاجِدَ، وَإِنَّمَا يُرَدُّ لِأَنَّ الْغَرَضَ الدَّلَالَةُ عَلَى الْجِنْسِ، وَالْوَاحِدُ يَكْفِي فِي ذَلِكَ، وَأَمَّا مَا كَانَ عَلَمًا: كَأَنْمَارِيٍّ، وَكِلَابِيٍّ، وَمَعَافِرِيٍّ، وَمَدَائِنِيٍّ فَإِنَّهُ لَا يُرَدُّ، وَكَذَا مَا كَانَ جَارِيًا مَجْرَى الْعَلَمِ: كَأَنْصَارِيٍّ، وَأَعْرَابِيٍّ.

فَصْلٌ

وَالْأَسْمَاءُ الْمُتَّصِلَةُ بِالْأَفْعَالِ: (الْمَصْدَرُ) وَهُوَ الِاسْمُ الَّذِي يَصْدُرُ عَنْهُ الْفِعْلُ، وَبِنَاؤُهُ (مِنَ الثُّلَاثِيِّ الْمُجَرَّدِ) يَتَفَاوَتُ كَثِيرًا، إِلَّا أَنَّ الْغَالِبَ فِي مُتَعَدِّي فَعَلَ فِعْلٌ، وَفِي لَازِمِهِ فُعُولٌ، وَفِي لَازِمِ فَعِلَ بِالْكَسْرِ فَعَلٌ، وَفِي فَعُلَ بِالضَّمِّ فَعَالَةٌ. (وَأَمَّا الرُّبَاعِيَّةُ)، وَذَوَاتُ

---

(١) في خ:"رامية".
(٢) في خ:"الرزق".
(٣) زيادة من: م.
(٤) سقط من: م.

الزَّوَائِدِ فَقِيَاسُهُ فِيهَا مُطَّرِدٌ إِلَّا أَنَّهُمْ قَالُوا فِي الْمُعْتَلِّ الْعَيْنِ مِنْ أَفْعَلَ، وَاسْتَفْعَلَ: أَقَامَ إِقَامَةً، وَاسْتَقَامَ اسْتِقَامَةً مُعَوِّضِينَ التَّاءَ مِنْ أَلِفِ الْمَصْدَرِ أَوِ الْعَيْنِ.

(وَبِنَاءُ الْمَرَّةِ مِنَ الثُّلَاثِي): (فَعْلَةٌ) نَحْوُ: ضَرَبَ ضَرْبَةً، وَشَرِبَ شَرْبَةً، وَقَامَ قَوْمَةً، وَرَمَى رَمْيَةً، وَمِنْهَا الرَّكْعَةُ، وَالسَّجْدَةُ، وَالطَّلْقَةُ، وَالْحَيْضَةُ.

(وَبِنَاءُ الضَّرْبِ وَالْحَالُ): (فِعْلَةٌ) بِالْكَسْرِ: كَالْعِقْدَةِ، وَالرِّكْبَةِ، وَالْجِلْسَةِ، وَالْقِرْيَةِ، وَيَجِيءُ لِغَيْرِ الْحَالِ: كَالدِّرْيَةِ، وَالْحِجَّةِ، كَمَا يَجِيءُ (فَعْلَةٌ) لِغَيْرِ الْمَرَّةِ: كَالرَّغْبَةِ، وَالرَّهْبَةِ.

(وَاسْمُ الْفَاعِلِ) بِنَاؤُهُ مِنْ (فَعَلَ) عَلَى (فَاعِلٍ) مُتَعَدِّيًا كَانَ أَوْ لَازِمًا، وَمِنْ (فَعِلَ) إِذَا كَانَ مُتَعَدِّيًا فَاعِلٌ أَيْضًا: كَحَامِدٍ، وَعَامِلٍ، وَعَالِمٍ، وَإِذَا كَانَ لَازِمًا عَلَى (أَفْعَلَ): كَأَنْجَلَ، وَأَحْوَلَ، وَمُؤَنَّثُهُ: فَعْلَاءُ، وَجَمْعُهُمَا جَمِيعًا: فُعْلَاءُ إِلَّا مَا عَيْنُهُ يَاءٌ فَإِنَّهُ بِكَسْرِ الْفَاءِ لِأَجْلِ الْيَاءِ: كَعِينٍ وَجِيدٍ، وَعَلَى فَعِلٍ كَفَرِقٍ، وَحَدِبٍ، وَقَدْ يَجْتَمِعَانِ: كَحَدْبٍ، وَأَحْدَبٍ، وَكُدْرٍ، وَأَكْدَرَ.

وَعَلَى (فَعْلَانَ) كَعَطْشَانَ، وَرَيَّانَ، وَمُؤَنَّثُهُ: (فَعْلَى): كَعَطْشَى، وَرَيَّا، جَمْعُهُمَا (فِعَالٍ): كَعِطَاشٍ، وَرِيَاءٍ، وَعَلَى (فَعِيل): كَظَرِيفٍ، وَشَرِيفٍ، وَعَلَى (فَعْلٍ): كَسَهْلٍ، وَصَعْبٍ، وَعَلَى (فَعُلَ): كَحَسُنَ، وَعَلَى (فَعِلَ، وَأَفْعَلَ): كَخَشِنَ، وَأَسْمَرَ، وَآدَمَ.

وَمِنَ الرُّبَاعِيِّ وَالْمَزِيدِ فِيهِ عَلَى وَزْنِ مُضَارِعِهِ، لَا تَصْنَعُ شَيْئًا غَيْرَ أَنْ تَضَعَ الْمِيمَ مَوْضِعَ الزَّائِدَةِ إِلَّا فِي ثَلَاثِ أَبْوَابٍ: (تَفَعَّلَ، وَتَفَاعَلَ، وَتَفَعْلَلَ) فَإِنَّكَ تَكْسِرُ الْحَرْفَ الرَّابِعَ فِي الْفَاعِلِ، وَهُوَ مَفْتُوحٌ فِي الْمُضَارِعِ: [كمتجنِّب، ومتماثِل، ومتدحرِج][(١)].

(وَاسْمُ الْمَفْعُولِ) مِنَ الثُّلَاثِيِّ عَلَى وَزْنِ (مَفْعُول) كَمَنْصُورٍ، وَمَشْدُودٍ، وَمَقُولٍ، وَمَبِيعٍ، وَالْأَصْلُ: مَقْوُولٌ، وَمَبْيُوعٌ، وَاسْمُ الْمَفْعُولِ مِنَ الرُّبَاعِيِّ وَذَوَاتِ الزَّوَائِدِ عَلَى لَفْظِ مُضَارِعِهَا الْمَبْنِيِّ لِلْمَفْعُولِ بَعْدَ، وَضْعِ الْمِيمِ مَوْضِعَ الزَّوَائِدِ.

وَيُقَالُ لِمَا يَجْرِي عَلَى (يَفْعَلُ) مِنْ فِعْلِهِ: اسْمُ الْفَاعِلِ، وَلِمَا يَجْرِي عَلَى (يُفْعَلُ) اسْمُ الْمَفْعُولِ، وَلِمَا لَا يَجْرِي عَلَى وَاحِدٍ مِنْهُمَا (الصِّفَةُ الْمُشَبَّهَةُ) نَحْوُ: شَرِيفٍ، وَكَرِيمٍ، وَحَسَنٍ، وَحَرِبٍ، وَأَحْرَبَ، وَسَهْلٍ، وَصَعْبٍ، وَهَذِهِ الْأَرْبَعَةُ تَعْمَلُ عَمَلَ أَفْعَالِهَا، تَقُولُ: عَجِبْتُ مِنْ ضَرْبِ زَيْدٍ عَمْرًا، وَزَيْدٌ ضَارِبٌ غُلَامُهُ عَمْرًا، وَزَيْدٌ مَضْرُوبٌ غُلَامُهُ، وَحَسَنٌ

---

(١) سقط من: م.

وَجْهُهُ، وَكَرِيمٌ آبَاؤُهُ.

(وَأَفْعَلُ التَّفْضِيلِ) لَا يَعْمَلُ، وَحُكْمُهُ حُكْمُ فِعْلِ التَّعَجُّبِ فِي أَنَّهُ لَا يُصَاغُ إِلَّا مِنْ ثُلَاثِيٍّ مُجَرَّدٍ مِمَّا لَيْسَ بِلَوْنٍ وَلَا عَيْبٍ، وَقَدْ شَذَّ: (هو[1] أَعْطَاهُمْ للدينار)، (وَهَذَا الْكَلَامُ أَخْصَرُ) مِنَ الِاخْتِصَارِ، وَعَلَى ذَا قَوْلُ الْفُقَهَاءِ: (الْمَشْيُ أَحْوَطُ) [مِنَ الِاحْتِيَاطِ][2]، وَأَحْمَقُ مِنْ هَبَنَّقَةَ، وَلَا يَفْضُلُ عَلَى الْمَفْعُولِ، وَقَدْ شَذَّ قَوْلُهُمْ: أَشْغَلُ [مِنَ الاشْتِغَالِ][3] مِنْ ذَاتِ النِّحْيَيْنِ، وَهُوَ أَشْهَرُ مِنْهُ وأعرف، وَيَسْتَوِي فِيهِ الْمُذَكَّرُ وَالْمُؤَنَّثُ، وَالِاثْنَانِ وَالْجَمْعُ مَا دَامَ مُنَكَّرًا مَقْرُونًا بِمِنْ، وَإِذَا عُرِّفَ أُنِّثَ، وَثُنِّيَ، وَجُمِعَ، تَقُولُ: هُوَ الْأَفْضَلُ، وَهُمَا الْأَفْضَلَانِ، وَهُمْ الْأَفْضَلُونَ، وَالْأَفَاضِلُ، وَهِيَ الْفُضْلَى، وَهُمَا الْفُضْلَيَانِ، وَهُنَّ الْفُضْلَيَاتُ والفضل، وَإِذَا أُضِيفَ جَازَ الْأَمْرَانِ، وَقَدْ يُحْذَفُ (مِنْ) وَهِيَ مُقَدَّرَةٌ، وَمِنْ ذَلِكَ قَوْلُه تَعَالَى: **(يَعْلَمُ السِّرَّ وَأَخْفَى)** [سورة طه آية ٧] أَيْ: مِنَ السِّرِّ. قَالَ الْفَرَزْدَقُ:

إِنَّ الَّذِي سَمَكَ السَّمَاءَ بَنَى لَنَا بَيْتًا دَعَائِمُهُ أَعَزُّ وَأَطْوَلُ

وَعَلَى ذَا قَوْلُكَ: الله أَكْبَرُ، أَيْ: أَكْبَرُ مِنْ كُلِّ شَيْءٍ.

وَمِنْهَا: (الْمَفْعَلُ)، وَقِيَاسُهُ: أَنَّ كُلَّ مَا كَانَ عَلَى (يَفْعَلُ) بِفَتْحِ الْعَيْنِ، أَوْ (يَفْعُلُ) بِالضَّمِّ فَالْمَصْدَرُ، وَأَسْمَاءُ الزَّمَانِ، وَالْمَكَانِ عَلَى (مَفْعَل) بِالْفَتْحِ نَحْوَ ذَهَبَ يَذْهَبُ ذَهَابًا وَمَذْهَبًا، وَقَتَلَ يَقْتُلُ قَتْلًا وَمَقْتَلًا، وَهَذَا مَقْتَلُهُ، أَيْ: زَمَانُ ذَهَابِهِ وَقَتْلِهِ أَوْ مَكَانِهِمَا، إِلَّا أَسْمَاءَ شَذَّتْ عَلَى الْقِيَاسِ مِنْهَا: الْمَنْسِكُ، وَالْمَجْزِرُ، وَالْمَشْرِقُ، وَالْمَغْرِبُ.

وَأَمَّا (يَفْعِلُ) بِالْكَسْرِ: فَالْمَصْدَرُ مِنْهُ مَفْتُوحٌ، وَأَسْمَاءُ الزَّمَانِ وَالْمَكَانِ بِالْكَسْرِ تَقُولُ: ضَرَبْتُه ضَرْبًا، وَمَضْرَبًا، وَهَذَا مَضْرِبُهُ، وَفَرَّ فِرَارًا أَوْ مَفَرًّا، وَهَذَا مَفَرُّهُ.

(وَالْمُعْتَلُّ الْعَيْنِ) مِنْهُ يَجِيءُ بِالْفَتْحِ وَالْكَسْرِ نَحْوُ: الْمَعَاشِ، وَالْمَحِيضِ، وَالْمَجِيءِ.

وَأَمَّا (الزَّمَانُ وَالْمَكَانُ) فَبِالْكَسْرِ لَا غَيْرَ نَحْوَ: الْمَقِيلِ، وَالْمَبِيتِ.

(وَالْمَفْعَلُ) مِنْ الرُّبَاعِيَّةِ وَالْمَزِيدِ فِيهِ عَلَى لَفْظِ اسْمِ الْمَفْعُولِ مِنْهَا: كَالْمُدَرَّجِ، وَالْمَدْخَلِ، وَالْمَخْرَجِ، وَالْمَقَامِ، وَعَلَيْهِ قَوْلُهُ: (لَقَدْ ارْتَقَيْت مُرْتَقًى صَعْبًا).

(وَاسْمُ الْآلَةِ) [هو اسم][4] مَا يُعْتَمَلُ وَيُنْقَلُ، وَيَجِيءُ عَلَى (مِفْعَلٍ، وَمِفْعَلَةٍ، وَمِفْعَالٍ)

---

(١) سقط من: م.
(٢) زيادة من: م.
(٣) زيادة من: م.
(٤) سقط من: م.

بِكَسْرِ الْمِيمِ فِيهَا: كَالْمِثْقَبِ، وَالْمِكْسَحَةِ، وَالْمِصْفَاةِ، وَالْمِقْرَاضِ، وَالْمِفْتَاحِ، وَأَمَّا نَحْوُ: الْمُسْعُطِ، وَالْمُنْخُلِ، وَالْمُدْهُنِ فَغَيْرُ مَبْنِيٍّ عَلَى الْفِعْلِ، وَاللهُ أَعْلَمُ.

الْبَابُ الثَّالِثُ

فِي الْأَفْعَالِ الْغَيْرِ الْمُنْصَرِفَةِ وَمَا يَجْرِي مَجْرَى الْأَدَوَاتِ

مِنْهَا: (فِعْلَا التَّعَجُّبِ) وَهُمَا: (مَا أَفْعَلَهُ، وَأَفْعِلْ بِهِ) نَقُولُ: مَا أَكْرَمَ زَيْدًا، وَأَكْرِمْ بِزَيْدٍ، وَلَا يُبْنَيَانِ إِلَّا مِنْ ثُلَاثِيٍّ لَيْسَ فِيهِ مَعْنَى لَوْنٍ أَوْ عَيْبٍ، وَيُتَوَصَّلُ إِلَى التَّعَجُّبِ مِمَّا وَرَاءَ ذَلِكَ بِنَحْوِ: أَشَدَّ، وَأَحْسَنَ، وَأَبْلَغَ، تَقُولُ: مَا أَشَدَّ انْطِلَاقَهُ، وَمَا أَحْسَنَ اقْتِدَارَهُ، وَمَا أَبْلَغَ سُمْرَتَهُ، وَمَا أَقْبَحَ عَوَرَهُ.

(وَمِنَ الْمَبْنِيِّ لِلْمَفْعُولِ) مَا أَشَدَّ مَا ضُرِبَ زَيْدٌ، أَوْ ضَرْبَ زَيْدٍ، وَقَدْ شَذَّ: مَا أَعْطَاهُ لِلْمَعْرُوفِ.

(وَمَا أَشْبَهَهَا فِعْلَا الْمَدْحِ وَالذَّمِّ) وَهُمَا: (نِعْمَ، وَبِئْسَ) يَدْخُلَانِ عَلَى اسْمَيْنِ مَرْفُوعَيْنِ يُسَمَّى الْأَوَّلُ الْفَاعِلَ، وَالثَّانِي الْمَخْصُوصَ بِالْمَدْحِ أَوْ الذَّمِّ، وَحَقُّ الْأَوَّلِ التَّعْرِيفُ بلامِ الْجِنْسِ، وَقَدْ يُضْمَرُ وَيُفَسَّرُ بِنَكِرَةٍ مَنْصُوبَةٍ، تَقُولُ: نِعْمَ الرَّجُلُ زَيْدٌ، وَبِئْسَ الرَّجُلُ عَمْرٌو، وَنِعْمَ رَجُلًا زَيْدٌ، وَمِنْهُ: "فَنِعِمَّا هِيَ"، وَقَدْ يُحْذَفُ الْمَخْصُوصُ كَمَا فِي قَوْلِهِ تَعَالَى: ﴿نِعْمَ الْعَبْدُ﴾ [سورة ص آية ٣٠]، ﴿وَبِئْسَ الْمَصِيرُ﴾ [سورة البقرة آية ١٢٦].

(وَأَفْعَالُ الْمُقَارَبَةِ) وَهِيَ: عَسَى، وَكَادَ، وَكَرَبَ، وَأَوْشَكَ، تَقُولُ: عَسَى زَيْدٌ أَنْ يَخْرُجَ، بِمَعْنَى: قَارَبَ زَيْدٌ الْخُرُوجَ، وَمِنْهُ: عَسَى الْغُوَيْرُ أَبْؤُسَا، كَأَنَّهَا لَمَّا تَخَيَّلَتْ آثَارَ الشَّرِّ مِنْ ذَلِكَ الْغَارِ قَالَتْ: قَارَبَ الْغُوَيْرُ الشِّدَّةَ وَالشَّرَّ، وَعَنْ سِيبَوَيْهِ: أَنَّهُ بِمَنْزِلَةِ قَوْلِكَ: كَانَ الْغُوَيْرُ وَالْغَرَضُ أَنَّ (عَسَى) يَرْفَعُ وَيَنْصِبُ كَمَا أَنَّ (كَادَ) كَذَلِكَ، وَيُقَالُ: عَسَى أَنْ يَخْرُجَ، [بمعنى: قرب خروج زيد، وكاد زيد يخرج][1]، (وَأَوْشَكَ) يُسْتَعْمَلُ اسْتِعْمَالَ (عَسَى) مَرَّةً، وَاسْتِعْمَالَ (كَادَ) أُخْرَى، والْجَيِّدُ فِي (كَرَبَ) اسْتِعْمَالُ (كَادَ).

(الْأَفْعَالُ النَّاقِصَةُ): وَهِيَ: (كَانَ، وَصَارَ، وَأَصْبَحَ، وَأَمْسَى، وَأَضْحَى، وَظَلَّ، وَبَاتَ،

---

(١) سقط من: م.

وَمَا زَالَ، وَمَا بَرِحَ، وَمَا فَتِئَ، وَمَا انْفَكَّ، وَمَا دَامَ، وَلَيْسَ): تَرْفَعُ الاسْمَ، وَتَنْصِبُ الْخَبَرَ. تَقُولُ: كَانَ زَيْدٌ مُنْطَلِقًا، وَصَارَ زَيْدٌ غَنِيًّا، وَيَجُوزُ فِي هَذَا الْبَابِ تَقْدِيمُ الْخَبَرِ عَلَى الاسْمِ، تَقُولُ: كَانَ مُنْطَلِقًا زَيْدٌ، وَكَانَ فِي الدَّارِ زَيْدٌ، وَفِي التَّنْزِيلِ: ﴿وَكَانَ حَقًّا عَلَيْنَا نَصْرُ الْمُؤْمِنِينَ﴾ [سورة الروم آية ٤٧]، ﴿وَكَانَ لَهُ ثَمَرٌ﴾ [سورة الكهف آية ٣٤]، ﴿وَلَمْ تَكُنْ لَهُ فِئَةٌ﴾ [سورة الكهف آية ٤٣]، وَعَلَى ذَا قَوْلُهُمْ: (كَانَ فِي الدَّارِ زَيْدًا) بِالنَّصْبِ خَطَأٌ، وَعَلَى ذَا قَوْلُهُمْ: لَوْ كَانَ مَكَانُ الْبَغْدَادِيِّ خُرَاسَانِيًا، وَتَجِيءُ (كَانَ) تَامَّةً بِمَعْنَى حَدَثَ وَحَصَلَ، وَمِنْهُ: كَانَتْ الْكَائِنَةُ، وَفِي التَّنْزِيلِ:﴿وَإِنْ كَانَ ذُو عُسْرَةٍ﴾ [سورة البقرة آية ٢٨٠]، وَيُسْتَعْمَلُ فِي مَعْنَى: صَحَّ وَثَبَتَ. ثُمَّ لَمَّا أَرَادُوا نَفْيَ الْأَمْرِ بِأَبْلَغِ الْوُجُوهِ قَالُوا: مَا كَانَ لَكَ أَنْ تَفْعَلَ كَذَا، حَتَّى أُسْتُعْمِلَ فِيمَا هُوَ مُحَالٌ أَوْ قَرِيبٌ مِنْهُ، فَمِنْ الْأَوَّلِ قَوْلُه تَعَالَى: ﴿مَا كَانَ لِلَّهِ أَنْ يَتَّخِذَ مِنْ وَلَدٍ﴾ [سورة مريم آية ٣٥]، وَمِنْ (الثَّانِي) قَوْلُه تَعَالَى: ﴿وَمَا كَانَ لِمُؤْمِنٍ أَنْ يَقْتُلَ مُؤْمِنًا إِلا خَطَأً﴾ [سورة النساء آية ٩٢]، وَالْمَعْنَى: مَا صَحَّ لَهُ وَلَا اسْتَقَامَ: أَنْ يَقْتُلَ مُؤْمِنًا ابْتِدَاءً غَيْرَ قِصَاصٍ.

(أَفْعَالُ الْقُلُوبِ) وَهِيَ: (حَسِبْت، وَخِلْت، وَظَنَنْت، وَأَرَى بِمَعْنَى أَظُنُّ، وَعَلِمْت، وَرَأَيْت، وَوَجَدْت، وَزَعَمْت) إِذَا كُنَّ بِمَعْنَى مَعْرِفَةِ الشَّيْءِ بِصِفَةٍ تَنْصِبُ الاسْمَ وَالْخَبَرَ عَلَى الْمَفْعُولِيَّةِ، تَقُولُ: حَسِبْت زَيْدًا مُنْطَلِقًا، وَعَلِمْت عَمْرًا فَاضِلًا، وَأَرَى زَيْدًا مُنْطَلِقًا، وَمِنْهُ: "آلْبِرَّ تَرَوْنَ بِهِنَّ". وَيُقَالُ: أَرَأَيْت زَيْدًا مَا شَأْنُهُ؟ وَأَرَيْتُكَ زَيْدًا، بِمَعْنَى: أَخْبِرْنِي، وَعَلَيْهِ قَوْلُ مُحَمَّدٍ رَحِمَهُ اللهُ: أَرَأَيْت الرَّجُلَ يَفْعَلُ، وَفِي الْحَدِيثِ: "أَرَأَيْت إِنْ عَجَزَ وَاسْتَحْمَقَ"[1].

الْبَابُ الرَّابِعُ فِي الْحُرُوفِ

وَهِيَ أَنْوَاعٌ: عَامِلٌ، وَغَيْرُ عَامِلٍ، وَمُخْتَلَفٌ فِيه، وَمَنْظُورٌ فِيه.

(فَالْأَوَّلُ): ضَرْبَانِ: عَامِلٌ فِي الاسْمِ، وَعَامِلٌ فِي الْفِعْلِ، (وَالْعَامِلُ فِي الاسْمِ) صِنْفَانِ: عَامِلٌ فِي الْمُفْرَدِ، وَعَامِلٌ فِي الْجُمْلَةِ

(فَالْأَوَّلُ): مَا تَجُرُّ الاسْمَ، وَهِيَ سَبْعَةَ عَشَرَ: (مِنْ): لِابْتِدَاءِ الْغَايَةِ نَحْوَ: خَرَجْت مِنْ

---

(١) أخرجه البخاري (٥٢٥٣)، ومسلم (١٤٧١)، والترمذي (١١٧٥)، وأبو داود (٢١٨٤)، والنسائي (٣٣٩٩)، وابن ماجه (٢٠٢٢)، وأحمد في مسنده (٥٤٨٠).

الْبَصْرَة، وَلِلتَّبْعِيضِ نَحْوُ: أَخَذْت مِنْ الدَّرَاهِمِ، وَلِلْبَيَانِ نَحْوُ: عَشَرَةٍ مِنْ الرِّجَالِ، وَزَائِدَةٌ نَحْوُ: مَا جَاءَنِي مِنْ أَحَدٍ.

(وَإِلَى): لانْتِهَاءِ الْغَايَةِ نَحْوُ: وَصَلْت إِلَى الْكُوفَةِ، وَتَفْسِيرُهَا بِمَعْنَى: (مَعَ) مَرْوِيٌّ عَنْ الْمُبَرِّدِ، وَمِنْهُ قَوْلُه تَعَالَى: ﴿وَلَا تَأْكُلُوا أَمْوَالَهُمْ إِلَى أَمْوَالِكُمْ﴾ [سورة النساء آية ٢].

(وَفِي): لِلظَّرْفِيَّةِ نَحْوُ: الْمَالُ فِي الْكِيسِ، وَأَمَّا: (نَظَرْت فِي الْكِتَابِ) فَمَجَازٌ.

(وَالْبَاءُ): لِلْإِلْصَاقِ، وَالالْتِبَاسِ نَحْوُ: مَسَحَ بِرَأْسِه، وَبِهِ دَاءٌ.

(وَاللَّامُ): لِلاخْتِصَاصِ نَحْوَ: الْمَالُ لِزَيْدٍ، وَالسَّرْجُ لِلدَّابَّةِ، وَهُوَ ابْنٌ لَهُ، وَأَخٌ لَهُ، وَأَصْلُهَا الْفَتْحُ، وَإِنَّمَا كُسِرَتْ مَعَ الْمُظْهَرِ فَرْقًا بَيْنَهَا وَبَيْنَ لَامِ الابْتِدَاءِ.

(وَرُبَّ): لِلتَّقْلِيلِ، وَمُخْتَصٌّ بِالنَّكِرَةِ نَحْوُ: رُبَّ رَجُلٍ لَقِيْتُهُ، وَيُضْمَرُ بَعْدَ الْوَاوِ نَحْوُ: وَبَلْدَةٍ لَيْسَ بِهَا أَنِيسٌ.

(وَوَاوِ) الْقَسَمِ (وَتَائِه): نَحْوُ: وَاللهِ لَأَفْعَلَنَّ[1] وَتَاللهِ، وَهِيَ - أَعْنِي الْوَاوَ - بَدَلٌ مِنْ الْبَاءِ، وَلِذَا لَا تَدْخُلُ إِلَّا عَلَى الْمُظْهَرَاتِ، وَلَا يُسْتَعْمَلُ مَعَهَا الْفِعْلُ، (وَالتَّاءُ) بَدَلٌ مِنْ الْوَاوِ، وَلَا يُسْتَعْمَلُ فِي غَيْرِ اسْمِ اللهِ تَعَالَى.

(وَحَتَّى): بِمَعْنَى (إِلَى) نَحْوَ: أَكَلْت السَّمَكَةَ حَتَّى رَأْسِهَا، وَنِمْت الْبَارِحَةَ حَتَّى الصَّبَاحِ.

(وَعَلَى): لِلاسْتِعْلَاءِ نَحْوَ: زَيْدٌ عَلَى السَّطْحِ عَلَيْهِ ثَوْبٌ.

(وَعَنْ): لِلْبُعْدِ وَالْمُجَاوَزَةِ نَحْوُ: سمعت عَنْ الْغَائِبِ كَذَا، وَرَمَيْت عَنْ الْقَوْسِ.

(وَالْكَافُ): لِلتَّشْبِيهِ نَحْوَ: جَاءَنِي الَّذِي كَزَيْدٍ.

وَمِنْهَا (مُذْ) [و (منذ)][2]: لِابْتِدَاءِ الْغَايَةِ فِي الزَّمَانِ كـ (من) فِي الْمَكَانِ نَحْوَ: مَا رَأَيْته مُذْ يَوْمِ الْجُمُعَةِ، وَمُنْذُ يوم الْجُمُعَةِ، وَهَذِهِ الْخَمْسَةُ تَكُونُ أَسْمَاءً أَيْضًا.

(وَحَاشَا، وَخَلَا، وَعَدَا) بِمَعْنَى (إِلَّا) نَحْوَ: أَسَاءَ الْقَوْمُ حَاشَا زَيْدٍ، وَجَاءُوا خَلَا زَيْدٍ، وَعَدَا زَيْدٍ، وَيَجُوزُ: خَلَا زَيْدًا، وَعَدَا زَيْدًا، بِالنَّصْبِ إِذَا اتَّصَلَتْ بِهِمَا (مَا) الْمَصْدَرِيَّةُ فَالنَّصْبُ لَا غَيْرَ نَحْوُ: جَاءَ الْقَوْمُ مَا خَلَا زَيْدًا، وَمَا عَدَا زَيْدًا.

(وَالصِّنْفُ الثَّانِي): (إِنَّ وَأَنَّ) لِلتَّوْكِيدِ، (وَكَأَنَّ) لِلتَّشْبِيهِ، (وَلَكِنَّ) لِلاسْتِدْرَاكِ، (وَلَيْتَ)

---

(١) زيادة من: م.
(٢) سقط من: م.

للتَّمَنِّي، (وَلَعَلَّ) للتَّرَجِّي: تَنْصبُ هَذهِ السِّتَّةُ الاسْمَ، وَتَرْفَعُ الْخَبَرَ، تقُولُ: إنَّ زَيْدًا مُنطَلِقٌ، وَبَلَغَنِي: أَنَّ زَيْدًا ذَاهِبٌ، وَكَأَنَّ زَيْدًا الأَسَدُ، وَمَا جَاءَ زَيْدٌ لَكِنَّ عُمْرًا جَاءَنِي، وَجَاءَنِي زَيْدٌ لَكِنَّ عَمْرًا لَمْ يَجِئْ، وَلَيْتَ عَمْرًا حَاضِرٌ، وَلَعَلَّ بَكْرًا خَارِجٌ.

(وَالْفَرقُ بَيْنَ أَنَّ وَإِنَّ) هُوَ: أَنَّ الْمَكْسُورَةَ مَعَ مَا فِي حَيِّزِهَا جُمْلَةٌ، وَالْمَفْتُوحَةَ مَعَ مَا فِي حَيِّزِهَا مُفْرَدٌ، وَلِذَا يُحْتَاجُ إِلَى فِعْلٍ أَوْ اسْمٍ قَبْلَهَا حَتَّى كَانَ كَلَامًا، تَقُولُ: عَلِمْتُ أَنَّ زَيْدًا فَاضِلٌ، حَقٌّ أَنَّ زَيْدًا ذَاهِبٌ.

وَلَا يَجُوزُ تَقْدِيمُ الْخَبَرِ عَلَى الاسْمِ فِي هَذَا الْبَابِ كَمَا جَازَ فِي (كَانَ) إِلَّا إِذَا وَقَعَ ظَرْفًا نَحْوَ: إِنَّ فِي الدَّارِ زَيْدًا، وَإِنَّ أَمَامَكَ رَاكِبًا، وَفِي التَّنْزِيلِ: ﴿إِنَّ فِي ذَٰلِكَ لَعِبْرَةً﴾ [سورة آل عمران آية ١٣]، وَ ﴿إِنَّ إِلَيْنَا إِيَابَهُمْ﴾ [سورة الغاشية آية ٢٥] وَ ﴿إِنَّ لَدَيْنَا أَنكَالًا﴾ [سورة المزمل آية ١٢]، وَيُبْطِلُ عَمَلَهَا الْكَفُّ وَالتَّخْفِيفُ، وَحِينَئِذٍ كَانَتْ دَاخِلَةً عَلَى الأَسْمَاءِ، وَالأَفْعَالِ قَالَ اللهُ تَعَالَى: ﴿إِنَّمَا هُوَ إِلَٰهٌ وَاحِدٌ﴾ [سورة الأنعام آية ١٩]، وَ﴿إِنَّمَا يَتَقَبَّلُ اللَّهُ مِنَ الْمُتَّقِينَ﴾ [سورة المائدة آية ٢٧]، وَإِنْ زَيْدٌ الذَّاهِبُ، وَإِنْ كَانَ زَيْدٌ كَرِيمًا.

وَالْفِعْلُ الَّذِي يَدْخُلُ عَلَيْهِ (أَنْ) الْمُخَفَّفَةُ يَجِبُ أَنْ يَكُونَ مِمَّا يَدْخُلُ عَلَى الْمُبْتَدَأِ، وَالْخَبَرِ، وَاللَّامُ لَازِمَةٌ لِخَبَرِهَا، وَهِيَ الَّتِي تُسَمَّى الْفَارِقَةَ لِأَنَّهَا تَفْرُقُ بَيْنَهَا، وَبَيْنَ" أَنْ" النَّافِيَةِ.

وَمِنَ الدَّاخِلَةِ عَلَى الْجُمْلَةِ: (لَا لِنَفْيِ الْجِنْسِ) تَنْصِبُ الْمَنْفِيَّ إِذَا كَانَ مُضَافًا، وَمُضَارِعًا لَهُ، وَإِذَا كَانَ مُفْرَدًا فَهُوَ مَفْتُوحٌ، وَالْخَبَرُ فِي جَمِيعِ الأَحْوَالِ مَرْفُوعٌ، تَقُولُ: لَا غُلَامَ رَجُلٍ كَائِنٌ عِنْدَنَا، وَلَا خَيْرًا مِنْ زَيْدٍ جَالِسٌ عِنْدَنَا، وَلَا رَجُلَ أَفْضَلُ مِنْكَ، وَمِنْهُ كَلِمَةُ الشَّهَادَةِ.

وَأَمَّا الْعَامِلُ فِي الْفِعْلِ فَصِنْفَانِ: (أَوَّلُهُمَا: مَا تَنْصِبُ الْمُضَارِعَ) [مَأْخُوذٌ مِنَ الضَّرْعِ كَأَنَّهُمَا رَضَعَا ضَرْعًا وَاحِدًا][1]، وَهُوَ ثَلَاثَةُ أَحْرُفٍ: (أَنْ) الْمَصْدَرِيَّةُ، (وَلَنْ) لِتَوْكِيدِ نَفْيِ الْمُسْتَقْبَلِ، (وَإِذَنْ) جَوَابٌ وَجَزَاءٌ. تَقُولُ: أُحِبُّ أَنْ تَقُومَ، وَلَنْ يَخْرُجَ، وَإِذَنْ أُكْرِمَكَ.

(وَأَنْ) مِنْ بَيْنِهَا: تَدْخُلُ عَلَى الْمَاضِي، وَتُضْمَرُ بَعْدَ سِتَّةِ أَحْرُفٍ، وَهِيَ: (حَتَّى) نَحْوَ:

---

(١) زيادة من: م.

مَرَّتْ حَتَّى أَدْخَلَنَا، (وَلَامُ كَيْ) جِئْتُكَ لِتُكْرِمَنِي، (وَلَامُ الْجَحْدِ) نَحْوُ فِي قَوْلِهِ تَعَالَى: (وَمَا كَانَ اللهُ لِيُعَذِّبَهُمْ) [سورة الأنفال آية ٣٣]، (مَا كَانَ اللهُ لِيَذَرَ الْمُؤْمِنِينَ) [سورة آل عمران آية ١٧٩].

و (أَوْ) بِمَعْنَى (إِلَى) أَوْ (إِلَّا) نَحْوُ: لَأَلْزَمَنَّكَ أَوْ تُعْطِيَنِي حَقِّي.

و (وَاوَ الْجَمْعِ) نَحْوُ: لَا تَأْكُلِ السَّمَكَ وَتَشْرَبَ اللَّبَنَ، أَيْ: لَا تَجْمَعْ بَيْنَهُمَا، وَتُسَمَّى، وَاوَ الصَّرْفِ لِأَنَّهَا تَصْرِفُ الثَّانِيَ عَنْ إِعْرَابِ الْأَوَّلِ.

(وَالْفَاءُ) فِي جَوَابِ الْأَشْيَاءِ السِّتَّةِ: وَهِيَ: (الْأَمْرُ): زُرْنِي فَأُكْرِمَكَ، (وَالنَّهْيُ): لَا تَدْنُ مِنَ الْأَسَدِ فَيَأْكُلَكَ، وَفِي التَّنْزِيلِ: (وَلَا تَطْغَوْا فِيهِ فَيَحِلَّ) [سورة طه آية ٨١] (وَالنَّفْيُ): (لَا يُقْضَى عَلَيْهِمْ فَيَمُوتُوا) [سورة فاطر آية ٣٦] (وَالِاسْتِفْهَامُ): (فَهَلْ لَنَا مِنْ شُفَعَاءَ فَيَشْفَعُوا) [سورة الأعراف آية ٥٣] (وَالتَّمَنِّي): ﴿يَا لَيْتَنِي كُنْتُ مَعَهُمْ فَأَفُوزَ﴾ [سورة النساء آية ٧٣] (وَالْعَرْضُ): أَلَا تَنْزِلُ فَتُصِيبَ خَيْرًا، وَعَلَامَةُ صِحَّةِ ذَلِكَ: أَنْ يَكُونَ الْمَعْنَى: إِنْ فَعَلْتَ فَعَلْتَ.

وَالصِّنْفُ الثَّانِي: (حُرُوفٌ تَجْزِمُ الْمُضَارِعَ)، وَهِيَ (لَمْ، وَلَمَّا) لِنَفْيِ الْمَاضِي، وَفِي (لَمَّا) تَوَقُّعٌ، (وَلَامُ الْأَمْرِ، وَلَا فِي النَّهْيِ، وَإِنْ فِي الشَّرْطِ، وَالْجَزَاءِ) تَقُولُ: لَمْ يَخْرُجْ، وَلَمَّا يَرْكَبْ، وَلْيَضْرِبْ زَيْدٌ، وَلَا تَفْعَلْ، وَإِنْ تُكْرِمْنِي أَشْكُرْكَ.

وَتُضْمَرُ (أَنْ) مَعَ فِعْلِ الشَّرْطِ فِي جَوَابِ الْأَشْيَاءِ الَّتِي تُجَابُ بِالْفَاءِ إِلَّا النَّفْيَ مُطْلَقًا، وَالنَّهْيَ فِي بَعْضِ الْمَوَاضِعِ، تَقُولُ: زُرْنِي أُكْرِمْكَ، وَأَيْنَ بَيْتُكَ أَزُرْكَ، وَلَيْتَ لِي مَالًا أُنْفِقْهُ، وَلَا تَنْزِلْ تُصِبْ خَيْرًا، وَلَا يَجُوزُ: مَا تَأْتِينَا تُحَدِّثْنَا، وَلَا تَدْنُ مِنَ الْأَسَدِ يَأْكُلْكَ، لِأَنَّ النَّفْيَ لَا يَدُلُّ عَلَى الْإِثْبَاتِ، وَجَازَ: لَا تَفْعَلْ يَكُنْ خَيْرًا لَكَ، [لِأَنَّ الْمَعْنَى: إِنْ لَمْ تَفْعَلْ يَكُنْ خيرًا لك][١].

النَّوْعُ الثَّانِي: فِي غَيْرِ الْعَوَامِلِ، وَهِيَ أَصْنَافٌ مِنْهَا:

(حُرُوفُ الْعَطْفِ) وهي[٢] تِسْعَةٌ: (الْوَاوُ) لِلْجَمْعِ بِلَا تَرْتِيبٍ، [و(الفاء) و(ثُمَّ) و(حتى): للجمع مع الترتيب][٣]، وَفِي (ثُمَّ) تَرَاخٍ دُونَ الْفَاءِ، وَفِي (حَتَّى) مَعْنَى الْغَايَةِ،

---

(١) سقط من: م.　　(٢) سقط من: م.
(٣) سقط من: م.

تَقُولُ: جَاءَنِي زَيْدٌ، وَعَمْرٌو، وَخَرَجَ زَيْدٌ فَعَمْرٌو، وَقَامَ زَيْدٌ ثُمَّ عَمْرٌو، وَقَدِمَ الْحَاجُّ حَتَّى الْمُشَاةُ، وَ(أَوْ) لِأَحَدِ الشَّيْئَيْنِ أَوِ الْأَشْيَاءِ نَحْوُ: جَاءَنِي زَيْدٌ، وَعَمْرٌو، وَأَزَيْدٌ عِنْدَكَ أَوْ عَمْرٌو، وَجَالِسِ الْحَسَنَ أَوِ ابْنَ سِيرِينَ، وَكُلِ السَّمَكَ أَوِ اشْرَبِ اللَّبَنَ، وَ(أَمْ) لِلِاسْتِفْهَامِ مُتَّصِلَةً نَحْوُ: أَزَيْدٌ عِنْدَكَ أَمْ عَمْرٌو بِمَعْنَى أَيُّهُمَا عِنْدَكَ؟ وَمُنْقَطِعٌ نَحْوُ: أَزَيْدٌ عِنْدَكَ أَمْ عِنْدَكَ عَمْرٌو، وَإِنَّهَا لَإِبِلٌ أَمْ شَاةٌ بِمَعْنَى: بَلْ أَهِيَ شَاةٌ، وَ(لَا) لَنَفْيِ مَا، وَجَبَ لِلْأَوَّلِ نَحْوُ: جَاءَنِي زَيْدٌ لَا عَمْرٌو، وَ(بَلْ) لِلْإِضْرَابِ عَنِ الْأَوَّلِ، وَالْإِثْبَاتِ لِلثَّانِي نَحْوُ: مَا جَاءَنِي زَيْدٌ بَلْ عَمْرٌو، وَ(لَكِنْ) لِلِاسْتِدْرَاكِ بَعْدَ النَّفْيِ نَحْوُ: مَا جَاءَنِي زَيْدٌ لَكِنْ عَمْرٌو، هِيَ فِي عَطْفِ الْمُفْرَدَاتِ نَقِيضَةُ (لَا)، وَفِي عَطْفِ الْجُمَلِ نَظِيرَةُ (بَلْ) فِي مَجِيئِهَا بَعْدَ النَّفْيِ، وَالْإِثْبَاتِ.

وَمِنْهَا (حُرُوفُ التَّصْدِيقِ) وَهِيَ: (نَعَمْ، وَبَلَى، وَأَجَلْ، وَإِي)، (فَنَعَمْ) تَصْدِيقٌ لِمَا تَقَدَّمَهَا مِنْ كَلَامٍ مُثْبَتٍ أَوْ مَنْفِيٍّ خَبَرًا كَانَ أَوِ اسْتِفْهَامًا كَمَا إِذَا قِيلَ لَكَ: قَامَ زَيْدٌ. فَقُلْتَ: نَعَمْ، كَانَ الْمَعْنَى قَامَ أَوْ قِيلَ: لَمْ يَقُمْ، فَقُلْتَ: نَعَمْ، فَالْمَعْنَى: لَمْ يَقُمْ، كَذَا إِذَا قِيلَ: أَقَامَ زَيْدٌ أَوْ لَمْ يَقُمْ، وَقَدْ قَالُوا: إِنَّ (نَعَمْ) تَصْدِيقٌ لِمَا بَعْدَ الْهَمْزَةِ، وَ(بَلَى) إِيجَابٌ لِمَا بَعْدَ النَّفْيِ، كَمَا إِذَا قِيلَ: لَمْ يَقُمْ زَيْدٌ أَوْ أَلَمْ يَقُمْ؟ فَقُلْتَ: بَلَى، كَأَنَّ الْمَعْنَى قَدْ قَامَ، وَ(أَجَلْ) يَخْتَصُّ بِالْخَبَرِ نَفْيًا، وَإِثْبَاتًا، إِي: لَا يُسْتَعْمَلُ إِلَّا مَعَ الْقَسَمِ.

وَمِنْهَا (حُرُوفُ الصِّلَةِ) أَيِ: الزِّيَادَةِ: (إِنْ) فِي: مَا إِنْ رَأَيْتُ، وَ(أَنْ) فِي: فَلَمَّا أَنْ جَاءَ الْبَشِيرُ، وَ(مَا) فِي: (فَبِمَا رَحْمَةٍ مِنَ اللهِ) [سورة آل عمران آية ١٥٩]، وَ(لَا) فِي: لِئَلَّا يَعْلَمَ.

وَمِنْهَا (حَرْفَا الِاسْتِفْهَامِ): (الْهَمْزَةُ، وَهَلْ) نَحْوُ: أَقَامَ زَيْدٌ، وَهَلْ خَرَجَ عَمْرٌو؟.

وَمِنْهَا (الْمُفْرَدَاتُ): (أَمَّا) لِتَفْصِيلِ الْمُجْمَلِ، وَفِيهَا مَعْنَى الشَّرْطِ، وَلِذَا وَجَبَ الْفَاءُ فِي جَوَابِهَا نَحْوُ: أَمَّا زَيْدٌ فَذَاهِبٌ وَأَمَّا عَمْرٌو فَمُقِيمٌ، وَ(إِمَّا) بِالْكَسْرِ: لِأَحَدِ الشَّيْئَيْنِ أَوِ الْأَشْيَاءِ نَحْوُ: جَاءَنِي إِمَّا زَيْدٌ وَإِمَّا عَمْرٌو، وَخُذَا إِمَّا هَذَا، وَإِمَّا ذَاكَ، وَ(إِنْ النَّافِيَةُ) نَحْوُ: إِنْ زَيْدٌ مُنْطَلِقٌ، وَفِي التَّنْزِيلِ: (إِنْ أَدْرِي أَقَرِيبٌ) [سورة الجن آية ٢٥]، (وَلَقَدْ مَكَّنَّاهُمْ فِيمَا إِنْ مَكَّنَّاكُمْ فِيهِ) [سورة الأحقاف آية ٢٦] (إِنِ الْحُكْمُ إِلَّا لِلَّهِ) [سورة الأنعام آية ٥٧]، وَفِي أَحَادِيثِ السِّيَرِ: "وَاللهِ إِنْ رَأَيْتُ مِثْلَهُ قَطُّ"، وَفِيهَا:"إِنْ شَعَرْنَا إِلَّا بِالْكِتَابِ". وَ(قَدْ) لِلتَّقْرِيبِ فِي الْمَاضِي نَحْوُ: قَدْ قَامَتِ الصَّلَاةُ، وَلِلتَّقْلِيلِ فِي نَحْوُ: قَوْلِهِمْ: إِنَّ الْكَذُوبَ قَدْ يَصْدُقُ، وَ(كَلَّا) لِلرَّدْعِ، وَالتَّنْبِيهِ نَحْوُ: (كَلَّا سَيَعْلَمُونَ) [سورة النبأ آية ٤]

(لَوْ) لِامْتِنَاعِ الثَّانِي لِامْتِنَاعِ الْأَوَّلِ نَحْوَ: لَوْ أَكْرَمْتَنِي لَأَكْرَمْتُك، (لولا) لِامْتِنَاعِ الثَّانِي لِوُجُودِ الْأَوَّلِ نَحْوَ: لَوْلَا عَلِيٌّ لَهَلَكَ عُمَرُ.

(اللَّامَاتُ): (لَامُ) التَّعْرِيفِ لِلْجِنْسِ، نَحْوَ: الرَّجُلُ خَيْرٌ مِنَ الْمَرْأَةِ، (وَالْعَهْدِ) نَحْوُ: مَا فَعَلَ الرَّجُلُ؟ (وَلَامُ جَوَابِ الْقَسَمِ) نَحْوُ: وَاللهِ لَأَفْعَلَنَّ، (وَاللَّامُ الْمُوطِّئَةُ لِلْقَسَمِ) أَيْ: الْمُؤَكِّدَةُ لَهُ نَحْوُ: [لئن أكرمتني لأكرمنك، (ولام][1] لَوْ، وَلَوْلَا) يَجُوزُ حَذْفُهَا، (وَاللَّامُ الْفَارِقَةُ) بَيْنَ إِنْ الْمُخَفَّفَةِ وَالنَّافِيَةِ، نَحْوَ: وَإِنْ زَيْدٌ لَمُنْطَلِقٌ، ﴿وَإِن كَادُوا لَيَفْتِنُونَكَ﴾ [سورة الإسراء آية ٧٣]، ﴿وَإِن كُنَّا لَمُبْتَلِينَ﴾ [سورة المؤمنون آية ٣٠].

(مَا الْمَصْدَرِيَّةُ): فِي قَوْله تَعَالَى: ﴿وَضَاقَتْ عَلَيْكُمُ الْأَرْضُ بِمَا رَحُبَتْ﴾ [سورة التوبة آية ٢٥] أَيْ: بِرُحْبِهَا. (وَالْكَافَّةُ): فِي (إِنَّمَا) وَأَخَوَاتِهَا، وَفِي: رُبَّمَا، وَكَمَا، وَبَعْدَمَا وَبَيْنَمَا.

(الْمُخْتَلَفُ فِيهِ) نَوْعَانِ: (الْأَوَّلُ): (مَا، وَلَا) بِمَعْنَى: (لَيْس) عِنْدَ أَهْلِ الْحِجَازِ يَرْفَعَانِ الِاسْمَ، وَيَنْصِبَانِ الْخَبَرَ، نَحْوَ: مَا زَيْدٌ مُنْطَلِقًا، وَمَا رَجُلٌ، وَلَا رَجُلٌ أَفْضَلَ مِنْك. وَعِنْدَ بَنِي تَمِيمٍ لَا تَعْمَلَانِ، وَإِذَا تَقَدَّمَ الْخَبَرُ، وَانْتَقَضَ النَّفْيُ (بِلَا) لَمْ تَعْمَلَا بِالِاتِّفَاقِ.

(وَالثَّانِي): (أَنْ، وَإِنْ، وَكَأَنْ) الْمُخَفَّفَةُ: لَا تَعْمَلُ، وَعِنْدَ بَعْضِهِمْ تَعْمَلُ، تَقُولُ: إِنْ زَيْدٌ الذَّاهِبُ، وَإِنَّ زَيْدًا ذَاهِبٌ.

(الْمَنْظُورُ فِيهِ): هُوَ مَا تَعَارَضَ فِيهِ أَقْوَالُ النَّحْوِيِّينَ، وَهُوَ تِسْعَةُ أَحْرُفٍ: ثَمَانِيَةٌ مِنْهَا تَخْتَصُّ بِالِاسْمِ وهِيَ (حروف النِّدَاءِ): (يَا، وَأَيَا، وَهَيَا، وَأَيْ، وَالْهَمْزَةُ، وَوَاوُ النُّدْبَةِ) وَالْمُنَادَى يَنْتَصِبُ بَعْدَهَا إِذَا كَانَ مُضَافًا نَحْوَ: يَا عَبْدَ اللهِ، أَوْ مُضَارِعًا لَهُ نَحْوَ: يَا خَيْرًا مِنْ زيد ويَا حَسَنًا وَجْهُ الْأَخِ، أَوْ نَكِرَةً كَقَوْلِ الْأَعْمَى: يَا رَجُلًا خُذْ بِيَدِي. وَأَمَّا (الْمُفْرَدُ الْمَعْرِفَةُ) فَمَضْمُومٌ، وَلَكِنَّ مَحَلَّهُ النَّصْبُ نَحْو: يَا زَيْدُ ويَا رَجُلُ، وَكَذَا الْمَنْدُوبُ نَحْوَ: وَازَيْدُ، وَيَا زَيْدُ، وَيَجُوزُ حَذْفُ حَرْفِ النِّدَاءِ عَنْ الْعَلَمِ كَقَوْلِهِ تَعَالَى: ﴿يُوسُفُ أَعْرِضْ عَنْ هَذَا﴾ [سورة يوسف آية ٢٩]، [وفي الحديث: "اسكن حراء"][2].

(وَالْوَاوُ بِمَعْنَى مَعَ): يُنْصَبُ بَعْدَهَا الِاسْمُ إِذَا كَانَ قَبْلَهَا فِعْلٌ نَحْوُ: [استوى الماء

(١) سقط من: م.
(٢) سقط من: م.

والساحل، أو بمعنى فعلٍ نحو[(١)]: مَا شَأْنُك وَزَيْدًا؟ لِأَنَّ الْمَعْنَى: مَا تَصْنَعُ وَمَا تُلَابِسُ؟

(وَإِلَّا) فِي الاِسْتِثْنَاءِ: وَهُوَ إِخْرَاجُ الشَّيْءِ مِنْ حُكْمٍ دَخَلَ فِيهِ، (وَالْمُسْتَثْنَى بِإِلَّا) عَلَى ثَلَاثَةِ أَضْرُبٍ: (مَنْصُوبٌ أَبَدًا): وَهُوَ مَا اُسْتُثْنِيَ مِنْ كَلَامٍ مُوجَبٍ نَحْوَ: جَاءَنِي الْقَوْمُ إِلَّا زَيْدًا، وَمَا قُدِّمَ الْمُسْتَثْنَى عَلَى الْمُسْتَثْنَى مِنْهُ نَحْوَ: مَا جَاءَنِي إِلَّا زَيْدًا أَحَدٌ، وَمَا كَانَ اسْتِثْنَاؤُهُ مُنْقَطِعًا نَحْوُ: مَا جَاءَنِي أَحَدٌ إِلَّا حِمَارًا، (وَالثَّانِي): جَائِزٌ فِيهِ الْبَدَلُ وَالنَّصْبُ، وَهُوَ الْمُسْتَثْنَى مِنْ كَلَامٍ غَيْرِ مُوجَبٍ نَحْوُ: مَا جَاءَنِي أَحَدٌ إِلَّا زَيْدٌ، وَإِلَّا زَيْدًا. (وَالثَّالِثُ): جَارٍ عَلَى إِعْرَابِهِ قَبْلَ دُخُولِ إِلَّا نَحْوَ: مَا جَاءَنِي إِلَّا زَيْدٌ، وَمَا رَأَيْت إِلَّا زَيْدًا، وَمَا مَرَرْت إِلَّا بِزَيْدٍ، (وَالتَّاسِعُ): غَيْرُ مُخْتَصٍّ بِالِاسْمِ، وَهُوَ: (كَيْ) وَمَعْنَاهُ التَّعْلِيلُ، يَقُولُ الرَّجُلُ: قَصَدْتُك، فَتَقُولُ لَهُ: كَيْمَهْ؟ مثل: لمه[(٢)]؟ فَيَقُولُ فِي الْجَوَابِ: كَيْ تُحْسِنَ إِلَيَّ، وَالْفِعْلُ بَعْدَهَا مَنْصُوبٌ لَا مَحَالَةَ، إِلَّا أَنَّ الْكَلَامَ فِي انْتِصَابِهِ بِهَا بِعَيْنِهَا[(٣)] أَوْ بِإِضْمَارِ أَنْ.

فَصْلٌ

وَعَلَى ذِكْرِ حُرُوفِ الْمَعَانِي نَذْكُرُ (الْحُرُوفَ الْمُقَطَّعَةَ) لِافْتِقَارِ الْفَقِيهِ إِلَى مَعْرِفَتِهَا فِي زَلَّةِ الْقَارِئِ، وَالْجِنَايَاتِ، ثُمَّ مَا يُزَادُ مِنْهَا وَيُبْدَأُ، وَهِيَ فِي الْأَصْلِ تِسْعَةٌ وَعِشْرُونَ حَرْفًا، وَتَرْتِيبُهَا: الْهَمْزَةُ، وَالْأَلِفُ، وَالْهَاءُ، وَالْعَيْنُ، وَالْحَاءُ، وَالْغَيْنُ، وَالْخَاءُ، وَالْقَافُ، وَالْكَافُ، وَالْجِيمُ، وَالشِّينُ، وَالْيَاءُ، وَالصَّادُ، وَاللَّامُ، وَالرَّاءُ، وَالنُّونُ، وَالطَّاءُ، وَالدَّالُ، وَالتَّاءُ، وَالضَّادُ، وَالزَّايُ، وَالسِّينُ، وَالظَّاءُ، وَالذَّالُ، وَالثَّاءُ، وَالْفَاءُ، وَالْبَاءُ، وَالْمِيمُ، وَالْوَاوُ.

وَلَهَا سِتَّةَ عَشَرَ مَخْرَجًا، وَبَعْضُهَا أَرْفَعُ مِنْ بَعْضٍ فِي حَيِّزِهِ، وَأَمْكَنُ فَبِذَلِكَ يَتَمَيَّزُ بَعْضُ الْحُرُوفِ مِنْ بَعْضٍ.

(وَلِلْحَلْقِ ثَلَاثُ مَدَارِجَ): (مِنْ أَقْصَى الصَّدْرِ) الْهَمْزَةُ ثُمَّ الْأَلِفُ ثُمَّ الْهَاءُ، وَمِنْ وَسَطِهِ: الْعَيْنُ، وَالْحَاءُ، وَمِنْ آخِرِهِ: الْغَيْنُ، وَالْخَاءُ. وَمِنْ أَقْصَى اللِّسَانِ، وَمَا فَوْقَهُ مِنْ الْحَنَكِ: الْقَافُ ثُمَّ الْكَافُ. وَمِنْ وَسَطِ اللِّسَانِ، وَمَا يُحَاذِيهِ مِنْ الْحَنَكِ الْأَعْلَى: الْجِيمُ، وَالشِّينُ، وَالْيَاءُ. وَمِنْ أَوَّلِ حَافَّةِ اللِّسَانِ، وَمَا يَلِيهَا مِنْ الْأَضْرَاسِ: الضَّادُ. وَمِنْ حَافَّةِ اللِّسَانِ مِنْ أَدْنَاهَا إِلَى مُنْتَهَى طَرَفِهِ، وَمَا يُحَاذِي ذَلِكَ مِنْ الْحَنَكِ الْأَعْلَى مِمَّا فُوَيْقَ الضَّاحِكِ، وَالنَّابِ، وَالرَّبَاعِيَةِ، وَالثَّنِيَّةِ: اللَّامُ. وَمِنْ طَرَفِ اللِّسَانِ بَيْنَهُ، وَبَيْنَهَا فُوَيْقَ

---

(١) سقط من: م. (٢) سقط من: م.

(٣) في خ: "بنفسها".

الثَّنَايَا، وَمِنْ مَخْرَجِ النُّونِ غَيْرَ أَنَّهُ أُدْخَلَ فِي ظَهْرِ اللِّسَانِ قَلِيلًا: الرَّاءُ. وَمِنْ بَيْنَ طَرَفِ اللِّسَانِ وَأُصُولِ الثَّنَايَا الْعُلْيَا: الطَّاءُ، وَالدَّالُ، وَالتَّاءُ. وَمِنْ بَيْنَ الثَّنَايَا، وَطَرَفِ اللِّسَانِ: الصَّادُ، وَالزَّايُ، وَالسِّينُ. وَمِمَّا بَيْنَ طَرَفِ اللِّسَانِ، وَأَطْرَافِ الثَّنَايَا: الظَّاءُ، وَالذَّالُ، وَالثَّاءُ. وَمِنْ بَاطِنِ الشَّفَةِ السُّفْلَى، وَالثَّنَايَا الْعُلْيَا: الْفَاءُ. وَمِنْ بَيْنَ الشَّفَتَيْنِ: الْبَاءُ، وَالْمِيمُ، وَالْوَاوُ.

(وَعَنْ الْخَلِيلِ) أَنَّهُ كَانَ يَنْسِبُهَا إِلَى أَحْيَازِهَا، وَهِيَ ثَمَانِيَةٌ: فَيُسَمِّي أَخَوَاتِ الْعَيْنِ سِوَى الْهَمْزَةِ، وَالْأَلِفِ: (حَلْقِيَّةً). وَالْقَافَ، وَالْكَافَ: (لَثوِيَّتَيْنِ)[1]، وَالْجِيمَ، وَالشِّينَ، وَالضَّادَ: (شَجَرِيَّةً) لِأَنَّ مَبْدَأَهَا مِنْ شَجَرِ الْفَمِ، وَهُوَ الْفُرْجَةُ[2]. وَالصَّادَ، وَالسِّينَ، وَالزَّايَ: (أَسَلِيَّةً) لِأَنَّ مَبْدَأَهَا مِنْ أَسَلَةِ اللِّسَانِ، وَهِيَ مُسْتَدَقُّ طَرَفِهِ. وَالطَّاءَ، وَالدَّالَ: (نطعِيَّةً) لِأَنَّ مَبْدَأَهَا مِنَ النِّطْعِ، وَهُوَ الْغَارُ الْأَعْلَى الَّذِي هُوَ سَقْفُ الْفَمِ. وَالظَّاءَ، وَالذَّالَ: (لَثَوِيَّةً)، وَالرَّاءَ، وَاللَّامَ، وَالنُّونَ: (ذَوْلَقِيَّةً) لِأَنَّ مَبْدَأَهَا مِنْ ذُوَيْلِقِ اللِّسَانِ، وَهُوَ تَحْدِيدُ طَرَفِهِ. وَالْفَاءَ، وَالْبَاءَ، وَالْمِيمَ: (شَفَوِيَّةً أَوْ شَفَهِيَّةً)، [وشفتية خطأ][3]. وَالْهَمْزَةَ، وَالْأَلِفَ، وَالْوَاوَ، وَالْيَاءَ: (جَوْفِيَّةً، وَهَوَائِيَّةً) عَلَى مَعْنَى أَنَّهَا تَخْرُجُ مِنَ الْجَوْفِ أَوْ يَذْهَبُ فِي هَوَاءٍ، وَلَا يَقَعُ فِي حَيِّزِهَا.

فَصْلٌ

وَيَتَفَرَّعُ مِنْهَا أَرْبَعَةَ عَشَرَ حَرْفًا: (سِتَّةٌ مِنْهَا مُسْتَحْسَنَةٌ) يُؤْخَذُ بِهَا فِي التَّنْزِيلِ، وَكُلِّ كَلَامٍ فَصِيحٍ (أَوَّلُهَا): أَلِفُ الْإِمَالَةِ نَحْوَ: عَالِمٌ عَابِدٌ، وَتُسَمَّى أَيْضًا أَلِفَ التَّرْخِيمِ، (وَالثَّانِي): أَلِفُ التَّفْخِيمِ نَحْوَ: الصَّلَاةِ، وَالزَّكَاةِ، (وَالثَّالِثُ): الصَّادُ الَّتِي كَالزَّايِ فِي صَدْرٍ: وَحَتَّى يُصْدِرَ، (وَالرَّابِعُ): الشِّينُ الَّتِي كَالْجِيمِ فِي نَحْوِ: أَشْدَقَ، (وَالْخَامِسُ): الْهَمْزَةُ الْمُخَفَّفَةُ الْكَائِنَةُ بَيْنَ بَيْنَ أَيْ: بَيْنَ الْهَمْزَةِ وَالْحَرْفِ الَّذِي مِنْهُ حَرَكَتُهَا، (وَالسَّادِسُ): النُّونُ الْخَفِيَّةُ الَّتِي هِيَ عَنْهُ فِي الْخَيْشُومِ نَحْوَ: مِنك، وَعَنْك.

(وَالثَّمَانِيَةُ الْمُسْتَقْبَحَةُ) الَّتِي لَا يُؤْخَذُ بِهَا فِي الْقُرْآنِ، وَلَا فِي كَلَامٍ فَصِيحٍ: الْكَافُ الَّتِي كَالْجِيمِ، وَالْجِيمُ الَّتِي كَالْكَافِ، وَالْجِيمُ الَّتِي كَالشِّينِ، وَالضَّادُ الضَّعِيفُ، وَالصَّادُ

---

(١) في خ: "لهويتين". (٢) في خ: "مفرجه".
(٣) سقط من: م.

الَّتِي كَالسِّينِ، وَالطَّاءُ الَّتِي كَالتَّاءِ، وَالظَّاءُ الَّذِي كَالثَّاءِ، وَالْيَاءُ الَّتِي كَالْفَاءِ.

فَصْلٌ

وَلها انْقِسَامَاتٌ كَثِيرَةٌ، وَأَنَا لَا أَذْكُرُهَا هُنَا إِلَّا مَا هُوَ الْأَشْهَرُ وَالْأَكْثَرُ، وَهُوَ انْقِسَامُهَا إِلَى: الْمَجْهُورَةِ، وَالْمَهْمُوسَةِ، وَالشَّدِيدَةِ، وَالرِّخْوَةِ، وَمَا بَيْنَ الشَّدِيدِ وَالرِّخْوَةِ، وَالْمُطْبَقَةِ، وَالْمُنْفَتِحَةِ، وَالْمُسْتَعْلِيَةِ، وَالْمُنْخَفِضَةِ:

(فَالْمَجْهُورُ): مَا عَدَا الْمَجْمُوعَةِ فِي قَوْلِهِ: حَثَّهُ شَخْصٌ فَسَكَتَ، وَالْجَهْرُ: إِشْبَاعُ الاعْتِمَادِ فِي مَخْرَجِ الْحَرْفِ، وَمَنْعِ النَّفَسِ أَنْ يَجْرِيَ مَعَهُ، (وَالْهَمْسُ) بِخِلَافِهِ. (وَالشَّدِيدَةُ) مَا فِي قَوْلِكَ: أَجِدُكَ قَطَّبْتَ، وَ (الرِّخْوَةُ) مَا عَدَاهَا. (وَالَّتِي بَيْنَ الشَّدِيدَةِ وَالرِّخْوَةِ) مَا فِي قَوْلِكَ: لَمْ يَرْعَوْنَا، وَالشِّدَّةُ: أَنْ يَنْحَصِرَ صَوْتُ الْحَرْفِ فِي مَخْرَجِهِ فَلَا يَجْرِي، (وَالرَّخَاوَةُ) بِخِلَافِهِ، وَالْكَوْنُ بَيْنَ الشِّدَّةِ وَالرَّخَاوَةِ: أَنْ لَا يَتِمَّ لِصَوْتِهِ الِانْحِصَارُ، وَلَا الْجَرْيُ كَوَقْفِكَ عَلَى (الْعَيْنِ)، وَإِحْسَاسِكَ فِي صَوْتِهَا بِشَبَهِ انْسِلَالٍ فِي مَخْرَجِهَا إِلَى مَخْرَجِ الْحَاءِ. (وَالْمُطْبَقَةُ) الصَّادُ، وَالضَّادُ، وَالطَّاءُ، وَالظَّاءُ. (وَالْمُنْفَتِحَةُ) مَا عَدَاهَا، فَالْإِطْبَاقُ: أَنْ تُطْبِقَ عَلَى مَخْرَجِ الْحَرْفِ مِنَ اللِّسَانِ مَا حَاذَاهُ مِنَ الْحَنَكِ. (وَالِانْفِتَاحُ) بِخِلَافِهِ. (وَالْمُسْتَعْلِيَةُ) الْأَرْبَعَةُ الْمُطْبَقَةُ، وَالْخَاءُ، وَالْغَيْنُ، وَالْقَافُ. (وَالْمُنْخَفِضَةُ) مَا عَدَاهَا، وَالِاسْتِعْلَاءُ: ارْتِفَاعُ اللِّسَانِ إِلَى الْحَنَكِ.

فَصْلٌ

وَحُرُوفُ الزِّيَادَةِ مِنْ جُمْلَةِ ذَلِكَ عَشْرٌ تَجْمَعُهَا قَوْلُكَ: (الْيَوْمَ تَنْسَهَا)، أَوْ (سَأَلْتُمُونِيهَا)، وَمَعْنَى كَوْنِهَا زَائِدَةً: أَنْ كُلَّ حَرْفٍ وَقَعَ زَائِدًا فِي بَعْضِ الْكَلِمِ يَكُونُ مِنْهَا إِلَّا أَنَّهَا تَقَعُ أَبَدًا[1] زَوَائِدَ، أَلَا تَرَى أَنَّهُ مَا مِنْ حَرْفٍ مِنْهَا إِلَّا، وَيَكُونُ أَصْلًا فِي الْكَلِمِ: (كَالْهَمْزَةِ) فِي: أَخَذَ، وَسَأَلَ، وَسَلَا. (وَالْأَلِفِ) فِي: هَاتَ، وَذَا. (وَالْيَاءِ) فِي: الْيَسِيرِ، وَالسَّيْرِ، وَالسَّبْيِ. (وَالْوَاوِ) فِي: الْوَلَدِ، وَالدَّلْوِ، وَالدَّوْلَةِ. (وَالنُّونِ) فِي: نَطَقَ، وَقُطْنٍ، وَفَطِنَ. (وَالتَّاءِ) فِي: تَفَلَ، وَلَفَتَ. (وَالْهَاءِ) فِي: هَرَبَ، وَبَهَرَ، وَأَبْرَهَ. (وَالسِّينِ) فِي: سَالِبٍ، وَبَاسِلٍ، وَلَابِسٍ.

---

(١) زيادة من: م.

وَلَا [يُزَادُ ذَلِكَ][١] مَا زِيدَ لِلتَّكْرِيرِ: (كَالرَّاءِ) فِي حَرَّبَ، (وَالْبَاءِ) فِي جَلْبَبَ، فَإِنَّ ذَلِكَ عَامٌّ فِي الْحُرُوفِ، وَكُلُّهَا غَيْرُ مُخْتَصٍّ بِشَيْءٍ مِنْ هَذِهِ الْعَشَرَةِ.

وَمَعْرِفَةُ الزَّائِدِ مِنَ الْأَصْلِ طَرِيقُهَا الِاشْتِقَاقُ، وَمِيزَانُ ذَلِكَ حُرُوفُ (فَعَلَ)، وَكُلُّ مَا وَقَعَ بِإِزَاءِ الْفَاءِ وَالْعَيْنِ وَاللَّامِ يُحْكَمُ بِأَصَالَتِهِ، وَمَا لَا فَلَا. وَرُبَّمَا صَعُبَ الْحُكْمُ عَلَى الْمُرْتَاضِ فَكَيْفَ عَلَى الْمَرِيضِ؟ وَمِمَّا لَيْسَ فِيهِ صُعُوبَةٌ: (الْهَمْزَةِ) إِذَا وَقَعَتْ بَعْدَهَا ثَلَاثَةُ أَحْرُفٍ أُصُولٍ يُحْكَمُ بِزِيَادَتِهَا: كَأَرْنَبٍ وَأَجْدَلَ فِي الْأَسْمَاءِ، وَأَكْرَمَ فِي الْأَفْعَالِ.

وَزِيَادَتُهَا عَلَى ضَرْبَيْنِ: (لِلْقَطْعِ) كَمَا ذَكَرْت، (وَلِلْوَصْلِ) فِي أَحَدَ عَشَرَ اسْمًا: اسْمٌ، اسْتٌ، ابْنٌ، ابْنَةٌ، ابْنُمُ، اثْنَانِ، اثْنَتَانِ، امْرَأَةٌ، امْرُؤٌ، ايْمُ اللهِ، ايْمُنُ اللهِ، وَفِي هَذَيْنِ الْأَخِيرَيْنِ قَوْلٌ آخَرَ.

وَمِنْ الْأَفْعَالِ: فِي (انْفَعَلَ) وَأَخَوَاتِهَا، وَفِي مَصَادِرِهَا، وَالْأَمْرُ مِنْهَا، وَكَذَا فِي الْأَمْرِ مِنَ الثُّلَاثِيِّ الْمُجَرَّدِ نَحْوُ: اضْرِبْ، وَاذْهَبْ، وَالْبَسْ، وَاطْلُبْ.

(وَالْأَلِفُ) لَا تُزَادُ أَوَّلًا لِسُكُونِهَا، وَلَكِنْ تُزَادُ غَيْرَ أَوَّلٍ: كَخَاتَمٍ، وَكِتَابٍ، وَحُلِيٍّ.

(وَالْيَاءُ) إِذَا كَانَتْ مَعَهَا ثَلَاثَةُ أُصُولٍ فَهِيَ زَائِدَةٌ أَيْنَمَا، وَقَعَتْ: كَـ (يَلْمَعُ)، وَيَضْرِبُ، وَعُشَيْرُونَ بَيِّنَةً.

(وَالْوَاوُ) كَالْأَلِفِ لَا تُزَادُ أَوَّلًا، وَلَكِنْ غَيْرَ الْأَوَّلِ: كَعَوْسَجٍ، وَتَرْقُوَةٍ.

(وَالْمِيمُ) كَالْهَمْزَةِ إِذَا وَقَعَتْ أَوَّلًا، وَبَعْدَهَا ثَلَاثَةُ أُصُولٍ: كَمُقْتَلٍ، وَمَكْرَمٍ، وَمِنْ ذَلِكَ: مُوسَى الْحَدِيدِ [على أحد القولين][٢]. وَأَمَّا (مَلَكٌ) فَالْمِيمُ فِيهِ زَائِدَةٌ لِأَنَّ الْأَصْلَ: (مَلْأَكٌ) بِدَلِيلِ الْمَلَائِكِ، وَالْمَلَائِكَةِ فِي الْجَمْعِ، وَأَنْشَدَ سِيبَوَيْهِ:

فَلَسْتَ لِإِنْسِيٍّ وَلَكِنْ بِمَلْأَكٍ[٣] تَنَزَّلَ مِنْ جَوِّ السَّمَاءِ يُصَوَّبُ

(وَالْمِيمُ) فِي مَنْجَنُونَ، وَمَنْجَنِيقَ أَصْلٌ، وَقَوْلُهُمْ: (جَنْقُونَا) بِمَعْنَى: رَمَوْنَا بِالْمَنْجَنِيقِ نَظِيرُ الْأَوَّلِ مِنَ اللُّؤْلُؤِ، وَلَا تُزَادُ فِي الْفِعْلِ، وَأَمَّا نَحْوُ: تَمَسْكَنَ، وَتَمَدْرَعَ، وَتَمَنْدَلَ فَشَاذٌّ.

(وَالنُّونُ) فِي: نَفْعَلُ نَحْنُ، وَانْفَعَلَ، وَسَكْرَانَ، وَعَطْشَانَ.

(وَالتَّاءُ) تُزَادُ أَوَّلًا نَحْوُ فِي الْمُضَارِعِ نحو: تَفْعَلُ، وَفِي (تَفْعِيلٍ) مَصْدَرُ فَعَلَ، وَتَفَعَّلَ،

---

(١) في خ: "يراد بذلك".
(٢) سقط من: م.
(٣) في خ: "لملأك".

وَتفَاعَلَ، وَحَشْوًا نَحْوَ: افْتَعَلَ، وَآخرَ لِلتَّأْنِيثِ وَالْجَمْعِ: كَمُسْلِمَةٍ، وَمُسْلِمَاتٍ، وَفِي نَحْوَ: جَبَرُوتٍ، وَعَنْكَبُوتٍ، وَحَانُوتٍ.

(وَالْهَاءُ) زِيدتْ زِيَادَةً مُطَّرِدَةً فِي الْوَقْفِ نَحْوُ: كِتَابِيَّهْ، وَثَمَّهْ، وَوَازَيْدَاهْ، وَمِنْهُ: وَا ثُكْلَ أُمِّيَاهْ، وَتَحْرِيكُهَا لَحْنٌ. أَمَّا ثَمَّةَ بِالتَّاءِ مِنْ غَلَطِ الْعَامَّةِ، وَغَيْرُ مُطَّرِدَةٍ فِي: أُمَّهَاتٍ جَمْعُ أُمٍّ، وَقَدْ جَاءَ: (أُمَّاتٌ) بِغَيْرِ هَاءٍ، وَقَدْ[١] غُلِّبَتْ الْأُمَّهَاتُ فِي الْأَنَاسِيِّ، وَالْأُمَّاتُ فِي الْبَهَائِمِ.

(وَالسِّينُ) اطَّرَدَتْ زِيَادَتُهَا فِي (اسْتَفْعَلَ) نَحْوُ: اسْتَفْتَحَ، وَاسْتَخْرَجَ.

(وَاللَّامُ) جَاءَتْ مَزِيدَةً فِي: هُنَالِكَ، وَذَلِكَ، وَفِي: عَبْدَلَ، وَزَيْدَلَ.

وَالزِّيَادَةُ بِهَذِهِ الْحُرُوفِ ضَرْبَانِ: (مَا يُفِيدُ مَعْنًى فِي الْمَزِيدِ فِيهِ): كَأَلِفِ ضَارِبٍ، وَمِيمِ مَضْرُوبٍ، (وَالآخرُ بِمُجَرَّدِ الْبِنَاءِ): كَأَلِفِ كِتَابٍ، وَوَاوِ عَجُوزٍ، وَيَاءِ نَصِيبٍ.

وَأَمَّا (الزِّيَادَةُ الْإِلْحَاقِيَّةُ) فَإِنَّهَا تَضْرِبُ بِعِرْقٍ فِي كِلَا الضَّرْبَيْنِ عَلَى مَا قَالَهُ الْإِمَامُ عَبْدُ الْقَاهِرِ الجرجاني رَحِمَهُ اللهُ.

فَصْلٌ

(وَحُرُوفُ الْبَدَلِ) أَرْبَعَةَ عَشَرَ: [حروف الزيادة][٢] مَا خَلَا السِّينَ، وَالْجِيمَ، وَالدَّالَ، وَالطَّاءَ، وَالصَّادَ، وَالزَّايَ، وَيَجْمَعُهَا قَوْلُكَ: (أَنْجَدْتُهُ يَوْمَ صَالَ زَطٌّ)، وَالْمُرَادُ بِالْبَدَلِ: أَنْ يُوضَعَ لَفْظٌ مَوْضِعَ لَفْظٍ كَوَضْعِكَ الْوَاوَ مَوْضِعَ الْيَاءِ فِي (مُوقِنٍ)، وَالْيَاءَ مَوْضِعَ الْهَمْزَةِ فِي (ذِيبٍ)، إِلَّا مَا يُبْدَلُ لِأَجْلِ الْإِدْغَامِ لِلتَّعْوِيضِ مِنْ إِعْلَالٍ.

وَأَكْثَرُ هَذِهِ الْحُرُوفِ تَصَرُّفًا فِي الْبَدَلِ حُرُوفُ اللِّينِ، وَهِيَ تُبْدَلُ بَعْضُهَا عَنْ بَعْضٍ، وَتُبْدَلُ مِنْ غَيْرِهَا: أَمَّا (الْأَلِفُ) فَتُبْدَلُ مِنْ أُخْتِهَا، وَمِنْ الْهَمْزَةِ، وَالنُّونِ. فَإِبْدَالُهَا مِنْ أُخْتَيْهَا فِي نَحْوِ: قَالَ، وَبَاعَ، وَدَعَا، وَرَمَى. وَمِنْ الْهَمْزَةِ فِي نَحْوِ: آدَمَ لِأَنَّ أَصْلَهُ آدَمَ (أَفْعَلَ) مِنْ الْأُدْمَةِ، وَمِنْ النُّونِ: فِي الْوَقْفِ خَاصَّةً نَحْوُ: ﴿لَنَسْفَعًا﴾ [سورة العلق آية ١٥]، وَ ﴿اللَّهَ فَاعْبُدْ﴾ [سورة الزمر آية ٦٦] أَوْ كَذَا الْمَنْصُوبُ الْمُنَوَّنُ نَحْوَ: رَأَيْت زَيْدًا.

(وَالْيَاءُ) تُبْدَلُ مِنْ أُخْتَيْهَا، وَمِنْ الْهَمْزَةِ، [وأحدِ حرفَيْ التضعيفِ والنون والباء والعين والسين والثاء، فإبدالها من الألف في نحو: مُصَيْبِيح ومصابيح. ومن الواو في

---

(١) في خ: "وقيل".
(٢) سقط من: م.

نحو: ميقاتٍ وميعاد (مفعال) من الوقت والوعد. ومن الهمزة في نحو: (إِيْذَنْ) أمرٍ من أذِنَ يأذَن. الأصل: (أإذن) بهمزتين: الأولى للوصل والثانية فاء الفعل][١].

وَمن أَحَدِ حَرْفَيْ التَّضْعِيفِ فِي نَحْوِ: أَمْلَيْتَ الْكِتَابَ؛ لِأَنَّ الْأَصْلَ أَمْلَلْت، وَمِنْهُ: ﴿وَلْيُمْلِلِ الَّذِي عَلَيْهِ الْحَقُّ﴾ [سورة البقرة آية ٢٨٢]، وَتَقَضَّى الْبَازِي، وَالتَّسَرِّي فِي أَحَدِ الْقَوْلَيْنِ.

وَمَنْ النُّونِ فِي: أَنَاسِيَّ، وَظَرَابِيَّ جَمْعُ إِنْسَانٍ وَظَرِبَانٍ: [دُوَيْبَّةٌ مُنْتِنَةٌ][٢]، وَمِنْ الْعَيْنِ فِي قَوْلِهِ:

وَلِلضَّفَادِي جَمَّةُ نَقَانِقُ

وَمِنْ الْبَاءِ فِي قَوْلِهِ:

مِنْ الثَّعَالِبِيِّ[٣] وَوَخْزٌ مِنْ أَرَانِبِهَا

أَرَادَ الثَّعَالِبَ، وَالْأَرَانِبَ.

وَمِنْ السِّينِ فِي قَوْلِه:

إِذَا مَا عَدَا أَرْبَعَةً فَسَالٌ ... فَزَوْجُك خَامِسٌ وَأَبُوك سَادِي[٤]

(وَمِنْ التَّاءِ) فِي قَوْلِك:

قَدْ مَرَّ يَوْمَانِ وَهَذَا الثَّالِي[٥]

أَرَادَ الثَّالِثَ، وَهَذِهِ الْأَرْبَعَةُ شَاذَّةٌ.

(وَالْوَاوُ) تُبْدَلُ مِنْ أُخْتِهَا، وَمِنْ الْهَمْزَةِ فَأَبْدَلَهَا مِنْ الْأَلِفِ فِي نَحْوِ: حَوَائِضَ، وَطَوَالِقَ، وَمِنْ الْيَاءِ فِي: مُوقِنٍ، وَمُوسِرٍ، (مُفْعِل) مِنْ أَيْقَنَ، وَأَيْسَرَ، وَمِنْ الْهَمْزَةِ فِي: أَنَا أُومِنُ (أُفْعِلُ) مِنْ الْأَمْنِ، وَأُومَرُ أُفْعَلُ أَيْضًا.

(وَالْهَمْزَةُ) تُبْدَلُ مِنْ حُرُوفِ اللِّينِ، وَمِنْ الْهَاءِ، وَالْعَيْنِ، فَإِبْدَالُهَا مِنْ الْأَلِفِ فِي نَحْوِ: حَمْرَاءَ، وَصَحْرَاءَ، وَفِي نَحْوِ: رَسَائِلَ، وَشَابَّةٍ، وَدَابَّةٍ، وَعَلَى ذَا قُرِئَ: (وَلا الضَّأَلِّينَ) [سورة الفاتحة آية ٧] بِالْهَمْزَةِ، وَمِنْ الْوَاوِ وَالْيَاءِ فِي نَحْوِ: قَائِلٍ، وَبَائِعٍ، وَمِنْ الْهَاءِ فِي: مَاءٍ، الْأَصْلُ (مَاهٌ) بِدَلِيلِ قَوْلِهِمْ فِي تَصْغِيرِهِ: مُوَيْهٌ، وَفِي جَمْعِهِ: أَمْوَاهٌ، [ومن العين في:

---

(١) سقط من: م.

(٢) زيادة من: م.

(٣) في خ: "الثعالي".

(٤) في م: "السادس".

(٥) في م: "الثالث".

أباب، الأصل: عباب][1].

(وَالتَّاءُ) تُبْدَلُ مِنْ الْوَاوِ فِي: [أتعد (افتعل) من الوعد، وفي][2]: تُجَاهٍ، وَتُرَاثٍ مِنْ الْوَجْهِ، وَالْوِرَاثَةِ، وَمِنْ الْيَاءِ فِي: اتَّسَرَ مِنْ أَيْسَرَ، وَمِنْ السِّينِ فِي: سِتٍّ، وَطَسْتٍ، الْأَصْلُ: سُدُسٌ، وَطَسٌّ، بِدَلِيلِ: طُسَيْسَةٍ، وَطُسُوسٍ فِي التَّصْغِيرِ، وَالْجَمْعِ.

(وَالْهَاءُ) تُبْدَلُ مِنْ التَّاءِ، وَالْهَمْزَةِ، وَحُرُوفِ اللِّينِ، (فَإِبْدَالُهَا مِنْ التاء) فِي كُلِّ تَاءِ تَأْنِيثٍ وَقَفْتَ عَلَيْهَا فِي اسْمٍ مُفْرَدٍ نَحْوَ: طَلْحَةَ، وَحَمْزَةَ، (وَمِنْ الْهَمْزَةِ) فِي: هِيَّاكَ، وَهَنَرْتَ الثَّوْبَ، الْأَصْلُ: إِيَاكَ، وَأَنَرْتَ الثَّوْبَ، مِنْ النِّيْرِ: الْعَلَمِ، وَمِنْ ذَلِكَ قَوْلُهُ:

لَهِنَّكِ مِنْ عَبْسِيَّةٍ لَكَرِيمَةٌ

يَعْنِي: لأَنَّكِ فِي أَحَدِ الْأَوْجُهِ، وَمِنْ الْيَاءِ فِي: هَذِهِ أَمَةُ اللهِ، الْأَصْلُ: هَذِي.

(وَالْمِيمُ) تُبْدَلُ مِنْ النُّونِ، وَالْوَاوِ، وَاللَّامِ. (فَإِبْدَالُهَا مِنْ النُّونِ) فِي نَحْوِ: (عَمْبَرٍ) مِمَّا وَقَعَتْ فِيهِ سَاكِنَةً قَبْلَ الْبَاءِ، وَمِنْ ذَلِكَ: مَنْ زَنَى مِمَّ بِكْرٍ، (وَمِنْ الْوَاوِ) فِي: (فَمٍ) وَحْدَهُ، (وَمِنْ اللَّامِ) فِي لُغَةِ طَيِّئٍ فِي نَحْوِ مَا رَوَى النَّمِرُ بن تَوْلَبٍ عَنْ النَّبِيِّ صَلَّى اللهُ عَلَيْهِ وَآلِهِ وَسَلَّمَ: "لَيْسَ مِنْ امْبِرِّ امْصِيَامُ فِي امْسَفَرِ"[3]، (وَمِنْ الْبَاءِ) فِي قَوْلِهِمْ: رَمَاهُ مِنْ كَثَمٍ، وَكَثَبٍ، أَيْ: قُرْبٍ.

(وَالنُّونُ) تُبْدَلُ مِنْ اللَّامِ وَالْوَاوِ. (فَإِبْدَالُهَا مِنْ اللَّامِ) فِي قَوْلِهِمْ: لَعَنَّ فِي (لَعَلَّ)، (وَمِنْ الْوَاوِ) فِي: صَنْعَانِيٍّ، وَنَهْرَانِيٍّ، فِي النِّسْبَةِ إِلَى: نَهْرٍ أَوْ صَنْعَاءَ، وَالْأَصْلُ: صَنْعَاوِيٌّ، وَنَهْرَوِيٌّ.

(وَاللَّامُ) تُبْدَلُ مِنْ النُّونِ شَاذًّا، وَذَلِكَ قَوْلُهُمْ: أُصَيْلَالٍ فِي: أُصَيْلَانٍ، تَصْغِيرِ: أُصْلَانٍ، جمع (أَصِيلٍ) وَهُوَ الْمَسَاءُ.

(وَالطَّاءُ، وَالدَّالُ): يُبْدَلَانِ مِنْ تَاءِ الافْتِعَالِ فِي نَحْوِ: اصْطَبَرَ، وَازْدَجَرَ، (وَمِنْ تَاءِ الضَّمِيرِ) فِي فَحْصَطَ [مِنْ التَّفَحُّصِ بِمَعْنَى: فَحَصْتُ][4] بِرِجْلِي، وَقُرِئَ: (فَرَّطَطَ فِي جَنْبِ اللَّهِ).

---

(١) سقط من: م.

(٢) سقط من: م.

(٣) أخرجه أحمد في مسنده (٢٣١٦٦)، والحميدي في مسنده (٨٨٧).

(٤) زيادة من: م.

(وَالْجِيمُ) تُبْدَلُ مِنْ الْيَاءِ الْمُشَدَّدَةِ فِي الْوَقْفِ نَحْوُ: (سَعْدِجٍ) فِي: سَعْدِيٍّ، وَقَدْ أُجْرِيَ الْوَصْلُ مَجْرَى الْوَقْفِ من[1] قَالَ:

خَالِي عُوَيْفٌ وَأَبُو عَلِجِّ
الْمُطْعِمَانِ اللَّحْمَ بِالْعَشِجِّ
وَبِالْغَدَاةِ كُتَلَ الْبَرْنِجِ

[أراد: أبو علي والعشي والبرني وهو نوع من أجود التمر][2].

وَقَدْ أُبْدِلَتْ مِنْ غَيْرِ الْمُشَدَّدَةِ فِيمَا أَنْشَدَ أَبُو زَيْدٍ:

لَا هَمَّ إِنْ كُنْت قَبِلْتَ حَجَّتَجَ فَلَا يَزَالُ شَاحِجَ يَأْتِيك بِج

(وَالصَّادُ) قَدْ تُبْدَلُ مِنْ السِّينِ إِذَا وَقَعَتْ قَبْلَ قَافٍ أَوْ غَيْنٍ أَوْ خَاءٍ أَوْ طَاءٍ. يَقُولُونَ فِي: سُقْتُ، وَسَوِيقٍ: صُقْتُ، وَصَوِيقٌ، وَفِي: سالغ وسالخ: صَالِغ، وَسَالِغ. وَسِرَاط: وَصِرَاط.

(وَالزَّايُ) تُبْدَلُ مِنْ الصَّادِ إِذَا وَقَعَتْ قَبْلَ الدَّالِ سَاكِنَةً، تَقُولُ: يَزْدُرُ فِي يَصْدُرُ، وَلَمْ يُحَرَّمْ مَنْ فُزِدَ لَهُ فِي: فُصِدَ مِنْ الْفَصِيدِ، وَلَمْ يَعُدَّ أَبُو عَلِيٍّ الْفَارِسِيُّ الصَّادَ وَالزَّايَ فِي حُرُوفِ الْبَدَلِ، وَقَالَ: إِنَّمَا أُبْدِلَتَا فِي هَذِهِ الْكَلِمِ تَحْسِينًا لِلَّفْظِ، وَالسِّينَ لَمْ يَعُدَّ.

وَأَمَّا مَا يُروى مِنْ إِبْدَالِ الشِّينِ سِينًا فِي بَيْتِ عبد بَنِي الْحَسْحَاسِ:

فَلَوْ كُنْت وَرْدًا لَوْنُهُ لَعَسِقْتَنِي وَلَكِنَّ رَبِّي شَانَنِي بِسَوَادِيَا

فَفِيهِ نَظَرٌ.

(وَمِنْ الشَّوَاذِّ الْمَذْمُومَةِ) إِبْدَالُ الشِّينِ فِي الْوَقْفِ مَكَانَ كَافِ الضَّمِيرِ الْمَكْسُورَةِ فِي: (أَعْطَيْتُش)، وَتُسَمَّى (كَشْكَشَةَ رَبِيعَةَ).

وَكَذَا إِبْدَالُ الْعَيْنِ مِنْ الْهَمْزَةِ فِي: (أَعِنْ تَرَسَّمْت)، (وَاللهِ عَنْ يَشْفِيَك)، وَتُسَمَّى (عَنْعَنَةَ تَمِيمٍ)، وَهَذَا الْفَصْلُ لَهُ شَرْحٌ فِيهِ طُولٌ، وَفِيمَا ذَكَرْت هَاهُنَا مُقْنِعٌ، وَمِنْ اللهِ التَّوْفِيقُ.

---

(١) سقط من: م.
(٢) سقط من: م.

قُلْتُ[١]: قَدْ أَنْجَزْت الْمَوْعُودَ، وَبَذَلْت الْمَجْهُودَ فِي إتْقَانِ أَلْفَاظِ هَذَا الْكِتَابِ وَتَصْحِيحِهَا، وَتَهْذِيبِهَا بَعْدَ التَّرْتِيبِ وَتَنْقِيحِهَا، وَبَالَغْت فِي تَلْخِيصِهَا وَتَخْلِيصِهَا، وَتَسْهِيلِ مَا اُسْتُصْعِبَ مِنْ عَوِيصِهَا بِتَفْسِيرٍ كَاشِفٍ عَنْ أَسْرَارِهَا رَافِعٍ لِحُجُبِهَا وَأَسْتَارِهَا، وَتَعَمَّدْت فِي حَذْفِ الزَّوَائِدِ مَعَ اسْتِكْثَارِ الْفَوَائِدِ مِنْهَا صِحَّةٌ لِمَنْ قَصَدَ صِحَّةَ الْمَعْنَى فَأَتْقَنَ، وَتَحَرَّى الصَّوَابَ كَيْ لَا يَلْحَنَ إذْ لَا صِحَّةَ لِلْمَعْنَى فِي فَسَادِ الْبَيَانِ، كَمَا لَا مُرُوءَةَ لِلْعَالِمِ اللَّحَّانِ، قَالَ يُونُسُ بن حَبِيبٍ رَحِمَهُ اللهُ: (لَيْسَ لِلَاحِنٍ مُرُوَّةٌ، [وَلَا كَثِيرَ لَا مِنْ إلَى][٢]، وَلَا لِتَارِكِ الْإِعْرَابِ بَهَاءٌ، وَإِنْ حَكَّ بِيَافُوخِهِ عَنَانَ السَّمَاءِ. وَقِيلَ لِلْحَسَنِ رَحِمَهُ اللهُ: إنَّ إمَامَنَا يَلْحَنُ، فَقَالَ: أخروه. وَكَثِيرٌ مِنْ اللَّحْنِ يَقْطَعُ الصَّلَاةَ، وَإِنْ تَعَمَّدَ قَارِئُهُ كَفَرَ وَالْعِيَاذُ بِاَللَّهِ.

اللَّهُمَّ كَمَا وَفَّقْتنَا لِإِصْلَاحِ الْأَقْوَالِ فَوَفِّقْنَا لِإِصْلَاحِ الْأَعْمَالِ، وَكَمَا هَدَيْتنَا لِلتَّمْيِيزِ بَيْنَ الصَّحِيحِ وَالسَّقِيمِ مِنْ الْكَلَامِ فَاهْدِنَا لِتَمْيِيزِ الْحَلَالَ مِنْ الْحَرَامِ، فَإِنَّ الْخَطَأَ فِي الْعِلْمِ عِنْدَ ذَوِي الْيَقِينِ أَهْوَنُ مِنْ الْخَطَإِ فِي بَابِ الدِّينِ، اللَّهُمَّ إنِّي لَمْ أَتَعَقَّبْ عَثَرَاتِ الْعُلَمَاءِ لِتُقَالَ، وَلَكِنْ لِأَسْتَقِيلَ فِي تَدَارُكِهَا عَثَرَاتِي فَتُقَالَ: وَقَدْ عَلِمْتَ مَا عَانَيْت فِي التَّقْوِيمِ وَالتَّثْقِيفِ لِمَا وَقَعَ فِي الْكُتُبِ مِنْ التَّحْرِيفِ وَالتَّصْحِيفِ فَأَقِلْنِي عَثْرَتِي، وَاسْتُرْ عَوْرَتِي، وَآمِنْ رَوْعَتِي بِرَحْمَتِك يَا رَحِيمُ، وَبِفَضْلِك يَا كَرِيمُ.

والحمد لله حق حمده وكفى، والصلاة على محمد رسوله المصطفى.

تم الكتاب بتاريخ سلخ شهر رمضان سنة ثمان وتسعين وخمسمائة.

(١) في م: "قَالَ: (قَالَ الْمُصَنِّفُ): أَطَالَ اللهُ بَقَاءَهُ، وَحَرَسَ مِنْ الْمَكَارِهِ حَوْبَاءَهُ".

(٢) زيادة من: م.

فهرس المحتويات

Printed in the United States
By Bookmasters